Qualität von Schule

Jürgen van Buer/Cornelia Wagner
(Hrsg.)

Qualität von Schule

Ein kritisches Handbuch

PETER LANG
Frankfurt am Main · Berlin · Bern · Bruxelles · New York · Oxford · Wien

Bibliografische Information der Deutschen Nationalbibliothek
Die Deutsche Nationalbibliothek verzeichnet diese Publikation in
der Deutschen Nationalbibliografie; detaillierte bibliografische
Daten sind im Internet über <http://www.d-nb.de> abrufbar.

Umschlagabbildung:
Eitelkeit fressen Seele auf.

Abdruck mit freundlicher Genehmigung:
Prof. Dr. Jürgen van Buer

Gedruckt auf alterungsbeständigem,
säurefreiem Papier.

ISBN 978-3-631-58918-2
© Peter Lang GmbH
Internationaler Verlag der Wissenschaften
Frankfurt am Main 2007
2., durchgesehene Auflage 2009
Alle Rechte vorbehalten.

Das Werk einschließlich aller seiner Teile ist urheberrechtlich
geschützt. Jede Verwertung außerhalb der engen Grenzen des
Urheberrechtsgesetzes ist ohne Zustimmung des Verlages
unzulässig und strafbar. Das gilt insbesondere für
Vervielfältigungen, Übersetzungen, Mikroverfilmungen und die
Einspeicherung und Verarbeitung in elektronischen Systemen.

Printed in Germany 1 2 3 4 6 7

www.peterlang.de

Inhaltsverzeichnis

I Einleitung

1. Qualitätsentwicklung von Schule –
   Warum ein kritisches Handbuch zu einer wünschbaren Entwicklung?   11
   Jürgen van Buer & Cornelia Wagner

2. Schulqualitätsdiskussion in Deutschland – Ihre Entwicklung im Überblick   21
   Ulrich Steffens

II Schulqualität – Modelle und erziehungswissenschaftliche Einbettungen

3. Qualität von Schule – Zwischen Bildungstheorie und Bildungsökonomie   55
   Helmut Heid

4. Steuerungsfähigkeit des öffentlichen Schulwesens versus Steuerbarkeit
   der Schule – Paradigmenwechsel?   67
   Olga Zlatkin-Troitschanskaia

5. Schulqualität – Modelle zwischen Konstruktion, empirischen Befunden
   und Implementierung   83
   Hartmut Ditton

6. Standards und Qualitätssicherung zur Outputsteuerung im System und in
   der Einzelinstitution   93
   Olaf Köller

7. Schulprogramm als zentrales Steuerungsinstrument für die
   Qualitätsentwicklung von Schule und Unterricht   103
   Jürgen van Buer & Michaela Köller

8. Externe Evaluation und einzelschulische Entwicklung –
   Ein zukunftsreiches Entwicklungsverhältnis?   131
   Cordula Artelt

9. Interne Evaluation und einzelschulische Entwicklung –
   Spagat zwischen Mindeststandards und Machbarem   141
   Rainer Peek

III Systemische Bedingungen für die einzelschulische Qualitätsentwicklung

10. Föderale Struktur des Bildungswesens und Schulentwicklung 153
    Wolfgang Böttcher & Matthias Rürup

11. Bildungsfinanzierung in Deutschland und Schulqualität – Eine gefährdete Balance? 167
    Manfred Weiß & Johannes Bellmann

12. Effizienz und Effektivität der Steuerung des öffentlichen Schulwesens – Rechtsökonomische Reflexionen 183
    Olga Zlatkin-Troitschanskaia

13. Explizite und implizite Veränderung von Verwaltungskonzepten in der „neuen" Schule – Analysen zum Berliner Schulgesetz 201
    Eveline Wittmann

14. Schule und Schulverwaltung – Eine organisationspädagogische Perspektive 217
    Heinz Stephan Rosenbusch

15. Erweiterte Autonomie der Einzelschule und externe Evaluation – Entwicklungen in der deutschen Schulpraxis und Schulgesetzgebung 229
    Hans-Peter Füssel

16. Schulinspektion in Deutschland – Eine kritische Bestandsaufnahme 241
    Wilfried Bos, Kathrin Dedering, Heinz-Günter Holtappels, Sabine Müller & Ernst Rösner

17. Landesinstitut und Schulentwicklung – Unterstützungssystem zwischen Bildungsadministration und Schulpraxis 259
    Peter Meinel & Martin Sachse

18. Stiftungen und Unternehmensberatungen – Unterstützung von Schulentwicklung im Spannungsfeld gesellschaftlicher Verantwortung und ökonomischer Effizienz 273
    Volker Bank

19. „Bildungsqualität von Schule" und externe Rahmenbedingungen – Befunde des Schwerpunktprogramms der DFG 285
    Silke Hertel, Lars Allolio-Näcke, Manfred Prenzel & Bernhard Schmitz

20. Konzeptionelle Grundlagen der Bildungsberichterstattung in Deutschland 297
    Hans Döbert & Hermann Avenarius

IV Felder einzelschulischer Qualitätsentwicklung

21. Schulprogramme – Konstruktions- und Implementationsbefunde 317
    Jürgen van Buer & Peter J. Hallmann

22. Einzelschulische Qualitätsentwicklung durch Führung und Management? 345
    Cornelia Wagner

23. Organisationales Lernen als Beitrag zur einzelschulischen
    Qualitätsentwicklung 367
    Michaela Köller

24. Diagnostische Lehrerexpertise und adaptive Steuerung unterrichtlicher
    Entwicklungsangebote 381
    Jürgen van Buer & Olga Zlatkin-Troitschanskaia

25. Selbstorganisiertes Lernen und Unterrichtsqualität 401
    Detlef Sembill & Jürgen Seifried

26. Qualitätsverbesserung von Unterricht – Vom Standardangebot zu
    komplexen Lehr-Lern-Arrangements 413
    Susanne Weber

27. Kommunikative Strukturen und Sozialformen des Unterrichts –
    Zentrale Steuerungsgrößen der inneren Schulentwicklung? 427
    Reinhold Nickolaus

28. Medienintegration in Unterricht und Schule – Bedingungen und Prozesse 437
    Doreen Prasse, Heike Schaumburg, Christiane Müller & Sigrid Blömecke

29. „Später kommen, früher gehen" –
    Schulabsentismus als Risikofaktor in Bildungslaufbahnen 449
    Steffi Badel

30. Differente Schülervoraussetzungen, Lernmilieu und Lernerfolg in
    beruflichen Bildungsgängen 469
    Susan Seeber

31. Wirtschaftspädagogische Forschung zur beruflichen
    Kompetenzentwicklung 481
    Frank Achtenhagen

32. Outputsicherung von Schule zwischen Effektivität und
    Rechenschaftslegung 495
    Jürgen van Buer

V Qualitätsentwicklung der Einzelschule – Internationale Perspektiven

33. Erweiterte Selbstständigkeit der Einzelschule und Entwicklung von
    Schulqualität in der Schweiz – Eine kritische Zwischenbilanz 515
    Rolf Dubs

34. Erweiterte Autonomie der Einzelschule in Ungarn –
    Von der Euphorie und zur kritischen Alltagsbewältigung 527
    György Venter

35. Quality National School Administration –
    An Empirically-Grounded Undertaking from the United States 543
    Thomas L. Alsbury

36. At Great Peril – Children as Profit Centres in the Coming Corporatization
    of Public School Leadership 553
    Fenwick W. English

VI Literaturverzeichnis 567

VII Sachwortverzeichnis 641

VIII Autorenverzeichnis 649

I Einleitung

Jürgen van Buer & Cornelia Wagner

Qualität von Schule –
Warum ein kritisches Handbuch zu einer
wünschbaren Entwicklung?

Das hier vorgelegte Handbuch verfolgt neben der Darstellung einschlägiger Ergebnisse zur einzelschulischen Qualitätsentwicklung vor allem auch deren kritische Reflexion – dies unter Einbezug der verfügbaren theoretischen und auch konstruktiv-„praxis"-orientierten Publikationen. Damit stellt es eine – aus der Sicht der beiden Herausgeber – notwendige Reaktion auf die derzeitige Diskussion zur Qualität von Schule dar, die stark geprägt ist von

- einer nur noch schwer überschaubaren Vielzahl von Einzelresultaten,
- der Präsentation sicherer bzw. scheinbar sicherer empirischer Befunde und deren teils „einseitiger" Interpretation sowie
- dem in Teilen durchaus nicht üblichen „Gleichklang" zwischen den Verlautbarungen (bildungs-)politischer Entscheidungsträger und den Äußerungen von Agenten aus der empirischen Bildungsforschung.

Dadurch scheint es, als könne der Gegenstandsbereich „Qualität von Schule" empirisch gesichert wie folgt beschrieben werden: Für die auf der Ebene der Einzelschule agierenden Personen können sowohl theoretisch begründete als auch empirisch basierte Handlungsempfehlungen so gegeben werden, dass deren Implementierung mit hinreichender Sicherheit zu den erwarteten Erfolgen führt. Die beiden Herausgeber dieses Handbuches beurteilen die derzeitige Situation wissenschaftlicher (Bildungs-)Politikberatung und deren Umsetzung im Bildungssystem weitaus kritischer (vgl. den Beitrag von *Heid*), vor allem in Bezug auf die empirische Grundlegung der vorfindlichen Handlungsempfehlungen. Dies erhärtet sich nochmals vor dem Hintergrund, dass die einzelschulische Qualitätsentwicklung zentral in drei derzeit favorisierte weiter reichende Steuerungsstrategien eingebunden wird, die selbst nicht per se in einer ausgewogenen Balance zueinander stehen. Diese Strategien sind die der erweiterten Selbstständigkeit der Einzelschule, der Definition von Bildungsstandards und der verstärkten Outputorientierung und -kontrolle, die in der Folge um eine breite Palette zusätzlicher Steuerungsinstrumente erweitert wurden (vgl. den Beitrag von *van Buer & Köller*).

1 Kurze Charakterisierung der derzeitigen Situation

Spätestens seit der PISA I-Studie (vgl. *PISA-Konsortium Deutschland* 2001; zu PISA II vgl. *PISA-Konsortium Deutschland* 2004) scheint sich für Deutschland die erweiterte Selbstständigkeit der Einzelschule als eine zentrale bildungspolitische *Option* zur systematischen und vor allem zeitnahen Qualitätsverbesserung nicht nur der einzelnen Institution, sondern des gesamten Bildungswesens herauszustellen. Allerdings ist auch feststellbar, dass die Begriffe und die damit verknüpften Konzepte variieren, und zwar

- *begrifflich* zwischen z. B. (relativer) Autonomie, erweiterter Selbstständigkeit, erweiterter Selbstverantwortung (zu den rechtlichen Grundlagen vgl. den Beitrag von *Füssel*; zur Erweiterten Selbstständigkeit der Einzelschule in der Schweiz vgl. den Beitrag von *Dubs;* zur erweiterten Autonomie in Ungarn vgl. den Beitrag von *Venter*),

- *konzeptuell* z. B. zwischen rechtlicher Fokussierung (z. B. *Avenarius* 1997a; 2001), verwaltungsorientierten Perspektiven (z. B. *Brockmeyer* 1997; auch den Beitrag von *Wittmann*), sowie schultheoretisch orientierten Konzepten (vgl. z. B. *Fend* 1998; 2004).

Die Diskussionsentwicklung erfolgt in seltener Einmütigkeit zwischen Bildungspolitik, erziehungswissenschaftlichen Überlegungen und empirischer Bildungsforschung bzw. Schulforschung unterschiedlichster „Couleur". Dabei erfolgt ein deutlicher Rekurs auf die Vielzahl empirischer Befunde, die aus anderen Ländern wie Großbritannien, USA, Kanada, Finnland oder Schweden vorliegen. Bildungspolitisch, aber durchaus auch in der wissenschaftlichen Politikberatung, werden dabei vor allem die „positiven" Befunde betrachtet, während die unerwünschten Nebeneffekte tendenziell in den Hintergrund gedrängt werden (vgl. die Beiträge im Teil V dieses Handbuches):

Zum einen: Vor diesem hier nur kurz angedeuteten Hintergrund scheint große Übereinstimmung dahingehend vorzuliegen, dass die erweiterte Selbstständigkeit der Einzelschule ein, wenn nicht sogar das zentrale Steuerungsmittel zur Qualitätsentwicklung der einzelnen pädagogischen Institution darstelle – möglicherweise unterstützt mit der Strategie verstärkter Outputkontrolle der Einzelschulen. Dieser beinahe unisono-Tenor spiegelt sich nicht nur in der Mehrzahl der Jahr- und Handbücher zum Thema Schulentwicklung, sondern auch in den von verschiedenen Landesinstituten für Schulentwicklung vorgelegten „Entwicklungs- und Qualitätsrahmen" (vgl. *Niedersächsisches Kultusministerium* 2003; darauf Bezug nehmend *Senatsverwaltung für Bildung, Jugend und Sport* 2005b, für den hessischen Referenzrahmen vgl. *Hessisches Kultusministerium/Institut für Qualitätsentwicklung* 2007), die auch als Ausdifferenzierung bildungspolitischer Konsense in den Bundesländern verstanden werden können.

Zum anderen: Dieser Gesamttenor steht in einem seltsamen Kontrast zu den Ergebnissen der empirischen Studien, die der Frage, ob ein signifikanter und vor allem ein Zusammenhang hinreichender Effektstärke zwischen der erweiterten Autonomie der Einzelschule und deren systematischer Qualitätsverbesserung nachweisbar sei, nicht bestätigend, sondern prüfend nachgehen (zusammenfassend vgl. z. B. *Ertl & Kremer* 2005). Nicht nur *Weiß & Preuschoff* (2003) fassen die diesbezügliche Befundlage wie folgt zusammen: In der Mehrzahl der Studien kann kein stabiler Zusammenhang mit hinreichender Effektstärke zwischen den beiden Variablenbündeln Autonomie und einzelschulische Qualität festgestellt werden (vgl. auch den Beitrag von *Weiß & Bellmann*). Sie beziehen sich auf eine Vielzahl empirischer Studien, die eine Reihe teils massiver „unerwünschter" Nebeneffekte aufzeigen, die die Effektstärke dieser Generalstrategie deutlich senken, wenn nicht sogar „überlagern" können (vgl. z. B. die Beiträge von *Zlatkin-Troitschanskaia*).

Wenn stabile signifikante Effektstärken nachgewiesen wurden, dann bezieht sich dies i. d. R. auf das folgende Szenario: Die erweiterte Selbstständigkeit der Einzelschule weist dann einen signifikanten, allerdings nach wie vor eher effektschwachen Zusammenhang zur einzelschulischen Qualitätsverbesserung auf, wenn gleichzeitig eine verstärkte, möglicherweise strikte Outputkontrolle hinsichtlich der individuellen und gruppenspezifischen Lern- und Entwicklungsleistungen der Schüler und Schülerinnen vorgenommen wird (vgl. die Beiträge von *O. Köller, Peek* und *van Buer;* zum Verhältnis von externer Evaluation und innerschulischer Entwicklung vgl. den Beitrag von *Artelt*). Neben den mit einem solchen Konzept implizit und/oder explizit „importierten" Effektivitäts- und Effizienzfragen stellt sich damit auch die Frage nach der Definition des einzelschulischen Zielsystems z. B. mittels des Instruments des Schulprogramms. Dieses verweist auf die Präzisierung der möglichen Eigenständigkeit bzw. der darin aufscheinenden Nutzung der erweiterten Selbstständigkeit durch die Einzelschule sowie auf die Art und den Umfang seiner Operationalisierung mittels Schulprogramm oder ähnlicher Dokumente (zum derzeitigen Zustand der Schulprogramme vgl. die Übersicht im Beitrag von van *Buer & Hallmann;* zur Grundlegung, Funktion und Struktur von Schulprogrammen vgl. den Beitrag von *van Buer & Köller*).

Die oben angesprochenen Widersprüchlichkeiten in den empirischen Befundlagen scheinen u. a. ein Effekt institutioneller Qualitätsunterschiede und deren Auswirkungen (vgl. den Beitrag von *Ditton*) zu sein – nicht zuletzt der Wirkungen auf das Lernen von Kindern und Jugendlichen bzw. auf die Nutzung der per Schulpflicht festgelegten nominalen (Lern-)Zeiten (zur Nutzung von Lernzeiten und zum Schulabsentismus vgl. den Beitrag von *Badel*): Neben regionalen Leistungsunterschieden im Bildungssystem, wie dies für Deutschland sowohl die internationalen als auch die regionalen Leistungsstudien aufzeigen, deutet alles auf Folgendes hin: Deutsche Schulen zeichnen sich vor allem durch zwei Merkmale aus (vgl. z. B. die Befunde in *Lehmann, Peek* et al. 1999; *Peek & Neumann* 2003; vgl. auch bereits z. B. *Fend* 1982) – durch hohe

- *inter*institutionelle sowie
- *intra*institutionelle Varianz (zur Frage differenter Schülervoraussetzungen vgl. den Beitrag von *Seeber*).

Wie u. a. *van Buer* (2005b) resümiert, spricht vieles dafür, dass besonders die *intra*institutionelle Varianz primär auf den Spezifika der Rollenidentitäten des Lehrpersonals, deren derzeit verfügbare professionellen Kompetenz und auf den Besonderheiten der Personalrekrutierung und -entwicklung im deutschen Bildungswesen beruht (als Beispiel für die Berliner beruflichen Schulen vgl. *Seeber & Squarra* 2003, 145ff.).

Wenn die obige, sicherlich stark verkürzte Skizze zentrale Aspekte der einzelschulischen Alltagsrealität angemessen wiedergibt, kann man bei der Implementierung erweiterter einzelschulischer Selbstständigkeit jenseits der Unterschiede in der konzeptuellen Ausdifferenzierung der in der einschlägigen Literatur unterschiedlich verwendeten Begriffe wie Autonomie, Selbstständigkeit oder Selbstverantwortung durchaus vermuten: Zumindest dort, wo sich die Einzelschulen durch hohe inter- und intrainstitutionelle Varianz auszeichnen, ist nicht erwartbar, dass die Implementierung erweiterter einzelinstitutioneller Autonomie die angedeuteten Unterschiede in der alltäglichen Leistungserstellung im Funktionsfeld (pädagogischer) Arbeit zwischen bzw. innerhalb der Einzelinstitutionen verringert. Im Gegenteil spricht vieles dafür, dass sich die Varianzen, vor allem auch die interinstitutionellen, eher vergrößern.

Insgesamt kann aus der Sicht der beiden Herausgeber die derzeitige Situation der (einzelschulischen) Qualitätsentwicklung in der folgenden These verdichtet werden: Neben großen Bandbreiten hinsichtlich der einzelschulischen Inputs, die durch die lokale und regionale Umgebung bedingt sind, führen bei erweiterter Selbstständigkeit der Einzelschule die bereits vorliegenden interinstitutionellen Unterschiede in der professionellen Leistungserstellung der pädagogischen Agenten zu einer tendenziellen Erhöhung der *inter*institutionellen Outputvarianz. Erwartbar wird dies nochmals verstärkt durch den im einzelschulischen Vergleich unterschiedlich effektiven Umgang mit den *intra*institutionellen Varianzen. Als eine „Gegenmaßnahme" scheint sich eine möglichst strikte Outputkontrolle anzubieten (vgl. den Beitrag von *van Buer*, auch denjenigen von *Artelt* und von *Peek*; zu einer einheitlichen Bildungsberichterstattung in Deutschland als Grundlage eines umfassenden Bildungsmonitorings vgl. den Beitrag von *Döbert & Avenarius*). Diese müsste sich zumindest auf bildungspolitisch vereinbarte Standards und/oder curriculare Kernbereiche beziehen, die unverzichtbar als Kultur- und Zivilisationsgüter an die nächste Generation weitergegeben werden sollen (vgl. den Beitrag von *O. Köller*; zur beruflichen Kompetenzentwicklung vgl. den Beitrag von *Achtenhagen*). Daraus folgt die notwendige „Ergänzung" der beiden schon genannten Strategien durch die Strategie der Definition von (Bildungs-)Standards und deren curricularer sowie (test-)instrumenteller Operationalisierung (kritisch vgl. den Beitrag von *Heid*). Wie weit diese Strategie vor dem Hintergrund der föderalen Rahmenbedingungen des Bildungssystems reicht, wird sich in den nächsten Jahren erst herausstellen (vgl. hierzu den Beitrag von *Böttcher & Rürup*). Insgesamt kann jedoch festgehalten werden, dass diese drei Generalstrategien sich nicht diskussionsfrei zu einem homogenen Strategiebündel zusammenfügen, sondern dass sie sich eher in einem nicht ohne weiteres auflösbaren Spannungsverhältnis befinden, vor allem, wenn man die Gesamtheit der Steuerungsebenen von der bildungspolitischen Konsensbildung bis zur Mikroebene des Unterrichts und der dort möglichen bzw. systemisch eingelagerten Steuerungsbrüche berücksichtigt (vgl. die Beiträge von *Zlatkin-Troitschanskaia*).

Zumindest kann konstatiert werden: Gerade die Strategie der Outputorientierung, vor allem wenn sie zu einer relativ strikten Outputkontrolle verschärft wird, wird von vielen Einzelschulen in Deutschland als „Konterkarierung" der bildungspolitisch offerierten erweiterten Selbstständigkeit wahrgenommen. Basierend auf den historischen Erfahrungen im Umgang mit Schuladministration sowie gestützt durch die subjektiven Rollendefinitionen der pädagogischen Agenten kann erwartet werden, dass den einzelschulischen Alltag und dessen „Bildungsproduktion" massive Phänomene des „Unterlaufens", „Umgehens", „Umdefinierens" etc. hinsichtlich der neu zu implementierenden Regularien für die Leistungserstellung in den Funktionsfeldern von Schule bedeutsam bestimmen (werden) (zur Lehrerrolle vgl. z. B. *van Buer, Squarra & Badel* 1995; *Bohnsack* 1997; zur „pädagogischen Freiheit" als einem zentralen Bestimmungsstück der (subjektiven) Lehrerrolle vgl. den Beitrag von *van Buer & Köller*).

Einleitung

Zusammenfassend deutet sich an: Zwar liegt eine kaum noch zu überblickende Vielzahl von Studien zu „guten", „wirksamen" etc. Einzelschulen vor, und deren Ergebnisse sind in einer Vielzahl von Übersichten hinsichtlich zentraler schulischer Wirkungsfaktoren zusammengefasst (als Beispiel vgl. z. B. *Peek & Neumann* 2003; vgl. auch den Beitrag von *Ditton*). Trotzdem scheinen zentrale Fragen einzelschulischer Entwicklung derzeit nur begrenzt schlüssig beantwortbar zu sein. Solche sind z. B. Fragen nach der Nutzung einzelinstitutioneller Gestaltungsräume jenseits von Einzelfallstudien bzw. phänomenologischen Einzelbeschreibungen und der dadurch erhofften bzw. der damit verknüpften Verbesserungen alltäglicher Schulwirklichkeit sowie Fragen nach den Konsequenzen für die Lern- und Entwicklungsergebnisse der Schüler und Schülerinnen sowie spezifischer Teilgruppen wie den „Modernisierungsverlierern" (z. B. Schülerinnen und Schüler mit niedriger wertigem Schulabschluss), Migranten etc. (vgl. *Bildungskommission der Bundesländer Berlin und Brandenburg* 2003; auch der Beitrag von *Badel*).

2 Die Einzelschule als Objekt bildungspolitischer Optionen und öffentlichen Drucks, aber auch innerer Entwicklungen

Im Kapitel 1 ist deutlich geworden: Insgesamt liegt ein hoch komplexes Bild von differenzierten Befunden vor, die in nicht unerheblichem Ausmaß auch kontextgebunden, zudem in Teilen nicht immer zeitstabil und durchaus widersprüchlich sind.

Aus der Sicht der beiden Herausgeber kann dies wie folgt verdichtet werden: Die Einzelschulen bewegen sich

- einerseits in einem in den Bundesländern unterschiedlich stark verwobenem Netzwerk bildungspolitischer Entscheidungsfindung und deren administrativer Interpretation sowie Einflüssen aus der empirischen Bildungsforschung auf diese Entscheidungs- und Implementierungsprozeduren (vgl. den Beitrag von *Böttcher & Rürup* sowie von *Rosenbusch*) und

- andererseits in ihren eigenen lokal-regionalen sowie innerinstitutionellen Bedingungslagen inklusive der spezifischen Interessen ihrer Agenten (vgl. z. B. den Beitrag von *Meinel & Sachse* aus der Sicht von Unterstützungsleistungen durch die Landesinstitute sowie von *Hertel, Allolio-Näcke, Prenzel & Schmitz*).

Dabei sind die auf den verschiedenen Handlungsebenen getroffenen Entscheidungen und die damit verknüpften Implementierungsoptionen für das Entwicklungshandeln in den Schulen zumindest zeitlich nicht immer funktional, teils sogar ausgesprochen dysfunktional abgestimmt. Die Schulen ihrerseits bewegen sich in einem für ihre eigene Entwicklung äußerst engen Zeitkontingent, und die dortigen Leitungs- und pädagogischen Agenten empfinden dies i. d. R. auch so. Daraus erwachsen nicht unerhebliche Störungen und teils auch Blockaden für den extern eingeforderten und von vielen Schulen auch selbst gewollten Veränderungsprozess (vgl. auch die Beiträge z. B. in *Trier* 2000).

Das Beispiel der Schulentwicklung im Land Berlin seit Implementierung des neuen Berliner Schulgesetzes im Januar 2004 mag die angesprochenen engen Zeitkontingente und auch Widersprüchlichkeiten belegen: 14 Monate vor dem gesetzlich verbindlichen Abgabetermin der Schulprogramme Ende August 2006 und 17 Monate nach In-Kraft-Treten des Neuen Berliner Schulgesetzes erhielten die Schulen – ironisch gesprochen „endlich" – den für sie gültigen Handlungsrahmen und das darin integrierte analytisch „geordnete" und administrativ-inspektiv gültige Kriterienraster, um die konzeptuelle Basierung ihrer Schulprogramme zum einen entlang den Vorstellungen der (bildungs-) politischen Willensbildung in Berlin und deren administrativer Präzisierung sowie zum anderen entlang der schulindividuell ausgearbeiteten Zielsetzungen leisten zu können. Gleichzeitig stilisierte sich – bewusst und/oder unbewusst, gewollt und/oder ungewollt – die externe Schulinspektion zu einer, für viele der Schulen nur bedingt fassbaren „Drohgebärde", die nach ersten Erfahrungen jedoch eher hektischer Betriebsamkeit in den Wochen vor deren Eintreffen gewichen ist (zur Schulinspektion vgl. den Beitrag von *Bos, Dedering, Holtappels, Müller & Rösner* sowie von *Füssel*).

Die oben beschriebene – möglicherweise nicht in allen Bundesländern ähnlich stark ausgeprägte – Unübersichtlichkeit der Steuerung und Entwicklung von Schulqualität wird zuletzt durch Reaktionen von Anbietern aus dem Bereich von Profit- und Non-Profit-Organisationen zwischen Unternehmensberatung und Stiftungen erhöht (vgl. auch den Beitrag von *Bank*): Diese bieten sowohl einzelschulisch orientierte als auch regional, teils überregional angelegte, aber durchaus auch auf die Einzelschule bezogene Evaluationen an (vgl. z. B. SEIS der *Bertelsmann-Stiftung* 2005), die nicht zuletzt aufgrund mangelnder Ressourcen der jeweiligen Bildungsadministration sowie auch teils der unübersehbaren „Hilflosigkeit" der dortigen Akteure zunehmend bildungspolitisch normierenden Charakter annehmen. Ebenfalls feststellbar ist, dass diese Anbieter in Einzelfällen zu in der öffentlichen Diskussion höchst wirksamen „Benchmarks" oder „Ranglisten" verdichtet werden (vgl. die Nachrichten in den Tageszeitungen zu den „Ergebnissen" einer Erhebung zu den „besten Schulen" in Deutschland des Magazins *Capital* 11/2005; zur Diskussion über Benchmarking im Schulwesen vgl. z. B. die Beiträge in *Klös & Weiß* 2003; kritisch zu solchen Entwicklungen in den USA vgl. den Beitrag von *English*). Dadurch wird der Druck auf zeitnahe und – so könnte man ironisch zugespitzt formulieren – „publikumswirksame" Aktivitäten in den einzelnen Schulen nochmals erhöht.

Neben den angesprochenen Unübersichtlichkeiten und zeitlichen Verengungen ist das Ausmaß der Veränderungsleistungen, deren Konstruktion und Implementation den Schulen simultan in einem zeitlich und finanziell eng begrenzten Rahmen abverlangt wird, als ausgesprochen hoch einzuschätzen. Zwar wird die Zielrichtung der intendierten Veränderungen von vielen Akteuren vor Ort als wünschbar und sinnvoll erachtet; die damit verknüpften, i. d. R. zeitverdichteten Leistungsoptionen werden jedoch zunehmend auch als bedrohlich empfunden. Solche Veränderungsleistungen sind, um nur einige im Kernbereich von Schule – Planung, Realisierung und Evaluierung von Lehrkontexten und Lernangeboten – zu benennen:

- *Veränderungen auf der curricularen Ebene:* Einführung von Bildungsstandards (vgl. Beitrag von *O. Köller*), Implementierung von Vergleichsarbeiten und teils grundlegende curriculare Anpassungen (im beruflichen Bereich z. B. Lernfeldorientierung und Modularisierung);

- *unterrichtsmethodische Veränderungen:* Modernisierung der Sozialformen des Unterrichts; stärkere Mediatisierung der Lehrangebote; Implementierung komplexer Arrangements; Verstärkung des selbstorganisierten Schülerlernens (vgl. die Beiträge von *Weber*; von *Sembill & Seifried*; von *Nickolaus*; von *Prasse, Schaumburg, Müller & Blömecke;* auch die beschriebenen Schwerpunktprogramme in *Hertel, Allolio-Näcke, Prenzel & Schmitz*);

- *Verbesserung der professionellen Kompetenz des Lehrpersonals:* Verbesserung der diagnostischen Kompetenz der pädagogischen Agenten und konsequente Implementierung diagnostisch hinreichend valider Verfahren der Leistungsüberprüfung und -bewertung (vgl. den Beitrag von *van Buer & Zlatkin-Troitschankaia;* auch die beschriebenen Schwerpunktprogramme in *Hertel, Allolio-Näcke, Prenzel & Schmitz*).

Angesichts der in vielen Bundesländern vorliegenden Altersstrukturen des Lehrpersonals mit gruppenspezifischen Mittelwerten zwischen 47 und 52 Jahren sowie einer chronischen Unterfinanzierung des Bildungssystems (vgl. den Beitrag von *Weiß & Bellmann* in diesem Handbuch), wird erkennbar: Die von Bildungspolitik und Schuladministration eingeforderten, aber auch von den Akteuren der empirischen Bildungsforschung nahe gelegten bzw. direkt empfohlenen Neuerungen in den Einzelschulen markieren ein hohes Ausmaß an institutionell, organisatorisch sowie individuell zu erbringenden Veränderungen in der alltäglichen Realisierung professioneller Leistungserstellung. Jede einzelne dieser Veränderungen steht für sich betrachtet in einem durchaus nachvollziehbaren Begründungsrahmen; betrachtet man jedoch die Gesamtheit aller eingeforderten Veränderungen und deren simultane Implementierung, sind Zweifel an der strukturellen Konsistenz und auch Realisierbarkeit nicht zu übersehen (vgl. z. B. *Dubs* 2002a; 2003a; auch den Beitrag des Autors in diesem Handbuch). Insgesamt können die Änderungsoptionen durchaus als so hoch eingeschätzt werden, dass vergleichbare Leistungen in Deutschland in der bildungspolitisch derzeit den Schulen zur Verfügung gestellten Zeitspanne wenn überhaupt, dann nur an wenigen markanten Zeitpunkten des letzten Jahrhunderts zu erbringen waren.

Die zur Verwirklichung der angesprochenen Forderungen nötigen Konzeptionierungen, deren kommunikative Konsolidierung in der Einzelschule, die zeitlich stabile Implementierung der Veränderungen und letztendlich deren Evaluierung und Effektivitäts- und Effizienzbeschreibung erfordern einschlägige professionalisierte Kompetenzen, die in den einzelnen Schulen bisher nur eher selten vorliegen (zur Frage von Leitungshandeln vgl. den Beitrag von *Wagner*, zum organisationalen Lernen denjenigen von *M. Köller;* zu Befunden einer amerikanischen Studie zu den Auswirkungen von Veränderungen in schulischen Managementstrukturen auf die Lernleistungen von Schülern vgl. den Beitrag von *Alsbury*). Deren Entwicklung erfordert eine systematische Anbindung an zumindest im Einzelbundesland breit gelagerte und ressourcenmäßig abgestützte Personalentwicklung; diese kann in Teilen jedoch als durchaus unzureichend charakterisiert werden (vgl. z. B. *van Buer* 2005b; auch die Beiträge in *Trier* 2002 oder in *Thom, Ritz & Steiner* 2002, für Schulleitungen im internationalen Vergleich *Huber* 2003). Dabei deuten viele empirische Studien auf Folgendes: Genau dieser „Personalfaktor" scheint eine der entscheidenden Variablen für die hohe inter- und intrainstitutionelle Varianz auf der Ebene der einzelschulischen Leistungsentwicklung darzustellen (vgl. z. B. *Seeber & Squarra* 2003, 145ff.; zur Forschung zur Lehrerpersönlichkeit vgl. z. B. *Bromme & Haag* 2004). Angesichts dieses Zustandes ist in den einzelnen Schulen nicht zuletzt auch systematisches Leitungshandeln gefordert; darauf deuten auch die in den letzten Jahren deutlich verstärkten Publikationen zur Struktur und Funktionalität von innerschulischem Leitungshandeln hin (vgl. z. B. die Beiträge in *Bonsen, Gathen* et al. 2002; die Beiträge in *Seitz & Capaul* 2005; *Buchen & Rolff* 2006; für den berufsbildenden Bereich auch *Szewcyk* 2005; auch der Beitrag von *Wagner* in diesem Band).

3 Zu den zentralen Fragestellungen und Grundorientierungen des Handbuchs

Das oben nur kurz skizzierte Bild von Schule ist bei näherer Betrachtung vor allem durch die Unterschiede zwischen den einzelnen Institutionen der jeweiligen Schulgruppen – Grundschulen, Gesamtschulen, Realschulen, Hauptschulen, Gymnasien und dann besonders auch der Einzelschulen im berufsbildenden Bereich – gekennzeichnet. Zwar führen schultheoretische Überlegungen dazu, zumindest für den Bereich der allgemein bildenden Schulen bestimmte Merkmale dieser Institutionen und des dort stattfindenden pädagogischen, organisationalen und administrativen Geschehens als für das staatlich kontrollierte Schulwesen „typisch" zu identifizieren (zur Schultheorie vgl. z. B. *Diederich & Tenorth* 1997; *Klafki* 2002; *Wiater* 2002; *Benner & Oelkers* 2004; zum Merkmal der Scholarisierung in der beruflichen Bildung vgl. *Bruchhäuser* 2001; auch *Fölling-Albers* 2000). Welche Varianzen jedoch empirisch nachweisbar auch in der Verteilung dieser Merkmale vorliegen, ist derzeit zumindest für Deutschland nicht gesichert bzw. nur in Ansätzen empirisch gesichert beschreibbar (für die Berliner beruflichen Schulen vgl. *van Buer* 2005a; 2005b; basierend auf PISA-Daten vgl. z. B. *Fend* 2004). Angesichts der föderalen Struktur der Bundesrepublik mit den gerade im Bereich des Bildungswesens durchaus differierenden Zielvorstellungen und mit deren administrativen, institutionell-organisatorischen sowie pädagogischen Umsetzungen in Struktur, Verteilung, Ressourcenallokation und Alltagsregularien dieses gesellschaftlichen Subsystems stellt sich – vielleicht ein wenig überspitzt – die Frage, inwieweit „Mittelwert"beschreibungen angemessene Abbilder des vorliegenden Gesamtraums von Einzelschulen leisten können.

Durchaus regional differenziert, bewegt sich Schulentwicklung in Deutschland eingespannt in die drei schon mehrfach angesprochenen Generalstrategien der Erweiterung der Autonomie oder Selbstständigkeit der Einzelschule, der Verstärkung der Outputkontrolle durch interne sowie durch externe Evaluation und der Definition von Bildungsstandards. Diese drei Strategien werden „verfeinert" durch eine bundeslandspezifisch ausgeprägte Reihe weiterer Steuerungsinstrumente, die teils neu definiert oder den veränderten Bedingungen angepasst wurden; diese sind u. a. das Schulprogramm

Einleitung

(vgl. den Beitrag von *van Buer & M. Köller* sowie von *van Buer & Hallmann*), die Schulinspektion (vgl. den Beitrag von *Bos, Dedering, Holtappels, Müller & Rösner* und den Beitrag von *Füssel*), die schulindividuelle Leistungsvereinbarung mit der zuständigen Dienstaufsicht (zu den Hintergrundmodellen vgl. den Beitrag von *Wittmann*) oder die neu ausdifferenzierten Leistungsbeurteilungssysteme für die pädagogischen Akteure sowie die Funktionsträger und das Leitungspersonal.

Neben ihren jeweiligen thematischen Generalorientierungen versuchen die einzelnen Beiträge im Sinne argumentativer Grundorientierungen in diesem – bewusst kritischen – Handbuch,

- die offenen Fragen im Bereich von Schulqualität und einzelschulischer Qualitätsentwicklung zwischen bildungstheoretischen Grundüberlegungen und Bildungsfinanzierung zu identifizieren und zu benennen,

- vorliegende Antworten in den oben skizzierten Problemfeldern auf ihre innere Konsistenz, empirische Fundierung und mögliche Kontextabhängigkeit zu prüfen,

- bildungs- und schulpolitische, empirisch-pädagogische sowie methodologisch-methodische Kontroversen zu benennen und deren entwicklungsförderlichen Beitrag zur Gesamtdiskussion offen zu legen sowie

- die bildungspolitische, administrative und einzelinstitutionelle Funktionalität scheinbar „einfacher" Lösungsmuster kritisch zu beleuchten.

Damit wird auch der Anspruch sichtbar, dass das hier vorgelegte Handbuch primär der kritischen Reflexion der Akteure auf den verschiedenen Ebenen des Bildungssystems, aber auch der Akteure in Bildungsforschung und wissenschaftlicher Bildungsberatung dienen möge. Dabei ist nicht überraschend, dass der „praktisch-konstruktive" Aspekt, der viele der anderen Publikationen und Handbücher prägt (*Altrichter, Schley & Schratz* 1998; *Schratz & Steiner-Löffeler* 1999; *Rolff, Buhren* et al. 2000; *Dubs* 2005a; *Seitz & Capaul* 2005; *Buchen & Rolff* 2006), hier in den Hintergrund tritt. Deutlich wird auch, dass der Steuerungsaspekt unter ganz unterschiedlicher Perspektive die Mehrzahl der vorgelegten Beiträge fast wie ein roter Faden durchzieht. Gleichzeitig wird mit dieser Fokussierung der Bereich der curricularen Konstruktionen wie Lernbereich, fächerübergreifender Unterricht, Lernfeld, Modularisierung etc., vor allem der Folgen aus der Veränderung des Schwerpunkts von der Wissens- in die Kompetenzorientierung – eigentlich müsste man sagen der Erweiterung der Wissens- hin auf die Kompetenzorientierung – in den Hintergrund gedrängt.

Einen vollständigen Überblick über die Entwicklungen in der systematischen Qualitätssicherung und -steigerung der Einzelschule bietet das hier vorgelegte Handbuch somit nicht. Aber ausgehend von dem über drei Dekaden rückblickenden Beitrag von *Steffens* versucht es, in den 36 Beiträgen ein Panorama zwischen den sich derzeit abzeichnenden Hauptspannungspunkten zu zeichnen, in dem vor allem die Phänomene von Schulentwicklung betont werden, zu denen aus empirischer Sicht keine oder nur wenige hinreichend ausgewiesene bzw. gesicherte Aussagen vorliegen. Dies erfolgt in einer fünfteiligen Großstruktur:

Nach der Einleitung (I) wird im Teil II in sieben Beiträgen die Frage nach der Schulqualität unter eher grundlegenden erziehungswissenschaftlichen Fragestellungen zu beantworten versucht. Unbestrittenerweise erfordert Einzelschule nicht nur den mehrspektivischen Blick, sondern auch den Blick auf ihre mehrebige Einbettung und damit auf die externen Bedingungen für die einzelschulische Qualitätssicherung und -optimierung; dies erfolgt im Teil III in den elf dort platzierten Beiträgen. Der Teil IV fokussiert einzelne Bereiche schulindividueller Qualitätsentwicklung in insgesamt zwölf Beiträgen. Im Teil V geht der Blick auf einschlägige Entwicklungen in ausgewählten Ländern; dieser Blick dient eher der exemplarisch kritischen Verdichtung von Erfahrungen und somit nicht zuletzt auch der Verstärkung der Aufforderung in diesem Handbuch, nach den ersten ca. zehn Jahren intensiven Arbeitens an der einzelschulischen Qualitätsentwicklung nicht stillzuhalten, die zunehmende Komplexität der Entwicklungen mittels kritischer und vor allem auch solcher Argumente zu durchleuchten, die nach der empirischen Basierung der vorfindlichen Aussagen und Behauptungen fragen, und damit auch jenseits (bildungs-)politischer Wünsche und Optionen diskutierbar zu machen. Wunsch der beiden Herausgeber dieses Handbuches ist, die kritisch-reflexive Grundlegung der alltäglichen Leistungserstellung in Schule und Unterricht durch die Akteure vor Ort zu stärken und das Denken und Handeln der Akteure in den Steuerungsebenen „oberhalb" der Einzelschule professionalisieren zu helfen.

Abschließend sei den beiden Herausgebern noch ein persönliches Wort zum Prozess der Herstellung dieses Handbuches erlaubt: Von der Idee bis zur Fertigstellung sind knapp zwei Jahre vergangen; dies erscheint ein langer Zeitraum, ist für ein solches Buch jedoch durchaus nicht unüblich. Angesichts der Dynamik, mit der die Qualitätsentwicklung der Einzelschulen und auch die Diskussion darüber verlaufen, können Bücher wie dieses daher schnell – ein wenig ironisch gesprochen – den Status von „Geschichtsbüchern" erhalten. Aufgrund der Anlage der Beiträge sind wir sicher, dass dies so nicht sei.

Wir möchten den Autorinnen und Autoren für ihr Engagement beim Schreiben der Beiträge und auch für ihre Geduld danken. Und wir möchten den Mitarbeiterinnen der Abteilung Wirtschaftspädagogik des Instituts für Erziehungswissenschaften, Philosophische Fakultät IV, Humboldt-Universität zu Berlin, für die vielfältigen Arbeiten danken, die sie zum Gelingen dieses Handbuches beigetragen haben. Unser Dank gilt insbesondere Irmhild Peek, Heidi Raczek und Sabine Fuchs, die die Manuskripte mehrfach Korrektur gelesen und auch technisch in ihre endgültige Form gebracht haben.

Ulrich Steffens

Schulqualitätsdiskussion in Deutschland – Ihre Entwicklung im Überblick

Der Aufsatz befasst sich mit dem Schulqualitätsansatz in Deutschland. Ausgehend von seiner Entstehung in den 1980er Jahren skizziert er die unterschiedlichen Entwicklungsphasen und die grundlegende „Philosophie" des Ansatzes.

1 Entstehung der Schulqualitätsdiskussion in Deutschland

1.1 Der deutsche Bildungsnotstand

Die öffentliche Diskussion über die Leistungsfähigkeit des Schulwesens in der Bundesrepublik Deutschland lässt sich bis in die 1960er Jahre zurückverfolgen. Einen ganz entscheidenden Anstoß stellten dabei die von *Georg Picht* 1964 verfassten Thesen zur „deutschen Bildungskatastrophe" dar. *Picht* (1965) spricht von „unbefriedigender Qualität" und vom „unterentwickelten Stand" des bundesrepublikanischen Bildungswesens, an anderer Stelle vom „erschreckenden Qualitätsverlust" als Folge von „Irrwegen der deutschen Politik" in den zurückliegenden 15 Jahren. Das Erziehungs- und Bildungswesen sei „bei weitem nicht mehr in der Lage (...) den durchschnittlichen Bildungsstand unseres Volkes auf einem Niveau zu halten, das den Standards des 20. Jahrhunderts entspricht".

Pichts Thesen erhielten besonderes Gewicht durch den so genannten ‚Sputnikschock', der vor allem in den Vereinigten Staaten von Amerika entscheidende Schubkräfte freigesetzt hatte, und erzeugten ein Meinungsklima, das der Reform des Bildungswesens die erste gesellschaftliche Priorität beimaß. Dabei spielte das Argument eine wichtige Rolle, dass Investitionen im Bildungswesen die Wettbewerbsfähigkeit erhöhen und sich damit langfristig wirtschaftlich auszahlen würden. So schrieb *Picht* (1965, 31): „Der Ruin der Schule müßte – das ist unausweichlich – zu einem Ruin der Wirtschaft führen. Notstand des Bildungswesens heißt Notstand der ganzen Gesellschaft (...). Wir brauchen deshalb sofort ein Notstandsprogramm."

Die im Gefolge der Diskussion über die ‚Bildungskatastrophe' einsetzende Schulreform der 1970er Jahre zog ein breites Spektrum an Bemühungen um Veränderungen des Schulsystems nach sich (vgl. dazu die vorliegenden Bilanzierungen von *Fend* 1990; *Friedeburg* 1989; *Hentig* 1990; *Klafki* 1982, *Klemm* et al. 1986; *Tillmann* 1987c; *Zedler* 1990 u. a.). Dabei kam es nicht nur zu einer Reform der Schule in ihren zentralen Funktionen (Qualifikations-, Integrations- und Selektionsfunktion), sondern auch zu einer Reform des Steuerungssystems von Schule, die sich an der Kritik der verwalteten Schule entzündete.

1.2 Kritik an der verwalteten Schule

Als einer der ersten hatte *Hellmut Becker* bereits 1956 die „verwaltete Schule" kritisiert. *Beckers* Anliegen war es, „von den oft in Regeln erstarrten Institutionen" „Handlungsmächtigkeit" des Individuums durch Beteiligung an den Institutionen zurückzugewinnen. „Eine solche demokratische Partizipation kann durch Bildung ermöglicht werden." Dieser Kerngedanke wird von *Becker* an anderer Stelle präzisiert: „Die Fähigkeit der Bürger, die komplexen Prozesse einer verwissenschaftlichten und politischen Gestaltung ihrer eigenen Existenzgrundlagen zu verstehen und an ihnen sinnvoll zu partizipieren, ist nur dann gewährleistet, wenn das Bildungswesen Raum und Gelegenheit gibt, sie zu erwerben und zu üben" (*Becker & Hager* 1992, 16).

Erst mit der beginnenden Schulreform gerieten die Probleme der ‚verwalteten Schule' stärker in den Blick. Wichtige Anstöße gaben vor allem die Aufsätze von *Thomas Ellwein* (1964) und von *Horst Rumpf* über „die Misere der höheren Schule" (1966), über „die administrative Verstörung der Schule" (1968) und über den „Unterrichtsbeamten" (1969). Die Diskussion war jedoch noch maßgeblich auf eine ‚Beseitigung von Anachronismen' und ‚Funktionsmängeln' ausgerichtet.

Erste psychoanalytische und organisationssoziologische Betrachtungsweisen der Institution Schule (*Fürstenau* 1969) und Analysen zur Lehrerrolle und Arbeitsstruktur in Schulen (*Wellendorf* 1969) lieferten entscheidende Belege für die mangelnde pädagogische Qualität einer bürokratisch verfassten Schule.

Mit der Kritik an der verwalteten Schule korrespondierte das Axiom der pädagogischen Autonomie: „Der pädagogische Prozeß verlangt die organisatorische Selbständigkeit der Bildungseinrichtungen" (*Richter* 1975, 349). Die Gründe dafür seien in „der Tradierung der herrschenden Kultur und ihrer Legitimierung durch pädagogische Autorität" zu sehen (*Hopf* et al. 1980, 410). Demgegenüber erlebten Lehrerinnen und Lehrer die Realität als „Terror der Schulverwaltung" (*Rumpf* 1966). *Rumpf* bezog diese Kritik auf die „Zermürbung der Lehrer durch nichtpädagogische Aufgaben" und auf unsinnige Verwaltungsvorschriften, die keinen Zusammenhang mit der pädagogischen Qualität des Unterrichts aufwiesen: „Man kann als Lehrer an einem deutschen Gymnasium so gut oder so schlecht unterrichten, wie man will, darum schert sich niemand, wenn man nur die vorgeschriebenen Prüfungshürden genommen hat (...)" (ebd., 27).

In der Folgezeit ließ sich die Kritik am ‚Bürokratiemodell' als die leitende Interpretationsfolie bei der Beschreibung der Schule als Institution ausmachen. Sie durchzog alle organisationssoziologischen Analysen und bestimmte auch das Alltagsverständnis der neuen Lehrergeneration nach 1968.

Im Zuge der genannten Kritik wurde mit einer Schulverwaltungsreform begonnen, die je nach Bundesland unterschiedlich weit voranschritt. Das am weitesten gehende Reformkonzept wurde 1973 vom *Deutschen Bildungsrat* vorgelegt, der eine verstärkte Selbständigkeit der einzelnen Schule mit einer entsprechenden Verlagerung von Entscheidungskompetenzen forderte:

„Die verstärkte Selbständigkeit trägt der Tatsache Rechnung, daß die komplexen Vorgänge des Unterrichts nicht bis ins einzelne zentral bestimmt werden können. Die Partizipation der Beteiligten trägt der Tatsache Rechnung, daß eine Institution nicht unabhängig von den in ihr tätigen Menschen wirksam entscheiden und handeln kann" (*Deutscher Bildungsrat* 1973, 17).

Dabei war der Gedanke leitend, dass in einer komplexer werdenden Gesellschaft die unterschiedlichen Alltagssituationen nicht mehr zentral verwaltet werden können (ebd., A 4): „Die Kontrolle des verschiedenartig und unübersichtlich gewordenen Schulalltags durch einen Schulrat, der nur gelegentlich anwesend sein kann und die besonderen pädagogischen Probleme in den einzelnen Lerngruppen nicht kennt, ist weitgehend eine Fiktion."

Dabei werden explizit die „Grenzen zentraler Steuerung von Schule und Unterricht" betont (ebd., A 9). Daraus wird gefolgert: „Die staatliche Verwaltung sollte sich deshalb (...) auf den Erlaß von Rahmenvorgaben beschränken und deren Einhaltung kontrollieren. Die Bewältigung der je besonderen Probleme und Schwierigkeiten in der Schule, die Erarbeitung von Lösungsmöglichkeiten und -alternativen sowie deren Kontrolle ist dagegen eine Aufgabe, die nur in eigener Verantwortung der Schule, in Prozessen der Kooperation und Selbstkontrolle im Medium schulischer Öffentlichkeit geleistet werden kann" (*Deutscher Bildungsrat* 1973, A 11).

Diese Ideen waren der Bildungsverwaltung zum damaligen Zeitpunkt zu radikal und wurden deshalb von keinem Bundesland bei der zaghaft beginnenden Bildungsverwaltungsreform berücksichtigt. Da eine Bildungsreform ohne eine leistungsfähige Schulverwaltung nicht gelingen kann, breitete sich angesichts einer nach wie vor vorherrschenden retardierten Bildungsverwaltung in der Folgezeit eine „Resignation über die Schwierigkeiten der Bildungsreform" aus (*Bessoth* 1974, 77).

1.3 Mangelnde Effizienz der Schulverwaltung

Spätestens im Zuge der Kritik an der verwalteten Schule stand die Leistungsfähigkeit der Bildungsverwaltung zur Diskussion. Denn die Kritik an der Bildungsverwaltung beinhaltet im Kern die Frage nach ihrer Effektivität. Eine hierarchisch organisierte Verwaltung arbeitet „nach dem Prinzip von Befehl und Gehorsam": „Die modernen Planungs- und Managementtechniken, die die Effektivität der Verwaltung steigern, haben im Bildungswesen nur zögernd Eingang gefunden. Von einer Ablösung der bürokratischen durch eine planende Verwaltung kann jedoch noch keine Rede sein" (*Richter* 1975, 348). So kritisiert beispielsweise *Caspar Kuhlmann* (1972) in seiner Analyse der Zusammenhänge von Bildungsreform und Bildungsverwaltung die Ausrichtung der Schulorganisation auf die Belange einfacher Verwaltung. *Richard Bessoth* kommt in seiner Evaluation der Schulverwaltung zu einem klaren Urteil: „Konkret gesprochen: Die Schulen in den Ländern werden schlecht verwaltet, im Bildungsbereich besteht ein – mehr oder weniger intensiv wahrgenommenes – Mißmanagement" (1974, 63). Des Weiteren schreibt er: „Daß die Ausgangssituation so unbefriedigend beurteilt werden muß, gilt für alle Verwaltungsbereiche im Schulwesen. Ihre Organisationsstrukturen und die angewandten Verwaltungstechniken entstammen im wesentlichen dem 19. Jahrhundert und sind in vielerlei Hinsicht überaltert und überholt" (ebd., 63). In seiner Analyse von Management-Defiziten (1977) kommt er anhand seiner Leistungsindikatoren zu einer differenzierten Beschreibung von Verursachungsfaktoren. Seine Bilanz fällt ziemlich vernichtend für die Schulaufsicht aus, die sich „hart am Rande der Funktionsunfähigkeit" bewege (ebd., 127) und gar nicht stattfinde (ebd., 102). Eine Untersuchung beim Managementpersonal in der Bildungsverwaltung zeige dabei, „daß es sich nicht um die Summe individueller Inkompetenz handelt, sondern um eine Fülle von Systemfehlern" (*Bessoth* 1978, 49).

Angesichts des ausgeprägten Beharrungsvermögens und der systembedingten Lernresistenz der etablierten Schulbürokratie plädiert der Autor für einen radikalen Strukturwandel nach dem Muster privatwirtschaftlicher Management-Konzepte. Nur durch eine Transformation „von einem bürokratischen System zu einem offenen System" lasse sich eine „Revitalisierung" der Bildungsverwaltung erreichen (*Bessoth* 1995).

Dass die Funktionsweise der Schulaufsicht auch von anderen Experten kritisch beurteilt wurde, zeigen weitere Untersuchungen (*Allmann* 1994 und *Koetz* et al. 1994). Die Wirksamkeit der Schulaufsicht wurde nach wie vor durch eine Flut von Gesetzen und vor allem durch die Verwaltungsvorschriften eingegrenzt: „Für die Schulleitung und die LehrerInnen stellt sich das Problem, ihre Freiheiten bei der Vielzahl der Regelungen zu erkennen und sich danach zu richten, zumal die SchulleiterInnen PädagogInnen und keine JuristInnen sind. Für die Schulaufsicht liegt das Problem im Vollzug dieser unübersichtlichen Regelungen" (*Koetz* et al. 1994, 121).

Werner Biewer kommt in seiner Untersuchung zur Schulaufsicht zu dem Ergebnis, „daß der Einfluß der Schulverwaltung auf die Ausprägungen der Verwaltungsvorgaben bei den SchulleiterInnen und LehrerInnen trotz zentralisierter Steuerung und Kontrolle gering ist" (*Biewer* 1993, 179). *Rosenbusch* (1992, 53) stellt in seiner Untersuchung fest, dass die Schulaufsicht „in der bisherigen Form durch die LehrerInnen nicht als angemessen eingeschätzt, sondern als überholt bzw. völlig überholt angesehen (wird) (...) LehrerInnen sehen in der Institution des Schulrates eher eine Verwaltungsinstanz, mit der keine pädagogisch kollegiale Verbindung mehr besteht (...). Zwischen Schulaufsichtsbeamten und LehrerInnen findet kaum ein Transfer praktischen oder theoretischen Wissens statt." Und an anderer Stelle schreibt *Rosenbusch* (1992, 54): „Beratungsgespräche mit dem Schulrat im bisherigen Modus werden generell als nicht effektiv eingeschätzt. Fast 75 % der LehrerInnen sehen kaum eine Wirksamkeit gegeben."

Diese und weitere Untersuchungen (*Burkhard & Rolff* 1994; *Gampe* 1994; *Lengen* 1989) machen vor allem zweierlei deutlich:

- den hohen Anteil an verwaltender Tätigkeit bei Schulaufsichtsbeamten sowie
- ihr geringes Ausmaß an beratender Tätigkeit.

Diese Tätigkeitsbeschreibung steht in geradezu diametralem Gegensatz zum Wunschbild von Schulaufsichtspersonal. Schulräte wollen beraten (vgl. *Bruckmann* 1986), nur die Verhältnisse am Arbeitsplatz sind nicht so. Auch Lehrerinnen und Lehrer wünschen sich Beratung, „wenn sie in einem möglichst herrschaftsfreien Raum erfolgt, d. h. auf keinen Fall im Zusammenhang mit der Beurteilung" (*Rosenbusch* 1992, 55).

Die konstatierte Diskrepanz hat mit der „Überfrachtung des Aufgabenprofils" zu tun, wie *Schratz* (1996) in seiner Untersuchung über „Die Rolle der Schulaufsicht in der autonomen Schulentwicklung" anschaulich herausarbeitet („Bin für alles zuständig"). Insgesamt dominiere ein Bild des „Verwaltungsfachmanns" (*Burkhard & Rolff* 1994, 240). Auch die in den 1990er Jahren einsetzenden systematischen Bemühungen um eine Kooperation zwischen Schulaufsicht und Schule fallen nach *Rosenbusch & Schlemmer* (1999) enttäuschend aus. So sei es nicht gelungen, „das häufig zitierte ‚strukturell gestörte Verhältnis' zwischen Lehrerschaft und Schulaufsicht aufzulösen oder gar endgültig zu beseitigen. Selbst in Bremen, der entschiedensten Neuregelung, gelingt es nur schwer, die historisch gewachsenen Vorbehalte abzubauen, obwohl, wie gesagt, die Mitglieder der Schulinspektion weder Dienstvorgesetzte sind noch als solche auftreten" (*Rosenbusch & Schlemmer* 1999, 60).

1.4 Die Kontroverse um die Wirksamkeit von Schule

Mit der Schulreform der 1970er Jahre wurden zwar große finanzielle Anstrengungen zur Verbesserung des Schulsystems in inhaltlicher, personeller und sachlicher Hinsicht unternommen, dennoch spielte die Frage nach der Effektivität dieser Anstrengungen so gut wie keine Rolle. Bereits die Anstrengungen selbst, der Anstieg höherer Bildungsabschlüsse, positive Indikatoren für Chancengerechtigkeit sowie veränderte Studiengänge, eine reformierte Lehrerausbildung, neue Lernangebote, Curricula und pädagogische Konzepte wurden als Beleg für die Leistungswirksamkeit angesehen. Die Frage, in welchem Verhältnis die investierten Mittel zum Ertrag der Bildungsanstrengungen stehen, wurde nicht gestellt. Die in jener Zeit aufkommende Schulbegleitforschung sowie die zahlreichen wissenschaftlichen Begleitungen der Innovationsprojekte, vor allem der Modellversuche der Bund-Länder-Kommission für Bildungsplanung und Forschungsförderung (BLK), richteten ihr Augenmerk primär auf die Entwicklungsberatung und nur sekundär auf Probleme bei der Realisierung und Möglichkeiten der Verbesserung der Maßnahmen. Nicht von ungefähr beklagten die Reformbeteiligten – bemerkenswerterweise Schulaufsichts-, Schulleitungs- und Lehrpersonen gleichermaßen – die mangelnde wissenschaftliche Aufarbeitung der Versuchserfahrungen (vgl. *Steffens* 1979).

Eine bekannte Ausnahme gab es allerdings: Die Wirksamkeit und Effizienz von Schule begann dort zu interessieren, wo die Grundstruktur unseres Schulsystems zur Debatte stand, nämlich die Dreigliederung der allgemeinbildenden Schulen in Hauptschule, Realschule und Gymnasium. Mit der Einrichtung von Gesamtschulen kam die Angst vor „Leistungseinbußen" des deutschen Schulsystems auf. In diesem Zusammenhang und im Interesse einer Legitimierung der jeweiligen Positionen gaben nacheinander zuerst Befürworter des Gesamtschulsystems (vor allem die Länder Hessen, Nordrhein-Westfalen und Niedersachsen) und später auch Opponenten (insbesondere die Länder Rheinland-Pfalz und Baden-Württemberg) größere Evaluationsstudien in Auftrag. In langwieriger Arbeit hat sich auch der Innovationsausschuss der Bund-Länder-Konferenz mit den Erfahrungen des Schulsystemvergleichs befasst und die Ergebnisse in einem ca. 800-seitigen Bericht niedergelegt (*Bund-Länder-Kommission* 1982). In Abhängigkeit von parteipolitischen Positionen gab es dabei divergierende Bilanzierungen in den Evaluationsbereichen Kosten und fachliche Leistungen. Während die Politiker sich also teilweise uneins waren, konnte in der Forschung ein weitgehend einmütiges Ergebnis konstatiert werden, was *Helmut Fend* in dem lapidaren Satz zum Ausdruck brachte, dass die Gesamtschulfrage definitiv beantwortet werden konnte (1982).

Von der Ausnahme der Gesamtschulforschung abgesehen kann allerdings zugespitzt festgehalten werden, dass die Frage nach der Wirksamkeit von Schule in der Schulreform der 1970er Jahre kaum gestellt und noch weniger debattiert wurde.

Ganz anders verlief demgegenüber die Diskussion über die Effektivität des Schulsystems in den anglo-amerikanischen Ländern, allen voran den USA. Obwohl Untersuchungen zur Leistungsfähigkeit von Schule bereits in den 1950er und frühen 1960er Jahren durchgeführt wurden, erhielt die Effektivitätsfrage erst mit den Ergebnissen aus der größten jemals durchgeführten Schuluntersuchung, nämlich dem berühmten Coleman-Report aus dem Jahr 1966, einen breiten Stellenwert in der Bildungsreformdebatte der USA. Die Untersuchung wurde vom U.S. Office of Education in Auftrag gegeben und sollte die vermutete Chancenungleichheit im staatlichen Schulwesen offenlegen. Im Ergebnisreport wurde die niederschmetternde Bilanz gezogen, dass Schule nur einen kleinen Einfluss auf den Lernerfolg von Schülerinnen und Schülern habe und dass „Background"-Bedingungen (Elternhaus, Intelligenz u. ä.) von weit größerem Gewicht seien. Das Fazit lautete: „Schools do not make a difference" (vgl. auch *Jencks* 1973).

Weiß (1985, 1063) merkt dazu an: „Wohl kaum eine empirische Untersuchung im Bildungsbereich hat eine so intensive wissenschaftliche Debatte ausgelöst wie der Coleman-Report. Das Ergebnis dieser Debatte stellt einen eindrucksvollen Beleg für die Wichtigkeit der Kontrollfunktion der ‚scientific community' dar." Diese Debatte wurde begleitet von vielen Studien der gleichen Machart: „In diesen Studien stand vor allem das Ziel im Vordergrund, nach (statistischer) Ausschaltung des Einflusses außerschulischer Faktoren, insbesondere aus dem familialen Bereich, die Effektivität bildungspolitischer Gestaltungsparameter, vor allem der schulischen Ressourcen, offenzulegen. Auslöser für solche Untersuchungen zur Ressourcenwirksamkeit war weniger ein wissenschaftliches, auf Theorieprüfung gerichtetes Interesse, sondern vor allem ein wachsender Informationsbedarf für Zwecke der Politikberatung, im Wesentlichen verursacht durch die in der zweiten Hälfte der 60er Jahre einsetzende ‚Accountability-Bewegung'" (vgl. *Richter* 1975). Die für das Bildungswesen Verantwortlichen sahen sich zunehmend mit der Forderung konfrontiert, über die Konsequenzen ihres Handelns Rechenschaft abzulegen und einen Effektivitätsnachweis über die Verwendung der ihnen zur Verfügung gestellten Mittel zu erbringen" (*Weiß* 1985, 1061).

Obwohl in diesen Studien ein breites Spektrum an Bemühungen um Schule und Unterricht erfasst wurde, zeigte sich insgesamt ein ernüchterndes Bild:

1) Über die Wirksamkeit von Schule gibt es erst wenig abgesichertes Wissen.

2) Aus dem, was man bisher weiß, ist zu entnehmen, dass Schule nicht viel bewirkt.

3) „More research is needed."

Diese Folgerungen bilden den roten Faden der von *Averch* et al. (1974) präsentierten Befunde zu einer Vielzahl empirischer Studien. Die Arbeit hat den Titel „How Effective is Schooling?"

So gesehen musste damals konstatiert werden, dass trotz der Vielzahl von Untersuchungen die empirische Schulforschung erst relativ wenig abgesicherte Aussagen über die Wirkung von Schule und über innerschulische Wirkungszusammenhänge geliefert hatte. Die Probleme sind in erster Linie in den methodischen Schwierigkeiten einer adäquaten Erfassung schulischer Praxis zu sehen. Darauf verweisen auch *Averch* et al. (ebd., 171). Die Kritik gilt u. a. dem Sachverhalt, dass das ganze Geschehen im Klassenzimmer noch zu wenig untersucht wurde und dass die verwendeten Maße zu grob waren, um das zu erfassen, was wirklich in der Schule passiert. Das ist auch der entscheidende Ausgangspunkt einer neuen Forschungsrichtung, „die aus der Einsicht heraus entstanden ist, daß von einer – auch methodisch verbesserten – Schuleffekt-Forschung, die sich auf das Input-Output-Paradigma stützt, kein nennenswerter Erkenntniszuwachs zu erwarten ist. Als Hauptgrund dafür wird das Fehlen von binnenschulischen Prozeß-Variablen angeführt" (*Weiß* 1985, 1084).

Anschließende Untersuchungen, die von einer Skepsis gegenüber den Befunden und Schlussfolgerungen von *Coleman* et al. (1966) und *Jencks* (1973) geleitet waren, kamen zu entgegengesetzten Folgerungen über die Wirksamkeit von Schule. Diese Untersuchungen folgten anderen Fragestellungen und setzten andere Forschungsschwerpunkte als die bisherigen. Sie widersprachen dabei nicht den bekannten Befunden über die zentrale Bedeutung schulischer Background-Faktoren (wie sozio-ökonomischer Status). Sie kamen aber zu anderen Ergebnissen und Schlussfolgerungen, da sie andere Aspekte schulischer Prozesse in den Mittelpunkt ihrer Analysen rückten und sich auch anderer Untersuchungsmethoden bedienten. Die weit verbreitete Grundüberzeugung war, dass „schools can make a difference".

Die ersten Studien dieser Machart entstanden bereits Anfang der 1970er Jahre (*Weber* 1971; *Klitgaard & Hall* 1973; *New York State Department of Education* 1974). Weitere und differenziertere Studien folgten im weiteren Verlauf der 1970er Jahre (*Madden & Lawson* 1976; *Brookover* et al. 1976; *Brookover & Lezotte* 1977; *Brookover* et al. 1977). Mit den Überblicksarbeiten von *Edmonds* (1979; 1981) erfuhren die neuen Forschungsergebnisse eine erste Breitenwirkung. Am bekanntesten wurde später der Review von *Purkey & Smith* aus dem Jahr 1983 (auf Deutsch: *Purkey & Smith* 1990). Für eine internationale Verbreitung dieses Ansatzes spielten die ab 1987 durchgeführten internationalen Kongresse zur „School Effectiveness" eine wichtige Rolle (vgl. dazu *Creemers* et al. 1989).

2 Die einzelne Schule als pädagogische Gestaltungsebene

Erste Befunde in der deutschen Schulforschung stammen aus der Mitte der 1970er Jahre und entstanden im Rahmen der Konstanzer Schulforschung. Der erste Nachweis dieses Ansatzes findet sich in der Arbeit von *Helmut Fend* aus dem Jahr 1977. Weitere und differenziertere Befunde wurden von *Fend* und Mitarbeitern in der Folgezeit vorgelegt.

Die englische Schulforschung lieferte vergleichbare Ergebnisse mit der Publikation der Forschungsarbeit über zwölf Londoner Gesamtschulen von *Rutter* et al. aus dem Jahr 1979. Diese Arbeit wurde in Deutschland durch die von *Hartmut von Hentig* kommentierte deutsche Übersetzung von 1980 bekannt (*Rutter* et al. 1980) und hatte in der Bundesrepublik – neben den Untersuchungsergebnissen zur Gesamtschule – bis zu diesem Zeitpunkt den größten Einfluss auf die Diskussion zur Effektivität und Qualität von Schule.

Rutter et al. zeigten sehr anschaulich auf, dass Schulen sehr verschieden sein können, und nannten mögliche Bedingungen für die schulischen Unterschiede. Im Mittelpunkt standen dabei ihre Ausführungen, dass die Unterschiede der Sekundarschulen „selbst dann erhalten (bleiben), wenn in der Analyse nur diejenigen SchülerInnen berücksichtigt wurden, deren Familiensituation und Persönlichkeitsmerkmale vor dem Übergang zur Sekundarstufe weitgehend vergleichbar waren" (ebd., 210), und dass „die festgestellten Ergebnisunterschiede in engem und systematischem Zusammenhang mit bestimmten situativen Merkmalen (standen), die für die Schule als soziale Organisation charakteristisch waren" (ebd., 241). Weiter heißt es: „Sekundarschulen scheinen mithin, anders als bisweilen vermutet, auf die Leistungen und Verhaltensweisen ihrer SchülerInnen einen durchaus nicht unbedeutenden Einfluß auszuüben" (ebd., 241). Damit lagen neben anderen weniger bekannt gewordenen bzw. nicht in diesen spezifischen Diskussionszusammenhang eingebrachten Resultaten Ergebnisse zur Schulforschung vor, die bei der – insbesondere im anglo-amerikanischen Raum – geführten Kontroverse über die Wirksamkeit von Schule die Position jener zu stützen scheinen, die trotz der ernüchternden Befunde zur kompensatorischen Erziehung und den geringen Fördermöglichkeiten von Schülerinnen und Schülern weiterhin die These verfochten, dass „schools can make a difference".

Die Ergebnisse ergänzen den Diskussionsstand zur Gesamtschulforschung, die dem Schulsystemeffekt eine relativ geringe Bedeutung zuspricht (für die Schulleistungen liegt der Prozentsatz aufgeklärter Varianz bei einem Prozent und darunter), wohingegen der Faktor Einzelschule (die Schulsituation) einen deutlich wichtigeren Stellenwert einnimmt (6-8% aufgeklärte Varianz), der fast an die Bedeutung der Schülerintelligenz (mit 10-11%) heranreicht und andere Background-Faktoren wie die Sozialschicht (mit 2-3%) übertrifft (vgl. *Fend* et al. 1980, 686).

Mit der Betrachtung einzelner Schulen im Vergleich zu anderen, also mit der Behandlung von Schulen als ‚Fällen', hatte die Konstanzer Schulforschung (unter Leitung von *Helmut Fend*) in entscheidender Weise die Frage nach der Schulqualität ins Blickfeld gerückt. Maßgeblich dafür waren insbesondere die Erfahrungen mit ganz unterschiedlichen ‚Schulgestalten' trotz einheitlicher Rahmenbedingungen und ähnlicher Schülerschaft, wie etwa beim ehemaligen Wetzlarer Flächenversuch in Hessen mit zwölf Integrierten Gesamtschulen.

Damit war die Einsicht verbunden, dass der Schule als pädagogischem Handlungsfeld eine entscheidende Bedeutung zukommt. Wie sich eine einzelne Schule ausgestaltet, wie sie arbeitet, wie in ihr gelebt und gelernt wird, wie Lehrerinnen und Lehrer miteinander und mit den Schülern umgehen, was sie von den Schülern verlangen – das alles wird zwar von Gesetzen und Erlassen vorstrukturiert, ihr typisches Gepräge und ihre besondere Gestalt bekommt die Schule jedoch erst durch die in der einzelnen Schule handelnden Personen. Schulen sind ‚Individualitäten' mit eigenem Profil und unterschiedlicher Qualität.

Diese Umorientierung auf dem Gebiet der Schulentwicklung verlangt im Kern, die einzelne Schule als „pädagogische Handlungseinheit" (*Fend* 1987) zu betrachten und zu behandeln. Schulen werden demnach als „soziale Individualitäten" mit ihrem je eigenen Profil begriffen (vgl. *Steffens & Bargel* 1987a). Damit wird zugleich die innere Gestaltung und Führung der Schule als Ganzes ins Zentrum der Aufmerksamkeit gerückt: deren Zielgerichtetheit und Strukturierung, das Ausmaß der Zusammenarbeit in den Kollegien, die Art der Lehr- und Lernprozesse bis hin zu den Formen des Umgangs mit- oder gegeneinander im Alltag der Schulen.

In dieser Perspektive wird der Ausgestaltungsspielraum betont, der jeder Schule zu eigen ist und der in Kenntnis der damaligen Schulforschungsergebnisse als beträchtlich angesehen wurde: Die spezifische Qualität einer Schule ist als Resultat kollegialer Problemlösungsprozesse zu begreifen, wobei die Art und Weise der gewählten Lösungen von den wahrgenommenen Rahmenbedingungen und Problemkonstellationen, vom pädagogischen Anspruch und von der Einstellung und den Fähigkeiten der Lehrerinnen und Lehrer sowie von den Aushandlungsprozessen im Kollegium und der Verbindlichkeit ihrer Einhaltung beeinflusst wird (vgl. u. a. *Steffens & Bargel* 1993). Schulqualität, so die Argumentation, entsteht auf der Handlungsebene der einzelnen Schule. Mit dieser Akzentuierung wurde nicht die Notwendigkeit von Bemühungen um die ‚äußere' Schulreform verkannt, sie wurde jedoch als Reaktion auf die Erfahrungen verstanden, dass selbst die bestgemeinten und -fundierten Reformvorhaben in der Schulpraxis in ihr Gegenteil verkehrt werden können, wenn die innerschulischen Entwicklungsprozesse nicht mitbedacht werden. Äußere und innere Reform müssen demnach Hand in Hand gehen (vgl. dazu *Roeder* 1992).

Die Unterschiedlichkeit von Schulen trotz einheitlicher Rahmenbedingungen und die begrenzten Möglichkeiten „makroorganisatorischer Vorstrukturierungen" schulischen Geschehens hatte bereits *Fend* (1977) anschaulich aufgezeigt (s. a. *Fend* 1980). Seine Analysen können als der eigentliche Ausgangspunkt der dann in den 1980er Jahren mit dem „Arbeitskreis Qualität von Schule" in Deutschland einsetzenden Schulqualitätsdiskussion und Schulqualitätsentwicklung begriffen werden (vgl. dazu *Steffens & Bargel* 1987b).

2.1 Der „Arbeitskreis Qualität von Schule"

Die vorangehend skizzierte neue Sichtweise von Schule hat in der deutschen Schulforschung und Schulentwicklung eine breitere Rezeption erfahren. Sowohl Initiator als auch Diskussionsforum war der „Arbeitskreis Qualität von Schule", der 1985 eingerichtet wurde, um eine kontinuierliche Diskussion über die Qualität von Schule und Unterricht anzuregen und zu bündeln, in deren Mittelpunkt die Frage steht: „Was ist eine gute Schule, und wie ist sie zu verwirklichen?" Hier kamen im jährlichen Turnus, auf Einladung des Hessischen Instituts für Bildungsplanung und Schulentwicklung (HIBS) bzw. (später) des Hessischen Landesinstituts für Pädagogik (HeLP) in Wiesbaden sowie der Forschungsgruppe Gesellschaft und Region e. V. in Konstanz, Experten aus Wissenschaft und Praxis zusammen, um pädagogische Vorstellungen, empirische Befunde und praktische Erfahrungen zu schulischen Qualitätsmerkmalen systematisch zusammenzutragen und wesentliche Aspekte für das Gelingen von Schule und Unterricht herauszuarbeiten.

Mit der Verlagerung des Blickwinkels hin zur einzelnen Schule als „pädagogischer Handlungseinheit" (*Fend* 1987) schienen unvermittelt verschiedene Forschungs- und Interventionsansätze, die sich bisher in einem unverbundenen Nebeneinander bewegten, (sich gegenseitig ergänzend) ineinander aufzugehen:

1) Die Befunde aus der bundesrepublikanischen Gesamtschulforschung (*Fend* 1982) fanden ihre Entsprechungen in neueren Studien über Wirkungen von Schulbedingungen auf Schülerinnen und Schülern (namentlich *Rutter* et al. 1979). Bei Gegenüberstellungen von Schulen mit hohem und niedrigem Leistungserfolg ihrer Schülerinnen und Schüler, wie sie in amerikanischen Studien seit Ende der 1970er Jahre vorgenommen wurden (vgl. z. B. *Edmonds* 1979), orientierten sich die Analysen an den schulspezifischen Bedingungen. Fallstudien bestätigten und ergänzten die gewonnenen Ergebnisse (vgl. z. B. *Lightfood* 1983). Studien über schulische Veränderungsprozesse ließen erkennen, dass der Erfolg von Reformprogrammen im Wesentlichen von den konkreten Bedingungen einer Schule und eines Kollegiums abhängt (vgl. u. a. *Fullan* 1982; *Roeder* 1987). Evaluationsstudien über Curriculumprogramme betrachteten die erzielten Veränderungen im Hinblick auf förderliche und hemmende innerschulische Gegebenheiten (vgl. *Purkey & Smith* 1983, 436ff.). Die Schulklimaforschung, bis dato der einzige Ansatz, der die einzelne Schule als Ganzes – als Umwelt von Lehr- und Lernprozessen – zum Forschungsgegenstand hatte, erhielt durch die vorliegende Betrachtungsweise neuen Auftrieb und damit die Gelegenheit zur eigenen Weiterentwicklung, wenn nicht gar Fortsetzung im Schulqualitätsansatz.

2) In der Lehrerforschung hinsichtlich Einstellungen und Bereitschaften zur Schulreform zeigten sich analoge Erkenntnisse, die bislang jedoch noch nicht hinreichend aufgegriffen wurden: Nicht der einzelne Lehrer bzw. die einzelne Lehrerin ist der entscheidende Träger bzw. die entscheidende Trägerin von Curriculumreform, sondern der Erfolg konstituiert sich erst im gemeinsamen Lehrerhandeln, z. B. bei kooperativer Unterrichtsplanung (vgl. *Haller & Wolf* 1973; *Heipcke* 1977; *Scheffer* 1977; *Wolf & Klüsche* 1977). Ähnliches lässt sich auch für die Herausforderungen von Schulverdrossenheits- und „Burn-out"-Phänomenen feststellen (vgl. *Hoffmann* 1988): dass nämlich die Kooperation im Kollegium ein Stützsystem für innerschulische Adaptationsprozesse ist. Auch die neuere Lehr- und Lernforschung untersuchte die Möglichkeiten des Lehrers bzw. der Lehrerin, die Unterrichtsqualität zu steigern (vgl. z. B. *Weinert & Helmke* 1987).

3) Die Akzentsetzung auf Schulqualität beinhaltet auch eine normative Komponente, ohne die die Gestaltung von Schule ziellos wäre. Schulqualität basiert auf lebenswerten Lehr- und Lernbedingungen, die sich in humanen Umgangsformen, sozialer Verantwortung, einer Schulgemeinschaft, einem positiven Selbstwertgefühl der Lernenden und Lehrenden und in entsprechenden psycho-hygienischen Verhältnissen, in Vertrauen und Abwesenheit von Anonymität, einer Interessen- und Bedürfnisorientierung,

Bemühungen um Kritikfähigkeit und Selbstständigkeit, geordneten erzieherischen Verhältnissen und vor allem in einer Bearbeitung so genannter „Schlüsselprobleme" unserer Gesellschaft ausdrücken. Hier wird ein Bogen gespannt von den normativen Gesichtspunkten einer „guten" Schule bei *Bohnsack* (1987) über *Klafki* (1991) bis hin zu *Hentigs* Leitvorstellungen einer Humanisierung der Schule (1987, 31 f.). Diese Orientierungen sind nicht losgelöst zu betrachten von den neuen Herausforderungen der Schule durch den gesellschaftlichen Wandel (vgl. z. B. *Steffens & Bargel* 1992).

4) Schulentwicklungsvorhaben waren zunehmend auf die einzelne Schule ausgerichtet. Das betraf erstens vor allem systematische Ansätze schulpsychologischer Beratung von Schule (vgl. z. B. *Aurin* et al. 1977). Es galt zweitens für Ansätze der Organisationsentwicklung von Schule, die bei ihren Interventionen nicht auf einzelne Lehrerinnen und Lehrer, sondern auf ein ganzes Kollegium ausgerichtet sind (vgl. z. B. *Steuer* 1983; *Pieper* 1986; *Dalin* et al. 1990), und drittens für eine schulinterne Lehrerfortbildung, die das ganze Kollegium umspannt (vgl. z. B. *Edelhoff* 1988; *Schöning* 1988; *Wenzel* et al. 1990; *Greber* et al. 1991). Darüber hinaus sind Bemühungen um die Herstellung von Schulgemeinschaften zu erwähnen (vgl. z. B. *Lind* 1993; *Oser* 1993), die Entwicklung von Lehrerteams (vgl. u. a. *Schlömerkemper & Winkel* 1987) sowie die Kollegiumsarbeit am Schulkonzept (vgl. z. B. *Dörger* 1992; *Dörger & Steffens* 1986).

Der „Arbeitskreis Qualität von Schule" traf sich in den Jahren 1985 bis 2001 zu insgesamt 17 dreitägigen Fachtagungen. Ein Großteil der Tagungsreferate und Tagungsergebnisse wurde in thematischen Bänden in einer gesonderten Veröffentlichungsreihe „Beiträge aus dem Arbeitskreis Qualität von Schule" von *Tino Bargel und Ulrich Steffens* herausgegeben, zunächst vom Hessischen Institut für Bildungsplanung und Schulentwicklung (HIBS), später dann von der Nachfolgeeinrichtung Hessisches Landesinstitut für Pädagogik (HeLP). Vor allem aus den ersten vier Publikationen lässt sich auch der programmatische Akzent des Arbeitskreises ablesen, nämlich eine primär empirische Ausrichtung, Berücksichtigung quantitativer und qualitativer empirischer Verfahren, Interdisziplinarität der Ansätze (verschiedene theoretische Zugänge wurden unter einer Leitfrage gebündelt), Priorisierung der Handlungsebene Schule bei gleichzeitiger Beachtung der Unterrichts- und Systemebene, eine Auseinandersetzung mit den normativen Implikationen von Schulqualität und eine Perspektive von Schulentwicklung, bei der die Gestaltungsmöglichkeiten von Schulen im Zentrum stehen (verstärkte Selbstständigkeit der einzelnen Schule) (vgl. *Steffens & Bargel* 1987b, 1987c, 1987d und 1988).

Die Arbeiten des Arbeitskreises zogen zahlreiche Publikationen im deutschsprachigen Raum nach sich (vgl. v. a. *Tillmann* 1989; *Aurin* 1990; *Rolff* 1991) und führten zu einer breiten Diskussion in der Schulentwicklungsforschung und Schulentwicklung. Zahlreiche Fachtagungen belegen dies gleichermaßen wie Veranstaltungen und Seminare in der Lehrerfortbildung. Die Schulqualitätsdiskussion erreichte alsbald auch Österreich und die Schweiz; dort fanden ebenfalls Fachtagungen, Kongresse und Workshops statt (für die Schweiz siehe *Büeler* 1995; *Szaday* 1995 und *Szaday* et al. 1996; für Österreich siehe *Achs* et al. 1995; *Specht & Thonhauser* 1996).

2.2 Konsequenzen für die Bildungsplanung und Schulentwicklung

Die skizzierte neue Sichtweise von Schule als pädagogischer Gestaltungsebene hatte große Auswirkungen auf die weitere Schulentwicklung und Bildungsplanung. In einer ersten Rezeptionsphase Ende der 1980er und Anfang der 1990er Jahre fanden die Befunde zu den Gestaltungsbedingungen von Schule und Unterricht – unter Bezugnahme auf den „Arbeitskreis Qualität von Schule" und auf anglo-amerikanische Untersuchungen (maßgeblich *Rutter* et al. 1979) – Eingang in die Lehrerfortbildung und in neuere Ansätze der Schulentwicklung (vgl. z. B. *Ermert* 1986; *Vierlinger* 1989; *DGBV* 1998). Eine maßgebliche Katalysatorfunktion hatte dabei das Institut für Schulentwicklung (IfS) in Dortmund mit seinen zahlreichen Veröffentlichungen zur Schulentwicklung (vgl. für die damalige Zeit u. a. *Philipp* 1992; *Holtappels* 1995a; *Rösner* 1999).

Trotz der zahlreichen Initiativen zur Schulentwicklung und Lehrerfortbildung fand der neue Ansatz zunächst keinen Niederschlag in konkreten Entwicklungsmaßnahmen der Bildungsverwaltung. Das änderte sich erst im Verlauf der 1990er Jahre. Vorreiterfunktionen übernahmen dabei die Bundesländer Bremen, Hessen und Nordrhein-Westfalen. Beispielsweise ergriff Hessen Anfang der 1990er Jahre eine Gesetzesinitiative, die die Rechte der Schule auf Selbstverwaltung und pädagogische Eigenverantwortung ausweitete. Dabei ging es um eine neue Balance zwischen den schulspezifischen Eigendefinitionen und dem übergreifenden Orientierungsrahmen, den der Staat sicherzustellen hat (vgl. *Frommelt & Steffens* 1998, 30).

Das hieß aber auch, wie es der Justiziar des Hessischen Kultusministeriums damals formulierte, „Abschied von der rechtlichen Fiktion der Gleichartigkeit öffentlicher Schulen zu nehmen. Sie waren es tatsächlich nie und dürfen es auch nicht sein, wenn sie auf die unterschiedlichen Anforderungen an Erziehung und Ausbildung ihres jeweiligen Umfeldes pädagogisch angemessen reagieren sollen. Geboten, aber unabdingbar ist ein Maßstab der Gleichwertigkeit" (*Köller* 1992; s. a. *Köller* 1991). Mit dieser Initiative war zugleich auch eine Beendigung der Schulstrukturdebatte (integriertes versus gegliedertes Schulsystem) intendiert, die sich politisch nicht mehr durchhalten ließ.

Bereits 1992 wurde das entsprechende Hessische Schulgesetz in seiner ersten Fassung in Kraft gesetzt. Allerdings dauerte es noch mehrere Jahre (bis in die zweite Hälfte der 1990er Jahre hinein), bis entsprechende Strategien und Verfahren für die Selbstgestaltung und Eigenverantwortung der Schule entwickelt und bereitgestellt werden konnten. Dabei erwiesen sich meines Erachtens zwei Impulse als entscheidend:

Erstens waren dies angelsächsische Ansätze der Qualitätssicherung und Qualitätsentwicklung, die vor allem durch die Publikation von *Theo Liket*, „Freiheit und Verantwortung" (*Liket* 1993), und durch entsprechend adaptierte Entwicklungsvorhaben in Nordrhein-Westfalen und Bremen in Deutschland Verbreitung fanden (vgl. dazu *Fleischer-Bickmann* 1998; *Maritzen* 1998; *Burkard & Kohlhoff* 1998; *Böhrs* et al. 1998). Als neue Steuerungsinstrumente wurden „schulexterne" und „schulinterne Evaluation" und „Schulprogramme" propagiert, die in den Folgejahren in verschiedenen Bundesländern erprobt wurden (maßgeblich in Bremen, Hamburg, Nordrhein-Westfalen und Hessen).

Zweitens handelte es sich um Ansätze des „New Public Management" (vgl. *Dubs* 1994a, 1994b), die sich nach *Dubs* (1996) aufgrund von drei Entwicklungslinien zu verbreiten begannen: der Diskussion um Schulqualität und Schulautonomie, der Reformen in der öffentlichen Verwaltung und der schlechten Haushaltslage der öffentlichen Hand. In diesem Zusammenhang fanden mit der Zeit Management-Konzepte wie das EFQM (1995) auch eine gewisse Verbreitung im schulischen Bereich.

Beide Impulse fielen auf einen fruchtbaren Boden der „Organisationsentwicklung". Der US-amerikanische Ansatz wurde in den 1980er Jahren von *Richard Bessoth* in Deutschland bekannt gemacht und weiterentwickelt. Für seine maßgebliche Verbreitung und Konkretisierung an Schulen war das IfS in Dortmund mit entsprechenden Veröffentlichungen (vgl. z. B. *Rolff* 1993) und dem von *Hans-Günter Rolff* initiierten Netzwerk „Organisationsentwicklung", das in späteren Jahren in „Schulentwicklung" umbenannt wurde, verantwortlich.

Erst mit den neuen Strategien und Verfahren zur Qualitätssicherung und Qualitätsentwicklung von Schule erhielten Bestrebungen nach einer verstärkten Selbstständigkeit und Eigenverantwortung von Schulen ein solideres Fundament und erfuhren politisch-administrativ eine größere Zustimmung. Zahlreiche in jener Zeit erschienene Veröffentlichungen zur Schulautonomie sowie zur Qualitätssicherung und Qualitätsentwicklung sind Ausdruck dieser Entwicklung (vgl. z. B. *Avenarius* et al. 1998; *van Buer* et al. 1997; *Daschner* et al. 1995; *Martini* 1997). Eine zentrale Bedeutung kam dabei der beginnenden Öffnung der deutschen Schulentwicklung und Schulentwicklungsforschung für Erfahrungen in anderen Ländern zu (vgl. z. B. *Haenisch* 1996a; *Altrichter* 1998; *Hopes* 1998).

Im Zuge dieser Umstrukturierung des Schulsystems mit der Verlagerung von Entscheidungskompetenzen von der System- auf die Schulebene („Deregulierung") geriet auch zunehmend die Rolle der Schulaufsicht in die Diskussion. Obwohl sie bereits seit Jahren in der Kritik stand (siehe dazu Abschnitt 1.3; vgl. auch *Steffens & Bargel* 1998), hatte sich an ihrem Auftrag und ihren Funktionen bis dato nichts Wesentliches geändert. Erste größere Änderungsversuche waren im Rahmen des nordrhein-westfälischen Fortbildungssystems zu verzeichnen (vgl. dazu *Buchen* et al. 1995) und führten zu der Fortbildungsmaßnahme „Schulentwicklung und Schulaufsicht – Qualitätsentwicklung und Qualitätssicherung von Schule (QUESS)", mit der im Schuljahr 1992/1993 begonnen wurde (vgl. *Kohlhoff* 1995). Trotz der erfolgversprechenden Erfahrungen mit QUESS (vgl. dazu *Burkhard & Kohlhoff* 1998) kam es zu keiner Institutionalisierung im Anschluss an das Modellprojekt.

Ähnlich erging es auch dem ambitionierten Vorhaben der Einführung einer Schulinspektion in Bremen (vgl. dazu *Maritzen* 1998), mit deren Planung 1994 begonnen wurde und die bereits im ersten Jahr ihrer Erprobung (1996) abgebrochen wurde (zu den Gründen vgl. *Hans-Peter Füssel* im vorliegenden Band). Alle Bestrebungen, die Schulaufsicht weitergehend zu reformieren und sich auf neue Formen einer externen Evaluation einzulassen, waren damit erst einmal versandet. Die Schulaufsicht war gleichzeitig bemüht – über ihre angestammten Verwaltungsaufgaben hinaus – die Ausübung ihrer Kontrollfunktion weiter zu reduzieren und zunehmend eine Beratungsfunktion für Schulen wahrzunehmen.

Obwohl es kein Pendant zur schulinternen Selbstregulierung in Form einer institutionalisierten externen Evaluation gab, fanden Ende der 1990er Jahre Maßnahmen zur Schulprogrammarbeit und schulinternen Evaluation – teilweise nur auf freiwilliger Basis – größere Verbreitung: zunächst in Hessen, Nordrhein-Westfalen und Bremen sowie in Berlin, Brandenburg und Niedersachsen, später dann auch in anderen Bundesländern. Jedoch wurde bereits damals kritisch angemerkt: „Inwieweit sich die damit verbundene Hoffnung erfüllen wird, dass alle an der schulischen Arbeit Beteiligten Schulprogramm und Evaluation als Hilfe für die Weiterentwicklung ihrer Schulen begreifen und nutzen werden, bleibt allerdings abzuwarten. Fraglich ist auch, inwieweit diese Instrumente geeignet sind, den durch die oben dargestellten Wirkungen von Modernisierungsprozessen und Bildungsexpansion auf den Schulen lastenden Problemdruck tatsächlich zu vermindern und die Akzeptanz des öffentlichen Schulwesens zu erhöhen. Vor dem Hintergrund restriktiverer Rahmenbedingungen und angesichts der Tatsache, dass die neuen Konzepte schulischer Qualitätssorge in Deutschland keineswegs unumstritten sind, können deren Erfolgschancen nicht von vornherein als günstig beurteilt werden. Es ist deshalb noch nicht genau absehbar, welche anderen deutschen Bundesländer den von Nordrhein-Westfalen, Bremen und Hessen eingeschlagenen Weg ebenfalls beschreiten und wie weit sie ihn mitgehen werden" (*Markstahler* 1999, 32).

Dennoch schien der Trend zur verstärkten Selbstständigkeit der Einzelschule unaufhaltsam zu sein. *Liket* (1993, 81ff.) nennt vier Begründungszusammenhänge für Maßnahmen der „Qualitätsvorsorge", die international bedeutsam sind:

- Eine offene demokratische Gesellschaft verlangt Rechenschaft über das Funktionieren von Bildungseinrichtungen;
- Entwicklungen in der Erziehungswissenschaft erlauben den Einsatz von Evaluationsmaßnahmen;
- wirtschaftliche Bedingungen führen zu der Frage nach der Effektivität von Bildungsinvestitionen;
- Profilierungen der einzelnen Schulen rufen die Frage nach ihren spezifischen Qualitäten hervor.

Tillmann (1995, 33ff.) sieht folgende vier Hauptlinien, die für die Diskussion maßgebend sind:

- den Diskurs über „Demokratie" („Die größere Selbständigkeit der einzelnen Schule ergibt sich aus der Forderung, daß innerhalb einer demokratischen Gesellschaft auch die einzelnen Institutionen Möglichkeiten zur demokratischen Mitgestaltung und Mitverantwortung eröffnen müssen"),
- den Diskurs über „pädagogische Entwicklung" („,Autonomie' wird hier gefordert, damit ,gute Pädagogik' realisiert werden kann. Diese Argumentationslinie hat eine lange reformpädagogische Tradition (...); sie wird in sozialwissenschaftlich aufgeklärter Weise von den Konzepten der ,Organisationsentwicklung' ergänzt und weitergeführt"),
- den Diskurs über „Schule als Betrieb" („Modernes Management bei ,flachen' Hierarchien, flexibler Einsatz von Ressourcen, bessere Motivierung der Mitarbeiter,

Erschließung zusätzlicher Finanzquellen (Drittmittel) werden hier als Stichworte genannt"),

- den Diskurs über „Sparpolitik und Arbeitsbelastung" („Weil über knappe Mittel am besten direkt ‚vor Ort' entschieden werden sollte, ergibt sich daraus aus der Sicht der Kultusadministration ein weiteres Argument für eine höhere Selbständigkeit gerade auch bei der Verwaltung von Geldern und dem Einsatz von Lehrerstunden").

3 Unterricht als Kernaufgabe der Schule

Die deutsche Schulqualitätsdiskussion war mit der Veröffentlichung der TIMSS-Ergebnisse im Jahr 1997 (TIMSS-2) in eine neue Phase getreten. Die Ergebnisse der „Third International Mathematics and Science Study" zeigten, dass die Leistungen der deutschen Schülerinnen und Schüler im internationalen Vergleich nur mittelmäßig sind (*Baumert* et al. 1997). Die Ursachen für die zwischen den TIMSS-Teilnehmerstaaten festgestellten, teilweise dramatischen Leistungsunterschiede sahen die für den deutschen Untersuchungsteil verantwortlichen Wissenschaftlerinnen und Wissenschaftler vor allem in der die Schule tragenden Kultur, d. h. in der generellen Wertschätzung schulischen Lernens und der Bereitschaft zu Anstrengung sowie spezifischen Unterstützungsleistungen. Daneben seien die Ursachen in der Gestaltung des Fachunterrichts selbst zu suchen. Das aus deutscher Sicht düstere Bild hellte sich nicht auf, wenn man die Ergebnisse der entsprechenden Studie für die Sekundarstufe II (TIMSS-3) hinzunahm, die 1998 erschien (*Baumert* et al. 1998).

Trotz der an den TIMS-Studien wegen ihrer methodischen Anlage und der Art der Ergebnispräsentation geübten Kritik, auf die hier nicht eingegangen wird, werden diese Studien inzwischen mehrheitlich so wahrgenommen und verarbeitet, dass ihre Ergebnisse aus deutscher Sicht auf „erhebliche Defizite bei den erreichten Standards und zudem auch auf die mangelnde Vergleichbarkeit erworbener Zertifikate" verweisen (*Klemm* 1998, 275).

Die Diskussion über das deutsche Schulsystem hat durch die TIMS-Studie einen entscheidenden Anschub erfahren: Die Leistungsfähigkeit des deutschen Schulsystems stand zur Debatte. Die öffentliche Diskussion zur TIMS-Studie hat sich der vergleichsweise schlechten Testergebnisse der deutschen Schülerinnen und Schüler angenommen. Der durch TIMSS in Deutschland ausgelöste Schock zeitigte mehrfache Wirkungen. In erster Linie rückte die Frage nach dem Stellenwert und der Qualität des Fachunterrichts wieder mehr ins Zentrum des schulpädagogischen Interesses. Erziehungswissenschaftler fragten sich, „ob nicht die fachlichen Leistungsziele bisher zu sehr vernachlässigt worden sind und ob nicht überhaupt die insbesondere an Grund- und Sekundarschulen entstandene neue Lernkultur – bei allem reformpädagogischen Charme – in ihrer Zeitnutzung zu wenig effektiv und in ihrem kognitiven Anforderungsniveau zu anspruchsarm und nivellierend ist", so der langjährige Beobachter der Schulentwicklung *Rudolf Messner* (1998, 102). Diese Diskussion passt zu der Kritik seitens der Wirtschaft und der Hochschulen an den Schülerleistungen. Die Kritik lautet, dass viele Schülerinnen und Schüler nicht mehr die grundlegenden Kulturtechniken beherrschten und dass von den Abiturientinnen und Abiturienten viele nicht mehr studierfähig seien. Die Wettbewerbsfähigkeit einer ganzen Nation stehe zur Disposition – so äußerte sich beispielsweise der ehemalige Bundesminister für Bildung, Forschung und Technologie.

Zudem löste der „TIMSS-Schock" in der deutschen Schuldebatte eine „empirische Wende in der Bildungspolitik und Bildungsplanung" aus. Es war der ehemalige Vorsitzende der Amtschefkommission „Qualitätssicherung" der Kultusministerkonferenz (KMK), *Hermann Lange*, der diese Formel unter Bezugnahme auf *Heinrich Roths* „empirische Wende" in der Erziehungswissenschaft prägte (*Lange* 1999). Nicht bloße Annahmen über vermeintliche Wirkungen, sondern empirische Befunde sollten nunmehr die Grundlage bildungspolitischer Entscheidungen sein.

Geht man von diesem Sachverhalt aus, so hatten die TIMS-Studien einen nachhaltigen Effekt auf die Systemsteuerung von Schule und Unterricht. Ihre bildungspolitischen Konsequenzen sind deutlich zu erkennen. So befasste sich die Konferenz der Kultusminister bereits wenige Monate nach der Veröffentlichung der Ergebnisse von TIMSS-2 auf ihrer Konstanzer Konferenz im Oktober 1997 mit diesem Thema und forderte die Entwicklung einer „neuen Kultur der Anstrengung" an Schulen. Daneben seien folgende Handlungsfelder entscheidend: Stärkung der Wertschätzung des Lernens in Deutschland, Hebung des Stellenwerts der mathematisch-naturwissenschaftlichen Disziplinen in der Gesellschaft und Verbesserung der Qualität und Organisation des entsprechenden Fachunterrichts an Schulen. Von mindestens ebenso großer Bedeutung war der Beschluss der Konferenz, länderübergreifende Vergleichsuntersuchungen durchzuführen. Damit sollten die Qualität schulischer Bildung gesichert sowie die Gleichwertigkeit der schulischen Ausbildung, die Vergleichbarkeit der Schulabschlüsse und die Durchlässigkeit des Bildungssystems innerhalb der Bundesrepublik Deutschland gewährleistet werden. Diese länderübergreifenden Vergleichsuntersuchungen sollten nach einem weiteren Beschluss der Kultusministerkonferenz im Rahmen des TIMSS-Nachfolgeprojekts PISA realisiert werden.[1]

Das ist vermutlich die größte Resonanz, die in Deutschland jemals von einer empirischen pädagogischen Studie ausging – sie war größer als die der „*Rutter*-Studie" (vgl. *Rutter* et al. 1980) und der Konstanzer Schulforschung (vgl. v. a. *Fend* 1982). Man kann deshalb aus heutiger Sicht die Vermutung äußern, dass sich die Geschichte der Schul- und Unterrichtsentwicklung in der Bundesrepublik Deutschland in eine Zeit vor und nach TIMSS einteilen lässt.

Auch wenn die Befunde aus der TIMS-Studie keine wesentlich neuen Erkenntnisse über den Unterricht an deutschen Schulen zu Tage gefördert hatten (vgl. z. B. bereits *Hage* et al. 1985), so leitete die anschließende Diskussion doch eine weitere nachhaltige Wende in der Bildungsplanung und Schulentwicklung ein, und zwar in zweifacher

---

[1] Mit Blick auf diese KMK-Beschlüsse könnte man freilich kritisch nachfragen, ob das Maßnahmenpaket geeignet war, die handfesten Leistungsdefizite der deutschen Schülerinnen und Schüler merklich zu reduzieren: „Die sich hinter den Ergebnissen von TIMSS verbergenden strukturellen Probleme des Schulsystems (…) könnten in der komparatistischen Perspektive verloren gehen: Setzte man den zeitlichen Aufwand für Unterricht und das Nicht-Wissen bei Schülern in Relation, so ergibt sich ‚führwahr ein Skandal', wie Heinrich meint (1998, S. 49). Er wundert sich, dass die ‚in den Ergebnissen sich manifestierende strukturelle Irrationalität des schulischen Betriebes' (ebd.) in der TIMSS-Rezeption nicht hinreichend kritisiert wird" (*Böttcher* 2002, 19).

Hinsicht: hinsichtlich Unterrichtsentwicklung einerseits und hinsichtlich einer systematischen Erfassung von Lernleistungen andererseits.

3.1 Entwicklung von Unterrichtsqualität

TIMSS hat nicht nur eine breite Diskussion über die Leistungsfähigkeit des deutschen Schulsystems ausgelöst, sondern darüber hinaus den Blick für die Notwendigkeit von Unterrichtsentwicklung geschärft und damit die Unterrichtsebene als eine von mehreren wichtigen Handlungsebenen in den Mittelpunkt der weiteren Schulentwicklungsanstrengungen gerückt. TIMSS rief eine breite öffentliche Kritik am vorherrschenden lehrerzentrierten und fragengeleiteten Unterricht in Deutschland hervor, der überwiegend inhaltsbezogen, auf Erwerb und Reproduktion von Wissen ausgerichtet ist und sich damit merklich von Unterrichtsskripten z. B. aus japanischen Schulen unterscheidet, die demgegenüber Prozess- und Verständnisorientierung intendieren (vgl. *Baumert* et al. 1997). Entsprechende Befunde erbrachten auch Untersuchungen des Max-Planck-Instituts für Psychologische Forschung in München (*Weinert & Helmke* 1997). Von diesem Erkenntnissen ausgehend wurde vom Bundesministerium für Bildung, Wissenschaft, Forschung und Technologie (BMBF) ein Gutachten zur „Steigerung der Effizienz des mathematisch-naturwissenschaftlichen Unterrichts" in Auftrag gegeben, das die weitere Unterrichtsentwicklung in Deutschland in den naturwissenschaftlichen Fächern und in Mathematik maßgeblich beeinflusst hat (BLK 1997). Darauf aufbauend wurde ein umfangreiches bundesweites Modellversuchsprogramm zur fachbezogenen Weiterentwicklung von Schulen auf der Unterrichtsebene aufgelegt („SINUS"; vgl. *www.sinus-transfer.de*), welches mittlerweile in der Lehrerfortbildung in fast allen Bundesländern Verbreitung gefunden hat. Hatten bis dahin Programme zur organisatorisch und pädagogisch orientierten Schulentwicklung (maßgeblich Schulprogrammentwicklung) Hochkonjunktur (vgl. Abschnitt 1.2), so erhielten diese durch SINUS ein Korrektiv und ein „Pendant" auf der Unterrichtsebene.

Im gleichen Zeitraum, in dem die TIMSS-Ergebnisse Verbreitung fanden, sind auch Weiterentwicklungen in der Lehr-Lernforschung zu beobachten (z. B. *Weinert* 1996; *Einsiedler* 1997; *Ditton* 2002; *Klieme* 2002; *Doll & Prenzel* 2004; *Helmke* 2005). Diese sind vor allem auf Aufarbeitungen der Studien des Max-Planck-Instituts für Psychologische Forschung (Classroom Environment Study, LOGIK, SCHOLASTIK), des Max-Planck-Instituts für Bildungsforschung in Berlin (BIJU und TIMSS) sowie angelsächsischer Befunde zurückzuführen, und zwar insbesondere im Hinblick auf eine Abkehr vom lehrerzentrierten, kleinschrittigen und fragengeleiteten Unterricht und eine Hinwendung zu Formen eines problemlösenden, fächerübergreifenden und anwendungsorientierten Lernens (siehe dazu z. B. *Baumert* 1998; *Weinert* 1998).

Im Zusammenhang mit den TIMSS-Videodaten wurden auch neue Forschungsprojekte initiiert („TIMSS-Video-Repeat"), die sich von den früheren Arbeiten zur Unterrichtsqualität dadurch unterschieden, dass sie nicht nach Merkmalen des „guten Unterrichts" bzw. des „guten Lehrers" suchten und weniger die „Oberflächenstruktur" von Unterrichtsprozessen zum Gegenstand hatten: Stattdessen waren sie in einer konstruktivistischen Perspektive vorrangig auf kognitive Entwicklungen und sinnverstehendes Lernen ausgerichtet („Tiefenstruktur") (vgl. dazu z. B. *Klieme* 2003 und *Reusser* et al. 2006).

Für die Bedeutung der Unterrichtsebene sprechen auch Forschungsbefunde, die höhere Zusammenhänge zwischen schulischen Wirkungen und schulischen Bedingungen dann feststellen, wenn die Bedingungsvariablen direkt die Lehr- und Lernprozesse betreffen:

> "Sowohl die Forschung zu schulischer Qualität bzw. Effektivität als auch Bemühungen um eine Qualitätskontrolle und -sicherung im Schulwesen müssen sich, wenn sie erfolgreich sein sollen, primär auf die Ebene des Unterrichts beziehen – organisatorisch betrachtet also in der Regel auf die Ebene der einzelnen Schulklasse (vgl. *Ditton & Krecker* 1995; *Ditton* 1997). Diese Sicht erfordert eine Abkehr von pauschalen Klassifikationen guter Schulen sowie veränderte Forschungs- und Evaluationsdesigns – ohne dass damit nun in einer überzogenen Kehrtwende gleich das Kind mit dem Bade ausgeschüttet werden soll. Guter Unterricht braucht eine unterstützende Umgebung, d. h. fördernde Bedingungen auf der Ebene der Schule sowie darüber hinaus im administrativen und sozial-regionalen Kontext. Dies verweist zugleich darauf, daß Erhebungen zu Faktoren der Effektivität und gleichfalls die Entwicklung von Evaluationssystemen unter Bezug auf Unterrichtssituationen erfolgen sollten" (*Ditton* 2000b, 73).

3.2 Die systematische Erfassung von Lernleistungen

Im Zuge der ausgerufenen empirischen Wende in der Bildungspolitik und Bildungsplanung begannen einige Bundesländer, standardisierte Lernstandserhebungen einzuführen. Eine Vorreiterrolle übernahm dabei Hamburg, das bereits 1995 eine wissenschaftliche Untersuchung zu Aspekten der Lernausgangslage von Schülerinnen und Schülern der fünften Klassen an allen Hamburger Schulen hinsichtlich der Kenntnisse, Fertigkeiten und Fähigkeiten in den Bereichen Sprachverständnis, Leseverständnis, Rechtschreibwissen, Informationsentnahme aus Karten/Tabellen/Diagrammen und Mathematik in Auftrag gegeben hatte (vgl. *Lehmann* et al. 1996). Andere Bundesländer folgten, allerdings nur im Bereich des Fachs Mathematik, nämlich Brandenburg mit „QuaSUM" (vgl. *Lehmann* et al. 2000; *Peek* 2004) und Rheinland-Pfalz mit „MARKUS" (*Helmke & Jäger* 2002). Schon von Anfang an waren diese Vorhaben von Kritik begleitet:

> So wurde moniert, dass in den Lernstandserhebungen unter Schulqualität in erster Linie gute fachliche Lernleistungen – insbesondere in den traditionellen Hauptfächern – verstanden würden. Eine gute Schule sei nach diesem Verständnis eine Schule mit guten Testleistungen vor allem in den Fremdsprachen, in Mathematik und Deutsch. Mit einer solchen Orientierung würden die Erträge von Schule auf ein enges Spektrum fachlicher Lernleistungen der Schülerinnen und Schüler reduziert. Es wurde nicht nur ein erweitertes Verständnis fachlichen Lernens vermisst, sondern das Fehlen des gesamten Bereichs der überfachlichen Kompetenzen (teilweise als „Schlüsselqualifikationen" bezeichnet) bemängelt. Durch diese Einengung werde die Vielfalt schulischer Ziele ignoriert. Schule sei demgegenüber gefordert, viele Aspekte des Schülerverhaltens und der Schülerhaltungen zu beeinflussen. Darüber hinaus wurde kritisiert, dass eine Prozessorientierung bei der Frage nach der Schulqualität so gut wie gar nicht berücksichtigt worden sei; die Bedingungen, unter denen Schüler und Schülerinnen lernen, gerieten so nicht in den Blick.

Hieraus wurde gefolgert, dass Ansätze einer ausschließlichen und restriktiven „Output"-Steuerung zu kurz griffen. Sie seien in einigen Kreisen zwar sehr populär, weil sie vor allem vermeintlich klare Messwerte lieferten; sie seien jedoch in pädagogischer Hinsicht nicht tragfähig. So werde auch in Expertenkreisen problematisiert, dass vor allem externe Tests, die zur Kontrolle schulischer Arbeit eingesetzt würden, innovationshemmend wirkten. Wenn der Unterricht sich primär nach ihnen ausrichte, könnten sich neue, weiterführende Unterrichtskonzepte kaum entfalten (*Black & Atkin* 1996). Auf einem internationalen Symposium kamen die versammelten Experten verschiedener Länder zu folgender Bewertung (vgl. *Black & Atkin* 1996):

> Erstens müssten Leistungsbeurteilungen so angelegt sein, dass sie nicht nur verschiedene Kompetenzen der Schülerinnen und Schüler erfassen, sondern auch differente Lernkulturen und Lernstile berücksichtigen. Sie sollten zweitens kohärent in dem Sinne sein, dass formative, diagnostische Verfahren mit summativen Verfahren kompatibel sind. Dieses Problem sei bislang (bei den diskutierten Modellen) noch nicht zufriedenstellend gelöst worden. Als dritter Punkt wurde die Notwendigkeit intensiver Lehrerfortbildung betont, ohne die eine erfolgreiche Handhabung dieser neuartigen Verfahren der Leistungsbeurteilung selbst dann nicht gelingen könne, wenn Lehrerinnen und Lehrern wie in Frankreich ein elaboriertes Testinstrumentarium zur Verfügung stehe. Schließlich dürfe nicht übersehen werden: Auch die besten Verfahren der Leistungsbeurteilung könnten von sich aus keine Verbesserung von Lernresultaten bewirken. Sie könnten lediglich auf Probleme aufmerksam machen und Anstöße zu deren Bewältigung geben.

Lernstandserhebungen, so wurde argumentiert, seien somit nur dann von Nutzen, wenn mit ihnen entsprechende Maßnahmen zur Sicherung und Verbesserung von Schule und Unterricht einhergingen. Qualitätsevaluation und Qualitätsverbesserung seien eng miteinander zu verschränken; die beste Qualitätssicherung liege in der Qualitätsentwicklung. Nicht die ständige Prüfung des Schulsystems, sondern die stetigen Verbesserungsbemühungen hätten im Mittelpunkt der Bestrebungen zu stehen.

Dementsprechend sollte sich auch der Auftrag der Unterstützungssysteme zur Beratung und Hilfe einerseits sowie zur Sicherung der Standards und der Gleichwertigkeit andererseits auf ein Konzept konzentrieren, das folgenden Gesichtspunkten Rechnung trage (*Arbeitsstelle* 1998, 23):

- „Es muss Lehrerinnen und Lehrern Aufschluss geben über *nachhaltige* Ergebnisse ihres Unterrichts.

- Es muss Lehrerinnen und Lehrer anregen, über Bedingungen und Wege gelingenden Unterrichts (gemeinsam) nachzudenken und konkrete Entwicklungsschritte für die eigene Schule zu beschreiben und zu erproben (Qualitätsevaluation als Teil von Qualitätsentwicklung).

- Es muss es den Schulen ermöglichen, ihre Leistungen durch Vergleich mit anderen Schulen zu verorten und dies bezogen auf Schulumfeld und Leistungsvoraussetzungen angemessen zu interpretieren.

- Es muss Schulaufsicht und die übrigen Unterstützungssysteme instand setzen, einen fundierten – nicht bloß auf punktuellen Erfahrungen und Einschätzungen beruhenden – Einblick in die Situation der Schulen der Region zu gewinnen, um gemeinsam mit den anderen Unterstützungssystemen ein Konzept der Unterstützung von Schulen zu planen.

- Es muss unter ‚Normalbedingungen' praktikabel und in seinen Zielsetzungen und Verfahren nachvollziehbar sein – bei übermäßig komplizierten Verfahrensweisen wird der Wunsch nach einfachen und klaren Lösungen (zentrale Abschlussprüfungen, Leistungstests in wenigen Fächern mit Ranking) kaum abzuwenden sein."

Dabei sei an eine interne Evaluation durch innerschulisch entwickelte Vergleichsarbeiten genauso zu denken wie an extern entwickelte Testaufgaben für verschiedene Fächer und Jahrgangsstufen. In diesen Überlegungen sind neue Formen der externen Evaluation angedacht, wobei prinzipiell zwischen zwei Grundmustern unterschieden werden kann:

Das eine Muster geht primär von verfügbaren Schuldaten aus, die im Rahmen der schuleigenen Entwicklungsarbeit gewonnen werden (Schulprogramme, schulinterne Curriculumentwicklung, interne Evaluation mit Selbst- und Fremdbeteiligung sowie weitere Dokumente der Schulen). Dieses Muster nimmt Bezug auf Ergebnisse aus schuleigenen Analyse-, Reflexions- und Maßnahmenprozessen. Durch eine solche Bezugnahme wäre eine Entwicklung „von unten" unter Berücksichtigung der Problemstellungen und des Handlungsbedarfs der einzelnen Schule sichergestellt. Unterstützung und Hilfe könnte darauf aufbauen und zielsicher zum Einsatz kommen. Schulaufsicht müsste dafür Sorge tragen, dass Schulen den vorgegebenen Auftrag (ausgedrückt z. B. im Hessischen Schulgesetzt in §§ 2 und 3, in der Stundentafel, den Lehrplänen und in weiteren Regularien) angemessen erfüllen. Dabei hat sie vor allem die Aufgabe einer Sicherung der Standards und der Gleichwertigkeit (nicht Gleichartigkeit) zu erfüllen.

Dieses Vorgehen könnte jedoch mit einem prinzipiellen Problem behaftet sein, das gerade im Zuge der öffentlichen Diskussion um die TIMSS-Ergebnisse eine größere Beachtung fand: So kann davon ausgegangen werden, dass die von den Schulen zur Verfügung gestellten Daten zwar die spezifischen Interessen und Anliegen einer Schule zum Ausdruck bringen, aber nicht unbedingt geeignet sind, über die Vergleichbarkeit ihrer Leistungen Auskunft zu geben. Da die schulischen Daten quasi ‚selbstreferentiell' erzeugt sind, können sie insbesondere unter Konkurrenz- und Legitimationsgesichtspunkten ‚geschönt' sein (Belege dafür liefern Erfahrungen mit den Schulreformbemühungen in den 1970er und 1980er Jahren).

An dieser Stelle kommt das zweite Grundmuster von Qualitätssicherung zum Tragen, welches das genannte Problem durch die Vorgabe externer Leistungsstandards aufzufangen versucht und dabei maßgeblich auf die Erfassung von Schülerleistungen setzt (vgl. dazu *Lehmann* 1997; *Klieme* et al 2000; *Baumert* 2001; *Weinert* 2001, *Pekrun* 2002; *Terhart* 2002; *Markstahler* 2003). Für einen solchen Weg hatte sich im Anschluss an TIMSS die KMK entschieden und die Beteiligung an weiteren internationalen Vergleichsuntersuchungen (zunächst PISA, dann PIRLS und später auch DESI) sowie an nationalen Vergleichen zwischen den Bundesländern beschlossen. Einzelne Bundesländer, allen voran Hamburg, hatten zwischenzeitlich ebenfalls Leistungstests oder Vergleichsarbeiten in verschiedenen Fächern eingeführt, um dadurch Aufschluss über die Leistungsfähigkeit ihres Schulsystems zu gewinnen. Vor dem Hintergrund dieser Entwicklung wurde 2004 auf Initiative von *Rainer Peek* und *Ulrich Steffens* ein bundesweites Netzwerk, „EMSE", eingerichtet, das zum Themenzusammenhang der empirisch orientierten Schulentwicklung die Fachleute in den Ministerien bzw. Landesinstituten aller Bundesländer zwei Mal im Jahr zu Tagungen versammelt. Der Schwerpunkt des Erfahrungsaustauschs lag bisher im Bereich standardisierter Lernstandserhebungen, die mittlerweile in fast allen Bundesländern in jährlicher Folge durchgeführt werden. Das EMSE-Netzwerk hat bislang fünf Tagungen ausgerichtet und ein „Positionspapier" zu Lernstandserhebungen verabschiedet (vgl. *Peek* et al. 2006).

Während das Problem des erstgenannten Evaluationsmusters in der mangelnden Vergleichbarkeit liegen könnte, werden die Probleme des zweiten Evaluationsmusters in der mangelnden Ergiebigkeit hinsichtlich der schulpraktischen Konsequenzen vermutet. Die größte Herausforderung für eine Qualitätsentwicklung und Qualitätssicherung von Schule und Unterricht, so der Tenor der Schulentwicklungsdiskussion im deutschsprachigen Raum, liegt aufgrund der genannten Problemstellungen in der Frage nach erfolgversprechenden und pädagogisch sinnvollen externen Evaluationsverfahren sowie nach einem geeigneten Zusammenspiel der unterschiedlichen Vorgehensweisen.

4 Die Wiederentdeckung der Systemebene

Im Zuge der „empirischen Wende" in der Bildungspolitik und Bildungsplanung hat sich in den einzelnen Bundesländern ein Spektrum an empirisch orientierten Vorhaben zur Qualitätssicherung und Qualitätsentwicklung entfaltet bzw. verstetigt. Diesen Vorhaben liegt das Anliegen zugrunde, neben „Systemwissen" im Interesse einer fundierten, rationalen und wirksamen Bildungsplanung Handlungswissen für die Schul- und Unterrichtsgestaltung unter Berücksichtigung empirischer Verfahren zu gewinnen.

Im Mittelpunkt der aktuellen Aktivitäten stehen Verfahren der Standardsetzung, die sich bundesweit in der Formulierung von Bildungsstandards (vgl. *Klieme* et al. 2003) und in den einzelnen Bundesländern von Kompetenzerwartungen oder verbindlichen Anforderungen in (Kern-)Lehrplänen für die Fächer zeigen. Daran gekoppelt spielen in der Diskussion Verfahren der Standardüberprüfung eine große Rolle. In diesem Zusammenhang hat die Kultusministerkonferenz das „Institut zur Qualitätsentwicklung im Bildungswesen (IQB)" eingerichtet (unter Leitung von *Olaf Köller*), dessen maßgebliche Aufgaben die Weiterentwicklung, Operationalisierung, Normierung und Überprüfung der Bildungsstandards sind. Darüber hinaus haben sich bundesweit und in den einzelnen Bundesländern Lernstandserhebungen (Vergleichsarbeiten bzw. Orientierungsarbeiten) etabliert, welche die methodischen Prinzipien (standardisierte Testverfahren) aus Schulleistungsstudien bzw. „large scale assessments" wie PISA anwenden. Im Unterschied zu deren primärer Zielsetzung des Systemmonitorings zielen sie aber vornehmlich auf Qualitätsentwicklung „vor Ort".

Vergegenwärtigt man sich die grundsätzlichen Vorbehalte, die in Pädagogenkreisen immer wieder gegenüber empirischen Verfahren geäußert wurden (z. B. „pädagogisches Handeln lässt sich nicht messen"), so überrascht die zunehmende Akzeptanz von

Vergleichsuntersuchungen und standardisierten Lernstandserhebungen. Soweit Bedenken bestehen, sind sie weniger prinzipieller Natur. Sie beziehen sich eher auf die mit solchen Erhebungen verbundenen Belastungen für das Lehrpersonal, auf die unzweckmäßige Verwendung der Ergebnisse in Form öffentlicher Rankings und vor allem auf ein Ungleichgewicht zwischen „Messen und Entwickeln", das deshalb besonders auffällt, weil in einigen Bundesländern gleichzeitig Lehrerfortbildungs- und Schulberatungssysteme zurückgebaut wurden. Zudem ist zu beobachten, dass Bildungsplanung, Bildungsverwaltung und Unterstützungssysteme nur begrenzte Kapazitäten für die Verarbeitung der Forschungsergebnisse besitzen (vgl. *Tillmann* 2001, 11).

Ein solcher Einstellungswandel in Schulwissenschaft und Schulpraxis ist ohne die internationalen und nationalen Vergleichsuntersuchungen kaum vorstellbar: Vor allem die Schulvergleichsstudien TIMSS und PISA haben dem deutschen Bildungssystem einen Spiegel vorgehalten. Durch den von ihnen erbrachten unbestreitbaren empirischen Nachweis von Schwachstellen im Bildungssystem ist – erstmals seit den Bildungsreformen der 1960er Jahre – Bildung wieder zu einem zentralen gesellschaftspolitischen Thema in Deutschland geworden. Infolge der kumulativen Wirkung von TIMSS und PISA scheint sich nunmehr eine bildungspolitische und -planerische Wende abzuzeichnen. Die Befunde dieser und weiterer Studien verweisen auf gravierende strukturelle Probleme des deutschen Bildungswesens. PISA hat also nicht nur primäre Effekte erzielt, indem die Studie Prozess- und Ertragsindikatoren zum Zwecke der Verbesserung von Schulsystemen zur Verfügung gestellt hat (*Deutsches PISA Konsortium* 2001), sondern hat darüber hinaus sekundäre Effekte von großer Tragweite produziert. Diese sind vor allem in einem Bewusstseinswandel hinsichtlich der Notwendigkeit grundlegender struktureller Reformen, und zwar insbesondere in der Hinwendung zu einer evaluations- und wirkungsorientierten sowie an Standards orientierten Steuerung unseres Schulwesens zu sehen. Der Wandel vollzieht sich dabei in allen bildungspolitischen Lagern, gesellschaftlichen Bezugsgruppen sowie auf allen Handlungsebenen des Schulsystems.

Im Kern betrifft dieser Wandel die Unterschiedlichkeit einzelner Schulen, auch und gerade innerhalb ein und derselben Schulform – also die Güte von Schulgestalten – und die unterschiedliche Realisierung schulaufsichtlicher Vorgaben. Die so genannte Input-Steuerung war anerkanntermaßen an ihre Leistungsgrenze gestoßen: Schulen realisierten die rechtlichen Vorgaben auf jeweils eigene Weise, ohne dass die Prozess-Steuerung in Form schulaufsichtlicher Kontrolle eine Chance sah, zu intervenieren. Die Einsicht in die begrenzte Steuerbarkeit schulischer Gestaltungsprozesse durch makro-organisatorische Vorstrukturierungen (z. B. in Form von Lehrplänen und Ausführungsvorschriften für die Arbeits- und Lernorganisation) einerseits und die Wahrnehmung der geringen Wirksamkeit schulaufsichtlichen Vollzugs- und Kontrollhandelns andererseits führten – gelinde gesagt – zu dem Verdacht (im Sinne einer generalisierenden Schlussfolgerung), dass klassische Steuerungsinstrumente zumindest in der derzeitigen Ausprägung und Qualität nicht mehr hinreichend greifen. Im Grunde befand sich damit die Schulsystemsteuerung mitten in einer Legitimationskrise.

Die Objektivierung der schulisch-unterrichtlichen Arbeit war unausweichlich: „Im neuen Paradigma wird nicht einfach der Zuteilung solcher ‚Inputs' vertraut. Der Erfolg des Systems Schule wird an seinen Resultaten, vor allem den Lernergebnissen der

Schüler, gemessen" (*Messner* 2004). Die bereits in den 1990er Jahren propagierte Hinwendung zur Outputsteuerung wurde nunmehr – vor dem Hintergrund der ernüchternden Ergebnisse aus den Vergleichsuntersuchungen und der Sinnhaftigkeit externer Evaluation – vollzogen. Dabei ist eine ökonomische Ausrichtung der neueren Reformvorstellungen unverkennbar (vgl. *Böttcher* 2002).

Auf der Suche nach Alternativen setzte daraufhin ein Öffnungsprozess ein, der bisher vernachlässigten Referenzsystemen und Erfahrungsbereichen zu einer größeren Beachtung verhalf. Dadurch gewannen die empirischen Wissenschaften einerseits und die internationalen Entwicklungen andererseits an Bedeutung für bildungspolitisches und bildungsplanerisches Handeln. Anders als noch wenige Jahre zuvor fanden nun auch Ergebnisse aus internationalen Vergleichsuntersuchungen Beachtung (für einen Forschungsüberblick vgl. *Scheerens* et al. 2003; *Scheerens & Bosker* 2005). Das wiederholt festgestellte mittelmäßige Abschneiden deutscher Schülerinnen und Schüler bei internationalen Vergleichen fiel somit erstmals und nachhaltig auf einen fruchtbaren Nährboden. Hinzu kam übrigens, dass die Befunde aus der TIMS-Studie auch öffentlichkeitswirksam in gelungener Weise präsentiert und publiziert wurden.

Im Zuge dieser Entwicklung gerieten auch die Steuerungssysteme anderer Staaten in den Blick (vgl. *Döbert* et al. 2003). Dies waren zum einen alternative Instrumente der Produktsteuerung durch Leistungstests, für die es in Deutschland bislang keine Tradition gab: So setzen Schulsysteme anderer Staaten z. T. schon seit vielen Jahren standardisierte Tests ein, um Wissen über die Leistungsfähigkeit des Schulwesens insgesamt oder einzelner Schulen zu erhalten („Outputsteuerung"). Zum anderen ging es um die Frage nach einer wirksameren Steuerung schulischer Prozesse („Prozesssteuerung") und ihrer systematischen Verbindung mit Output- und Inputvariablen durch Schulinspektion als eine Form externer Evaluation (vgl. dazu *Posch & Altrichter* 1997; *Posch* 1999; *Ackeren* 2003 und *Kotthoff* 2003).

„Der Blick über die nationalen Grenzen zeigt, dass in vielen Schulsystemen Europas die Einzelschulen in den letzten Jahren immer stärker dazu angehalten werden, Zeugnis über ihre Leistungen abzulegen. Zentral organisierte Leistungsmessungen und Evaluationsprogramme spielen dabei eine wichtige Rolle. Mit ihrer Hilfe werden Auskünfte über die Qualität der Einzelschule eingeholt und öffentlich oder/und vertraulich verschiedenen Zielgruppen zur Verfügung gestellt" (*Ackeren* 2003, 12). „Der Prozess der ‚Autonomisierung' der Schule, so lehrt ein Blick auf die Schulsysteme anderer Staaten, scheint zumindest mittelfristig die Entwicklung von evaluativen Gegengewichten zu erzwingen, um Entwicklungen kontrollierbar und steuerbar zu halten. Insofern erscheint die schulische Evaluation als der ‚Preis' für eine erweiterte Autonomie der Schule" (*Kotthoff* 2003, 12).

Die aktuellen Entwicklungen in den Bundesländern lassen unschwer erkennen, dass viele Länder in der Zwischenzeit auf eine „Doppelstrategie" der Qualitätsentwicklung und Qualitätssicherung setzen: Schulinterne Maßnahmen in Form von Schulprogrammen und schulinterner Evaluation werden durch schulexterne Maßnahmen in Form von standardisierten Lernstandserhebungen, zentralen Abschlussprüfungen und Schulinspektionen bzw. Qualitätsanalysen flankiert. Damit wird zugleich das Beziehungsgefüge zwischen dezentraler Steuerung (Schulebene) und zentraler Steuerung (Systemebene) neu justiert. Bei dieser Neubestimmung erhält die Systemebene wieder einen konstitutiven Stellenwert im Geflecht der Handlungsebenen.

Zwischen der von *Heinrich Roth* ausgerufenen empirischen Wende in der Pädagogik, der von Staatsrat *Hermann Lange* proklamierten empirischen Wende in der Bildungspolitik und Bildungsplanung und der allem Anschein nach nunmehr tatsächlich vollzogenen Wende liegen mehrere Jahrzehnte. In dieser Zwischenzeit ist vieles geschehen, was als Nährboden bzw. Voraussetzung für die aktuellen Entwicklungen in der Bildungspolitik und Bildungsplanung anzusehen ist.

Obwohl die empirische Bildungsforschung bereits vor über drei Jahrzehnten Einlass in bildungsplanerische Handlungszusammenhänge erhalten hatte, blieben empirische Befunde als Planungsparameter für bildungspolitische und bildungsplanerische Entscheidungen zunächst weitgehend randständig. So hatten bereits Ende der 1970er Jahre große empirische Schulforschungsprojekte relevante Erkenntnisse für die Bildungsplanung und Schulgestaltung bereitgestellt – etwa im Rahmen des Sonderforschungsbereichs Bildungsforschung der Deutschen Forschungsgemeinschaft (DFG) an der Universität Konstanz oder des Dortmunder Instituts für Schulentwicklungsforschung, aber auch der Max-Planck-Institute für Bildungsforschung in Berlin und für Psychologische Forschung in München. Rückblickend betrachtet lässt sich feststellen, dass diese Forschungen zwar zunächst keine unmittelbare handlungspraktische Bedeutung für die Bildungsverwaltung erlangten, wohl aber einen gewissen „Depot-Effekt" auslösten, der vermutlich erst seit Mitte der 1990er Jahre Wirkung zeitigt. Mittlerweile ist festzustellen: „Die Evaluierbarkeit des Schulwesens auf allen Ebenen wird kaum mehr grundsätzlich in Frage gestellt" (*Leschinsky & Cortina* 2003, 46).

Die TIMSS-Befunde führten – abgesehen von der skizzierten Unterrichtsentwicklung (vgl. Abschnitt 3.1) – zum Einstieg in eine systematische Erfassung von Lernleistungen in Deutschland (vgl. Abschnitt 3.2). In konsequenter Ergänzung dazu stellt PISA einen weiteren Meilenstein der deutschen Bildungsplanung dar: *Pekrun* (2002, 112) charakterisiert PISA als ein outputorientiertes deskriptives Systemmonitoring zu bestimmten Aspekten des deutschen Schulsystems. Insofern übte PISA eine Katalysatorfunktion bei der Einführung eines systematischen Konzepts von Qualitätsüberprüfung aus. Das Beobachten und Vermessen des Schulsystems entwickelte sich seit PISA zu einer wesentlichen neuen Aufgabe der Bildungsadministration. Der Bildungsforschung kommt dabei die Aufgabe zu, „die Bildungswirklichkeit an ihren gesellschaftlich definierten Ansprüchen zu messen" sowie „Bildungsziele mit der Bildungswirklichkeit zu konfrontieren, und zudem Hinweise (zu) liefern, wie man die Kongruenz von Anspruch und Praxis erhöhen kann" (*Leschinsky & Cortina* 2003, 28, 46). Eine maßgebliche Rolle spielt dabei die 2003 begonnene nationale Bildungsberichterstattung (vgl. *Avenarius* et al. 2003; *Konsortium Bildungsberichterstattung* 2006 sowie den Beitrag von *Döbert & Avenarius* in diesem Band). Die „wichtigste Grundlage für Leistungstransparenz im System" (*Baumert* et al. 2003, 147), nämlich ihre systematische Beobachtung, scheint damit weitgehend etabliert zu sein.

Wiederum waren es wegweisende Beschlüsse der KMK, die zu diesen Entwicklungen geführt haben, nämlich die „Eisenacher Beschlüsse" von 2002 zur Einführung einer deutschen Bildungsberichterstattung und zur Entwicklung nationaler Bildungsstandards. Die Bildungsstandards stellen das Input-Pendant zur regelmäßigen Outputmessung durch Leistungsfeststellungen und Schulberichterstattung dar. Die Schulqualitätsdiskussion hat damit (wieder) die Systemebene erreicht.

5 Bilanz und Perspektiven

5.1 Zur Programmatik der Schulqualitätsdiskussion

Vor dem Hintergrund der Schulqualitätsdiskussion in Deutschland ist zu fragen, was sie kennzeichnet, was ihr gemeinsamer Nenner ist und wie sich diese Diskussion in den verschiedenen Stadien entwickelt hat. Meines Erachtens lassen sich in der Schulqualitätsdiskussion unschwer zwei zentrale Verwendungszusammenhänge ausmachen: Von Qualität ist die Rede,

1) wenn unterschiedliche Potenziale, Konfigurationen und Realisierungen von Schulgüte thematisiert werden und

2) wenn Definitionen über Aufgaben und Leistungen des Schulsystems auf den unterschiedlichen Handlungsebenen zur Debatte stehen.

In einer **ersten Phase** der Diskussion interessierten vor allem Fragen, wie Schulen mit den Rahmenbedingungen der Systemebene (und des lokalen Umfeldes) umgehen, wie Schulen ihre innere Organisation handhaben und als Rahmenbedingung für unterrichtliche Prozesse gestalten. Allgemein gesprochen ging es um eine Erfassung unterschiedlicher Realisierungen makro-organisatorischer Vorstrukturierungen auf der Handlungsebene der einzelnen Schule. Vor diesem Hintergrund sollten Charakterisierungsmerkmale und Gütekriterien zur Bestimmung von Schul- und Unterrichtsqualität sowie Gelingensbedingungen für die Schulentwicklung identifiziert werden.

In einer **zweiten Phase** der Diskussion – ausgelöst durch die Ergebnisse der TIMS-Studie – stand die Frage der Leistungsfähigkeit des Schulsystems auf der Unterrichtsebene im Mittelpunkt, und zwar in einer doppelten Perspektive: Einerseits ging es um eine Verbesserung der Unterrichtsqualität (vorrangig in Mathematik und den naturwissenschaftlichen Fächern) und andererseits um eine Verbesserung der empirischen Basis für die Erfassung von Schülerleistungen (internationale und nationale Vergleichsuntersuchungen bzw. Lernstandserhebungen).

Im Zuge der PISA-Studie und anderer Vergleichsuntersuchungen kann von einer **dritten Phase** der Qualitätsdebatte gesprochen werden, in der nun Standards schulischer Wirkungen und Prozesse im Zentrum der Betrachtungen stehen. Hierbei geht es um die Definition und Erfassung von Fachleistungen in den Kernfächern („Bildungsstandards") einerseits und von Organisations-, Lehr- und Lernprozessen („Schulinspektion") andererseits, um Auskunft über die Güte des Schulwesens – insbesondere auf der Systemebene – zu erhalten („Systemmonitoring").

Gemeinsame Kennzeichen für alle Phasen der Schulqualitätsdiskussion sind zwei Wesensmerkmale, die eine normative Komponente implizieren:

- Die Erfassung, Beschreibung und Bestimmung von Schulqualität ist empirisch ausgerichtet. Frühere Bemühungen – vor allem in den 1960er Jahren und teilweise bis weit in die 1980er Jahre hinein – waren demgegenüber nahezu ausschließlich normativ ausgerichtet.

- Die Schulqualitätsdiskussion folgt einem praktischen Erkenntnisinteresse. Es geht – ganz allgemein formuliert – um eine Bestimmung dessen, was Schule leisten und wie sie arbeiten soll.

Nimmt man die Diskussionen des „Arbeitskreises Qualität von Schule" zum Maßstab, dann ist unverkennbar, dass der Begriff Schulqualität in den Kontext von Schulentwicklung einzuordnen ist (vgl. *Steffens & Bargel* 1993, 8ff.). Seine Besonderheit liegt jedoch in seiner spezifischen Ausrichtung. In einer sozial-ökologischen Perspektive wird nach den Handlungskontexten auf den verschiedenen Ebenen des Schulsystems und nach den Möglichkeiten ihrer Realisierung gefragt: „Was ist eine gute Schule und wie ist sie zu verwirklichen?" (*Steffens & Bargel* 1993, 9). Mit dieser Fragerichtung ist ein integrativer Ansatz verknüpft, der erstens verschiedene Forschungstradtionen und -methoden, zweitens verschiedene Entwicklungsansätze und -konzepte sowie drittens verschiedene normative Vorstellungen und Diskussionsstränge zu verbinden versucht, um die Gestaltungsmöglichkeiten und Gelingensbedingungen für Schule und Unterricht zu identifizieren und Orientierung für die Schulentwicklung zu geben.

Dabei schien eine Begriffsklärung bislang von nachgeordneter Bedeutung zu sein: In der Schulforschung und Schulentwicklung gibt es wohl kaum ein anderes Thema, über das so viel geschrieben und gesprochen wurde wie über die Schulqualität – ohne dass eine klare Verständigung darüber erzielt wurde, was darunter zu verstehen sei. Beispielsweise kann man sich folgenden Sichtweisen nicht verschließen:

- „Aus schultheoretischer Sicht ist festzuhalten, dass mit dem Begriff wertende Positionen zusammenhängen"; „mit dem Begriff Qualität wird eine große Spannweite unterschiedlicher Intentionen zusammengefasst" (*Kleinschmidt* 1999, 100 bzw. 102).

- „Recht pragmatisch ist die japanische Definition: Qualität ist alles, was man verbessern kann" (*Posch* 1999b, 199).

- „Schulqualität ist zu entdecken, nicht zu erfinden" (*Szaday* 1999, 231).

- „(...) die Qualitätsdiskussion (ist) tatsächlich nichts anderes als die Diskussion über Bildung und Erziehung" (*Liket* 1993, 83).

- „Qualität ist das Leitziel einer pädagogischen Schulentwicklung" (*OECD* 1991).

Fend (1999, 138) erläutert den Begriff wie folgt: „Der Begriff der Qualität führt in den pädagogischen Diskurs lediglich eine formale Differenz ein. Er besagt vorläufig nicht mehr, als die Bevorzugung von etwas Höherwertigem gegenüber etwas Wenigerwertigem. Pädagogik kann generell als Strategie der Kultivierung einer Differenz zwischen Natur und Kultur, zwischen Geschehendem und Gestaltetem verstanden werden. Die Differenz, die durch „Qualität" induziert wird, ist in Bezug auf den pädagogischen Diskurs noch höchst formal. Es ist deshalb unumgänglich, zu einer inhaltlichen Formulierung dieser Differenz zu kommen."

Nach *Heid* (2000, 41) ist Qualität „keine beobachtbare Eigenschaft oder Bezeichnung eines Objekts, sondern das Resultat einer Bewertung der Beschaffenheit eines

Objekts". *Posch & Altrichter* (1997, 28) schlagen im Anschluss an *Burrows* et al. (1992, 5f.) eine „pragmatische Definition von Qualität" vor:

„Es wäre vergebliche Mühe, *ein einheitliches* Qualitätskonzept zu definieren, weil Qualität ein *relativer* Begriff ist und nur im Hinblick auf die Werte der verschiedenen Interessengruppen (stakeholders) näher bestimmt werden kann. Nach *Burrows* muss Qualität im Sinne von Qualitäten definiert werden, wobei eine Institution *,im Hinblick auf einen Faktor hohe Qualität aufweisen kann, während sie in Bezug auf einen anderen Faktor von niedriger Qualität sein kann. Man kann nicht mehr erreichen, als jene Kriterien, die jeder stakeholder bei seinen Qualitätseinschätzungen benutzt, so klar wie möglich zu definieren und diese – zueinander im Wettbewerb stehenden – Sichtweisen zu berücksichtigen, wenn Qualitätsbeurteilungen vorgenommen werden'*" (kursiv im Original).

Böttcher (2002, 92ff.) erläutert den Qualitätsbegriff wie folgt: „Qualität ‚an sich' gibt es nicht. Auch nicht mit Blick auf die Schule. Ohne Ziel- bzw. Aufgabenbestimmung hängt die Schulqualität ‚in der Luft' (vgl. auch *Oelkers* 1997) (...) Schule ist eine gesellschaftliche Einrichtung und in Demokratien können (oder sollten) die Ziele der Schule nicht einfach ‚von oben' gesetzt, sondern sie müssen in öffentlichen Diskursen ausgehandelt werden."

Man muss den vielen kritischen Kommentaren und Analysen zur deutschen Schulqualitätsdiskussion und zum Begriff Schulqualität daher zustimmen, wenn sie feststellen, dass man von einer eigenständigen Forschungsdisziplin Schulqualität nicht sprechen kann, dass es enorme Theoriedefizite gibt und dass der Begriff Schulqualität vage ausfällt, für unterschiedliche Zwecke benutzt wird und bis heute nicht klar definiert ist (vgl. dazu u. a. Büeler 1996; *Harvey & Green* 2000; *Heid* 2000; *Helmke* et al. 2000; *Böttcher* 2002; *Helmke* 2005; *Galiläer* 2005; *Steffens & Boenicke* 2000). So geht auch die OECD bei der Definition von Schulqualität pragmatisch vor: „Qualität wird in einem doppelten normativen Sinne erfahren: einerseits kennzeichnet der Begriff einen (zeitweisen) Zustand im Hinblick auf die Vorstellung von „Perfektion". Zweitens erlaubt er eine ordinale Attribuierung (besser, sehr gut, von mittlerer Qualität...). Es wird auch noch erwähnt, dass Qualität nicht den Antagonisten zu Quantität bildet. Erstens können rein quantitative Merkmale als Kriterien von Qualität fungieren. Zweitens können hinter qualitativen Wertungen durchaus quantitative und/oder mit quantitativen Verfahren erhobene Daten stecken. Die OECD verzichtet auf eine intensivere Begriffsdiskussion, sondern betrachtet stattdessen aktuelle Ansätze, ihre Dimensionen und Perspektiven (*OECD* 1991, S. 39)" (*Böttcher* 2002, 87).

Vor dem Hintergrund der deutschen Schulqualitätsdiskussion entsteht der Eindruck, dass die Bezeichnung Schulqualität für eine Bewegung steht. Schulqualität ist ein Programm in praktischer Absicht, das Forschungsbefunde im Hinblick auf ihren möglichen Nutzen für die Verbesserung des Schulwesens auf den unterschiedlichen Handlungsebenen (Makro-, Meso- und Mikroebene) und in seinen verschiedenen Handlungsstadien (Input, Prozess, Output/Outcome) befragt und nach bestmöglichen Antworten sucht – auf der Basis geeigneter Forschungsdesigns und dementsprechend praktizierter Schul(entwicklungs)forschung (vgl. dazu auch *Fend* 1998; *Holtappels* 2005).

Die normative Komponente ist aus dieser Bewegung bzw. diesem Programm nicht wegzudenken, genauso wenig wie die Notwendigkeit einer Verständigung über ihre normativen Implikationen. Letztendlich geht es um eine „praktische Philosophie" der Schulentwicklung. Auf die gleiche Weise, wie die Medizinwissenschaft eine vorherrschende Lehrmeinung kundtut und praktiziert, benötigt auch die Erziehungswissenschaft eine praktische Erziehungslehre im Sinne „bewährter Hypothesen". Bildungsplanung und Schulentwicklung sind auf die bestmögliche Expertise angewiesen, wenn es um Standards für die Lehrerbildung, für erzieherische Wirkungen und erzieherische Prozesse geht.

Verschiedene Schulrechtsexperten haben in Fachkreisen wiederholt darauf hingewiesen, dass es Aufgabe vor allem der Erziehungswissenschaft sei, Kriterien für Schulqualität bereitzustellen, die als Orientierungsmaßstab für die fachaufsichtliche Überprüfung heranzuziehen seien. In diesem Zusammenhang wurde wiederholt bemängelt, dass die Schulforschung einerseits zwar Ergebnisse zu Tage fördere, sich aber andererseits davor hüte, diese Ergebnisse als vorherrschende Lehrmeinung auszuweisen. Offenbar, so könnte zugespitzt gefolgert werden, ist es ein auffallendes Kennzeichen der deutschen Erziehungswissenschaft, mit praktischen Folgerungen aus vorherrschenden Lehrmeinungen sehr zurückhaltend zu sein. Die angewandte Schulforschung (vor allem an den Landesinstituten) ist jedoch aufgrund der Handlungserfordernisse genötigt, Stellung zu beziehen. Sie muss Positionierungen dazu vornehmen, welches die zentralen Erkenntnisse in praktischer Absicht sind.

Es ist unbestritten, dass „man von empirischen Studien (...) keine definitiven Antworten über ‚Qualität von Schule' erwarten (kann). Empirie ist ihrem Wesen nach deskriptiv, die Frage nach der ‚Qualität von Schule' normativ" (*Rolff* 1991). In praktischer Perspektive bleibt somit nur die Wahl, die normativen Entscheidungen so rational und transparent wie möglich zu gestalten und diesen Prozess als Entscheidungsakt – nach dem Evaluationsverständnis von *Stuffelbeam* (1972) – zu kennzeichnen. Für ein demokratisch gestaltetes Gemeinwesen ist dabei die Konsensfähigkeit entscheidend.

Meines Erachtens liegt ein entscheidendes Verdienst des Schulqualitätsansatzes darin, dass er durch seine empirische Vorgehensweise wesentlich dazu beigetragen hat, die jahrelang geführten ideologischen Grabenkämpfe zwischen den verschiedenen pädagogischen Lagern als häufig „jenseits scheinbarer Alternativen" liegend zu erkennen (*Bohnsack* 1991), und dass er zugleich die hohe Übereinstimmung in wesentlichen Fragen von Schulqualität zu Tage gefördert hat (vgl. *Boenicke & Steffens* 1999). Dies gilt selbst für die stärker normativ orientierte Schulpädagogik (vgl. z. B. *Meyer* 2004).

Im Rückblick auf die Schulqualitätsdiskussion von drei Dekaden wird offensichtlich, dass sich hinter den unterschiedlichen thematischen Phänomenen – neben oder unbeschadet einer allgemeinen Schulkritik – eine leitende Tiefenstruktur verbirgt, die von zwei Faktoren ‚gespeist' wird: Dies sind die Steuerbarkeit und die Wirksamkeit des Schulsystems, die sich in praktischer Absicht zu einem gemeinsamen Handlungszusammenhang verbinden lassen. Wir kommen damit auf den Ausgangspunkt der deutschen Schulqualitätsdiskussion zurück, der heute noch so aktuell wie damals ist: Die Frage nach den Wirkungen von Schule, ihren Steuerungsmöglichkeiten und Gelingensbedingungen (*Melzer* 1997; *Fend* 2000).

Aufgrund ihrer Genese und Rezeption in der Bildungsplanung und Schulentwicklung ist die ‚Schulqualitätsbewegung' untrennbar mit der Einzelschule als pädagogischer Handlungsebene verbunden. Diese Bewegung wäre jedoch grundlegend missverstanden, wollte man daraus einen Primat der Einzelschule über die anderen Handlungsebenen ableiten. Das Schulsystem stellt ein komplexes System dar, „in dem sowohl Elemente auf verschiedenen Ebenen der Gestaltung (Makro-, Meso-, Mikroebene) als auch Relationen zwischen verschiedenen Elementen ausgezeichnet werden können, ja schließlich die Stimmigkeit der ‚Gesamtgestalt' eines Bildungssystems zur Debatte steht" (*Fend* 1998, 16). Die Qualitätsfrage stellt sich damit auf allen Handlungsebenen. Jede Ebene hat eigene Aufgaben, die jeweils ihren Beitrag im Gesamtsystem leisten; gleichzeitig sind die einzelnen Ebenen wechselseitig miteinander verbunden (vgl. dazu bereits *Barr & Dreeben* 1983). „Heute hat sich die Vorstellung durchgesetzt, daß die Besonderheiten der jeweiligen Ebene sichtbar gemacht werden müssen, die nicht in anderen aufgehen können, und daß die Formen des Zusammenwirkens verschiedener Ebenen selber von großer Bedeutung sind" (*Fend* 1998, 358). Entsprechende Analysen von *Ditton* (1997) und *Fend* (1998; 2006) belegen dies eindrücklich.

5.2   Erträge der Schulqualitätsdiskussion: Erfolge und Ernüchterungen

In einer vorläufigen Bilanz der Schulqualitätsdiskussion in Deutschland ist eine ambivalente Forschungs- und Entwicklungssituation zu konstatieren, die durch Erfolge einerseits und Ernüchterungen andererseits geprägt zu sein scheint:

Zunächst einmal ist der **Erkenntnisgewinn** offensichtlich, der durch die empirische Ausrichtung der Fragestellung erzielt wurde. Dies gilt vor allem für die erste Phase der Qualitätsdiskussion, in der maßgebliche Befunde verschiedener Forschungsrichtungen daraufhin befragt wurden, was sie zu der zentralen Frage nach den relevanten Variablen von Schulqualität beitragen können.

Eine damit verbundene erste Folgefrage – „does school matter?" – schien in der Auseinandersetzung mit den Forschungsbefunden vor allem von *Coleman* et al. (1966) und *Jencks* (1973) einerseits sowie *Rutter* et al. (1979), *Brookover* et al. (1979) und *Fend* (1980) andererseits zunächst recht rasch beantwortet. Diese Frage war zugleich der Ausgangspunkt für die deutsche Qualitätsbewegung. Auch bei der zweiten Folgefrage – „what works?" – kam man relativ rasch voran. In zahlreichen Publikationen, maßgeblich in Form synoptischer Darstellungen von Forschungsergebnissen, aber auch in zusätzlich in Auftrag gegebenen spezifischen Analysen und Fallstudien wurde eine breite Palette an Befunden über gestaltungsrelevante Merkmale zusammengestellt. In der Bündelung solcher Forschungsbefunde ist der besondere Ertrag des „Arbeitskreises Qualität von Schule" zu sehen. Zur dritten Folgefrage, nämlich der Frage nach den Kennzeichen erfolgreicher Schulen, trug insbesondere die angelsächsisch geprägte „School Effectiveness"-Forschung maßgebliche Erkenntnisse bei, die auch die deutsche Diskussion nachhaltig beeinflusst haben.

Erst bei der sich daran anschließenden vierten Folgefrage, welche Variablen aus der Vielfalt der Forschungsbefunde und Qualitätskataloge im Einzelnen und konkret für die Gestaltung und Verbesserung von Schule und Unterricht zentral und unabdingbar seien, zeigte sich die defizitäre Situation, dass trotz der umfangreichen Erhebungen und zahlreichen Studien weiterhin ein erheblicher Forschungsbedarf besteht. Dies wird insbesondere daran erkennbar, dass die als relevant ausgewiesenen Bedingungsvariablen in keinem systematischen Zusammenhang mit Wirkungsvariablen stehen, dass sich keine eindeutigen Wenn-dann-Beziehungen zeigen und sogar widersprüchliche Befunde auftreten können:

> „Die Kenntnis von Fakten allein führt (...) nicht notwendigerweise auch zu einem gesicherten Wissen darüber, was denn verändert werden müsste, und sie gibt noch keinen Anhaltspunkt dafür, wie Veränderungen bewirkt werden können (*Gray* et al. 1996)" (*Ditton* 2000a, 20).

Dieses Erkenntnisdefizit erschwert auch die Beantwortung der bildungsökonomischen Frage, wie Ressourcen und Wirkungen im Hinblick auf Schulqualität zusammenspielen. Das Missverhältnis zwischen öffentlichem Aufwand und Ertrag sowie die geringe Wirksamkeit investierter Mittel – in Deutschland erstmals im Zusammenhang mit den TIMSS-Ergebnissen von einer breiten Öffentlichkeit wahrgenommen – führten zu dem „globalen Phänomen" einer „massiven ökonomischen Kritik an Schulen" und zur Kritik am „Mangel an Wissen über Funktionsweise und Wirkungen der Schule" (*Böttcher* 2002, 27 bzw. 24).

Lässt man einmal die drei Dekaden Revue passieren, so ist enttäuschend, wie wenig an neuen Erkenntnissen im Verlauf der Jahre hinzugewonnen wurde. Auch die Schulforschung in Deutschland konnte keine erheblichen Fortschritte bei der Identifikation gestaltungsrelevanter Variablen verzeichnen (vgl. *Ditton* 2000b; *Galiläer* 2005). Selbst für die auf die Wirksamkeit von Schule ausgerichtete „School Effectiveness"-Forschung wird eine ernüchternde Bilanz gezogen (*Mortimor* 1997; *Scheerens & Bosker* 1997).

> „Ob der Komplexität des Gegenstandes geschuldet oder aufgrund der notwendigen normativen Standards einer Bewertung, offenbar wurde nur wenig Wissen über Schule und ihre Wirkungen generiert. So stellen *Block* und *Klemm* in ihrer oben zitierten Studie fest: ‚Bei der Durchsicht der deutschen Forschungsliteratur hat uns überrascht, wie spärlich die Befunde zu den Effekten institutionalisierter Bildung ausfallen' (*Block & Klemm* 1997, 11). Die deutsche erziehungswissenschaftliche Forschungstradition ist eher wenig darauf orientiert, in der Schule erworbenes Wissen, Einstellungen oder Fähigkeiten systematisch zu untersuchen" (*Böttcher* 2002, 24).

Bei der Bewertung der vorliegenden Forschungsbefunde muss allerdings unterschieden werden zwischen einer „Kartografierung" relevanter Gestaltungsvariablen im Kontext von Schulqualität einerseits (im Zusammenhang mit den internationalen Vergleichsuntersuchungen sind hier im Übrigen weitere Erkenntnisse hinzugewonnen worden) und den Möglichkeiten der Vorhersage von Ergebnissen bei systematischer Variation der Gestaltungsparameter andererseits. Intentionen letztgenannter Art werden beim derzeitigen Erkenntnisstand zwangsläufig zu Enttäuschungen führen.

Diese **Ernüchterungen** haben vor allem mit der relativ geringen technologischen Verwertbarkeit der Forschungsbefunde zu tun, die nur selten klare ‚Produktionszusammenhänge' zwischen Input und Output zeigten. Wer die Erwartung hegt, er könne einzelne Lehr- und Lernbedingungen hinreichend präzise aus dem „Gesamtkörper" von Schulgestalten herauspräparieren, um sie in erwünschte Ziel-Mittel-Zusammenhänge einzupassen, verkennt die Komplexität schulischer Organisationen (vgl. jüngst *Merkens* 2006). Diese Komplexität lässt sich zum Beispiel an ihrer „loosely coupled system"-Struktur (*Weick* 1976) und an ihrem komplexen gesellschaftlichen Auftrag (vgl. *Steffens & Bargel* 1992) ablesen.

Obwohl wir bereits seit einiger Zeit über eine Reihe von Ergebnissen bezüglich gelingender Reformprozesse verfügen (vgl. z. B. *Holtappels* 1995b; *Skibba & Steffens* 1995; *Haenisch* 1996; *Rolff* 1999a und 1999b), ist nicht zu bestreiten, dass die Erforschung schulischer Entwicklungsprozesse noch im Anfangsstadium begriffen ist. Der Vorwurf von *Huber* (1999), dass sich die Schulforschung zu wenig mit der Frage befasse, wie Schulen tatsächlich lernen, ist insofern berechtigt. Offenbar sind die Forschungsmethoden und -designs nach wie vor nicht elaboriert genug und fehlt es an den erforderlichen Forschungsmitteln. Das gilt auch für den „School Effectiveness"-Ansatz, dessen Befunde bezüglich wirksamer Schulen nicht immer konsistent und reliabel ausfallen (vgl. *Scheerens & Bosker* 2005).

Welche Bedeutung in strategischer und erkenntnisleitender Hinsicht dem Ausmaß an Forschung beizumessen ist, wird daraus ersichtlich, dass in allen Phasen der Schulqualitätsentwicklung in Deutschland vor allem solchen Forschungsprojekten eine große Bedeutung zukam, die an internationalen und nationalen Großuntersuchungen beteiligt waren bzw. Systemvergleiche im staatlichen Auftrag durchführten. Das betrifft in den 1970er Jahren in besonderer Weise die Konstanzer Schulforschung (*Helmut Fend* und Mitarbeiter/innen), aber auch Arbeiten des Instituts für Schulentwicklungsforschung (IfS) in Dortmund. In den 1980er und 1990er Jahren gilt das vor allem für die Max-Planck-Institute für Bildungsforschung in Berlin und für Psychologische Forschung in München, in den 1990er Jahren insbesondere für die Projekte BIJU und TIMSS und in den letzten Jahren vornehmlich für PISA. Die großen Vergleichsstudien sind insofern als Meilensteine anzusehen, mit denen jeweils entscheidende Phasen der Schulqualitätsdiskussion in Deutschland verbunden sind.

Meines Erachtens ist es dringend geboten, mit ähnlichem Aufwand, wie derzeit Schulsystemmonitoring in seinen verschiedenen Formen betrieben wird (Vergleichsuntersuchungen, Lernstandserhebungen, Schulberichterstattung), auch die Schulentwicklungsforschung zu forcieren (*Messner* 2003). Experten stimmen darin überein, dass die praktische Umsetzung von PISA ihrerseits ein Forschungs- und Entwicklungsproblem darstellt, das dem Aufwand der Schulvergleichsstudien nicht nachsteht. „Die eigentliche Arbeit", so *Baumert* (2001, 33), „beginnt in der Schule, den sie unterstützenden Einrichtungen und der Politik erst nach der Untersuchung". Zudem ist zu konstatieren, dass es in Deutschland bislang weder eine Wirksamkeitsforschung noch eine ausgeprägte Evaluationsforschung gibt – und erst recht keine Schulqualitätsforschung.

II Schulqualität – Modelle und erziehungswissenschaftliche Einbettungen

Helmut Heid

Qualität von Schule –
Zwischen Bildungstheorie und Bildungsökonomie

Qualität ist keine Sache, kein beobachtbares Merkmal einer Sache und auch nicht aus irgend einer „Natur der Sache" ableitbar. Sie ist vielmehr das Resultat der Beurteilung einer Sache. Aber ohne konkreten Sachbezug bleiben Qualitätsurteile inhaltsleer und funktionslos. Die hier thematische Sache ist die Schule, die sich aus einer unübersehbaren Vielzahl unterschiedlicher Faktoren und Determinanten „zusammensetzt", die großenteils von bildungspraktischem Handeln abhängen oder beeinflussbar sind. Subjekte kontroverser Zweckbestimmung und Qualitätsbeurteilung „der" Schule sind konkrete Menschen mit intersubjektiv divergierenden Interessen. In der gesellschaftlichen Praxis besteht die hier thematische Beurteilungsdifferenz, im Unterschied zum geistesgeschichtlich tradierten Schema, nicht zwischen Bildung und Ökonomie; die Sondierung läuft quer durch beide hindurch.

I

Von der Qualität der Schule wird sowohl in der bildungsinteressierten Öffentlichkeit als auch in schulpädagogischen Fachdiskussionen so geredet als ob es überhaupt keinen Zweifel darüber geben könnte, was damit gemeint ist. Gut – so scheint man einfach zu unterstellen – „ist" eine Schule, ist eine Lehrperson, ist ein Schüler, wenn sie bzw. er erfolgreich ist. Aber was ist Erfolg, was ist das Erfolgskriterium? Ist eine Lehrperson erfolgreich – um nur eine populäre Messgröße beispielhaft herauszugreifen – wenn die Durchschnittsnote der von ihr unterrichteten Schülerinnen und Schüler „gut" oder besser ist? Ist eine Lehrperson, bei der alle Lernenden die Note „Sehr gut" erhalten „besser" als diejenige, bei der nur drei oder fünf Prozent der Lernenden die Note „Sehr gut" erzielen? Lässt sich vom (jeweils kriterienbezogenen) Misserfolg Lernender auf die mangelnde Qualität des Unterrichts und von der mangelnden Qualität des Unterrichts auf die mangelnde Kompetenz Lehrender und von hier aus weiter auf die mangelnde Qualität der Schule schließen? Was ist „die" Schule, was ist (der) Schulerfolg, was ist (die) Schulqualität?

Damit ist eine zweite Voraussetzungsfrage angesprochen: Gibt es „die Schule"? Wer oder was ist „die Schule"? Ist es das wie auch immer konkretisierte Schul- oder gar Bildungs-„System" einer Region, eines Landes, eine Staates? Ist es die für die Einrichtung und Unterhaltung konkreter Schulen zuständige Administration? Ist es die Schulbehörde, die Schulleitung, das Lehrerkollegium, die einzelne Lehrperson, sind es die Schülerinnen und Schüler? Oder ist es der in konkreten Schulen beobachtbare Unterricht, der seinerseits aus vielen unterscheidbaren Komponenten und Faktoren besteht und mit einer unübersehbaren Vielfalt von Einflussfaktoren der „Schulumgebung" funktional (kausal) vernetzt ist? Wer oder was ist das – „die Schule"? Freilich kann es sinnvolle und hinreichend informative Abstraktionen geben, beispielsweise wenn an „die Schule" bestimmte gesellschaftliche oder bildungspolitische Anforderungen adressiert werden, die für (viele oder alle) bildungspraktischen Aktivitäten aller konkreten Schulen (in jeweiliger Zuständigkeitsbezogenheit) bedeutsam sind. Es kommt auch vor, dass „ganze" Schulen einen guten versus schlechten Ruf haben und in diesem Sinn als gut oder weniger gut anerkannt sind. Aber dabei ist längst nicht immer klar, worauf das darin zum Ausdruck kommende Urteil sich genau bezieht und welches Beurteilungskriterium der Qualitätsbeurteilung zugrunde liegt. Unter zahllosen Unbestimmtheiten der hier nur grob skizzierten Art leiden viele Aussagen über „die" Qualität „der" Schule. Und genau diese Ungenauigkeiten dürften auch zu den Ursachen dafür gehören, dass Qualitätsurteile und Qualitätsforderungen allzu oft praktisch folgenlos bleiben; denn es bleibt dabei meistens offen, welche der zahllosen Determinanten konkreten Unterrichts oder Unterrichtserfolgs dabei mit welcher konkreten Erwartung jeweils angesprochen wird.

II

Qualität ist kein extramental existierendes Objekt, kein beobachtbares Merkmal des Gegenstandes der Qualitätsbeurteilung und auch nichts, das aus der Feststellung oder Beschreibung des Beurteilungsgegenstandes ableitbar wäre. Qualität ist das nur im (freilich kodifizierbaren) Qualitätsurteil „existierende" Resultat der Beurteilung eines Gegenstandes. Und diese Beurteilung setzt die Geltung und Anwendung eines Beurteilungskriteriums voraus. Ob eine Schule oder eine Lehrperson gut „ist", und das heißt genau genommen: „gut" genannt oder als „gut" bewertet zu werden verdient, beispielsweise „weil" sie streng ausliest [1], oder ob sie genau deshalb als „nicht gut" beurteilt wird. Das ergibt sich nicht aus der Faktizität der beobachtbaren Schule oder Lehrperson oder Auslesepraxis, sondern aus der Anwendung des für deren Beurteilung unentbehrlichen Beurteilungskriteriums, beispielsweise aus der *entscheidungsabhängigen* Bestimmung des *Schul- oder Unterrichtszwecks*. Freilich *beziehen* Qualitätsurteile sich auf beobachtbare Eigenschaften eines Beurteilungsgegenstandes oder auf beobachtbare Effekte dieses Gegenstandes und der Beurteilungsgegenstand mag „deshalb" als gut beurteilt werden, weil er diese beobachtbaren Merkmale oder Eigenschaften hat, aber die positive oder negative *Bewertung* dieser Merkmale und Eigenschaften ist nicht mit den bewerteten Merkmalen und Eigenschaften identisch und auch nicht daraus ableitbar.

Wenn eine (konkrete) Schule dann als gut beurteilt wird, wenn sie ihren Zweck erfüllt, dann interessiert die Frage nach „dem" Zweck „der" Schule. So wie jede Schule aus der Umsetzung von Entscheidungen in Handlungen resultiert, so ist auch jegliche Zweckbestimmung „der" Schule oder einer ganz konkreten Einzelschule Resultat von Entscheidungen, die von Wertungen gesteuert werden, die nicht aus dem Gegenstand der Bewertung ableitbar sind. Wertungen und Zweckbestimmungen können sich in Sätzen (z. B. Vorschriften, Gesetzen, Predigten) niederschlagen und dann auf metasprachlicher Ebene Gegenstände wertungsfreier Analyse sein, aber sie selbst bleiben manifestierte *Stellungnahmen* konkreter Subjekte zu bestimmten materiellen oder im-

---

[1] Etwa zum Zweck der Eliteförderung oder zum Zweck der Verteilung nachwachsender Generationen auf die jeweils existierende Hierarchie der Berufspositionen.

materiellen Sachverhalten, die in hier relevanter Thematisierung einem System von Regelungen und Aktivitäten zugerechnet werden, das wir Schule nennen. Die Möglichkeit, beobachtbare *Prozesse* und beobachtbare, weil kodifizierte *Resultate* wertungsabhängiger inhaltlicher Zweckbestimmungen – beispielsweise in Gesetzen, Richtlinien oder Plänen dokumentierte Zielbestimmungen – zu Gegenständen empirischer Forschung und (wertender) Beurteilung zu machen, widerspricht nicht der Feststellung, dass Qualitätsurteile nicht aus den Gegenständen der Beurteilung abgeleitet werden können. Das „Ist" vorfindbarer Zweckbestimmung wird immer nur mit Bezug auf das *geforderte oder akzeptierte* „*Soll"* einer wünschenswerten oder als akzeptabel angesehenen Zweckbestimmung beurteilt. Wertungen selbst sind keine Tatsachen*feststellungen*, sondern Tatsachen*beurteilungen* bzw. Stellungnahmen zu Tatsachen. In diesen Wertungen und auch in der Bestimmung der dafür vorausgesetzten Wertungskriterien kommen Interessen der jeweiligen Wertungssubjekte zum Ausdruck und zur Geltung.

Wer daran *interessiert* ist, dass Jugendliche, die in das Beschäftigungssystem eintreten, dasjenige können, wollen und tun, was (in einem Betrieb) jeweils von ihnen verlangt oder erwartet wird, der wird jede Maßnahme und jede Einrichtung begrüßen – das heißt: als gut bewerten oder fordern – die (nachprüfbar) dazu beiträgt die Wahrscheinlichkeit zu erhöhen, dass Jugendliche diese Fähigkeit und Bereitschaft entwickeln. Das hindert andere nicht daran, genau diese Bereitschaft als etwas zu kritisieren oder abzulehnen, das mit Bildung (traditioneller) Wertschätzung unvereinbar sei. Zu den Kronzeugen dieses traditionellen, weithin als klassisch geltenden Bildungs-„Verständnisses" gehört Wilhelm von Humboldt, der davon spricht, dass die Bildung „unrein" werde, wenn das, was „das Bedürfniss des Lebens oder eines einzelnen seiner Gewerbe erheischt" nicht „abgesondert, und nach vollendetem allgemeinen Unterricht erworben" werde (*Humboldt* 1809/1964, 188).

Die Tatsache, dass die einen dazu neigen, ihre interessengesteuerte Wertung als sachliches Erfordernis zu interpretieren, während die anderen sich gern auf den Indikativ „die Bildung" oder „das Wesen der Bildung" als Ableitungsvoraussetzung für Ihr Qualitätsurteil berufen [2], ändert nichts daran, dass von *wertungs- und interessengesteuerten Entscheidungen* abhängt, was als Qualifikation oder als (das Wesen der) Bildung anerkannt oder „angesehen" werden *sollte* und worin die Funktion der Schule bestehen oder eben nicht bestehen *sollte* [3]. Analoges ließe sich am Beispiel des Unterrichts zeigen. Ob ein konkreter Unterricht gut „ist", der sich (ohne Rücksicht auf individuelle Besonderheiten lernender Stoffverarbeitung) eng an der Systematik „des

---

[2] Wem es gelingt, Wertungen, Qualitätsurteile, Zweckbestimmungen als Sachnotwendigkeiten oder gar als unbezweifelbare Tatsachenfeststellungen zu „verkaufen", der erspart sich aufwendige Legitimationskontroversen. Er suggeriert, hier handle es sich um etwas, das ganz und gar objektiv gegeben und vom individuellen Wünschen und Wollen völlig unabhängig sei (*Topitsch* 1958, 61).

[3] Auch die soziale oder betriebliche Realität, aus der Autoren betrieblicher Qualifikationsanforderungen ihre Ansprüche an die Schule glauben ableiten zu können, sind zum einen Resultat interessengesteuerter Entscheidungen und zum anderen Gegenstände der Beurteilung und der permanenten (Aus-)Gestaltung (vgl. u. a. *Dahrendorf* 1965, 15 ff.; *Heid* 1999).

Stoffes"[4] orientiert oder ob er (nur) dann gut oder vergleichsweise besser „ist", wenn er (unter vielleicht faktischer aber keinesfalls notwendiger Vernachlässigung der Logik des Unterrichtsgegenstandes) an der Informationsverarbeitungsdynamik, also an Lernprozessen Lernender orientiert ist, das ergibt sich nicht aus irgend einem (dunklen) Wesen des Unterrichts oder des Unterrichtsgegenstandes (Inhalts oder Stoffs). Das hängt vielmehr von der positiven oder negativen Bewertung des konkreten Vollzugs und der Effekte (auch der unvermeidbaren Nebenwirkungen) ab, die vom jeweils zu bewertenden Unterricht auf Grund bewährten Wissens [5] mit kalkulierbarer Wahrscheinlichkeit erwartet werden können bzw. erwartet werden müssen.

Dass Wertungen von Feststellung unterschieden werden können und (auf der Basis einer metaethischen Wertung) unterschieden werden *sollten,* schließt nicht aus, dass über die Bestimmung und Anwendung eines Kriteriums für die Qualitätsbeurteilung der Schule mit intersubjektiv überprüfbaren Argumenten gestritten werden kann. Positiv formuliert: Wertungen lassen sich begründen und kritisieren [6]. Methodologisch problematisch – und je nach werttheoretischer Position: unzulässig (siehe dazu u. a. *Stegmüller* 1960, 489 ff.) – sind jedoch alle Versuche, die Befürwortung oder Kritik der Funktions- oder Zweckbestimmung der Schule auf das vermeintliche Wesen der jeweils bewerteten Sachverhalte zurückzuführen. Das gilt auch für Sätze, mit denen die *Kriterien* zur Beurteilung der Schule vom vermeintlichen Wesen jener *Bildung* „abgeleitet" werden, um die es in Schulen zu gehen habe (kritisch dazu Kelsen 1928; Welzel 1951; Topitsch 1958). „Die Geschichte der Moral-, Rechts- und Staatsphilosophie ist voll von Versuchen, aus Sachgehalten Wertpostulate und Normsetzungen abzuleiten – aber beruhen diese Versuche nicht letztlich darauf, daß man jeweils bestimmte normative Gesichtspunkte heimlich in die Prämissen aufnimmt und sodann wieder aus ihnen deduziert?" (*Topitsch* 1958, 54). Was hier geschieht, ist folgendes: Ein bestimmter beobachtbarer Persönlichkeitszustand (Wissen, Wollensäußerungen, Verhaltensweisen) wird (häufig in nicht explizierter oder reflektierter Übereinstimmung mit tradierten Wertungen) deshalb als Bildung bezeichnet (das „ist" Bildung), weil er den Wunschvorstellungen des Subjektes dieser hoch selektiven wertungsgesteuerten Benennung entspricht.

Wie lässt sich der Aufwand rechtfertigen, mit dem hier auf die *Differenz* zwischen Feststellungen und Wertungen eingegangen wird, die bei Auseinandersetzungen um die Qualität der Schule zu berücksichtigen ist? Zum einen geht es darum zu zeigen, dass Qualitätsbeurteilungen keine reinen Feststellungen scheinbar unbezweifelbarer Tatsachen und deshalb auch nicht mit Bezug auf Tatsachen „verifizierbar" sind. Zum anderen soll herausgestellt werden, dass konkrete Schulen zwar (soziale) Tatsachen aber keine Naturereignisse, sondern Ergebnisse *interessengesteuerter Entscheidungen,* Gegenstände kriterienbezogener Qualitätsbeurteilung und Gegenstände permanenter

---

[4] Möglicherweise praktiziert oder befürwortet, weil dadurch der (erwünschte) Selektionseffekt des Unterrichts bzw. „der Schule" vergrößert wird.

[5] Ein Wissen auch über den Charakter und die Wirksamkeit der Realisierungsbedingungen unterrichtlicher Zielverwirklichung.

[6] Dabei sind allerdings bestimmte methodologische Anforderungen zu beachten (vgl. dazu u. a. Heid 1990, 222f.).

interessengesteuerter Gestaltung sind. Alle diese Entscheidungen haben für alle davon Betroffenen im Wortsinn lebenswichtige Konsequenzen (vgl. z. B. *Geary* 1995, 27; *Rutter* 1983; *Stevonsen, Parker* et al. 1978) und geraten dadurch unter Legitimations- „Zwang". Zur Geltungsbegründung dieser Legitimation versuchen viele Autoren wiederum Instanzen zu bemühen, die den Anschein unbezweifelbarer Objektivität erwecken. Sie suggerieren, dass der jeweils *erwünschte* oder *postulierte* Zustand einer konkreten (also eigentlich niemals *der*) Schule der von Entscheidungen unabhängigen „Natur", „dem Sinn" oder „dem Wesen" (dem „Sein") oder „der Funktion" „der" Schule gerecht zu werden habe. Aber damit werden in einem logischen Zirkelschluss Ableitungsvoraussetzungen bemüht und benannt, die zwar den Anschein unbezweifelbarer Faktizität oder Geltung suggerieren mögen, die aber tatsächlich von interessengesteuerten Entscheidungen und deren Interpretation abhängen und die zur interessengesteuerten Rechtfertigung *einer bestimmten Schul- und Gesellschaftspolitik* instrumentalisiert werden.

III

Wenn und soweit (jede konkrete) Schule einen wesentlichen oder gar unverzichtbaren Beitrag zur Sicherung oder Verbesserung des Wirtschaftsstandorts Deutschland leisten *soll*, wird ihre Arbeit nach anderen Qualitätskriterien beurteilt werden (müssen) als dann, wenn sie primär oder ausschließlich in den Dienst der Persönlichkeitsbildung (traditionellen oder auch modernen Verständnisses; vgl. dazu *Dahrendorf* 1965) gestellt werden *soll*. Das gilt vor allem dann, wenn und soweit die Leistungen der Schule unvereinbar sind, die zur Erfüllung dieser beiden sehr grob unterschiedenen Zweckbestimmungen notwendig sind. Ich gehe zunächst auf die ökonomische Dimension bildungspolitischer und bildungspraktischer Urteilsbildung und Urteilsbegründung ein.

Die Einrichtung und der Unterhalt eines Schulwesens kostet (sehr viel) Geld, das nicht unbegrenzt zur Verfügung steht. Damit ist die Frage angesprochen, ob und in welchem Maß und in welchen Konkretisierungsformen die Schule ihr Geld auch wert (sic!) ist; denn „die vom Bildungssystem beanspruchten Geldmittel müssen legitimiert werden, da immer auch alternative Verwendungsmöglichkeiten für konkurrierende Zwecke bestehen" (*Mattern & Weißhuhn* 1980, 7). Rein logisch ist zunächst die Tatsache bemerkenswert, dass so manche konkrete Maßnahme einer (von *Bildungs*experten als wünschenswert akzeptierten, von Politikern oder Ökonomen aber vielleicht abgelehnten) Entwicklung oder Reform schulischer Praxis von Politikern mit dem Argument abgelehnt wird, dass die dafür notwendigen Geldmittel fehlten. Darin ist der Versuch zu erkennen, die wertungs- und interessenabhängige politische *Prioritätensetzung* [7] in einen Sachzwang zu verwandeln bzw. zu verfälschen, denn Zwecke oder Maßnahmen, die diesen Politikern wirklich wichtig sind, scheitern in der Regel nicht am fehlenden Geld. Damit ist die Frage nach dem *Kriterium* nicht beantwortet, das aber implizit oder explizit unentbehrlich ist, um zwischen alternativen Möglichkeiten der Verwendung knapper Mittel entscheiden zu können. Repräsentanten des Beschäf-

---

[7] Um eine solche Prioritätensetzung handelt es sich auch dort, wo Ausgaben durch gesetzliche Verpflichtungen des Staates festgelegt sind; denn Gesetze resultieren aus Entscheidungen und werden „nach Bedarf" bzw. auf Grund von Prioritätensetzungen durch Entscheidungen verändert.

tigungssystems beantworten diese Frage folgendermaßen: „Die Qualifizierung der Mitarbeiter", zu der Schulen einen im Wortsinn fundamentalen Beitrag leisten, „stellt eine Zukunftsinvestition dar. Also – so schlussfolgern viele – muss zur Sicherung der Zukunft die ... Bildung drastisch ausgeweitet werden. Eine solche Argumentation übersieht, daß Investitionen in das Humankapital genau wie Investitionen in das Sachkapital einem Investitionskalkül unterzogen werden müssen. Bei jeder Qualifizierungsmaßnahme müssen Kosten und Nutzen wenigstens aus Sicht des Unternehmens abgewogen werden. ... Nur wenn der Nutzen deutlich die Kosten übersteigt, ist die Investition rentabel und die Durchführung aus ökonomischer Sicht zu befürworten" (*Posth* 1989, 20f.).

Das verbreitete Unbehagen, das wohl nicht nur Bildungsverantwortliche bei dieser ökonomistischen Zuspitzung der Kosten-Nutzen-Erwägung zur Rechtfertigung bildungspolitischer Entscheidungen empfinden mögen, und die daran anknüpfende Pauschalpolemik gegen „die Ökonomisierung" „der Bildung" hat historische und sozialphilosophische Wurzeln. Nützlichkeit rangiert auf der untersten Stufe „der" Werthierarchie (*Spranger* 1950, 317). Eine derartige Erinnerung mag zur Erklärung dieses Befundes beitragen, in der Sache führt sie nicht weiter. Voraussetzung für eine beweiskräftige und nachprüfbare Argumentation zur Kritik der zitierten Sätze *Posths* sind differenzierte inhaltliche Analysen. Sie beginnen mit der Feststellung, dass es „den Nutzen" an sich oder als solchen gar nicht gibt und auch nicht geben kann. Der Nutzen ist kein Nutzen, wenn er keinen konkreten Inhalt hat. Dennoch wird inhaltsleer über „den" (bildungsphilosophisch diskreditierten) Nutzen gestritten. Und dieser Streit (übrigens nicht nur um Worte) hat Voraussetzungen, Implikationen und Konsequenzen:

- Es scheint vorausgesetzt zu werden, dass der immer nur *inhaltlich* bestimmbare *Zweck* einer jeweils postulierten betriebswirtschaftlichen Investition keiner weiteren Diskussion bedarf und insofern unproblematisch ist. Gerechtfertigt werden mag diese Unterstellung durch die überaus abstrakte Zweckbestimmung wirtschaftlichen Handelns, der zufolge es in „der" Wirtschaft um die Befriedigung menschlicher Bedürfnisse geht. Dabei wird jedoch leicht übersehen, dass die Bedürfnisbefriedigung keineswegs (immer) der *Zweck* (betriebs-) wirtschaftlichen Handelns, sondern (durchaus auch oder sehr viel öfter) das *Mittel* rentabler Kapitalverwertung ist und dass beides – von der *prinzipiellen* Differenz abgesehen – real keineswegs immer vereinbar ist. Ausgangspunkt für eine Investition ist in aller Regel nicht die humane Qualität [8] menschlicher Bedürfnisse. Ausschlaggebend für eine Investition ist vielmehr die Aussicht, diejenigen Güter am Markt zu platzieren, deren Produktion durch eine rentable Investition ermöglicht werden soll. Dabei handelt es sich sehr oft um Güter, die die Lebensqualität der Menschen [9] steigern. Dabei kann es sich aber auch um Güter handeln, vor denen die Gesundheit oder die Würde ganzer

---

[8] Von Unternehmern und Unternehmervertretern wird in hier relevanten Erörterungen immer wieder betont, dass ein Betrieb keine Wohltätigkeitsveranstaltung und keine Caritas sei.

[9] „Lebensqualität" mag eine subjektive „Größe" sein. Das schließt aber nicht aus, sie von Maßstäben zu unterscheiden, mit denen das Gegenteil, beispielsweise die Gesundheitsschädlichkeit, verdeutlicht werden kann bzw. soll.

Bevölkerungsgruppen durch eigene Gesetze (Stichworte: Verbraucherschutz, Mutterschutz, Jugendschutz [10]) oft wirkungslos geschützt werden muss [11]. Diese Produktion ist in der Regel um so effizienter und (bezogen auf die technische Produktqualität) qualitativ um so besser, je höher die Qualifikation und je größer die Bereitschaft der Beschäftigten ist, bedenkenlos das zu tun, was zur Erfüllung des jeweiligen Betriebszwecks von ihnen erwartet wird. „Wer dabei (zu) viel oder ‚dumm' fragt, der hält den Betrieb auf und ist deshalb nicht zu gebrauchen!"

- Bildungsmaßnahmen, denen kein (wie auch immer messbarer) ökonomischer Ertrag gegenübersteht, sind zumindest aus Sicht bildungspolitisch einflussreicher Repräsentanten des Beschäftigungssystems (vergleichsweise) wenig wert, wenn nicht sogar unwichtig. Wo es um eine Modernisierung des Unterrichts oder der Curricula, insbesondere um die Verkürzung der Schulzeit oder um die „Entrümpelung" der Lehr- oder Stoffpläne geht, dort dürfte sich diese Sicht (vielleicht unausgesprochen) auf die Operationalisierung der Wichtigkeitskriterien auswirken: Entbehrlich ist nach dieser Logik das „im Leben" [12] oder im Betrieb nicht benötigte Wissen (Stichwort: „Überqualifikation"). Und wo Inhalte oder Fähigkeiten toleriert oder gar gefordert werden, deren Verwertbarkeit nicht „ins Auge springt" (Stichwort „Soziale Kompetenz" oder „Verantwortungsbereitschaft"), dort handelt es sich dennoch genau um solche, in denen man einen grundlegenden, indirekten und faktisch oft sogar noch höheren Verwendungswert erblickt.

- Wie tief solche betriebswirtschaftlichen Verwendungsgesichtspunkte in die Makrostrukturen der Bildungspolitik und in die Mikrostrukturen bildungspraktischen Denkens und Handelns eindringen, zeigt sich darin, dass die (implizite) Bestimmung der Maße, in denen junge Menschen noch als lernfähig, als begabt oder wodurch auch immer als für eine weiterführende Bildung geeignet gelten, vom jeweiligen Bedarf an verwertbaren und bezahlbaren Kompetenzen beeinflusst wird. Wo es einen Mangel an Führungskräften gab oder gibt, fanden bzw. finden so genannte optimistische oder euphorische Begabungskonzepte größere Resonanz. Wo das nicht der Fall war oder ist, hatte und hat der Verweis auf naturgegebene Begabungsgrenzen größere Aussicht, auf die Rechtfertigung scharfer Selektion folgenreich einzuwirken (vgl. z. B. *Helbig* 1988, 338 ff.). Hier beeinflussen bestimmte gesellschafts-, wirtschafts- und bildungspolitische Wunsch- oder Zielvorstellungen die Wahrnehmung und Interpretation der dafür bedeutsamen Wirklichkeit, beispielsweise der so genannten Begabungsverteilung in einer (Schul-)Bevölkerung, und auf genau diese (so interpretierte!) Wirklichkeit wird dann im bereits erwähn-

---

[10] Wer die Jugend vor schädigenden „Gütern" schützt, der schützt auch die ertragreiche Produktion dieser Güter, vor denen Jugendliche ja geschützt werden.

[11] Es gibt auch eine *legale* und überaus ertragreiche Produktion beispielsweise von schlimmen Massenvernichtungswaffen, und zwar auch in solchen Staaten, die anderen Staaten unter Gewaltandrohung verbieten, solche Waffen zu produzieren, weil diese Produktion so unproblematisch offensichtlich doch nicht ist.

[12] Das wirkt sich auf die Angehörigen verschiedener Kompetenzstufen außerordentlich unterschiedlich aus. Kompetenz begründet Status- und Einkommenserwartungen und sozial differente Lern- und Kompetenzentwicklungsgelegenheiten lassen sich für die Rechtfertigung divergenter Personal-Platzierungsentscheidungen instrumentalisieren (Stichwort: „bedarfsgerechte" Aus- und Weiterbildung).

ten logischen Zirkelschluss zur Legitimation bildungspolitischer Prioritätensetzungen und Entscheidungen wieder zurückgegriffen.

- Die betriebswirtschaftlich beeinflusste Logik der Wissens- oder Qualifikations*verwertung* wirkt sich auch auf die Orientierung und die Entscheidungen einzelner Bildungssubjekte aus. Zumindest indirekt üben die auf den Arbeitsmärkten wahrnehmbaren Aussichten beruflicher bzw. betrieblicher Qualifikationsverwertung Einfluss auf die implizite Bewertung und auf die Wahl bestimmter Bildungsgänge oder Bildungsinhalte aus (vgl. dazu *Heinz, Krüger* et al. 1985).

- Wichtiger, weil prinzipieller noch, erscheint mir die durch diese Sicht begünstigte Tendenz, Qualifikation und Qualifizierte, Bildung und Gebildete als (bloße) *Mittel* der Produktivitätssteigerung und der rentablen Kapitalverwertung und insofern auch als bloße Objekte der Qualifizierung zu begreifen und zu behandeln.

Damit sind einige Faktoren angesprochen, die Einfluss auf die Bestimmung und Anwendung von Kriterien zur Qualitätsbeurteilung von Schulen haben. Sie sind mit denjenigen Bewertungskriterien unvereinbar, die sich in der Tradition *bildungs*theoretischer Diskurse herausgebildet haben. Was ist von den Argumenten zu halten, mit denen *bildungs*praktisch ambitionierte Kritiker die Beachtung ökonomischer Beurteilungsgesichtspunkte bei der Qualitätsbeurteilung „der Schule" kritisieren?

IV

- In der häufig recht abstrakten Argumentation zur Begründung dieser ökonomie- oder verwertungs*kritischen* Bewertung dürfen jedoch einige Sachverhalte nicht übersehen werden: Bestimmte Konkretisierungsformen ökonomischer Praxis dürfen nicht zu „der" Wirtschaft oder „der" ökonomischen Betrachtungsweise verallgemeinert oder verdinglicht werden. Wirtschaft hat nicht nur etwas mit Eigennutz, Begehrlichkeit oder Habgier zu tun, die seit dem Altertum moralisch verurteilt, in jüngerer Zeit gelegentlich aber auch moralisch verbrämt werden, sondern auch mit der Produktion und Distribution knapper Güter zur Deckung elementarer und kultureller menschlicher Bedürfnisse. Das überaus differenzierte und komplexe Expertise- und Handlungssystem Wirtschaft mag in seiner konkreten inhaltlichen Ausgestaltung eine Fülle von Problemen aufweisen, aber es ist doch auch und zuvor eine bewundernswerte Errungenschaft menschlicher Geistes-, Kultur- und Sozialgeschichte und eine notwendige Bedingung einzelmenschlichen und menschheitlichen Überlebens. So wie das ökonomische System in allzu vielen Realisierungsformen zur Verödung und sogar zur Zerstörung individueller und kollektiver Kultur beiträgt, so ist es doch zuvor eine notwendige Bedingung der Entwicklung menschlicher Kultur.

- Das ökonomische Prinzip wird nicht zu Unrecht auch als Rationalitätsprinzip interpretiert und praktiziert. Jeder Mensch (und vielleicht nicht nur Menschen) beachtet bei der Planung, Ausführung und Bewertung ihres Handelns (von Ausnahmen abgesehen) das Verhältnis von (Arbeits-)Aufwand und Ertrag. Es kann in vielen konkreten Fällen und mit Bezug auf gesellschaftlich allgemein anerkannte Bewertungskriterien sogar als unmoralisch gelten, mit den knappen Mitteln jeweiliger

Zweckverwirklichung (Stichwort: Ressourcenknappheit, Beispiel: Zeit) verschwenderisch umzugehen. Viele Ziele durchaus auch bildungspraktischen Handelns gelten als so wichtig, dass es angeraten erscheint, die (von menschlichem Handeln abhängigen oder beeinflussbaren) Bedingungen zu erforschen und zu realisieren, unter denen ihre Verwirklichung möglichst effektiv und nachprüfbar (messbar) ermöglicht werden kann [13]. Insofern kann die Beachtung des ökonomischen Prinzips bei der Qualitätsbeurteilung bildungspraktischen Handelns – auf Schul- und auf Unterrichtsebene – nicht nur nicht beanstandet werden; die Anwendung des Sparsamkeitsprinzips ist in allen Sektoren und auf allen Ebenen bildungspraktischen Handelns geboten und deshalb ist Sparsamkeit auch in der Bildungspraxis ein „Qualitätsmerkmal". Hinzu kommt, dass die Entwicklung der Fähigkeit, das (ökonomische) Sparsamkeitsprinzip zu definieren, zu konkretisieren und anzuwenden, zu den begründbar wünschenswerten Ziel- und Inhaltskomponenten der Bildung und Qualifizierung eines jeden Menschen gehört.

- Es ist zynisch, illegitim und übrigens auch unrealistisch, das Interesse eines Bildungssubjektes (und seiner Eltern) an der (auch ökonomischen) Verwertbarkeit des Gelernten zu diskreditieren oder abzuwerten. Auch die schärfsten Kritiker der Brauchbarkeit als eines Qualitätskriteriums „der Bildung", profitieren von der angeblichen Zweckfreiheit ihrer eigenen Bildung – großenteils sehr „handfest". Das vergleichsweise Übermaß an (keineswegs nur, aber sehr wohl auch *ökonomischem*) Nutzen, das sie ihrer Bildung verdanken, ist der vielleicht ausschlaggebende Grund für das Prestige, das ihre Bildung in der gesellschaftlichen Praxis besitzt. Man mag die praktische Brauchbarkeit des jeweils Gelernten nicht zu den Qualitätskriterien „der Bildung" rechnen. Aber auf der anderen Seite wird die Bildung sicher nicht dadurch in ihrer Qualität gemindert, dass sie praktisch brauchbar ist. Und es ist alles andere als „unanständig", sich für das „Wozu" der eigenen Bildungsbemühungen und Bildungsinvestitionen zu interessieren. Für den wahrscheinlich größten Teil der Schulbevölkerung ist diese (praktisch allzu oft unbeantwortete) Frage nach dem „Wozu" die dominante Komponente der Sinn- und Zweckbestimmung des Schulbesuchs.

- Hinzu kommt, das derjenige, der bestimmte Konkretisierungsformen ökonomischen Handelns kompetent kritisieren oder kritisch beurteilen will, vom Gegenstand seiner Kritik – nämlich von den Strukturen und Prozessen der Wirtschaft – einiges verstehen muss. Dieses Verständnis lässt sich nicht durch demonstrative Distanz zur Wirtschaft und zur Wirtschaftswissenschaft entwickeln. Aus diesem Grund müssen ökonomische Sachverhalte, Konzepte und Theorien auch *Gegenstände* menschlicher Kompetenzentwicklung sein.

---

[13] Es ist hier nicht möglich auf die forschungs- und unterrichtspraktischen Schwierigkeiten einzugehen, die mit dem Vorhaben verbunden sind, „die" Bedingungen erfolgreichen Unterrichts im einzelnen zu identifizieren, zu isolieren und zu qualifizieren.

V

Viele Autoren die die Berücksichtigung ökonomischer Beurteilungskriterien bei der Beurteilung der Schule und des Unterrichts undifferenziert kritisieren, versäumen es, die Realität der Schule und die Realität jener Praxis, die als Bildung oder Bildungswesen allgemein anerkannt und bezeichnet wird, einer ebenso kritischen Betrachtung zu unterziehen. Darauf soll hier mit einigen Beispielen eingegangen werden:

- Allein die Tatsache, dass Schulen, als deren „Kerngeschäft" die unterrichtliche Ermöglichung erfolgreichen Lernens angesehen wird, der Humanisierung bedürftig und fähig sind [14], ist ebenso aufschlussreich wie skandalös. Die Neigung vieler Bildungstheoretiker „die Ökonomie" oder „die Wirtschaft" als den Bereich der Inhumanität und „die Bildung" und „das Bildungswesen" als Hort (reiner) Menschlichkeit zu „sehen", ist alles andere als wirklichkeitsnah. Es gibt auch eine (tief) *schwarze* Pädagogik (vgl. u. a. und ganz aktuell *Wensierski* 2006).

- Schon sehr früh nach dem Zusammenbruch des „Dritten Reichs" hat *Theodor Litt* mit Geltungsanspruch „über den Tag hinaus" gefragt, ob das Wort „Bildung" seine ursprüngliche Sinnfülle verloren oder ob uns die Katastrophe des deutschen Zusammenbruchs „nur die Augen für ... ein schon vorher zu beklagendes Gebrechen geöffnet" habe. „Die Antwort", so fährt er fort, „kann nicht schwer fallen, wenn wir zusehen, wie in den Jahren der äußersten Verlorenheit ... diejenigen Glieder der Nation ihre Stellung behauptet haben, in denen die Allgemeinheit die berufenen Pfleger und Hüter deutscher Bildung zu sehen gewohnt war"; „wer da erwartet hatte, daß die Welt der ,Bildung' Wall und Schutzwehr sein werde gegen den Andrang des äußeren und vor allem des inneren Verderbens, der ist bitterlich enttäuscht worden. Zu dem Heer der viel zu Vielen, die als kritiklos Gläubige und erfolgreich Hintergangene, aber auch als bereitwillige Gefolgsleute und Anbeter der zur Macht Aufgestiegenen, ja sogar als berechnende Nutznießer der verheißungsvollen Konjunktur in das Lager der Volksverderber übergegangen sind, haben die Vertreter der ,Bildung' ein beschämend großes Kontingent gestellt" (*Litt* 1958, 15 f.).

- An der überaus traditionsreichen Kontroverse über (Allgemein-)Bildung einerseits und berufliche Ausbildung oder Qualifizierung andererseits lässt sich u. a. zeigen, dass Bildung zu allen Zeiten wohl niemals nur, aber immer auch die gesellschaftliche Funktion hatte, eine legitime Kultur zu etablieren und eine kulturelle Hegemonie zu legitimieren. „Die Schule" ist die wahrscheinlich effektivste Instanz zur (Re-)Produktion und zur Legitimation sozial ungleich bewerteter Ungleichheit (vgl. u. a. *Weber* 1964, 735ff.; *Mannheim* 1958, 104ff., 120ff.; *Geiger* 1962; *Lütkens* 1959; *Schelsky* 1959; *Menze* 1966; *Blankertz* 1969; *Lutz* 1983; *Friedeburg* 1989; *Gruschka* 1994, 205f.; *Herrlitz, Hopf* et al. 2005). Es gibt Bildungs- und Gesellschaftspolitiker, die diese Funktion der (von Menschen geschaffenen, ausgestalteten und praktizierten) Schule befürworten und alles tun oder zu tun fordern, was die Effizienz genau dieser Funktion befördert. Und es gibt Menschen, die die Effek-

---

[14] Und zwar lange bevor in Betracht gezogen werden musste, Lehrpersonen in welcher Form auch immer vor gewalttätigen Schülerinnen und Schülern zu schützen. Zur aktuellen Diskussion vgl. u. a. *Krumm & Weiß* 2000).

tivierung und Legitimierung dieser Funktion der Schule kritisieren. Man macht es sich viel zu leicht, wenn man die *sozial* selektive Funktion der Schule dem *gesellschaftlichen, politischen* oder *ökonomischen* Bedarf an Ungleichheit „in die Schuhe schiebt"; für diese Leistung ist „das" zwar in seinen soziokulturellen Kontext integrierte, aber zugleich relativ autonome Definitions-, Sanktions- und Produktionssystem Schule selbst zuständig.

- Seit einiger Zeit wird in (Über-)Reaktion auf unerwünschte Ergebnisse [15] der Internationalen (Schul-)Leistungsvergleichsstudie PISA unverhältnismäßig große Aufmerksamkeit auf die Formulierung von Bildungsstandards gelegt (kritisch dazu u. a. *Beck* 2005a; *Rost* 2005, 11f.; *Dubs* 2006a). Man scheint zu glauben, dass durch die Formalisierung, Vereinheitlichung und Monopolisierung erwünschten Lernoutputs Wesentliches für die Sicherung oder gar für die Verbesserung der (Aus-)Bildungsqualität zu gewinnen sei (kritisch dazu u. a. *Beck* 2005a). Dabei wird übersehen, dass mit einer bloßen Formalisierung und Vereinheitlichung dessen, was durch Bildungsmaßnahmen allererst erreicht werden *soll*, überhaupt noch nichts darüber ausgesagt wird, wie das bildungspraktisch *Bezweckte* unter gegebenen Bedingungen kontrolliert *bewirkt* werden *kann*, so unentbehrlich klare Zielvorstellungen für die Bildungspraxis auch sind. Die Qualitätssicherung dieser Praxis hat nomologisches Wissen (empirisch überprüfte Theorien) über die Wahrscheinlichkeit zur Voraussetzung, mit der bestimmte Maßnahmen unter gegebenen, überaus komplexen und dynamischen Bedingungen geeignet erscheinen, das in Standards (nur) Postulierte auch zu verwirklichen. Aber bei Qualitätsurteilen über „die" Schule oder „das" Bildungssystem kommt es genau darauf an, was die Standardisierung wünschenswerten Lernoutputs offen lässt, nämlich das Arrangement der Bedingungen bzw. Determinanten unterrichtlicher Erfolgswahrscheinlichkeit und zwar im Sinn derer, die Standards als Zweck der Qualitätssicherung postulieren.

In der mehr oder weniger abstrakten Sollensbestimmung steht „die Wirtschaft" „der Schule" nicht nach. Bemerkenswert ist nur, dass sowohl in der alltäglichen als auch in der professionellen Beurteilung „die Wirtschaft" an ihren *Konkretisierungs*formen und „die Schule" – oder mehr noch „die Bildung" – an ihrem *Ideal* „gemessen" wird – zumindest im Kontext erziehungstheoretischer Diskurse. Hinzu kommt, dass die Repräsentanten des sozialen Sektors „Wirtschaft" dazu neigen, die wie auch immer beurteilte oder beurteilbare Realität als Sachzwang zu legitimieren, während die Repräsentanten des sozialen Sektors „Bildung" dazu neigen, das Ideal als Realität zu interpretieren und die davon abweichende Realität per Definition aus ihrer Zuständigkeit bzw. Verantwortung verweisen und einfach nicht als Bildung bezeichnen. Mit Bezug auf *beide* Sektoren gesellschaftlicher Praxis ist der kritisch sondierende Blick angebracht. Denn beide Orientierungen *begünstigen* die Vernachlässigung des Versuchs, die Voraussetzungen einer kritischen Beurteilung und kompetenten Gestaltung ökonomischer und pädagogischer Praxis zu klären.

---

[15] Darin zeigt sich, dass viele Schulen bzw. die ihr zugerechneten Aktivitäten nur unzulänglich zur Erfüllung ihrer definierten und deklarierten Ziele beitragen.

Resümee

(1) Qualität ist kein Sachverhalt, kein Sachverhaltsmerkmal und auch keine „Größe", die aus Sachverhaltsfeststellungen ableitbar wäre. *Qualität ist das Resultat einer Sachverhaltsbeurteilung.* Zu diesen Sachverhalten gehören auch Sachverhaltsbeschreibungen und Sachverhaltsinterpretationen.

(2) Sachverhaltsbeurteilungen haben die Geltung und Anwendung entscheidungsabhängiger Beurteilungs*kriterien* zur Voraussetzung. Auch diese Kriterien können nicht aus dem Gegenstand der Beurteilung oder seiner Interpretation abgeleitet werden.

(3) In der Bestimmung, Geltungsbegründung und Anwendung von Beurteilungskriterien kommen (individuelle oder kollektive) *Interessen* zur Geltung. Diese Interessen können in der von gesellschaftlicher Praxis abhängigen soziokulturellen Tradition begründet und in „der Schule" institutionalisiert sein. Jedoch ihre jeweilige beispielsweise unterrichtliche Aktualisierung erfordert explizite oder implizite Entscheidungen, die von mehr oder weniger adäquater Berücksichtigung kontextueller bzw. situativer Bedingungen der Interessenrealisierung modifiziert werden.

(4) Die *Bedingungen* der Durchsetzung bestimmter kultureller, politischer oder ökonomischer Interessen mögen in unterschiedlichem Maß von menschlichen Handlungen abhängen oder beeinflussbar sein und sie mögen auch Einfluss auf die Realisierbarkeit bestimmter bildungspolitischer oder bildungspraktischer Ziele ausüben. Aber sie zwingen - sofern sie Bedingungen sind - keineswegs zu bestimmten inhaltlichen Zweckbestimmungen des unterrichtspraktischen Handelns.

(5) In pragmatischer Zuspitzung ließe sich sagen, dass „die Qualität" „der Schule" das messbare *Maß* „ist", in dem diejenige (Bildungs-) Praxis, durch die das mit „Schule" jeweils Gemeinte bzw. Operationalisierte auch *bewirkt, was sie bezweckt.* Damit wird „Qualität" mehrstufig relativiert, und zwar auf die in der Regel strittige Zweckbestimmung, mit der gesellschaftspolitisch und bildungspolitisch konkurrierende Subjekte dieser Zweckbestimmung „die Schule" jeweils definieren, praktizieren oder auch kritisieren.

Olga Zlatkin-Troitschanskaia

Steuerungs*fähigkeit* des öffentlichen Schulwesens versus Steuer*barkeit* der Schule – Paradigmenwechsel?

Der Beitrag basiert auf der steuerungstheoretischen Annahme, nach der die Steuerung eines gesellschaftlichen (Teil)Systems von der (1) Steuerungsfähigkeit des Steuerungssubjektes (hier öffentliches Schulwesen als Teil des staatlichen Verwaltungssystems) sowie der (2) Steuerbarkeit des Steuerungsobjektes (hier Schule) abhängt. Auf der Grundlage der strukturellen Beschreibung des Steuerungssubjekts und -objekts in Deutschland wird das so genannte ‚neue' Steuerungsmodell mit dessen konstitutiven Elementen kritisch betrachtet: Ist tatsächlich ein Wechsel von historisch etablierter inputorientierter zu outputorientierter Steuerung erkennbar, und stellt ein solcher eine paradigmatische ‚Steuerungswende' oder ‚Kontinuität in Reform' dar?

1 Einleitung

In der letzten Dekade, verstärkt durch die Ergebnisse der letzten Schulleistungsstudien werden in den meisten OECD-Staaten Fragen nach der Steuerung der nationalen Bildungssysteme und hier besonders nach grundlegenden Steuerungsdefiziten des traditionellen bürokratisch inputorientierten Steuerungsmodells verschiedenartig kontrovers gestellt und kritisch diskutiert. Bei der Entwicklung des ‚neuen' Steuerungsmodells wird auf Erfahrungen der Länder zurückgegriffen (z. B. Finnland, Kanada etc.), die in den PISA I und II Studien Benchmarks darstellen. Trotz aller konzeptionellen Unterschiede zwischen den Bundesländern in Deutschland zeichnet sich dieses Modell durch die folgenden drei Zentralstrategien aus:

- Erweiterung der Autonomie der Einzelschule,
- Definition von Bildungsstandards,
- Verstärkung der Outputkontrolle.

Ein solches Modell wird in der einschlägigen bildungspolitischen sowie auch Forschungsdebatte als ‚Outputsteuerung' angepriesen. Der Implementierungsprozess des ‚neuen' Steuerungsmodells geht in den meisten Bundesländern insgesamt jedoch mit einer massiven Erhöhung der Steuerung(sinterventionen) innerhalb des Systems des öffentlichen Schulwesens einher. Bemerkenswerterweise wird trotz inzwischen zahlreicher Erfahrungen im Rahmen der Umsetzung des ‚neuen' Steuerungsmodells (vgl. den Beitrag von *Dubs* sowie den Beitrag von *Füssel* in diesem Band) bislang kaum die Frage thematisiert, ob dem derart konzipierten Steuerungsmodell ein latenter struktureller Widerspruch innewohnt; Ähnliches gilt für die Fragen nach der Steuerungsfähigkeit und Steuerbarkeit des öffentlichen Schulwesens. Denn auf der einen Seite wird die Erhöhung der schulischen Autonomie propagiert, welche u. a. die Erweiterung der Aufgabenfelder und der dort gewährten Freiräume umfasst und damit einen Vertrauensvorschuss an die schulischen Gestaltungsakteure (insb. die pädagogischen Akteure) voraussetzt. Auf der anderen Seite jedoch wird die Implementierung des ‚neuen' Steuerungsmodells durch einen massiven Anstieg von Kontrollmaßnahmen unterschiedlicher Art begleitet. Betrachtet man den umfangreichen Katalog von Steuerungsmaßnahmen im Land Berlin, der z. B. das Schulprogramm, den internen Evaluationsbericht, die Schulinspektion, das neue Personalbeurteilungsinstrument, ein jährliches Leitungsgespräch zwischen der operativen Schulaufsicht und den Schulleitungen anhand umfassender detaillierter Fragenkataloge mit Zielvereinbarungen etc. umfasst, ist die inzwischen fest etablierte Bezeichnung eines derartigen Steuerungsmodells als ‚Outputsteuerung' nicht unumstritten.

Die nachfolgende Betrachtung folgt jenem steuerungstheoretischen Gedanken, der auch dem ‚neuen' Steuerungsmodell implizit zugrunde liegt. Diesem zufolge hängt die Steuerung eines gesellschaftlichen (Teil)Systems von der *(1)* Steuerungsfähigkeit des Steuerungs*subjektes* sowie der *(2)* Steuerbarkeit des Steuerungs*objektes* ab (vgl. Abschnitt 2.1). Dementsprechend bewegen sich die hier vorgelegten integrativen theoretischen Reflexionen zwischen den beiden Rahmenfragen

- nach der *Steuerungsfähigkeit* des öffentlichen Schulwesens als Teil des staatlichen Verwaltungssystems sowie
- nach der *Steuerbarkeit* seiner Organisationen.

In dem hier vorgelegten Beitrag wird die Steuerung des öffentlichen Schulwesens bezogen auf seine Strukturen sowie auf seine Akteure fokussiert. Die strukturelle Aufbau- und Ablauforganisation der Schule *sowie* die zentralen Akteure mit ihren professionellen Handlungsorientierungen werden als zentrale *Gestaltungsparameter der Steuerung* betrachtet; im Abschnitt 2.2 wird zudem gesondert auf das Rollenverständnis der pädagogischen Akteure eingegangen. In diesem Kontext wird zwischen zwei zentralen Funktionsfeldern des Schulsystems systematisch unterschieden, zwischen

(1) der Steuerung des Verwaltungsgeschehens und

(2) der Steuerung des pädagogischen Geschehens.

Die strukturellen Beschreibungen des öffentlichen Schulwesens in Deutschland als Steuerungs*subjekt* zeigen (vgl. z. B. *Baumert, Cortina & Leschinsky* 2003), dass der hierarchische Aufbau des Schulwesens *(1)* eine *Mehrebenen*konstruktion darstellt; dabei bildet die jeweils untere Ebene eine konstitutive Einheit für die nächsthöhere Ebene (vgl. *Zlatkin-Troitschanskaia* 2006, 54ff.). So sind die politisch-administrative Ebene, die Ebene der Einzelschule und die Ebene der institutionalisierten Leistungserstellungsprozesse strukturell sowie auch funktionell ineinander verschachtelt. *(2)* In diesem Kontext wird das Schulwesen i. d. R. als ein *komplexes* gesellschaftliches Funktions(teil)system dargestellt und betrachtet.[1]

Die Schule als *Steuerungsobjekt* wird im Verlauf der nachfolgenden Betrachtung systematisch zum einen als *Organisation* und zum anderen als *gesellschaftliches Funktions-(teil)system* betrachtet. Sie zeichnet sich sowohl durch *hierarchisch-bürokratische* Strukturen als auch durch Elemente von *lose gekoppelten* Systemen im Sinne lockerer Verbin-

---

[1] Eine solche anfangs systemtheoretisch geleitete Vorstellung hat sich im Kontext jüngster empirischer Studien bestätigt (vgl. hierzu den Beitrag von *Ditton* in diesem Band).

dungen zwischen den einzelnen Ebenen und Einheiten innerhalb der Schule aus; diese nur lockere Koppelungen beziehen sich insbesondere auf das Verhältnis von Lehrkräften und Schulleitung sowie auf die Beziehungen innerhalb des Lehrkollegiums (s. Abschnitt 2.2).

Auf der Grundlage der strukturellen Beschreibung des Steuerungssubjekts und -objekts werden Konsequenzen für die Steuerungsfähigkeit und die Steuerbarkeit des öffentlichen Schulwesens und seiner Organisationen gezogen (vgl. Abschnitt 2.3). Daran schließt sich die integrative Betrachtung des so genannten ‚neuen' Steuerungsmodells (vgl. Abschnitt 3) an. In diesem systematisch erarbeiteten Rahmen wird der Frage nachgegangen, ob der Wechsel von inputorientierter zu outputorientierter Steuerung eine paradigmatische Steuerungswende darstellt (s. hierzu ausführlich Abschnitt 4).

2 Steuerungsfähigkeit und Steuerbarkeit – Steuerungstheoretische Phänomenbeschreibungen

2.1 Schulsystem – Steuerungsakteur oder Adressat politischer Steuerung?

In den steuerungstheoretischen Konzepten werden grundsätzlich zwei konzeptionelle Zugänge unterschieden – der *sozial-* und der *politik*wissenschaftliche. Seitens der Soziologie entwickelte sich der Begriff Steuerung vor allem im Kontext der Systemtheorie von *Parsons* und *Luhmann* (vgl. z. B. *Willke* 1983). In systemtheoretischer Tradition ist Steuerung eine systemische Funktion und ein vom Akteurshandeln abgelöster Prozess (s. *Mayntz* 2004, 66f.). Seitens der Politikwissenschaft findet hingegen ein akteurszentrierter Ansatz Eingang in die steuerungstheoretischen Überlegungen, der Akteure und ihr Handeln in den Vordergrund stellt [2]. In der politiktheoretischen Tradition bezieht sich Steuerung auf aktive staatliche Politik im Sinne staatlicher Interventionen in die Gesellschaft (*Burth & Görlitz* 2001, 7); die ‚politikorientierte' Steuerungstheorie umfasst Wissen über Strukturen, Prozesse und Wirkungen derartiger Interventionen (*ebd.*, 8). Dieses Steuerungsverständnis impliziert die Existenz von Steuerungsakteuren (Steuerungssubjekte), die durch zielgerichtetes Handeln Steuerungsobjekte lenken (wollen) (vgl. *Mayntz* 1987, 93f.). Folgerichtig wird im Rahmen des politikwissenschaftlichen Steuerungsansatzes [3] systematisch zwischen der *Steuerungsfähigkeit* des Steuerungssubjekts und der *Steuerbarkeit* des Steuerungsobjekts (Adressatenhandeln und strukturelle Besonderheiten) unterschieden.

Angeregt durch Erkenntnisse empirischer Implementationsforschung modifizierte sich dieses Steuerungsverständnis dahingehend, dass ‚politische' Steuerung sich nicht auf Akteurshandeln des politisch-administrativen Systems beschränkte, sondern alle Akteure einbezieht, „die mit ihrem Handeln ein ‚öffentliches Interesse' vertreten und realisieren sollen" (*Mayntz* 2004, 68). Folgt man diesen Überlegungen, können z. B. auch *pädagogische Akteure* in der Schule als *Vertreter politischer Steuerung* betrachtet werden.

---

[2] Diese handlungstheoretische Sichtweise, die Steuerungsprozesse im Sinne einer so genannten Subjekt-Objekt-Dichotomie begreift (Dichotomie von Steuerungsinstanz und Steuerungsobjekt vgl. *Mayntz & Scharf* 1995) und von linearen, durch zielgerichtetes intentionales Akteurshandeln ausgelösten Ursache-Wirkungs-Ketten ausgeht, prägt entscheidend den „klassischen" Steuerungsbegriff in der Steuerungstheorie (s. hierzu z. B. *Mayntz* 2001).

[3] Die Ursprünge dieser Steuerungskonzeption reichen bis in die klassische politische Philosophie zurück und lassen sich über die Renaissance bis zu *Hegel* nachzeichnen (s. z. B. *Kaufmann* 1994; *Münkler & Fischer* 1999).

Während bei der *Steuerungsfähigkeit* grundsätzlich die potenzielle Einflusskraft eines gesellschaftlichen Funktions(teil)systems auf ein anderes betrachtet wird, kann bei der Steuerbarkeit – so die Autorin dieses Beitrags – zwischen *exogener* und *endogener* systemischer Perspektive unterschieden werden. Die exogene Perspektive ist kongruent mit den externen Steuerungsformen (vgl. Abschnitt 3). Die endogene Perspektive bezieht sich auf die Frage der Selbststeuerung des Systems, bei der Steuerungsakteur und -gegenstand identisch sind. Aus systemtheoretischer Perspektive sind folgerichtig die *Steuerungsfähigkeit* und die *Steuerbarkeit* miteinander auf systematische Weise verknüpft.

Als Indikator für die Selbststeuerungskapazität eines gesellschaftlichen Funktions(teil)systems betrachten *Rosewitz & Schimank* (1988, 317) die „Potenziale kollektiver Handlungsfähigkeit". Sie zeigen, dass sowohl besonders starke als auch besonders schwache Selbststeuerungskapazitäten eines Teilsystems dessen Steuerung von außen erheblich erschweren. Einschlägigen empirischen Studien zufolge spricht vieles dafür, dass Selbstregulierung gesetzlich nicht erzwungen werden kann (vgl. z. B. *Mayntz* 1987, 89ff.; *Schimank* 2000, 261).

Die neuren politikwissenschaftlichen Steuerungstheorien differenzieren zwei Grundtypen von Steuerungsmodellen, die auf die Steuerung des Schulsystems und seiner Organisationen projiziert werden können (vgl. *König & Dose* 1989; auch *Koch & Gräsel* 2004, 8ff.):

- *Planungszentrierte Steuerung* mit deterministischem Steuerungsverständnis [4]: Hierbei geht man von der Vorstellung aus, dass das öffentliche Schulwesen als Ganzes im Sinne bestimmter Bildungsziele angemessen geplant werden kann und dass die Steuerungsziele mit Hilfe einer direkten administrativen Detailsteuerung umgesetzt werden können (vgl. *Rudloff* 2003); auch die Umsetzung selbst wird vom Staat kontrolliert.

- *Selbststeuerung*, die den Gegenpol zur deterministischen Steuerungsvorstellung darstellt: Diese Konzeption basiert auf der systemtheoretischen Grundthese, nach der die gesellschaftlichen (selbstreferentiellen) Funktionssysteme von außen nicht gesteuert werden können; denn das System kann sich nur selbst von innen steuern bzw. reformieren. Demnach enthält sich das politische System einer Regulierung; somit geht es davon aus, dass seine Steuerungsziele durch Prozesse im Schulsystem selbst umgesetzt werden (s. hierzu auch *Recum* 2003).

Die beiden Steuerungsmodelle unterscheiden sich wesentlich in der Bestimmung der zu steuernden Einheiten sowie der Steuerungsinstrumente selbst. Während das deterministische Modell sich auf das Schulwesen als Ganzes bezieht (Systemebene), fokussiert das Selbststeuerungsmodell die Ebene der einzelnen Einheiten, wie diejenige der Einzelschulen. Die Steuerungsinstrumente können jeweils nach dem Bereich ihrer Wirkung differenziert werden in (vgl. *Bellenberg, Böttcher & Klemm* 2001, 20ff.)

---

[4] *Burth & Görlitz* (2001, 7f.) bezeichnen den Begriff „Steuerung" als „die fachsprachliche Präzisierung staatlicher Interventionen in der Gesellschaft", mit denen ein intentional gesetztes Ziel erreicht werden soll. Steuerungsobjekte stellen soziale (Teil-)Systeme dar, deren autonome Dynamik bzw. Entwicklung durch das Steuerungshandeln in eine bestimmte Richtung gelenkt werden soll (*Mayntz* 1987, 93f.).

- *kontext*orientierte Steuerungsinstrumente: Dies sind solche, die gegebene schulische und außerschulische Rahmenbedingen einschließlich der materiellen und personellen Ausstattung der Schule (Inputs) regeln;

- *prozess*orientierte Steuerungsinstrumente: Diese regeln und steuern die Lehr-Lern-Prozesse im Unterricht;

- *wirkungs*orientierte Steuerungsinstrumente: Sie sollen die vielfältigen (über-)fachlichen Wirkungen des schulischen Leistungserstellungsprozesses (Outputs) regeln.

In der steuerungstheoretischen Literatur liegt eine Reihe rechts- und politikwissenschaftlicher Studien vor, welche die abnehmende *Steuerungsfähigkeit* des Staates (des politischen Systems [5]) fokussieren (vgl. z. B. *Grimm* 1990). Die Untersuchungen identifizieren unterschiedliche Ursachen für die Verminderung staatlicher Steuerungskraft in der Gesellschaft; diese beziehen sich insbesondere auf *(1)* (systemische) Evolutionsblockaden, die sich u. a. in oppositionellen Verhaltensmustern der zu steuernden Akteure ausdrücken können, auf *(2)* institutionelle Pfadabhängigkeiten [6], aufgrund derer sowohl input- als auch outputorientierte Steuerung nicht bzw. nur stark begrenzt greifen kann; denn der Staat müsse *prozess*orientiert handeln und dies tun, *bevor* der Entwicklungspfad festgelegt werde (vgl. *Schuppert* 2001, 201ff.), sowie auf *(3)* ein zunehmendes staatliches Wissensdefizit über die zu steuernden Strukturen und Prozesse sowie über „steuerungsrelevante Wirkungszusammenhänge" [7] (*Mayntz* 1987, 96; s. auch *Willke* 1997; auch *Mayntz & Scharf* 1995a). Insgesamt wird in diesem Zusammenhang festgestellt, dass die Steuerungsfähigkeit des politischen Systems nur im Sinne einer „dezentralen Kontextsteuerung" aufrechterhalten werden könne (vgl. Abschnitt 3).

2.2 Das öffentliche Schulwesen – Staatliches Verwaltungssystem mit seinen bürokratischen Organisationseinheiten versus ‚Loose Coupling'-System

Das deutsche Schulsystem ist hierarchisch konstituiert (s. hierzu z. B. *Cortina, Baumert* et al. 2003). Die Einzelschulen sind Einheiten des *hierarchisch-bürokratisch* strukturierten Systems, dessen unterste institutionell-organisationale Ebene sie bilden: Nach dem Bundesverfassungsrecht ist die öffentliche Schule eine unselbständige Anstalt [8] als Teil der Kommunalverwaltung und Behörde der unmittelbaren Staatsverwaltung, d. h. sie ist

---

[5] Als politisches System wird nach *Görlitz* (1995, 11) zumeist ein Zusammenhang von Systemproblemen mit unterschiedlichen Logiken und Semantiken etikettiert.

[6] Die beiden hier gewählten Kategorien ‚Evolutionsblockaden' und ‚Pfadabhängigkeit' gehen auf die ordnungspolitische Theorie von *Hayeck* (1983) zurück.

[7] Auch *Recum* (1997, 77) betrachtet Wissen in Form von Gestaltungswissen für politische Akteure als eine der zentralen Steuerungsressourcen. Die *Bildungskommission* (2003, 236) betont: „Für die Steuerung von Bildungssystemen kommt aber dem systematischen Wissen des Systems über sich selbst und seine Funktionseffekte eine zentrale Funktion zu".

[8] Die öffentliche Anstalt ist „ein Bestand an sächlichen und persönlichen Mitteln, welcher in der Hand eines Trägers öffentlicher Verwaltung einem besonderen öffentlichen Zweck [hier die Unterrichtung und Erziehung der Schüler] dauernd zu dienen bestimmt ist" (*Böhm* 1995, 65).

zugleich Teil der staatlichen Bürokratie [9] (vgl. *Avenarius* 2001, 36). In einigen Bereichen wie der Einschulung, Versetzung und Entlassung von Schülern übt die Einzelschule hoheitliche Befugnisse aus und vollzieht Verwaltungsakte (vgl. auch *Brückner* 1982, 172; *Böhm* 1995, 67ff.). In diesem Kontext wird Schule auch als eine staatliche Verwaltungseinheit (Behörde) betrachtet (vgl. *Böhm* 1995, 65f.). [10]

Im Zuge der Entwicklung im rechtsstaatlichen Verständnis des öffentlichen Schulwesens in Deutschland wurde dieses gesellschaftliche Funktions(teil)system im Sinne der Vergesetzlichung bzw. Justitialisierung der Schule zunehmend *verrechtlicht* (s. hierzu z. B. *Böhm* 1995; *Staupe* 1982, 276f.; *Reuter* 1981; auch *Strutz & Nevermann* 1985, 89ff.). *Avenarius* (2001, 5) führt das Phänomen der Verrechtlichung der Schule u. a. auf die „*Wesentlichkeits*theorie" des Bundesverfassungsgerichts in den 70er Jahren zurück, um die Rechtssicherheit aller Beteiligten zu erhöhen. [11] In diesem Kontext kommt der Staatsbürokratie eine Vermittlungsfunktion zwischen seiner Einzelinstanz ‚Schule' und deren Umfeld sowie eine Schutzfunktion für die Einzelschule vor deren Umfeld zu (s. z. B. *Hammer* 1988, 41, 136), indem sie

> „Wünsche einzelner Teilsysteme der Umwelt, die ihr pädagogisch unangemessen erscheinen zurückweist, um das Schulsystem von zu großer Abhängigkeit von *einem* System zu bewahren" (*Hammer* 1988, 41).

‚Bürokratisierung' sei nach *Baurmann* (1990, 92) eine Reaktion auf die Willkürherrschaft der früheren Jahrhunderte, um mittels des Bürokratieprinzips die Rechtssphäre des Bürgers vor willkürlichen Eingriffen des Staates zu schützen; denn die bürokratischen Elemente in der Schulorganisation machen die Schule (*Hammer* 1988, 31)

> „im Sinne von Weber zu einer demokratischen Schule, in der Herrschaft auf Legalität (Rechtsstaat!) beruht" und diese seien notwendig, „um die Behandlung der Schüler für sie berechenbar und einsichtig zu machen [...]. Für Schüler bildet die bürokratische Organisation Orientierung, Entlastung, Stabilisierung" (ebd., 40).

Die bürokratisch orientierte Formalisierung des Verwaltungshandelns im öffentlichen Schulwesen sichert als Instrument der politischen Entscheidungsträger auch die Kontrollierbarkeit der Verwaltung; zugleich ermöglicht sie die Vorhersehbarkeit des Verwaltungshandelns für die Akteure selbst sowie für Außenstehende (s. hierzu *Lernhardt* 1984).

Strukturen und Prozesse der Einzelschule werden in hohem Ausmaß explizit durch Weisungen und Anordnungen der staatlichen Schulaufsicht bzw. der Schuladministration beeinflusst. Der organisationsspezifische hierarchisch-bürokratische Aufbau prägt das

---

[9] Als zentrale Merkmale der Bürokratisierung in der Einzelschule können die gesetzlich-administrativ definierten Zielsysteme, die die Entscheidungs- und Handlungsrichtlinien für die institutionellen Agenten (zumindest formal) darstellen, sowie das formale Kontrollsystem betrachtet werden (s. hierzu *Lersch* 2004, 78; *Fuchs* 2004, 211f.; auch *Baumert* 1980).

[10] Ein solches Verständnis wird mit der verwaltungsverfahrensgesetzlichen Definition der ‚Behörde' als „ [...] jede Stelle, die Aufgaben der öffentlichen Verwaltung wahrnimmt" begründet.

[11] Als *wesentlich* werden alle Angelegenheiten verstanden, die Grundrechte der Schüler und Eltern betreffen wie die Bildungs- und Erziehungsziele, der Fächerkanon, die organisatorische Grundstruktur des Schulwesens etc. (vgl. *Böhm* 1995, 37f.; *Avenarius* 1997b).

Handeln staatlicher Akteure auf allen Strukturebenen. Merkmale der Verwaltungsorganisation wie Streben nach Sicherheit, Ressortdenken, Dienstgesinnung etc., die sich aus Struktur und Funktionen ergeben, verknüpft *Schwarz* (1990, 12) in einem Konstrukt der veränderungsresistenten „bürokratischen Kultur". Dies impliziert für die Steuerung u. a. die Erwartung, dass auch im Falle einer Veränderung der formalen bürokratischen Organisationsstruktur die alten Strukturen, wenn auch informell, weitgehend bestehen bleiben [12] (vgl. *Zlatkin-Troitschanskaia* 2005). Der Druck auf einen bürokratischen Akteur, sein professionelles Handeln den veränderten Rahmenbedingungen anzupassen, nimmt zu, je präziser und ausdifferenzierter seine eigentliche Aufgabe definiert wird; in diesem Fall ist auch die Kontrolle von außen leichter. Dieser Gedanke wird insbesondere in dem so genannten ‚neuen Steuerungsmodell' aufgenommen, das dem verwaltungswissenschaftlichen Verständnis folgt und die pädagogischen Akteure v. a. als ‚Bürokraten' betrachtet (vgl. Abschnitt 3).

Der Leistungserstellungsprozess in der Einzelschule basiert neben den intentionalen Handlungen der Akteure, die ihre Unterrichts- und Erziehungstätigkeit an den (schul)verfassungsrechtlichen Richtzielen orientieren (müssen) [13] (vgl. *Böhm* 1995, 64f.), auch auf nicht vorhersehbaren emergenten Strukturveränderungen. Organisationale Lehrerarbeit ist in hohem Maße durch individuell gestaltete Einzelarbeit geprägt, sodass das pädagogische Alltagsgeschehen in der Schule sich durch hohe Individualität auszeichnet. Die faktischen Handlungsfreiräume der einzelnen Lehrperson in der gegenwärtigen ‚verwalteten' Schule sind trotz alldem beachtlich hoch (vgl. *Rolff* 1994, 43; *Burger* 2002, 25). Obgleich der Lehrer im Unterricht an die staatlichen Richtlinien und Lehrpläne sowie an die schulischen Konferenzbeschlüsse gebunden ist, verbleibt ihm ein relativ großer Handlungsraum, den er in seiner pädagogischen Eigenverantwortung gestalten soll und kann (vgl. *van Buer* 1990b; auch *Fauser* 1986). Dieser Raum resultiert im Wesentlichen daraus, dass gesetzlich kodifizierten Regelungen, die organisationsspezifischen Besonderheiten und die eigene Handlungskompetenz der institutionellen Akteure selbst solche Räume (zu)lassen bzw. konstituieren. Besonders der Unterricht als „Kerngeschäft" von Schule kann als individuell gesteuerte, bisher kaum extern evaluierte bzw. kontrollierte Interaktion zwischen den dort Agierenden mit ihren jeweiligen Vorverständnissen, Motiven, Kompetenzstrukturen etc. in den gegebenen institutionellen Verfasstheiten verstanden werden. [14]

Weick (1985) beschreibt die Schulorganisation als System weitgehend lose miteinander verbundener struktureller Elemente; sie zeichnen sich durch solche Merkmale wie unterschiedliche und mehrdeutige Zielsetzungen, unklare Technologien für die Leistungserstellungsprozesse, unkoordinierte Aktivitäten (insbesondere beim Unterricht), eine wenig wirkungsvolle Struktur hinsichtlich der Ergebnisse im Sinne des Abkoppelns der pädago-

---

[12] *Luhmann* (1987, 98) stellt fest, dass dieser Veränderungsresistenz nur durch eine „Begrenzung der Geldmittel" entgegengewirkt werden kann.

[13] Die Ordnungsnormen implizieren wiederum eine doppelte – pädagogische (individuenorientierte) sowie gesellschaftliche (sozialorientierte) Zielsetzung; letztere umfasst u. a. hoheitsrechtliche Aufgaben wie die Durchführung von Prüfungen etc. (vgl. *Avenarius* 2001, 140ff.; zu Rechten und Pflichten des Lehrers s. auch Beamtenrahmengesetz BRRG vom 31.03.1999).

[14] Untersuchungen zum Typus pädagogischen Handelns s. in *Combe & Helsper* (1996); zur Lehrerprofessionalität vgl. *Combe & Kolbe* (2004); *Bromme & Haag* (2004); *Keuffer, Krüger* et al. (1999).

gischen Prozesse von der formalen Organisationsstruktur etc. aus. Diese erschweren die Steuerungsprozesse mit klar erkennbaren, vor allem jedoch erwartbaren Folgen erheblich bzw. machen sie gar unmöglich (s. hierzu *Bormann* 2002; *Gehrmann* 2003):

"[...] loosely coupled systems zeichnen sich durch eine beträchtliche Selbstständigkeit ihrer Einzelelemente aus, wobei dies sowohl eine hohe Unsteuerbarkeit und Unberechenbarkeit wie andererseits auch eine hohe Flexibilität bei der Einstellung auf neue Umweltbedingungen impliziert" *(Terhart* 1986, 211). [...] „Schulsysteme sind „de-konzentrierte" Systeme [...], die sich einer direkten Steuerung von oben entziehen. Wohl aber können allgemeine Randbedingungen gesetzt werden – wobei Effekte allerdings wiederum schwer abzuschätzen sind" (ebd., 211).

Betrachtet man insbesondere die kommunikative Struktur innerhalb des öffentlichen Schulwesens, erscheinen viele Komponenten dieses Ansatzes geradezu plausibel. So zeigen z. B. *Meyer* et al. bereits 1978 in ihrer empirischen Studie zum Konsens bei Zielen und Verfahren zwischen den und innerhalb der verschiedenen Schul- und Schulverwaltungsebenen, dass die Organisationsstruktur des Schulsystems dezentralisiert, stark segmentiert, aber auch zugleich intern inkonsistent ist. Auch die jüngeren empirischen Studien in der Schulforschung machen verstärkt auf die fehlende Eindeutigkeit der Ziele sowie des Konsenses darüber bei den pädagogischen Akteuren sowohl hinsichtlich der Leistungserstellung als auch der zahlreichen internen organisationalen Erfordernisse aufmerksam (s. *Fend* 1998; 2003; *Söll* 2002). So zeigt z. B. *Zlatkin-Troitschanskaia* (2006) für das Land Berlin, dass es zum einen wenig Übereinstimmung zwischen den beruflichen Schulen hinsichtlich der im Berliner Schulgesetz kodifizierten Regeln und Zielsetzungen gibt. Zum anderen deutet alles auf hohe, teils extreme Zerklüftetheit hinsichtlich der Zielsysteme innerhalb der Einzelschulen.

Eine Reihe empirischer Studien (s. z. B. *Lortie* 1975; *Altrichter* 2000) verweist auf weitere Indizien für ‚Loose Coupling' Strukturen im öffentlichen Schulwesen, z. B. auf Ambiguitätsbedingungen, relative Isolation der Schulleitung (zu den ‚strukturellen Fehlentwicklungen' in der Schule s. *Türk* 1976) sowie hohe Individualisierung bei Lehrkräften in ihren professionellen Rollen (zum ‚Autonomie-Paritäts-Muster' vgl. *Altrichter & Eder* 2004; zum ‚Professionalitäts-Autonomie-Dilemma' vgl. *Frommelt & Holzapfel* 2000, 171). Der Unterricht wird i. d. R. vom einzelnen Lehrer im Klassenzimmer, also räumlich und zeitlich von der Gesamtorganisation weitgehend abgekoppelt und mit einem relativ großen ‚pädagogischen Freiraum' durchgeführt [15]. Die einschlägigen empirischen Befunde verweisen darauf, dass den Schulen interne kollegiale Koordination und Kontrolle von Unterrichtsprozessen und -ergebnissen bislang zumindest im Sinne eines systematisch institutionalisierten Phänomens weitgehend fehlt (vgl. z. B. *Neben & Seeber* 2002).

Oelkers (2002) zufolge sei die hohe *Individualität* der Einzelschule bzw. der beteiligten Akteure (wie Schüler, Lehrer etc.), die sich in der zunehmenden Heterogenität der Schul-

---

[15] In der Literatur herrscht ein Grundverständnis darüber, dass Lehrer zur Erfüllung ihrer pädagogischen Aufgaben entsprechende *regelungsfreie* Entscheidungs- und Handlungsfreiräume benötigen. Diese werden mit dem Begriff „pädagogische Freiheit" bezeichnet (s. hierzu *van Buer* 1990b; zum Handlungsspielraum als Bedingung persönlichkeitsförderlicher Arbeitsgestaltung s. *Osterloh* 1985).

landschaft niederschlage [16] (vgl. *Avenarius* 1997a, 176), ihr zentrales Merkmal, das weitreichende Konsequenzen für die Steuerung des Schulwesens insgesamt habe (vgl. *Leschinsky* 1992; s. auch *Risse* 1997, 89); denn dies führe u. a. zu sehr hoher Effektvarianz sowie zu enormen Steuerungsverlusten [17] (s. z. B. *Oelkers* 2002). Ein zentrales Ziel des hierarchisch-bürokratischen Steuerungsmodells ist u. a., eine möglichst hohe *Leistungshomogenität* vergleichbarer institutioneller Einheiten in der Schullandschaft zu erreichen. Eine solche Zielsetzung folgt dem historisch-kulturell etablierten Verständnis von Schulsystemen als rechtlich-kodifizierten staatlichen (Pflicht)Systemen, die ein quantitativausreichendes Angebot in so einer Qualität gewährleisten sollen, dass die Funktionalität von anderen gesellschaftlichen (Sub-)Systemen sowie die individuelle Entwicklung des Einzelnen nicht beeinträchtigt werden. In dieser Tradition, die v. a. im Grundgesetz rechtlich kodifiziert wird, gilt die Schule als staatliche (Pflicht-)Veranstaltung; in ihr wird unter staatlicher Aufsicht dafür gesorgt, dass der Zuteilungsmechanismus für Lebenschancen auf den Grundsätzen der Chancengleichheit und Chancengerechtigkeit basiert [18]. Demzufolge gilt sowohl für das Verwaltungs- als auch für das pädagogische Geschehen, seine Organisation(sform) strukturell so auszugestalten und zu steuern, dass sie diesem gesellschaftlichen Anspruch gerecht werden kann.

2.3 Bürokratische Strukturen versus ‚Loose Coupling' Akteure – Konsequenzen für die Steuerung

Die obigen strukturellen Analysen zeigen: Die Schule zeichnet sich durch alle systemtheoretischen Kriterien der Komplexität [19] aus, jedoch in verschiedenartiger Ausprägung (zu weiteren steuerungsrelevanten Faktoren vgl. *Mayntz* 1997, 204). Für diesen Organisationstyp ist grundsätzlich ein relativ hoher Komplexitätsgrad charakteristisch, der sich v. a. im Nebeneinander der hierarchisch bürokratischen Struktur bezogen auf die *Verwaltungsorganisation* sowie der ‚Loose Coupling' Struktur bezogen auf die *pädagogische Organisation* niederschlägt. Aus verwaltungswissenschaftlicher Sicht stellt die bürokratische Struktur eine durchaus effektive Organisationsform für das Verwaltungsgeschehen dar; sie lässt wiederum freie Räume für das pädagogische Geschehen zu. Die ‚Loose Coupling' Struktur ist insbesondere auf der individuellen Ebene des pädagogischen Akteurhandelns erkennbar.

---

[16] ‚Schule' kann nur begrenzt als *eine* institutionelle *Einheit* dargestellt werden. Jeder Typ von Schule wie die Gesamtschule oder das Gymnasium zeichnet sich durch den spezifischen, historisch-kulturell etablierten, funktionellen Auftrag bzw. das Ziel hinsichtlich des Leistungserbringungsprozesses sowie dessen Ergebnisses aus (s. hierzu z. B. *Fend* 1998).

[17] Zu Steuerungselementen in lose gekoppelten Systemen s. *Kern* (2000); zur Steuerung unter der Bedingung struktureller Kopplung s. auch *Burth* (1999).

[18] Zur Institutionalisierung der Schule s. die Beiträge in *Leschinsky* (1996); zu den gesellschaftlichen Funktionen s. z. B. *Leschinsky & Roeder* (1981); *Melzer & Sandfuchs* (2001); zur Chancengleichheit s. auch *Jencks* (1973); zur Bildung als Bürgerrecht *Dahrendorf* (1965).

[19] Die soziokybernetische Tradition knüpft den Begriff der Komplexität an System*zustände* an: „Systeme sind komplex, wenn sie mehr als einen Zustand annehmen können, also eine Mehrheit von Möglichkeiten haben, die mit ihrer Struktur vereinbar sind" (*Luhmann* 1970, 116); zu den Merkmalen für ein komplexes System vgl. auch *Degele* (1997).

„Professionalisierte Leistungsrollen" sind *Braun* (1993, 210ff.) zufolge ein zentrales Merkmal gesellschaftlicher Funktionssysteme (zur Abgrenzung von „Berufen" vgl. *Harney* 1999, 52; s. auch *Lersch* 2004, 78). Die Lehrkräfte in den Schulen agieren simultan in zwei sehr verschiedenen zentralen Funktionsfeldern (vgl. *Leschinsky* 2004; *Zymek* 2004) – im pädagogischen Geschehen und im Verwaltungsgeschehen. Diese Funktionsfelder stehen in einem immanenten Spannungsverhältnis, nach *Rosenbusch* (1994) in einem „strukturell gestörten Verhältnis" zueinander (vgl. die Beiträge in *Pekrun & Fend* 1991). Dies wird u. a. mit den unterschiedlichen, teils miteinander diskrepanten Handlungsrationalitäten begründet, die sich strukturell betrachtet aus dem linearen hierarchisch-bürokratischen Verwaltungsaufbau einerseits sowie der komplexen ‚Loose Coupling' Struktur innerhalb der Schule andererseits ergeben (s. auch *Dubs* 1997). Ein solches Spannungsverhältnis ist für die Lehrerrolle charakteristisch: Einerseits ist der Lehrer Beauftragter des Staates und als Beamter (oder Angestellter im öffentlichen Schuldienst) weisungsgebunden (*Gampe & Margies* 1997, 444; s. auch *Hoffmann* 1997, 473); andererseits wird der Bildungs- und Erziehungsauftrag in erster Linie als ein eigenverantwortlicher Gestaltungsprozess realisiert (bzw. soll zumindest als solcher realisiert werden; vgl. Art. 7 Abs. 1 GG) [20]. So weist *Staupe* (1982) in seiner Studie auf die manifestierte Ambivalenz in der Wahrnehmung von Selbständigkeit und bürokratischen Restriktionen durch die Lehrer hin. *Reuter* (1981, 13) stellt fest:

> „Die Parallelität von Normoffenheit, Normverdichtung und Normdiffusität belässt den Lehrer in einer eigentümlichen Schwebelage von normativer Bindung und pädagogischer Freiheit – die Verrechtlichung in seiner Berufsrolle erweist sich in ihren Wirkungen als hochgradig ambivalent".

Die einschlägigen empirischen Befunde deuten darauf hin, dass die pädagogischen Akteure sich in ihrer professionellen Leistungsrolle i. d. R. durch eine relativ hohe Identifikation als *Lehrer* [21] und durch eine nur geringe Identifikation mit ihren organisatorischen Aufgaben als Verwalter auszeichnen (s. hierzu z. B. *Söll* 2002; zur Profession im Erziehungssystem s. *Kurtz* 2004).

Mit dem Fokus auf diese Grundorientierung kommt den subjektiven Sichtweisen und alltäglichen Problembewältigungsroutinen der pädagogischen Akteure im Leistungserstellungsprozess sowie bei der Umsetzung von (gezielten) Veränderungen, die im Rahmen von Reforminitiativen wie dem neuen Berliner Schulgesetz realisiert werden sollen, eine entscheidende Rolle zu [22] (s. hierzu z. B. *Böttcher* 1995; *Söll* 2002). Damit stellt sich bezüglich des Erfolgs von Steuerungsprozessen die Frage, ob und wie Lehrer mit den extern gesetzten und den an sie optional herangetragenen Veränderungen umgehen, auf die sie

---

[20] Einen weiteren besonderen Aspekt stellt das polyvalente Mitgliedschaftsverhältnis des Lehrers dar, das gegenüber einem Bundesland und zugleich gegenüber einer Schule besteht (s. z. B. *Blutner* 2004, 142ff.).

[21] Dies beruhe entscheidend auf dem Bestreben der Lehrer, ihre Leistung in den alltäglichen pädagogischen Prozessen im Rahmen ihrer eigenen *individuellen Rolleninterpretation* zu optimieren (vgl. *Gehrmann* 2003).

[22] Die Befunde von *Schrader & Helmke* (2002) sowie von *Gruber & Leutner* (2003) zur Lehrperson als Multiplikator von Entwicklungen verweisen auf die zentrale Stellung der pädagogischen Akteure in der Einzelschule gerade bei der Implementierung von Veränderungen (s. hierzu auch *Schönknecht* 1997; *van Buer* 2003; *Dubs* 1994; *Bauer* 2004, 813f., 822f.; *Riedel* 1998).

im alltäglichen Kontext ihrer Einzelschule bzw. ihres Funktionsfeldes treffen bzw. die sie selbst dort erzeugen (sollen).

Aus der Steuerungsperspektive bleibt festzuhalten: Das öffentliche Schulwesen stellt ein gesellschaftliches, hoch komplexes, teilautonom fungierendes, funktional differenziertes (Teil)system dar, innerhalb dessen das Funktionieren einzelner Einheiten (hier Einzelschule) – die wiederum als Systeme aufgefasst werden können – nur unter Einbezug der Funktionsweise der anderen zu verstehen ist. Das im Inneren wirkende Beziehungsgeflecht steht mit systemexternen Faktoren in Verbindung, welche die Gesamtheit der kulturellen, politischen, sozialen und ökonomischen Einflussgrößen umfassen und die nur vor dem Hintergrund ihrer geschichtlichen Herkunft und Entwicklung tiefgreifend verstanden werden können. Das System des öffentlichen Schulwesens zeichnet sich durch charakteristische Merkmale aus, die es von anderen Institutionen unterscheidet, die Lehr- und Entwicklungsangebote anbieten (z. B. von Bildungsträgern, Ausbildungsdienstleitern etc.). Neben Besonderheiten der Struktur der Steuerungsmittel wie den potenziellen Grenzen der gesetzlich-administrativen Definition gerade im pädagogischen Geschehen (Definitionsmacht des Adressaten, Auslegungsfreiräume etc.) umfassen diese die *Struktur der zu steuernden Organisationen* (historisch etablierte staatliche Hoheit, hierarchisch-bürokratische Struktur, Elemente der ‚Loose Coupling' Struktur, strukturelle Fehlentwicklungen) sowie das spezifische *professionelle Handlungsverständnis der pädagogischen Akteure* (Beamtenrolle, doppeltes Mitgliedschaftsverhältnis, Autonomie-Paritäts-Muster).

Insgesamt führt dies zu einer immanent *begrenzten Steuerbarkeit* des Systems; diese drückt sich u. a. in einer stark eingeschränkten, mehrere Ebenen umfassenden Veränderungsfähigkeit bzw. Reformresistenz aus. Ein solches System- sowie das daraus abgeleitete Organisationsverständnis von Schule schließt die Annahme einer direkten Input-Output-Koppelung sowie die Möglichkeit der Steuerung über regulative Programme geradezu aus (vgl. *Luhmann* 1992, 204ff.). Aus Steuerungssicht ist das System des öffentlichen Bildungswesens auch im Sinne einer (internen) Selbststeuerung sowie einer externen (Kontext-)Steuerung nur bedingt und somit nur begrenzt steuerbar. Denn bei geringer institutioneller Steuerbarkeit bewirken auch die Formen der Selbststeuerung bzw. Kontextsteuerung eher wenig (vgl. Abschnitt 3).

3 Das ‚neue' Steuerungsmodell – Regulierte Selbstregulierung der Schule?

Seit geraumer Zeit steht das Bildungswesen wieder im Zentrum der kritischen bildungspolitischen und öffentlichen Debatte (*Hensel* 1995, 23). Kritisiert werden insbesondere die Leistungsfähigkeit des öffentlichen Schulwesens als ein gesellschaftliches Funktions(teil)-system sowie die starke staatliche Reglementierung und Vorgabe von Strukturlösungen im Schulbereich. Die staatliche Regulierung im öffentlichen Schulwesen wird dabei häufig als Veränderungs- bzw. Innovationshemmnis für schulische Organisationen angesehen. Als ein neuer Reformweg wird daher die verstärkte Selbstgestaltung und Eigenverantwortung der Schulen bildungspolitisch propagiert. In der deutschen rechtswissenschaftlichen Tradition gilt seit Mitte der 90er Jahre der einschlägige Begriff der „regulierten Selbstregulierung", der eine veränderte Rolle des Staates zum Ausdruck bringt: Weg von einer hierarchischen Steuerung hin zur einer Modulation gesellschaftlicher Prozesse (vgl. *Schuppert* 2001).

In der einschlägigen schultheoretischen und -verwaltungswissenschaftlichen [23] Literatur wird unter dem ‚neuen' Steuerungsmodell der öffentlichen Verwaltung (hier des Schulwesens) das Modell der *Kontextsteuerung* verstanden (s. z. B. *Lange* 1999; *Böttcher* 2002). Dieses folgt der Grundidee, ein modernes Steuerungsmodell – u. a. gemäß dem Subsidiaritätsprinzip – solle die Möglichkeiten der Selbststeuerung des Schulwesens konstruktiv und effektiv nutzen (s. hierzu z. B. *Recum* 1997). Die *Kontextsteuerung* wird als Steuerung auf Distanz gefasst, die in einem staatlich gesetzten Rahmen und auf rechtlicher Grundlage erfolgt: Die steuernde Instanz (hier das politische System) versucht, ihre Ziele im Schulwesen durchzusetzen, indem sie die Rahmenbedingungen setzt und Vereinbarungen mit den zu steuernden Instanzen eingeht. Die Konkretisierung der Ziele sowie Initiierung und Gestaltung der notwendigen Veränderungsprozesse vollzieht sich jedoch im Rahmen der Selbststeuerung des Systems. Folgerichtig ist das Modell dem Steuerungstyp ‚regulierter Selbstregulierung' (vgl. *Schuppert* 2001) zuzuordnen. [24]

Die Theorie der dezentralen Kontextsteuerung schließt sich *Luhmann* (1989) an, nach dem sich das politische System über die Schaffung von Bedingungen, die sich auf die Programme und damit auf die Selbststeuerung der Funktionssysteme auswirken, indirekt steuern ließe. Nach *Willke* (1989, 58) umfasst Kontextsteuerung zwei Aspekte – erstens „die reflexive, dezentrale Steuerung der Kontextbedingungen aller Teilsysteme" und zweitens „die selbstreferentielle Selbststeuerung jedes einzelnen Teilsystems". Folgerichtig geht die Theorie der dezentralen Kontextsteuerung von *Willke* (1992) zum einen von der *Selbststeuerungsfähigkeit* der ausdifferenzierten gesellschaftlichen Funktionssysteme aus (s. hierzu auch *Schimank* 1996): Bei der dezentralen Kontextsteuerung wird versucht, die Reflexivität der Funktionssysteme und dadurch ihre Selbststeuerungskapazitäten zu erhöhen (zur reflexiven Selbststeuerung der Funktionssysteme s. ausführlich *Willke* 1992, 120ff.; auch *Luhmann* 1984, 642; *Rosewitz & Schimank* 1988, 302). Zum anderen wird unter Kontextsteuerung die Veränderung bzw. Beeinflussung von relevanten Umweltfaktoren der Funktionssysteme im Sinne zielgerichteten Einwirkens auf die Rahmenbedingungen und die Beeinflussung der Regelstruktur und Ressourcenausstattung betrachtet (wie eine staatlich gesteuerte Verringerung oder Erhöhung der finanziellen Zuwendungen für die Funktionssysteme) (vgl. hierzu *Rosewitz & Schimank* 1988, 301f.).

In der Steuerungstheorie variiert die Anwendung der Steuerungsform in Abhängigkeit von interner und externer *Systemkomplexität* (vgl. *Willke* 1999, 50). Zentrale Steuerung korrespondiert mit niedriger interner und hoher externer Komplexität, Selbststeuerung mit

---

[23] Hierbei erfolgt die Konzentration auf die Schulverwaltungsforschung als Teilgebiet der allgemeinen Verwaltungswissenschaft mit ihren Einzeldisziplinen wie Schulrecht, Verwaltungsrecht, Organisationssoziologie, Bürokratieforschung etc. (s. hierzu z. B. *Gampe* 1994).

[24] In der Literatur zu Handlungsformen des Staates wird unter „Steuern" Einflussnahme *mit* Rückkoppelung und unter „Regeln" Einflussnahme *ohne* Rückkoppelung verstanden (*König* 1983). Der systemtheoretisch orientierte Begriff der Steuerung schließt „Regulierung" als eine Form der Steuerung mit ein. Diese folgt der Idee, dass das gewollte Regulierungsergebnis die Folge eines komplexen, interdependenten, interintentionalen, gesellschaftlichen Prozesses darstellt, den das Regulierungsprogramm in eine bestimmte Richtung zu verändern versucht.

hoher interner und niedriger externer Komplexität. Kontextsteuerung eignet sich sowohl bei hoher interner und externer Komplexität. Projiziert man diese Überlegungen auf die Steuerung des öffentlichen Schulsystems, so handelt es sich um ein System mit extrem hoher interner und gleichzeitig auch sehr hoher externer Komplexität. Dies verdeutlichen u. a. die neuesten Zusammenhangsanalysen in der empirischen Schulforschung, insbesondere die Mehrebenenanalysen (s. z. B. *Schümer* 2004). *Willke* (1999) zufolge erfordert ein solches komplexes System eine Strategie der Kontextsteuerung. Fasst man diese hier nur kurz skizzierten Überlegungen zusammen, so zeigen sich aus systemtheoretischer Sicht insgesamt drei steuerungswirksame Strategien [25] (vgl. *Willke* 1996, 706f.):

- Definition des „öffentlichen Interesses hinsichtlich einer zum politischen Problem gewordenen Frage", [26]
- Anleitung zur Selbststeuerung der Funktionssysteme in bestimmten kontextuellen, gesetzlich-administrativ vorkonstruierten Rahmen,
- kontextuelle Kontrolle. [27]

Bezogen auf das Schulsystem kann man analog hierzu folgende Strategien herleiten, die als steuerungswirksam angenommen werden können:

- Definition von Bildungsstandards,
- Anleitung zur Selbstverwaltung (Autonomie),
- externe Evaluation.

Diese drei Aspekte spiegeln zusammen das so genannte ‚neue' Steuerungsmodell wieder (zum Berliner Modell vgl. *Zlatkin-Troitschanskaia* 2006).

Grundsätzlich sind also die Steuerungsmöglichkeiten des öffentlichen Schulwesens als *komplexes* gesellschaftliches Funktions(teil)system aufgrund von Multikausalität und Multiintentionalität sowie aufgrund der hohen Stabilität und Kontinuität der historisch etablierten (Teil-)Strukturen mit ihren jeweils spezifischen Rationalitäten in der öffentlichen Bildung auf die Formen der (internen) Selbststeuerung und der (externen) Kontextsteuerung begrenzt. D. h., bei dem Steuerungsmodell handelt es sich um eine Kombination der beiden Steuerungsformen, die nach *Willke* (1995) im Sinne einer resonanten Verschränkung der Eigenlogik des zu steuernden Systems einerseits und der vorgegebenen Steuerungsmöglichkeiten und Restriktionen andererseits erfolgen solle. Die Steuerungsbeständigkeit gründet grundsätzlich in der Regelbefolgung; hierbei bedient sich das gesellschaftliche System der Hilfe zweier Instrumente der Systemsteuerung: *Konsens* und *Kontrolle* (vgl. *Etzioni* 1975). Letztere ist kennzeichnend für eher aktive und zielorien-

---

[25] *Mayntz* (1983) unterscheidet beim Steuerungsinstrumentarium zwischen drei Gruppen: „Regulation", „Public Provision" und „Procedural Control".

[26] Durch die Problemwahrnehmung in der Öffentlichkeit (hier als Medium zur Vermittlung systemischer Steuerungsansprüche an das politische System, s. *Görlitz* 1995, 12) wird der Steuerungsbedarf legitimiert. In diesem Sinne zeichnet sich das ‚neue' Steuerungsmodell des öffentlichen Schulwesens deutlich durch Elemente der *symbolischen Politik* aus (zur Steuerungstheorie der Symbolsysteme vgl. *Willke* (2005).

[27] Bislang konnte weder ein theoretischer Ansatz noch eine empirische Studie gefunden werden, die die obigen Steuerungsinstrumente nach ihrer Wirksamkeit ordnen.

tierte gesellschaftliche Funktions(teil)systeme wie staatsnahe Sektoren. Während *Etzioni* (1975) die Steuerungskombination ‚starke Kontrolle und *starker* Konsens' als ‚aktives System' bezeichnet, stelle das Verhältnis ‚starke Kontrolle und *schwacher* Konsens' ‚Übersteuerung' dar. Die Kombinationen mit schwacher Kontrolle markieren passive bzw. dahintreibende Steuerungstypen, mittels deren formulierte Programme, Projekte etc. nur schwer realisiert werden können. Insgesamt können die Ausführungen dahingehend interpretiert werden, dass die Kombination ‚*starke* Kontrolle und *starker* Konsens' einen Idealsteuerungstyp für das System des öffentlichen Schulwesens darstelle.

4 Fazit – Kontinuität in Reform?

Trotz aller durchaus berechtigten Kritik am alten Steuerungsmodell zeichnet sich die jüngste Steuerungswende im System des öffentlichen Schulwesens wiederum durch *institutionelle Pfadabhängigkeit* und durch darin von Anfang an inkorporierte deutlich erwartbare *Evolutionsblockaden* aus (vgl. *Zlatkin-Troitschanskaia* 2005): Denn im Grunde wird das alte Steuerungsmodell, das von einer planbaren, rationalen Organisationsstruktur der Einzelschule ausgeht, nicht aufgegeben. Im Rahmen des neuen Steuerungsmodells werden diese bürokratischen konstitutiven Prinzipien beibehalten und um den Gedanken des ökonomischen Rationalismus erweitert: Der Ertrag eines Bildungssystems müsse anhand der empirisch feststellbaren Wirkungen in der Relation zu den eingesetzten Ressourcen (Inputs) betrachtet werden. Dies erfolgt mit dem Ziel, Kontinuität (Stabilität) der (staatlichen) Institution Schule zu gewährleisten und diese mit einer gleichzeitigen Steigerung der Produktivität zu verknüpfen.[28] In dem so genannten ‚neuen' Steuerungsmodell ist zumindest derzeit auch nicht erkennbar, dass eine Abkoppelung des öffentlichen Schulwesens vom staatlichen politisch-administrativen System (Verwaltungssystem) angestrebt wird. Vielmehr versucht das politische System, mit dem neuen Steuerungsmodell seine Steuerungsposition (Steuerungsfähigkeit) zu stärken.

Während in dem ‚neuen' Steuerungsmodell die bürokratischen Organisationsstrukturen weitestgehend erhalten bleiben, werden die ‚Loose Coupling' Strukturen, die für die „pädagogischen Freiräume" kennzeichnend sind, durch zunehmende Formalisierung des pädagogischen Geschehens und Stärkung der Kontrolle abgebaut bzw. stark eingeengt. Die rechtlich formal verankerte Reduzierung der ‚Loose Coupling' Struktur erfolgt auf Kosten *individueller* Handlungsfreiräume, die im Rahmen des alten Steuerungsmodells relativ breit vorhanden waren. Folgt man dem Grundverständnis, dass Lehrer zur Erfüllung ihrer pädagogischen Aufgaben entsprechende regelungsfreie Einscheidungs- und Handlungsfreiräume benötigen, sind positive Effekte im schulischen Leistungserstellungshandeln nur bedingt zu erwarten und eher über andere Faktoren wie einzelschulinterne Personalentwicklung, die das Rechtsmittel des neuen Steuerungsmodells eigentlich nicht benötigt. Vielmehr ist mit Anpassungsstrategien im Handeln der organisationalen Akteure zu rechnen, die die neuen Regelungen neutralisieren oder zu neutralisieren gedenken (vgl. *Zlatkin-Troitschanskaia* 2006). Neben Reform- bzw. Veränderungsresistenz sind darüber hinaus auch negative Effekte für die Qualitätsentwicklung der Einzelschule denkbar.

---

[28] Dabei stellt das rational-ökonomische Verständnis von Schule eine notwendige Grundlage für die politisch-administrativ anvisierte outputorientierte Steuerung dar.

Bei der Analyse des Steuerungsmodells kommt dem Implementationsprozess eine zentrale Bedeutung zu (vgl. *Mayntz* 1997, 194f.). Dieser deutet für das Land Berlin darauf hin (vgl. *Zlatkin-Troitschanskaia* 2006), dass der Staat zur Systemsteuerung v. a. auf zusätzlich implementierte *Kontroll*instrumente zurückgreift; dies erfolgt u. a. über die gesetzlich-administrative Stärkung der Rechenschaftspflicht und der Evaluation der Einzelschulen. Bislang ist auch kein *Konsens* zwischen den beteiligten Agenten erkennbar, und im Rahmen dieses kommunikativen Prozesses wird den pädagogischen, institutionellen Akteuren bzw. deren Professionalisierungskompetenz von Seiten des Staates ein nur geringer Vertrauensvorschuss gewährt. Vielmehr wird die Umsetzung zunehmend mit dem administrativen Steuerungsmittel der *Kontrolle* unterschiedlichster Form (interne Evaluation, Schulinspektion, Zielvereinbarungen etc.) gestützt. Wie *Willke* (1995) in seiner Untersuchung zeigt, führt die Stärkung der Kontrollinstrumente bei einem schwachen Konsens zur ‚Übersteuerung' des (Teil)Systems. Für das Land Berlin zeichnet *Zlatkin-Troitschanskaia* (2006) diese Tendenz nochmals deutlich nach.

Als Fazit bleibt festzuhalten: *(1)* Der historisch etablierten (verfassungs-)rechtlichen Konstruktion des öffentlichen Schulwesens in Deutschland liegt ein inputorientiertes Modell staatlicher Steuerung (seitens des verwaltungs-administrativen Systems) zugrunde. Diese Grundkonstruktion und die damit verbundene Steuerungsposition blieben bislang unberührt bzw. müssen aus verfassungsrechtlicher Sicht unberührt bleiben (vgl. den Beitrag von *Füssel* in diesem Band). Der im Rahmen des neuen Modells angestrebte Perspektivenwechsel von input- zu outputorientierter Steuerung ist kein Paradigmenwechsel, zumindest nicht im radikalen *Kuhn'schen* Sinne. Vielmehr wird die Steuerungsperspektive des ‚alten' inputorientierten Modells um Elemente der verstärkten Outputkontrolle erweitert. Die beiden Leitbegriffe Input und Output richten den Fokus auf verschiedene Aspekte *desselben* komplexen Funktional- und Steuerungszusammenhangs (s. hierzu ausführlich *Zlatkin-Troitschanskaia* 2006); im ‚neuen' Steuerungsmodell wird die Outputorientierung (genauer: Outputkontrolle) lediglich stärker gewichtet. Insgesamt kann im gegenwärtigen Steuerungsmodell des öffentlichen Schulwesens eher eine – vielfach auch nur vorsichtige – Akzentverschiebung hin zur Outputorientierung konstatiert werden, so dass der Bezeichnung ‚Outputsteuerung' eher symbolischer Charakter zukommt. Weder die Steuerungsfähigkeit des Schulsystems noch die Steuerbarkeit der Einzelschule haben sich paradigmatisch verändert.

Für Korrekturen institutioneller Ordnungen i. S. des Durchbrechens institutioneller Evolutionsblockaden und Pfadabhängigkeiten zeigt die Bildungstheorie die besondere Bedeutung der Negativität menschlicher Erfahrung (wie Überschreitungsvarianz [29] bei Regeldefinitionen). Denn aus der Steuerungsperspektive liefern sie Hinweise auf Steuerungsdefizite bzw. Implementierungs- und Realisierungsprobleme und können zu entsprechenden Veränderungen (Korrekturen) bzw. Regeltransformation führen. Institutionelle Pfadabhängigkeiten und Evolutionsblockaden im System des öffentlichen Schulwesens können also als Resultat des gesellschaftlichen Umgangs mit dieser Negativität betrachtet werden oder nach *Willke* (1995) auch als *Tugend der Renitenz*.

---

[29] Die *Überschreitungsvarianz* bezieht sich auf die „Überschreitung" der gesetzlich-administrativ zugelassenen strukturellen Handlungsfreiräume im öffentlichen Schulwesen durch die institutionellen Agenten (vgl. ausführlich *Zlatkin-Troitschanskaia* 2006, 30).

Hartmut Ditton

Schulqualität – Modelle zwischen Konstruktion, empirischen Befunden und Implementierung

Im ersten Abschnitt des Beitrags wird ein Modell zu schulischer Qualität besprochen, das ausführlicher bereits an anderer Stelle dargestellt wurde. Das Modell hat sich auf Grund seiner Übersichtlichkeit als Leitfaden für die empirische Schulqualitätsforschung bewährt. Zugleich bietet es für Konzepte der Qualitätsentwicklung eine gut anwendbare Systematisierung. Ergänzend erfolgt im ersten Abschnitt eine Kennzeichnung des Qualitätsbegriffs im schulischen Bereich, mit der vor Verkürzungen in der Qualitätsdebatte gewarnt werden soll. Der zweite Abschnitt gibt eine Übersicht zu empirischen Befunden und eine Einschätzung des aktuellen Stands der Bemühungen zur Weiterentwicklung der schulischen Qualität in den Bundesländern. Der dritte Teil des Beitrags fragt nach Herausforderungen bei der Implementierung von Maßnahmen der Qualitätsentwicklung und verbindet damit einen Ausblick auf Desiderate, Hoffnungen und Befürchtungen.

1 Ein Modell schulischer Qualität

Wenn schulische Qualität und ihre Entwicklung in den Blick genommen werden soll, ist es nötig, die dabei zu Grunde gelegten Vorstellungen offen zu legen. Berechtigterweise findet sich häufig Kritik an einer unbefriedigten theoretischen Begründung sowohl in der Forschung zu schulischer Effektivität als auch in der Schulentwicklung (*Creemers, Scheerens & Reynolds* 2000; *Teddlie & Reynolds* 2000). Allerdings ist davor zu warnen, die Erwartungen an die Theorieentwicklung zu hoch zu schrauben. Schulqualität wird überwiegend – und so auch nachfolgend – als ein facettenreiches Konstrukt verstanden und Qualitätsentwicklung als das Zusammenspiel von Faktoren und Prozessen, die auf unterschiedlichen Ebenen zu verorten sind (der Ebene von Person, Interaktion, Institution und sozialem Kontext). Eine als befriedigend empfundene Theorie hätte sich der Gesamtheit aller Herausforderungen zu stellen, die für die Qualitätsdebatte insgesamt sowie für die Unterrichts-, die Schul- und die (psychologische, pädagogische und soziologische) Bildungsforschung kennzeichnend sind. Insofern ist es unumgänglich, mit vereinfachenden Annahmen zu operieren. Statt eine allumfassende Theorie entwickeln zu wollen ist es weitaus realistischer, mit *Modellen* zum Gegenstandsbereich zu operieren, die für die Forschung und die konkrete Entwicklungsarbeit gleichermaßen handhabbar sind (vgl. *Creemers* 1994; *Scheerens* 1992). Modelle versuchen die Wirklichkeit in einer noch überschaubaren, aber dennoch genügend differenzierten Form abzubilden. Sie benennen dazu Elemente und deren Beziehungen, was sowohl der Forschung als auch der Praxis hilft, systematisch und strukturiert an (Teil-)Fragestellungen zu arbeiten. Das Modell in Abbildung 1 hat sich diesbezüglich als Raster sowohl für die Forschung (vgl. bes. *van Buer* 2005a) als auch für Maßnahmen der Schulentwicklung bewährt [1]. Da eine ausführlichere Darstellung bereits an anderer Stelle erfolgt ist (*Ditton* 2000a, 2000b), genügt hier eine kurze Skizze.

---

[1] Siehe auch das Modell des Instituts für Qualitätsentwicklung in Hessen (www.iq.hessen.de).

Das Modell leitet sich aus der Kombination zweier Strukturmerkmale des Bildungswesens her, die sich mit den Begriffen *Prozesscharakter* und *Mehrebenensicht* kennzeichnen lassen. Der *Prozesscharakter* verweist auf den Beitrag von Bildungsprozessen zur Transformation von Eingangsbedingungen und Intentionen in Lernergebnisse, also auf die Sequenz von Inputs, Prozessen und Outputs (kurzfristige Wirkungen) sowie Outcomes (langfristige Wirkungen). Die *Mehrebenensicht* besagt, dass bei der Betrachtung von Bildungsprozessen mehrere beteiligte Ebenen einzubeziehen und zu unterscheiden sind: (1) Die Ebene der einzelnen Individuen (Lernende und Lehrende), (2) die Ebene der Interaktionen zwischen Lehrenden und Lernenden bzw. die Ebene des Unterrichts, (3) die Ebene der einzelnen Bildungseinrichtungen und schließlich (4) der sozial-räumliche bzw. gesellschaftlich-kulturelle Kontext. Diese Struktur kann als ein *4-plus-Modell* verstanden werden, da die Kontextebene weiter differenziert werden könnte, z. B. nach regionalen Strukturen oder Merkmalen des Schulsystems.

Abbildung 1: Modell zu Qualität und Qualitätsentwicklung im Bildungsbereich (*Ditton* 2000b)

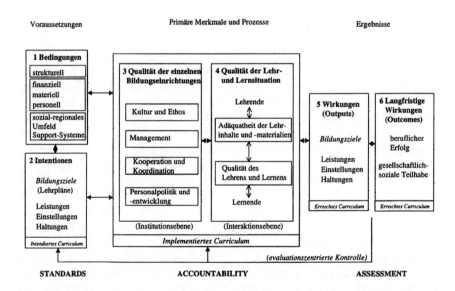

Neben den sechs konstitutiven Elementen schulischer Qualität, findet sich der Verweis auf die Steuerung bzw. Entwicklung des Systems durch die aufeinander zu beziehenden Größen *Standards* (Zielsetzungen, Soll) und *Assessment* (Zielerreichung, Ist). Hierbei kann von Steuerung bzw. Entwicklung nur dann gesprochen werden, wenn eine Reaktion des Systems im Falle von Soll-Ist-Diskrepanzen ausgelöst wird, sei es durch Eingriffe von außen oder die Sensibilität der Akteure im System bzw. dessen Selbstreflexivität. Darauf soll der neutral zu verstehende Begriff *Accountability* hinweisen. Der äußere Kreis ist damit analog dem für Prozesse der Qualitätsverbesserung charakteristischen Deming- oder PDCA-Zyklus zu verstehen (plan-planen; do-durchführen; check-überprüfen; act-handeln, verbessern).

Die Grundstruktur von Input, Prozess und Outputs bzw. Outcomes könnte den Anschein erwecken, als würde damit eine (simple) *Produktionskette* unterstellt. Um das zu vermeiden, weisen die Doppelpfeile in der Abbildung auf mögliche Wechselwirkungen zwischen den Elementen hin. Eine herausgehobene Bedeutung kommt dem dritten und vierten Element zu, wobei eine gute Schule ohne guten Unterricht nicht sinnvoll vorstellbar ist. Die Schulqualität kann als Handlungsrahmen und Unterstützungssystem für die Unterrichtsqualität aufgefasst werden, d. h., Bedingungen und Regelungen auf der Schulebene sollten nicht zuletzt auch entlastend und unterstützend wirken, um guten Unterricht zu ermöglichen. Umgekehrt können von (gutem) Unterricht durchaus auch Impulse für die Entwicklung einer Schule als Ganzes ausgehen.

Die Ausführungen soweit sind vor dem Hintergrund zu sehen, dass Qualität im Bildungswesen ein komplexes Konstrukt ist. Deutlich wird das schon an den im zweiten und fünften Element genannten Aspekten und erst recht, wenn die Frage nach den längerfristigen Wirkungen des Schulbesuchs mit aufgeworfen wird [2]. Qualität erschöpft sich nicht in fachlichen Leistungen, sondern meint auch fachübergreifende, soziale und kommunikative Kompetenzen sowie Werthaltungen und Einstellungen. Hinzu kommt, dass es nicht nur um die im Durchschnitt erreichte Qualität geht (z. B. Mittelwert der fachlichen Leistungen), sondern auch um die Verteilung bzw. Streuung der Merkmale zwischen Schülern, sozialen Gruppen, Schulklassen, Schulen, Schularten, Bundesländern und Nationen. Ein Verdienst von PISA ist ohne Zweifel, dass die damit einhergehenden Fragen der Chancengleichheit bzw. -gerechtigkeit inzwischen wieder die ihnen gebührende Aufmerksamkeit erfahren. Schließlich, und nicht zuletzt, ist es unter der Entwicklungsperspektive wichtig zu wissen, wie sich die Qualität im Zeitverlauf verändert. Antworten darauf können nur methodisch solide Veränderungsmessungen geben und Studien, die das *value added* des Schulbesuchs behandeln. Nicht einfach ist es dabei, den Beitrag eindeutig zu bestimmen, den Schulen über andere Institutionen hinaus leisten (Familie, außerschulisches Lernen, Einflüsse von Nachhilfe, Peers usw.) [3].

Nach wie vor dürften insofern einerseits klassische pädagogische Visionen leitend für das Verständnis von schulischer Qualität sein, etwa im Sinne der Comenius-Formel: *Alle, Alles umfassend zu lehren.* Oder im Verständnis von allgemeiner *Bildung* in einer dreifachen Bedeutung: als Bildung *für alle*, im *Medium des Allgemeinen* und *in allen Grunddimensionen* menschlicher Fähigkeiten (*Klafki* 1990). Neuerdings kommt jedoch eine Wettbewerbskomponente hinzu, die zunehmend auch im Bildungsbereich das Qualitätsdenken prägt. Im Benchmarking – sei es zwischen Schulen, Bundesländern oder Staaten – kann man mit dem erreichten Qualitätsstand nie zufrieden sein. Selbst wer einmal an der Spitze steht ist der Gefahr des Zurückfallens ausgesetzt. Qualität wird damit zur permanenten Herausforderung, den erreichten Stand nicht nur zu halten, sondern noch weiter zu verbessern. Die Idee, dass schulische Qualität auch etwas mit Muße zu tun haben könnte, scheint damit endgültig vom Tisch zu

---

[2] Zu den Outcomes liegen so gut wie gar keine verlässlichen empirischen Befunde vor. Man begnügt sich derzeit mit der (ungeprüften) These, dass für gesellschaftliche Teilhabe zumindest „Stufe 3" in den PISA-Tests erreicht sein muss – im Lesen, in Mathematik und den Naturwissenschaften. So plausibel das klingen mag – empirisch überprüft und bestätigt ist das nicht.

[3] Z. B. scheinen deutsche Schüler ihre Computerkenntnisse primär außerhalb der Schule zu erwerben.

sein [4]. Unter der Perspektive des „immer weiter, immer höher, immer besser" wird die Vorstellung, den Qualitätsanspruch umfassend einlösen zu können, zu einer Utopie. Wettbewerb lebt davon, dass es auch „Verlierer" gibt und nicht alle zusammen auf dem Siegertreppchen stehen können.

Angesichts der Komplexität, Vielfalt und teils nicht präzise artikulierten Erwartungen an schulische Qualität ist es kein Wunder, dass auch die Prozesse zur Entwicklung der Steuerungselemente noch nicht abgeschlossen sind. Dies dürfte einerseits für die durch die KMK vereinbarten Bildungsstandards zutreffen, die allerdings als ein erster wichtiger Schritt auf dem Weg zu einer Zielpräzisierung des Systems zu werten sind. Auf der anderen Seite besteht damit auch auf der Seite der zu etablierenden Assessments noch einiges an Abstimmungsbedarf. Wie die inzwischen schon in den meisten Bundesländern etablierten Leistungserhebungen an die Überprüfung der gemeinsam vereinbarten Standards gekoppelt werden sollen, ist erst noch zu klären. Überdies ergeben Standards und Assessments erst dann wirklich einen Sinn, wenn aus den Befunden Konsequenzen gezogen und bei Soll-Ist-Abweichungen Veränderungen bewirkt werden können. Damit kommt der Frage nach der Verantwortlichkeit und Zuständigkeit für zu initiierende Veränderungsprozesse eine besonders hohe Bedeutung zu. Wie weit hierbei die vielzitierte Wende von der Input- zur Output-Steuerung schon vollzogen oder auch nur konsequent zu Ende gedacht und gewollt ist, wäre zuerst einmal zu überprüfen. Vorausgesetzt, die Wende wäre gewollt, hätte sich die bisherige Schul*aufsicht* zuallererst an die neue Rolle als Schul*beratung* zu gewöhnen. Zudem wären zugleich Support-Systeme zu etablieren, die den Schulen mit dem nötigen Know-how und den erforderlichen Ressourcen helfend zur Seite stehen.

2 Empirische Befunde

Die Karte, auf der Schulqualität und Faktoren der Qualitätsentwicklung abgebildet werden können, hat nicht nur einige Lücken, sondern durchaus noch blinde Flecken. Dennoch ist das zunehmende Problembewusstsein und die Zunahme an Wissen über schulische Qualität in den letzten Jahren unbestritten. Daran haben nicht nur oder in erster Linie die viel diskutierten internationalen Schulleistungsvergleichsstudien ihren Anteil, sondern die gesamte Unterrichts-, Schul- und Bildungsforschung. Im Folgenden ist es nur möglich, auf einige primäre Befunde bzw. Ergebnisse einzugehen.

Die schulischen *Outcomes* gehören zu den blinden Flecken in der Forschung. Eindeutig festhalten lässt sich aber, dass für die Absolventen des Schulsystems die Luft zunehmend dünner wird. Der Wettbewerb um (attraktive) Ausbildungsplätze und Studienplätze an Hochschulen nimmt an Härte zu und geht zum Nachteil der Bewerber mit geringeren Qualifikationen aus. *Insgesamt* motivierend ist dies nicht, wobei jedoch erhebliche Unterschiede zwischen Modernisierungsgewinnern auf der einen und -verlierern auf der anderen Seite bestehen. In Zukunft dürfte die Ungleichheit der Zugangschancen in die berufliche Ausbildung und den Arbeitsmarkt eher zu- als abnehmen. Für Absolventen mit weniger als einem mittleren Abschluss werden sich die Per-

---

[4] Warum dich durch die Außendinge zerstreuen? Nimm dir Zeit, etwas Gutes zu lernen, und höre auf, dich wie im Wirbelwind umhertreiben zu lassen (*Marc Aurel*).

spektiven noch weiter verschlechtern, ganz zu schweigen von den Abgängern ohne Abschluss (ca. 9-10% eines Jahrgangs). Um so wichtiger wird es sein, dass komplementär zu den Initiativen zur Förderung von Exzellenz entsprechende Maßnahmen zur Vermeidung von schulischem Versagen erheblich verstärkt werden. Aussichtsreich kann diese Förderung nur zu einem frühen Zeitpunkt in der Schullaufbahn greifen. Nachgeschobene Auffangmaßnahmen führen demgegenüber mit einer erstaunlichen Regelmäßigkeit zu Endlosschleifen in der Bildungskarriere, denen keine dauerhafte Einmündung in Arbeit folgt.

Ein bedeutender Verdienst der internationalen Vergleichsstudien liegt darin, dass zu den *Outputs*, insbesondere zu den fachlichen Leistungen in Lesen, Mathematik und den Naturwissenschaften, inzwischen ein solider Kenntnisstand vorhanden ist. Dabei erweist sich das mittlere Leistungsniveau in diesen Domänen als unbefriedigend, die Leistungsstreuung als zu groß und die Koppelung an die kulturelle und soziale Herkunft als zu eng (*Deutsches PISA-Konsortium* 2001). Man wird kaum erwarten dürfen, dass es sich in anderen Fächern bzw. Domänen grundlegend anders verhält. Die Leistungsverbesserung, die auf der Basis des Vergleichs von PISA 2000 und 2003 berichtet wird, konzentriert sich auf die leistungsstärkeren Schüler, d. h. die Gymnasiasten. Für die Hauptschulen sind dagegen keine bemerkenswerte Zuwächse in den Schülerleistungen zu verzeichnen. Zu beziehen sind all diese Befunde auf den inzwischen hinlänglich gut dokumentierten Sachverhalt, dass die Differenzen zwischen den Bundesländern und die Differenzen zwischen den Schulen und Schulklassen (innerhalb eines Landes und innerhalb der Schularten eines Landes) sehr erheblich sind. Die mit PISA zudem generierten Befunde zu sozialen, kommunikativen Kompetenzen usw. werden kaum zur Kenntnis genommen. Wohl auch deshalb, weil es hier kaum etwas Aufregendes zu vermelden gibt. Interessant ist allerdings, dass die deutschen Schüler hinsichtlich ihrer Problemlösekompetenz deutlich besser abschneiden als hinsichtlich der erzielten fachlichen Leistungen. Das dürfte ein wichtiger Hinweis darauf sein, dass durch das schulische Lehren und Lernen das Potential der Schüler nicht wirklich ausgeschöpft wird (*Deutsches PISA-Konsortium* 2004).

Hinlänglich bekannt zu den schulischen *Prozessen* ist, dass Kooperation an deutschen Schulen, vor allem eine unterrichtsbezogene Kooperation, recht wenig stattfindet. Ein eher neues Phänomen ist dagegen, dass Schulen ihre spezifische Kultur pflegen und ein besonderes Profil entwickeln sollen. Ob allerdings durch die Erstellung von Schulprogrammen oder -profilen wirkliche Qualitätsverbesserungen erzielt werden können, ist zumindest strittig. Ebenso wenig weiß man verlässlich, ob sich nicht möglicherweise durch individuelle Schulprofile und -kulturen die Einzelschulen noch weiter auseinanderentwickeln als es ohnehin schon ganz offensichtlich der Fall ist. Insofern ist kaum präzise zu beantworten, wie viel Selbständigkeit in welchen Bereichen Schulen „gut tut" bzw. wo im Interesse notwendiger Einheit bei aller Vielfalt Grenzen zu ziehen sind (*Radtke & Weiß* 2000). Der Kern, an dem Veränderungen erreicht werden müssten, ist jedoch in aller erster Linie der Unterricht. Er ist an deutschen Schulen eher kleinschrittig und variationsarm; das Potential neuer Medien – z. B. auch, um im Unterricht differenzieren zu können, was selten geschieht – wird noch wenig genutzt. Die größte Herausforderung dürfte daher in der Tat in einem kreativeren Umgang mit heterogenen Schülervoraussetzungen im weitesten Sinn liegen (*Baumert, Blum & Neubrand* 2002). Bisher ist dieser Umgang primär darauf beschränkt, „ungeeignete Schüler" auszusortieren, d. h.: an weniger anspruchsvolle Schularten abzugeben.

Selbstverständlich sind die schulischen Prozesse nicht entkoppelt von den vorgegebenen *Bedingungsfaktoren*. In Zeiten, in denen die Unterrichtsversorgung – mitbedingt durch knappe personelle, räumliche und materielle Ressourcen – nur schwer gewährleistet werden kann, nimmt es nicht Wunder, wenn eine klug inspirierte Schul- und Unterrichtsentwicklung selbst bei guten Absichten mancherorts ein Schattendasein fristet. Auch der sich wiederholende Zyklus von Lehrerschwemme und Lehrerknappheit sorgt hierbei nicht gerade für günstige Ausgangsbedingungen. Klug mit Blick auf die langfristigen Effekte ist es sicherlich nicht, in Zeiten der Lehrerknappheit jeden gewillten Quereinsteiger zum Lehrer oder zur Lehrerin zu ernennen. Dass dies überhaupt möglich ist, erstaunt, wenn man sich das hartnäckige Ringen um die (immer wieder neuen) Reformen der Lehrerbildung vor Augen führt. Auf der anderen Seite muss aber auch gesehen werden, dass die Rahmenbedingungen an unseren Schulen mit Blick auf internationale Vergleiche ebenso wenig das hauptsächliche Problem sein dürften, wie die permanent in der Diskussion stehenden (angeblich) zu großen Klassen. Weder die Rahmenbedingungen noch die Klassengrößen an sich sind nach all dem, was an empirischen Belegen verfügbar ist, ein Zentralschlüssel, an dem man nur endlich drehen müsste, um eine Wende zum Guten zu bewirken (*OECD* 2001b). Wichtiger wären indessen sinnvolle(re), d. h. auch flexible(re) Ein- bzw. Zuteilungen und ein adäquater(er) Umgang mit den verfügbaren Ressourcen – und mit den Schülern. Erstaunlich ist in diesem Zusammenhang auch, dass trotz der nach PISA wieder intensivierten Diskussion um die erhebliche Chancenungleichheit im deutschen Bildungssystem, die frühe Selektion und Separierung in unterschiedliche Schularten nirgendwo ernsthaft in Frage gestellt wird. Dabei zeigen aktuelle Studien, dass Schulsysteme in denen eine Trennung der Laufbahnen erst spät bzw. bis zum Ende der Pflichtschulzeit gar nicht erfolgt, deutlich erfolgreicher in der Sicherung von Chancengleichheit sind. Auch bezüglich des Leistungsniveaus ergeben sich keine Nachteile gegenüber gegliederten Systemen, vielmehr scheint eher das Gegenteil der Fall zu sein (*Hanushek & Wößmann* 2005; *Schütz & Wößmann* 2005).

Bezüglich der *Intentionen* des Schulsystems hat sich inzwischen eine Wende zum so genannte *Kompetenzansatz* hin vollzogen. Nicht nur vertieftes und vernetztes, sondern außerdem auch anschlussfähiges und anwendungsbezogenes, gesellschaftlich nutzbares und verwertbares Wissen wird damit als Ziel des schulischen Wissenserwerbs eingefordert. Kritiker mögen das so sehen, dass damit der Bildungsbegriff sinnentleert und durch ein bislang verpöntes Verständnis funktionalen Lernens substituiert wird. Zumal die Kompetenzorientierung mit der Definition und mit Vereinbarungen (der KMK) zu *Bildungsstandards* – zunächst einmal für die Kernfächer in der Primar- und Sekundarstufe – Hand in Hand geht, deren Erreichung durch länderübergreifende Testerhebungen überprüft werden soll (vgl. *Klieme, Avenarius* et al. 2003). Demgegenüber ist herauszustellen, dass in Deutschland damit lediglich nach langer zeitlicher Verzögerung ein Weg beschritten wird, der international schon längst die Regel ist und keineswegs schnurstracks in den Bankrott des Bildungswesens oder der Gesellschaft mündet. Testverfahren, die tatsächlich Kompetenzen erfassen, überprüfen gerade nicht kurzfristig antrainierbare Fakten, sondern empirisch unterscheidbare Stufen von Kompetenz in einer Domäne, die bis zu einem vertieften und vernetzten Wissen reicht. Insofern besteht überhaupt kein Anlass, einen grundlegenden Dualismus von „Bildung" und „Kompetenz" zu unterstellen (*Ditton* 2001).

Wie die weitere Entwicklung von Bildungsstandards und Assessments verlaufen wird, ist noch nicht zuverlässig einzuschätzen. Derzeit ist schwer zu überschauen, welches Bundesland in welchem Fach, welcher Jahrgangsstufe und Schulart mit welchen Verfahren (Tests oder Klassenarbeiten; landesweit einheitliche oder nur auf der Schulebene einheitliche Verfahren) unter welcher Bezeichnung (Orientierungs-, Vergleichsarbeiten, Jahrgangsstufentests) was genau tut. Auf Länderebene zeichnen sich Konsolidierungen dieser noch etwas diffusen Entwicklungen durch die Einrichtung von *Qualitätsagenturen* ab, die mit der Koordinierung der unterschiedlichen Aktivitäten beauftragt sind. Parallel dazu existieren weiterhin zahlreiche Einzelinitiativen zur Schulentwicklung (initiiert und gefördert durch die BLK, Stiftungen, Wirtschaftsverbände usw.), die oft nochmals andere Wege gehen. Da auf die zahlreichen Aktivitäten nicht im Einzelnen eingegangen werden kann, wird im nächsten Abschnitt versucht, Hauptlinien, Chancen und Gefahren der derzeitigen Phase der Implementierung von Maßnahmen der Qualitätsentwicklung an Schulen nachzuzeichnen.

3 Implementierung von Maßnahmen der Qualitätsentwicklung im Schulsystem

Bei der Besprechung des oben abgebildeten Modells wurde bereits darauf hingewiesen, dass schulische Qualitätsentwicklung nicht als simple Produktionskette aufzufassen ist, sondern Interdependenzen und vielfältige Interaktionen der Systemelemente impliziert. Das ist in mehrfacher Hinsicht bedeutsam. Zum einen besteht die Schwierigkeit, Effekte von einzelnen Größen bzw. ihrer Veränderung eindeutig zuzuordnen. Nur selten wird man von einfachen Kausalketten ausgehen können (ändere X, um Y zu verbessern). Die Vorstellung von Qualitätsentwicklung nach einem mechanistisch verstandenen PDCA Modell ist daher obsolet. Bei als unbefriedigend empfundenen Ergebnissen – z. B. ungünstigen Befunden zu schulischen Leistungen – muss erst eruiert werden, wo die möglichen Ursachen im Einzelnen liegen könnten. Das gilt um so mehr, wenn die Entwicklungsarbeit der einzelnen Schulen unmittelbar vor Ort initiiert oder gefördert werden soll. Für eine individuell angepasste Unterstützung der Entwicklungsarbeit werden unterschiedliche Datenquellen benötigt, d. h., es sind unterschiedliche Methoden und Verfahrensweisen heranzuziehen. Die sich inzwischen in allen Bundesländern ausbreitenden *Schulinspektionen* bzw. *externen Evaluationen* sollen der Intention nach genau an dieser Stelle ansetzen. Sie sollen objektive Daten (zu Strukturmerkmalen der Schule) und Ergebnisse aus zuverlässigen Überprüfungen der fachlichen Leistungen ebenso heranziehen wie Ergebnisse aus schulinternen Evaluationen und qualitative Informationen. Erst diese integrative Übersicht führt zu einem individuellen Stärken-Schwächen-Profil einer Schule und bietet die (mehr oder weniger gesicherte) Grundlage zur Kommunikation mit den Beteiligten vor Ort. Als Ergebnis können zwischen der evaluierten Schule und den Evaluatoren bzw. der Schulaufsicht *Zielvereinbarungen* getroffen werden, die dann in einer nachfolgenden Evaluation bzw. Inspektion wiederum zur Überprüfung anstehen. Bevor ein solcher Entwicklungsansatz greifen kann, sind jedoch Hürden und Barrieren aus dem Weg zu räumen. Auch hier zeigt sich wieder die Interdependenz der Elemente des Systems. Lehrkräfte bzw. Schulen, die unter der Last ungünstiger Rahmenbedingungen stöhnen, sind in aller Regel nicht leicht für Inspektionen, (externe) Evaluationen und Assessments zu begeistern, da diese als zusätzliche Belastung und (unerwünschte) Einmischung erlebt werden. Welche besonderen Herausforderungen bestehen daher, wenn man sich die Chancen und Gefahren der gegenwärtigen Entwicklungen bewusst macht?

Schulentwickler tendieren dazu, ihre Aufmerksamkeit bevorzugt den für Entwicklungsvorhaben leichter gewinnbaren (modellkonformen) Schulen zu schenken. In Modellprojekte werden daher häufiger diejenigen Schulen einbezogen, die in ihrer Entwicklungsarbeit ohnehin schon auf einem guten Weg sind und seltener die Fälle, wo die Entwicklungsarbeit stockt oder erst gar nicht in Bewegung kommt. Erkennbare Ansätze des Umgangs mit *failing schools* oder auch nur eine offene Behandlung der Thematik ist nicht zu erkennen (vgl. dagegen: *U. S. Department of Education* 1998). Was mit über die Zeit immer wieder auffallend schlechten Schulen oder Lehrkräften geschehen soll, bleibt in aller Regel im Dunkeln. Vielleicht auch deshalb, weil diese Fälle in der bisherigen Logik des Schulsystems nicht vorgesehen sind und es keine übereinstimmend anerkannt harten Fakten zu ihrer Identifikation gibt. Selbst bei eindeutigem Misserfolg ist es einfacher, das Versagen den Schülern als den Schulen anzulasten, zumal eine Handhabe auf der Ebene der Schüler existiert: Sie können bei wiederholtem Misserfolg im Durchlauf durch das System, nach „unten" abgegeben werden oder fallen ggf. ganz aus dem System heraus.

Große Hoffnungen werden derzeit – und nicht zu Unrecht – in die *Rückmeldung* von Daten aus Evaluationen, insbesondere aus Leistungsüberprüfungen, an Schulen und Lehrkräfte gesetzt. Ergebnisse aus Rückmeldestudien weisen aber darauf hin, dass davon gerade die am stärksten profitieren, die es am wenigsten nötig hätten (*Ditton & Arnoldt* 2004a, 2004b; *Schrader & Helmke* 2003). Die Wirkung ist bei Lehrkräften mit hoher Selbstwirksamkeit höher und bei Schulen, die ohnehin schon entwickeln, kooperieren, evaluieren und eine positive Schulkultur pflegen. Unklar ist aber selbst schon, wie Lehrkräfte rückgemeldete Ergebnisse aus empirischen Erhebungen an ihrer Schule bzw. in ihrer Klasse überhaupt verstehen, interpretieren und verarbeiten. Wie werden z. B. die derzeit häufig rückgemeldeten Ergebnisse zu den Fachleistungen der eigenen Schule oder Klasse im Vergleich zu den landesweiten Ergebnissen gelesen? Diese Frage stellt sich besonders, wenn einerseits Rohwerte und andererseits bezüglich der sozialen Zusammensetzung oder anderer Kontextfaktoren adjustierte Ergebnisse (Erwartungswerte) mitgeteilt werden. Sind die Adressaten an den Schulen ausreichend vorbereitet, um mit diesen komplexeren Informationen (oder auch: Standardfehlern von Messungen, Konfidenzintervallen usw.) kompetent umzugehen? Der empirischen Wende auf der Systemebene muss die Wende an den einzelnen Schulen und in den Köpfen der Akteure erst noch nachfolgen. Das betrifft mehrere Dinge zugleich.

Nicht nur Begriffe aus der Statistik (Streuung, Standardfehler, Residuum, Odds Ratio) sind zur Beschreibung von Bildungsergebnissen ungewohnt bis unbekannt und können leicht falsch verstanden werden. Schon eine unsensible Verwendung von Begriffen im Kontakt mit der schulischen Praxis weckt nicht selten den Widerstand gegen eine „Ökonomisierung" des Bildungssystems (wenn z. B. von Output, Effekt, Effektivität, Effizienz die Rede ist, *van Buer* 2005b). Es ist kein Wunder, dass an den Schulen, wie übrigens auch in der Presse und in der Öffentlichkeit, mitunter eine ziemliche Konfusion herrscht. Durch die unvorbereitete Popularisierung komplexer Forschungsansätze und -befunde werden Erkenntnisse teilweise bis zur Unkenntlichkeit trivialisiert und – fast schon beliebig – fehlinterpretiert.

Selbst bei einer optimistischen Betrachtung kann gegenwärtig allenfalls davon ausgegangen werden, dass sich eine Evaluationskultur an Schulen langsam zu entwickeln beginnt. Überwiegend ist Evaluation noch ungewohnt und wird als unerwünschte Einmischung, Belastung und Störung erlebt. Oft überwiegt die Unsicherheit, weshalb der mögliche Gewinn, den eine größere Transparenz schaffen kann, zunächst noch nicht gesehen wird. Ressentiments gegen Evaluation als Teil eines Systems der Qualitätsentwicklung ist insofern einesteils einer gewissen Unerfahrenheit geschuldet, auf der anderen Seite sind die Sorgen und Irritationen auch nicht ganz unberechtigt.

Immer mehr greifen Rankings, nicht nur von Staaten oder Ländern, sondern auch von Einzelschulen, um sich. Dabei ist es oft ein höchst unfairer Wettbewerb, bei dem ein Trabant gegen einen Ferrari antritt. Mitunter werden Rohwerte aus nicht zuvor erprobten Vergleichsarbeiten gegeneinander gestellt, die unter Zugrundelegung seriöser methodischer Standards gar nicht vergleichbar sind (weil z. B. Fehlertoleranzen und Kontexteinflüsse in keiner Weise berücksichtigt werden). Oft geschieht das im Zusammenhang mit Leistungserhebungen, die von Lehrern selbst administriert und ausgewertet werden, was auf Dauer kaum gut gehen, sondern ggf. sogar zu – mehr oder weniger gezielten – Manipulationen führen kann [5]. Der eigentliche Sinn und Nutzen dieser Erhebungen, nämlich Hinweise auf Stärken und Schwächen zu geben sowie zum Nachdenken über Verbesserungen anzuregen, könnte bei einer sich epidemieartig ausbreitenden Rankingmentalität allzu sehr in den Hintergrund treten. Zudem könnten auch hierbei wiederum die Schwächeren die Leidtragenden sein. Den Schulen, die in den Rankings hinten landen, ist mit der Veröffentlichung oder Rückmeldung niederschmetternder Befunde nicht gedient. Vielmehr müssen zugleich auch Beratungssysteme und Unterstützungsstrategien entwickelt werden, die Wege für Verbesserungen aufzeigen und Hilfsangebote unterbreiten.

Bezogen auf das schulische Gesamtsystem, zu dem auch die Steuerung gehört, müssen daher auch Veränderungen bezüglich der Rolle der schulischen Administration reflektiert werden. Eine Wende von der Schulaufsicht zur schulischen Beratung und Unterstützung deutet sich zwar möglicherweise an, kennzeichnet derzeit aber noch nicht die Wirklichkeit. Und es ist zu fragen, ob es denn künftig gar keine Aufsicht mehr geben soll? Sofern Schulen doch Veranstaltungen des Staates sind, wird es wohl auch eine Aufsicht über die Schulen im traditionellen Sinn geben müssen. Daher ist bei einer veränderten Auffassung von Steuerung ggf. erst präzise zu definieren, wer in

---

[5] Unerlaubte Hilfen bei der Bearbeitung von Tests, großzügige Anwendung von Bewertungsregeln usw.

einem veränderten Steuerungssystem künftig die Aufsichtsfunktion wahrnimmt und wer wem gegenüber welche Befugnisse und welches Eingriffsrecht hat.

4 Schluss

Die vorstehenden Ausführungen sollten kein düsteres Bild der schulischen Wirklichkeit zeichnen. Dazu besteht kein Anlass, im Gegenteil. Weder steht das schulische System kurz vor der Bankrotterklärung, noch sind die neueren Bemühungen um Verbesserungen reiner Aktionismus oder lassen befürchten, dass sie wirkungslos verpuffen werden. Nach einer langen Dürreperiode haben die Qualitätsinitiativen im Bildungssystem in den letzten Jahren erheblich an Elan gewonnen. Mit der empirischen Wende hin zu größerer Transparenz, mehr Zielklarheit und einem sichereren Fundament für die in Angriff zu nehmenden Entwicklungsprozesse ist ein erhebliches Potential gegeben, das es klug zu nutzen gilt. Die Herausforderungen sind jedoch vielschichtig, und von daher wirken Reformbemühungen nicht selten wie ein Drahtseilakt. Erstaunlich ist das Selbstbewusstsein mancher Forscher und Berater, die gerne den Eindruck vermitteln, die Lösung aller Probleme mit einfachen Rezepten garantieren zu können. Natürlich bleibt auch nicht die Zeit abzuwarten, bis alle Systemelemente vollständig und in letzter Tiefe erforscht und in ihrem Zusammenwirken definitiv geklärt sind. Insofern sind Schulentwicklung und Qualitätsverbesserung im Schulbereich immer mit einem (größeren oder kleineren) Rest an Unsicherheit behaftet.

Suboptimal scheint derzeit zu sein, dass an so vielen Stellen gleichzeitig gehobelt, gesägt, gebohrt und geschraubt wird. Insofern ist die Befürchtung vielleicht nicht völlig unberechtigt, das ganze Haus könnte angesichts der zahlreichen Turbulenzen doch noch ins Wanken geraten. Nicht alle Maßnahmen wirken immer gut durchdacht, sondern legen manchmal auch Assoziationen zu einem *Management by Helicopter* [6] nahe. Teils wird überstürzt vorangestürmt, dann wieder umgekehrt und zurückgerudert. Man kommt auch nicht ganz um den Eindruck herum, dass derzeit in den Ländern das Rad 16-fach neu erfunden wird. Bezüglich der derzeitigen Eile ließe sich wohl aus PISA lernen. Erfolgreich scheinen hier vor allem die Länder zu sein, die bei der Entwicklung ihres Schulwesens einen langen Atem bewiesen und ihre Schulen kontinuierlich planvoll entwickelt haben. Diese – heute so genannte – Nachhaltigkeit bzw. der Weitblick dürfte wichtiger sein als schneller erzielbare Verbesserungen von Rankingplätzen in (nationalen bzw. internationalen) Schulleistungshitparaden. Auf kurz oder lang wird man im Interesse einer längerfristigen Bildungsplanung auch nicht umhinkommen, über die frühe Gliederung unseres Schulsystems und die strengen Grenzen zwischen den Schularten doch noch einmal gründlicher nachzudenken. Allein schon auf Grund rückläufiger Schülerzahlen wird das gegliederte System in seiner derzeitigen Form vielerorts nicht mehr zu finanzieren und aufrechtzuerhalten sein. Sich auch darauf einzustellen, wird mit zu den Kernaufgaben der schulischen Qualitätssicherung auf der Makroebene gehören.

---

[6] Stay as high above the ground as possible. Land from time to time, stir up the place by blowing up huge clouds of dust and take off again. That'll keep them busy for a while, giving you the opportunity to finetune your course-management (*Jacco Mokveld, David de Vries*).

Olaf Köller

Standards und Qualitätssicherung zur Outputsteuerung im System und in der Einzelinstitution

Mit der Einführung verbindlicher länderübergreifender Bildungsstandards für das Ende der 4. Jahrgangsstufe (Grundschule) und das Ende der Sekundarstufe I (9. bzw. 10. Jahrgangsstufe) etabliert sich aktuell ein breites System der Qualitätssicherung in allgemein bildenden Schulen. Im vorliegenden Beitrag wird zunächst dargestellt, wie auf der Basis von Bildungsstandards ein System der Qualitätssicherung eingerichtet werden kann. Anschließend werden potenzielle Konsequenzen der Einführung von Bildungsstandards für das Bildungsmonitoring auf Systemebene und für die Evaluation von Einzelschulen skizziert, wobei vor allem auch die Chancen für die Qualitätsentwicklung verdeutlicht werden. Abschließend wird argumentiert, dass mit den Bildungsstandards zentrale Implikationen für eine veränderte Aufgaben- und Unterrichtskultur verbunden sind. Bildungsstandards bieten demnach keineswegs allein die Grundlage für Schulleistungsvergleiche, vielmehr können sie eine stärkere Kompetenzorientierung im Unterricht auslösen.

1 Einleitung und Überblick

Mit ihren Beschlüssen von 2003 und 2004 hat die Kultusministerkonferenz (KMK) verbindliche länderübergreifende Bildungsstandards für die Grundschule und das Ende der Sekundarstufe I verabschiedet. Damit verbunden war die Gründung des Instituts zur Qualitätsentwicklung im Bildungswesen (IQB) an der Humboldt-Universität zu Berlin. Das IQB soll die Standards weiterentwickeln, normierte Aufgaben zur Überprüfung der Standards generieren und auf Stichprobenbasis überprüfen, inwieweit es Schülerinnen und Schülern in den verschiedenen Ländern der Bundesrepublik Deutschland gelingt, die vorgegebenen Standards zu erreichen. Die Einführung der Standards und der damit fest verbundene politische Wille, deren Erreichung regelmäßig zu überprüfen, stellen ohne Frage den Höhepunkt der Umsteuerung des Bildungswesens dar. Dominierte bis in die 1990er Jahre – wenigstens im allgemein bildenden Schulsystem – die so genannte Inputsteuerung, bei der das Bildungssystem in erster Linie durch Lehrplan- und Strukturreformen gesteuert wurde, so ist als Konsequenz der Dritten Internationalen Mathematik- und Naturwissenschaftsstudie (TIMSS; vgl. *Baumert, Lehmann* et al. 1997; *Baumert, Bos & Lehmann* 2000a, 2000b) und des Programme for International Student Assessment (PISA; *Deutsches PISA-Kosortium* 2001; 2002; 2004; 2005) die Outputsteuerung hinzugekommen, bei der eine systematische Überprüfung der Bildungserträge auf Seiten der Schülerinnen und Schüler Steuerungswissen generieren soll. Dabei löst die Outputsteuerung keineswegs die Inputsteuerung ab, vielmehr ergänzen sich beiden Formen der Steuerung.

Der vorliegende Beitrag verfolgt das Ziel deutlich zu machen, welche Konsequenzen die Hinwendung zur Outputsteuerung, deren prominenteste Manifestation die länderübergreifenden Standards sind, für die Qualitätssicherung auf Systemebene und in der Einzelschule hat bzw. haben wird. Darüber hinaus soll wenigstens angedeutet werden, dass mit der Einführung von Bildungsstandards nicht allein Maßnahmen der Qualitätssicherung verknüpft sind, sondern die Standards auch die Grundlage einer kompetenzorientierten Aufgaben- und Unterrichtskultur sein können und damit zur Qualitätsentwicklung im Bildungssystem beitragen können. Begonnen werden soll allerdings mit der Vorgeschichte, welche überhaupt erst zur Einführung der Standards geführt hat.

2 Die Vorgeschichte: TIMSS und PISA

In Deutschland fehlte bis in die 1990er Jahre eine systematische und regelmäßige Überprüfung von Erträgen schulischer Bildungsprozesse, wie dies etwa in den USA durch Programme wie NAEP (National Assessment of Educational Progress) üblich war und ist. Dies galt für den Fachleistungsbereich ebenso wie für die sozial-kognitive und motivationale Entwicklung. Ein Hauptinteresse lag bis dahin in der Entwicklung und Erprobung von Modellen zur Optimierung der Arbeit in Einzelschulen und dem Entwurf didaktischer Modelle und deren Einführung in die Unterrichtspraxis (Input- und Prozess-Orientierung). Die Vergewisserung über das im Unterricht Erreichte (im Sinne einer Output- oder Outcome-Orientierung) trat demgegenüber in den Hintergrund. In dieser Situation waren Untersuchungen wie TIMSS (vgl. *Baumert, Lehmann* et al. 1997; *Baumert, Bos & Lehmann* 2000a, 2000b), die auf einer breiten empirischen Basis die Beschreibung und Analyse der Erträge fachlichen Lernens in den Mittelpunkt rückten, unzeitgemäße Vorhaben. Umso beeindruckender waren die öffentlichen Reaktionen, welche die Befunde auslösten. Die Bereitstellung von Basisinformationen über Ertragslagen deutscher Schulen stürzte das Bildungssystem auf Grund der eher mäßigen Leistungen unserer Schülerinnen und Schüler in die Krise. In Folge von TIMSS kam es mit den „Konstanzer Beschlüssen" der KMK von 1997 zur empirischen Wende in der Pädagogik, die pädagogische Psychologie und die Psychometrie gewannen im Kontext Schule an Bedeutung und weitere große Schulleistungsstudien auf regionaler, nationaler und internationaler Ebene wurden initiiert. Reflexionen über die Operationalisierbarkeit von Bildungserträgen traten in den Hintergrund zugunsten einer festen Überzeugung, dass fachliche Kompetenzen, sofern sie im Sinne von Leistungsstandards beschrieben werden, mit Hilfe von Schulleistungstests mess- und überprüfbar seien, eine Überzeugung, die im Übrigen durch das Agieren von Lehrkräften im schulischen Alltag, in dem Lernerfolgskontrollen selbstverständlich sind, gestützt wurde. Im Vordergrund stand jetzt die Frage, welche konkreten Leistungsniveaus Schülerinnen und Schüler erreichten (Outcome-Orientierung). Den ersten Höhepunkt dieser neuen Entwicklung stellte PISA 2000 (*Deutsches PISA-Konsortium* 2001) dar. Das wiederum schwache Abschneiden deutscher Jugendlicher löste neue Evaluationsmaßnahmen aus. In den meisten Bundesländern wurden daraufhin Programme für flächendeckende Vergleichsarbeiten in verschiedenen Jahrgangsstufen und Fächern aufgelegt und auf Seiten der KMK wurde die Arbeit an den Bildungsstandards für die Grundschule und die Sekundarstufe I begonnen. Diese auf den Weg gebrachten Arbeiten konnten natürlich nicht das mediokre Abschneiden deutscher 15jähriger in PISA 2003 (*Deutsches PISA-Konsortium* 2004; 2005) verhindern, da die

Bildungsstandards erst Ende 2003 bzw. 2004 verabschiedet wurden (*KMK* 2004; 2005) und ihre positiven Wirkungen eher langfristig sichtbar sein werden.

3 Was sind Bildungsstandards im deutschen System?

In der internationalen Diskussion über die Standardsetzung in Schulen werden üblicherweise drei Formen von Standards unterschieden (vgl. *AAAS* 1993; *NCTM* 1989; 1991; 2000; *NRC* 1995). Inhaltliche Standards (*Content Standards*) definieren für ein Schulfach die Leistungen, die in den jeweiligen Stoffgebieten erreicht werden sollen, im Falle der Mathematik werden also beispielsweise Leistungserwartungen für Geometrie, Algebra, Arithmetik und Stochastik in bestimmten Jahrgangsstufen definiert. Leistungsstandards (*Performance Standards*) definieren dagegen allgemeine Kompetenzen als Ziele schulischer Lehr-Lernprozesse, welche in ganz unterschiedlichen inhaltlichen Gebieten des Faches angewendet werden müssen. Schließlich skizzieren Unterrichtsstandards (*Opportunity-to-learn Standards*) Visionen gelingenden Fachunterrichts.

In ihrer Expertise zur Entwicklung von Bildungsstandards in Deutschland haben *Klieme, Avenarius* et al. (2003) ausgeführt, wodurch sich Standards auszeichnen sollen. Danach benennen die Standards präzise, verständlich und fokussiert die wesentlichen Ziele pädagogischer Arbeit, ausgedrückt als erwünschte Lernergebnisse bzw. Kompetenzen der Schülerinnen und Schüler zu bestimmten Zeitpunkten ihrer Bildungsbiographien. Kompetenzen werden dabei in Anlehnung an *Weinert* (2001) etwas verkürzt als beim Schüler verfügbare oder von ihm erlernbare kognitive Fähigkeiten und Fertigkeiten verstanden, die notwendig sind, um bestimmte Probleme lösen zu können. Indem im Sinne einer Outcome-Orientierung gewünschte Kompetenzen und die damit verbundenen Leistungserwartungen formuliert werden, findet eine klare Abgrenzung von Lehrplänen statt, die Unterrichtsinhalte präzisieren, also einer Input-Orientierung folgen.

Bildungsstandards haben als Steuerungsinstrument zwei wesentliche Funktionen: Zum einen definieren sie für Schulen in ausgewählten Fächern verbindliche Zielvorgaben, lassen aber im Sinne der Eigenverantwortung von Schulen Freiräume, wie diese Ziele erreicht werden können. Zum anderen werden die Kompetenzen in den Standards so konkret beschrieben, dass sie in Aufgaben umgesetzt und mit Hilfe von Tests überprüft werden können. Gerade ihre Mess- bzw. Operationalisierbarkeit zeichnet sie national und international aus und bei aller Bescheidenheit ist es diese Eigenschaft, die es uns erlaubt, zu bestimmten Zeitpunkten festzustellen, ob und in welchem Ausmaß Schülerinnen und Schüler für das weitere Leben gerüstet sind bzw. ob Optimierungsbedarf im Bildungssystem besteht. In ihrer Operationalisierbarkeit liegt also weniger eine Beschränkung als vielmehr die Stärke der Bildungsstandards.

Mit ihren Beschlüssen von 2003 und 2004 hat die KMK entsprechende Leistungsstandards für die Grundschule und die Sekundarstufe I verabschiedet. Alle 16 Länder haben sich dazu verpflichtet Sorge zu tragen, dass im Fachunterricht Lerngelegenheiten geschaffen werden, um die Standards zu erreichen (Implementation der Bildungsstandards). Die Tabelle 1 zeigt im Überblick die berücksichtigten Fächer. Für die Naturwissenschaften ist dabei festzuhalten, dass fachspezifische Standards für die Fächer Biologie, Chemie und Physik vorliegen, also explizit nicht das Konzept des integrierten naturwissenschaftlichen Unterrichts mit seinen Zielen verfolgt wurde. Weiterhin wurden im Falle der Naturwissenschaften lediglich Bildungsstandards für den Mittleren Schulabschluss verabschiedet.

Tabelle 1: Überblick über die Fächer und Abschlüsse, für die Bildungsstandards vorliegen

	Grundschule	Ende der Sekundarstufe I	
	Ende der 4. Jahrgangsstufe	Hauptschulabschluss	Mittlerer Abschluss
Deutsch	●	●	●
Mathematik	●	●	●
1. Fremdsprache			
- Englisch		●	●
- Französisch		●	●
Naturwissenschaften			
- Biologie			●
- Chemie			●
- Physik			●

Die Konkretisierung der Bildungsstandards findet sich ausführlich unter *www.kmk.org* oder auch in den im Luchterhand-Verlag publizierten Bänden der KMK. Inhalte der Bildungsstandards sollen im Rahmen dieses Beitrags lediglich an drei Beispielen illustriert werden: (1) Im Bereich des Lesens für den mittleren Abschluss wird u. a. gefordert, dass Schülerinnen und Schüler in der Lage sein sollen, eigene Deutungen eines Textes zu entwickeln, am Text zu belegen und sich mit anderen darüber zu verständigen. (2) In der Mathematik (ebenfalls für den mittleren Abschluss) definieren die Standards beispielsweise Problemlösen als eine zentrale Kompetenz, welche die Teilkompetenzen (a) vorgegebene und selbst formulierte Probleme bearbeiten, (b) geeignete heuristische Hilfsmittel, Strategien und Prinzipien zum Problemlösen auswählen und anwenden und (c) die Plausibilität der Ergebnisse überprüfen sowie das Finden von Lösungsideen und die Lösungswege reflektieren, umfasst. (3) Im Bereich der ersten Fremdsprache (Englisch oder Französisch) verlangen die Standards für den mittleren Abschluss im Bereich des Hör- und Leseverstehens, dass die Schülerinnen und Schüler unkomplizierte Sachinformationen über gewöhnliche alltags- oder berufsbezogene Themen verstehen und dabei die Hauptaussagen und Einzelinformationen erkennen, wenn in deutlich artikulierter Standardsprache gesprochen wird. Das Verständnis für die in den Standards formulierten Leistungserwartungen wird weiter steigen, wenn normierte Aufgaben vorliegen werden, deren Lösung Voraussetzung für die Standarderreichung ist.

Im Gegensatz zu den oftmals sehr ausführlichen Lehrplänen konzentrieren sich Bildungsstandards auf Kernbereiche eines Faches und formulieren Kernqualifikationen, die für die weitere schulische und berufliche Ausbildung von Bedeutung sind und anschlussfähiges Lernen ermöglichen sollen. Sie folgen damit in Teilen der angelsächsischen Tradition der Grundbildung (*Literacy*; vgl. NCTM 1989; 1991; 2000; AAAS, 1993; NRC 1995). Danach gehören vor allem die Beherrschung der Muttersprache in Wort und Schrift sowie ein hinreichend sicherer Umgang mit mathematischen Symbolen und Modellen zum Kernbestand kultureller Literalität. Schwerwiegende Defizite in beiden Domänen gefährden die Teilnahme an zentralen gesellschaftlichen Entwicklungen und stellen Risikofaktoren im Hinblick auf eine gelingende Berufs- und Lebensperspektive dar. Das Gleiche gilt im Übrigen auch für die modernen Fremdsprachen, hier vor allem Englisch. Wer Englisch nicht beherrscht, schließt sich aus dem Wettbewerb der Leistungsgesellschaft aus (vgl. *Tenorth* 2001).

Der Rückgriff auf das Literacy-Konzept greift aber zu kurz, da die Bildungsstandards in Deutschland auch sehr stark in der Tradition des jeweiligen Faches verankert sind (vgl. hierzu *Blum, Drüke-Noe, Hartung & Köller* im Druck). Der hier verwendete Bildungsbegriff ist dementsprechend fachspezifisch zu verstehen und nicht gleichzusetzen mit dem Konzept der Allgemeinbildung. Dennoch ist unbestritten, dass die in den Bildungsstandards formulierten Kompetenzen notwendige Voraussetzungen für einen erfolgreichen Zugang zu einer vertieften Allgemeinbildung darstellen.

4 Operationalisierung der Bildungsstandards und Standardsetzung

Bildungsstandards werden als Steuerungsinstrumente im Bildungssystem nur wirksam, wenn sie auf konkrete Aufgaben bzw. Testitems herunter gebrochen werden, die reliabel und valide die in den Standards formulierten Kompetenzen erfassen. Solche Items müssen die Grundlage von nationalen Skalen zu den verschiedenen Kompetenzen sein. Gleichzeitig muss die fachdidaktische und kognitionspsychologische Analyse der Items, gekoppelt mit den curricularen und standardbezogenen Erwartungen die Basis für das so genannte „*Standard Setting*" (vgl. *Hambleton, Jaeger* et al. 2000) sein, bei dem Experten auf der Basis der inhaltlichen Analyse der Items und der Verteilung der Personenleistungen konsensuell zu einem Kompetenzmodell mit unterschiedlichen Niveaustufen kommen, die Mindest-, Regel- und Idealstandards abbilden.

Aus einer psychometrischen Perspektive bedeutet dies, dass die Kompetenzen zunächst inhaltlich präzisiert und dann operationalisiert werden. Die Präzisierung und Operationalisierung der länderübergreifenden Bildungsstandards erfolgt in Deutschland in Kooperation zwischen Lehrkräften, Fachdidaktikern und Bildungsforschern. Für die Operationalisierung der Bildungsstandards im Fach Mathematik in der Sekundarstufe I geben *Ehmke, Leiß* et al. (im Druck) einen guten Überblick. Die Mathematikaufgaben wurden von Lehrkräften, welche von Fachdidaktikern unterstützt wurden, entwickelt. Weitere Fachdidaktiker und Bildungsforscher optimierten diese Aufgaben, die dann in einem großen Feldtest pilotiert wurden. Die Normierung der Testitems erfolgte schließlich im Rahmen der PISA-2006-Erhebung. Die rund 300 Aufgaben dieser Normierung wurden dabei einer repräsentativen Stichprobe von deutschen Neuntklässlern vorgegeben. Auf der Basis dieser Daten wird es möglich sein, nationale Skalen für unterschiedliche mathematische Kompetenzbereiche bereitzustellen und auf diesen Skalen Leistungsbereiche zu definieren, die Mindest-, Regel- und Idealstandards abbilden. Die letztendliche Festlegung, über welche Fähigkeiten Schülerinnen und Schüler verfügen müssen, um die Bildungsstandards zu erreichen, wird also erst auf der Basis der empirischen Befunde möglich sein.

5 Bildungsstandards und Systemmonitoring im allgemein bildenden Schulsystem

Mit den „Konstanzer Beschlüssen" von 1997 hat sich die KMK dafür entschieden, regelmäßig an internationalen Schulleistungsstudien teilzunehmen, um auf Systemebene Informationen über Erträge schulischer Bildungsprozesse zu gewinnen. Der internationale Vergleich, d. h. das Abschneiden deutscher Schülerinnen und Schüler im Vergleich zu ihren Kameraden in anderen Ländern sollte Optimierungs- bzw. Steuerbedarf im allgemein bildenden System aufdecken. Mit dem Vergleich zwischen den Bundesländern, wie er erstmalig im Rahmen der PISA-2000-Untersuchung durchgeführt worden ist (*Deutsches PISA-Konsortium* 2002), ist dieses Systemmonitoring um eine nationale Komponente ergänzt worden, welche Transparenz hinsichtlich der Bildungserträge in den 16 Ländern der Bundesrepublik Deutschland schafft. Auf der Basis der international entwickelten, standardisierten Tests für die Bereiche Mathematik, Lesen und Naturwissenschaften werden Leistungsvergleiche zwischen den Ländern durchgeführt. Nicht ganz zu Unrecht ist dieses Vorgehen in der Vergangenheit verschiedentlich kritisiert worden (z. B. *Artelt & Riecke-Baulecke* 2004):

- Durch die internationalen Vorgaben bei der Testentwicklung gibt es nur wenige Gestaltungsmöglichkeiten der Länder in Hinblick auf eine gute Passung zwischen Zielen des Fachunterrichts und den Testitems.
- Fachdidaktische Traditionen des deutschen Systems finden sich zu wenig in den Tests wieder.
- Die Fremdsprachen bleiben bei dieser Strategie bislang unberücksichtigt.
- Es gibt in den Naturwissenschaften keine Auffächerung in die drei Disziplinen Physik, Chemie und Biologie.
- Im Bereich der deutschen Sprache beschränken sich die internationalen Tests auf den Bereich Leseverständnis.

Unter anderem als Folge dieser Monita hat die KMK in ihren „Plöner Beschlüssen" vom Juni 2006 eine Gesamtstrategie zur Qualitätssicherung im allgemein bildenden Schulsystem vorgelegt, in der das nationale Bildungsmonitoring zukünftig auf der Grundlage der Bildungsstandards durchgeführt werden soll. Auf der Basis von landesweit repräsentativen Stichproben soll in den Ländern festgestellt werden, welche Anteile der Schülerpopulation die Standards erreichen bzw. überschreiten.

Die Beschlüsse sehen im Grundschulbereich vor, dass die Überprüfung der Bildungsstandards im Fünf-Jahres-Rhythmus in der 3. Jahrgangsstufe geschehen soll, und zwar zeitlich gekoppelt an die Internationale Grundschul-Studie (IGLU/PIRLS; vgl. *Bos, Lankes* et al. 2003, 2004), welche ebenfalls einem Fünf-Jahres-Rhythmus folgt. Neben diesem nationalen Monitoring wird sich Deutschland weiterhin an den internationalen Studien (PIRLS, sowie Trends in Mathematics and Science Study, TIMSS) beteiligen. Letztmalig in IGLU 2006 wird der Ländervergleich auf der Basis internationaler Instrumente durchgeführt, der Bericht zu den Länderunterschieden wird im Jahre 2008 vorliegen. Erstmalig in 2011 mit der nächsten PIRLS- und TIMSS-Erhebung wird es dann auf der Basis der Bildungsstandards zu einem Ländervergleich in den Fächern Deutsch und Mathematik kommen. Dies wiederholt sich dann passend zum IGLU-Rhythmus alle fünf Jahre.

Im Bereich der Sekundarstufe I sehen die „Plöner Beschlüsse" vor, dass letztmalig 2006 der nationale Vergleich zwischen den Ländern auf der Basis der PISA-Instrumente erfolgt. Auch hier wird in 2008 der Bericht über Länderunterschiede erscheinen. Ab PISA 2009 wird dann der nationale Vergleich zwischen den Ländern auf Grundlage der Bildungsstandards durchgeführt, in 2009 für die Sprachen Deutsch, Englisch und Französisch, 2012 folgt der Vergleich in Mathematik und den Naturwissenschaften, 2015 folgen wieder die Sprachen, 2018 Mathematik und die Naturwissenschaften. Die Ländervergleiche in der Sekundarstufe I passen sich damit einem sechsjährigen Rhythmus an, getrennt für die Sprachen und Mathematik und die Naturwissenschaften. Berücksichtigt werden 8. Jahrgangsstufen (Bildungsgänge, die zum Hauptschulabschluss führen) und 9. Jahrgangsstufen (Bildungsgänge, die zum Mittleren Schulabschluss führen).

Im Grundschul- und Sekundarbereich wird damit eine Strategie realisiert, welche das nationale Bildungsmonitoring explizit an die vorgegebenen Lernziele koppelt und Schulpolitik, Schuladministration, Lehrkräfte und Eltern über die Erträge in den verschiedenen Ländern der Bundesrepublik Deutschland regelmäßig informiert.

6 Lernausgangslagenerhebungen auf der Basis der Bildungsstandards

Die Akzeptanz der Bildungsstandards wird langfristig nur zu erreichen sein, wenn Einzelschulen die in diesem Zusammenhang entwickelten Instrumente für die eigene Lernstandsfeststellung nutzen können mit abgeleiteten Implikationen für Förderbedarf. Bildungsstandards können die einzelne Lehrkraft in der Unterrichtsplanung unterstützen, wenn auf ihrer Basis die Lernausgangslagen mit spezifischen Stärken und Schwächen aufgedeckt werden können. Mittlerweile besteht breiter Konsens, dass das systematische Sammeln solcher Daten die Schul- und Unterrichtsentwicklung erheblich unterstützen kann. „*Data-richness*" hat sich in vielen Studien in Großbritannien, den USA und Kanada als eine wichtige Komponente für effektive und entwicklungsfähige Schulen herausgestellt. Hierunter ist zu verstehen, dass erhobene Daten – beispielsweise aus der Selbstevaluation – in Ideen gewandelt werden, die als Basis für Schulentwicklung dienen (vgl. *Henchey* 2001; *Hopkins* 2001; *Joyce, Calhoun & Hopkins* 1999; *Reynolds* et al. 2001). Schulen mit Datenreichtum sammeln und zentralisieren eine

Vielzahl von Daten, dazu gehören Klausurenergebnisse, standardisierte Testergebnisse, verschiedene Fragebögen sowie qualitative Daten.

Um Schulen bei der Datensammlung unterstützen zu können, sieht die Gesamtstrategie der KMK, welche in Plön verabschiedet wurde, die flächendeckenden Vergleichsarbeiten vor, die in ausgewählten Jahrgangsstufen an die Bildungsstandards angekoppelt werden können. Beispielsweise gibt es zwischen allen 16 Ländern Konsens, am Ende der dritten bzw. zu Beginn der vierten Jahrgangsstufe Vergleichsarbeiten in den Fächern Deutsch und Mathematik durchzuführen (vgl. hierzu *Isaac, Halt* et al. 2006) und diese direkt mit den Aufgaben zur Überprüfung der Bildungsstandards im Grundschulbereich zu verknüpfen. Lehrkräfte erhalten auf dieser Basis systematische Rückmeldung, wo die eigene Klasse bezogen auf den länderübergreifenden Referenzrahmen steht. Da dieser Referenzrahmen als Zielvorgabe bindend ist, bekommen die Kolleginnen und Kollegen somit auch Hinweise, inwieweit Optimierungsbedarf besteht bzw. „ob man im Soll" ist.

Trotz dieser Vorteile stehen Vergleichsarbeiten in der Kritik, da die Ergebnisse nicht allein der Schule bzw. den Lehrkräften, sondern auch der Schulaufsicht zur Verfügung gestellt werden und oftmals intransparent bleibt, welchen Zweck diese Rückmeldung an die Aufsicht hat. Weniger belastend für die Einzelschule sind dementsprechend Formen der Selbstevaluation, bei denen die gesammelten Daten in der Schule bleiben und zur Schul- und Unterrichtsentwicklung genutzt werden können. Die Arbeiten an der Operationalisierung der Bildungsstandards werden auch die Vorbereitung für solche Instrumente der Selbstevaluation sein. Aus den großen Aufgabensammlungen, die generiert werden, können Aufgaben ausgekoppelt werden, die Schulen via Internet oder CD-Rom zur Verfügung gestellt werden können. Lehrkräfte werden sich auf diese Weise individuell Tests zur Feststellung der Lernausgangslagen zusammenstellen können und rasch Rückmeldung über den Leistungsstand der Klasse erhalten, immer gemessen an den Bildungsstandards.

Zusammenfassend sollte deutlich geworden sein, dass die Arbeiten zur Operationalisierung der Bildungsstandards die simultane Vorbereitung eines nationalen Bildungsmonitorings sowie der Selbst- und Fremdevaluation von Einzelschulen darstellen. Mit diesen Arbeiten ist die Hoffnung verbunden auf Systemebene und der Ebene der Einzelschule Steuerungswissen zu generieren, das helfen soll Lehr-Lernprozesse zu optimieren.

7 Ausblick: Chancen für die Schul- und Unterrichtsentwicklung

Mit der Verabschiedung länderübergreifender Bildungsstandards ist die Hoffnung verbunden, dass sie die Unterrichts-, Personal- und Organisationsentwicklung in Schulen anregen. Im Folgenden sollen einige positive Konsequenzen, die aus den vorgelegten Bildungsstandards resultieren werden, skizziert werden.

Bildungsstandards und Lehrplanentwicklung

Mit der Verabschiedung der Bildungsstandards haben sich trotz Kulturhoheit und unterschiedlichen Traditionen in der Lehrplanarbeit alle 16 Länder auf verbindliche Zielvorgaben festgelegt. Gleichzeitig haben sich alle Länder verpflichtet, alles zu tun um diese Vorgaben auch einzuhalten. Damit wurde – wenn auch nicht explizit intendiert – der erste Schritt zu einer Vereinheitlichung, vor allem aber zu einer Verschlankung der Lehrpläne hin zu Kerncurricula, getan. Nach der Definition der Leistungserwartungen in Form der Bildungsstandards gilt für die zukünftige Lehrplanarbeit, dass sie festlegen muss, wie Unterricht zu gestalten ist, damit die Standards von großen Schüleranteilen erreicht werden. Auch wenn die Länderhoheit bei der Bildung bestehen bleibt, wird dies vermutlich dazu führen, dass die Lehrpläne über die Ländergrenzen hinweg vergleichbar werden und neben inhaltlichen stärker kompetenzorientierte Ziele schulischen Unterrichts in den Curricula formuliert werden.

Bildungsstandards und Standardsicherung in Einzelschulen

Hierauf wurde bereits im vorherigen Abschnitt eingegangen. Dennoch soll nochmals darauf hingewiesen werden, dass mit Hilfe der Bildungsstandards bzw. den langfristig verfügbaren Aufgaben Lehrkräfte wichtige Hilfsmittel an die Hand bekommen werden, die

- den Vergleich einer einzelnen Klasse mit einheitlichen bundesweiten Standards ermöglichen,
- den Vergleich mit Parallelklassen und/oder Klassen mit ähnlicher Schülerschaft und ähnlichem Einzugsgebiet erlauben,
- die Verteilung der eigenen Schüler auf unterschiedliche Kompetenzniveaus zulassen,
- die Identifikation von Stärken und Schwächen der Klasse bzw. der Schülerinnen und Schüler ermöglichen und schließlich
- Vergleiche im zeitlichen Verlauf erlauben (Trendanalyse), Schulen also die Möglichkeit geben, Optimierungsprozesse in Ergebnissen sichtbar zu machen.

Bildungsstandards, Unterrichtsoptimierung und Förderung

Bildungsstandards definieren die Ziele schulischen Unterrichts, Kerncurricula geben die grobe Richtung vor, wie der Unterricht dazu beitragen kann, dass die Ziele erreicht werden. Es bleibt dabei erheblicher Spielraum für das konkrete Vorgehen im Unterricht. Die Bildungsstandards sollen in diesem Sinne die fachdidaktischen Diskussionen in Lehrerkollegien sowie die Zusammenarbeit der Kolleginnen und Kollegen anregen. Gemeinsame Unterrichtsplanung und Entwicklung von Aufgaben sollen die Unterrichtskultur verbessern. Notwendige Vorrausetzung hierfür ist die Akzeptanz und das Verstehen der Standards sowie die Vertrautheit mit ihnen. Um das zu erreichen, ist insbesondere die Lehreraus- und -weiterbildung gefordert. Eine besondere Bedeutung für die kompetenzorientierte Aufgaben- und Unterrichtsentwicklung werden Materialien für die Fortbildung spielen, die auf der Basis der Bildungsstandards entwickelt werden. Hierzu werden aktuell kommentierte Aufgabensammlungen für den Unterricht entwickelt (vgl. *Blum, Drüke-Noe, Hartung & Köller* im Druck für das Fach Mathematik in der Sekundarstufe I). Die Aufgaben sind kompetenzorientiert und erlauben oftmals vielfältige Lösungsmöglichkeiten. Zudem werden typische Fehler bei diesen Aufgaben dokumentiert, um Lehrkräften im Unterricht die Möglichkeit zu geben mit „falschen" Schülerantworten konstruktiv umzugehen.

Besondere Chancen der Bildungsstandards können sich für Schulen in schwieriger Lage ergeben, deren Schülerschaft zu großen Anteilen aus sozial benachteiligten und Kindern nicht-deutscher Herkunft besteht. Hier wird die Überprüfung der Bildungsstandards deutlich machen, dass viele Schülerinnen und Schüler die vorgegebene Messlatte nicht überspringen und die Schulaufsicht bzw. Politik wird in die Zwangslage versetzt werden, über Auswege aus dieser extrem schwierigen Lage in Form von besonderen Förderprogrammen nachzudenken.

8 Resümee

Als Folge des mediokren Abschneidens deutscher Schülerinnen und Schüler in internationalen Schulleistungsstudien ist an die Seite der Inputsteuerung die Outputsteuerung des allgemein bildenden Schulsystems getreten. Dies hat seinen Ausdruck in regelmäßigen nationalen und internationalen Leistungsvergleichen und den länderübergreifenden Bildungsstandards gefunden. Letztere thematisieren fachspezifische Kompetenzen, welche Schülerinnen und Schüler zu bestimmten Zeiten ihrer schulischen Karriere erreicht haben sollten. Auf der Basis der Bildungsstandards wurde ein nationales Bildungsmonitoring etabliert, das durch flächendeckende Vergleichsarbeiten flankiert wird. Im Bereich der Qualitätsentwicklung bilden die Bildungsstandards die Basis für die Bereitstellung kompetenzorientierter, kognitiv aktivierender Materialen für die Aufgaben- und Unterrichtsentwicklung.

Anhand der Ausführungen sollte insgesamt deutlich geworden sein, dass durch die Arbeiten an Bildungsstandards ein nationaler Referenzrahmen geschaffen wurde, welcher den Ländern ebenso wie der Einzelschule wichtige Hinweise über die Bildungserträge liefern kann. Darüber hinaus sind mit diesen Arbeiten erhebliche Chancen für die Unterrichtsentwicklung verknüpft.

Jürgen van Buer & Michaela Köller

Schulprogramm als zentrales Steuerungsinstrument für die Qualitätsentwicklung von Schule und Unterricht

Der folgende Beitrag nimmt das aktuelle Thema der Schulprogrammentwicklung und -implementierung unter primär theoretischer Perspektive auf. Im Zentrum steht die Frage danach, ob ein Schulprogramm als ein pädagogischer Entwicklungsrahmen mit eher geringen Verbindlichkeitsansprüchen an den individuellen pädagogischen Akteur zu verstehen sei oder als Steuerungsinstrument mit hoher Verbindlichkeit. Dabei werden schultheoretische Implikationen von Schulprogrammen skizziert und vor allem zu beantworten versucht, welche Auswirkungen Schulprogramme auf die Definition der pädagogischen Freiheit des Lehrers haben.

1 Über die Unübersichtlichkeit der Schulprogrammsituation in Deutschland

Schulprogramme sind in Mode – bildungspolitisch allemal, zunehmend auch als Gegenstand empirischer Schulentwicklungsforschung. Die Frage, ob sie dies auch bei den Akteuren vor Ort sind, die diesen Entwicklungsrahmen bzw. dieses Steuerungsinstrument konstruieren wollen bzw. verpflichtet sind, dieses zu tun, kann derzeit empirisch gesichert nicht eindeutig beantwortet werden. Die wenigen vorliegenden Studien zur Akzeptanz von Schulprogrammen deuten auf eine hohe Varianz in den Einstellungen der betroffenen Lehrerinnen und Lehrer hin – sowohl im Vergleich der Einzelschulen als auch vor allem innerhalb der einzelnen Schule (vgl. die Ausführungen im Beitrag von *van Buer & Hallmann* in diesem Handbuch). Gleichwohl neigen die in der einschlägigen Literatur vorfindlichen Interpretationen dazu, vor allem die Mittelwertstendenzen zu beachten. Folgt man jedoch den Argumenten von z. B. *van Buer* (2005a; 2005b) und geht von einer einzelschulisch eher hohen Binnenvarianz mit teils massiven Folgen für die alltägliche unterrichtliche Leistungserstellung aus, sind gerade die innerinstitutionellen Unterschiede von entscheidender Bedeutung für die Qualitätsentwicklung der Einzelschule.

Angesichts der hier nur angedeuteten Situation erweist es sich derzeit als ausgesprochen schwierig, auf die Frage nach der Qualität der Schulprogramme und nach deren Implementierung für den deutschen Bildungsraum empirisch gesichert zu antworten. Diese Einschätzung gründet nicht zuletzt auf den folgenden Hintergrund, der durch sieben Hauptmerkmale charakterisiert wird:

(a) Unterschiede zwischen den Bundesländern

Derzeit agieren die Bundesländer hinsichtlich der Verpflichtung für die Einzelschule, ein Schulprogramm vorzulegen, und hinsichtlich der Verbindlichkeit dieser Programme für die interne Arbeit innerhalb der einzelnen Schule noch stark unterschiedlich (zu den Konsequenzen der föderalen Struktur für die Schulentwicklung vgl. den Beitrag von *Böttcher & Rürup* in diesem Band). So liegt Ende 2006 auf der einen Seite eine gesetzlich verbindliche Konstruktionsverpflichtung bzw. eine deutliche Empfehlung in 10 Bundesländern vor; in 6 Bundesländern hingegen wird das Schulprogramm im Schulgesetz nicht erwähnt (genauer vgl. den Beitrag von *van Buer & Hallmann* in diesem Handbuch).

Insgesamt ist deutlich erkennbar: Mit Ausnahme von Bayern ist in den Schulgesetzen, die 2006 novelliert wurden, das Schulprogramm als Instrument schulischer Qualitätsentwicklung angesprochen, i. d. R. als ein verbindlich zu erstellendes Dokument. Erwartbar ist, dass in überschaubarer Zeit für jede der ca. 47.000 Schulen in Deutschland verbindlich festgelegt wird, ein eigenes Schulprogramm zu entwickeln, dieses regelmäßig zu erneuern und darauf bezogen Evaluations- bzw. Leistungsberichte vorzustellen.

(b) Schulprogramm als ein Einzelinstrument innerhalb komplex gestalteter Steuerungslandschaften

Das Schulprogramm stellt nur eines von mehreren Steuerungsinstrumenten in einer von Bundesland zu Bundesland unterschiedlichen Gesamtstruktur von bereits implementierten oder derzeit neu zu implementierenden Steuerungsinstrumenten dar. Diese Instrumente sind auf sehr unterschiedlichen Ebenen angesiedelt: Sie reichen von der Systemebene des Bildungssystems (z. B. externe Evaluation im Sinne von Outputevaluierung mittels testtheoretisch optimierter Lernstandserhebungsverfahren wie in Hamburg [1]; sowie externe Evaluation durch Schulinspektion [2]) über die einzelinstitutionelle Ebene (vgl. z. B. das Instrument der internen Evaluation [3], Konzepte des Qualitätsmanagements wie das des EFQM, das in Niedersachsen für jede Schule als Referenzrahmen verbindlich ist) [4] bis hin zur Mikrosystemebene der unterrichtlichen Situationen [5] (genauer vgl. den Beitrag von *van Buer & Hallmann* in diesem Handbuch).

(c) Qualität der Schulprogramme

Im Vergleich sind die vorliegenden Schulprogramme von stark unterschiedlicher Qualität (vgl. z. B. *Holtappels & Müller* 2004; *Mohr* 2006; genauer vgl. den Beitrag von *van Buer & Hallmann* in diesem Handbuch). Sie variieren hinsichtlich Textlänge,

---

[1] Zu der Hamburger LAU-Untersuchung vgl. z. B. *Lehmann, Hunger* et al. (2004); *Lehmann, Vieluf* et al. (2006); zur Brandenburger QuaSUM-Untersuchung vgl. z. B. *Lehmann, Peek* et al. (2000). Zur externen Evaluation und einzelschulischen Entwicklung vgl. den Beitrag von *Artelt* in diesem Band.

[2] So wie in Berlin, wo bis 2010 alle ca. 850 Berliner Schulen von einer Inspektorengruppe inspiziert werden sollen. Im Unterschied dazu setzt z. B. Bayern darauf, dass nur als besonders „schwierig" identifizierte Schulen inspiziert werden bzw. dass das Inspektorenteam nur auf Wunsch der Schule selbst kommt. Zur Schulinspektion in Deutschland vgl. den Beitrag von *Bos* et al. in diesem Band.

[3] Dazu vgl. den Beitrag von *Peek* in diesem Handbuch.

[4] In dem Projekt BEAGLE wurde für die beruflichen Schulen der Bundesländer untersucht, über welche Steuerungsinstrumente sie insgesamt für die Optimierung ihrer Qualitätsentwicklung verfügen (vgl. *Becker, Spöttl* et al. 2006). Auch hier wird im Vergleich der Bundesländer die hohe Vielfalt sichtbar.

[5] Auf dieser Ebene sind bisher primär bildungspolitisch verbindliche Optionen und deren Verdichtung in den Lehrplänen unterschiedlichster Art zu finden. Ein entscheidendes Ziel ist die Stärkung von handlungsorientiertem Unterricht, die Konstruktion von Lernfeldern oder fächerübergreifenden Lernbereichen und deren Umsetzung in Lernsituationen mit spezifischen Merkmalen von Authentizität, Aktualität, Komplexität etc.; zum handlungsorientierten Unterricht vgl. z. B. *Gudjons* (1997); zur Lernfeldkonstruktion vgl. z. B. die Beiträge in *Bader & Müller* (2004).

Textstruktur und Textsorte. Weiterhin unterscheiden sie sich z. B. hinsichtlich der Frage, in welchem Ausmaß sie konzeptuell auf die neueren Entwicklungen in der Schulentwicklungsforschung, in der Didaktik und in den Fachdidaktiken sowie in der Lehr-Lern-Forschung eingehen. So ist die folgende Charakterisierung der Qualität der vorliegenden Schulprogramme keine Überraschung: Sie reicht auf der einen Seite von mehr oder weniger präzise ausformulierten institutionellen und pädagogischen Leitzielen sowie Hinweisen auf deren Verwirklichung bis hin zu detailliert explizierten Gesamtkonzepten mit pädagogischen (Hintergrund-) Modellen, Evaluationsberichten, Stärken-Schwächen-Analysen und Implementierungskonzepten auf der anderen. Insgesamt weist die Mehrzahl der vorliegenden Dokumente vor allem hinsichtlich der Konsistenz im inhaltlichen Bezug der einzelnen Teile starke Mängel auf; auch hinsichtlich der Implementierungsvorhaben sind größere Defizite festzustellen (dazu vgl. z. B. *Holtappels & Müller* 2004; *Jürgens* 2004; genauer vgl. den Beitrag von *van Buer & Hallmann* in diesem Handbuch). Insgesamt spricht Vieles für die folgende derzeitige Gesamtsituation: Die Schulprogrammentwicklungskompetenz der Akteure „vor Ort" ist im Vergleich der Einzelschulen stark unterschiedlich ausgeprägt; dabei können auch innerhalb der Einzelschule teils extrem große Unterschiede festgestellt werden. Insgesamt kann man eher selten von einer homogenen einzelschulischen Situation sprechen [6].

(d) Schulprogrammkonstruktion bzw. -implementierung und Belastung der Akteure

Jüngste Studien zur Lehrerbelastung und zum Umgang damit im Schul- und Unterrichtsalltag verweisen u. a. auf das Folgende: Für größere Gruppen von pädagogischen Akteuren ist die Belastungsgrenze erreicht bzw. zumindest subjektiv schon überschritten (vgl. *Schaarschmidt* 2005, 72ff.). Dabei variieren diese Befindlichkeiten im Vergleich der Schulen derselben Schulform zum Teil erheblich, auch innerhalb der Einzelschule (genauer vgl. den Beitrag von *van Buer & Hallmann* in diesem Handbuch). So ist es nicht überraschend, dass auch innerhalb der Einzelschule die Affinität bzw. Distanz zum schuleigenen Schulprogramm in Abhängigkeit von dieser subjektiven Belastungswahrnehmung unterschiedlich ausgeprägt ist (vgl. z. B. die Befunde in *Kanders* 2004). Lehrkräfte, die sich stark be- bzw. überlastet fühlen, äußern sich kritischer, vor allem distanter zum Schulprogramm der eigenen Schule [7].

(e) Unterschiedliche Konzeptualisierungen von Schulprogrammen

Die Konzeptualisierung dessen, was ein Schulprogramm sei und wie es ausgestaltet werden solle, variiert im Vergleich der Schulen stark – explizit, vor allem auch impli-

---

[6] Danach sind sowohl in der Selbstzuschreibung (die Lehrkräfte beurteilen sich selbst) als auch in der Fremdzuschreibung (die Lehrkräfte beurteilen ihre Kolleginnen und Kollegen) innerhalb der Einzelschule massive Unterschiede festzustellen. Dabei variiert die innerschulische Spannbreite im Vergleich der 13 beruflichen Schulen und Oberstufenzentren, die an dem Berliner QEBS-Projekt teilnehmen, erheblich (vgl. *van Buer, Zlatkin-Troitschankaia & Buske* 2007).

[7] Im Berliner QEBS-Projekt liegt über alle Schulen eine Korrelation von $r = .30$ zwischen der Überlastungsskala und der Skala zur Schulprogrammdistanz vor. Einzelschulisch variiert dieser Koeffizient im Vergleich der 13 beruflichen Schulen jedoch zwischen $r = -.09$ und $r = .70$.

zit. Die vorliegenden Vorschläge und Lösungen reichen von der Identifizierung des Schulprogramms als einzelschulischem Entwicklungsrahmen mit eher großen individuellen Entwicklungsfreiräumen und nur mäßiger Verbindlichkeit auf der einen Seite bis hin zum Verständnis als Steuerungsinstrument mit hoher Verbindlichkeit und einem stark an unternehmerischen Managementprozessen orientierten Grundkonzept auf der anderen Seite (zu Ersterem z. B. *Rolff* 2006, 320ff.; zu Letzterem vgl. z. B. *Seitz & Capaul* 2006). Dabei ist u. a. auch entscheidend, in welchem Verhältnis zueinander Schulprogramm und Qualitätsmanagement gesehen werden (vgl. z. B. *Dubs* 2006c; genauer vgl. den Beitrag von *van Buer & Hallmann* in diesem Handbuch). In den vorliegenden Schulprogrammen sind zwar durchaus Ausführungen zu pädagogischen Konzepten etc. zu finden (vgl. z. B. *Holtappels & Müller* 2004), jedoch eher selten solche Ausführungen zu Entscheidungen über Hintergrundmodelle, z. B. zu Grundverständnissen von Schule, Erziehen, Unterrichten. Wenn solche Entscheidungen vorliegen, scheinen sie häufig ohne ausführlichere Diskussion gefasst zu sein, oder es ist den Akteuren nicht bewusst, dass solche Entscheidungen notwendig sind oder aber quasi unter der Hand wirksam werden. Vor allem wenn sich eine Einzelschule mehr oder weniger komplexen Controllingverfahren aussetzt oder aufgrund staatlicher Verordnung dies zu tun gezwungen ist [8], ist eine deutliche Betonung des Schulprogramms als verbindlichem Steuerungsinstrument erwartbar (vgl. z. B. *Bartz* 2006a, vor allem 1275ff.). Wie im Abschnitt 2.2.2 detailliert ausgeführt wird, hat dies deutliche Folgen z. B. für die individuellen Freiräume.

(f) Eher geringes Ausmaß an Implementierungserfahrungen und deren Dokumentierung

Da Schulprogramme vergleichsweise neue Steuerungsinstrumente sind, liegen nur wenige systematische empirische Studien zur deren Implementierung vor. Insgesamt gilt dies besonders für Erfahrungen mit komplexen schulinternen Projekten, die sich zudem noch über längere Zeiträume erstrecken. So wird in dem schon angesprochenen Berliner Projekt zur Qualitätsentwicklung beruflicher Schulen deutlich: Im Vergleich der beteiligten Schulen antworten die Lehrkräfte sehr unterschiedlich auf die Frage, inwiefern in ihrer Schule eine Implementationskultur entwickelt wurde. Dabei sind Schulen erkennbar, in denen die Urteile dazu vergleichsweise übereinstimmend ausfallen, aber auch Schulen, in denen die Urteile schulintern hochgradig different sind (genauer vgl. den Beitrag von *van Buer & Hallmann* in diesem Handbuch).

Das Fehlen umfangreicher Erfahrungen mit der Implementation von Schulprogrammen gilt besonders für die Teilaspekte, die sich der Frage nach den Folgen für (kompetenzoptimiertes) Schülerlernen bzw. für den effektiveren Aufbau intendierter Schülereinstellungen und damit dem letztendlich zentralen Zielhorizont für die Qualitätsentwicklung der Einzelschule zuwenden (vgl. z. B. *Böttcher* 2006a).

Ähnliches gilt auch für die Frage nach den Folgekosten für die einzelne Institution und damit nach der „Rendite" der institutionellen sowie auch der individuellen Investiti-

---

[8] So hat Niedersachsen für alle Schulen das EFQM-Modell als verbindliches Qualitätsmanagement-Modell verordnet. In Berlin ist jede Schule verpflichtet, zum 31.03.2008 einen Schulleistungsbericht vorzulegen und der Öffentlichkeit zugänglich zu machen.

onen an Geld, Zeit und Energie. Studien, die die Unterschiede zwischen schulprogrammorientierten Schulen auf der einen Seite und z. B. einzelprojektorientierten Bildungsanstalten auf der anderen Seite aufzeigen, so dass der relative „Nettogewinn" von Schulprogrammimplementierung geprüft werden könnte, liegen m. W. bisher nicht vor. Die wenigen verfügbaren Studien zur Schulprogrammimplementierung sind Befragungen der betroffenen Akteure (z. B. *Kanders* 2004; *Mohr* 2006; *Köller* in Vorbereitung).

(g) Kaum vorliegende Verstetigungserfahrungen

Im Zusammenspiel der verschiedenen Phasen von Konstruktion, Implementation, Verbreitung und Verstetigung der intendierten Veränderungen erweist sich die letztere als die am meisten gefährdete und gleichzeitig auch weitgehend unterschätzte Phase; dies gilt nicht nur für Bildungsinstitutionen, sondern auch für privatwirtschaftlich agierende Unternehmen. [9] Gerade dazu sind im Bereich der Schulentwicklung zwar einige Konzepte, jedoch so gut wie keine systematischen empirisch gesicherten Informationen verfügbar (vgl. auch die Ausführungen in z. B. *Peek* 2006). Vieles deutet darauf hin, dass gerade diese Phase spezifische Anstrengungen erfordert und auch besondere Kosten verursacht.

Ein erstes Zwischenfazit

In Deutschland sind Schulprogramme ein inzwischen breit vorfindbares und nichtsdestotrotz über die Zeit hinweg noch vergleichsweise wenig erprobtes Instrument zur systematischen Qualitätsentwicklung der Einzelschule; darüber hinaus ist die Wirksamkeit dieses Instruments empirisch bisher nur sehr partiell geprüft (genauer vgl. den Beitrag von *van Buer & Hallmann* in diesem Handbuch). Die Zahl der Schulprogramme wächst schnell und beständig; in einigen Bundesländern sind sie für die dortigen Schulen verbindlich vorgeschrieben. Der Blick darauf, dass es in Deutschland derzeit ca. 36.890 allgemein bildende und ca. 10.300 berufliche Schulen gibt, lässt die schnellen Veränderungen hinsichtlich der Schulprogrammlandschaft erahnen. Zur Zeit muss jedoch auf Folgendes verwiesen werden: Die Erfahrungen mit der zielgerichteten Implementierung von Schulprogrammen, mit der Verbreiterung der intendierten bzw. erreichten Veränderungen innerhalb der Einzelschule, vor allem jedoch mit der Verstetigung des jeweiligen Entwicklungszustandes als Ausgangspunkt für die nächste Entwicklungsrunde variieren stark bzw. liegen nur in Ansätzen vor. Vor allem sind diese nur partiell dokumentiert, als dass gesicherte Urteile zu Effekten, geschweige denn zu „Renditen" der Schulprogrammimplementierung vorgenommen werden können. Die vorliegenden Studien verweisen vor allem auf Effekte hinsichtlich individueller Reflexion über das professionelle Handeln sowie bezüglich der Initiierung neuer Projekte (vgl. z. B. *Kanders* 2002; *Haenisch & Burkard* 2002). Die Frage, inwiefern als Wirkung von Schulprogrammen individuell verstetigte professionelle Verhaltensänderungen und dies auf breiter innerschulischer Basis verwirklicht wurden, kann bisher empirisch gesichert nicht beantwortet werden. Insgesamt deuten die vorliegenden Ergebnisse auf in hohem Maße schulindividuelle Implementierungsmuster.

---

[9] Zu Change Management-Konzepten vgl. z. B. *Doppler, K. & Lauterburg, C.* (2002). Zum EFQM-Konzept vgl. z. B. *European Foundation of Quality Management* (1999-2003) ; auch z. B. *Hartz & Meisel* (2004).

Letzteres verstärkt die These, die auf das schon 20 Jahre zurückreichende Konzept von *Fend* (1986) verweist (vgl. auch den Beitrag von *Steffens* in diesem Handbuch): Danach stellt die Einzelschule trotz für alle Schulen eines Bundeslandes gültiger gesetzlicher und administrativer Bedingungen eine hochindividuelle pädagogische Handlungseinheit dar; sie ist eine – häufig „brüchige" – Einheit mit ihren je spezifischen inneren Handlungsstrukturen, ihren expliziten, vor allem aber auch ihren impliziten Handlungsregularien sowie mit ihren lokalen Umgebungsbedingungen. Bereits in der Vergangenheit war sie – überwiegend unausgesprochen – eine lernende Organisation, wenn auch nicht immer in dem Sinn, Qualitätsentwicklung zielgerichtet zu betreiben [10]. So ist es nicht überraschend, dass z. B. *Rolff* (2006, 316ff.) von der „lernenden Schule als Metaziel" spricht (vgl. auch *Becker, Spöttl* et al. 2006).

Die bisherigen Ausführungen legen das folgende Szenario nahe: Die gesetzlich-administrativen Vorschriften zur inhaltlichen Ausgestaltung eines Schulprogramms sind grobthematisch ausgerichtet. Für deren Konzeptualisierung und strategische sowie operative Ausgestaltung durch die einzelne Schule bezeichnen sie nur ansatzweise qualitative Kriterien [11] (vgl. auch Abschnitt 2.1). Angesichts der großen Zahl von allgemein bildenden bzw. beruflichen Schulen in Deutschland [12] und angesichts eher geringer Erfahrungen mit der Feinsteuerung der Unterschiede zwischen den Einzelschulen mittels effektkontrollierender Instrumente wie Zielvereinbarungen [13] etc. ist der folgende Befund nicht überraschend: Ins Auge sticht vor allem die Unterschiedlichkeit der verfügbaren Schulprogramme. Diese betrifft praktisch alle Aspekte dieser Rechenschafts-, Entwicklungs- bzw. Steuerungsdokumente: die Textlänge, die Ausführlichkeit einzelner Aspekte, dort vor allem diejenige der Hintergrundkonzepte, das explizite und möglichst auch professionelle Nutzen von Befunden der externen und internen Evaluation – z. B. für die Stärken-Schwächen-Analysen – sowie die Operationalisierung der intendierten Entwicklungsschritte und deren innerschulischer Finanzierung.

Angesichts der massiven Unterschiede in Struktur und Qualität der vorliegenden Schulprogramme drängen sich nicht zuletzt die folgenden Fragen auf:

---

[10] Zu Fragen von je spezifischen Interessen der einzelinstitutionellen Agenten und den Wirkungen für die Steuerung der jeweiligen Institution vgl. die beiden Beiträge von *Zlatkin-Troitschanskaia* in diesem Handbuch. Zur Schule als lernender Organisation vgl. den Beitrag von Michaela *Köller* in diesem Handbuch.

[11] Für Berlin ist ein solcher Kriterienrahmen z. B. die Forderung nach sog. SMART-Projekten in jedem Schulprogramm. Diese Projekte müssen explizit nach den folgenden Merkmalen strukturiert sein: S(pezifisch), M(essbar), A(kzeptiert), R(ealistisch), T(erminiert) (vgl. *Senatsverwaltung für Bildung, Jugend und Sport* 2004a).

[12] Laut Statistischem Bundesamt waren im Schuljahr 2005/2006 knapp 36.890 allgemein bildende Einzelschulen mit insgesamt ca. 388.500 Klassen sowie ca. 10.300 berufliche Schulen sehr unterschiedlicher Struktur (von sehr komplexen beruflichen Oberstufenzentren wie in Berlin mit bis zu 7.500 Schülerinnen und Schülern bis hin zu kleinen beruflichen Schulen mit sonderpädagogischen Aufgaben, inklusive der Schulen für Gesundheit) mit ca. 135.000 Klassen verzeichnet. Wöchentlich realisiert wurden in den allgemein bildenden Schulen ca. 137.000.00 Unterrichtsstunden und ca. 2.500.000 in den beruflichen Schulen.

[13] In den neueren Steuerungslandschaften für das Bildungssystem entwickeln sich Zielvereinbarungen zunehmend zu einem zentralen Instrument der Feinsteuerung der Einzelschule im Sinne eines expliziten „Vertrages" zwischen der zuständigen operativen Schulaufsicht einerseits und der Schulleitung der Einzelschule andererseits (zum Verhältnis zwischen Schulaufsicht und Einzelschule vgl. z. B. den Beitrag von *Rosenbusch* in diesem Handbuch). Das Instrument selbst stammt aus dem Ansatz des verwaltungsorientierten New-Public-Managements (dazu vgl. z. B. *Dubs* 2001; 2005a; auch den Beitrag von *Wittmann* in diesem Handbuch).

Kann der Tatbestand sehr hoher Varianz – zugespitzt könnte man auch von kaum oder nur schwer kontrollierbarer Varianz sprechen – im Sinne des Nachweises von bisher sehr unterschiedlich implementierter Entwicklungsarbeit eher als Vorteil einzelinstitutioneller Entwicklung gewertet werden? Oder sollte dies eher im Sinne ausufernder Varianzen mit in der Folge teils massiven Steuerungsproblemen auf der Systemebene von Schule als einem Gefahrensignal für die bildungspolitisch angestrebte Systematisierung der Qualitätsentwicklung des Bildungssystems interpretiert werden?

Eine nicht nur bildungspolitisch hoch relevante Perspektive bei der Beantwortung dieser Frage ist: Gerade die Befunde der Schulleistungsstudien wie PISA I und II (vgl. *Deutsches PISA Konsortium* 2001; 2004) etc., weisen für das deutsche Bildungssystem hohe unkontrollierte Qualitätsvarianzen in Schule- und Unterricht-Machen mit teils hoch bedeutsamen regionalen und lokalen Konsequenzen aus. Die Untersuchungen, die die Einheit „Klasse" als innerhalb der Einzelschule möglicherweise je unterschiedlich ausgestaltetes Lern- und Entwicklungsmilieu für die Schülerinnen und Schüler fokussieren, zeigen auch dort zum Teil erhebliche innerschulische Qualitätsdifferenzen – mit teils massiven Auswirkungen auf den Lernerfolg der Lernenden (vgl. jüngst *Rindermann* 2007). So kann man durchaus die folgende These formulieren: Schulprogramme können eine nicht nur bildungspolitisch normativ eingeforderte, sondern auch eine mögliche faktisch effektive Antwort auf Defizite bezüglich mangelnder Denk- und Handlungshomogenität der Akteure mit Folgen für die Qualitätsentwicklung der Einzelschule darstellen – sowohl im Vergleich der Schulen als auch innerhalb der Einzelschule. Folgt man diesem Verständnis, dann deutet die hohe Varianz in den derzeit vorliegenden Dokumenten auf jeden Fall auf eine deutlich gestiegene und wohl auch weiter steigende Komplexität von Steuerungsproblemen für die Schuladministration; und sie verweist damit auch auf deutlich veränderte Kompetenzanforderungen an die dortigen Akteure und auf die ebenfalls steigende Komplexität zieladäquater Lösungen (vgl. auch den Beitrag von *Rosenbusch* in diesem Band; auch z. B. *Bauer* 2002).

Gewollt oder ungewollt stehen solche Lösungen wiederum im Kontext des bundeslandspezifischen Szenarios der implementierten Steuerungsinstrumente für das Bildungssystem (vgl. Abschnitt 2.1). Sie interpretieren auch die Balance zwischen

- einerseits dem bundesweiten, gleichzeitig jedoch auch bundeslandspezifisch durchaus unterschiedlich ausgelegten Trend zur erweiterten Selbstständigkeit der Einzelschule (vgl. den Beitrag von *Füssel*; für Ungarn den Beitrag von *Venter* in diesem Band) und
- andererseits dem Trend zu erhöhter externer Prozess- und Outputkontrolle (vgl. den Beitrag von *Artelt* in diesem Band).

Dabei ist zu beachten: Die generell favorisierten Lösungen, aber auch die Einzellösungen mit der individuellen Schule (z. B. über Zielvereinbarungen) [14] wirken auf die Ausgestaltung dieser als eher instabil zu begreifenden Balance zwischen Selbstständigkeit und effektkontrollierender Steuerung der einzelnen Bildungsinstitution.

---

[14] Zu Zielvereinbarungen als Mittel der Steuerung von Einzelinstitutionen im Rahmen von Modellen des New Public Managements vgl. z. B. *Dubs* (2001; 2005a). Zur Verwendung dieses Instruments vgl. z. B. *Senatsverwaltung für Bildung, Jugend und Sport* 2006a).

Ein weiterer Aspekt soll bereits in diesem ersten Zwischenfazit anklingen: Die angesprochenen Entwicklungen verlaufen nicht „kostenneutral"; dies gilt vor allem, wenn sie über einen längeren Zeitraum mit hoher Verstetigung und innerschulischer Verbreiterung stattfinden sollen. Die Frage, ob die Implementierung nachweisbarer Qualitätssteigerung und deren Verstetigung für einen begrenzten Zeitraum von ca. 3-5 Jahren eine notwendige Bindung an zusätzliche Investitionen erfordert oder ob sich Qualitätssteigerung nach einer solchen ersten Verstetigungsphase „at the long run" als eigenständiger weitestgehend kostenneutraler bzw. sogar kostensenkender Faktor erweist [15], kann für Deutschland empirisch gesichert bisher nicht beantwortet werden. Somit ist nicht überraschend: Für die Akteure in den Schulen in hohem Maße handlungsleitend sind vor allem subjektive Effekterwartungen und Erwartungen über deren (Folge-)Kosten sowie subjektive Vorstellungen über Möglichkeiten effektneutraler Kostensenkungen. Dabei wird die individuelle Perspektive nicht zuletzt auch durch eine zumindest derzeit gefährdete Erwartungs- bzw. Befürchtungsbalance gesteuert: Knappe Finanzierungsressourcen in der Einzelschule auf der einen Seite und von vielen pädagogischen Akteuren bereits jetzt empfundene hohe bis sehr hohe Belastungen auf der anderen Seite (vgl. z. B. die Befunde in *Schaarschmidt* 2005) treffen auf die oben benannten Forderungen nach hoher einzelinstitutioneller Entwicklungsleistung sowie auf Optionen nach individuell zu erbringenden Veränderungsleistungen in der curricularen, (fach-)didaktischen und unterrichtsmethodischen Ausgestaltung des eigenen Unterrichts; und dies führt zu deutlichen Spannungen zwischen dem Akzeptieren der oben benannten Forderungen, den subjektiv verfügbaren individuellen Ressourcen und der Realisierung individueller und kollektiver Professionalitätsentwicklung. Die Frage, ob sich diese Spannung eher als fruchtbar oder eher als entwicklungsgefährdend erweist bzw. in welcher Konstellation sie dies ist, kann weder konzeptuell basiert noch empirisch gesichert beantwortet werden.

2 Schulprogramme zwischen pädagogischem Entwicklungsrahmen und einzelschulischem Steuerungsinstrument

Im Kapitel 1 wurde vor allem die Unterschiedlichkeit der Schulprogramme betont. Die bisherigen Überlegungen sprechen dafür, die folgende These zu formulieren: Dieses Entwicklungsinstrument fördert die in der Vergangenheit sowieso schon vorliegende Unterschiedlichkeit der Einzelschulen zu Tage, indem sie diese zum ersten Mal dokumentarisch erfassbar macht. Vor diesem Hintergrund kann man durchaus erwarten, dass die Konstruktion dieser Entwicklungsinstrumente die Bewegungsdynamik, die in diesen Unterschieden eingelagert war und ist, zwischen den Einzelschulen nochmals dynamisiert. Weitgehend ungewollt stützen Schulprogramme diese, indem sie die in Schule agierenden Personen zur Reflexion über ihre eigene Institution und ihr Handeln darin auffordern und anleiten (vgl. z. B. die Beiträge in *Holtappels* 2004b). Dabei verdichten sie fast nebenbei die als Besonderheiten wahrgenommenen Merkmale, Leistungen etc. der eigenen Schule und fügen diese zu einem einzelinstitutionell ausgestalteten Ensemble bzw. zu einem Konzept ihrer Schule als pädagogischer Handlungsein-

---

[15] Vgl. z. B. den Berliner Schulentwicklungsplan in seiner Zeitperspektive bis 2012 und die dortigen impliziten Kostenerwartungen; *Senatsverwaltung für Bildung Jugend und Sport* 2006b).

heit zusammen. Zudem machen sie Handlungsziele und deren strategische und operative Realisierung für alle Akteure stärker als bisher verbindlich und im Sinne beruflicher Sozialisation zu nun explizit ausgewiesenen Teilen der institutionellen Identität als durchaus so intendierter einzelschulspezifische Corporate Identity.

Ob dieser angedeutete Prozess seitens der Bildungspolitik und auch seitens der Schuladministration intendiert ist bzw. ob er vorausgesehen wurde, mag durchaus bezweifelt werden. Eine Frage ist, ob die den Schulen verfügbaren Konzepte bzw. rechtlich-administrativen Rahmen Handhabe für die gezielte Begrenzung der erwartbaren „neuen" Varianzen zwischen den Schulen anbieten.

2.1 Schulprogramme im Licht der gesetzlichen Grundlagen und administrativen Verordnungen als Teil einer neu ausdifferenzierten Steuerungslandschaft

Schulprogramme stellen bildungspolitisch verordnete bzw. angebotene Instrumente für die Systematisierung der einzelschulischen Qualitätsentwicklung dar. Damit sind sie Teil einer in Deutschland bundeslandspezifisch durchaus unterschiedlich gestalteten bildungspolitisch-administrativen Landschaft. Diese nimmt auf der einen Seite die spezifischen regionalen und lokalen Traditionen auf; auf der anderen Seite reagiert sie auf die unterschiedlichen bundeslandinternen Entwicklungsbedingungen wie Größe, Urbanisierungsgrad, Bevölkerung und deren Durchmischung, ökonomische Entwicklung etc. Insgesamt sind Schulprogramme Teil des für den gesamten öffentlichen Sektor angestrebten Wechsels von der Input- hin zu deutlich verstärkter Outputsteuerung (vgl. auch *Rolff* 2006).

Schulprogramme sollen helfen, die im Kapitel 1 skizzierte Zielperspektive systematischer Qualitätsentwicklung der Einzelschule und damit des Outputs des Bildungssystems insgesamt zu verwirklichen. Dies soll im Zusammenspiel der Gesamtheit der Steuerungsinstrumente erfolgen, die über die verschiedenen Steuerungsebenen hinweg implementiert worden sind bzw. werden. Diese Instrumente sind im Wesentlichen:

- *Bildungsstandards*: Diese fußen auf einem Kompetenzmodell, das den Aufbau und die Verfügbarkeit von Wissen möglichst strikt mit der Steuerung individuellen Handelns zur effektiven und verantwortungsvollen Lösung der jeweiligen Aufgabe verknüpft (vgl. dazu *Klieme, Avenarius* et al. 2003; auch z. B. *Böttcher* 2006a; Exosystemebene – Steuerung des Bildungssystems [16]).

- *Verbindliche Qualitäts- oder Handlungsrahmen* (in vielen Bundesländern): In diesen werden wie in Niedersachsen, in Hessen, in Berlin oder in Brandenburg entlang einem mehr oder weniger explizit ausgewiesenem Qualitätsmodell ausgewählte Aspekte von Schule in ihren zentralen Tätigkeitsfeldern normativ festgehalten. Diese wiederum werden mittels Kriterien ausdifferenziert und teils als für die Schulinspektion verbindliche Bewertungsraster vorgeschrieben (für Brandenburg vgl. *Mi*-

---

[16] Zu den Strukturebenen vgl. genauer *Bronfenbrenner* (1981).

nisterium für Bildung, Jugend und Sport 2004; für Berlin vgl. Senatsverwaltung für Bildung, Jugend und Sport 2005b [17]; Exosystemebene).

- *Externe Evaluation*: Sie erfolgt in ihren unterschiedlichen Varianten zwischen Schulinspektion mit teils hoch differenzierten Bewertungsleitfäden und -rastern auf der einen Seite [18] und kompetenzorientierter Outputevaluierung für Großkohorten von Schülerinnen und Schülern z. B. mittels der schon mehrfach angesprochenen bundeslandspezifischen bzw. -übergreifenden curricular validen Tests (vgl. z. B. die Brandenburger QuaSUM-Studie; *Lehmann, Peek* et al. 2000; Exosystemebene).

- *Zielvereinbarungen*: Diese dienen dazu, die Verbindlichkeit der Absprachen zwischen dem Entwicklungsprogramm der Einzelschule und dessen Akzeptanz durch die zuständige Schulaufsicht zu erhöhen (z. B. *Senatsverwaltung für Bildung, Jugend und Sport* 2006a; generell z. B. *Dubs* 2001; 2006b; Verknüpfung von Exosystemebene und der Mesosystemebene der Einzelschulen).

- *Interne Evaluation* der Einzelschule: Diese zielt darauf, mittels verlässlicher Kriterien und auf der Basis ausgewiesener Instrumente, deren empirische Güte mit Prüfkriterien wie Objektivität, Reliabilität und Validität beurteilt werden kann, vor allem die spezifischen Bedingungsstrukturen der Einzelschule und deren Wirkung auf die Qualitätsentwicklung zu erfassen (zu Evaluation vgl. die Beiträge von *Artelt* und von *Peek* in diesem Handbuch; auch *Burkard & Eikenbusch* 2006 mit stärker handlungsorientierten Konzepten; Mesosystemebene).

- Installierung eines *Qualitätsmanagementsystems*: Hier liegt im Bereich der Unternehmen, aber auch im quartären Sektor der Weiterbildung und im Bereich der öffentlichen Verwaltung inzwischen eine breite Vielfalt von Modellen und Konzepten vor (genauer vgl. den Beitrag von *van Buer & Hallmann* in diesem Handbuch). Niedersachsen z. B. hat das EFQM-Modell für seine Schulen verbindlich vorgeschrieben.

- Veröffentlichung *schulindividueller Leistungsberichte*: Sie legen der Schuladministration einerseits sowie den betroffenen Eltern, Schülerinnen und Schülern, auch anderen Referenzinstanzen wie Arbeitgebern etc. andererseits regelmäßige, durch die internen Evaluationen möglichst empirisch gesicherte Informationen über die Qualität der jeweiligen Bildungsinstitution offen und interpretieren diese vor den im Schulprogramm explizierten Zielhorizonten (Mesosystemebene) [19].

- Grundorientierung an veränderten und in der Kultusministerkonferenz vereinbarten *curricularen Leitmodellen* sowie an *didaktischen Leitmodellen*: Die ersteren beziehen

---

[17] In dem Berliner Handlungsrahmen z. B. sind 25 „Qualitätsmerkmale guter Schulen" ausgewiesen, gegliedert nach 6 „Qualitätsbereichen". Von diesen sind 16 für die Schulinspektion, die bis 2010 jede der ca. 860 Berliner Schulen ein Mal zu besuchen hat, verbindlich vorgegeben. 2 weitere Felder kann die Einzelschule gemäß den Schwerpunkten ihres Schulprogramms für die Inspektion auswählen. Zum hessischen „Referenzrahmen Schulqualität" als einem weiteren Beispiel (vgl. *Hessisches Kultusministerium/Institut für Qualitätsentwicklung* 2007).

[18] Für Berlin vgl. *Senatsverwaltung für Bildung, Jugend und Sport* (2005a). Vgl. auch den Beitrag von *Bos, Dedering* et al. in diesem Handbuch.

[19] So muss jede Berliner Schule Ende März 2008 zum ersten Mal einen solchen Schulleistungsbericht publizieren, d. h. per Print, vor allem jedoch auch im Internet verfügbar machen.

sich wesentlich auf die Entwicklung von Lernfeldern bzw. Lernbereichen, in denen komplexe Lernsituationen ausgewiesen sind (vgl. z. B. die Beiträge in *Bader & Müller* 2004). Letztere sollen helfen, den Wechsel von der Dominanz des Erwerbs deklarativen Wissens mit teils nur mäßiger handlungsrelevanter Funktion hin zum Aufbau handlungsrelevanter Kompetenzprofile umzusetzen. Die didaktischen Leitmodelle zielen auf die deutliche Verstärkung des handlungsorientierten Unterrichts (vgl. z. B. *Gudjons* 1997) und selbstgesteuerter Lernprozesse (dazu vgl. den Beitrag von *Sembill & Seifried* in diesem Handbuch) (Mikrosystemebene der unterrichtlichen Situationen).

Das Projekt „Berufsbildende Schulen als eigenständig agierende lernende Organisationen (BEAGLE)" (*Becker, Spöttl* et al. 2006) hat diese Steuerungslandschaft, die in der Folge der Reaktion auf die PISA-Studien deutlich verändert wurde, anhand der vorliegenden Gesetzes- und Verordnungsdokumente bewertet; für die beruflichen Schulen kommen die Autoren zu dem folgenden Schluss: Die Abstimmung zwischen den jeweils implementierten Steuerungsinstrumenten ist von durchaus unterschiedlicher Qualität. Innerhalb des allgemeinen Trends weg von einer klaren Top-Down-Steuerung hin zu einem Modell stärker indirekter Kontextsteuerung (dazu vgl. die Beiträge von *Zlatkin-Troitschanskaia* in diesem Handbuch) stellt gerade die Abstimmung jedoch einen wichtigen, bisher empirisch so gut wie nicht erfassten Faktor für die erfolgreiche Implementierung dieser Instrumentenvielfalt und für das Erreichen der damit intendierten Wirkungen dar (für die Schweiz vgl. das kritische Zwischenresumée von *Dubs*, für Ungarn den Beitrag von *Venter* in diesem Handbuch).

Diese Situation kann man wie folgt zusammenfassen: Im Instrument des Schulprogramms „verdichten" sich die Wirkungsintentionen und die Wirkungsinterventionen der verschiedenen Systemebenen; denn es stellt den Rahmen dar – oder sollte diese Funktion einnehmen – die folgenden Ziele effektiver zu erreichen:

- die bildungspolitisch intendierten und über die verschiedenen Systemebenen hinweg mittels Verordnungen interpretierten einzelschulübergreifenden Zielprofile für die einzelne Bildungsinstitution zu konkretisieren,
- eigene Ziele der Einzelschule einzufügen und auszudifferenzieren,
- die besonders durch die interne Evaluation zu beschreibenden je erreichten Zustände in der Handlungseinheit Schule zu dokumentieren und
- das Zusammenspiel von Zielen, Strategien und operativen Konzepten als professionelle Bewusstseinsstrukturen in das alltägliche Denken und Handeln der pädagogischen Akteure umsetzen zu helfen.

2.2 Schulprogramme – Zur erziehungswissenschaftlich-pädagogischen Diskussion

Aus erziehungswissenschaftlich-pädagogischer Sicht basieren Schulprogramme explizit und/ oder implizit zentral auf Vorstellungen von Schule, Unterricht und Lernen und von Entwicklung der Schüler und Schülerinnen. Auch wenn die einschlägigen Stellen zum Schulprogramm in den Landesschulgesetzen die Funktion, Struktur und den Verpflichtungsgrad sowie die Akzeptanzprozeduren betonen und darüber hinaus gehende

Überlegungen nicht konkretisieren, so nehmen auch sie zumindest implizit auf Vorstellungen von Schule und Unterricht sowie über deren Ursache-Wirkungsketten und auf die individuellen Denk- und Handlungssysteme der Akteure Bezug. So steht z. B. im Landesschulgesetz Bremen im § 9 Abs. 1, geschrieben:

> „Jede Schule ist eine eigenständige pädagogische Einheit und verwaltet sich selbst nach Maßgabe dieses Gesetzes und des Bremischen Schulverwaltungsgesetzes".

2.2.1 Schultheoretische Überlegungen und Schulprogramm

Erziehungswissenschaftlich betrachtet impliziert die begriffliche Präzisierung dessen, was unter einem Schulprogramm verstanden werden kann, die Diskussion schultheoretischer Überlegungen; d. h. sie verweist auf das Nachdenken z. B. darüber (vgl. z. B. die Beiträge in *Baumgart & Lange* 2006),

- welche gesellschaftlichen und individuellen Erwartungen hinsichtlich Erziehung und Bildung an sie gerichtet sind,
- wie sie in den Funktionszusammenhang des Bildungssystems zwischen Bildungs- und Qualifizierungs-, Selektions-, Legitimations-, Integrations-, Korrektur-, Allokations-, Absorptionsfunktion etc. eingebunden ist (vgl. z. B. *van Buer, Wahse* et al. 1999; *Ballauf* 1982 identifiziert insgesamt 32 Funktionen des Bildungssystems),
- an welchen gewollten und ungewollten Implikationen die gesetzlich-administrative Verortung der Schule als unterste Dienstinstanz der Schuladministration führt (vgl. dazu den Beitrag von Wittmann in diesem Band) und nicht zuletzt auch
- welche Leistungen sie empirisch gesichert erbringt bzw. erbringen sollte (vgl. z. B. die einzelschulbezogenen Befunde aus der QuaSUM-Studie; *Lehmann, Peek* et al. 2000; auch die klassen- und einzelschulbezogenen Befunde in den Beiträgen zur PISA-I-Plus-Studie; *PISA-Konsortium Deutschland* 2006; auch die Diskussion über Bildungsstandards als Regel- bzw. als Mindeststandards etc.; vgl. *Klieme, Avenarius* et al. 2003).

Die detaillierte Diskussion über die Konsequenzen schultheoretischer Überlegungen für das Instrument des Schulprogramms steht noch aus, so nicht zuletzt auch die Frage nach den Rückwirkungen der Entwicklungen im Bereich des Schulprogramms auf die Schultheorie, z. B. auf die Frage nach deren empirischem Gehalt. Bei aller Kritik an den Ausarbeitungsgrad bisher vorliegender schultheoretischer Konzepte (z. B. *van Buer* 1990b, 24ff.) kann man mit z. B. *Tillmann* (1987b, 8) festhalten, dass das „Verhältnis zwischen der Institution Schule und dem gesamtgesellschaftlichen System (...) das Kernproblem einer Schultheorie" darstelle. Folgt man diesem Autor, werden in einer Theorie der Schule neun Problemfelder identifiziert und bearbeitet (*Tillmann* 1987a, 117ff.) [20] –

> institutionelle Zusammenhänge, Rahmenbedingungen für unterrichtsbezogenes Lehrerverhalten, Handlungsfreiraum des Lehrers, Schule als Organisationssystem, das durch sozialkulturelle Gegebenheiten gewachsen und als ein System zu betrachten ist, in dem

---

[20] Die Reihenfolge der Nennung beansprucht keine Systematik; sie folgt dem in *Tillmann* (1987b) wiedergegebenen Expertengespräch. Diese Felder finden sich auch z. B. in *Baumgart & Lange* (2006).

sich Menschen bewegen und miteinander handeln (gesellschafts-, organisations- und handlungstheoretische Aspekte), Erwartungen, die die gesellschaftlich relevanten Gruppen gegenüber der Schule hegen, Entwicklung von Lernen in einem umfassenden Sinn, Erfahrungsraum, den Schule für die Kinder/Jugendlichen bereitstellt, und dessen (mögliche) Diskrepanzen zu anderen gesellschaftlichen Erfahrungsräumen, historische Entwicklungen, Schultheorie als Bildungstheorie.

Damit ist eine Folie entworfen, die über – durchaus legitime – primäre Effektivitäts- und Effizienzperspektiven hinausverweist, z. B. auf die Frage nach der Bearbeitung der teils äußerst diskrepanten Erfahrungsräume scholarisierten Lernens auf der einen Seite (zum Begriff der Scholarisierung vgl. z. B. *Bruchhäuser* 2001) und den variierenden (sub-)kulturellen Jugend- und Familienmilieus auf der anderen (dazu vgl. z. B. *Baumert & Schümer* 2001; *Stanat, Baumert & Müller* 2005).

In der vorliegenden Schulprogrammdiskussion ist die schultheoretische Frage wenn, dann nur ansatzweise aufgenommen. Vor allem ist bisher nur bedingt erkennbar: Die schultheoretisch fundierten kritischen Überlegungen zu Schule als Institutionstyp und als Einzelorganisation, die gerade in der bisherigen Phase von Konstruktion und erfahrungsgestützter Implementierung als ein wichtiges in der Theorie verankertes kognitiv-reflexives Distanz- und Korrekturmuster für „übereilte" und häufig auch schuladministrativ unterlegte Entwicklungen wirken können, werden implizit auch in diesem Sinne genutzt – z. B. bei der Beantwortung der Frage, ob es sich bei einem Schulprogramm um *„ein Entwicklungsinstrument* für die Schule oder um *ein Steuerungsinstrument der Systemebene"* handele (*Holtappels* 2004a, 11). Zwar verweist der Autor auf diese Frage im Sinne eines „nicht unproblematischen Dualismus" (ebd., 11); er spricht auch z. B. die Möglichkeit von Zielkonflikten an (ebd., 12); allerdings löst er diesen Dualismus mit seinen Widersprüchen nicht systematisch auf. In seinem Fazit „Schulprogrammentwicklung braucht Innovationsbereitschaft, Zeit und förderliche Organisationsstrukturen" verweist *Holtappels* (2004a, 28) zwar auf die Notwendigkeit einer „bildungs- und erziehungstheoretisch konzeptionellen Basis der Schulgestaltung", spricht jedoch schultheoretisch orientierte Grundlegungen nicht an.

Noch deutlicher wird die mögliche Systematisierungsfunktion von Schultheorie als eine Basis für Schulprogrammarbeit in dem Beitrag von *Arnold, Bastian & Reh* (2004): Diese Autoren sprechen von Schulprogrammen als einem Entwicklungsinstrument; dieses sei im Wesentlichen drei Spannungsfeldern ausgesetzt – *(a)* seiner Funktionsvielfalt (ebd., 46ff.), *(b)* der Spannung zwischen den Entwicklungstraditionen und der Neuartigkeit des Instruments (ebd., 50ff.) sowie *(c)* dem Spannungsfeld zwischen der Individualität der Lehrerarbeit und der Verbindlichkeit von Vereinbarungen (ebd., 54ff.). Gerade weil der Beitrag dieser Autoren sich stark an den Ergebnissen des Projektes von *Holtappels* zur Analyse der Hamburger Schulprogramme in Folge der dortigen gesetzlichen Verpflichtung für jede Schule orientiert, ein solches vorzulegen, und weil sie selbst auf die Verwendung „fallrekonstruktiver Forschungsverfahren" (ebd., 45) verweisen [21], wäre eine schultheoretische Basierung

---

[21] Hinsichtlich der Ergebnisse dieses Hamburger Projektes vgl. z. B. *Holtappels & Müller* (2004).

der Analysen wünschenswert gewesen [22]. Deutlich wird dies z. B. bei der Diskussion möglicher Spannungen zwischen „autonomen Entwicklungstraditionen einer Schule und verordnetem Entwicklungsinstrument" (ebd., 50ff.) und bei der Ausdifferenzierung des dritten Spannungsfeldes (ebd., 54ff.): Hinsichtlich des ersten Spannungsfeldes hätten schultheoretische Überlegungen helfen können, die relative Autonomie der Einzelschule jenseits gesetzlicher Bindungen präziser zu definieren und diese Argumente z. B. als Raster für die Bewertung der Erwartungen und Befürchtungen der einzelschulischen Akteure zu nutzen. Hinsichtlich des letzteren Spannungsfeldes ist die Frage nach der pädagogischen Freiheit des Lehrers angesprochen; diese stellt nach wie vor ein zentrales Bestimmungsstück der beruflichen Identität des Lehrers dar (s. Punkt (b); unter dem Aspekt der Belastung auch die Beiträge in *Schaarschmidt* 2005).

2.2.2 Zum Verhältnis von Schulprogramm und pädagogischer Freiheit des Lehrers

In dem Sammelband von *Holtappels* (2004b) zu Schulprogrammen als einem Instrument der Schulentwicklung gehen *Arnold, Bastian & Reh* (2004) fallorientiert auf das Feld der pädagogischen Freiheit ein; dabei verwenden sie jedoch nicht die Argumente aus der einschlägigen Diskussion zu diesem abgeleiteten fiduciarischen Recht (vgl. *van Buer* 1990b, 13ff.; auch *Fauser* 1986, 115f.), um die Grenzen der Verbindlichkeit von einzelschulischen Vereinbarungen über die Gestaltung des Unterrichts näher zu bestimmen und Veränderungen in den letzteren Jahren zu markieren, die sich aus der Rechtsprechung ergeben haben. Damit sind die juristische Perspektive zum einen und die erziehungswissenschaftlich-pädagogische Perspektive zum anderen angesprochen. Letztere kann man mit *Fauser* (1986, 48) wie folgt skizzieren: Danach ist der Begriff der pädagogischen Freiheit ein relationaler, der durch zwei Pole gekennzeichnet ist –

„er thematisiert das Verhältnis zwischen dem *Lernen*, verstanden als einem sozialen Prozeß zwischen den an der Schule Beteiligten auf der einen Seite, und dem Vorgang der *Institutionalisierung* dieses Lernens, verstanden als rationale Organisation und rechtlich-administrative Regulierung der für das Lernen notwendigen gesellschaftlichen Ressourcen".

Diese Überlegungen führt *van Buer* (1990b, 21) weiter aus:

„Vor diesem Hintergrund muß dem Lehrer (aus Sicht der Erziehungswissenschaft, hinzugefügt) im Raum der Schule pädagogische Freiheit gegeben werden. Sie kann eben nicht mehr nur als der Raum gekennzeichnet werden, der für die didaktisch-unterrichtsmethodisch geplante und professionell realisierte Anpassung des Kindes bzw. des Jugendlichen an diejenigen Anforderungen rein funktional nötig sei, die die objektiven Mächte an Schule stellen. Pädagogische Freiheit ist vielmehr nötig für die (Re-)Konstruktion von Realität durch und im Prozeß des Lernens in Schule, und sie ist auch möglich; sie

---

[22] Wünschenswert wäre dies auch z. B. für die Arbeiten, die im Landesinstitut für Schule, Wissenschaft und Forschung in Nordrhein-Westfalen zur dortigen Schulprogrammarbeit durchgeführt werden (vgl. *Burkard, Haenisch & Orth* 2002). So sind in den Auswertungen zu den bis 2002 in NRW vorgelegten 5.565 Schulprogrammen (vgl. *Burkard* 2002, 30) schultheoretische Reflexionen als eine Basis zur Interpretation der Befunde wenn überhaupt, dann nur implizit vorfindlich. Ähnliches gilt für die Auswertung, die *Kanders* (2002) ebenfalls für NRW vorlegt.

verfügt somit quasi über einen konstruktiven Überschuß. Sie eröffnet sich – fast zwangsläufig – im erzieherischen Umgang mit dem einzelnen Kind bzw. Jugendlichen. Indem in diesem und durch dieses Verhältnis Realität (re-)konstruiert und über die sozial vorgegebenen Deutungsmuster hinaus je individuelle Deutungs- und Handlungsmuster und -zusammenhänge entstehen, gerät pädagogische Freiheit aber auch in ein Spannungsverhältnis zur Institution Schule und zu den in ihr verkörperten Anforderungen".

Jenseits des administrativen Lehrerhandelns, in dem pädagogische Freiheit nicht existiert und auch nicht existieren kann, wird angesichts der Frage nach der Verbindlichkeit von Schulprogrammen dieses Spannungsverhältnis schnell sichtbar; und es wird für das alltägliche Handeln im „Kerngeschäft" von Schule – „Unterricht" – auch je konkret und folgenreich.

Hier öffnet der Blick in die jüngere Rechtsprechung im Vergleich zur Diskussion in den 70er und 80er Jahren (vgl. z. B. *Heckel* 1977; *Hennecke* 1986) eine deutlich veränderte juristische Perspektive [23]: Schon aufgrund der schulrechtlichen Ländervorgaben findet die pädagogische Freiheit, die im Übrigen nicht in allen Schulgesetzen mit dieser Terminologie Verwendung findet [24], zunächst regelmäßig ihre Grenze in den einschlägigen anderweitigen rechtlichen Bestimmungen sowie in Beschlüssen der Schulgremien. Daraus folgt, dass sie bereits unter der schulrechtlichen Perspektive begrenzt ist. Auch rechtlich stellt sie kein Grundrecht der einzelnen Lehrkraft dar. Damit unterscheidet sie sich grundlegend von der Wissenschaftsfreiheit des Artikels 5. Absatz 3 des Grundgesetzes; denn sie kann nicht auf diese Grundrechtsbestimmung zurückgeführt werden [25]. Sie ist kein subjektives Recht der einzelnen Lehrkraft und kann von dieser daher auch nicht eingeklagt werden:

„Denn die mit der pädagogischen Verantwortung dem Lehrer eingeräumte pädagogische Freiheit findet ihren Grund und ihre Rechtfertigung in der Erziehungsaufgabe des Lehrers. Sie ist ihm nicht um seiner selbst, sondern um seiner Funktion, seines Amtes willen gewährleistet. Es handelt sich in ihrem Kern nicht um eine personale, sondern um eine auf den Schulzweck, auf die Bildungsinteressen der Schüler bezogene Freiheit." [26]

Nach ersten, tastenden Versuchen zur Klärung des Inhalts der pädagogischen Freiheit der Lehrkraft [27] ist ihr Kern heute unbestritten, allerdings nicht positiv, sondern „negativ" über ihre Grenzen bestimmt. Diese manifestieren sich z. B. an den folgenden Aspekten: So kann unter Hinweis auf die pädagogische Freiheit der Einzellehrkraft weder

---

[23] Vgl. auch *Vereinigung der Bayerischen Wirtschaft* (2005) zu Projektionen für die Zukunft.

[24] So spricht beispielsweise § 38 Abs. 6 des Schulgesetzes von Baden-Württemberg von der „unmittelbaren pädagogischen Verantwortung (ergänzt der Lehrkräfte) für die Erziehung und Bildung der Schüler."

[25] So eindeutig z.B. das Oberverwaltungsgericht Lüneburg, Urteil vom 17. Juli 1996 (in SPE, Dritte Folge, Stichwort Pädagogische Freiheit 480, Nr. 19, 11).

[26] Oberverwaltungsgericht Mannheim, Beschluss vom 28. Oktober 1997 (in SPE, Neue Folge, Stichwort Pädagogische Freiheit 480, Nr. 16, 21). Ebenso Oberverwaltungsgericht Münster, Urteil vom 25. August 1989 (in SPE, Neue Folge, Stichwort Pädagogische Freiheit 480, Nr. 12, 8 f.).

[27] Vgl. die Urteile des Verwaltungsgerichts Düsseldorf vom 7. März 1984 (in SPE, Neue Folge, Stichwort Pädagogische Freiheit 480, Nr. 2, 5f.) und des Verwaltungsgerichts Berlin vom 17. Dezember 1987 (in SPE, Neue Folge, Stichwort Pädagogische Freiheit 480, Nr. 1, 1ff.).

eine Neubewertung von Einzelnoten durch den Schulleiter [28] oder durch die Schulaufsicht [29], noch kann ein Konferenzbeschluss über die Einführung eines Schulbuches abgelehnt werden [30]. Ebenso vermag der Hinweis auf die pädagogische Freiheit nicht ein Abweichen von den Lehrplanvorgaben zu rechtfertigen [31]. Was in Anbetracht dieser Rechtsprechung letztlich als „,wehrfähiger' Kernbereich der pädagogischen Freiheit rechtlich gesichert" [32] ist, erscheint in Anbetracht einer in Einzelfällen durchweg ablehnenden Rechtsprechung zwar offen, ist im Zweifel jedoch eher restriktiv zu verstehen. So wird pädagogische Freiheit insgesamt eher zu einer allgemeinen Mäßigungsklausel bei Eingriffen in das Handeln einer Lehrkraft; sie bezeichnet also eher entsprechende Interpretations- und Auslegungsspielräume, als dass aus ihr konkrete Ansprüche der Einzellehrkraft an ihr zuzustehende Freiräume bei der Planung, Realisierung und Bewertung von Unterricht abgeleitet werden können.

Vor diesem Hintergrund gewinnt das Schulprogramm eine in der einschlägigen Diskussion bisher so gut wie nicht erörterte Bedeutung: Sicherlich unbeabsichtigt geht es darum, dass der Kernbereich der pädagogischen Freiheit und die Bedeutung dieses Rechts im Sinne einer allgemeinen „Mäßigungsklausel" noch stärker als bisher unter Druck gesetzt wird. Dies kann z. B. durch die Explizierung der einzelschulischen Zielhorizonte und vor allem durch die Festlegung der operativen Strategien zu deren Erreichung erfolgen, z. B. im Bereich der Realisierung ausgewählter Unterrichtskonzepte, Sozialformen von Unterricht, aber auch durch die Festlegung von Kriterien der inneren Evaluation, die sich auf z. B. Einzelmerkmale von Unterricht beziehen, die aufgrund von Konferenzbeschlüssen als „verbindlich zu realisieren" festgelegt wurden. Dies wird besonders dann sichtbar, wenn sich die folgende Entwicklung abzeichnet: Aus der Sicht der Bildungsadministration, die den schulgesetzlichen Rahmen z. B. durch Ausführungsvorschriften interpretiert, und aus dem Zusammenwirken des im Abschnitt 2.1 skizzierten Gesamtgefüges der in einem Bundesland implementierten Steuerungsinstrumente ist das Schulprogramm Schritt für Schritt konzeptionell im Sinne eines Steuerungsinstruments zu verstehen, das mit hohen Verbindlichkeiten agieren kann und z. B. angesichts der Rolle der Schulinspektion sowie der Realisierung von Zielvereinbarungen zwischen zuständiger Schulaufsicht und Schulleitung zu agieren angehalten ist. Damit gewinnt die Frage nach der „geforderten" versus der „vereinbarten Verbindlichkeit", wie sie *Schlömerkemper* (2004) auf der Basis seiner empirischen Studie zu Schulprogrammen formuliert, deutlich an Gewicht für die Entwicklung der Einzelschule.

---

[28] Vgl. z. B. den Beschluss des Verwaltungsgerichtshofs Mannheim vom 27. Januar 1988 (in SPE, Neue Folge, Stichwort Notenbildung 470, Nr. 51, 43ff.).

[29] Vgl. z. B. den Beschluss des Oberverwaltungsgerichts Berlin vom 20. September 1985 (in SPE, Neue Folge, Stichwort Notenbildung 470, Nr. 55, 57f.).

[30] Vgl. Bundesverwaltungsgericht, Beschluss vom 28. Januar 1994 (in SPE, Neue Folge, Stichwort Pädagogische Freiheit 480, Nr. 14, 15ff.).

[31] Vgl. Oberverwaltungsgericht Schleswig, Beschluss vom 30. April 1991 (in SPE, Neue Folge, Stichwort Pädagogische Freiheit 480, Nr. 13, 11ff.).

[32] Vgl. Oberverwaltungsgericht Lüneburg, Urteil vom 17. Juli 1996 (in SPE, Dritte Folge, Stichwort Pädagogische Freiheit 480, Nr. 19, 13).

2.2.3 Schule und Schulprogramm – Konsequenzen aus den schultheoretischen Überlegungen und den Reflexionen zur pädagogischen Freiheit des Lehrers

Die schultheoretischen Skizzen sowie die Überlegungen zur pädagogischen Freiheit des Lehrers, dort vor allem die aufscheinende Spannung zwischen erziehungswissenschaftlich-pädagogischer Bestimmung auf der einen Seite und juristischer Auslegung auf der anderen Seite, implizieren Antworten auf die beiden folgenden Fragen:

- Ist das Schulprogramm „nur" als ein Entwicklungsinstrument im Sinne eines *Entwicklungsrahmens* mit eher geringen Verbindlichkeiten zu verstehen – vor allem im Bereich von Unterricht?

- Oder ist es als *Steuerungsinstrument* mit hohen Verbindlichkeiten auch für die alltägliche Realisierung von Lehr-Lern-Milieus und der darin eingelagerten Prozesse auszugestalten?

Aus schultheoretischer Sicht und aus Sicht der Diskussion zur pädagogischen Freiheit lautet eine – sicherlich vorläufige – Antwort:

(a) Zur Institution Schule

Gegenüber anderen sozialen Denk- und Handlungsfeldern stellt Schule einen herausgehobenen und gegen andere Erfahrungsräume gesellschaftlich bewusst institutionell abgegrenzten Erfahrungsraum dar (vgl. z. B. *Bildungskommission der Länder Berlin und Brandenburg* 2003, 51ff.). Dieser hat die Aufgabe, im Rahmen reflektierter Scholarisierung, d. h. im Sinne speziell für Lernen aufbereiteter Entwicklungsmilieus und darin eingebetteter Lernangebote, das Lernen der Kinder und Jugendlichen zu stabilisieren und nachhaltig zu fördern. Diese Lernmilieus dienen primär dazu, im Sinne der Vermittlung von (beruflicher) Bildung in der Balance zwischen (beruflicher) Tüchtigkeit und Mündigkeit die gesellschaftlich legitimierten Kultur- und Zivilisationsgüter an die nächste Generation weitergeben zu helfen. In curricular-thematischen Kernbereichen sind die gesellschaftlich legitimierten Standards (z. B. die Bildungsstandards) im Sinne von Mindest- bzw. Regelstandards von Schule zu sichern (vgl. *Klieme, Avenarius* et al. 2003). Dazu gehört auch die Aufarbeitung gesellschaftlich diskrepanter Erfahrungsräume und deren Folgen für die individuelle Teilhabe an Gesellschaft sowie für erfolgreiches Lernen in Schule (vgl. z. B. *Edelstein* 2006); dazu gehört ebenfalls die Vorbereitung auf den individuellen Übergang in die weiterführenden Bildungs- und Qualifizierungsinstitutionen z. B. in das Duale System der Berufsausbildung.

In diesem Kontext ist es eine zentrale Aufgabe von Schule, die Weitergabe der zu vermittelnden Kultur- und Zivilisationsgüter so zu sichern, dass durch lokale und regionale Unterschiede des Umfeldes (vgl. z. B. *Klieme & Rakoczy* 2003) sowie durch den soziobiographischen (familiären) Hintergrund (vgl. *Ehmke, Hohensee* et al. 2004; *Konsortium Bildungsberichterstattung* 2006) etc. keine signifikanten Benachteiligungen der von den Lern- und Entwicklungsangeboten abhängigen Lernerinnen und Lerner entstehen (vgl. z. B. *Baumert, Stanat & Watermann* 2006); dies gilt vor allem hinsichtlich deren biographischen Konstruktionen, hier besonders ihrer Bildungs- und Berufs- bzw. Erwerbsbiographien.

Als unterste Verwaltungsinstitution der Schuladministration stellt die Einzelschule keine rechtsfähige Person dar. Nicht nur aus gesetzlicher und administrativer, sondern auch aus schultheoretischer Sicht ist diese Lösung als durchaus sinnvoll begründbar [33]; und sie stellt auch keine erkennbare Begrenzung für die systematische Qualitätsentwicklung der Einzelschule zur Optimierung ihres zentralen Erziehungs- und Unterrichtsauftrages dar.

(b) Administrative Pflichten und Beurteilung von Schülerleistungen

Neben den administrativen Verpflichtungen im Bereich von Verwaltung und Management der einzelnen Schule sowie der Rechenschaftslegung gegenüber der Dienstaufsicht ist vor allem die Beurteilung von Schülerleistungen und das darauf basierende Ausstellen von Zertifikaten ein Dienstpflichtbereich der Lehrenden (vgl. *Rosenbusch* in diesem Band); dieser ist administrativen Regularien unterworfen und nicht dem Bereich der pädagogischen Freiheit des Lehrers bzw. der Option erweiterter Freiräume zuzuordnen. In diesem Feld besteht eine hohe Verpflichtung zur Entwicklung und Verwendung von Beurteilungsinstrumenten, die möglichst weitgehend den Gütekriterien der Objektivität, Reliabilität und Validität genügen (vgl. bereits *Ingenkamp* 1971 zur „Fragwürdigkeit der Zensurengebung"). Hier besteht auch die Möglichkeit – eigentlich die Aufgabe – zur Definition einzelschulischer Entscheidungen mit hohem Verpflichtungscharakter und deren Implementierung, z. B. im Bereich schulinterner Vergleichsarbeiten, der Entwicklung von Beurteilungsinstrumenten für die im Unterrichtsprozess erbrachten Schülerleistungen etc. (vgl. auch den Beitrag von *van Buer* zur Outputsicherung in diesem Handbuch).

(c) Pädagogische Freiheit, Handlungsverpflichtung und unterrichtliche Freiräume

Im Bereich von Unterricht sind die in der Einzelschule rechtmäßig erwirkten Konferenzbeschlüsse für die einzelne Lehrperson bindend – dies weitestgehend ohne Ansehung subjektiver Überzeugungen der einzelnen Lehrperson. Zwar sollte im Sinne pädagogischer Verantwortungsselbstverpflichtung – oder der „vereinbarten Verbindlichkeit", wie *Schlömerkemper* (2004, 74ff.) es formuliert – darauf geachtet werden, dass ein hinreichender Freiraum für die Lehrenden gewahrt bleibt, um der situationalen und personalen Gebundenheit der Lehr-Lern-Kontakte gerecht zu werden; einklagbar ist dieser im individuellen Konfliktfall jedoch nicht (juristische Bestimmung). Die oben markierte, für die Entwicklung der Einzelschule wünschbare Balance zwischen Pflichten, vereinbarter Verbindlichkeit und zugestandenen pädagogischen Freiräumen sollte explizit für die Gestaltung der einzelnen Schule herausgearbeitet werden. Dies kann z. B. durch Konsense gestaltet werden

- hinsichtlich der Realisierung didaktischer Großformen auf der einen Seite [34] und
- hinsichtlich deren relativer Verteilungen über eine längere Unterrichtsstrecke auf der einen und der individuellen, dem Kommunikations- und Interaktionshabitus des

---

[33] wenn man von radikaleren Konzepten wie *Fischer* (1975) absieht.
[34] Zu diesem Begriff vgl. z. B. *Euler & Hahn* (2004); auch *Pätzold, Klusmeyer* et al. (2003, 3f.) zum Begriff der Unterrichtsmethode.

einzelnen Lehrenden angemessenen Variationen auf der anderen Seite (vgl. auch die drei Ebenen didaktischer Konstruktion in *Dubs* 1995).

Die pädagogische Freiheit des Lehrers ist eine – im individuellen Konfliktfall juristisch so gut wie nicht verwendbare – fiduciarische Option, die sich nur über die besondere Verantwortung der Lehrperson für die Entwicklung des ihm staatlich anvertrauten Zöglings legitimiert. Dies bedeutet u. a. die besondere Verpflichtung des einzelnen Lehrenden, sein unterrichtliches Handeln gemäß dem verfügbaren Wissen über die (z. B. schülerdifferentiellen) Wirkungen unterrichtlicher Handlungskonzepte im Sinne didaktischer Professionalität zu planen, zu realisieren und zu evaluieren. Dies bedeutet auch, sein Wissen darüber ständig dem neuen Wissensstand in den (Fach-)Didaktiken und der Lehr-Lern- und Unterrichtsforschung anzupassen. Diese Verpflichtungen verweisen aber auch darauf, die Inanspruchnahme bzw. das Gewähren von Freiräumen und das darin realisierte Handeln im Sinne der Rechenschaftslegung gegenüber dem Dienstherrn oder seinen Beauftragten zu evaluieren. Der Blick dabei sollte derjenige beruflicher Professionalität sein.

Ein zweites Zwischenfazit

Diese nur skizzenhaften Ausführungen machen deutlich: Es ist zweifelsfrei möglich und sowohl schultheoretisch als auch juristisch stützbar, im Bereich organisationalen Handelns Schulprogramme als Steuerungsinstrumente mit hohem Verbindlichkeitsanspruch zu konstruieren. Eine vergleichbare Aussage kann ebenfalls für den Kernbereich von Schule formuliert werden – alltäglich Unterricht zu gestalten. Man kann sogar verschärfend formulieren: Der Auftrag an die einzelne Schule, mit den zur Verfügung gestellten Mitteln möglichst ressourcenschonend umzugehen und hinsichtlich der im Schulprogramm explizierten Ziele die vereinbarten Interventionen möglichst effektiv einzusetzen, ermöglicht es nicht nur, sondern legt nahe: Schulprogramme sollten im Sinne eines Steuerungsinstruments für einzelschulische Entwicklungsentscheidungen mit eher begrenzten Freiräumen und deutlich ausgewiesenen Evaluationsstrategien entwickelt werden; letztere sollten neben empirisch gesicherten Aussagen zur Zielerreichung auch solche zur Wirtschaftlichkeit der Interventionen ermöglichen.

Wenn eine Einzelschule ihr Schulprogramm im Sinne eines Entwicklungsrahmens mit bewusst verringerter Verbindlichkeit gestaltet und damit explizit oder implizit mit Vorstellungen „vereinbarter Verbindlichkeit" (*Schlömerkemper* 2004, 74ff.) agiert, dann kann damit gleichzeitig auch die Verstärkung der inneren Evaluation im Sinne expliziter pädagogischer Rechenschaftslegung verlangt werden, um die notwendige innerschulische Homogenität in der Gestaltung von Unterricht zu gewährleisten – dies sowohl unter Aspekten der alltäglichen Leistungswahrung als auch hinsichtlich kontrollierter Varianz im Angebot von Unterrichts- und Lehr-Lern-Formen. Wie wichtig die Fokussierung von Schulentwicklungsarbeit auch auf diese Aspekte ist, zeigen die neuesten Befunde von *Rindermann* (2007) zur hohen Bedeutung der Lerneinheit „Klasse" für die Lernentwicklung des einzelnen Schülers und für die differentielle

Kompetenzentwicklung zwischen den Lerngruppen. [35] Gleichzeitig bietet sich an, die Konstruktion eines Schulprogramms als Teil der Ausgestaltung und Implementierung eines integrativen Qualitätsmanagementsystems anzugehen, um so die Vernetzung der verschiedenen Handlungsbereiche in der Einzelschule nachhaltig zu gewährleisten (genauer vgl. den Beitrag von *van Buer & Hallmann* in diesem Handbuch).

Insgesamt ist der Anspruch an ein Schulprogramm hoch, der sich bereits aus den schultheoretischen Überlegungen ergibt – nicht primär im Sinne der Formulierung inhaltlich hoch anspruchsvoller pädagogischer Zielsetzungen, sondern mit Blick auf die konzeptionelle Grundlegung und Reflexion (schultheoretisch, erziehungs- und bildungstheoretisch sowie didaktisch und fachdidaktisch). Dieser Anspruch bezieht sich auf die Gesamtkonstruktion eines Schulprogramms einerseits und auf die dortigen Aussagen über empirisch nachweisbare Ursache-Wirkungs-Ketten andererseits (unter Bezug auf die Befunde der empirischen (Berufs-)Bildungs- und Lehr-Lern-Forschung). Diese Art der breiten Grundlegung kann auch als wichtiger Schutz gegen die Formulierung überhöhter Zielprofile und die Dominanz von Wunschvorstellungen und „pädagogischen Träumereien" verstanden werden.

Diesem Anspruch gerecht oder zumindest in wichtigen Teilen gerecht zu werden (dazu vgl. die Ausführungen im Beitrag von *van Buer & Hallmann* in diesem Handbuch), fordert von den Akteuren hohe Professionalität und gegenüber den bisherigen Profilen deutlich erweiterte Kompetenzprofile. Diese sind, wie z. B. *Holtappels & Müller* (2004), aber auch *Mohr* (2006) mit ihren Analysen zu vorliegenden Schulprogrammen zeigen, zur Zeit nicht oder i. d. R. nicht hinreichendem Ausmaß in den Schulen verfügbar, und sie erfordern einen besonderen und nicht nur kurzfristigen Entwicklungsaufwand.

2.3 Schulprogramm – Begriffliche Präzisierungen aus erziehungswissenschaftlich-pädagogischer Sicht

Obwohl Schule einen gesellschaftlich bewusst von anderen Erfahrungsräumen abgegrenzten Erfahrungs- und Entwicklungsraum darstellt, gilt das Nachfolgende gleichermaßen: Angesichts der dynamischen und zugleich langfristig wirksamen Veränderungen in den verschiedenen gesellschaftlichen Subsystemen ist erwartbar, dass sich auch Schule z. B. hinsichtlich ihres Funktionsprofils ändern wird – explizit, aber auch implizit, „schleichend" und den Akteuren häufig nur bedingt bewusst (vgl. auch *Tillmann* 2006). Man kann von Folgendem ausgehen: In Folge der bereits mehrfach angedeuteten Reaktionen auf die Schulleistungsstudien, auf die sich verstetigenden Finanzierungsprobleme der öffentlichen Hand, auf die demographischen Entwicklungen, dort besonders in den neuen Bundesländern, und auf die Probleme bei der Implementierung der im Abschnitt 2.1 skizzierten Steuerungsinstrumente im Bildungssystem wird die Institution Schule ihren Funktions-, aber auch ihren alltagsphänome-

---

[35] Zu den drei Generalstrategien der Qualitätssicherung „Explizierung und Operationalisierung der Zielhorizonte (Standards)", „betriebswirtschaftliche und pädagogische Rechenschaftslegung" und „evaluationszentrierte Steuerung" vgl. z. B. *Ditton* (2000b); auch den Beitrag dieses Autors in diesem Band; *van Buer* (2005a).

nologischen Charakter verändern; zu vermuten ist, dass sich dies in vergleichsweise kurzer Zeit vollziehen wird [36].

In einem ersten Definitionszugang könnte man festhalten:

Schulprogramme sind Instrumente der Einzelschule, auf diesen Wandel reflektiert zu reagieren, den ihr gegebenen Erfahrungsraum für die Förderung der Kinder und Jugendlichen, dort besonders hinsichtlich der erwartbaren Wandlungen von Gesellschaft, fruchtbar zu machen und dabei die Wirksamkeit der jeweils vereinbarten Lehr-Lern-Milieus und der darin ablaufenden Prozesse bezüglich der explizit vereinbarten Zielhorizonte zu verbessern. Schulprogramme sind auch Instrumente, um das innerschulische Netz direkter und indirekter Wirkungen mittels der vereinbarten Evaluationskonzepte Schritt für Schritt systematisch abzubilden, die Wirtschaftlichkeit der Entwicklungskonzepte zu erfassen, dieses Wissen mit den Akteuren in die Konstruktion von Schule und Unterricht zurückzubinden und evaluationsbasierte Entscheidungen für die weiteren schulinternen Interventionen vorzubereiten.

Die erziehungswissenschaftlich-pädagogischen Zugänge zur Präzisierung dessen, was unter einem Schulprogramm verstanden werden kann bzw. sollte, sind vielfältig, inzwischen kaum noch überschaubar. Sie variieren nicht nur hinsichtlich ihrer Differenziertheit, ihres impliziten Verständnisses von Bildungssystem, Schule, einzelschulischem (Qualitäts-)Management, Schulkultur und Unterricht sowie hinsichtlich der methodologisch-methodischen Erfassung der schulinternen Faktoren, sondern auch hinsichtlich ihres generellen Zugangs zwischen funktionalistischer Betrachtung auf der einen Seite (Wozu dient das Schulprogramm?), stärker inhaltlicher Betrachtung (Was ist in den Schulprogrammen formuliert?) und empirischer Grundlegung (Was ist bisher in Schulprogrammen vorfindbar?). In der Regel sind in den einschlägigen Publikationen Mischungen zwischen beiden Funktionen und Inhalt zu finden, jedoch mit unterschiedlicher relativer Betonung. Der Illustration dieses Zustandes mögen die vier nachfolgenden Zitate bzw. Skizzen dienen:

(a) So ist das Schulprogramm z. B. für *Schaub & Zenke* (2004) „ein Planungs- und Handlungsinstrument einer Einzelschule, das als schriftliches Ergebnis der gemeinsamen Entwicklungsarbeit eines Kollegiums Grundlage der Qualitätsverbesserung und Profilbildung sein soll". Hier wird eher der Philosophie gefolgt, ein Schulprogramm stelle einen generellen Entwicklungsrahmen für die einzelne Schule dar. Hinsichtlich des Ausmaßes der Verbindlichkeiten, die in diesem Dokument festgeschrieben und den Akteuren abverlangt werden (können), bleiben die Ausführungen eher unscharf. Alles spricht dafür, Vereinbarungen als einen Teil des Kommunikations- und Konsensprozesses im Sinne der „vereinbarten" Verbindlichkeit (*Schlömerkemper* 2004) anzusehen. Wie jedoch mit den „worst cases", also den Akteuren umgegangen wird bzw. werden sollte, die durch die Konsense nicht erreichbar sind, bleibt ebenfalls eher unklar.

---

[36] Dies gilt in besonderem Maße für die beruflichen Schulen, auf die – platziert zwischen den allgemein bildenden Schulen, dem Beschäftigungssystem und dem quartären Sektor der Weiterbildung – auf eine besonders direkte und auch spannungsreiche Weise solche Veränderungen einwirken, nicht zuletzt auch die europäischen Entwicklungen hinsichtlich des Europäischen Qualifizierungsrahmens.

(b) Altrichter, Messner & Posch (2004, 37) verstehen ein Schulprogramm deutlich stärker als Steuerungsinstrument:

„Ein Schulprogramm ist ein schriftliches Dokument (*Explizitheit*),

- dessen leitende und orientierende Funktion für die schulische Arbeit durch die Mitglieder der Schulgemeinde ausgehandelt wurde (*akzeptierte Orientierungsfunktion*). Es enthält gewöhnlich folgende Elemente:
- Ziele und Entwicklungsvisionen einer Schule (*Zielbezug*),
- Informationen über ihr aktuelles Angebot sowie ihre Stärken und Schwächen (*Bezug auf den Ist-Zustand*),
- eine Darstellung von konkreten Initiativen und Planungen für die weitere Entwicklung von Unterricht und Schule in einem absehbaren Zeitraum (*Entwicklungsplanung*),
- Kriterien und Verfahren zur Evaluation der angestrebten Entwicklungsvorhaben und Darstellung von Ergebnissen der Evaluation (*Evaluation*)".

In diesem Konzept scheint deutlich die Perspektive auf, ein Schulprogramm als Instrument mit hoch verbindlichen Festlegungen für alle Akteure zu verstehen. Im „best case" stellt diese Verbindlichkeit für die Akteure im Sinne von *Schlömerkemper* (2004) wie schon bei *Schaub & Zenke* (2004) eine „vereinbarte" und in der Folge keine oder nur eine geringe subjektive Belastung dar; denn durch frühe Einbindung des einzelnen pädagogischen Akteurs in die Konstruktion und Implementierung dieses Instruments wird sie zu einem Teil des individuellen Arbeitshandelns.

(c) Für *Holtappels* (2004a, 11ff.) stellt ein Schulprogramm eine Mischung aus Entwicklungsrahmen und Steuerungsinstrument dar:

„Ein Schulprogramm soll im Kern zur Verbesserung der pädagogischen Arbeit der Schule beitragen und ihre Schulkultur entwickeln helfen (...). Es ist in erster Linie ein Arbeitspapier für die Schule selbst, wobei das Instrument des Schulprogramms nicht nur über den Diskussions-, Planungs- und Arbeitsprozess des Kollegiums selbst schulentwicklungsrelevante Initiativen und Wirkungen beabsichtigt. Produkt und Prozess erlangen gleichermaßen Bedeutung. Die Schule wird so zum Ort von Entwicklungs- und Veränderungsarbeit.

Ein Schulprogramm bringt zugleich die grundlegende Bereitschaft zu Innovation, Evaluation und Qualitätssicherung zum Ausdruck; Schulentwicklung wird als dauerhafte Aufgabe über ein selbst auferlegtes und nach innen verbindliches Entwicklungsprogramm verstanden. (...)

In diesem Verständnis und dieser Zielrichtung wird ein Schulprogramm zu einem Planungs- und Entwicklungsinstrument und zu einem Handlungs- und Arbeitsprogramm für die schwerpunktmäßige, aber gezielte Weiterentwicklung der Schule (...)" (ebd., 17).

Holtappels (2004a, 18ff.) identifiziert für ein Schulprogramm insgesamt neun Ziele und Aufgaben: 1. pädagogische Grundorientierungen; 2. Schulkonzept zur Integration pädagogischer Gestaltungsansätze, 3. Arbeitsgrundlage für Konsens und Verbindlichkeit; 4. Selbstvergewisserung über Entwicklungsstand und Entwicklungsbedarfe; 5. Außendarstellung des Schulprofils für Orientierung und Kooperation; 6. Verbesserung der Schulqualität; 7. Erhöhung von Effektivität und Effizienz; 8. Qualitätssicherung über Rechenschaft und Evaluation; 9. Informationsgrundlage für die Steuerung des Bildungssystems. Insgesamt stellt sein Ansatz eine Mischung aus dem Konzept dar, ein Schulprogramm sei ein Entwicklungsrahmen, und dem Grundverständnis, ein Schulprogramm sei ein Steuerungsinstrument. Die Frage, wie genau dieses „Mischungsverhältnis" aussehen kann bzw. ob ein solches konzeptionell konsistent überhaupt herstellbar ist, klingt zwar immer wieder an, wird letztendlich jedoch nicht detailliert beantwortet.

(d) Schlömerkemper (2004, 63ff.) wählt einen empirischen Zugang: Er analysiert die Daten einer repräsentativen schriftlichen Befragung von Lehrpersonen aus Hessen zum Thema Schulprogramm, die durch qualitative Fallstudien ergänzt wurden (ebd., 62; genauer vgl. auch den Beitrag von *van Buer & Hallmann* in diesem Handbuch). Als Verfahren entwickelte er das Konzept der „Hermeneutischen Datenanalyse (HeDa)"; dieses wertet die Daten weniger im Sinne einer Messung präzise definierter Merkmale aus; statt dessen versucht es stärker, die „Tiefenstruktur" der Daten (ebd., 63) zu identifizieren und dabei auch „immanente Widersprüche" und „latente Effekte" offen zu legen und verstehen zu helfen. Faktorenanalytisch ergeben sich vier Faktoren, die die zentralen Perspektiven der Befragten auf ihre Arbeit an und mit dem Schulprogramm markieren (genauer vgl. den Beitrag von *van Buer & Hallmann* in diesem Band); und diese ist nicht die Perspektive konzeptueller Grundlegung und Konsistenz; statt dessen zeigt sich die Sicht der Befragten auf das „alltägliche Überleben" in Schule und Unterricht und dort vor allem die Konzentration auf Befürchtungen und Hoffnungen bezüglich des Schulprogramms.

3 Schulprogramme zwischen Konstruktion, Implementierung und Verstetigung – Ein kritisch-konstruktiver Ausblick

Die Ausführungen in diesem Beitrag zeigen, dass derzeit die Institution Schule entscheidend umgestaltet wird; dies betrifft vor allem ihre Einbindung in die (neu) implementierten Steuerungsinstrumente. Diese sind auf den verschiedenen Ebenen des Bildungssystems angesiedelt – von der systemischen Ebene über diejenige der einzelnen Bildungsinstitution bis hin zur Ebene des alltäglichen Unterrichts. Die Instrumente selbst reichen von demjenigen der Bildungsstandards über die Verstärkung der externen Evaluation bis hin zur Veränderung der Professionalität der einzelnen Lehrperson (vgl. den Überblick im Abschnitt 2.1). In diesem Gesamtgefüge scheinen Schulprogramme nicht nur ein, sondern möglicherweise das entscheidende Instrument für die Qualitätssicherung und -steigerung zu sein bzw. zu werden; denn sie stellen die Schnittstelle zwischen bildungspolitischen Optionen und deren administrativer Auslegung auf der einen und der Strukturierung und Entwicklung des alltäglich Schule- und Unterricht-Machens auf der anderen Seite dar. Für Deutschland heißt dies derzeit Woche für Woche in ca. 47.000 Schulen ca. 14.150.000 Unterrichtsstunden zu realisieren.

Diese sich andeutende zentrale Stellung führt zu besonderen Anforderungen an die Qualität von Schulprogrammen. Die empirischen Studien zeigen, dass eher wenige Schulprogramme bisher dieser Qualitätsoption gerecht werden. Stattdessen variieren sie erheblich in Struktur, Diktion und Operationalisierungsgrad (genauer vgl. den Beitrag von *van Buer & Hallmann* in diesem Handbuch). Dies gilt weitgehend unabhängig davon, ob ein Schulprogramm eher als ein Entwicklungsrahmen mit geringerer Verbindlichkeit für die Alltagsrealisation der Einzelschule verstanden wird oder als ein Steuerungsinstrument, das hohe Verbindlichkeiten für alle Akteure festlegt – dies nicht nur bezüglich der administrativen Tätigkeitsfelder, sondern gerade auch in Bezug auf alltägliches Unterricht-Machen, z. B. hinsichtlich der didaktischen Großformen und Sozialformen von Unterricht. Insgesamt verweist vor allem die jüngere Rechtsprechung bezüglich der Verbindlichkeit der Festlegungen von Konferenzbeschlüssen und von Schulprogrammen für den einzelnen Akteur in einer Einzelschule auf Folgendes: Die erziehungswissenschaftlich-pädagogisch geprägten Vorstellungen zur pädagogischen Freiheit und deren Auswirkungen auf das Rollenverständnis von Lehrern einerseits sowie auf die reklamierten Freiräume in der individuellen Realisierung von Unterricht andererseits müssen zumindest aus juristischer Perspektive gegenüber den Debatten der 1980er und 1990er Jahre verändert werden (vgl. Abschnitt 2.2.2). Denn die unterrichtlichen Freiräume beziehen sich vor allem auf die kommunikativ-interaktive Dimension der Lehr-Lern-Milieus und der dort eingelagerten Lehr-Lern-Prozesse in dem Sinne, dass letztere immer in hohem Maße situational und personal gebunden sind.

Wenn ein Schulprogramm z. B. die Realisierung handlungsorientierten Unterrichts oder die Durchführung von Vergleichsarbeiten zwischen Klassen derselben Jahrgangsstufe und/oder desselben Bildungsgangs für alle Lehrpersonen verbindlich vorschreibt, wenn der Beschluss rechtsgültig zustande gekommen ist und wenn bei entsprechenden Bestimmungen wie z. B. im Land Berlin die notwendige Zustimmung durch die zuständige Dienstaufsicht vorliegt, stellt es streng genommen ein Steuerungsinstrument im Sinne eines hoch verbindlichen Programms dar, das der systematischen Qualitätsentwicklung der Einzelschule dient. Dabei enthält es wesentliche Elemente, die auch in Unternehmensprogrammen zu finden sind (genauer vgl. den Beitrag von *van Buer & Hallmann* in diesem Handbuch).

Vor diesem Hintergrund ist nicht verwunderlich: Qualitätssicherungssysteme wie das EFQM, das in Niedersachsen verbindlich für alle Schulen vorgeschrieben ist, oder die Balanced-Scorecard, die z. B. in der Schweiz modellhaft bereits eingeführt wurde (vgl. *Seitz & Capaul* 2005, 154ff.) bzw. derzeit in Berlin im Modellversuch zur „Qualitätsentwicklung in beruflichen Schulen" (QEBS) adaptiert und versuchsweise implementiert wird (zu diesem Modellversuch vgl. *van Buer & Zlatkin-Troitschanskaia* 2006), verstärken den Trend weiterhin, *Schulprogramme als verbindliche Steuerungsinstrumente* zu gestalten. Dabei verweist die Verbindlichkeit auf die Verknüpfung unterschiedlicher Systemebenen: *(a)* Sie erlaubt die Arbeit der Schulinspektion als einem Instrument der externen Evaluation so, dass die einzelschulischen Bedingungslagen angemessen in den Bewertungen und Folgerungen für die weitere Entwicklung berücksichtigt werden können. *(b)* Sie erleichtert die Führung der Einzelschulen im Sinne von kontrollierter Entwicklung, von Beratung und Coaching durch die jeweils zuständige Schulaufsicht z. B. durch die Verwendung des Instruments der Zielvereinbarungen mit der Schulleitung (im Rahmen von New-Public-Management-Konzepten; vgl. z. B. *Dubs* 2001; auch *Bauer* 2002). *(c)* Sie erlaubt die Führung der pädagogischen Akteure durch die innerschulischen Funktionsträger, z. B. um die Heterogenität in der unterrichtlichen Alltagskultur zugunsten effektiveren Lernens der Schülerinnen und Schüler systematisch zu verringern. *(d)* Sie stellt eine wichtige Voraussetzung dafür dar, die systematische Qualitätsentwicklung der Einzelschule umzusetzen – möglichst Ressourcen schonend, um die frei werdenden Mittel z. B. für adaptive Lehrsysteme wie Binnendifferenzierung und für zusätzliche Unterstützungsprogramme einsetzen zu können. Dies kann z. B. mittels der in *Ditton* (2000b)[37] beschriebenen Strategien erfolgen; diese sind die möglichst operationale Zieldefinition für Schule- und Unterricht-Machen (Standards), die pädagogische und auch betriebswirtschaftlich orientierte Rechenschaftslegung (Accountability) sowie die evaluationszentrierte Steuerung (Assessment; vgl. auch *Peek* 2006).

Folgt man den oben bewusst „nüchtern", stärker steuerungs- und prüftechnisch orientiert formulierten Funktionen von Schulprogrammen, dienen letztere auch der „Entmythologisierung" der dortigen Konstruktion(en) von Lehren, Lehr-Lern-Milieus und der darin eingelagerten Kommunikations- und Interaktionsprozesse. Sie tun dies, indem der sorgsame Umgang mit der Lebenszeit der Schülerinnen und Schüler (vgl. z. B. *Helmke* 2003) einerseits und die Ausrichtung didaktischen Denkens und Handelns an empirisch begründbaren Ursache-Wirkungs-Ketten andererseits thematisiert wird bzw. werden müsste[38]. Und in den Schulprogrammen wird durch die Operationalisierung der Zielhorizonte sowie durch die Explizierung der darauf ausgerichteten Strategien und operativen Konzepte die „Verdinglichung" der Fiduciarität pädagogischer Freiräume sichtbar – in deren Ausrichtung auf die möglichst differenzielle bzw. individuelle Förderung der von Schule und Unterricht betroffenen Lernerinnen und Lerner. Letztlich ist ein Schulprogramm damit auch ein Instrument, verdeckte Privilegien des alltägliches Schule- und Unterricht-Machen aufzuspüren und in die innerschulische Diskussion zurückzuspiegeln.

Bedenkt man die oben angedeuteten Möglichkeiten, die Arbeit des einzelnen pädagogischen Akteurs in Schule und Unterricht einklagbar zu steuern, werden auch latente „Bedrohungen" sichtbar. Diese entstehen vor allem durch nicht hinreichende Kompetenzen des Führungspersonals und der Funktionsträger in der Einzelschule (vgl. z. B. *Dubs* 2005b) sowie durch mangelnde Kompetenzstrukturen größerer Gruppen der Lehrpersonen vor allem hinsichtlich der curricularen sowie der unterrichtsmethodischen Gestaltung des Unterrichts sowie hinsichtlich ihrer diagnostischen Expertise (dazu vgl. z. B. *Helmke* 2003; vgl. auch den Beitrag von *van Buer & Zlatkin-Troitschanskaia* in diesem Handbuch). Sie entstehen jedoch auch durch geringe innere Vernetzungen der Personen und Prozesse innerhalb der einzelnen Schule. Darauf, dass

---

[37] Vgl. auch den Beitrag dieses Autors in diesem Handbuch.
[38] Auch wenn bereits z. B. *Gage* (1979) darauf verwies, dass pädagogisches Handeln auf der Triade aus wissenschaftlich gesichertem sowie handwerklichem Wissensrepertoire (im Sinne einer Meisterlehre) und aus "künstlerischen" Handlungsstrategien im Sinne hoch sensibler, schneller situationaler Adaption beruhe.

Bedrohungen von den pädagogischen Akteuren durchaus wahrgenommen werden, verweisen die wenigen einschlägigen Studien (vgl. z. B. *Kanders* 2004). In dem Modellversuch „Qualitätsentwicklung in den beruflichen Schulen" Berlins (QEBS) zeigen die Datenanalysen aus der Lehrerbefragung zum Zeitpunkt der administrativ festgelegten Abgabe des Schulprogramms (genauer vgl. den Beitrag von *van Buer & Hallmann* in diesem Handbuch): Die Anzahl der Personen, die mit der Erarbeitung und vor allem mit der Implementierung des Schulprogramms stärkere Befürchtungen bzw. Bedrohungen verknüpfen, variiert im Vergleich der Einzelschulen hochsignifikant. Dabei ist diese Verteilung deutlich an die subjektive Wahrnehmung der Befragten geknüpft, ob in ihrer Schule eher günstige oder eher ungünstige Entwicklungsbedingungen existieren, z. B. ob bereits eine Implementationskultur zur Stabilisierung der vereinbarten Projekte entwickelt wurde. Auffällig ist: Die Befürchtungen des Lehrpersonals richten sich vor allem auf die mögliche Wirkungslosigkeit des Schulprogramms und auf damit verbundene erhöhte „nutzlose" Mehrarbeit für sie; sie fokussieren nur selten jedoch die Erwartung, ihre individuellen pädagogischen Freiräume würden durch das Schulprogramm eingeschränkt.

Über die Beantwortung der Frage, welche Qualität Schulprogramme als Mindeststandards aufweisen sollten, herrscht bis jetzt keine Übereinstimmung – weder seitens der bildungspolitischen und bildungsadministrativen Akteure, nicht über die Bundesländer hinweg, auch nicht innerhalb eines Bundeslandes, noch seitens der einschlägigen erziehungswissenschaftlich-pädagogischen Publikationen. Die Befunde aus den einschlägigen Studien deuten an, dass hinreichende Einigkeit darüber auch im Führungspersonal und unter den Lehrpersonen bereits innerhalb einer Schule ebenfalls eher selten vorliegt. Der Verweis darauf, dass jede Schule für sich herausfinden möge, welche Qualität sie für dieses Steuerungsdokument anstrebt, hilft an dieser Stelle wenig weiter; denn in der nächsten Zeit ist durchaus erwartbar, dass die Bildungsadministration über den bisherigen Rahmen von Ausführungsvorschriften hinaus (genauer vgl. den Beitrag von *van Buer & Hallmann* in diesem Handbuch) wesentlich detailliertere Vorschriften formulieren wird, um die Vielfalt der Dokumente hinsichtlich Textsorte, Struktur, inhaltlicher Orientierung und Qualität eingrenzen zu können.

Vor diesem Hintergrund von Verbindlichkeitsfeststellung für und Qualitätsanforderung an Schulprogramme kommt den kommunikativen Prozessen bei deren Erstellung, ggf. bei deren Veränderung, sowie bei ihrer Verabschiedung eine zentrale Bedeutung zu. Die einschlägigen Studien thematisieren diesen Aspekt bisher eher am Rande, z. B. eher global mittels standardisierter Befragungen (genauer vgl. den Beitrag von *van Buer & Hallmannn* in diesem Handbuch). Hier liegt noch deutlicher Forschungsbedarf vor. Generell kann man von der folgenden These ausgehen: Frühes „Commitment", also frühe kognitive als auch emotional-motivationale Einbindung der Akteure einer Einzelschule ist sowohl für den Prozess der Konstruktion als auch dahingehend hoch bedeutsam, die Personen, die sich aus dem verbindlich eingeforderten Prozess der Veränderung der unterrichtlichen und schulischen Einzelkultur „zurückziehen" bzw. auch diesen „blockieren", schnell zu erreichen und kollegial z. B. durch institutionell-organisatorisch gesicherte Teamarbeit einzubinden (vgl. auch den Beitrag von *M. Köller* in diesem Handbuch). Spätestens angesichts der Verstetigungsfrage, also mit dem

Blick darauf, die im jeweiligen Schulprogramm festgeschriebenen Zielhorizonte nicht nur ein Mal zu erreichen, sondern sie zuverlässig und empirisch nachweisbar in die Alltagskultur von Schule zu überführen, sind alle Akteure einer Einzelschule gefragt – will man nicht über die Qualitätsentwicklung unterrichtlicher Lernmilieus die unkontrollierte Binnenvariation in der Qualität der alltäglichen Leistungserstellung zusätzlich erhöhen und damit dem Grundgedanken entgegenwirken, die Verteilung von Lernchancen der einzelnen Schülerin bzw. des Schülers innerhalb einer Bildungsinstitution an „Glück" oder „Pech" zu binden, wie dies z. B. *Rindermann* (2007) in seiner Langzeitstudie aufzeigt.

Insgesamt verdeutlichen die Überlegungen und Darstellungen in diesem Beitrag: Die Veränderung von Schule in Richtung auf eine Institution, die bewusst schonend mit ihren Ressourcen, vor allem mit der Lebenszeit ihrer Schülerinnen und Schüler umgeht, die Rechenschaft ablegt über die Verwendung dieser Mittel und über ihr pädagogisches Handeln und die in einem Schulprogramm festlegt, wie und warum sie dies so tut, erfordert deutlich veränderte Rollenbilder sowie deutlich veränderte Kompetenzprofile der pädagogischen Akteure, aber auch der Funktionsträger und des Leitungspersonals. Die Schulprogramme sowie die in einigen Bundesländern eingeforderten regelmäßigen schulindividuellen Leistungsberichte machen darauf aufmerksam, dass die Tätigkeitsfelder in Schule nicht nur von ihrem gesetzlichen Rahmen her, sondern auch faktisch stärker als bisher zu vernetzen sind. Dies hat zur Folge, dass die pädagogischen Akteure sich nicht mehr wie bisher in hohem Umfang gewohnt und auch im subjektiven Rollenbild teils tief verankert auf die Vorbereitung, Realisierung und Beurteilung von Unterricht und Schülerleistungen „zurückziehen" können.

Kompetenzveränderung und Kompetenzprofilerweiterung erfordern umfangreiche Weiterbildung seitens der Akteure in Schule und Unterricht. Folgt man dem Kompetenzbegriff, wie er in der Folge der Diskussion um die Bildungsstandards (vgl. *Klieme, Avenarius* et al. 2003) zu einer Grundlage für die Diskussion der curricularen Konstruktionen in Richtung auf Bildungsstandards, Lernbereiche, Lernfelder etc. und der Lehr-Lern-Milieus in Richtung auf handlungsorientierten Unterricht und Formen selbstorganisierten Lernens expliziert wird (zu Letzterem vgl. den Beitrag von *Sembill & Seifried* in diesem Handbuch), bietet sich der folgende Gedanke an: Auch für die Lehrerfortbildung sollten stärker als bisher nah an der jeweiligen spezifischen Bedingungslage der Betroffenen ausgerichtete und dabei nahe an dem Vollzug von Handlungen ausgerichtete Weiterbildungsformen gefördert werden. Dabei sollte darauf geachtet werden, dass im Sinne von bereits *Gage* (1979) die unterschiedlichen Wissensformen, auf die ein pädagogischer Akteur zurückgreifen muss, um seine alltägliche Leistungserstellung auf hohem Niveau zu sichern, strukturell entwickelt und nicht primär kasuistische Handlungsorientierungen – quasi unter der Hand – favorisiert werden. Inwieweit Modellprojekte die Entwicklung der Einzelschule nachhaltig befördern können, muss als empirisch weitgehend unbeantwortete Frage markiert werden. Dies gilt besonders für den Fall, dass die Entwicklung der einzelnen Bildungsinstitution in den Rahmen von Netzwerkbildungen mit ähnlichen Institutionen eingebettet ist (vgl. auch den Beitrag von *van Buer & Hallmann*, Abschnitt 5.2, in diesem Handbuch).

Cordula Artelt

Externe Evaluation und einzelschulische Entwicklung – Ein zukunftsreiches Entwicklungsverhältnis?

Die Qualität und Funktionalität des Verhältnisses externer Evaluation und einzelschulischer Entwicklung hängt entscheidend von den bildungspolitischen Rahmenbedingungen ab. International finden sich unterschiedliche Modelle, die sich z. B. in den Voraussetzungen der Evaluation, der zugrunde liegenden Informationsbasis externer Evaluation als auch hinsichtlich der Zieldimensionen und der Verbindlichkeit der Ergebnisse von Evaluationen unterscheiden. Unabhängig davon scheint ein entscheidendes Element der Kooperation externer und interner Evaluation darin zu bestehen, die Prozesse der Einzelschulentwicklung im Rahmen der externen Evaluation aufzugreifen. Einige Bedingungen für gelingende Kooperationen werden genannt.

1 Einleitung

Wie in vielen Ländern zuvor vollzog sich in Deutschland in den letzten Jahren ein Paradigmenwechsel bezüglich der Art und Weise der Steuerung des Bildungssystems, weg von einer Input-Steuerung hin zu einem System, in dem die Resultate schulischer Ausbildung im Mittelpunkt stehen. Der Prozess der Einzelschulentwicklung ist nicht unabhängig von den hiermit verbundenen weiter reichenden Steuerungsstrategien: Die Definition von Bildungsstandards und die verstärkte Outputorientierung und Outputkontrolle. Parallel dazu findet eine Entwicklung hin zu erweiterter Autonomie der Einzelschule statt. Auch das Verhältnis von Einzelschulentwicklung (im Sinne interner Entwicklungsarbeit bzw. interner Evaluation) und externer Evaluation bewegt sich im Spannungsverhältnis zwischen Bildungsstandards, Outputorientierung und -kontrolle und erweiterter Autonomie der Einzelschule. Dies spiegelt sich auch in Modellen einzelschulischer Qualitätssicherung, (z. B. *Ditton* 2000b) in dem Standards, die sich auf das intendierte Curriculum und auf Intentionen beziehen, Accountability, die sich auf die Qualität der einzelnen Bildungseinrichtungen und die Qualität der Lehr- und Lernsituation bezieht sowie Assessment im Sinne einer evaluationszentrierten Kontrolle, die die unmittelbaren Wirkungen und langfristigen Wirkungen berücksichtigt, zentrale Entwicklungselemente darstellen.

2 Warum Evaluation?

Schulqualität ist nicht nur für Bildungspolitiker interessant, sondern in einem erheblichen Maße auch für die „Abnehmer" schulischer Bildung: Eltern, Schülerinnen und Schüler, Betriebe und Universitäten. Das hierin zum Ausdruck kommende Prinzip der Rechenschaftslegung zielt nach *van Buer* (2005b) vor allem auf die Verwendung der Ressourcen der Einzelschule. Angesprochen ist neben der betriebswirtschaftlichen Perspektive aber auch die „pädagogische" Rechenschaftslegung. Besonders dort, wo Eltern und Kinder Wahlmöglichkeiten bezüglich der Schule haben, ist die Frage nach der Qualität von Einzelschulen aus der Abnehmerperspektive relevant. Schule hat Bedeutung. Hier werden Abschlüsse vergeben und Perspektiven und Grundlagen für weitere Lebenschancen geschaffen. Unterschiede zwischen Einzelschulen – auch nominell gleicher Schulformen und Bundesländer – können erheblich sein (vgl. *Baumert, Trautwein & Artelt* 2003). Schulen mit einer großen Population von Schülerinnen und Schülern aus bildungsfernen Schichten haben es zweifelsfrei schwerer, ein lernförderliches Klima herzustellen und hohen Standards an Leistungsentwicklung gerecht zu werden. Aber auch zwischen Schulen mit vergleichbarer Schülerschaft gibt es große Unterschiede: Der „added value" von Schulen unterscheidet sich. Die Gründe für diese Unterschiede zwischen Schulen sind z. T. gut bekannt. Neben einem effektiven Umgang mit Zeit und der Verständigung über Normen innerhalb einer Schule, die Qualität des Schulmanagements sowie das Schul- und Klassenklima, sind hohe Erwartungen und ein unterstützendes Klima, ein sicheres pädagogisches Klima im Klassenzimmer und in der Schule als Ganzes zu nennen (*Baumert & Artelt* 2003; *Ditton* 2000b; *Gruehn* 2000; *Helmke* 2003; *Scheerens & Bosker* 1997). Weitere Qualitätsaspekte beziehen sich auf die Abstimmungen und den professionellen Austausch der Lehrkräfte. In Studien wurde zudem auch die Rolle der Schulleitung herausgestellt (*van Bruggen* 2000). Vor allem Qualitätskriterien, die sich auf die Qualität des Unterrichtens, die Arbeit der Schulleitung, das Schulprofil und besondere Ausrichtungen sowie das sichere und lernförderliche Schulklima und das zielorientierte Unterrichten beziehen, sind Qualitätsindikatoren, die für Eltern unmittelbar einleuchtend sind. Es ist vor allem dieser pädagogische Gestaltungsspielraum, der Gegenstand von externen Evaluationen und Zieldimension von Einzelschulentwicklung ist.

3 Einzelschulentwicklung

Einzelschulentwicklung ist kein Naturphänomen, sondern von schulinternen Initiativen abhängig. *Jürgen van Buer* (2005b) sieht Elemente der strategischen und operativen Planung und der Evaluation im Mittelpunkt von entsprechenden Initiativen. Als zentrale Strategien betont er die Definition des einzelschulischen Zielsystems (z. B. per Schulprogramm), transparente Rechenschaftslegung der Ressourcenverwendung und evaluative Feinsteuerung. Auch wenn Einzelschulentwicklung und interne Evaluation nicht identisch sind, ist unstrittig, dass sie einen erheblichen Überlappungsbereich aufweisen. Dies sollte auch anhand der Prozessbeschreibung der Phasen und Kriterien im Prozess der Qualitätsentwicklung von Einzelschulen deutlich werden.

3.1 Phasen und Kriterien im Prozess der Qualitätsentwicklung von Einzelschulen

Bei der Qualitätsentwicklung in der Einzelschule stehen Lehrkräfte vor verschiedenen Aufgaben, die sich grob in die Phase der Zielklärung, die Phase des Erarbeitens gemeinsamer Lösungen und die Phase der Umsetzung und der Bewertung unterteilen lassen (s. a. *Prenzel* 2000). In der ersten Phase, der Zielklärungsphase, geht es darum, den Optimierungsbedarf zu bestimmen, der für sie relevant ist. Besonders in dieser Phase ist es hilfreich, objektive Daten (z. B. basierend auf Vergleichsarbeiten oder nationalen Standards) zur Hilfe zu nehmen. Aus vielen Untersuchungen weiß man, dass diagnostische Lehrerurteile häufig recht ungenau sind, wenn man sie mit den Ergebnissen von Leistungstests vergleicht. Dies gilt insbesondere hinsichtlich der Leistungsfähigkeit der gesamten Klasse, weniger für die Rangordnung einzelner Kinder innerhalb der Klasse. Lässt man sich auf die Testergebnisse ein, können z. B. bestimmte Fehlerschwerpunkte der Schüler auffallen, die so noch nicht beachtet wurden. Die Sensibilität für eigene blinde Flecke kann dadurch gestärkt werden. Dies verlangt nicht notwendigerweise nach externen Vergleichskriterien, sondern kann auch durch innerschulische Vergleichs- und Austauschprozesse angeregt werden. So etwa dadurch, dass auf Grund von Klassenvergleichen auffallende Ergebnisse schulintern diskutiert werden oder durch wechselseitige Unterrichtshospitationen auch Maßnahmen der Förderung zum Gegenstand der Auseinandersetzung werden. Ziel dieser Phase der Qualitätsentwicklung ist es, sich die Probleme in der Schule und im Unterricht vor Ort bewusst zu machen, sie zu akzeptieren und zu konkretisieren. Am Ende dieser Phase steht die Problemdefinition, in der die Ziele gesetzt werden und die Ausgangslage festgehalten wird. Neben zentral gesteuerten Aspekten wie den Rahmenlehrplänen und Bildungsstandards sind es vor allem die einzelschulisch zu definierenden Schulprogramme (s. a. *Holtappels* 2002), die als Zielsysteme der Einzelschulentwicklung gelten. *Holtappels & Müller* (2002) zeigen in ihrer Analyse von Schulprogrammen Hamburger Schulen anhand von Beispielen jedoch, dass sich diese in ihrem derzeitigen Ausarbeitungsgrad nur bedingt als strategisches, vor allem jedoch nicht als operatives Steuerungsinstrument für die einzelschulische Qualitätsentwicklung eignen. Dies ist nicht zuletzt auf die mangelnde Operationalisierung der Zieldefinitionen zurückzuführen. Diese Analyse unterstreicht die Notwendigkeit der Phase der Zieldefinition. Eine Phase der Qualitätsentwicklung in Schulen, die in Ziele mündet, die einen realistischen Erwartungshorizont darstellen.

In der zweiten Phase der Qualitätsentwicklung geht es darum, gemeinsam Lösungen zu erarbeiten. Dies beinhaltet, Teilprobleme zu unterscheiden. Zudem muss erörtert werden, welchen Ansprüchen die zu erarbeitenden Lösungen genügen sollen. In dieser Phase geht es dann auch darum, Ressourcen aufzusuchen und zu nutzen, die beim problemlösenden Arbeiten hilfreich sein könnten. Nach dem Generieren von Lösungen besteht eine wichtige Aufgabe darin zu überlegen, unter welchen Bedingungen diese Lösungen realisierbar sind.

Die dritte Phase der Qualitätsentwicklung beinhaltet die eigentliche Umsetzung der gemeinsam erarbeiteten Lösungen. Es geht darum, Handlungsschritte und deren Umsetzung durchzuspielen. Danach wird die Lösung unter normalen Bedingungen umgesetzt. In dieser Phase der Qualitätsentwicklung kommt es außerdem darauf an, die Lösungen dahingehend zu bewerten, ob sie im Hinblick auf das zuvor erklärte Ziel erfolgreich waren. Wie in der Phase der Zielklärung ist auch hier die Nutzung formativer Evaluation d. h. objektiver Kriterien sinnvoll. Qualitätsentwicklung ist ein kontinuierlicher und zyklischer Prozess, der dazu führt, dass erarbeitete und erprobte Zugänge routinisiert und in vorhandene Handlungsmuster eingebaut werden und dass ggf. neue oder wiederholte Problembereiche identifiziert werden und der o. g. Prozess damit erneut durchlaufen wird. Gelingende Einzelschulentwicklung schafft Rituale, die sich über die Zeit hinweg etablieren und die nicht allein auf Basis freiwilligen Engagements aufrechterhalten werden. Die Akzeptanz von Maßnahmen im Rahmen der internen Evaluation steigt dabei mit der positiven Erfahrung der Verwendbarkeit der Resultate. Besonders durch die Einbeziehung von Eltern und Schüler eröffnet sich die Möglichkeit, das Ansehen und die Akzeptanz der pädagogischen Arbeit in Schulen zu erhöhen und Respekt vor der Arbeit zu schaffen.

3.2 Unterstützungsbedarf für Einzelschulentwicklungsprozesse

Es lassen sich jedoch auch zahlreiche Bedingungen benennen, die einer erfolgreichen Qualitätsentwicklung und Selbstevaluation in Einzelschulen entgegenstehen. Hierzu zählen auf Seiten der Schule neben der mangelnden Motivation [1] auch andere Faktoren, wie etwa ein Mangel an geteilter professioneller Sprache, die Angst von Lehrkräften, ihre professionelle Autonomie zu verlieren wie auch die Angst davor, Schwächen zu zeigen. Auf Seiten der Schulleitung kann der Prozess der Einzelschulentwicklung dadurch gefährdet werden, dass die einzelnen Schritte im Prozess der Selbstevaluation nicht professionell koordiniert und strukturiert werden. Auch der Wegfall von follow-up Arrangements (s. u.) stellt einen kritischen Faktor dar, da Zielvereinbarungen auch auf der Ebene von Einzelschulen der erneuten späteren Thematisierung und Überprüfung bedürfen.

Auch wenn *Oelkers* (2005) zu Recht betont, dass Schulen nicht erst zu lernenden Organisationen werden müssen, sondern dies schon immer gewesen sind, wird mit Blick auf Inhalte von Lehrerbildung deutlich, dass sie bei der Konzeption der Qualitätsentwicklung professionelle Unterstützung gebrauchen können. So wird auch der Wunsch nach professioneller Begleitung des Prozesses, z. B. durch Schulentwicklungshelfer, in aktuellen Diskussionsrunden oft geäußert und auch durch die Analysen von *Holtappels & Müller* (2002) zur Leitfunktion von Schulprogrammen für die Qualitätsarbeit belegt. Unterstützungsbedarf besteht dabei zum einen in Bezug auf Grundfragen der Personalentwicklung. Hierunter fallen etwa Maßnahmen wie die, für Akzeptanz bei den Beteiligten zu sorgen, Verbindlichkeit herzustellen, Freiräume zu sichern, Mittel zur Verfügung zu stellen, unterstützende Strukturen zu schaffen und Transparenz für alle Beteiligten zu sichern (s. a. *Doppke & Richter* 2002), zum anderen auf die Inhalte und Zieldimensionen der Qualitätsentwicklung (s. u.). Das SEIS Projekt der Bertelsmannstiftung beschäftigt sich explizit mit der Unterstützung des Prozesses der Einzelschulentwicklung im Sinne von Selbstevaluationsprogrammen. Das im Aufbau befindliche Projekt bezieht sich auf die Dimensionen (1) Erfüllung des Bildungs- und Erziehungsauftrages, (2) Lernen und Lehren, (3) Führung und Management, (4) Schulklima und Schulkultur und (5) Zufriedenheit und stellt auch Instrumente und Software (zur Erstellung von Vergleichsdaten) für Einzelschulen zur Verfügung.

Aus dem Gesagten sollte deutlich geworden sein, dass der Außenblick für den Prozess der Einzelschulentwicklung neue Perspektiven und Vergleichsmöglichkeiten bieten kann, die für den innerschulischen Entwicklungsprozess genutzt werden können. Zentrales Thema dieses Beitrags ist die Frage, wie interne und externe Evaluation zu

---

[1] Etwa dadurch, dass die Einstellung vorherrscht, in puncto Qualitätsentwicklung könne nichts dazu gelernt werden und ergo auch kein Nutzen für die pädagogische Arbeit daraus gezogen werden.

konzipieren sind, so dass sie als zwei wirksame, eigenständige und aufeinander bezogene Elemente im Prozess der Qualitätssicherung fungieren. Verkürzt man die Reichweite externer Evaluation auf den Außenblick und damit auf die Funktion, Einzelschulen hilfreiche Zusatzinformationen zu bieten, dürfte das im Titel angedeutete potenzielle Spannungsverhältnis übertrieben erscheinen. Bevor näher auf das auch andere Facetten umfassende Verhältnis von interner und externer Evaluation eingegangen wird, folgen daher zunächst einige grundsätzliche Überlegungen zur externen Evaluation.

4 Externe Evaluation

In vielen Ländern ist eine externe Schulevaluation als ergänzende Maßnahme der Qualitätssicherung (neben Standards und Vergleichstests) längst gängige Praxis. Externe Evaluation wird als Mittel der Pflicht von Schulen zu regelmäßiger Rechenschaftslegung und als ein notwendiges Gegenstück zu den gewachsenen Entscheidungsspielräumen von Schulen gesehen. Neben dem Prinzip der Rechenschaftslegung stellt externe Evaluation auch ein wichtiges Mittel der Qualitätsentwicklung in Schulen dar. Der Blick von außen und die Analyse und Bewertung von Bedingungen, Arbeitsprozessen und Ergebnissen soll Schulen dabei helfen, die Wirksamkeit ihrer Arbeit besser einzuschätzen, ihre Stärken ebenso zu erkennen wie ihre Defizite. Ziel der Evaluation ist es, Verbesserungsbedarf festzustellen und konkrete Empfehlungen auszusprechen, auf deren Grundlage realistische Ziel- und Handlungsvereinbarungen getroffen werden können. Externe Evaluation basiert auf sachlichen Kriterien und geschieht unter Berücksichtigung der spezifischen Bedingungen der Schule.

International wird das System der externen Evaluation unterschiedlich gehandhabt. Die Unterschiede beziehen sich dabei auf

- die Verbindlichkeit der Evaluation;
- die Regelmäßigkeit, mit der die Evaluation durchgeführt wird;
- die Frage, ob die Erreichung von Standards im Leistungsbereich zum Gegenstand der Evaluation gehört [Nutzung von Daten aus nationalen Leistungstests];
- die Art wie interne Evaluation gefordert/gefördert wird;
- die Konsequenzen, die sich aus der Bewertung ergeben.

4.1 Kriterien für gelingende und anschlussfähige externe Evaluation

Zentrale Fragen, die auch das Verhältnis von interner und externer Evaluation betreffen, beziehen sich auf die o. g. Punkte der Qualitätssteuerung. Konkret formuliert sind dies die Fragen: Wer führt externe Evaluationen durch und welche Rolle spielt dabei die Schulaufsicht? Wer bekommt Einsicht in Evaluationsberichte? Was passiert nach der Evaluation? Welche Unterstützung gibt es für Schulen, damit sie die durch die externe Evaluation zutage getretenen Probleme in Angriff nehmen können? Was passiert besonders mit Schulen, in denen es erheblich Probleme gibt? Wer entscheidet darüber, nach welchen Normen und Kriterien summative Bewertungen vorgenommen werden?

Ab wann gilt ein Standard als hinreichend erfüllt [2]? Das Verhältnis zwischen der Verbesserung der pädagogischen Arbeit an Einzelschulen und externer Evaluation hängt ferner von der Kompatibilität der Ziele und Leitideen interner und externer Evaluation ab. Gleichzeitig bedarf es bestimmter Bedingungen, damit ein konstruktiver Dialog zwischen beiden Evaluationsformen zustande kommt.

Als Kriterien gelingender und anschlussfähiger externer Evaluation werden jene Faktoren bezeichnet, die das Verhältnis und die Zusammenarbeit zwischen externer und interner Evaluation erleichtern. Mit Blick darauf, dass eine Abkopplung externer Evaluationsprozesse von den Aktivitäten der Einzelschulentwicklung wenig aussichtsreich, eine Berücksichtigung einzelschulischer Entwicklungsprozesse hingegen oft bedeutsames Merkmal der Evaluationsprozesse ist, kann man die Kriterien für gelingende und anschlussfähige externe Evaluation auch verallgemeinert als Voraussetzungen für eine gelingende Zusammenarbeit interner und externe Evaluation bezeichnen.

- Die Bewertungen müssen allen Beteiligten ebenso bekannt sein wie die angewandten Evaluationsverfahren (Transparenz).
- Es besteht Einigkeit bezüglich der Maßstäbe der Bewertung, die ggf. auch durch Metaevaluationen nachgewiesen werden (verbindliche und geteilte Maßstäbe).
- Die externe Evaluation muss die individuellen Rahmenbedingungen der einzelnen Schule berücksichtigen (Kontextsensitivität).
- Erst am Ende einer Evaluation wird entschieden, wer zur Sicherung und Verbesserung der Qualität welche Verantwortung übernehmen muss und welche Unterstützung erforderlich ist (Ergebnisoffenheit der Evaluation).
- Der Evaluationsbericht, in dem die evaluierten Bereiche präzise und nachvollziehbar bewertet werden, ist so abgefasst, dass sich aus ihm klar formulierte und verbindliche Vereinbarungen zur Qualitätsverbesserung ableiten lassen, die Konsequenzen (z. B. durch follow-up Arrangements) haben (Klarheit und Verbindlichkeit).
- Ziele sind Ziele, wenn sie erreicht werden können, d. h. realistische Erwartungshorizonte darstellen. Zielvereinbarungen als Folge von Evaluationen sollten anspruchsvoll, jedoch für die Schule auch realisierbar sein (realistische Zielvereinbarungen).

---

[2] Zwar wurden von der KMK Bildungsstandards verabschiedet, die perspektivisch auch für die Evaluation im Leistungsbereich genutzt werden können, jedoch ist vor der empirischen Überprüfung und Ausgestaltung der Standards in Form von Kompetenzstufen bzw. illustrierenden Aufgabenanforderungen keine allzu detaillierte Vorgabe für die praktischen Fragen von externer Evaluation zu erwarten (z. B. der Frage, welcher Lernfortschritt von den unteren 25% der Leistungsverteilung der achten Klassen im Fach Mathematik in Hauptschulen erwartet werden kann bzw. sollte).

5 Zum Verhältnis interner und externer Evaluation

Die generellen Linien der Qualitätssicherung, die für Unterschiede in der Art und Weise der externen Evaluation zuständig sind, haben natürlich auch Einfluss darauf, wie Prozesse der internen Evaluation in Schulen konzipiert und durchgeführt werden können. Die interne Evaluation (Selbstevaluation und Einzelschulentwicklung) von Schulen hängt vom politischen und organisatorischen Kontext ab, in dem die Schule arbeitet. Wichtige Faktoren sind hierbei u. a. die Verfügbarkeit von nationalen Referenzdaten (nationalen Benchmarks), die Frage, ob ein allgemeines Rahmenkonzept von verbindlichen Qualitätsindikatoren verfügbar ist, die Verfügbarkeit von Training und Unterstützung für den Prozess der Selbstevaluation und der Umsetzung der Maßnahmen (z. B. Schulentwicklungshelfer) und natürlich – last but not least – die Art und Weise, wie externe Evaluation und Inspektion konzipiert ist. Konsequenterweise ist die Frage, wie das Verhältnis von Einzelschulen und externer Evaluation zu gestalten ist, letztlich nur aus der Perspektive einzelner Bildungssysteme zu beantworten. Nichtsdestotrotz lassen sich allgemeine Prinzipien dafür ableiten wie Einzelschulentwicklung und externe Evaluation nicht als Konkurrenzmodelle fungieren, sondern beide als Instrumente der Qualitätsentwicklung von den Beteiligten ernst genommen und genutzt werden können. Es ist eine Balance, die gefunden werden muss: Eine Balance zwischen interner und externer Evaluation, zwischen Verantwortlichkeit und Verbesserung wie auch zwischen intrinsischer Motivation zur Einzelschulentwicklung und externem Druck zur Qualitätsverbesserung. Mangelnde Balance kann zu fatalen Nebeneffekten führen. Etwa dadurch, dass die Selbstevaluation von Einzelschulen nur mit Blick auf die externe Evaluation betrieben wird (die diese mit einbezieht) und nicht, um damit das Ziel der Einzelschulentwicklung zu bewerkstelligen. Unstrittig dürfte sein, dass Selbstevaluation von Schulen ernsthaft betrieben werden muss, um Qualitätsentwicklung zu bewirken.

Die Frage, wie das Verhältnis von interner und externer Evaluation zu gestalten ist, hängt auch davon ab, bezüglich welcher Zielkriterien der Innen- bzw. Außenblick fruchtbar ist. Aus der Sicht der Einzelschule kann die objektivierte Außensicht, die mit externer Evaluation verbunden ist, auch wichtige Argumente im Kontakt mit der Schulaufsicht liefern. Etwa dann, wenn es um strukturelle Defizite im baulichen Bereich oder bezogen auf die Personalausstattung für besonders förderbedürftige Schülergruppen geht. Externe Evaluation kann Lehrern dadurch Handlungssicherheit geben, dass ihre Arbeit nach sachlich fundierten Kriterien, unter Berücksichtigung der spezifischen Bedingungen ihrer Schule analysiert wird. Externe Evaluation kann helfen, Schwerpunkte und Prioritäten in der Arbeit zu setzen, die auf weitgehenden Konsens beruhen. Durch externe Evaluation wird schulische Arbeit für die interessierte Öffentlichkeit, vor allem für Eltern, transparenter und führt sehr wahrscheinlich auch dazu, dass diesem Personenkreis die Bemühungen von Schulleitung und Lehrern um eine gute Schule damit erst bewusst werden.

In Deutschland bestehen bislang wenige Erfahrungen in diesem Bereich (für einen aktuellen Überblick, s. *Rieke-Baulecke* 2005). Externe Evaluation als Mittel der Qualitätssicherung ist zwar in den meisten Ländern der Bundesrepublik geplant oder im

Aufbau begriffen, jedoch mit wenigen Ausnahmen (z. B. Bayern) noch nicht verbindlich verabschiedet und/oder implementiert. In anderen europäischen Ländern sind die Entwicklungen deutlich weiter voran geschritten. So verfügen Länder wie die Niederlande oder England über mehr als zehnjährige Erfahrungen mit externer Evaluation.

5.1 Neuere Entwicklungen im englischen Konzept (Every Child Matters) der externen Schulevaluation

Maßgeblich für die Konzeption und Berichterstattung (u. a. „Her Majesty's Report") zur externen Evaluation in England verantwortlich ist das *Office for Standards in Education (Ofsted)*. Die Erfahrungen mit externer Evaluation der letzten Jahre haben in England dazu geführt, die Rahmenvorgaben zur Evaluation von Einzelschulen zu überarbeiten (*Office for Standards in Education* 2005). Die konzeptionellen Veränderungen laufen auf eine stärkere Partnerschaft mit den Schulen hinaus, die Evaluationsrituale geschehen weniger mechanisch als in Absprache mit den Bedürfnissen und Aktivitäten der Schulen. So wurde beispielsweise auch die Häufigkeit von externen Evaluationen reduziert. Im Rahmen der Neuformulierung der Rahmenvorgaben für externe Schulevaluation nimmt die Selbstevaluation von Schulen eine Schlüsselposition ein; die Qualität der Selbstevaluation der Schule (als Element des Schulmanagements und der Effektivität der Schule) sind ebenfalls Gegenstand externer Evaluation. Die Selbstevaluation der Einzelschule als Qualitätskriterium sichert dabei eine strukturelle Verbindung und ein potenziell fruchtbares Verhältnis von externer Evaluation und Einzelschulentwicklung.

Eine Besonderheit des englischen Modells ist sicher darin zu sehen, dass die Evaluation sich auch mit der Frage der Erreichung nationaler Standards beschäftigt, d. h. nationale Benchmarks mit einbezieht. Hierzu werden standardisierte Berichte der Einzelschule (School's Performance and Assessment Reports) ausgewertet, in denen die Schulleistungen der Schüler in einzelnen Fächern mit nationalen Referenzdaten verglichen und Abweichungen für einzelne Stufen und mit unterschiedlichen Kriterien (alle Schulen, vergleichbare Schulen [3] etc.) dargeboten werden. Die sehr differenzierten Leistungsdaten zur Standarderreichung sind Gegenstand der Evaluation und werden – wenn dies von der Schule ermöglicht wird – auch mit Blick auf individuelle Zugewinne interpretiert. Diese „added value" Indikatoren beziehen sich ausschließlich auf Zugewinne im Längsschnitt und sind somit nur nutzbar, wenn die Daten der untersuchten Schülerinnen und Schüler zu beiden Evaluationszeitpunkten miteinander in Beziehung gesetzt werden können. Durch die Integration von Leistungsdaten aus nationalen Assessments wird der Außenblick der englischen externen Evaluationsteams um entscheidende objektive Vergleichskriterien erweitert.

5.2 Inspektorate in den Niederlanden

Auch die Niederlande verfügen über ein System flächendeckender Schulevaluation (Inspektorate). *Johann van Bruggen*, der bis zu seiner Pensionierung im Jahr 2003 im

---

[3] Basierend z. B. auf Indikatoren für die Zusammensetzung der Schülerschaft oder aber auch Leistungen der Schule bei vorheriger Inspektion.

niederländischen Inspektorat u. a. für Strategieentwicklung und internationale Kooperationen verantwortlich war, benennt einige Merkmale „moderner" (niederländischer) externer Evaluation (2000, 18-20):

- Externe Evaluation ist unabhängig von ministeriellen Behörden. Die Rahmenvorgaben und Arbeitsweisen der Inspektorate sind Gegenstand öffentlicher und wissenschaftlicher Auseinandersetzung.

- Externe Evaluation in einzelnen Schulen findet in festgelegten Rhythmen (alle 2-3 Jahre) statt. Die Selbstevaluation von Schulen bildet dabei den Ausgangspunkt. Die Selbstbewertung wird validiert und verifiziert und nur in Fällen, in denen berechtigter Zweifel an der Schulqualität besteht, wird die Evaluation im Sinne einer ausführlichen „Full Inspection" durchgeführt.

- Jedes Jahr werden knapp 10 % aller Schulen des Landes evaluiert, um zu einem allgemeinen Entwicklungsbild der Qualität von Schulen auf der Landesebene zu kommen und entsprechende Berichte für das Parlament und die Öffentlichkeit zu verfassen.

- Inspektorate sind lernfähig. Vorrangig durch „good practice" Beispiele von Schulen und die Möglichkeit, die Güte der eigenen Verfahren, Indikatoren, Kriterien, Normen und Entscheidungsregeln permanent zu überprüfen.

- Die Arbeit der Inspektorate, der thematisch auf die Arbeit und Inhalte der Inspektion bezogenen Forschung [4] in Universitäten und der Umgang mit den Ergebnissen der regelmäßig stattfindenden landesweiten Leistungsmessung von Schülerinnen und Schülern sind aufeinander abgestimmt.

- Zwischen den Inspektoraten und einzelnen Evaluationsteams findet regelmäßiger Wissenstransfer statt. Hierzu gehören der interne Austausch von Berichten, regionale und nationale Konferenzen, Videokonferenzen, ein Rotationssystem für den Einsatz von Mitgliedern der Evaluationsteams und Mittel wie Trainingskurse und Fortbildungsmaßnahmen.

- Auch innerhalb der Inspektorate findet Selbstevaluation statt, wobei über die Prozeduren und ihre Ergebnisse offen berichtet wird. Die Evaluation bezieht sich auf die Validität der Rahmenkonzeption, das Training der Evaluationsteams bezüglich der Interpretation der Rahmenkonzeption und das System der Bewertung von Situationen in Einzelschulen. Bei schwierigen Problemlagen in Einzelschulen gibt es „double check" Prozeduren innerhalb des Inspektorats. Schulen werden auch gebeten, Rückmeldungen über den Prozess und die Inspektionsteams zu geben.

- Inspektorate sind keine Beratungsinstitution für Schulen, sondern geben nur Richtungen vor.

- Externe Evaluation hat eine allgemeine Verantwortung in Fällen schwerwiegender Probleme in Einzelschulen zu intervenieren.

- Externe Evaluation arbeitet offen, professionell und klar.

---

[4] Auftragsforschung: Beauftragt von Inspektoraten oder auch vom Ministerium.

6 Schlussbetrachtung

Externe und interne Evaluation und besonderes deren Zusammenspiel sind in Deutschland noch kaum etabliert. Beim Aufbau dieses neuen Systems geht es vorrangig darum, das Arbeitswissen von Bildungsinstitutionen zu verbessern. *Oelkers* (2005, 6) drückt eine Kernfrage der aktuellen Bildungsreform folgendermaßen aus:

> „Die Kernfrage der Reform wäre dann, wie das Arbeitswissen von Bildungsinstitutionen verbessert werden kann, ohne einfach nur, wie etwa bei der Rede von Qualitätssicherung, auf den Wechsel der Perspektive zu vertrauen, der die Praxis ja schon anders macht."

An die Qualitätssicherung bestehen legitime Ansprüche, die jedoch – je nach Perspektive – andere Akzente setzen. Die Bildungsadministration mag hierin vorrangig ein Instrument sehen, die Investitionen im Bildungssystem effektiver zu steuern. Lehrkräfte mögen hierin vorrangig eine Möglichkeit sehen, Unterricht und schulische Abläufe zu verbessern. Eltern mögen den Vorzug der Qualitätssicherung durch Evaluation und Rechenschaftslegung etwa in der entstandenen Transparenz der Prozesse sehen. Die legitimen Ansprüche der Qualitätssicherung in Bezug auf Verantwortungsübernahme, professioneller Verbesserung und Transparenz und Rechenschaftslegung müssen in ein balanciertes Verhältnis gebracht werden.

Schulische Arbeit existiert nicht in einem Vakuum, sondern in einem Kontext gesellschaftlicher Normen und Erwartungen. Wichtige Instrumente der Qualitätssicherung in Schulen sind dabei geteilte Qualitätsstandards und eine Einzelschulentwicklung, die nicht nur selbstreferenziell arbeitet, sondern externe Vergleichsmaßstäbe integriert. Ein wichtiger Schritt in der gelingenden Zusammenarbeit zwischen externer und interner Evaluation ist ein förderliches Schulklima, eine Kultur der professionellen Entwicklung und Verbesserung in Schulen. Eine Kultur, in der die Einzelschule die Fähigkeit und das Potenzial hat, sich selbst zu verbessern.

Johan van Bruggen (2005) schließt seinen Kommentar zur Entwicklung eines Evaluationssystems in Deutschland mit der Empfehlung, hohe Standards und eine ambitionierte Normsetzung zu etablieren. Andernfalls würden die in der Entstehung befindlichen Inspektorate in Deutschland wenig Wirkung zeigen.

Rainer Peek

Interne Evaluation und einzelschulische Entwicklung – Spagat zwischen Mindeststandards und Machbarem

Die zunehmend größere Autonomie setzt auf mehr Eigenverantwortung, sodass jede Schule ihr intern konzipiertes Qualitätsmanagement mit interner bzw. Selbstevaluation verwirklichen muss, um zu erkennen, ob die Schul- und Unterrichtsentwicklungsmaßnahmen tatsächlich zu Qualitätsverbesserungen führen. Dazu müssen Schulen grundlegende Funktionen (Schulentwicklung, Selbstvergewisserung, Rechenschaftslegung) sowie grundlegende methodische Anforderungen an Verfahren der internen Evaluation kennen. Eine Schlüsselrolle bei der Professionalisierung von Kollegien und bei der Verknüpfung interner mit externer Evaluation nimmt die Schulleitung ein.

1 Einleitung

In der gegenwärtigen Diskussion über Schul- und Unterrichtsentwicklung spielt Evaluation in nahezu allen Bereichen eine zentrale Rolle. Erweiterte Selbstverantwortung der einzelnen Schulen, Schulprogrammarbeit, Qualitätsentwicklung und Standardsicherung sind ohne Evaluation nicht denkbar (vgl. u. a. *Holtappels* 2003; *Peek* 2006). Seit Beginn der 1990er Jahre sind Ansätze und Methoden der Evaluation bereits ausführlich diskutiert, entwickelt und vielfach auch erprobt worden (vgl. u. a. *Ditton* 2002a; *Kempfer & Rolff* 2000). Inzwischen ist interne Evaluation bzw. Selbstevaluation in vielen Bundesländern verbindlicher Teil schulischer Arbeit und durch Gesetze oder Verordnungen auch verankert, wobei die Zielstellung eines ganzheitlichen und komplexen Evaluationssystems angestrebt wird, das konsequente Selbstvergewisserung der Schulen, Schulentwicklung und Rechenschaftslegung zu verbinden sucht (vgl. z. B. für Baden-Württemberg: *Teichmann* 2005; für Nordrhein-Westfalen: *MSJK* 2003).

Standen Ende der 1990er Jahre noch konzeptionelle und bildungspolitische Fragen im Vordergrund, so rückt in den letzten Jahren immer stärker die Praxis von Evaluation ins Zentrum. Hier geht es vor allem um die Frage, wie Evaluation in der Schule zum integralen Bestandteil der Entwicklungsarbeit vor Ort werden kann. Dieser Artikel beschäftigt sich mit drei Fragestellungen, die sich im Kontext von Forderungen nach interner Evaluation mit dem Ziel der Schulentwicklung ergeben:

- *Welches* Grundverständnis über Funktionen und Zielperspektiven von interner Evaluation sollte in Schulen vorhanden sein, damit das Verfahren für Schul- und Unterrichtsentwicklung fruchtbar wird?
- Inwieweit gelten für schulinterne Evaluationen bezüglich der Voraussetzungen und der Durchführung Mindeststandards, die eingehalten werden sollten?
- Wo liegen – neben den Potenzialen – die Grenzen schulinterner Evaluation?

2 Anforderungen an Evaluation – Grundorientierungen

Spätestens zu Beginn der 1970er Jahre spielt Evaluation als ein wissenschaftlicher Fachterminus in der Erziehungswissenschaft und Curriculumforschung eine wichtige Rolle (vgl. hierzu vor allem *Wulf* 1972). Es geht dabei – allgemein formuliert – um „die systematische Untersuchung des Nutzens oder Wertes eines Gegenstands" (*Deutsche Gesellschaft für Evaluation* 2002). Über systemische Fragestellungen für Bildungspolitik und Bildungsplanung hinaus wird in der deutschsprachigen Diskussion erst seit Anfang der 1990er Jahre Evaluation im Zusammenhang mit der Entwicklung der Einzelschule gefordert. Evaluation wird als Instrument der Schulentwicklung gesehen, das innere Schulentwicklung anstoßen und unterstützen soll. Evaluation soll demnach entwicklungsbegleitend, prozessbezogen und selbstgesteuert vonstatten gehen und sich auf die einzelne Schule als pädagogische Handlungseinheit beziehen (vgl. *Fend* 1986). Es geht in diesem Zusammenhang vorwiegend um die Bewertung der Qualität von konkreten Bildungsangeboten und Arbeitsabläufen im Unterricht und in der Schule. Evaluation als Werkzeug einer systematischen Qualitätsentwicklung und Qualitätssicherung kann nach diesem Verständnis drei grundlegende Funktionen wahrnehmen (vgl. *Burkard & Eikenbusch* 2000):

a) *Werkzeug für Schulentwicklung:* Daten und Informationen werden bei Beteiligten bzw. Betroffenen gesammelt, um ihre Sichtweise einzuholen, Entscheidungen treffen zu können und gesichertes Wissen über die Effektivität und die Effizienz von eingesetzten Verfahren oder von Konzepten zu erhalten. Evaluation dient hier dazu, möglichst rationale Entscheidungen zu treffen und datengestütztes Wissen über die Wirksamkeit der eigenen pädagogischen Praxis zu generieren.

b) *Selbstvergewisserung, Forschung und Erkenntnisgewinn:* Mit Evaluation soll das Wissen über die eigene Situation erweitert, sollen neue Einsichten gewonnen werden, um mehr Handlungssicherheit und Orientierung zu erhalten. Dahinter steckt die Vorstellung, dass jemand, der mehr über die Wirkungen des eigenen Handelns, über die Realisierung von Zielen und die Voraussetzungen seines Arbeitsbereichs weiß, Situationen und Probleme besser verstehen und somit gezielter und wirkungsvoller handeln kann.

c) *Rechenschaftslegung:* Dies ist für viele die wohl gängigste Assoziation mit Evaluation. Durch Evaluation kann man sich selbst und anderen Rechenschaft über erreichte Ergebnisse und das Gelingen von Arbeitsprozessen geben und die Einhaltung eigener oder fremder Standards überprüfen.

Diese drei Funktionen können zwar jeweils für sich gesehen werden, in der Praxis sind sie jedoch in der Regel miteinander verbunden oder werden gleichzeitig angestrebt, auch wenn eine Evaluation ihren Schwerpunkt meist in einem der Felder hat.

Typischerweise lassen sich zwei Ebenen unterscheiden, auf denen Evaluation bei der einzelschulischen Arbeit eingesetzt werden kann: einmal die Ebene der Gestaltung von Lehr- und Lernprozessen durch einzelne Lehrkräfte mit ihren Klassen, und zum zweiten die gemeinschaftlich verantwortete Arbeit innerhalb der Schule, also beispielsweise der Aufgabenbereich einer Abteilung oder Fachkonferenz, eines Jahrgangsteams oder der gesamten Schule bei der Schul- und Unterrichtsentwicklung.

Im Unterschied zum Bewerten im Alltag ist Evaluation ein systematischer und zielgerichteter Aus- und Bewertungsprozess. Evaluation wird geplant und beinhaltet die Sammlung und Analyse von Daten und Informationen über die schulische Arbeit. Nicht jedes Auswertungsgespräch, nicht jede Aufstellung einer Statistik ist deshalb bereits Evaluation. Exemplarisch für das aktuelle Verständnis von Evaluation soll hier die Begriffsbestimmung des Schulministeriums in Nordrhein-Westfalen gelten: Evaluation „hat das Ziel, zu gesicherten Beschreibungen zu kommen, Bewertungen nach klaren Kriterien durchzuführen und Entscheidungen über die Weiterentwicklung dieser Arbeit zu treffen. Sie ist damit zusammen mit dem Schulprogramm ein zentrales Instrument von Schulentwicklung und damit der Qualitätsentwicklung und Qualitätssicherung" (*MSWWF* 1998, 19). Evaluation muss damit bestimmten Anforderungen genügen:

a) *Evaluation hat systematisch ausgewählte Ziele und verfolgt vorab festgelegte Fragestellungen:* Gegenstandsbereiche, Standards, Verfahren und Methoden werden vorab geklärt.

b) *Evaluation beruht auf einer Datengrundlage*: Es findet eine systematische Datensammlung anhand geeigneter Messverfahren, anhand klarer Kriterien und passender Indikatoren statt.

c) *Evaluation führt zu Analysen und Bewertungen*: Eine (noch so gute) Datensammlung wird erst durch eine Analyse und einer darauf beruhenden Bewertung zu einer Evaluation.

d) *Die Bewertungen müssen sich an formulierten Kriterien orientieren*: Sollen wertende Aussagen mittels der Analyse der Daten getroffen werden, sind Kriterien und Standards (beispielsweise aus den Richtlinien und Lehrplänen oder dem Schulprogramm) notwendig.

e) *Evaluation soll zur Überprüfung und Veränderung der Praxis führen*: Das Ergebnis dient als Planungs- und Entscheidungshilfe zur Verbesserung des untersuchten Gegenstandsbereichs.

Das entscheidende Kriterium für *interne Evaluation* oder *Selbstevaluation* ist, dass die zentrale Verantwortung für die Gestaltung und Durchführung bei der einzelnen Schule liegt und auch von Personen durchgeführt wird, die in der Schule arbeiten (vgl. *Altrichter, Messner & Posch* 2004). Demgegenüber bedeutet *externe Evaluation* oder *Fremdevaluation*, dass die zentrale Verantwortung außerhalb liegt und sie von Personen durchgeführt wird, die nicht in der Schule arbeiten. Externe Evaluation kann der Schule von außen auferlegt werden (z. B. Inspektion) oder von der Schule selbst in Auftrag gegeben werden (z. B. Peer-Review).

3 Standards – Gestaltung einer guten internen Evaluation

Evaluationen sind immer Teil komplexer Arbeits- und Kommunikationsprozesse, sie bauen auf der Tradition und den Rahmenbedingungen einer Schule auf und sie unterliegen – so wie das Schulprogramm – selbst Entwicklungs- und Veränderungsprozessen. Deshalb sind Evaluationen nicht in allen Phasen und Details vorausplanbar. Es gibt nicht *die* Evaluation, die für alle Schulen und für jede Situation passt. Wie Evaluation gestaltet werden muss, hängt davon ab, welche Ziele eine Schule damit verfolgt, auf welchen Ebenen der Schule sie durchgeführt wird und welche Inhalte jeweils im Mittelpunkt stehen. Wenn es auch keine Patentrezepte gibt, so lassen sich doch Erfahrungen und Empfehlungen in sechs Fragestellungen bündeln, die den typischen Ablauf einer internen Evaluation spiegeln und Rahmenbedingungen sowie Arbeitsabläufe ausleuchten (vgl. u. a. *Burkard & Eikenbusch* 2000; 2006; *Buhren, Killus & Müller* 1998b).

a) Was sind die Ziele und Fragestellungen der Evaluation?

Systematische Formen der gemeinsamen Klärung von Qualitätsansprüchen sind die Entwicklung eines Qualitätsleitbildes bzw. die gemeinsame Erarbeitung eines Schulprogramms. In beiden Fällen werden Qualitätsvorstellungen schulintern ausgehandelt, formuliert und in der Regel schriftlich dokumentiert. Vor diesem Hintergrund macht schulinterne Evaluation Sinn und erhalten solche Fragen Relevanz:

- Warum wird die Evaluation durchgeführt?
- Was soll mit den Ergebnissen angefangen werden?
- Zu welchen Bereichen werden Informationen benötigt?

Je präziser diese Fragen im Vorfeld einer Evaluation beantwortet werden, desto größer ist erfahrungsgemäß die innerschulische Akzeptanz und desto leichter fällt die methodische Gestaltung bzw. die Auswahl eines geeigneten Evaluationsinstruments wie z. B. eines Fragebogens, eines Tests, eines Beobachtungsbogens oder eines Auswertungsrasters für eine Dokumentenanalyse. Evaluation steht immer im Dienste einer Sache, beispielsweise der Verbesserung des (Fach-)Unterrichts, der Weiterentwicklung des Schulprogramms oder der Bilanzierung und Auswertung von besonderen Maßnahmen. Sie ist kein Selbstzweck.

b) Welche Normen sollen bei der Durchführung gelten?

Damit schulische Evaluationsprozesse gelingen können, sind klare Absprachen über den Ablauf eine wichtige Voraussetzung. Es sollte allen bekannt sein, wer für welche Schritte innerhalb der Schule die Verantwortung übernimmt, wer ggf. mit welchem Auftrag das Vorhaben von außen unterstützt (beispielsweise externe Berater) und wer in welcher Form Ergebnisse erhält oder an deren Interpretation beteiligt wird. Über die Klärung von Arbeitsaufgaben und Zuständigkeiten von Gremien oder Arbeitsgruppen hinaus spielen Vereinbarungen über Durchführungsnormen eine wichtige Rolle. Die Verabredung von Verfahrensregeln trägt dazu bei, Ziele und Absichten einer Evaluation zu klären und den Beteiligten transparent zu machen, was auf sie zukommen wird.

c) *Welche Methoden und Verfahren sollen eingesetzt werden?*

Die Auswahl eines geeigneten Evaluationsinstruments muss sich daran orientieren, welcher konkreten Fragestellung nachgegangen werden soll. Die Ergebnisse müssen Antworten auf Fragen geben, die an der eigenen Schule tatsächlich von Bedeutung sind. Bereits vorliegende Evaluationsinstrumente oder Beispiele aus anderen Schulen lassen sich – bei aller gegebenen Faszination gegenüber „fertigen" Instrumenten – deshalb nicht eins zu eins übertragen und unmittelbar in der eigenen Schule einsetzen. Vielfach ist es notwendig, Verfahren auf die eigenen Bedürfnisse und Voraussetzungen hin zuzuschneiden oder zumindest zu überarbeiten.

- Welchen Umfang soll die Evaluation erhalten?
- Welche Beispiele gibt es in Handreichungen oder von anderen Schulen?
- Was wollen wir davon übernehmen?
- Inwieweit müssen wir ein völlig eigenes Instrument entwerfen?

Die Wahl einer geeigneten Methode für eine Evaluation hängt nicht nur von sachlichen Kriterien ab, sie wird auch oft durch Rahmenbedingungen und das Klima bestimmt, in dem sie erfolgen soll. Die offensichtlich beste und präziseste Methode für eine Evaluation führt nicht weiter, wenn sie bei den Beteiligten auf Widerstand stößt oder schon abgenutzt ist.

d) *Wann und wie soll die Durchführung erfolgen?*

Erfahrungsgemäß erhält man bei Datenerhebungen, insbesondere bei Umfragen, die höchsten Rücklaufquoten, wenn man für das Ausfüllen der Fragebögen Zeitanteile bei Gelegenheiten einplant, bei denen die betroffenen Personengruppen reguläre Zusammenkünfte haben. Für eine Kollegiumsbefragung eignet sich hierfür eine gemeinsame Konferenz oder Dienstbesprechung. Eine Schülerbefragung kann günstig klassenweise in Unterrichtsstunden durchgeführt werden. In diesen Situationen besteht die Möglichkeit, den Befragten noch einmal den Zusammenhang und die Ziele der Evaluation zu erläutern oder möglicherweise notwendige Hinweise zu geben. Die Bereitschaft, einen Fragebogen auszufüllen, ist höher, wenn für die Befragten die Möglichkeit zu direkten Rückfragen besteht, als wenn Informationen lediglich schriftlich gegeben werden. Werden Fragebögen ausgegeben (z. B. im Rahmen einer Elternbefragung), ist es wichtig, dem Fragebogen ein Anschreiben beizufügen. Dies sollte insbesondere kenntlich machen, wer die Befragung durchführt, welche Ziele die Evaluation hat, wer die Daten erhält, wie der Datenschutz gewährleistet wird und wie die Befragten über die Ergebnisse informiert werden.

e) *Wie erfolgt die Auswertung und Analyse von Ergebnissen?*

Eine Evaluation nützt, wenn ihre Ergebnisse möglichst rasch zur Verfügung stehen. „Endlos-Evaluationen" sollten also unter allen Umständen vermieden werden. Schon bei der Anlage ist deshalb auch die technische Seite der Datenaufbereitung zu bedenken.

Die Auswertung und die Aufbereitung von Ergebnissen sind immer mit Fleißarbeit verbunden. Bei der Auszählung quantitativer Befragungen kann selbstverständlich ein Computer hilfreiche Dienste leisten. Allerdings lohnt sich der Aufwand, um entsprechende Software-Programme an die eigenen Bedürfnisse anzupassen, erfahrungsgemäß erst bei einer größeren Anzahl von Befragten (Faustregel: ab ca. 100 Personen lohnt sich bei Fragebögen der Computer). Bei wenigen befragten Personen oder sehr kurzen Fragebögen ist es meistens einfacher, bei der Auszählung auf herkömmliche Techniken wie Strichlisten zurückzugreifen.

Bei der Aufbereitung der Ergebnisse sollte man im Blick haben, dass die Analyse und Interpretation von Schaubildern und Tabellen gewisse Erfahrungen im Lesen dieser Darstellungsformen erfordert. Darüber hinaus muss damit gerechnet werden, dass bei Einzelnen generelle Berührungsängste gegenüber statistischen Verfahren vorkommen. Die Bedeutung von Lesehilfen für die Analysephase und die zielgruppenbezogene Darstellung von Ergebnissen darf deshalb nicht unterschätzt werden.

f) Wie sollen Konsequenzen aus den Ergebnissen gezogen werden?

Ergebnisse einer internen Evaluation sind nicht die Daten, sondern die Konsequenzen, die im Anschluss für die weitere Arbeitsplanung gezogen werden. Eine wichtige Voraussetzung dafür ist erfahrungsgemäß die intensive Diskussion und Analyse der Ergebnisse mit den Beteiligten. Diesem Daten-Feedback kommt deshalb ein hoher Stellenwert zu. Durch die Spiegelung der eigenen Position in der Sicht anderer Kolleginnen und Kollegen, möglicherweise auch der von Eltern oder Externen, werden unterschiedliche Interpretationen sichtbar. Die eigene Perspektive kann hinterfragt oder bestätigt werden. Es lohnt sich, dafür genügend Zeit aufzuwenden und diesen Arbeitsschritt ebenfalls gut vorzubereiten. Das Daten-Feedback dient zwei Zielen: Zum einen sollen gemeinsame Interpretationen der Daten und Ergebnisse gefunden und zum anderen Konsequenzen und weitere Handlungsschritte vereinbart werden. Für den Rückmeldeprozess bietet sich ein Vorgehen in vier Schritten an:

Schritt 1: Rückblick der Vorbereitungsgruppe

- Was waren die Ziele der Evaluation?
- Wie ist die Evaluation abgelaufen?
- Welche Daten liegen nun vor?

Schritt 2: Präsentation der Daten, Strukturierung und Analyse

Die Daten werden präsentiert, es wird erläutert, wie sie ausgewertet und nach welchen Kategorien sie zusammengestellt wurden. Alle Beteiligten sollten dann Gelegenheit erhalten, sich mit den Daten unmittelbar auseinander zu setzen. Mögliche Leitfragen zur Datenanalyse sind:

- Welche Ergebnisse überraschen am meisten?
- Wo sind die niedrigsten/höchsten Werte?
- Wo sind inhaltliche Schwerpunkte zu erkennen?

- Wo gibt es die größten/kleinsten Abweichungen zu Referenzwerten oder zwischen den Antworten unterschiedlicher befragter Gruppen?
- Welche Ergebnisse sind unklar? Wo müsste weiter nachgefragt werden?
- Was sind die zentralen Aussagen der Evaluation? (drei bis zehn Thesen)

Schritt 3: Bewertung der Ergebnisse

Hilfreich für die Bewertung von Daten können die folgenden Leitfragen sein:
- Welches Ergebnis freut uns besonders?
- Welches Ergebnis ärgert uns?
- Welches Ergebnis bereitet uns am meisten Sorgen?
- Welche Ergebnisse bestätigen unsere Praxis?
- Wo besteht Handlungsbedarf?

Schritt 4: Konsequenzen ziehen und Handlungsplanung

Abschließend ist es notwendig, die Bewertungen im Hinblick darauf zu sichten, wie wichtig sie für die kommende Arbeit sind und ob sie sich auf Bereiche beziehen, in denen Veränderungsmöglichkeiten bestehen:
- Was bedeuten die Daten für die Situation unserer Schule?
- Wo zeigt sich Handlungsbedarf?
- Was nehmen wir uns konkret vor?
- Wer übernimmt welche anschließenden Aufgaben?

4 Hemmnisse und Grenzen schulinterner Evaluation

Die Tatsache, dass Evaluation als wichtiger Teil von Schul- und Lehrerarbeit akzeptiert ist, bedeutet noch nicht, dass Lehrkräfte und Schulen auch evaluieren *können*. Für schulische Evaluation gilt, dass sie *kein* Sammelbegriff für beliebige Verfahren und Wege der Praxisreflexion ist (vgl. dazu *Leutner* 1999). Vielmehr sind für den Einsatz von Prozessen und Verfahren, wie sie im dritten Teil dieses Artikels ausgeführt sind, Grundkenntnisse in der Anwendung sozialwissenschaftlicher Forschungsmethoden notwendig (vgl. hierzu z. B. *Bonsen & Büchter* 2006; *Eikenbusch & Leuders* 2004; *Helmke* 2003). Evaluation ist aus diesem Verständnis heraus angewandte empirische Sozialforschung. Aus der Ausbildung, aber auch aus der Fort- und Weiterbildung heraus bringen Lehrerinnen und Lehrer erfahrungsgemäß wenig forschungsstrategisches oder gar methodisches bzw. statistisches Vorwissen in interne Evaluationsprojekte ein, was das Gelingen solcher Maßnahmen deutlich erschwert.

Nach *Buhren, Killus & Müller* (1998a) und *Burkard & Eikenbusch* (2006) lassen sich in Kollegien drei typische Muster von Szenarien feststellen, wenn es um Fragen und Strategien der internen Evaluation geht:

a) Lehrkräfte und Schulen begeben sich mit wahrer Begeisterung in Evaluationsprozesse. Sie experimentieren und leiten kleine Untersuchungen oder auch umfassende Evaluationen der Schularbeit oder der Leistungsergebnisse in ihrer Schule ein. Dabei geraten sie allerdings häufig in schwierige Situationen. Sie müssen feststellen, dass Evaluation nichts ist, das aus dem Stand heraus gelingt. Auch dann nicht, wenn man versucht, es anderen einfach nachzumachen. Evaluation ist mehr als eine kopierbare Technik oder ein schnell zu erlernendes Verfahren, das nach einem vorgegebenen Fahrplan abläuft. Sie erfordert Grundkenntnisse über die Planung, Durchführung und Auswertung von Evaluationsprozessen. Mit deren Hilfe können Erfahrungen, die die Lehrkräfte bisher in ihrem Unterrichtsalltag gesammelt haben – sei es durch Reflexionsgespräche mit den Schülerinnen und Schülern oder durch eine systematische Auswertung des Unterrichts – genutzt, vertieft und systematisiert werden.

b) Einige Lehrkräfte, eine Gruppe oder ein Fachbereich in einer Schule wollen die Möglichkeiten einer Evaluation nutzen, während der Rest des Kollegiums sich nicht an diesen Aktivitäten beteiligt, sie aber toleriert. Dieses auf den ersten Blick vernünftige Vorgehen führt mit hoher Wahrscheinlichkeit zu nicht vorhergesehenen Folgen: Je mehr Ergebnisse und Erkenntnisse die Gruppe durch ihre Evaluationsarbeit gewonnen hat, desto größer werden die Möglichkeiten und desto stärker wird der Druck, dass die Evaluation sich – gewollt oder ungewollt – auf den gesamten Schulalltag auswirkt. Der Umgang mit begrenzten Evaluationsprozessen in der Schule setzt mehr voraus als nur Daten oder Informationen, seien diese auch noch so umfangreich. Gefragt sind hier geeignete Verfahren: Rückmeldungen müssen verarbeitet werden, die „restliche" Schule muss einbezogen werden, Evaluation muss in die Arbeitskultur der Schule eingebunden werden.

c) Häufig zeigen Lehrkräfte und Schulen gegenüber Evaluation eine deutliche Zurückhaltung. Sie verharren desinteressiert, führen nur das (verordnete) Minimalprogramm durch oder verweigern sich sogar. In den meisten Fällen ist diese Reaktion durch Befürchtungen begründet, die darauf zurückgehen, dass für Lehrkräfte und Schule nicht erkenn- und berechenbar ist, wie Evaluation ihre eigene Arbeit beeinflussen kann und ob sie für die eigene Arbeit nützlich sein wird. In solchen Fällen zeigt sich eines deutlich: Man kann Evaluation zwar anordnen – aber man kann nicht erzwingen, dass sie funktioniert und wirksam ist. Es ist wenig hilfreich, diese Zurückhaltung als Widerstand zu interpretieren, den es zu bearbeiten gilt. Hilfreicher ist es, diesen Lehrkräften und Schulen offen und nachvollziehbar die möglichen Folgen und insbesondere den Nutzen von Evaluation zu vermitteln.

In allen drei Fällen kommt der Schulleitung eine besondere Bedeutung zu (zur Rolle von Schulleitung in Schulentwicklungsprozessen und insbesondere im Rahmen von schulinterner Evaluation vgl. ausführlich *Bartz* 2005; *Dubs* 2005b). Entscheidend ist, wie Schulleitung sich zur Evaluation verhält, welche Anstöße sie gibt und insbesondere, wie sie Evaluation in der Schule verankert und wirksam werden lässt.

Gerade aus Sicht von Schulleitung ist es wichtig, dass in wesentlichen Bereichen der Schule evaluiert wird, dass bedeutende Bereiche nicht – bewusst oder unbewusst – ausgeblendet werden. Wesentlich für das Gelingen von Schulentwicklung ist, dass die

Beteiligten auch ein umfassendes und begründetes Gesamtbild von der Schule entwickeln und Entwicklungsbedarfe und -möglichkeiten feststellen können.

Evaluationen in Einzelbereichen der Schule haben – gewollt oder implizit – immer auch Wirkungen auf das gesamte System der einzelnen Schule. Es ist nicht möglich, die Wirkung einer Evaluation nur auf eine Klasse oder eine kleine Gruppe zu beschränken. Informationen über Anlage, Durchführung und Ergebnisse von Evaluationen in Einzelbereichen führen zu Nachfragen und ggf. Kontroversen. Schulleitung hat hier die Aufgabe, bei den einzelnen Evaluationen immer auch das Gesamt der Schule im Blick zu behalten und auf Querverbindungen, Zusammenhänge und Gemeinsamkeiten hinzuweisen.

Interne Schulevaluation wird in der Qualitätsdiskussion häufig als Weg betrachtet, auf dem Schulen bei zurückhaltender Steuerung von außen eine Feedback- und Evaluationskultur entwickeln können. Selbstverantwortete und selbst gelenkte Evaluationsprozesse sollen die schulinternen, professionellen Diskussionen über die Qualität der pädagogischen Arbeit stimulieren und konstruktive, kritische Selbstreflexion fördern. Allerdings kann schulinterne Selbstevaluation kaum als „Allheilmittel" gelten. Vielmehr wird gefordert, Selbstevaluation mit externen Formen der Rechenschaftslegung zu verbinden. Die Perspektive der Einzelschule soll durch Maßnahmen auf Systemebene ergänzt werden; schulinterne Reflexionen über erreichte und erreichbare Standards sollen durch Verfahren und Ergebnisse externer Evaluationsmaßnahmen wie z. B. Lernstandserhebungen und Vergleichsarbeiten (vgl. *Peek* 2005) oder Schulinspektion (vgl. *Bartz & Müller* 2005) validiert und bereichert werden (zum Verhältnis von externer und interner Evaluation im Kontext von Schul- und Unterrichtsentwicklung vgl. ausführlich *Peek* 2001; 2006).

III Systemische Bedingungen für die einzelschulische Qualitätsentwicklung

Wolfgang Böttcher & Matthias Rürup

Föderale Struktur des Bildungswesens und Schulentwicklung

Die Diskussion zum deutschen Bildungsföderalismus wird bisher in ihrer Vielschichtigkeit und ihrem Vorraussetzungsreichtum kaum systematisch reflektiert. Oberflächlich geht es um die schulpolitische Länderhoheit und ihre Konsequenzen. Unabhängige Größen wie das deutsche Parteiensystem, die umfängliche staatliche Aufsicht über die Schule und das deutsche Berechtigungswesen kommen dabei selten in den Blick. Ziel unseres Beitrages ist es, auch diesen Einflüssen und ihren möglichen Wirkungen nachzugehen und so die Komplexität des Verhältnisses von Föderalismus und Schulqualität wenigstens zu skizzieren. Am Beispiel der mit der Grundgesetznovelle 2006 verknüpften Vorstellungen eines bildungspolitischen Ideenwettbewerbs werden wir zudem die Idealität der aktuellen Föderalismusreform und ihre wahrscheinliche praktische Relativierung herausarbeiten. Unser Ausblick auf eine sachorientierte und kontinuierliche Schulsystementwicklung bleibt damit skeptisch.

Dass die Art und Weise, wie die Zuständigkeiten für die Bildungseinrichtungen geordnet sind, eine Bedeutung für die Qualität von pädagogischen Prozessen und Ergebnissen hat, dürfte unstrittig, wenn auch empirisch nur unzureichend belegt sein. Auch wenn die Distanz zwischen den politischen und administrativen Höhen einerseits und den Tiefen des täglichen Geschäfts des Lehrens und Lernens andererseits groß ist, schaffen die Organisationsform des Staates, seiner Steuerungsintentionen und Interventionen förderliche oder hinderliche Bedingungen für Qualitätsentwicklungen im Schulwesen. In Deutschland ist die Schulpolitik Ländersache, und nicht erst seit der Wiedervereinigung ist dieser Sachverhalt Gegenstand einer intensiven und fortwährenden Kritik. Grundsätzliches hat sich jedoch nicht geändert. Im Hinblick auf die zum Zeitpunkt der Fertigung dieses Beitrages vorgesehenen Grundgesetzänderungen der Föderalismusreform 2006 ist sogar eine direkte Umkehrung der Debatte zu erleben: Die Gestaltungshoheit der Länder im allgemein bildenden Schulsystem wird nicht nur erneut verteidigt, nunmehr soll der Bund auch alle jene wenigen Rechte der Einflussnahme und Mitwirkung, die dieser 1968 im Zuge der ersten Bildungsreform erhalten hatte, wieder verlieren (s. *Mager* 2005; *Münch* 2005).

Wir werden uns damit befassen, welche Perspektiven sich aus dem deutschen Bildungsföderalismus und seiner aktuellen Reform für die Schulentwicklung in Deutschland ergeben. Ausgehen werden wir von einem knappen Blick auf die bisherigen Diskussionsverläufe (Abschnitt 1). Dies gibt uns Gelegenheit, auf die Vielschichtigkeit der Debatte einzugehen (Abschnitt 2). In Abschnitt 3 werden wir dann die aktuelle Föderalismusreform 2006 und ihre möglichen Folgen diskutieren. Abschnitt 4 enthält einen Ausblick auf die schulische Qualitätsentwicklung und unser Fazit.

1 Skizze der deutschen Debatte zum Bildungsföderalismus

Die Kulturhoheit der Länder, ihre Ursprünge, ihre Kritik und ihre Verteidigung sind älter als die Bundesrepublik. Die Ständige Konferenz der Kultusminister der Länder

(KMK), die die einschlägigen Länderpolitiken zu koordinieren sucht, hat ihre Tätigkeit schon vor deren Gründung aufgenommen, so werden die Befürworter dieser Institution nicht müde zu betonen (s. z. B. *Fränz & Schulz-Hardt* 1998). In ihr und dem Bildungsföderalismus überhaupt spiegele sich die deutsche Tradition relativ eigenständiger Regionen und die Stärke ihres Selbstbewusstseins gerade in Abgrenzung zu den totalitären Erfahrungen des Nationalsozialismus. So begründet sich die Kulturhoheit der Länder in den ersten Jahren der Bundesrepublik als Kernelement des Prinzips bundesstaatlicher Machtzergliederung: Um den Ländern ihre Eigenstaatlichkeit zu sichern, so ein frühes Urteil des Bundesverfassungsgerichts, seien ihnen ausschließliche Regelungskompetenzen im Schulwesen überlassen (s. BVerfGE Bd. 6, 310 Ls. 7, 354 und 365).

Schon in den 1950er Jahren setzte eine erhebliche öffentliche Kritik an der konkreten Ausgestaltung des deutschen Bildungsföderalismus ein. Mit Blick auf die divergenten Schulstrukturen in den Ländern, die wenig abgestimmten Abschlüsse und Bildungsgänge (Sprachenfolge), die unterschiedliche Dauer der Ferien und den uneinheitlichen Schuljahresbeginn (Herbst vs. Ostern) war von „Zersplitterung" und „Schulchaos" die Rede. Die Länder reagierten mit deutlichen strukturellen Angleichungen, die durch vertragliche Vereinbarungen der Ministerpräsidenten rechtlich fixiert wurden. Gegenwärtig gültig ist immer noch das so genannte „Hamburger Abkommen" vom 28.10.1964 in der Fassung vom 14.10.1971. Unbeeinflusst von der hiermit erreichten formalen Angleichung der Strukturen des deutschen Bildungswesens durch die Definition unterschiedlicher Bildungsgänge blieb die – durch statistische Analysen gut belegte (vgl. *Carnap & Edding* 1962) – öffentliche Einschätzung stark divergenter Schullandschaften in den deutschen Ländern. Der schon in den 1950er Jahren geprägte Spruch „Vater versetzt, Tochter sitzengeblieben", der die Mobilitätsbeschränkungen im deutschen Schulwesen zuspitzt, wird auch heute noch gerne herangezogen.

Ein anderes Problemfeld stellte die Thematisierung von länderübergreifenden Entwicklungsherausforderungen im deutschen Bildungswesen dar, die – so vor allem die Einschätzung der Bundesebene – nicht allein durch die bloße Koordination der Länder erreicht werden könne. In den 1950er bis 1970er Jahren wurden zur Bearbeitung solcher strategischer Grundfragen eigenständige Beratungsinstitutionen eingerichtet: der Deutsche Ausschuss für das Erziehungs- und Bildungswesen (1953 bis 1964) und der Deutsche Bildungsrat (1965 bis 1975), deren umfangreiche Expertisen zwar große öffentliche Aufmerksamkeit erfuhren, deren Konzepte hingegen kaum umgesetzt wurden (s. z. B. *Raschert* 1980). Praxis wurden vor allem jene Vorschläge, mit denen auf größere Qualifizierungs- und Arbeitskräftebedarfe der Wirtschaft reagiert wurde (Stärkung der Hauptschule, Aufbau der Fachhochschulen und Ausbau der Realschulen und Gymnasien). Der erhebliche Finanzierungsbedarf dieser vordringlich infrastrukturbezogenen Maßnahmen führte zu einer Erweiterung der bildungspolitischen Bedeutung des Bundes, die mit der Grundgesetzreform 1968 auch rechtlich nachvollzogen wurde. Der Bund erhielt damals neue Mitwirkungskompetenzen bei Hochschulbau und Forschungsförderung. Darüber hinaus wurde auch die Bildungsplanung als eine Gemeinschaftsaufgabe von Bund und Ländern im Grundgesetz verankert und als dazugehöriges Koordinationsgremium die Bund-Länder-Kommission für Bildungsplanung und Forschungsförderung (BLK) eingerichtet.

Allerdings reichten der Konsens und auch die Bereitschaft der Länder nicht aus, sich über die vordringlichen Notwendigkeiten des Infrastrukturaufbaus hinaus länderübergreifend abzustimmen. Die in den Vorschlägen der Bildungskommission des deutschen Bildungsrates und den Mehrheitsbeschlüssen der BLK angelegte tiefergehende Strukturreform des deutschen Bildungswesens misslang (*Pöppelt* 1978). Seit Anfang der 1970er Jahre liefen die schulpolitischen Reformbestrebungen in den deutschen Bundesländern deutlich auseinander. Einzelne Länder erweiterten das dreigliedrige Schulsystem durch die Einführung von Gesamtschulen als einer vierten regulären Schulform. Für einen möglichst breiten Zugang zum Studium nahmen einzelne Länder auch Abschied von den vereinbarten Sprachenfolgen und führten eigene länderbezogene Hochschulzugangsberechtigungen ein. Vor allem in den Beratungen der KMK, die die länderübergreifende Anerkennung von Schulabschlüssen und Hochschulzugangsberechtigungen koordiniert, führte dies zu erheblichen Verwerfungen und Verhandlungsblockaden. In Bezug auf die gültigen Vereinbarungen, das „Hamburger Abkommen" und die Beschlüsse der KMK, erschienen die reformaktiven Länder als Abweichler, obschon sie sich in ihrem Handeln durch länderübergreifende Empfehlungen legitimiert sehen konnten. Mühsame und langwierige Abstimmungsprozesse setzten ein, insbesondere dazu, wie ohne eine Neuverhandlung auf der Ebene der Ministerpräsidenten eine Anerkennung der an Gesamtschulen erworbenen Bildungsabschlüsse und Berechtigungen mit den Festlegungen des „Hamburger Abkommens" in Übereinstimmung gebracht werden konnte.

Diese Situation führte auch zu neuen Problemdiagnosen bezogen auf die schulpolitische Kompetenzverteilung. Zum einen wurde offensichtlich, dass in den bestehenden Strukturen keine dauerhafte organisatorische Lösung für die gemeinsame bildungspolitische Visionsarbeit auf länderübergreifender Ebene erreicht werden könne. Der Bildungsrat wurde 1975 aufgelöst, die BLK verlor ebenfalls ab 1975 ihre Funktion als Planungsgremium und wurde in den Folgejahren eher zum Koordinationsorgan für die finanzielle Beteiligung des Bundes an Modellversuchsvorhaben der Länder (s. *Wilhelmi* 2000). Eine nationale von den Kultusministerien der Länder getragene und geförderte Beschäftigung mit der Frage „Wohin sich das deutsche Bildungswesen insgesamt entwickeln solle?" hat seit Mitte der 1970er Jahre nicht mehr stattgefunden (s. auch *Böttcher* 1990).

Die ausschließliche schulpolitische Länderkompetenz, so die zweite seit Mitte der 1970er Jahre hervortretende Kritik, führe dazu, dass alle tiefergehenden Reformideen durch die Verhandlungsmühlen der länderübergreifenden Politikkoordination gedreht werden müssten und so das jeweils zögerlichste Land das Tempo der gesamten Schulentwicklung in Deutschland bestimme. Der Bildungsföderalismus sei Hauptursache der schulreformerischen Stagnation in Deutschland. Diese argumentative Verknüpfung eines Reformstaus im Schulwesen und der schulpolitischen Kompetenzverteilung im Bundesstaat lässt sich durchgängig seit den 1970er Jahren bis in die späten 1990er beobachten. Die KMK stand dabei meist im Zentrum der Kritik. So äußerte sich der Bundesbildungsminister *Möllemann* im Jahr 1988 [1]: „Es braucht offenbar eine zentrale

---

[1] Die folgenden Zitate verdanken wir *Ernst Rösner*.

Kompetenz, weil es anders nicht geht. Die Kultusministerkonferenz arbeitet gelegentlich mit dem Tempo einer Griechischen Landschildkröte. Die Leidtragenden sind Eltern, Lehrer und Kinder". Geradezu vernichtend fiel 1997 auch das Urteil des amtierenden Bundeskanzlers *Kohl* aus: „Die reaktionärste Einrichtung der Bundesrepublik ist die Kultusministerkonferenz. Im Vergleich dazu ist der Vatikan weltoffen".

Ein weiterer Kritikpunkt am deutschen Bildungsföderalismus ist noch hervorzuheben. Gerade mit Blick auf die KMK-Diskussionen der 1970er und 1980er Jahre wurde die Problematik betont, dass die bestehende föderale Kompetenzverteilung systematisch die Mitwirkungsmöglichkeiten der Länderparlamente beeinträchtige, welche zu KMK-Absprachen lediglich Zustimmung signalisieren könnten. Undurchsichtig, vom Bürger unbeeinflussbar, vollzögen sich auf länderübergreifender Ebene bildungspolitische Grundentscheidungen, ohne dass sie von parlamentarischen Prozeduren begleitet würden (s. *Bundesminister für Bildung und Wissenschaft* 1978).

Die Kritiken am deutschen Bildungsföderalismus blieben jedoch, so oft und intensiv sie auch vorgetragen wurden, ohne tiefgreifende Konsequenzen. Sicherlich hatte die fortdauernde Debatte einen positiven Einfluss auf die Kooperations- und Kompromissbereitschaft der Länder in der KMK. Die verschiedenen Vorstöße insbesondere der Bundesbildungsminister zur Änderung der schulpolitischen Kompetenzverteilung hatten keinen Erfolg.

Auch die Veröffentlichungen der internationalen Schülerleistungsvergleiche TIMSS (1997) und PISA (2001) haben daran nichts geändert. Im Gegenteil: Gegen die neuen schulpolitischen Ambitionen des Bundes (Einrichtung einer nationalen Bildungsberichterstattung, Beförderung der Einführung nationaler Bildungsstandards, Förderung des Ausbaus von Ganztagsschulen) wurde durch die Länder nachdrücklich gestritten. Obschon sie letztlich jeweils einlenkten, sind die entsprechenden Vereinbarungen zwischen Bund und Ländern vor allem Dokumente der Bestätigung der bisherigen schulpolitischen Kompetenzverteilung. So darf der Bund Ganztagsschulen mitfinanzieren, aber die Mittelvergabe und die konkrete Zweckbestimmung ist ausschließliche Aufgabe der Länder. Und noch mehr: Seit PISA verweisen die Länder mit Nachdruck darauf, dass sie selbst – mittels der KMK und noch stärker ohne diese – geeignet und fähig seien, die aufgezeigten Reformbedarfe zu bewältigen. Statt länderübergreifender Planung bedürfe es eher noch stärker divergierender und eigenständiger Entwicklungen. Der dezentrale Wettbewerb um die besten Lösungen sei das geeignete Rezept für eine anhaltende und dynamische Schulreform. Entsprechend reduziert werden könnten auch die Gremien und Arbeitsgruppen der Kultusministerkonferenz sowie die bisherigen Vereinbarungen (s. *KMK* 2004). Die BLK wäre genauso überflüssig wie die im Grundgesetz festgeschriebene Gemeinschaftsaufgabe der Bildungsplanung (s. *KMK* 2006a). Und des Umdenkens nicht genug: Mit der Föderalismusreform des Jahres 2006 soll diese Haltung nun auch im Grundgesetz verankert werden (s. *Mager* 2005).

Mit Blick auf die anhaltende Kritik am deutschen Bildungsföderalismus, die die Geschichte der Bundesrepublik durchzieht, erscheint diese Konsequenz befremdlich. Gelten denn die alten Diagnosen nicht mehr: das Schulchaos, der Reformstau, die fehlende länderübergreifende Planung und die mangelnde parlamentarische Kontrolle? Worauf – auf welche Realität, welche Erfahrungen – gründen die deutschen Schulminister ihre mit Nachdruck vorgetragene Behauptung, ein möglichst freier bildungspolitischer Partei- und Ideenwettbewerb wäre eine geeignete Grundlage für eine erfolgreiche Schulentwicklung? Wäre denn nicht eher *Hildegard Hamm-Brücher* zuzustimmen, die schon 1972 formulierte:

> Der Bildungsföderalismus habe seine Chance gehabt und diese habe er „vertan und verspielt: Fast alle zu Buche schlagenden gemeinsamen Veränderungen wurden nicht mit oder durch das föderalistische System vollbracht, sondern mußten mühsam gegen seine Schwerfälligkeit, seinen Provinzialismus und seine eigenbrödlerischen Tendenzen durchgesetzt werden?" (*Hamm-Brücher*, 1972, 15).

2 Konturen des deutschen Bildungsföderalismus

Es wäre relativ einfach, ausgehend von dem weitgehenden Fehlen empirischer Belege für einen gelingenden schulpolitischen Ideenwettbewerb zwischen den Ländern, die aktuelle Föderalismusreform als unverantwortliches Risiko, Ausdruck einer neoliberalen Wettbewerbsideologie oder auch einer nicht überwindbaren deutschen Kleinstaaterei zu verurteilen. Kaum zu bestreiten ist auch, dass eine nationale Bildungspolitik zugunsten des Gelingens der Reform geopfert wurde, hier also eine politische, keine sachliche Argumentation überwog. Entsprechend kritische Einschätzungen finden sich in der angeheizten Debatte im Umfeld der parlamentarischen Beratungen der Grundgesetznovelle im Bundesrat und Bundestag in fast allen Parteien und gesellschaftlichen Gruppierungen (*GEW & BER & VBE* 2006, *Spiewak* 2006, international vergleichende Argumente bringt *Schneider* 2005). Aber auch die „Gegenseite" hat ihre Fürsprecher (s. *Zehetmaier* 1998, *Schwager* 2005, *Oeter & Boysen* 2005). Beide Lager eint eine Überzeugung, die allerdings generell hinterfragt werden muss: Mittels der Ausgestaltung der Kompetenzverteilung im deutschen Bundesstaat ließe sich deutlich beeinflussen, welche Qualität das Bildungswesen zukünftig haben werde oder erreichen könne. Es sei, so die gemeinsame These, ein schulreformerischer Scheideweg, ob der Bund eine Rahmengesetzgebungskompetenz im Schulbereich erhalte oder die Länder noch mehr und stärker eigenständig agieren könnten. So geeignet und symptomatisch solche Zuspitzungen jedoch für öffentliche und parlamentarische Debatten sind, so wenig tauglich sind sie für differenzierte Abwägungen oder empirische Prüfungen. Dies liegt wie so oft vor allem an begrifflichen Unklarheiten. Das Reden über den deutschen Bildungsföderalismus kann nicht allein durch den Verweis auf die Kompetenzverteilung im deutschen Bundesstaat abgesichert werden – der Gegenstand ist reichhaltiger, als es ein solch begrenztes Verständnis auszuweisen scheint, faktisch komplexer, als dass er durch eine Änderung des Grundgesetzes überhaupt eindeutig beeinflussbar wäre.

Sicherlich bezeichnet das Wort „Bildungsföderalismus" zuallererst den Umstand, dass im deutschen Bildungswesen die Länder die alleinige Gestaltungskompetenz besitzen, der Bund steht, abgesehen von einem formalen Mitwirkungsrecht an der Gemeinschaftsaufgabe der Bildungsplanung, außen vor. Wesentliches Element des Begriffes ist aber zugleich, dass die Kulturhoheit der Länder eine Ausnahme in den allgemeinen Mustern der Kompetenzverteilung zwischen Länder- und Bundesebene darstellt. Im Allgemeinen findet sich statt einer klaren Aufteilung von Regelungskompetenzen eher eine Verschränkung von Gesetzgebung auf Bundesebene und

Gesetzesumsetzung auf Länderebene bei einer vielgestaltigen Kooperation und Koordination beider Ebenen. Die Kulturhoheit ist so auch vordringlicher Ausdruck der Eigenstaatlichkeit der Länder und kann ihnen nicht ohne Ersatz durch andere ausschließliche Gestaltungskompetenzen genommen werden. Insofern führt eine denkbare Stärkung des Bundes immer zu einer Gesamtthematisierung der Kompetenzverteilung im deutschen Bundesstaat und ist entsprechend komplex und schwierig umzusetzen.

Im Zentrum der skizzierten Debatten zum deutschen Bildungsföderalismus steht in der Regel ein ganz bestimmter Bildungsbereich – nämlich das allgemein bildende Schulwesen. Nur hier ist die Kompetenzverteilung zwischen Bund und Ländern so eindeutig. Im berufsbildenden Schulwesen ebenso wie in der Hochschulpolitik hat der Bund durchaus beachtenswerte Gestaltungsrechte und wird solche auch nach der Föderalismusreform 2006 – wenn auch in reduziertem Umfang – behalten (s. *Mager* 2005). Ausgeblendet wird in den Debatten auch häufig der Sachverhalt einer dem Bildungsföderalismus untergeordneten Struktur der Kompetenzverteilung im allgemein bildenden Schulwesen: allerdings nicht zwischen Bundes- und Länderebene, sondern zwischen der Ebene der Länder und der der Kommunen. Während die Landespolitik die so genannten inneren Schulangelegenheiten verantwortet (z. B. Lehrpläne, Abschlüsse, Versetzungsordnungen, Lehrerbildung, Lehrereinstellung, Schulpflicht, Schulverfassung und Ordnungsmaßnahmen), gestalten die Kommunen als Schulträger die äußeren Schulangelegenheiten (die regionale Schullandschaft, die Schulwege, Schulgelände und Schulgebäude).

Die Diskussion ist zugleich angefüllt durch ein Grundverständnis der bisherigen Entwicklungen und Probleme bei der politischen Gestaltung des deutschen Bildungswesens. So wird der deutsche Bildungsföderalismus fast durchweg gleich gesetzt mit der Ständigen Konferenz der Kultusminister der Länder in der Bundesrepublik Deutschland und ihrem konkreten Verhandlungsregime. Dabei ist formal die KMK nichts anderes als eine freiwillige Arbeitsgemeinschaft der Kultusministerien und in diesem Sinne vergleichbar mit ähnlichen länderübergreifenden Fachministerkonferenzen wie z. B. für Innen-, Verkehr-, Wirtschafts- oder Finanzpolitik (s. *Fränz & Schulz-Hardt* 1998). Sicherlich ist die große schulpolitische Bedeutung der KMK durch den mangelnden Einfluss der Bundesebene begründet. Zudem sind zentrale Kennzeichen der Verhandlungspraxis direkter Ausdruck der Eigenstaatlichkeit der Länder (Einstimmigkeitsprinzip, fehlende Rechtsverbindlichkeit der Vereinbarungen und Empfehlungen).[2] Die Schwerfälligkeit der Verhandlungen in der KMK, ihre lang anhaltende starke Ideologisierung und Polarisierung bis hin zur Stagnation, sind dennoch nicht als ausschließliche Folge des föderalen Prinzips zu lesen.

Bedeutsam für die Probleme ist auch der Tatbestand, dass Bildungspolitik in Deutschland vor allem durch politische Akteure gestaltet wird, die sich klar zwei parteipolitischen Lagern zuordnen lassen. Die Kultusministerien der Länder wurden seit den 1970er Jahre bis auf wenige Ausnahmen (Brandenburg 1990 bis 1994, Hamburg

---

[2] Kultusadministrationen können sich nicht gegenseitig überstimmen und rechtsverbindliche Verträge schließen; lediglich Ministerpräsidenten haben entsprechende Kompetenzen, die aber immer noch parlamentarischer Ratifizierungen bedürfen.

2002 bis 2004) ausschließlich durch Vertreter der Volksparteien CDU und SPD besetzt. In den länderübergreifenden Koordinationsgremien BLK und KMK schlägt sich dies in einem ausdrücklich nur auf die Parteien SPD- und CDU orientiertem Proporzdenken nieder (s. anschaulich z. B. *Füssel* 1988). Während die B-Länder (CDU) ein Zugriffsrecht auf die Besetzung der Position des Generalsekretärs der KMK besitzen, wird der Posten des BLK-Präsidenten durch die A-Länder (SPD) besetzt. Zugleich hat sich eine Verhandlungspraxis etabliert, nach der jegliche bildungspolitische Diskussion in der KMK und BLK durch separate Besprechungen der Vertreter der CDU- bzw. SPD-geführten Ministerien vorbereitet, begleitet und strukturiert wird und in allen Organen von BLK und KMK, in denen nicht alle Länder repräsentiert sind, ein strenger parteipolitischer Proporz eingehalten werden muss. Diese strenge Lagerteilung in der deutschen Bildungspolitik konnte sich allerdings nur durchsetzen, da es in der deutschen Parteienlandschaft (ausgenommen die CSU in Bayern) keine ausdrücklichen, politisch bedeutsamen und stabilen Regionalparteien gibt. Selbst die PDS (neuerdings DIE LINKE/PDS) als Partei mit einem starken regionalen Bezug auf die neuen Länder, sieht ihre Zukunft in einer bundesweit flächendeckenden Präsenz. Für politische Entscheidungsprozesse hat dies zur Folge, dass nicht nur über Koordinationsstrukturen von Bund und Ländern, sondern auch über die einzelnen Parteien eine grundsätzliche nationale Integration und Abstimmung der je regionalen Meinungsbildungen und des Regierungshandelns in den Bundesländern vorgenommen wird. Dabei werden die einzelnen Länder nicht nur zu Meinungsträgern parteipolitisch begründeter Positionierungen, sondern die Stimmerverhältnisse und Verhandlungsregeln in den länderübergreifenden Koordinationsgremien können genutzt werden, parteipolitisch motiviert die Reformabsichten einzelner Länder zu behindern und gar zu blockieren. Insbesondere die Diskussionen zu Gesamtschulen, zur Stufenlehrerausbildung und zur stärkeren Verknüpfung von allgemein bildenden und berufsbildenden Bildungsgängen in den 1970er Jahren liefern dafür reichliches Anschauungsmaterial (s. *Hüfner & Naumann* 1986). Erst mit der Wiedervereinigung im Jahr 1990 war eine tendenzielle Auflösung dieser parteipolitischen Verhandlungsstrukturen in der KMK zu beobachten, da mit den neuen Ländern eine Akteursgruppe hinzutrat, die zumindest in der erste Hälfte der 1990er Jahre noch nicht parteipolitisch vollkommen integriert war. Entsprechend waren auch – hinsichtlich der traditionellen bildungspolitischen Konfrontationslinien – sehr überraschende Verhandlungsverläufe und -ergebnisse zu konstatieren. So wurde schließlich mit dem 1993er KMK-Beschluss über die Vergleichbarkeit der Abschlüsse in den Schulformen der Sekundarstufe I die Gesamtschule als reguläre Schulform bundesweit anerkannt.

Die Parteipolitik könnte allerdings kaum diese prägende Wirkung auf länderübergreifende Arenen der Schulpolitik haben, wenn nicht der staatliche Einfluss auf die Ausgestaltung des Schulwesens so umfassend und detailliert wäre, wie er ist. Das allgemein bildende Schulsystem befindet sich fast vollständig in öffentlicher Trägerschaft; private Schulen sind zumindest ihrem quantitativen Anteil nach keine ernsthafte Alternative zum staatlichen Schulsystem. Dies bedeutet zuallererst, dass nichtstaatliche Akteure keine relevante Verhandlungsposition qua Gestaltungsmacht besitzen. In der Schulpolitik sind Parteien, Verwaltungen und die Verbände einzelner Interessengruppen weitgehend unter sich. Hinzu kommt, dass der Grundsatz, wonach der

Staat für die Aufsicht im Schulwesen zuständig sei (Art. 7, Abs. 1 GG), als umfassender Gestaltungsauftrag der Kultuspolitik und Kultusverwaltung auf Länderebene ausgelegt wird. Das deutsche Bildungswesen unterliegt nicht nur einer generellen staatlichen Verantwortung, diese wird darüber hinausgehend praktiziert als detaillierte Administrierung und Regulierung des gesamten Schulsystems von der Ebene des Landes bis hin zur Ebene der einzelnen Schule. Mit dem Begriff des Zentralismus kann man insofern weniger die Warnung vor einer nationalen Bildungspolitik verbinden als vielmehr die Beschreibung der bildungspolitischen Steuerung in den 16 Ländern. Die meisten Entscheidungsprozesse und Entscheidungen sind innerhalb der Kultusadministrationen – und damit fern der einzelschulischen oder regionalen Ebene – zu verorten. Hinzu kommt, dass die Parlamente lediglich für grundlegende gesetzliche Vorgaben und die orientierende Beauftragung des Verwaltungshandelns (Ermächtigung) zuständig sind. Entsprechend findet sich im deutschen Bildungswesen ein starker gestaltender Einfluss der Bildungsverwaltung, die sich personell zudem zu großen Teilen aus dem Schulwesen selbst rekrutiert und so den Blick auf das praktisch Mögliche intensiviert.

Dass die Schulpolitiken der einzelnen Länder dabei in sehr starkem Maße aufeinander verweisen und voneinander abhängig sind, hat mit einem weiteren Spezifikum des deutschen Bildungssystems zu tun. Es ist grundsätzlich als Berechtigungssystem organisiert. Mit der Vergabe bestimmter Zertifikate – insbesondere dem Abitur – sind zugleich bestimmte Berechtigungen zum Zugang zu weiterführenden Bildungsgängen oder zu bestimmten beruflichen Positionen und Gehaltsstufen (v. a. in der öffentlichen Verwaltung) verbunden. Nicht die aufnehmende Institution (die einzelne Hochschule) hat die generelle Befugnis über die Eignung für das Studium zu befinden. Diese Eignung definiert schon das Abiturzeugnis. Und noch mehr: Im Zuge der Beschränkung der Aufnahmekapazitäten für bestimmte Studiengänge wurde durch die Kultusminister auf länderübergreifender Ebene ein gemeinsames Verfahren der Vergabe von Studienplätzen installiert (ZVS), das sich vor allem an den erreichten Punktwerten in den Abiturzeugnissen ausrichtet. Entsprechend notwendig ist auf länderübergreifender Ebene die bundeseinheitliche Festlegung und Abstimmung sowohl der geltenden Berechtigungen als auch der Sicherung der Vergleichbarkeit und Aussagefähigkeit, über welche Kompetenzprofile und erreichten Kompetenzstufen sie insgesamt und anhand welcher Benotungen Auskunft geben.

Erst mit diesen Elementen – der bundesweit agierenden Parteien, der organisatorischen Detailverantwortung des Staates für die Schule und dem deutschen Berechtigungswesen – wird erklärbar, dass im Verhandlungsregime der KMK historisch jene umfassenden Blockaden und gegenseitigen Restringierungen von Reformanstrengungen der Länder auftauchen und sich derart verfestigen konnten. Diese Sachverhalte müssen in der Debatte zum deutschen Bildungsföderalismus beachtet werden. Weitere wären zu nennen. So führt die bestehende Verteilung der Steueraufkommen zwischen Bund und Ländern dazu, dass die Bundesebene, trotz fehlender formaler Gestaltungsrechte, immer wieder zu einem wichtigen bildungspolitischen Akteur werden kann (s. *Hufen* 2005). Für bildungspolitische Projekte mit hohem Investitionsbedarf, so wurde in der bundesrepublikanischen Geschichte wiederholt deutlich, verfügen die Länder

– aber auch die Kommunen – sowohl in der Hochschul- als auch der Schulpolitik nicht über ausreichende finanzielle Ressourcen. Sowohl bei dem Ausbau der Fachhochschulen, Realschulen und Gymnasien in den 1960er und 1970er Jahren wie auch aktuell bei der Finanzierung ganztagsschultauglicher Gebäudeausstattungen oder international vergleichender Schulleistungsstudien (TIMSS, IGLU, PISA) war die Bundesebene unverzichtbar.

Auch wäre darauf hinzuweisen, dass der deutsche Bundesstaat insgesamt einem starken öffentlichen Legitimationsdruck ausgesetzt ist. Die deutsche Gesellschaft ist, dafür finden sich nicht nur in der schulpolitischen Debatte vielfältige Belege, verhältnismäßig stark auf das Ideal einer bundesweiten Angleichung der Lebens- und Rechtsverhältnisse hin ausgerichtet (s. *Erk* 2003, *Grube* 2001, *Rürup* 2005). „In Deutschland", so der frühere Bayerische Kultusminister Hans Maier anlässlich des 50-jährigen Bestehens der KMK „erwartet man vom Kulturföderalismus paradoxerweise nicht nur, wie anderswo, die Bewahrung föderaler Eigenheiten der Länder, sondern auch, und fast im selben Atemzug, die Stiftung kultureller Einheit und politischer Homogenität im Gesamtstaat" (*Maier* 1998, 23).

Was ergibt sich daraus? Die Debatten zum deutschen Bildungsföderalismus, das sollten unsere Erörterungen vor allem aufzeigen, verlaufen ereignisbezogen und erfahrungsgesättigt. Sie beziehen in ihre Betrachtungen von vornherein die konkreten historisch gewachsenen und historisch veränderlichen Strukturen und Prozesse mit ein, in der sich bildungspolitische Entscheidungen in der Bundesrepublik Deutschland vollzogen und vollziehen. Dies ist ihnen nicht vorzuwerfen. Eine solche vielfältige konkretistische Anreicherung von Argumenten und Argumentationen ist letztlich Ausdruck eines informierten und an der Sache orientierten Redens. Schwierigkeiten ergeben sich nur, wenn es um Schlussfolgerungen geht. Denn dann führt das undifferenzierte Argumentieren sehr leicht dahin, an die Strukturreform der Kompetenzverteilungen zu weitgehende Erwartungen oder auch Befürchtungen zu binden. Aber eine verstärkte Bundes- oder Länderkompetenz in Schulfragen kann höchstens einen Auftakt zu einer umfassenderen Bildungssystemreform darstellen. Ohne eine grundlegende Entideologisierung des bildungspolitischen Parteienwettbewerbs, eine bewusste Schwächung des Berechtigungswesens und eine Reduzierung der politisch-administrativen Detailverantwortung für die Organisation und Durchführung von Schule, bleiben zentrale Mechanismen bestehen und wirksam, die in den bisherigen politischen Entscheidungsprozessen zu immer wiederkehrenden Kommunikations-, Koordinations- und Umsetzungsblockaden führten, zu Schulchaos, zu Reformstau sowie zu Planungs- und Demokratiedefiziten.

3 Qualität und Bildungsföderalismus – Zwei Lager und eine Antwort

Würden wir die Erörterung des Themas Bildungsföderalismus und Qualität an dieser Stelle beenden, wäre das Ergebnis wohl unbefriedigend. Das Aufzeigen der Komplexität von gesellschaftlichen Verhältnissen und der Unterkomplexität öffentlicher Debatten und Problemlösungsvorschläge erschien uns nötig, kann aber nicht die schlichte

Tatsache außer Acht lassen, dass politische Entscheidungen wie z. B. die der Föderalismusreform 2006 getroffen werden und Konsequenzen haben. Diese Reform ist, auch wenn zum Zeitpunkt der Niederschrift dieses Artikels noch nicht endgültig beschlossen, sehr wahrscheinlich und in ihren wesentlichen Ausprägungen vorauszusehen. Bei allen Vorbehalten, Einschränkungen und Differenzierungen muss damit – politisch – beurteilt werden, welche Einflüsse auf die deutsche Schulentwicklung es hat, wenn der Bund nun auch die wenigen schulpolitischen Gestaltungsmöglichkeiten abgeben muss, über die er verfügte. Was bedeutet die absehbare Auflösung der BLK und die Eingliederung ihrer Aufgaben in die KMK, die aktuell selbst von Kompetenz-, Personal- und Finanzabbau geprägt ist (s. *KMK* 2004, *Reiter-Maier* 2005, *KMK* 2006a)? Ist denn dies alles beliebig und womöglich folgenlos, solange wichtige Bedingungen unverändert bleiben: der parteipolitische Wettbewerb, die weitgehend staatliche Aufsicht im Bildungsbereich, das Berechtigungswesen und die Finanzverteilung zwischen Bund und Ländern?

Wir wollen uns vor Antworten nicht drücken, sondern die aktuellen Gestaltungsvorschläge vielmehr zum Anlass nehmen, die vorgestellte komplexe Struktur ineinandergreifender Rahmenbedingungen bildungspolitischer Entscheidungen an diesem Beispiel noch einmal anschaulich werden zu lassen. Was wird (wahrscheinlich) geschehen, wenn durch die geplante Föderalismusreform 2006 zwar die bundesstaatliche Kompetenzverteilung geändert wird, aber andere bedeutsame Einflusselemente auf die bildungspolitischen Entscheidungsprozesse unverändert bleiben? Unsere folgenden Erörterungen haben – dem verfügbaren empirischen Wissen aber auch dem Gegenstand gemäß – letztlich den Charakter von Wetten auf die Zukunft.

Die geplante Föderalismusreform im Schulwesen stellt, obschon sie formal relativ wenig an der bisherigen Kompetenzverteilung zwischen Bund und Ländern verändert, eine tiefgreifende Zäsur dar. [3] Nach dem über Jahre und Jahrzehnte der deutsche Bildungsföderalismus fast durchweg negativ beschrieben und bloß defensiv als zu bewahrender Status quo verteidigt wurde, sind die gegenwärtigen Vorschläge von seiner ausdrücklichen Bejahung und dem Wunsch seiner Intensivierung und Fortentwicklung getragen. Idealtypisch kann man dies als Abwendung von einer an Vergleichbarkeit und Geplantheit orientierten Fortentwicklung des deutschen Schulwesens hin zu einem Konzept des Ideenwettbewerbs betrachten. Damit verschieben sich auch die Kriterien für mögliche Erfolge und Misserfolge der Bildungssystementwicklung. Im Konzept des föderalen Ideenwettbewerbs ist die größere Dynamik des schulischen und schulsystemischen Wandels das hauptsächliche Handlungsziel. Dem unterliegt die Vorstellung, dass auf diese Weise schneller und eigenwüchsig pass- und anschlussfähigere Reformkonzepte generiert würden, als dies durch eine prinzipiell den konkreten Handlungssituationen fernstehende Bundesadministration möglich wäre. Schulqualität kön-

---

[3] Das eigentliche Konfliktfeld der aktuellen Föderalismusreform bezogen auf das Bildungswesen ist jedoch die Hochschulpolitik. Während der Bund im Schulbereich an Gestaltungsverantwortung letztlich nur nichts hinzugewinnt, hat er im Hochschulbereich und in der Forschungsförderung deutliche Beschneidungen seiner Gestaltungsrechte hinzunehmen. Im Interesse der Klarheit der Argumentation dieses Artikels haben wir uns entschlossen, das Themenfeld Hochschulpolitik, so wichtig es hier anzusprechen wäre, nicht weiter zu vertiefen.

ne, so die Kernthese in einer zugespitzten Formulierung, quasi autonomisch gewährleistet werden, da sich das Bessere sowieso immer durchsetzt, wenn man nur geeignete Entwicklungsbedingungen herstellt. Es bedürfe lediglich ausreichender Möglichkeiten für Variation (z. B. Öffnung von Vereinbarungen der KMK, Schulautonomie) und geeigneter Mechanismen der Selektion (Erfolgsmessung durch Lernstandserhebungen, Bildungsmonitoring), um einen evolutionären Wettbewerb der besten Lösungen anzustoßen. Zur Gewährleistung andauernder Innovation werden stärkere Differenzen der Schulsysteme, größere Schwierigkeiten der länderübegreifenden Mobilität sowie temporäre und lokal begrenzte Fehlentwicklung von vornherein in Kauf genommen.

Gerade die Sicherung einer grundlegenden Einheitlichkeit der Lebensverhältnisse und auch der Schulstrukturen im Bundesgebiet war demgegenüber ein wesentlicher Beurteilungsmaßstab der bisherigen Föderalismuskritik. Hervorgehoben wurde so die gestalterische Verantwortung der Politik, die nicht nur eine ungehinderte Mobilität im Bundesgebiet und die Vergleichbarkeit von Abschlüssen und Qualifikation zu gewährleisten habe, sondern auch die funktionsgerechte Fortentwicklung des Bildungssystems insgesamt organisieren müsse. Wer, wenn nicht die Politik könne gewährleisten, dass der Wirtschaft in ausreichendem Maße grundlegend qualifizierte Fachkräfte zur Verfügung stehen und dass keine Bevölkerungsschicht oder -gruppe in ihren Möglichkeiten gesellschaftlicher Teilhabe beschnitten wird? Die aktuelle Föderalismusreform steht, zumindest ihrem konzeptuellen Kern nach, in der Gefahr, solche allgemeinen Staatsaufgaben angesichts von vermuteten Chancen einer evolutionär-marktförmigen Schulentwicklungsdynamik zu negieren. Dies macht die Kritik aus Verbänden und Gewerkschaften überdeutlich. Die Föderalismusreform werde „gravierende Auswirkungen auf Bildungsgerechtigkeit haben", konstatieren die Bundesvorsitzenden von VBE und ADJ *Ludwig Eckinger* und *Oliver Arlt*. Als „besonders schwerwiegend" bezeichnen beide die Zulassung abweichender Länderregelungen bei Hochschulabschlüssen und die Absage an die bisherige bundeseinheitliche Besoldung (*Gemeinsamer Pressedienst von VBE und ADJ* Berlin 15.11.2005). Die Qualität der Bildungseinrichtungen werde zukünftig direkt bestimmt von der Haushaltslage der Länder. Es sei unerträglich, wenn der Zugang zu Bildung nun auch noch davon abhängig werde, in welchem Bundesland die Schüler zu Hause seien. Empirische Hinweise auf erhebliche Disparitäten zwischen den Bundesländern hinsichtlich Bildungsfinanzierung, Bildungsbeteiligung und Qualifikation finden sich zwar schon seit den 1960er Jahren, aber sie nehmen zu (s. *Carnap & Edding* 1962; *Böttcher, Budde & Klemm* 1988; *Block & Klemm* 2005).

Mit der aktuellen Föderalismusreform sind so klare Hoffnungen und Befürchtungen verbunden. Was wird eintreten?

Mittelfristig gesehen, so glauben wir, ist es unwahrscheinlich, dass es der Politik möglich sein wird, öffentliche Erwartungen einer von ihr direkt verantworteten Schulsystementwicklung durch Verweis auf evolutionäre Mechanismen des Wettbewerbs und der Auslese abzuwehren. Schon in der PISA-Debatte ist dies zu beobachten: Die eklatante soziale Ungerechtigkeit des deutschen Schulsystems tritt als Handlungsherausforderung immer stärker gegenüber den unzureichenden Schülerleistungen hervor. Erste parteibezogene Polarisierungen werden kenntlich: Die SPD diskutiert wieder verstärkt eine Zusammenführung des dreigliedrigen Schulsystems (v. a. in Schleswig-Holstein und Mecklenburg-Vorpommern), wogegen die CDU aktuell eher eine Verfestigung praktiziert (s. z. B. die Schulgesetznovelle 2006 in NRW). Hinzu kommt, dass die politische Rhetorik eines Ideenwettbewerbs der Länder im Schulbereich sich weder vollständig im aktuellen Handeln der Kultusministerien repliziert, noch dass dies dauerhaft wahrscheinlich ist. So ist die Befürwortung eines regelmäßigen und auf Dauer gestellten Schulleistungsvergleichs der Bundesländer keineswegs eindeutig: Die entsprechenden Ergänzungen der PISA-Erhebungen werden auslaufen und das von der KMK konzipierte Berichtssystem über die Erreichung der nationalen Bildungsstandards ab 2009, wird sich in seiner konkreten Umsetzung erst erweisen und bewähren müssen (s. *KMK* 2006b). Dem schulpolitischen Wettbewerb sind auch deswegen Grenzen gesetzt, weil das Berechtigungswesen und insbesondere das Abitur und die zentrale Vergabe von Studienplätzen, bisher nicht in die Reform einbezogen sind.

Überdies ist die Mehrdeutigkeit der Wettbewerbsidee ein verstörender Faktor. Werden in den bundesweiten Systemevaluationen (PISA, Nationale Bildungsberichterstattung) vor allem die Länder miteinander verglichen und die Politik als relevanter Akteur gekennzeichnet, wird durch die Länder zugleich ein Wettbewerb der Einzelschulen initiiert, der im Rahmen länderspezifischer Lernstandserhebungen und Schulinspektionen letztlich die Eigenverantwortung der pädagogischen Profession für die Qualitätsentwicklung im Schulwesen betont. Dauerhaft lässt sich aber kaum politisch rechtfertigen, dass die Verantwortungsübertragung auf die Einzelschule eine geeignete Problemlösungsstrategie darstellt, wenn die nationale Systemevaluation immer wieder die Länder vergleicht und so für parteipolitische Auseinandersetzungen gerade in Wahlkampfzeiten Munition liefert. Wahrscheinlich ist, dass die Schulpolitik so nicht in der Lage sein wird, die Idee eines einzelschulischen Wettbewerbs durchzuhalten und stattdessen versuchen wird, Probleme der gestiegenen sozialen Ungleichheit, unterschiedlicher Schulausstattungen und größerer Leistungsunterschiede der Schüler mit neuen Regulierungen aufzufangen und zu verarbeiten. Die möglichen Qualitätsgewinne einer forcierten Innovationsanregung auf Schulebene und die Eigendynamik der schulsystemischen Entwicklungen würden so immer wieder durch top-down gedachte Systemeingriffe der Bildungspolitik konterkariert werden.

Um dies zu vermeiden, wäre eine weitaus tiefgreifendere Reform notwendig als bisher überhaupt erwogen; ob diese überhaupt durchsetzbar wäre, steht dann noch auf einem anderen Blatt. Notwendig wäre eine grundsätzliche Abkehr von der bisherigen Praxis staatlicher Aufsicht im Schulwesen, die nicht nur verfassungsrechtlich bedenklich ist (s. grundlegend *Avenarius* 1994), sondern aufgrund ihrer langen Tradition und den existierenden Strukturen große Beharrungskräfte haben dürfte. Erst wenn die Länder ihre Gestaltungsverantwortung insgesamt deutlich delegieren würden, wäre es möglich, die in den parlamentarischen Auseinandersetzungen auf der Landesebene stetig drohende Gefahr einer Ideologisierung und parteipolitischen Polarisierung von Schulsystemreform dauerhaft zu vermeiden. Zukünftige Träger einer solchen dezentralen Gestaltungsverantwortung müssten nicht die Schulen selber sein (wie in der deutschen Schulautonomiedebatte unterstellt), mögliche Kandidaten wären auch die kommunalen Schulträger wie in Schweden und den USA, private Schulträger wie in den

Niederlanden oder eigenständig agierende Schulbeiräte wie in Kanada. Erste Schritte in diese Richtung finden sich zwar im berufsbildenden Schulwesen in Bremen und Schleswig-Holstein; eine entsprechende Diskussion für das allgemein bildende Schulwesen gibt es dagegen nicht.

4 Fazit

Die aktuelle Föderalismusreform greift letztlich zu kurz, um einen echten Ideenwettbewerb überhaupt zuzulassen – und dies sogar noch unabhängig davon, ob die Versprechungen einer evolutionären Schulsystementwicklung mittels der Konkurrenz der Parteien und Regierungen überhaupt eingelöst werden könnten. Damit ist zu erwarten, dass die mit der Wettbewerbsidee verknüpften divergierenden Schulsystementwicklungen in den Ländern und steigende soziale und regionale Ungleichheiten wieder eigenständig als korrektur- und regulierungsbedürftig hervortreten. Die Bildungspolitik wird sich diesen Anforderungen nicht entziehen können. Neuer Streit und neue Polarisierung sind damit vorprogrammiert, der Vorwurf des Regionalismus und der Kleinstaaterei spätestens dann erneut berechtigt und die föderale Kompetenzverteilung wiederholt auf der Agenda. Die für Deutschland kennzeichnende beständige Überformung und Verstörung schulsystemischer Eigenentwicklung durch bildungspolitische Eingriffe wird sich fortsetzen. Wer dies ändern und eine dauerhafte Versachlichung und Kontinuität in der deutschen Schulsystementwicklung erreichen will, müsste hingegen und zuallererst die enge Verknüpfung von Landespolitik und Schule aufheben. Schon die Gutachter des ersten OECD-Länderexamens zur deutschen Bildungspolitik waren im Jahr 1973 einer ganz ähnlichen Überzeugung (*OECD* 1973, 115f.):

> „Wir meinen, daß das eigentliche Problem in dem Zuviel an Bürokratie und Zentralisierung des Entscheidungsprozesses in jeder der 11 Landeshauptstädte besteht. Unabhängig davon, ob die sogenannte Kulturhoheit der Länder sich auf eine bundeseinheitliche Politik hemmend ausgewirkt hat oder nicht, und unabhängig davon, ob sie für die angestrebten Reformen förderlich war oder nicht (für beide Seiten gibt es Argumente), läßt sich zweifellos nicht bestreiten, daß sie den Gemeinden, den Beamten der kommunalen Schulbehörden und den Lehrern zu wenig Spielraum für eigene Experimente, für Neuerungen und Modifikationen innerhalb des Rahmens gelassen hat, der für das Bildungswesen eines jeden Landes als Ganzes festgelegt ist. Es handelt sich um diese Zentralisierung der Schulaufsicht auf Landesebene, die aufgehoben werden sollte. Auf keinen Fall kann die Lösung darin bestehen, daß die von den Hauptstädten der Länder ausgehende zentrale Kontrolle einfach durch eine von Bonn ausgehende Aufsicht ersetzt wird (selbst wenn das möglich wäre)."

Die fortdauernde Aktualität dieses Statements und die letztlich nur zögerliche und höchst relative Umsetzung eines Konzepts von Schulautonomie in Deutschland machen allerdings wenig Hoffnung auf eine solche tiefgreifende Reform.

Manfred Weiß & Johannes Bellmann

Bildungsfinanzierung in Deutschland und Schulqualität – Eine gefährdete Balance?

Gemessen an dem von Experten für Qualitätsverbesserungen für notwendig erachteten Mittelbedarf ist das Schulwesen in Deutschland unterfinanziert. In dem vorliegenden Beitrag wird vor diesem Hintergrund die Tragfähigkeit verschiedener strategischer Ansatzpunkte zur Entschärfung der finanziellen Engpasssituation erörtert. Im ersten Teil gilt das Augenmerk Möglichkeiten einer Verbesserung der Ressourcenausstattung im Schulbereich durch inter- und intrasektorale Mittelumschichtungen, die Erschließung privater Finanzierungsquellen sowie faktorielle Reallokation und indikatorengestützte Mittelzuweisung. Im Zentrum des zweiten Teils stehen Finanzierungsmodelle des neuen Steuerungsparadigmas: output- und nachfrageorientierte Formen der Mittelzuweisung. Den Erwartungen nach sorgen die Anreizstrukturen dieser Finanzierungsmodelle für eine effizientere Mittelverwendung. Der Beitrag setzt sich kritisch mit dieser These auseinander. Zusammengetragen werden dazu theoretische Argumente (z. B. des Neo-Institutionalismus) und vorliegende empirische Befunde der internationalen Bildungsforschung zu den Effekten der Finanzierungsmodelle des neuen Steuerungsparadigmas. Die daraus zu ziehenden Schlussfolgerungen geben Anlass zu erheblichen Zweifeln an dem ihnen zugeschriebenen Effizienzverbesserungspotenzial.

1 Problemhintergrund

Das Zusammentreffen von anhaltender staatlicher Finanzkrise und weiter steigenden Anforderungen an das Bildungssystem hat dort zu einer beträchtlichen Verschärfung der finanziellen Engpasssituation geführt. Verstärkte Aufmerksamkeit findet deshalb in Politik und Wissenschaft die Frage, wie dem Bildungsbereich gleichwohl eine angemessene Ressourcenausstattung gesichert werden kann. Dabei müssen neue Begründungsmuster und Strategien gefunden werden. Verbraucht hat sich offensichtlich das rituelle Lamento, der Bildungssektor zähle zu den besonders notleidenden öffentlichen Aufgabenbereichen und müsse deshalb im gesamtstaatlichen Mittelverteilungsprozess eine Besserstellung erfahren. Auch die in der politischen Rhetorik viel bemühte These, Bildung sei die Hauptproduktivkraft einer wissensbasierten Ökonomie, ist bisher ohne sichtbaren Effekt für die Ressourcenmobilisierung geblieben.

Die für Deutschland außerordentlich ernüchternden Ergebnisse internationaler Schulleistungsstudien im Sekundarbereich (TIMSS, PISA) haben zwar eine breit angelegte „Qualitätsoffensive" ausgelöst, die eine ganze Reihe budgetwirksamer Maßnahmen vorsieht; doch stehen diese allesamt unter dem Vorbehalt der Finanzierbarkeit. Immerhin liegen mittlerweile zwei auf ausformulierten Reformvorschlägen basierende Schätzungen des Ressourcenbedarfs vor, an denen sich die Mittelforderungen der Bildungsseite orientieren können. Nach Berechnungen der *Vereinigung der Bayerischen Wirtschaft* würde das von ihr unter Mitwirkung zahlreicher Experten erarbeitete Reformkonzept (vgl. im Einzelnen *Vereinigung der Bayerischen Wirtschaft* 2003) einen jährlichen Mehrbedarf an Mitteln von 35 Mrd. Euro erfordern, was einer Steigerung der aktuellen Bildungsausgaben um etwa 30% entspricht. Drei Viertel der Mehraufwendungen entfielen auf die Länder und Gemeinden, die die Hauptlast der öffentlichen Bildungsfinanzierung tragen. Bescheidener fällt der von *Klemm* (2005) ermittelte reforminduzierte Mehrbedarf an Finanzmitteln aus. Unter Berücksichtigung demographisch bedingter Minderausgaben müsste danach 2015 das öffentliche Bildungsbudget lediglich um 10 Mrd. Euro (in Preisen von 2002) aufgestockt werden.

Zur Frage, wie zusätzlicher Mittelbedarf finanziert werden soll, finden sich in den Modellrechnungen indes – wie seinerzeit auch im Bildungsgesamtplan und seiner (gescheiterten) Fortschreibung – keine konkreten Hinweise. Beide Projektionen stimmen darin überein, dass öffentliche Haushalte die primäre Finanzierungsquelle darstellen. Dass sich diese in einem prekären Zustand befinden, ist weithin bekannt. Selbst bei einer nachhaltigen wirtschaftlichen Erholung dürfte es nicht gelingen, die für Qualitätsverbesserungen im Bildungsbereich für notwendig erachteten zusätzlichen Mittel allein über Zuweisung anteiliger staatlicher Mehreinnahmen zu decken. Daher wird vielfach eine neue Prioritätensetzung bei öffentlichen Ausgaben zugunsten des Bildungssektors gefordert. Begründet wird dies nicht nur mit der besonderen strategischen Bedeutung von Bildung für Wirtschaft und Gesellschaft, sondern auch mit dem rückläufigen Anteil der Bildungsausgaben am Bruttoinlandsprodukt und der unterdurchschnittlichen Position Deutschlands bei diesem Indikator im internationalen Vergleich.[1]

Der mit durchaus überzeugenden Argumenten vorgetragenen Forderung nach einer Erhöhung des BIP-Anteils für Bildung war indes in der Vergangenheit kein Erfolg beschieden: Seit Jahren liegen die Steigerungsraten der Bildungsausgaben unter denen der Wertschöpfung (*Konsortium Bildungsberichterstattung* 2006, B). Ob es in Zukunft gelingen wird, den BIP-Anteil für Bildung auf dem Wege einer Neufestlegung der Prioritäten im gesamtstaatlichen Mittelverteilungsprozess anzuheben, ist angesichts des steigenden Mittelbedarfs anderer Bereiche höchst fraglich. Was die für die Bildungsfinanzierung besonders wichtigen Länderhaushalte betrifft, kann von einer weiteren Verschärfung der Engpasssituation ausgegangen werden. Die Berechnung von „Tragfähigkeitslücken" verweist auf einen erheblichen Konsolidierungsbedarf. Bereits bis 2008 müssten in der Mehrzahl der Länder die Ausgaben (ohne Zinsausgaben) um 10% gesenkt werden – in Berlin und Bremen sogar um mehr als 20% – um die Schuldenquote (die Verschuldung gemessen am BIP) konstant zu halten (vgl. *Hauptmeier* 2005). Zu berücksichtigen sind ferner die steigenden Kapitaldienst- und Versorgungszahlungen, die den politischen Handlungsspielraum der Länder längerfristig erheblich einengen werden. Nach Berechnungen des *Bundesministeriums des Inneren* (2005, 64) werden die Ausgaben der Länder für Pensionen bis 2030 um 70% steigen. Welche Belastungen auf die Landeshaushalte bei unveränderter Finanzpolitik zukommen, veran-

---

[1] Mit einem BIP-Anteil von 4,4% liegt Deutschland 2002 mit seinen öffentlichen Bildungsausgaben an 20. Stelle unter den 28 OECD-Staaten, die im Mittel 5% ihrer Wertschöpfung für Bildung aufwenden. Der deutlich unterdurchschnittliche öffentliche Anteil wird zwar z. T. korrigiert durch einen überdurchschnittlichen Anteil an privaten Bildungsausgaben (0,9%), der vor allem von den Aufwendungen der Wirtschaft für den betrieblichen Teil der Berufsbildung im Dualen System herrührt; dennoch bleibt auch der Gesamtanteil öffentlicher und privater Bildungsausgaben am BIP in Deutschland mit 5,3% unter dem OECD-Mittel von 5,8%.

schaulicht z. B. eine Modellrechnung für Niedersachsen (*Homburg* 2005): Danach wären 2030 54% der Einnahmen allein durch Pensions- und Zinsausgaben gebunden; die aktuelle Quote liegt bei 24%.

Die skizzierte Problemlage der öffentlichen Haushalte lässt die Annahme wenig realistisch erscheinen, der für intendierte Qualitätsverbesserungen im Bildungsbereich erforderliche Mehrbedarf an Ressourcen könne allein über Budgetzuwächse finanziert werden. In den Blick rücken deshalb zunehmend andere strategische Ansatzpunkte: Mittelumschichtungen innerhalb des Bildungssektors, die verstärkte Nutzung privater Finanzierungsquellen und die Ausschöpfung von Effizienzreserven. Das Hauptaugenmerk gilt im Folgenden der letztgenannten Strategie. Die Ausführungen dazu beziehen sich auf die faktorielle Mittelverwendung im Schulbereich und eine Einschätzung des Effizienzverbesserungspotenzials neuer Finanzierungskonzepte.

2 Mittelumschichtungen innerhalb des Bildungssektors

Auch die darauf bezogenen Empfehlungen finden ihre Begründung vielfach durch einen internationalen Vergleich einschlägiger Kennzahlen, denen der Status von Indikatoren der Systemqualität zugeschrieben wird [2]. Die Orientierung der intrasektoralen Mittelallokation an internationalen Benchmarks (z. B. OECD-Mittel) dürfte indes kaum der Rationalitätsforderung genügen. Die meist dem Vergleich zugrunde liegenden teilnehmerbezogenen Bildungsaufwendungen z. B. reflektieren nicht nur unterschiedliche politische Prioritätensetzungen, sondern auch institutionelle Unterschiede sowie differente Nachfragebedingungen und Kostenstrukturen. Zudem ist die Validität solcher inputbezogenen Indikatoren der Outputqualität empirisch nicht zu sichern: Ein systematischer Zusammenhang z. B. mit Fachleistungen lässt sich nicht nachweisen (vgl. im Einzelnen Abschnitt 4.1). Eine evidenzbasierte Mittelverwendung, wie sie allenthalben gefordert wird, meint sicherlich etwas anderes: Die Mittel sind dort einzusetzen, wo sie den höchsten gesellschaftlichen Nettonutzen stiften oder den höchsten Grenzertrag je Geldeinheit bei der Leistungserstellung erbringen.

Im ersten Fall könnten *gesellschaftliche Ertragsraten,* wie sie die OECD für eine ganze Reihe von Mitgliedstaaten von Zeit zu Zeit berechnet, eine solche Orientierungsfunktion erfüllen. Dies propagiert auch der Sachverständigenrat zur Begutachtung der gesamtwirtschaftlichen Entwicklung in seinem Jahresgutachten 2004/05 (vgl.

---

[2] So sind die im Berichtssystem der OECD für Deutschland ausgewiesenen überdurchschnittlichen Aufwendungen je Teilnehmer im Sekundarbereich II (allgemein bildende Schulen ab der 11. Klasse, Ausbildung im Dualen System der beruflichen Ausbildung, Berufsfachschulen) immer wieder zum Anlass genommen worden, eine Umschichtung von Mitteln aus diesem Bereich zu empfehlen, um günstigere Lern- und Förderbedingungen in den relativ schlechter ausgestatteten vorgelagerten Bildungsstufen zu schaffen (z. B. *Sachverständigenrat Bildung* 1998). Übersehen werden dabei zwei Dinge: Erstens fallen die teilnehmerbezogenen Ausgaben im Sekundarbereich II für Deutschland im Berichtssystem der OECD deshalb so hoch aus, weil darin auch die betrieblichen Aufwendungen der Dualen Ausbildung enthalten sind. Rechnet man diese heraus, nimmt Deutschland nur noch eine unterdurchschnittliche Position ein. Zweitens ist zu berücksichtigen, dass das unzureichende Angebot an betrieblichen Ausbildungsplätzen zusätzlichen Ressourcenbedarf für kompensatorische Maßnahmen erfordert: im allgemein bildenden Schulbereich der Sekundarstufe II, der vollzeitschulischen Berufsausbildung und im „Übergangssystem".

Sachverständigenrat 2004, 569): „Die Verteilung öffentlicher Mittel auf die einzelnen Zweige des Bildungssystems muss sich an den sozialen Erträgen dieser Zweige orientieren". Allerdings werden durch die üblichen Renditeberechnungen die gesellschaftlichen Bildungserträge nur höchst unvollkommen erfasst, was deren Steuerungsfunktion für die Mittelallokation erheblich einschränkt [3].

Im zweiten Fall müssten Informationen darüber vorliegen, welchen Grenzbeitrag die Investitionen in den einzelnen Teilbereichen zum kumulativen Bildungsergebnis liefern. Darüber lässt sich bislang bestenfalls spekulieren. Auf die Bedeutung etwa des Kindergartenbesuchs für den Kompetenzerwerb (Lesen) im Primarbereich verweist die IGLU-Studie. Viertklässler, die einen Kindergarten besucht haben, sind ihren Mitschülern ohne Kindergartenerfahrung um ein halbes Schuljahr voraus (vgl. *Bos* et al. 2003). Belegt sind durch US-amerikanische Studien mit experimentellem Untersuchungsdesign schulische Erträge und zum Teil auch die damit verbundene Nettokostenersparnis von Interventionsmaßnahmen in der Vorschulerziehung für Risikogruppen (vgl. *Belfield* 2005). Ebenso finden sich empirische Hinweise darauf, dass der Unterricht in kleinen Klassen in den ersten Primarschuljahren einen nachhaltigen positiven Effekt auf Schulleistungen und Sekundarschulerfolg hat (vgl. *Finn, Gerber & Boyd-Zaharias* 2005). Positive Wirkungserwartungen werden in Deutschland mit dem Vorschlag verbunden, angesichts der begrenzten Arbeitsmarkteffekte der von der Bundesagentur für Arbeit geförderten beruflichen Weiterbildungsmaßnahmen Teile der dafür eingesetzten Mittel zur frühzeitigen schulischen Förderung von Risikogruppen einzusetzen.

Die Möglichkeiten einer intrasektoralen Mittelumschichtung sollten nicht überbewertet werden. Zum einen fehlt es bislang an empirisch gesicherten Informationen über bereichsübergreifende Wirkungszusammenhänge und ihre Kostenimplikationen – solche Informationen könnte ein um Kostenanalysen erweitertes Bildungspanel liefern. Zum anderen sind zumindest kurz- und mittelfristig solchen Mittelumschichtungen aufgrund der eingeschränkten Ausgabenflexibilität (der längerfristigen Ausgabenbindung) enge Grenzen gesetzt (*Weishaupt & Weiß* 1988).

3 Verstärkte Nutzung privater Finanzierungsquellen

Die verstärkte Inanspruchnahme privater Quellen wird die Finanzsituation nur verbessern, wenn Mittel zusätzlich zur Verfügung stehen und nicht zu Kürzungen in öffentlichen Haushalten genutzt werden. Einzelne Bildungsbereiche bieten für eine Aufstockung der Budgets durch private Mittel unterschiedliche Voraussetzungen. Im *Elementarbereich* geht die Tendenz derzeit eher dahin, die – nicht unerhebliche – private Kostenbeteiligung aus familien- und sozialpolitischen Gründen zu reduzieren [4]. Anders stellt sich die Situation im *Hochschulsektor* dar: Hier folgt Deutschland mit der begonnenen Einführung von Studiengebühren der Mehrzahl der anderen OECD-Staaten. Sie

---

[3] Darauf deutet auch hin, dass im Rahmen einer makroökonomischen Produktionsfunktion vorgenommene Renditeschätzungen zu höheren Werten als die mikroökonomischen Berechnungen gelangen.

[4] Im Elementarbereich weist die OECD (2005) für Deutschland einen privat finanzierten Anteil aus, der mit 25,4% um über 7 Prozentpunkte über dem OECD-Mittel (17,9%) liegt. Diese Mittel stammen aus Gebühren der privaten Haushalte und Zuschüssen der privaten Träger von Kindergärten.

sollen den Hochschulen als zusätzliche, im Wettbewerb um Studierende zu akquirierende Mittel zur Verbesserung der Qualität ihrer Lehre zur Verfügung stehen.

Was den *Schulbereich* betrifft, so sind die Möglichkeiten, über eine stärkere private Finanzierungsbeteiligung die Mittelausstattung nachhaltig zu verbessern, außerordentlich begrenzt. Keine Realisierungschance dürfte der Vorschlag des *Sachverständigenrates Bildung* (1998) haben, in der Sekundarstufe II Schulgeld einzuführen. Eine obligatorische private Finanzierungsbeteiligung ist im Wesentlichen auf die Einschränkung der Lernmittelfreiheit und die Erhebung von Gebühren bei der Nutzung zusätzlicher schulischer Dienstleistungen beschränkt. Bundesweit lässt sich ein Trend ausmachen, die Lernmittelfreiheit einzuschränken. Dies hat zu einer strukturellen Verschiebung der Finanzierungsanteile bei insgesamt schrumpfenden Lernmitteletats geführt [5].

Auch Möglichkeiten, über eine freiwillige private Finanzierungsbeteiligung die Mittelausstattung im Schulbereich nachhaltig zu verbessern, sind eher zurückhaltend einzuschätzen. Die für den allgemein bildenden Bereich vorliegenden Zahlen einer bundesweiten Stichprobenuntersuchung (*Schmidt, Weishaupt & Weiß* 2003) legen nahe, dass – bezogen auf das gesamte Budget in diesem Bereich – „Drittmittel" eine Quantité négligeable darstellen. In den disponiblen Budgets der einzelnen Schule können diese Mittel allerdings einen gewichtigen Anteil ausmachen. Den Angaben der Schulleitungen zufolge kann davon ausgegangen werden, dass im Schuljahr 1998/99 etwa die Hälfte der allgemein bildenden Schulen in Deutschland über keinerlei nennenswerte Drittmitteleinnahmen verfügte. Im Durchschnitt standen den Schulen 7.012 DM (11,50 DM je Schüler) an zusätzlichen Mitteln (Mittel aus Fördervereinen, Elternspenden, Spenden- und Sponsorengelder privater Organisationen, geldwerte Sachleistungen) zur Verfügung, die vor allem zur Verbesserung der Ausstattung mit Lehr- und Lernmitteln sowie für außerunterrichtliche Aktivitäten verwendet wurden. Hinter diesem Betrag verbergen sich mit einer Spannweite von 260.000 DM allerdings beträchtliche Unterschiede zwischen den Schulen. Die darin sichtbar werdenden Chancenungleichheiten bei der Mobilisierung privater Ressourcen begründen in einem unter staatlicher Verantwortung stehenden Schulwesen Korrekturmaßnahmen (z. B. die Einrichtung regionaler Ausgleichsfonds), die dafür sorgen, dass Disparitäten in den finanziellen Rahmenbedingungen der Schulen auf einen tolerierbaren Streubereich begrenzt werden.

4 Ausschöpfung von Effizienzreserven

4.1 Faktorielle Mittelverwendung

Der Ausschöpfung von Effizienzreserven wird in der aktuellen Finanzierungsdiskussion im Bildungsbereich relativ wenig Aufmerksamkeit geschenkt, obwohl es sich dabei um eine aussichtsreiche Strategie zur Entschärfung der Engpasssituation handelt, steht dahinter doch die ökonomische Einsicht, „that the closest one ever comes to getting something for nothing is by increasing efficiency" (*Harrold* 1982, 58). Unter diesem

---

[5] Während 1990 noch 34,50 Euro pro Schüler für den Lernmittelkauf öffentlich aufgewendet wurden, waren es Anfang 2000 nur noch 21,60 Euro. Der Finanzierungsanteil der Eltern liegt derzeit im Bundesdurchschnitt bei ca. 40 Prozent (*Avenarius* et al. 2003, 124).

Aspekt ist vor allem die faktorielle Mittelverwendung genauer in den Blick zu nehmen: die Verwendung der Mittel für die im schulischen Bildungsprozess eingesetzten Ressourcen. Innerhalb der bildungsökonomischen Forschung ist der Zusammenhang zwischen Bildungsressourcen und Bildungsqualität, meist indikatorisiert durch Fachleistungen, Gegenstand einer Vielzahl empirischer Untersuchungen gewesen, die als „Produktivitätsstudien" in die Literatur Eingang gefunden haben (vgl. z. B. *Weiß & Timmermann* 2004). Die Variablen-Beziehungen werden darin als Input-Output-Relationen einer „Bildungsproduktionsfunktion" modelliert. Die für die ressourcenbezogenen Variablen (z. B. Ausgaben je Schüler, Lehrergehalt, Berufserfahrung der Lehrer, Schüler-Lehrer-Relation, Klassengröße, Sachmittelausstattung) vorgenommenen Parameterschätzungen sind ein Näherungswert ihrer jeweiligen „Grenzproduktivität".

Die Ergebnisse von Produktivitätsstudien sind in verschiedenen Forschungsübersichten zusammengefasst worden. Besondere Publizität haben die mehrfach aktualisierten Auswertungen US-amerikanischer Studien von *Hanushek* (1997a) erlangt. Danach lässt sich kein enger und konsistenter Zusammenhang zwischen Schulressourcen und Schülerleistungen nachweisen. Dieses für die USA gezogene Forschungsresümee korrespondiert weitgehend mit Ergebnissen einer Auswertung von Daten aus über 40 Teilnehmerländern der TIMS-Studie (vgl. *Hanushek & Luque* 2003). Real vorfindbaren Unterschieden in der Ausstattung mit finanziellen, personellen und materiellen Ressourcen kommt offenbar nur geringe Bedeutung als Varianzquelle von Schülerleistungen zu [6].

Dieses – die herrschende Meinung innerhalb der Bildungsökonomie repräsentierende – Resümee ist in verschiedener Hinsicht zu differenzieren. Im Blick auf die hier interessierende Frage nach Möglichkeiten effizienzverbessernder Mittelumschichtungen ist erstens zu beachten, dass die einzelnen Ressourcen unterschiedliche Grenzproduktivitäten aufweisen, d. h. unterschiedlich leistungswirksam sind. Zweitens zeigen sich differenzielle Effekte für verschiede Fächer und Schülergruppen. Drittens nähren Befunde methodisch anspruchsvollerer Untersuchungen zur Ressourcenwirksamkeit zum Teil Zweifel am Aussagegehalt der meist als Querschnittsanalysen angelegten Produktivitätsstudien (vgl. zu weiteren Kritikpunkten *Weiß & Timmermann* 2004).

Budgetneutrale Qualitätsverbesserungen lassen sich erreichen, wenn Mittel zu den Ressourcen umgeschichtet werden, die eine höhere Grenzproduktivität je Geldeinheit (günstigeres Wirksamkeits-Kosten-Verhältnis) aufweisen [7]. Im bildungsökonomischen Schrifttum finden sich nur wenige Studien, die empirische Informationen zur Produktivität einzelner Ressourcen mit Kosteninformationen zusammenführen, um Effizienzaussagen zu treffen (z. B. *Wolfe* 1977; *Pritchet & Filmer* 1999; *Levacic* et al. 2005).

---

[6] Das Bild, das Querschnittsanalysen nationaler und internationaler Datensätze zum Einfluss von Schulressourcen auf Fachleistungen vermitteln, korrespondiert mit den Betrachtungen der längerfristigen Entwicklung des Zusammenhangs zwischen Ressourceneinsatz und Performanz von Schulsystemen in einer ganzen Reihe von Ländern. So lässt sich z. B. für die USA zeigen (*Hanushek* 2004), dass sich die preisbereinigten Ausgaben je Schüler zwischen 1960 und 2000 mehr als verdreifacht haben – bei bestenfalls konstant gebliebenen Testleistungen. Zu einem ähnlichen Ergebnis gelangen für OECD-Staaten *Gundlach, Wössmann & Gmelin* (2000).

[7] Optimale Faktorkombination ist erreicht, wenn Grenzproduktivität je Geldeinheit bei allen Inputs gleich ist.

Diese Studien verweisen auf ungenutzte Potenziale, durch Mittelumschichtungen höhere Leistungsniveaus zu erreichen [8]. Ineffizienz bei der faktoriellen Mittelverwendung wird meist mit der bildungsbereichsspezifischen Technologie-Vagheit begründet (z. B. Murnane & Nelson 1984; Abschnitt 4.2). *Pritchet & Filmer* (1999) sehen den Hauptgrund dagegen in einer interessengeleiteten Allokationspolitik, die sich stärker an Wohlfahrtszielen der Lehrerschaft als an der Verbesserung der Schuleffektivität orientiert. Sie begründen dies mit Befunden einer unter Effizienzaspekten vorgenommenen Reanalyse der Daten von Produktivitätsuntersuchungen in Entwicklungsländern. Danach finden Mittel vorrangig für Inputs Verwendung, die direkt den Nutzen der Lehrer erhöhen (Anhebung der Lehrergehälter, Verkleinerung der Klassen), aber gegenüber den von ihnen wenig präferierten Inputs (z. B. Ausgaben für Lehr-/Lernmittel) eine zehn- bis hundertmal niedrigere Grenzproduktivität je Dollar aufwiesen. Auf den die Effizienz beeinträchtigenden Einfluss von Gewerkschaften auf die Allokationspolitik im Schulbereich verweist eine US-amerikanische Studie (*Hoxby* 1994).

Verschiedene Produktivitätsstudien lassen auf die Existenz *differenzieller Ressourceneffekte* schließen. Auf Leistungen in „typischen" Schulfächern wie Mathematik und Naturwissenschaften ist eher ein Einfluss von Ressourcen zu erwarten als auf Leistungen in Fächern, die stärker vom Elternhaus geprägt sind (z. B. *Levacic* et al. 2005). Hinweise finden sich auch auf eine Effektabhängigkeit von Schülermerkmalen. So konnte in amerikanischen Studien festgestellt werden, dass vor allem leistungsschwächere Schülerinnen und Schüler sowie Kinder aus sozial und ethnisch benachteiligten Elternhäusern von kleinen Grundschulklassen profitieren (z. B. *Finn, Gerber & Boyd-Zaharias* 2005). *Levacic* et al. (2005) gelangen zu dem Ergebnis, dass sich der Einsatz zusätzlicher Mittel stärker auf Leistungen von Schülern mit durchschnittlichen Fähigkeiten auswirkt als auf die Leistungen der oberen oder unteren 20% der Fähigkeitsverteilung. Eine an differenziellen Grenzproduktivitäten orientierte zielgruppenspezifische Ressourcenzuweisung würde nicht nur die Effizienz der Ressourcenallokation verbessern, sondern durch ihre varianzreduzierende Wirkung zugleich zu größerer ergebnisbezogener Chancengleichheit beitragen. In Programmen „positiver Diskriminierung" mit indikatorengesteuerter Ressourcenzuweisung, wie sie vielerorts existieren, haben solche Überlegungen Eingang gefunden (vgl. z. B. *Ross & Levacic* 1999). Dass es aussichtsreichere strategische Ansatzpunkte gibt, die nicht die faktorielle Mittelverwendung betreffen, sei nur erwähnt [9].

Herkömmliche Produktivitätsstudien sehen sich mit einer ganzen Reihe von konzeptionellen und methodischen Problemen konfrontiert, die ihre Eignung für faktorielle Allokationsentscheidungen einschränken. Zu nennen sind u. a. die Beschränkung auf Fachleistungen (dazu ausführlich 4.2), das querschnittliche Untersuchungsdesign, die

---

[8] Eine englische Untersuchung (*Levacic* et al. 2005) zum Einfluss von Ressourcen auf Leistungsentwicklungen von Schülern empfiehlt z. B., mehr Mittel für Bücher als für Computer und zusätzliches Personal auszugeben.

[9] Auf die besondere Sensibilität der Leistungen schwarzer Schüler in Bezug auf die rassische Zusammensetzung und Fluktuation an ihren Schulen verweist eine Studie von *Hanushek* (2004) an Schulen in Texas. Beträchtliche leistungsegalisierende Effekte ließen sich den Ergebnissen der Studie zufolge auch durch die verstärkte Zuweisung qualifizierter Lehrkräfte an Schulen mit hohem Anteil schwarzer Schüler erzielen.

theoretisch nicht zu begründende Konzeptualisierung schulischer Ressourcen als direkte Wirkfaktoren und ungelöste Endogenitätsprobleme (vgl. ausführlich *Weiß & Timmermann* 2004, 252ff.). Von Kritikern der Studien wird denn auch auf abweichende Befunde methodisch elaborierterer Untersuchungen verwiesen. Besondere Erwähnung verdient die in den USA im Bundesstaat Tennesee durchgeführte Experimentalstudie STAR zur Leistungswirksamkeit unterschiedlich großer Klassen im Primarbereich (*Finn & Voelkl* 1992, *Class Size* 1999). Im Unterschied zu konventionellen Schätzungen von Klassengrößen-Effekten in Bildungsproduktionsfunktionen wird in dieser Studie ein bedeutsamer, nachhaltig wirksamer Einfluss kleiner Klassen auf Schülerleistungen in Mathematik und Lesen festgestellt, der sich auch auf den späteren Sekundarschulabschluss positiv auswirkt (*Finn, Gerber & Boyd-Zaharias* 2005). Stellt man dem jedoch den beträchtlichen Aufwand einer flächendeckenden Verkleinerung der Klassen auf ein effektrelevantes Niveau (im Projekt STAR 13-17 Schüler) gegenüber (z. B. *Brewer* et al. 1999), sind erhebliche Zweifel an der Effizienz dieser Maßnahme angebracht.

4.2 Alternative Finanzierungskonzepte

Hohes qualitäts- und effizienzverbesserndes Potenzial wird Finanzierungskonzepten zugeschrieben, die als konstitutives Element neuer Steuerungssysteme Dezentralisierung der Ressourcenverantwortung und eine partiell schülergesteuerte Mittelzuweisung vorsehen. Im Rahmen institutioneller Finanzierung werden den Schulen mehr oder weniger umfassende Globalbudgets (formelgebunden) zugewiesen, ein unterschiedlich hoher Anteil der Mittel auf der Grundlage der gemeldeten Schülerzahlen (Pro-Kopf-Zuweisung), um Wettbewerb zwischen Schulen zu induzieren [10]. Den Wechsel zu subjektbezogener Finanzierung vollziehen mit derselben Intention propagierte Konzepte, bei denen die Bildungsnachfrager durch Aushändigen eines Bildungsgutscheins („vinkulierten Namenspapiers") mit Kaufkraft ausgestattet werden. Den Erwartungen nach sorgen die Anreizstrukturen dieser Finanzierungskonzepte für eine effizientere Mittelverwendung durch die schulischen Akteure. Die folgenden Ausführungen setzen sich kritisch mit dieser These auseinander. Dabei soll zunächst das der Operationalisierung des Effizienzkonzepts üblicherweise zugrunde liegende Verständnis von Schulqualität, dem auch die bisherigen Darstellungen folgten, problematisiert werden.

Engführung auf Fachleistungen

Jedes Verständnis von Schulqualität hängt von pädagogischen und bildungspolitischen Wertgesichtspunkten ab (vgl. *Terhart* 2000b; *Winch* 1996). Den empirischen Bestimmungsversuchen von Schulqualität gehen also mehr oder weniger explizite Selektionsentscheidungen darüber voraus, was überhaupt als Ausdruck von Schulqualität erachtet wird, welche Indikatoren für deren empirische Bestimmung in Betracht kommen, wel-

---

[10] In England z. B. werden den Schulen von den Local Educational Authorities 80% der Mittel der Globalbudgets auf der Basis der rekrutierten Schüler zugewiesen, 20% auf der Basis schulspezifischer Faktoren: curricularen Besonderheiten, schülerbezogenem Sonderbedarf und schulstandortbedingtem Sonderbedarf (z. B. Zuschlag für kleine Schulen).

che davon man zum Zwecke der Überprüfung heranzieht und welche man (vorerst) nicht berücksichtig und wie man diese Indikatoren gewichtet. Bei Versuchen der Operationalisierung von Schulqualität wird stets betont, dass man nicht beansprucht, das gesamte Leistungsspektrum schulischer Bildung in den Blick zu nehmen. Auch bei PISA wird bekanntlich nicht beansprucht, „den Horizont moderner Allgemeinbildung zu vermessen, oder auch nur die Umrisse eines internationalen Kerncurriculums nachzuzeichnen" (*Deutsches PISA-Konsortium* 2001, 21). Stattdessen konzentriert man sich auf wenige Basiskompetenzen, denen mit guten Gründen eine besondere Relevanz für schulische und außerschulische Bildungsbiographien beigemessen wird.

Leitender Gesichtspunkt der Problematisierung des Zusammenhangs von Bildungsfinanzierung und Schulqualität ist nun die Vermutung, dass sich die neuen Steuerungsinstrumente und die damit verknüpften Finanzierungsmodelle gegenüber dem Objekt der Steuerung nicht neutral verhalten, d. h. es wird nicht einfach das, was bislang und herkömmlicherweise unter schulischer Bildung verstanden wurde, effizienter, sondern *unter dem Einfluss dieser Steuerungsinstrumente verändert sich zugleich das Leistungsspektrum von Schulen sowie das Verständnis schulischer Bildung und ihrer Aufgaben* [11]. Wenn unter dem Einfluss neuer Finanzierungsmodelle Testleistungen in ausgewählten Leistungsdomänen steigen, muss also sehr genau untersucht werden, ob und inwiefern die gemessenen Leistungssteigerungen als reale Effizienzgewinne interpretiert werden können und welche Kosten diesen Gewinnen gegenüberstehen.

Eine auf die neuen Steuerungsinstrumente ausgerichtete Bildungsfinanzierung verbindet die in Tests gemessenen Leistungen der Akteure und Organisationen mit Belohnungen und Sanktionen. Die gemessenen Leistungen können somit nicht nur rechtliche und administrative, sondern auch finanzielle Konsequenzen für Akteure und Organisationen haben. Auf Seiten der Akteure denke man etwa an Zulagen für herausragende Unterrichtsleistungen der Lehrer oder an leistungsbezogene Geldprämien für Schüler, wie sie etwa das in Michigan eingeführte *Merit Award Program* oder in England die *GCSE bonuses* vorsehen [12]. Zu entsprechenden Effekten seitens der Organisationen führen Finanzierungsmodelle mit Pro-Kopf-Zuweisungen: Schulen, die bei der Rekrutierung von Schülern erfolgreicher sind, erhalten unmittelbare finanzielle Vorteile.

Eine an Output- und Wettbewerbssteuerung orientierte Bildungsfinanzierung führt also zusätzliche „high-stakes" ein, die Anreize zu zusätzlichen Leistungen geben sol-

---

[11] Darauf verweist eine kürzlich erschienene Studie des *Center on Education Policy* zu den Wirkungen des von der Bush Administration eingeführten *No Child Left Behind Act*. Danach berichten 71% der 299 befragten Schulbezirke, dass die stärkere Konzentration auf testrelevante Fächer zu Kürzungen bei anderen Fächern geführt habe (vgl. *Stark Reutner* 2006).

[12] Nach dem *Merit Award Program* erhalten Sekundarschüler ein einjähriges Stipendium in Höhe von 2.500 Dollar für den späteren Collegebesuch, wenn sie vorgegebene Leistungsstandards in vier Kompetenzbereichen (Mathematik, Naturwissenschaften, Lesen und schriftliche Sprachproduktion) erreichen oder überschreiten (vgl. *Bishop* 2002). Ähnliche Anreizstrukturen wurden in England für Schulen mit unterdurchschnittlichen Prüfungsergebnissen im Rahmen des Programms *New Deal for Communities* geschaffen. In Schulen, die an dem Programm teilnehmen, erhalten Schüler, die in fünf GCSE-Prüfungsfächern Noten zwischen A* und C erreichen, 150-200 Pfund. Der Erfolg des Programms lässt sich daran ablesen, dass Summen zwischen 20.000 und fast 40.000 Pfund ausgezahlt werden (http://www.telegraph.co.uk/news/main.jhtml;jsessionid).

len. Aus der empirischen Bildungsforschung zu *high-stakes testing* ist freilich bekannt, dass entsprechende Reformstrategien problematische nicht-intendierte Nebenfolgen haben (vgl. *Nichols, Glass & Berliner* 2006). Politikempfehlungen von Seiten der Bildungsökonomie bezüglich neuer Finanzierungsmodelle können sich also nicht bloß darauf konzentrieren, welche Effekte diese Modelle auf einschlägige Qualitätsindikatoren haben; sie müssen sich vielmehr sehr sorgfältig damit auseinandersetzen, inwiefern die Einführung von *high-stakes* das Verhalten der Akteure und Organisationen im pädagogischen Feld insgesamt beeinflusst. Diese kritische Forschungsperspektive soll im Folgenden an zwei mit neuen Finanzierungsmodellen immer wieder verknüpften Erwartungen verdeutlicht werden: der Steigerung von Allokations- und Produktionseffizienz.

Allokative Effizienz

Von Wettbewerbssteuerung und einer hiermit verknüpften Nachfragefinanzierung verspricht man sich insbesondere eine Diversifizierung des Bildungsangebots entsprechend den unterschiedlichen Präferenzen von Schülern und Eltern, was über die damit verbundenen Wohlfahrtsgewinne die allokative Effizienz steigere. Gegen Wettbewerbsteuerung im allgemeinbildenden Schulsystem ist zunächst ein normativer Einwand erhoben worden: Eine obligatorische Grundbildung sowie dessen öffentliche Finanzierung kann nur dadurch gerechtfertigt werden, dass sie ihr Angebot gerade *nicht* zur freien Wahl individueller Präferenzen stellt (vgl. *Winch* 1996). Abgesehen von diesem normativen Einwand, demzufolge Schulbildung als „meritorisches Gut" zu begreifen ist, zeigen empirische Untersuchungen, dass Wettbewerb im allgemeinbildenden Schulsystem keineswegs zwangsläufig zur gewünschten Diversifizierung des Angebots führt (vgl. *Lubienski* 2003; 2006; *LeTendre* et al. 2001; *Whitty* 1997).

Aufschlussreich hierbei sind Studien über *Charter Schools*, bei denen man auf Grund ihrer Arbeitsbedingungen einen hohen Grad der Diversifizierung des Angebots erwarten würde. *Charter Schools* sind von direkten staatlichen Regularien weitgehend entlastet und stehen in einem freien Wettbewerb um Schüler, deren Schulbesuch öffentlich durch Pro-Kopf-Zuweisungen finanziert wird. Im Gegenzug zu ihrem größeren Gestaltungsspielraum steht eine strenge Rechenschaftspflicht über erzielte Leistungen.

Eine Sekundäranalyse von 190 US-amerikanischen Studien zu *Charter Schools* konnte die Hoffnung auf Innovation und Diversifizierung nicht bestätigen (vgl. *Lubienski* 2003). Es lassen sich zwar einige Neuerungen auf administrativer Ebene feststellen (zum Beispiel ein flexiblerer Einsatz von Ressourcen, neue Entlohnungssysteme, eine größere Beteiligung von Eltern an administrativen Entscheidungen, Werbung), aber auf der Ebene des Unterrichts zeichnen sich *charter schools* trotz ihres größeren Gestaltungsspielraums häufig durch eher traditionelle Unterrichtsmethoden und Lehrpläne aus. Generell zeigen international vergleichende Studien (vgl. *LeTendre* et al. 2001), dass die Routinen unterrichtlicher Interaktion (*classroom level*) eine noch geringere Varianz aufweisen als die Organisationsform von Schule (*administrative level*). Damit stellt sich die Frage, in welchem Maße neue Steuerungsinstrumente und damit verknüpfte Finanzierungsmodelle als distale Kontextfaktoren überhaupt bis auf die Ebene des Unterrichts durchgreifen.

Einige Bildungsforscher vermuten, dass es nicht trotz, sondern gerade infolge von Wettbewerbssteuerung zur oft diagnostizierten Homogenisierung zugunsten eher traditioneller curricularer und unterrichtlicher Modelle kommt. Ein Erklärungsansatz für dieses erwartungswidrige Ergebnis stammt aus der neo-institutionalistischen Organisationsforschung (vgl. *Schaefers* 2002). In einem vielbeachteten Beitrag haben *Paul DiMaggio & Walter Powell* (1983/2000) auf Angleichungsprozesse verwiesen, die sie als *institutionelle Isomorphie* bezeichnen. Organisationen operieren mit Mitbewerbern auf organisationalen Feldern, in denen es stets auch um die Beschaffung von Legitimitätsressourcen geht. Dabei kommt es zu Angleichungsprozessen, die im Einzelnen von drei Faktoren bestimmt werden: (a) Zwang durch staatliche und rechtliche Regulierungen, die das gesamte organisationale Feld bestimmen, (b) normativer Druck durch Standards der Profession, (c) Mimesis, also Nachahmung anderer vermeintlich erfolgreicher Organisationen und ihrer Problemlösungen, die im selben Feld operieren.

Gerade die Einführung von Wettbewerbselementen kann unter bestimmten Bedingungen Anreize für mimetischen Isomorphismus setzen. Eine treibende Kraft der Mimesis ist vor allem Unsicherheit. Im Einzelnen werden drei Gründe genannt: Unsicherheit entsteht zum Beispiel dann, wenn die Technologien einer Organisation nicht ausgereift, wenn ihre Ziele nicht eindeutig sind oder wenn die Umwelt symbolische Unsicherheit produziert. Auf der Grundlage dieser Analyse könnte man nun folgern, dass gegenwärtige Bildungsreformen zusätzliche Unsicherheiten ins Schulsystem hineinbringen, die vermutlich mimetischen Isomorphismus weiter begünstigen.

Generell besteht im pädagogischen Feld eine hohe Unsicherheit bezüglich der eigenen Technologien. *Niklas Luhmann* zufolge sind weder Individuen noch das Interaktionssystem Unterricht „Trivialmaschinen", bei denen Input und Output, Aufwand und Ertrag in rationaler Weise kontrolliert und in Beziehung gesetzt werden könnte. Der Grund hierfür liegt in der unaufhebbaren pädagogischen Differenz zwischen Lernen und Erziehen (vgl. *Prange* 2004), oder, systemtheoretisch gesprochen, in der Differenz zwischen der Operationsweise eines psychischen Systems (das Bewusstsein des Lernenden) und der Operationsweise eines sozialen Systems (das Interaktionssystem Unterricht). Für *Luhmann* ist das hieraus resultierende „Technologiedefizit" auch Grund dafür, dass Organisationen im Erziehungssystem sich nicht durch ihr Produkt rechtfertigen lassen, sondern auf eine pauschale gesellschaftliche Anerkennung angewiesen sind (vgl. *Luhmann* 2002, 157). Die traditionelle Inputsteuerung und die damit verknüpfte Angebotsfinanzierung kann als ein Versuch verstanden werden, dem durch das Technologiedefizit mitbedingten Legitimitätsproblem der Erziehung durch pauschale Mittelzuweisung Rechnung zu tragen.

Genau diese pauschale gesellschaftliche Anerkennung scheint nun im Kontext gegenwärtiger Bildungsreform infrage gestellt zu werden. Man verlässt sich nicht mehr auf bloße Inputsteuerung, sondern macht die Zuweisung von materiellen und legitimatorischen Ressourcen davon abhängig, dass Ziele und Zielerreichung spezifiziert und für den außenstehenden Beobachter dokumentiert werden. Das Dilemma dabei ist, dass durch diese neue Form des 'Controlling' pädagogischer Organisationen das Technologiedefizit auf der Ebene pädagogischer Interaktion nicht behoben wird. Da die Systemebenen Organisation und Interaktion nur lose gekoppelt sind, führt eine veränderte Steuerung der Organisation Schule nicht unmittelbar zu den gewünschten Effekten auf der Ebene der Interaktion (vgl. *Meyer & Rowan* 1977/1991).

Outputsteuerung misst die Organisation an Ergebnissen, für deren Zustandekommen keine eindeutigen Technologien zur Verfügung stehen. Die neuen Steuerungsmodelle erzeugen somit eine neue Form von Unsicherheit, die mimetischen Isomorphismus verstärkt. Man weiß nicht genau, wie man die gewünschten Ergebnisse hervorbringt, also ahmt man denjenigen nach, der die gewünschten Ergebnisse abliefert, unbeschadet der Tatsache, dass vermutlich auch dieser nicht genau weiß, wie er das macht. Unter Umständen kann diese Strategie erfolgreich sein, ohne dass die Organisation Wissen über die Bedingungen ihres Erfolgs generiert hätte. Bisweilen genügt es auch, andernorts verbreitete Rationalitätsmythen in die Formalstruktur der Organisation aufzunehmen, während das Kerngeschäft des Unterrichts weiter nach ‚bewährten' Routinen verfährt. Angesichts technologiebedingter Handlungsunsicherheit ist es im Übrigen allemal Erfolg versprechender, *High Stakes* über Klientenselektion zu sichern [13].

Die Erwartung, Wettbewerbssteuerung und eine damit verknüpfte Nachfragefinanzierung führe zu einer Diversifizierung des Angebots und erhöhe damit die allokative Effizienz, lässt sich generell nicht bestätigen. Am Beispiel der *Charter Schools* und anderer Erfahrungen mit Wettbewerbssteuerung im Bildungssystem (vgl. *Lubienski* 2006) zeigt sich vielmehr ein auch in anderem Zusammenhang (vgl. *Weiß* 2002) beobachteter Sachverhalt: Institutionelle Akteure nutzen größere Gestaltungsspielräume nicht notwendigerweise für die Erzielung von Effizienzgewinnen. Unbestritten bleibt allerdings, dass allein die im Kontext von Wettbewerbssteuerung sich eröffneten Wahlmöglichkeiten für die Nachfrageseite ein Wohlfahrtsgewinn bedeuten können. So lässt sich zeigen, dass die Zufriedenheit über Schulwahlmöglichkeiten zunimmt, auch wenn von der Wahlmöglichkeit gar kein Gebrauch gemacht wird bzw. das, was zur Wahl steht, sich wenig unterscheidet (vgl. *Bellmann & Waldow* 2006). Unbestritten ist aber auch, dass die Wohlfahrtserträge nicht sozialschichtneutral verteilt sind. Gewinner sind vor allem Nachfrager, denen aufgrund ihrer besseren Ausstattung mit ökonomischem, kulturellem und sozialem Kapital anbieterseitig eine besondere Wertschätzung entgegengebracht wird und deren Präferenzen daher stärkere Berücksichtigung finden (vgl. *Woods, Bagley & Glatter* 1998). Wenn dies aber über Exklusion und *Creaming* dazu führt, dass eine Verbesserung der Wohlfahrtsposition bei bestimmten Individuen mit einer Verschlechterung der Wohlfahrtsposition bei anderen Individuen einhergeht, verbessert sich dem Pareto-Kriterium zufolge die gesellschaftliche Wohlfahrt nicht.

Produktionseffizienz

Im Kontext von *High-Stakes Testing* sind überraschende Anstiege von Testleistungen festgestellt worden (vgl. *Haney* 2000). Dies lässt zunächst solche Finanzierungsmodel-

---

[13] In einer kürzlich erschienenen englischen Studie konnte gezeigt werden, dass Sekundarschulen vor allem über Eingangsselektivität und den Ausschluss schwieriger Schüler ihre Ergebnisse in den Abschlussprüfungen (GCSE) verbesserten (vgl. *Slater & Stewart* 2006).

le attraktiv erscheinen, die versuchen, die Effekte von *High Stakes* durch finanzielle Anreizsysteme zu verstärken. Bevor entsprechende Politikempfehlungen gegeben werden, muss allerdings genauer untersucht werden, inwiefern steigende Testleistungen tatsächlich Ausdruck einer gesteigerten pädagogischen Produktivität und besserer Schulleistungen sind. *Daniel Koretz* (2002; 2005) zufolge ist es ein immer wiederkehrendes Phänomen, dass Testergebnisse nach Einführung eines neuen sanktionsbewehrten Evaluationsverfahrens zunächst abfallen, dann deutlich ansteigen, um sich nach wenigen Jahren auf einem ähnlich hohen Niveau zu stabilisieren, auf dem auch das vorher zum Einsatz gekommene Evaluationsverfahren angelangt war. Hinter diesem Phänomen können, *Koretz* zufolge, sehr unterschiedliche Verhaltensweisen der Akteure im pädagogischen Feld stecken, worunter sowohl erwünschte als auch unerwünschte Reaktionsformen fallen.

Eindeutig erwünscht wäre es beispielsweise, wenn Lehrer bessere Arbeit leisten, indem sie etwa auf effektivere Unterrichtsmethoden zurückgreifen. Eindeutig unerwünscht wären dagegen alle Formen des Betrugs, etwa indem vorab an Testitems geübt wird, Hilfestellungen während des Tests gegeben werden oder falsche Antworten korrigiert werden [14]. Zwischen diesen beiden Extremen gibt es eine Grauzone von Vorbereitungen auf den Test, die weniger eindeutig zu bewerten sind. „Teaching to the test" kann dabei keineswegs pauschal als unerwünscht bezeichnet werden. Es ist vielmehr ein unscharfer Sammelbegriff für unterschiedliche Verhaltensweisen, mit denen Akteure auf *High Stakes Testing* reagieren und die im Ergebnis zu steigenden Testleistungen führen. In diese Grauzone fallen z. B. die Umverteilung von Unterrichtszeit innerhalb und zwischen Leistungsdomänen (*reallocation*), die inhaltliche Ausrichtung des Unterrichts auf den Test (*alignment*) sowie die Ausrichtung des Unterrichts am Format von Testaufgaben (*coaching*). Alle drei Varianten können im Ergebnis zu „score inflation" führen. Das Resümee lautet daher: „Absent additional information, one cannot tell from aggregate data what mix of these responses occurred, and one therefore cannot judge how meaningful the gains are" (*Koretz* 2002, 764). Als Bildungsforscher kann sich *Koretz* daher nur wundern, wenn Zugewinne in Testleistungen von Politik und Öffentlichkeit als unzweideutige Indikatoren für gestiegene Schülerleistungen und höhere Produktivität von Schulen interpretiert werden.

Die Konzentration des Tests auf wichtige und curricular valide Unterrichtsinhalte ist dabei noch kein hinreichender Schutz vor der Inflation von Testleistungen, denn es muss zugleich gefragt werden, was im Zuge der Reallokation von Unterrichtszeit *weniger* Gewicht erhält: „given the time constraints confronting teachers, [...] an increase in emphasis on the tested elements would lead to a decrease in emphasis on other, untested elements. If some of these untested elements are important for the intended inferences, then the increase in scores could mask either no change or an actual decrease in mastery of the domain the test is supposed to represent" (*Koretz* 2005, 13). Da aber

---

[14] Auffallend ist, dass sich Meldungen über solche Formen der Einflussnahme mit der Einführung von High Stakes Testing häufen (vgl. *Popham* 2006). Auch in Deutschland werden im Zusammenhang mit dem Einsatz des VERA-Tests in den Grundschulen einiger Länder Betrugsvorwürfe laut (vgl. *Der Spiegel* vom 03.07.2006, 52f.).

sowohl der Bestimmung von domänenspezifischen Testitems als auch der Bestimmung von Indikatoren für Schulqualität insgesamt notgedrungen Auswahlentscheidungen zu Grunde liegen, stellt die Fokussierung des Unterrichts auf ausgewählte Qualitätsindikatoren eine zumindest ambivalente Reaktionsform der Akteure dar. Dabei zeigt sich, dass Validität keine Eigenschaft darstellt, die einem Test als solchem zukommt; sie kann sich vielmehr im Kontext der Reaktionen der Akteure im Umgang mit dem Test so verändern, dass ein anfänglich valider Test allmählich seine Aussagekraft verliert und als Indikator für tatsächliche Leistungssteigerungen unbrauchbar werden kann.

Verstärkte Orientierung an quantifizierbaren Indikatoren für Schulqualität sowie Kopplung von Evaluationsergebnissen an *High Stakes* birgt Risiken, die empirisch gut belegt sind. *Nichols & Berliner* (2005) sprechen im Anschluss an *Donald T. Campbell* von der Gefahr einer Korruption der Indikatoren und auch der Akteure, deren Leistung mit diesen Indikatoren gemessen werden sollen. „The more any quantitative social indicator is used for social decision-making, the more subject it will be to distort and corrupt the social processes it is intended to monitor" (*Campbell* 1975, 35).

Die hiermit angedeuteten Risiken einer an quantitativen Indikatoren orientierten Qualitätsentwicklung verdient auch in der Bildungsökonomie eine größere Aufmerksamkeit. Hierfür sprechen verschiedene Gründe: Wenn Outputsteuerung durch *High Stakes Testing* empirisch nachweisbare nicht-intendierte Nebenfolgen (wie „score inflation" bzw. eine Korruption sowohl der Qualitätsindikatoren als auch der Akteure im pädagogischen Feld) *systematisch* erzeugt, dann wären diese Nebenfolgen als Kosten des neuen Steuerungssystems – zusätzlich zu den meist vernachlässigten Transaktionskosten (vgl. *Weiß* 2003) [15] – zu berücksichtigen. Wenn zur Ausschöpfung von Effizienzreserven *High Stakes* in Form von finanziellen Anreizsystemen für Akteure und Organisationen eingeführt werden, dann steigt das Risiko, bloß *scheinbare* Effizienzgewinne zu erzielen. Dem bildungs*politischen* Rationalitätskalkül, durch Mittelumschichtungen das Leistungsniveau kostenneutral anzuheben, antwortet dann auf Seiten der Akteure im pädagogischen Feld ein vergleichbares Kalkül: Auch hier hat man es mit begrenzten, vor allem zeitlichen Ressourcen zu tun, so dass die Akteure versuchen werden, das Leistungsniveau (in den getesteten Domänen) durch Reallokation der ihnen zur Verfügung stehenden Ressourcen in einer Weise anzuheben, die aus ihrer Sicht kostenneutral ist (vgl. Fußnote 11). ‚Echte' Effizienzgewinne sind dagegen nur unter bestimmten Bedingungen wahrscheinlich, die im Rahmen neuer Steuerungsinstrumente nicht oder nur sehr unvollkommen realisiert sind. Eine unabdingbare Voraussetzung ist dabei ein normativer Bezugsrahmen für Evaluationen, dem ein möglichst breites und vielschichtiges Verständnis von Schulqualität zu Grunde liegt, das mit verschiede-

---

[15] Solche Transaktionskosten (Kosten der „Benutzung" eines Steuerungssystems) entstehen etwa durch zusätzlichen Koordinations- und Kontrollaufwand sowie notwendige nachträgliche Korrekturen unerwünschter Wettbewerbsergebnisse in einem unter staatlicher Verantwortung stehenden Schulsystem. Ein Beispiel dafür sind die zahlreichen Agenturen zur Platzierung von Schülern („admission authorities"), die in England eingeführt wurden, um dem durch die Schulwahlfreiheit entstandenen Planungschaos Herr zu werden. Auf die erheblichen Kosten der Administration eines gutscheinbasierten Finanzierungssystems verweist eine für die USA vorgenommene Modellrechnung (*Levin* 1998).

nen Indikatorenbündeln bestimmt wird, um den Anreiz zur Erzielung scheinbarer Effizienzgewinne entlang einiger weniger Leistungsparameter zu verringern.

Eine kritische Rückfrage an neue Steuerungsinstrumente und damit verbundenen Finanzierungsmodelle wäre folglich auch, inwiefern sie systematische Anreize zur Privilegierung *bestimmter* Ertragsdimensionen von Bildung enthalten und somit einem eingeschränkten Verständnis von Schulqualität Vorschub leisten. Henry Levin (2000; 2004) macht immer wieder darauf aufmerksam, dass Bildungssysteme unterschiedliche Aufgaben gleichzeitig zu erfüllen haben: Neben der effizienten ‚Produktion' von Wissen und Können, sollen sie Eltern und Schülern Wahlmöglichkeiten eröffnen, zugleich Bildungschancen unabhängig von sozialer Herkunft gewähren und durch allgemeine Bildung eine Grundlage demokratischen Zusammenlebens erzeugen. Eine Reform zugunsten einer dieser Aufgabendimensionen geht freilich mitunter zu Lasten einer anderen. Es kann Zielkonflikte oder *trade-offs* geben, die in der Kosten-Nutzenbilanz des neuen Steuerungsmodells berücksichtigt werden müssen. Eine Fokussierung auf bestimmte Ertragsdimensionen schulischer Bildung ist dabei nicht prinzipiell problematisch – öffentliche Schulbildung kann selbst nur einen eingeschränkten Beitrag zur Bildung in einem umfassenderen Sinne leisten – aber die Fokussierung wäre transparent zu machen, innerhalb eines normativen Rahmens zu diskutieren und demokratisch legitimierten Entscheidungen zugänglich zu machen. Es genügt jedenfalls nicht, wenn sich eine solche Fokussierung als nicht-intendierte Nebenfolge neuer Steuerungssysteme gewissermaßen hinterrücks einstellt. Keineswegs lässt sich die Inkaufnahme nicht-intendierter Steuerungseffekte mit bedeutsamen intendierten Wirkungen begründen, fallen doch die dazu vorliegenden empirischen Befunde – etwa zum Einfluss erweiterter schulischer Dispositionskompetenz über Ressourcen und nachfrageorientierter Finanzierungskonzepte auf Testergebnisse in Basiskompetenzen – widersprüchlich aus (vgl. *Weiß* 2003; zur Wirkung von Bildungsgutscheinen *Belfield* 2001; *Dohmen* 2005). Auch hinsichtlich eines engen Verständnisses von Schulqualität ist die Forschung bislang einen überzeugenden Nachweis des effizienzverbessernden Potenzials der im neuen Steuerungsregime vorgesehenen Finanzierungskonzepte schuldig geblieben.

5 Resümee

Hinsichtlich der in der Überschrift formulierten Frage lässt sich resümieren:

- Jenseits „subjektiv gefühlter" Unterausstattung mit Ressourcen ist zu konstatieren: Die Beurteilung der Finanzsituation im Schulbereich fällt unterschiedlich aus, je nachdem, welcher Bewertungsmaßstab, welche Indikatoren und *Benchmarks* herangezogen werden. Gemessen an dem von Experten für Qualitätsverbesserungen für notwendig erachteten Ressourcenbedarf ist der Schulbereich unterfinanziert.

- Derzeit spricht wenig dafür, dass der zusätzliche Mittelbedarf des Schulwesens durch wachstumsinduzierte Mehreinnahmen oder seine Besserstellung im gesamtstaatlichen Mittelverteilungsprozess gedeckt werden kann. Bei relativ expansionsinflexiblen Bildungsbudgets rücken andere strategische Ansatzpunkte in den Blickpunkt: intrasektorale Mittelumschichtungen, die verstärkte Nutzung privater Finanzierungsquellen und die Ausschöpfung von Effizienzreserven.

- Auch wenn Plausibilität und zum Teil vorliegende empirische Befunde eine prioritäre Mittelverwendung für fokussierte Qualitätsverbesserungen in den unteren Bildungsstufen nahe legen, fehlt bislang eine tragfähige informationelle Grundlage für evidenzbasierte Mittelumschichtungen innerhalb des Bildungssystems. Erschwert wird eine solche Reallokation durch die eingeschränkte Ausgabenflexibilität.

- Wenig Möglichkeiten bieten sich im Schulbereich, Mittelausstattungen durch Erschließung privater Finanzierungsquellen nachhaltig zu verbessern. Auch wenn im Rahmen strategischer Überlegungen zur Ressourcensicherung die Mobilisierung privater Mittel nicht mehr wegzudenken ist, besteht doch breiter Konsens darüber, dass dies in einem unter staatlicher Gesamtverantwortung stehenden Schulwesen kein konstitutives Element eines „neuen" Finanzierungssystems sein kann. Evidente Disparitäten zwischen Schulen beim privaten Mittelaufkommen begründen schon jetzt einen auf Chancenausgleich gerichteten politischen Handlungsbedarf.

- Die bildungsökonomische Forschung liefert hinreichende Evidenz dafür, dass Veränderungen des Ressourceneinsatzes innerhalb der real vorfindbaren Variationsbereiche keine substanziellen Qualitätseffekte, gemessen an Fachleistungen, nach sich ziehen. Zugleich finden sich aber Indizien für ungenutzte Potenziale budgetneutraler Qualitätsverbesserungen durch faktorielle Mittelumschichtung. Sollte die These zutreffen, dass sich darin nicht nur ein Technologiedefizit, sondern auch eine – dadurch begünstigte – interessengeleitete Allokationspolitik manifestieren, dürfte von dieser Strategie kaum ein Beitrag zur Entschärfung der finanziellen Engpasssituation im Schulbereich zu erwarten sein. Weniger politischem Widerstand ist indes eine durch die empirische Bildungsforschung gestützten indikatorengesteuerten Mittelzuweisung im Sinne „positiver Diskriminierung" ausgesetzt.

- Die kritische Diskussion und empirische Erforschung der Effekte von Finanzierungskonzepten des neuen Steuerungsparadigmas hat inzwischen eine Reihe von Ergebnissen hervorgebracht, die Anlass zu erheblichen Zweifeln am Effizienzverbesserungspotenzial dieser Konzepte geben. Abgesehen davon, dass bislang für die üblicherweise verwendeten Qualitätsindikatoren (Fachleistungen) ein eindeutiger empirischer Nachweis positiver Effizienzeffekte aussteht, sehen sich die neuen Finanzierungskonzepte mit dem Risiko einer problematischen Fehlsteuerung der Qualitätsentwicklung von Schulen behaftet, denn: Die ihnen inhärenten – das Verhalten der Akteure und Organisationen prägenden – Anreizstrukturen einer an Output und/oder Nachfrage geknüpften Mittelzuweisung erzeugen systematisch nichtintendierte Nebenwirkungen. Bleiben diese unberücksichtigt, werden positive Ergebnisse bei evaluationsrelevanten Indikatoren (z. B. verbesserte Testleistungen) vorschnell als Steigerung der Produktionseffizienz interpretiert.

- Die an eine wettbewerbsorientierte Mittelzuweisung geknüpfte Erwartung größerer allokativer Effizienz aufgrund von individuellen Wohlfahrtsgewinnen eines stärker diversifizierten Bildungsangebots, das den Nachfragerpräferenzen besser entspricht, ist empirisch nicht zu sichern. Stattdessen zeigen sich Homogenisierungstendenzen, die ihre Ursache vor allem in technologiebedingter Handlungsunsicherheit und davon ausgehenden Anreizen für mimetischen Isomorphismus haben.

Olga Zlatkin-Troitschanskaia

Effizienz und Effektivität der Steuerung des öffentlichen Schulwesens – Rechtsökonomische Reflexionen

Die Steuerung des öffentlichen Schulwesens erfolgt v. a. durch die in den rechtlichen Ordnungsmitteln definierten regulativen Programme. Der Beitrag fokussiert die rechtliche Steuerung als ein politisches Steuerungsinstrument. Jeder Akt der Gesetzgebung impliziert Effektivitäts- und Effizienzerwartungen zumindest insofern, als die gesetzliche Regulative wirksam sein solle (Effektivität) und ihre Ziele zweckmäßig optimal erreichen (Effizienz) wolle. Seit geraumer Zeit wird die Steuerungswirkung des Rechts im öffentlichen Schulwesen jedoch zunehmend in Frage gestellt: Wird das Recht als Steuerungsmittel im System des öffentlichen Schulwesens so gestaltet und eingesetzt, dass es zur optimalen Ressourcenallokation, zum effizienten Handeln der institutionellen Akteure und so zu effizienten Ergebnissen im öffentlichen Schulwesen beiträgt (bzw. beitragen kann)? Oder stellt ‚Steuerung, Recht, Schule, Effizienz' ein unlösbares Spannungsverhältnis dar?

1 Einführung

Die folgenden Ausführungen widmen sich der Steuerung des öffentlichen Schulwesens durch die Umsetzung der Gesetze und Verwaltungsvorschriften in professionelles Handeln der institutionellen Agenten, d. h. den Wirkungen von Rechtsnormen und Verwaltungsakten im öffentlichen Schulwesen, hier insbesondere aus rechtsökonomischer Perspektive [1]. In diesem Kontext wird versucht, die Rechtssetzung und den Rechtsvollzug mit Hilfe des Kriteriums der ökonomischen Effizienz zu analysieren.

Die Überlegungen in diesem Beitrag basieren auf dem klassischen politiktheoretischen Steuerungsparadigma, nach dem das politisch-administrative System eine zentrale Steuerungsinstanz der Gesellschaft darstellt und alle anderen gesellschaftlichen Funktions(teil)systeme wie das öffentliche Schulwesen steuert. Damit fokussiert der Beitrag die *rechtliche Steuerung* als ein *politisches Steuerung*sinstrument, d. h. die Eignung des Rechts [2] zur Herbeiführung eines bestimmten politischen Zwecks. Denn kaum eine bildungspolitische Steuerung wird ganz ohne rechtliche Steuerung durchgesetzt. Seit geraumer Zeit wird die Steuerungswirkung des Rechts im öffentlichen Schulwesen jedoch zunehmend in Frage gestellt. [3] Die staatliche Rechtssetzung ist immer weniger in der Lage, politische Steuerungsziele durchzusetzen. Die bildungspolitische Praxis der letzten Jahre zieht sich langsam aus dem Ordnungsrecht zurück, sodass folgende rechts- und politikwissenschaftlichen Bildungsforschungsfragen deutlich werden:

---

[1] Zur Rechtsökonomie als wissenschaftliche Disziplin s. insb. *Noll* (2005); auch *Weigel* (2003).

[2] Unter ‚Recht' wird hier verstanden: Die Gesamtheit staatlicher institutionalisierter Regeln, die zueinander in einer gestuften Ordnung stehen und menschliches Handeln anleiten oder beeinflussen (vgl. *Larenz* 1991).

[3] In den demokratisch verfassten Gesellschaften steht das Recht als solches wie der Staat unter ständigem Legitimationszwang, den es zum einen durch seine demokratische Entstehung und zum anderen durch eine sach- und interessengerechte Problembewältigung zu lösen sucht (vgl. *Larenz* 1991; zu rechtlichen Ordnungsmitteln im Bereich des öffentlichen Schulwesens s. *Baumert* 1980).

- Lassen sich die aktuellen Steuerungsdefizite im öffentlichen Bildungswesen auf eine eingeschränkte *Wirksamkeit* der rechtlichen Steuerung zurückführen, oder
- sind es eher die Mängel der politischen Steuerung, die u. a. die Steuerungspotenziale der rechtlichen Steuerung nicht ausschöpft (bzw. nicht ausschöpfen kann), d. h. dass das Recht weit hinter seinen Möglichkeiten zurückbleibt, bzw.
- wird Recht als Steuerungsmittel im System des öffentlichen Schulwesens so gestaltet und eingesetzt, dass es zur optimalen Ressourcenallokation, zum effizienten Handeln der institutionellen Agenten, hier insbesondere der pädagogischen Akteure und so zu effizienten Ergebnissen beiträgt (bzw. beitragen kann).

Die ökonomischen und pädagogischen Betrachtungen des Rechts sind insbesondere aus systemtheoretischer Sicht nicht unumstritten (vgl. z. B. *Funk* 2005, 6; *Braun* 2001, 13ff.; *Naucke* 1996, 226); denn das Recht folgt einer eigenen spezifischen Semantik, Semiotik und Logik, die mit Analysekategorien bzw. Modellen anderer Wissenschaftsdisziplinen nur bedingt bzw. begrenzt betrachtet werden können. Seine Bezüge, Querverbindungen und Abhängigkeiten zu anderen Disziplinen wie Soziologie, Politologie, Ökonomie etc. können jedoch nicht verleugnet werden, sodass solche explizit benannt und gerade im Rahmen einer integrativen interdisziplinären Analyse einbezogen werden müssen.

Bei der folgenden Betrachtung der Effizienz und Effektivität der Steuerung des öffentlichen Schulwesens geht es also primär darum, die Methoden und Möglichkeiten des Rechts, der Ökonomie und der Pädagogik als verschiedene Wissenschaftsdisziplinen integrativ und ggf. – im Sinne einer *positiven* Analyse – modifiziert einzusetzen bzw. zu verwerten sowie die Grenzen insbesondere der ökonomischen Analyse des Rechts (hier des Schulrechts) aufzuzeigen.[4] Die *normative* Spielart der ökonomischen Analyse versucht, das Recht mittels des Effizienzkriteriums als Instrument einer optimalen Ressourcenallokation zu nutzen (vgl. *Terhechte* 2006, 98). Hierbei kann zwischen zwei Analyseperspektiven differenziert werden – zwischen der Analyse *ökonomischer Rationalität im Recht* zum einen sowie dem *Recht als Gegenstand ökonomischer Analyse* zum anderen. Die erste Perspektive ist insbesondere an die Frage gekoppelt, wie kompatibel das Modell der ökonomischen Rationalität mit den Grundfragen der Bildung und der individuellen Entwicklung [5] ist. In diesem Kontext wird das Spannungsverhältnis zwischen dem Anspruch des Einzelnen auf individuelle Persönlichkeitsentwicklung und seiner Integration in die Gesellschaft zu deren Nutzen fokussiert (ökonomisch betrachtet: volkswirtschaftliche Wohlfahrt); hierbei wird systematisch zwischen Bildung als individuellem sowie als kollektivem Gut unterschieden.[6]

---

[4] Zur Unterscheidung zwischen normativer und positiver ökonomischer Analyse des Rechts vgl. *van Aaken* (2003, 45ff., 181ff.).

[5] Zum Gedanken allgemeiner (Menschen)Bildung und der „Kultivierung des je individuellen Lernens" im öffentlichen Schulwesen s. *Bildungskommission der Länder Berlin und Brandenburg* (2003, 54 und 56ff.), zur historisch-systematischen Abgrenzung der Kategorien ‚allgemeine Menschenbildung' und ‚schulische Grundbildung' s. *Benner* (2005).

[6] Zur Bildung im Spannungsfeld zwischen gesellschaftlichen Anforderungen und individuellen Entwicklungsbedürfnissen s. *Heid* (2003).

Der Akt der Gesetzgebung ist mehrfach komplex, denn er bezieht sich auf ein anderes gesellschaftliches Funktions(teil-)system als auf das Rechtssystem; d. h. er greift in eine fremde Logik und Semantik ein, indem er zu identifizieren versucht, was und wie etwas geregelt werden soll. Weiterhin legt er normative Erwartungen im Sinne möglicher Entwicklungen bzw. Folgenabschätzung für die zu regelnden Tatbestände fest [7]. Jegliche staatlichen Steuerungsversuche sind zudem in (historisch tradierte) vorhandene (Funktions)Zusammenhänge eingebettet und so mit der unvermeidlichen jeweils spezifischen Kontextgebundenheit konfrontiert (zum Tradierungsbegriff s. *Benner* 2004). Die Analyse des historisch etablierten Steuerungsmodells im öffentlichen Schulwesen Deutschlands bildet folgerichtig einen weiteren wichtigen Analyseaspekt.

2 Steuerung, Recht, Schule, Effizienz – Ein unlösbares Spannungsverhältnis?

Die einleitenden Bemerkungen verweisen auf die zentrale Bedeutung *rechts-* und *verwaltungswissenschaftlicher* Analysen bei der Betrachtung der Effizienz und Effektivität der Steuerung des öffentlichen Schulwesens. Sie zeigen, dass die *Rechtsfragen* – je nach verwendeter Analyseperspektive impliziert bis unmittelbar – an die *Steuerungsfragen* geknüpft sind bzw. sich daraus ergeben. [8] So werden die nachfolgenden rechts- und verwaltungsökonomischen Fragestellungen im Kontext der steuerungstheoretischen Perspektive bezogen auf das öffentliche Schulwesen in Deutschland betrachtet (Abschnitt 2.1). In diesem Rahmen werden Rechtsmittel gesondert als ein zentrales politisches Steuerungsmedium im Bereich des Schulwesens diskutiert (Abschnitt 2.2). Abschnitt 2.3 widmet sich der Begriffsklärung der beiden zentralen ökonomischen Analysekategorien ‚Effizienz' und ‚Effektivität', hier mit besonderem Bezug auf das Schulrecht. Im Sinne einer weiteren theoriegeleiteten Fundierung der zunächst eher hypothesenartig formulierten Ausführungen werden im Abschnitt 2.4 pointiert zentrale rechts- und verwaltungsökonomische Konzepte – die Theorie der Verfügungsrechte und die Theorie der Transaktionskosten – aufgegriffen.

2.1 Steuerungsmodell des öffentlichen Schulwesens in Deutschland – ‚Staatsbürokratie'

Menck (1998, 148ff.) zufolge stellt die Bildungspolitik ein Teilsystem des politischen Systems mit seinen Akteuren – Gesetzgebern, Regierung, Verwaltung und Gerichten – dar. [9] Das Bildungssystem wird „innerhalb der Gesellschaft" mit Rechtsverordnungen und Erlassen im Rahmen der geltenden Gesetze vom *Staat* gesteuert und kontrolliert

---

[7] *Funk* (2005, 2) spricht in diesem Zusammenhang von *diagnostischen* und *prognostischen* Komponenten des Rechts.

[8] Expliziter Bezug ist insbesondere beim Rechtsrealismus (*legal realism*) vertreten, der das Recht als Mittel zur Ausübung von politischer Macht ansieht (vgl. *Rea-Frauchiger* 2005).

[9] Die Begriffsbestimmung basiert auf der Gewaltenteilungslehre (s. z. B. *Suckow* 1990). Nach dem Grundsatz der Gewaltentrennung von Gesetzgebung (Legislative), vollziehender Gewalt (Exekutive) und Rechtsprechung (Judikative) fällt die Aufsichtstätigkeit des Staates unter den Oberbegriff der Verwaltung (Exekutive). Insofern ist die Gesetzgebung der Verwaltung funktionell überlegen, da sie deren Wirkungsbereich begrenzen kann.

(*Menck* 1998, 149); dies erfolge mit Orientierung an der verfassungsrechtlich kodifizierten Idee der Bildungsgerechtigkeit (Chancengleichheit) (*Menck* 1998, 148).

Art. 7 Abs. 1 GG wird von der geltenden Rechtssprechung dahingehend ausgelegt, [10] dass die verfassungsrechtlich formalisierte öffentliche Verantwortung für das Erziehungs- und Bildungswesen durch die staatliche Steuerung und Kontrolle dieses gesellschaftlichen Funktionssystems wahrgenommen wird (s. hierzu z. B. *Richter* 2001; s. hierzu auch *Heckel & Avenarius* 1986, 3f.). Die Steuerung durch Rechtsmittel umfasst kontextgebunden im Wesentlichen zwei Dimensionen (vgl. *Richter* 2001, 187f.):

- *Normsetzung*: Problemlösung durch Regelung (mittels des Gesetzes),
- *Normvollzug*: Kontrolle der Einhaltung der Regeln durch nachträgliche Überprüfung (mittels administrativen Vollzugs oder gerichtlicher Überprüfung).

Aus der derart gefassten staatlichen Schulaufsicht ergibt sich ein umfassendes Gestaltungs- und Steuerungsrecht, das sich in Rechtsgrundsätzen widerspiegelt (s. *Avenarius* 2001); u. a. beinhaltet es die Befugnis der Schulverwaltung, notwendige Rechtsverordnungen und Verwaltungsvorschriften zu erlassen (vgl. *Heckel & Avenarius* 1986, 165).

„Die bürokratische Verwaltung ... wird spezifiziert auf Ausarbeitung und Erlaß bindender Regelungen nach politischen vorgegebenen Kriterien der Richtigkeit ..." (*Luhmann* 1970, 163f.).

Das öffentliche Schulwesen in Deutschland zeichnet sich durch eine Form der *Verrechtlichung* aus, die in der Literatur oft mit dem Begriff Bürokratisierung konnotiert ist (s. hierzu z. B. *Böhm* 1995; auch *Avenarius* 2001). Diese Interpretation basiert u. a. auf der Idee, Bildungsprozesse könnten zentral und bürokratisch gesteuert werden (*Baumert, Cortina & Leschinsky* 2003, 59).

Das Steuerungsmodell für das öffentliche Schulwesen in Deutschland kann stark vereinfacht wie folgt skizziert werden: Im Parlament und der Regierung werden die kollektiv verbindlichen, bildungspolitischen Regeln produziert, d. h. das geltende Rechtssystem (hier Ordnungs- bzw. Verwaltungsrecht; zur besonderen Funktion des Rechtssystems s. auch *Luhmann* 1999a). Dieses legitimiert die öffentliche Verwaltung zur Durchsetzung dieser Regeln und Überwachung der einschlägigen Prozesse (Staatsaufsicht) in den öffentlichen Organisationen wie Schule (s. Abbildung 1; vgl. hierzu in allgemeinem Kontext *Willke* 1995, 687f.). Die öffentliche Schulverwaltung ist in das vertikal aufgebaute bürokratische politisch-administrative Verwaltungssystem eingebunden (Staatsbürokratie); sie überführt die gesellschaftlichen Ansprüche bzw. Funktionsanforderungen an das Schulwesen mittels Gesetzen und Rechtsvorschriften in eine feste, innerhalb eines Landes einheitliche Organisationsstruktur. Planung und Kontrolle des Schulwesens vollziehen sich also nach einem gegliederten Grundmuster in einem mehrstufigen, hierarchisch geordneten Zuständigkeits- und Verfahrenssystem (vgl. *Brockmeyer* 1997).

---

[10] Das Bundesverfassungsgericht und das Bundesverwaltungsgericht fassen den verfassungsrechtlichen Schulaufsichtsbegriff wie folgt: „Es besteht aber kein Zweifel daran, dass der historische Begriff der Schulaufsicht nicht nur Aufsichtsrechte im engeren Sinne umfasst, sondern dass darunter der Inbegriff der staatlichen Herrschaftsrechte über die Schule nämlich die Gesamtheit der staatlichen Befugnisse zur Organisation, Planung, Leitung und Beaufsichtigung des Schulwesens zu verstehen ist" (BVerwGE 6, 101 [104]; BVerfGE 59, 360 [377]).

Aus verwaltungswissenschaftlicher Sicht ist für die weitere Analyse die besondere Funktionalität des Verwaltungsrechts relevant. So definiert *Schmidt-Aßmann* (1993, 13) das Verwaltungsrecht als *Recht der Systemsteuerung*: Zum einen werde *die Verwaltung* als Teilsystem des Staates von den anderen Teilsystemen, d. h. von Legislative und Judikative, *über das Recht gesteuert*. Zum anderen seien *Objekte verwaltungsrechtlicher Steuerung andere Systeme der Gesellschaft*, die die Verwaltung mittels des ihr zugeordneten Rechtsinstrumentariums steuert. Bei der Betrachtung der Effizienz und Effektivität der Steuerung des öffentlichen Schulwesens ist diese komplexe duale Perspektive besonders deutlich zu berücksichtigen (vgl. Abschnitt 2.4).

Abbildung 1: Das Steuerungsmodell des öffentlichen Schulwesens in Deutschland

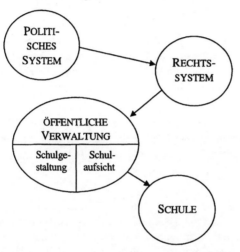

Die Steuerung der *Organisationen* im öffentlichen Schulwesen (wie Schule) erfolgt zum einen durch die *Inputsteuerung* im Sinne der (leistungsunabhängigen) Zuteilung sachlicher, personeller und finanzieller Ressourcen (s. z. B. *Bellenberg, Böttcher & Klemm* 2001). Die strukturellen Analysen des öffentlichen Schulwesens in Deutschland verdeutlichen (vgl. z. B. *Baumert, Cortina & Leschinsky* 2003), dass die vertikalen hierarchischen bürokratischen Strukturen (nach wie vor) einer inputorientierten Steuerung nach kameralistischem Prinzip folgen: Die Einzelschule ist unterste Dienstbehörde der staatlichen Bildungsverwaltungshierarchie. Entscheidungen bzw. Handlungsimperative werden von der politischen Spitze aus über mehrere Ebenen per Weisung nach unten (top-down) weitergegeben (s. z. B. *Fuchs* 2004, 216f.). Dies beruht auf einer eindeutigen Zuteilung eines administrativen Status auf jeden handelnden Akteur. Entlang dieser hierarchischen Ordnungslinien werden Ressourcen (Inputfaktoren) von höheren zu unteren Ebenen entsprechend den gesetzlich-administrativ kodifizierten Verfügungsrechten aufgeteilt. Letztere verteilen Ressourcen dann gemäß ihrer spezifischen Rahmenbedingungen an „Klienten" oder Anspruchsberechtigte (wie Lehrer, aber auch Schüler). Damit konditioniert der bürokratische Mechanismus vertikal (nicht aber notwendigerweise zentralisiert) über alle sektoralen und territorialen Ebenen hinweg einen Großteil aller Ressourcenbewegungen (s. z. B. *Böttcher* 2002; *Fend*

2004). Derartige Strukturen zeichnen sich durch die Verfügungsmacht der staatlichen Bürokratie bei der Organisation und Durchführung aller Transaktionen zwischen den relevanten Akteuren aus (vgl. Abschnitt 2.4).

Zum anderen erfolgt die Steuerung durch die in den rechtlichen Ordnungsmitteln definierten *regulativen* Programme (s. ausführlich *Schuppert* 2000, 135ff.). Entsprechend der verwaltungswissenschaftlichen Klassifikation handelt es sich hier um *normative* Steuerung [11] durch Aufgabenprogrammierung – Steuerung durch Rechtsnormen als *Entscheidungsprogramme* (s. hierzu *Schuppert* 2000, 458ff.); diese umfassen alle Regularien für professionelles Handeln bzw. für die Entscheidungsfindung. Sie lassen sich in zwei Grundtypen differenzieren (vgl. auch *Luhmann* 1975):

(1) *Konditionalprogramme* legen genau fest, welche Entscheidung auf welche Information folgt (wenn Information A, dann Kommunikation B); d. h. sie definieren eine Rechtsfolge, wenn bestimmte Voraussetzungen (Entscheidungsbedarf) vorliegen. (*Input*bezogene) Konditionalprogramme beschreiben somit die „wenn-dann-Beziehung" und sehen die Strukturen für Entscheidungen vor. Dementsprechend erleichtern Konditionalprogramme eine gerichtliche Nachprüfbarkeit im Sinne einer Rechtmäßigkeitskontrolle (vgl. *Frey* 1994).

(2) *Zweckprogramme* verbinden sachlich allgemein gehaltene Vorstellungen von gewünschten Wirkungen mit bestimmten zeitlichen Situationen [12] und lassen mehrere Entscheidungen zur Erfüllung des Zwecks zu. (*Output*bezogene) Zweckprogramme beschreiben zu erreichende Wirkungsvorstellungen als Regulative. Dies lässt der Verwaltung/Dienstbehörde eine gewisse Autonomie bei Entscheidungen.

Staupe (1982, 298) konstatiert, dass das Schulrecht in seiner Normstruktur durch relativ viele Ziel- und Programmnormen gekennzeichnet sei (Bildungs- und Erziehungsziele, Lehrpläne etc.), im Gegensatz zu den herkömmlichen Konditionalnormen, durch die an einen Tatbestand eine Rechtsfolge i. S. einer ‚wenn-dann-Koppelung' geknüpft wird. Denn das pädagogische Geschehen bedarf nicht zuletzt aufgrund des verfassungsrechtlich kodifizierten Anspruchs der „Individualisierung" u. a. einen hohen Grad an Flexibilität sowie professionelle Ermessensspielräume bei der Wahrnehmung der ‚pädagogischen Verantwortung' [13] (vgl. *Zlatkin-Troitschanskaia* 2006, 106ff.).

Dementsprechend werden analog unterschiedliche Typen von Rechts- und Verwaltungsvorschriften differenziert. Nach dem Grad der Verbindlichkeit können Rechtsvorschriften wie folgt kategorisiert werden (vgl. *Hansch* 1988, 23f.; *Schuppert* 2000, 138f.):

---

[11] „*Normative Steuerung* lenkt die Aufgabenerfüllung einer Verwaltungseinheit über generell-abstrakte Normen, insbesondere über Aufgabenziele und Aufgabenausfüllung regelnde *Gesetzesprogramme*. Hierfür greift das *Parlament als Gesetzgeber* auf die praktische Rechtsanwendung durch die Verwaltung zu, bindet Subsumtion auf der Tatbestandsseite der Norm und Rechtsfolgenerkenntnis bei der Aufgabenerfüllung durch die öffentliche Verwaltung" (*Loeser* 1994, 82).

[12] Fehlt jede Zeitvorstellung, so gibt es eigentlich keine Ziele im Sinne angestrebter konkreter Wirkungen, sondern lediglich Zweckideen bzw. Werte. Diese dienen nicht der Entscheidungsregulierung, sondern der Systemrechtfertigung (vgl. *Luhmann* 1975, 118f.).

[13] Zu dem pädagogischen und dem schulrechtlichen Konstrukt der ‚pädagogischen Freiheit' s. *Fauser* (1986); *van Buer* (1990b).

- *strikt-regulative* Programme: „Muss-Vorschriften" – sind zwingend vorgeschrieben;
- *flexibilisierende* Programme: „Soll-Vorschriften" – implizieren einen gewissen Zwang;
- *prozedurale* Programme: „Kann-Vorschriften" – beinhalten Ermessensspielraum.

Verwaltungsvorschriften werden hier definiert als innerdienstliche Weisungen der vorgesetzten Behörde zum Vollzug der Rechtsvorschriften oder zur Regelung des internen Dienstbetriebs; sie wenden sich grundsätzlich an die nachgeordneten weisungsabhängigen Behörden und binden diese (s. *Stober* 1985, 86f.). Somit haben die Verwaltungsvorschriften die Aufgabe, verwaltungsintern die einheitliche Rechtsanwendung und den Ermessensgebrauch der Verwaltung zu steuern (s. hierzu auch *Staupe* 1982). Im Unterschied zu Rechtsverordnungen bedürfen die Verwaltungsvorschriften keiner gesetzlichen Ermächtigung. Dies erleichtert den reglementierenden Zugriff (vgl. *Avenarius, Kimming & Rürup* 2003, 89). Die besondere Eignung der Verwaltungsvorschriften als Steuerungsmittel basiert auf ihrer Formalisierung in Definitionen mit juristischer Verbindlichkeit sowie auf ihrer allgemeinen Anerkennung durch die institutionellen Adressaten. Die steuernde Wirkung der Vorschriften wird entsprechend der ihnen zugrunde liegenden Ziele durch wiederholte Anwendung in vergleichbaren Fällen erreicht bzw. soll normativ erreicht werden (vgl. *Zlatkin-Troitschanskaia* 2006; *Thieme* 1984, 484ff.).

Eine weitere Gruppe von Regularien bilden *Kommunikationswege*: Sie beschreiben Regularien, die Kommunikation zwischen institutionellen Agenten bestimmen. In der Bürokratietheorie [14] spricht man z. B. von hierarchischen „Dienstwegen". Einen Gegensatz hierzu bilden die dezentralen bzw. netzwerkartigen Kommunikationsformen.

Eine solche Differenzierung ist für die Beschreibung und Analyse von Steuerungsprozessen relevant, denn sie bildet zugleich die Grundlage für verschiedene Steuerungsstrategien wie *kommunikativ basierte konsensorientierte* Steuerung oder Steuerung mittels *regulativer Programme*. Konsensorientierte kommunikative Steuerung kann als zentrales Element der klassischen *politischen Steuerung* bezeichnet werden. Ein Beispiel ist die Vereinbarung von bestimmten Regeln bzw. Umsetzungsverfahren im Sinne eines politischen Vertrags auf Verbandsebene (bekanntes Stichwort: Ausbildungsplatzabgabe). Solche Verhandlungen basieren i. d. R. nicht auf rechtlicher Steuerung, sondern stellen eine Art gesellschaftlicher ‚Steuerung im Schatten des Rechts' dar (*Mayntz & Scharf* 1995b, 28f.). Diese Steuerungsform ist insbesondere für das pädagogische Geschehen relevant, das grundsätzlich das Erzeugen kommunikativen Konsenses in einem ‚programmregulierten' Handlungsraum impliziert.

„Die regulativen Programme sind nicht nur Steuerungsinstrumente, sondern stellen auch gleichsam vertrauensbildende Regeln dar, die eine innerinstitutionelle Flexibilität sichern [sollen] und zwar sowohl im Hinblick auf Unterrichts- und Erziehungsziele als auch in Bezug auf die Wahl jener Wege, die zu ihnen führen sollen" (*Baumert* 1980).

---

[14] Die klassische Bürokratietheorie, die dem von *Max Weber* beschriebenen Organisationstyp der Bürokratie folgt, stellt bei der Betrachtung organisationalen Handelns die formalisierten (standardisierten) Verwaltungsprozesse im Rahmen der Befolgung geltender Regeln sowie die Beziehung zwischen der Handlungsebene und den eingeräumten Ressourcen in den öffentlichen Einrichtungen in den Mittelpunkt. Die Beziehungsstrukturen zu den Outputmerkmalen hingegen werden weitgehend vernachlässigt.

In den letzten Jahren vollzieht sich in mehreren Bundesländern Deutschlands ein Trend zum Übergang von der planungszentrierten Steuerung, der insbesondere ein deterministisches Steuerungsverständnis [15] zugrunde liegt, hin zur Kontextsteuerung, die als Steuerung auf Distanz gefasst wird:

> Die steuernde Instanz (hier das politische System) versucht, ihre Ziele im Schulwesen durchzusetzen, indem sie die Rahmenbedingungen setzt und Vereinbarungen mit den zu steuernden Instanzen eingeht. Die Konkretisierung der Ziele sowie Initiierung und Gestaltung der notwendigen Veränderungsprozesse vollzieht sich jedoch im Rahmen der Selbststeuerung des Systems.

Dies bedeutet allerdings nicht, dass die beiden zentralen Charakteristika der Steuerung des öffentlichen Schulwesens „Staatlichkeit" und „Planung" obsolet geworden seien. Die strukturelle und funktionale Kontinuität der staatlichen Hoheit in Deutschland bleibt bislang grundsätzlich unumstritten (s. z. B. *Leschinsky* 1992, 37; auch *Avenarius, Kimming & Rürup* 2003) und ist auch in neuen outputorientierten Steuerungsformen deutlich sichtbar. So stellt z. B. *Zlatkin-Troitschanskaia* (2006, 246) für das Land Berlin fest:

> „Die Implementierung des ‚neuen' Steuerungsmodells geht mit dem Ausbau formaler Strukturierung schulischer Organisation [...] einher. Im Rahmen des Umsetzungsprozesses scheint „die Erweiterung der Autonomie" deutlich und nachhaltig von der politisch-administrativen ‚Kontrollformel' im Kontext der ergebnisorientierten Steuerung überlagert zu sein. Zugespitzt formuliert handelt es sich beim ‚neuen' Steuerungsmodell um die Erweiterung des ‚alten' bürokratisch-hierarchischen Modells um ökonomischen Rationalismus mit seinen konstitutiven Elementen. Dies erfolgt mit dem Ziel, die Kontinuität (Stabilität) der (staatlichen) Institution ‚Schule' mit einer gleichzeitigen Steigerung der Produktivität des öffentlichen Schulwesens zu gewährleisten".

2.2 Ordnungsrecht als Steuerungsinstrument im öffentlichen Schulwesen

Rechtliche Steuerung ist eine Form der zentralen Steuerung. Löst man sich von der akteursorientierten Perspektive und betrachtet das Recht aus systemtheoretischer Sicht als autopoietisches, selbstreflexives gesellschaftliches Funktionssystem mit Eigenlogik und -dynamik, so wird eine spezifische Phänomenologie des Rechts erkennbar. Erst die genauere Kenntnis der breiten Phänomenologie des Rechts ermöglicht eine differenzierte systematische Analyse seiner Leistungsfähigkeit als Steuerungsinstrument bzw. Steuerungswirkung im Rahmen einer integrativen interdisziplinären – hier rechtsökonomisch orientierten – Betrachtung der rechtlichen Steuerung des öffentlichen Schulwesens.

Die Rechtswissenschaft schreibt dem Recht als (politischem) Steuerungsinstrument folgende Eigenschaften zu (vgl. *Engel* 2000):

- Steuerungsunschärfe und Steuerungsresistenz,
- situationsgerechte (variable) Steuerungsintensität,

---

[15] Hierbei geht man von der Vorstellung aus, dass das öffentliche Schulwesen als Ganzes im Sinne bestimmter Bildungsziele angemessen geplant werden kann und dass die Ziele mit Hilfe einer administrativen direkten Detailsteuerung umgesetzt werden können (vgl. *Rudloff* 2003).

- offener Diskurs mit dem Adressaten (Steuerungsobjekt),
- positive Legitimität und Normativität,
- Sensibilität für den historischen Kontext,
- evolutorischer Charakter,
- begrenzte Steuerungswirkung.

Die Gesetzesformulierungen sind nicht trennscharf; i. d. R. lassen sie mehrere Deutungen zu [16], d. h. sie implizieren *Steuerungsunschärfen* und erlauben *situationsgerechte (variable) Steuerungsintensität* (vgl. Abschnitt 2.1). Die Rechtsanwendung erfordert die systematische Interpretation bezogen auf den zu ermittelnden Sachverhalt sowie auch einen Abgleich mit anderen normativen Geboten wie denjenigen aus höherrangigem Recht [17]. Der *diskursive* Charakter [18] macht die Rechtsanwendung zu einem Prozess der Sinnverständigung zwischen Behörde und Adressat. [19]

„Bestimmte Rechtsbegriffe und direkte Rechtsfolgen der angewandten Rechtsnormen vermögen in aller Regel eindeutig verbindlich, absolut zu steuern. Unbestimmte Rechtsbegriffe, insbesondere diejenigen mit Beurteilungsspielraum und Einschätzungsprärogativen der Exekutive, Entschließungs- und Auswahlermessen lockern die normative Bindung der gesetzesführenden Stellen" (*Loeser* 1994, 82). [20]

Das Ordnungsrecht nimmt insbesondere Rücksicht darauf, dass die Definition bildungspolitischer Ziele keine (ausschließlich) wissenschaftliche, sondern auch eine politische Frage ist. So kann im Prozess der Rechtsanwendung das Regulierungsziel schleichend ausgetauscht oder das Gewicht zwischen mehreren Regulierungszielen neu austariert werden. [21]

Das Ordnungsrecht stellt eine Art Final-, seltener eine Konditionalsteuerung dar (vgl. Abschnitt 2.1); diese umfasst i. d. R. nicht die einzig mögliche Lösung, sondern ein Steuerungsprogramm. Diese zumindest implizite Steuerungsunschärfe bringt einen weiteren entscheidenden Vorteil im Vergleich zu anderen politischen Steuerungsin-

---

[16] Im Schulrecht gibt es viele so genannte „unbestimmte Rechtsbegriffe". Solche sind z. B. „wichtige Gründe", „geordnete Unterrichts- und Erziehungsarbeit" etc.

[17] Die rechtlichen Regelungen stehen in einem hierarchischen Verhältnis zueinander. Die oberste Norm ist die Verfassung. Unterhalb der Ebene der Verfassung stehen die Gesetze, die in formelle Gesetze und Rechtsverordnungen differenziert werden. Letztere stellen Gesetze dar, die von der Exekutive aufgrund einer im formellen Gesetz enthaltenen Ermächtigung geschaffen werden (s. *Böhm* 1995, 34f.).

[18] In der Diskurstheorie liegt der Geltungsgrund des Rechts im Konsens der Beteiligten aufgrund eines Diskurses (vgl. *Gril* 1998).

[19] Die sozialpsychologischen Untersuchungen verweisen darauf, dass die Koordination individueller Entscheidungen bzw. von Akteurshandeln viel besser gelingt, wenn die Betroffenen darüber kommunizieren (vgl. z. B. *Bohnet* 1997); denn im Rahmen der konsensorientierten Kommunikation können kognitive Dissonanzen abgebaut werden (s. z. B. *Frey & Gaska* 1994, 275ff.).

[20] Gleichwohl wird diese teilweise Entpflichtung der öffentlichen Verwaltung von der strengen Gesetzesbindung durch mannigfache (verwaltungs-)gerichtliche Letztentscheidungsbefugnisse begrenzt.

[21] So vgl. z. B. zur bildungsadministrativen Umsetzung des neuen Schulgesetzes im Land Berlin *Zlatkin-Troitschanskaia* (2006, 231ff.).

strumenten: *Steuerungsresistenz,* nicht zuletzt im Sinne einer Kontinuität bzw. Stabilität der rechtlichen Ordnungsmittel. Dies gilt insbesondere für die Steuerung gerade eines so stark historisch tradierten gesellschaftlichen Systems wie dem des öffentlichen Schulwesens.

2.3 Zweckmäßigkeit und Wirksamkeit – Effizienz und Effektivität der Steuerungsinstrumente

Jeder Akt der Gesetzgebung beinhaltet den Anspruch, die gesellschaftlichen Tatbestände regulativ zu beeinflussen; damit impliziert er die Effektivitäts- und Effizienzerwartungen zumindest insofern, als die gesetzliche Regulative *wirksam* sein solle (Effektivität) und ihre Ziele *zweckmäßig optimal* erreichen (Effizienz) wolle.

So beschreibt z. B. die *Kommission Schulrecht des Deutschen Juristentages* (1981) als Funktion von Rechts- und Verwaltungsvorschriften bzw. deren Erlassen die Wahrnehmung der „Verantwortung für Einheit und Effizienz des Unterrichtswesens" durch die Schuladministration.

„Effektivität" bezieht sich primär auf die Frage, ob die zur Zielerreichung eingeschlagenen Wege tatsächlich zum angestrebten Ergebnis führen, und *„Effizienz"* auf die Frage, ob die Zeit- und Geldressourcen optimal genutzt werden.

„Bei Effektivität (Wirksamkeit) wird die Frage gestellt, ob das Ziel, das man sich gesetzt hat, erreicht wird. Bei Effizienz (Zweckmäßigkeit) steht die Frage im Vordergrund, mit welchen Anstrengungen die Aktivität verrichtet wird" (*Liket* 1993, 127f.). [22]

Die zentrale Aufgabe der öffentlichen Verwaltung besteht darin, bindende Entscheidungen nach politischen Vorgaben gleichermaßen unter den Bedingungen der *Rechtmäßigkeit* sowie der *Wirtschaftlichkeit* auszuarbeiten und durchzusetzen; d. h. die Verwaltungslehre bedient sich der Instrumente des Rechts und der Ökonomie.

‚Wirtschaftlichkeit' als zentraler, monetär interpretierter Analysemaßstab der Betriebswirtschaftslehre wird in Relation von Kapital zu Ertrag bzw. von Kosten zu Leistungen ermittelt. Der in den Verwaltungswissenschaften seit geraumer Zeit häufiger vorgezogene Effizienzbegriff umfasst auch nichtmonetäre, gesellschaftliche Aspekte. Wirtschaftlichkeitskontrolle bezieht sich überwiegend auf die Einhaltung des Kostenminimierungsprinzips (Verfahrenseffizienz; vgl. *Schuppert* 2000, 802), nach dem bei festgelegtem Umfang der Zweckerfüllung so wenig Mittel wie möglich zu verbrauchen seien (Gebot der Sparsamkeit; vgl. *Schuppert* 2000, 702f.). Die Bevorzugung dieses Prinzips bei der Steuerung der öffentlichen Verwaltung kann u. a. auf die Kompatibilität mit der rechtswissenschaftlichen Perspektive zurückgeführt werden; sie stellt wesentlich die finanzrechtliche Konkretisierung des Verhältnismäßigkeitsgrundsatzes dar (s. hierzu *Schuppert* 2000, 485ff.).

Obgleich das Wirtschaftlichkeitsprinzip für die öffentliche Verwaltung bzw. für staatliche Organisationen insgesamt gesetzlich in den einschlägigen Rechtsvorschriften wie dem § 7 der Bundeshaushaltsordnung oder dem § 6 des Haushaltsgrund-

---

[22] In der ökonomischen Theorie wird mit „Effizienz" das Verhältnis von eingesetzten Mitteln (Ressourcen, Faktoren) zu dem konkreten bezweckten Erfolg gemeint.

sätzegesetzes verankert ist, bleibt dieses Konstrukt formal und wird inhaltlich nicht weiter operationalisiert. So fordert *Reichard* bereits 1987, dass ein Effizienzkonzept für die öffentliche Verwaltung und die staatliche Schule als deren Leistungseinheit die sehr unterschiedlichen Wirkungen von Verwaltungsmaßnahmen (monetäre, nichtmonetäre, interne, externe) und deren Bezug zu verschiedenartigen (bildungs-)politischen Zielsetzungen berücksichtigen müsse. Denn das Verwaltungshandeln institutioneller Agenten wird nicht lediglich als eine mit bestimmtem Mitteleinsatz bewirkte Maßnahme begriffen, sondern vor allem als Abschätzung der *Wirksamkeit* dieser Maßnahme im Hinblick auf politische Zielvorstellungen (vgl. *Reichard* 1987, 10ff.). Offen bleibt bislang die Frage, in welcher Weise die Zielerreichung hinreichend valide und reliabel gemessen werden kann.

Ein weiteres Dilemma stellt aus rechtsökonomisch orientierter Sicht die verfassungsrechtlich kodifizierte Forderung der Individualisierung von Bildungs- und Erziehungsprozessen dar, die im Rahmen der auf Entpersonifizierung orientierten bürokratischen Strukturen [23] sowie unter dem Primat der allokativen Effizienz erfolgen solle. Denn die ökonomische Theorie des Rechts fordert die allokative Effizienz im Sinne der Maximierung der Wohlfahrt der Gesellschaft (Gemeinwohl) als das zentrale ‚Rechtsprinzip' (vgl. *Janson* 2004; auch *Eindenmüller* 2005). So hält *Posner* (1992) nur eine solche Rechtsordnung für effizient, die gewährleistet, dass Güter denjenigen zufließen, die daraus den größten ökonomischen Nutzen aus volkswirtschaftlicher Sicht ziehen können; dies gelte insbesondere unabhängig von den sozialen Bedürftigkeiten des Einzelnen.

Dieses Prinzip kollidiert mit den verfassungsrechtlichen Bestimmungen im Bildungsbereich; aus pädagogischer Sicht ist es nicht legitim, ohne damit die Tatsache zu verkennen, dass pädagogisches Handeln sowohl eine ökonomische Basis als auch einen Bezug zum ökonomischen Ziel des Gemeinwohls hat (vgl. *Kell* 2005). Gegen die „wirtschaftliche" Effizienz als Kategorie bei der Steuerung des öffentlichen Schulwesens spricht auch die damit verbundene, für die pädagogische Praxis jedoch realitätsunangemessene Vorstellung, die Handlungsmotivation der pädagogischen Akteure folge ausschließlich ökonomischen Rationalitätskalkülen. Neben der Generalisierung von grundlegenden Kompetenzen stellen gerade die Prinzipien der Individualisierung, der Differenzierung und der zeitlich-personalen Flexibilisierung von Bildungsprozessen sowie der konstruktive Umgang mit – bildungstheoretisch unvermeidbarem und durchaus erwünschtem sowie lehr-lerntheoretisch regulativ unabdingbarem – „Fehler-Machen" zentrale Aufgaben pädagogischen Handelns dar (vgl. *Bildungskommission* 2003, 56ff.; auch *Oser & Spychinger* 2005); all dies gelte in der „Verantwortung für jeden einzelnen Schüler" (*Bildungskommission* 2003, 66).

Pointiert formuliert: Das öffentliche Schulwesen als staatliches Funktionssystem muss aus verfassungsrechtlich orientierter Sicht sowohl den Anforderungen der lernenden Individuen als auch den Ansprüchen der anderen gesellschaftlichen Systeme gerecht werden, sodass die „gesellschaftliche[n] Erwartungen und individuelle Mög-

---

[23] Die „Rationalität der formalen Struktur einer bürokratischen Organisation liegt ja gerade darin, dass sie den Prinzipien von Fachlichkeit, Unpersönlichkeit und affektiver Neutralität Geltung verschafft" (*Baumert* 1980, 650).

lichkeiten in optimaler Passung zueinander finden" (*Bildungskommission* 2003, 55). Die Beziehungen des Schulwesens zu seinen Umwelten bleiben grundsätzlich pädagogisch. Diese Tatsache darf bei Steuerungs- und Rechtsfragen nicht verkannt werden.

2.4 Rechtsökonomische Dilemmata im öffentlichen Schulwesen

Betrachtet man das Ordnungsrecht mittels ökonomischer Kategorien wie Effizienz und Effektivität, so stehen die zweckmäßige Verteilung der Ressourcen bzw. die optimale Ressourcenallokation mittels rechtlicher Ordnungsmittel im Vordergrund. Rechtsökonomische Analysen untersuchen insbesondere,

> "wie verhaltenswirksam das gesetzte Recht ist, d. h. welche Belohnungen und Strafen von einzelnen Regelungen ausgehen und ob sie eher rechtstreues oder rechtsverletzendes Verhalten erwarten lassen" (*Sadowski* 1988, 221).

Die beiden zentralen Analysekategorien sind:

(1) *Verfügungsrechte:* Der Verfügungsrechte-Ansatz basiert auf dem Gedanken, dass die unterschiedlichen institutionellen Arrangements für die Nutzung von Ressourcen den beteiligten institutionellen Agenten unterschiedliche Rechte einräumen und damit die Anreize der Akteure schaffen oder verändern. So bildet die Strukturebene im öffentlichen Schulwesen mit ihren gesetzlich-administrativ kodifizierten Funktionsfeldern einen wesentlichen Teil schulischer Verfügungsrechte (Schulaufsicht, Schulleitung und Lehrkräfte). Je nach der institutionellen Gruppe von Akteuren bzw. deren Funktionsfeldern differieren die Auffassungen von Ressourcen und demzufolge die Verwendungsweisen bzw. die Ressourcenallokation innerhalb einer Organisation (hier Schule). Insgesamt gilt, dass das Handeln eines institutionellen Agenten durch die ihm zugeordneten *property rights* beeinflusst wird.[24] Der Verfügungsrechte-Ansatz versucht zu zeigen, welche Konsequenzen sich aus diesen Verfügungsrechten und den mit der Nutzung der Ressourcen verbundenen *Transaktionskosten* für das Handeln der Beteiligten und die Effizienz des zu untersuchenden Prozesses ergeben (können) (vgl. auch *Hesse* 1983).

(2) *Transaktionskosten:* Die Umverteilung der Verfügungsrechte ist mit *Transaktionskosten* verbunden. Nach *Coase* (1960) umfassen die Transaktionskosten u. a. die Kosten für die Überwachung der Einhaltung der (neuen) Regeln im Umsetzungsprozess und aller (Sanktions-)Maßnahmen, die bei Nichteinhaltung von Regeln ergriffen werden, um deren Erfüllung zu erzwingen oder die entstandenen Nachteile zu minimieren (vgl. auch *Williamson* 1996). Demzufolge ist bei der Betrachtung der Effizienz einer auf die Umverteilung der Verfügungsrechte abzielenden Steuerungsmaßnahme die Höhe der *Transaktionskosten* entscheidend (vgl. Abschnitt 2.3).

---

[24] Der Begriff „property rights" umfasst neben der inhaltlichen Dimension „Eigentumsrechte" – im Sinne jeder Art von Verfügung über das Nutzen einer Ressource – auch die Kategorie der Zuweisung im Sinne einer legitimierten Entscheidungsbefugnis über die Nutzung von Ressourcen durch formal gesetztes Recht und damit nicht allein die Zuweisung solcher Befugnis (vgl. *Gäfgen* 1983, 5).

Unter „Transaktionskosten" werden nach *Richter & Furubotn* (1999) die Kosten der Entstehung, des Wandels und des Gebrauchs von Institutionen verstanden.[25] Dementsprechend stellen sie ein Instrument dar, mit dessen Hilfe die formellen und informellen Institutionen, so auch die Gesetze bzw. deren Wirkungen, für eine ökonomische Betrachtungsweise operationalisiert werden können; d. h. die konzeptuelle Kategorie ‚Transaktionskosten' ist ein Messinstrument, um die ökonomische Effizienz von Institutionen zum Ausdruck zu bringen bzw. zu erfassen (*Löchel* 1995, 21).

Die Transaktionskostentheorie folgt dem folgenden – zunächst plausibel klingenden – Gedanken: Verschiedene Organisationsformen verursachen unterschiedliche Transaktionskosten. Sie stützt sich auf die These, dass die Beherrschung und Überwachung von Wahlhandlungen institutioneller Agenten nicht durch Rechtszentralismus (s. hierzu *Brand* 1990; auch *Bartels* 1990), sondern primär durch die Institutionen mittels außergerichtlicher Regelung erfolge (vgl. *Williamson* 1990). Demzufolge misst sich die Effektivität einer ordnungspolitischen Regelung in der Höhe der Transaktionskosten, die bei der Umsetzung und den Konsequenzen für die Leistungserbringungsprozesse in den zu steuernden Organisationen entstehen, z. B. bei den *kostenintensiven* Reaktionen in der Schulverwaltung bzw. in den Einzelschulen.

Beim Design und bei der Implementation von (staatlichen) Steuerungsmaßnahmen im öffentlichen Schulwesen ist also neben den spezifischen Transaktionsproblemen wie der Überwachung des Umsetzungsprozesses auf der operationalen Ebene (hier der Einzelschule) auch zu berücksichtigen, dass verschiedene Formen der Staatsintervention zu jeweils unterschiedlichen Transaktionskosten auf der systemischen sowie auch auf der einzelorganisationalen Ebene führen. Um die Effizienz und Effektivität der Maßnahme zu beurteilen, stellt sich notwendigerweise die Frage, ob die Effekte die angefallenen Kosten überkompensieren können[26].

Vor diesem Hintergrund setzt die Analyse der Einflüsse gesetzlicher Regelungen die Identifizierung von typischen Komponenten der *Nutzenfunktion*[27] zentraler Entscheidungsträger sowie rechtlicher und organisatorischer Bedingungen für das professionelle Handeln voraus: *(a)* Aufbau- und Ablauforganisation im öffentlichen Schulwesen in Deutschland sind neben dem Primat der historisch etablierten staatlichen Hoheit durch ein „Nebeneinander" gekennzeichnet von bürokratischer Regulierung bzw. Ausgestaltung und gleichzeitig existierenden weitgehend unkontrollierten sowie nur lose miteinander gekoppelten Handlungsräumen und auch historisch so geprägt (s. hierzu z. B. *Bormann* 2002). Die lose strukturierten Bereiche im öffentlichen Schulwesen werden mittels der bürokratischen Inputsteuerung über die Zuteilung der Res-

---

[25] Institutionen werden hier verstanden als latente sowie teils dokumentierte Interpretationsschemata, mit deren Hilfe vergesellschaftete Subjekte ihre Welt konstituieren. Diese umfassen sowohl informale Institutionen im Sinne „ungeschriebener" fest verankerten Regelhaftigkeiten, die das (Alltags-)Geschehen in jeder Gesellschaft prägen und lenken, als auch formale Institutionen – gefasst als institutionelle „Materialisierungen" wie verschriftlichte Regelungen.

[26] Zur Konzeption der Analyse von Implementationen der politischen Programme im öffentlichen Bereich s. *Sabatier & Mazmanian* (1981).

[27] Eine Nutzenfunktion „quantifiziert" Präferenzen einer Person gegenüber bestimmten Objekten, vorausgesetzt, diese Präferenzen weisen innere Konsistenz auf (vgl. *Davis* 1993, 63).

sourcen koordiniert und in Teilen auch kontrolliert. *(b)* Das professionelle Handlungsverständnis der pädagogischen Akteure ist stark individualistisch orientiert; es zeichnet sich insbesondere durch das immanente Spannungsverhältnis zwischen der ‚Beamtenrolle' und dem spezifischen professionellen Verständnis aus, das stark durch den Gedanken der pädagogischen Freiheit geprägt ist; diese stellt jedoch kein (eigenständiges) rechtliches Konstrukt dar (vgl. *van Buer* 1990b; auch *Fauser* 1986).

Die Verankerung von positiven oder negativen Sanktionen in der Rechtsstruktur, die mit erfüllten bzw. nicht-erfüllten Handlungserwartungen verbunden werden, bilden formal den potenziellen Handlungsraum für institutionelle Agenten, hier der pädagogischen Akteure. Demzufolge basiert die Steuerungsfunktion des Rechtes auf einem Anreiz- und Restriktionssystem. Hier kommt den ökonomischen Instrumenten eine zentrale Bedeutung zu, denn ihnen werden insbesondere die Anreizwirkungen auf Akteurshandeln zugeschrieben (s. hierzu z. B. *Böttcher* 2002). Diese Steuerungsinstrumente wirken nicht direkt auf Akteurshandeln ein, sondern indirekt; sie setzen Steuerungsimpulse, indem sie die Entscheidungsrestriktionen – ökonomisch gesprochen relative Kosten-Nutzen-Kalküle – verändern, unter denen Akteure handeln. Aus der Betrachtungsperspektive der ökonomischen Bürokratietheorie

> „stellen die im bürokratischen Verfahren implizierten institutionellen (rechtlichen) Voraussetzungen ein System von Anreizen dar, die das individuelle Verhalten auf die im Wohlfahrtsoptimum enthaltenen Ziele, wie Effizienz und angemessene Verteilung, hin steuern sollen" *(Behrens* 1986, 198).

Bereits ein flüchtiger Blick in die einschlägige empirische Schulforschung zeigt jedoch, dass den Schulen und Schulverwaltungen insbesondere empirisch gesichertes Wissen über eine auf Erziehungs- und Bildungsziele bezogene wirksame schulische *Gratifikations- bzw. Sanktionsstruktur* fehlt (s. hierzu *Niederberger* 1984, 96ff.; *Oechsler* 1988).

Aus diesem Grund kann auch grundsätzlich nicht von einem direkten kausalen Zusammenhang zwischen dem Rechtsmittel und dem Handeln des institutionellen Agenten ausgegangen werden, sondern lediglich von einer *Anreizwirkung* der sie absichernden Restriktion. Auch das Schulrecht folgt weniger bzw. seltener dem Kausalmodell einer „wenn-dann-Beziehung" (vgl. Abschnitt 2.1). Dementsprechend bildet das Recht eine institutionelle Komponente, die formale Regeln einschließlich ihrer Garantieinstrumente umfasst (Anreize bzw. Sanktionen). Diese folgt dem Zweck, das individuelle Handeln institutioneller Agenten in eine bestimmte Richtung zu lenken (zu formalen Regeln s. *Richter* 1998, 325; auch *North* 1992, 43ff.). Die akzeptierten formellen Regeln bieten nicht zuletzt aufgrund der oftmals besseren Sanktionsmechanismen und Garantieinstrumente grundsätzlich eine entsprechend größere Sicherheit.[28]

> Aus dieser Betrachtungsperspektive stellt das Recht an sich kein Steuerungsinstrument dar; jedoch kann das politische System es zu Steuerungszwecken instrumentalisieren. So kann das politische System mittels des Rechts die Deklaration von (gesellschaftli-

---

[28] Wenn die formellen Institutionen jedoch zu sehr von den Präferenzen der institutionellen Agenten abweichen, kann ihre Nutzung relativ ungünstiger sein als die Suche nach neuen Regeln, sodass es z. B. zur Entwicklung paralleler institutioneller Ordnungen kommen kann.

cher) Akzeptanz zum Ausdruck bringen.[29] Indem es z. B. etwas formalisiert bzw. verbindlich bindend regelt, was bereits in der Wirklichkeit existent ist, weist das Recht jedoch auch weitere wesentliche Funktionen wie die Schutzfunktion, Legitimierungsfunktion etc. auf.

Vor diesem Hintergrund wird insbesondere die hohe Funktionalität *rechtlich nicht kodifizierter Normen* (informelle Institutionen) gerade im Bereich des öffentlichen Schulwesens nochmals deutlich: Die Verfügungsrechte, die über den formellen rechtlichen Rahmen hinaus alle gesellschaftlich akzeptierten Normen (Handlungserwartungen) umfassen, grenzen Bereiche ausschließlicher Verfügungsgewalt ab (vgl. *Gäfgen* 1983). Die informellen Institutionen (formlose, ungeschriebene Institutionen wie Sitten, Gebräuche etc.) erleichtern den individuellen Entscheidungsprozess und reduzieren zugleich die *Transaktionskosten* (vgl. *Geue* 1998, 143). Für den schulischen Bereich ist dies besonders relevant, denn für die pädagogischen Akteure gelten (bislang) keine formalrechtlich kodifizierte „Anreize" in Form von ‚Haftungsregeln für Bildungsprodukte' oder ‚Bildungsgarantien'.

Resümierend ist zu konstatieren: Im Kontext der rechtsökonomischen Überlegungen erschweren die pointiert angesprochenen Dilemmata die zentrale Steuerung mittels Rechtsnormen erheblich bzw. machen sie in Teilen unmöglich (vgl. *Zlatkin-Troitschanskaia* 2006). Die Lösungen der hier nur kurz skizzierten Steuerungsprobleme stellen zumindest insofern Dilemmata dar, als dass sie notwendigerweise *die* (normativ begründete [30]) Entscheidung zugunsten *eines* Steuerungsprimats und der diesem zugrundeliegenden Konzepte voraussetzen – ohne damit zu verkennen, dass andere ‚vernachlässigte' Konzepte möglicherweise durchaus lohnswert bzw. erfolgversprechend sind.

3 Fazit

Die vierschrittige Analyse im Abschnitt 2 führt zu den vier folgenden Konsequenzen für die Steuerung des öffentlichen Schulwesens durch rechtliche Ordnungsmittel:

(1) Alle Verfügungsrechte öffentlicher Organisationen im Schulbereich (Koordinations-, Planungs-, Aneignungs- und Veräußerungsrecht) sind beim Staat konzentriert. Die bürokratisch regulierte Konzentration auf der systemischen Ebene einerseits sowie die lose coupling Struktur auf der einzelorganisationalen Ebene andererseits führen zu den relativ niedrigen Transaktionskosten in den Organisationen des öffentlichen Schulwesens; dies erfolgt allerdings auf Kosten der Standardisierung, wie die letzten Schulleistungsstudien mehrheitlich verdeutlichen (s. hierzu z. B. *Deutsches PISA-Konsortium* 2001; 2004).

(2) Das Ordnungsrecht im öffentlichen Schulwesen hat zumindest doppelte Funktionalität: Zum einen wird *die Verwaltung* als staatliches Teilsystem von Legislative und

---

[29] In diesem Kontext ist die Erweiterung des Verfügungsrechte-Ansatzes von *North* (1992) anzusprechen, in dem Verfügungsrechte als vom politischen Prozess abhängig betrachtet werden (s. hierzu auch *Braun* 1999).

[30] Hier wird davon ausgegangen, dass verfassungsrechtliche Bestimmungen als objektive gesellschaftliche Ziele betrachtet werden können; denn für nationale Gesetzgeber wird der normative Rahmen vor allem durch verfassungsrechtliche Vorgaben gesetzt.

Judikative über das Ordnungsrecht gesteuert. Zum anderen ist das öffentliche Schulwesen Objekt verwaltungsrechtlicher Steuerung, welches die Verwaltung mittels des ihr zugeordneten Rechtsinstrumentariums steuert. Das Ordnungsrecht im öffentlichen Schulwesen kann folgerichtig als Instrument zur Redefinition von Verfügungsrechten an Verwaltungsgütern einerseits sowie an Bildungsgütern andererseits betrachtet werden. Während die Verteilung von Verwaltungsgütern im Kontext des bürokratischen Modells durchaus rational ist [31], erfolgt die Verteilung von Bildungsgütern aus der Perspektive des ökonomischen Modells uneffizient. [32] Das Bildungsordnungsrecht beachtet zwar den analytischen Ausgangspunkt der Bildungsökonomie (z. B. Wirtschaftlichkeitsgebot); die Probleme entstehen jedoch daraus, dass die Verfügungsrechte an den Bildungsgütern mit keinen bzw. nur sehr geringen Transaktionskosten für den Nutzer verbunden sind, sodass grundsätzlich solche Steuerungsdysfunktionalitäten wie die Trittbrettproblematik bzw. andere Missnutzungsformen bestehen bleiben. Die staatliche ‚Verfügungsrechte'-Zuteilung hat nur dann Effizienzwirkung, wenn die Transaktionskosten nicht vernachlässigbar sind. Verfügungsrechtlich betrachtet führt die staatliche Regulierung zu einer „Verdünnung" von property rights und zur Senkung des Werts der betroffenen Ressource für den Nutzer.

(3) Wie *Budäus* (1988, 61) konstatiert, erfordert

> „effizientes Handeln im Sinne einer allokativen Effizienz ... eine Änderung der Verfügungsrechte derart, dass sich öffentliche Unternehmen in gleicher Weise sowohl beim Ressourceneinsatz als auch bei der Gestaltung des Leistungsprogramms verhalten können wie private ...".

Dies sei jedoch nach dem herrschenden tradierten gesellschaftlich konsentierten Verständnis über Bildung und moderne Schule, das vor allem einen ‚Gemeinschaftskompromiss' darstellt, in dem es zu einem Ausgleich zwischen unterschiedlichen Interessen und dem Gemeininteresse einerseits sowie den Individualinteressen andererseits kommen sollte, (noch) nicht erwünscht.

Bereits Mitte der 70er Jahre zeigt *Lewin* (1976, 157ff.) in seiner Analyse, dass für die Leistungserstellung in Schule keine Bedingungen existieren, die ein effizientes Handeln der institutionellen Agenten fördern bzw. gewährleisten können: Schulen sind nicht rechtsfähige Anstalten des öffentlichen Rechts und als staatliche Verwaltungseinheiten organisiert, die nach den Prinzipien der Rechtmäßigkeit und Wirtschaftlichkeit agieren (müssen). Als Organisationen im System des öffentlichen Schulwesens zeichnen sie sich durch verfassungs- und verwaltungsrechtliche Besonderheiten aus: Die öffentliche Schule ist weder gewinnorientiert,

---

[31] „Die Justizialisierung und Bürokratisierung des Schulwesens haben ihre Ursachen [nicht] in unabdingbaren rechtsstaatlichen Anforderungen an die rechtlichen Grundlagen schulischen Handelns, sondern in gesellschaftlichen, politischen und pädagogischen Entwicklungen, die die Individualinteressen stärker betonen als das Gemeinwohl und die ihren Niederschlag auch im Schulrecht und im Umgang mit dem Schulrecht finden" (*Böhm* 1995, 2).

[32] Das Coase-Theorem besagt, dass die Nutzung der in einer Volkswirtschaft vorhandenen Ressourcen dann effizient ist, wenn die Verfügungsrechte an diesen Ressourcen denjenigen Akteuren gehören, die die höchste Zahlungsbereitschaft für diese Rechte haben.

noch stellt sie ökonomische Güter her, auch wenn schulische ‚Produkte' einen ökonomischen Wert besitzen. [33] Als staatliche Verwaltungseinheit nimmt die Einzelschule den staatlichen Erziehungs- und Bildungsauftrag wahr; sie ist eine Einrichtung des Unterrichts und Erziehens, die ihre Tätigkeit an den verfassungs- und schulrechtlich kodifizierten Zielen orientiert. Die staatlichen Akteure (Lehrer) handeln im Unterricht im (Bildungs- und Erziehungs-)Auftrag des Staates. Nach dem geltenden verfassungs- und schulrechtlichen Ordnungsrahmen kann von den pädagogischen Akteuren auch kein *effizientes* Handeln, sondern (nach wie vor) ein den Prinzipien der Rechtmäßigkeit und der Zweckmäßigkeit entsprechendes pädagogisches Handeln im Bildungs- und Erziehungsauftrag des Staates abverlangt werden. Solange sich die Anreiz- bzw. Restriktionsstruktur im schulrechtlichen Bereich nicht verändert, sind aus rechtsökonomischer Sicht auch nur äußerst begrenzte systematische Effekte der neuerdings implementierten systemischen ‚output'-orientierten Steuerung zu erwarten.

(4) Das zentrale Dilemma besteht aus rechtsökonomischer Sicht darin, dass Adressaten staatlicher Regulierung grundsätzlich, d. h. unabhängig vom Regulierungsergebnis, keine Kompensation erhalten. Daraus folgt, dass der Staat dazu neigt, zu viele Regulierungen vorzunehmen; denn in seiner Kalkulation taucht nur der Nutzen der Regulierung auf, jedoch keine Kosten. Nicht kompensierte Regulierungen führen also zu ökonomischer Ineffizienz. Betrachtet man die Gesetzesnovellen im schulrechtlichen Bereich (vgl. *Avenarius, Kimming & Rürup* 2003), die insbesondere die Standardsetzung und -sicherung mittels mehrerer regulativer Programme fokussieren, so fällt insgesamt auf: Der Gesetzgeber steigert die intraorganisationalen Transaktionskosten erheblich, u. a. durch die Koordinationskosten (Informations- und Kommunikationskosten) im Rahmen der Schul(programm-)entwicklung sowie die Kontrollkosten im Rahmen interner und externer Evaluationen bzw. Rechenschaftslegung. Somit ist es zumindest fraglich, ob die bildungspolitisch anvisierten Effekte den Reformaufwand aus ökonomischer Sicht mittel- bis langfristig kompensieren (können) und ob unerwünschte Nebenwirkungen der Steuerung (etwa opportunistisches Verhalten pädagogischer Akteure) die Vorteile der Regulierung nicht konterkarieren.

Abschließende These: Sollte das rechtsökonomische Modell (weiterhin) zum Steuerungsprimat des öffentlichen Schulwesens erhoben werden, sind weitere grundlegende Transformationen im bildungspolitischen und schulrechtlichen Bereich in Deutschland unausweichlich; denn Effizienz und Effektivität von Steuerung des öffentlichen Schulwesens stellen gesellschaftliche Dilemmata dar.

---

[33] Zur Verwertbarkeit als Qualitätskriterium für die Bildung s. insbesondere *Heid* (2005); auch *Heid* in diesem Band.

Eveline Wittmann

Explizite und implizite Veränderung von Verwaltungskonzepten in der „neuen" Schule – Analysen zum Berliner Schulgesetz

Veränderungen der Berliner Schule nach dem neuen Schulgesetz für Berlin basieren auf dem Verwaltungskonzept des New Public Management. Sie beinhalten unter anderem das Versprechen, „Bürokratisierung und unnötige Regulierung [zu] vermeiden". Der Artikel zeichnet entlang schulgesetzlicher Regelungen und Verwaltungsvorschriften (1) zur Implementierung von Schulprogrammen und externer Evaluation, (2) zur Stellung von SchulleiterInnen sowie (3) zur Beurteilung von LehrerInnen nach, an welchen Stellen die neuen Regelungen faktisch zu einer verstärkten Bürokratisierung führen. Mit entsprechenden Dysfunktionalitäten, die pädagogische Zielsetzungen konterkarieren könnten, sei zu rechnen.

1 Einleitung

Betrachtet man die Reformbestrebungen, denen Berliner Schulen gegenwärtig unterworfen sind, lassen sich insbesondere drei Grundstrategien ausmachen: *Erstens* wird Schulen eine erweiterte Selbstständigkeit zugebilligt, die die rechtliche, finanzielle, personalwirtschaftliche, curriculare und schulorganisatorische Ebene betrifft. *Zweitens* ist mit der erhöhten Autonomie Outputsteuerung anstelle einer Steuerung von Schule über die schulischen Inputfaktoren intendiert. *Drittens* sind die Reformbestrebungen daher mit einer Zunahme an externer Kontrolle verknüpft, die die Aufgabe hat, die Umsetzung politischer Zielvorgaben zu kontrollieren und schulvergleichend zu dokumentieren. Schulprogramme stehen im Zentrum dieser Veränderung: Sie gelten als Gestaltungsgrundlage der erweiterten Selbstständigkeit im Sinne der Entwicklung schulspezifischer Profile, aber auch als Basis einer quasivertraglichen Vereinbarung zwischen Schule und oberer Schulverwaltung über den intendierten „Output" der Schule und ebenso als Evaluationsgrundlage (*Senatsverwaltung für Bildung, Jugend und Sport* 2004, 5, 23). Versprochen wird daneben, mit der Reform „Bürokratisierung und unnötige Regulierung [zu] vermeiden" (*Senatsverwaltung für Bildung, Jugend und Sport* 2004, 5). Die skizzierten Veränderungen folgen Vorstellungen über bürgernahe Verwaltungseinrichtungen, wie sie im Rahmen des Verwaltungsreformkonzepts des New Public Management (NPM) auch für andere Verwaltungsbereiche behandelt werden (s. auch *Wittmann* 2003). Mit diesem Konzept ist nach *Lane* (2000, 3, 149 ff.) vor allem verbunden, dass eine Steuerung bürgernaher Verwaltungseinrichtungen verstärkt über quasivertragliche Vereinbarungen mit höheren Verwaltungsebenen erfolgen solle.

Mit der Erweiterung der Schulautonomie wird dabei gleichzeitig an eine von pädagogischer Seite seit langem erhobene Forderung angeknüpft, die mit der Hoffnung auf eine Verringerung des „Verwaltungscharakters" von Schule verbunden ist und auf eine verstärkt pädagogische Rationalität schulischer Abläufe setzt; etwa untertiteln *Heike Ackermann* und *Jochen Wissinger* in diesem Sinne ihr 1998 erschienenes Buch „Schulqualität managen" mit der Unterzeile „Von der Verwaltung der Schule zur Entwicklung von Schulqualität". Aus pädagogischer Sicht liegt dieser Hoffnung die Annahme zu Grunde, mit einer erweiterten Autonomie von Schule würde an die Stelle der Unpersönlichkeit, die mit der im 19. Jahrhundert entstandenen Staatsschule einher gehe, eine Gestaltung von Schule gesetzt, die verstärkt auf das pädagogische Engagement der Beteiligten baut. Der „Entpersönlichung" durch den Verwaltungscharakter von Schule soll also eine „Verpersönlichung" von Schule entgegengesetzt werden, indem pädagogische Überzeugungen und Entwicklungsinteressen der Erziehenden sowie spezifische Bedürfnisse der Schülerklientel in den Mittelpunkt von Schulentwicklung gestellt werden (*Tillmann* 1997, 201). Auch der zuständige Schulsenator hebt die Notwendigkeit pädagogischen Engagements für eine gelingende Reform hervor, indem er an die Beteiligten appelliert:

> „Eine Bildungsreform braucht Menschen, die sich ihr Anliegen engagiert zu eigen machen; Menschen sind das Herz der Reform. Damit meine ich nicht nur Lehrerinnen und Lehrer, die sich überwiegend bereits jetzt mit großem Engagement einsetzen. Es entspricht auch dem Interesse der Eltern, die eine gute Bildung für ihr Kind wollen, und dem Interesse jedes Kindes, Neues zu entdecken, zu lernen" (*Böger* 2004, 3).

Die Einbindung von Schulreform in die Reform der öffentlichen Verwaltungen wird hierbei auch von pädagogischer Seite begrüßt; etwa fordert *Klafki* (2002, 132), aus der „administrativen Verstörung" (*Rumpf* 1966), die in der „verwalteten Schule" (*Becker* 1962) diagnostiziert werde, dürfe

> „auf keinen Fall der Schluss gezogen werden, dass in der Schule in Zukunft weniger rational verwaltet, organisiert und geplant werden dürfe. Im Gegenteil: Es wird mehr, vor allem aber: es wird besser, d. h. kritischer und zugleich rationeller verwaltet, organisiert und geplant werden müssen, wenn unsere Schulen in Zukunft erfolgreicher und zugleich mit größeren Freiheitsspielräumen pädagogisch arbeiten sollen."

Soweit die Reform von Schulen unter dem Aspekt ihrer Einbindung in öffentliche Verwaltungsstrukturen betrachtet wird, geschieht dies aus pädagogischer Perspektive allerdings häufig durch Formulierung von Wünschen und z. T. auch Idealvorstellungen. Etwa meint *Klafki* (2002, 132f.), Registrierungs-, Organisations- und Kontrollvorgänge, die Hilfsprozesse für das Unterrichten und Erziehen darstellten, könnten durch Verwaltungsangestellte besser und billiger bewältigt werden als durch Lehrkräfte. *Liket* (1998, 115) fordert, nicht nur innerhalb der Schulen, sondern auch auf der Ebene der Schulaufsicht müsse sich ein Mentalitätswandel vollziehen, der beinhalten solle, dass diese sich aus pädagogischen Aufgaben heraushalte, pädagogische Vorgaben minimiere und die Evaluierung von Schulen externen Einrichtungen überlasse, um deren Bedrohlichkeit für LehrerInnen und Kollegien zu mindern.

Vor dem aufgezeigten Hintergrund wird hier die Frage gestellt, inwiefern das, was unter pädagogischer Perspektive mit dem neuen *Schulgesetz für das Land Berlin (SchulG)* als wünschenswerte Veränderung angedacht ist, angesichts des Verwaltungscharakters von Schule durch dieses Gesetz modifiziert und möglicherweise konterkariert wird. These des vorliegenden Artikels ist: *Die neue Berliner Schulgesetzgebung führt, dem Modell erweiterter schulischer und professioneller Handlungsautonomie widersprechend, in der Tendenz nicht zu einem Abbau, sondern zu einer Verstärkung* der bürokratischen Verwaltungsrationalität von Schule. Entgegen dem mit ihr explizit verbundenen Anspruch setzt sie faktisch zu wesentlichen Teilen gerade nicht auf das pädagogische Engagement der Betroffenen, sondern auf eine Bürokratisierung und Hierarchisierung von Schule und Schulverwaltung. Damit ist zum einen verknüpft, dass Schule in erhöhtem Maße abhängig ist von den Mechanismen staatlicher Legitimitätsbeschaffung und hieraus resultierenden Tendenzen „administrativer Verstörung". Zum anderen beinhaltet die neue Konstruktion, dass Lehrkräfte nicht mittels abnehmender, sondern trotz zunehmender bürokratischer Inanspruchnahme zu verstärktem pädagogischen Engagement aufgefordert werden.

Der Artikel betrachtet zunächst aus pädagogischer Sicht Vorstellungen, die mit der Forderung nach erweiterter Autonomie der Einzelschule verknüpft sind. In diesen Vorstellungen wird auf eine verstärkte Personalisierung von Schule gesetzt in dem Sinne, dass im Zuge einer erweiterten Autonomie eine Verbesserung des pädagogischen Engagements ihrer professionellen Agenten erwartet wird. Danach wird auf Verwaltungsmodelle eingegangen, die in der Literatur für die Analyse von Schule als Verwaltungseinrichtung verwendet werden. Schließlich wird analysiert, inwiefern Schule nach altem und, entgegen dem offiziellen Anspruch des Abbaus von Bürokratisierung, auch nach neuem Berliner Schulrecht einer bürokratischen Verwaltungsrationalität unterliegt. Die These wird hierbei exemplarisch anhand dreier Aspekte diskutiert:

- der Einführung von Schulprogrammen verknüpft mit Schulinspektionen,
- der geänderten Stellung der SchulleiterInnen im Verhältnis zu Schulaufsicht, Kollegium und LehrerInnen sowie
- der Veränderung der Beurteilung der LehrerInnen in Verknüpfung mit der Veränderung von Laufbahnperspektiven.

Abschließend wird betrachtet, inwiefern sich im Zuge der gegenwärtigen Reform die Rahmenbedingungen für personalisiertes Handeln schulischer Agenten im Spannungsfeld von pädagogischen Ansprüchen und Verwaltungsrationalität implizit verändern.

2 Zur erweiterten Selbstverantwortung von Schule als Leitbild einer Schulreform aus pädagogischer Sicht

Aus pädagogischer Perspektive ist die Forderung nach einer „erweiterten Autonomie für Schule" verknüpft mit der Vorstellung, eine „gute Schule" sei eine Schule, in der die beteiligten LehrerInnen und SchülerInnen ihre Lernumwelt selbst gestalten und sich mit ihr identifizieren (*Tillmann* 1997, 198). Die pädagogische Autonomiedebatte weist dabei eine langjährige Tradition der Auseinandersetzung mit der Einbindung von Schule in die öffentliche Verwaltung auf (dazu *Sauer* 1980, 20ff.); *Ackermann & Wissinger* (1998, 1) zufolge ist die Reformierung von Schule mit der Zielsetzung einer erhöhten Gestaltungsautonomie einhellige Zielsetzung der Fachöffentlichkeit. Mit jüngeren Schulreformen in den Bundesländern wird dementsprechend intendiert, flexiblere Handlungsmuster entsprechend den situativen Bedingungen der Einzelschule zu ermöglichen, Eigeninitiative und Selbstverantwortung der an Schule Beteiligten herauszufordern und dadurch die Qualität schulischer Arbeit zu verbessern. Solche Zielsetzungen werden bereits 1973 im *Strukturplan der Bildungskommission des Bildungsrates* empfohlen: Danach sollte die Selbstständigkeit von Schulen sowohl im pädagogischen als auch im administrativen Bereich durch einen weitergehenden Abbau von Weisungsbefugnissen der Schulaufsicht erweitert werden. Schulen sollten als rechtlich selbstständige Verwaltungseinheiten etabliert werden, ihre Mittel eigenständig bewirtschaften und im curricularen Bereich die Möglichkeit erhalten, auf der Grundlage reduzierter Rahmenrichtlinien eigenständige Curricula zu erstellen (*Heckel* 1977, 50).

Nach *Lange* (1996, 21f.) geht mit Schulautonomie und dem Anspruch eigenständiger Profilbildung, festgehalten in Form von Schulprogrammen, einher, dass Schule die Sicherheit eines Regelwerks verliert, das aus Gesetzen, Richtlinien und Lehrplänen besteht und das es den Schulen ermöglicht, unterbliebene eigene Anstrengungen durch externe Faktoren zu entschuldigen. *Fend* (1987, 56) zufolge sind Schulen dabei

> „gemeinschaftliche Problemlösezusammenhänge, Versuche der gemeinsamen Lösung von Aufgaben des Lehrens und der Verständigung mit der heranwachsenden Generation. Dadurch kann so etwas wie die Kultur einer Schule entstehen. Schulen sind keine Bürokratien, sondern eher lose gekoppelte Systeme, in denen die Lehrer in ihren Klassen eine relativ hohe Autonomie haben und in denen die Schulleiter in einer eher schwachen Machtposition sind."

Mit der Auffassung, Schulen seien „lose gekoppelte Systeme" ist verbunden, dass Ziele von Seiten der höheren Hierarchieebenen lediglich relativ breit formuliert werden können und die Ausführung der „Leistungserstellung" in den Schulen daher nur begrenzt überprüft werden kann (*Weick* 1985, 57). Dies wird als Grund dafür angesehen, dass die hierarchische Einheit der Befehlskette in Schulen nur bedingt funktioniere (s. Abschnitt 3.1). Demgegenüber sollen Schulen nach *Ackermann & Wissinger* (1998, 2) nunmehr das juristische Regelwerk eigenständig ausgestalten und pädagogisch interpretieren. Neben der Herausbildung von schulspezifischen pädagogischen Schwerpunkten soll dies der kollegialen Konsensbildung und Kooperation, der Anregung von Innovation sowie der Bereitstellung von partizipativen Gestaltungsmöglichkeiten und erhöhter Verbindlichkeit innerschulischer Initiativen dienen (*Maritzen* 1998, 137).

Der erhöhten Freiheit stehe gleichzeitig eine Verpflichtung zur Rechenschaftslegung gegenüber; in deren Zuge sei die Qualität schulischer Arbeit in Evaluationen nachzuweisen, womit das Ziel der Rechenschaftslegung verfolgt werde (*Ackermann & Wissinger* 1998, 2). Damit werde die Frage der Definition von Schulqualität auch mit Blick auf die Schulforschung entscheidend: Schulentwicklung ziele

> „auf eine Verbesserung des Schulerfolgs der Schülerinnen und Schüler und eine Stärkung der erzieherischen Wirkungen der Schule" (*Ackermann & Wissinger* 1998, 3).

Die Verbesserung der Schulqualität wird im Zusammenhang mit der Schulqualitätsdiskussion wesentlich als Aufgabe des „schulischen Managements" (*Ackermann & Wissinger* 1998, 9) angesehen, dessen Aufgaben- und Verantwortungsbereich größer werde. Vor dem Hintergrund der Dezentralisierung staatlicher Verantwortung und der Stärkung der Selbstverantwortlichkeit der einzelnen Schule wird die Aufgabe der Schulleitung vor allem darin gesehen, "gemeinsam mit Lehrerinnen und Lehrern die pädagogische Zielklärung der Schule zu betreiben, ein Schulprogramm zu entwickeln, für dessen Umsetzung zu sorgen und den Erfolg sowie die Professionalität des Handelns zu überprüfen" (*Ackermann & Wissinger* 1998, 10).

In dieser komplexen Zusatzanforderung an die Schulleitungen wird auch die Möglichkeit einer Gefährdung durch Überforderung gesehen (*Ackermann & Wissinger* 1998, 10). Daneben wird ein bedeutsamer Problemkreis im Bereich des Selbstverständnisses der Schulaufsicht gesehen, der sich zum einen aus der Bedrohung der Identität von Schulaufsichtsbeamten ergebe, zum anderen daraus, dass die effektive Umsetzung der Reform sich nur bedingt steuern lasse:

"Verantwortung für die Qualität von Unterricht und Schule bei gleichzeitiger Rücknahme zentraler Regelungen durch verwaltungspolitisch motivierte Dezentralisierungskonzepte führen zu einer Situation, die die verwaltungs- und bildungspolitische Reformentwicklung gefährdet. So ist einerseits die berufliche Identität der Aufsichtsbeamten bedroht und andererseits die Reform vor Ort, deren Umsetzung nicht nach dem Strickmuster eines ‚Masterplanes' funktioniert. Die Zukunftsperspektive der Schulaufsicht hängt davon ab, ob sie ihr Handeln aus der Sicht einer Position der Macht, d. h. des Diktierens und Verwaltens in eine Position der Einflussnahme, des Gestaltens und Erhaltens zu überführen vermag" (*Ackermann & Wissinger* 1998, 12f.; dazu auch *Schratz* 1998).

Dabei ist allerdings festzustellen, dass weitgehend darauf verzichtet wird, diese "Wunschvorstellung" mit einer schlüssigen pädagogischen Argumentation zu untermauern (so etwa bei *Schratz* 1998; 2002; *Lohmann & Schilling* 2002; auch *Rosenbusch* 2002; 1997; *Ratzki* 2002). Ohne die "realistische Wende in der pädagogischen Forschung" (*Roth* 1966) negieren und gesellschaftlichen Wandel ignorieren zu wollen, wäre nach Auffassung von *Sauer* (1980, 24f.)

"[die] Gewissheit von der Unverwechselbarkeit des pädagogischen Engagements ... eine mögliche und notwendige Voraussetzung für die Definition von Schule als einer pädagogischen Institution. Dieses Engagement würde seinen Zielpunkt klar im Heranwachsenden und seinem Interesse, erwachsen zu werden, haben. Es wäre unvereinbar mit bloßer Wissensübermittlung und Einpassung (‚Integration') in die Gesellschaft, wie sie ist."

Eine pädagogische Perspektive auf die Konstituierung der Einzelschule und ihres Verhältnisses zur öffentlichen Verwaltung bedarf dementsprechend einer anthropologischen Ausgangsposition, die zugleich den personalen Charakter von Lernen, erzieherischem Handeln und Schulemachen betont. Der vorliegende Artikel folgt an dieser Stelle *Rosenbusch* (1997; s. hierzu auch *Fend* 1981, 235), der seine Überlegung auf zwei Prämissen aufbaut: *Zum einen* wird ein Grundverständnis pädagogischer Interaktion zu Grunde gelegt. Hierzu gehören

- der mündige, sozial- und eigenverantwortliche Mensch als Ziel pädagogischer Bemühungen,

- wechselseitige Anerkennung sowie Selbstrespekt von Erzieher und Erzogenem sowohl als pädagogisch-normative Perspektive als auch als aus empirischer Perspektive notwendige Entwicklungsbedingung,
- Interaktion zwischen Lernendem und Lehrendem als beiderseitige Aktivität der Selbsthervorbringung, die nicht isoliert erfolgen könne, sowie
- Selbsttätigkeit des Lernenden.

Zum anderen wird im Sinne eines funktionalen Erziehungsverständnisses, das der erzieherischen Organisation selbst Erziehungswirkung beimisst, davon ausgegangen, dass dieses Grundverständnis sich auf der Ebene der Organisation von Schule und Schulaufsicht widerspiegeln müsse. Das Handeln des Leitungspersonals solle vor diesem Hintergrund an den folgenden Maximen orientiert sein:

- einem Primat der pädagogischen Zielvorstellungen vor Verwaltungsaspekten,
- der Beachtung nicht nur von kindpädagogischen, sondern auch von erwachsenenpädagogischen Aspekten, soweit die Interaktion zwischen LehrerInnen, SchulleiterInnen und SchulaufsichtsbeamtInnen tangiert sei,
- einer Schulverwaltung, die sich stärker auf „das Positive" konzentriere als auf Kontrolle, Korrektheit und Fehlervermeidung,
- einer Logik des Vertrauens in die Fähigkeiten der anderen sowie
- Kollegialität trotz Hierarchie.

3 Zu relevanten Verwaltungskonzepten

Der Analyse von Schule als Verwaltungseinrichtung werden in der einschlägigen Literatur insbesondere zwei Verwaltungsmodelle zugrunde gelegt: das Bürokratiemodell *Max Weber*s (insb. *Nevermann* 1982, 272ff.) sowie, im Rahmen der hier diskutierten Schulreform, das Steuerungsmodell des New Public Management (NPM) (für den deutschsprachigen Raum vor allem *Dubs* 2001) und hier insbesondere die Bürokratiekritik von *Niskanen* (1971). Beide werden nachfolgend erläutert, bevor auf ihre Relevanz für die Berliner Schulreform eingegangen wird.

3.1 Zum bürokratischen Idealtypus Max Webers

Folgt man *Max Weber*, dem einflussreichsten Wissenschaftler im Bereich der Bürokratieforschung, erfordere staatliche Herrschaft eine Verwaltung im Sinne

> „eines S t a b e s von Menschen (Verwaltungsstab ...), d. h. der (normalerweise) verlässlichen Chance eines e i g e n s auf Durchführung ihrer generellen Anordnungen und konkreten Befehle eingestellten H a n d e l n s angebbarer zuverlässig gehorchender Menschen" (*Weber* 1980, 122).

Politische Herrschaft unterliegt dabei dem Zwang ihrer eigenen Legitimierung, d. h. des Glaubens der Beherrschten an die Rechtmäßigkeit der Herrschaft (*Weber* 1980, 122). In der demokratischen Herrschaftsform muss das Parlament gleichzeitig nachweisen, Kontrolle über die Verwaltung zu haben (ebd. 350). Rationale Herrschaft als spezifisch moderne Form der Herrschaft basiere auf dem Glauben an die Legalität der herrschenden Ordnung und an das Anweisungsrecht der zur Herrschaft Berufenen; dementsprechend beruht die Geltung der Herrschaft auf der Unpersönlichkeit der so geschaffenen Ordnung und der auf dieser Basis eingesetzten Personen (ebd. 122).

Bürokratische Verwaltungsorganisation ist *Weber* zufolge eine Variante der legal-rationalen Sicherung von Herrschaft (*Weber* 1980, 124). Für Massenverwaltungen sei sie unerlässlich: Die Alternative zur bürokratischen Verwaltung bestehe in Dilettantismus (ebd. 128). Mit *Weber* (1980, 128) ist davon auszugehen, dass bürokratische Verwaltung alle Bereiche des Lebens durchdringt. Bürokratische Vorstellungen von Verwaltung im Sinne *Webers* folgen der funktionalen Differenzierung moderner Gesellschaften in relativ unabhängig funktionierende Handlungssphären (ebd. 559ff.; auch *König* 1996, 50). Bürokratische Verwaltungsorganisation sichere hiernach Herrschaft durch Effizienz; diese erfordere Neutralität gegenüber dem Einzelfall, Sachlichkeit anstelle von Empfindungen und hohe fachliche Expertise (*Weber* 1980, 562f.):

„,Sachliche' Erledigung bedeutet in diesem Fall in erster Linie Erledigung ‚ohne Ansehen der Person' nach berechenbaren Regeln. ... Ihre spezifische, dem Kapitalismus willkommene, Eigenart entwickelt sie [die Bürokratie, E. W.] um so vollkommener, je mehr sie sich ‚entmenschlicht', je vollkommener, heißt das hier, ihr die spezifische Eigenschaft, welche ihr als Tugend nachgerühmt wird: die Ausschaltung von Liebe, Hass und allen rein persönlichen, überhaupt allen irrationalen, dem Kalkül sich entziehenden, Empfindungselementen aus der Erledigung der Amtsgeschäfte, gelingt. Statt des durch persönliche Anteilnahme, Gunst, Gnade, Dankbarkeit bewegten Herrn der älteren Ordnungen verlangt eben die moderne Kultur, für den äußeren Apparat, der sie stützt, je komplizierter und spezialisierter sie wird, desto mehr den menschlich unbeteiligten, daher streng ‚sachlichen' Fachmann."

Bürokratische öffentlich-rechtliche Verwaltungen zeichnen sich nach *Weber* (1980, 125f., 551f.) als Formen rationaler Herrschaft durch die folgenden Merkmale aus:

- klare Kompetenzabgrenzung mit sachlich abgegrenzter Leistungsverteilung, Verfügbarkeit der erforderlichen Befehlsgewalten und Zwangsmittel sowie kontinuierlicher, regelgebundener Betrieb durch Personen mit generell geregelter Qualifikation zur Vermeidung von Konkurrenz; Kompetenzabgrenzung impliziert hierbei auch eine Notwendigkeit der Kompromissfindung;

- „Amtshierarchie", d. h. eine „Ordnung fester Kontroll- und Aufsichtsbehörden für jede Behörde mit dem Recht der Berufung oder Beschwerde von den nachgeordneten an die vorgesetzten" (*Weber* 1980, 125);

- Amtsführung durch Schriftlichkeit;

- Fachschulung, die einer rationalen Regelbefolgung bedürfe;

- hauptberufliche und umfassende Inanspruchnahme der Arbeitskraft der Verwaltungsmitglieder sowie

- Regelgebundenheit, d. h. Entsprechung mit Normen und technischen Regeln.

Neben Amtsdisziplin und umfassendem Einsatz der Arbeitskraft setzt die bürokratische Verwaltungsorganisation demzufolge vor allem auf die fachliche Expertise des Beamten. Einzelne Beamte als Mitglieder des Beamtenstabes sind nach *Weber* (1980, 126f., 552f.) in der Regel

- gegen Gewährung einer sicheren Existenz einer Amtstreuepflicht unterworfen, die auf einen unpersönlichen, sachlichen Zweck hin angelegt sei;
- nach Fachqualifikation und demnach nicht auf Basis von persönlichen Beziehungen eingestellt, im rationalsten Fall auf Basis bestimmter Prüfungszertifikate;
- mit einer Laufbahnperspektive versehen.

Problematisch ist an diesem Typus von Verwaltung aus Sicht von *Weber* (1980, 128ff.) nicht nur die Tendenz der bürokratischen Verwaltung, angesichts ihrer fachlichen Überlegenheit unbeherrschbar zu sein. Kritisch könnten auch die Tendenzen von Verwaltungsmitgliedern sein, formalistisch im Sinne einer Minimierung von Aufwand zu agieren, und die Tendenz, nach eigenen materiellen Vorteilen zu entscheiden. *Merton* (1968b, 251ff.) kritisiert unter anderem,

- Bürokratien seien mangelhaft anpassungsfähig an geänderte Umgebungsbedingungen (s. auch die ausführliche Darstellung einer vergleichbaren Kritik bei *Burns & Stalker* 1961);
- Bürokratien hätten die Tendenz, Disziplin und Regelbefolgung zur Maxime anstelle eines Mittels zum Zweck zu machen;
- Gedanken, Gefühle und Handlungen würden an bürokratische Laufbahnpfade angepasst, mit den Konsequenzen Ängstlichkeit, Konservatismus und Technizismus;
- Funktionäre hätten die Tendenz, Aggression innerhalb der Gruppe durch das Gefühl eines gemeinsamen Schicksals zu minimieren; hierdurch könne eine informelle soziale Organisation erzeugt werden, die zu Abwehrmechanismen gegen wahrgenommene Bedrohungen der Gruppenidentität führe;
- es bestünden die Gefahr einer Abhängigkeit von Statussymbolen und Tendenzen zur Überhöhung der eigenen moralischen Legitimität;
- es gebe Neigungen zu Trägheit und Abwehr geforderter neuer Verhaltensweisen.

Kritik an diesem Verwaltungsmodell hat in den 80er und 90er Jahren weltweit zum Aufkommen eines alternativen Verwaltungsmodells geführt, das in der Verwaltungswissenschaft unter der Bezeichnung „New Public Management" (NPM) thematisiert wird; dieses wird im Folgenden erläutert.

3.2 Zum New Public Management

Im internationalen Kontext existieren zumindest zwei grundsätzlich unterschiedliche typologische Ansätze des NPM (*Schröter & Wollmann* 2005, 72): Das erste Modell wird im Folgenden als „Staatsmodell" bezeichnet. Es ist z. B. in dem in Deutschland stark vertretenen „Neuen Steuerungsmodell" zu finden (ebd. 77f.). Das Staatsmodell favorisiert eine erhöhte Autonomie der bürgernahen Bereiche öffentlicher Verwaltungen bei gleichzeitig klaren Vorgaben und Rechenschaftslegung durch ergebnisorientierte externe Evaluation. Das zweite Modell setzt als „Marktmodell" verstärkt auf eine Privatisierung öffentlicher Funktionen. Diese Richtung wurde mittlerweile zum Beispiel im *Hamburgischen Schulgesetz* implementiert (§ 85a *HmbSG*). Im Folgenden wird dieses Reformmodell jedoch nicht weiter berücksichtigt.

Die theoretischen Wurzeln des NPM können im Wesentlichen in der so genannten „Public Choice"-Theorie sowie im so genannten „Managerialismus" bzw. „Neo-Taylorismus" gesehen werden *(Keraudren & van Mierlo* 1998; *Schröter & Wollmann* 2005, 65f.). Die Theorie des Public Choice betont Inkonsistenzen des klassischen Modells repräsentativer Demokratie; sie schlägt ein alternatives Entscheidungsmodell vor *(Keraudren & van Mierlo* 1998, 41f.). Die traditionelle Art des Verwaltungsaufbaus fördert in der Sicht der Public Choice-Theorie insbesondere rational eigennutzmaximierende Bürokraten und erschwert die Aufgabe der Regierung, durch die öffentliche Verwaltung rechtlich bindende Entscheidungen durchzusetzen. Bürokraten entwickeln Informationsmonopole zum Erhalt und Ausbau ihrer eigenen Stellung. Sie bestimmen damit über Kosten und Nutzen der öffentlichen Verwaltung. Zur effizienten Gestaltung bürokratischer Organisationen schlägt *Niskanen* (1971, 228) als der zentrale Theoretiker des Public Choice dementsprechend unter anderem eine verstärkte Kontrolle von Bürokraten durch die Exekutive vor.

Während Public Choice eine Theorie über eine effiziente Anreizsetzung für die öffentliche Verwaltung darstellt, wird in neo-tayloristischer Sichtweise die Ursache für schlechtes Management einer Administration in der Administration selbst gesehen *(Keraudren & van Mierlo* 1998, 43). Zu den möglichen Ursachenfaktoren gehören danach unbekannte Kostenstrukturen, Karrieresysteme, die Sicherheitsdenken honorieren, fehlende persönliche Verantwortlichkeitszuweisung zwischen Administratoren sowie teilweise auch routineförderliche Organisationsstrukturen. Diese auch als „Managerialismus" bezeichnete Sichtweise betont die Bedeutung von Managementqualifikationen und betriebswirtschaftlichen Steuerungsinstrumenten gegenüber der Fachexpertise von Bürokraten und fordert einen erheblichen Entscheidungsspielraum für „Manager" öffentlicher Institutionen *(Schröter & Wollmann* 2005, 66f.). Dabei werden „auf Grund der spürbaren technokratischen Neigung zur Zeit- und Mengenerfassung und des universalistischen Geltungsanspruches" *(Schröter & Wollmann* 2005, 67) des Managerialismus' Remineszenzen an die tayloristische Managementlehre gesehen. Verbesserungsvorschläge aus dieser Perspektive stellen auf die Implementation von Managementtechniken im öffentlichen Bereich ab. Sie umfassen unter anderem Methoden der Leistungskontrolle, um die Zielerreichung gegenüber angestrebten Zielen zu messen; dies schließe die Zuweisung persönlicher Verantwortlichkeit für die einzelnen Schritte der Leistungserstellung ein *(Keraudren & van Mierlo* 1998, 43).

Eine Darstellung des NPM ist hier nur skizzenhaft möglich. Sie dient dazu, zu verdeutlichen, dass NPM Resultat prinzipieller Betrachtungen über die allgemeine Verwaltung ist, das insbesondere durch systembedingtes „Misstrauen" gegenüber deren Mitgliedern gekennzeichnet ist, da ihnen der Modellannahme des Public Choice entsprechend Eigennutzmaximierung unterstellt wird. Die Zielsetzung des NPM besteht zu erheblichen Teilen in der Legitimierung von Verwaltungshandeln durch verstärkte

Kontroll- und Anreizmechanismen, wobei die Eindämmung von Staatsausgaben ein treibender Imperativ ist (*Schröter & Wollmann* 2005, 64). Zu diesem Zweck werden Kontrollmechanismen für die Agenten der Verwaltung betont, um die Zielerreichung zu verbessern. Diese Kontrollmechanismen setzen primär auf standardbezogene Informationsgewinnung und extrinsische Motivierung sowie Sanktionierung der Betroffenen.

Im Folgenden wird beleuchtet, wie sich die beschriebenen Verwaltungskonzepte im alten und im neuen Berliner Schulrecht niederschlagen und welche Konsequenzen dabei für die Rationalität schulischen Handelns impliziert sind.

4 Zur Verwaltungsrationalität in der Berliner Schule nach altem und neuem Schulrecht

Die Darstellung bezieht sich vergleichend auf das alte und das seit 1. Februar 2004 gültige neue Berliner Schulrecht. Zu den Rechtsquellen, die mit Blick auf den Verwaltungscharakter Berliner Schulen von Relevanz sind, gehört nach altem Schulrecht insbesondere das *Schulverfassungsgesetz (SchulVerfG)*. Nach neuem Berliner Schulrecht wird das *Schulverfassungsgesetz* abgelöst durch das *Schulgesetz für Berlin (SchulG)* vom 26. Januar 2004. Im Folgenden wird die Eingangsthese exemplarisch diskutiert

- anhand der Einführung von Schulprogrammen,
- entlang der Stellung der SchulleiterInnen im Verhältnis zu Schulaufsicht, Kollegium und LehrerInnen sowie
- im Hinblick auf Veränderungen bzgl. der Beurteilung von LehrerInnen.

Die mit dem neuen Schulrecht eingeführten Veränderungen und die Neugestaltung der entsprechenden Verwaltungsabläufe werden zunächst referiert und danach im Abschnitt 4.4 mit Blick auf Effekte für die schulische Verwaltungsrationalität diskutiert.

4.1 Zur Einführung von Schulprogrammen und zur Rechenschaftslegung

Zunächst wird die Umsetzung des neuen Berliner Schulgesetzes anhand des Zusammenhangs zwischen Schulprogrammerstellung und externer Evaluation, also fokussiert auf die Komponente verstärkter Rechenschaftslegung beschrieben. Laut § 8 *SchulG* geht die erhöhte Selbstständigkeit Berliner Schulen in Bezug auf den eigenständigen Abschluss von Rechtsgeschäften (§ 7 Abs. 1 *SchulG*), die organisatorische Gestaltung von Unterricht, Erziehung und Schulleben (§ 7 Abs. 2 *SchulG*), schulbezogene Stellenausschreibungen und Mitbestimmung bei der Personalauswahl (§ 7 Abs. 3 *SchulG*), die Mittelbewirtschaftung (§ 7 Abs. 4 *SchulG*) sowie die curriculare Gestaltung von Unterricht (§ 10 Abs. 2 *SchulG*) mit der Anforderung einer, insbesondere für den Bereich der organisatorischen und curricularen Gestaltung ein Schulprogramm zu entwickeln. Daneben sind im Schulprogramm Evaluationskriterien für eine in mindestens dreijährigem Rhythmus angelegte interne Evaluation zu entwickeln, die als Grundlage für die Fortentwicklung des Schulprogramms dienen soll (§ 8 Abs. 2 Pkt. 5, Abs. 5 *SchulG*). Über diese Evaluation ist der Schulaufsichtsbehörde schriftlich Bericht zu erstatten (§ 9 Abs. 2 Satz 6 *SchulG*). Laut Rahmenkonzeption für die Qualitätssicherung ist das Schulprogramm der Schulaufsicht erstmalig zum 01.06.2006 zur Genehmigung vorzulegen (*Senatsverwaltung für Bildung, Jugend und Sport* 2005a, 3). Die externe Evaluation liegt in der Verantwortung der Schulaufsicht; sie soll der Erfassung der Qualität hinsichtlich Unterricht, Erziehung, Schulorganisation und Schulleben, der Standardsicherung sowie der Entwicklung und Fortschreibung von Schulprogrammen dienen und kann als Basis für schul- und schulartübergreifende Vergleiche sowie von zentralen Schulleistungsuntersuchungen herangezogen werden (§ 9 Abs. 3 *SchulG*).

Mit Blick auf die Aufgabe der Schulleitung, für Schulprogrammentwicklung zu sorgen (§ 69 Abs. 2 Pkt. 2 *SchulG* i. V. m. § 74 Abs. 2 *SchulG*), hat die Schulleitung der Schulaufsicht das Schulprogramm zur Genehmigung vorzulegen (§ 8 Abs. 4 *SchulG*). Zwar sind die Ablehnungsgründe eng begrenzt, allerdings kann in Kombination

- der Berechtigung der Schulaufsicht, Verfahren für Durchführung, Auswertung und Berichtslegung der interne Evaluation per Rechtsordnung zu regeln (§ 9 Abs. 6 Pkt. 1 *SchulG*),

- der Berichtspflicht der Schulen an die Schulaufsicht über die interne Evaluation (§ 9 Abs. 2 Satz 6 *SchulG*) sowie

- der Befugnis der Schulaufsicht, externe Evaluation und schulübergreifende Vergleiche durchzuführen (§ 9 Abs. 3 Satz 3 *SchulG*),

faktisch von einer starken Einflussnahme der Schulaufsicht auf die Schulprogrammgestaltung ausgegangen werden.

Das „Konzept zur Inspektion der Berliner Schulen" der *Senatsverwaltung für Bildung, Jugend und Sport* (2005b, 3) stützt diese Annahme insofern, als es der Schulaufsicht im Hinblick auf Ziele, Umgang mit Evaluationsergebnissen, Zusammenstellung der Evaluationsteams, Ausgestaltung der Evaluationskriterien bzw. -methoden und Evaluationsrhythmus erhebliche Ansatzpunkte für Einflussnahmen und Kontrollen bietet. Für die Schulinspektion sieht das Konzept einen umfassenden *Zielkatalog* vor; dieser besteht aus folgenden Aspekten:

- datengestützte Bewertung der Unterrichts- und Erziehungsqualität sowie des Schul- und Personalmanagements auf der Basis eines transparenten Indikatorenkanons;

- Bewertung der Schulentwicklung auf der Basis von Leistungsdaten;

- gezielte Hinweise zur Unterstützung schulischer Qualitätsentwicklung;

- Erhöhung der Validität des innerschulischen Qualitätsurteils;

- Förderung innerschulischer Entwicklungsprozesse durch einen Evaluationsbericht;

- erhöhte Verbindlichkeit der Rechenschaftslegung über im Schulprogramm beschlossene Entwicklungsmaßnahmen sowie

- Gewinnung von Vergleichsdaten mit dem Ziel, Steuerungswissen für politische Entscheidungen zu erhalten.

Die *Ergebnisse* der Schulinspektion werden in einem Bericht festgehalten; dieser soll als Grundlage für die systemische Beratung der Schulen durch die Schulaufsicht dienen, insbesondere dazu, gemeinsam Prioritäten für die Qualitätsentwicklung zu setzen und Zielvereinbarungen festzulegen (*Senatsverwaltung für Bildung, Jugend und Sport*

2005b, 3). Die für die Inspektion vorgesehenen Teams sollen gewährleisten, dass unterschiedliche Perspektiven und berufliche Vorerfahrungen zur Geltung kommen. Zur Sicherung der Objektivität sei auch darauf zu achten, dass die betreffenden Personen keine berufliche oder persönliche Verbundenheit mit der Schule aufweisen. Die *Inspektionsteams* bestehen aus Schulaufsicht, Schulleitungsmitgliedern und Lehrkräften. Außerschulische Institutionen der Wirtschaft, Wissenschaft und Elternvertretungen, die außerhalb des formalen Einflusses der Schulaufsicht stehen, werden lediglich eingeladen, an den neun Inspektionsteams mitzuwirken (*Senatsverwaltung für Bildung, Jugend und Sport* 2005b, 3f.). *Inhalt* der Evaluation sollen 25 Qualitätsmerkmale sein, die dem „Handlungsrahmen Schulqualität in Berlin" (*Senatsverwaltung für Bildung, Jugend und Sport* 2005b) entnommen werden (*Senatsverwaltung für Bildung, Jugend und Sport* 2005a, 4). In den ersten Inspektionsjahren werden hiervon zunächst lediglich 16 Kriterien verbindlich inspiziert, wobei zwei zusätzliche Merkmale durch die Schulen auszuwählen sind. Grundlage der Evaluation sind, neben der Analyse von Dokumenten der Schulen, eine Inspektion unter Einschluss von Schulbegehung, Unterrichtsbesuchen, Schulleitungsinterviews sowie Gesprächen mit Lehrkräften, Eltern und Schülern. Der Schule wird die Möglichkeit zur schriftlichen Rückmeldung auf den Inspektionsbericht eingeräumt, bevor dieser durch Schulaufsicht und Schulträger mit der Schule erörtert wird.[1] Der *Evaluationsrhythmus* ist auf 5 Jahre angelegt; mit der Evaluation wurde in der zweiten Hälfte des Schuljahres 2005/06 angefangen – d. h. in etwa zeitgleich mit dem Termin zur Einreichung der Schulprogramme. Damit deutet sich an, dass die Schulprogrammentwicklung selbst auf die Vorgaben des Qualitätsrahmens ausgerichtet ist. Begonnen wurde zunächst mit 45 der ca. 800 öffentlichen Berliner Schulen. Priorität haben hierbei Schulen, die durch besondere Probleme auffallen, wobei besonders negative Inspektionsergebnisse zu vertiefenden Inspektionen oder Inspektionswiederholungen nach verkürzten Zeiträumen führen sollen (*Senatsverwaltung für Bildung, Jugend und Sport* 2005b, 4).

Neben den beschriebenen Veränderungen im Bereich der Rechenschaftslegung ist die veränderte Stellung der SchulleiterInnen im Verhältnis zu Schulaufsicht, Kollegium und LehrerInnen ein zentrales Merkmal der „neuen" Berliner Schule.

4.2 Zur Stellung der SchulleiterInnen im Verhältnis zu Schulaufsicht, Kollegium und LehrerInnen

Schulen und Schulmitglieder sind traditionell organisatorisch eingebunden in eine *hierarchische Struktur*; es gilt die „Einheit der Befehlskette" aus Schulaufsicht (z. B. § 9 *SchulVerfG*), Schulleitung und LehrerInnenschaft (z. B. § 22 Abs. 3 und 4 *SchulVerfG*). Vor dem Hintergrund der pädagogisch als erforderlich angesehenen Autonomie wird die Verwaltungsrationalität von Schule durch das Rechtsinstitut der „pädagogischen Freiheit" der LehrerInnen begrenzt, das LehrerInnen einen beamtenrechtlichen Sonderstatus gewährt: So unterliegen LehrerInnen als BeamtInnen traditionell der Gehorsamspflicht des Beamtenrechts, gleichzeitig werden ihnen aber Freiheits- und Beurteilungs-

---

[1] Inspektionsverfahren, Ablauf, Instrumente und Berichtsstruktur sind im „Handbuch zur Inspektion der Berliner Schulen" dokumentiert (*Senatsverwaltung für Bildung, Jugend und Sport* 2005b, 4f.); im Rahmen dieses Beitrags kann hierauf nicht genauer eingegangen werden.

spielräume zugemessen, die über die für BeamtInnen üblichen Freiheitsgrade hinausgehen (*Heckel* 1977, 72). Gemäß altem Berliner Schulrecht ist z. B.

„[Der] Schulleiter ... im Rahmen seiner Verwaltungsaufgaben gegenüber den an der Schule tätigen Lehrern und schulischen Mitarbeitern weisungsberechtigt" (§ 22 Abs. 4 Satz 1 *SchulVerfG*).

Für die Erziehungs- und Unterrichtsarbeit gilt die Weisungsbefugnis beschränkt:

„Der Schulleiter soll in die Unterrichts- und Erziehungsarbeit in der Regel nur im Benehmen mit der entsprechenden Fachkonferenz und nur dann eingreifen, wenn es zur rechtmäßigen oder sachgerechten Durchführung von Unterricht und Erziehung, insbesondere aus Gründen der Wahrung des Gleichheitsgrundsatzes, geboten ist" (§ 22 Abs. 3 Satz 1 *SchulVerfG*).

Eine vergleichsweise hohe rechtliche Autonomie hat die Schule darüber hinaus auch im Bereich ihrer Selbstverwaltung: Trotz ihrer Einbindung in die Hierarchie der öffentlichen Schulverwaltung und ihr Gebundensein an Weisungen und Eingriffe der staatlichen Schulaufsicht und des Schulträgers verfügt die Einzelschule über eine Handlungsautonomie, die neben der pädagogischen Freiheit der LehrerInnen insbesondere im Bereich der Konferenzen angesiedelt ist. Für das alte Berliner Schulrecht ist hierbei vor allem auf das Recht der Gesamtkonferenz zu verweisen, die Wahl der SchulleiterInnen zu treffen bzw., bei nur einem durch die Schulaufsicht vorgeschlagenen Bewerber, diesen mit 2/3 Mehrheit abzulehnen und eine Neuausschreibung der Stelle zu verlangen. Dem Kollegium wird also im Regelfall das Benennungsrecht, zumindest aber ein erhebliches Mitspracherecht bei der Benennung der SchulleiterInnen übertragen (§ 23 Abs. 3 und 4 *SchulVerfG*).

Für die folgende Betrachtung des neuen *Schulgesetzes für Berlin* vom 26.01.2004 (*SchulG*) ist vorwegzunehmen, dass die Stellung der Erweiterten Schulleitung aus Gründen des Beitragsumfangs ausgeklammert wird (dazu § 74 Abs. 2 Satz 1 sowie § 69 Abs. 6 *SchulG*); der Fokus liegt auf der gewandelten Stellung der SchulleiterInnen gegenüber den LehrerInnen. Das neue Schulgesetz stärkt zunächst die Schulaufsicht bei der Auswahl der SchulleiterInnen. Für die Wahl der SchulleiterInnen weist es der Schulkonferenz zwar das Recht zu, die Ablehnung eines von der Schulaufsicht vorgeschlagenen Bewerbers mit 2/3 Mehrheit auszudrücken. Das Entscheidungsrecht liegt jedoch in jedem Fall bei der Schulaufsicht (§ 72 *SchulG*). Gleichzeitig befugt das Gesetz SchulleiterInnen nicht nur zu Eingriffen in die Unterrichts- und Erziehungsarbeit, sondern hält sie vielmehr dazu an: Danach gehört es nicht nur zu ihrem Aufgabenbereich (§ 69 Abs. 2 *SchulG*), sondern vielmehr auch zu ihren Amtspflichten (§ 69 Abs. 4 Satz 2 *SchulG*), auf eine kontinuierliche Verbesserung der Unterrichts- und Erziehungsarbeit sowie auf einheitliche Bewertungsmaßstäbe hinzuwirken und dazu

„in die Unterrichts- oder Erziehungsarbeit bei Verstoß gegen Rechts- oder Verwaltungsvorschriften, Weisungen der Schulaufsichtsbehörde und der Schulbehörde oder Beschlüsse der schulischen Gremien oder bei Mängeln in der Qualität der pädagogischen Arbeit einzugreifen" (§ 69 Abs. 4 Satz 2 Pkt. 3 *SchulG*).

Neben dieser neuen Kompetenz der SchulleiterInnen zum Eingriff in die pädagogische Arbeit sind diese nicht nur im Sinne des alten Schulrechts mit Bezug auf die Verwaltungsaufgaben der LehrerInnen weisungsbefugt (§ 69 Abs. 4 Satz 1 *SchulG*), sondern darüber hinaus nun auch Dienstvorgesetzte der Lehrkräfte mit der Befugnis u. a. zur Anordnung von Mehrarbeit, der Bewilligung von Nebentätigkeiten sowie zur Abfassung dienstlicher Beurteilungen der Lehrkräfte (§ 69 Abs. 6 *SchulG*). Auf die veränderte Stellung der Lehrkräfte in diesem Zusammenhang wird im Folgenden eingegangen.

4.3 Zu Aufgaben der LehrerInnen, Beurteilung und Laufbahnperspektiven

Im Rahmen des vorliegenden Beitrags kann auf das neu eingeführte Verfahren der dienstlichen Beurteilung und die Konsequenzen für Laufbahnperspektiven von LehrerInnen lediglich knapp eingegangen werden. Ziel der dienstlichen Beurteilung ist es nach Punkt 2 der *Ausführungsvorschriften über die Beurteilung der Beamten und Beamtinnen des Schul- und Schulaufsichtsdienstes (AV Lehrerbeurteilung)* vom 01.06.2005

> „ein aussagekräftiges Bild der Leistung und Befähigung der Beamten und Beamtinnen zu gewinnen. Dienstliche Beurteilungen dienen auch als Grundlage für sachgerechte Personalentscheidungen unter Wahrung des Leistungsgrundsatzes."

Das umfassende laufbahnrechtliche Beurteilungsverfahren, dessen Ergebnis der Personalakte zugefügt wird (Punkt 7.5 *AV Lehrerbeurteilung*), beinhaltet als wesentliches neues Dokument eine standardisierte Einschätzung der Unterrichts- und Erziehungsaufgaben der LehrerInnen. Grundlage der Beurteilung ist ein detaillierter standardisierter Beurteilungsbogen mit Ratingskala (Punkt 3.1 sowie Anlagen 1, 2a und 4a *AV Lehrerbeurteilung*). Mit dem neuen Berliner Schulgesetz geht hierbei eine Erweiterung der Aufgaben der LehrerInnen über die unmittelbar unterrichtliche und erzieherische Arbeit insofern einher, als die Lehrkräfte mitzuwirken haben

> „an der eigenverantwortlichen Organisation und Selbstgestaltung der Schule, an der Erstellung des Schulprogramms und der Qualitätssicherung sowie der Gestaltung des Schullebens" (§ 67 Abs. 4 *SchulG*).

Gemäß *AV Lehrerbeurteilung* wird unter anderem auch diese Aufgabe Teil des Beurteilungsverfahrens der verbeamteten LehrerInnen (Punkt 3.1 sowie Anlagen 1, 2a und 4a); für FachbereichsleiterInnen und AbteilungsleiterInnen gilt dies in verstärktem Umfang (Anlagen 2d, und 2e sowie 4d und 4e).

4.4 Diskussion

Fasst man die vorhergehenden Darstellungen zusammen, ergibt sich: In den beschriebenen Bereichen kann das neue Berliner Schulrecht, normiert unter anderem in Schulgesetz, Ausführungsvorschriften und Konzeptionen der Senatsverwaltung für die Implementation des Schulrechts, eher im Sinne einer Verstärkung bürokratischer Rationalität denn ihres Abbaus interpretiert werden. Insbesondere können die folgenden Punkte hervorgehoben werden:

- Die hierarchische Komponente des Schulaufbaus wird in höherem Maße betont. Das Benennungsrecht für SchulleiterInnen durch die Schulaufsicht beseitigt das stark "demokratische" innerschulische Element der Bestimmung der SchulleiterInnen in der Gesamtkonferenz. Mit der Zuweisung der Dienstvorgesetzteneigenschaft an die SchulleiterInnen ist die Schule eindeutiger im Sinne eines Instanzenzugs geführt. Daneben wird die Amtshierarchie durch die Verpflichtung der SchulleiterInnen zum Eingriff im Falle von Mängeln in der unterrichtlichen Arbeit gestärkt.

- Die Kompetenzabgrenzung zwischen unterschiedlichen Verwaltungsebenen wird eindeutiger geregelt; insbesondere ist hier das Recht zur SchulleiterInnenbenennung durch die Schulaufsicht zu nennen.
- Das neue Schulrecht erhöht deutlich die Notwendigkeit zur Schriftlichkeit bzw. zur Formular- und Dokumentenproduktion. Insbesondere ist hier auf die verstärkte Behandlung der Unterrichtstätigkeit im Sinne einer Verwaltungstätigkeit zu verweisen, deren standardisierte Einschätzung zur Personalakte hinzugefügt wird. Neben der umfassenden und regelmäßigen Dokumentation im Bereich der Beurteilung von LehrerInnen führen vor allem interne Evaluation und externe Evaluation zu einer deutlichen Erhöhung von Schriftlichkeit sowie von Transparenz im Sinne einer Standardisierung, die auf der Basis vorgegebener Qualitätsmerkmale vorgenommen wird.

Damit ergibt sich ein Gesamtbild, dass auf eine Erhöhung bürokratischer Kontrolle innerhalb der Amtshierarchie hindeutet. Das Muster entspräche damit sowohl einer bürokratischen Rationalität *Weber'*scher Prägung als auch dem Grundmisstrauen gegenüber „Verwaltungsangehörigen", das in den theoretischen Wurzeln des NPM angelegt ist. Deutlich wird auch: Im Sinne dieses Misstrauens scheint die Berliner Schulreform vor allem auf Kontrolle anstelle einer Loyalität der LehrerInnen und SchulleiterInnen zum Staat zu setzen, wie sie im bürokratischen Idealtypus *Webers* beschrieben ist; neben dem neuen Verfahren zur Beurteilung von LehrerInnen wird dies vor allem an den Eingriffsmöglichkeiten der Schulaufsicht in die Schulprogramm- und Schulentwicklungsarbeit deutlich, wie sie im externen Evaluationsverfahren des Landes angelegt ist.

5 Fazit

Ausgangsthese des vorliegenden Artikels war, dass mit dem neuen Berliner Schulgesetz erweiterte pädagogische Handlungsspielräume und Abbau von Bürokratie zwar versprochen würden, dieses in der Tendenz jedoch zu einer Verstärkung der bürokratischen Verwaltungsrationalität von Schule führe. Dem Modell erweiterter schulischer und professioneller Handlungsautonomie widersprechend setze sie zu wesentlichen Teilen gerade nicht auf das pädagogische Engagement der Betroffenen, sondern auf eine verstärkt hierarchisierte und bürokratisierte Schule und Schulverwaltung. Diese These konnte im Rahmen des vorliegenden Beitrags lediglich exemplarisch behandelt werden; sie wurde entlang von Beispielen aus dem Bereich der Einführung und Implementierung von Schulprogrammen, der Position der Schulleitung sowie der Veränderungen im Bereich der Beurteilung von LehrerInnen diskutiert (vgl. Abschnitt 4).

Fasst man die Ergebnisse des Beitrags zusammen, wird deutlich: Zwar misst das neue Berliner Schulgesetz *(SchulG)* den Schulen als Handlungseinheit erhöhte Freiräume bei der curricularen, schulorganisatorischen, rechtlichen, personellen und finanziellen Gestaltung von Schule zu. Inwieweit diese Freiräume pädagogisch tatsächlich umgesetzt werden können, hängt hierbei jedoch unter anderem davon ab, wie die externe Evaluation der unterschiedlichen Freiheitsbereiche durch die Schulaufsicht angelegt ist.

Ein Blick in die Konzeption für die Schulinspektion deutet darauf hin, dass nicht nur vergleichsweise präzise und umfassende inhaltliche Vorgaben gemacht werden, sondern diese auch mit einer umfassenden schriftlichen Dokumentation zu „unterfüttern" sind. Detailanalysen anhand des „Handlungsrahmen Schulqualität in Berlin" (*Senatsverwaltung für Bildung, Jugend und Sport* 2005c), der Grundlage der externen Evaluation ist, würden diese Interpretation nach Auffassung der Verfasserin stützen; sie konnten im Rahmen des Beitrags nicht vorgelegt werden. Damit deutet sich nicht nur, entlang der Rationalität des Verwaltungskonzeptes des NPM, eine verstärkte Tendenz zur Kontrolle der pädagogischen Agenten in Schule und von Schule als Handlungseinheit an, sondern auch ein deutlich erhöhter Zeitaufwand für bürokratische Verwaltungstätigkeit i. S. des *Weber'*schen Idealtypus. Auch auf der Ebene des Unterrichts der einzelnen Lehrerin bzw. des einzelnen Lehrers führt die Schulreform eher zu weniger, nicht zu mehr Freiheit, unter anderem, indem es verstärkt zu Eingriffen der SchulleiterInnen in die unterrichtliche Handlungsfreiheit der LehrerInnen anhält. Zwar macht das Gesetz die Vorgabe, dass Voraussetzung hierfür Mängel in der Qualität der pädagogischen Arbeit sind. Allerdings ist erwartbar, dass damit die Notwendigkeit auf der Seite der LehrerInnen, Unterrichtsplanungen und Unterrichtsabläufe zu dokumentieren und unter dem Gesichtspunkt nicht nur von gutem Unterricht, sondern von nachweisbarer Fehlerfreiheit zu denken, erhöht wird.

Der Anlage des NPM folgend (Abschnitt 3.2) scheint das neue Berliner Schulgesetz zu einem nicht unerheblichen Teil von Misstrauen sowohl gegenüber LehrerInnen als auch gegenüber der Handlungseinheit Schule geprägt zu sein. Besonders auffällig wird dies, wenn die Einfluss- und Kontrollmöglichkeiten der Schulaufsicht im Bereich der Schulprogrammarbeit betrachtet werden, die in pädagogischer Perspektive als Kernstück der erhöhten Selbstständigkeit der Schule betrachtet wird. Insbesondere deuten die Analysen des vorliegenden Beitrags aber auch insofern auf einen Primat der Verwaltung vor der Pädagogik hin, als pädagogische Tätigkeiten verstärkt im Sinne bürokratischer Verwaltungstätigkeit behandelt werden. [2] Folgt man den im Abschnitt 3.1 beschriebenen Argumenten von *Merton* (1968b) hinsichtlich der Dysfunktionalität bürokratischer Verwaltungen, sind mit der verstärkten Bürokratisierung auch Tendenzen verbunden, die sich als Gefährdung der aus pädagogischer Sicht erforderlichen Merkmale Respekt und Authentizität, d. h. als „Entpersönlichung", sowie auf der Ebene der Schulorganisation des „Positiven" anstelle von Kontrolle und Fehlervermeidung andeuten (vgl. Abschnitt 2). Hierzu gehört die Möglichkeit von Regelbefolgung, eines verstärkten Technizismus und von Ängstlichkeit durch Standardisierung und Leistungsüberprüfung sowie von kollektiven Abwehrmechanismen innerhalb der Schulen (vgl. Abschnitt 3.1). Zu verweisen ist auf ähnliche Tendenzen in anderen Ländern, die in der einschlägigen Literatur umfassend behandelt werden (dazu *Wittmann* 2006, 113f.). Inwieweit die im Berliner Schulgesetz auch enthaltene Aufforderung zu verstärkter pädagogischer Kooperation (z. B. § 8 Abs. 2 Pkt. 7 *SchulG*) diesen Tendenzen entgegenwirken kann (dazu auch *van Buer* 1990b, 50f.), bleibt zu untersuchen.

---

[2] Inwieweit das Zugeständnis erweiterter Handlungsfreiheit darüber hinaus nicht zu erheblichen Teilen lediglich eine Formalisierung informell bereits vorhandener Entscheidungsabläufe ist, konnte im vorgegebenen Rahmen des Beitrags nicht behandelt werden.

Heinz Stephan Rosenbusch

Schule und Schulverwaltung –
Eine organisationspädagogische Perspektive [1]

Das Verhältnis Schule – Schulverwaltung ist oftmals ein Hindernis für schulische Reformprozesse. Das hängt zusammen mit den unterschiedlichen Systemstrukturen und subjektiven Deutungen der Mitglieder beider Systeme. Zu wünschen wäre, im Sinne der Organisationspädagogik, dass sich beide einer gemeinsamen Zielvorstellung verpflichtet fühlten, nämlich Erziehung und Unterricht, und eher ergebnisorientiert denn regelorientiert verhalten würden.

0   Vorwort

Schule ist Teil eines größeren Systems. Sie ist selbst ein System und sie enthält unterschiedliche Systeme. Schule als System ist Teil des größeren Systems der Schulverwaltung eines Landes. Sie ist selbst ein System mit bestimmten Systemeigenschaften und sie enthält Systeme wie Schulleitung, Lehrerkonferenz, Klassen etc. Im Folgenden geht es um die Beziehungen des Systems Einzelschule zum System Schulverwaltung, dem sie zuzurechnen ist, also den Ebenen der Schulaufsicht sowie der übergeordneten Schulverwaltung (z. B. Bezirksregierungen, Ministerium). Niemand kann bezweifeln, dass in einem staatlichen Schulsystem Schulverwaltung und Schulaufsicht unverzichtbar sind – vor allem im Hinblick auf die notwendige Organisation des Schulwesens, im Hinblick auf Qualität, Gerechtigkeit, auf allgemein anerkannte Abschlüsse und, im Sinne des Grundgesetzes, auf die Verhinderung einseitiger politischer oder religiöser Indoktrination. Zu fragen ist, inwieweit Schulverwaltung zu einer Förderung der Zieltätigkeit von Schule, also von Erziehung und Unterricht, beiträgt, oder eher nach Kriterien handelt, die dieser Zieltätigkeit fremd sind, was dazu führen kann, dass eine belastete Beziehung zwischen Schulverwaltung und Schule entsteht. Diese Beziehungen sind unter der Fragestellung zu überprüfen, inwieweit sie der Zieltätigkeit (den Systemaufgaben) von Schule entsprechen oder ob sich aus den Beziehungen Spannungen, systemfremde Aspekte, Hindernisse oder auch Zugewinne durch Unterstützung, Absicherung, Anregung, Fortbildung ergeben.

Ausgangspunkt muss im Sinne der Organisationspädagogik die Zieltätigkeit von Schule sein, also Erziehung und Unterricht im schulischen Alltag.

1   Die Ziele von Schule

Was soll durch schulische Erziehung erreicht werden – aus der Sicht der Gesellschaft eine Orientierung an allgemein anerkannten Werten und eine kritische Loyalität gegenüber der freien demokratischen Grundordnung und aus der Sicht der nachwachsenden Generation die Fähigkeit, sich in einer sich schnell wandelnden, immer komplexer

---

[1] Vgl. dazu *Rosenbusch, H.* (2005). Organisationspädagogik der Schule. Grundlagen pädagogischen Führungshandelns. München & Neuwied: Luchterhand.

werdenden Gesellschaft erfolgreich zu behaupten, eine persönliche Identität zu entwickeln und (im Sinne Kants) das Vermögen zu erwerben,

„sich seines (ihres, H. R.) Verstandes ohne die Leitung eines Anderen zu bedienen."

Der junge Mensch soll mit Selbstbewusstsein aber auch Respekt vor anderem und fremdartigem zurechtkommen, selbst Initiativen ergreifen, aus eigenem Antrieb handeln und in der Lage sein, mit anderen gemeinsam Ziele anzustreben, zusammen zu arbeiten und Probleme zu lösen. Diese Ziele werden in der Pädagogik subsummiert unter den Aspekten des Erwerbs von Mündigkeit als der Fähigkeit zu eigen- und sozialverantwortlichem Handeln, dem Prinzip der Anerkennung – und zwar der Anerkennung des Anderen und der eigenen Person – der Selbsttätigkeit und der Kooperation als Ziel und Methode. Zu ergänzen wären diese Ziele durch das Postulat nach verantwortungsvollem Umgang mit der natürlichen Umwelt.

Wenn Schule diese grundlegenden Ziele anstrebt, muss sie sehen, wie sie diese am besten verwirklichen kann. Wie wir aus verschiedenen Untersuchungen allgemein zur Wirkung von organisatorischen Strukturen auf Menschen wie auch besonders im Hinblick auf Erziehungsprozesse in der Schule wissen, ist die kommunikative Alltagspraxis von erheblichem, ja oft entscheidendem Einfluss auf das Organisationsklima, die Identifikation mit der Organisation und auch auf Einstellungen, Haltungen und als Folge auch auf Leistungen (vgl. dazu *Merton* 1968a; *Türk* 1989; *Neuberger* 2002). Menschen werden durch Verwaltungsstrukturen, durch Arbeitsbedingungen und Umgangsqualität beeinflusst. Die dadurch entstehende kommunikative Alltagspraxis wirkt z. B. in der Schule offensichtlich durch das dort amtierende Personal hindurch bis in die Zieltätigkeit. Es dürfte ungewöhnlich sein, dass Menschen gegen diese Einflüsse immun sind (vgl. dazu *Bernfeld* 1925/1967; *Jackson* 1968; *Tillmann* 1976; *Wellendorf* 1973; *Zinnecker* 1975).

Wenn aber die kommunikative Alltagspraxis der Schule so prägend ist, folgt daraus: *Wenn Schule als System erzieht, muss Schule auch noch ein Modell dafür sein, wozu sie erzieht.* Zwar kennen wir das Phänomen der „gegenläufigen Einstellungsübertragung" (vgl. *Rosenbusch* 1990; nach Untersuchungen von *Fend* 1980). Dieses Phänomen besagt, dass Schülerinnen und Schüler umso progressivere Attitüden entwickeln können, je rigider die Unterrichtspraxis ist und je unbeliebter die (konservativen) Lehrkräfte sind. Haltungen und Wertvorstellungen von Schülern können sich im Gegensatz zur kommunikativen Alltagspraxis bestimmter Lehrkräfte entwickeln. Dieses Phänomen dürfte jedoch eher ein Sonderfall sein, wenn wir von alltäglichem, zeitgemäßem Unterricht und mindestens im Groben akzeptierten Lehrkräften ausgehen.

Wenn Schule ein Modell dafür sein soll, wozu sie erzieht, dann müssen, konsequenterweise, diese Aspekte im alltäglichen Umgang innerhalb der Schule erfahrbar sein, denn der handelnde Umgang im Sinne der oben genannten Ziele ist lernwirksamer als kognitives, abfragbares Wissen zum gleichen Sachverhalt (vgl. Just Community Schools, in denen diese Effekte überprüft worden sind, *Weber* 1988). Für die Schule als System bedeutet dies, dass sie auch als Institution die Aspekte der Mündigkeit, der gegenseitigen Anerkennung und der Kooperation sowie der Selbsttätigkeit realisiert. Und von hier aus ist es nicht schwer weiterzufolgern, dass wenn Schule zur Mündigkeit erziehen soll, auch ihre Struktur und ihre Handlungsmöglichkeiten auf diese Zielsetzung abgestimmt sein müssen. In der Konsequenz bedeutet das die Möglichkeit zum weitgehend selbständigen Handeln und Entscheiden innerhalb des Systems Schule, in anderen Worten: Deregulierung und Dezentralisierung, zwei Aspekte, die sich national wie auch in noch stärkerem Maße international deutlich beobachten lassen.

Um das Thema einzugrenzen, soll im Folgenden ausschließlich von staatlichen Schulen die Rede sein. Also von Schulen, die der staatlichen Schulaufsicht unterstehen, gleichgültig ob sie in kommunaler oder staatlicher Trägerschaft existieren, deren Personal vom Staat ausgewählt, geprüft, angestellt, besoldet und versorgt wird. Nicht berücksichtigt sind rein kommunale Schulen, sowie Schulen in privater Trägerschaft (Montessorischulen, Waldorfschulen, Jena-Plan-Schulen u. a. m.).

In allen deutschen Bundesländern ist die einzelne Schule eine nicht rechtsfähige öffentliche Anstalt mit Behördencharakter. Sie übt bestimmte hoheitliche Befugnisse aus (Zeugnisse sind öffentliche Urkunden, der Schulleiter führt das Dienstsiegel). Insofern sind in Deutschland Administration oder Verwaltung konstitutive Elemente schulischer, insbesondere schulleitender Arbeit. Verwalten, beziehungsweise administrieren, heißt Umsetzung vorgegebener Rechtsvorschriften und Regeln, möglichst ohne Ansehen der Person. Eine idealtypische, erfolgreiche Administration oder Verwaltung zeichnet sich aus durch Korrektheit, Zuverlässigkeit, Reibungslosigkeit, Genauigkeit, Rationalität, Berechenbarkeit, Überprüfbarkeit, Einheitlichkeit und Selbstlosigkeit.

Dies würde in unserem Kontext zunächst die Frage aufwerfen, inwieweit der Verwaltungscharakter der Einzelschule, also ihre innere Administration, der pädagogischen Aufgabe entgegensteht, diese eventuell behindert, blockiert – oder auch entlastet. Zum anderen wäre zu überprüfen, inwieweit Schuladministration, also eine Administration von außerhalb der Schule (Schulaufsicht, Schulverwaltung) sich zur Einzelschule verhält und inwieweit aus dieser Spannung diskussionswürdige Aspekte entstehen. So wird in einem ersten Teil Schule versus innerschulische Administration und in einem zweiten Teil Schule versus außerschulische Administration darauf hin untersucht, ob in der Tat ein belastendes Verhältnis sichtbar wird. Dabei ist allerdings zu bedenken, dass ein Teil innerschulischer Administration durch außerschulische Administration, also durch vorgesetzte Behörden, Schulämter, Regierungen oder Ministerien, festgelegt ist.

Am deutlichsten wird die administrative Seite des Betriebs von Schule an der Person der Schulleiterin oder des Schulleiters. Zwar ist die Hauptaufgabe die Sorge für „ordnungsgemäßen" Unterricht und Erziehungsarbeit und das erforderliche Zusammenwirken aller Kräfte, doch erwachsen daraus zahlreiche administrative Aspekte. Die Aufstellung der Unterrichtsverteilung, Stunden- und Aufsichtsplanung, Schulveranstaltungen, Schülerbetreuung, Sorge für geordneten Schulbetrieb, Durchsetzung der Schul- und Hausordnung etc. Zu diesen Ordnungsaspekten kommen Aspekte der äußeren Verwaltung, die sich zum Teil mit den Ordnungsaufgaben überschneiden, wie z. B. Sorge für Verwaltung, Pflege, Reinigung, Betriebs-, Feuer- und Verkehrssicherheit, Schulgebäude und Schulinventar, Entscheidung über Vermietung von Schulräumen für fremde Zwecke, Dienstaufsicht über das Hilfspersonal (Sekretärin, Hausmeister, Reinigungspersonal), Bewirtschaftung der Mittel, welche der Schule zur Verfügung stehen, Anmeldung des finanziellen Bedarfs beim Schulträger, die Kassen- und Rechnungsführung, Führung laufender Verwaltungsgeschäfte, Schriftverkehr mit Schulträgern, Schulaufsichtsbehörden und sonstigen Dienststellen, Eltern und Publikum.

Da diese Aufgaben im Rahmen der Dezentralisierung im Schulbereich immer umfangreicher werden, klagen viele Schulleiterinnen und Schulleiter, dass für ihre pädagogische Arbeit, also Erteilung von Unterricht, Fortbildung von Lehrkräften, deren Beratung, Qualitätskontrollen, Ziel- und Aufgabengespräche, Organisierung von schulinternen Fortbildungen und Fachkonferenzen zu wenig Zeit bleibt. Auch die Kooperation mit Eltern, mit dem Schulträger, mit anderen gesellschaftlichen Gruppen, den Medien und Verbänden kommt dabei zu kurz. Außerdem liegt Deutschland im Bereich der Auswahl und Ausbildung von pädagogischem Führungspersonal weit zurück (vgl. *Huber* 2003; *Huber* 2002).

2 Die vertikale Strukturdifferenzierung des Schulwesens

Schule ist ein Teil des Systems der staatlichen Schulverwaltung. Sie hat jedoch eine andere Entscheidungs- und Führungsstruktur im Vergleich zur allgemeinen Schulverwaltung. Schulverwaltung, wie jede Verwaltung, stellt sich als System dar mit einer linearen Hierarchie, also einem Herrschaftssystem von vertikal und horizontal festgefügten, einander über- und untergeordneten Rängen. In der idealtypischen Hierarchie sind alle Kommunikations- und Entscheidungswege von der obersten Spitze bis in die untersten Gliederungen pyramidenartig aufgebaut, sodass ein einheitlicher oberster Wille innerhalb der Organisation im Prinzip problemlos durchgesetzt werden kann.

Die Systemmitglieder einer linearen Hierarchie unterscheiden sich deutlich im Hinblick auf ihre Qualifikationen (=Eingangsvoraussetzungen, vom Hauptschulabschluss bis hin zum Universitätsdiplom), die Einstufung in eine Laufbahn (mittlerer, gehobener, höherer Dienst) sowie Befugnisse und Bezahlungen (vom Amtsgehilfen, Bes.gr. A1 bis zum Staatssekretär Bes.gr. B 10). In allen linearen Hierarchien ist es undenkbar, dass bestimmte inhaltliche Beschlüsse, die Vorgesetzte binden, an der Basis gefasst werden. Entscheidungen erfolgen stets von oben nach unten.

Die Organisation der Schule unterscheidet sich grundlegend von der linearen Hierarchie der Allgemeinverwaltung. In der Schule gibt es nicht wie oben den nachgeordneten, weisungsgebundenen Untergebenen (vgl. das juristische Institut der Pädagogischen Freiheit für Lehrkräfte), sondern Mitarbeiterinnen und Mitarbeiter, die zwar weisungsgebunden sind, aber die gleiche akademische Qualifikation haben, von der jüngsten Lehrkraft bis zum Schulleitungspersonal.

In der Schule verlaufen Willensbildungs- und Entscheidungsprozesse nicht nur von oben nach unten, sondern sind ebenso von unten nach oben möglich. Beschlüsse der Lehrerkonferenz können die Schulleitung binden. Dies wäre in einer linearen Hierarchie formell ausgeschlossen. Diese Tatsache sowie der verzweigte, dreifache hierarchische Überbau – Schulaufsicht, Schul- (Lehrer-)konferenz, Schulträger – unterscheiden Schule von der linearen Hierarchie. Wir nennen dies eine komplexe Hierarchie: eine Organisation mit auf gleichem Niveau ausgebildetem Personal, mit relativ geringen Besoldungsunterschieden gleichaltriger Mitglieder, gleicher Zieltätigkeit (auch

Schulleiter unterrichten), mit zweidimensionalen Entscheidungswegen wie auch mit einem verzweigten hierarchischen Überbau.

Organisationssoziologisch spricht man von Schule als *„loosely coupled system"* (*Weick* 1976), das heißt, von lose gekoppelten Verbindungen zwischen einzelnen Ebenen und Elementen innerhalb der Schulen, und zwar sowohl zwischen Lehrerschaft und Schulleitung als auch zwischen den Lehrkräften (vgl. auch *Terhart* 1997). Auch dies wäre in einer linearen Hierarchie obsolet. Die Selbstbezogenheit von Lehrkräften ist in Deutschland besonders ausgeprägt, die zentralen Bezugsgrößen sind die jeweilige Klasse und die amtlich vorgeschriebenen curricularen Vorlagen. *Herbert Altrichter* (2000b) fand bei Schuluntersuchungen in Österreich das Autonomie-Paritätsmuster von *Lortie* (1972) bestätigt. Also, erstens kein Erwachsener soll in meinen Unterricht eingreifen und zweitens, alle Lehrer sollen als gleichberechtigt betrachtet und behandelt werden. Dieses Muster war ein entscheidendes Hindernis für Schulentwicklungsprozesse, in denen zwangsläufig gegen beide Aspekte verstoßen werden muss.

Die Mitgliedschaft von Personal in einer linearen Hierarchie hat unterschiedliche Aufgaben und Prägungen durch die festgelegten, unterschiedlichen Arbeitsbereiche, vor allem durch Regelungen und Vorschriften. Schulleitungspersonal handelt in einem Zusammenhang, der sich stets verändern kann.

Wir sehen, dass sich Schulen in den Entscheidungsstrukturen, den formellen und informellen Regeln wie den subjektiven Deutungen der Mitglieder von Einrichtungen der allgemeinen Verwaltung unterscheiden. *Ewald Terhart* (1997) trennt konsequent die technische Vollzugsebene der Schulverwaltung mit einem zielorientiert rationalen Organisationsverständnis von dem kommunikativ-interaktionalen der Schule. So finden wir *„loosely coupled structures"* im Bereich der Schulverwaltung und Schulaufsicht nicht, sondern eher ein *„tightly coupled system"*, also ein rationalistisches Organisationskonzept, dessen Erfolg eben in Berechenbarkeit, Kontrollierbarkeit und relativ klarem Ursache-Wirkungswissen kulminiert. Dies kann zu unterschiedlichen Prägungen und Präferenzen in den beiden Systemen führen. Schulaufsichtsbeamte tragen Verantwortung für zahlreiche Schuleinheiten, die sich relativ vergleichbar entwickeln sollen. Dadurch unterliegen sie dem Zwang, überwiegend generalisierende, allgemeingültige, juristisch nachprüfbare Entscheidungen zu fällen, deren Wirkungen sie meist nur mittelbar registrieren können. Außerdem stehen sie unter der unmittelbaren Kontrolle ihrer vorgesetzten Behörde. Schulleiterinnen und Schulleiter hingegen werden unmittelbar mit konkreten Ereignissen, Problemen, Bedingungen innerhalb ihrer Schule konfrontiert und haben pausenlos Einzelfallentscheidungen zu treffen. Es ist alles andere als ein gesetzmäßig ablaufendes Geschehen, deshalb haben Schulleiterinnen und Schulleiter häufig ein pragmatischeres Verhältnis zu Vorschriften. Sie sehen folglich die Vorschriften in ihrem Verhältnis zur Wirklichkeit. Schulaufsichtsbeamte haben meist ein strenger ausgeprägtes Verhalten, Vorschriften gelten eher als Wert an sich. Dies kann zu Systembrüchen innerhalb des Gesamtsystems führen (vgl. zum Beispiel *Richard Scott* 1971, der die Systembrüche zwischen Profession und Organisation auch anhand der Schule herausarbeitete).

3 Die „Doppelnatur" von Schule

Freilich wäre es falsch, dem System Schule das System Schuladministration als geschlossene Subjekte gegenüberzustellen. In Wirklichkeit enthält die öffentliche Schule beide Aspekte, sowohl der Pädagogik als auch der Administration.

„Ihre Doppelnatur – primär pädagogische Einrichtung, zugleich öffentliche Verwaltungsinstitution – schlägt sich auch im Rechtscharakter ihrer Maßnahmen und Entscheidungen nieder",

so *Avenarius & Heckel* (2000, 108). Typischerweise sind die pädagogischen Handlungen des Schulbetriebs öffentliche Leistungsaufgaben im tatsächlichen Bereich (in verwaltungsrechtlicher Terminologie „Realakte"). Wenn allerdings Maßnahmen der Schule Einzelentscheidungen mit unmittelbarer Rechtswirkung nach außen regeln (zum Beispiel eine Versetzungsentscheidung) handelt es sich um einen „Verwaltungsakt". Insofern ist die Einzelschule zumindest im deutschen Sprachraum eine Zwitternatur zwischen pädagogischer Anstalt und Einrichtung der öffentlichen Verwaltung.

So wären Zeugniserstellung und dienstliche Beurteilung Verwaltungsakte, da sie den pflichtgemäßen Vollzug von Vorschriften beinhalten. Ein Schülergespräch oder die Einübung von Arbeitsmethoden im Unterricht hingegen wären Realakte, da sie primär auf pädagogisch bestimmten Interaktionen beruhen, die logisch-konsequent unter das Rechtsinstitut der „Pädagogischen Freiheit" fallen, eine Sonderregelung im Bereich des öffentlichen Dienstes. Freilich sind „Realakte" und „Verwaltungsakte" inhaltlich nicht rückstandsfrei zu trennen, denn „Verwaltungsakte" wie Zeugniserstellung haben die notwendigen „Realakte" als konstitutive Voraussetzung, damit sie überhaupt möglich sind.

4 Schule – Schulaufsicht – Ein strukturell gestörtes Verhältnis?

Nun erhebt sich die Frage, inwieweit das System Schule innerhalb des Systems der Schulverwaltung die Aspekte der Mündigkeit, der Selbsttätigkeit, der gegenseitigen Anerkennung und der Kooperation problemlos realisieren kann und ein kooperatives und konstruktives Verhältnis besteht. Aus den einschlägigen Untersuchungen der letzten 20 Jahre ergibt sich, dass es zwischen dem System der Schule und der Schulverwaltung offenbar zahlreiche Friktionen gibt. Bereits 1983 fand *Tobias* in Niedersachsen heraus, dass nur 7% der Lehrerinnen und Lehrer aller Schularten in Schulbürokratie und Schulaufsicht Bündnispartner sehen, hingegen 45% Interessengegner. In eigenen Langzeituntersuchungen von Grund- und Hauptschullehrern in Bayern von 1974 bis 1990 ergab sich, dass sich die Lehrkräfte durch Schulaufsicht wenig verstanden und falsch behandelt fühlten. Außerdem finde kaum ein Transfer praktischen und theoretischen Wissens zwischen Schulaufsichtsbeamten und Lehrern statt. Über 80% der Lehrkräfte waren der Meinung, dass „alle", oder zumindest „viele Kollegen" vor Schulratsbesuchen Angst hatten. Schulaufsichtsbeamte wurden eher als Kontrolleure und Vertreter der Obrigkeit angesehen, denn als pädagogische Fachleute und Kollegen, die an Schule, Kindern und deren Eltern interessiert sind (*Rosenbusch* 1994).

Aurin fand 1992 Ähnliches bei Gymnasien. Auch in Baden-Württemberg fanden *Bergold, Debler & Klauth* (1992) heraus, dass Lehrer geradezu allergisch auf lenkende und dirigistische, auch als Beratung etikettierte Schulaufsicht reagierten. *Michael Schratz* eruierte 1996 in Österreich, dass sich der Beitrag der Schulaufsicht für die Entwicklung von Schulen in Grenzen hält und dass Selbst- und Fremdeinschätzung bei Schulaufsichtsbeamten weit auseinander klaffen. Sie halten ihre Beratungstätigkeit weitgehend für fruchtbar und ihre Akzeptanz für hoch, doch wird beides von Lehrkräften anders gesehen. Schulleiterinnen und Schulleiter an Grund-, Haupt- und Förderschulen in Bayern fühlten sich vor allem bei Vertretungsregelungen durch die Schulaufsicht unterstützt (59%), 80% im Verwaltungsbereich, 11% bei der Personalführung, 9% empfingen neue Gedanken für Unterricht und Erziehung und nur 6% nahmen Unterstützung bei der Optimierung des Schulbetriebs wahr (vgl. *Rosenbusch & Schlemmer* 1997). *Altrichter* stellte in Österreich fest, dass Lehrerinnen und Lehrer nur mit Missvergnügen auf Einmischungen von außen reagieren, seien es Moderatoren oder andere. Vor allem spielt die besorgte Überlegung eine Rolle, dass Schulaufsichtspersonal von den Interna erführen. *Heyse* fand heraus, dass bei Frühpensionisten als Grund für das vorzeitige Ausscheiden aus dem Dienst in erster Linie Schulleitung und Schulaufsicht genannt wurden, dann Schüler, Eltern, Kollegium, Lehreinsatz, Engagement und Hilflosigkeit, dann erst Krankheit (*Heyse* 2005).

Offensichtlich funktioniert diese Kooperation zwischen Schulaufsicht und Schulen im Ausland besser als in Deutschland. Dies zeigte sich bei den gemeinsamen Versuchen deutscher und niederländischer Schulaufsichtsbehörden, die in gemischten Zusammensetzungen sowohl in den Niederlanden als auch in Niedersachsen und Nordrhein-Westfalen Schulen besucht und evaluiert hatten. Es stellte sich heraus, dass die niederländischen Inspektoren bei Schulbesuchen eine Menge an schriftlichen Unterlagen und Tests (z. B. Cito-Tests) zur Verfügung haben, bevor sie die Schulen besuchen. Ein bezeichnendes Ergebnis trat mit großer Klarheit hervor: In fast allen deutschen Kollegien herrschte große Spannung, als die Besuche angekündigt und durchgeführt wurden. Allerdings löste sich die Spannung in Niedersachsen rasch, sie hielt jedoch in Nordrhein-Westfalen an. Der Grund: In Nordrhein-Westfalen waren die für die Lehrkräfte der besuchten Schule zuständigen Dezernenten bzw. Schulaufsichtsbeamten beteiligt, also ihre Vorgesetzten. In Niedersachsen waren die ausgewählten Dezernenten neutral, also nicht für die besuchte Schule verantwortlich und außerdem speziell vorbereitet, ähnlich wie in den Niederlanden. Dort sind die „Inspektoren" weder weisungsbefugt noch weisungsgebunden (vgl. *Weerts* 2004). Deutlich wird, dass es in der Tat in der alten Regelung Schulbesuch durch externe Vorgesetzte heute noch ein „strukturell gestörtes Verhältnis" (vgl. *Rosenbusch* 1994) gibt. Strukturell gestört heißt, die Probleme liegen nicht in den beteiligten Personen, sondern in den Strukturen und Aufgabenzuweisungen der Organisation, in der Tradition der Rollenverständnisse und der Selbstdefinition im erlebten Umfeld. Deutlich wird aber auch, dass durch weniger hierarchische Vorgaben akzeptable Lösungen möglich sind.

5 Der „schlafende Schüler" – Ein verwaltungsrechtliches Problem?

Deutlich wird das Spannungsverhältnis zwischen pädagogischen und verwaltungsrechtlichen Maximen in Streitfällen und in unklaren Kontexten. So ging der Streit um die Leistungsbewertung eines „schlafenden Schülers" in Bayern durch fünf Instanzen. Er war nicht nur ein Thema des Klassenlehrers, sondern auch der Schulleitung, dann der Lehrerkonferenz, dann des Ministerialbeauftragten für Gymnasien, dann des zuständigen Verwaltungsgerichts und als Letztinstanz des Bayerischen Verwaltungsgerichtshofes. Der Fall wurde nicht nur in der Fachliteratur besprochen, sondern auch in der Boulevardpresse unter dem Schlagwort „Note 6 für einen schlafenden Schüler" breit beachtet.

Der Hintergrund: ein Schüler, der am vorangegangenen Abend bei einer rituellen Internatsfeier bis fünf Uhr morgens gefeiert und getrunken hatte, war in der fünften Unterrichtsstunde in Physik eingeschlafen. Ein Banknachbar weckte den schlafenden Kameraden, als der Physiklehrer neben ihm stand. Auf eine Fachfrage des Lehrers konnte der Schüler keine entsprechende Antwort geben und erhielt die Note sechs. Diese Note hatte zur Folge, dass ihm die Erlaubnis zum Vorrücken versagt wurde. Deshalb klagte er. Interessant ist die Urteilsbegründung aus juristischer Sicht.

Für den Bayerischen Verwaltungsgerichtshof als Letztinstanz ging es um die „Bewertung des Unvermögens, einen abgeforderten Unterrichtsbeitrag zu erbringen". Die nicht erfolgte Antwort eines schlafenden Schülers sei ebenso als ungenügende Leistung zu bewerten, wie etwa die Nichtbeantwortung von Fragen durch einen Schüler, der in anderer Weise abgelenkt ist, zum Beispiel „durch Gespräche mit seinem Nachbarn", „durch Blicke aus dem Fenster" oder Ähnliches. Damit wurde die Form der Leistungsbeurteilung gebilligt. So hing das Schicksal des Schülers nicht von pädagogischen Überlegungen ab, sondern von verwaltungsrechtlichen.

Es ließen sich noch viele Beispiele dafür anführen, wie sehr deutsche Staatsschulen von administrativen Auflagen durchdrungen sind.

6 Die Last der bürokratischen Tradition

Was das Ganze bedrückend macht, ist die Tatsache, dass die Verantwortlichen (Schulleiter, Schulaufsichtspersonal) sich häufig eher an administrativen Vorgaben orientieren, als an pädagogischen Überlegungen. Denn eines ist allen klar: Vorschriften gewähren eine größere Verhaltenssicherheit als pädagogische Maximen. Letztere können weitaus unterschiedlicher interpretiert und angewendet werden. So können Eltern, Vorgesetzte und Fachleute aus der Wissenschaft ein und dieselbe Maßnahme ganz unterschiedlich bewerten. Das Resultat ist eine im internationalen Vergleich relativ starke Verwaltungsprägung der deutschen Schule. Diese hat auch historische Hintergründe. Als das öffentliche Schulwesen grob gesagt vor etwa zwei Jahrhunderten (unterschiedlich in den einzelnen Ländern) in staatliche Obhut kam, erfolgte die Übernahme in die hoheitliche Allgemeinverwaltung, so wurde beispielsweise 1808 in Preußen das „Ministerium der Geistlichen-Unterrichts- und Medizinalangelegenheiten" geschaffen.

Die daraus folgende zwangsläufige Übernahme der Prämissen der hoheitlichen Allgemeinverwaltung durch die Schulverwaltung hatte sich von Anfang an auch im Bereich der Schule durchgesetzt, obwohl Schule als Institution der Erziehung und des Unterrichts alles andere ist als ein spezifisches Subjekt der Verwaltung. Diese Verwaltungsprägung hielt sich vom Kaiserreich über die Weimarer Republik durch die Zeit des Dritten Reiches in ihren Ausläufern bis heute (vgl. *Avenarius & Heckel* 2000, 12) [2].

Daran hat sich im Prinzip im Vergleich zu anderen Institutionen wenig geändert. Sicherlich gibt es heute mehr Beamte der Schulverwaltung, der Schulaufsicht oder der Schulleitung, die eher pädagogisch als verwaltungsorientiert arbeiten, doch ist immer damit zu rechnen, dass aus Vorkommnissen in einer Einzelschule Erlasse für ganze Bundesländer abgeleitet werden, obwohl viele andere Schulen davon überhaupt nicht betroffen sind. Ähnlich wie die länderübergreifende Aufforderung, EU-Richtlinien für die Benutzung von Drahtseilbahnen zu erlassen, auch für das Land Mecklenburg-Vorpommern. So könnte man lustvoll administrative Auswüchse, Einengungen, Auffälligkeiten immer weiter referieren und diskutieren, doch führt dies nicht weiter.

Einen konkreten Hinweis auf die Regelorientierung (der linearen Hierarchie) der öffentlichen Verwaltung liefert das Gutachten der Bull-Kommission in Nordrhein-Westfalen aus dem Jahre 2003, das die Funktionstüchtigkeit und Praxis der öffentlichen Verwaltung zu untersuchen hatte. Die Regierungskommission unter dem Vorsitz von *Hans-Peter Bull* fasste ihre Ergebnisse unter dem Titel „Zukunft des öffentlichen Dienstes – Öffentlicher Dienst der Zukunft" (Düsseldorf 2003) zusammen. Sie kommt zu der Auffassung, dass die öffentliche Verwaltung den aktuellen Herausforderungen nicht mehr gerecht werde. Sie sei in Anlehnung an das Grundgesetz, Artikel 33, Abs. 5, am Muster der „hergebrachten Grundsätze des Berufsbeamtentums" orientiert. Das heißt, dass Verwaltung vor allem daran interessiert ist, dass im Innenbetrieb alles regelrecht abläuft. Zu wenig werde beachtet, was eigentlich dabei herauskommt. Die öffentliche Verwaltung handle zu stark „*regelorientiert*", jedoch zu wenig „ergebnisorientiert". Das bedeute, dass viele Verwaltungsakte oder administrative Tätigkeiten eher unter formalen Gesichtspunkten beachtet würden, sodass die Regeln oft einen höheren Stellenwert hätten als die Ziele, für die diese Regeln ursprünglich erlassen worden sind. Ein Sachverhalt, den *Robert Merton* bereits 1968 unter dem Begriff „Zielverschiebung" fasste und erklärte (vgl. auch *Rosenbusch* 2005). Statt dieser starken Regelorientierung, so das Gutachten, sollte sich die Verwaltung stärker ergebnisorientiert ausrichten. Folglich sollte zunächst geprüft werden, wozu die einzelnen Handlungen gut sind, was das Ziel ist, ob dieses Ziel sinnvoll ist, wie es am besten zu erreichen ist, und erst dann sollte die Umsetzung der Vorschriften in Angriff genommen werden. Dieses Umdenken von der Regelorientierung zur Ergebnisorientierung dürfte auch bei der Frage nach dem Verhältnis von pädagogischer Arbeit und administrativer Notwendigkeit eine Rolle spielen.

---

[2] „Wollte man die Lage überspitzt charakterisieren, so könnte man sagen, Schulrecht und Schulverwaltung seien in Preußen vor der Stein-Hardenbergschen Reform stehen geblieben, sie behielten im Großen und Ganzen Geist und Praxis des aufgeklärten absolutistischen Wohlfahrtsstaates bei" (*Avenarius & Heckel* 2000).

7 Entscheidungsräume deutscher Schulen

Bei der Gegenüberstellung von Einzelschule und Schuladministration sind zwei Aspekte zu beachten. Nämlich einmal die innere Administration der Schule selbst und zum zweiten die externe Administration (Schule versus Schulverwaltung und Schulaufsicht). Bei der Administration der Schule, also der innerschulischen Administration, sind wieder zwei Unterscheidungen wichtig. Nämlich einmal die selbstbestimmte Administration, die durch Beschlüsse der Lehrerkonferenz, durch Absprachen, Anordnungen der Schulleitung etc. erfolgt und andererseits die innerschulische fremdbestimmte Administration aufgrund von Regelungen übergeordneter Behörden, die in die Schule hineinwirken, ohne dass sie durch diese bestätigt werden müssen oder außer Kraft gesetzt werden können.

Um das Ausmaß von innerer und externer Administration festzuhalten, könnte man überprüfen, wie viele Regelungen, Vorgaben und Vorschriften – seien sie selbst- oder fremdbestimmt – Schulen zu beachten haben, möglichst im internationalen Vergleich. Dies wäre eine komplizierte Untersuchung, und das Ergebnis vage. Zielführender dürfte es sein, umgekehrt zu fragen, welche Entscheidungsmöglichkeiten einzelne Schulen im Rahmen einer regionalen oder überregionalen Schulverwaltung haben. Empirische Grundlagen liefert die *OECD* (2004a). Dort hatte man untersucht, welche Entscheidungskompetenzen einzelne Schulen innerhalb der OECD-Länder haben. Herangezogen wurden öffentliche Bildungseinrichtungen im Sekundarbereich I (Stand 2003). Der Prozentsatz schuleigener Entscheidungen im internationalen Vergleich zeigt massive Unterschiede. In 14 von 25 Ländern [3] werden die meisten Entscheidungen, die den Sekundarbereich I betreffen, lokal oder auf Schulebene getroffen. Dies finden wir in England, Neuseeland, der Tschechischen Republik und Ungarn – dort ist die Schule die wichtigste Entscheidungsebene. Spitzenreiter sind die Niederlande, dort werden sämtliche Entscheidungen auf Schulebene gefällt (100%), wobei Zentralregierungen zwar Rahmenrichtlinien festlegen aber keine endgültigen Entscheidungen hinsichtlich ihrer Umsetzung geben. In Deutschland fallen zu einem Drittel zentrale Entscheidungen, zu einem Drittel regionale und lokale und zu einem Drittel fallen sie innerhalb der Schule. So ist Deutschland näher bei den zentralistisch organisierten Ländern und weit entfernt von den Niederlanden, Finnland, Ungarn, England etc.

Offensichtlich spielen zentrale administrative Vorschriften in Deutschland im internationalen Vergleich eine relativ große Rolle, während die Entscheidungsmöglichkeiten von Schulen eher in der Schlussgruppe der untersuchten Länder anzusiedeln sind. Der Trend, Entscheidungen an die Basis, also die Einzelschule zu verlagern, besteht international seit ca. 20-30 Jahren (vgl. *Döbert, von Kopp & Mitter* 2002). Erst seit etwa 10 Jahren bemüht man sich auch in Deutschland um Dezentralisierung und Deregulierung, auch als Reaktion auf massiven öffentlichen Druck durch die niederschmetternden Ergebnisse der PISA-Untersuchungen. Diese zeigten, dass die erfolgreichsten Länder ihren Schulen umfangreiche Entscheidungsmöglichkeiten zugestehen.

---

[3] Australien, Österreich, Belgien, Tschechische Republik, Dänemark, England, Finnland, Frankreich, Deutschland, Griechenland, Ungarn, Island, Italien, Japan, Korea, Luxemburg, Mexiko, Niederlande, Neuseeland, Norwegen, Portugal, Slowakische Republik, Spanien, Schweden, Türkei.

Seit neuestem wird allerdings die Dezentralisierung wie z. B. in Dänemark und in den Niederlanden durch neue zentralistische Maßnahmen ergänzt, indem Kommunen und Bildungseinrichtungen in größeren Einheiten kooperieren und ein gemeinsames Management erhalten (vgl. *OECD* 2004).

Dem Trend zur Dezentralisierung und Deregulierung steht auch international ein zentralistischer Aspekt entgegen, vor allem in Form zentraler Prüfungen und regionenübergreifender Leistungsmessungen, die systematisch durchgeführt werden, um ähnlich wie in der Industrie Input und Output zu vergleichen, also zu sehen, ob die investierten Mittel an Geld, Zeit und Personal den erforderlichen Ertrag bringen. Diese Wendung, die auch in Deutschland greift, bedeutet ein radikales Umdenken in vielen Schulen, denn abgesehen von den zentralen Abiturprüfungen in einzelnen Bundesländern wurden die Leistungsmessungen eher regional oder auch nur schulverantwortlich durchgeführt, wenn überhaupt.

8 Zusammenfassung und Ausblick (Reformbestrebungen)

Es lässt sich festhalten: In Deutschland besteht nach der aktuellen Forschungslage in vielen Fällen ein belastetes Verhältnis zwischen Einzelschule und übergeordneter Schulverwaltung (ein strukturell gestörtes Verhältnis). Zwar ist zu erwarten, dass zwischen Arbeitsebene und Aufsichtsbehörde Spannungen stehen; diese liegen in der Natur der Sache, wir finden sie auch in vergleichbaren Ländern. In Deutschland scheint sich jedoch durch die Tradition der hoheitlichen Allgemeinverwaltung mit ihrer hohen Regelorientierung eine unnötig starke Verwaltungsprägung bis in die Schule fortzusetzen. Schule als primär pädagogische Einrichtung, als komplexe Hierarchie, die in ihrer Zieltätigkeit Differenzierung, Flexibilität und Eingehen auf immer neue, oft unvorhergesehene Situationen erfordert, steht im Gegensatz zum stärker regelhaften Vollzug der Schulverwaltung. Dadurch, dass deutschen Schulen im internationalen Vergleich nur geringe Entscheidungsmöglichkeiten zugebilligt werden, sind sie häufig mit Sachverhalten der Schulverwaltung konfrontiert, die sie als unangemessen, hinderlich, ja kontraproduktiv empfinden. Die Gründe für das belastete Verhältnis liegen vor allem

(1) an der Diskrepanz zwischen linearer und komplexer Hierarchie,

(2) in dem Gegensatz zwischen Spezialisten und Bürokraten im Sinne von *Scott*,

(3) in der weithin fehlenden Ausbildung von Schulleitungs- und Schulaufsichtspersonal für den „neuen Beruf",

(4) an der zu geringen Entscheidungskompetenz deutscher Schulen,

(5) an der deutschen Schulaufsicht als ein Teil der Schulverwaltung.

Anzustreben wäre eine gemeinsame Ergebnisorientierung zwischen Einzelschule und Schulverwaltung, wie wir sie z. B. in England, Kanada und in den Niederlanden finden, wo Schulinspektoren und Lehrkräfte wie auch Schulleitungen es als ihre primäre Aufgabe ansehen, *gemeinsam* Schule zu verbessern. Einige Hoffnung machen neuere Ansätze externer Evaluation in einzelnen Bundesländern (vgl. *Riecke-Baulecke* 2005).

Hans-Peter Füssel

Erweiterte Autonomie der Einzelschule und externe Evaluation – Entwicklungen in der deutschen Schulpraxis und Schulgesetzgebung

Im Rahmen der Debatten um die Verstärkung der Selbständigkeit von Einzelschulen besteht Übereinstimmung, dass dies mit einer neuen „Balance" im Verhältnis zur Schulaufsicht einhergehen müsse. In vielen Bundesländern werden zur Unterstützung der Schulen bei der Wahrnehmung ihrer Aufgaben im Rahmen verstärkter Selbständigkeit neue Einrichtungen gegründet, oft als Schulinspektion bezeichnet. Ausgehend von einem frühen Versuch, in Bremen eine von der Schulaufsicht getrennte Schulinspektion einzurichten, wird anhand der in einzelnen Bundesländern vorhandenen rechtlichen Regelungen untersucht, wie sich die Arbeit der neuen Unterstützungseinrichtungen im Verhältnis zur Schulaufsicht darstellt.

So unterschiedlich die Einführung einer erweiterten Autonomie der Einzelschule auch von Bundesland zu Bundesland im Detail ausgestaltet sein mag, so sehr gibt es doch eine Reihe von inzwischen allgemein anerkannten Rahmenbedingungen für diese Form der Selbständigkeit von Schulen; sie werden in diesem Band an anderer Stelle ausführlicher nachgezeichnet (vgl. z. B. *Artelt* in diesem Band). Eine der entscheidenden Voraussetzungen ist die Herstellung einer ‚neuen Balance' zwischen den Kompetenzen der Einzelschule auf der einen Seite und denjenigen der Schulaufsicht auf der anderen Seite. Neue Formen der Sicherung schulischer Qualität sollen eingeführt werden. Die Schule soll zunächst selbst auf Qualität und Überprüfung derselben verpflichtet werden, sie soll eigene Verfahren und Maßstäbe für diese ‚interne Evaluation' entwickeln. Neben diese interne Form soll aber auch zur Sicherung von Vergleichbarkeit zwischen den Schulen und im Interesse der Einhaltung allgemeiner ‚Standards' eine ‚externe Evaluation' treten, die – so die übereinstimmende Auffassung – von Instanzen außerhalb der jeweiligen Schule durchgeführt werden soll und deren Aufgabe dabei primär Unterstützung und Beratung der Schulen bei ihren je eigenen Schritten der Qualitätserreichung und -sicherung ist.

Durch die auch nach außen zu dokumentierenden Evaluationsergebnisse und das Zusammenspiel von interner Prüfung und der Prüfung ‚von außen' verändern sich auch die Rolle und die Verantwortung der Einzelschule. Zu klären bleibt, welche Rolle ‚denen von außen' zukommt: Herkömmlich war die Schulaufsicht jene Instanz, die der Schule ‚von außen' gegenüber trat und der entsprechende Überprüfungsbefugnisse zustanden. Hieran hat sich nun aber nach den gesetzlichen Vorgaben in den einzelnen Bundesländern nichts geändert.

Verändert wurden in den letzten Jahren in der Mehrzahl der Bundesländer die Verfahren, namentlich durch ausdrückliche Vorgaben und teilweise auch durch neu geschaffene Instanzen zur ‚externen Evaluation'. Diesen Verfahren als einer notwendigen Bedingung für erweiterte Autonomie der Einzelschule sowie auch zugleich den dafür eingerichteten Institutionen soll der folgende Beitrag gewidmet sein; es wird dabei eine primär rechtliche Perspektive eingenommen und aus diesem Blickwinkel versucht, Aufgabe und Funktion von ‚externer Evaluation' etwas präziser zu bestimmen. Auffällig ist, dass sich für das Verfahren – und teilweise auch für die jeweilige Institution – zur ‚externen Evaluation' der Begriff der ‚Schulinspektion' allgemein durchgesetzt hat, offenkundig im Versuch einer Abgrenzung gegenüber demjenigen der ‚Schulaufsicht' (und insofern auch anders als in Österreich, wo die Begriffe synonym verwendet werden [1]). Dieser Begriff der ‚Schulinspektion', der zugleich Assoziationen an das – alte – englische System der Beaufsichtigung von Schulen durch ‚*Her Majesties Inspector*' mit auslösen mag, hat allerdings auch in Deutschland eine Vorgeschichte, auf die zunächst eingangs dieses Beitrags Bezug genommen werden soll.

1 Bremen

1.1 Ein Anfang

Das Bremische Schulverwaltungsgesetz in der Fassung vom 20. Dezember 1994 enthielt die folgende Regelung:

„§ 13 - Schulinspektion

(1) Die Schulinspektion beim Senator für Bildung und Wissenschaft [2] hat die Aufgabe, die öffentlichen Schulen ... zu beraten und zu unterstützen

1. bei der Umsetzung der Ziele der §3 3 bis 12 des Bremischen Schulgesetzes,
2. bei der Erarbeitung des Schulprogramms,
3. in Fragen des schulischen Managements,
4. bei der Entwicklung von Verfahren der schulinternen Evaluation und Qualitätssicherung von Unterricht und weiterem Schulleben sowie deren Umsetzung und
5. erforderlichenfalls durch Schlichtung schulinterner Streitigkeiten.

Sie berichtet über ihre Aktivitäten, Erfahrungen und Erkenntnisse in regelmäßigen Abständen an die einzelnen Schulen sowie an den Senator für Bildung und Wissenschaft. Sie ist verantwortlich für die Gestaltung und Durchführung der schulübergreifenden, externen und vergleichenden Evaluation von Unterricht und weiterem Schulleben, insbesondere im Hinblick auf die Gleichwertigkeit des schulischen Angebots in den Stadtgemeinden [3]. Sie unterstützt die Kooperation zwischen den Schulen, erforderlichenfalls auch durch Schlichtung.

(2) Die Schulinspektion nimmt die Aufgaben in Kontakt mit den zuständigen Behörden und wissenschaftlichen Einrichtungen des Landes und der Stadtgemeinden sowie anderen Beratungseinrichtungen wahr. Die mit den Aufgaben der Schulinspektion betrauten Bediensteten sind verpflichtet, sich in Aspekten der Beratung, der Qualitätssicherung,

---

[1] S. *Bundesministerium für Unterricht und kulturelle Angelegenheiten Österreich* (1999), wo es unter I.1. heißt: „Diese allgemeine Weisung regelt die Durchführung der Schulinspektion nach den Erfordernissen einer möglichst wirksamen Aufsicht über die betreffenden Schulen und einer entsprechenden Beratung der Leiter und Lehrer."

[2] Im Land Bremen ist dies das für Schule und Wissenschaft zuständige Ministerium (Anmerkung *H. P. F.*).

[3] Gemeint sind die beiden Stadtgemeinden Bremen und Bremerhaven (Anmerkung *H. P. F.*).

des schulischen Managements und der Evaluation von Unterricht und weiterem Schulleben fortzubilden.

(3) Die mit den Aufgaben der Schulinspektion betrauten Bediensteten haben kein Weisungsrecht gegenüber den Schulen. Um eine größtmögliche fachliche Unabhängigkeit der Schulinspektion zu gewährleisten, können die Bediensteten nur vom Senator [4] persönlich Weisungen erhalten. Der Senator für Bildung und Wissenschaft kann Bediensteten der Stadtgemeinden Aufgaben der Schulinspektion übertragen, soweit Sätze 1 und 2 eingehalten werden.

(4) Die mit den Aufgaben der Schulinspektion betrauten Bediensteten haben nach Beteiligung der Schulleitung Zugang zu allen Veranstaltungen und Unterlagen der Schulen. Sie haben Anspruch auf Informationen durch das schulische Personal."

In Ergänzung dieser Regelung wurde dann in das Bremische Schulverwaltungsgesetz des Jahres 1994 für die Tätigkeit der Schulaufsicht die folgende Bestimmung aufgenommen:

„Aufsichtsmaßnahmen sind so zu gestalten, dass die pädagogische Aufgabe, Verantwortung und Freiheit von Lehrkräften und Schulleitungen sowie die Beteiligung von Eltern und Schülerinnen und Schülern weitestmöglich gewahrt und gestützt werden." [5]

Diese, vor nunmehr über zehn Jahren eingeführte Regelung ist damals, quasi offziös [6], im Vorfeld wie folgt begründet worden:

„Die Erweiterung der Autonomie der einzelnen öffentlichen Schule ist die immanente Antwort des öffentlichen Schulwesens auf die andersgerichteten Tendenzen zur Entschulung und Entstaatlichung von Schule.

Eine gestraffte, verkleinerte staatliche Schulverwaltungsbehörde, jedoch mit größerer Autorität, garantiert die erforderliche staatliche Rahmensetzung und steuert gezielt ausgleichend die Ressourcenversorgung für die einzelnen Schulen, wobei sie die unterschiedlichen sozial-strukturellen Bedingungen der verschiedenen Einzelschulen berücksichtigt. Sie handelt andererseits in größerer Schulnähe, indem die Behördenarbeit über veränderte, stärker dialogische Kommunikations- und Kooperationsstrukturen direkter und mit höherer realer Wirksamkeit mit Schule rückgekoppelt wird.

So könnten zwischen Behörde und Schule mehrere Unterstützungssysteme arbeiten: für Organisationsberatung, Fachberatung und Lernplanung, für (schulinterne) Lehrerfortbildung vor Ort, von Schulentwicklungs-Moderatoren bis hin zum schulpsychologischen Dienst. Eine sachlich weitgehende ‚Schul-Ansicht' – als neue Form der bisherigen Schulaufsicht – leistet Beratung und (im Anschluss an interne Evaluation) die externe Evaluation der einzelnen öffentlichen Schule, einschließlich der Möglichkeit der Schlichtung von schulinternen Konflikten" (*Hoffmann & Lückert* 1994, 271f.).

---

[4] Übertragen auf den Sprachgebrauch der anderen Bundesländer also der Minister (Anmerkung *H. P. F.*).

[5] § 12 Abs. 4 Satz 2 des Bremischen Schulverwaltungsgesetzes vom 20. Dezember 1994.

[6] Der Verfasser *Hoffmann* war zum damaligen Zeitpunkt Staatsrat (d. h. in anderen Bundesländern Staatssekretär) beim Senator für Bildung und Wissenschaft in Bremen, der Verfasser *Lückert* der für die Schulen zuständige Abteilungsleiter.

Was im Vorfeld der gesetzlichen Reglung noch vorsichtig als *‚neue Form von Schulaufsicht'* tituliert wurde, dann im Gesetz selbst mit dem Begriff der *‚Schulinspektion'*, wie oben umfassend und vollständig zitiert, umschrieben wurde, erhielt dann in der Interpretation der beschlossenen Gesetzesregelung die folgende Beschreibung:

> „1. Die Kompetenzen in den Schulen in Sachen Praxiserfahrung, Kreativität und Ideenreichtum sind denen der Behörden um ein Vielfaches überlegen. Deswegen sind sie zu nutzen. Die unverzichtbare Qualitätssicherung und die Vergleichbarkeit der öffentlichen Schulen wird dem untauglichen Instrument Schulaufsicht entzogen und staatlicherseits einer Institution übertragen, die ausschließlich beratend und berichtend tätig wird (Schulinspektion).
>
> 2. Fachaufsicht (sie bleibt erhalten und wird nicht auf Rechtsaufsicht reduziert!) ist nur die ultima ratio und primär auf Selbstlösungskompetenz ausgerichtet" (*Kaschner*[7] 1995, 323).

1.2 Das Ende – Oder ein neuer Anfang?

Im Jahre 2005[8] wurde das Bremische Schulverwaltungsgesetz geändert, auch der oben zitierte § 13 erhielt eine Neufassung; nunmehr gilt:

> „§ 13 - Externe Evaluation
>
> (1) Vom Senator für Bildung und Wissenschaft beauftragte externe Evaluatorinnen und Evaluatoren haben die Aufgabe, die Arbeit der öffentlichen Schulen ... in regelmäßigen Abständen zu untersuchen, auch nach den Prinzipen des Gender Mainstreaming, und dabei über ihre Aktivitäten, Erfahrungen und Erkenntnisse an die einzelnen Schulen sowie an den Senator für Bildung und Wissenschaft zu berichten.
>
> (2) Die externen Evaluatorinnen und Evaluatoren haben nach Maßgabe der vertraglichen Vereinbarung im Benehmen mit der Schulleitung Zugang zu allen Veranstaltungen und Unterlagen der Schulen und Anspruch auf Informationen durch das schulische Personal."

Erkennbar also soll in Bremen an die Stelle der bisherigen, innerbehördlich kompliziert organisierten 'Schulinspektion' nunmehr die Gruppe externer, nur vertragsmäßig an die Behörde gebundener Evaluatorinnen und Evaluatoren treten – offen bleibt, warum.

Die Motive für diesen Wandel aufzudecken, fällt nicht leicht. Dass Bremen zwischen 1994 und 2005 mit PISA-Ergebnissen konfrontiert worden war, die dem Land jeweils insgesamt das Schlusslicht im innerdeutschen Ranking zuwiesen, muss dabei einbezogen werden. In Reaktion auf die ersten PISA-Ergebnisse hatte der zuständige Senator im Jahre 2002 einen *‚Runden Tisch Bildung'* eingerichtet, dessen Empfehlungen u. a. auch die Aufforderung enthielten, „*'Aufsichts- und Beratungsfunktion' in den Rollen der Beteiligten erkennbar (zu entflechten)"* (Runder Tisch Bildung 2002, 35).

---

[7] Der Verfasser war zum damaligen Zeitpunkt Justitiar beim Senator für Bildung und Wissenschaft in Bremen und quasi Autor des neugefassten Gesetzes (Anmerkung *H. P. F.*).

[8] Gesetz vom 28. Juni 2005.

Aber allein dieser Hinweis rechtfertigte noch nicht hinreichend die Abschaffung der Institution der ‚Schulinspektion'. Einzig in einer Gesetzesbegründung im Vorfeld der parlamentarischen Beratungen findet sich ein, allerdings eher lapidarer, Hinweis:

> „Die internationalen Vergleichsuntersuchungen haben erkennen lassen, wie notwendig es ist, Qualitätsuntersuchungen durch Dritte durchführen zu lassen. Von der bisherigen Schulinspektion wird daher Abstand genommen zugunsten einer Regelung, die externe Evaluatorinnen und Evaluatoren als Instrument der Qualitätssicherung in ihren Aufgaben beschreibt. Die Verantwortung der Fachaufsicht für die Qualitätsentwicklung der Schule wird dadurch nicht berührt. Die Evaluatorinnen und Evaluatoren liefern vielmehr Erkenntnisse, aus denen die für die Qualität von Schule Verantwortlichen, nämlich Schulleitung und Fachaufsicht, die geeigneten Konsequenzen zu ziehen haben" (*Deputation für Bildung Bremen* 2005, 30).

2 Die anderen Bundesländer

Auffällig ist, dass parallel zur Abschaffung der 'Schulinspektion' in Bremen eine ganze Reihe von anderen Bundesländern sich auf den Weg macht, dieses Instrument einzuführen - und dabei ebenfalls Möglichkeiten gesucht werden, die Unabhängigkeit der jeweiligen mit Aufgaben der Schulinspektion betrauten Instanzen zu sichern.

Einmütigkeit unter den Bundesländern, die eine ‚Schulinspektion' einführen (wollen), scheint dahingehend zu bestehen, dass dieser Instanz Aufgaben der externen Evaluation der Schulen übertragen werden; und ebenso scheint erklärtes Ziel zu sein, die ‚Schulinspektion' von Aufgaben der Schulaufsicht organisatorisch getrennt zu halten.

Aus rechtlicher Perspektive ist dabei interessant – und einer eigenen Untersuchung wert – dass die Länder bei der Einführung einer ‚Schulinspektion' unterschiedliche Wege gehen: Die in Niedersachsen per Kabinettsbeschluss zum 01.05.2005 eingerichtete ‚Schulinspektion' soll in ihren Aufgaben und Kompetenzen durch einen Erlass des Kultusministers näher umschreiben werden – wobei dieser Erlass auch zehn Monate nach der Errichtung der „Niedersächsischen Schulinspektion (NschI)" offenbar noch nicht verabschiedet worden ist [9].

Demgegenüber ist zwar in Hamburg ebenfalls mit dem Aufbau der dortigen ‚Schulinspektion' bereits Ende November 2005 begonnen worden (*Behörde für Bildung und Sport Hamburg* 2005, 32), die nähere rechtliche Ausgestaltung auf gesetzlicher Basis folgt dem; der Gesetzentwurf vom Februar 2006 (*Hamburgische Bürgerschaft* 2006) enthält ausdrücklich einen entsprechenden Regelungsvorschlag. Damit folgt Hamburg dem Vorbild Hessens, wo die nähere Bestimmung der Aufgaben des – neu begründeten – Hessischen Instituts für Qualitätsentwicklung (IQ) ebenfalls durch Gesetz erfolgt

---

[9] Ein – veröffentlichter – Anhörungsentwurf des Kultusministeriums datiert vom Dezember 2005; die Anhörungsfrist sollte danach Anfang Februar 2006 enden (Niedersächsisches Kultusministerium 2005).

ist [10] (wobei Hessen den Begriff der ‚Schulinspektion' auf der schulgesetzlichen Ebene vermeidet, wohl aber in der Arbeit des IQ verwendet [11]).

Unabhängig von der rechtlichen Frage der angemessen Regelungsform lässt sich über die Bundesländer hinweg als Gemeinsamkeit feststellen, dass offenkundig nicht nur die Notwendigkeit einer externen Evaluation von Schulen anerkannt wird, sondern hierfür auch der Begriff der ‚Schulinspektion' als der angemessene angesehen wird: So ist einem Grundsatzpapier des Kultusministeriums in Düsseldorf, „*Chancengerechtigkeit in der Schule – Neue Bildungschancen für Kinder und Jugendliche in Nordrhein-Westfalen*" vom Februar 2006 fast wie schon selbstverständlich die Gleichsetzung von externer ‚Qualitätsanalyse von Schulen' mit dem Begriff von Schulinspektion zu entnehmen (*Ministerium für Schule und Weiterbildung Nordrhein-Westfalen* 2006, 24). Diese Einmütigkeit unter den Bundesländern bei der Einführung von ‚Schulinspektion' ist interessant, aber von größerer Bedeutung scheint, dass die genaue Rollenzuweisung der Aufgaben der ‚Schulinspektion' nicht immer hinreichend klar vorgenommen wird.

3 Schulinspektion *und* Schulaufsicht – Schulinspektion *oder* Schulaufsicht?

So übereinstimmend die Einführung einer externen Evaluation bzw. ‚Schulinspektion' in den Bundesländern erfolgt, so sehr wird durchgängig besonders die Frage des Verhältnisses zur Schulaufsicht nicht geklärt. Eher wird diese Fragestellung durch offene, manchmal auch blumige Formulierungen verdeckt.

In keinem der Bundesländer, die Regelungen zur ‚Schulinspektion' eingeführt haben, ist die Schulaufsicht zugunsten der neuen Instrumente der Evaluation abgeschafft worden – auch *Kaschner* hatte für die damalige bremische Regelung, wie oben zitiert [12], zwar von dem „untauglichen Instrument Schulaufsicht" gesprochen, aber unmittelbar folgend in seinen Ausführungen die Aufgaben der fortbestehenden Fachaufsicht benannt. Eine Abschaffung der Schulaufsicht steht an keiner Stelle und in keinem Bundesland zur Debatte – und sie kann es auch nicht, denn dass das „gesamte Schulwesen ... unter der Aufsicht des Staates (steht)", ist Verfassungsvorgabe des Grundgesetzes in Art. 7 Abs. 1 und ihm folgend in den Landesverfassungen und Schulgesetzen der Länder festgeschrieben. Und auch wenn man die obrigkeitsstaatliche, ursprünglich dem preußischen Verfassungsverständnis folgende weite Auslegung des Schulaufsichtsbegriffs bemängeln mag, hat sie doch – jedenfalls gegenwärtig noch – breite Anerkennung in der Rechtsprechung bis hin zum Bundesverfassungsgericht und ebenso in der juristischen Literatur gefunden; danach umfasst der Begriff der Schulaufsicht als

---

[10] §§ 99b und 99c des Hessischen Schulgesetzes i. d. F. vom 29.11.2004 und Verordnung über Organisation und Aufgabengliederung des Instituts für Qualitätsentwicklung und zur Akkreditierung von Fortbildungs- und Qualifizierungsmaßnahmen für die Lehrkräfte vom 16.3.2005.

[11] Vgl. die Formulierung der „externen Evaluation als Schulinspektion Hessen" in den Verlautbarungen des IQ, z. B. bei der Darstellung von „Verfahren und Ablauf" externer Evaluationen, unter http://www.iq.hessen.de/iq/broker.jsp?uMen=d9870e36-7fb4-c201-a6d7-87ffe52681ed.

[12] Bei Fußnote 6.

„Inbegriff der staatlichen Herrschaftsrechte über die Schule ... die Gesamtheit der staatlichen Befugnisse zur Organisation, Planung, Leitung und Beaufsichtigung des Schulwesens." [13]

Deutlich und relevant an der Formulierung bleibt die Betonung der staatlichen Aufsichtsbefugnisse über das Schulwesen. Diese werden herkömmlich als die Fachaufsicht, die Rechtsaufsicht und die Dienstaufsicht unterschieden (*Avenarius & Heckel* 2000, 251); Versuche, den Begriff der Schulaufsicht in seiner umfassenden Bedeutung auf eine Rechtsaufsicht zu beschränken (*Deutscher Juristentag* 1981, 102, 318), sind bisher weder allgemein anerkannt noch in einzelnen schulgesetzlichen Regelungen von Bundesländern aufgegriffen worden; so heißt es beispielsweise im § 92 Abs. 3 des Hessischen Schulgesetzes:

„Die Aufsicht umfasst insbesondere

1. die Fachaufsicht über die öffentlichen Schulen,

2. die Dienstaufsicht über die Lehrerinnen und Lehrer an öffentlichen Schulen sowie die sozialpädagogischen Mitarbeiterinnen und Mitarbeiter in öffentlichen Schulen ...,

3. die Rechtsaufsicht über die Verwaltung und Unterhaltung der öffentlichen Schulen durch die Schulträger,

..."

Präzisiert wird im § 93 des Hessischen Schulgesetzes der Begriff der Fachaufsicht, der hier daher ebenfalls zitiert werden soll:

„(1) Die Fachaufsicht umfasst die Befugnis, schulische Entscheidungen und Maßnahmen aufzuheben, zur erneuten Entscheidung oder Beschlussfassung zurückzuverweisen und danach erforderlichenfalls selbst zu entscheiden, wenn diese gegen Rechts- oder Verwaltungsvorschriften, das Schulprogramm oder Anordnungen der Schulaufsichtsbehörde verstoßen oder aus pädagogischen Gründen erhebliche Bedenken gegen sie bestehen. Fehlende Entscheidungen kann die Schulaufsichtsbehörde anfordern und erforderlichenfalls selbst entscheiden. Sie tritt in das Recht und die Pflicht ein, Konferenzbeschlüsse zu beanstanden, wenn die Schulleiterin oder der Schulleiter den Aufgaben nach § 87 Abs. 4 nicht nachkommt.

(2) Die Schulaufsichtsbehörde kann sich jederzeit über die Angelegenheiten der Schulen informieren und dazu Unterrichtsbesuche durchführen. Eine Vertreterin oder ein Vertreter kann an der Schulkonferenz und an den Konferenzen der Lehrkräfte teilnehmen und deren Einberufung verlangen. Eine Vertreterin oder ein Vertreter kann an den Sitzungen der Elternvertretungen und der Schülervertretungen teilnehmen. Die Schulaufsichtsbehörde kann in Erfüllung ihrer Aufgaben Anordnungen treffen und der Schulleitung, den Lehrkräften und den sozialpädagogischen Mitarbeiterinnen und Mitarbeitern Weisungen erteilen. Ihre Aufsichtsmaßnahmen sind so zu gestalten, dass die pädagogische Freiheit der Lehrerinnen und Lehrer (§ 86 Abs. 2 und 3) und die pädagogische Eigenverantwortung der Schulen (§ 127 b) gewahrt werden. Zur Sicherung der Ziele

---

[13] BVerfGE 34, 165 (182), BVerwGE 6, 101(104).

und Grundsätze der §§ 2 und 3 und zur Gewährleistung eines gleichwertigen Angebots kann die Schulaufsichtsbehörde fordern, dass die Schule die Beratung des Instituts für Qualitätsentwicklung in Anspruch nimmt.

..."

Dieses umfassende Verständnis von Schulaufsicht schlägt sich auch darin nieder, dass einerseits eine weitere Ausdehnung dahingehend erfolgt ist, dass dem Staat auch ein aus Art. 7 Abs. 1 des Grundgesetzes abgeleiteter, eigener Erziehungsanspruch zugesprochen worden ist, zum anderen dem durch seinen Kontroll- und Eingriffscharakter geprägten Aufsichtsbegriff auch quasi als Vorform eine Aufgabe der Beratung als Bestandteil von Schulaufsicht inkorporiert wurde; um noch einmal das Hessische Schulgesetz (§ 92 Abs. 1) zu zitieren:

„Das gesamte Schulwesen steht nach Art.7 Abs. 1 des Grundgesetzes und Art. 56 Abs. 1 Satz 2 der Verfassung des Landes Hessen in der Verantwortung des Staates. Seine Aufgabe ist es insbesondere, die Schulen bei der Erfüllung ihres Bildungs- und Erziehungsauftrages, der Übernahme neuer Erkenntnisse der Fach- und Erziehungswissenschaften, der Vorbereitung auf neue pädagogische Problemstellungen, der Organisationsentwicklung und der Koordination schulübergreifender Zusammenarbeit zu beraten und zu unterstützen. Bei der Erfüllung dieser Aufgaben wirken die Schulaufsichtsbehörden (§ 94), das Amt für Lehrerbildung, die Studienseminare (§ 99) und das Institut für Qualitätsentwicklung (§ 99 b) ihrer jeweiligen Aufgabenstellung entsprechend eng zusammen."

In Anbetracht dieser Feststellung, dass schulgesetzlich der Inhalt und Umfang von Schulaufsicht nicht nur gleichzeitig Beratung der Schulen (entsprechend beispielsweise § 92 Abs. 1 des Hessischen Schulgesetzes) und Beaufsichtigung (entsprechend §§ 92 Abs. 3 und 93 Abs. 1 und 2) umfassen, sondern offenbar durch die prioritäre Betonung von Beratung und Unterstützung im 1. Absatz diesen eine besondere und wichtige Funktion zugeschrieben wird, taucht die Frage auf, wie sich zu diesem Begriff von Schulaufsicht die Wahrnehmung der Aufgaben der 'Schulinspektion' unter rechtlicher Perspektive verhält.

Auch insoweit ist ein Blick in die entsprechenden Reglungen von Interesse. So enthält beispielsweise die für Hamburg vorgesehene Regelung folgende Formulierung [14]:

„Die Schulinspektion untersucht die Qualität des Bildungs- und Erziehungsprozesses an staatlichen Schulen und berichtet darüber den Schulen und der Schulaufsicht." [15]

Die Ziele von ‚Schulinspektion' lassen sich über den Gesetzestext hinaus auch noch näher beschreiben; in der Begründung zum Gesetzentwurf heißt es:

„Die Schulinspektion selbst nimmt schulaufsichtliche Funktionen nicht wahr, jedoch sind ihre Berichte eine wichtige Erkenntnisquelle für ein schulaufsichtliches Einschreiten" (*Hamburgische Bürgerschaft* 2006, Anlage 1, 47).

---

[14] § 85 Abs. 3 Satz 1 des Entwurfes zur Änderung des Schulgesetzes vom 21.02.2006.

[15] Ähnlich ist die Aufgabe der externen Evaluatoren/-innen in Bremen in dem neugefassten, bereits oben zitierten § 13 Abs. 1 des Schulverwaltungsgesetzes gefasst.

Bei einer solchen, aus dem Zusammenhang gelösten Formulierung der Aufgaben der ‚Schulinspektion' liegt der Verdacht nahe, dass die ‚Schulinspektion' zum Ermittlungsorgan der Schulaufsicht wird; man könnte dann sogleich an eine Parallele sich erinnert fühlen, dass nämlich die Kriminalpolizisten im Verhältnis zur Staatsanwaltschaft als ‚Hilfsbeamte' bezeichnet wurden [16]. Verkannt aber würde bei einer solchen Perspektive, dass die Aufgabe der ‚Schulinspektion' primär Beratung ist – auch wenn das Wissen der ‚Schulinspektion' der Schulaufsicht zur Verfügung steht.

Das Dilemma jeder Beratung „im Wissen um Aufsicht und Kontrolle" beschreibt einen zentralen Konflikt, der bisher der Schulaufsicht als interner zugeschrieben wurde; bereits oben wurde auf den entsprechenden Rollenkonflikt hingewiesen, indem die Forderung des *Runden Tisches Bildung* zitiert wurde. Verdeutlicht wird der Konflikt schließlich auch dadurch, dass es nach der Auffassung der Länder eine Instanz externer Evaluation/die ‚Schulinspektion' gibt, die auf Beratung hin orientiert ist, der Kontroll- und Weisungsrechte ausdrücklich nicht zugestanden werden. Andererseits aber gibt es die Schulaufsicht in ihrer nach wie vor bestehenden Kompetenz und Aufgabenstellung – und der die im Rahmen von Beratung bekannt gewordenen Ergebnisse dann zuzustellen sind, um so „*eine wichtige Erkenntnisquelle für ein schulaufsichtliches Einschreiten*" zu gewinnen [17].

Dieses Problem ist in Niedersachsen erkannt worden. Dort waren der Errichtung der ‚Niedersächsischen Schulinspektion' Beratungen in einer gleichnamigen Arbeitsgruppe vorausgegangen, die im Februar 2005 vorgelegt wurden (*Arbeitsgruppe Schulinspektionssystem Niedersachsen* 2005). In diesem Bericht hieß es, dass die Einrichtung einer ‚Schulinspektion' notwendig zu einer Veränderung der Aufgaben der Schulaufsicht führen würde, allerdings wären die „*Aufgaben der ‚Neuen Schulaufsicht' noch nicht definiert.*"; und „*Die Niedersächsische Schulinspektion und die ‚Neue Schulaufsicht' sind funktional und organisatorisch getrennte Einrichtung*", aber es gäbe auch „*funktionale Schnittstellen bzw. Arbeitszusammenhänge*" (*Arbeitsgruppe Schulinspektionssystem Niedersachsen* 2005, 10). Schließlich hieß es im Abschlussbericht dann:

„Bezogen auf Funktion und Aufgabe ... ist die Niedersächsische Schulinspektion Teil der staatlichen Aufsicht über das Schulwesen (Art. 7 GG). Für die erfolgreiche Aufgabenwahrnehmung (Controlling-Funktion) ist aber von großer Bedeutung, dass die Niedersächsische Schulinspektion organisatorisch und personell losgelöst von der Schulaufsicht im engeren Sinne eingerichtet wird. ...

Die eigenständige Organisation der Niedersächsischen Schulinspektion wird nach den bisherigen Erfahrungen auch die Akzeptanz und das Vertrauen in den Schulen im Hinblick auf eine externe Qualitätsevaluation stärken. Außerdem werden durch die organisatorische und personelle Trennung Rollenkonflikte vermieden" (*Arbeitsgruppe Schulinspektionssystem Niedersachsen* 2005, 12).

---

[16] Seit der Änderung des § 152 des Gerichtsverfassungsgesetzes im Jahre 2004 ist dieser Begriff ersetzt worden; inhaltlich aber gilt weiter: „Die Ermittlungspersonen der Staatsanwaltschaft sind in dieser Eigenschaft verpflichtet, den Anordnungen der Staatsanwaltschaft ihres Bezirks und der dieser vorgesetzten Beamten Folge zu leisten."

[17] Um noch einmal aus der Begründung zum Hamburgischen Gesetzentwurf zu zitieren.

Der bereits erwähnte Rollenkonflikt zwischen Beratung und Aufsicht bzw. Kontrolle soll also durch eine organisatorische und personelle Trennung der beiden Einrichtungen aufgelöst werden; auch für Hamburg ist für die dortige ‚Schulinspektion' geplant, ihr „*mittelfristig einen unabhängigen Status*" zu gewähren, sie aus der Linie der der Schulbehörde nachgeordneten Ämter herauszunehmen (*Hamburgische Bürgerschaft* 2006, 13). Die Modelle dieser beiden Länder, aber auch das neu begründete und nicht als Bestandteil des Ministeriums errichtete Hessische Institut für Qualitätsentwicklung folgen dem, was Bremen im Jahre 1994 eingeführt und im Jahre 2005 wieder abgeschafft hatte.

Von daher scheint es sinnvoll, etwas genauer der Sinnhaftigkeit einer „*organisatorischen und personellen Loslösung*" nachzugehen.

4 Von Bremen lernen ... ?

Ein vermessener Ansatz, aber dennoch scheint es – über die knappen Andeutungen im ersten Abschnitt dieses Beitrages hinaus – angezeigt, noch einmal möglichen Gründen nachzugehen, warum das Modell ‚Schulinspektion' in Bremen gescheitert sein könnte.

Festzuhalten bleibt, dass die ‚externe Evaluation/Schulinspektion' ihre Aufgabe im Auftrage des Staates, konkret der staatlichen Schulaufsicht erfüllt; auch wenn, wie in Bremen nunmehr festgelegt, die externen Evaluatoren/-innen auf Vertragsbasis – also mithin freiberuflich – tätig werden, so bleibt doch der Auftraggeber unverändert die Schulaufsichtsbehörde. Versuche, den Informationsfluss von der ‚externen Evaluation/ Schulinspektion' zur Schulaufsicht zu blockieren, sind jedoch auch letztlich nicht vorgesehen, wie das Beispiel der Entwurffassung des Niedersächsischen Erlasses zur Schulinspektion zeigt:

> „Personenbezogene Informationen und Daten werden vom Inspektionsteam grundsätzlich vertraulich behandelt. Lediglich bei Verstößen gegen die Dienstpflichten oder die Schulordnung werden die Schulleitung und ggf. die Landesschulbehörde informiert" (*Niedersächsisches Kultusministerium* 2005, unter 3.2(7)).

Das Dilemma einer Beratung durch ‚externe Evaluation/Schulinspektion' im gleichzeitigen Bewusstsein möglicher schulaufsichtlicher Eingriffsmaßnahmen bleibt mithin bestehen – und ist in Anbetracht der Verfassungsvorgabe von Schulaufsicht auch nicht veränderbar (sieht man einmal von der Option einer Verfassungsänderung ab). Ein Ansatz zumindest zur Minimierung, wenn auch nicht zur Lösung der Konflikte, könnte die Entwicklung von neuen Formen von Schulaufsicht sein, wie sie auch in Niedersachsen und Hamburg angesprochen werden – wobei auffällig ist, dass entsprechend institutionalisierte und abgesicherte Ansätze in den entsprechenden politischen Erklärungen der beiden Bundesländer als Programm für die Zukunft erklärt werden, nicht aber unmittelbar im Zusammenhang mit der Einrichtung von ‚externer Evaluation/ Schulinspektion' verwirklicht werden sollen. In Hamburg etwa heißt es, dass eine „neue Rolle der Schulaufsicht" gefunden werden müsse, indem

> „die Schulaufsicht ... noch stärker als bisher Dienstleistungsfunktionen (übernimmt). Sie berät die Schulleitungen bei Bedarf in Fragen der Schulorganisation, der Schulqualität und bei der Umsetzung bildungspolitischer Maßnahmen. Sie erfüllt damit eine Auf-

sichts- und nachfrageorientierte Beratungsfunktion. Erfahrungen zeigen, dass diese beiden Aufgaben dann miteinander vereinbar sind, wenn bei der Beratung Rollenklarheit besteht" (*Hamburgische Bürgerschaft* 2006, 13).

Der Hinweis auf die „Rollenklarheit" bei den Tätigkeiten von Aufsicht und Beratung mag zwar im Interesse der Beteiligten hilfreich und sinnvoll sein, er allein löst aber das Problem einer Beratung im „Schatten" der Aufsicht letztlich nicht: Wie lässt sich Beratung erfolgreich durchführen, wenn einer der Beteiligten gewärtig sein muss, dass bei Scheitern der Beratung die Mittel und Verfahren der Aufsicht zum Einsatz kommen können? Zu fragen ist in diesem Zusammenhang beispielsweise auch, ob der Ansatz im bereits zitierten Hessischen Schulgesetz [18], im Rahmen von Fachaufsicht von den Schulen auch verlangen zu können, die Beratung durch das IQ in Anspruch zu nehmen, eine besonders gute Voraussetzung für einen Erfolg ist.

Bezeichnet wird damit ein Dilemma, dass das Schulsystem und die Form seiner Steuerung auch schon in der Vergangenheit kontinuierlich beschäftigt hat. Gab es auch schon früher einen Konflikt innerhalb der Schulaufsicht und bei ihrer Aufgabenerfüllung (*Hopf, Nevermann & Richter* 1980, 153ff.), so wird diese ungeklärte Situation nunmehr dadurch offenkundiger, dass unter den jetzigen Anforderungen ausdrücklich unterschiedliche Ansätze und Verfahren Anwendung finden sollen, innerhalb dieser sich der beschriebene Konflikt offenbart. Eine Lösung wird in der Weise versucht, dass eine nachdrückliche organisatorische Trennung der beiden Aufgabenbereiche von Beratung und Aufsicht vorgesehen ist. Auch wenn dies als ein richtiger Schritt angesehen werden muss, so bleibt doch die Tatsache bestehen, dass die im Rahmen von Beratung gewonnenen Informationen nach der bestehenden Rechtslage auch für Aufsichtszwecke zur Verfügung stehen sollen; so heißt es beispielsweise im Entwurf des Niedersächsischen Erlasses zur Schulinspektion vielsagend, dass bei nicht abstellbaren gravierenden Mängeln an einer Schule die Schulaufsichtsbehörde schließlich „*das Erforderliche veranlasst*" (*Niedersächsisches Kultusministerium* 2005, 4.(6)) – eine aus Sicht einer Einzelschule eher als bedrohlich empfundene Konsequenz.

Dass aber auch bereits dieser erste Schritt einer organisatorischen Trennung der ‚externen Evaluation/Schulinspektion' nicht ohne Probleme abläuft, zeigt das eingangs zitierte bremische Beispiel. Umstritten war im Jahre 1994 in Bremen, inwieweit es staatliche Instanzen und auch Amtsträger/Mitarbeiter geben könne, für die kein Weisungsrecht und kein Letztentscheidungsrecht einer politischen Spitze, d. h. des Senators [19], gelten soll. Die in Bremen im Jahre 1994 schließlich gefundene, oben zitierte Regelung des § 13 Abs. 3 Satz 2 des Schulverwaltungsgesetzes mit der unmittelbaren Anbindung an die Person des Senators erfüllte zwar die Anforderung eines senatorischen Weisungsrechts, erwies sich aber naheliegenderweise in der Praxis als einigermaßen kompliziert. Aufgeworfen war mit der in Bremen gewählten Rechtskonstruktion die Grundsatzfrage nach den so genannten ministerialfreien Räumen, d. h. Bereichen, in denen Weisungsrechte der politisch dem Parlament gegenüber verantwortlichen Verwaltungsspitze (d. h. Senator/Minister) ausdrücklich nicht bestehen. Verfassungsrecht-

---

[18] § 93 Abs. 2 Satz 6 des Hessischen Schulgesetzes.
[19] D. h. in anderen Bundesländern des Ministers.

lich ist die grundsätzliche Notwendigkeit einer Weisungsgebundenheit in einer unmittelbaren ‚Weisungskette' (und damit zugleich ‚Legitimationskette') von oben nach unten und der gleichzeitigen parlamentarischen Verantwortlichkeit, die von unten nach oben verlaufend schließlich in der Person des jeweils zuständigen Senators/Ministers zusammenläuft, unbestritten; ob und inwieweit es im Einzelfall hiervon Abweichungen geben kann, ist in der gegenwärtigen juristischen Debatte keineswegs hinreichend geklärt.

Neben dieser Frage der Weisungsabhängigkeit und ihrer möglichen Begrenzungen muss aber entsprechend der vorangegangenen Darstellung festgehalten werden, dass der Fortbestand der Schulaufsicht und ihre umfänglichen Kompetenzen in keinem Bundesland rechtlich grundsätzlich in Frage gestellt wird. Der Konflikt mit dem Selbstverständnis von Beratung (und Beratern), die mit einer möglichen Weitergabe von Informationen über die Schule denkbare Zurückhaltung der Schule (bis hin zu Misstrauen) und das Wissen um die nach wie vor bestehenden Eingriffsbefugnisse der als Kontrollinstanz wahrgenommenen Schulaufsicht prägen gegenwärtig auch die Tätigkeit von externer Evaluation bzw. ‚Schulinspektion'. Und da aus allein schon verfassungsrechtlichen Gründen an eine Aufgabe der staatlichen Schulaufsicht nicht gedacht werden kann, wird dieses Dilemma bleiben [20].

Denkbar ist in Anbetracht dieser rechtlichen Rahmenbedingungen einzig eine Beschränkung und Begrenzung von Schulaufsicht, wie sie beispielsweise in Form einer „Mäßigungsklausel" [21] schon früh Bremen in die Aufgabenbeschreibung der Schulaufsicht übernommen hatte und wie dies heute in einer Reihe von Landesschulgesetzen in dieser oder ähnlicher Form [22] Eingang gefunden hat:

> „Die Befugnis der Schule, Unterricht, Schulleben und Erziehung selbständig zu planen und durchzuführen (§ 127 a Abs. 1), darf durch Rechts- und Verwaltungsvorschriften und Anordnungen der Schulaufsicht nicht unnötig oder unzumutbar eingeengt werden." [23]

Dennoch bleibt festzuhalten, dass im (durchaus auch erst extremen) Konfliktfalle die Nutzung der umfassenden Möglichkeiten von Schulaufsicht nicht ausgeschlossen werden kann – trotz aller außerhalb von Aufsicht und Kontrolle liegenden Ansätze und Verfahren von externer Evaluation und ‚Schulinspektion'. Ob und inwieweit das Wissen um dieses Dilemma die Arbeit und Ergebnisse von externer Evaluation bzw. ‚Schulinspektion' beeinflussen wird, bleibt abzuwarten.

---

[20] „Übrigens ist meines Erachtens die grundsätzliche Frage berechtigt, ob bei einer weiteren Autonomisierung der Schule die Rolle der Schulaufsicht unverändert bleiben kann. Könnte oder müsste eine ‚selbständige' Schule nicht selbst, ohne Aufsicht, ohne Mitverantwortlichkeit der Schulaufsicht für die schulische Qualität, mehr managen?" (*Weerts* 2006, 24) – diese berechtigte Anfrage des holländische Kollegen wird man in Anbetracht der deutschen Verfassungslage nicht mit „ja" beantworten können.

[21] S. o., Fußn. 6.

[22] Vgl. etwa § 106 Abs. 2 des Berliner Schulgesetzes, § 130 Abs. 2 des Brandenburgischen Schulgesetzes, § 121 Abs. 1 Satz 1 des Niedersächsischen Schulgesetzes.

[23] § 127 b Abs. 1 des Hessischen Schulgesetzes; dabei ist von Bedeutung, dass sich diese Klausel als eine Art Selbstverpflichtung im Grunde auch an den Gesetze beschließenden Gesetzgeber richtet.

*Wilfried Bos, Kathrin Dedering, Heinz-Günter Holtappels, Sabine Müller &
Ernst Rösner*

Schulinspektion in Deutschland –
Eine kritische Bestandsaufnahme

Im vorliegenden Artikel wird das Verfahren der Schulinspektion zunächst als Instrument der Qualitätssicherung beleuchtet und als Versuch charakterisiert, die Elemente von Input-, Prozess- und Outputsteuerung zu verbinden. Es wird dann eine Bestandsaufnahme von Schulinspektionsmodellen in den verschiedenen Bundesländern vorgenommen. Hierzu werden der Implementationsstand, grundlegende Strukturaspekte der Konzepte und Komponenten des Verfahrens nach analytischen Kategorien vergleichend beschrieben. Abschließend wird erörtert, inwiefern Schulinspektion der Steuerung der Qualitätsentwicklung dienen kann. Dazu werden die sich aus einer Inspektion für die Einzelschule und das Gesamtsystem ergebenden Konsequenzen diskutiert. Problematisiert werden Schulrankings. Die Untersuchung der Wirksamkeit von Schulinspektion wird als Forschungsdesiderat formuliert.

1 Einführung

Seit einiger Zeit wird der Schulinspektion von Seiten der Bildungsadministration in Deutschland eine gesteigerte Bedeutung beigemessen. Unter Schulinspektion kann dabei in einem sehr allgemeinen Sinne zunächst einmal ein „Verfahren der ‚Inaugenscheinnahme' einzelner Schulen wie auch ... [die] Institution, die das Verfahren verantwortet" (*Maritzen* 2006) verstanden werden. In Folge des Bildungsföderalismus sind in den deutschen Bundesländern unterschiedliche Bestrebungen zur Entwicklung und Implementierung von Inspektionsmodellen zu erkennen. Aus diesem Grunde – und wegen des Erprobungscharakters der Modelle in den unterschiedlichen Bundesländern – ist eine allgemeingültige Beschreibung des Sachverhalts noch nicht möglich.

Mit Schulinspektion werden unterschiedliche Zielsetzungen und Funktionen verbunden. Nach Sichtung offizieller Verlautbarungen der Ministerien bzw. Schulverwaltungen konstatiert *Maritzen* eine Vielzahl von Funktionszuweisungen. Schulinspektion kommt eine Spiegel- oder Feedbackfunktion aus externer Sicht, eine Unterstützungsfunktion für Schulleitungen und Lehrkräfte, eine Impulsfunktion für die Schul- und Unterrichtsentwicklung sowie eine Erkenntnisfunktion hinsichtlich der Wirkungen schulischer Arbeit zu. Darüber hinaus besitzt sie eine Qualitätssicherungsfunktion im Rahmen staatlicher Gewährleistungsverantwortung (vgl. ebd., 2006). Deutlich wird, dass zwei Ebenen des Schulsystems durch Schulinspektion tangiert werden: die Ebene der Einzelschule und die des Gesamtsystems. Im Folgenden wird die Letztgenannte fokussiert und das Verfahren der Schulinspektion in diesen Kontext eingeordnet.

Vor dem Hintergrund dieser Verortung wird dann der aktuelle Stand der Schulinspektion in Deutschland eruiert. Auf der Grundlage einer umfassenden Synopse werden die in den einzelnen Bundesländern existierenden Inspektionsmodelle dazu mit Hilfe ausgewählter Vergleichskriterien dargestellt.

2   Schulinspektion als Element der Qualitätssicherung

Steuerung im Bildungswesen wird auf unterschiedliche Weise intendiert und umgesetzt. Traditionell wird in Deutschland im Schulwesen mit Mitteln der Inputsteuerung gearbeitet. Das bedeutet für die *Struktur* und *Ausstattung* der Schulen, dass sie zwar durch die Schulträger regionalisiert, aber durch die einschlägige Gesetzgebung sowohl im Hinblick auf personelle als auch materielle Ressourcen vereinheitlicht vorgegeben werden. Das gleiche gilt für die *Qualifikation der Lehrkräfte*. Die Ausbildung in der ersten Phase findet in Deutschland an Universitäten bzw. pädagogischen Hochschulen statt, aber die Lehrerprüfungsordnungen sind auf Landesebene nach einheitlichen Kriterien genehmigt und werden im Rahmen von Staatsexamen administriert. Die zweite Ausbildungsphase wird ebenfalls unter strikter staatlicher Kontrolle durchgeführt und mit dem zweiten Staatsexamen zertifiziert. Selbst die dritte Phase, die Lehrerfortbildung, ist weitgehend sowohl in der Bedarfsplanung als auch in der Umsetzung durch landesspezifische Gesetzgebung und Institutionen (wie z. B. Landesinstitute) vorgegeben und reglementiert. Darüber hinaus werden die zu *unterrichtenden Fächer* in Form, Umfang und Inhalt durch zentrale Vorgaben (Curricula) bestimmt. Zahllose Erlasse reglementieren ergänzend detailliert das pädagogische Geschehen im Unterricht.

Eine Steuerung des Schulwesens allein mit Mitteln der Inputsteuerung ist allerdings nicht Ziel führend; es müssen vielmehr Elemente der Prozesssteuerung integriert werden (vgl. z. B. *Rolff* 1993). Da Vorgaben aus der Inputsteuerung in einzelnen Schulen umgesetzt werden, muss berücksichtigt werden, dass diese über unterschiedliche Konstellationen hinsichtlich des sozialen Umfeldes, des Personals, der Schülerschaft etc. verfügen und damit unterschiedliche Umsetzungspotenziale auf Einzelschulebene vorhanden sind. Mit Elementen der Organisations-, Personal- und der Unterrichtsentwicklung soll so ergänzend zur Inputsteuerung im Rahmen einer unterstützenden Prozesssteuerung die Inputsteuerung vor Ort optimiert werden. Art und Umfang dieser Entwicklungsmaßnahmen können wiederum staatlich vorgegeben und kontrolliert werden, der Optimierungsprozess selbst ist aber in die jeweilige Schule verlagert. Auch diesem Modell impliziert ist die Vorstellung, dass bei einem gelungenen Schulentwicklungsprozess der Bildungserfolg auch auf Seiten der Schülerschaft eintreten wird.

Inzwischen hat sich der Einsatz von Instrumenten der Outputsteuerung durchgesetzt. Im Rahmen rezenter internationaler Schulleistungsstudien (TIMSS, PISA, PIRLS/IGLU) wurde deutlich, dass die modellimpliziten Annahmen nicht im erhofften bzw. erwarteten Ausmaß eingetroffen sind. Dies führte zu einer Neuorientierung bei der Steuerung des Schulwesens. Wie aus der Abbildung 1, einer Weiterentwicklung des Steuerungskreislaufs von *Schwippert & Bos* (2005), deutlich wird, fügen sich nunmehr neben Elementen der Input- und Prozesssteuerung auch Aspekte der Outputsteuerung in diesen Kreislauf ein. Insbesondere die an die Technik und Durchführung internationaler Schulleistungsuntersuchungen angelehnten regelmäßigen Lernstandsmessungen wie z. B. VERA (VERgleichsArbeiten) oder LSE (LernStandsErhebungen), in denen in bestimmten Fächern und Jahrgangsstufen Kernkompetenzen flächendeckend erfasst werden, erzeugen ein nicht zu unterschätzendes Steuerungswissen über die erbrachten Schülerleistungen auf Schul- und/oder Klassenebene.

Abbildung 1: Kreislauf der Steuerung im Schulwesen

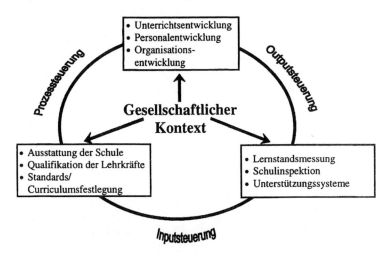

Schulinspektion als Verfahren der externen Evaluation versucht, die Elemente der zuvor skizzierten Input-, Prozess- und Outputsteuerung miteinander zu verbinden, indem sie z. B. auf die Schulprogrammarbeit, Ergebnisse schulinterner Parallelarbeiten oder zentraler Vergleichsarbeiten und die internen Evaluationsbemühungen zurückgreift und diese in einen umfassenden Bericht integriert. Mit der Schulinspektion soll überprüft werden, inwiefern bestimmte, von der Schule selbst formulierte bzw. von der Gesetzgebung angeordnete Zielsetzungen realisiert werden. Deutschland folgt damit einem Trend, der in anderen europäischen Ländern längst Einzug gehalten hat und orientiert sich dabei vor allem an den Modellen aus England, den Niederlanden und Schweden. Auf diese internationalen Vorbilder soll – der nationalen Ausrichtung dieses Aufsatzes wegen – an dieser Stelle nicht eingegangen werden (vgl. hierzu z. B. *Schmidthauser* 2004, *van Ackeren* 2003, *van Bruggen* 2006).

3 Zum Stand der Schulinspektion in Deutschland

Im folgenden Teil wird eine Bestandsaufnahme von Schulinspektionsmodellen in einzelnen Bundesländern vorgenommen. Dabei werden der Implementationsstand, grundlegende Strukturaspekte der Inspektionsmodelle und Elemente des Inspektionsverfahrens nach analytischen Kategorien beleuchtet. Der folgende Länderüberblick basiert auf der Sichtung von offiziellen Konzeptdarstellungen der zuständigen Landesministerien (z. T. ergänzt um Website-Präsentationen und telefonische Rückfragen in Ministerien) sowie auf einer vom Hessischen Institut für Qualitätsentwicklung (IQ) im Juni 2005 durchgeführten Befragung aller 16 Bundesländer (vgl. *Hessisches Kultusministerium/Institut für Qualitätsentwicklung* 2006). Damit kann ein erster vergleichender Länderüberblick zum Stand der laufenden und geplanten Inspektionsverfahren in Schulen gegeben werden. 15 Länder konnten berücksichtigt werden (Tabellen 1 a/b).

Tabelle 1a: Synopse zur Bestandsaufnahme der Strukturmerkmale der Schulinspektionsmodelle in den Bundesländern (Stichtag 31.12.2005)

	Baden-Württemberg	Bayern	Berlin	Brandenburg	Bremen	Hamburg	Hessen
Institutionalisierungsform Schulinspektion	Landesinstitut für Schulentwicklung	Zuständig: regional, schulartspezifische SchA; Verantwortung/Koordination bei Qualitätsagentur	Stabsstelle der Senatsverwaltung	Eigenständige Arbeitsstelle, aber Anbindung an Schulaufsicht des Ministeriums	Inspektion durch externe Institute im Auftrag des Senators	Schulbehörde	Institut für Qualitätsentwicklung
Personelle Zusammensetzung	Hauptamtliche Lehrkräfte (3)	5-7 Experten ohne Schulbehörde	Gem. Visitationsteam: SchA+Schulleitung+Lehrkräfte	Gemischtes Visitationsteam: SchA + Pädagoge (1/1)	Tandems aus externen Experten o. Schulbehörde	Gem. Inspekt.-Team 2 Inspektoren+Schulleitung	Multiprofessionelles Team
Existenz eines Qualitätstableaus	6 Q.-Bereiche, 19 Indikatoren	4 Q.-Bereiche, 23 Merkmale	6 Q.-Bereiche, 25 Merkmale, 70 Kriterien	6 Q.-Bereiche, 32 Kriterien / 88 Indikatoren	5 Q.-Bereiche, 17 Merkmale	Ja	7 Q.-Bereiche
Art der Qualitätsbereiche in der Inspektion	• Unterrichtsergebnis/-prozess • Schulführung/-management • Professionalität der Lehrkräfte • Schul-/Klassenklima • Außenbeziehung • Qualitätsmanagement	• Rahmenbedingungen • Prozessqualitäten Schule • Prozessqualitäten Unterricht • Ergebnisse schulischer Arbeit	• Ergebnisse Schule • Lehr-Lern-Prozesse • Schulkultur • Schulmanagement • Lehrerprofessionalität u. Personalentwicklung • Ziele/Strategien der Qualitätsentwicklung	• Ergebnisse/Erfolge • Qualität der Lehr-Lern-Prozesse • Schulkultur • Schulmanagement • Lehrerprofessionalisierung/Personalentwicklung • Qualitätsentwicklung	• Bildungs-/Erziehungsauftrag • Lehren/Lernen • Führung • Management • Schulklima/Schulkultur • Zufriedenheit Schüler, Eltern, Lehrer	Noch in Bearbeitung	• Voraussetzung/Bedingungen • Entwicklungsziele/Strategien • Führung/Management • Professionalität • Lehren/Lernen • Schulkultur • Ergebnisse/Wirkungen
Kopplung interner/externer Eval.	interne Eval. als Basis mit selben Qualitätsbereichen	Unklar	Unklar	Unklar	Unklar	Referenzpunkte für int. Eval. im Orient.-rahmen	Ergebnisse int. Eval. Kriterium für Analyse
Auswahl der Schulen	Unklar	Obligatorisch	Unklar/obligatorisch	Keine/obligatorisch	Keine/obligatorisch	Unklar/obligatorisch	Obligatorisch

Schulinspektion in Deutschland

Tabelle 1b: Fortsetzung: Synopse zur Bestandsaufnahme der Strukturmerkmale der Schulinspektionsmodelle in den Bundesländern

	Mecklenburg-Vorpommern	Niedersachsen	Nordrhein-Westfalen	Rheinland-Pfalz	Sachsen	Sachsen-Anhalt	Schleswig-Holstein	Thüringen
Institutionalisierungsform Schulinspektion	Abteilung des Landesinstitutes; SchA zugeordnet	Eigene Behörde, unabhängig von SchA	Dezernate „4Q" an den 5 Bezirksregierungen	Agentur als Organisationseinheit im Ministerium	Noch nicht geklärt	Referat im Landesverwaltungsamt	Zuständig: Ministerium, operative Umsetzung b. Landesinstitut	Zuordnung zu Schulämtern o. unabh. Fortbild.-Instituten offen
Personelle Zusammensetzung	Gem. Teams: 1 Inspektor, 1 Schulrat, 1 Schulleiter, 1 Fach-/Schulentwicklungs Berater	Schulinspektoren (2)	Personen der Schulaufsicht (2)	Evaluationsteams (2), auch SchA-Mitglieder, evtl. Externe	Gem. Teams: Wissenschaft, Personen aus Schule (Schul-/Fachleiter, Lehrer)	Gem. T.: 1-3 Inspektoren, 1 Vertreter anderer Schule, 1 Mitarbeiter Referat	Gemischte Teams EVIT: SchA/SEBerater, Schulleiter (1/2)	Gemischte Teams (unterschiedliche Professionen)
Existenz eines Qualitätstableaus	4 Q.-Bereiche	6 Q.-Bereiche, 32 Kriterien / 90 Indikatoren	6 Q.-Bereiche, 26 Qualitätsaspekte	Nein	6 Q.-Bereiche, 17 Kriterien	6 Q.-Bereiche	8 Felder der Evaluation	6 Q.-Bereiche
Art der Qualitätsbereiche in der Inspektion	• Bildungs-/Erziehungsprozesse • schulische Effekte • Lern-/Arbeitsbedingungen • Schulleitung • Qualitätsmanagement • Kooperation	• Ergebnisse und Erfolge • Qualität Lehr-Lern-Prozesse • Schulkultur • Schulmanagement • Lehrerprofessionalität/Personalentwicklung • Qualitätsentwicklung	• Lehren/Lernen • Unterricht • Schulkultur • Führung/Management • Personalentwicklung • Qualitätsentwicklung • Ergebnisse der Schule	Unklar	• Schulkultur • Management/Führung • Kooperation • Entwicklung der Professionalität • Lehren/Lernen • Ergebnisse	• Leitung/Management • Schülerleistungen • Lehr-/Lernbedingungen • Professionalität Lehrkräfte • Schulorganisation/Schulklima/Schulkultur	• Bildungs-/Erziehungsprozesse, Effekte • Zufriedenheit • Lern-/Arbeitsbedingungen • Leitung Schule • Schulint. Qualitätssicherung • Kooperation • Personalmanagement	• Lehren/Lernen • Strategie/Ziele • Führung/Management • Kommunikation/Kooperation • Klima/Schulkultur • Ergebnisse
Kopplung interner/externer Eval.	Unklar	Ja	Ja	Ja	Interne Eval. soll vorausgehen	Interne Eval. als Beginn erwünscht	Interne Eval. an EVIT-Instrumenten ausgerichtet	Nein
Auswahl der Schulen	Unklar	Erprob. freiw.; dann obligat.	Erprob. freiw.; dann obligat.	Unklar	Unklar	Unklar/obligatorisch	Keine/obligatorisch	Flächend. Eval. nicht vorgesehen

3.1 Entwicklungsstand

In den letzten Jahren hat das Konzept Schulinspektion in allen Bundesländern mit Ausnahme des Saarlandes als zentraler Baustein von Qualitätssicherung erheblich an Bedeutung gewonnen. In einigen Ländern wird es ernsthafter denn je als Strategie externer Evaluation in Betracht gezogen oder die Einführungsaktivitäten haben bereits begonnen. Die Bundesländer haben sich dazu entschieden, mit Schulinspektionen einen genauen Einblick in die reale Qualität schulischer Arbeit zu gewinnen und die Qualitätsentwicklung des Systems Schule zu fördern.

Im Zeichen des deutschen Bildungsföderalismus ist es nicht überraschend, dass die betrachteten Länder ausnahmslos eigene Zugänge zur Schulinspektion gewählt haben, selbst in der Terminologie: Von Schulvisitationen ist in Brandenburg die Rede, Qualitätsanalyse heißt sie in Nordrhein-Westfalen, Fremdevaluation in Baden-Württemberg. Aber auch jenseits solcher Äußerlichkeiten unterscheiden sich die vorläufigen Inspektionskonzepte der Länder zum Teil erheblich.

a) Start der Schulinspektion

Die weitaus meisten Bundesländer stehen am Beginn der Inspektionsarbeit. Eine gewisse Unsicherheit in der Handhabung dieses neuen Konzepts der Qualitätsüberprüfung ist bei den meisten Ländern unübersehbar. Das kommt sowohl im vorsichtigen Einstieg in das sensible Tätigkeitsfeld (konsekutiv: Praxisfeldphase, Pilotphase, Regelbetrieb in Baden-Württemberg) als auch in manchen umständlichen Zustandsbeschreibungen der Länder zum Ausdruck: „Wir befinden uns derzeit noch in der Entwicklungsphase zur Vorbereitung der Pilotierung", berichtete das IQ Hessen.

Überwiegend soll mit Inspektionen in den Schuljahren 2005/06 oder 2006/07 begonnen werden. Einige Bundesländer haben dem offiziellen Beginn der Schulinspektion Pilot- oder Erprobungsphasen vorgeschaltet. Über die umfassendsten Erfahrungen verfügt das Land Bremen, wo seit 1996 Schulinspektionen stattfinden, doch erst ab 2008 sollen hier alle Schulen systematisch in ein Inspektorat einbezogen werden. Aus jüngerer Vergangenheit datiert der Start von Schulinspektionen in Schleswig-Holstein, wo seit 2004 bereits mehr als 150 Schulen freiwillig extern evaluiert wurden, sowie seit 2005 in Niedersachsen, hier in enger Anlehnung an das niederländische Inspektionskonzept.

b) Auswahl der Schulen und Verbindlichkeit der Inspektion

Die Nominierung von Schulen, die einer externen Evaluation durch Schulinspektoren unterzogen werden sollen, variiert unter den Bundesländern beträchtlich.

Einige Länder setzen vollständig auf freiwillige Teilnahme, andere möchten mit freiwilliger Teilnahme beginnen, später jedoch Inspektionen für alle Schulen verbindlich machen. Einem eher vorsichtigen Wechsel von der Freiwilligkeit zur Obligatorik liegt die Überlegung zugrunde, dass zunächst ein hinreichender Erfahrungsfundus vorliegen und eine entsprechende Qualifizierung der Inspektoren erreicht sein muss, um Schulen begründet zur Inspektion verpflichten zu können.

Ein anderes Einstiegsmodell findet sich in Brandenburg und Hessen, wo die Schulen zum einen nach dem Freiwilligkeitsprinzip ausgewählt werden sollen, zum anderen auf Grundlage von Empfehlungen der Schulämter. Der Freistaat Bayern favorisiert eine dreifache Schulauswahl; ergänzend zur Freiwilligkeit und Nominierung durch die Schulämter sollen weiterhin Zufallsschulen nach Stichprobenauswahl benannt werden.

Einige andere Länder setzen von Beginn an auf die vollständige Einbeziehung ihrer Schulen in das System der Inspektion, teilweise mit der Vorgabe eines zeitlichen Rahmens. So will etwa Nordrhein-Westfalen ab 2006 innerhalb von fünf Jahren alle 6.658 Schulen (von der Grundschule bis zum Berufskolleg) inspizieren, in Hamburg sollen es 430 Schulen in vier Jahren sein, Rheinland-Pfalz will diese Aufgabe sogar in nur drei Jahren bewältigen. Ähnlich ist die Perspektive für die rund 4.500 Schulen Baden-Württembergs. In Berlin sollen ebenfalls alle Schulen (850) verbindlich durch Inspektion evaluiert werden, ohne dafür aber einen Zeitraum zu benennen. Gleichartiges gilt für Sachsen-Anhalt und Niedersachsen, wobei Niedersachsen mehrdeutig mitteilt, die Inspektionen sollten „flächendeckend" sein.

Noch offen ist die Frage der allgemeinen Verbindlichkeit von Schulinspektionen in Sachsen und in Thüringen („voraussichtlich ja"). Aus Mecklenburg-Vorpommern liegt zu dieser Frage keine Antwort vor.

c) Datengrundlagen zur Inspektion

Bei der Art der vor einer Inspektion geprüften schulindividuellen Daten gibt es erhebliche Unterschiede zwischen den Ländern. Dabei fällt auf, dass die Angaben mehrerer Länder eher unpräzise sind; wir finden Mitteilungen wie „schulstatistische Daten" (Baden-Württemberg), „umfangreiches schriftliches Material über die Schule" (Bremen) oder „Dokumentenanalyse" (Thüringen und Sachsen). In ihrer Mehrzahl aber sind die Anforderungen an die zu prüfenden Daten konkreter. Insgesamt lassen sich in der Qualität der Portfolio-Daten vier Varianten unterscheiden:

(1) Wenige Länder begnügen sich wie Bayern vorwiegend mit eher klassischen schulstatistischen Daten wie Schüler- und Lehrerzahlen, Abschlussquoten, Abbrecher- und Wiederholeranteile. Verbreiteter ist hingegen die Ergänzung von statistischen Grundlagendaten durch aussagefähige Schuldokumente, wozu vor allem Schulprogramme zählen. Auch Schulumfelddaten (Rheinland-Pfalz) oder Angaben zum Raumbestand der Schulen (Hessen) können zum Bestandteil des Portfolios erklärt werden.

(2) Einen Schritt weiter gehen Länder, die Statistiken über schulinterne Leistungsdaten große Bedeutung beimessen (Bayern, Hessen und Mecklenburg-Vorpommern). Nur aus Sachsen-Anhalt und Hamburg wird explizit berichtet, dass zur allgemeinen Schulstatistik auch Daten schulübergreifender Leistungserhebungen geprüft werden. Hamburg verweist als Datenquelle insbesondere auf die eigenen Studien LAU (Lernausgangslagen-Untersuchung) und KESS (Kompetenz-Entwicklung von Schülerinnen und Schülern), die sich insofern zur Vorbereitung von Schulinspektionen anbieten, als alle Schulen des Stadtstaates in die betreffenden Untersuchungen

einbezogen waren. Sachsen verweist allgemeiner auf Befunde aus zentralen Leistungserhebungen.

Doch so unterschiedlich die Qualität der im Vorfeld einer Inspektion geprüften Datensätze auch sein mag – unstrittig ist in den Ländern, dass solche Materialien ungeachtet der späteren Inspektionsergebnisse zur Gewinnung eines objektivierten Bildes der Schule unerlässlich sind.

Schwieriger ist der Umgang mit Daten aus zentralen Lernstandserhebungen. Es ist bislang nicht bekannt, inwieweit solche Befunde von Einzelschulen oder von Behörden abgefragt werden können. Hier stellt sich neben dem Problem der Zugänglichkeit der Daten auch die Frage, ob Leistungsdaten angemessen interpretiert werden (können). Schließlich sind Leistungsdaten einzelner Schulen – für sich genommen – wenig geeignet, fundierte Bewertungen über diese Systeme zu begründen. Zusätzlich ist in jedem Fall zu prüfen, unter welchen Rahmenbedingungen die ermittelten Leistungen erbracht wurden. Erst ein solches Korrektiv erlaubt es, im Sinne „fairer Vergleiche" Schulqualitäten mit hinreichender Zuverlässigkeit zu bestimmen. Die vorliegenden Länderberichte aber enthalten keinerlei Hinweis auf Bestrebungen, auf der Grundlage entsprechend differenzierter Daten Schulinspektionen vorzunehmen, wiewohl einer solchen erweiterten und fundierten Datenbasis zumindest keine technischen Hindernisse im Weg stehen dürften. In Nordrhein-Westfalen ist dies vorgesehen und wird in Kürze im Rahmen einer Pilotierung erprobt.

d) Implementationsstrategie

Auffällig ist, dass die Länder sich zu einem großen Teil an Konzepten im europäischen Ausland orientieren, internationale Erfahrungen ersichtlich berücksichtigen und auch über Bundesländergrenzen hinweg offenbar ein Austausch stattfindet, in einigen Ländern sogar eine gemeinsame Erprobungsphase mit ausländischen Experten und Begleitern. Niedersachsen beispielsweise folgt mit seiner Gesamtkonzeption – wie Berlin, Brandenburg und Nordrhein-Westfalen – dem Vorbild der Niederlande, mit deren Schulinspektionen ein Kooperationsprojekt in den Jahren 2002-2003 durchgeführt wurde. Im Kern wurde neben einem ständigen Informationsaustausch ein Projekt mit Einblicken in pädagogisch-didaktisches Handeln und die Professionalisierung niedersächsischer Dezernentinnen und Dezernenten für externe Evaluation verbunden mit der Erprobung an acht einheimischen Schulen vollzogen.

In keinem Fall jedoch, von ersten Ansätzen in NRW einmal abgesehen, ist bislang eine wissenschaftliche Begleitforschung mit der systematischen Erforschung des Implementationsprozesses oder der Evaluation der Verfahren, Vorgehensweisen, Ergebnisse und Wirkungen von Schulinspektion vorgesehen. Allenfalls haben mehrere Länder wissenschaftliche Beratung vor und während der Implementation eingeholt. Empirisch gesicherte Erfahrungen und wissenschaftliche Erkenntnisse bleiben daher bislang aus – bei ohnehin eklatanten Forschungslücken in einem auch für die Praxis neuen Feld. Eine wissenschaftlich-empirische Fundierung ist daher momentan noch nicht gesichert.

3.2 Qualitätsrahmen und Gegenstandsbereiche von Schulinspektion

Wenn Inspektorinnen und Inspektoren eine Inspektion durchführen, basiert diese auf einer landesweit in einem Konzept vereinbarten Grundlage, die sowohl das Verfahren als auch die Gegenstandsbereiche der Inspektion abdeckt. Diese Gegenstandsbereiche sind in einem Qualitätstableau oder Orientierungsrahmen festgelegt, die die zentralen Bereiche von Schulqualität beinhalten – teilweise über die Bereiche, die Gegenstand der Inspektion sind, hinaus.

In den Orientierungsrahmen oder Qualitätstableaus sind die wichtigsten Qualitätsmerkmale einer Schule auf verschiedenen Abstraktionsstufen und Konkretisierungen zusammengefasst. Die Inspektion orientiert sich an diesen Kriterien und gibt in ihrem abschließenden Bericht auch nur über diese Bereiche Auskunft bzw. eine Bewertung.

Die Qualitätstableaus sind dabei zum einen an den Qualitätsbereichen anderer Länder ausgerichtet, die schon über eine längere Tradition und Erfahrung verfügen. So sind die Tableaus von Berlin, Brandenburg, Niedersachsen und Nordrhein-Westfalen stark an das Vorbild der Niederlande angelehnt. Zum anderen fließen aber auch Forschungsergebnisse mit ein, zum Beispiel zu Erkenntnissen über Kriterien eines guten Unterrichts.

Die existierenden Qualitätstableaus der Länder haben durchaus schon eine beachtliche Tiefe und einen hohen Konkretisierungsgrad, da unter abgrenzbaren Qualitätsbereichen verschiedene Qualitätsmerkmale ausgewiesen sind, denen Qualitätskriterien zugeordnet wurden. Insgesamt entsprechen die gewählten Qualitätsbereiche und formulierten Kriterien durchaus dem wissenschaftlichen Diskussionsstand, wobei sich ein Teil der Länder auch explizit auf wissenschaftliche Qualitätsmodelle beruft. Evaluationsindikatoren (als messbare Größen) wurden bisher entweder gar nicht oder eher empfehlend bzw. beispielhaft ausgewiesen: Zum Teil werden aber Hinweise auf mögliche Evaluationsmethoden gegeben. Dennoch wird damit ein Bild der guten oder gar idealen Schule vermittelt, wodurch in normativer Weise Erwartungen an Schulen formuliert werden.

Die inhaltlichen Qualitätsfelder der Schulinspektion müssen sich selbstverständlich mit den Qualitätsbereichen des verbindlichen Qualitätsrahmens decken, jedoch nur als Teilmenge. Abgesehen davon, dass eine umfassende Qualitätsevaluation einer Schule allein vom Umfang her nicht mit den verfügbaren Zeit- und Personalkapazitäten leistbar wäre, sind der Evaluation aufgrund der methodischen Zugänglichkeit verschiedener Qualitätsfelder im Rahmen einer Inspektion Grenzen gesetzt. Nicht alle Felder lassen sich gleich gut und rasch erfassen. Daten- und Dokumentenauswertungen auf der einen und Interviews und Unterrichtsbesuche im Rahmen der Schulinspektion auf der anderen Seite legen Beschränkungen auf bestimmte Felder auf. Niedersachsen (s. Abbildung 2) sieht daher für die eigentliche Schulinspektion nur für einen Teil der Qualitätskriterien Untersuchungen vor Ort vor, die restlichen Kriterien müssen aus den anderen Erhebungen (z. B. Dokumentenanalysen) abgedeckt werden.

Abbildung 2: Orientierungsrahmen Schulqualität des Landes Niedersachsen

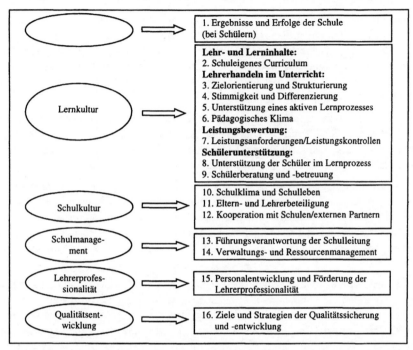

In Kernbereichen scheinen die Qualitätstableaus der Länder ähnlich zu sein. Bei genauem Hinsehen jedoch werden gravierende Unterschiede in Details sowie in Schwerpunktsetzungen deutlich. So verzichtet Baden-Württemberg offenbar auf eine intensivere Inspektion der Lehr-Lern-Kultur und somit auf zentrale Prozessfaktoren der Qualität von Unterrichtsgestaltung und Lehrerhandeln. Niedersachsen hat gerade dieses Feld für das Inspektionshandeln stark besetzt, dafür aber auf der Schulebene nur wenige zu untersuchende Merkmale ausgewiesen. Über Fachkompetenzen hinaus gehende Faktoren der Ergebnisqualität, also etwa Methoden- und Sozialkompetenzen und Bildungserfolge (wie Schulabschlüsse, Empfehlungen, Schulversagen) wurden in den Ländern unterschiedlich in die Qualitätstableaus eingearbeitet, zumeist jedoch eher zurückhaltend.

Zum Teil sind solche Qualitätsmodelle, die neben Output-Faktoren wie Fachleistungen, Lernhaltungen, Methodenkompetenzen und sozialem Verhalten der Schülerinnen und Schüler die Bedingungen der Lehr-Lern- und Erziehungsprozesse in den Blick nehmen (pädagogische Gestaltungsansätze und organisatorische Konzepte der Lernkultur, Lehrer- und Schülerverhalten im Lehr-Lernprozess, Organisationsstrukturen, Management und Organisationsklima auf Schulebene sowie die Umfeldbedingungen), auch empirisch geprüft (vgl. u. a. *Scheerens* 1990).

3.3 Datengrundlage, Methoden und Instrumente der Schulinspektion

Die methodischen Elemente der Inspektion ähneln sich über die Länder hinweg: In aller Regel ist ein Methoden-Mix aus Dokumentenanalyse, Schulrundgang, Unterrichtsbeobachtungen und Befragungen vorgesehen. In Abbildung 3 sind die in NRW eingesetzten Instrumente exemplarisch dargestellt.

Abbildung 3:   Qualitätsanalyse NRW – Instrumente

Für die Dokumentenanalyse, die stets vor der Schulinspektion erfolgt, werden einige Wochen vor dem Schulbesuch festgelegte Dokumente der Schulen angefordert sowie Schuldaten (nach standardisierten Vorgaben) bei den Schulen selbst erhoben. Die Dokumente sind teils obligatorisch, teils nach Vorhandensein einzureichen: z. B. Schulprogramm, Jahresarbeitsplan/-terminplan, Schul- und Hausordnung, Fortbildungsplan, Materialien zu schulinternen Curricula, pädagogischen Konzepten oder Elterninformationen, Dokumentation schulinterner Evaluationen eigener Entwicklungsschwerpunkte, aber auch Ergebnisse von Lernstandserhebungen und Parallelarbeiten. Die Schuldaten beziehen sich auf die Schülerzahlentwicklung, auf Schulabschlüsse, Wiederholerquoten, Schülerfehlzeiten, Personal der Schule, Unterrichtsversorgung, Gebäude- und Raumsituation, schuleigene Darstellungen der pädagogischen Konzeption sowie der Schulentwicklungsarbeit und internen Evaluation.

Bemerkenswert ist, dass nur gut die Hälfte der Länder vorsieht, in die Schulinspektion über die Dokumente und vorhandenen Schuldaten hinaus eigene schriftliche Erhebungen (z. B. Schüler-, Lehrer-, Elternbefragungen) einzubeziehen. Zwar ergibt sich hier ein gewisser Auswertungsaufwand, dieser scheint aber durch Standardisierungen und begleitendes „Back-Office-Personal" vertretbar. Teilweise werden den Schulen jedoch im Rahmen der Empfehlungen für schulinterne Evaluation Instrumentensammlungen angeboten; im Fall ihres Einsatzes könnten deren Ergebnisse auch zum Gegenstand der Inspektion werden, obwohl dies nirgendwo explizit ausgeführt wird.

Eine Kopplung der externen Evaluation im Rahmen der Schulinspektion an schulinterne Evaluation wird in rund der Hälfte der Länder angedeutet, aber selten konkretisiert. In Baden-Württemberg und Hamburg bildet der Qualitätsrahmen für interne und externe Evaluation gemeinsame Referenzpunkte. In Hessen werden die Ergebnisse der internen Evaluation unter anderem zur Grundlage der Inspektion gemacht. Kaum ein Inspektionsmodell enthält klare Aussagen, wie die Kopplung zwischen interner und externer Evaluation erfolgen soll.

Vielfach spielen die Felder und Entwicklungsbereiche des Schulprogramms eine zentrale Rolle. Damit wird eine Verbindung von externer Evaluation durch Inspektion zur Qualitätsentwicklung vorgenommen. Ob aber die Inspektion ihre Untersuchungen auf das Feld interner Evaluation besonders fokussieren oder es ausdrücklich ausblenden soll, ob die internen Bereiche nur eines der Inspektionsfelder darstellen, oder ob die Inspektion die interne Evaluation bzw. Konsequenzen daraus überprüft, bei der Analyse berücksichtigt und weitere Untersuchungen anstellt, bleibt unklar.

Die Befragungen während des Schulbesuchs sollen durchgängig mit der Methode qualitativer leitfadengestützter Gespräche (Interviews) mit Schulleitung, Lehrkräften, Schülerinnen und Schülern sowie Eltern durchgeführt werden. Hier können allerdings Auswahlprobleme auftreten. Über den vorgesehenen Schulrundgang liegen kaum Informationen vor; im Wesentlichen geht es um die Gebäude- und Raumsituation sowie um die Qualität der Gestaltung und Nutzung von Schulräumen.

Einen Kernbereich der Schulbesuche im Rahmen der Inspektion bilden die Unterrichtsbesuche, die Unterrichtsbeobachtungen in mehreren Lerngruppen umfassen. Hier wird der Inspektion ein spezifischer Fokus vorgegeben. Während beispielsweise Nordrhein-Westfalen lediglich Wert legt auf die Erfassung des „Gesamtkonzeptes von Unterricht", erhofft man in Niedersachsen, auch unterrichtliches *Handeln* evaluieren zu können. Den Problemen der Operationalisierung und methodischen Erfassung der damit verbundenen Kriterien versuchen etliche Länder mit Beobachtungsbögen und umfassenden Handbüchern der Evaluation beizukommen. Die Hauptprobleme dürften sowohl in selektiven Stichprobenziehungen als auch in methodischen Details der Messung selbst liegen. Der Umfang der Beobachtungen irritiert jedoch deutlich mehr: Die Unterrichtsbesuche sind nur Teil der gesamten Schulinspektion von insgesamt nur zwei bis drei Tagen, dennoch sollen in einigen Ländern 15 bis 20 Lerngruppen im Unterricht beobachtet werden, und zwar lediglich mit Beobachtungsfenstern zwischen 20 und 30 Minuten.

Insgesamt scheint noch reichlich Bedarf an Erfahrungen und Weiterentwicklung zu herrschen. Die Qualität der Schulinspektion hängt schließlich von der Qualität der Methoden und Daten ab. Auch die Bewertungssysteme sind noch nicht überall ausgereift.

3.4 Verfahren und Ablauf

Was die Modalitäten der Durchführung von Schulinspektionen anbetrifft, so sieht ein großer Teil der Länder als Inspektions-Intervall vier bis fünf Jahre vor. Mecklenburg-Vorpommern beabsichtigt sogar, die Schulen alle drei Jahre zu inspizieren, andere Länder haben noch keine Entscheidung getroffen.

Unklar bleibt bei zahlreichen Konzepten, ob es sich bei jeder Inspektion um eine umfassende Schulqualitätsevaluation im Sinne einer Vollinspektion handelt. Eine umfassende Evaluation würde bedeuten, dass sämtliche Qualitätsbereiche und darin alle Qualitätskriterien und die dafür vorgesehenen Evaluationsindikatoren zu überprüfen und mit Bewertungen zu versehen wären. Brandenburg, Hessen, Mecklenburg-Vorpommern und Nordrhein-Westfalen streben offenbar eine solche umfassende Inspektion an, in Niedersachsen wird es ebenso praktiziert, allerdings sind im Rahmen der Inspektionen nicht alle 16 Kriterien zu evaluieren. In Schleswig-Holstein und Thüringen sollen in jedem Fall nur ausgewählte Felder evaluiert werden. In Thüringen wird dies nach Checklisten der Schulen entschieden; für beide Länder bleiben aber letztlich die Auswahlkriterien für die fokussierte Evaluation unklar. In anderen Ländern ist das Vorgehen offenbar noch nicht entschieden.

Was die Realisierbarkeit umfassender Qualitätsevaluationen betrifft, so ist hier eine gewisse Skepsis begründet, zumal in einigen Ländern (Brandenburg, Bremen und Niedersachsen) die Schulinspektion in nur zwei Tagen vollzogen werden soll. In den meisten Ländern sind es drei bzw. zwei bis vier Tage. Hier könnte ohnehin ein neuralgischer Punkt liegen, weil die zentralen Erhebungen sich auf ein kurzes Schulbesuchsfenster konzentrieren und damit Datenbasis und Validität der Inspektionen gegebenenfalls auf schwache Säulen stellen.

Abbildung 4: Beispiel für den Ablauf eines dreitätigen Schulbesuchs in NRW

1. Tag	
vormittags	Interview mit der Schulleitung
	Unterrichtsbesuche (20 Min.) – Start mit Eichungsbesuchen
nachmittags	Interview mit Lehrkräften
	Schulrundgang und ergänzende Gespräche (z. B. mit dem nichtpädagogischen Personal oder mit Vertretern des Schulträgers)
	Interview mit Elternvertreterinnen und -vertretern
	Erste Vorauswertung
2. Tag	
vormittags	Unterrichtsbesuche (20 Min.)
nachmittags	Interview mit Schülerinnen und Schülern
	Zwischenauswertung
	Nachfragendes Gespräch mit der Schulleitung
3. Tag	
vormittags	Grundauswertung der Qualitätsteams
	Bilanzgespräch mit der Schulleitung (oder mittags)
Mittags (nach der 6. Stunde)	Bilanzgespräch mit der Schulleitung (oder vormittags)
	Bilanzgespräch mit dem Kollegium

Nur in Niedersachsen und Nordrhein-Westfalen wird ausdrücklich auf die Möglichkeit einer spezialisierten bzw. verkürzten Inspektion aufmerksam gemacht, die offenbar vor allem als Folgeinspektion nach einem kürzeren Zeitabstand vorgesehen wird, also in Fällen, in denen eine Nachinspektion lediglich für bestimmte Bereiche erforderlich wird. Von der Differenzierung zwischen Regel- und Folgeinspektion wird in den Konzepten also bislang noch wenig Gebrauch gemacht.

3.5 Berichterstattung

Die Vorgehensweisen in den Inspektionsverfahren der Länder unterscheiden sich zunächst in der Form der Schulrückmeldungen. Einige Länder sehen eine Rückmeldung an die evaluierte Schule erst über den schriftlichen Bericht vor, in anderen wird bereits am Ende des Inspektionsbesuchs eine erste mündliche Rückmeldung gegeben. In einigen Ländern ist der schriftlich abgefasste Bericht einziges Rückmeldemedium, in anderen finden Gesprächsrunden mit der (erweiterten) Schulleitung statt. Durchgängig wird verlangt, dass sich schulische Gremien mit dem Inspektionsbericht auseinander setzen. Damit wird sowohl eine gewisse Schulöffentlichkeit hergestellt als auch der Diskurs über Ergebnisse verpflichtend auferlegt. Der Inspektionsbericht geht zeitnah an die Schule, in einigen Ländern auch gleichzeitig an die zuständige Schulaufsicht.

Form, Struktur und Länge variieren. Da es bislang noch wenig Erfahrungen in Deutschland gibt, sind auch die Berichte noch nicht überall standardisiert. In der Regel sind folgende Elemente in dem Bericht enthalten:

- Grundlagen des Berichts
- Ausgangssituation der Schule
- das Qualitätsprofil der Schule
- ausführliche Erläuterungen zum Qualitätsprofil der Schule

Wichtig für die Schule sind neben der – rein zahlenmäßigen Bilanz in den Bewertungsstufen – besonders die Erläuterungen zu den einzelnen Bewertungen, da hier erste Hinweise auf Entwicklungsmöglichkeiten zu finden sind. Die Schulen haben in der Regel die Möglichkeit zu einer schriftlichen Stellungnahme, wenn sie mit Bewertungen in bestimmten Bereichen nicht übereinstimmen. Diese Stellungnahme kann an den Bericht angegliedert und auch der zuständigen Schulaufsicht vorgelegt werden. Teilweise enthalten die Berichte Empfehlungen (z. B. in Schleswig-Holstein), die über eine Rückmeldung zu den inspizierten Bereichen hinausgehen. In weisungsungebundenen Inspektionsmodellen liegt die Bewertung dieser Rückmeldungen und Empfehlungen bei den Schulen; die Inspektionsteams können keine Konsequenzen anordnen.

3.6 Personal der Schulinspektion

In einigen Bundesländern soll die Inspektion offenbar dem Ministerium unterstellt oder zumindest bei Landesbehörden angebunden sein, andere präferieren Landesinstitute unabhängig von der Schulaufsicht. In Bremen soll es sogar ein Institut außerhalb des unmittelbar ministeriell kontrollierten Bildungssystems sein.

Damit stellt sich die Frage, wie die Instanz der Schulinspektion institutionalisiert ist. Denkbar sind unterschiedliche institutionelle Anbindungen und Strukturen: Inspektion kann eine Abteilung des Ministeriums oder einer unteren Administrationsebene (z. B. Bezirksregierung) bzw. nachgeordneten Behörde oder Einrichtung (z. B. Landesinstitut) sein, womit aber keine grundsätzliche Trennung zwischen Schulaufsicht und Inspektion bestünde. Die Inspektion kann auch auf kommunaler Ebene (kreisfreie Städte, Landkreise) verortet werden, wobei die räumliche Nähe Vorteile bezüglich der Kenntnis der Schulumfelder bietet, aber auch Nachteile wegen regionaler Involviertheit. Alternativ kann die Schulinspektion in einer eigenen bzw. unabhängigen Einrichtung (Qualitätsagentur, freies Institut) angesiedelt und vom Ministerium mit der Wahrnehmung der Inspektion beauftragt sein.

Bedeutsam ist zudem die Abgrenzung zwischen Schulaufsicht, Inspektion und Beratung/Unterstützung. Die Schulinspektion kann wegen des inhärenten Rollendilemmas keine Schule beraten und später evaluieren. Auch die Beratung nach einer Inspektion wird sich im Wesentlichen auf Erläuterungen zu den festgestellten Stärken und Schwächen – auch im Sinne von Rückmeldungen – beziehen, nicht aber eine umfassende Schulentwicklungsberatung sein können. Hier könnte über die Etablierung eigener Unterstützungssysteme und Beratungsinstitute nachgedacht werden.

Evaluationshandeln konzentriert sich auf Qualitätsanalyse und -diagnose und wird i. d. R. nicht mit Aufgaben von Aufsicht und Intervention vermischt. Die Inspektionsberichte müssen jedoch der Aufsicht zugeleitet werden, damit sie die Vergleichbarkeit von Bildungsangebot, -chancen und -qualität, Rechenschaftslegung, Einhaltung von Vorgaben und Ressourcenversorgung prüfen kann. Daraus können Interventionen hervorgehen, Unterstützungsangebote ebenso wie Sanktionen (z. B. Versetzungen, Anordnungen, schlimmstenfalls Schulschließung). Solche Aufgaben kann die Inspektion nicht wahrnehmen, weil damit das Vertrauensverhältnis der Schulen im Hinblick auf eine schulbezogene Qualitätsprüfung gestört würde. Außerdem müsste die Inspektion dann auch landesweite Statistiken, Ressourcenpläne oder überregionales Monitoring bearbeiten, was im Rahmen der vorgesehenen Kapazitäten nicht zu leisten ist.

Auffallend zahlreich sind die Konzeptionen, die ein gemischtes Evaluationsteam für die Inspektion vorsehen. Es sind zwölf Länder, von denen drei sogar auf Personen aus der Schulbehörde ganz verzichten wollen. Drei weitere Länder konzentrieren die Schulinspektion dagegen allein auf ausgebildete und ernannte Inspektoren, einige davon aus der Schulaufsicht.

Bezüglich der Kompetenzen und Qualifikationsprofile der Schulinspektion fehlt es in den Konzeptionen ebenso an konkreten und detaillierten Ausführungen über Fortbildungsträger. In aller Regel wurden eigene Aus- bzw. Fortbildungen organisiert, wobei einerseits Schulaufsichtspersonen – soweit für die Inspektion vorgesehen – fortgebildet bzw. umgeschult werden, andererseits es sich bei den Adressaten der Fortbildung um Schulpersonal oder um Personen aus Beratungsdiensten handelt. Die Länderkonzeptionen enthalten bislang nur vage Hinweise auf entwickelte Anforderungsprofile für Schulinspektoren. Nachgedacht werden muss aber über Qualifikationsprofile bzw. Fortbildungen, die im Hinblick auf Schwerpunkte der Inspektorentätigkeit insbesondere Qualitätswissen, Feldkompetenz, Methodenkompetenz, Analysekompetenz und kommunikative Fähigkeiten beinhalten.

Eindeutig geklärt werden sollte, ob Schulinspektion als eigenständige Profession mit einem besonderen Aufgaben- und Kompetenzprofil zu verstehen ist. Sollte dies so entschieden werden, würde dies bedeuten: keine Vermischung mit anderen Rollen, eine klare Rollentrennung, die wichtig ist für die Akzeptanz und auch für die eigene Rollenklarheit, und die Rollentrennung in einem System, wenn es verschiedene Aufgabenprofile (Inspektion und Schulaufsicht) vorsieht.

4 Steuerung durch Schulinspektion?

Die sich aus einer Schulinspektion ergebenden Konsequenzen für die einzelne Schule stellen wie bei jeder externen Evaluation einen neuralgischen Punkt dar. Was folgt aus einer Schulinspektion? Wie wirkungsvoll ist sie, um Qualitätsverbesserungen in der Einzelschule zu induzieren? Was kann Schulen über den bloßen Inspektionsbericht hinaus zu einer Optimierung des Schulkonzepts und vor allem ihrer pädagogischen Praxis veranlassen?

Bei flankierenden Maßnahmen (z. B. Veröffentlichung schulbezogener Ergebnisse mit Rankings, Sanktionskataloge oder umfassende Schulentwicklungsoffensiven) sind die Länderkonzepte bislang deutlich zurückhaltend. Auf der Unterstützungsseite belassen es die Ansätze bei Empfehlungen und Beratungsmaßnahmen. Das Erhöhen von Druck beschränkt sich fast durchgängig auf die Pflicht zur schulöffentlichen Befassung mit dem Inspektionsbefund, auf Zielvereinbarungen mit der Schulaufsicht, auf die Aufnahme von Entwicklungsaktivitäten ins Schulprogramm sowie auf die Möglichkeit einer zeitnahen Nachinspektion. Meistens besteht ein Maßnahmepaket als Mixtur dieser Einzelaspekte. Freilich bleibt aber hier durchaus Flexibilität hinsichtlich Verbindlichkeit und schulaufsichtlicher Kontrolle. Immerhin werden in den weitaus meisten Fällen die Inspektionsberichte auch an die Schulaufsicht weitergegeben.

Da die deutschen Erfahrungen in größerem Umfang noch ausstehen, kann von den Konzeptionen in den Ländern hierzu keine endgültige Strategie erwartet werden. Die Erfahrungsberichte aus dem Ausland (England, Niederlande) lassen keine Bilanz von Effektivität erkennen, eher sind die Erfahrungen zu Inspektionswirkungen gemischt bis ernüchternd.

Aber auch für das Gesamtsystem sind Folgen denkbar. Beispielsweise könnte ein Durchlauf der Schulinspektion in Einzelfällen oder auch durchgängig Qualitätsprobleme identifizieren, die nicht oder nicht allein dem Verantwortungsbereich der Einzelschule zuzuordnen sind, also vor allem in Inputfaktoren liegen. Will sich die Systemsteuerung in punkto Qualitätssicherung des Bildungssystems nicht unglaubwürdig machen, muss sie darauf vorbereitet sein, die Inputqualität zu verbessern. Abgesehen davon, dass Schulen dies einklagen, könnte andernfalls die Qualitätsphilosophie Schaden erleiden. Schließlich gehört die Inputqualität zu den Voraussetzungen, die Schulen in die Lage versetzen, selbst möglichst optimale Prozessqualität und gute Ergebnisse zu erzielen. Mängel in der Schulqualität führen gegebenenfalls dazu, dass auch Qualitätsmängel im System auffallen. Deren Behebung aber kann aufwendig und teuer werden, gelegentlich auch zu vielleicht unliebsamen Reformen zwingen.

Gratifikations- und Sanktionsformen scheinen bisher nicht systematisch konzipiert zu sein. Denkbar wären hier die Verordnung von Beratung oder Fortbildung, gezielte Unterstützung, unterschiedliche Ressourcenzuweisungen, personelle Umbesetzungen, notfalls sogar Schulschließungen. Eine Anordnung bestimmter organisatorischer oder pädagogischer Maßnahmen oder Ansätze, am Ende sogar die Veröffentlichung schulbezogener Inspektionsergebnisse in Form von öffentlichen Rankings aller Schulen wird bisher allerdings nicht ernsthaft in Erwägung gezogen.

Die mit Schulvergleichen verbundene Problematik besteht in dreierlei Hinsicht: Erstens muss geklärt werden, welche Merkmale überhaupt in Schulvergleiche einfließen. Geschieht der Vergleich nur nach Daten der Ergebnisqualität oder auch nach Daten zur Gestaltungs- und Prozessqualität? Die Gestaltungs- und Prozessqualität kommt in hohem Maße durch das Handeln der Schulgemeinschaft zustande, die Ergebnisqualität durch schulische und außerschulische Faktoren, die nicht einfach und zweifelsfrei zu isolieren sind. Vergleiche mit Daten zur Ergebnisqualität dürften sich dann aber auch nicht auf nominelle Fachleistungsstände beschränken, sondern müssten Leistungsentwicklungen (Lernzuwächse) in den Blick nehmen und Leistungsstreuungen ebenso einbeziehen wie andere Ergebnisse von Lernprozessen (z. B. methodische und soziale Kompetenzen). Eine zweite Schwierigkeit eines fairen Vergleichs besteht darin, zur Bildung vergleichbarer Schulgruppen neben Informationen zur Schulinspektion vor allem zuverlässige sozioökonomische Hintergrunddaten zur Schülerzusammensetzung und Ausgangsdaten zum Leistungspotenzial der Schülerschaft heranzuziehen, günstigstenfalls kombiniert mit Längsschnittdaten über Lernergebnisse und Bildungserfolge auf Schülerebene, um Lernzuwächse bestimmen zu können. Drittens besteht nach Veröffentlichung immer noch das Problem, die Vergleichsbefunde verständlich zu vermitteln und die möglichen öffentlichen Missinterpretationen, selektiven Aufmerksamkeiten und Etikettierungen (z. B. gefährlicher „Master-Status" von Fachleistungen oder Ausländeranteilen) sowie der daraus folgenden nicht-intendierten Wirkungen zu kontrollieren. Das Fazit heißt: Verständliche und damit simple Vergleiche führen zu falschen bzw. einseitigen Ergebnissen, komplexe Vergleichsdiagnosen wären angemessen, sind aber schwer vermittelbar.

Aus den Ansätzen der Länder geht bislang nicht hervor, ob es auf Systemebene bei der Sammlung einzelner Inspektionsberichte bleibt oder ob systembezogene Auswertungen systematisch erfolgen. Möglich wären prinzipiell systemweite oder regionale Rankings, Zusammenhangsanalysen von Schuldaten zur Prozess- und Ergebnisqualität bzw. mit Hintergrunddaten, Cross-Case-Analysen, Best-Practice-Auswertungen.

Die Wirksamkeit des Verfahrens der Schulinspektion auf den verschiedenen Ebenen ist ein unerlässliches künftiges Forschungsfeld, das in den kommenden Jahren von nicht geringer Bedeutung sein wird. Sowohl die Gelingensbedingungen und konkreten Effekte in den einzelnen Schulen als auch die Nutzung des auf Landesebene durch die Schulinspektion generierten Steuerungswissens für die Weiterentwicklung auf Systemebene gehören zu den entscheidenden Forschungsfragen.

Peter Meinel & Martin Sachse

Landesinstitut und Schulentwicklung – Unterstützungssystem zwischen Bildungsadministration und Schulpraxis

Die Landesinstitute spielen für die Schulentwicklung eine entscheidende Rolle an der Nahtstelle zwischen Schuladministration und Einzelschule bzw. zwischen Forschung und Praxis. Vielfältige Aufgaben im Bereich von Lehrplanentwicklung, Prüfungserstellung und Erarbeitung unterrichtspraktischer Materialien zeichnen die reguläre Arbeit aus, die ergänzt wird durch die Auseinandersetzung mit schulischen Grundsatzfragen und tagesaktuellen Aufträgen. Anhand des Beispiels des bayerischen Staatsinstituts für Schulqualität und Bildungsforschung wird ein Überblick gegeben über Geschichte und Rolle der Landesinstitute sowie über ihre Struktur und Vernetzungen in der bildungspolitischen Landschaft. Ein aktuelles Verzeichnis der Homepages aller Landesinstitute erleichtert es dem Leser, detaillierte Informationen zu den einzelnen Behörden zu finden und länderspezifische Unterschiede nachvollziehen zu können.

Einführung

Die pädagogischen Institute in den Ländern der Bundesrepublik Deutschland erleben derzeit eine Phase der Umstrukturierung und des Neubeginns. Nicht nur bildungspolitische Grundsatzfragen, sondern auch konkrete Bedürfnisse einzelner Schulen bestimmen den Rahmen, in dem sich die Landesinstitute heute bewähren müssen. Gerade in diesen Zeiten des Aufbruchs kommt dem einzelnen Institut damit eine ausgesprochen hohe Bedeutung zu: „Vor-Denker" und „Nach-Denker" der Bildungsadministration, Koordinator und Herausgeber von Unterrichtskonzepten, Ersteller von Lehrplänen und Prüfungsaufgaben, zum Teil Träger der Lehrerfortbildung – die Rollen der Staatsinstitute sind so vielfältig wie verschieden: Der nachfolgende Beitrag kann mithin nur ein Überblick sein, der freilich an manchen Stellen auch ins Detail gehen will und muss, um den spezifischen Wert der Landesinstitute mit ihren Chancen, aber auch mit ihren Grenzen zu beleuchten.

Dabei soll das bayerische Staatsinstitut für Schulqualität und Bildungsforschung (kurz: ISB) als Beispiel vor dem Hintergrund verschiedener Entwicklungen in anderen Ländern dienen; an geeigneter Stelle wird deshalb immer wieder in aller Kürze auf länderspezifische Abweichungen einzugehen sein. Die Unterstützungsfunktion der Institute für Kultusbürokratie wie Einzelschule im Bereich „Qualitätsentwicklung in Schule und Unterricht" kann jedoch als einheitliche Klammer gesehen werden.

Entstehung des Staatsinstituts und seine Entwicklung bis heute

Die Entwicklung des Schulwesens in der Bundesrepublik Deutschland mit seinen unterschiedlichen Stadien der Bildungspolitik lässt sich seit den 1960er Jahren auch anhand der Geschichte der Landesinstitute nachvollziehen. Namensgebung wie Aufgabenbeschreibung sind häufig geeignet, die unterschiedlichen Schwerpunktsetzungen aufzuzeigen, wie man dies am Beispiel des bayerischen Landesinstituts beobachten kann.

Die Geburtsstunde des bayerischen Staatsinstituts für Schulqualität und Bildungsforschung geht zurück auf den 23. März 1966. In seiner Haushaltsrede erklärte der damalige Kultusminister Dr. Ludwig Huber vor dem bayerischen Landtag: „Die ständige Beobachtung der wissenschaftlichen, gesellschaftlichen und wirtschaftlichen Veränderungen ist der Ausgangspunkt jeder Bildungsplanung. [...] Dies alles kann eine Behörde wie das Kultusministerium, die den riesigen Apparat des heute vom Staat verwalteten Bildungswesens in Gang zu halten hat, nur unvollkommen leisten. Sie bedarf dazu eines speziellen Organs, das beobachtet, plant, prüft und vorschlägt." Noch im selben Jahr erfolgte konsequenterweise die Gründung zweier dem Kultusministerium unmittelbar nachgeordneter Institute,

- des Staatsinstituts für Gymnasialpädagogik (IGP), der eigentlichen Wurzel des heutigen ISB und
- des Staatsinstituts für Bildungsforschung und Bildungsplanung (IfB).

Dr. Hubers Nachfolger im Amt des Kultusministers, Professor Dr. Hans Maier, entschied sich 1971 für eine Erweiterung des Instituts für Gymnasialpädagogik zu einem alle Schularten umfassenden Staatsinstitut für Schulpädagogik (ISP), das damit sechs Abteilungen (entsprechend dem gegliederten bayerischen Schulwesen je eine für jede Schulart – d. h., Grund- und Hauptschule, Realschule, Gymnasium, Berufliche Schulen, Förderschulen – sowie die Abteilung „Allgemeine Wissenschaften") umfasste. Die Gründungsverordnung vom 6. August 1971 legte dessen Aufgaben folgendermaßen fest: „Das Staatsinstitut macht die Erkenntnisse der Forschung und die Erfahrungen der Praxis für die Schule nutzbar. Seine Aufgaben, welche sich auf alle Schularten erstrecken, sind insbesondere die Reform der Lehrpläne, die pädagogische Betreuung und wissenschaftliche Begleitung von Schulversuchen und die inhaltliche Planung der Lehrerfortbildung." [1]

Im Jahr 1984 wurde das Staatsinstitut für Bildungsforschung und Bildungsplanung stark verkleinert als eine Abteilung in das Schwesterinstitut integriert, das ab diesem Zeitpunkt den Namen „Staatsinstitut für Schulpädagogik und Bildungsforschung" (ISB) trug. Im Rahmen der Feierlichkeiten zum 30-jährigen Bestehen der Behörde am 18. November 1996 wurde die Bedeutung dieses vereinigten Staatsinstituts mehrfach unterstrichen. [2]

Mit der Auflösung der Zentralstelle für Computer im Unterricht (Augsburg) und der beiden Landesbildstellen Nord (Bayreuth) und Süd (München) am 1. Januar 2001 wurde das ISB zunächst um eine eigene Abteilung „Medien" erweitert, diese wieder-

---

[1] Auszug aus dem Bayerischen Gesetz- und Verordnungsblatt Nr. 15/71, S. 29: Verordnung über die Errichtung des Staatsinstituts für Schulpädagogik vom 6. August 1971.

[2] So beispielsweise durch den damaligen Staatssekretär Rudolf Klinger in seinem Grußwort: „Das Institut, meist kurz ISB genannt, gehört heute wie selbstverständlich zum bayerischen Bildungswesen [...]. Das ISB hat also gute Gründe, auf sich und seine Arbeit stolz zu sein. Und auch das Ministerium [...] ist stolz auf dieses Staatsinstitut."

um letztlich im Jahr 2003 als Referat in eine neue Grundsatzabteilung integriert. Im gleichen Zeitraum wurde die Abteilung „Bildungsforschung" aufgrund aktueller Entwicklungen und neuer Aufgaben umbenannt in „Abteilung für Bildungsforschung und Schulentwicklung". Zum 1. Oktober 2003 fand die Neustrukturierung des ISB schließlich ihren Abschluss, es entstanden neben den fünf Schulabteilungen die Grundsatzabteilung sowie die Qualitätsagentur, deren Hauptaufgabe die Evaluation darstellt. Kurz darauf erfolgte auch die Umbenennung des ISB in „Staatsinstitut für Schulqualität und Bildungsforschung", das Akronym ISB blieb bestehen. [3]

Auftrag des Staatsinstituts im bayerischen Bildungswesen

Der Auftrag an die Landesinstitute ist zumeist in entsprechenden Gründungsverordnungen festgelegt, die von Zeit zu Zeit aktuellen Erfordernissen angepasst und damit aktualisiert werden. Auch in anderen Ländern zeigen sich Rolle und Funktion der entsprechenden Landesinstitute dabei bereits in der Namensgebung, wie man exemplarisch in Hessen (1975: Hessisches Institut für Bildungsplanung und Schulentwicklung [HIBS]; 1997: Hessisches Landesinstitut für Pädagogik [HeLP]; 2005: Institut für Qualitätsentwicklung [IQ]) oder in Baden-Württemberg (1920 Württembergische Landesanstalt für den Physikunterricht; 1970: Institut für Bildungsplanung und Studieninformation; 1985: Landesinstitut für Erziehung und Unterricht [LEU]; 2004: Landesinstitut für Schulentwicklung [LS]) beobachten kann. In Baden-Württemberg wurde im Rahmen der letzten Umstrukturierung und Umbenennung das ehemals dem Kultusministerium unmittelbar nachgeordnete Landesinstitut für Erziehung und Unterricht (LEU) zugleich in ein rechtlich selbstständiges pädagogisches Dienstleistungszentrum, das Landesinstitut für Schulentwicklung (LS), mit den Schwerpunkten „Evaluation und Qualitätsentwicklung", „Schulentwicklung und empirische Bildungsforschung" und „Bildungsplanarbeit" umstrukturiert. In anderen Ländern fand eine Ergänzung der pädagogischen Institute durch geeignete weitere Einrichtungen statt, so beispielsweise in Rheinland-Pfalz, wo das Pädagogische Zentrum (PZ) seit dem Jahr 2005 durch die „Agentur Qualitätssicherung, Evaluation und Selbstständigkeit von Schulen" (AQS) in seiner Arbeit unterstützt wird. [4]

Das bayerische Staatsinstitut für Schulqualität und Bildungsforschung ist eine dem bayerischen Staatsministerium für Unterricht und Kultus unmittelbar nachgeordnete Behörde; dies bedingt, dass die am Institut Beschäftigten [5] weisungs- bzw. auftragsgebunden tätig sind, was freilich Eigeninitiative und eigene Schwerpunktsetzungen nicht ausschließt: Die Beratungs- und Unterstützungsfunktion des Instituts für das Kultusministerium umfasst auch die Verpflichtung, gesellschaftliche Trends und bildungspolitisches Innovationspotenzial bereits vor ihrer allgemeinen Publizität zu erkennen und

---

[3] Ein Überblick über die Geschichte und Entwicklung der einzelnen Landesinstitute findet sich in: Die pädagogischen Landesinstitute in Deutschland, hrsg. vom Bayerischen Staatsinstitut für Schulpädagogik und Bildungsforschung. München: ISB 1999.

[4] Eine aktuelle Übersicht sowie eine kurze Vorstellung der Landesinstitute finden sich am Ende dieser Darstellung.

[5] Im Text wird jeweils die männliche Form verwandt; dass an den Instituten Referentinnen und Referenten arbeiten, die Lehrerkollegien aus Lehrerinnen und Lehrer bestehen, wurde jeweils mitbedacht.

bei der konzeptionellen Arbeit zu berücksichtigen. Dieser wesentliche Arbeitsauftrag an das Institut wird dabei durch eine Verordnung geregelt, deren aktueller Stand letztlich vom 18. März 2005 [6] datiert.

Struktur des Staatsinstituts: Spiegel des gegliederten bayerischen Schulsystems, Ausdruck bildungspolitischer Erfordernisse

Bei der Auswahl der Mitarbeiter des Hauses steht deren besondere fachliche wie pädagogische Eignung im Vordergrund, die weitere Professionalisierung erfolgt durch ein ausgeprägtes Fortbildungssystem, das u. a. fest integrierte institutsinterne Seminare umfasst sowie die Teilnahme an landes- und bundesweiten Fachkongressen verlangt. Die Referenten am Staatsinstitut sind dabei entweder den einzelnen Schulabteilungen zugeordnet (Grund- und Hauptschule, Realschule, Gymnasium, Berufliche Schulen, Förderschulen) oder gehören der schulartübergreifenden Grundsatzabteilung bzw. der Qualitätsagentur an. Sie werden in der Regel für fünf Jahre an das Institut versetzt oder abgeordnet, was einen ständigen Bezug des Instituts zur Praxis – zur „Basis" – garantiert.

Bei diesen Lehrkräften wird in besonderem Maße auf Berufserfahrung, Engagement und herausragende didaktisch-methodische Qualifikation geachtet, welche sie dazu befähigen, die anstehenden Aufgaben bedarfsgerecht bewältigen zu können, ebenso wie dies bei den Mitgliedern in Arbeitskreisen und Kommissionen am Staatsinstitut der Fall ist.

Die Rolle des Staatsinstituts bedingt insgesamt eine Struktur, welche sich in der des Kultusministeriums im Sinne des gegliederten Schulsystems spiegelt. Die vielfältigen interdisziplinären Aufgabenbereiche machen es notwendig, neben Lehrern auch Mitarbeiter aus weiteren Berufssparten, die von besonderem Interesse für Erziehung und Bildung sind (z. B. Diplom-Pädagogen, Diplom-Soziologen und Diplom-Psychologen), bzw. Mitarbeiter für bestimmte weitere Aufgaben (beispielsweise die Datenerhebung und statistische Auswertungen) zu rekrutieren.

---

[6] Verordnung über die Errichtung des Staatsinstituts für Schulqualität und Bildungsforschung vom 18. März 2005 (GVBl S. 96). In KWMBl I Nr. 9/2005. Hier hieß es u. a.: „Das Staatsinstitut macht die Erkenntnisse der Forschung und die Erfahrungen der Praxis für die Schule nutzbar. Es unterstützt und berät das Staatsministerium für Unterricht und Kultus bei der Weiterentwicklung des gegliederten bayerischen Schulwesens."

Abbildung 1:   Organisationsstruktur des ISB

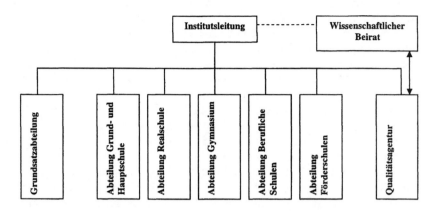

Rolle und Aufgabe des bayerischen Staatsinstituts für Schulqualität und Bildungsforschung

Alle Aufgaben des bayerischen Staatsinstituts für Schulqualität und Bildungsforschung werden in einem Jahresprogramm veröffentlicht, das dem Staatsministerium vorgelegt und von diesem genehmigt wird; es basiert auf längerfristig wirkenden Arbeitsschwerpunkten, die bildungspolitische Tendenzen und traditionelle Kernbereiche integrieren. Beispielhaft sind hier aktuell die allgemeinen Bereiche „Bildungsstandards und ihre Konsequenzen", „Evaluation" sowie „Formen des individuellen Förderns" und speziell „Verbesserung der Rechtschreibkompetenz" sowie „Begleitung des achtjährigen Gymnasiums" zu nennen.

Aus den oben genannten Zielen erwachsen den Landesinstituten diverse konkrete Aufgabenbereiche, so beispielsweise die Förderung der pädagogischen, didaktischen und methodischen Arbeit an Schulen und in diesem Zusammenhang die Unterstützung der inneren Schulentwicklung. Bereits an dieser Stelle wird der Spagat deutlich, den die Institute zu leisten haben: Nicht nur das jeweilige Staatsministerium, ganz besonders auch einzelne Schulen vor Ort sind permanente Ansprechpartner und stets Zielgruppe. Dieser Service bedingt zugleich eine Unterstützungs- wie Vermittlerfunktion, deren Bedeutung von der Bildungsadministration erkannt, geschätzt und genutzt wird und die sich unter anderem in zahlreichen Handreichungen, Materialien sowie Arbeitshilfen zu aktuellen pädagogischen und fachlichen Themen niederschlägt. [7]

---

[7] Hinweise auf Neuerscheinungen – nicht nur zu diesem Bereich – finden Interessierte beispielsweise in der kostenlosen Online-Publikation „ISB-aktuell", welche durch Eintragung auf der Internetseite des Staatsinstituts abonniert werden kann.

Als eine der bedeutendsten Aufgaben des Landesinstituts kann die vom Staatsministerium in Auftrag gegebene Erstellung der Lehrpläne für alle Schularten gelten. [8] Während für die Entwicklung entsprechender Konzepte am ISB ein eigenes schulartübergreifendes Referat „Lerntheorie und Lehrplanfragen" geschaffen wurde, geschieht die inhaltliche Ausgestaltung in schulartspezifischen Kommissionen, die für die Dauer der Lehrplanerstellung eingesetzt werden und vom jeweils zuständigen Referenten am Institut sowohl fachlich als auch organisatorisch betreut und geleitet werden. Die Mitglieder rekrutieren sich – wie dargelegt – aus fachlich und pädagogisch besonders qualifizierten Lehrern aus bayerischen Schulen, die zu Sitzungen ins Staatsinstitut eingeladen werden. Dieses Verfahren sichert den ständigen Konnex zur schulischen Praxis. Die Lehrplanarbeit innerhalb eines Hauses garantiert zudem u. a. den fächerübergreifenden und fächerverbindenden Austausch der Inhalte, ein zentrales Qualitätskriterium moderner Lehrpläne, sowie die notwendige Abstimmung in terminologischer Hinsicht. Auch Schnittstellen, die an den Übergängen zwischen den verschiedenen Schularten bestehen, können so im Hause schulartübergreifend effektiv diskutiert und harmonisiert werden. Den Abschluss findet diese Arbeit in der Vorlage der Lehrpläne im Staatsministerium, das diese Lehrpläne dann zentral für den Freistaat Bayern erlässt und ihnen Gültigkeit verleiht.

Als zweite wichtige Säule der institutsinternen Aufgaben ist die Erstellung, Analyse, Dokumentation und Weiterentwicklung der zentralen Prüfungsaufgaben und Tests zu nennen. Die lange Tradition eines zentralisierten Prüfungswesens in Bayern macht das Staatsinstitut dabei zum kundigen Ansprechpartner nicht nur innerhalb des Freistaats: In den länderübergreifenden Austausch bei der Einführung bzw. Weiterentwicklung zentraler Prüfungen ist das bayerische Staatsinstitut mit eingebunden, es arbeitet immer wieder auch in bundesweiten Arbeitsgruppen mit, so z. B. bei der Aktualisierung der Einheitlichen Prüfungsanforderungen für das Abitur (EPA) [9] und bei der Erstellung der KMK-Bildungsstandards. Gerade auch die andauernde Diskussion um Bildungsstandards sowie neu hinzugekommene Prüfungsformen im Bereich von Vergleichsarbeiten (Orientierungsarbeiten, Jahrgangsstufenarbeiten) bedingen dabei, dass die dem Staatsinstitut inhärente Aufgabe – die Erkenntnisse der Forschung und die Erfahrungen der Praxis für die Schule nutzbar zu machen – immer wieder aufs Neue im Mittelpunkt steht. [10]

Daneben gibt es diverse weitere Aufgabengebiete, die längerfristig oder auch nur zeitweilig zu bearbeiten sind. Dazu zählen beispielsweise die Anregung, Begleitung und Auswertung von Schulversuchen: So gingen der Einführung der sog. R6 (der sechsstufigen Realschule) in Bayern entsprechende Erprobungen und Untersuchungen voraus, während der Schulversuch „Europäisches Gymnasium" mit seinen unterschiedlichen Ausprägungen vor allem durch die Bereitstellung entsprechender Lehrpläne unterstützt wurde. Dem Staatsministerium werden damit für die Entscheidung,

---

[8] Im Bereich der beruflichen Schulen sind hier die entsprechenden Rahmenlehrpläne des Bundes zu berücksichtigen.

[9] Vgl. dazu die Seiten der Kultusministerkonferenz unter http://www.kmk.org/doc/publ/pub.htm#schularten.

[10] Vgl. dazu beispielsweise das vom ISB eingerichtete Internet-Portal KOMPAS – Kompetenzentwicklung an Schulen: http://www.kompas.bayern.de.

ob und in welcher Form Änderungen des Schulsystems flächendeckend umgesetzt werden können, grundlegende Hinweise gegeben.

Nicht zu vergessen sind darüber hinaus Tätigkeiten im Bereich der Mediendidaktik und Medienpädagogik.[11] Auch hier geht es darum, aktuelle Erkenntnisse und Inhalte der Informations- und Kommunikationstechnik für die Schulen nutzbar zu machen, wobei wiederum die Beobachtung gegenwärtiger und künftiger Trends und die Rückschlüsse auf einen daraus ableitbaren Handlungsbedarf in den Schulen zu den wesentlichen Aufgaben des Instituts zählen.

Schließlich wirkt das Staatsinstitut bei der Lehrerfortbildung mit und arbeitet mit den entsprechenden Einrichtungen der Lehrerfortbildung eng zusammen. Hierbei fällt ein wesentlicher Unterschied zu manch einem anderen Land auf, in dem beide Aufgabenbereiche von einer Behörde erfüllt werden. Die bayerische Besonderheit einer auch räumlichen Trennung der Institute (ISB: München; Akademie für Lehrerfortbildung und Personalführung: Dillingen/Donau) wird durch die enge Kooperation der Häuser gestützt: Die Leitungsebene trifft sich im Rahmen gemeinsamer Sitzungen zu Absprachen gemeinsamer Projekte, vor allem zum Jahresprogramm, Mitarbeiter des Instituts wirken häufig als Referenten bei zentralen Fortbildungsveranstaltungen in Dillingen mit, Arbeitskreistreffen werden dort veranstaltet oder gemeinsame Publikationen entstehen. Gerade auch in der Phase der Implementierung von Lehrplänen setzen sich die Multiplikatoren häufig aus den Mitgliedern der Lehrplan-Kommissionen am ISB zusammen. Die konzeptionelle Arbeit des Staatsinstituts wird so durch ein umfangreiches Fortbildungsprogramm an der Akademie effektiv unterstützt, das im Bereich der katholischen und evangelischen Religionslehre in zwei weiteren Institutionen seine Ergänzung findet.[12]

Neben den Schulabteilungen arbeiten die schulartübergreifende Grundsatzabteilung sowie die Qualitätsagentur an weiteren Aufgaben, die aus speziellen Aufträgen an das Staatsinstitut erwachsen. Beispielhaft seien hier nur zwei genannt, die sich auch im Wirkungsfeld anderer Institute befinden und somit als typisch gelten können. So sind Projekte zur interkulturellen Erziehung oder zur Leseförderung bei beinahe allen Landesinstituten angesiedelt, häufig bezogen auf die jeweils spezifische Situation vor Ort. Einen Überblick über das Angebot kann bereits ein Blick auf die *Homepages* der Staatsinstitute vermitteln.[13]

Neue Aufgaben, bewährte Methoden: Das ISB im Zentrum der bayerischen Schulentwicklung

Die bildungspolitische Diskussion der letzten Jahre wird vor allem durch die (innere) Schulentwicklung bestimmt. Auftragsgemäß erfüllen einige Landesinstitute in diesem

---

[11] Auch in diesem Bereich mag das vom ISB eingerichtete Portal „medieninfo bayern" beispielhaft gelten: http://www.medieninfo.bayern.de.

[12] Für katholische Religionslehre: Institut für Lehrerfortbildung in Gars am Inn: http://ilf-gars.de/; für evangelische Religionslehre: Religionspädagogisches Zentrum in Heilsbronn: http://www.rpz-heilsbronn.de/.

[13] Vgl. die entsprechenden Adressen am Ende dieses Beitrags.

Bereich eine entsprechende Unterstützungsfunktion. Dieser Auftrag spiegelt sich teilweise bereits im Namen wider (Baden-Württemberg: Landesinstitut für Schulentwicklung; Hamburg: Landesinstitut für Lehrerbildung und Schulentwicklung; Niedersachsen: Niedersächsisches Landesamt für Lehrerbildung und Schulentwicklung). Auch das ISB als „Innovationsagentur" ist hier aufgerufen, seinen Beitrag vor allem im Sinne von Beratung und Begleitung zu leisten. Grundlage für den Erfolg moderner Schulsysteme ist seit dem durch TIMSS und PISA eingeleiteten Perspektivenwechsel in erster Linie die größere Freiheit, die die Einzelschule erhält. Das hohe Maß an dezentralen Entscheidungsmöglichkeiten ist dabei Teil eines bewährten Dreiklangs: Wachsende Eigenständigkeit im Kontext von zunehmender Eigenverantwortung für die einzelnen Schulen, landesweite Qualitätsstandards und regelmäßige Überprüfung der Erreichung der verbindlich festgelegten Leistungserwartungen gehören nunmehr zum Schulalltag. Damit sind Bildungsstandards und Evaluation als die Rückseite einer Medaille zu sehen, auf deren Vorderseite die Freiheiten der Einzelschule glänzen.

Die Wege, diese Ziele zu erreichen, werden dabei bewusst offen gelassen: Jede Schule in Bayern kann den ihren Bedingungen gemäßen Weg gehen, wobei bestimmte Wegweiser zur Orientierung (12 Augsburger Thesen [14], Bayerisches Qualitätsmemorandum [15], Eichstätter Erklärung zur Sicherung und Entwicklung der Qualität von Schulen [16]) als Hilfestellung dienen. Rasch wurde in diesem Zusammenhang erkannt, dass man Organisationen, die jahrzehntelang in vielen Bereichen engen Richtlinien unterworfen waren, nicht ohne Unterstützung in diese Unabhängigkeit entlassen konnte, wollte man zugleich Qualität sicherstellen bzw. fördern. Diese Unterstützung kann aus nahe liegenden Gründen freilich weniger durch das Staatsministerium erfolgen, entsprechende Aufträge ergingen deshalb an das bayerische Landesinstitut. Als „Speerspitze für neue Entwicklungen" [17] erarbeitete das ISB in der Folge innovative Konzepte und unterstützende Materialien, Handreichungen und Internet-Portale.

Vor allem seit der internationalen Schulleistungsstudie PISA 2000 und der damit verbundenen bzw. nachfolgenden Diskussion um die Einführung und Ausgestaltung von Bildungsstandards ist eine Orientierung weg vom *Input* hin zum *Outcome* erkennbar. Diese ist freilich ohne entsprechende Evaluation der Schulen nicht denkbar, so dass die Staatsinstitute auch in diesem relativ neuen Bereich des Bildungswesens umfassende Aufgaben übernommen haben: in Bayern in erster Linie die in das ISB integrierte Qualitätsagentur, deren Auftrag sich auf die Evaluation und auf die Qualitätssicherung und Weiterentwicklung des bayerischen Schulwesens insgesamt bezieht. Dabei erstreckt sich die Evaluation nicht nur auf die Einzelschule, sondern auch auf die Systemebene; letztere umfasst empirische Erhebungen zu aktuellen bildungspolitischen Fragen ebenso wie Untersuchungen zur Effektivität bestimmter Institutionen, z. B. der regionalen Fortbildung.

---

[14] Online unter http://www.km.bayern.de/km/schulentwicklung/docs/augsburger_thesen.html.
[15] Online unter http://www.km.bayern.de/km/bms/load/bqm.pdf.
[16] Online unter http://www.km.bayern.de/km/asps/presse/presse_anzeigen.asp?index=859.
[17] Staatssekretär *Karl Freller* in einer Rede am 12. Februar 1999.

Zur Evaluation der Schulen werden vom Staatsinstitut gemeinsam mit der Akademie für Lehrerfortbildung Evaluationsteams qualifiziert, die nach Durchführung ihrer Arbeiten „vor Ort" entsprechende Berichte nicht nur den evaluierten Schulen sowie der Schulaufsicht zur Verfügung stellen, sondern diese auch an die Qualitätsagentur des ISB weiterleiten. Die Ergebnisse der externen Evaluation fließen in die Bildungsberichterstattung ein, die dem Staatsministerium als Entscheidungsgrundlage für bildungspolitische Weichenstellungen dient. Am Staatsinstitut wiederum werden die erhobenen Daten zugleich genutzt, um die Schulen im Rahmen der Zielvereinbarungen zu unterstützen, die im Anschluss an die Evaluation mit der Schulaufsicht geschlossen wurden: Hier sind alle Abteilungen des ISB gleichermaßen gefordert, Ansprechpartner zu sein und Hilfestellung zu leisten.

In enger Abstimmung der Schulabteilungen untereinander – im Falle der Orientierungsarbeiten z. B. in Kooperation von Grundschulabteilung und Qualitätsagentur – entstehen in Bayern am Staatsinstitut zudem die sog. Vergleichsarbeiten [18], die – zentral erstellt und landesweit durchgeführt – Rückschlüsse auf das allgemeine Bildungsniveau zu Beginn einer Jahrgangsstufe zulassen: Hier gewinnt der einzelne Lehrer im Sinne der inneren Schulentwicklung wesentliche Erkenntnisse über den Leistungsstand seiner Schüler bzw. seiner Klasse und vermag in der Folge davon im Sinne der (individuellen) Diagnose und Förderung seinen Unterricht für das eben begonnene Schuljahr darauf abzustimmen. Im Rahmen von Fach(schafts)sitzungen können zudem allgemeine Stärken und Schwächen der Klassen und Jahrgangsstufen analysiert werden; diese Analyse kann dann ebenfalls für eine individuelle Diagnose und Förderung genutzt werden.

Vernetzung der Landesinstitute: Intensive Zusammenarbeit und informeller Austausch

Das Wirken gerade der Landesinstitute kann nicht in einem abgeschlossenen Raum erfolgen, sondern erhält seinen besonderen Stellenwert erst in der umfangreichen Vernetzung mit diversen weiteren Instituten und Behörden, ja mit einzelnen Personen.

Dabei ist der intensive informelle Austausch der Landesinstitute untereinander einer der Eckpfeiler, der die bundesweite Vernetzung und gesamtdeutsche, teilweise europäische Abstimmung unterstützt, z. B. durch gegenseitige Besuche, wechselseitige Zusendung von vielfältigen Materialien oder vereinter Arbeit an gemeinsamen Projekten. Dieser Informationsaustausch wird nicht nur durch die jährlichen Tagungen der Institutsleiter aller deutscher Institute gewährleistet, sondern in einem weiteren Umfang

---

[18] In anderen Ländern auch „Parallelarbeiten", in Nordrhein-Westfalen „Lernstandserhebungen" genannt. Gerade im Bereich von Prüfungen werden in unserem föderativen System häufig unterschiedliche Termini benutzt, vgl. dazu das am ISB erarbeitete Glossar „Begriffe im Kontext von Leistungserhebung und Prüfung", das auch online einzusehen ist:
http://www.isb.bayern.de/isb/download.asp?DownloadFileID=e4212384f41d21f646e8b7786d6edab1.
In Bayern unterscheidet man zudem zwischen „Orientierungsarbeiten" für die Grundschule sowie „Jahrgangsstufenarbeiten" in den weiterführenden Schulen, geschrieben in den ersten Wochen eines Schuljahres über den Stoff des Vorjahres bzw. über Grundwissen (in anderen Ländern am Schuljahresende).

auch durch die guten Kontakte der einzelnen (Fach-)Referenten, die sich immer wieder auf bundesweiten Tagungen oder in gemeinsamen Arbeitskreisen treffen (beispielsweise im Rahmen von Sitzungen zu den Bildungsstandards oder zur Vereinheitlichung von Abschlussprüfungen). Als aktuelles und deutliches Signal für die Bedeutung dieser Kooperation kann ein Auftrag des Staatsministeriums an das ISB gewertet werden, der die Erstellung detaillierter Ländervergleiche zu bildungspolitisch relevanten Themen beinhaltet: Dieser Auftrag sieht die Intensivierung und Systematisierung des Kontaktes zu den anderen Landesinstituten ausdrücklich vor, was im Sinne einer beständigen Aktualisierung gesammelter Materialien, Fakten und Zahlen sinnvoll erscheint. Als Beispiele für länderübergreifende Projekte, welche unter dem Dach der Ständigen Konferenz der Kultusminister der Länder in der Bundesrepublik Deutschland firmieren, können der deutsche Begleitausschuss zum „Europäischen Jahr der Demokratieerziehung 2005"[19] oder das Vorhaben „ProLesen" bezeichnet werden: Hier arbeiten Vertreter der Kultusministerien, der Landesinstitute und weiterer Behörden und Einrichtungen zusammen, um bildungsrelevante Anliegen gemeinsam abzustimmen und weiterzuentwickeln.

Auch die enge Zusammenarbeit mit bundesweit wirkenden Behörden wie dem Institut zur Qualitätsentwicklung im Bildungswesen (IQB) in Berlin oder dem Leibniz-Institut für die Pädagogik der Naturwissenschaften (IPN) in Kiel trägt dazu bei, dass in einem föderativen Länderverbund einheitliche Regelungen gefunden werden, die letztlich dem einzelnen Schüler zugutekommen.

Schließlich sind im Rahmen einer umfassenden Bildungskooperation auch die Verbindungen des ISB zu den verschiedenen Bereichen der Forschung zu nennen: Die Beratung durch Universitäten oder einzelne Lehrstühle, die in verschiedenen Bereichen regelmäßig stattfindet und teilweise durch entsprechende Verträge institutionalisiert ist[20], garantiert die Vernetzung mit neuesten wissenschaftlichen Erkenntnissen, die in die Arbeit des ISB unmittelbar einfließen, und damit die ständige Aktualität des Instituts. Ergänzt durch Kontakte zu Wirtschaftsunternehmen und Stiftungen, die die Arbeit am Staatsinstitut für Schulqualität und Bildungsforschung unterstützen, bieten sich diverse Möglichkeiten, die vielfältigen Aufgaben und großen Erwartungen, die an die Landesinstitute gestellt werden, jetzt und in Zukunft erfüllen zu können.

Ausblick: Die Zukunft der Landesinstitute

Die oben dargestellten umfassenden Aufgabenbereiche der Landesinstitute sowie ihr Wirken an einer der Schnittstellen bildungspolitischer Grundsatzfragen werden auch zukünftig dazu beitragen, dass das hohe Ansehen der Behörden bei Bildungsadministration wie Einzelschule erhalten bleibt. Dies zeigen nicht nur aktuelle Umfragen, bei-

---

[19] Hierzu wurde von der KMK eine Homepage eingerichtet, welche u. a. die Aktivitäten in den einzelnen Ländern darstellt: http://www.kmk.org/intang/demokratieerziehung/index.htm.

[20] Vgl. beispielsweise den Wissenschaftlichen Beirat, welcher der Qualitätsagentur beratend zur Seite steht, oder Kooperationsverträge mit dem Transferzentrum für Neurowissenschaften und Lernen (ZNL) in Ulm bzw. mit Prof. Dr. Rützel von der TU Darmstadt, Fachgruppe für Berufspädagogik.

spielsweise zur Akzeptanz der vom ISB erstellten Unterrichtsmaterialien, sondern auch vielfältige Stellungnahmen aus den Kultusministerien und der Politik selbst. [21]

Gerade die zunehmende bundesweite Vernetzung sowie die Globalisierung auch des Bildungswesens – denkt man beispielsweise an internationale Vergleichsstudien wie TIMSS, PISA und PIRLS – bedingen eine stringente Weiterarbeit und eine konsequente Ausnutzung von Synergieeffekten, welche sich aus einer engen Kooperation ergeben. Hierin liegt eine der wesentlichen Chancen der Landesinstitute, auch in Zukunft ihre Rolle als Unterstützungssystem für die (innere) Schulentwicklung wahrzunehmen: unterhalb der Ebene der Kultusbürokratie und damit leichter erreichbar, als Partner der Schule und damit „auf gleicher Augenhöhe" mit dem Lehrer vor Ort.

Anhang: Die pädagogischen Institute in der Bundesrepublik Deutschland – Institutionen für Lehrerfortbildung, Schul- und Qualitätsentwicklung

Bund:

Leibniz-Institut für die Pädagogik der Naturwissenschaften, Kiel (IPN: Der Auftrag des IPN ist es, durch seine Forschungen die Pädagogik der Naturwissenschaften weiterzuentwickeln und zu fördern. Die Arbeiten des IPN umfassen Grundlagenforschung in Fragen des Lehrens und Lernens in den Naturwissenschaften. Die aktuellen pädagogischen Fragestellungen und Projekte werden interdisziplinär in Teams aus Naturwissenschaftlern, Fachdidaktikern, Pädagogen und Psychologen bearbeitet.): http://www.ipn.uni-kiel.de/

Institut zur Qualitätsentwicklung im Bildungswesen, Berlin (IQB: Das Institut unterstützt die Arbeiten der Länder in der Bundesrepublik Deutschland zur Sicherung und stetigen Verbesserung von Bildungserträgen im Schulsystem. Kernanliegen des IQB sind die Weiterentwicklung, Operationalisierung, Normierung und Überprüfung von Bildungsstandards. Dazu zählen auch die Erstellung eines Aufgabenpools sowie die Normierung von Aufgaben nach Maßgabe der KMK-Bildungsstandards.): http://www.iqb.hu-berlin.de/

Länder:

- **Baden-Württemberg**

Landesinstitut für Schulentwicklung, Stuttgart (LS; vormals Landesinstitut für Erziehung und Unterricht [LEU]. Das Institut ist eine zentrale Einrichtung zur Unterstützung der systematischen Qualitätsentwicklung und Qualitätssicherung an den Schulen. Es ist ein moderner Dienstleister für Bildungsplan- und Schulentwicklungsarbeit und steht mit seiner Arbeit und seinem Know-how aus Forschung und schulischer Praxis allen Schulen und Bildungseinrichtungen in Baden-Württemberg beratend und helfend zur Seite. Ausgehend von diesen zentralen Aufgaben gliedern sich die Fachbereiche des Instituts in Qualitätsentwicklung und Evaluation einschließlich der Bildungsberichterstattung, Schulentwicklung und empirischen Bildungsforschung sowie Bildungsplanarbeit.): http://www.ls-bw.de

Landesinstitut für Schulsport, Ludwigsburg (LIS: Das Institut ist verantwortlich für die zentralen Fortbildungen im Bereich „Schulsport".): http://www.lis-in-bw.de/

Landesakademie für Fortbildung und Personalentwicklung an Schulen, Esslingen (Die Akademien Calw, Comburg, Donaueschingen und Esslingen dienen der beruflichen Fort- und Weiterbildung von pädagogischem Personal. Insbesondere zählen dazu die Gestaltung und Durchführung von Fortbildungsangeboten.): http://www.landesakademie-bw.de/

---

[21] So beispielsweise der damalige Ministerialdirektor Karl Böck in einem Schreiben vom 28. Mai 1982: „Die Staatsinstitute haben mehr bewirkt als der ganze Bildungsrat und ein Dutzend Lehrstühle für Pädagogik dazu. […] Man müsste sie gründen, wenn es sie nicht gäbe."

- Bayern

    Staatsinstitut für Schulqualität und Bildungsforschung, München (ISB; vormals Staatsinstitut für Schulpädagogik und Bildungsforschung. Das Institut ist eine zentrale Einrichtung zur Beratung und Unterstützung aller an guter Schule Beteiligten. Es gibt Impulse zur qualitativen Weiterentwicklung des bayerischen Schulwesens. Dies geschieht zum einen durch die Erstellung vielfältiger praxisbezogener Unterstützungsmaterialien für die Schulen, zum anderen durch konzeptionelle Arbeit zu Themen bayerischer Bildungspolitik. Dies zeigt sich u. a. in der Ausarbeitung von Lehrplänen, aber auch in der Erstellung zentraler Abschlussprüfungen. Die Begleitung von Schulversuchen zählen dabei ebenso wie die Mitwirkung an der externen Evaluation sowie vielfältige weitere Arbeiten in bildungspolitisch relevanten Bereichen zu den zentralen Aufgaben des ISB.): http://www.isb.bayern.de

    Akademie für Lehrerfortbildung und Personalführung, Dillingen/Donau (ALP: Die Akademie erfüllt im Auftrag des Bayerischen Staatsministeriums für Unterricht und Kultus im Wesentlichen die Aufgaben der zentralen Lehrerfortbildung, einer IT-Ausstattungsberatung und der Pflege und Betreuung des Bayerischen Schulservers. Zudem beherbergt es das „Seminar Bayern für Verkehrs- und Sicherheitserziehung".): http://alp.dillingen.de/

- Berlin

    Berliner Landesinstitut für Schule und Medien (LISUM; vormals Berliner Institut für Lehrerfort- und -weiterbildung und Schulentwicklung BIL. Das LISUM fördert durch Fort- und Weiterbildungsveranstaltungen, durch die Erarbeitung von Unterrichtsmaterialien, durch Unterstützung im medienpädagogischen Bereich und durch Dienstleistungen im Print- und AV-Medienverleih die Qualitätsentwicklung von Schulen.): http://www.lisum.de/Inhalte/Data

- Brandenburg

    Landesinstitut für Schule und Medien Brandenburg, Ludwigsfelde-Struveshof (LISUM; vormals Pädagogisches Landesinstitut Brandenburg PLIB. Das LISUM Bbg. hat als Aufgaben die Entwicklung von Rahmenlehrplänen, die Feststellung und Sicherung von Schul- und Unterrichtsqualität, die Fort- und Weiterbildung von Lehrkräften, Schulleitungspersonal und Personal der Schulbehörden, die medienpädagogische Fortbildung und Beratung von Schulen und außerschulischen Bildungseinrichtungen insbesondere bei der Ausstattung mit Medien und Medientechnologie sowie die Qualifizierung von Personal, das im Bereich der Weiterbildung fachlich und administrativ tätig ist.): http://www.lisum.brandenburg.de

- Bremen

    Landesinstitut für Schule (LIS: Das Institut hat die Aufgabe, ein adressatenbezogenes Unterstützungssystem für Schulen im Lande Bremen zu entwickeln. Daraus resultiert der Auftrag, die an Schule Beteiligten zu unterstützen und für ihre Aufgaben zu qualifizieren, Lehrerinnen und Lehrer auszubilden, die qualitative Entwicklung der Schulen im Lande Bremen zu fördern, spezielle Beratungsdienste für Eltern und Schülerinnen und Schüler anzubieten sowie den Senator für Bildung und Wissenschaft fachlich zu beraten und ministerielle Aufgaben wahrzunehmen.): http://www.lis.bremen.de

    Lehrerfortbildungsinstitut Bremerhaven (LFI):
    http://stabi.hs-bremerhaven.de/lfi/index1024.html

- Hamburg

    Landesinstitut für Lehrerbildung und Schulentwicklung (LI; vormals Amt für Schule und Institut für Lehrerfortbildung IfL. Die qualitative Weiterentwicklung des Hamburger Schulwesens zu unterstützen und hierzu Impulse zu geben, ist das Ziel und Anliegen in der Lehreraus- und Lehrerfortbildung, in der Qualitätsentwicklung und Standardsicherung, bei der Beratung und Unterstützung aller an „guter Schule" Beteiligten, bei Modell- und Reformprojekten und medialen Serviceangeboten des Instituts.): http://www.li-hamburg.de/

- Hessen

    Institut für Qualitätsentwicklung, Wiesbaden (IQ; vormals Hessisches Landesinstitut für Pädagogik HeLP. Das IQ soll zur Verbesserung der schulischen Bildung in Hessen beitragen, den Anschluss an das internationale Leistungsniveau fördern und damit für eine bessere Vergleich-

Landesinstitut und Schulentwicklung

barkeit und Durchlässigkeit im Bildungswesen sorgen. Dazu gehören die Qualitätssteigerung als Frage der Lehrerbildung und andererseits die Qualitätsmessung.): http://www.iq.hessen.de
Amt für Lehrerbildung, Frankfurt (AfL: Eine wichtige Funktion im Bereich der Qualitätssteigerung übernimmt das neu gegründete Amt für Lehrerbildung, das mit der Verbindung von Ausbildung und beruflicher Praxis die Professionalisierung der Lehrerbildung erhöht.): http://afl.bildung.hessen.de/

- **Mecklenburg-Vorpommern**
Landesinstitut für Schule und Ausbildung, Schwerin (L.I.S.A.: Zu den zentralen Aufgaben des Instituts gehören Lehrerfortbildung sowie Referendarausbildung, Rahmenplanarbeit, Erstellung zentraler Abschlussprüfungen, Schul- und Unterrichtsentwicklung sowie die Erstellung von Vergleichsarbeiten.): http://www.bildung-mv.de/lisa/

- **Niedersachsen**
Niedersächsisches Landesamt für Lehrerbildung und Schulentwicklung, Hildesheim (NiLS; vormals Niedersächsisches Landesinstitut für Fortbildung und Weiterbildung im Schulwesen und Medienpädagogik NLI. Aufgaben des Amtes sind Arbeiten im Bereich der Lehrerbildung, der Schulentwicklung, der Evaluation sowie der Information und Kommunikation.): http://nibis.ni.schule.de/nibis.phtml?menid=1175

- **Nordrhein-Westfalen**
Landesinstitut für Schule / Qualitätsagentur, Soest (LfS/QA; vormals Landesinstitut für Schule und Weiterbildung LSW. Das Institut ist die zentrale Einrichtung des Landes für wissenschaftlich-pädagogische Dienstleistungen. Es widmet sich in besonderer Weise der Sicherung und Entwicklung von Schul- und Unterrichtsqualität. Die dafür in besonderem Maße bedeutsamen Aufgaben werden in einer Qualitätsagentur gebündelt.): http://www.lfs.nrw.de/

- **Rheinland-Pfalz**
Pädagogisches Zentrum, Bad Kreuznach (PZ: Die zentralen Aufgaben liegen im Bereich von Ganztagsschulen, Bildungsstandards, Berufsorientierung, Umwelterziehung, Schulsozialarbeit und interkulturellem Lernen, richten sich aber auch an den Unterrichtsfächern sowie den Schulstufen und -arten des Landes aus.): http://pz.bildung-rp.de/
Agentur für Qualitätssicherung, Evaluation und Selbstständigkeit von Schulen, Mainz (AQS: Aufgabe der eigenständigen Agentur ist die Durchführung regelmäßiger externer Evaluationen an allen Schulen des Landes.): http://agentur.bildung-rp.de
Institut für schulische Fortbildung und schulpsychologische Beratung, Speyer/Rhein (IFB: Fortbildung und Beratung im pädagogischen und psychologischen Bereich erstrecken sich insbesondere auf Unterrichtsentwicklung, Stärkung der personalen Kompetenzen der an der Schule Beteiligten sowie Weiterentwicklung der Schule. In Verbindung mit Fortbildung und Beratung erarbeitet und veröffentlicht das IFB Fortbildungsmaterialien, Handreichungen und Praxisberichte.): http://ifb.bildung-rp.de/, ab 2006: http://ifb3.bildung-rp.de/
Institut für Lehrerfort- und -weiterbildung Mainz (ILF: Das Institut bietet Bildungs-, Beratungs- und andere Unterstützungsleistungen für die professionell beschäftigten Erzieherinnen und Erzieher und Lehrerinnen und Lehrer im Elementarbereich und in der Schule an. Die Ausrichtung und Gestaltung der Angebote gründen sich auf der christlichen Grundhaltung, ihren Werten und ihrer Spiritualität.): http://ilf.bildung-rp.de/ (Vgl. Saarland)

- **Saarland**
Landesinstitut für Pädagogik und Medien, Saarbrücken (LPM: Das Institut beschäftigt sich in erster Linie mit der Fort- und Weiterbildung der Lehrkräfte; hinzu kommen Aufgaben im Bereich der Landesbildstelle Saarland sowie der Landeszentrale für politische Bildung.): http://www.lpm.uni-sb.de/
Institut für Lehrerfort- und -weiterbildung Saarbrücken (ILF: Das Institut bietet Bildungs-, Beratungs- und andere Unterstützungsleistungen für die professionell beschäftigten Erzieherinnen und Erzieher und Lehrerinnen und Lehrer im Elementarbereich und in der Schule an. Die Ausrichtung und Gestaltung der Angebote gründen sich auf der christlichen Grundhaltung, ihren Werten und ihrer Spiritualität.): http://www.ilf-saarbruecken.de/ (vgl. Rheinland-Pfalz)

- **Sachsen**

  Sächsisches Staatsinstitut für Bildung und Schulentwicklung – Comenius-Institut, Radebeul (CI: Das Institut bearbeitet innerhalb des Prozesses der Schulentwicklung diverse Aufgaben, so beispielsweise in den Bereichen „Lehrplanarbeit", „Lehren und Lernen" und „Leistungsvergleiche".): http://www.sn.schule.de/~ci/

  Zentrum für Lehrerbildung, Schul- und Berufsbildungsforschung, Dresden (ZLSB: Das Zentrum hat es sich zur Aufgabe gemacht, fakultätsübergreifend die Lehrerausbildung, die Lehrerfort- und -weiterbildung sowie die Schul- und Berufsbildforschung in den Feldern von Schule und Beruf zu koordinieren.): http://zlsb.tu-dresden.de/

  Sächsische Akademie für Lehrerfortbildung, Meißen (SALF: Eine wesentliche Aufgabe der Akademie besteht in der Fortbildung der Mitarbeiter der Schulaufsicht. Besondere Bedeutung kommt der Akademie auch bei der pädagogisch-psychologischen, fachlichen und fachdidaktischen Fortbildung der Fachberater nahezu aller Schulformen zu. Im Mittelpunkt steht dabei die Beratung der Lehrer in konkreten Schul- und Unterrichtssituationen.): http://www.sn.schule.de/~salf/

- **Sachsen-Anhalt**

  Landesinstitut für Lehrerfortbildung, Lehrerweiterbildung und Unterrichtsforschung, Halle (LISA: Das Institut ist Ansprechpartner im Bereich der Schul- und Curriculumentwicklung, was unter anderem Aufgaben im Bereich „Rahmenrichtlinien", „Abiturprüfungen", „zentrale Klassenarbeiten" sowie „Schulbuchprüfung" umfasst, sowie im Bereich von Fort- und Weiterbildung und Medienpädagogik.): http://www.lisa.bildung-lsa.de/

- **Schleswig-Holstein**

  Institut für Qualitätsentwicklung an Schulen, Kronshagen (IQSH; vormals Landesinstitut Schleswig Holstein für Praxis und Theorie der Schule. Die Hauptaufgabe des IQSH ist es, Dienstleistungen für alle an Schule Tätigen und alle für Schule Verantwortlichen in Schleswig-Holstein zu erbringen. Die Leistungsangebote des Instituts umfassen Beratung, Qualifizierung sowie vielfältige Unterstützungsangebote in den Bereichen „Schulentwicklung", „Qualifizierung und Lehrerbildung" sowie „IT-Dienste". Zudem gibt das IQSH Veröffentlichungen zu aktuellen Fragen von Unterricht und Schule heraus. Als Leitziele können die Verbesserung der Wirksamkeit von Unterricht und Schule sowie der Lehrerbildung wie die Optimierung von Arbeits- und Kommunikationsprozessen durch den Einsatz von IT gelten.): http://www.iqsh.lernnetz.de/content/index.php

- **Thüringen**

  Institut für Lehrerfortbildung, Lehrplanentwicklung und Medien, Bad Berka (ThILLM: Zu den Aufgaben des Instituts gehören unter anderem die Fort- und Weiterbildung, die Erstellung von Lehrplänen und Publikationstätigkeiten. Themenbereiche wie „Schulentwicklung", „Leseförderung" sowie „Begabungsförderung" stehen mit im Zentrum der Arbeiten des Instituts.): http://www.thillm.th.schule.de/head.htm

Volker Bank

Stiftungen und Unternehmensberatungen – Unterstützung von Schulentwicklung im Spannungsfeld gesellschaftlicher Verantwortung und ökonomischer Effizienz

Wie andere soziale Systeme sind auch Schulen keine statischen Gebilde; sie entwickeln sich weiter. Vor dem Hintergrund der allgemein angenommenen gesellschaftlichen Dynamik der Postmoderne erschließen sich den (staatlichen) Schulen und ihrer (ministerialen) Administration neuartige Unterstützungsangebote. Sie kommen aus dem Bereich der Unternehmensberatungen, die von den zuständigen Ministerien konsultiert werden. Aus eigener Initiative gehen Stiftungen dazu über, nicht mehr allgemeine bildungspolitische Expertise vorzuhalten oder erarbeiten zu lassen, sondern sie bieten den Schulen ihre Unterstützung im Entwicklungsprozeß direkt an. Die daraus erwachsende Problematik ist näher zu untersuchen.

Unterstützungsstrukturen für die sich entwickelnden Schulen

Bei der Klassenbildung der Handlungen (Akte), wie sie bei *Eduard Spranger* zu finden ist, als auch bei den Grenzbeschreibungen sozialer Systeme durch *Talcott Parsons* und *Niklas Luhmann* wird von einem Nebeneinander von Wirtschaftssystem und Erziehungssystem unterhalb des gemeinsamen integrierenden sozialen Obersystems ‚Gesellschaft' ausgegangen (vgl. *Spranger* 1922; *Parsons* 1972, 20ff.; *Luhmann* 1999b). Die neunziger Jahre des letzten Jahrhunderts mögen eines Tages als die Epoche eingehen, in der sich das gesellschaftliche Subsystem ‚Wirtschaft' das gesellschaftliche Subsystem ‚Erziehung' einverleibte (vgl. auch *Radtke* 2005, 360f.).

Ein Ausdruck dieser fortschreitenden Funktionalisierung und Ökonomisierung des Erziehungs- und Bildungssystems ist die Einbeziehung von Unternehmensberatungen in die Fortentwicklung und Gestaltung von Schulen und Schuladministration. In der Bundesrepublik Deutschland war die Einbeziehung der Unternehmensberatung Kienbaum durch das Land Nordrhein-Westfalen gewissermaßen die Mutter aller Schulgutachten (vgl. *Kultusministerium NRW* 1991). Die Kultusverwaltungen der Länder nehmen seither häufiger die Möglichkeit wahr, sich von außen durch Unternehmensberatungen unterstützen zu lassen.

Während bei den Unternehmensberatungen sicherlich die ökonomische Expertise im Vordergrund steht, bieten etwa seit Mitte der gleichen Dekade verschiedene Stiftungen Gutachten und sonstige Dienstleistungen an, die der Entwicklung von Schule und Schuladministration dienen sollen. Auch hier deutet vieles darauf hin, dass diese kostenlos oder zu niedrigen Kosten angebotenen Unterstützungsleistungen immer wieder von den Schulen und der Bildungspolitik in Anspruch genommen werden. Die gemeinnützigen Stiftungen stellen diese Angebote im Rahmen ihrer gesellschaftspolitischen Zielsetzungen bereit. In ähnlicher Weise wie die Unterstützung von den Stiftungen werden Unterstützungsleistungen von den internationalen Organisationen (OECD) erbracht; dies betrifft namentlich die Erstellung von internationalen Vergleichsstudien (INES, PISA u. s. w.). Die Unterstützungsleistungen der internationalen Organisationen sollen hier jedoch nicht Gegenstand der Betrachtung sein (vgl. dazu statt dessen *Lohmann* 2005, 252; *Radtke* 2005).

Für eine nähere Untersuchung soll zunächst einmal die Sachlage hinsichtlich der Unterstützungsstrukturen von Seiten der Unternehmensberatungen und von Seiten der Stiftungen eruiert werden. Dann erfolgt eine Einordnung der Ergebnisse in einen theoretischen Bezugsrahmen.

Befunde bei den schulbezogenen Aktivitäten von Unternehmensberatungen

Es kann nicht ausgeschlossen werden, dass die Unterstützungsleistungen von Unternehmensberatungen im Bereich von Schulen und Schulverwaltung möglicherweise schon länger in geringerem Umfang in Anspruch genommen werden. Sicher ist, dass das Gutachten, welches das Land Nordrhein-Westfalen bei der Beratungsfirma Kienbaum in Auftrag gegeben hatte, und das 1991 der Öffentlichkeit vorgestellt worden war, große Resonanz in der Öffentlichkeit hervorgerufen hat. Seither wurden von diesem Bundesland und auch von weiteren Bundesländern häufiger die Leistungen von Unternehmensberatungen in Anspruch genommen.

Allerdings zeigt eine aktuell durchgeführte Befragung der Landesregierungen, dass das Beratungspotential gemessen an der Publizität einiger Studien so hoch nun auch wieder nicht eingeschätzt wird. Von 16 Bundesländern antworteten 12, davon 6 (Mecklenburg-Vorpommern, Rheinland-Pfalz, Saarland, Sachsen-Anhalt, Schleswig-Holstein und Thüringen) mit einer eindeutigen Fehlanzeige für den Untersuchungszeitraum der letzen 10 Jahre (1996-2005). Das Saarland erklärt, zwar nicht Unternehmensberatungen engagiert zu haben, doch einschlägige Beratungsleistungen aus dem Hochschulbereich regelmäßig in Anspruch zu nehmen. Dieses ist in den übrigen Bundesländern, auch in jenen, die Unternehmensberatungsleistungen genutzt haben, gleichfalls verbreitete Praxis.

Von den verbleibenden Antworten war eine aus einem zentral gelegenen Bundesland nicht verwertbar. Berlin hat darauf verwiesen, dass zwei Studien von Kienbaum im Zuge allgemeiner Verwaltungsreformen in den neunziger Jahren durchgeführt wurden, die auch im Bereich der Schulverwaltung zu Veränderungen geführt haben (Aus- und Wiedereingliederung des Landesschulamts in die Senatsverwaltung für Bildung etc.). Im Land Baden-Württemberg war ein Kienbaum-Gutachten im Jahr vor dem Befragungszeitraum fertiggestellt worden. Obwohl aus dem Vorreiterland Nordrhein-Westfalen keine Antwort vorliegt, können hierfür doch einige Gutachten genannt werden, die in der Öffentlichkeit bekannt geworden sind. Diese wurden ebenfalls in die Synopse mit aufgenommen, auch wenn sie teils vor der hier gewählten Befragungsperiode liegen (vgl. Tabelle 1).

Tabelle 1: Aufstellung der Gutachten zu Schule und Schulverwaltung

1991	NRW	„Effektive Gestaltung von Schulorganisation und bedarfsgerechte Zuweisung von Lehrerstellen"; **Kienbaum**
1994	NRW	„Reorganisation der staatlichen Schulaufsicht des Landes Nordrhein-Westfalen"; **Kienbaum**
1994-1997	Berlin	Gutachten i. R. d. Verwaltungsreform; **Kienbaum**
1995	Baden-Württ.	„Untersuchung zur Optimierung der Schulverwaltung des Landes Baden-Württemberg"; **Kienbaum**
1996	Sachsen	„Untersuchung der Verwaltungs- und Personalstruktur des sächsischen Staatsministeriums für Kultus"; **Kienbaum**
1999	NRW	„Untersuchung zur Ermittlung, Bewertung und Bemessung der Arbeitszeit der Lehrerinnen und Lehrer im Land Nordrhein-Westfalen"; **Mummert & Partner**
2000	Bayern	„Organisationsuntersuchung im Geschäftsbereich des Bayrischen Staatsministeriums für Unterricht und Kultus"; **Roland Berger & Partner**
2003	Bremen	„Umsetzung der Organisationsanpassung der Abteilung Bildung"; **Booz Allen & Hamilton**
2004	Bremen	„Gründung einer Gesellschaft für Bildungsinfrastruktur"; **Putz & Partner**
2005	Bremen	„Organisationsuntersuchung im Landesinstitut für Schule"; **Tomin**

Auf der Grundlage der Aufstellung aller erhobenen Daten über die Anfertigung von Gutachten durch Unternehmensberatungen lassen sich bereits einige Beobachtungen anstellen. Erstens: Ein guter Teil der festgestellten Gutachten liegt bereits vor dem Beginn des Erhebungszeitraumes. Im Rahmen der vorliegenden Daten sind in den vergangenen fünf Jahren nur noch vom Land Bremen Unternehmensberatungen mit der Erstellung von schulbezogenen Gutachten beauftragt worden. Dabei handelt es sich um vergleichsweise eng umgrenzte Fragestellungen. Beide Feststellungen mögen allerdings durch die aus vier Bundesländern fehlenden Angaben verzerrt sein. Relativ deutlich scheint jedoch zweitens, dass der Markt, der zunächst von der Firma Kienbaum beherrscht worden ist, zunehmend durch andere Unternehmensberatungsfirmen mit besetzt wird. Drittens sind die Themen der Gutachten in erster Linie auf rein organisationale und verwaltungsmäßige Zusammenhänge ausgerichtet. Das bedeutet jedoch nicht, dass sie für die Durchführung des Unterrichts oder für die Entwicklung der Schulen ohne Bedeutung wären. Im Gegenteil sind Maßnahmen zur Arbeitszeitgestaltung, wie sie auf der Grundlage des Gutachtens von *Mummert & Partner* in Nordrhein-Westfalen umgesetzt worden sind, von weitreichender Bedeutung für den Unterricht, denn sie wirken sich über den Belastungsgrad des Lehrpersonals letztlich auch auf den Unterricht aus.

Zum Beispiel hat gerade auch für Junglehrer eine zusätzliche Unterrichtsstunde erhebliche Bedeutung, da noch nicht ein hinreichend großer Routinisierungsgrad vorliegt, der eine Veränderung der Belastung durch Umverteilung von Aktivitäten auffangen hilft. Bei älteren Lehrkräften fehlt trotz der größeren Routine nicht selten die körperliche Kraft, die zusätzlichen Anforderungen durchzustehen. Es ist mithin nicht davon auszugehen, dass die Veränderungen an rein organisational erscheinenden Stellgrößen tatsächlich keine anderen Auswirkungen hätten als solche auf der Kostenseite des Schulwesens. Dieses wird auch von den Betroffenen kritisiert, obwohl das Gutachten erstmals offenbart, dass der Lehrerberuf doch wesentlich zeitaufwendiger ist, als andere vergleichbar dotierte Tätigkeiten (vgl. *Schulleitungsvereinigung* o. J., o. S.). Da sich die Dinge bei einer großen Anzahl von schulorganisatorischen Variablen vergleichbar verhalten, hat *Ulrich Braukmann* (1993) zutreffend vorgeschlagen, für alle Größen, die in diesem technisch-organisationalen Steuerungsfeld liegen, den Begriff der „Makrodidaktik" zu gebrauchen, denn sie sind zumindest mittelbar bedingungssetzend für das konkrete didaktische Handeln.

Von den im Befragungszeitraum liegenden Gutachten sowie von dem Gutachten aus Baden-Württemberg, das kurz vor dem Befragungszeitraum vorgelegt worden ist, stehen für den weiteren Untersuchungsgang Pressemitteilungen (Baden-Württ. 1995), Management Summaries (Sachsen 1996, Bayern 2000), ein vollständiges Gutachten (Sachsen 1996) sowie umfangreiche Stellungnahmen (Sachsen 1996, Bremen 2003-2005) zur Auswertung zur Verfügung. Da ein Teil der ausgewerteten Unterlagen nicht öffentlich und ausdrücklich nur zu Forschungszwecken zur Verfügung gestellt worden ist, unterbleiben im Folgenden alle Einzelbelege auch da, wo dem grundsätzlich nichts entgegenstünde.

Es wurde bereits festgestellt, dass viele Gutachten sich dem Thema der Organisation der Schulaufsicht bzw. der Schuladministration widmen. In der Tendenz ist zu erkennen, dass die Empfehlungen dahin zielen, eine Verschlankung des Managements anzustreben. So gibt es in einigen Bundesländern verschiedene Aufsichts- und Administrationsorgane (obere, mittlere und einfache Schulaufsicht), deren Zusammenfassung mit einem Zentralisierungseffekt (etwa in der Aufsichtsfunktion) empfohlen wird. Demgegenüber stehen jedoch auch Dezentralisierungsempfehlungen in anderen Dienstfunktionen, wonach die Schulleiter mit einfacheren Aufsichts- und Sanktionsfunktionen gestärkt werden sollen. Es hat dabei den Anschein, dass die Unternehmensberatungen dieses nicht anders sehen, als wenn sie der Rolle eines Kostenstellenleiters um zusätzliche Funktionen erweitern. Hier aber wird die Schulleiterrolle neu definiert und aus dem bisherigen Kontext des *primus inter pares* herausgelöst.

Ferner wird empfohlen, eine Reihe von repetitiven Aufgaben zu dezentralisieren (z. B. Dienstreiseanträge) oder die Verwaltung zu routinisieren (z. B. Verlängerung von Teilzeitbeschäftigung). Dezentral soll auch die Ressourcenbewirtschaftung unter Aufhebung der sachlichen und zeitlichen Spezialität der Haushaltsansätze durchgeführt werden, d. h., dass die unterschiedlichen Haushaltsansätze (Budgets) gegenseitig deckungsfähig sein und in andere Haushaltsjahre übertragbar sein sollen. Häufiger wird vor allem im Zusammenhang mit der Dezentralisierung eine Vereinheitlichung der elektronischen Datenverarbeitung zur Erleichterung des Datentausches zwischen den verbleibenden Schulverwaltungsinstanzen vorgeschlagen.

Die Organisation der Schulen soll darüber hinaus intern flexibilisiert werden. Dazu gehören Teilabordnungen an Nachbarschulen, wobei auf die Problematik der unterschiedlichen Qualifikationen der Lehrpersonen verschiedener Schulformen hingewiesen wird. Empfehlungen über die Gestaltung des Unterrichtsdeputates werden auf der Grundlage der von der Kultusministerkonferenz vorgelegten Überblicksdaten gegeben.

Es werden schließlich Fragen der Qualitätssicherung thematisiert. Dazu werden Schulprogramme und -profile empfohlen, ferner schulinterne Planungs- und Evaluationsmaßnahmen, die es zu dokumentieren gelte. Einem anderen Bundesland wird jedoch vom gleichen Berater aus Kostengründen eine Vereinheitlichung unterschiedlicher Profile nahegelegt. Zusätzlich werden besondere Weiterbildungsmaßnahmen für Führungskräfte und eine Konzentration der Weiterbildung des Lehrkörpers auf schulinterne Weiterbildung nahegelegt.

Die Rückwirkungen in die Bildungspolitik und in den Rechtsstatus von Schulen und schulischer Kontexte (Gesetzgebung, Erlasse) werden von den befragten Experten unterschiedlich beurteilt. Während auch in Bundesländern, die selbst keine Gutachten in Auftrag gegeben hatten, angemerkt wurde, dass man selbstverständlich die Expertise aus Gutachten von Unternehmensberatungen (sowie auch von Stiftungsgutachten) zur Kenntnis nehme und darauf administrativ und politisch reagiere, wurde von Teilnehmern der Expertenbefragung auch angegeben, dass auf ein bestimmtes Gutachten nicht zugleich auch immer mit einer Veränderung der Bildungspolitik reagiert worden sei, obwohl man es selbst in Auftrag gegeben hatte. Es gab andernorts auch Dementis hinsichtlich der Veränderung der Rechtslegung infolge der Gutachten. An den Antworten auf den Fragebögen wurde aber in mindestens einem Fall deutlich, dass die betreffende Landesregierung auf der Grundlage der gemachten Vorschläge souverän ein eigenes Konzept entwickelt und umgesetzt hat.

Ausgeklammert aus der Betrachtung der Unterstützungsleistungen von Unternehmensberatungen wurde bis hier die Zertifizierung von Schulen nach dem Standard der DIN/ISO 9000 ff. (,Isofizierung'). Es gibt einige Schulen, vor allem im berufsbildenden Bereich, die in den späten neunziger Jahren ihr Qualitätsmanagement nach der Maßgabe dieser Regeln zur Qualitätssicherung im Dienstleistungsbereich organisiert haben. Zur Isofizierung einer Einrichtung ist die Ausstellung eines Zertifikats durch eine speziell akkreditierte Zertifizierungsgesellschaft erforderlich (vgl. *Bank, Jongebloed* et al. 1997 sowie die dort verarbeitete Literatur). Man könnte die Zertifizierungsleistung als eine Unternehmensberatungsleistung im kleineren Maßstab auffassen.

Insgesamt ergibt sich hinsichtlich der Unterstützungsleistungen für Schulen durch Unternehmensberatungen ein gewisses Abklingen des Interesses, sowohl, was das Marktvolumen anbetrifft, als auch die Aufmerksamkeit in der Öffentlichkeit. Im Gegensatz dazu erfahren die Stiftungsgutachten und Unterstützungsleistungen eine zunehmende Aufmerksamkeit und Nutzung. Diese sollen daher ebenfalls in die weitere Betrachtung mit einbezogen werden.

Befunde bei den schulbezogenen Aktivitäten von Stiftungen

Von ihrer satzungsgemäßen Anlage her gehen die politischen Stiftungen einer an der Gemeinnützigkeit orientierten Tätigkeit nach. Insofern sind sie im Spannungsfeld zwischen gesellschaftlicher Verantwortung und ökonomischer Effizienz zunächst klar anders positioniert als Unternehmensberatungen, wenn sie für Schulen und deren Entwicklung Unterstützungsstrukturen aufbauen. Satzungsgemäß geht es den Stiftungen darum, gesellschaftliche Entwicklungen anzuregen und zu fördern. So heißt es in der Satzung der ‚Bertelsmann Stiftung':

> „§ 2 Zweck und Aufgaben der Stiftung
> 1. Die Stiftung verfolgt ausschließlich und unmittelbar gemeinnützige Zwecke ...
> 2. Die Aufgaben der Stiftung sind nach Maßgabe der zur Verfügung stehenden Mittel:
>   [...] b) die Erforschung und Entwicklung von innovativen Konzepten der Führung und Organisation in allen Bereichen der Wirtschaft und des Staates, insbesondere durch Systementwicklung und anschließende Implementierung,
>   [...] d) die Förderung der Aus- und Weiterbildung sowie der Systementwicklung in allen Bereichen des Bildungswesens, insbesondere durch Unterstützung von Forschung und Modellversuchen, Lehr- und Beratungsinstituten usw., [...]
> 3. Die Förderung der genannten Zwecke schließt die Evaluation und Verbreitung der Forschungs- und Projektergebnisse ein" (*Bertelsmann Stiftung* 1977, 1f.).

Während bei Unternehmensberatungen eine zunehmende Diversifikation der Anbieter zu beobachten ist, hebt sich hier vor allen anderen eine einzelne Institution heraus: Die vom Medienunternehmer Reinhard Mohn 1977 gegründete ‚Bertelsmann Stiftung' in Gütersloh (im Weiteren kurz BMSt). Neben dieser Stiftung hat in den letzten Jahren noch die gewerkschaftsorientierte Hans-Böckler-Stiftung u. a. ein Kommissionsgutachten zur Finanzierung des Bildungswesens vorgelegt, das nach zunächst guter Resonanz mittlerweile kaum weiter diskutiert wird (vgl. *Sachverständigenrat bei der Hans-Böckler-Stiftung* 1998; vgl. auch den Gesamtbericht 2002). Relativ kontinuierlich läßt die Max-Traeger-Stiftung Gutachten zum Bildungsbereich erarbeiten, etwa eines zur Lehrerarbeitszeit (in Ergänzung zum Gutachten von *Mummert & Partner*; *Schönwalder & Plum* 1998) oder 2001 zur Stärkung der Einzelschule (dargestellt in *Bellenberg, Böttcher & Klemm* 2001). Die Max-Traeger-Stiftung steht der Gewerkschaft Erziehung und Wissenschaft nahe.

In Form von Veranstaltungen und Publikationen liegen auch von der Freudenberg-Stiftung Aktivitäten zum Thema Schule vor, häufig mit Bezug auf Migration oder Benachteiligung (vgl. *Freudenberg-Stiftung* 2006, ‚Publikationen'). Insgesamt hat sich eine ganze Reihe von Stiftungen die Auseinandersetzung mit Bildungsfragen und Förderung des Erziehungsbereiches zumindest aspekthaft zur Aufgabe gemacht, ohne dass alle Aktivitäten an dieser Stelle erschöpfend dargelegt werden könnten. Von diesen hat namentlich die Friedrich-Ebert-Stiftung Veranstaltungen zu Fragen der schulischen Bildung durchgeführt und dokumentiert (z. B. *Friedrich-Ebert-Stiftung* 2000; 2002), die bezeichnenderweise stets auch von Referenten der BMSt mitgestaltet worden sind. Im Laufe der neunziger Jahre steigerte die BMSt in einem Maße ihre Aktivitäten, dass in der Öffentlichkeit andere Stiftungen fast keine Wahrnehmungschancen haben. Sie ist im Bereich von Schule, Schulentwicklung und Bildungspolitik mit großem Abstand die aktivste und einflußreichste Nicht-Regierungsorganisation in der Bundesrepublik Deutschland. Sie hat seither – auch nach eigenem Bekunden – massiv die Bildungspolitik zu beeinflussen verstanden.

Im Bereich der Hochschulen wurden vom ‚Centrum für Hochschulentwicklung' der Stiftung, etwas kokett abgekürzt mit CHE, Konzepte vorgelegt, die mittlerweile in wesentlichen Teilen die Umwandlung der Hochschulen im Rahmen des sogenannten Bologna-Prozesses beeinflussen. Am Ende dieses Prozesses wird von der Universität nichts mehr übrig sein, die unter historisch singulären Bedingungen der napoleonischen Unterjochungsdrohung durch *von Humboldt* neu begründet worden war. Diese Frage gilt es hier nicht zu erörtern. Gleichwohl ist die durch das CHE erreichte Publizität auch anderen Abteilungen der BMSt zugute gekommen. So wirkt die BMSt ebenso erfolgreich auf berufsbildende wie auch in jüngerer Zeit auf allgemeinbildende Schulen ein.

Eines der medialen Großereignisse, das die BMSt satzungsgemäß zu plazieren vermochte (vgl. oben; § 3) war die Verleihung eines Preises für das ‚beste Berufsbildungssystem der Welt' (vgl. *Bertelsmann Stiftung* 1999; 2000). Sachlich zutreffend wäre gewesen, das ‚beste Berufsbildungssystem der Welt außerhalb der Bundesrepublik' zu prämieren, denn die apodiktische Vorgabe durch die BMSt lautete, dass das deutsche duale Berufsbildungswesen offenbar veraltet und unbezweifelbar ineffizient geworden sei und deswegen in der Studie nicht berücksichtigt werden könne. Der Auftrag für die Studie selbst ging an die Unternehmensberatung Booz Allen & Hamilton. Sie untersuchte international verschiedene Organisationsformen für das berufsbildende Schulwesen und schlug daraus ‚das Beste' zur Kür vor. Nicht zuletzt in dieser Koinzidenz entdeckt sich, dass die Unternehmensberatungen und die Stiftungen als Unterstützungsstrukturen für Schulen nicht bloß zufällig in einem gemeinsamen Beitrag zu untersuchen sind.

Wie der Bericht der Booz Allen & Hamilton-Mitarbeiter darlegt, kamen als Kandidaten in einem mehrstufigen Verfahren das niederländische und das dänische Modell in die engere Wahl, sowie Konzepte aus dem amerikanischen Bundesstaat Oregon neben einem bretonischen und einem walisischen Ansatz der Berufsbildungsorganisation (vgl. *Bauß, Modi* et al. 1999). Prämiert wurde das dänische Modell, das durch eine konsequente Dezentralisierung in verwaltungstechnischer, finanzieller und curricularer Hinsicht gekennzeichnet ist.

Die Auszeichnung hat zwischenzeitlich weitreichende berufsbildungspolitische Folgen gezeitigt (und damit den Satzungsauftrag umgesetzt; vgl. oben § 2 Nr. 2 b). In Schleswig-Holstein ist die Umwandlung von berufsbildenden Schulen in ‚regionale Berufsbildungszentren', bereits beschlossene Sache und an zahlreichen Modellschulen schon implementiert. Sie werden sich, wie die dänischen Berufsschulzentren, am Weiterbildungsmarkt einen Teil ihres Budgets selbst erwirtschaften müssen. Demgegenüber wurde die Kopfpauschale als finanzielle Zuweisung des Staates für die eingeschriebenen Schülerinnen und Schüler bislang nicht übernommen. In einer Reihe von weiteren Bundesländern werden Überlegungen angestellt, welche die Einführung von so genannten ‚beruflichen Kompetenzzentren' oder ‚regionalen Berufsbildungszentren' zum Gegenstand haben (vgl. zur Konzeption der Zentren im Einzelnen *Bank, Jongebloed* et al. 2003).

Alle diese Aktivitäten sind bisher auf einer Makroebene angesiedelt, die vor allem die Schulpolitik auf ministerieller Ebene ansprach. Zwischenzeitlich ist die BMSt dazu übergegangen, die Schulen auf der ihnen eigenen Meso-Ebene und zum Teil auch den Mikrobereich der Lehrkräfte zu verändern. Dabei ist u. a. die Frage der Selbständigkeit von Schulen und die des Qualitätsmanagements in Schulen in den Fokus des Stiftungshandelns geraten (ferner noch der Aspekt der Bibliotheken als Bildungsmoment; vgl. *Bertelsmann Stiftung* o. J., ‚Bildung').

Das neue Vorhaben wird mit dem Akronym SEIS benannt (Selbst-Evaluation in Schulen; vgl. *Bertelsmann Stiftung* o. J., SEIS). Es ist historisch gewachsen aus dem Bertelsmann-Projekt INIS (Internationales Netzwerk Innovativer Schulsysteme), in dem unter der Ägide der BMSt verschiedene Schulsysteme im internationalen und wechselseitigen Vergleich weiterentwickelt worden sind. Anlaß zur Gründung des Projekts war die Verleihung des Carl-Bertelsmann-Preises an das kanadische Durham Board of Education im Jahre 1996 (vgl. *Bertelsmann Stiftung* o. J., ‚Geschichte'). Das Projekt befindet sich seit 2001 in einer zweiten Phase, in der Qualitätsentwicklung von Schulen auf der Grundlage internationaler Qualitätsvergleiche betrieben wird. Die Entwicklung des Konzepts wurde orientiert an „international bewährte[n] Modelle[n] wie European Foundation for Quality Management und ‚How Good Is Our School'" (ebd., ‚Entstehung'). Es wurde auch damals schon die Unternehmensberatung Booz Allen & Hamilton zu Rate gezogen. Im Ergebnis resultierten fünf Beschreibungsdimensionen der Schule: (1) Erfüllung des Bildungs- und Erziehungsauftrages, (2) Lernen und Lehren, (3) Führung und Management, (4) Schulklima und Schulkultur, (5) Zufriedenheit (vgl. ebd., ‚Dimensionen und Kriterien').

Im Rahmen dieses Projekts wird jeder interessierten Schule offeriert, sich bei Evaluationsmaßnahmen unterstützen zu lassen (dieses ist mit Stand des beginnenden Jahres 2006 in Thüringen, Sachsen-Anhalt, Brandenburg, Niedersachsen, Bremen, Nordrhein-Westfalen, Bayern, Mecklenburg-Vorpommern, Berlin und zukünftig auch in Baden-Württemberg und im Saarland generell zulässig; vgl. ebd., ‚Mehr Qualität an Schulen'). Die Teilnahme an der Evaluation soll ermöglichen, dass bereits laufende Maßnahmen, Projekte und Vorhaben gebündelt in einem „systemischen Entwicklungsprozess" zusammengeführt werden (ebd., ‚Ziele'). In dem hier referierten Kontext wird indes erkennbar, dass unter „systemisch" nicht ‚ganzheitlich' zu verstehen ist, sondern im Gegenteil, ‚systematisch', denn es ist offenbar daraufhin angelegt, Widersprüchlichkeiten in organisationalen Maßnahmen zu vermeiden.

Nach Anmeldung können Schulen gegen geringe Kosten Fragebögen beziehen, die nach den o. g. Dimensionen gegliedert sind. Sie werden unterschiedlich für jüngere Schüler (bis einschließlich Kl. 6) und für ältere Schüler, für Eltern, für Lehrkräfte und für sonstiges Personal angeboten. Im berufsbildenden Bereich gibt es auch einen Ausbilderfragebogen. Der Report wird von der BMSt vollständig automatisch oder gegen höhere Gebühr mit manueller Nachbearbeitung erstellt. Für die Interpretation der Daten werden Weiterbildungen angeboten. Die BMSt hat sich hier die spezifische Stärke einer Unternehmensberatung erworben: Sie kennt Strukturdaten von ‚Konkurrenzunternehmen', die ein Unternehmen, hier: eine Schule, jenseits von Ausnahmefällen kaum kennen kann. Diese bereits bearbeiteten Daten werden wiederum als Vergleichsgrößen genutzt und geben Hinweise darauf, an welcher Stelle im Feld man steht, wo spezifische Schwächen und wo spezifische Stärken einer Schule liegen.

Die Fragebögen sind methodisch sorgfältig aufgebaut. Bei den Verrechnungsoperationen unterbleiben Skalenfehler, die bei vergleichbaren Meßdatenqualitäten regelmäßig unterlaufen. Die Fragen zu einzelnen Items sind sachgerecht formuliert, wobei die Auswahl der Items notwendig subjektiv oder intersubjektiv bleiben muß. Diese Einschränkung bleibt den interessierten Schulen gegenüber unaufgedeckt:

„Wissen, was eine gute Schule ausmacht: Durch SEIS wird beschrieben, wie schulische Qualität im Kern aussieht. Es ermöglicht einen General-Check. So können ein gemeinsames Qualitätsverständnis und zugleich die Grundlage für intensive Dialoge geschaffen werden. [...] Die Bertelsmann Stiftung hat, aus einem internationalen Netzwerk heraus, ein wissenschaftlich geprüftes und in der Praxis bewährtes Steuerungsinstrument erarbeitet, das den Entwicklungsprozess einer Schule zielgerichtet, effizient, systemisch und nachhaltig anlegt. Das Instrument basiert auf Daten: Schulentwicklung gründet somit nicht länger nur auf Intuition oder Tradition" (*Bertelsmann Stiftung* o. J., ‚Ziele').

Die Begrifflichkeiten bleiben auch kontextuell unverbindlich: Die Herkunft des „Wissen[s]", der Anspruch der ‚Wissenschaftlichkeit' bleiben implizit, was man vielleicht von einer journalistisch aufbereiteten Außendarstellung auch nicht anders erwarten kann. Einen „General-Check" für eine Schule zu versprechen, erscheint bei einer Zahl von weniger als 150 abgefragten Items (Lehrkräftefragebogen) methodisch ungerechtfertigt. An anderer Stelle heißt es gar:

„Daten helfen bei fundierten Entscheidungen. Schulen gewinnen an Planungs- und Entscheidungssicherheit. Erfolge werden messbar" (ebd., ‚Mehr Qualität an Schulen').

Metatheoretisch betrachtet ist die Gesamtanlage der Befragung, wie an dem Zitat deutlich wird, frühpositivistisch: „Nicht die Wahrheit einer Erkenntnis ist von Belang, sondern deren Gewißheit ..., die sich allein in der Intersubjektivität garantierenden systematischen Beobachtung gründet." Die Beschreibung Comtescher Theorie (*Przyblinski* 1989, Sp. 1119) trifft auf das Konzept der BMSt präzise zu. Unter Umständen wäre sie auch saint-simonistisch zu nennen, denn die Konzeption zeichnet sich durch ein Wissenschaftsverständnis aus, das naturwissenschaftliche Erfahrungswissenschaften zum alleinigen Maßstab von ‚Wissenschaftlichkeit' macht (vgl. ebd., Sp. 1118f.). Die Meßbarkeit der „Erfolge" jedenfalls ist hauptsächlich ordinalen Charakters, sie erstreckt sich auf die Relation ‚besser'/‚schlechter' im Vergleich zu anderen Schulen und läuft in lediglich subjektiv oder intersubjektiv festgelegten Meßdimensionen ab.

Einordnung der Befundlage

Es zeigt sich relativ deutlich, dass beide hier untersuchten Formen von Unterstützungsstrukturen für Schulen und deren Weiterentwicklung in weitreichender Form einer neoliberalen Ideologie folgen: Gesellschaftliches Interesse und ökonomische Rationalität werden unmißverständlich in eins gesetzt. Das heißt keineswegs, dass die zuständigen Ministerialen allesamt diesen Impetus mit Absicht verfolgen: Es liegt im Zeitgeist, Unternehmensberatungen zu engagieren, und die Resonanz in der Öffentlichkeit gibt ihnen offenbar recht. Nicht zuletzt zeigt auch die obige Analyse, dass die Unternehmensberatungen durchaus in der Lage sind, Effizienzreserven aufzuspüren, solange sie ihr ureigenes Terrain nicht verlassen.

Eindeutig steht wie bei den Unternehmen auch bei den ministeriell beauftragten Gutachten nicht allein eine inhaltliche Beratung im Vordergrund, sondern auch oder sogar vor allem anderen die Legitimation bestimmter administrativer Maßnahmen. Unbefragt bleibt dabei die Legitimation der Unternehmensberatungen selber. Man könnte nun mit *Max Weber* auf deren Machtbegründung im Expertentum verweisen (als Spezialfall der rationalen Herrschaft, die allerdings konstitutiv an die Bürokratie gebunden wäre; vgl. *Weber* 1976, 124ff., bes. 127, Nr. 5). Dabei ist in jedem Falle unklar, woher sich die Expertise der Unternehmensberatungen für den Schulbereich ableiten soll. Man findet, soweit das überhaupt rekonstruierbar ist, Juristen und Wirtschaftswissenschaftler, nicht jedoch Pädagogen in den Beratungsteams. Vor systemtheoretischem und vor (makro-)didaktischem Hintergrund stellt damit deren ‚Expertise' fachlich eine zumindest schwache Legitimation dar (zu den systemtheoretischen Differenzen zwischen Schule und Unternehmen vgl. umfassender *Bank* 2005a). Ein jeder Unternehmer mag souverän entscheiden, Ressourcen für Unternehmensberatungen zu verausgaben und andere Entscheidungen auf deren Expertise zu gründen. Im Rahmen staatlicher Verwaltung ist die Entscheidungsgewalt jedoch grundsätzlich im Willen des Volkes verankert (vgl. GG Art. 20 Abs. 2). Wenn nun auf Kosten des Steuerzahlers von der staatlichen Administration die Legitimationsfunktion der Unternehmensberatung (oder auch die Kapazität von Stiftungen) genutzt würde, den Willen des Volkes zu lenken (er muß nicht gleich hintergangen werden), dann mag dies vielleicht nicht im strengen verfassungsrechtlichen Sinne problematisch sein, in der staatsphilosophischen Betrachtung wirft es jedoch eine Reihe von Fragen auf.

Unproblematisch sind dagegen in dieser Hinsicht Engagements, in denen Dritte mit der Wahrnehmung von Verwaltungshandeln bzw. Management im „außergewöhnlichen Fall" (*Hauschildt* 2002, 3) beauftragt werden, für die ansonsten umfangreiche Ressourcen innerhalb der bestehenden Verwaltungsstrukturen gebunden würden oder erst aufgebaut werden müßten. Dabei ist vorauszusetzen, dass die relevanten Entscheidungen letztlich von den konstitutiv vorgesehenen Organen getroffen werden. Dies muß jedoch angesichts der Agency-Problematik (vgl. *Jensen* 2000), fallweise sichergestellt werden. Es ergeben sich unterschiedliche Informationshorizonte für den Auftraggeber (der staatlichen Administration, der öffentlichen Schule) und den Auftragnehmer (dem Beratungsunternehmen, der Stiftung), und damit Abhängigkeiten.

Weitaus problematischer ist der Einfluß der ‚Bertelsmann Stiftung' zu sehen (vgl. eingehender *Bennhold* 2002). In der Satzung wird offen die Absicht einer ideologischen Unterwanderung der bundesdeutschen Gesellschaft erklärt, die bis zur „Implementation" der Veränderungen reicht (*sic!*, vgl. oben). Es besteht mithin Anlaß zur Vermutung, dass in einer großen Zahl von unscheinbaren Einzelinformationen mittlerweile das Wissen der BMSt das der zuständigen Ministerien um ein Vielfaches übertrifft. Damit ist eine Grundlage neue Abhängigkeiten zu generieren, wie sie in der neuen Institutionenökonomik (Agency-Theorie etc.) beschrieben werden.

Methodisch ist zu konstatieren, dass von manchem eine ‚technologische Lücke' im Feld der Pädagogik ausgemacht wird (vgl. dazu *Radtke* 2005, 366f. sowie die dort verarbeitete Literatur). Sie müßte nunmehr geschlossen sein, nachdem die BMSt wisse, was „eine gute Schule ausmacht" (s. o.). Tatsächlich kann im Anschluß an eine empirische Studie allenfalls Klarheit darüber bestehen, welche Schule ‚gut' ist, wenn bestimmte Ziele definiert sind, die diese Schule in besonders guter Form zu erreichen im Stande ist. Wer aber legt diese Ziele fest? Die technologische Lücke bleibt mithin unverrückbar offen, da jede Schule im Normalfall in einem singulären subsystemischen Bezugsfeld befangen bleibt, das sein eigenes Handlungsoptimum aufweist. Sinnvolle komparativ-normative Setzungen gar über kulturelle Grenzen hinweg sind somit nicht zulässig. Die technologische Lücke bleibt ferner noch offen, weil man sich an ordinal skalierten Vergleichsdaten orientiert. Eine Begründung, *warum* ein bestimmtes Merkmal eingehalten werden muß oder nicht, unterbleibt. Benchmarking ist ein theoretischer Offenbarungseid: Fehlen Begriff oder Konzept, so sucht man sich eben eine Indikatorenvariable und vergleicht deren Ausprägungen.

Keineswegs als Letztes ist zu bedenken, dass eine konsequente iterative Anwendung des Evaluationsverfahrens auf die Schulen sie zu Klonen voneinander werden läßt: Kein verantwortlicher Bildungspolitiker wird es sich über kurz oder lang mehr leisten können, ‚Abweichler'-Schulen nicht zu sanktionieren und nicht wieder ‚auf Linie' zu trimmen.

In der Zusammenschau der Befunde ist festzustellen, dass Schulen und Schulverwaltungen in den letzten Jahren eine Vielzahl von Unterstützungsangeboten erhalten. Historisch gesehen wurde die Gestaltung von Erziehungseinrichtungen entweder autonom oder gar autark durch die Pädagogen selbst vorgenommen - wie dies etwa bei *Comenius, Pestalozzi* und mehreren Philanthropen dokumentiert ist - oder durch Vorgaben der herrschaftlichen Schuladministration bestimmt, wofür *von Humboldt* wiederum in prototypischer Weise als Beispiel angeführt werden kann. Später dann, besonders seit den siebziger Jahren des 20. Jahrhunderts, kam eine teils intensive Unterstützung aus dem Bereich der Erziehungswissenschaften. Nun hat sich der Kreis der Unterstützungsangebote um Expertisen aus dem ökonomischen Subsystem erweitert. Hinzu kommen die Angebote von Stiftungen, von denen jedoch die mit dem höchsten Verbreitungsgrad ebenfalls in spezifischer Form auf eine Funktionalisierung des Erziehungssystems hinarbeiten. Dieses ist nicht nur aus pädagogischer, sondern langfristig auch aus ökonomischer Sicht bedenklich (vgl. dazu ausführlich *Bank* 2005b).

Silke Hertel, Lars Allolio-Näcke, Manfred Prenzel & Bernhard Schmitz

„Bildungsqualität von Schule" und externe Rahmenbedingungen –
Befunde des Schwerpunktprogramms der DFG

Nach dem mittelmäßigen Abschneiden deutscher Schüler in internationalen Vergleichsstudien (TIMSS, PISA) wurden verstärkt Forschungsaktivitäten im Bildungsbereich unterstützt. Im Rahmen dieses Beitrags wird das von der Deutschen Forschungsgemeinschaft geförderte Schwerpunktprogramm „Bildungsqualität von Schule (BiQua): schulische und außerschulische Bedingungen mathematischer, naturwissenschaftlicher und überfachlicher Kompetenzen" dargestellt. Zielsetzungen und strukturelle Besonderheiten werden beschrieben. Es wird ein Mehr-Ebenen-Modell von Bildungsqualität (Prenzel 2005) vorgestellt, welches die Grundlage für die inhaltliche Arbeit in den einzelnen Forschungsprojekten ist. Ergebnisse aus den Forschungsschwerpunkten Kompetenzen von Lehrerinnen und Lehrern, Unterricht- und Schulebene, Kompetenzen von Schülerinnen und Schülern sowie zu schulischen und außerschulischen Kontextfaktoren werden berichtet.

1 Das DFG-Schwerpunktprogramm BiQua

1.1 Gründe für die Einrichtung des DFG-Schwerpunktprogramms BiQua

Im Jahr 1995 beteiligte sich Deutschland erstmals wieder an einer internationalen Vergleichsstudie zu Schulleistungen. Bei der *Third International Mathematics and Science Study* (TIMSS) wurden die Leistungen auf den Sekundarstufen I und II in den Bereichen Mathematik und Naturwissenschaften getestet. Im internationalen Vergleich zeigte sich, dass deutsche Schülerinnen und Schüler nur mittelmäßige Kenntnisse aufwiesen (*Baumert, Lehmann* et al. 1997). Ähnliches konnte auch für Schülerinnen und Schüler am Ende der Pflichtschulzeit (*Baumert, Bos & Lehmann* 2000a) sowie für die gymnasiale Oberstufe (*Baumert, Bos & Lehmann* 2000b) nachgewiesen werden. Offensichtlich haben die Schülerinnen und Schüler in Deutschland Probleme, komplexe Aufgaben zu verstehen und bereits bekanntes Wissen flexibel auf neue Situationen anzuwenden. Insofern zeigte TIMSS, dass die Qualität der mathematischen und naturwissenschaftlichen Bildung in Deutschland verbessert werden kann und sollte.

In der Folge entschloss sich Deutschland ab dem Jahr 2000 regelmäßig am OECD-*Programme for International Student Assessment* (PISA) teilzunehmen. Die PISA 2000 Studie zeigte, dass fünfzehnjährige Schülerinnen und Schüler im internationalen Vergleich in den getesteten Kompetenzen Lesen, Mathematik und Naturwissenschaften nur unter dem OECD-Mittelwert bei Kenntnissen und Fertigkeiten lagen (*Deutsches PISA-Konsortium* 2001). Als eine Konsequenz aus dem Leistungsvergleich wurde im Jahr 2000 das Schwerpunktprogramm *„Bildungsqualität von Schule (BiQua): schulische und außerschulische Bedingungen mathematischer, naturwissenschaftlicher und überfachlicher Kompetenzen"* durch die Deutsche Forschungsgemeinschaft eingerichtet.

1.2 Allgemeine Zielsetzung von BiQua

Zielstellung des auf sechs Jahre angelegten Schwerpunktprogramms BiQua ist es, empirisch fundiertes Grundlagenwissen über Bildungsprozesse und deren Ergebnisse zu gewinnen (*Prenzel, Merkens & Noack* 1999). So ist zum Beispiel „[d]ie empirische Wissensbasis darüber, wie Unterricht stattfindet, durch welche Handlungsmuster dieser geprägt ist und welche Lerngelegenheiten dabei für die Schülerinnen und Schüler entstehen, [...] bisher noch sehr schmal" (*Seidel & Prenzel* 2004, 177).

Insofern ist es notwendig, bereits die basalen Unterrichtsbedingungen und typischen Unterrichtsmuster umfassend und empirisch fundiert zu beschreiben und zu analysieren. Da insbesondere im Fachunterricht (meta)kognitive, motivationale sowie soziale Kompetenzen erworben werden, steht dieser im Mittelpunkt von Quer- und Längsschnittuntersuchungen, die das gesamte Schulspektrum erfassen. Bildungsprozesse finden jedoch nicht allein im Klassenraum und Unterricht statt. Insofern werden in eine umfassende Analyse weitere Bedingungsfelder, zu denen der schulische und außerschulische Kontext ebenso gehören wie bildungsrelevante gesellschaftliche Wertvorstellungen und technische Fortschritte, einbezogen.

Abbildung 1: Mehr-Ebenen-Modell von Bildungsqualität (*Prenzel* 2005)

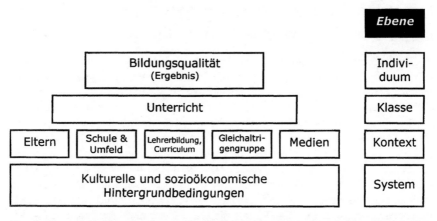

Durch diese vielseitige Analyse sollen Erkenntnisse gewonnen werden, die zu einer Verbesserung der Bildungsqualität und somit mittelbar zur Leistungs- und Kompetenzentwicklung von Schülerinnen und Schülern beitragen. Innovativ am Ansatz des Schwerpunktprogramms ist vor allem, dass diese Einzelbedingungen in ihren systematischen und zum Teil sehr komplexen Wechselwirkungen in den Blick genommen werden. Inhaltliche Grundlage hierfür ist ein Mehr-Ebenen-Modell von Bildungsprozessen, Bildungsergebnissen und deren Bedingungen (Abbildung 1). Die einzelnen Projekte betrachten zunächst unterschiedliche Ausschnitte des Bildungssystems innerhalb dieses Rahmenmodells. Im Anschluss daran werden die Einzelergebnisse systematisch und theoriegeleitet aufeinander bezogen und verknüpft.

1.3 Strukturelle Besonderheiten von BiQua

Die Arbeit des Schwerpunktprogramms zeichnet sich insbesondere durch drei strukturelle Aspekte aus, die es möglich machen, Bedingungen schulischer Bildung adäquat zu erfassen und zu beschreiben: die interdisziplinäre Zusammenarbeit von Bildungsexperten aus verschiedenen Fachwissenschaften, das systematische Einbeziehen des bisher häufig vernachlässigten schulischen und außerschulischen Lernkontextes sowie eine Fundierung wissenschaftlicher Erkenntnisse durch empirische Methoden.

1.3.1 Interdisziplinärer Forschungskontext

In BiQua arbeiten Expertinnen und Experten aus Pädagogik, Psychologie, den Didaktiken der Naturwissenschaften und der Mathematik unter einer gemeinsamen Rahmenfragestellung zusammen. Viele fachübergreifende Kooperationen wurden initiiert; die an BiQua beteiligten Einzelprojekte sind darüber hinaus mit zahlreichen nationalen und internationalen Projekten zur Bildungsqualität verbunden, so dass ein Anschluss an den aktuellen Forschungsstand und ein international hohes Forschungsniveau gewährleistet ist.

1.3.2 Berücksichtigung des schulischen und außerschulischen Kontextes

Wie der aktuelle Forschungsstand deutlich zeigt, sind für die Qualität des Lernens im mathematisch-naturwissenschaftlichen Unterricht nicht nur Merkmale der unmittelbaren Lehr-Lern-Umgebung auf der Ebene der Schulklasse ausschlaggebend. Ob und wie Schülerinnen und Schüler Lernanforderungen und -gelegenheiten im Unterricht wahrnehmen und aufgreifen, hängt auch von Faktoren des schulischen und außerschulischen Kontextes ab. Dem schulischen Kontext können zum Beispiel das Klima, das Profil oder die Kooperation der Lehrkräfte zugeordnet werden. Zum außerschulischen Kontext zählen zum Beispiel das Elternhaus und dessen Schulbezug oder die Gleichaltrigengruppen mit ihren Interessen. Einflüsse der übergeordneten Ebene, etwa gesellschaftliche Wertorientierungen und Wertewandel, sind ebenfalls zu berücksichtigen. Ein vertieftes Verständnis dieser vielfältigen Zusammenhänge öffnet Möglichkeiten, schulische Bildungsprozesse durch die Unterrichtsgestaltung und durch ein abgestimmtes Einbeziehen der genannten Kontextfaktoren zu unterstützen.

1.3.3 Empirische Forschung

Mit BiQua verbunden ist das Ziel, Methoden der empirischen Bildungsforschung weiter zu entwickeln. Alle Projekte bedienen sich bewährter Untersuchungsmethoden, Erhebungsinstrumente und Analyseverfahren. Erhobene Daten werden zwischen den Projekten ausgetauscht. Besondere Herausforderungen stellen sich bei der Entwicklung von Interventionsstudien, die auf valides und handlungsrelevantes Veränderungswissen abzielen. In diesem Zusammenhang werden auch Bedingungen der Implementation von Innovationen im Schulbereich untersucht.

1.4 Übersicht über das BiQua-Projekt

Ein DFG-Schwerpunktprogramm ist in der Regel auf sechs Jahre angelegt, jedoch werden zweijährige Förderperioden unterschieden. In der ersten Zwei-Jahres-Phase (2000-2002) stand die grundlagenwissenschaftliche Arbeit im Vordergrund.

„In dieser Phase wurden erweiterte Erklärungsmodelle formuliert und in Ausschnitten empirisch überprüft. Es wurden Bestandsaufnahmen zu typischen Unterrichtsmustern und typischen Formen der Hausaufgabenbetreuung durchgeführt und es wurden neue Diagnoseinstrumente entwickelt [...]" (*Doll & Prenzel* 2004a, 10).

Ein Überblick über die Arbeit der Einzelprojekte in diesem Zeitraum findet sich in *Prenzel & Doll* (2002).

In der sich anschließenden Förderphase (2002-2004) wurden diese Aktivitäten fortgeführt. Zudem wurde begonnen, auf der Grundlage der gewonnenen Erkenntnisse Anwendungsbezüge herzustellen sowie Interventionsansätze und Trainingsprogramme zu entwickeln. Zudem wurden Vorschläge zu einer theoriegeleiteten Zusammenführung der Ergebnisse der Einzelprojekte in einem Mehr-Ebenen-Modell von Bildungsqualität formuliert. Einen Überblick über die Ergebnisse dieser Phase findet sich in *Doll & Prenzel* (2004b).

In der dritten abschließenden Förderphase (2004-2006) sollen nun die gewonnenen Einzelergebnisse im zugrunde liegenden Mehr-Ebenen-Modell von Bildungsqualität zusammengeführt werden, so dass generalisierbares Erklärungs- und Veränderungswissen über Bildungsprozesse bereitgestellt werden kann. Es ist bereits jetzt abzusehen, dass viele der gewonnenen Erkenntnisse in andere Projektzusammenhänge einfließen und somit die in BiQua begonnene Arbeit fortgesetzt wird. Gleichzeitig werden die für den Anwendungsbereich konzipierten Maßnahmen evaluiert und für die Praxis zur Verfügung gestellt.

Die an BiQua beteiligten Forschungsprojekte können zur Veranschaulichung drei inhaltlichen Schwerpunkten zugeordnet werden: den Kompetenzen von Lehrkräften, der Unterrichts- und Schulebene sowie den Kompetenzen von Schülerinnen und Schülern. Diese werden jeweils separat in den folgenden Abschnitten vorgestellt und die jeweiligen Forschungsfragen, die relevanten theoretischen Konzepte und die zentralen Ergebnisse der an BiQua beteiligten Projekte zusammengefasst. Dem für das Schwerpunktprogramm zentralen Aspekt der schulischen und außerschulischen Kontextfaktoren wird mehrheitlich dadurch Rechnung getragen, dass deren Einflüsse auf die unterschiedlichen inhaltlichen Ebenen im jeweiligen Abschnitt diskutiert werden. Zudem werden separat vier Projekte vorgestellt, die sich schwerpunktmäßig auf diese Aspekte konzentrieren.

Um die Forschungsarbeitarbeit im Schwerpunktprogramm möglichst umfassend zu dokumentieren, werden die Projekte aller Förderphasen vorgestellt. Zudem werden auch jüngere Entwicklungen und assoziierte Projekte berücksichtigt.

2 Kompetenzen von Lehrerinnen und Lehrern

Die erste Untersuchungsebene setzt bei den Kompetenzen von Lehrerinnen und Lehrern an. Im Rahmen von Einzelprojekten wurden das Professionswissen von Lehrerinnen und Lehrern sowie deren Handlungsroutinen im Unterricht dokumentiert und analysiert. Ziel war es, die Zusammenhänge von Professionswissen und Handlungsroutinen mit der Entwicklung von Schülerkompetenzen und Lernleistungen zu untersuchen.

In der längsschnittlich angelegten COACTIV-Studie von *Baumert, Blum & Neubrand* wurde ein Messinstrument zur Erfassung der Handlungskompetenz von Mathematiklehrerinnen und -lehrern entwickelt, welches das Professionswissen integriert. Dieses Messinstrument ist konzeptuell und technisch in die Längsschnittkomponente von PISA 2003/2004 eingebunden. Es wurden diejenigen Lehrkräfte untersucht, die die an PISA beteiligten Klassen in Mathematik unterrichteten. Zudem wurde ein Schema zur Klassifikation der im Mathematikunterricht eingesetzten Aufgaben hinsichtlich der kognitiven Anforderungen und formaler Aspekte konstruiert und erprobt (*Krauss, Kunter* et al. 2004). Die deskriptive Auswertung zeigt, dass Lehrkräfte an Gymnasien über deutlich mehr Fachwissen sowie fachdidaktisches Wissen verfügen als Lehrkräfte anderer Schulformen. Insofern stellt dieser Befund Fragen an die Lehrerausbildung.

Die Forschergruppe um *Renkl* untersuchte im Rahmen einer querschnittlich konzipierten Korrelationsstudie die Handlungsmuster von Lehrerinnen und Lehrern bei der Implementierung von Lösungsbeispielen im Mathematikunterricht. Die Analysen von Videoaufzeichnungen des Unterrichts ergaben, dass Lösungsbeispiele (Problemstellung, Lösungsschritte, Lösung) im deutschen Mathematikunterricht durchschnittlich nur in jeder zweiten Stunde eingesetzt werden, obwohl Lösungsbeispiele als effektive Möglichkeit gelten, das Verständnis von Schülern im mathematisch-naturwissenschaftlichen Bereich zu fördern. Zudem zeigte sich, dass Lösungsbeispiele nicht zur Verständnisförderung, sondern zur Überleitung in eine Übungsphase eingesetzt werden. Die Projektgruppe hat hierzu Fortbildungsmaßnahmen zur Vermittlung der didaktischen Einbindung von Lösungsbeispielen erarbeitet, zu denen unter anderem das multimediales Lernprogramm „Erst denken, dann tun!" gehört (*Renkl, Schworm & Hilbert* 2004).

Ebenfalls mit der Verständnisförderung beschäftigte sich das Projekt von *Sodian & Kircher*. Im Fokus stand dabei das Wissenschaftsverständnis von Schülerinnen, Schülern und Lehrkräften an Grundschulen. Um das Wissenschaftsverständnis von Schülerinnen und Schülern zu fördern und guten naturwissenschaftlichen Unterricht durchführen zu können, bedürfen Grundschullehrkräfte eines fundierten wissenschafts- und erkenntnistheoretischen Grundwissens. Dass dieses gezielt gefördert werden kann und sich in der Folge auch das Wissenschaftsverständnis der Schülerinnen und Schüler verbessert, zeigt die Konzeption und Evaluation einer Lehrerfortbildung zu diesem Thema. Ausgehend von diesen ersten Ergebnissen sollen generelle Empfehlungen für die Vermittlung von Wissenschaftsverständnis in der Grundschule abgeleitet werden (*Günther, Grygier* et al. 2004).

Das bis 2004 beteiligte Forschungsprojekt von *Zedler & Fischer* verfolgte das Ziel, Bedingungen zur Veränderung von fest gefügten Unterrichtsmustern von Lehrerinnen und Lehrern zu ermitteln. Es wird angenommen, dass hinter diesen Unterrichtsmustern handlungsleitende Vorstellungen und subjektive Theorien stehen. Im Rahmen von Längsschnittstudien wurde durch Einzelfallanalysen überprüft, wie die handlungsleitenden Vorstellungen von Lehrerinnen und Lehrern verändert werden können und ob diese Veränderungen zu einem Aufbrechen der Unterrichtsmuster führen. Im Anschluss an das Aufbrechen der Unterrichtsmuster sollten neue, optimierte didaktische Handlungsroutinen etabliert werden. Als Interventionsansatz wurde das fachdidaktische Coaching gewählt. Es zeigte sich, dass die für die angestrebten Änderungen notwendige Beratungstiefe individuell sehr unterschiedlich ausfällt (*Zedler, Fischer* et al. 2004).

Die Forschergruppe um *Hartmut Ditton* untersuchte im Rahmen eines bis 2004 geförderten Projektes, inwiefern sich Rückmeldungen der Schülerinnen und Schüler zum Unterricht auf das Verhalten von Lehrerinnen und Lehrer auswirken. Ausgangspunkt für ihre Längsschnittstudien war die Annahme, dass durch die Rückmeldung Reflexionsprozesse angestoßen werden, die zu einer Änderung des Unterrichtsverhaltens der Lehrerinnen und Lehrer führen. Insbesondere wurden die Akzeptanz der Rückmeldungen sowie der Umfang und die Bedingungen ihres Heranziehens zur Optimierung des Unterrichts betrachtet. Das Schülerurteil erwies sich als stabil und unbeeinflusst von Einflüssen der Tagesform. Die überwiegende Mehrheit der Lehrerinnen und Lehrer empfand die Beurteilung der Schüler als fair und akzeptierte sie. Obwohl die Lehrerinnen und Lehrer die Qualität der Schülereinschätzungen bestätigten, erwiesen sich die Rückmeldungen nur für einen geringen Teil der Lehrerinnen und Lehrer als verhaltenswirksam (*Ditton & Arnoldt* 2004b).

Ein weiterer Forschungsschwerpunkt im Bereich der Kompetenzen von Lehrerinnen und Lehrern war die Entwicklung und Evaluation von Fortbildungskonzepten. In einer Trainingsstudie mit explorativem Charakter von *Bruder & Schmitz* wurde ein Unterrichtskonzept zur Integration von Strategien zur Förderung des selbstregulierten Lernens und des Problemlösens in den Unterricht entwickelt. Hierbei wurde auf Erfahrungen aus unterrichtsbegleitenden Trainingsprogrammen zur Förderung dieser Kompetenzen bei Schülerinnen und Schülern zurückgegriffen. Nach der Durchführungsphase konnte bei den Lehrerinnen und Lehrern eine veränderte, tiefgründigere Auseinandersetzung mit den Mathematikaufgaben beobachtet werden. Auf Schülerebene zeichnen sich positive Effekte hinsichtlich des Arbeitsverhaltens und der Zufriedenheit mit dem Unterricht ab (*Komorek, Bruder & Schmitz* 2004). Insofern ist es empfehlenswert, dass die Bedeutung des selbstregulierten Lernens bereits im Rahmen der universitären Lehrerausbildung thematisiert wird.

In dem Forschungsprojekt von *Gräsel, Parchmann & Demuth* wurde die Förderung des Austauschs und der Kooperation von Lehrerinnen und Lehrern durch eine Kooperationsanregung im Rahmen einer quasiexperimentellen Studie untersucht. Ausgehend von einer fachspezifischen Fortbildung wurde die Wirkung von Lehrerfortbildungen auf die Zusammenarbeit von Lehrkräften – als ein schulischer Kontextfaktor – und die Unterrichtsqualität betrachtet. Es wird angenommen, dass durch die Kooperationsanregung eine kontinuierliche Unterstützung der Lehrerinnen und Lehrer erreicht werden kann, welche mit einer Optimierung des Unterrichtsverhaltens einhergeht. Als Kriterien wurden die Umsetzung der Fortbildungsinhalte im Unterricht, die Zusammenarbeit der Lehrkräfte in ihren Fachgruppen, der Lernerfolg der Schüler und die Beurteilung der Unterrichtsqualität durch die Schüler herangezogen. Die Lehrerinnen und Lehrer integrieren zwar die vorgestellten fachspezifischen Elemente in ihren Unterricht, die Kooperationsanregung erwirkt jedoch, wie sich zeigte, keine zusätzlichen Austauschprozesse (*Gräsel, Parchmann* et al. 2004).

3 Unterricht- und Schulebene

Ein zweiter Forschungsschwerpunkt, welcher sich aus dem Mehr-Ebenen-Modell von Bildungsqualität ableitet (Abbildung 1), ist der Unterricht. Ausgangspunkt ist die Dokumentation des Unterrichtsverhaltens von Lehrerinnen und Lehrern sowie die Ermittlung von wiederkehrenden fächerübergreifenden und fachspezifischen Handlungsmustern (Skripts).

In der Längsschnittstudie von *Prenzel & Seidel* sowie *Duit, Euler & Lehrke* wurden die Aktivitäten von Lehrerinnen und Lehrern im Physikunterricht mit dem Ziel untersucht, Handlungsmuster zu identifizieren und anschließend zu analysieren, inwiefern diese über Themenstellungen und Unterrichtsstunden variieren. Es zeigt sich, dass das experimentelle Arbeiten im Physikunterricht einen hohen Stellenwert einnimmt, wobei zwischen lehrerzentrierten Demonstrationsversuchen und schülerzentrierten Experimentierphasen unterschieden werden kann (*Seidel, Prenzel* et al. 2002) Die Interaktionsformen erwiesen sich als stabil über Unterrichtsstunden und Themenbereiche. Die Unterrichtsaktivitäten der Lehrerinnen und Lehrer variierten in Abhängigkeit von dem Thema der Unterrichtseinheit (*Seidel & Prenzel* 2004). Das Projekt hat gezeigt, dass es bei der Verbesserung des Unterrichts weniger um die Veränderung der Unterrichtsmethoden und -arbeitsformen geht, sondern vielmehr darum, Bedingungen für einen kognitiv anregenden Unterricht zu schaffen. Dieser hat positive Auswirkungen auf die Entwicklung der Kompetenzen von Schülerinnen und Schülern. Ausgehend von diesen Befunden werden aktuell Möglichkeiten von Lehrerfortbildungen untersucht, die ein Lernen aus Unterrichtsvideos für Physiklehrkräfte zum Ziel haben: LUV (*Prenzel & Seidel*) und VINT (*Duit & Lehrke*).

Der Einsatz von neuen Medien im Unterricht war der Forschungsschwerpunkt des Forschungsprojekts von *Blömeke*, welches bis 2004 gefördert wurde. In querschnittlich angelegten, deskriptiven Studien wurden insbesondere die handlungsleitenden Impulse von kognitiven Strukturen und Überzeugungen von Lehrerinnen und Lehrern hinsichtlich ihrer Bedeutsamkeit für die Unterrichtsgestaltung und die Integration von neuen Medien betrachtet. Ziel war die Dokumentation fächerübergreifender Handlungsmuster und die Ableitung von Hypothesen über die Zusammenhänge zwischen Fachzugehörigkeit, Medienexpertise und Handlungsmustern im Bereich des Medieneinsatzes. Die Auswertungen zeigten, dass beim Einsatz von neuen Medien im Wesentlichen auf traditionelle didaktische Konzepte zurückgegriffen wird. Neue Medien werden überwiegend zu Demonstrationszwecken eingesetzt und in Anwendungs- und Übungsphasen genutzt (*Blömeke, Eichler & Müller* 2004, zu weiterführenden Befunden zur Medienintegration, vgl. den Beitrag von *Prasse, Schaumburg, Müller & Blömeke* in diesem Band).

In einer Unterrichtsstudie untersuchte die Forschergruppe um *Möller*, wie bereits Drittklässler ein adäquates Verständnis der physikalischen Konzepte Dichte und Auftrieb, die dem Schwimmen und Sinken von Körpern zugrunde liegen, aufbauen können. Dabei zeigte sich, dass der Grad der Unterrichtsstrukturierung Einfluss auf das konzeptionelle Verständnis hat. Ein stärker strukturierter Unterricht ist vor allem bei Schülerinnen und Schülern mit schwächeren Eingangsvoraussetzungen hilfreich und fördert bei allen Schülerinnen und Schülern Motivation und Erfolgszuversicht. Ein naturwissenschaftlicher Unterricht mit Strukturierungsanteilen erfordert allerdings seitens der Lehrkraft ein besonderes fachliches und fachdidaktisches Wissen, über das viele Grundschullehrkräfte nicht in ausreichendem Maße verfügen. Daher wurden aufbauend auf diesen Erkenntnissen Lehrerfortbildungen zum naturwissenschaftsbezogenen Sachunterricht konzipiert und durchgeführt. Die bisherigen Ergebnisse zeigten, dass es durch Fortbildungen möglich ist, ein verständnisorientiertes fachdidaktisches Wissen bei Lehrkräften aufzubauen, und dass sich dieses erworbene Wissen auch in höheren Lernzuwächsen der Schülerinnen und Schüler niederschlägt (*Möller, Kleickmann & Jonen* 2004).

Der zweite Forschungsansatz in diesem Bereich betrachtet den Zusammenhang von Lehrerhandeln und Klassenzugehörigkeit mit der motivationalen und der kognitiven Entwicklung der Schülerinnen und Schüler. In dem bis 2004 beteiligten Forschungsprojekt von *Fischer & Reyer* wurde der Zusammenhang von Lehrzielen und Unterrichtsgeschehen mit der Lernwirksamkeit im Fach Physik im Längsschnitt untersucht. Die Analysen erfolgten insbesondere hinsichtlich der Oberflächenmerkmale des Unterrichts (Kommunikationsstil, Medieneinsatz, Sozialform) und der Tiefenstruktur (Lehrervorstellungen und Ziele für die Unterrichtsgestaltung, Schülerkognitionen und Lernhandeln). Es wurde überprüft, durch welche Aspekte sich der Physikunterricht auszeichnet und welche Effekte sich für die Oberflächen- bzw. Tiefenstruktur des Unterrichts hinsichtlich der Lernwirksamkeit ergeben. Die Auswertungen von Unterrichtsbeobachtungen und Lehrerbefragungen zeigen, dass der Physikunterricht kaum wie zuvor geplant abläuft und insgesamt wenig schülerzentriert ist (*Reyer, Trendel & Fische* 2004).

Die Projektgruppe um *Reiss* untersuchte zunächst in einer längsschnittlichen Mehrebenenanalyse die Fragestellung, inwiefern sich die Zugehörigkeit zu einer Schulklasse auf die Mathematikleistungen der Schülerinnen und Schüler sowie auf ihr fachspezifisches Interesse und ihre fachspezifische Motivation auswirken. Insgesamt betrachtet konnte ein Einfluss der Klassenebene und des Unterrichts auf die Leistungsentwicklung beobachtet werden. Es konnte jedoch keine Beziehung zwischen Leistung und Interesse bzw. Motivation festgestellt werden (*Heinze & Reiss* 2004). Zudem versuchte die Projektgruppe wesentliche Bedingungen für den Aufbau von Schülerkompetenzen im Bereich des Beweisens und Begründens in der Sekundarstufe I zu identifizieren, da Begründen und Beweisen wesentliche Elemente des Mathematikunterrichts sowie zentrale Aspekte wissenschaftlichen Denkens und Arbeitens sind. Auf der Basis der Daten wurde eine Lernumgebung zum Begründen und Beweisen entwickelt und in einer Interventionsstudie evaluiert. Es zeigte sich, dass ein gezieltes Fördern im Bereich der Problemlöseschemata zu besseren Schülerleistungen bei anspruchsvollen Beweisproblemen führt. Für die Schulpraxis bedeutet dies, dass bereits durch ein adäquates Behandeln des gesamten Beweisprozesses im Unterricht, die Schülerkompetenzen gefördert werden können.

Die Unterrichtsqualität und das mathematische Verständnis standen im Mittelpunkt des Projekts von *Klieme & Lipowsky*. Ausgehend von den Leistungsunterschieden zwischen deutschen und Schweizer Schülerinnen und Schülern, die sich in TIMSS und PISA zeigten, wird ein fachbezogenes Konzept von Unterrichtsqualität entwickelt, das auf repräsentativen Befragungen von Lehrkräften sowie videogestützten Unterrichtsbeobachtungen aus beiden Ländern basiert. Es zeigte sich, dass Mathematiklehrkräfte an deutschen Hauptschulen verschiedene Dimensionen der Schulumwelt und ihre Handlungskompetenz weitaus ungünstiger einschätzen als ihre Kollegen in der Schweiz. Schweizer Schülerinnen und Schüler sowie deren Eltern zeigen zudem ein deutlich höher ausgeprägtes Interesse am Mathematikunterricht als deutsche Schülerinnen und Schüler sowie deren Eltern. Diese Ergebnisse sind für die Darstellung der Unterrichtskultur in Deutschland von hoher Bedeutung und werden in Form eines Fortbildungskonzepts für Lehrkräfte umgesetzt (*Klieme & Reusser* 2003).

Das Projekt von *Sumfleth* bearbeitete bis 2004 in einer quasiexperimentellen Studie die Fragestellung, inwiefern sich Interaktionsprozesse (Schüler-Schüler, Schüler-Lehrer, Schüler-Eltern) auf die motivationale und kognitive Entwicklung von Schülerinnen und Schülern auswirken. Es wurde untersucht, welche Effekte sich für die Unterstützung des kooperativen Arbeitens im Unterricht (Schüler-Schüler-Interaktion) und für den fachlichen Gehalt der Interaktion in der Hausaufgabensituation (Schüler-Eltern) hinsichtlich der Lernleistung abzeichnen. Die Ergebnisse zeigen, dass sich das Arbeiten in Kleingruppen bei vorhandener Selbstregulationskompetenz leistungssteigernd auf die Bearbeitung von Transferaufgaben auswirkt. Die Analysen der Hausaufgabensituationen zeigen weiterhin, dass Eltern und Kinder aufeinander eingehen und inhaltliche Fragestellungen diskutieren (*Sumfleth, Rumann & Nicolai* 2004).

4 Kompetenzen von Schülerinnen und Schülern

Die BiQua-Forschungsprojekte, die sich mit der Schülerebene befassen, gruppieren sich um drei zentrale Aspekte: die Lernmotivation, die lernrelevanten Emotionen und das selbstregulierte Lernen.

Im bis 2004 geförderten Projekt von *Rheinberg* wurde in längsschnittlich angelegten Studien untersucht, welche Motivationsfaktoren die Mathematikleistung beeinflussen. Es wurde ein Instrument entwickelt, welches die Lernmotivation in ihren einzelnen Komponenten erfasst. Ziel war es, klassenstufentypische Veränderungen in den Motivationskomponenten zu dokumentieren und zu überprüfen, inwiefern sich diese Veränderungen zur Vorhersage nachfolgender Leistungsergebnisse eignen. Zusätzlich wurden Zusammenhänge der Bezugsnormorientierung des Lehrers (individuell, kriteriumsbezogen, sozial) und der Motivation betrachtet. Die Analysen zeigen, dass sich die Motivationsdiagnose zur Vorhersage nachfolgender Schulleistungen eignet, wobei sich die Betrachtung der einzelnen Motivationskomponenten als aussagekräftig erweist. Eine individuelle Bezugsnormorientierung des Lehrers wirkt sich positiv auf leistungsrelevante Motivationskomponenten aus (*Wendland & Rheinberg* 2004).

In dem Projekt von *Hofer* wird in einer Querschnittsanalyse die Veränderung der Lernmotivation im Kontext des gesellschaftlichen Wertewandels deskriptiv betrachtet. Ausgangspunkt ist die Annahme, dass durch einen gesellschaftlichen Wertewandel auch die Erlebens- und Verhaltensweisen der Menschen beeinflusst werden und dass dies auch Auswirkungen auf die Lernmotivation hat. Untersucht werden individuelle Werte, Handlungskonflikte und schulische Lernmotivation sowie der Zusammenhang dieser Aspekte im Hinblick auf schulische (Leistung, Erfolg) sowie außerschulische (Wohlbefinden, Selbstaktualisierung) Werte und Aktivitäten. Die Auswertungen zeigen Zusammenhänge zwischen den individuellen Werten der Schüler und ihrem täglichen Lernen. Es kommt zu motivationalen Konflikten, da Schüler schulische und außerschulische Ziele verfolgen, wodurch Anstrengungsbereitschaft, Konzentration und positive Stimmung beim Lernen sinken (*Hofer, Fries* et al. 2004).

In der Arbeitsgruppe um *Pekrun, vom Hofe & Blum* wird im Rahmen der PALMA-Längsschnittanalyse der Zusammenhang von lernrelevanten Emotionen und Leistungen im Fach Mathematik untersucht. Die Dokumentation der mathematischen Kompetenzentwicklung und die Beobachtung der auf Mathematik bezogenen Emotionen sind zentrale Forschungsbereiche. Die Auswertungen ergaben bezogen auf die Mathematikleistung einen überproportionalen Kompetenzzuwachs für Schülerinnen und Schüler im Gymnasialzweig. Für die emotionalen (Mathematikfreude) und motivationalen (Ärger, Langeweile) Parameter sowie für die Selbstwirksamkeit und das selbstregulierte Lernen zeichnen sich ungünstige Verläufe ab: Freude in Mathematik weicht Ärger und Langeweile. Die Analysen weisen darauf hin, dass Umweltfaktoren wie Unterricht und Elternhaus Lern- und Leistungsemotionen kausal beeinflussen und diese wiederum wichtige Schaltstellen bei der Modellierung von Leistung sind (*Pekrun, Götz* et al. 2004).

In dem Forschungsprojekt von *Leutner* wurde eine Interventionsmaßnahme zur Förderung der Selbstregulation während des Lernens im Hinblick auf die Anwendung von kognitiven Lernstrategien (Selektionsstrategien und Mapping-Strategien) entwickelt und in einer quasiexperimentell angelegten Studie evaluiert. Ziel des Schülertrainings ist es, die Anwendungsqualität und die Korrektheit der Ausführung der Lernstrategien durch Anpassung und Regulation des Strategieeinsatzes zu optimieren. Auf der Basis dieser Erkenntnisse wurde ein computer- wie ein lehrerbasiertes Trainingsprogramm entwickelt, das den Einsatz von Lern- und Selbstregulationsstrategien kombiniert. Grundlegend hierfür war die Annahme, dass die Vermittlung von Lernstrategien zu größerem Lernerfolg führt, wenn zusätzlich auch die zielführende Anwendung der Strategien dargestellt wird. Diese Annahme konnte bestätigt werden (*Leopold & Leutner* 2004). Nun wird untersucht, inwieweit das Trainingsprogramm langfristig von Lehrern in den alltäglichen naturwissenschaftlichen Unterricht eingebettet werden kann und inwieweit es dort nachhaltige Wirkungen zeigt.

In der Arbeitsgruppe um *Schmitz & Bruder* wurde ein Interventionsansatz entwickelt, der die kombinierte Vermittlung von Selbstregulationsstrategien und Lernstrategien (Problemlösestrategien) in Trainingsprogrammen für Schüler und Eltern umsetzt. Ziel ist die Verbesserung der Hausaufgabensituation, die von den Schülern eigenverantwortliches Arbeiten abverlangt und Eltern die Möglichkeit gibt, ihr Kind beim eigenständigen Arbeiten zu unterstützen. Es wurden spezielle Methoden vermittelt, auf die Eltern in der Lern- und Hausaufgabensituation zurückgreifen können. Das Trainingsprogramm wurde im Rahmen einer quasiexperimentell angelegten Studie evaluiert. Die Ergebnisse zeigten, dass Selbstregulation bereits früh in der Schülerlaufbahn vermittelt werden kann (Jahrgangsstufe 5) und dass eine entsprechende Intervention auf Elternseite effektiv ist (*Bruder, Perels* et al. 2004). Entsprechende Schulungen von Eltern sowie Schülertrainings werden bereits durch das Projektteam angeboten.

5 Schulische und außerschulische Kontextfaktoren

Die Projekte von *Hannover & Herwartz-Emden* befassten sich mit dem Thema Geschlechtsidentität. Die Arbeitsgruppe von *Hannover* untersuchte in einer korrelativen Studie die Entwicklung schulischer Interessen im Bereich der Naturwissenschaften im Zusammenhang mit der Identitätsentwicklung von Mädchen. Grundlegend ist die Annahme, dass die Identitätsentwicklung im Jugendalter mit der Entwicklung von individuellen Interessen, Neigungen und Abneigungen einhergeht. In diesem Sinne nutzen Jugendliche die Lernangebote der Schulen und einzelne Fächer um ihr Selbstbild darzustellen, wobei Stereotype, das Image der Schulfächer und typische Vertreter dieser Schulfächer relevant sind. Die Auswertungen zeigen, dass den mathematisch-naturwissenschaftlichen Fächern überwiegend maskuline Konnotationen zugeordnet und dass Mädchen mit einem Lieblingsfach in diesem Bereich maskuline Eigenschaften zugeschrieben werden. Im monoedukativen Unterricht konnten die geschlechtsbezogenen Aspekte des mathematisch-naturwissenschaftlichen Unterrichts und deren Einfluss auf die Selbstrepräsentation und die Selbstwahrnehmung in der Unterrichtssituation reduziert werden (*Kessels & Hannover* 2004).

Das bis 2004 geförderte Projekt von *Herwartz-Emden* bearbeitete im Rahmen einer deskriptiven Einzelfallanalyse die Fragestellung, welchen Beitrag eine Mädchenschule bezüglich der Förderung und der Sozialisation von Mädchen leisten kann. Der Kontext und die Qualität von monoedukativen Schulen wurden analysiert. Insbesondere wurden die Konzepte und Strategien zur Förderung von Mädchen im Hinblick auf die Dokumentation einer spezifischen Schulkultur an Mädchenschulen analysiert. Die Auswertungen zeigten, dass als Förderungsschwerpunkte an Mädchenschulen Fächer mit traditionell weiblicher Konnotation (musischer, sprachlicher Bereich) gewählt und Geschlechtsunterschiede nicht neutralisiert werden. Die Schülerperspektive zeigt, dass die Mädchen ein differenziertes Bild über die Vor- und Nachteile der monoedukativen Schule haben (*Herwartz-Emden, Schurt & Waburg* 2004).

Die Projekte von *Wild & Ehmke* befassen sich mit dem Elternhaus und dessen Einfluss auf Schülerkompetenzen und den Kontakt zur Schule. So zielt das Projekt von *Wild* zum Einen auf die Optimierung der Eltern-Lehrer-Kooperation, zum Anderen auf die Verbesserung der häuslichen Lernsituationen ab. Längsschnittlich wird hier die Bedeutung der Qualität schulischer und häuslicher Lernprozesse für die Entwicklung der motivationalen Orientierungen von Schülerinnen und Schülern und ihres Interesses an Mathematik analysiert. Hierzu werden Videoaufzeichnungen alltäglicher Hausaufgabensituationen genutzt, um zum einen verhaltensnahes Wissen über diese Lernsituationen zu erhalten und zum anderen auf deren Basis Elterntrainings sowie Lehrerfortbildungsmaßnahmen zur Elternarbeit zu konzipieren (*Wild* 2004).

Schließlich widmet sich das erst jüngst mit BiQua assoziierte Projekt von *Ehmke* dem Einfluss der elterlichen Mathematikkompetenz auf die mathematische Kompetenz der Kinder. Im Projekt werden Daten aus der Pisa 2003 Studie verarbeitet. Mathematische Grundbildung wird bei Erwachsenen erfasst und die erhobene mathematische Kompetenz von Eltern wird als außerschulische familiäre Einflussgröße für die Entwicklung mathematischer Kompetenz von Schülerinnen und Schülern untersucht. Erste Analysen zeigen, dass Eltern mit einer hohen Mathematikkompetenz auch eine hohe intrinsische Wertschätzung von Mathematik ausweisen. Sie berichten über mehr mathematikbezogene Lernunterstützung und üben weniger Leistungsdruck aus als Eltern mit einer geringeren Mathematikkompetenz. Für die Vorhersage von Unterschieden in der Mathematikkompetenz von Jugendlichen ist das elterliche Kompetenzniveau ein signifikanter Prädiktor (*Ehmke* 2003).

6 Fazit und Ausblick

Dass das Schwerpunktprogramm mit seiner Forschung eine innovative Vorreiterrolle eingenommen und Standards gesetzt hat, spiegelt sich in der Fortführung dieses Ansatzes in verschiedenen anderen Projektzusammenhängen wider. Im Schwerpunktprogramm wurde die Möglichkeit wahrgenommen, die Projekte mit aktuellen großen Schulleistungsstudien, wie zum Beispiel PISA, zu verkoppeln. In diesem Zusammenhang sind weitere, auf den Ergebnissen des Schwerpunktprogramms beruhende, Forschungsprojekte geplant. Über den aktuellen Forschungsstand des Schwerpunktprogramms informiert die Projekthomepage http://www.ipn.uni-kiel.de/projekte/biqua.

Hans Döbert & Hermann Avenarius

Konzeptionelle Grundlagen der Bildungsberichterstattung in Deutschland

Im Diskurs über die Verbesserung der Qualität von Bildungseinrichtungen wird verstärkt auch nach Instrumenten gefragt, mit denen zuverlässig über Qualitätsentwicklung informiert werden kann. Eines dieser Instrumente ist eine kontinuierliche, systemische, indikatorengestützte Bildungsberichterstattung, wie sie 2006 mit dem Bericht „Bildung in Deutschland" begonnen wurde. Ausgehend von einem weiten Verständnis der Ziele von Bildung beschreibt der Beitrag die folgenden wesentlichen konzeptionellen Grundlagen der Bildungsberichterstattung: Bildungsberichterstattung als Teil eines umfassenderen Bildungsmonitorings, Vorarbeiten in Deutschland, Erfahrungen des Auslands, Umsetzung von „Bildung im Lebenslauf", Einbeziehung non-formaler Bildung und informellen Lernens, Orientierung an steuerungsrelevanten Problemen, Verständnis und Interpretation von Indikatoren sowie Anforderungen an die Datenbasis.

Begriffe wie Systemmonitoring, Bildungsberichterstattung, Bildungsstandards, Evaluation u. a. haben derzeit in der Bildungsdiskussion Konjunktur. Das hat seine Ursachen vor allem in zwei Entwicklungen: Zum einen stehen Bildungseinrichtungen wie andere öffentliche Bereiche unter Kosten- und Legitimationsdruck. Damit gewinnt die Frage nach den Erträgen von Bildungseinrichtungen, besonders nach dem Verhältnis eingesetzter Mittel und erreichter Ergebnisse, an Gewicht. Das erfordert ein Nachdenken über den Einsatz und die Nutzung personaler und materieller Ressourcen und über die Aktivierung von Leistungsreserven innerhalb des Bildungswesens. Zum anderen haben vor allem Studien der OECD und der IEA bewirkt, dass in internationalen wie nationalen Diskussionen seit Mitte der 1980er Jahre die Frage der Qualitätsentwicklung und Qualitätssicherung von Bildungseinrichtungen zunehmend in das Zentrum der öffentlichen Aufmerksamkeit gerückt ist.

In Deutschland ist etwa seit Mitte/Ende der 1990er Jahre die Diskussion über die Verbesserung der Qualität von Bildungseinrichtungen auf jenes Interesse gestoßen, das sie gerade in den bei TIMSS und PISA erfolgreichen Staaten etwa 15 Jahre früher gefunden hatte. Internationale Schulleistungsstudien wie TIMSS, IGLU/PIRLS und PISA haben in der deutschen Schulpolitik, Schulpraxis und auch in der Bildungsforschung den entscheidenden Impuls für eine Vielzahl an Aktivitäten gegeben, die mehr oder weniger alle das Ziel haben, die Qualität der pädagogischen Arbeit zu verbessern. Dabei hat sich gezeigt, dass internationale Schulleistungsstudien keine hinreichende Antwort auf die Frage nach den maßgebenden Merkmalen geben, die für die unterschiedliche „Produktivität" der Schulsysteme verantwortlich sind. Es versteht sich, dass damit auch verstärkt nach Instrumenten gefragt wird, mit denen über die Qualität in Bildungseinrichtungen zuverlässig informiert und diese systematisch verbessert und evaluiert werden kann.

Eines dieser Instrumente ist eine kontinuierliche, systematische, indikatorengestützte Bildungsberichterstattung. Mit der Veröffentlichung des ersten Berichts „Bildung in

Deutschland" (vgl. *Konsortium Bildungsberichterstattung* 2006) ist dafür der Grundstein gelegt. Der folgende Beitrag setzt die Kenntnis des Berichts voraus. Er beschreibt wesentliche konzeptionelle Grundlagen, auf die sich die Autoren des Berichts gestützt haben.

1 Weites Verständnis der Ziele von Bildung

Dem Bericht liegt ein Verständnis zugrunde, nach dem sich die Ziele von Bildung in den drei Dimensionen „individuelle Regulationsfähigkeit", „Humanressourcen" sowie „gesellschaftliche Teilhabe und Chancengleichheit" niederschlagen:

Individuelle Regulationsfähigkeit meint die Fähigkeit des Individuums, sein Verhalten und sein Verhältnis zur Umwelt, die eigene Biographie und das Leben in der Gemeinschaft selbstständig zu planen und zu gestalten. Diese umfassende und allgemeine Zielkategorie für das Bildungswesen als Ganzes wie für jeden seiner Teile beinhaltet unter den Bedingungen der Wissensgesellschaft in besonderem Maße die Entfaltung der Lernfähigkeit von Anfang an und deren Erhalt bis ins hohe Alter. Der Bericht greift damit bewusst den – in anderen Sprachen so nicht vorhandenen – Bildungsbegriff auf, der den Erwerb verwertbarer Qualifikation einschließt, aber darüber hinaus mit der Idee der Selbstentfaltung, mit Aneignung und verantwortlicher Mitgestaltung von Kultur verbunden ist.

Der Beitrag des Bildungswesens zu den *Humanressourcen* richtet sich zum einen, in ökonomischer Perspektive, auf die Sicherstellung und Weiterentwicklung des quantitativen und qualitativen Arbeitskräftevolumens, zum anderen, in individueller Sicht, auf die Vermittlung von Kompetenzen, die den Menschen eine ihren Neigungen und Fähigkeiten entsprechende Erwerbsarbeit ermöglichen.

Indem die Bildungseinrichtungen *gesellschaftliche Teilhabe und Chancengleichheit* fördern, ermöglichen sie soziale Integration und die Aneignung von Kultur für alle. Damit wirken sie systematischer Benachteiligung auf Grund sozialer Herkunft, Geschlecht, nationaler oder ethnischer Zugehörigkeit entgegen. Bildung leistet auf diese Weise einen Beitrag zum gesellschaftlichen Zusammenhalt und zu demokratischer Partizipation.

2 Bildungsberichterstattung als Teil eines umfassenden Systemmonitoring

Während bisher die Bereitstellung von Ressourcen im Vordergrund bildungspolitischer Steuerung stand („Input-Steuerung"), gewinnen zunehmend der Umgang mit Maßnahmen der Qualitätssicherung (Prozessgestaltung) sowie die systematische Erfassung von Bildungsergebnissen, solchen mit eher kurzfristigem Charakter („Output") und solchen mit eher längerfristigen Wirkungen („Outcomes"), an Bedeutung.

Die logische Konsequenz aus diesem Verständnis von Steuerung ist, entsprechendes Steuerungswissen zu erhalten bzw. es zu generieren und Steuerungshandeln damit zielgerichteter zu machen. Ein international verbreiteter Weg ist, dieses Steuerungswissen durch Systemmonitoring zu gewinnen. Systemmonitoring ist allgemein die dauerhafte, datengestützte Beobachtung der Entwicklung der Gesellschaft insgesamt wie ihrer Teil- bzw. Subsysteme und damit auch des Bildungswesens. Es ist also ein institutionalisierter Beobachtung- und Analyseprozess auf Basis empirisch gesicherter Daten. Es hat im Wesentlichen drei Funktionen: die Beobachtung, Analyse und Darstellung wesentlicher Aspekte eines Systems, verbunden mit der Funktion der Systemkontrolle einschließlich der Angleichung von Leistungsmaßstäben (*Benchmarks*) sowie die Funktion, „Steuerungswissen" zu generieren bzw. zu erweitern und „Steuerungshandeln" begründbarer und zielgerichteter zu gestalten. Systemmonitoring enthält vor allem durch die Angleichung von Leistungsmaßstäben im Verhältnis zu anderen Staaten eine *international vergleichende Komponente.*

Monitoring im Bildungswesen, im Folgenden als Bildungsmonitoring bezeichnet, ist die kontinuierliche, datengestützte Information von Bildungspolitik und Öffentlichkeit über Rahmenbedingungen, Verlaufsmerkmale, Ergebnisse und Erträge von Bildungsprozessen. Es macht das Bildungsgeschehen in der Gesellschaft transparent und ist damit Grundlage für Zieldiskussionen und politische Entscheidungen. Im Zentrum eines Bildungsmonitoring steht die Arbeit der Institutionen des Bildungswesens, von der Kinderkrippe bis zur Weiterbildung im Erwachsenenalter.

Anfang 2006 hat die KMK eine Gesamtstrategie zum Bildungsmonitoring in Deutschland beschlossen. Seine wichtigsten Bestandteile sind:

- internationale Schulleistungsuntersuchungen,
- zentrale Überprüfung des Erreichens der Bildungsstandards in einem Ländervergleich (in der 4., 9. und 10. Klasse),
- Vergleichsarbeiten in Anbindung an die Bildungsstandards zur landesweiten Überprüfung der Leistungsfähigkeit einzelner Schulen,
- gemeinsame Bildungsberichterstattung von Bund und Ländern.

Während alle anderen Bestandteile unmittelbar auf die Arbeit von Bildungseinrichtungen bezogen sind, die darin tätigen und betroffenen Personen (Lehrende und Lernende, Eltern und „Abnehmer") ansprechen, geht es der *Bildungsberichterstattung* um Transparenz gegenüber einer breiten, bildungspolitisch interessierten Öffentlichkeit. Bildungsberichterstattung soll ganz allgemein das Bildungsgeschehen in einer Gesellschaft transparent machen und damit Grundlage für öffentliche Diskussionen über Bildungsziele und für bildungspolitische Entscheidungen sein. Sie ist ein wesentliches und im internationalen Rahmen weit verbreitetes Instrument zur kontinuierlichen, datengestützten Information über Voraussetzungen, Verlaufsmerkmale, Ergebnisse und Erträge von Bildungsprozessen. Über alle Bildungsstufen hinweg werden Umfang und Qualität der institutionellen Angebote, aber auch deren Nutzung und deren Wirkungen (Output/Outcome) innerhalb der Lernbiographie dargestellt. Hauptergebnisse der Bildungsberichterstattung sind ein in regelmäßigen Abständen veröffentlichter Bildungsbericht sowie eine öffentlich zugängliche Homepage mit vertiefenden und ergänzenden Informationen.

Kern jeder Bildungsberichterstattung ist ein überschaubarer, systematischer, regelmäßig aktualisierbarer Satz von *Indikatoren*, d. h. von statistischen Kennziffern, die jeweils für ein komplexeres Merkmal von Bildungsprozessen bzw. einen komplexeren Aspekt von Bildungsqualität stehen. Diese Indikatoren werden aus amtlichen Daten und sozialwissenschaftlichen Erhebungen ermittelt und dargestellt – wenn möglich nach verschiedenen Differenzierungsaspekten, wie sozioökonomischer Hintergrund, Migrationshintergrund und Geschlecht; Regionen; internationaler Vergleich und Zeitreihe. Die Interpretation und Bewertung dieser Kennziffern und Daten ermöglicht es, die Entwicklung des Bildungswesens zu verstehen, Stärken und Schwächen zu identifizieren, die Leistungsfähigkeit von Systemen inter- wie intranational vergleichend zu bewerten und somit politischen Handlungsbedarf wie Forschungsdesiderata abzuleiten.

Dieser knapp skizzierte Zweck und Charakter einer Bildungsberichterstattung findet sich in den Berichtssystemen internationaler Organisationen wie der OECD („Education at a Glance") oder der EU („Key Data on Education in Europe") ebenso wie in der Berichterstattung verschiedener Staaten (z. B. Dänemark, Frankreich, Kanada, USA).

3 Nutzung der Vorarbeiten zur Bildungsberichterstattung in Deutschland

Im Unterschied zu anderen gesellschaftlichen Bereichen, für die regelmäßig umfassende Situations- und Entwicklungsanalysen vorgelegt werden (z. B. Jahresgutachten des Sachverständigenrates zur gesamtwirtschaftlichen Entwicklung, Familien- und Jugendbericht, neuerdings auch der Bericht über „Lebenslagen in Deutschland"), fehlten bislang entsprechende Berichte für den Bildungsbereich. Dieses Defizit konnte bisher auch durch den Rückgriff auf internationale und supranationale Berichtssysteme nicht kompensiert werden [1]. Zwar dokumentiert die Kultusministerkonferenz in regelmäßigen Abständen Stand und Entwicklungen des Bildungswesens in Deutschland [2]; diese Berichte, die sich in erster Linie an einen internationalen Adressatenkreis wenden, haben aber nur deskriptiven Charakter, ohne den Anspruch auf eine vertiefende Analyse zu erheben.

---

[1] Bekanntestes Beispiel internationaler Berichterstattung sind die Bemühungen der OECD, mit einer fortlaufenden Weiterentwicklung der OECD-Bildungsindikatoren einen internationalen Vergleich der Bildungssysteme zu ermöglichen. Jedes Jahr veröffentlicht die OECD die beiden Bände „Bildung auf einen Blick" (zuletzt 2005) und „Bildungspolitische Analyse" (zuletzt 2003). Durch die OECD-Bildungsindikatoren werden Informationen zu Funktionsweise, Entwicklung und Auswirkungen von Bildung zur Verfügung gestellt.

Die Europäische Kommission veröffentlicht in regelmäßigen Abständen (zuletzt 2005) ihre „Key Data on Education in Europe". Dieser Bericht enthält, neben den Strukturen der einzelnen Bildungsbereiche in den Mitgliedstaaten sowie in den Beitrittsländern, Informationen zur Bildungsbeteiligung und zu den Abschlüssen in den EU-Staaten. Qualitätsfragen bleiben aber unberücksichtigt. Der „Bericht über die Qualität der schulischen Bildung in Europa – Sechzehn Qualitätsindikatoren" (2000) stellt Qualitätsfragen in den Mittelpunkt und versucht anhand von sechzehn Bildungsindikatoren, den Input und Kontext des Lernens, die schulischen Prozesse und deren Steuerung sowie den Output bzw. die Wirkung der Schule zu beleuchten.

Als neuere Entwicklungen sind zu nennen: der „European Report on Quality Indicators of Lifelong Learning" (2002), die „Europäischen Benchmarks" (2003) und der „Indikatorenbericht zum Arbeitsprogramm" (2004).

Zur Bildungsberichterstattung in weiteren europäischen Staaten s. *Döbert, Hörner* et al. (2004).

[2] Vgl. die regelmäßigen Dokumentationen des Sekretariats der KMK zur Entwicklung des Bildungswesens zur Vorbereitung der zweijährlich stattfindenden Internationalen Bildungskonferenz in Genf (zuletzt 2004).

Allerdings hat es in der Vergangenheit in der Bundesrepublik sehr wohl Versuche einer umfassenderen Bildungsberichterstattung gegeben. So legte der Deutsche Bildungsrat 1975 einen Bericht über Entwicklungen im Bildungswesen vor (*Deutscher Bildungsrat* 1975). Darüber hinaus sind die vom Bundesministerium für Bildung und Wissenschaft (BMBW) im Jahr 1976 herausgegebene „Bildungspolitische Zwischenbilanz" (vgl. *BMBW* 1976) wie auch der „Bericht der Bundesregierung über die strukturellen Probleme des föderativen Bildungswesens" aus dem Jahr 1978 zu erwähnen (vgl. *Deutscher Bundestag* 1978); beide wurden jedoch nicht fortgesetzt.

Stärker analytisch ausgerichtete Bestandsaufnahmen wurden seitens der Forschung vorgelegt, so z. B. der von einer Arbeitsgruppe des Max-Planck-Instituts für Bildungsforschung seit 1979 unregelmäßig veröffentlichte Bericht „Das Bildungswesen in der Bundesrepublik Deutschland – Strukturen und Entwicklungen im Überblick" (zuletzt: *Cortina, Baumert* et al. 2003), der vom Deutschen Institut für Internationale Pädagogische Forschung (*Weishaupt, Weiß* et al.) 1988 publizierte Band „Perspektiven des Bildungswesens der Bundesrepublik Deutschland", ferner die seit 1980 vom Dortmunder Institut für Schulentwicklung im Zweijahresrhythmus herausgegebenen „Jahrbücher der Schulentwicklung" sowie der 2001 zum zweiten Mal in erweiterter Form erschienene Band „Bildung und Soziales in Zahlen" (*Böttcher, Klemm & Rauschenbach* 2001). Einen analytischen Bezug hat auch das „Gutachten für Bildung in Deutschland" (*Weißhuhn* 2001) sowie die Studie „Bildung und Lebenslagen – Auswertungen und Analysen für den zweiten Armuts- und Reichtumsbericht der Bundesregierung" (*Weißhuhn & Große Rövekamp* 2004). Zu nennen sind im Übrigen historische Analysen der Bildungsentwicklung in Deutschland seit 1945 [3]. Eine relativ umfassende und differenzierte Darstellung der gegenwärtigen Situation der Erhebung und Bereitstellung statistischen Datenmaterials, verbunden mit der Ableitung entsprechender Empfehlungen sowie der Benennung notwendiger Untersuchungen findet sich in dem von der Bund-Länder-Kommission für Bildungsplanung und Forschungsförderung (BLK) 2002 herausgegebenen Bericht „Vergleichende internationale Bildungsstatistik. Sachstand und Vorschläge zur Verbesserung" [4]. Einen aktuellen Überblick über wichtige Teilaspekte des Bildungsbereichs gibt auch der Band „Im Blickpunkt: Bildung in Deutschland" des Statistischen Bundesamtes (2003).

Darüber hinaus gibt es Berichte, die sich mit Teilbereichen oder Teilaspekten des Bildungswesens befassen. Dazu zählen der vom BMBF jährlich vorgelegte „Berufsbildungsbericht", das vom BMBF in regelmäßigen Abständen herausgegebene „Berichtssystem Weiterbildung" sowie der jährlich erscheinende „Bildungsfinanzbericht". Zum Hochschulbereich gibt es eine Fülle von Teilstudien, insbesondere des Hochschul-Informationssystems (z. B. zu den Hochschulabsolventen und den Studienanfängern sowie zur sozialen Lage von Studierenden) bzw. der amtlichen Statistik (z. B. zur finanziellen Lage der Hochschulen); einen aktuellen Überblick hat Anfang 2002 der Wissenschaftsrat mit seinem Bericht über „Eckdaten und Kennzahlen zur Lage der Hochschulen von 1980 bis 2000" vorgelegt. Einen Überblick gibt ebenfalls der von

---

[3] Vgl. insbesondere *Führ* (1996) und *Führ & Furck* (1998).
[4] Heft 103 der Materialien zur Bildungsplanung und Forschungsförderung.

HIS zusammen mit dem Zentrum für Europäische Wirtschaftsforschung Mannheim erstellte Hochschulberichtsteil „Indikatoren zur Ausbildung im Hochschulbereich" (2003) für den Bericht der Bundesregierung zur technologischen Leistungsfähigkeit Deutschlands. Hinsichtlich der vorschulischen Bildung sind insbesondere der regelmäßig erscheinende Zahlenspiegel (vgl. *Deutsches Jugendinstitut* 2002) und die 1998 erschienene Untersuchung von Tietze zur Situation der Kindergärten zu erwähnen (vgl. *Tietze* 1998). Fragen der Bildung werden im Übrigen auch in der allgemeinen gesellschaftlichen Berichterstattung thematisiert. Dazu zählt auch der vom Statistischen Bundesamt herausgegebene „Datenreport".

Eine qualitativ neue Phase der Arbeiten an einer Bildungsberichterstattung begann 2002 mit dem im Auftrag der KMK vorgelegten Bildungsbericht sowie mit den im Auftrag des BMBF erstellten Konzepten zur Bildungsberichterstattung im Rahmen der Expertisen zur non-formalen und informellen Bildung im Kindes- und Jugendalter sowie zur beruflichen Bildung und Weiterbildung/lebenslanges Lernen [5]. Damit liegen erstmals in Deutschland drei von unterschiedlichen Expertengruppen mit dem Fokus auf verschiedene Bildungsbereiche verfasste konzeptionelle Angebote zur Bildungsberichterstattung vor.

Der im Auftrag der KMK von einem Konsortium unter Federführung des DIPF vorgelegte Bildungsbericht (kurz KMK-Bericht) konzentriert sich gemäß Auftrag auf das (allgemein bildende) Schulwesen, berücksichtigt daher nur teilweise Probleme in anderen Bildungsbereichen. Als übergreifende Problembereiche weist der Bericht u. a. aus:

- die tiefgreifenden Folgen der dramatischen demographischen Entwicklung(en), vor allem in den ostdeutschen Ländern, die bewirken, dass die Zahl derer, die künftig das Bildungswesen durchlaufen, massiv zurückgeht;
- die im internationalen Vergleich eher geringen Ressourcen, die Deutschland für sein Bildungswesen, häufig im Sinne einer nicht prozess- und outputgestützten Ressourcenbereitstellung, aufwendet;
- die Tatsache, dass zu viele junge Menschen ohne jeden Schulabschluss und ohne abgeschlossene Berufsausbildung bleiben;
- die direkten Auswirkungen der sozialen und migrationsgeprägten Herkunft auf Bildungsbeteiligung und Bildungserfolg;
- den Rückgang geschlechtsspezifischer Bildungsbeteiligung (als Beispiel für erfolgreiche Veränderungen).

Zentral für die Darstellung der Ergebnisse der DJI-Expertise zur non-formalen und informellen Bildung im Kindes- und Jugendalter war, dass diese Bildungsprozesse an vielen verschiedenen Orten und in unterschiedlichen Settings stattfinden. Somit fungierte die Expertise auch als systematisierte Darstellung und erste Analyse dieser – häufig weniger beachteten – Bildungsprozesse außerhalb der Schule. Darüber hinaus werden Schwerpunkte vor allem in den Themen „soziale Ungleichheit" und „Migration" gesehen (besonders im Sinne unterschiedlicher Inanspruchnahme und sich daraus

---

[5] Vgl. *Avenarius, Ditton* et al. (2003); *Baethge, Buss & Lanfer* (2003), *Rauschenbach, Leu* et al. (2003).

ergebender Bildungschancen); für die non-formalen Bildungsangebote wird darüber hinaus der Frage der Qualitätsentwicklung eine wichtige Bedeutung zugeschrieben.

Die Expertise zur beruflichen Bildung und Weiterbildung/lebenslanges Lernen des Soziologischen Forschungsinstituts an der Universität Göttingen (SOFI) konzentriert sich auf die Konzeptualisierung einer Bildungsberichtserstattung aus der Perspektive der beruflichen Bildung und Weiterbildung/lebenslanges Lernen. Auch wenn der Bericht nachdrücklich den systemischen Charakter einer Bildungsberichterstattung betont, geht er auf andere institutionalisierte Bildungsbereiche nur als Bezugspunkte ein, hebt aber – entsprechend seiner institutionellen Fokussierung – die Einbettung von Berufsbildung und Weiterbildung in die längerfristig wirkenden sozio-ökonomischen und technischen Entwicklungstendenzen hervor, die besonders für die Seite der Anforderungen an Bildungssysteme und für die Outcomes, die sich mit unterschiedlichen Bildungstiteln verbinden, relevant sind.

Mit der Vorlage der drei konzeptionellen Angebote sind zugleich wesentliche Anforderungen an eine Bildungsberichterstattung in Deutschland beschrieben:

- eine kontinuierliche, institutionenübergreifende und lebenslauforientierte Berichterstattung, die bestimmten Kriterien genügen muss (z. B. systemischer Charakter, Problemorientierung, Öffentlichkeitswirksamkeit, bildungspolitische Handlungsgrundlage, Weiterentwicklung der Daten- und Forschungslage);
- eine sowohl institutionalisierte als auch komplementäre lebensweltliche Lernprozesse und -ergebnisse umfassende Darstellung; d. h. es sollte von einem weiten Bildungsverständnis ausgegangen werden, das die non-formale und informelle Bildung zu einem wichtigen Bestandteil der Berichterstattung macht;
- als normativ-funktionale Bezugspunkte einer Berichterstattung werden individuelle Lebenschancen (individuelle Entscheidungs- und Handlungsfähigkeit), Sicherstellung gesellschaftlicher Humanressourcen (gesellschaftlicher Wohlstand) sowie gesellschaftliche Teilhabe und Chancengleichheit (sozialer Zusammenhalt) gesehen;
- die Berichterstattung sollte sowohl systembezogen als auch altersgruppenübergreifend sein, wobei die Systemleistungen vor allem mithilfe von Indikatoren des individuellen Lernverhaltens, der individuellen Kompetenzentwicklung und der Bildungsverläufe gemessen werden; zudem sollten auch bildungsrelevante Daten zu allgemeinen Indikatoren der Lebenslagen von Kindern, Jugendlichen und Familien einbezogen werden;
- internationale Berichtssysteme setzen vor allem hinsichtlich der Anschlussfähigkeit Maßstäbe für die nationale Bildungsberichterstattung;
- als Grundlage der Darstellung dient das Input/Kontext-Prozess-Output/Outcome-Modell, in dem vor allem die Interdependenzen zwischen den verschiedenen Bildungsteilsystemen abgebildet werden sollten. Die Darstellung in den drei Teilberichten hat gezeigt, dass derzeit relativ viele Input-, aber zu wenige Prozessinformationen vorliegen. Vor allem individuelle wie organisationsspezifische Prozessdimensionen müssen aber ein wesentlicher Schwerpunkt der Berichterstattung sein.

Weitgehend übereinstimmend werden in den drei Darstellungen auch übergreifende Desiderata sichtbar gemacht. Dazu gehören vor allem, dass

- derzeit kein systematisch begründetes Indikatorenmodell für eine lebenslauforientierte Berichterstattung über das Bildungswesen insgesamt vorliegt, gleichwohl aber an Erfahrungen mit Indikatorisierungsversuchen der drei Berichte angeknüpft werden kann;
- es eine Fülle von (häufig nicht kompatiblen) Strukturdaten gibt und zugleich ein enormer Mangel an Verlaufsdaten herrscht, die belastbare Auskünfte über die Effekte von Bildung im Lebensverlauf zulassen; eine künftige Bildungsberichterstattung muss daher von einem völlig anderen Blickwinkel ausgehen: es reicht nicht mehr aus, allein verfügbare Daten und Befunde zu referieren, sondern es ist eine Strategie erforderlich, die klärt, welche Daten für einen Bericht notwendig sind;
- ein Teil der Daten- und Forschungsdefizite so grundlegend ist, dass ihr Ausgleich erst durch neue Forschungsaktivitäten möglich erscheint.

Der Zweck einer nationalen Bildungsberichterstattung ist unstrittig. Kontrovers sind hingegen die konkrete Verwirklichung dieses Zwecks, seine Operationalisierung und Institutionalisierung in zu publizierenden Bildungsberichten. So liegt es nahe, aus Erfahrungen im Ausland zu lernen. Wie machen es die anderen?

4 Berücksichtigung von Erfahrungen ausländischer Bildungsberichte

Auf die Anlage der Bildungsberichterstattung auf internationaler und supranationaler Ebene soll hier nicht näher eingegangen werden; die breite Kenntnis von „Education at a Glance" und der indikatorengestützten Publikationen der EU [6] kann allgemein vorausgesetzt werden. Im Folgenden soll vielmehr die Bildungsberichterstattung in ausgewählten Staaten (USA, Kanada, Niederlande und Frankreich) näher beschrieben werden. An diesen Beispielen werden verschiedene Formen der Bildungsberichterstattung veranschaulicht.

Bildungsberichterstattung in den USA

Der Bildungsbericht der USA „The Condition of Education" erscheint seit 1989; er wird jährlich herausgegeben vom National Center for Education Statistics (NCES) im Umfang von ca. 350 Seiten, davon ca. 120-160 Seiten Indikatorendarstellung und vertiefende Analysen. Inhaltlich gliedert sich der Bericht in sechs Kapitel:

---

[6] Gemeint sind hier vor allem die bereits erwähnten „Key data on Education in Europe" (zuletzt 2005) und der „Bericht über die Qualität der schulischen Bildung in Europa – Sechzehn Qualitätsindikatoren" (2000).

- *„Participation in Education"* (Umfragen, Trends, allgemeine Charakteristika in allen Bildungsbereichen),
- *„Learners' Outcomes"* (Trends und Veränderungen der Schülerleistungen in zentralen Fächern, Befunde nationaler und internationaler Tests/Schulleistungsuntersuchungen),
- *„Student Effort and Educational Progress"* (Differenzierung nach ethnischen/sozialen Merkmalen, Einstellungen der Schüler),
- *„Contexts of Elementary and Secondary Education"* (Sammlung vielfältiger Aspekte der Beschreibung der Institution Schule),
- *„Contexts of Postsecondary Education"* (analog dem zuvor genannten Kapitel),
- *„Societal Support for Learning"* (Bildungsfinanzierung in allen Bildungsbereichen).

Besonderes Merkmal des Berichts ist, dass er ausdrücklich Bildung und Erziehung in allen Altersstufen berücksichtigt: Gleichwohl liegt der Schwerpunkt der Berichterstattung auf Bildung und Erziehung in der allgemein bildenden öffentlichen Schule. Nach Bundesstaaten differenziert werden die Daten nur bei der Darstellung von Schülerleistungen.

Bildungsberichterstattung in Kanada

„Education Indicators in Canada", erstmalig 1999, seitdem alle zwei Jahre publiziert, wird in einem Gesamtumfang von 380 Seiten, davon 165 Seiten Text und ca. 200 Seiten Tabellenanhang, von „Statistics Canada" und dem „Council of Ministers of Education" erstellt. Die wesentlichen inhaltlichen Bereiche sind:

- *„The Context of Education"*: Trends der Bevölkerungsentwicklung, Bildungsstand der Erwachsenenbevölkerung, Mobilität innerhalb Kanadas, sozioökonomischer Status etc.
- *„Characteristics and Features of Education Systems"*: Bildungswesen als Ganzes in vielfältigen Aspekten wie z. B. Schulgröße, Geschlecht, Alter, Einkommen der Lehrer, Schüler-Lehrer-Relation
- *„Educational Outcomes"*: Ergebnisse nationaler und internationaler Erhebungen der Schülerleistungen, Anzahl der vergebenen Abschlüsse
- *„Labour Market Outcomes"*: Einfluss von Bildung auf die Berufstätigkeit, Risiko der Arbeitslosigkeit, Bildungsverhalten im Arbeitsleben

Zu den Merkmalen des kanadischen Bildungsberichts gehört, dass mehrheitlich bildungsstatistische Daten zu den ausgewählten Themen des Bildungswesens in allen 10 Provinzen dargestellt werden. Der Schwerpunkt der Berichterstattung liegt auf dem Schulbereich; nur vereinzelt finden sich Informationen zu anderen Bildungsbereichen. Inhaltlich liefert „Education Indicators in Canada" vor allem einen innerkanadischen Vergleich der Schul- bzw. Bildungssysteme.

Bildungsberichterstattung in den Niederlanden

„Verslag van de Staat van het Onderwijs in Nederland" wird durch die niederländische Schulinspektion vorgelegt. Der jährliche Bericht hat einen Umfang von ca. 250-280 Seiten. Seine wichtigsten inhaltlichen Themen sind:

- Situation der Schüler (Wohlbefinden, Schulübergänge, Risikogruppen),
- Situation des Lehrpersonals (Lehrermangel, Hintergründe, Folgen, Maßnahmen),
- Stand der Qualitätssicherung und des Schulmanagements,
- bildungsbereichbezogene Ergebnisse der Inspektion entsprechend den spezifischen Qualitätsstandards von Primar- und Sekundarschulen, beruflichen Schulen und der Erwachsenenbildung (Lernergebnisse, Fächerangebot, Schulleistungstest und Examensresultate, Qualität des Unterrichts, Unterrichtsprozesse etc.).

Ein besonderes Merkmal ist, dass der Jahresbericht Ergebnisse der letzten Inspektion zusammenstellt und mit den Ergebnissen der vorjährigen Berichte vergleicht. Dem Bericht liegt ein Indikatorensystem zu Grunde, das sich nach Kontext-, Prozess- und Wirkungsqualitäten ordnet.

Bildungsberichterstattung in Frankreich

In Frankreich gibt es zwei Berichte „L'état de l'École" (ca. 80 Seiten) und „Géographie de l'École" (ca. 120 Seiten) mit einer einjährigen bzw. zweijährigen Erscheinungsweise.

In „L'état de l'École" werden 31 Indikatoren in den folgenden drei Bereichen dargestellt:

- zur Finanzierung des Bildungswesens (regional differenziert),
- zu Lehr- und Leitungspersonal im Bildungswesen, Dauer der Schulzeit, Klassengrößen,
- erreichte Abschlüsse, Risiko der Arbeitslosigkeit, Einbeziehung familiärer Hintergrundaspekte.

Eine differenziertere Darstellung bietet „Géographie de l'École" mit 30 Indikatoren in fünf Kapiteln:

- allgemeine soziökonomische Rahmendaten einzelner Schulbezirke,
- regionale Differenzen bei Schülerzahlen und Beschulungsangeboten für die einzelnen Stufen,
- differenzierte Daten zur Bildungsfinanzierung,
- Daten zur Bildungsbeteiligung der 16- und 24-jährigen, zu Wiederholungen, zu Zugangsraten und zum Förderbedarf,
- nach Departements differenzierte Darstellung der Ergebnisse der nationalen Lernstandsuntersuchungen in Französisch und Mathematik der Klassenstufe 6.

Daten zur Mobilität der Bevölkerung und zum Übergang in den Beruf nach Verlassen des Bildungswesens werden im Anhang dargestellt.

Merkmale der beiden Berichte sind: Jeder Indikator in „L'état de l'École" wird auf zwei Seiten dargestellt. In „Géographie de l'École" ist die Darstellung ähnlich knapp, wobei regionale Differenzierungen ausführlicher behandelt werden. Beide Berichte zusammen liefern national wie regional spezifizierte Einschätzungen des aktuellen Standes und der Entwicklungstendenzen im Bildungswesen. Es werden Informationen zu allen Bildungsbereichen gegeben, der Schwerpunkt liegt jedoch auf dem allgemein bildenden Schulwesen. Zu ausgewählten Aspekten werden internationale Vergleichsdaten der OECD herangezogen.

Ohne ins Detail zu gehen, lassen sich im Sinne eines *Fazits* einige wesentliche Aspekte der Bildungsberichterstattung in anderen Staaten festhalten:

- Es besteht international offenbar eine weitgehende Einigkeit über die Notwendigkeit eines daten- bzw. indikatorengestützten Bildungsberichts.

- Die Ausgestaltung und die Institutionalisierung des jeweiligen nationalen Bildungsberichts ist hingegen recht unterschiedlich. Grundsätzlich gibt es zwei Typen von Bildungsberichten: a) eher bildungsstatistisch fundierte Berichte (USA, Kanada, Frankreich) und b) eher inspektionsbasierte Berichte (Niederlande).

- In den Berichten werden einzelne Bildungsbereiche unterschiedlich stark berücksichtigt, wobei der Schwerpunkt überwiegend auf dem Schulwesen liegt; auch das Ausmaß der regionalen Differenzierungen ist unterschiedlich.

- Durchgängig zeigt sich eine Orientierung am Modell Input-Kontext-Prozess-Wirkung.

- Als Ergänzung der herangezogenen Datenbasis ist die Einbeziehung aktueller Forschungsergebnisse und internationaler Vergleichsstudien üblich.

5 Umsetzung der Perspektive „Bildung im Lebenslauf"

Die Berichterstattung soll sich an der Perspektive „Bildung im Lebenslauf" orientieren [7], mithin sämtliche Bildungsbereiche – von der frühkindlichen Bildung, Betreuung und Erziehung über die Hochschule bis hin zur Weiterbildung erfassen – und darüber hinaus auch non-formale und informelle Lernwelten einschließen. Der Blick richtet sich vor allem auf die Frage, ob und wie weit die Bildungseinrichtungen im Stande sind, die Lernenden auf die Anforderungen in Ausbildung, Beruf, Familie und Gesellschaft vorzubereiten. Hierbei geht es insbesondere um die „Schnittstellen" und Übergänge im Bildungswesen, an denen sich zumeist der weitere Verlauf der „Bildungskarrieren", ihr Gelingen und Misslingen, entscheidet. Übergänge im Verlauf etwa von Schulkarrieren werden durch die amtliche Statistik weitgehend erfasst. Notwendige Modifikationen der Datenbasis betreffen vor allem die Einschulungspraxis selbst, einschließlich der Erfassung des Anteils der Kinder, die mit und ohne Kindergartenbesuch/Vorschul-

---

[7] Vgl. die Ausschreibung „Gemeinsamer Bericht der Kultusministerkonferenz und des Bundesministeriums für Bildung und Forschung" vom 13.05.2004.

bzw. Vorklassenbesuch in die Grundschule übergehen; eine Berücksichtigung des sozio-ökonomischen Hintergrunds und des Migrationshintergrunds, was bisher nur teilweise über Surveys möglich ist sowie eine bessere Vereinheitlichung der vorhandenen Daten. Ein wesentlicher Schritt zur weiteren Verbesserung der Datenbasis in dieser Richtung ist der im Jahr 2003 von der KMK verabschiedete „Kerndatensatz für schulstatistische Individualdaten der Länder". Beim Kerndatensatz handelt es sich um ein Mindest-Programm, das optional auf Landes-Ebene erweiterbar ist (dies gilt insbesondere für Unterrichtsdaten). Idealtypisch umfasst es folgende miteinander verknüpfbare Datensegmente: Organisationsdaten der Schule, Individualdaten der Schüler, Individualdaten der Abgänger und Absolventen, Individualdaten der Lehrkräfte, Daten zu Klassen/Kursen der Schule, Organisationsdaten der Unterrichtseinheit. Die Konkretisierung der Merkmale und Ausprägungen des Kerndatensatzes ist jedoch noch nicht vollständig abgeschlossen. Die Einrichtung einer bundesweiten Datenbank mit Einzeldaten in bundeseinheitlicher Abgrenzung ist demnächst vorgesehen. Über den Kerndatensatz hinaus vereinbarten die Länder eine baldige Umstellung der Statistiken auf Individualdaten. Als Zeitfenster für die Umstellung auf Individualdaten ist die Zeit bis 2007 vorgesehen; in einigen Ländern ist diese bereits erfolgt. Mit der Umstellung auf Individualdaten wird sich die Datenbasis für Analysezwecke – etwa im Hinblick auf Untersuchungen zum Verlauf von Schulkarrieren und zur Gestaltung von Prozessen – erheblich verbessern. Dabei wird es aber entscheidend darauf ankommen, welche Individualmerkmale erhoben werden.

6 Einbeziehung non-formaler Bildung und informellen Lernens

In der neueren internationalen Diskussion wird der Blick zunehmend auf diejenigen Formen des Lernens gerichtet, die jenseits von institutionalisierten Bildungsorten die individuellen (Lern-)Kompetenzen erweitern und insbesondere die Selbststeuerungs- und Selbstorganisationsfähigkeit als wichtige individuelle Voraussetzung für lebenslanges Lernen stärken. Für diese Lernformen haben sich die Kategorien der non-formalen Bildung und des informellen Lernens eingebürgert; sie reflektieren den Sachverhalt wachsender Entgrenzung von Lernprozessen und lassen sich oft, aber keineswegs immer als komplementär zum formalen Lernen begreifen. Non-formale Bildung und informelles Lernen grenzen sich gegenüber formalem Lernen wie folgt ab:

- *Formales Lernen* findet in Bildungs- und Ausbildungseinrichtungen statt und führt zu anerkannten Abschlüssen.

- *Non-formales Lernen* findet außerhalb der Hauptsysteme der allgemeinen und beruflichen Bildung, z. B. am Arbeitsplatz oder im Rahmen der Aktivitäten der Organisationen und Gruppierungen der Zivilgesellschaft (wie Jugendorganisationen, Gewerkschaften, Verbänden und Parteien), aber auch in der Schule (z. B. im Kontext von Ganztagsangeboten) statt; es führt nicht zum Erwerb eines anerkannten Abschlusses. Auch formale Bildungsinstitutionen ergänzende Aktivitäten wie Musik-, Kunst- und Sportbetätigungen oder die private Betreuung von Lernen zählen zum non-formalen Lernen.

- Demgegenüber ist *informelles Lernen* eine Begleiterscheinung des alltäglichen Lebens. Im Unterschied zu den anderen Lernformen handelt es sich nicht notwendigerweise um ein intentionales Lernen, weswegen es von den Lernenden auch oft nicht unmittelbar als eine Erweiterung ihres Wissens und ihrer Kompetenz wahrgenommen wird [8].

Diese Dimensionierung ist jedoch kaum mehr als eine Heuristik und in vielfältiger Hinsicht entwicklungsfähig; insbesondere wird nicht immer präzise zwischen sozialen Systemeigenschaften von *Lernorten* und Charakteristika subjektiver *Lernprozesse* unterschieden.

Eine besondere empirische Herausforderung besteht gegenwärtig in der Erarbeitung von Zusammenhangsanalysen der non-formalen Bildung und des informellen Lernens mit dem schulnahen Kompetenzerwerb auf der Ebene von Individualdaten: Wie hängt der in Schulleistungsstudien bestimmte Kompetenzgrad eines Individuums in Lesen, Naturwissenschaften und Mathematik mit spezifischen bildungsunterstützenden familialen Kommunikationsmustern, mit freiwilligem und politischem Engagement in non-formalen Kontexten oder auch mit bestimmten Formen des Selbstlernens in *Peer-Kontexten* oder Art und Weise der Computer- und Internetnutzung zusammen? Wie können diese Zusammenhänge auch auf die sozial-kommunikative und individuelle Selbstregulationsfähigkeit betreffende Kompetenzen ausgedehnt werden? Welche Effekte welchen Formen informellen Lernens zukommen, bleibt bisher ebenso offen wie die Frage, welche Komplementaritäten zwischen formellen und informellen Lernprozessen sowohl auf institutioneller als auch individueller Ebene bestehen, ob es eher zu kompensatorischen bzw. substitutiven oder komplementären Effekten kommt. Realistischerweise wird man hier von systemischen Zusammenhängen ausgehen müssen, die es aufzuklären gilt (vgl. *Beathge & Baethge-Kinsky* 2004).

7 Orientierung an steuerungsrelevanten Problemen

Relevante Themen für die Berichterstattung und für die Auswahl von Indikatoren ergeben sich wesentlich auch aus den Besonderheiten des deutschen Bildungswesens (u. a. die föderale Struktur, die Differenzierung des Sekundarbereichs I, das duale System der Berufsausbildung, Bildung und Erziehung im Bereich der Kinder- und Jugendhilfe). In der Berücksichtigung dieser Spezifika des deutschen Bildungswesens dürfte auch ein Teil des „Mehrwerts" der Bildungsberichterstattung gegenüber internationalen Bildungsberichten und in Deutschland vorliegenden speziellen Berichten (etwa zur Berufausbildung und zur Weiterbildung) bestehen. Vor diesem Hintergrund lässt sich eine Vielzahl von aktuellen und längerfristigen Herausforderungen identifizieren, die Bildungspolitik, Bildungsverwaltung und Bildungseinrichtungen zu bewältigen haben und die hier nicht im Einzelnen aufgelistet werden sollen [9]. Es liegt auf der Hand, dass eine umfassende Beschreibung und Analyse all dieser Probleme im deutschen Bildungswesen dem Sinn und Zweck einer Bildungsberichterstattung zu-

---

[8] Vgl. *EU-Kommission* (2000, 9f.); ähnlich auch *Bundesjugendkuratorium (BJK)* (2002).

[9] Zur Vielzahl der Probleme, die gegenwärtig in der bildungspolitischen Debatte erörtert werden, s. z. B. *Cortina, Baumert* et al. (2003); *Avenarius, Ditton* et al. (2003); *Rauschenbach, Leu* et al. (2004).

widerliefe. Sie muss sich darauf beschränken, die *wichtigen* Entwicklungen des Bildungswesens zu untersuchen. Die Unterscheidung zwischen wichtig und weniger wichtig ist indes nicht leicht zu treffen. Je nach politischem, sozialem und ethischem Vorverständnis wird man zu abweichenden Ergebnissen gelangen. In dem Bemühen um Objektivierung hat bei der Suche nach vorrangig zu bearbeitenden Problemen ein Diskursverfahren mit in- und ausländischen Expertinnen und Experten stattgefunden, an dessen Ende sich die folgenden Themen als für die künftige Entwicklung des deutschen Bildungswesens von zentraler Bedeutung herauskristallisiert haben:

- Bildungsbeteiligung,
- Bildungs- und Ausbildungsabschlüsse,
- Übergänge im Bildungswesen,
- Kompetenzerwerb,
- Bildungszeit,
- Qualitätssicherung und Evaluierung,
- demographische Entwicklungen,
- Bildungsausgaben,
- Personalressourcen,
- Bildungsangebote und Bildungseinrichtungen,
- Bildungserträge.

8   Indikatorensets und Indikatoren

Unter Indikatoren werden nach gängigen Begriffsbestimmungen [10] Messgrößen („Anzeiger") verstanden, die als Stellvertretergrößen für komplexe Gefüge einen möglichst einfachen und verständlichen Statusbericht über die Qualität eines Zustandes liefern, etwa wichtige Aspekte des Zustandes eines zu betrachtenden Gesamtsystems. Indikatoren beruhen auf statistischen Daten; sie sind verglichen mit anderen bildungsrelevanten statistischen Daten jedoch stärker theoretisch begründet. Zugleich sollen Indikatoren Handlungsrelevanz und Anwendungsbezug haben, indem sie ein Bild aktueller bzw. möglicher Probleme aufzeigen. Dafür müssen sie bestimmte Qualitätskriterien erfüllen. Sie basieren auf regelmäßiger (periodischer) Erhebung und sollen damit Änderungen im Zeitverlauf aufzeigen. Indikatoren müssen valide, reliable und objektive Informationen enthalten, die sich auf bestimmte Funktionen beziehen, z. B. Monitoring. Sie stellen eine auf ein bestimmtes Ziel gerichtete Auswahl, Transformation und Kombination von Daten dar, die normative und definitorische Bezüge benötigen. Indikatoren müssen Querverbindungen untereinander zulassen. Letztlich ergibt sich erst aus der Verflechtung und Gruppierung von Indikatoren ein Einblick in den Zustand eines zu beschreibenden Systems. Die genannten bildungspolitisch bzw. öffentlich thematisierten lang- und mittelfristigen sowie unmittelbar aktuellen Fragen und Probleme

---

[10] Vgl. u. a. *Fitz-Gibbon* (1996); *Oakes* (1986); *Ogawa & Collom* (1998).

stellen insgesamt den Bezugspunkt von Indikatoren, also das Indikandum, dar, ohne dessen Berücksichtigung eine Definition von Indikatoren nicht sinnvoll ist. Indikatoren mit gleicher oder ähnlicher thematischer Ausrichtung werden zu Gruppen, so genannten Indikatorensets, zusammengefasst. In diesem Zusammenhang ist explizit auf den Unterschied zwischen Indikatoren und Kennziffern hinzuweisen: Kennziffern drücken anders als die über ein theoretisches Konzept definierten Indikatoren vorhandene Quantitäten aus und führen somit zu eher absoluten Aussagen (z. B. die Summe der eingeworbenen Drittmittel). Sie gelten unabhängig von bestimmten konzeptionellen Annahmen, können aber über ein theoretisches Konzept zu Indikatoren werden.

Im Bildungsbereich befindet sich eine Vielzahl von Faktoren, die zudem in sich häufig verändernden Kontexten und Zusammenhängen stehen, in ständiger Interaktion. Das erschwert die Steuerbarkeit des Systems wie seiner Teilsysteme erheblich. Eine umfassende und steuerungsorientierte Sicht auf das Bildungswesen erfordert daher, aus dieser Vielzahl von Faktoren jene auszuwählen, für die eine aussagefähige und zugleich überschaubare Anzahl an Indikatoren, also ein Set von Indikatoren, bestimmt werden, die auch Querverbindungen und Interdependenzen aufzeigen. Als Grundlage für bildungspolitische Steuerung eignen sich Indikatorenmodelle vor allem dann, wenn sie umfassenden und langfristigen Charakter haben und auf Vergleiche angelegt sind. Mit den bisherigen Arbeiten zu Indikatorenmodellen in internationalen oder nationalen Berichtssystemen (z. B. „Education at a Glance", „Key data", „16 Qualitätsindikatoren", nationale Berichterstattungen im Ausland) haben sich dazu verschiedene Ansätze herausgebildet, Indikatoren zu kategorisieren und in einem ordnenden Raster darzustellen: Im Wesentlichen lassen sich drei Ansätze der Modellierung unterscheiden: a) der *„system modelling"-Ansatz* (Indikatoren werden so definiert und zusammengestellt, dass sie die Leistungen des Gesamtsystems beschreiben), b) der *„problemfinding"-Ansatz* (Indikatoren werden als Frühwarnsystem für Probleme ausgewählt) und der c) *„target-setting"-Ansatz* (Indikatoren orientieren sich vorwiegend an politischen Zielsetzungen; vgl. *van Ackeren & Hovestadt* 2003).

Für eine systemische Bildungsberichterstattung ergibt sich die Notwendigkeit, alle drei Ansätze im Sinne wechselseitiger Ergänzung zu integrieren.

Die bisherigen Forschungen zu Bildungsindikatoren favorisieren das Kontext-Input-Prozess-Output-Modell [11], um Indikatoren zu kategorisieren (vgl. *Scheerens* 2004). Diese eher konventionelle Typologie stammt aus der Ökonomie und wird im Bildungsbereich vielfach variiert genutzt. Innerhalb dieses Modells finden in letzter Zeit Output- bzw. Outcome-Indikatoren besondere Aufmerksamkeit. Dabei ist dem Missverständnis zu begegnen, es handele sich um Kausalitäten. Zwar gibt es Zusammenhänge zwischen Bildungswirkungen und den Input- und Prozessvariablen, allerdings nicht im Sinne einer „Kausalkette", sondern von Wechselverhältnissen, die Bildungsergebnisse in steuerungsrelevante Zusammenhänge stellen.

---

[11] In der Regel wird zwischen Kontext, als den durch das Bildungswesen eher kaum beeinflussbaren gesellschaftlichen Rahmenbedingungen und dem Input, als den vom Bildungswesen weitgehend steuerbaren Größen, unterschieden. Für diese Darstellung wird im Folgenden die Unterscheidung nicht vorgenommen. Eine Unterscheidung findet sich auch zwischen Output als unmittelbaren Wirkungen und Outcomes als längerfristigen Wirkungen.

Es sind verschiedene Aggregationsstufen der Indikatorisierung möglich: übergreifende Fragen des Gesamtsystems, die einzelnen Bildungsbereiche, die Bildungsinstitutionen, die Instruktionsebene bis hin zum Individuum (je mit Blick auf die internationale Ebene, auf die Länderebene und Regionen). Für die Bildungsberichterstattung stehen, wie beschrieben, das System und die einzelnen Bildungsbereiche im Vordergrund. Innerhalb der einzelnen Bereiche sind bedingt auch Aussagen zu Institutionen und zum Individuum möglich. Die folgende Übersicht veranschaulicht den Zusammenhang zwischen einzelnen Bildungsbereichen und verschiedenen Indikatorensets. Für jeden Bildungsbereich sollen die Indikatoren in ihrer jeweiligen bereichsspezifischen Ausprägung dargestellt werden.

Damit die in einem Modell kategorisierten Indikatoren ihre Funktionen erfüllen können, müssen die Nutzer der Informationen diese einordnen und interpretieren können. Das wirft die Frage nach dem Bewertungsmaßstab für die Indikatoren auf.

Indikatoren sind zumeist keine absoluten, sondern relative Größen. Solche relativen Größen sind über verschiedene Zeitpunkte und die unterschiedlichen Teilbereiche bzw. Teilpopulationen des Bildungswesens leichter vergleichbar als absolute Zahlen; sie sind theoretisch fundierter interpretierbar, etwa im Sinne einer Ausnutzung von Ressourcen, Ausschöpfung von Bildungspotentialen usw.

Auch relative Größen benötigen jedoch für ihre Interpretation (d. h. für den Bezug auf ein Indikandum) eines oder verschiedene Maßstäbe. Auch wenn der Indikator in einem konzeptuellen Referenzrahmen verankert ist, braucht man auf den quantitativen Ebenen einen Bewertungsrahmen, der den Zahlenwerten Bedeutung beimisst. Prinzipiell werden drei unterschiedliche Arten von Bewertungsmaßstäben unterschieden:

- *Kriterialer Bewertungsrahmen:* Hier werden Kennwerte auf Zielmarken bezogen, die politisch gesetzt oder analytisch begründet werden. Beispielsweise könnte der Anteil der Hochschulabsolventen an einem Geburtsjahrgang bewertet werden nach einschlägigen Vorgaben aus dem EU-Benchmarking oder im Blick auf den von Arbeitsmarktforschern prognostizierten Qualifikationsbedarf.

- *Ipsativer Bewertungsrahmen:* Hierbei werden Kennzahlen, die wiederholt gemessen worden sind, im Zeitverlauf dargestellt, und Richtung bzw. Ausmaß der Veränderungen werden interpretiert und bewertet. Beispielsweise könnte festzustellen sein, ob der Anteil von Hochschulabsolventen jährlich angestiegen ist (für das Ausmaß des Anstiegs könnte es wiederum kriteriale Bezugsnormen geben).

- *Sozialer Bezugsrahmen:* Der vermutlich häufigste Fall ist ein Vergleich der an einer Beobachtungseinheit gemessenen Kennzahlen (z. B. Land, Region oder Institution) mit denen anderer Beobachtungseinheiten. Für die nationale Bildungsberichterstattung besonders wichtig ist der Vergleich von Kennzahlen mit anderen Staaten (*Benchmarking*) oder der innerdeutsche Vergleich zwischen den Ländern. Denkbar sind aber auch Vergleiche zwischen Teilpopulationen, z. B.: Anteil der Hochschulabsolventen nach Geschlecht, Personen mit und ohne Migrationshintergrund usw.

Die Bildungsberichterstattung wird je nach Datenlage und Fragestellung unterschiedliche Bezugsrahmen verwenden. Zu beachten ist, dass ein und dieselbe Kennzahl je nach verwendetem Bezugsrahmen Unterschiedliches indizieren kann.

9 Datenbasis für eine kontinuierliche Bildungsberichterstattung

Eine kontinuierliche, indikatorengestützte Bildungsberichterstattung muss sich auf eine Datenbasis stützen können, die mindestens folgenden Anforderungen genügt:

a) Ein indikatorengestützter Bericht benötigt repräsentative Datensätze, die nicht nur regelmäßig erhoben werden, sondern auch eine aussagekräftige Indikatorenbildung ermöglichen. Die gleichzeitige Realisierung beider Bedingungen ist in vielen Fällen noch nicht erfüllt. Hier ist auch unmittelbarer Forschungsbedarf festzustellen.

b) Die Datensätze sollten sich in den einzelnen Bildungsbereichen auf die unterschiedlichen Phasen des Bildungsgeschehens gleichermaßen beziehen, also sowohl auf die Voraussetzungen (Input und Kontext), den Verlauf (Prozess) als auch auf den Ertrag und die Wirkung (Output und Outcome). Eine besondere Bedeutung kommt dabei den Wirkungen von Bildung und den Prozesscharakteristika zu.

c) Für die Bildungsberichterstattung sind sowohl organisationsbezogene Daten (Strukturdaten) als auch personenbezogene Daten (Individualdaten) erforderlich, die es erlauben, das Zusammenwirken von institutionellen Gegebenheiten und individuellen Bildungsprozessen zu beleuchten. Dabei müssen sich individuelle Bildungsverläufe, differenziert nach Geschlecht, sozialer, regionaler und ethnischer Herkunft ebenso nachzeichnen lassen wie die strukturellen Bedingungen des Bildungsgeschehens, also etwa Fragen des Zugangs, der Teilnehmerstruktur, der Trägerschaft, der Bildungsausgaben und der Bildungsfinanzierung, aber auch der Lernergebnisse und der institutionellen Übergänge.

d) Die Bildungsberichterstattung in Deutschland muss künftig sowohl in internationaler als auch in regionaler Hinsicht anschlussfähig sein. Dies setzt Anpassungen an die internationalen Vereinbarungen der OECD ebenso voraus wie deren Weiterentwicklung bzw. Modifikation im Horizont nationaler Besonderheiten. Und es erfordert mit Blick auf die regionale Untergliederung auf der Ebene von Bundesländern zugleich so umfangreiche Datensätze, dass entsprechende Darstellungen möglich sind. Dies ist vor allem bei Umfragedaten (z. B. beim SOEP-Datensatz) nicht in allen Fällen gewährleistet.

e) Eine wichtige Bedingung einer aussagekräftigen Datengrundlage muss das Bestreben und die Bereitschaft aller Beteiligten sein, ein aufeinander abgestimmtes Datenkonzept zu entwickeln, das in seinem Erhebungskonzept und in den einzelnen Erhebungsmerkmalen eine zusammenhängende Bildungsberichterstattung ermöglicht. Hierzu ist eine neue „Datenkultur" mit einem Höchstmaß an Vereinheitlichung und Übereinstimmung notwendig.

Allein auf Basis der Sicherung der bisherigen Daten aus amtlicher Statistik und den Ergebnissen (international vergleichender) Schulleistungsuntersuchungen lässt sich eine Reihe der als steuerungsrelevant erachteten Indikatoren nicht berichten. Angezeigt sind deshalb folgende Maßnahmen zur Verbesserung der Datenbasis für die Bildungsberichterstattung:

a) Hinsichtlich der amtlichen Statistik:

- Umstellungen der Statistiken in den einzelnen Bildungsbereichen auf Individualstatistiken in Verbindung mit der Vergabe einer persönlichen Identifikationsnummer („Schüler-/Studierenden-ID"); sollte sich das als nicht realisierbar erweisen, wäre alternativ die Frage eines Bildungspanels zu prüfen;
- Erfassung des sozioökonomischen Hintergrundes und des Migrationsstatus in regelmäßigen statistischen Erhebungen;
- stärkere Vereinheitlichung vorhandener Datensätze durch verbesserte Abstimmung zwischen Kinder- und Jugendhilfestatistik, Schulstatistik, Berufsbildungsstatistik, Hochschulstatistik und Mikrozensus;
- Erfassung des Merkmals „Schulformbesuch" im Mikrozensus;
- Erfassung der Verteilung der Bildungslasten zwischen Staat, privaten Einrichtungen und Bildungsteilnehmern.

b) Hinsichtlich von *Large Scale Assessments* (LSA; mit Ländervergleich):

- Ausweitung der Erhebungsbereiche repräsentativer Kompetenzmessungen auf den Eingang in die Grundschule (einschließlich von Erhebungen zum Sprachstand in Abhängigkeit vom familiären Hintergrund und vom KiTa-Besuch) und auf 3jährige (insbesondere zum Entwicklungsstand von 3jährigen);
- Nutzung eines zweiten Testtages für zusätzliche Erhebungen, insbesondere zu Leistungsmessungen in den Bereichen Fremdsprache Englisch, Deutsch (nicht durch LSA abgedeckte Komponenten der Bildungsstandards) und „civics education" sowie zur Erfassung von Prozesscharakteristika durch Ergänzung der Befragungsprogramme für Schüler, Lehrkräfte, Schulleiter und Eltern;
- Entwicklung von Konzepten zur Durchführung von Kompetenzmessungen auf dem Gebiet sozial-kommunikativer Fähigkeiten.

c) Hinsichtlich national repräsentativer Surveys:

- Durchführung der Zeitbudgetstudie des Statistischen Bundesamtes in regelmäßigen Abständen (etwa alle vier Jahre);
- Regelmäßige Durchführung des Jugendsurveys, des „Freiwilligen-Surveys" und der HIS-Absolventenstudien.

Wie bereits bisher sichtbar geworden, zeigt sich ein relativ großer Forschungsbedarf für die empirische Bildungsforschung. Eine indikatorengestützte Bildungsberichterstattung kann diese Aufgaben nur ansatzweise selbst erfüllen; sie muss sich überwiegend auf entsprechende (interdisziplinäre) Forschungsbefunde stützen können.

IV Felder einzelschulischer Qualitätsentwicklung

Jürgen van Buer & Peter J. Hallmann

Schulprogramme – Konstruktions- und Implementationsbefunde

Dieser Beitrag fokussiert kritisch ausgewählte empirische Befunde zur Qualität vorliegender Schulprogramme sowie zur Arbeit mit ihnen. Dabei wird u. a. deutlich, dass jenseits aller bildungspolitischen Wünschbarkeiten dieses Instrument der einzelschulischen Qualitätsentwicklung nach wie vor als ambivalent eingeschätzt werden kann; denn weder ist empirisch nachgewiesen, dass sich die Implementierung eines Schulprogramms positiv auf die Outputqualität dieser Schule auswirkt, noch wird sein Nutzen von der breiten Mehrheit der Akteure vor Ort eindeutig als hoch und gewinnbringend eingeschätzt. Diese Befunde werden vor dem Hintergrund der gesetzlichen Rahmenbedingungen sowie grundlegender Funktionen des Schulprogramms gespiegelt. Weiterhin werden Antworten auf die Frage nach der Verknüpfung dieses Instruments mit der Einführung eines einzelschulischen Qualitätsmanagements skizziert.

1 Zur Einführung – Schulprogramme als eine Landschaft im Transit

Schulprogramme sind hoch aktuell, so vermelden es die gesetzlichen Bestimmungen in den Schulgesetzen der meisten Bundesländer, die Ausführungsvorschriften und auch die einschlägigen Veröffentlichungen in der Erziehungswissenschaft und Schulentwicklungsforschung. Diese Feststellung verweist auf mindestens fünf Aspekte:

(a) Viele der ca. 36.890 allgemein bildenden Schulen und der ca. 10.300 beruflichen Schulen in Deutschland haben bereits ein Schulprogramm vorgelegt; geschätzt sind dies bereits mehr als ein Viertel aller Schulen, nutzt man die Befunde von *Mohr* (2006, 74ff.) als projektiven Hintergrund (genauer vgl. Abschnitt 4.1). Die Schulen, die dies noch nicht getan haben, werden dies in absehbarer Zeit tun (müssen).

(b) Die Schulprogrammlandschaft muss zumindest derzeit in höchstem Maße als eine Veränderungslandschaft verstanden werden; zu ihr können für einen nur vergleichsweise kurzen Zeitabschnitt verlässliche Beschreibungen formuliert werden – wenn auf der Basis repräsentativer Stichproben empirische Studien zur Struktur, zu den Inhalten und zur Qualität dieser Schulentwicklungsdokumente vorliegen. Und dies gilt nur für das Land Hamburg zur inneren Struktur etc. dieser Programme (vgl. *Holtappels & Müller* 2004). Ähnliche einschränkende Bedingungen gelten auch für Aussagen über das Handeln der Akteure vor Ort, die an der Konstruktion und Implementation der Schulprogramme beteiligt sind (für Nordrhein-Westfalen vgl. *Kanders* 2002; genauer Abschnitt 4.2).

(c) Da die Schulen zu sehr unterschiedlichen Zeitpunkten mit der Konstruktion ihrer Programme begonnen haben bzw. erst noch beginnen werden, befinden sich diese in verschiedenen Entwicklungsstadien: Während einige Schulprogramme noch als „erste Rohentwürfe" gelten können, sind andere bereits in der Phase ihrer ersten Veränderung. Damit wird die auch vorher schon existierende starke Unterschiedlichkeit in der Schullandschaft sichtbar; vielleicht wird sie noch weiter befördert, stärker als dies vor

der Explizierung der einzelschulspezifischen Zielhorizonte, Bedingungsstrukturen und vor allem auch der Entwicklungsstrategien und deren Umsetzung mittels konkreter Projekte bisher offensichtlich war.

(d) Schulprogramme verweisen zumindest implizit auf einen stark gestiegenen Bedarf an systemischer Steuerung durch die Verantwortlichen in der Bildungsadministration einerseits und durch das Führungspersonal in der einzelnen Schule andererseits. Die Antworten auf die Frage, mittels welcher Strategien und Konzepte diese Steuerung erfolgen kann bzw. sollte, fallen von Bundesland zu Bundesland durchaus unterschiedlich aus. Trotzdem kann – zumindest derzeit – zum einen generell der Wechsel von einer stark dominanten Top-Down-Steuerung hin zu eher indirekter Kontextsteuerung festgestellt werden; das einschlägige Stichwort heißt „Erweiterung der Selbstständigkeit der Einzelschule" (zu Steuerungsaspekten vgl. die Beiträge von *Zlatkin-Troitschanskaia* in diesem Handbuch). Zum anderen wird am Wechsel von der reinen Input-Steuerung hin zu stärkerer Output-Steuerung gearbeitet, zumindest soweit dies im Rahmen der gesetzlichen Bestimmungen möglich ist (vgl. hier den Beitrag von *Bos, Dedering* et al. in diesem Handbuch).

(e) Angesichts der Unterschiede und auch angesichts der starken Veränderungen der einschlägigen Landschaft ist die Frage, welches das favorisierte Schulprogrammmodell bzw. -konzept sei, empirisch gesichert derzeit kaum beantwortbar. Sichtbar wird für die erziehungswissenschaftlich-pädagogische Diskussion nur das breite Spektrum von Überlegungen zwischen dem Schulprogramm als einem *pädagogischen Entwicklungsrahmen* mit nur mäßigen Verbindlichkeiten für den einzelnen Akteur vor Ort auf der einen Seite und als Steuerungsinstrument mit hohen Verbindlichkeiten auf der anderen (genauer vgl. den Beitrag von *van Buer & Köller* in diesem Handbuch). Für die real vorfindlichen Schulprogramme und die dort explizit bzw. implizit abgelegten Modelle und Konzepte ist die Situation eher noch unübersichtlicher und befindet sich vor allem in einem eher schnellen Wandel.

Die folgenden Überlegungen konzentrieren sich auf eine kurze Übersicht über den derzeitig vorfindlichen gesetzlichen Rahmen und auf dessen Auswirkungen auf die Formulierung der vorliegenden Ausführungsvorschriften (Kapitel 2), auf die kurze Erläuterung dessen, was unter einem Schulprogramm verstanden werden kann (Kapitel 3), vor allem auf die Beschreibung ausgewählter Befunde der einschlägigen empirischen Untersuchungen (Kapitel 4) sowie kurz auf die Verknüpfung von Qualitätsmanagement und Schulprogramm (Kapitel 5). Im Kapitel 6 schließlich werden die Ergebnisse zusammengefasst, zentrale Optionen an die Qualität der Schulprogramme und an die zukünftige Forschung formuliert sowie offene Fragen angesprochen [1].

---

[1] In dem Schulprogramm-Beitrag von *van Buer & Köller* in diesem Handbuch sind vor allem schultheoretisch fundierte Überlegungen und solche zu Auswirkungen von Schulprogramm(arbeit) auf die pädagogische Freiheit des Lehrers zu finden.

2 Die Schulprogrammlandschaft – Vor allem eine bundeslandspezifisch gestaltete?

Aus den Beiträgen in diesem Handbuch wird deutlich: Die schon lang anstehenden Steuerungsfragen stellen sich nicht neu, sondern eher verschärft. Sichtbar wird dies angesichts der Befunde aus den internationalen Leistungsstudien wie PISA I/II und auch aus den national-regionalen Untersuchungen wie LAU in Hamburg [2] sowie angesichts der ersten bildungspolitischen Reaktionen darauf. Diese Steuerungsfragen werden auf den verschiedenen Ebenen des Bildungssystems sichtbar – von der Ebene de (bildungs-)politischen Willensbildung und deren schuladministrative Interpretation, über die Verknüpfung der Einzelschule mit dieser Administration durch die zuständige Dienstaufsicht hin zur Führung und Steuerung der Einzelschule durch die Akteure in der Schule bis zur Ebene des Unterrichts, dem eigentlichen „Kerngeschäft". Und sie sind explizit zu behandeln, d. h. auch, sie dem deutlich gestiegenen Interesse der Öffentlichkeit an Bildungsfragen nicht nur kundzutun, sondern auch hinsichtlich Notwendigkeit, Effektivität und Effizienz sowie von Kosten und Folgekosten zu vermitteln. Angesichts der im Kapitel 1 schon erwähnten tendenziellen Veränderung von der Input- hin zur Outputsteuerung einerseits und der Zurücknahme von Top-Down-Steuerungen zugunsten indirekter Kontextsteuerungen andererseits ist die Frage nach angemessenen und vor allem effektiven Steuerungsinstrumenten sowie nach deren Verknüpfung untereinander nicht nur hoch aktuell, sondern deren Beantwortung durch die beteiligten Akteure wird auch höchst folgenreich sein (zu Steuerungsfragen vgl. den Beitrag von *Zlatkin-Troitschanskaia* in diesem Handbuch). Welche Steuerungsinstrumente derzeit implementiert sind bzw. welche derzeit implementiert werden, ist im Beitrag von *van Buer & Köller* ausführlich dargestellt. An dieser Stelle sei deshalb nur festgehalten: Auf jeder systemischen Steuerungsebene sollte es um zentrale Fragen des Ressourcen schonenden und effektiven Einsatzes von institutionell-organisatorischen sowie menschlichen Investitionen von Lernenden und auch Lehrenden gehen; diese Fragen sind solche nach erweiterten Entscheidungs- und Handlungsräumen der dort handelnden Akteure zum ersten, nach erhöhter Rechenschaftslegung in der Verwendung der Mittel und Ressourcen zum zweiten und nach möglichst dateninduzierter Entwicklung zum dritten. Diese drei Generalstrategien hat *Ditton* (2000b; vgl. auch den Beitrag Autors in diesem Handbuch) für die Einzelschule ausgeführt; sie können aber auf jede Steuerungsebene angewendet werden.

Vor diesem generellen Hintergrund der „Öffnung" von Entscheidungs- und Handlungsräumen und der dadurch drängenden Frage nach Rechenschaftslegungen können die verschiedenen derzeit eingesetzten Steuerungsinstrumente interpretiert werden. Sie reichen von normativen Vorgaben als Konsens der Bundesländer – Bildungsstandards (vgl. *Klieme, Avenarius* et al. 2003), über verstärkte bundeslandspezifische Maßnah-

---

[2] Zu PISA II vgl. *PISA-Konsortium* (2004). Zur Hamburger LAU-Untersuchung vgl. z. B. *Lehmann, Hunger* et al. (2004); *Lehmann, Vieluf* et al. (2006). Zur Brandenburger QuaSUM-Untersuchung vgl. z. B. *Lehmann, Peek* et al. (2000). Zur externen Evaluation und einzelschulischen Entwicklung vgl. den Beitrag von *Artelt* in diesem Band.

men der externen Evaluation (z. B. zentrale Tests, externe Schulinspektion), innere Evaluation der Einzelschulen, einzelschulische Leistungsberichte bis hin zu normativen Favorisierungen ausgewählter Prinzipien der Unterrichtsgestaltung (z. B. Lernfeldgestaltung, handlungsorientierter Unterricht).

In diesem Gesamtspektrum kommt dem Schulprogramm als Steuerungs- und Entwicklungsinstrument eine zentrale Rolle zu. Denn einerseits verknüpft es bzw. in ihm „materialisieren" sich die Gestaltungsmöglichkeiten und -notwendigkeiten, die der einzelnen Schule seitens der administrativen Ebenen zur Verfügung gestellt werden; und andererseits stellt es einen Rahmen dar, der – in durchaus unterschiedlich wahrgenommener – Verbindlichkeit die Entwicklungsrichtung der Einzelschule, ihre strategischen und operativen Maßnahmen der Zielerreichung und damit auch die schulinternen Erwartungen an den einzelnen pädagogischen Akteur expliziert.

Noch schärfer sichtbar wird dies – z. B. in Berlin – wenn das Schulprogramm in einem engeren Steuerungszyklus zu denken ist; dieser kann z. B. bestehen aus Schulprogramm, jährlichem einzelschulischen Leistungsbericht und darauf bezogenen Zielvereinbarungen zwischen zuständiger Schulaufsicht und Schulleitung (vgl. die Ausführungsvorschriften der *Senatsverwaltung für Bildung, Jugend und Sport* 2004a; 2006a).

Vor diesem, für jedes Bundesland aktuellen Problemhorizont zeichnen sich die folgenden Trends ab (zu den Konsequenzen der föderalen Struktur für die Schulentwicklung vgl. den Beitrag von *Böttcher & Rürup* in diesem Band).

2.1 Gesetzliche Basierung der Schulprogramme in den Bundesländern

Derzeit (März 2007) kann die Situation wie folgt charakterisiert werden: In den folgenden Bundesländern wird die Verpflichtung bzw. die Empfehlung zur Erstellung eines Schulprogramms formuliert – Berlin (§ 8 des Schulgesetzes), Brandenburg (§ 7 Abs. 2), Bremen (§ 9 Abs. 1), Hamburg (§ 51), Hessen (§ 127b), Mecklenburg-Vorpommern (§39a), Niedersachsen (§ 32 Abs. 2; Änderung vom 17. Juli 2006); Nordrhein-Westfalen (§ 3 Abs. 2), Sachsen (§ 1 Abs. 3), Schleswig-Holstein (§ 3). In den folgenden Bundesländern findet das Instrument des Schulprogramms keine Erwähnung – Baden-Württemberg (letzte Novellierung des Schulgesetzes von 2005), Bayern (Novellierung von 2006), Rheinland-Pfalz (Novellierung von 2004), Saarland (Grundlage: Schulordnungsgesetz von 2005), Thüringen (Novellierung von 2005). Insgesamt kann man die These wagen, dass in absehbarer Zeit das Instrument des Schulprogramms in jedem Bundesland verbindlich vorgeschrieben sein wird (vgl. auch *Holtappels* 2004b, 21).

2.2 Gesetzliche Definition der Funktionen und Binnenstrukturen von Schulprogrammen

Wie schon bezüglich der verbindlichen Einführung fällt auch die landesgesetzliche Ausformulierung von Funktion und thematischer Struktur der Schulprogramme sowie die Platzierung des/der entsprechenden Paragraphen im Landesschulgesetz sehr unterschiedlich aus:

(1) Kurze Benennung: So wird z. B. in Bremen (Schulgesetz § 9 Abs. 1) unter dem Titel der „Eigenständigkeit der Schule" mit einer nur kurzen Benennung des Schulprogramms die Einzelschule aufgefordert, mittels eines solchen das zu entwickelnde einzelschulische Profil zu gestalten und fortzuschreiben. Schleswig-Holstein erwähnt im § 3 Abs. 1 zur Selbstverwaltung der Schule das Schulprogramm nur kurz.

(2) Ausdifferenzierungen: Hamburg hingegen differenziert im Abschnitt zur Schulverfassung, dort unter den „Grundlagen" im § 51 Abs. 1, u. a. mittels Spiegelstrichen die notwendig in einem Schulprogramm anzusprechenden Punkte detaillierter aus.

(3) Ausführlichere Platzierung in der Steuerungslandschaft: In Berlin wird im „Teil II Schulgestaltung" im Abschnitt 1 zur „Selbständigkeit, Eigenverantwortung, Qualitätssicherung" im § 8 „Schulprogramm" dieses Instrument in seiner inhaltlichen Mindeststruktur mittels neun Punkten beschrieben (Abs. 1 und 2). Ebenfalls dort zu finden ist die gesetzliche Aufforderung, bei der Entwicklung die Unterstützung des Berliner Landesinstituts für Schule und Medien in Anspruch zu nehmen (Abs. 3). Weiterhin wird dort das Verfahren zur Genehmigung durch die Schulaufsichtsbehörde beschrieben (Abs. 4). Weiter ausdifferenziert wird diese Grundlage durch die Ausführungsvorschriften „zur Erstellung der Schulprogramme und zur inneren Evaluation" (*Senatsverwaltung für Bildung, Jugend und Sport* 2004a).

2.3 Kernelemente von Schulprogrammen aus Sicht der Landesschulgesetze bzw. der einschlägigen Ausführungsvorschriften

Analysiert man die einschlägigen gesetzlichen Textstellen bzw. die verfügbaren Ausführungsvorschriften, zeigen sich über alle Bundesländer hinweg thematische Bereiche, zu denen ein Schulprogramm Aussagen beinhalten sollte. Diese sind

- pädagogische Grundorientierung, Vision, Leitsätze;
- Ausdifferenzierung der Leitsätze zu (z. T. operationalisierten) Zielvorstellungen;
- Aussagen über den jeweiligen Ist-Zustand, möglichst anhand der in der internen Evaluation erhobenen Daten, und Verwendung der Befunde in der Stärken-Schwächen-Analyse der Einzelschule;
- Schwerpunkte in Unterricht, Schulleben, Organisation sowie in interner und externer Kommunikation und Kooperation;
- Maßnahmen zur Zielerreichung, Verantwortliche, Ressourcen und Zeitplan;
- Programm der inneren Evaluation.

Vergleicht man diese Punkte mit Ausführungen z. B. zum Change-Management (vgl. z. B. *Doppler & Lauterburg* 2002) oder mit ganzheitlich ausgerichteten Controlling- und Management-Konzepten (genauer vgl. Kapitel 5), fällt auf: In den obigen Punkten wird vor allem die Grundvorstellung einer visionsgeleiteten, an operationalen Kriterien messbaren Veränderung von Schule sichtbar, dort primär hinsichtlich des zentralen „Kerngeschäfts" – alltäglich Unterricht-Machen – und der dazu effektiv zu gestaltenden institutionell-organisatorischen Unterstützungsprozesse. Eingebettet ist dies in ein deutlich verändertes Verständnis über die Wirtschaftlichkeit der Prozesse und deren

Bewertung für die Entwicklung der Einzelinstitution (vgl. auch den Beitrag von *van Buer & Köller* in diesem Band).

2.4 Schulprogramm – Komplexe Ansprüche an ein Entwicklungsinstrument

Die obig markierten Punkte verweisen auf den hohen Anspruch seitens der Bildungspolitik und der Bildungsadministration, der implizit und/oder explizit an ein Schulprogramm gestellt wird (zur derzeit empirisch vorfindlichen Schulprogrammsituation vgl. Abschnitt 4.1). Dieser geht deutlich über das hinaus, was in den 1990 Jahren häufig in einschlägigen Broschüren, Homepages etc. von Einzelschulen zu finden war – Leitsätze mit starkem „Präambelcharakter", denen eher Werbecharakter denn präzise Beschreibung mit operationalisierter Prüfqualität zukam.

Gefordert wird inzwischen i. d. R. ein einzelinstitutionell ausgestaltetes Gesamtkonzept, sei es im Sinne eines Entwicklungsrahmens mit relativ breiten Entwicklungskorridoren, sei es im Sinne eines ausdifferenzierten Steuerungsinstruments, in dem für die Akteure vor Ort hohe Verbindlichkeiten hinsichtlich der Gestaltung ihrer alltäglichen Arbeit und vor allem auch Hinweise auf erwartete Effekte und deren Erfassung ausgewiesen sind (zur realen Situation vgl. genauer Kapitel 4). Insgesamt geht es darum, die bildungspolitisch favorisierte Gewährung erweiterter Selbstverantwortung der Einzelinstitution mittels verbindlicher Festlegungen zur Qualitätssicherung und -entwicklung der alltäglichen Arbeit quasi „gegenzulesen". Damit soll dem gesetzgeberischen Auftrag genügt werden, das Bildungssystem so zu gestalten, dass zum einen die dortigen Akteure effektiv und Ressourcen schonend mit den zur Verfügung gestellten Steuermitteln umgehen und dass zum anderen für die betroffenen Schülerinnen und Schüler weitest möglich materiale Chancengleichheit umgesetzt wird [3].

3 Schulprogramme – Eine kurze theoretische Skizze

Empirische Untersuchungen gründen auf expliziten, manchmal auch auf impliziten Theorien und Modellen über den Gegenstandsbereich, über den sie systematisch Daten erheben (vgl. z. B. *Gigerenzer* 1981; *Bortz* 1984, 7ff.; *Wosnitza & Jäger* 2000). Für Zusammenfassungen, Beurteilungen und Verwendungen der vorgelegten Befunde gilt Ähnliches. Deshalb wird der Beschreibung der zentralen Ergebnisse zu Schulprogramm (Abschnitt 4.1) und Schulprogrammarbeit (Abschnitt 4.2) hier eine nur kurze Skizze des Konzepts von Schulprogramm vorangestellt.

Präzise definieren zu wollen, was unter Schulprogrammen zu verstehen sei, fällt nicht leicht; diese Einschätzung erfolgt angesichts der vergleichsweise neuen Implementierung dieses Entwicklungsdokuments, angesichts der an manchen Stellen unübersehbaren Zurückhaltung und manchmal wohl auch „Hilflosigkeit" der Schuladministration hinsichtlich der angemessenen Ausformulierung von Anforderungen, Mindeststandards etc. an dieses Instrument, auch angesichts der in breitem Umfang fest-

---

[3] Sowohl die nationalen als auch die internationalen Schulleistungsstudien zeigen für das deutsche Bildungssystem, dass die familiären Bildungsinvestitionen für das erfolgreiche Lernen in Schule eine entscheidende Rolle spielen (vgl. z. B. *Baumert, Stanat & Watermann* 2006). *Edelstein* (2006) fasst diese Situation in der Überschrift seines Artikels mit „Bildung und Armut" treffend zusammen.

stellbaren Probleme der Konstrukteure vor Ort (vgl. Kapitel 5) und nicht zuletzt auch angesichts der enormen konzeptionellen Spannbreite in der einschlägigen erziehungswissenschaftlich-pädagogischen Diskussion (genauer vgl. Abschnitt 2.3 im Beitrag von *van Buer & Köller* in diesem Handbuch). So werden im Folgenden fünf Punkte herausgestellt, die auch als Interpretationsrahmen für die Beschreibungen der empirischen Befunde im Kapitel 4 dienen können:

- *Hauptfunktionen von Schulprogrammen*: Schulprogramme sind Instrumente der Einzelschule, innerhalb der im Bildungssystem zur Verfügung gestellten Rahmenbedingungen auf den Wandel in Gesellschaft reflektiert zu reagieren und den verfügbaren Freiraum im Rahmen der erweiterten Selbstständigkeit der Einzelschule zu nutzen und auszuloten. Dabei erfüllen sie sowohl nach innen in die einzelne Schule hinein als auch nach „außen", d. h. hinsichtlich ihrer Verknüpfung mit ihrem Umfeld und den anderen gesellschaftlichen (Sub-)Systemen wie Familie, Arbeitsmarkt und Beschäftigungssystem etc., eine Vielzahl von Einzelfunktionen (vgl. z. B. *Holtappels* 2004b; *Mohr* 2006, 53ff.). Dadurch, dass jede Schule eines Bundeslandes ihr Schulprogramm der Schuladministration als übergeordneter Dienstinstanz, aber auch der Öffentlichkeit zugänglich macht bzw. dies zu tun verpflichtet ist, wird die bisher weitestgehend über implizites Wissen bzw. Vermutungen abgebildete Vielfalt im Umgang mit dem gesetzlichen Auftrag von Schule sicht- und damit auch auf eine neue Weise öffentlich diskutierbar. Dadurch wird eine wichtige Bedingung erfüllt, wie sie sich aus den Überlegungen von *Heid* in diesem Handbuch zur Qualität von Schule ergibt.

- *Zum Gegenstandsbereich von Schulprogrammen*: In ihrem Schulprogramm stellt die jeweilige Schule vor allem dar, wie sie gedenkt, die beiden folgenden Aspekte ihres Auftrages zu realisieren: *(a)* den ihr gegebenen Gestaltungs- und Erfahrungsraum für die Förderung der ihr anvertrauten Kinder und Jugendlichen, dort besonders hinsichtlich der erwartbaren Wandlung von Gesellschaft und der daraus entstehenden Anforderungen, für das Lernen und personale Entwicklung dieser Lernerinnen und Lerner fruchtbar zu machen; *(b)* die Wirksamkeit der jeweils vereinbarten Lehr-Lern-Milieus und der darin ablaufenden Prozesse bezüglich der explizit vereinbarten Zielhorizonte zu verbessern. Damit werden Schulprogramme u. a. zu Instrumenten, dies es ermöglichen, das Netz direkter und indirekter Wirkungen der schulintern vereinbarten Strategien und operativen Konzepte, z. B. der Projekte, auf ihre Schul-, auf ihre Unterrichtskultur, vor allem jedoch auf Wirkungen hinsichtlich des Lernens der Schülerinnen und Schüler systematisch abzubilden. Dies erfolgt zentral mittels der vereinbarten Konzepte der inneren Evaluation.

Inwiefern ebenfalls die *Wirtschaftlichkeit* des institutionellen und organisationalen Handelns erfasst werden sollte, hängt wesentlich davon ab, ob eine neben der pädagogischen auch stärker betriebswirtschaftliche Rechenschaftslegung vereinbart und/oder eingefordert wird (zu dieser Generalstrategie vgl. *Ditton* 2000b; den Beitrag des Autors in diesem Handbuch). Die so erzeugten Dokumente dienen wesentlich dazu, das gewonnene Wissen gemeinsam mit den Akteuren der einzelnen Schule in die Konstruktion ihrer Institution und ihres Unterrichts zurückzubinden und evaluationsbasierte Entscheidungen für die weiteren schulinternen Interventionen vorbereiten (zur Strategie der dateninduzierten Qualitätsentwicklung von Schule vgl. z. B. *Peek* 2006; auch den Beitrag des Autors in diesem Handbuch).

- *Zu den Inhalten von Schulprogrammen*: Wie bereits im Kapitel 2, Punkt (c), skizziert, kann man die administrativ eingeforderten bzw. nahe gelegten Punkte wesentlich durch die folgenden Optionen kennzeichnen: Die Ausformulierung dieser Punkte soll es den Akteuren vor Ort, aber auch dem externen Leser ermöglichen, den Zusammenhang zwischen den Zielvorstellungen der jeweiligen Schulen (Vision, Leitsätze), der Beschreibung der innerschulischen Ist-Situation (Struktur, Bildungsangebot, Stärken-Schwächen-Analyse), der Schwerpunktsetzung in Schule, Unterricht und bezüglich des Netzwerkes nach außen, deren Umsetzung in Maßnahmen und der Wirksamkeit dieser Maßnahmen (ermittelt über innere Evaluation) nachzuvollziehen und auf Stringenz etc. zu prüfen (vgl. auch *Rolff* 2006). Insgesamt ergibt sich daraus ein zeitlich zu definierender Kreislauf (i. d. R. von ca. 3-5 Jahren) von Implementierung, Evaluation, Reflexion und Diskussion mit anschließender Veränderung des Schulprogramms.

- *Zu den Mindeststandards von Schulprogrammen*: Über die Beantwortung der Frage, welche Qualität Schulprogramme als Mindeststandards aufweisen sollten, herrscht bis jetzt kaum Übereinstimmung. Dies gilt sowohl für die Ebene der bildungspolitischen und bildungsadministrativen Akteure, ebenfalls für das Feld der einschlägigen erziehungswissenschaftlich-pädagogischen Publikationen und nicht zuletzt auch für die Ebene der Akteure „vor Ort" (genauer vgl. Kapitel 4).

> Für das Land Berlin beispielsweise legt die Schuladministration durch die Ausführungsvorschrift Schulprogramm (vgl. *Senatsverwaltung für Bildung, Jugend und Sport* 2004a) zwar verbindlich die Punkte fest, zu denen ein Schulprogramm sich äußern muss. Diese sind wesentlich die oben schon angesprochenen, erweitert über Personalplanung, Weiterbildung und Budgetierung/Finanzierung. Allerdings erfolgen keine weiteren Festlegungen hinsichtlich z. B. der konzeptionellen Fundierung, dem Konkretisierungsgrad und der inneren Konsistenz. Die letzteren sind drei Kriterien, die *Holtappels & Müller* (2004, 99f.) als Grundlage für ihre Untersuchung Hamburger Schulprogramme gewählt haben (vgl. auch die Kriterien in *Mohr* 2006, 94f.; vgl. auch Abschnitt 4.1). Nur für die Projekte, die jede Schule in ihrem jeweiligen Maßnahmengefüge herausgehoben betrachtet und institutionell/organisational besonders fördert, werden für Berlin fünf Kriterien formuliert, mittels derer diese SMART-Projekte genauer zu beschreiben sind – s(pezifisch), m(essbar), a(kzeptiert), r(ealistisch), t(erminiert).

Trotzdem kann man gerade für die Ebene der Einzelschule die derzeitige Situation daraufhin zuspitzen, dass zumindest nicht immer hinreichende Einigkeit beim Führungspersonal sowie unter den Lehrpersonen bereits innerhalb einer Schule vorliegt (vgl. Abschnitt 4.2). Der Verweis darauf, dass jede Schule für sich herausfinden möge, welche Qualität sie für dieses Steuerungsdokument anstrebt, hilft an dieser Stelle wenig weiter. Denn dies führt eher zu einer deutlichen Vergrößerung der sowieso schon teils massiven Unterschiede in der Qualität der verfügbaren Schulprogramme (vgl. Abschnitt 4.1). Und diese Unterschiede werden erwartbar dazu führen, dass die Bildungsadministration steuernd, d. h. mittels weiterer Ausführungsvorschriften die Vielfalt begrenzend, eingreifen wird.

- **Schulprogramme = *Steuerungsinstrumente*:** Folgt man den obigen Ausführungen, stellt das Schulprogramm einer Schule zwar einen pädagogischen Entwicklungsrahmen dar, nicht jedoch einen mit nur geringer Verbindlichkeit; statt dessen wird es zunehmend zu einem *Steuerungsinstrument mit hoher Verbindlichkeit* und deutlicher Beschränkung der individuellen Freiräume der pädagogischen Akteure auch und gerade im „Kerngeschäft" des alltäglichen Unterrichts [4]. Damit wird der Bezug zu Steuerungsinstrumenten deutlich sichtbar, wie er sich z. B. in den Modellen des Qualitätsmanagements abzeichnet (vgl. Kapitel 5).

4 Empirische Befunde zu Schulprogramm und Schulprogrammarbeit

Die vorliegenden empirischen Untersuchungen sind i. d. R. keine reinen inhaltsanalytischen Studien vorliegender Schulprogramme (vgl. z. B. *Holtappels & Müller* 2004), sondern beinhalten auch Befragungen der Akteure (z. B. *Mohr* 2006), zu deren Umgang mit ihrem Schulprogramm; allerdings liegt eine Reihe von Befragungsstudien auch ohne Analyse der Schulprogramminhalte etc. vor (vgl. z. B. *Kanders* 2002 oder *Schlömerkemper* 2004). Angesichts dieser Situation ist die Unterscheidung in den Abschnitten 4.1 und 4.2 notgedrungen unscharf und markiert nur den Schwerpunkt der referierten Untersuchungen. Der Fokus liegt in den beiden folgenden Abschnitten darauf, über die ausführlichere Beschreibung ausgewählter Studien die sich abzeichnende Gesamtsituation sowie unbeantwortete Fragen zu charakterisieren.

4.1 Zu den empirischen Befunden zur Qualität von Schulprogrammen

Wie auch *Holtappels & Müller* (2004) ansprechen, liegen zwar aus den 1990er Jahren schon ältere Studien zu Schulprogrammen vor. Doch aufgrund ihres breiten quantitativen Fundaments als besonders relevant für die Charakterisierung der derzeitigen Schulprogrammlandschaft kann die Untersuchung der oben angesprochenen Autoren zu den Inhalten von Hamburger Schulprogrammen (423 Schulprogramme) im Auftrag des Hamburger Senats gelten und andererseits die Studie von *Mohr* (2006) über Grundschulen (246 Schulen als Ausgangsbasis), eine Zusatzstudie zum bundesweit angelegten IGLU-Projekt.

Angesichts von ca. 37.000 allgemein bildenden und ca. 10.000 beruflichen Schulen in der Bundesrepublik, vor allem angesichts der schnellen Entwicklung im Bereich der Schulprogrammkonstruktion und -implementierung, sind empirisch zuverlässige generalisierungsfähige Aussagen auf dieser Grundlage nur begrenzt möglich. Somit können die im Folgenden dargestellten Befunde nur Hinweise auf Trends liefern. Allerdings müssten Aussagen, die an Mittelwerts- und Medianmaßen ausgerichtet sind, gleichermaßen durch solche über die Streuungen in den Verteilungen und damit über Unterschiede zwischen den Einzelschulen ergänzt werden, folgt man der Vorstellung, die

---

[4] Letzteres ist kompatibel mit der derzeitigen Rechtsprechung; diese bezweifelt zwar nicht die pädagogische Freiheit in ihrem Kern, leitet daraus jedoch im individuellen Konfliktfall kaum „Rechte" auf individuell zuzugestehende Freiräume ab; statt dessen interpretiert sie diese Freiheit eher im Sinne einer Mäßigungsklausel (genauer vgl. den Beitrag von *van Buer & Köller* in diesem Handbuch).

einzelne Schule sei als pädagogische Handlungseinheit zu verstehen (vgl. *Fend* 1986; auch *Rolff* 2006; den Beitrag von *Steffens* in diesem Handbuch). Dieser Option wird nicht immer in dem wünschenswerten Ausmaß gefolgt.

Zur Hamburger Studie von Holtappels & Müller (2004)

Die vorgelegte Studie ist eine empirische Untersuchung im Auftrag des Hamburger Senats, die unter stark begrenzten finanziellen und zeitlichen Bedingungen durchgeführt wurde. Wie im Kapitel 2 ausgewiesen, ist die Einführung eines Schulprogramms für jede Schule verbindlich vorgeschrieben.

- *Beteiligung von Akteuren während der Konstruktionsphase*: Die Befunde zu dieser Phase der Schulprogramme in den Hamburger Schulen legen nahe: Über alle Schulen betrachtet war in ca. zwei Drittel der Fälle eine Steuergruppe zentral am Entwicklungsprozess beteiligt; zu ca. 85% wurden alle Lehrerinnen und Lehrer einer Einzelschule eingebunden, in der Regel auch zu gut 60% die Eltern (mit einem „Einbruch" bei den beruflichen Schulen; ca. 20%); und bei ca. einem Drittel der Schulen haben auch Schülerinnen und Schüler mitgewirkt; externe Gruppen waren nur marginal beteiligt (ca. 5%; *Holtappels & Müller* 2004, 85). Wie diese Beteiligungen ausgesehen haben, z. B. welche Zeitinvestition sie erfordert haben bzw. wie groß die Variation dieser Zeitinvestitionen über die beteiligten Akteure zwischen gelegentlichem Gespräch und regelmäßigem intensiven Arbeiten an ausgewählten Schulprogrammfragestellungen ausfiel, wird aus den Befunden allerdings nicht erkennbar.

- *Zu den Inhalten der Schulprogramme*: Diesbezüglich ergeben sich laut *Holtappels & Müller* (2004, 90) massive Unterschiede zwischen den Schulformen hinsichtlich der Frage, inwiefern *Leitbilder* expliziert werden: Hier variieren die Verteilungen zwischen 14% für die GHR-Schulen [5], 23% der Sonderschulen, 29% der beruflichen Schulen, 30% der Grundschulen und 78% der Gesamtschulen und der Gymnasien. Bei den Gestaltungsschwerpunkten zeichnet sich eine deutliche Dominanz *pädagogischer Gestaltungsansätze* ab, dort vor allem in Richtung auf Fördermaßnahmen für ausgewählte Schülergruppen (63%); curriculare Schwerpunkte hingegen sind deutlich unterrepräsentiert (26%). Bei den letzteren liegt die Dominanz bei der Entwicklung fächerübergreifender Lernbereiche (40%), gefolgt von Schwerpunktsetzungen in Neigungsbereichen (23%) und in der Entwicklung eines besonderen Fachcurriculums (21%). Profilbildungen in einzelnen Schulformen (10%) und Abweichungen von der Stundentafel (14%) spielen nur eine untergeordnete Rolle (*Holtappels & Müller* 2004, 92). Bei den pädagogischen Gestaltungsansätzen stehen die Entwicklung und Implementierung von didaktisch-methodischen Schwerpunkten (78%), besondere Akzente im Fachunterricht (56%) sowie besondere Lerngelegenheiten (54%) im Zentrum; IuK und Neue Medien hingegen fallen mit 31% der Nennungen deutlich zurück. Bezüglich des *Schullebens* liegen die Schwerpunkte im Bereich der Entwicklung eines sozialen Schullebens (48%) und des sozialen Lernens (42%), gefolgt von interkulturellem Lernen (36%) und besonderen Formen der Konfliktregelung (35%). Wenig beachtet werden integrative Maßnahmen (12%), besondere Formen der Elternarbeit (13%), beson-

---

[5] GHR-Schulen = integrierte Grund-, Haupt- und Realschulen.

dere Formen der Schülermitarbeit (19%) und Beratungs- und Betreuungsangebote (20%). Hinsichtlich der *Organisationsformen* dominieren die Entwicklung von Teambildung und besondere Formen der Lehrerkooperation (50%), gefolgt vom Raumkonzept (38%). Zeitkonzepte spielen deutlich seltener eine Rolle (25%), auch Festlegungen beim Personaleinsatz (23%), Grundsätze zum Ressourceneinsatz (12%) oder die Realisierung besonderer Klassen oder Züge (8%; *Holtappels & Müller* 2004, 97). *Fortbildungsplanungen* weisen ca. 37% der Schulen auf, jedoch mit großen Unterschieden zwischen den beruflichen Schulen (69%) und den Gymnasien (25%). Bezüglich der *inneren Evaluation* sind bei ca. 43% der beteiligten Schulen Indikatoren vorfindlich, ebenfalls wiederum mit erheblichen Variationen über die Schulformen.

Mit diesen auf Einzelaspekte verweisenden Ergebnissen sind Bewertungen der Schulprogramme hinsichtlich deren Qualität nur begrenzt sinnvoll. Eher sind Urteile darüber möglich, inwiefern die analysierten Programme den derzeit in der wissenschaftlichen Schulentwicklungs-, der empirischen Bildungs- und der Lehr-Lern-Forschung bzw. den in der Bildungspolitik diskutierten „Mainstreams" folgen. Insgesamt könnte man resümieren, dass i. d. R. eine „Mischung" aus je spezifischen Problemlagen und Bedingungen der Einzelschule und ihrem Umgang mit den bildungspolitisch gewünschten bzw. aus empirischen Befunden „abgeleiteten" bildungspolitischen Optionen sichtbar wird, allerdings auch ein eher „traditionelles" Bild von alltäglich Schule-Machen, in dem die Elternarbeit oder auch die Schüler(mit)arbeit nach wie vor eine eher untergeordnete Rolle spielen. Ähnliches deutet sich für die Entwicklung von Konzepten für Neue Medien und IuK an. Insgesamt stehen im Vordergrund Aspekte von Machbarkeit und Nutzen der knappen Ressourcen primär gemäß den Bildern und Bedürfnissen der Akteure vor Ort über ihre Schul- und Unterrichtsarbeit.

■ *Zur Qualität der Schulprogramme*: Ihre empirische Analyse abschließend gehen *Holtappels & Müller* (2004, 99f.) der Frage nach der Qualität der analysierten Schulprogramme mittels dreier Kriterien nach, in denen sich der Blick auf das ganze Entwicklungsdokument spiegelt; diese sind konzeptionelle Fundierung, Konkretisierungsgrad und innere Konsistenz.

Die Ergebnisse verweisen auf massive Differenzen zwischen den Schulprogrammen; dies gilt sowohl innerhalb einzelner Dokumente als auch in ihrem Vergleich. Allerdings, so die Autoren, liege bei ca. zwei Dritteln der Programme eine gute Fundierung vor, bei ca. 9% sogar eine „überdurchschnittlich gute" (ebd., 100). Jedoch wird auch offensichtlich: Die systematische Verknüpfung der Argumente, Konzepte und Wahl der Maßnahmen zwischen den einzelnen Teilen der Schulprogramme erweise sich als eher problembehaftet. Dies gilt vor allem für die *Vernetzung der Ziele mit der je konkreten operativen Umsetzung zur Zielerreichung*. Damit ist ein Sachverhalt angesprochen, der auch bei Unternehmen (Profit-Organisationen) immer wieder beobachtbar ist und auf den Qualitätsmanagementkonzepte eine mögliche Antwort darstellen (genauer vgl. Kapitel 5). Weiterhin wird eher selten im Sinne komplexer Netzwerke mit Haupt- und Nebeneffekten von Entscheidungen gedacht und geplant. So seien in den Hamburger Schulprogrammen solche konsistenten Entscheidungsvernetzungen nur für 14% und in Ansätzen für ca. 39% der Schulprogramme nachweisbar (ebd., 100).

Holtappels & Müller (2004, 101) haben die analysierten Schulprogramme hinsichtlich der oben benannten drei Kriterien einer Clusteranalyse unterzogen: Danach würden nur ca. 13% der Programme eine hohe Qualität aufweisen, 19% seien als stark Defizit belastet einzuschätzen, und ca. 68% könnten als „indifferent", d. h. letztlich als Defizit gefährdet gelten. Dies sind Bewertungen der beiden Autoren, die sich statistisch aus der Kombination der Urteile auf den Einzelmerkmalen ergeben, die wiederum nicht immer auf einem eindeutig ausgewiesenen Referenzsystem beruhen.

Schulprogramme an Grundschulen – Zur IGLU-Zusatzstudie von Mohr (2006)

Im Frühsommer 2002 wurden an den an der IGLU-Studie [6] beteiligten Grundschulen zunächst schriftliche und dann nochmals telefonische Befragungen zu ihrer Schulprogrammsituation und -arbeit durchgeführt (vgl. *Mohr* 2006, 74).

- *Vorliegen von Schulprogrammen:* Danach hatte zu diesem Zeitpunkt ca. die Hälfte der Schulen (48%) kein entsprechendes Dokument zur Verfügung bzw. war noch ganz am Beginn der Arbeiten. 31% verfügten über ein Schulprogramm, von denen sich 5% in Überarbeitung bzw. im Genehmigungsprozess befanden, bei 7% der Schulen lag ein schriftlich ausgearbeitetes Profil und bei 14% ein Papier zur Schulentwicklung vor. Insgesamt markiert bereits dieses Ergebnis die schon angesprochene derzeitige Übergangssituation in den Schulen hinsichtlich der Arbeit an und mit Schulgrammen, die nicht zuletzt auch durch die unterschiedlichen Optionen in den Bundesländern verursacht ist (vgl. Abschnitt 2.1).

Die erste Durchsicht der verfügbaren Dokumente – so *Mohr* (2006, 79) – rücke als ersten Eindruck die „großen Unterschiede im Umfang der Dokumente, in der Ausführlichkeit der Darstellung und der Form der Darbietung in den Blickpunkt". Allerdings würden sich vier Darstellungsschwerpunkte als generelle Muster herauskristallisieren; diese sind die Bestandsanalyse, die (pädagogische) Schwerpunktsetzung, der Maßnahmenkatalog und die Evaluation, die auch zentrale Bestimmungsstücke seitens der Vorgaben der jeweiligen Bildungsadministration darstellen (vgl. Abschnitt 2.2). Diese Aspekte sind auch für die Analysen von *Mohr* (2006) zentral.

Auf der Basis eines expliziten Bewertungskatalogs (vgl. *Mohr* 2006, 81-83) kommen die ersten Auswertungen zu dem Urteil, dass 48% der Schulprogramme in einer „sehr schlichten" bzw. „schlichten" Form dargeboten werden, 26% in einer „eher aufwändigen" und ebenfalls 26% in einer „sehr aufwändigen" Form (ebd., 85).

- *Beteiligung an den Schulprogrammen:* Stark beteiligt an der Schulentwicklungspapieren waren in 78% der Schulen die Schulleitungen, in 38% das (fast) vollständige Kollegium und in 45% Arbeitsgruppen des Kollegiums. Noch stärker als in der Studie von *Holtappels & Müller* (2006) fällt für die Grundschulen der Beteiligungs"einbruch" bei den Eltern (2%) und bei den Schülerinnen und Schülern (10%) aus.

---

[6] Im Frühsommer 2001 wurden im Rahmen der Progress in International Reading Literacy Study (PIRLS) weltweit ca. 146 000 Grundschüler aus 35 Staaten hinsichtlich ihrer Lesefähigkeit getestet. In Deutschland wurde diese Studie an 246 Schulen als Grundschul-Lese-Untersuchung (IGLU) durchgeführt (vgl. z. B. Bos, Lankes et al. 2003).

- *Konkretisierungsgrad und Umsetzbarkeit der Maßnahmen*: Hinsichtlich des Konkretisierungsgrades der vereinbarten Maßnahmen, einem zentralen Kriterium für die Umsetzbarkeit von Entwicklungsstrategien nicht nur in Schule, sondern auch in Unternehmen, wie im Kapitel 5 angesprochen wird, verweisen die Befunde auf eher große Defizite: Danach sind in 40% der Fälle „sehr unkonkrete" bzw. „eher unkonkrete" Formulierungen zu finden und nur in 15% „sehr konkrete" (ebd., 88). Allerdings wird die Umsetzbarkeit der Maßnahmen von den Befragten selbst zu 91% als eher hoch bzw. als sehr hoch gekennzeichnet (ebd., 88); ähnlich liegen die Urteile zur „Sinnhaftigkeit" des Wegs zur Zielerreichung (83% mit „eher sinnvoll" bzw. „voll und ganz sinnvoll"). Diese Befunde können auf ein systematisches Kennzeichen der bisherigen Implementationskultur von Veränderungen in deutschen Schulen verweisen: Folgt man Vorstellungen, wie sie z. B. in *Ditton* (2000b; auch der Beitrag in diesem Handbuch) für die Schulentwicklung über die drei Generalstrategien der Zielexplikation (Standards), der Rechenschaftslegung (Accountability) und der daten-/evaluationszentrierten Entwicklung (Assessment) beschreibt und wie sie im Kapitel 5 für die Verknüpfung von Schulprogramm(arbeit) und schulindividuellem Qualitätsmanagement grundlegend sind, erweist sich das oben beschriebene stark reziproke Verhältnis von Konkretion der Maßnahmeformulierung und zugeschriebener Umsetzbarkeit bzw. Sinnhaftigkeit als ein zentraler Mangel der bisher realisierten Dokumentenqualität von Schulprogrammen. Noch sichtbarer wird dies, wenn *Mohr* (2006, 89) schreibt:

> „Hinweise auf die Planung einer Evaluation sind in 43% der Schulprogramme aufzufinden. Allerdings lässt sich bei diesen Evaluationsbemühungen nur selten (28%) ein konkreter Bezug auf die Entwicklungsziele nachweisen, Qualitätsstandards zur Überprüfung der Zielerreichung wurden nur in einem Fall entwickelt. Ein festgelegter Zeitpunkt für die Evaluation ist in nur gut einem Viertel der Schulprogramme mit Evaluationsbemühungen anvisiert".

- *Entwicklungsschwerpunkte der Schulprogramme*: Hier liegt das Feld der sozialen Werte/des sozialen Lernens quantitativ eindeutig an erster Stelle, gefolgt von bereichs-/fachspezifischen Kompetenzen, Bewegung/Gesundheit sowie Öffnung der Schule. Auffällig ist, dass Integration und Förderung, die Vermittlung von Lerntechniken sowie Zusatzangebote eine eher untergeordnete Rolle spielen (*Mohr* 2006, 91).

- *Zur Qualität der analysierten Schulprogramme*: Aus den Urteilen der Analysatoren zur *Schlüssigkeit, Konsistenz, Relevanz, didaktischen und theoretischen Fundiertheit* sowie zum *Konkretisierungsgrad* der Schulprogramme wird ein Qualitätsindex gebildet, der zwischen „1" und „4" variieren kann: Für die vorliegenden 58 Schulprogramme sind Werte zwischen „1.7" und „3.8" beobachtbar, wobei der Mittelwert über alle Grundschulen mit „2.7" leicht über dem theoretischen Mittelwert der Skala liegt (ebd., 94). Die Bundesländer mit den höchsten Mittelwerten sind auch diejenigen, in denen Schulprogramme verpflichtend eingeführt sind (in der IGLU-Studie sind dies Hamburg MW = 3.1, Hessen MW = 2.9 und Nordrhein-Westfalen MW = 2.8). Allerdings sind dies gleichzeitig auch die Länder, in denen die höchsten Qualitätsstreuungen festzustellen sind. Weiterhin korreliert die Anzahl der genannten Entwicklungsschwerpunkte nicht mit der über die obigen Kriterien festgestellten Qualität der Schulprogramme (r=-.16; *Mohr* 2006, 134).

- *Korrelation von Schulprogrammqualität und schulindividuellem Output*: Schulprogramme dienen primär dazu, mittels Maßnahmen, die den Akteuren transparent, an Ursache-Wirkungs-Ketten ausgerichtet und an die Bedingungsstrukturen der Einzelschule angepasst sind, den schulindividuellen Output zu erhöhen (zur Outputsicherung vgl. den Beitrag von *van Buer* in diesem Handbuch). Somit stellt sich die Frage, ob die für die jeweilige IGLU-Schule festgestellte Qualität ihres Schulprogramms mit ihrer Output-Qualität, hier den getesteten Schülerkompetenzen, korreliert – einschränkend könnte man durchaus hinzufügen, zu diesem sehr frühen Zeitpunkt der Schulprogrammimplementation. Das Ergebnis ist eindeutig: Signifikante Korrelationen zu Leistungswerten der IGLU-Studie können nicht festgestellt werden (*Mohr* 2006, 96: Lesen; r=-.07; Mathematik; r=-.08; Narturwissenschaften; r=-.12). Die Autorin verweist darauf, dass dieser Befund mit demjenigen der Hamburger Studie von *Holtappels* (2004b) übereinstimmend sei. Hauptgründe für die empirisch bisher nicht nachweisbaren Wirkungen von Schulprogrammen auf die Outputoptimierung der Einzelschule seien zum einen deren eher mittel- bis langfristige und daher noch nicht hinreichend entfaltete Wirksamkeit sowie zum anderen die mangelnde Koppelung der Entwicklungsschwerpunkte mit der konkreten Unterrichtsentwicklung (ebd., 97), somit also deren mangelnde Qualität in zentralen Maßnahmen kohärenter einzelschulischer Einwirkung auf Lernen und Entwicklung der Schülerinnen und Schüler.

4.2 Zu den empirischen Befunden zum Umgang mit Schulprogrammen

Zu diesem Bereich liegen deutlich mehr empirische Untersuchungen vor als zu inhaltsanalytisch erfassten Strukturen von Schulprogrammen. In diesem Abschnitt werden die Ergebnisse aus drei Studien zusammengefasst, die zentrale Aspekte des Umgangs mit Schulprogrammen markieren.

Struktur von und Umgang mit Schulprogrammen aus der Sicht von Lehrern und Lehrerinnen – Die Studie von Schlömerkemper (2004)

Schlömerkemper analysiert die Daten einer repräsentativen schriftlichen Befragung von Lehrpersonen aus Hessen zum Thema Schulprogramm, die durch qualitative Fallstudien ergänzt wird (2004, 62). Als Verfahren entwickelt er das Konzept der „Hermeneutischen Datenanalyse (HeDa)"; dieses analysiert die Daten weniger im Sinne einer Messung präzise definierter Merkmale; statt dessen versucht sie stärker, die „Tiefenstruktur" der Daten (ebd., 63) zu identifizieren und dabei auch „immanente Widersprüche" und „latente Effekte" offen zu legen und verstehen zu helfen. Faktorenanalytisch ergeben sich vier Faktoren, die die zentralen Perspektiven der Befragten auf ihre *Arbeit an und mit dem Schulprogramm* markieren (ebd., 63f.):

Der Faktor 1 „*(eigen-)verantwortliche Gestaltung*" ist geprägt durch die Begriffe Verantwortung, Kooperation, Herausforderung, Gestaltung, Fortschritt, Qualität, Hoffnung und Vielfalt. Der Faktor 2 „*Besorgnis*" verweist auf „Sorgen", „Hindernisse" etc. aus der Sicht der befragten Lehrerinnen und Lehrer. Der Faktor 3 ist laut *Schlömerkemper* semantisch eher wenig nachvollziehbar strukturiert. Die drei zentralen Begriffe, die auf diesem Faktor laden, sind Hilfe (höchste Ladung auf dem Faktor)

Gleichheit und Spiel. Deshalb verbleibt dieser Faktor auch unbenannt. Der Faktor 4 „*Schulprogramm*" wird durch die beiden Begriffe Konsens und Klarheit bestimmt.

Direkt auf das Schulprogramm bezogen können 3 Faktoren identifiziert werden (ebd., 64ff.): Der Faktor 1 „*Prozesshaftigkeit*" ist geprägt durch Aspekte wie Eindeutigkeit, Veränderbarkeit, Überdenken des pädagogischen Leitbildes, aber auch Widerstand durch Aufzwingen von Schulprogrammarbeit. Der Faktor 2 „*negative Sicht auf Schulprogramm*" indiziert Merkmale wie Schulprogramm als Sammlung von Leerformeln, als Zeitverschwendung, als Weg in die pädagogische und organisatorische Erstarrung sowie Bedeutungslosigkeit des Schulprogramms für die Alltagsarbeit des Lehrers. Der Faktor 3 „*mögliche positive Wirkungen/Chancen*" wird durch Aussagen bestimmt, wie Schule und Bildungspolitik stärker in das öffentliche Bewusstsein zu bringen, Eltern eine bessere Schulwahl zu ermöglichen und den Eltern Möglichkeiten zu eröffnen, auf die Gestaltung der Schule einzuwirken.

Aus der Fallstudie (Gesamtschule im Raum Frankfurt; ebd., 74ff.) ergeben sich nach *Schlömerkemper* bei den Akteuren vor Ort zwei grundlegende Einstellungsmuster – „geforderte Verbindlichkeit" als Forderung der schulischen Akteure sowie „vereinbarte Verbindlichkeit" als selbstverantwortliches Handeln der Bildungssubjekte.

Die Befunde verdeutlichen: Die Akteure in den Schulen verstehen die innere Struktur, die Funktionen und die Wertigkeit ihres Schulprogramms unter ihrer ganz eigenen Perspektive des „alltäglichen Überlebens" und nicht zuletzt auch ihrer (zusätzlichen) Belastung (vgl. auch die Befunde zum QEBS-Projekt weiter unten). Gleichzeitig sind für die Befragten die konzeptuellen Klärungen, was ein Schulprogramm sein solle bzw. was es sei, noch stark im Übergang, als dass diese klar strukturiert vorlägen. Angesichts der „Neuartigkeit" dieses Instruments und auch angesichts der Diskussion um seine Platzierung zwischen einem Entwicklungsrahmen mit eher geringen Verbindlichkeitsansprüchen auf der einen Seite und einem Steuerungsinstrument mit hohen Ansprüchen auf der anderen Seite ist dies wohl auch nachvollziehbar. Denn die pädagogische Freiheit und der subjektiv damit eingeforderte Freiraum für das alltägliche pädagogische Handeln gehört zentral in die subjektive Rollendefinition von Lehrerinnen und Lehrern (vgl. *van Buer* 1995); und starke, zumindest subjektiv starke Überlastungswahrnehmungen bestimmen in hohem Ausmaß deren Haltung gegenüber aufwändigen Neuerungen (vgl. z. B. *Schaarschmidt* 2005).

Grundfragen danach, ob ein Schulprogramm in seinem Zusammenspiel mit den anderen Steuerungsinstrumenten wie externer Evaluation etc. (vgl. Kapitel 2) bereits mittelfristig Schule- und Unterricht-Machen verändert, klingen zumindest im Rahmen dieser Studie nicht an. Insgesamt wird aus Sicht der Befragten der höchst ambivalente Charakter von Schulprogrammen deutlich, den sie diesem Dokument für ihr eigenes Handeln und für den Handlungsraum ihrer eigenen Schule insgesamt zuordnen. Gerade Letzteres wird auch in der Studie von *Kanders* (2002) sichtbar.

Zum Nutzen von Schulprogrammen aus der Sicht von Lehrern und Lehrerinnen – Die Studie von Kanders (2002)

Nordrhein-Westfalen hat schon relativ früh seine Schulen verpflichtet, bis Ende 2000 ein Schulprogramm zu entwickeln. Die Untersuchung von *Kanders* (2002) basiert auf einer schriftlichen Befragung der Lehrerinnen und Lehrer von 216 Schulen, die auf der Basis der Schulstatistik des Schuljahres 2000/2001 zufällig ausgewählt wurden. Sie ist – wie der Autor selbst betont (ebd., 56) – deskriptiv orientiert. Die Befragung selbst wurde Mitte Mai 2001 durchgeführt. Die Rücklaufquote bezüglich der Einheit „Einzelschule" beträgt 80%, so dass letztendlich 181 Schulen an der Befragung teilnahmen. Der schulformspezifische Rücklauf der lehrerindividuellen Fragebögen (insgesamt ca. 3.000) variiert allerdings erheblich – zwischen 28% für die Gesamtschulen und 65% für die Grundschulen (ebd., 58).

■ *Allgemeine Hintergrundbefunde:* In 15% der befragten Schulen existierte bereits vor 1997 ein Schulprogramm (*Kanders* 2002, 59). Während die Bestandsaufnahme in 93% der 2001 vorliegenden Schulprogramme sowie Zielklärungen bzw. -vereinbarungen Schwerpunkte der Schulprogrammarbeit darstellen, sind die Arbeitsplanung und deren Umsetzung mit 61% bzw. 64% deutlich geringer ausgeprägt. Die (innere) Evaluation stellt zumindest quantitativ mit 44% einen deutlich erkennbaren Mangel dar. Damit werden auch für diese nordrhein-westfälische Stichprobe ganz ähnliche Strukturen sichtbar, wie sie in den im Abschnitt 4.1 dargestellten Hamburger Studie von *Holtappels & Müller* (2004) bzw. in der bundesweit angelegten Untersuchung von *Mohr* (2006) erkennbar sind.

Rund 86% der Schulen nutzen externe Beratung, dort zu etwa gleichen Teilen durch die Fachaufsicht bzw. durch Moderatorinnen und Moderatoren (ebd., 60 bzw. 67), während Berater aus einem Fortbildungsinstitut mit speziellem Fortbildungsangebot deutlich zurückfallen (nur 23%; ebd., 68). Noch geringer stellt sich die Unterstützung durch universitäre Wissenschaftlerinnen oder Wissenschaftler dar (14%, ebd., 69). In den Antworten werden insgesamt durchaus bedeutsame schulformspezifische Unterschiede sichtbar; diese verweisen jedoch nicht einheitlich z. B. auf eine innovationsfreudigere bzw. innovationsdistantere Haltung im Vergleich der Schulformen oder auf durchgängige Effekte institutioneller Merkmale wie Größe etc.

■ *Struktur und inhaltliche Gestaltung von Schulprogrammen*: Die inhaltliche Schwerpunktbildung in den Schulprogrammen scheint kein entscheidendes Problem innerhalb der Einzelschule darzustellen; denn insgesamt bestätigen 16% der Befragten, dass keinerlei Unterschiedlichkeit vorliege, 63% verweisen auf eher geringe Unterschiedlichkeiten und nur 21% auf starke Unterschiede (*Kanders* 2002, 70). Die geringsten Unterschiede werden aus den Grundschulen (10%) und die größten aus den Berufskollegs (29%) gemeldet.

Allerdings kann die Frage, inwiefern einzelschulische Unterschiede vorliegen, nicht beantwortet werden (dazu vgl. die Befunde aus dem Berliner QEBS-Projekt unten). Zudem deuten die vergleichsweise geringen Rücklaufquoten pro Schulform an, dass diese möglicherweise nicht „zufällig" sind – auf die einzelne Schule als der handelnden Einheit betrachtet. Damit ist nicht auszuschließen, dass diese Quoten damit die Befunde der

Gesamtstichprobe nicht nur berühren, sondern darauf, dass schwerere Verzerrungseffekte im individuellen Nicht-Antwortverhalten vorliegen.

Hinsichtlich der inhaltlichen Gewichtung der Schwerpunkte in den Schulprogrammen spiegeln sich stark die Befunde, die im Abschnitt 4.1 berichtet wurden: In der Untersuchung von *Kanders* (2002) stehen Aussagen zum Schulleben mit 80% (stärker/umfassend behandelt) an erster Stelle, gefolgt von solchen zu Erziehungsarbeit (73%), Öffnung der Schule (68%) und erst dann zu Unterricht und überfachlichen Konzepten (66%), während die Elternarbeit mit 47% deutlich zurückfällt (ebd., 72). Geht man davon aus, dass die zentrale Zielgröße von Schulprogrammen die Optimierung des schulindividuellen Outputs und dort letztendlich des Kompetenzerwerbs der Schülerinnen und Schüler ist, ist auffällig: Immerhin gut ein Drittel der Schulprogramme behandelt Unterricht und überfachliche Konzepte nicht oder kaum, in den Grundschulen mit 40% am häufigsten und in den Hauptschulen mit 31% am seltensten. Schulformspezifische Unterschiede werden sichtbar auch hinsichtlich der Behandlung des Schullebens (in nur 7% der Grundschulen nicht oder kaum behandelt, dies jedoch in 40% der Berufskollegs), hinsichtlich der Erziehungsarbeit (in nur 13% der Hauptschulen nicht bzw. kaum behandelt, dies aber in 49% der Berufskollegs) sowie der Elternarbeit (in 29% der Grundschulen nicht bzw. kaum behandelt, dies jedoch in 87% der Berufskollegs). Die von *Kanders* vorgelegte deskriptive Studie selbst liefert keine weiteren datengestützten Hinweise auf mögliche Erklärungen der festgestellten Unterschiede zwischen den Schulformen. Weiterhin wird nicht ausgewiesen, inwiefern einzelschulspezifische Unterschiede die schulformspezifischen überlagern. Allerdings kann festgehalten werden, dass gerade bezüglich eines der Qualitätsaspekte von Schulprogrammen – Verknüpfung von Konzeption und (unterrichtlichen) Maßnahmen – auch in der nordrhein-westfälischen Studie in gut einem Drittel kaum Aussagen und vor allem verbindliche Vereinbarungen zu Veränderungen der alltäglichen Leistungserstellung zu finden sind (vgl. die Befunde im Abschnitt 4.1).

■ *Zur Verbindlichkeit von Schulprogrammen aus der Sicht der Befragten*: Wie im Kapitel 2 kritisch ausgeführt, stellt die Beantwortung der Frage nach der Verbindlichkeit der Schulprogramme in der einzelnen Schule den – so könnte man sagen – „springenden" Punkt dar, sollen diese Programme den Status von Dokumenten über ausformulierte Intentionen verlassen (vgl. auch den Beitrag von *van Buer & Köller* in diesem Handbuch). Hinweise darauf liefern die Antworten auf die Fragen nach Vereinbarungen von Arbeitsprogrammen, schulinternen Arbeitsstrukturen, Fortbildungsmaßnahmen und Evaluationen (*Kanders* 2002, 79ff.): Schulinterne Arbeitsstrukturen werden nur in gut einem Drittel der Schulen stärker bzw. umfassend behandelt; hier scheinen die erprobten Routinen zumindest „gut gelitten", so dass in der Mehrheit der Schulen diesbezüglich kein besonderer Handlungsbedarf gesehen wird. Allerdings bedeutet dies auch, dass alternative Formen z. B. hinsichtlich der Beschleunigung von Informationen (Informationsmanagement) nur selten implementiert werden (sollen). Hohe Distanz bzw. Ungeübtheit sind auch bezüglich der Planung der (inneren) Evaluation und der Verwertung von Ergebnissen daraus erkennbar (in 60% der Schulen nicht oder kaum behandelt). Die einzelschulische Fortbildungsplanung stellt, so könnte man resümieren, mit 73% von Nicht- bzw. nur geringfügiger Behandlung das am deutlichsten erkennbare Defizit dar; dabei verweist bei den Gymnasien dieser Mangel mit 87% auf am wenigsten ausgeprägte Bedürfnisse.

- *Bedingungen für das Gelingen von Schulprogrammen bzw. für das Entstehen von Problemen aus der Sicht der Befragten:* Kanders (2002, 85ff.) fragt nach einer ganzen Reihe von möglichen Faktoren für das *Gelingen* sowie für das *Entstehen von Problemen* für das einzelschulische Schulprogramm.

Dabei sind die Faktoren durch den Fragebogen, d. h. durch den Befragenden und nicht durch die Befragten selbst, eindeutig je einer der beiden Perspektiven zugeordnet. Dadurch kann, wenn die Antwort „wenig/nicht bedeutsam" bezüglich eines der benannten Faktoren vorliegt, nicht darauf geschlossen werden, dass dieser in dem subjektiven Urteilsraum des jeweils anderen Aspekts bedeutsam ist. Außerdem kann nicht rekonstruiert werden, ob das Gelingen bzw. das Entstehen von Problemen ein Kontinuum oder voneinander weitgehend getrennte Urteilsdimensionen darstellen. Diese Antwort geben zu können, ist für die Interpretation des gesamten Antwortgefüges der Akteure vor Ort zumindest nicht unerheblich.

Hinsichtlich des *Gelingens* des eigenen Schulprogramms zeichnen sich die folgenden Ergebnisse ab: Drei Faktoren halten die relativ meisten Befragten (je ca. zwei Drittel) für bedeutsam bzw. sehr bedeutsam – es sind die vorhandenen pädagogischen Konzepte bzw. Erfolge, die Arbeit der Schulprogrammgruppe sowie die Kooperation bzw. die Teamarbeit. Deutlich unentschiedener fallen die Urteile hinsichtlich des Organisations- bzw. Arbeitsklimas (59%) sowie der vorhandenen Kompetenzen im Bereich der Schulentwicklung bzw. der Schulprogrammarbeit aus (54%). Die Innovationsbereitschaft wird nur von knapp der Hälfte der Befragten als bedeutsam bzw. sehr bedeutsam angesehen, allerdings auch von 24% als wenig bzw. nicht bedeutsam. Die materiellen Ressourcen sind für 42% (sehr) bedeutsam, allerdings auch für 36% nicht bzw. nicht bedeutsam. Die Schulen sehen die Konstruktion ihres Schulprogramms und den Umgang mit diesem entscheidend als ihre eigene Leistung; dies machen die Urteile sehr eindeutig sichtbar: 74% der Befragten halten die Unterstützung von außen für nicht bzw. wenig bedeutsam und nur 12% für (sehr) bedeutsam. Koppelt man diesen Befund mit der Tatsache, dass 86% der befragten Schulen externe Hilfe verwendet haben, deutet sich hier ein weites Interpretationsfeld zwischen mangelnder Effektivität dieser Hilfe und quantitativ und zeitlich nicht-hinreichender Unterstützung an; diese Perspektiven werden dadurch gestützt, dass die Urteile im Vergleich der schulinternen Gruppen (Schulleitung, Schulprogrammgruppe und Lehrkräfte) nur wenig variieren.

Hinsichtlich des Entstehens von *Problemen im Umgang mit dem eigenen Schulprogramm* zeichnen sich die folgenden Befunde ab (*Kanders* 2002, 93ff.): Eher wenig bzw. nicht für bedeutsam halten zwischen 57% und 51% der Befragten die personelle Fluktuation an ihrer Schule, ungünstige Bedingungen in Organisation und Ressourcen, den fehlenden Konsens im Kollegium sowie die Behinderung von anderen Entwicklungsvorhaben durch die Schulprogrammarbeit. Die Verweigerung bzw. Ablehnung gegenüber dem Schulprogramm ist ein Faktor, der für ca. ein Drittel der Befragten eine (sehr) bedeutsame Rolle für das Entstehen von Problemen spielt. Am deutlichsten ist die Gruppe, die dieses Urteil fällt, in den Berufskollegs (42%) ausgeprägt, am geringsten in den Grundschulen (21%). Mangelnde Kommunikation und Abstimmung halten 22% für (sehr) bedeutsam, mangelnde Unterstützung von außen 21%.

- *Nutzen der Schulprogrammarbeit für die Befragten (Kanders 2002, 99ff.)*: Bezüglich dieses Aspekts sind im Fragebogen positive Aussagen formuliert. Danach dient für 50% der Befragten die Arbeit am und mit dem Schulprogramm der expliziten Diskussion über die gemeinsamen Ziele der eigenen Schule; allerdings äußern sich auch 28% unentschieden, und 22% lehnen diese Aussage ab. Hinsichtlich des Herstellens von Verbindlichkeiten bezüglich der gemeinsamen Ziele fallen die Urteile noch ambivalenter aus: Nur 42% stimmen zu, während 30% unentschieden sind und 28% diese Aussage ablehnen. Die Aussage, das Schulprogramm habe wichtige Impulse für die eigene Schule gegeben, lehnen 34% ab, 32% urteilen unentschieden, und „nur" 34% stimmen zu.

In der nordrhein-westfälischen Untersuchung von *Kanders* (2002) spiegelt sich eine hohe Ambivalenz der Bedeutung des Schulprogramms für die Entwicklung der einzelnen Schule bzw. des Umgangs mit diesem Programm. Dies zeigt sich auch in der zusammenfassenden Skala „Nutzen von Schulprogrammarbeit und Schulprogramm" (ebd., 102f.): Danach schätzen nur 18% der Befragten den Nutzen dieses Instruments für hoch ein, 29% jedoch für niedrig; 53% äußern sich unentschieden. Dabei sind bei den „Skeptikern" überzufällig stark Lehrkräfte an Gymnasien und an Berufskollegs vertreten, bei den Promotoren Mitglieder der Schulleitung und Befragte aus Sonderschulen. Die nicht näher ausgeführten Korrelationsanalysen verweisen insgesamt auf einen „überaus starken" Zusammenhang (ebd., 102) zwischen dem generellen Innovationsklima und dem wahrgenommenen Nutzen des Schulprogramms bzw. der Arbeit mit ihm.

Erwartungen an Schulprogramme und schulindividuelle Entwicklungsbedingungen aus der Sicht von Lehrern – Zwischenergebnisse aus dem Berliner Projekt zur Qualitätsentwicklung beruflicher Schulen (QEBS)

- *Zur Struktur des Projekts*: Das Berliner Modellprojekt „Qualitätsentwicklung an beruflichen Schulen" (QEBS) verknüpft aktive Unterstützung für die einzelne Schule während der Konstruktion des Schulprogramms bis hin zur Verstetigung der erzielten Erfolge mit wissenschaftlichen Evaluationsstrategien (zur Konstruktion des Projekts vgl. *van Buer & Zlatkin-Troitschanskaia* 2006).

Von den insgesamt 50 Berliner beruflichen Schulen und Oberstufenzentren (OSZ) nehmen 13 an diesem Projekt teil. Diese stellen ein repräsentatives Bild der Berliner beruflichen Schulen dar (dazu vgl. *van Buer* 2006). Analytisch ist das QEBS-Projekt in drei Phasen gegliedert: *(a) Phase 1 „Schulprogrammkonstruktion"*; (abgeschlossen Ende 2006): hier wurden die beteiligten Schulen durch die Wissenschaftliche Begleitung (WB) mittels Beratung und Coachingaktivitäten direkt unterstützt. *(b) Phase 2 „Schulprogrammimplementierung"* (Jahr 2007): Hier werden die Schulen bei der Durchführung der in ihrem jeweiligen Schulprogramm als zentral ausgewiesenen Projekte durch das Schaffen einzelschulübergreifender Innovationsinseln beraten und ergebnisorientiert gefördert. *(c) Phase 3 „Verstetigung"* (für 2008/2009 geplant): Diese

Phase zielt auf die Verstetigung der erreichten Ergebnisse und deren Verbreiterung über die Projekte hinaus in den schulischen und unterrichtlichen Alltag hinein.

Vor dem Hintergrund der in diesem Kapitel 4 bereits skizzierten Ergebnisse der einschlägigen Studien konzentriert sich das QEBS-Projekt auf die schulindividuelle Unterstützung durch die WB bei der Schulprogrammkonstruktion und der inneren Evaluation sowie auf den Support durch externe Organisationsentwickler. Dabei wird geprüft, inwiefern Schulprogramm und das Qualitätsmanagementkonzept der Balanced Scorecard vernetzt werden können (zum Konzept der Balanced Scorecard vgl. den Beitrag von *van Buer* in diesem Handbuch). Folgt man *Rolff* (2006, 350ff.) in seiner Benennung „typischer" Probleme, die bei Schulprogrammen und Schulprogrammarbeit auftreten, stehen damit im Fokus von QEBS Unterstützungsangebote für die Überwindung vor allem des Theoriedefizits, des unspezifischen Organisationsverständnisses, der unkonkreten Interventionsstrategien und der Implementationslücke.

■ *Zu den Befunden*: Die im Folgenden skizzierten Ergebnisse beziehen sich auf das Ende der Projektphase 1, d. h. auf die Übergangsphase zwischen der Abgabe des eigenen Schulprogramms an die zuständige Dienstaufsicht und dem Beginn der Arbeit mit dem jeweiligen Schulprogramm. Formal musste jede Berliner Schule ihr Schulprogramm zum 31.08.2006 der zuständigen Schulaufsicht einreichen. Allerdings streckte sich der Abgabezeitraum dann letztendlich doch bis zum Jahresende 2006 (zu den gesetzlichen Grundlagen vgl. § 8 Abs. 3, Berliner Schulgesetz; Abschnitt 2.2).

(1) Struktur und Umfang der Schulprogramme der QEBS-Schulen: Die Inanspruchnahme der Unterstützung für die Konstruktionsarbeiten am Schulprogramm (Phase 1) gestaltete sich schulindividuell sehr unterschiedlich; so fanden innerhalb der ca. fünf Monate jenseits der alle QEBS-Schulen umfassenden Veranstaltungen schulindividuell zwischen 10 Sitzungen mit ca. 40 Stunden und 1 Sitzung mit ca. 5 Stunden sehr unterschiedlich intensive Kontakte statt. Ziel dieser schulexternen Unterstützung war nicht die Vereinheitlichung der Schulprogrammstrukturen etc., sondern die Identifizierung schulindividueller Entwicklungsziele und -bedürfnisse, die Ausarbeitung der konzeptionellen Grundlagen sowie die systematische Vernetzung der formulierten Strategien, operativen Konzepte und der dazu gehörenden inneren Evaluation. Angesichts der im Abschnitt 4.1 skizzierten Befunde zu Umfang, Struktur und Inhalten von Schulprogrammen ist nicht überraschend, dass bereits unter rein formaler Perspektive die Schulprogramme der QEBS-Schulen ebenfalls stark variieren – zwischen ca. 3.750 Worten (22 Seiten) auf der einen Seite und ca. 27.600 Worten (85 Seiten) auf der anderen Seite; Ähnliches gilt für die Zahl der Projekte, die zwischen 3 und 18 variiert.

(2) Befunde zur Schulprogrammarbeit: Die Befragung fand je nach schulindividueller Bedingung zum Schuljahresende 2006/2007 bzw. Schuljahresbeginn 2007/2008 statt. Ziel dieser Lehrerbefragung (n=896; Rücklaufquote 68.2%) ist die Rekonstruktion der Entwicklungsbedingungen an der einzelnen Schule aus Sicht der Akteure vor Ort und die schulindividuelle Rekonstruktion der Arbeit am und der Erwartungen an das Schulprogramm für die anstehende Implementationsphase. Gleichzeitig sollten die Befunde schulindividuell zurückgemeldet werden (mündlich und schriftlich; dies ist zeitnah erfolgt). Damit sollten sie einen Ausgangspunkt für die weitere Diskussion und Arbeit an den einzelschulischen Projekten sowie in den schulübergreifenden Innovati-

onsinseln darstellen. Nicht zuletzt sollten sie jedoch auch dazu verwendet werden, in der einzelnen Schule die Schulprogramm"skeptiker" in die Diskussion zurückzuholen und die „Unentschiedenen" zur aktiven Teilnahme an den Projekten zu bewegen.

Der eine Teil der Studie fokussiert Aspekte der Schulprogrammarbeit und der Erwartungen an das Schulprogramm. *Köller* (in Vorbereitung) wertet diesen Teil der Daten unter dem Gesichtspunkt aus, inwiefern Schulprogrammarbeit einen Auslöser für organisationales Lernen in der Einzelschule darstellt. Basierend auf der Bildung von sechs hochreliablen Skalen [7] führt die einzelschulübergreifende Clusteranalyse zu fünf Clustern im Sinne von Lehrergruppen. Diese sind *(a)* die „Schulprogramm-Distanten" (ca. 11% der Befragten); *(b)* die „Schulprogramm-Wirkungspessimisten" (ca. 16% der Befragten); *(c)* die „Schulprogramm-Wirkungsoptimisten" (ca. 21% der Befragten); *(d)* die „Schulprogramm-Neutral-Abwartenden" (ca. 33% der Befragten) und *(e)* die „Schulprogramm-Gleichgültigen" (ca. 19%). Allerdings liegen deutliche Unterschiede zwischen den Schulen in der relativen Verteilung der einzelnen Gruppen vor:

- *Zum einen*: In der „Benchmark-Schule" im positiven Sinne befinden sich 41% der Lehrerinnen und Lehrer in der Gruppe der Wirkungsoptimisten (statistisch erwartbar: 22%) und nur 9% in der Gruppe der Schulprogramm-Gleichgültigen (erwartet: 19%); die anderen Gruppen sind erwartungsgemäß der Gesamtverteilung über alle Schulen verteilt.

- *Zum anderen*: In der „Benchmark-Schule" im negativen Sinne fallen nur 9% der Befragten in die Gruppe der Wirkungsoptimisten (erwartet: 21%), während 27% sich in der Gruppe der Schulprogramm-Distanten befinden (erwartet: 12%). Die Größe der anderen Gruppen fällt nicht signifikant verschieden von der Gesamtverteilung aus.

Institutionell-organisatorische Variablen wie Größe der Schule, Verschiedenartigkeit der Bildungsgänge innerhalb der Schule etc. leisten keinen signifikanten Beitrag zur statistischen Erklärung der skizzierten Unterschiede zwischen den 13 QEBS-Schulen.

(3) Befunde zu den Entwicklungsbedingungen der Einzelschule: Die Analysen des zweiten Teils des Fragebogens führten zu neun reliablen Skalen, mit deren Hilfe aus der Sicht der Akteure vor Ort wichtige Entwicklungsbedingungen der Einzelschule beurteilt werden [8]. Die auf diesen Skalen basierende Clusteranalyse führt über alle Schulen hinweg gerechnet zu einer statistisch stabilen Dreier-Lösung. Die Gruppen sind *(a)* die „Opponenten" gegenüber den Bedingungen in der Schule und gegenüber der Schulleitung (25%), *(b)* die „Unentschlossenen" gegenüber den Bedingungen der eigenen Schule (26%) und *(c)* die „Promotoren" der Arbeit in der eigenen Schule (49%). Auch hier zeichnen sich deutliche Unterschiede zwischen den QEBS-Schulen an (vgl. genauer in *van Buer, Zlatkin-Troitschanskaia & Buske* 2007).

---

[7] Die Skalen sind: Wirksamkeit von Schulprogrammen auf Selbstreflexion; Proaktiver Umgang mit dem Schulprogramm; Informationsbedürfnis für die Implementierung des Schulprogramms; Autonomiebefürchtungen; Implementationsbefürchtungen; Schulprogramm-Distanz.

[8] Die Skalen sind: Zieltransparenz und -konsens; demokratische (Entscheidungs-)Strukturen; Innovationsresistenz; Fremdbestimmung der Arbeit; Innovatitivität; Überlastung; Bürokratie und Hierarchie; kollektive Selbstwirksamkeit; Professionalität der Schulleitung.

(4) Befunde zur Verknüpfung von schulindividuellen Entwicklungsbedingungen und Schulprogrammarbeit: Die statistische Verknüpfung der Ergebnisse aus den beiden Clusteranalysen mittels Kontingenzanalysen zeigt eine hochsignifikante Beziehung zwischen diesen beiden Clustergruppen mit – nicht überraschend – ebenfalls stark schulindividuellen Verteilungen:

- *Zum einen:* In der oben schon angesprochenen „Benchmark-Schule" im positiven Sinne sind 59% der Schulprogramm-Wirkungsoptimisten und 67% der Schulprogramm-Neutral-Abwartenden gleichzeitig auch Promotoren der Entwicklungsbedingungen in ihrer Schule; nur 25% der Opponenten hingegen sind gleichzeitig auch Schulprogramm-Distante.

- *Zum anderen:* In der ebenfalls schon angesprochenen „Benchmark-Schule" im negativen Sinne stellen die Promotoren der Entwicklungsbedingungen in der eigenen Schule 50% der Schulprogramm-Distanten und auch 75% der Schulprogramm-Wirkungspessimisten. Gleichzeitig finden sich in der Gruppe der Schulprogramm-Optimisten zu fast gleichen Teilen sowohl Opponenten (44%) als auch Promotoren (48%); bei den Schulprogramm-Gleichgültigen sind 43% Opponenten, 29% Unentschlossene und 28% Promotoren.

Während in der ersten Schule die Befunde auf in hohem Maße homogene positive Einstellungen bezüglich der Bedingungen in der Schule verweisen, die sich günstig auf die breite Fundierung der Schulprogrammarbeit auswirken, zeichnet sich in der zweiten Schule eine stark „zerrissene" Haltung gegenüber der eigenen Schule ab; diese drängt auch die Arbeit mit dem Schulprogramm und die Erwartung an dieses in eine insgesamt höchst ambivalente Grundhaltung. Fast paradigmatisch erkennbar wird dies an den sich im Kollegium gegenüberstehenden etwa gleich großen Anteilen der Opponenten einerseits und der Promotoren andererseits in der Gruppe der Schulprogramm-Optimisten, aber auch an dem Anteil von 50% Promotoren an der Gruppe der Schulprogramm-Distanten.

Insgesamt deuten die in diesem Abschnitt 4.2 skizzierten Ergebnisse an: Schulprogrammen kommt zumindest derzeit noch ein durchaus ambivalenter Charakter zu; dies wird vor allem dann sichtbar, wenn man nach deren Nutzen aus der Sicht der Lehrkräfte fragt; aus der Perspektive der Schulleitungsmitglieder ist dies weit weniger erkennbar. Gleichzeitig werden in der nordrhein-westfälischen Studie von *Kanders* (2002) allerdings schulformspezifische Unterschiede in der Akzeptanz dieses Instruments und im Umgang mit ihm deutlich. Die QEBS-Studie, deren Daten sich nur auf die Gruppe der (Berliner) beruflichen Schulen beziehen, zeigt bereits in ihren Zwischenergebnissen, dass starke bis teils massive schulindividuell unterschiedliche Muster von Schulprogrammakzeptanz, von Erwartungen an dieses Instrument und der Arbeit mit ihm vorliegen, die nicht über institutionell-organisatorische Merkmale erklärt werden können. Vieles verweist darauf, Schule im Sinne von *Fend* (1986) als pädagogische Handlungseinheit mit ihrer je eigenen Geschichte zu verstehen (vgl. auch den Beitrag von *Steffens* in diesem Handbuch). Inwiefern schulformspezifische, formale institutionell-organisatorische, ressourcenspezifische Merkmale etc. einen Beitrag zur Erklärung der Unterschiede in der Schulprogrammarbeit im Vergleich der Einzelschulen leisten, muss künftigen (mehrebig angelehnten) Untersuchungen vorbehalten bleiben (zur Mehrebigkeit von Schuloutput vgl. *van Buer* in diesem Handbuch).

5 Schulprogramm und Qualitätsmanagement – Eine zukunftsträchtige Verbindung?

Die bisherigen Ausführungen verdeutlichen: Bildungspolitisch gewollt und nicht zuletzt auch durch die Befunde der empirischen Bildungsforschung gestützt zeichnet sich in Deutschland derzeit eine tief greifende Veränderung von Schule ab und damit auch der Steuerung der pädagogischen und administrativen Leistungsvollzüge in der Einzelschule. Ebenfalls schon angesprochen (vgl. Kapitel 1) sind der zunehmende Wechsel von der direkten Steuerung hin zu Formen indirekter Kontextsteuerung, von der Input- zu Outputsteuerung und die stärkere Orientierung der Einzelschule an ihren Zielen und ihrer Rechenschaftslegung mittels ihres Schulprogramms und ihres regelmäßigen Leistungsberichts. In der Bildungsadministration wird intensiver über die Implementierung neuer Formen von Verwaltungshandeln und -kontrolle im Rahmen von Konzepten des New Public Managements gesprochen (dazu vgl. z. B. *Dubs* 2001; 2005a). Insgesamt ist es nicht überraschend, dass seit einigen Jahren auch für die Einzelschule zunehmend die Forderung aufgestellt wird, auf ihre Bedürfnisse je spezifisch adaptierte Qualitätsmanagementsysteme zu verwirklichen.

Die Bandbreite von Qualitätsmanagementsystemen ist groß. Für Schule liegt eine ganze Reihe darauf bezogener Veröffentlichungen vor, jüngst z. B. von *Dubs* (2006c) oder *Seitz & Capaul* (2005). *Dubs* (2006c, 1230f.) weist vor allem auf die folgenden drei Funktionen solcher Systeme für die Konstruktion von Schule hin: Sie dienten *(a)* der *Akkreditierung* im Sinne der Qualitätsbestätigung der Schule durch eine externe Expertengruppe, *(b)* der *Zertifizierung* eines nachweisbar hohen Qualitätsstandes vor allem in Bezug auf den Unterricht, und *(c)* der Strukturierung der schulinternen Maßnahmen zur Qualitätssicherung und -verbesserung. Solche Modelle fokussieren relativ umfassend und im Sinne eines nie abgeschlossenen Zyklusses von Präzisierung des Zielhorizonts – Maßnahmedefinition – Evaluierung der Wirksamkeit – datengestützter Veränderung des Schulprogramms (vgl. Kapitel 3) sowohl die institutionell-organisationalen als auch die unterrichtlichen Leistungsvollzüge; dabei sind sie vor allem prozessorientiert. Diese Modelle können insgesamt der Philosophie des Total Quality Managements (TQM) zugeordnet werden. Die dieser TQM-Philosophie verbundenen Modelle lassen Schule bewusst und in einem „produktiven" Sinn nicht „zur-Ruhe-kommen". Sie erwarten von den Akteuren in relativ dichter zeitlicher Folge explizite Rechenschaftsberichte, orientiert an dem zu erstellenden Arbeitsbuch der Qualitätssicherung.

Die „kleineren" Schritt-für-Schritt-Modelle mit begrenzter Zielorientierung hingegen können den stärker schulintern konzipierten Managementmodellen zugeordnet werden. Diese folgen nicht einem stark schulübergreifend formalisierten Prozessschema der Qualitätsüberprüfung und des Qualitätsausweises. Die Schritt-für-Schritt-Modelle können stärker auf die spezifischen Bedingungen einer Bildungsinstitution und auf die in ihr stattfindenden Lern- und Arbeitsrhythmen der Akteure ausgerichtet werden. Allerdings sind sie auch in Gefahr, die Dynamik der Qualitätsentwicklung relativ schnell zu „verlieren" und diese Entwicklungen eher kasuistisch, also an Einzelphänomenen, auszuweisen.

Da die Beschreibung der Modelle und Konzepte, die der TQM-Philosophie verbunden sind, in der einschlägigen Literatur hinreichend detailliert vorliegt (vgl. z. B. *Dubs* 2006c, 1232ff.), wird an dieser Stelle auf weitere Ausführungen verzichtet.

Im Abschnitt 4.1 wurden die Ergebnisse von *Mohr* (2006, 96) angesprochen, wonach die Wirksamkeit von Schulprogrammen auf die Optimierung der Lernleistungen der Schülerinnen und Schüler bisher empirisch nicht nachgewiesen werden kann. An dieser Stelle ist es für die mögliche Einführung von Qualitätsmanagement ebenfalls interessant, eine ähnliche Frage zu beantworten zu versuchen. Die Frage lautet:

Inwiefern hat empirisch nachweisbar die Implementierung solcher Systeme zu Qualitätsverbesserungen von und in Schule geführt? Und sind die durch solche Systeme erforderlichen (zusätzlichen) Kosten signifikant geringer als der Nettogewinn an Qualitätsentwicklung?

Dabei könnte als Referenzgröße der „Mehrwert" herangezogen werden, der bei Schulen ohne Qualitätsmanagement-System für die jeweils gewählte Zeiteinheit der Qualitätsentwicklung nachweisbar ist.

Dubs (2006c), aufgrund einer Vielzahl von einschlägigen Veröffentlichungen keineswegs als „Gegner" der Einführung von QM-Konzepten verortbar, fasst die einschlägige Literatur kurz und bündig zusammen: Danach fehlen bisher sowohl in den Vereinigten Staaten als auch in Europa empirisch verlässliche Befunde dazu, dass der mit dem jeweiligen System „versprochene" bzw. erhoffte Mehrwertgewinn auch eintritt (*Dubs* 2006c, 1240). Der Autor verweist auf Erkenntnisse aus einem Modellprojekt an schweizerischen Berufsschulen: Diese deuten vor allem auf einen Gewinn an Bewusst-Werden von Qualitätsprozessen und an Reflexivität im Umgang mit dem alltäglichen Leistungsvollzug. Weiterhin verweisen sie darauf, dass aufgrund des Vorliegens eines Arbeitshandbuches neue Lehrkräfte schneller in die Alltagskultur der jeweiligen Schule finden. Insgesamt scheint es zu gelingen – so die vorsichtige Interpretation der Befunde – das implizite Wissen in einer Schule Schritt für Schritt sowohl für die institutionsinternen als auch für externe Akteure zu explizieren und damit vor allem den Schülerinnen und Schülern, aber auch neu angestellten Lehrern und Referendaren etc. öffentlich zugänglich zu machen. Die Frage, ob dafür die Einführung eines Qualitätsmanagementsystems unerlässlich bzw. unter welchen Bedingungen die Zielerreichung auch kostengünstiger möglich sei, muss allerdings unbeantwortet bleiben.

Auf der Basis des von ihm durchgeführten Modellversuchs äußert sich *Tenberg* (2003) noch kritischer als *Dubs* (2006c): Er verweist vor allem auf Befunde, wonach die Implementierung eines formalen Managementsystems die zentrale Zielgröße – Qualitätsverbesserung von Unterricht – vernachlässige bzw. diese gerade bei den betroffenen Lehrerinnen und Lehrern weniger Beachtung findet (vgl. auch *Altrichter & Posch* 1997). *Dubs* (2006c, 1242) weist ausdrücklich auf Folgendes: Autoren, die die Einführung und Verstetigung von Qualitätsmanagementsystemen in Industrie und Wirtschaft bewerten, kommen für diesen Sektor zu einem deutlich entgegengesetzten

Urteil [9]. Die Frage, welche Faktoren für diese so unterschiedlichen Urteile in den beiden Feldern verantwortlich sind, muss ebenfalls unbeantwortet bleiben.

Bei aller kritischen Stellungnahme hinsichtlich der Einführung eines Qualitätsmanagementsystems in der Einzelschule verweist *Dubs* (2006c) letztendlich auf die möglichen positiven Effekte. Dabei plädiert er für die *einzelschulspezifische* Entwicklung und Implementierung eines Managementsystems. Dies kann auch ein „vereinfachtes" System (1245ff.) sein, das sich durch seinen zwar nicht theorielosen, jedoch stark pragmatischen und auf „Machbarkeit" hin ausgerichteten Charakter auszeichne. Dabei setzt *Dubs* stark auf die erweiterte Selbstständigkeit der Einzelschule. Ein solches schulintern entwickeltes Qualitätsmanagementsystem habe auch die Aufgabe, die Beziehungen zwischen Management und Schulprogramm zu systematisieren. Es umfasst letzteres; denn es berücksichtigt alle Tätigkeitsbereiche einer Schule und bringt diese in einen explizit gestalteten Denk-, Handlungs- und Evaluationszusammenhang.

Für die Einführung eines solchen pragmatischen Managementkonzepts verweist *Dubs* (2006c, 1246f.) jedoch auf die folgenden fünf unerlässlichen Punkte (vgl. auch *Seitz & Capaul* 2005, 150f.): *(a)* Die Lehrkräfte sollten ausführlich vorbereitet und möglichst auch emotional-motivational „mitgenommen" werden. *(b)* Die Ziele eines solchen Konzepts sollten detailliert definiert, und die organisationalen Folgen sollten detailliert beschrieben werden. *(c)* Die einzelne Schule müsste eine einheitliche „Sprache" entwickeln, so dass die dort so häufig beobachteten Scheinverständnisse eingegrenzt werden können. *(d)* Qualitätsmanagement erfordere gerade für den Prozess seiner Einführung hohe Transparenz von Prozessen und deren Wirkungen. *(e)* Wenn das Ziel sei, ein einzelschulspezifisches Managementkonzept zu entwickeln, müsse dies detailliert beschrieben vorgelegt und verabschiedet werden. Dies kann z. B. ein Arbeitsbuch sein, das zeitlich enger gefasst ist als das Schulprogramm, beispielsweise auf ein Schuljahr hin. Als sechsten Schritt könnte man hinzufügen: *(f)* Es ist unerlässlich, die im Schulprogramm ausgewiesenen Zielprofile, die konzeptionellen Grundlagen, die Stärken-Schwächen-Analyse, die auf die Zielerreichung ausgerichteten Strategien und operativen Konzepte und deren Evaluierung in einen expliziten Zusammenhang zum gewählten bzw. adaptierten Qualitätsmanagementkonzept zu bringen und diese beiden zu vernetzen.

6 Schulprogramme – Eine kritische Zusammenfassung und offene Fragen

Unbestreitbar können Schulprogramme als einzelschulische Entwicklungsinstrumente dienen; dies zeigen die „Best Practices", in denen die Modalitäten der Schulprogrammkonstruktion im Kollegium zu einem hohen Mitnahmeeffekt führten und darüber auch hohe Verbindlichkeiten für die Umsetzung der vereinbarten Strategien und Konzepte erzeugten. Die Frage, inwiefern diese „Best Practices" Einzelfälle mit nur

---

[9] Als ein vom Anspruch her umfassendes Management- und Controlling-Konzept hat sich in der Wirtschaft die Balanced Score Card relativ zügig und breit durchgesetzt (vgl. *Kaplan & Norton* 1997). *Seitz & Capaul* (2005, 114ff.) zeigen auf, wie dieses Konzept auch in Schule adaptierbar ist (genauer vgl. den Beitrag von *van Buer* zur Outputsicherung in der Einzelschule in diesem Handbuch).

stark begrenztem Geltungsbereich darstellen, kann derzeit empirisch gesichert nicht beantwortet werden. Hinsichtlich der normativen Frage, ob Schulprogramme eher als einzelschulische Entwicklungsrahmen mit vergleichsweise hohen Freiräumen für die pädagogischen Akteure oder aber als Steuerungsinstrumente mit eher hohen Verbindlichkeiten gerade im „Kerngeschäft" von Schule – Unterricht – gestaltet sein sollten, liegt in der einschlägigen erziehungswissenschaftlich-pädagogischen Diskussion eine große Unterschiedlichkeit von Antworten vor. In der Mehrzahl der Publikationen finden sich Positionen, die auch als „Mischungen" aus beiden Konzeptualisierungen gekennzeichnet werden können (vgl. z. B. *Holtappels* 2004b). Die im Abschnitt 2.1 skizzierten gesetzlichen Grundlagen bleiben bezüglich dieser Frage unbestimmt. Deutlicher werden die bundeslandspezifischen Ausführungsvorschriften, wenn auch sie keine letztendliche Klärung herbeiführen (vgl. Abschnitt 2.2). Allerdings ist hier der Trend unverkennbar, das Schulprogramm als Steuerungsinstrument mit hoher innerschulischer Verbindlichkeit zu interpretieren. Erweitert man den Blick auf den gesamten Bereich der bundeslandspezifisch gestalteten Steuerungslandschaft für das Bildungssystem, wird diese Tendenz noch eindeutiger (dazu vgl. den Beitrag von *van Buer & Köller* in diesem Handbuch). Die im Kapitel 4 vorgestellten Studien jedoch machen sichtbar: Gerade hinsichtlich der Verbindlichkeit der Vereinbarungen, die in einem Schulprogramm formuliert sind, ist in den Schulen hohe Ambivalenz vorfindlich, nicht zuletzt aufgrund der eher selten konkret ausformulierten Maßnahmekonzepten und deren Verknüpfung mit Vorstellungen zur inneren Evaluation. So ist es nicht überraschend, dass in der nordrhein-westfälischen Studie von *Kanders* (2002) nur jede siebte Lehrperson den Nutzen dieses Instruments als hoch und jede dritte als niedrig einschätzen (letzteres allerdings nur 15% der Schulleitungsmitglieder).

Die dargestellten Befunde verweisen vor allem auf die starke Unterschiedlichkeit der Schulprogramme. Nicht zuletzt wird jedoch das Folgende erkennbar:

Empirisch kann bisher keine Koppelung zwischen Schulprogrammqualität und einzelschulischem Leistungsoutput bei den Schülerinnen und Schülern festgestellt werden. Ungeklärt ist, ob dies auf den frühen Zeitpunkt ihrer Implementation (2000-2005) und/oder auf den immer wieder festgestellten Mangel zurückzuführen ist, Ziele, Ist-Zustand, pädagogische Konzepte und intendierte Maßnahmen systematisch zu vernetzen, oder ob dies in der in der Einzelschule nicht eindeutig geklärten Verbindlichkeit der festgelegten Vereinbarungen begründet liegt. Empirisch letztendlich ungeklärt ist, ob für Deutschland flächendeckend dieses Instrument eine notwendige bzw. eine hinreichende Bedingung für die gesellschaftlich intendierte Optimierung des schulindividuellen Leistungsoutputs darstellt.

Zwar stellen weder *Mohr* (2006, 147ff.) noch *Holtappels & Müller* (2004) oder *Rolff* (2006) die Sinnhaftigkeit und vor allem die hohe Funktionalität des Schulprogramms für die gezielte einzelschulische Qualitätsentwicklung in Frage; diese und auch andere Autoren knüpfen dies an eine unter der Hand optimistische Interpretation der vorgelegten Daten, die die Bedeutung der Anteile von bis gut einem Drittel ihrer Argumentation zuwider laufenden Urteilen in den einschlägigen Verteilungen „vernachlässigt" (vgl. die Darstellung in Kapitel 4).

Die Argumente, warum bei aller Sinnhaftigkeit Schulprogramme bisher ihre Wirkung noch nicht oder kaum entfaltet haben, sind vielfältig, wiederum jedoch empirisch kaum unterlegt: Sie reichen von der nicht hinreichenden Zeit für die Wirkung der in den Schulprogrammen aufgeführten Maßnahmen auf die dort benannten Verhaltens-, Kompetenzveränderungen etc. über Probleme bei der Implementierung der Programme bis hin zu Qualitätsmängeln der Programme selbst.

Letztere sind unübersehbar; darauf verweisen die einschlägigen Studien deutlich. Allerdings scheint bei den Bewertungen der Qualität der Schulprogramme in den einschlägigen Studien „stillschweigend" ein „good-will"-Bonus mitvergeben zu sein; denn gerade die Qualitätskriterien offenbaren starke konzeptionelle Mängel bei der Verknüpfung von pädagogischer Konzeption und intendierter Maßnahme, Konkretion dieser Maßnahmen und nicht zuletzt im Bereich der inneren Evaluation. Hier würde die Konstruktion von Referenzsystemen weiterhelfen. Diese müssten u. a. die folgenden Fragen beantworten:

Welche Merkmale in welcher Qualität muss ein Schulprogramm unerlässlich aufweisen, um als „Schulprogramm" im Sinne der bundeslandspezifischen Festlegungen gelten zu können? Welche Qualität müssen die Merkmale und deren Verknüpfung aufweisen, um die ihm zugeschriebenen Aufgaben und Funktionen erfüllen zu können? Welche Argumentationsketten muss ein Schulprogramm in welcher Konsistenz aufweisen, um die Verknüpfung zwischen Leitbild, pädagogischer Konzeptstruktur, Ist-Analyse, operationalisiertem Zielhorizont und Maßnahmesystem zu gewährleisten? Welche Kriterien müsste das Konzept der inneren Evaluation mindestens erfüllen, um einerseits die Anforderungen an die Objektivität, Reliabilität und Validität etc. der erhobenen Daten und andererseits die inhaltliche „Passung" zwischen zu evaluierender Maßnahme und verwendeten Evaluationsinstrumenten zu sichern?

Rolff (2006, 350ff.) spricht in seiner Zusammenfassung der einschlägigen Literatur acht „typische" Probleme von Schulprogrammen und Schulprogrammarbeit an, die wesentlich durch die Mängel bedingt sind, die in den Studien im Kapitel 4 immer wieder identifiziert werden. Diese Probleme sind: Theorie- und Gesellschaftsdefizit, die Implementationslücke, unterbestimmte bzw. nur unvollständig ausgearbeitete Interventionsstrategien, ein unspezifisches Organisationsverständnis, unrealistische Vorstellungen über die Wirkung von Konflikten, Energien und Gefühlen auf die Arbeit an und mit dem Schulprogramm, nach wie vor eher diffuse Bedürfnisse der Akteure vor Ort, chronische Zeitknappheit bzw. Überlastung der zeitlichen Ressourcen für die Schulprogrammarbeit und Dissens über die relativen Anteile von Mikropolitik in der einzelnen Institution im Vergleich zu denen der Bildungspolitik.

Diese Probleme machen implizit nochmals die hohen Ansprüche an das Schulprogramm deutlich. Weiterhin legen sie geradezu die Verknüpfung der Schulprogrammarbeit mit der Einführung von Qualitätsmanagementkonzepten nahe, die aus dem Blick auf die Gesamtheit der einzelnen Schule z. B. die (zeitlichen) Ressourcenallokationen steuern helfen. Dies führt zu der Forderung, die Maßstäbe, die für die Qualitätsbewertung von Schulprogrammen verwendet werden und die im Rahmen der Unterstützung z. B. über die zuständige Schulaufsicht an die Schulen „herangebracht" werden sollten (vgl. auch den Beitrag von *Rosenbusch* in diesem Handbuch), eher schärfer als in den bisherigen Studien realisiert anzusetzen.

Weitgehend unabhängig von der Frage, ob bzw. welche Wirkung bei welchen Rahmenbedingungen für die einzelschulische Implementierung von Schulprogrammen sowie von Qualitätsmanagementsystemen empirisch gesichert nachgewiesen werden kann, stellt sich die Frage nach deren bildungspolitisch verordneter Ausarbeitung und Einführung. Die Entwicklungen der letzten Jahre lassen erwarten: Zusammen mit dem Trend zum Schulprogramm als Steuerungsinstrument mit hoher einzelschulinterner Verbindlichkeit für die alltäglichen Leistungserstellungsprozesse wird auch die je landesweite Einführung von Qualitätsmanagementsystemen erfolgen. Die Frage ist, ob durch die landesweite Einführung eines solchen Modells die erweiterte Selbstständigkeit der Einzelschule stärker als notwendig begrenzt und ob damit die Balance zwischen erweiterten schulindividuellen Entscheidungs- und Handlungsräumen auf der einen Seite und Rechenschaftslegungen und deren Überprüfung auf der anderen Seite zugunsten zentraler Bestimmungen verschoben wird. Denn, so nicht nur *Dubs* (2006c), die hoheitliche Verfasstheit von Schule macht eine Akkreditierung der Einzelinstitution durch externe Institutionen, wie sie Qualitätsmanagementsysteme als Ziel explizieren, schon aus formal-rechtlicher Perspektive nicht notwendig. Führt man den Aspekt der empirisch gesicherten Qualitätssicherung an, gilt die obige Aussage auch inhaltsbezogen vor allem für die Bundesländer, in denen die evaluativen Steuerungsinstrumente, die im Kapitel 2 angesprochen werden, in regelmäßigen Zyklen angewendet werden.

Cornelia Wagner

Einzelschulische Qualitätsentwicklung durch Führung und Management?

Die Führungs- und Managementkompetenz von Schulleitungen als wichtigen Faktor für den Erfolg einzelschulischer Qualitätsentwicklung anzusehen, gilt als allgemein akzeptiert. Mit diesem Argument wird auch die Übertragung von Aufgaben und Entscheidungsbefugnissen von der Schulverwaltung auf die Schulleitungen begründet, die für das Gelingen innerschulischer Entwicklungsarbeit von besonderer Bedeutung sind. Auf welche Art und Weise Schulleitungen die Prozesse der Qualitätsentwicklung unterstützen können und wie groß ihre Einflussmöglichkeiten tatsächlich sind, ist jedoch nach wie vor wissenschaftlich umstritten. Der folgende Beitrag untersucht vor diesem Hintergrund, welches konzeptuelle und empirische Wissen zur Wirkung und Gestaltung entwicklungsförderlichen Schulleitungshandelns vorliegt. Der Schwerpunkt liegt dabei auf der Betrachtung schulischen Führungshandelns im Spannungsfeld zwischen ökonomischer und pädagogischer Rationalität und Effektivität.

1 Einleitung

Die aktuellen Veränderungen in den Schulgesetzen der Bundesländer zielen auf Qualitätssteigerungen durch selbst initiierte und selbst gesteuerte Entwicklungsprozesse der Einzelschule, verbunden mit externer Standardsetzung und verstärkter Outputkontrolle. Aufgrund ihrer herausgehobenen Position innerhalb der Schule werden die Schulleitungen [1] sowohl in der bildungspolitischen als auch der erziehungswissenschaftlichen Diskussion fast einmütig als zentraler Erfolgsfaktor für die geforderte Qualitätsentwicklung angesehen (vgl. z. B. *Wissinger* 1996; 2002; *Dubs* 1994; 2005a; *Brockmeyer* 1998; *Bonsen, von der Gathen* et al. 2002; *Rosenbusch* 2000; 2005; *Seitz & Capaul* 2005; *Buchen & Rolff* 2006; für die bildungspolitische Diskussion auch z. B. *Bildungskommission NRW* 1995; *Bildungskommission Berlin und Brandenburg* 2003).

Gleichwohl sind die Schulleitungen in Deutschland erst spät zum Gegenstand systematischer Untersuchungen geworden. Noch bis in die 1980er Jahre gab es kaum wissenschaftliche Arbeiten, die sich diesem Thema widmeten (vgl. z. B. *Döring* 1981). Erst mit dem sich vollziehenden Perspektivenwechsel von zentral gesteuerten Schul-

---

[1] Mit dem Begriff Schulleitung werden in der einschlägigen Literatur unterschiedliche Konzepte verbunden. Zunächst ist zwischen einer Begriffsverwendung als Funktionsbezeichnung einerseits und als Institutionsbezeichnung andererseits zu unterscheiden (vgl. *Storath* 1995). Funktional wird die Gesamtheit des Führungs- und Managementhandelns als Schulleitung bezeichnet. Institutionell bilden der bzw. die SchulleiterIn und der bzw. die Stellvertretende/n die Schulleitung im engeren Sinn. In einigen Bundesländern können Schulleitungsteams bzw. erweiterte Schulleitungen gebildet werden, mit der Schulleitung i. e. S., den Funktionsstelleninhabern sowie Vertretern des Lehrerkollegiums als möglichen Mitgliedern (zum Schulleitungsbegriff z. B. *Rolff* 1995; *Münch* 1999; zur erweiterten Schulleitung z. B. *Szewczyk* 2005, 41f.). Im Folgenden wird der Begriff Schulleitung aus Gründen der Vereinfachung als Sammelbezeichnung für die Gesamtheit der möglichen Leitungsformen verwendet. Diese reichen von der Leitung der Schule durch eine einzelne Person bis zur Leitung durch ein Schulleitungsteam bzw. eine erweiterte Schulleitung.

strukturreformen auf institutionelle Qualitätsentwicklungsprozesse (vgl. *Fend* 1998) verstärkte sich auch hierzulande das Interesse an den Einfluss- und Unterstützungsmöglichkeiten der Schulleitung, diese Prozesse aktiv zu steuern bzw. die Kontexte für deren Implementierung zu schaffen. Als eine der ersten bedeutenden empirischen Untersuchungen gilt die von *Baumert & Leschinsky* bundesweit durchgeführte Studie zu Rollenbild und Arbeitsweise von Schulleitungen (vgl. *Baumert & Leschinsky* 1986). In der Folge sind vor allem Arbeiten von *Auerning* (1986), *Neulinger* (1991), *Storath* (1995), *Wissinger* (1996) und *Bonsen, von der Gathen* et al. (2002) als systematisch-empirische Untersuchungen der deutschen Schulleitungsforschung hervorzuheben.

Mittlerweile hat sich die Publikationstätigkeit in diesem Bereich stark erhöht; dies ist besonders für Literatur festzustellen, die sich im Rahmen der erweiterten Selbstverantwortung von Schule mit normativen Vorgaben entwicklungsförderlichen Schulleitungshandelns beschäftigt. In der empirischen sowie theoretisch-konzeptuellen Forschung ist jedoch nach wie vor kein befriedigender Erkenntnisstand zu verzeichnen.

Traditionell spielt die Schulleitung als Entscheidungsinstanz in deutschen Schulen kaum eine Rolle. Dies ist vor allem der Einbindung der Einzelschule als unterster Verwaltungseinheit in die hierarchisch organisierte Schulverwaltung geschuldet (vgl. hierzu *Rosenbusch* in diesem Band). Erst im Zuge der erweiterten Selbstverantwortung werden auch die Schulleitungen mit Entscheidungsbefugnissen ausgestattet, die eine rechtlich ausdifferenzierte aktive Einflussnahme auf die einzelschulische Entwicklung ermöglichen. Die Argumente für eine umfassende Übertragung von Entscheidungsbefugnissen auf die Schulleitungen stützen sich im Wesentlichen auf drei Argumente:

(1) Vor allem die anglo-amerikanische School-Effectiveness-Forschung liefert starke empirische Evidenzen für eine positive Wirkung von Schulleitungshandeln auf die Schul- und – zumindest implizit – auch auf die Unterrichtsqualität (vgl. z. B. die Übersichten in *Lenzen* 1991; *Steffens & Bargel* 1993; *Peek & Neumann* 2003; *Huber* 1999; *Bonsen* 2006, 198ff.; aus dem anglo-amerikanischen Sprachraum z. B. *Fullan* 1991; *Teddly & Reynolds* 2000).

(2) In Forschungsarbeiten zu den Erfolgsfaktoren „guter" Schulen wird immer wieder eine „gute" Schulleitung als ein wesentliches Merkmal benannt (vgl. z. B. *Dubs* 1994; *Rolff* 1995; *Fend* 1998; *Bonsen* 2006, 195ff.).

(3) Jenseits der pädagogischen Forschung zur Wirkungsweise von Schulleitungen werden zur argumentativen Begründung vor allem betriebswirtschaftliche Erkenntnisse aus der Führungs- und Managementliteratur herangezogen, die den qualitätssteigernden Einfluss von Führungskräften in Unternehmen aufzeigen (vgl. z. B. *Dalin* 1986; *Dubs* 2005a; *Thom, Ritz & Steiner* 2002; *Seitz & Capaul* 2005; *Buchen* 2006).

In Folge der hier angedeuteten Entwicklungen haben sich die gesetzlichen Anforderungen an die Schulleitungen grundlegend verändert. So bestimmt z. B. das Berliner Schulgesetz vom Februar 2004 als wesentliches Handlungsfeld von Schulleitungen die aktive Unterstützung und Gestaltung einzelschulischer Entwicklungsprozesse; weiterhin sieht es die Delegation von Entscheidungsbefugnissen von der Schulverwaltung in den Verantwortungsbereich der Schulleitungen vor, z. B. im Bereich der Mittelbewirtschaftung, Personalrekrutierung und -entwicklung, der Unterrichtsorganisation und -gestaltung sowie der Qualitätsentwicklung und Evaluation. Ähnliche Verantwortungserweiterungen finden sich auch in den Schulgesetzen anderer Bundesländer. Die Veränderung der Rechtsposition der Schulleitung wird somit von den politisch Verantwortlichen als wesentlicher Teil der erweiterten Selbstverantwortung von Schule und damit als Voraussetzung für die Qualitätsentwicklung der Einzelschulen gesehen (vgl. die Begründung zum Berliner Schulgesetz *Senatsverwaltung für Bildung, Jugend & Sport* 2003; auch die kritischen Betrachtungen zum „neuen" Steuerungsmodell in *Zlatkin-Troitschanskaia* und zum Berliner Schulgesetz in *Wittmann* in diesem Band).

Gleichwohl mehren sich die Zweifel, ob die geplanten Schulentwicklungsmaßnahmen im Rahmen der durch die Schulgesetze gewährten Handlungskorridore von den Schulleitungen überhaupt umfassend umgesetzt werden können, dies vor allem mit dem Verweis auf die dafür erforderlichen Kompetenzprofile (vgl. *Huber* 2003). In diesem Zusammenhang werden auch die mit der erweiterten Selbstverantwortung verknüpften Vorstellungen über erfolgreiches Führungshandeln sowie deren argumentative Untermauerung einer kritischen Prüfung unterzogen (vgl. z. B. *Dubs* 2005a).

Vor dem hier skizzierten Hintergrund versucht der folgende Beitrag einen Überblick über den aktuellen Forschungsstand zu Führung und Management an Schulen nachzuzeichnen: Kapitel 2 beschäftigt sich mit dem zu Grunde liegenden Führungs- und Managementverständnis. Ausgehend vom Erkenntnis- und Forschungsstand der allgemeinen Managementlehre werden Argumente für oder gegen die Abgrenzung von pädagogischer Führung als eigenständigem Handlungs- und Forschungsbereich diskutiert. Kapitel 3 stellt Erklärungsansätze zur Wirkung und Gestaltung entwicklungsförderlichen Führungshandelns in pädagogischen Kontexten vor und systematisiert diese bezüglich der Art der zu Grunde liegenden Konzepte. Kapitel 4 fasst die zentralen Befunde des Beitrages zusammen und bewertet sie vor dem Hintergrund aktueller Entwicklungen der strukturellen Rahmenbedingungen von Schulleitungshandeln.

2 Allgemeine Managementprinzipien und pädagogische Führung als Grundlage von Schulleitungshandeln

Die Schulleitungsforschung hat sich bei der Beschreibung und Analyse von Führungshandeln mit einer fast unüberschaubaren Begriffsvielfalt auseinanderzusetzen. Vor allem in der unterschiedlichen Verwendung der Begriffe ‚Führung' und ‚Management' spiegelt sich die gesamte Breite der Diskussion um Aufgaben und Funktionen von Schulleitungen wider. Dies ist insofern nicht verwunderlich, als die Begriffe Führung und Management selbst sowie deren Nutzung immer mit normativen Zuschreibungsprozessen verbunden sind. Daraus resultiert, dass – je nachdem welcher Aspekt betont wird – bestimmte Begriffe bevorzugt verwendet bzw. abgelehnt werden. So wird beispielsweise der Managementbegriff von einigen Autoren aufgrund seines ökonomischen Bezugs abgelehnt, der Führungsbegriff aufgrund seiner historischen Belastung und der Leadership-Begriff aufgrund einer etwaigen Überhöhung der Bedeutung der Führungsperson. Auch der Leitungsbegriff ist wegen seines verwaltungsrechtlichen Bezuges nicht unumstritten (vgl. z. B. die Übersicht in *Kansteiner-Schänzlin* 2002).

Wesentlich fortgeschrittener im Bereich der Begriffs- und Modellbildung ist die Managementlehre. Es soll daher im Folgenden nicht nur überprüft werden, welche Konzepte von Führung und Management in der einschlägigen Literatur existieren, sondern auch, welchen konzeptionellen Beitrag die Managementlehre zur Analyse und konzeptionellen Entwicklung von Schulleitungshandeln leisten kann.

2.1 Die Managementlehre

Die Bezeichnung ‚Managementlehre' ist ausschließlich im deutschen Sprachraum gebräuchlich; sie steht für ein Forschungsgebiet, dass sich nach dem Vorbild des Fachs *Business Administration* (Führung von Wirtschaftsunternehmen) an amerikanischen Universitäten entwickelt hat (vgl. *Staehle* 1999, 74). *Dubs, Euler* et al. (2004, 13) definieren Managementlehre als „anwendungsorientierte Sozialwissenschaft, die sich im Rahmen von Forschung und Lehre mit Gestaltungs-, Lenkungs- und Entwicklungsproblemen in organisationalen, d. h. sozialen und technischen Kontexten zu beschäftigen hat". Als Klassiker der Managementlehre gelten die aus der praktischen Anwendung abgeleiteten Ansätze von *Taylor* (*Scientific Management*, 1911), *Fayol* (*Administration Industrielle et Générale*, 1916) und *Weber* (*Bürokratiemodell*, 1922) sowie die als *Harthorne Experimente* (1924-1932) bekannten empirischen Forschungsarbeiten, die den Ausgangspunkt der *Human-Relations* Bewegung bilden (vgl. *Staehle* 1999, 23ff.). Obwohl die Managementlehre aus der Analyse „praktischer Steuerungsprobleme" entstanden ist (*Steinmann & Schreyögg* 2005, 41), also historisch keiner wissenschaftlichen Disziplin folgt, ist die Vermittlung von Managementwissen in Deutschland traditionell Aufgabe der Betriebswirtschaftslehre (vgl. *Hauschild* 2002). Diese feste disziplinäre Zuordnung stärkt in der pädagogischen Diskussion Vorbehalte gegenüber der Berücksichtigung der Managementlehre, basierend auf Befürchtungen zunehmender Ökonomisierung von Schule (vgl. *Böttcher* 2002).

Im Gegensatz dazu ist an nordamerikanischen Universitäten bereits seit einigen Jahrzehnten eine Ausweitung der Managementlehre auf andere Bereiche fest etabliert und durch akademische Abschlüsse institutionalisiert, z. B. durch Master-Studiengänge in *Public Administration, Health Administration, Educational Administration* etc. (vgl. bereits *Owens* 1970, 2f.). Für den deutschsprachigen Raum steht die Entwicklung eigenständiger Studiengänge bzw. Qualifizierungsprogramme im Schulmanagement noch am Anfang. Bereits bestehende Angebote sind z. B. die berufsbegleitenden Master-Studiengänge der Universitäten Potsdam, Osnabrück, Kaiserslautern und der Freien Universität Berlin, weiterhin zertifizierte Ergänzungsstudiengänge, z. B. derjenige der Fernuniversität Hagen sowie Fortbildungen der zuständigen Landesinstitute.

Auch die Managementlehre kann sich nicht auf eine einheitliche Begriffsbestimmung von Führung und Management stützen. In einer weiten Definition werden beide dazu verwendet, den gesamten Gegenstandsbereich der Managementlehre funktional zu beschreiben – je nach dem, ob der Managementbegriff aus dem Englischen direkt übernommen oder mit Führung ins Deutsche übersetzt wird (vgl. z. B. die Verwendung in *Wöhe* 1996; 97ff.). Management bzw. Führung in diesem weiten Sinn ist definiert als

„Menschen durch gemeinsame Werte, Ziele und Strukturen, durch Aus- und Weiterbildung in die Lage versetzen, gemeinsame Leistungen zu vollbringen und auf Veränderungen zu reagieren" (*Drucker* 2005, 19).

Nach diesem Verständnis umfasst das Management bzw. die Führung einer Institution alle Aufgaben und Funktionen, die mit der normativen, strategischen und operativen Steuerung der Organisation verbunden sind (vgl. *Hirsch-Kreinsen* 2005; auch *Dubs* 2005a, 59). *Steinmann & Schreyögg* (2005, 10) benennen als zentrale Managementfunktionen: (1) Planung, (2) Organisation, (3) Personaleinsatz, (4) Führung und (5) Kontrolle. Diese fünf Funktionen stehen dabei nicht nur nebeneinander, sondern bilden idealtypisch einen zyklisch wiederkehrenden, stark vernetzten Prozess. Zur Charakterisierung der Forschungsbereiche der Managementlehre bietet *Staehle* (1999, 72) die folgende Dreiteilung: (1) personenbezogene, verhaltenswissenschaftliche Aspekte/Personalführung (*Behavorial Science*), z. B. das Verhalten von Individuen und Gruppen, Motivation etc., (2) sachbezogene Unternehmensführung (*Business Administration*), z. B. Organisation, strategische Planung und Kontrolle etc. und (3) Unternehmensforschung/Operations Research (*Management Science*).

Kontrovers diskutiert wird hierbei die Beschränkung des Aussagebereichs der Managementlehre auf privatwirtschaftliche Unternehmen, insbesondere im Bereich der sachbezogenen Führung. Einer der bedeutendsten Vertreter des organisationsformübergreifenden Gültigkeitsanspruchs der Managementlehre ist der amerikanische Managementforscher *Peter F. Drucker*. Dieser betont, dass auch unter Berücksichtigung der Spezifika verschiedener Organisationsformen die Gemeinsamkeiten so umfänglich sind, dass sie im Grundsatz ein gemeinsames Verständnis von Führung und Management rechtfertigen (vgl. *Drucker* 2005a, 17ff.).

Folgt man solchen Auffassungen, wie sie z. B. *Drucker* vertritt, so kann die Managementlehre – zumindest in Teilen – einen Erklärungsbeitrag für die theoretische Analyse sowie für die praktische Handhabung von Leitungsfragen im Bildungsbereich leisten. Besonders hervorzuheben sind in diesem Zusammenhang die umfassenden Publikationen zum Führungshandeln in Schule von *Dubs* (2005a) sowie von *Seitz & Capaul* (2005). Diese gehen nicht nur grundsätzlich von einer Übertragbarkeit von Konzepten aus dem Bereich Unternehmensführung aus, sondern basieren ihre Aussagen zum Führungsverständnis von Schule auf dem St. Galler Management-Modell, einem aus der Betriebswirtschaftslehre entlehnten Ansatz.

2.2 Management, Führung und Leadership

Nachdem bisher Management und Führung in einem weiten Verständnis und daher weitgehend synonym verwendet wurden, werden nun verschiedene Ansätze vorgestellt, beide Begriffe funktional voneinander abzugrenzen. Eine plastische Unterscheidung der Begrifflichkeiten prägten *Bennis & Nanus:*

„Leaders are thought to do the right things, whereas managers are thought to do things right" (*Bennis & Nanus* 1985, 29).

Diese sicherlich bewusst überzeichnende und die Abgrenzbarkeit überschätzende Aussage zielt dennoch im Kern auf wesentliche Unterscheidungskriterien von Management und Führung. Werden beide Begriffe bewusst in Abgrenzung voneinander verwendet, so bezeichnet der Managementbegriff i. d. R. die effektive Erledigung des operativen Tagesgeschäfts, d. h. der alltäglichen Routinen, während Führung als Teil der strategischen Steuerung einer Institution angesehen wird (vgl. z. B. *Hughes, Ginnett & Curphy* 1999, 11; *Wunderer* 2001, 4; in der pädagogischen Diskussion z. B. *Höher & Rolff* 1996; 20f.; *Münch* 1999, 119ff.; *Bonsen, von der Gathen* et al. 2002, 21). Für die Präzisierung des Führungsbegriffs wiederum existiert eine Vielzahl unterschiedlicher Definitionsversuche; dies liegt insbesondere daran, dass Führung ein „... kulturell gebundenes, normatives Konzept" darstellt (*Kansteiner-Schänzlin* 2002, 15). Gemeinsam ist diesen Definitionen jedoch das konstituierende Merkmal der beabsichtigten, zielorientierten Einflussnahme (vgl. *Gebert* 2002, 21; auch z. B. *von Rosenstiel* 1995; *Jung* 2004, 402, *Yukl* 2005, 4).

Während im anglo-amerikanischen Sprachgebrauch traditionell lediglich zwischen den Begriffen Management [2] und Führung (= Leadership) unterschieden wird, versuchen einige Autoren im deutschsprachigen Raum, den Begriff ‚*Leadership*' als Erweiterung der beiden erst genannten Begriffe zu definieren. Als Vorteil einer solchen Abgrenzung wird angeführt, der Leadership-Begriff sei in der deutschen Sprache nicht an traditionell-normative Vorstellungen gebunden, wohingegen Führung in enger Verbindung mit Herrschaft/Gefolgschaft und autoritärem Führungshandeln gesehen werde (vgl. *Kansteiner-Schänzlin* 2002, 23). In Abgrenzung zum Führungsbegriff werden mit Leadership die proaktiven Aspekte von Führung, wie Zukunfts- und Entwicklungsorientierung bzw. visionär-zielorientierten Führungshandelns betont (vgl. *Dubs* 1994, 21; *Bonsen, von der Gathen* et al. 2002, 98f.). Leadership steht dabei für die Bezeichnung von Eigenschafts- bzw. Verhaltensaspekten, die einem solchen Führungsverständnis zugrunde liegen (vgl. *Yukl* 2005, 3). Dies bedeutet jedoch auch, dass sich diese Sichtweise auf die personalen Merkmale sowie das konkrete Handeln des Führenden beschränkt und der ursprüngliche Führungsbegriff damit stark eingegrenzt wird.

Diese Verengung des Führungsbegriffs verweist auf einen Problembereich, der bereits seit den Anfängen der Managementforschung kontrovers diskutiert wird, jüngst jedoch durch das verstärkte öffentliche Interesse an der Arbeitsweise und Produktivität von Spitzenmanagern wieder auflebt – auf die Frage nämlich, inwieweit Führungs- und Managementqualitäten erlernbare Techniken sind oder sich auf stabile Persönlichkeitsmerkmale der Führenden zurückführen lassen, wie dies in einem radikalen Leadership-Verständnis – ausgedrückt in der Feststellung „*Leaders are born, not made"* – der Fall wäre (vgl. z. B. die Diskussion in *Hughes, Ginnett & Curphy* 1999, 19; auch *Seitz & Capaul* 2005, 275). *English* (2005, xiii) fasst diese Kontroverse unter der Perspektive der vom Autor so benannten „*Art/Science Binary"* zusammen, also des Verständnisses von Führung als einer nur bedingt erlernbaren Kunst einerseits, die vor allem auf persönlichem Führungsgeschick basiert und dem Verständnis von Führung als reiner Wissenschaft andererseits, insbesondere mit empirischer Ausrichtung. Je nach dem, welche Gewichtung den beiden Polen beigemessen wird, ergeben sich entsprechende Konsequenzen für die Auswahl bzw. Qualifizierung von Führungspersonal.

---

[2] Von ‚Management' wird vor allem in Großbritannien, Europa und Afrika gesprochen, während in den USA, Kanada und Australien eher der Begriff ‚Administration' verwendet bzw. bevorzugt wird (vgl. *Bush* 2005, 7).

2.3 Pädagogische Führung [3]

Die Ursprünge der Betrachtung pädagogischer Führung als eigene Wissenschafts- und Forschungsdisziplin sind in den Vereinigten Staaten zu Beginn des 20. Jahrhunderts zu suchen, zunächst als Adaption allgemeiner Managementtheorien und -modelle aus Wirtschaft, Verwaltung und Industrie (vgl. *Bush* 2005, 9). In einem Überblick über die historische Entwicklung der Schulleitungen in den USA zeigt *Brown* (2005, 111), dass sich das Amt des Schulleiters an amerikanischen Schulen – ähnlich wie auch in Deutschland – mit zunehmender Größe der Schulen und Erweiterung der pädagogischen Aufgaben aus der Funktion des so genannten „*Head Teacher*" entwickelt hat. Dieser war überwiegend für den reibungslosen Ablauf des Unterrichts sowie für die Überwachung von Schülern, Lehrern und Unterrichtsaktivitäten verantwortlich. Die Bezeichnung „*Principal*" (also Schulleiter) wird erstmals um 1840, als Funktionsbeschreibung für schulische Führungspersonen verwendet, die administrative Abläufe in Schulen regeln und die Politik der regierungsunabhängigen *Educational Boards* durchsetzen (den Institutionen der lokalen schulischen Selbstverwaltung). Im Gegensatz hierzu waren Schulen in Deutschland zunächst in kirchliche, seit Ende des 18. Jahrhunderts in staatliche Aufsichtssysteme eingebunden (vgl. *Rosenbusch* 2002). Administration und Kontrolle der einzelnen Schule wurde ausschließlich durch externe Inspektoren ausgeübt, erst ab der zweiten Hälfte des 19. Jahrhunderts gingen diese Funktionen zumindest in Teilen an schulinterne Personen (Direktoren/Schulvorsteher) über. Diese agieren jedoch weiterhin als weisungsgebundene, untergeordnete Organe der hierarchisch organisierten Schulverwaltung und zeichneten für die Durchsetzung staatlicher Interessen sowie für reibungslose Verwaltungsabläufe in der Schule verantwortlich (vgl. *Nevermann* 1982, 14). Diese frühen Schulleitungen rekrutierten sich aus dem Lehrerkollegium der Schule und behielten ihre Position und Rolle als Lehrkraft weitestgehend bei, weshalb sie auch als *„Primus inter Pares"* bezeichnet wurden. Dieses Verständnis ist über einen langen Zeitraum mit nur geringen Veränderungen relativ stabil erhalten geblieben und erst im Zuge der Konzentration auf die einzelschulische Qualitätsentwicklung und die erweiterte Selbstverantwortung von Schulen etwa seit Ende der 1980er Jahre in bedeutender Veränderung begriffen (vgl. *Dalin* 1986).

Währenddessen unterlagen Rolle und Funktion der Schulleitungen in den USA einer stetigen Entwicklung: Bereits früh verloren die Schulleiter dort ihre Unterrichtsverpflichtung, um sich ausschließlich Leitungsaufgaben widmen zu können. Das Verständnis von Schulleitungshandeln wurde vor allem durch aktuelle Entwicklungen der Managementforschung geprägt (vgl. *Brown* 2005, 115ff.). So führten von ca. 1900 bis 1940 Einflüsse des *Scientific Management* (*Taylor* 1911) zu einer verstärkten Effizienzorientierung, verbunden mit Tendenzen der Bürokratisierung und Hierarchisierung. In diesem Zeitraum sah man die Ausführung administrativer Aufgaben als zentrale Managementfunktion von Schulleitern an; daher verwundert es nicht, dass nun-

---

[3] In der Auseinandersetzung mit schulischem Leitungshandeln ist die Verwendung des Managementbegriffs eher unüblich. Im Folgenden wird daher im Folgenden ein weiter Führungsbegriff verwendet, der sowohl Führungs- als auch Managementaspekte umfasst. Eine Verengung von (pädagogischer) Führung auf strategisches Führungshandeln – wie in Abschnitt 2.2 – wird explizit nicht angestrebt, wenngleich die Betrachtung dieses für die einzelschulische Qualitätsentwicklung als vordergründig erachtet wird.

mehr auch Personen für die Schulleitung rekrutiert wurden, die nicht notwendigerweise über pädagogische, sondern in erster Linie über ökonomische Qualifikationen verfügten. In den 1940er bis 1960er Jahren überwogen Einflüsse des *Human-Relation* Ansatzes. Die 1960er bis 1980er Jahre brachten als Folge des so genannten Sputnik-Schocks und der damit verbundenen Angst, internationale Wettbewerbsfähigkeit in wissensintensiven Bereichen zu verlieren, eine Rückbesinnung auf die pädagogischen Aufgaben der Schulleitungen, insbesondere in Bezug auf die Förderung von Basiskompetenzen der Schüler mit den Schwerpunkten Mathematik und Naturwissenschaften. Aufgrund der sozialen Umbrüche dieser Zeit sahen sich die Schulleiter vielfach einem Dilemma ausgesetzt – zwischen der Bewahrung des traditionellen Systems auf der einen Seite und dem sich kontinuierlich verstärkenden gesellschaftlichen Reformdruck auf der anderen Seite (vgl. *Brown* 2005, 125ff.). Diese gesellschaftlichen Veränderungen haben sich seitdem in einer starken Entwicklungsorientierung im Schulleitungshandeln niedergeschlagen. Beginnend mit dem in den 1980er Jahren populären Konzept des *Instructional Leadership*, welches den Schwerpunkt auf die Entwicklung von Unterricht und Curriculum legt (vgl. *Bush* 2005, 15), kam es in der Folge zu einer Diversifizierung der Ansätze, von denen der *Transactional* und der *Transformational Leadership Approach* die meist beachteten sind (vgl. *Bass* 1990).

Ähnliche Entwicklungen sind auch in anderen Ländern Europas und der Welt zu beobachten. Sie sind Folge globaler Tendenzen verstärkter Dezentralisierung im Bildungswesen und erweiterter Selbstverantwortung von Schulen. Auch wenn sich die Traditionen der Steuerung von Bildungssystemen in einzelnen Ländern stark unterscheiden (z. B. zentral organisierte Systeme wie in Frankreich, Österreich oder Schweden vs. dezentral organisierte Systeme wie in Großbritannien, Kanada oder auch der Schweiz; vgl. *Huber* 2002), sind vor allem seit Ende der 1980er – in Großbritannien bereits in den 1960er Jahren (vgl. *Bush* 2005, 9) – mehr oder weniger starke Veränderungen der Rolle von Schulleitungen festzustellen. Diese beziehen sich vor allem auf die Erweiterung der Führungsverantwortung für eine effektive und effiziente Leitung der Schule, für die Festlegung und Umsetzung zukünftiger schulischer Entwicklungsstrategien und für die Entwicklung der pädagogischen Qualität der Unterrichtsangebote. Dies ist jedoch gleichzeitig mit einer verstärkten Rechenschaftspflicht gegenüber den staatlichen Autoritäten und den schulischen Interessengruppen verknüpft.

Daher ist es nicht verwunderlich, dass gerade in den letzten zwei Jahrzehnten eine Vielzahl von Theorien und Konzepten entwickelt wurde, die sich – ergänzt durch Systematisierungen praxisbezogenen Erfahrungswissens – der Erklärung schulischen Leitungshandelns widmen. Das weitgehende Fehlen systematischer, empirischer Befunde und eines breit akzeptierten Modells zur Beschreibung von Schulleitungshandeln fördert die Diversität der Erklärungsansätze zusätzlich. *Leithwood, Jantzi & Steinbach* (1999, 7) zeigen in einer empirischen Untersuchung von 121 Aufsätzen über einen Zeitraum von 10 Jahren seit 1988 in vier bedeutenden englischsprachigen Schulleitungszeitschriften, dass 54 von diesen zwar Phänomene von Führung diskutieren, jedoch weder Angaben zu den Annahmen noch zu Theorien bzw. Modellen von Führung enthalten. Weiterhin stellen die Autoren fest, dass in diesen Beiträgen insgesamt 20 verschiedene Führungskonzepte für den Bildungsbereich vorgestellt werden.

Innerhalb dieser Vielfalt von Theorieansätzen sind insbesondere zwei Grundrichtungen in der wissenschaftlichen Diskussion festzustellen, die sich durch die Beurteilung der Frage voneinander abgrenzen, ob Führungs- und Managementhandeln im schulischen Bereich sich grundsätzlich von anderen organisationalen Kontexten unterscheidet und daher eigenständige theoretische Konzepte benötigt (vgl. auch die Diskussion in *Bonsen* 2003, 183; *Bush* 2005, 13f.; *Buchen* 2006, 26ff.). Auf die Argumente für eine Generalisierbarkeit der Aussagen der Managementlehre wurde bereits in Abschnitt 2.1 im Zusammenhang mit der Eingrenzung der Aussagekraft der Managementlehre auf privatwirtschaftliche Unternehmen hingewiesen. Befürworter einer eigenständigen pädagogischen Management- bzw. Führungslehre stützen ihre Argumentation vor allem die folgenden sechs Aspekte:

- *Abweichende Organisationsziele:* Im Gegensatz zu kommerziellen bzw. anderen Non-Profit Organisationen, die auf Gewinnerzielung und Wettbewerbsfähigkeit bzw. die Erfüllung eines gemeinnützigen Zwecks ausgerichtet sind, sind die Organisationsziele von Schule durch hohe Komplexität, Reflexivität und z. T. Widersprüchlichkeit gekennzeichnet (vgl. *Rolff* 1995, 134f.; *Klafki* 2002). Diese besonderen Zielstrukturen resultieren vor allem aus dem primären Organisationszweck, dem Bildungs- und Erziehungsauftrag von Schule. Bildungs- und Erziehungsziele wiederum weisen eine hohe Interessenabhängigkeit zwischen gesellschaftlichen, staatlichen, ökonomischen und individuellen Ansprüchen auf.

- *Personale und situationale Gebundenheit von Unterricht:* Bildungs- und Erziehungsprozesse zeichnen sich dadurch aus, dass sie personal und situational gebunden sind, also unwiederholbar in direkten Kommunikationssituationen zwischen Lehrenden und Lernenden stattfinden (vgl. *Huber* 2002, 29). Eine Technologisierung pädagogischer Prozesse, z. B. durch feste Zuordnung von Materialien, Ressourcen und Methoden, ist daher nur begrenzt möglich. Dies führt insbesondere zu einer eingeschränkten Messbarkeit der pädagogischen Zielerreichung und damit auch, z. B. durch fehlende feste Beurteilungsstandards und hohe persönliche Verantwortung, zu Kontrollängsten bei den Lehrenden (vgl. *Rolff* 1995, 126ff.).

- *Stellung der Schüler:* Im Gegensatz zu anderen Organisationen sind die Kunden bzw. Begünstigten der organisationalen Prozesse und die Organisationsmitglieder in Schule nicht eindeutig voneinander abgrenzbar. So sind die Lernenden zum einen – zumindest temporär – „Mitglieder" der Organisation und als Beteiligte an pädagogischen Prozessen auch für die realisierte Qualität der Bildungs- und Erziehungsarbeit mit verantwortlich, zum anderen sind sie die primären „Abnehmer" der Prozesse selbst (vgl. *Bonsen* 2003, 185; *Bush* 2005, 14; *Szewczyk* 2005, 155).

- *Autonomie der Lehrkräfte:* Da Lehrkräfte formal über eine ähnliche Ausbildung wie die Schulleitungen verfügen, das Unterrichten bisher überwiegend in Eigenverantwortung des Lehrenden stattfindet und Kooperation zwischen den Lehrkräften einer Schule außerhalb der Unterrichtseinheiten nicht notwendigerweise erforderlich ist, verfügen diese bei ihrer Arbeit über eine außergewöhnlich hohe Autonomie (zu aktuellen Entwicklungen in der rechtlichen Beurteilung der pädagogischen Freiheit von Lehrenden vgl. *van Buer* in diesem Band). Empirische Untersuchungen legen nahe, dass der Ausbildungsstand und die gewährte Autonomie bei Lehrkräften zu einer ausgeprägten basisdemokratischen Grundorientierung führt, die auch als Autonomie-Paritäts-Muster bezeichnet wird (vgl. z. B. *Altrichter & Eder* 2004).

- *Schulorganisation:* Schule als Organisation ist in ihrer Außenstruktur eingebunden in eine hierarchisch organisierte, übergeordnete Verwaltung, im Inneren jedoch durch die hierarchische Gleichstellung und hohe Autonomie der Lehrenden gekennzeichnet, was zu einer losen Kopplung von Strukturelementen in den Schulen führt (vgl. *Weick* 1976), die *Rosenbusch* (2005, 67ff.) als komplexe Hierarchie bezeichnet (vgl. auch *Rosenbusch* in diesem Band).

- *Vorhandene Zeit für Leitungsaufgaben:* Im Gegensatz zu anderen Führungskräften können sich Schulleiter, zumindest in Deutschland nicht ausschließlich auf Leitungsaufgaben konzentrieren, da sie neben der Schulleitungstätigkeit i. d. R. auch weiterhin mit Lehraufgaben betraut sind. *Wissinger* (2002, 56) zeigt mit den Daten einer TIMSS-Schulleiterbefragung, dass das Unterrichten mit rund 50h/Monat den größten Zeitanteil im Tätigkeitsprofil von Schulleitern in Deutschland einnimmt, gefolgt von Verwaltungsaufgaben mit knapp unter 50h/Monat. Originäre Führungs- und Managementaufgaben nehmen demgegenüber nur etwa 44h/Monat ein. Zumindest aufgrund der Zeitanteile stellen sie keinen Schwerpunkt in der Schulleitungstätigkeit dar (vgl. auch frühere Befunde in *Wissinger* 1996).

Einer der in Deutschland führenden Vertreter einer eigenständigen Organisations- und Führungstheorie für Schulen ist *H. S. Rosenbusch*. In seinem Ansatz, den der Autor selbst als Organisationspädagogik bezeichnet, benennt er als herausragendes Spezifikum pädagogischer Management- und Führungsstrukturen das Primat pädagogischer Zielvorstellungen gegenüber administrativen und auch ökonomischen Zielen der Schule. Dies bedeutet nicht nur, dass pädagogische Ziele primär berücksichtigt werden, sondern auch, dass sie das ausschlaggebende Entscheidungskriterium für alle in Schule ablaufenden Prozesse darstellen sollen (vgl. *Rosenbusch* 2005, 21f.). Die pädagogische Zielorientierung wird damit zum expliziten Kriterium für die Beurteilung schulischer Qualität. Auch *Huber* (2002, 61) konstatiert, die „Führungskonzeption eines organisationspädagogischen Managements" sei primär pädagogischen Werten verpflichtet. Der Schulleitung komme dabei zentral die Aufgabe zu, ausgehend von pädagogischen Prämissen, die Organisationsbedingungen in Schule im Hinblick auf die pädagogische Zielerfüllung zu entwickeln. Ebenso beschreibt *Szewczyk* (2005, 205ff.) Schulleitungshandeln als dreidimensionales Modell, in dem die pädagogische Dimension in Wechselwirkung mit allen Entscheidungen und Handlungen in den beiden anderen Dimensionen [4] steht.

Andere Autoren halten eine spezifische pädagogische Führung nur in Teilbereichen für erforderlich. So erläutert *Bush* (2005, 13): Organisationsformübergreifende Managementprinzipien fänden vor allem in den Bereichen des finanziellen Managements, des Personalwesens sowie der inneren und äußeren organisationalen Beziehungen Anwendung; hingegen seien spezifische pädagogische Prinzipien für den Bereich des Lehrens und Lernens in Schule erforderlich. Auf eine erforderliche „pädagogische

---

[4] Die beiden anderen Dimensionen im diesem Modell sind die „Potentiale der Organisation" und die „Kompetenz der Schulleitung".

Kraft" verweist auch *Dubs* (2005a, 169f.). Er sieht pädagogisches Wissen und Können sowie praktische Unterrichtserfahrung als notwendige Voraussetzung für Schulleitungen an, dies gilt insbesondere für die Entwicklung schulischer Visionen, für die Führung, Beratung und Unterstützung von Lehrkräften sowie für die Unterrichtsentwicklung. Bezüglich des letzt genannten Funktionsfeldes verweist der Autor auf die Aufgabe der Schulleitungen unterrichtliche Innovationen zu fördern, konsequente Leistungsorientierung zu fordern sowie das unterrichtliche Geschehen zu überwachen.

Gestützt wird die Forderung nach einer pädagogischen Führung von Schule auch durch Erkenntnisse der Schulentwicklungsforschung. Diese misst Schulleitungen mit hoher Konzentration auf pädagogische Aufgaben eine höhere Wirksamkeit (mit dem Referenzpunkt Schülerleistungen) bei als denen, die sich auf allgemeine Managementaufgaben konzentrieren (vgl. *Bush* 2005, 14). Auch *Bonsen, von der Gathen* et al. (2002, 68) weisen in einer Untersuchung nach, dass die Möglichkeit der zumindest indirekten Einflussnahme über das unterrichtliche Handeln der Lehrkräfte durch das Fördern von pädagogischen Innovationen und von Lehrerkooperation bestehe.

Einen bisherigen Höhepunkt erreichte die pädagogische Führungsorientierung mit dem in den 1980er Jahren vor allem in den USA populären Konzept des *Instructional Leadership*. Dieser explizit auf Bildungseinrichtungen zugeschnittene Ansatz betont die Bedeutung von Führungshandeln, das sich an dem Ziel der Verbesserung von Schülerleistungen orientiert und dieses durch zielgerichtete Einflussnahme auf das professionelle Lehrerhandeln zu erreichen sucht (vgl. *Leithwood, Jantzi & Steinbach* 1999, 8). Als Instrumente einer solchen Führung werden insbesondere die Beratung der Lehrkräfte und die Förderung deren professioneller Weiterentwicklung, die aktive Einflussnahme der Schulleitung auf die Gestaltung des Unterrichts und auf die Entwicklung einer schulweiten Unterrichtskultur sowie die Förderung unterrichtsbezogener Kooperation angesehen (vgl. *Bonsen* 2006, 212). Zwar gilt *Instructional Leadership* durch seine verengte Perspektive auf die Unterrichtsentwicklung sowie durch die Konzentration schulischer Entwicklungsarbeit auf die Verbesserung der Schülerleistungen im Rahmen der bestehenden Normen und Werte als weitgehend überholt (vgl. *Leithwood, Jantzi & Steinbach* 1999, 9f.), dennoch wird die Kernaussage dieses Ansatzes, Unterrichtsentwicklung als wichtige Führungsaufgabe anzusehen, auch in Folgekonzepten zum pädagogischen Führungshandeln aufgegriffen (vgl. *Bush* 2005, 16; *Bonsen, von der Gathen* et al. 2002, 62f.; *Huber* 2003, 57ff.; vgl. auch Abschnitt 3.2)

Dennoch spricht sich die Mehrheit der Vertreter einer eigenständigen pädagogischen Führungslehre für die Berücksichtigung allgemeinen Managementwissens und für die Adaption von Modellen und Verfahren aus Wirtschaft, Verwaltung und anderen Non-Profit Organisationen aus (vgl. z. B. *Bush* 2005, 15; *Rosenbusch* 2005, 22). Dies zeigt auch eine Zusammenschau der Inhalte der aktuell erschienen Handbücher und Lehrwerke zum Schulmanagement (z. B. *Dubs* 2005a; *Bartz, Fabian* et al. 2006; *Seitz & Capaul* 2005; *Buchen & Rolff* 2006). Themenbereiche wie Finanzmanagement, Personalmanagement und Mitarbeiterführung, Kommunikations- und Informationsmanagement, Organisationsentwicklung, Qualitätsmanagement, Öffentlichkeitsarbeit und Innovationsmanagement werden zumeist in enger Anlehnung an die allgemeine Managementlehre diskutiert. Ein spezifisch pädagogischer Bezug lässt sich weitaus seltener herstellen. Dieser findet sich zumeist in den Ausführungen zur *Unterrichtsentwicklung* (in drei der vier benannten Werke), zu den *Erziehungsprozessen* (in einer der vier Publikationen), teilweise in Fragen des *Qualitätsmanagements* – vor allem in Bezug auf besondere Evaluations- und Inspektionsverfahren und die Schulprogrammarbeit – sowie bei der *Organisationsentwicklung* – letzteres bezieht sich vor allem auf Besonderheiten der Schulentwicklung sowie auf die Berücksichtigung der organisationalen Einbettung von Schulen in die staatliche Verwaltung (vgl. *Szewczyk* 2005, 210).

Zusammenfassend kann festgehalten werden: In der erziehungswissenschaftlichen Literatur besteht weitgehend Konsens darüber, die Schulleitungen neben den Lehrenden als eigenständige pädagogische Handlungseinheit innerhalb der Einzelschule anzuerkennen. Die Analyse der einschlägigen Lehrwerke zum Schulmanagement verweist allerdings auf Folgendes: Die Forschung zur Generierung eines spezifischen pädagogischen Führungswissens ist im deutschsprachigen Raum bisher nur gering ausgeprägt. Das vorhandene Wissen über Führungs- und Managementprozesse in Schule und die sich daraus ableitenden Handlungsempfehlungen basieren zu großen Teilen auf Anleihen bzw. Adaptionen der allgemeinen Managementlehre sowie zu weitaus geringeren Teilen auf spezifischen, für den Bildungsbereich entwickelten Konzepten. Da diese von unterschiedlichen Prämissen ausgehen – nämlich ökonomisch-rationalen Effizienzüberlegungen einerseits und pädagogischer Zielorientierung andererseits – ist deren Integration durchaus nicht immer problemfrei möglich. Darüber hinaus fehlt es weitgehend an einer Systematisierung der vorliegenden Ansätze und Konzepte. Inwieweit die Leitung von Schulen nur ein Anwendungsbereich allgemeiner Managementlehre ist oder eine besondere pädagogische Führung erfordert bzw. ob sich lediglich im Kernbereich von Schule, also im Unterricht und den damit verknüpften Aufgabenbereichen, das Managementhandeln unterscheidet, bleibt nach wie vor umstritten.

3 Konzepte pädagogischer Führung

Im Zusammenhang mit der Analyse und Beschreibung pädagogischer Führung wird eine Vielzahl von Ansätzen verwendet, die sich in Tiefe und Komplexität der zu Grunde liegenden theoretischen Konzeptionen unterscheiden. *Leithwood, Jantzi & Steinbach* (1999, 8) zeigen in einer Analyse englischsprachiger Veröffentlichungen, dass in der Mehrheit der untersuchten Beiträge keine bzw. nur generelle Aussagen zu den theoretischen Konzepten getroffen werden (vgl. Abschnitt 2.3). Auch in vielen deutschsprachigen Publikationen fehlen Angaben zur Art des beschriebenen Führungs- bzw. Managementwissens. Insbesondere gibt es kaum Beiträge, die sich explizit mit Führungsmodellen für den Bildungsbereich bzw. mit der Platzierung der vorgestellten Führungsaspekte in derartigen Modellen beschäftigen.

Im Folgenden werden einige zentrale Erklärungsansätze zur Wirkung und Gestaltung von Schulleitungshandeln daraufhin untersucht, welche theoretischen Konstrukte diesen zugrunde liegen. Dem vorangestellt wird eine Betrachtung der Grundlagen von Führungshandeln, die für das kritische Verstehen dieser Ansätze unverzichtbar sind.

3.1 Grundlagen pädagogischen Führungshandelns

Macht als Führungsvoraussetzung

Als bedeutendste Führungsvoraussetzung wird im Allgemeinen die ‚Macht' im Sinne des Vorliegens einer individuell-personalen Eigenschaft angesehen. Diese ist definiert als „Möglichkeit und Fähigkeit einer Person, ihren Willen bzw. ihre Interessen gegenüber Anderen auch gegen deren Willen durchzusetzen" (*Jung* 2005, 403). Sie resultiert zunächst i. d. R. aus dem Vorhandensein einer formalen Machtgrundlage (an die hierarchische Position gebundene Macht, vgl. *Staehle* 1999, 399). Zwar fällt in Deutschland – trotz in den letzten Jahren voranschreitender Deregulierung und Funktionsübertragung – ein großer Teil der formalen Positionsmacht der Schulaufsicht zu; jedoch haben Schulleitungen per Berufshierarchie Entscheidungs- und vor allem Weisungsbefugnisse gegenüber den Lehrkräften, die die Zuschreibung formaler Macht rechtfertigen (vgl. *Rosenbusch* 2005, 100; auch *Wissinger & Huber* 2002, 11; *Bonsen, von der Gathen* et al. 2002, 16ff.). Neben dieser formalen Macht können weitere Machtgrundlagen unterschieden werden, auf die eine Person zurückgreifen kann (vgl. *Staehle* 1999, 399). *Rosenbusch* (2005, 100f.) stellt in einer Übersicht Quellen personaler Macht zusammen, die vor allem für Schulleitungen von Bedeutung sind: Besonders erwähnt seien hier (1) die *Expertenmacht*, die daraus resultiert, dass die Rekrutierung von Schulleitungen i. d. R. über den Nachweis exzellenter Lehrtätigkeit erfolgt und diese zusätzlich noch über umfassendes Wissen über die internen Abläufe in der Schule verfügen sowie (2) die *kommunikative Macht* als die Möglichkeit häufiger Kontakte mit den Schulangehörigen und dem schulischen Umfeld. Für den zweiten Machtfaktor verweisen empirische Studien zu den Arbeitsschwerpunkten von Schulleitungen übereinstimmend auf einen sehr hohen Anteil von direkter Kommunikation (vgl. z. B. *Baumert & Leschinsky* 1986; *Wissinger* 1996; *Bonsen, von der Gathen* et al. 2002).

Das Vorhandensein einer Machtgrundlage reicht jedoch für tatsächliche Führung nicht aus. Führung bedeutet gleichzeitig auch *Anerkennung* durch die Geführten (vgl. *Wunderer* 2001). Diese wiederum bezieht sich nicht nur auf die Akzeptanz der Person des Führenden, sondern in einer doppelten Weise auch auf die Anerkennung der Führungsverantwortung durch die Führungsperson selbst (vgl. *Rosenbusch* 2005, 23ff.; auch *Müller* 2006). Gerade zum zweiten Aspekt liegt jedoch eine Reihe empirischer Evidenzen dafür vor, dass sich Schulleiter, vor allem in kleineren Schulen, nicht als Führungskraft sehen, sondern sich weiterhin in ihrer Rolle als Lehrkraft begreifen (vgl. *Storath* 1995; *Wissinger* 1996; *Bonsen, von der Gathen* et al. 2002).

Neben den Schulleitungen können auch andere Organisationsmitglieder von Schule über personale Macht und ebenso über die entsprechende Anerkennung dieser verfügen, d. h. über Führungspotenzial (z. B. Inhaber von Funktionsstellen, erfahrene Lehrkräfte etc.). So können in Schule Führungsaufgaben von verschiedenen Personen übernommen werden, ohne dass diese formal Führungspositionen bekleiden. *Wunderer* (2001) spricht in diesem Zusammenhang von *Mitunternehmertum* und verweist dabei auf die positive motivationale Wirkung von Verantwortungsübernahme und Identifikation durch kooperative bzw. delegative Wahrnehmung der Führungsfunktion (vgl. Abschnitt 3.2). Für den schulischen Bereich ist die Frage personaler Führungsmacht aufgrund der gesetzlich garantierten Autonomie der Lehrkräfte in der Unterrichtsgestaltung und der festen Verankerung basisdemokratischer Elemente in den gesetzlichen Vorgaben zur Regelung des Konferenz- und Entscheidungsrechts von besonderer Bedeutung. Auf diese Argumentation stützen sich auch vereinzelte Forderungen nach einer kollegialen Schulleitung ohne Führungskraft auf der Basis demokratischer Entscheidungen des Kollegiums (vgl. die Diskussion in *Dubs* 2005a, 160, 162ff.; zu Modellen kollegialer Führung vgl. *Bush* 2005, 64ff.).

Formen von Führungshandeln

Führung kann in direkter Weise durch personal-interaktive sowie in indirekter Weise durch strukturell-systematische Führung erfolgen (vgl. *von Rosenstiel* 1995, 4f.). Wenn auch, wie bereits erwähnt, empirische Studien einen hohen Anteil an direkter Kommunikation im Arbeitsalltag von Schulleitungen ausweisen – was gleichfalls einen hohen Grad personal-interaktiver Führung impliziert – so steht dem eine hohe Regulierungsdichte von Verfahrens- und Entscheidungsprozeduren gegenüber. Als eine weitere Besonderheit der Organisation Schule kann gelten, dass durch die bürokratisch geprägte Schulverwaltung eine Vielzahl indirekter Regelungen existiert, die die Leitung und Gestaltung einer Schule beeinflussen, die Schulleitungen sich jedoch ihrerseits vornehmlich auf direktes Führungshandeln stützen. Dabei folgen die von der Schulverwaltung vorgegebenen Regelungen vor allem einer traditionell inputorientierten Steuerung und können in Konflikt zu den von der Schulleitung intendierten Führungsmaßnahmen stehen. Den Schulleitungen kommt in diesem Zusammenhang die Aufgabe zu, zwischen den vorgegebenen Regeln auf der einen Seite und den Entwicklungsvorhaben der Schule auf der anderen Seite zu vermitteln.

Für die Einzelschule betont *Dubs* (2006b, 115) die ganzheitliche Konsistenz und Widerspruchsfreiheit direkter und indirekter Führungsinstrumente. *Bartz* (2006b, 402) bietet eine Übersicht über die möglichen Steuerungswirkungen formaler Regeln, zeigt jedoch gleichzeitig die Gefährdung strategischen Führungshandelns durch die Etablierung informeller Regeln, die fehlende bzw. vermiedene Regelungsbereiche abdecken.

3.2 Beschreibungs- und Erklärungsansätze pädagogischer Führung

Führungsmodelle

Zur Beschreibung und Erklärung von Führungshandeln unter Berücksichtigung komplexer Einfluss- und Kontextstrukturen werden Modelle verwendet, die umfassende Systeme zum Verständnis von Verbindungs- und Wirkungszusammenhängen sowie zur Problem- und Aufgabenbewältigung bilden (zum Modellbegriff vgl. *Schwaninger* 2004). Die modellhafte Abbildung von Führung in Schulen wird mit dem Ziel vorangetrieben, einen Ordnungsrahmen für das Verständnis der Institution Schule zu schaffen, Entscheidungs- und Entwicklungshilfen für die Schulführung anzubieten sowie die Verständigung der schulischen Akteure zu Leitlinien von Führung zu fördern (vgl. *Dubs* 2005a, 23). Da die Modelle nur vereinfachte Abbildungen der Wirklichkeit darstellen (vgl. *Seitz & Capaul* 2005, 18), können sie keine fertigen Lösungen anbieten, sondern lediglich die Erkenntnisse der wissenschaftlichen Auseinandersetzung mit Führung einer praktischen Nutzung zugänglich machen (vgl. *Jung* 2005, 488).

Führungsmodelle lassen sich bezüglich ihres Inhaltes und der angestrebten Erklärungstiefe unterscheiden. So genannte Rahmenmodelle decken dabei ein breites Themengebiet ab und ermöglichen die Verortung und Strukturierung komplexer Problemstellungen (vgl. *Schwaninger* 2004, 57). Als solche Modelle können das „Modell zur Führung einer Schule" von *Dubs* (2005a, 23ff.) sowie das „St. Galler Schulmodell" von *Seitz & Capaul* (2005, 18ff.) verstanden werden. Beide Modelle sind in Anlehnung an das aus der Betriebswirtschaftslehre stammende, systemtheoretisch geprägte „neue St. Galler Management-Modell" entwickelt worden.

Die systemtheoretische Grundorientierung des neuen St. Galler Management-Modells spiegelt sich vor allem in der Darstellung der Organisation als komplexes System, in dem die einzelnen Systemelemente in vielschichtigen Wechselbeziehungen zueinander stehen (vgl. *Rüegg-Stürm* 2004, 69). Das Modell unterscheidet sechs zentrale Grundkategorien, die das Management (hier definiert als Gestalten, Lenken und Weiterentwickeln einer Organisation) beeinflussen (ebd., 2004, 69ff.; *Dubs* 2005a, 24):

1) *Umweltsphären:* Sie stellen die zentralen Kontexte für institutionelles Handeln dar. Veränderungen in der Umwelt implizieren angepasste Reaktionen auf institutioneller Ebene. Als Umweltsphären von Schulen sind neben dem Wirtschafts- und Gesellschaftssystem, das Bildungssystem und die Bildungspolitik sowie das direkte Schulumfeld hervorzuheben (vgl. auch *Seitz & Capaul* 2005, 19).

2) *Anspruchsgruppen:* Hierzu zählen alle organisierten bzw. nicht organisierten Personengruppen, Organisationen und Institutionen, die ein konkretes Interesse an bzw. Ansprüche gegen die Institution richten; dies sind z. B. die Schüler und Eltern, der Staat und die Schulbehörden, die Lehrerschaft und deren Standesorganisationen, abgebende und weiterführende Schulen und andere Bildungseinrichtungen etc.

3) *Interaktionsthemen:* Diese beziehen sich auf die Interaktion zwischen den Anspruchsgruppen und der Institution. Sie werden in personen- und kulturgebundene Elemente (Anliegen, Interessen, Normen und Werte) sowie objektgebundene Elemente (Ressourcen) unterschieden. Eine Besonderheit in schulischen Kontexten liegt darin, dass ein beachtenswerter Teil der Interaktion nicht direkt zwischen den Anspruchsgruppen und der Schule selbst stattfindet, sondern indirekt über die Bildungspolitik, also als Veränderung der Umweltsphäre auf die Schule wirkt.

4) *Ordnungsmomente:* Als Ordnungsmomente werden Strategien, Strukturen und die Unternehmens- bzw. Schulkultur angesehen. Für die Schulen ist diesbezüglich darauf hinzuweisen, dass sowohl Strategien als auch Strukturen nur in einem begrenzten Umfang von der Schule selbst bestimmt werden können, zu großen Teilen jedoch von der Schulverwaltung vorgegeben werden.

5) *Prozesse:* Hierunter fallen die Führungs- bzw. Managementprozesse, Leistungserstellungsprozesse sowie die hierfür notwendigen Unterstützungsprozesse. Dabei umfasst die Leistungserstellung einer Schule im Gegensatz zu Unternehmen vor-

rangig keine Wertschöpfungsaktivitäten, sondern alle Aktivitäten, die unmittelbar auf die Erziehung und Bildung der Schüler ausgerichtet sind.

6) *Entwicklungsmodi:* Diese beziehen sich im Sinne einer kontinuierlichen organisatorischen Überprüfung und Entwicklung auf die Optimierung und Erneuerung/Innovation der institutionellen Ordnung sowie der ablaufenden Prozesse auf der Sach- und der Beziehungsebene.

Neben diesen, für die Erklärung und Analyse von Schulleitungshandeln aus der Betriebswirtschaftslehre adaptierten Rahmenmodellen, die sich vor allem mit den Wechselwirkungen zwischen dem schulischen Umfelds und den innerinstitutionellen Ordnungsmomenten und Prozessen beschäftigen, gibt es für den Bereich schulischer Führung keine weiteren Modelle, die sich auf institutioneller Ebene mit der Erklärung von Führungswirkungen und Führungserfolg beschäftigen (für die Betriebswirtschaft vgl. z. B. *Wunderer* 2001, 270). An dieser Stelle können die so genannten Schulqualitätsmodelle, die sich der umfassenden Beschreibung innerschulischer Qualitätsentwicklung widmen, als Modelle für die Analyse der institutionellen Struktur von Schule und der bestehenden Wirkzusammenhänge dienen und Orientierungspunkte für das Schulleitungshandeln liefern. Insbesondere sei an dieser Stelle auf das empirisch basierte Schulqualitätsmodell von *Ditton* (2000; auch *Ditton* in diesem Band) verwiesen.

Bei der Darstellung von Führungsmodellen in schulischen Kontexten sind weiterhin die Partialmodelle zu erwähnen, die sich der Erklärung effektiven Führungshandelns auf der Basis des von *Bolman & Deal* (1984) entwickelten 4-Rahmen- bzw. Kräftemodells widmen (vgl. *Bonsen* 2003, 143ff.; auch *Dubs* 2005a, 167; 2006b, 145ff.). Führungshandeln wird dabei als spezifische Kombination aus administrativ-struktureller, sozial-personaler, politisch-moralischer und symbolischer Führungskraft angesehen. *Dubs* (2006b, 147f.) fügt dem Modell die pädagogische Kraft als professionelle Expertise und darauf beruhende Unterstützung der Lehrkräfte (vgl. Abschnitt 2.3) als eigenständige fünfte Dimension hinzu. Empirische Befunde verweisen darauf, dass effektives Führungshandeln die Beachtung aller vier bzw. fünf Aspekte erfordert. Darüber hinaus stellt *Bonsen* (2003, 252ff.) in einer empirischen Untersuchung zum Führungshandeln von Schulleitungen an 25 Grundschulen, Gesamtschulen und Gymnasien in Nordrhein-Westfalen sowie fünf schweizerischen Gymnasien fest: Schulleitungen guter Schulen zeichnen sich durch eine besondere Aufmerksamkeit für die strukturellen Merkmale der Organisation aus; besonders jedoch heben sie sich durch eine überdurchschnittliche Betonung symbolisch-visionärer Führungsbereiche heraus.

Da das beschriebene Rahmen- bzw. Kräftemodell nur wenig praktisch-operative Umsetzungshinweise geben kann, präsentiert *Dubs* (2006b, 153) einen weiteren pragmatisch-empirischen Ansatz, der sich am unmittelbaren schulischen Führungsverhalten ausrichtet und dieses im Sinne des *Transformational Leadership* (s. u.) operationalisiert. Dabei werden sieben erfolgswirksame Kriterien benannt, die sich jeweils noch in Unterkategorien unterteilen. Die sieben Hauptkategorien sind: langfristige Orientierungen, Zielfindung, Führung, Erwartungen, Unterstützung der Lehrperson, schulisches Umfeld sowie Einstellungen.

Führungstheorien

Zur Beschreibung und Erklärung von Führungserfolg wird in der Führungsforschung auf Führungstheorien zurückgegriffen. In der Managementlehre existiert eine Vielzahl solcher Erklärungsansätze, die sich auf verschiedene Analyseebenen beziehen, z. B. auf die Führungsperson, deren Position und Führungsverhalten, auf die Führungsbeziehungen zu den Geführten, auf die Führungsprozesse sowie auf die das Führungshandeln einbettenden Situationen (vgl. *Dubs* 2006b, 118). Daher erscheint es sinnvoll, die verschiedenen Führungstheorien nach bestimmten Merkmalen zu klassifizieren. Auch hierfür finden sich in der Literatur verschiedene Ansätze (vgl. z. B. *von Rosenstiel* 1995, 6ff.; *Staehle* 1999, 347ff.; *Gebert* 2002, 29ff.; *Steinmann & Schreyögg* 2005, 645ff.; *Yukl* 2005, 7ff.; *Jung* 2006, 407ff.). Im Folgenden wird auf eine Darstellung nach *Wunderer* (2001, 269ff.) zurückgegriffen. Dieser unterscheidet:

1) *Personenorientierte Führungstheorien*: Hierunter fallen solche Theorien, die Führungserfolg durch Eigenschaften oder Verhalten der Führungsperson zu erklären suchen. Die zentrale Kritik an diesen Ansätzen bezieht sich darauf, dass Führungserfolg weder allein durch Persönlichkeitsmerkmale noch durch das Verhalten einer Person erklärt werden kann (vgl. *Dubs* 2006b, 121). Im Kontext schulischen Führungshandelns werden vor allem Eigenschaftsmodelle mit der Fokussierung auf Charisma bzw. Überzeugungskraft aufgrund der Besonderheit pädagogischer Bildungs- und Erziehungsprozesse, vor allem wegen der Gefahr der manipulativen Beeinflussung bzw. „Verführung" der Lernenden und Lehrenden, kontrovers diskutiert (vgl. *Dubs* 2005a, 160f.; auch *Kansteiner-Schänzlin* 2002, 22ff.).

Neben der führerzentrierten Sichtweise umfassen personenorientierte Führungstheorien auch solche Ansätze, die sich auf die Geführten als erklärende Variable konzentrieren (vgl. auch *Steinmann & Schreyögg* 2005, 686ff.).

2) *Positionsorientierte Führungstheorien*: Diese beschäftigen sich mit erfolgswirksamen Faktoren, die sich aus der formalen Position und der Rolle der Führenden ergeben (so z. B. der Macht-Einfluss-Ansatz, vgl. Abschnitt 3.1). Weiterhin zählen hierzu die Ansätze, die Führungserfolg durch ökonomische Verhaltensrationalität zu erklären suchen (z. B. *Principal-Agent-Theory*, Transaktionskostenansatz, Anreizsysteme etc.; vgl. auch *Bonsen* 2003).

3) *Situationstheorien*: Sie beschreiben Führungserfolg als abhängig von der Übereinstimmung mit situationalen Kontexten (Kontingenztheorien). Unter dem zunehmenden Einfluss organisationsstruktureller Überlegungen und Befunde treten die logische, stringente Strukturierung der Gestaltungsparameter innerhalb der Organisation (Konsistenztheorien) als Einflussgröße hinzu (vgl. *Staehle* 1999, 60f.).

4) *Interaktionstheorien*: Untersuchungsgegenstand dieser Theorien ist die Gestaltung der wechselseitigen interpersonalen Beziehungen zwischen Führenden und Geführten. Führung wird in diesen Modellen als eine Funktion der Interaktion zwischen Person und Situation angesehen. Danach werden diese Beziehungen durch Persönlichkeitsmerkmale und Verhalten der Führenden und Geführten, die Eigenschaften der Gruppe sowie deren spezifischer Situation beeinflusst (vgl. *Jung* 2005, 411f.).

Auch wenn die benannten Theoriestränge ihren jeweils eigenen Beitrag zur Erklärung von Führungserfolg leisten und die zu Grunde liegenden Erklärungsmodelle insbesondere in den situativen und interaktionistischen Führungstheorien z. T. eine äußerst hohe Komplexität aufweisen, sind Prognosen über den Führungserfolg aufgrund der in diesen Theorien betrachteten Einflussgrößen nur sehr begrenzt möglich. In der neueren Forschung haben sich daher Theorien durchgesetzt, die neben rational-effizienten Führungsentscheidungen auch den Erfolg sozial-emotionalen Führungshandelns berücksichtigen (vgl. *Dubs* 2005a, 164f.). Dieser Paradigmenwechsel drückt sich vor allem im Konzept des *Transformational Leadership* aus (vgl. *Bass* 1990; 1997).

Transformationale Führung zielt auf die effiziente Gestaltung und Anpassung der Organisation an sich verändernde Umweltbedingungen. Ein solches Führungshandeln zeichnet sich durch die Entwicklung einer von allen Organisationsmitgliedern unterstützten und getragenen Vision für zukünftiges organisatorisches Handeln aus. Ein solches, im Sinne eines *„Second Order Changes"* verstandenes Führungshandeln, bei dem kontinuierliche Entwicklung zu einem Instrument der Verbesserung der institutionellen Qualität und vor allem der institutionellen Leistungserstellungsprozesse wird, benötigt aber gleichzeitig einen effektiven Umgang mit den zur Verfügung stehenden Ressourcen (vgl. auch die Konzepte des Change Managements z. B. *Fullan* 2001; *Szewczyk* 2005; *Horster* 2006). Transaktionale Führung bildet daher einen notwendigen Bestandteil transformationalen Führungshandelns. Transaktionale Führung bedeutet, innerhalb bestehender Strukturen gestellte Aufgaben kompetent und unter Minimierung der einzusetzenden Ressourcen zu erfüllen. Es stehen Prozesse der Organisations-, Verwaltungs- und Leistungserstellungsoptimierung im Vordergrund, was als *„First Order Change"* bezeichnet wird (vgl. *Huber* 2002, 58). Eine umgekehrte Abhängigkeit der beschriebenen Konzepte besteht jedoch nicht (vgl. *Dubs* 2005a, 164).

Bezogen auf Schulleitungshandeln bedeutet transformationale Führung die Entwicklung einer Vision, die Explizierung dieser in einem zielorientierten Leitbild und die strategische Planung der zukünftigen Schulentwicklung (vgl. *Leithwood, Jantzi & Steinbach* 1999, 7; *Bush* 2005, 76). Übergeordnetes Ziel dieser Entwicklungsarbeit ist der Erfolg der schulischen Bildungs- und Erziehungsprozesse; d. h. das Schulleitungshandeln orientiert sich an den Leistungen bzw. der Kompetenzentwicklung der Schüler, auch wenn es diese nicht unbedingt direkt beeinflusst (vgl. *Huber* 2002, 58).

Transformationale Führung wird derzeit in der Schulleitungsforschung als eine breit akzeptierte theoretische Basis für die Entwicklung von Führungsempfehlungen (vgl. *Leithwood, Jantzi & Steinbach* 1999; *Huber* 2002; *Bush* 2005; *Dubs* 2005a; 2006b; *Seitz & Capaul* 2005; *Buchen* 2006) und Führungsmodellen (s. o. das empirisch-pragmatische Modell von *Dubs* 2006b) angesehen, vor allem weil es einen Anknüpfungspunkt für den Umgang mit den sich ständig verändernden gesellschaftlichen Anforderungen an Schule und mit den immer schnelleren Zyklen neuer Reformen bereitstellt. Gleichwohl werden die hohen Ansprüche des Konzepts an die charismatisch-inspirierende Kraft und die moralische Integrität der Führungskraft durchaus kritisch hinterfragt (vgl. die Diskussion in *Bass* 1997; *Gebert* 2002, 227ff.). Auch zeigen empirische Befunde, dass das notwendige visionär-symbolische Führungsverständnis bei Schulleitern noch gering ausgeprägt ist (vgl. *Bonsen* 2003, 216). Weiterreichende theoretische

Konzeptionen des *Post-transformational Leadership*, die auf die Entwicklung der Schule als Lernende Organisation zielen, befinden sich zumindest in der Übertragung auf schulische Kontexte noch in den Anfängen (vgl. auch *M. Köller* in diesem Band).

Führungsverhalten und Führungsstil

Während Führungsverhalten alle Arten zielorientierter Einflussnahme zur Erreichung der gesetzten Aufgaben umfasst, beschreibt der Führungsstil ein individuelles Muster konsistenten, wiederkehrenden Führungsverhaltens, das in einem bestimmten Spektrum von Führungssituationen das Handeln des Führenden prägt (vgl. *Wunderer* 2001, 204). Führungsstile lassen sich einerseits danach unterscheiden, in welchem Ausmaß die Geführten an Entscheidungsprozessen beteiligt sind (prosoziale Dimension, Teilnahme) und andererseits, inwieweit sie Verantwortung für die ausgeübten Aufgaben übernehmen (Machtdimension, Teilhabe). Die extremen Positionen nehmen der *autoritäre Führungsstil* ein, bei dem weder Teilnahme noch Teilhabe an Entscheidungsprozessen gewährt wird sowie der *autonome Führungsstil*, bei dem die Geführten Entscheidungen alleinverantwortlich ohne Einbeziehung anderer treffen (vgl. ebd., 229).

Auch wenn in der Literatur eine Vielzahl von Führungsstilen beschrieben wird (vgl. z. B. die Übersichten in *Bonsen* 2003, 35ff.; *Jung* 2005, 413), sei hier besonders auf den *partizipativ-situativen Führungsstil* verwiesen, der durch *Dubs* (2005a, 133ff.) für die Anwendung in Schulen empfohlen wird: Teilnahme und Teilhabe der Lehrenden an Entscheidungsprozessen werden in Abhängigkeit von der Entscheidungssituation definiert. Mitwirkung sollte dabei im Idealfall in solchen Situationen gewählt werden, in denen eine hohe Betroffenheit und ein Mitwirkungsbedürfnis der Lehrenden besteht, in denen sich das Entscheidungsproblem durch hohe Komplexität und Unstrukturiertheit auszeichnet und in denen ausreichend Zeit für den Entscheidungsfindungsprozess zur Verfügung steht. Weitere relevante Größen sind die Kenntnisse und Fähigkeiten der Mitarbeiter, die für die Entscheidung von Bedeutung sind sowie der Grad der Informiertheit und der Kommunikationsfluss (vgl. *Dubs* 2006b, 128).

Führungsprinzipien und Führungsgrundsätze

Führungsprinzipien sind konkrete Gestaltungsregeln, die für die Ausübung bestimmter Führungsaufgaben im Rahmen eines Führungsmodells oder Führungsansatzes konzipiert sind. Für die Anwendung solcher Techniken werden zumeist Führungsgrundsätze vorgegeben, die als Handlungsrichtlinien in einer Organisation festgelegt und gegenüber den Organisationsmitgliedern bekannt gemacht werden. Damit werden sie zu einem verbindlichen Bestandteil der inneren Organisationsphilosophie und dienen der Vereinheitlichung der innerinstitutionellen Strukturelemente (vgl. *Jung* 2005, 488).

Im Sinne einer effektiven Organisation und Verwaltung von Schule, wie sie durch transaktionales Leadership erreicht werden soll, sieht *Dubs* (2006b, 127) neben der Organisation von Entscheidungsprozessen durch partizipativ-situative Mitwirkung und Mitgestaltung durch die Lehrenden (s. o.) vor allem die Strukturierung der Informations- und Entscheidungswege sowie die Verteilung von Verantwortlichkeiten als herausragende Gestaltungsprinzipien an. Mit zunehmender Verantwortungsübernahme durch die Mitarbeiter werden jedoch Führungsprinzipien benötigt, die ein eigenverantwortliches Handeln der Organisationsmitglieder im Sinne der Organisationsziele fördern und abweichendes Handeln ahnden, in erster Linie jedoch zu verhindern suchen. Als klassische Führungsprinzipien zur Erreichung des gewünschten Mitarbeiterverhaltens gelten das *„Management by Expectations (MbE)"* sowie das Management durch *„Contingent Reward (CR)"* (vgl. *Wunderer* 2001, 242ff.). Im ersten Konzept kommt es nur dann zu Eingriffen durch die Vorgesetzten, wenn abweichendes Handeln der Mitarbeiter vorliegt, das als nicht hinnehmbar, somit als nicht konstruktiv interpretiert wird. Im zweiten Fall wird versucht, Mitarbeiterverhalten durch Belohnungen bzw. Sanktionen zu beeinflussen. Beide Konzepte erfüllen jedoch nicht die Anforderungen, die moderne Führungs- und Managementansätze an Teilnahme und Teilhabe der Organisationsmitglieder stellen. Sie können somit nur unter sehr begrenzten Bedingungen wirksame Führungsprinzipien darstellen (vgl. ebd., 249). Zudem kommt in schulischen Kontexten erschwerend hinzu, dass das Anstellungs- und Besoldungsrecht im öffentlichen Dienst die Ausgestaltung formaler Anreizsysteme erheblich einschränkt (vgl. *Dubs* 2006b). Daher gewinnt das Prinzip der Führung durch Ziele vor allem für die Anwendung in Schulen an Bedeutung (ebd., 132; auch *Buhren & Rolff* 2006; im Rahmen von Schulprogrammen *van Buer & Hallmann* in diesem Band).

Zielorientiertes Führen, auch als *„Management by Objectives (MbO)"* bezeichnet, strebt eine gemeinsame Erarbeitung und Abstimmung von Zielen und der zur Zielerreichung notwendigen Mittel und Maßnahmen zwischen Führenden und Geführten im Rahmen der übergeordneten Organisationsziele an (vgl. *Jung* 2005, 491f.). Durch diese Maßnahmen soll die Eigenverantwortlichkeit, Identifikation und Motivation der Mitarbeiter zur Erreichung der selbst gesetzten Ziele erhöht werden. Strukturierte Mitarbeitergespräche (vgl. *Kempfert* 2006, 559f.) sowie die Adaption von Balanced Scorecard Systemen aus dem Unternehmensbereich (vgl. *Dubs* 2005a, 144ff.; *Seitz & Capaul* 2005, 144ff.), bei denen die Zielvereinbarungen zusätzlich in einen strategischen Zusammenhang eingeordnet und mit festgelegten Messgrößen operationalisiert werden, werden derzeit in schulischen Kontexten diskutiert bzw. bereits erprobt (vgl. hierzu *van Buer & Zlatkin-Troitschanskaia* 2006).

Für eine entwicklungsorientierte Führung im Sinne transformationaler Führung sind die benannten Prinzipien jedoch noch nicht hinreichend. Als Richtlinien transformationalen Führungshandelns werden in der Literatur das Entwickeln, Reflektieren und Anpassen einer Vision, die besondere Berücksichtigung der Motivation und der Bedürfnisse der Mitarbeiter, die Transformation dieser in ein nachhaltiges Commitment der Organisationsziele sowie auf der Basis dieser Vision die Entwicklung einer einheitlichen Strategie und stimmigen Struktur angesehen, damit eine „Kultur der Transformation" (*Dubs* 2006b, 144) entstehen kann (vgl. *Bush* 2005, 77; *Seitz & Capaul* 2005, 267ff.). Als Instrumente zur Unterstützung dieser Prozesse sollen vor allem die Schulprogramm- und Leitbildentwicklung in der Einzelschule dienen, die zu einer zentralen Führungsaufgabe werden (ausführlich *van Buer & Hallmann* in diesem Band).

Wie bereits in Abschnitt 2.3 beschrieben, führen die strukturellen Bedingungen in Schulen dazu, dass effektive und effiziente Führung einer Schule Kooperation und Delegation als handlungsleitende Grundsätze erfordert. Dies entspricht auch den Prämissen des post-transformationalen Leadership, welches die starke Rolle des Führenden im transformationalen Leadership durch Verteilung von Verantwortung und kooperatives Handeln ersetzt (vgl. *Huber* 2003, 62; *Bush* 2005, 127). Dieses Konzept impliziert auch eine Partizipation von Schülern an Entwicklungsaufgaben. Mit dem Grundsatz der Kooperation ist in diesem Zusammenhang eine aktive Einbeziehung der Geführten in Entscheidungen über Gestaltungs- und Entwicklungsprozesse angesprochen. Delegation umfasst Formen der dauerhaften oder zeitlich begrenzten Verantwortungsübertragung (vgl. *Wunderer* 2001, 219, 229). Aufgrund der strukturellen Gegebenheiten von Schule kann Delegation auf der innerschulischen Ebene in der Regel nur in Form einer Delegation von Handlungsverantwortung erfolgen, für die Ergebnisse bleibt der Schulleiter aufgrund der gesetzlichen Vorgaben gesamtverantwortlich, d. h. er trägt weiterhin die Führungsverantwortung (vgl. *Dubs* 2005a, 139). Delegation von Führungsverantwortung geschieht derzeit vor allem von der Schulverwaltung auf die Einzelschulen durch die Gewährung erweiterter Gestaltungsfreiräume. Kooperation hingegen ist aufgrund vorgegebener Dienst- und Entscheidungswege zwischen den Systemebenen nur eingeschränkt möglich, im Rahmen einzelschulischer Gestaltung jedoch mit nur geringen Einschränkungen umsetzbar (vgl. *Rosenbusch* 2005).

4 Fazit

Den Ausgangspunkt der vorliegenden Betrachtung bildet die in Bildungspolitik und Erziehungswissenschaft vorherrschende Annahme, Führungshandeln von Schulleitungen stelle einen zentralen Erfolgsfaktor für die einzelschulische Qualitätsentwicklung dar. Diese dient gleichzeitig als Begründung für die Übertragung von Aufgaben und Funktionen von der Schulverwaltung in den Verantwortungsbereich der Schulleitungen, obwohl für den deutschsprachigen Raum nur wenige aussagekräftige empirische Befunde zur Wirksamkeit von Schulleitungshandeln vorliegen. Die neuen Anforderungen an die Qualität von Führungshandeln in Schule, die sich aus der erweiterten Verantwortung von Schulleitungen ergeben, beziehen sich auf sehr unterschiedliche Managementbereiche. Diese sind z. B. das Finanzmanagement, die Mitarbeiterführung, die Organisations- und Unterrichtsentwicklung sowie das Qualitätsmanagement. Die Ansprüche an die Kompetenz und auch an die moralische Integrität der Schulleitungsmitglieder werden dabei zum Teil so hoch formuliert, dass der Eindruck entsteht, sie seien die „Superhelden der Schule" (*Huber* 2002, 57).

Die an die Schulleitungen gerichteten Anforderungen sind dabei durchaus nicht widerspruchsfrei: Zum einen sollen sie im Sinne transformationaler Führung die individuelle Entwicklung der Schule vorantreiben und strategisch planend tätig werden. Die strukturellen Rahmenbedingungen hierfür werden derzeit dahingehend verändert, dass durch die Umgestaltung schulischer Verwaltungs- und Hierarchiestrukturen in Anlehnung an Ansätze des New Public Management, den Einzelschulen erweiterte Verantwortung für die eigene Qualitätsentwicklung übertragen wird (vgl. *Dubs* 2005a, 458ff.). Zum anderen führt diese Konstruktion jedoch vielfach dazu, dass den Schulen formal zwar größere Gestaltungsfreiräume gewährt werden; allerdings suchen die Schulverwaltungen ihren strategischen Steuerungsanspruch durch eine hohe Regelungsdichte zu wahren (vgl. die Analysen von *Wittmann*, auch *van Buer & Hallmann* in diesem Band).

Statt der durchaus intendierten Entbürokratisierung führt dies häufig zu erhöhtem Verwaltungsaufwand, wodurch zusätzliche Arbeitszeit und -kraft gebunden werden, die nicht für Entwicklungsprozesse der Einzelschule zur Verfügung stehen.

Schließlich erfolgt die Neustrukturierung der Schulverwaltung durch die politisch und administrativ Verantwortlichen unter der Prämisse der Kostenneutralität bzw. -reduktion. Es zeigt sich jedoch, dass gerade in der Transformationsphase höhere Kosten verursacht werden und langfristige Einsparungen bisher nur vermutet werden können (vgl. *Dubs* 2005a, 456). Hält man die einzelschulischen Budgets konstant, führt die erweiterte Selbstständigkeit also zunächst i. d. R. zu einem realen Ressourcenverlust.

Zusammenfassend bleibt festzuhalten: Die strukturellen Veränderungen eröffnen den Schulleitungen die Möglichkeit, zumindest in einem gewissen Rahmen die strategische Entwicklung der Einzelschule selbstverantwortlich mitzugestalten. Dabei verstärkt sich jedoch die Notwendigkeit ökonomischer und pädagogischer Abwägungen auf zweierlei Weise: Einerseits bezieht sich dies für die Dimension des Führungshandelns auf die Verteilung von Aufmerksamkeit und Zeitkontingenten zwischen administrativ-verwaltenden Tätigkeiten und solchen, die auf die Verbesserung pädagogischer Prozesse in der Schule abzielen. Andererseits ist damit die Allokation der in der Schule zur Verfügung stehenden finanziellen und personalen Ressourcen zwischen Wirtschaftlichkeitsgesichtspunkten und pädagogischen Zielvorstellungen gemeint.

Jenseits der Frage, unter welchen strukturellen Bedingungen und mit welchen konzeptuellen Vorgaben Schulleitungen einzelschulische Entwicklungsprozesse gestalten und voranbringen (können), bleibt ungeklärt, wie weit die Einflussmöglichkeiten von Schulleitungen auf unterschiedliche Merkmale einzelschulischer Qualität reichen. Dabei wird insbesondere diskutiert, inwieweit Schulleitungen Einfluss auf die Bildungserfolge der Schüler ihrer Schule – als zentrales Qualitätsmerkmal von Schule – nehmen können (hierzu vgl. *Heid* in diesem Band). Die bisherigen Ergebnisse der Schulleitungsforschung zeichnen kein klares Bild, wie und in welchem Ausmaß Schulleitungen in der Lage sind, die Entwicklung von Schülerleistungen direkt oder indirekt zu beeinflussen (vgl. *Bonsen, von der Gathen* et al. 2002). Sie stimmen lediglich darin überein, dass die direkten Effekte als eher gering angesehen werden, was vor dem Hintergrund der hohen unterrichtlichen Autonomie der Lehrkräfte nur wenig überrascht (vgl. Abschnitt 2.3). Führungskonzepte für eine Unterrichtsentwicklung durch indirektes, strukturell-systematisches Führungshandeln sowie deren empirische Überprüfung fehlen bisher weitgehend.

Abschließend sei noch darauf verwiesen: Die Wirksamkeit von Schulleitungshandeln wird auch dadurch eingeschränkt, dass Schulen i. d. R. nur über wenig ausgeprägte innerschulische Organisationsstrukturen verfügen, die eine Verteilung von Leitungsaufgaben auf verschiedene Funktionsträger und eine aufgabenbezogene Spezialisierung erschweren (vgl. *Münch* 1999). Dies gilt für große Schulen, z. B. die beruflichen Schulzentren, in verstärktem Maße (zu beruflichen Schulen vgl. *Szewczyk* 2005, 44). Darüber hinaus wird die Qualifizierung von Schulleitungen in Deutschland (vgl. Abschnitt 2.1) trotz erheblicher Entwicklungen den Anforderungen, die an modernes Führungshandeln im Sinne der oben beschriebenen Ansätze gestellt werden, i. d. R. nur bedingt gerecht (vgl. auch die Beiträge in *Wissinger & Huber* 2002; *Huber* 2002).

Michaela Köller

Organisationales Lernen als Beitrag zur einzelschulischen Qualitätsentwicklung

In diesem Beitrag wird der Frage nachgegangen, ob und wie sich Schulen zu lernenden Organisationen entwickeln können. Es wird dargestellt, welche Prozesse diesem Lernen zugrunde liegen, welche Voraussetzungen geschaffen werden müssen und welche Rolle insbesondere den Lehrkräften und Schulleitungen dabei zukommt. Aspekte der Konstruktion von gemeinsamen mentalen Modellen und die Entwicklung von Visionen für Schulen werden diskutiert.

1 Einleitung

In einem Artikel von 1994, der nach *Meyer* (2002) zum „locus classicus" avancierte, verkündete *Drucker* die Ankunft der Wissensgesellschaft und das Ende der traditionellen Zweiteilung in „blue-collar/white-collar"-Tätigkeiten. Für die zukünftigen Arbeitstätigkeiten bedeute dies sowohl die Notwendigkeit einer qualitativ hochwertigen formalen Ausbildung als auch u. a. der Fähigkeit und der Motivation zu lebenslangem Lernen. Damit wird

> „education ... the center of the knowledge society, and the school its key institution" (*Drucker* 1994).

Wissenschaftler, Politiker, Schulverwaltung und Schulen haben bereits seit einigen Jahren begonnen, auf diese neue Realität zu reagieren, indem sie die Erhöhung der Qualität der Bildungsprozesse und die Erhöhung des Outputs von Schulen als zentrales gemeinsames Ziel verfolgen. Dabei zeigen die aktuellen Diskussionen (z. B. *Wissinger & Huber* 2002), dass die Förderung schulindividueller Entwicklungen entscheidend dazu beiträgt, Schulen bei ihrer Anpassung an die veränderten Anforderungen zu unterstützen. Dies bedeutet, dass Schulen letztlich über mehr Eigenverantwortung verfügen, gleichzeitig auf der Systemebene ein Rahmen abgesteckt und Qualitätsmonitoringsysteme etabliert werden. Vor dem Hintergrund von mehr Eigenverantwortung ist es wichtig, die in diesem Zusammenhang theoretischen und konzeptuellen Beiträge zu reflektieren, um das Geschehen in Schulen zu begreifen. Die verschiedenen Aktivitäten in der Organisation Schule wie führen, lehren, lernen, beraten, usw. finden in einem bestimmten organisationalen Kontext statt, der berücksichtigt werden muss. Es werden daher in diesem Beitrag drei organisationstheoretische Modelle vorgestellt, die zum Teil sehr alte Wurzeln haben, die aber immer noch aktuell sind und im Zusammenhang mit Schule diskutiert werden: Das Bürokratiemodell *Webers* (1972), das Modell der „Loosely Coupled Systems" von *Weick* (1976) und wegen seiner Implikationen für Veränderungsprozesse das systemtheoretische Modell (vgl. *Willke* 1993) von Organisationen. Im Anschluss daran wird das Konzept der lernenden Organisation aufgegriffen, das nach *Fauske & Raybold* (2005) Grundannahmen dieser Modelle integriert. Es wird vorgestellt, wie es Schulen gelingen kann, sich zu lernenden Organisationen zu entwickeln. Versteht man nämlich Schulentwicklung, d. h. die Prozesse, die im Rahmen der Qualitätsentwicklung stattfinden, also auch Schulprogrammarbeit als Organisationsentwicklung, ist die „lernende Organisation" nach *Schein* (1995) der zentrale Ausgangspunkt. Eine lernende Organisation bzw. lernende Schule ist in der Lage, die gegenwärtigen und zukünftigen Entwicklungsanforderungen mit ihren eigenen Kapazitäten selbst zu lösen. Ihre Strukturen, Abläufe, Strategien, das Klima und die Kultur sind optimal aufeinander abgestimmt. Eine Schlüsselrolle im Zusammenhang mit der Initiierung und Implementierung von Veränderungsprozessen zur Qualitätsentwicklung kommt dabei der Schulleitung zu (vgl. z. B. *Dubs* 1994; *Capaul* 2002), so dass im letzten Teil beschrieben wird, wie Führen und Managen innerhalb dieses Kontextes aussehen kann und welche Randbedingungen erfüllt sein müssen, damit Schulen sich zu lernenden Organisationen entwickeln können.

2 Organisationstheoretische Modelle, ihre Gültigkeit und die Sicht auf Schule

In unterschiedlichen organisationstheoretischen Ansätzen werden jeweils differenzielle Aspekte von Organisationen betont (vgl. *Kieser & Kubicek* 1992). In neueren Veröffentlichungen zu „educational organizations" (vgl. *Meyer* 2002; *Fauske & Raybold* 2005) werden immer noch u. a. der bürokratische Ansatz *Webers* (1972) und das auf den Kontext Schule bezogene Prozessmodell der „Loosely Coupled Systems" (*Weick* 1976) diskutiert, so dass hierauf Bezug genommen werden soll. Die zusätzliche Integration der systemtheoretischen Perspektive erscheint im Hinblick auf die Frage der Beeinflussbarkeit und Steuerungsmöglichkeit im Kontext von Veränderungsprozessen relevant. Bevor jedoch die verschiedenen organisationstheoretischen Modelle vorgestellt werden, wird zunächst als Grundlage eine Klärung des Begriffs „Organisation" vorgenommen.

Bei der Definition des Begriffs „Organisation" stößt man auf zwei Grundauffassungen; auf ein institutionales Verständnis, wonach Organisationen als soziale Systeme mit einer spezifischen Zielorientierung, geregelter Aufgabenverteilung und -koordination, einer Organisationsstruktur sowie absichtsvoll hergestellten Grenzen zu verstehen sind und auf ein instrumentelles Verständnis von Organisation als ein die Interaktionen der Mitglieder steuerndes Regelwerk (vgl. *Schreyögg* 2003). Eine Organisation im instrumentellen Sinne ist demnach eine rational gestaltete und gestaltbare Anordnung von Einzelteilen wie Abteilungen oder Fachbereiche, in die zum Zweck der Optimierung steuernd eingegriffen werden kann. Aus dieser Perspektive gelten Organisationen als triviale Maschinen, die im Sinne linearer und vorhersagbarer Reiz-Reaktions-Schemata funktionieren (vgl. *Bormann* 2002). In der Tradition dieser klassischen Organisationstheorien steht der Bürokratieansatz. Demgegenüber wird mit einem institutionellen Verständnis von Organisationen der Blickwinkel in Richtung auf das innere dynamische Prozessgeschehen verändert, Interaktionsprozesse und intersubjektiv erzeugte Sinnzusammenhänge stehen im Vordergrund (vgl. *Weick* 1995).

Das Bürokratiemodell und seine aktuelle Gültigkeit

Weber (1972) beschreibt in seinem Bürokratiemodell die Auswirkungen der staatlichen Bürokratie auf ihre Mitglieder und die Gesellschaft. Das Handeln des Einzelnen setzt den Glauben an die Legitimität der Ordnung voraus. Um sich in einem sozialen Gebilde mit vielen Individuen am Verhalten anderer orientieren zu können, braucht es eine Organisationsstruktur als abstrakte Orientierungshilfe. Jedes Mitglied verfügt über feste Kompetenzen, eine Stelle und die zur Erfüllung der damit verbundenen Pflichten benötigten Entscheidungsbefugnisse. Es gibt ein festes System von Über- und Unterordnung. Führungsentscheidungen unterliegen einem rationalen Prozess. Die Autorität der Führenden ist ein Produkt ihres Status und ihrer formalen Rolle innerhalb der Organisation. Schule ist bei Zugrundelegen dieses Ansatzes eine bürokratische Organisation mit einem hierarchischen Aufbau, mit Arbeitsteilung, Leistungsorientierung und zweckrationaler Ausrichtung des Verwaltungshandelns. *Wesemann* (1990) ergänzt, dass die Tätigkeit der Lehrkräfte durch zahlreiche Vorabregelungen bestimmt sei, so fände die Unterrichtstätigkeit in einem hochformalisierten Kontext statt, determiniert durch Stundenpläne, Lehrpläne, Zielvorgaben, Raumverteilung usw. Gleichzeitig ist unbestritten, dass eine traditionelle bürokratische Organisation mit den neuen Anforderungen der Wissensgesellschaft nicht kompatibel wäre, da sie weder die benötigte Variabilität besäße, noch die Fähigkeit, die Human Resources ihrer Mitglieder für Innovationen zu nutzen, um der neuen Komplexität begegnen zu können (*Meyer* 2002). Darüber hinaus muss Schule einen Bildungs- und Erziehungsauftrag erfüllen und entgegen einem Bürokratiemodell erhält jedes Mitglied seine pädagogische Freiheit zugesprochen, so dass die Kontrolle in hohem Maße bei den einzelnen Lehrkräften lokalisiert ist (*Dalin* 1986).

Loosely Coupled Systems

Sozusagen als Gegenmodell zur Vorstellung von Schule als einer klassischen Bürokratie wies *Weick* (1976) mit seinem Modell von Schule als „Loosely Coupled System" darauf hin, dass Schulen häufig mit dem falschen organisationstheoretischen Modell im Hintergrund geführt würden. Bei oberflächlicher Betrachtung erscheine Schule als eine hierarchische Organisation mit hoher Regelungsdichte, bei genauerem Hinsehen entpuppe sie sich als ein nicht-lineares uneinheitliches System mit einer dezentralen Organisationsstruktur. Die starke Differenzierung, Individualisierung und große Autonomie der Akteure führe zu zufälliger Kommunikation und Kooperation. Koordination und Kontrolle sind wenig vorhanden und geschehen punktuell. Da die kommunikativ geschaffene Struktur das Verhalten der Organisationsmitglieder festlegt, führt die Zufälligkeit der Interaktion und Kommunikation dazu, dass verschiedene organisationsrelevante und ihrerseits strukturbeeinflussende Elemente wie Ziele und Handlungen nur lose miteinander gekoppelt sind, so dass gemeinsame Entwicklungs- und Veränderungsprozesse durch das dafür notwendige „tighter coupling" schwer zu realisieren sind. Nach *Meyer* (2002) lassen sich in der letzten Zeit Strömungen erkennen, die ein stärker konventionelles und befehlsorientiertes Managementdenken in Schulen wieder in den Vordergrund rücken, nachdem sich gezeigt hat, dass ein „Loosely Coupled" keine angemessene Organisationsform im Hinblick auf die anstehenden Qualitätsentwicklungsprozesse darstellt. Der Abschied von der Akzeptanz der Ambiguität und losen Kopplung der Organisationsprozesse und Strukturen mündet in eine stärkere Standardisierung und Betonung der Notwendigkeit von Effektivität und Handlungsfähigkeit. In Einklang mit dieser anderen Sichtweise sind die Ausführungen zur „effective school" von *Goldring & Pasternack* (1994) zu sehen: In diesen erfolgreichen Schulen sind eng koordinierte Organisationsteile vorzufinden, die wie ein organisches Ganzes operieren und weniger wie eine lockere Ansammlung disparater Subsysteme.

Die systemtheoretische Sicht von Organisationen

Als Vertreter der neueren Systemtheorien hat *von Foerster* (1988) mit seinen Modellen der trivialen und nicht-trivialen Maschinen einen wichtigen Beitrag zum Verständnis von Organisationen geliefert. Sein Schema der trivialen Maschine ist das der Kausalität: eine Ursache hat gemäß eines Naturgesetzes eine bestimmte Wirkung zur Folge. Dem klassischen Modell der Kausalität setzt *von Foerster* (ebd.) das Modell der nicht-trivialen Maschine gegenüber: Während triviale Maschinen geschichtsunabhängig sind und immer nach der gleichen Regel funktionieren, verhalten sich nicht-triviale Maschinen geschichtsabhängig, d. h. sie sind durch frühere interne Zustände determiniert (*Simon* 1993). Soziale Organisationen befinden sich somit unter systemtheoretischer Perspektive in einem permanenten Wandel. Sie gestalten ihre aufbau- und ablauforganisatorischen Erfordernisse entsprechend den eigenen Anforderungen und denen der Umwelt, um intersubjektiv plausibel zu sein. Um diese Plausibilität zu erhalten, konstruieren die Organisationsmitglieder durch kommunikative, interpretative Prozesse einen gemeinsamen Sinn. Die Organisationen konstituieren sich somit durch ihre Elemente und Beziehungen untereinander, sind sozial und nicht technisch konstituiert und stehen in einem reziproken Verhältnis zu ihrer Umwelt. Aus systemtheoretischer Betrachtung ist nach *Bormann* (2002) das soziale Organisationssystem Schule umweltoffen, aber im Hinblick auf die stattfindenden Handlungen operational geschlossen. Damit ist gemeint, dass Impulse der Umwelt wie Innovationsvorhaben nur wahrgenommen werden können, wenn sie in der Organisation Schule auf Anknüpfungsmöglichkeiten treffen und eine Resonanz auslösen. Anders als in der strengen Systemtheorie *Luhmanns* (1991), nach der Individuen als psychische Systeme allein in ihrer Funktion als Kommunikatoren gesehen werden und damit die Analyse von Kommunikationsstrukturen im Mittelpunkt steht, gilt in neueren Ansätzen der handelnde Akteur als Element des sozialen Systems (*Argyris & Schön* 1999; *Bormann* 2002).

Die oben ausgeführten unterschiedlichen Perspektiven liefern einen Hintergrund, um das Geschehen in Schulen zu begreifen. Aus einer rationalen Perspektive werden Schulen angesehen als Maschinen, in denen Prozesse, Verfahren und Handlungen manipuliert werden können, um die Qualität zu erhöhen, d. h. ein bestimmter Input wie Schulprogrammentwicklung führt automatisch zum Output Qualitätsverbesserung. Mit einem solchen Fokus würde versucht, Schulentwicklung allein über die strukturellen, technischen und funktionalen Größen herbei zu führen. Unter systemtheoretischer Perspektive sind jedoch gemeinsame Wirklichkeitskonstruktionen sowie der jeweilige innere und äußere Kontext entscheidend. *Weick* fokussiert in diesem Zusammenhang das „Loosely Coupling" innerhalb der Organisation und dessen Auswirkungen auf ihre

Koordinier- und Steuerbarkeit. Ein theoretisches Modell, das sowohl strukturell-technische als auch Systemansätze integriert, ist nach *Fauske & Raybold* (2005) das Modell der lernenden Organisation.

3 Lernende Organisationen

Bei Lernenden Organisationen geht es um das Lernen der Organisationsmitglieder und um das Lernen der Organisation als Gesamtsystem. *Senge* (1990) argumentiert:

> „Organizations learn only through individuals who learn. Individual learning does not guarantee organizational learning. But without it, no organizational learning occurs".

Was wird unter Lernen in Organisationen verstanden? Im kognitions- und lernpsychologischen Sinne wird unter Lernen die Modifikation von Wissensstrukturen durch die Aufnahme und Interpretation von Informationen verstanden. Sie zeigt sich im Erleben und Verhalten (*Klix* 1996) bzw. in Verhaltensänderungen in speziellen Situationen aufgrund von wiederholter Erfahrung in diesen Situationen. Das bedeutet, es geht zum einen um das Lern-Ergebnis in Form von institutionalisiertem Wissen und zum anderen um den Prozess der Adaptation und das Teilen gemeinsamer Annahmen und Wirklichkeiten (*Shrivastava* 1983). Wissen wird dabei verstanden als die mit Bedeutung versehene und in einen individuellen und persönlichen Relevanzkontext eingebettete Information. Wissen stützt sich auf Daten und Informationen, ist aber personengebunden und wird von Individuen konstruiert (*Probst, Raub & Romhardt* 1999). Das Lernergebnis einer Organisation ist mit dem Lernen einzelner Organisationsmitglieder verbunden, es ist jedoch nicht identisch mit der Summe der individuellen Lernergebnisse. Vielmehr wird durch Interaktionen zwischen Individuen und Gruppen der Organisation, durch Erfahrungsaustausch und Diskussion und durch verschiedene Interpretationen ein Ganzes mit einer neuen, eigenständigen Qualität geschaffen. Im Folgenden werden zwei Modelle Organisationalen Lernens dargestellt: Das Modell von *Argyris & Schön* (1999) setzt sich aus einer informationsverarbeitenden Perspektive mit dem Prozess der Adaptation von gemeinsamen Wirklichkeiten auseinander und beantwortet stärker die Frage nach dem „Wie funktioniert der Prozess des organisationalen Lernens?" und das eher pragmatisch orientierte Modell von *Probst, Raub & Romhard* (1999) versteht organisationales Lernen als Management von Wissen, das eher Antworten auf die Frage liefern kann „Was muss getan werden, um organisationales Lernen zu institutionalisieren?".

Organisationales Lernen als Konstruktion und Adaptation gemeinsamer Wirklichkeit

Argyris & Schön (1999) unterscheiden beim organisationalen Lernen verschiedene Lernebenen, Single-Loop-, Double-Loop- und Deutero-Lernen. Das Single-Loop-Lernen basiert auf der Vorstellung eines Regelkreises. Innerhalb eines festgelegten Bezugsrahmens werden Abweichungen registriert und optimiert. Der organisatorische Lernprozess gelingt, wenn das System/die Organisation die Fehlerentdeckung akzeptiert und eine Korrektur ermöglicht. Das Ziel des Lernprozesses ist die interne Optimierung ohne Veränderung der Grundüberzeugungen. Die handlungsleitende Theorie der Organisation wird im Sinne einer operativen Anpassung im Hinblick auf bestimmte Verfahrensweisen geändert. Diese Neustrukturierung der Wissensbasis ist nach *Argyris & Schön* (ebd.) nur möglich, wenn in der Organisation die Aufnahme und Kommunikation von Feedback reibungslos funktioniert. In vielen Fällen scheitert das organisatorische Lernen bereits an dieser Grundvoraussetzung, wenn diskrepantes Feedback auf vielfältige Weise abgewehrt wird, durch Ignorieren, durch Verschweigen oder durch Schönfärberei (vgl. *Schreyögg* 2003). Beim Double-Loop-Lernen werden die grundsätzlichen Annahmen hinterfragt, die dem Handeln zugrunde liegen und ggf. modifiziert, so dass sie der Realität besser entsprechen. Hierbei wird ein in die Zukunft hineinreichender Kontext mit betrachtet. Das Ziel des Lernprozesses ist die grundsätzliche Veränderung der handlungsleitenden Theorie, die Veränderung von Handlungsmustern und ein Wertewechsel, der für die langfristige Leistungsfähigkeit der Organisation notwendig ist. In ihren Untersuchungen zweier Verwaltungen identifizierten *Klimecki & Lassleben* (1998) tatsächlich zwei unterschiedliche Lernmodi, die zu verändertem organisationalen Wissen führten: Ein struktureller, reaktiver Single-Loop-Lernmodus, bei dem die Organisation durch aktuelle Probleme angeschoben versucht, diese zu lösen und ein durch erwartete zukünftige Nichtpassungen der Organisation und der Anforderungen der Umwelt bezogener strategischer proaktiver, Double-Loop-Lernmodus, bei dem die Organisation durch gemeinsame Zielvorstellungen „gezogen" wird. Im Sinne der Systemtheorie kann dieser proaktive Prozess als die gemeinsame „Neu-Konstruktion" der Wirklichkeit verstanden werden. Das alte kollektive mentale Modell wird durch einen Double-Loop-Lernprozess in ein neues kollektives mentales Modell überführt. Im Kontext von Schule findet Single-Loop-Lernen beispielsweise dann statt, wenn von Teilen der Lehrerschaft der Wunsch geäußert wird, die Zusammenarbeit innerhalb des Kollegiums zu verbessern. Gemeinsam wird nach Wegen der Optimierung gesucht und die erarbeiteten Lösungen münden in Maßnahmen wie regelmäßige Kollegiumssitzungen, Teamsitzungen, definierte und ausgearbeitete Tagesordnungen, gelegentliche Supervision durch externe Berater usw. Das organisationale Lernen hat dann im Sinne einer operativen Anpassung stattgefunden. Lernen im Sinne des Double-Loop wäre es dann, wenn das Thema Kooperation und Zusammenarbeit z. B. auf Grund vielfältiger Konflikte innerhalb des Kollegiums im Sinne einer Ist-Zustandsanalyse reflektiert würde. Das individuelle und das kollektive Selbstverständnis würden offen gelegt und hinterfragt, Nicht-Passungen und Unstimmigkeiten müssten geklärt und anschließend ein gemeinsames Bild der künftigen Kooperation und Zusammenarbeit entworfen werden, das dann in gemeinsam vereinbarten und umgesetzten Maßnahmen mündete. Im Sinne eines erfolgreichen Lernprozesses wäre zunächst ein „Entlernen" bestehender Orientierungen notwendig, wenn sich Lehrkräfte z. B. in diesem Zusammenhang als „Einzelkämpfer" erleben und verstehen.

Entscheidend für den Erfolg von Veränderungsprozessen ist nach *Argyris & Schön* (1999) die Unterscheidung zwischen den expliziten handlungsleitenden Theorien, die offen vertreten und dokumentiert werden, und den impliziten Theorien, die tatsächlich dem Handeln zu Grunde liegen, aber in der Regel unausgesprochen und verdeckt bleiben. Diese impliziten handlungsleitenden Theorien können aus Beobachtungen von Verhalten, den informellen und formellen Strukturen und Regelungen in Organisationen rekonstruiert werden. Wenn Veränderungsprozesse scheitern oder zögerlich stattfinden, kann die Analyse der tatsächlichen handlungsleitenden Theorien Erklärungen bieten und durch ein Double-Loop-Lernen neue Ansätze im Veränderungsprozess eröffnen. Beim Deutero-Lernen lernt die Organisation, wie Single- und Double-Loop-Lernen funktionieren und wie sie zu beeinflussen sind. Lernverhalten, Lernerfolge und Lernmisserfolge werden diagnostiziert, förderliche und hinderliche Bedingungen berücksichtigt und der Lernprozess wirksamer gestaltet (vgl. *Bateson* 1988). Die Qualität des Lernens ist also an der Fähigkeit zu messen, Veränderungen im kognitiven, psychomotorischen und affektiven Bereich zu erreichen und den Prozess des Veränderns bewusst zu reflektieren, um sich dadurch selbstverantwortlich lernfähig zu halten. Nachdem deutlich gemacht wurde, wie die Prozesse organisationalen Lernens stattfinden, geht es im Folgenden stärker um die Frage, wie diese Prozesse gemanagt werden können.

Die Wissensmanagement-Perspektive

Organisationales Lernen aus der Perspektive des Wissensmanagements bezieht sich auf die Deckung des organisationalen Wissensbedarfs. Das Ziel der organisationalen Lernprozesse ist nach *Pautzke* (1989) die Überführung allen Wissens, insbesondere des zunächst nicht zugänglichen individuellen Wissens in „von allen geteiltes Wissen", um es für die Organisation nutzbar zu machen bzw. die aktuelle organisatorische Wissensbasis zu vergrößern. *Reinhardt & Pawlowsky* (1997) verstehen Wissensmanagement als das Durchlaufen des vollständigen organisationalen Lernprozesses, die Steuerung des Prozesses durch geeignete Tools, die Organisation des Prozesses durch eine entsprechende Lerninfrastruktur und die Überwachung anhand geeigneter Messgrößen. Nach *Probst, Raub & Romhardt* (1999) lassen sich acht verschiedene Phasen des organisationalen Lernprozesses unterscheiden, die als Bausteine eines Managementregelkreises zu verstehen sind: Der Regelkreis beginnt mit der Erarbeitung und Definition von Wissenszielen (Phase 1), welche die strategische Ausrichtung und konkrete Zielsetzungen für einzelne Interventionsbereiche definieren. Strategische Wissensziele beschreiben organisationales Kernwissen sowie den zukünftigen Kompetenzbedarf einer Organisation, die operativen Wissensziele sichern die notwendige Konkretisierung der normativen und strategischen Zielvorgaben. Anschließend geht es um die Wissensidentifikation (Phase 2), d. h. welches Wissen sowohl intern als auch extern verfügbar ist. In der dritten Phase, dem Wissenserwerb, wird extern verfügbares Wissen in die Organisation importiert. Im Mittelpunkt der vierten Phase, der Wissensentwicklung, steht die Entwicklung neuer Fähigkeiten, besserer Ideen und leistungsfähigerer Prozesse in der Organisation. Die anschließende Verteilung des Wissens (Phase 5) ist eine notwendige Voraussetzung, um isoliert vorhandene Informationen und Erfahrungen für die gesamte Organisation nutzbar zu machen. Die Leitfrage hierbei lautet: Wer soll was in welchem Umfang wissen oder können und welche Prozesse stellen die Wissensverteilung sicher? Nach erfolgreicher Identifikation und Verteilung zentraler Wissensbestandteile geht es in der entscheidenden Phase der Wissensnutzung darum, das organisationale Wissen zum Nutzen der Organisation produktiv einzusetzen. Als vorletzter Baustein sind Prozesse der Speicherung und des regelmäßigen Aktualisierens einmal erworbenen Wissens zu beschreiben. Der letzte Baustein, die Wissensbewertung, führt zum Ausgangspunkt des Regelkreises zurück. Hier geht es darum, den Erfolg der Lernprozesse zu prüfen, d. h. es findet ein Abgleich zwischen den definierten Wissenszielen und den Lernergebnissen statt. Dieser Regelkreis erscheint auf den ersten Blick sehr umfangreich, liefert zugleich jedoch wertvolle Hinweise darauf, welche unterschiedlichen Prozesse beim Aufbau einer derartigen Lerninfrastruktur zu berücksichtigen sind. Wenn Schulleiter ihre Schule zu einer lernenden Organisation entwickeln wollen, kann die Orientierung an diesem Regelkreis wertvolle Hinweise darauf liefern, welche Komponenten zu berücksichtigen sind, was es zu definieren gilt und welche Strukturen zu schaffen sind.

Aus der bisherigen Forschung lässt sich ableiten, dass Organisationales Lernen im Sinne einer Veränderung, Abgleichung und Erweiterung der geteilten mentalen Modelle der Mitglieder einer Organisation über die direkte Kommunikation und Interaktion in Netzwerken verstanden werden kann (*Baitsch, Knoepfel & Eberle* 1996), wobei der Generierung, Verteilung und Speicherung des Wissens eine entscheidende Bedeutung zukommt. Vor dem Hintergrund der beiden Modelle sollen empirische Untersuchungen zum organisationalen Lernen in Schulen vorgestellt werden, die Hinweise liefern, wie sich geteilte mentale Modelle in Schulen entwickeln und welche Faktoren entscheidend dafür zu sein scheinen, ob organisationales Lernen stattfindet oder nicht. Eine qualitative Studie von *Fauske & Raybold* (2005) untersuchte die Entwicklung der individuellen und geteilten mentalen Modelle von Lehrkräften im Hinblick auf die Integration neuer Lehr-Lerntechniken und Technologien an amerikanischen Elementary Schools. Ihre Ergebnisse zeigen, dass die individuellen mentalen Modelle der untersuchten Lehrkräfte Handlungsroutinen und Referenzrahmen beinhalteten; sie waren komplex, spezifisch und sehr unterschiedlich. Obwohl die Lehrkräfte unterschiedliche Erfahrungen mit den neuen Methoden hatten, entwickelten sie gemeinsame, geteilte Vorstellungen von den notwendigen Veränderungsprozessen. Insgesamt waren fünf Elemente sowohl für die Entwicklung der von den Lehrkräften geteilten mentalen Modelle als auch für das Organisationale Lernen entscheidend:

- Die Priorität der Veränderung: Nur wenn mündliche Informationen über die Bedeutung und Wichtigkeit der Veränderungen einher gingen mit konsistenten sichtbaren Handlungen für die betroffenen Lehrkräfte, entstand das geteilte mentale Modell, dass die Veränderung eine hohe Priorität hat.

- Konsistenz in der Informationsverteilung: Das Ausmaß der Informationsverteilung über die Schule ist ein Indikator für organisationales Lernen (vgl. auch *Huber* 1991) und die Voraussetzung für die Informationsinterpretation, die Wissensgenerierung und das Lernen. Als Blockaden der Informationsverteilung zeigten sich der fehlende Zugang zu einem Unterstützungssystem, die begrenzte zur Verfügung gestellte Zeit, um Neues zu lernen, eine unüberschaubare Informationsflut, das Tempo, in dem erwartet wurde, dass Lernen stattfindet und die ineffektiven Strukturen des Informationsaustauschs innerhalb der Schulen und im Kontakt mit Schulbehörden.

- Unvorhersehbare Schwierigkeiten und Probleme in der Implementationsphase: Wenn die benötigten Techniken und Tools entweder nicht ausreichten, versagten oder sich änderten und die Lehrkräfte keinen Einfluss darauf ausüben konnten, wurden keine neuen Handlungsroutinen entwickelt, sondern stattdessen das gemeinsame mentale Modell von fehlerbehafteten Techniken und Tools.

- Modifikation von Handlungsroutinen: Neue Techniken und Tools wurden eher dann angewendet, wenn lediglich eine Änderung der Handlungsroutinen erforderlich war und keine Änderung des Referenzrahmens von Lehren und Einstellungen. Waren hingegen neue Lehr- und Lerntechniken kongruent zu den gegenwärtigen Vorstellungen über Lehren, wurde organisationales Lernen gefördert.

- Modifikation der Referenzrahmen: Die Modifikation der Referenzrahmen der Lehrkräfte erhöhte die Wahrscheinlichkeit organisationalen Lernens. Wenn das Potenzial der Verbesserung des Lernens der Schüler durch die neuen Techniken und die Technologie erkannt wurde, veränderten die Lehrkräfte ihre Referenzrahmen dahingehend, dass die neue Technologie eine effektive Lehrstrategie ist.

Im Sinne der vorliegenden Ergebnisse gilt es bei der Initiierung von Veränderungsprozessen zu klären, ob die Prozesse eine Veränderung von Handlungsroutinen im Sinne des prozeduralen Lernens bzw. Single-Loop-Lernens oder eine Veränderung der Referenzrahmen im Sinne des konzeptuellen Lernens bzw. Double-Loop-Lernens oder beides erfordern. Handlungsroutinen zu verändern ist leichter als Referenzrahmen zu verändern und auf vorhandenen Referenzrahmen aufzubauen wiederum einfacher als neue zu generieren. Mentale Modelle, die gegen gewünschte Veränderungen stehen, verhindern die Entwicklung neuer geteilter mentaler Modelle.

Eine weitere Studie, die explizit den Zusammenhang von individuellem und organisationalem Lernen im Schulkontext untersuchte, ist die von *Collinson & Cook* (2004). Sie fokussierte die Faktoren, die gemeinsame Lernprozesse von Lehrkräften im Sinne des organisationalen Lernens förderten und behinderten. Als Ergebnis ihrer Forschungsarbeit kristallisierte sich heraus, dass die Zusammenarbeit im Kollegium, die zur Verfügung gestellte Zeit, Einstellungen und Werthaltungen gegenüber Lernen und Kooperation, Nutzen für die Unterrichtspraxis und die individuellen Kompetenzniveaus der Lehrkräfte im Hinblick auf den Umgang mit einer neu einzuführenden Computertechnologie wichtige Prädiktoren für organisationalen Wandel waren. So zeigte sich u. a., dass „learning and sharing are reciprocal processes dependent on time, teacher`s perceptions and attitudes, and relationships" (*Collinson & Cook* 2004), d. h. die Lehrkräfte, die lernten und sich intensiv mit ihren Kollegen austauschten, wollten mehr lernen, weil sie die Vorteile für ihre eigene Arbeit und ihre Schüler erkannten.

Zusammenfassend ließe sich aus diesen Studien für die aktuellen Qualitätsentwicklungsprozesse wie z. B. die Schulprogrammentwicklung und -implementation folgendes ableiten: die Bedeutung und Priorität der Schulprogrammarbeit muss auf allen Ebenen der Schulaufsicht und den Leitungsebenen in Schulen kommuniziert und durch die entsprechende Bereitstellung von Ressourcen flankiert werden. Kooperations- und Informationsprozesse in Schulen sollten gefördert werden durch entsprechende Strukturen und Zeitbudgets. Die Inhalte des Schulprogramms müssen ausgerichtet sein auf die tägliche Unterrichtspraxis und einen Beitrag zu deren Optimierung liefern. Vorhandene Kompetenzen und Ressourcen gilt es zu analysieren und Maßnahmen zu ergreifen, die anschlussfähig sind; ergänzend dazu werden ggf. Personalentwicklungsmaßnahmen notwendig. Wenn Veränderungsprozesse stagnieren, ist zu prüfen, ob die vereinbarten Ziele widerspruchsfrei sind, wie der Informationsfluss gestaltet ist, ob Veränderungen konsequent verfolgt werden und ob ausreichend Zeit zur Verfügung gestellt wird für Kooperation und Austausch. Beim organisationalen Lernen in Schulen müssen somit verschiedene Voraussetzungen geschaffen und Bedingungen erfüllt werden, damit die entsprechenden Prozesse initiiert und aufrechterhalten werden können. Hierbei sollte die Schulleitung eine zentrale Funktion und Rolle übernehmen. Wie Führen in diesem Kontext aussehen kann, soll im folgenden Abschnitt beschrieben werden.

4 Rolle und Aufgaben von Schulleitung im Kontext organisationalen Lernens

Qualifizierte, professionell arbeitende und kompetente Schulleitungen werden im Rahmen von Schulentwicklungsprozessen (vgl. *Huber* 1999) als eine entscheidende Ressource angesehen sowohl im Hinblick auf die Kontinuität des Prozesses als auch im Hinblick auf ihre Funktion als Bindeglied zwischen staatlichen Reformmaßnahmen und schulinternen Innovationsbemühungen (vgl. *Wissinger* 2002). Die umfangreichen Forschungsarbeiten zu Fragen der Schulwirksamkeit (school effectiveness) betonen in gleicher Weise die innerschulische Steuerung als wichtigen Prädiktor für die Qualität einer Schule (vgl. *Huber* 2004). Danach sind Management und Führung der Schulleitung von zentraler Bedeutung (*Wissinger & Huber* 2002). Gleichwohl zeigen andere Studien (vgl. *Wissinger* 1996), dass Schulleiter häufig fest auf dem Fundament ihrer Berufsrolle als Lehrkräfte stehen und ihre Leitungsfunktion vor allem im Sinne der „Instructional-Leadership-Role" wahrnehmen, d. h. als persönliche, unmittelbare Einflussnahme auf die Lehrkräfte, deren Unterricht und Erziehungsarbeit durch Ziel-, Mittel- und Inhaltsvorgaben, durch Unterrichtsplanung und -verteilung sowie durch Kontrolle. Demgegenüber stehen die aus der erweiterten Autonomie resultierenden vermehrten Management- und Führungsaufgaben, die eine weniger personenbezogene, stark pädagogisch orientierte als vielmehr eine systembezogene und prozessorientierte Führung erfordern. So gehört es zur Aufgabe der Schulleitung, Schulentwicklungsprozesse zu initiieren, zu unterstützen und zu begleiten, das Erreichte zu institutionalisieren und dadurch Teil der Schulkultur werden zu lassen. Um dies gewährleisten zu können, ist ein Wissen erforderlich über Systemzusammenhänge, Interventionsmöglichkeiten und gefordertes Führungsverhalten. Nach *Bormann* (2002) kommt zu dem insgesamt noch unterentwickelten Führungsbewusstsein und den fehlenden Kompetenzen auf Seiten der Schulleitung ein gering ausgeprägtes Organisations- und Gestaltungsbewusstsein bei den Lehrkräften. Das entsprechende Bewusstein über Gestaltungsmöglichkeiten, notwendige Kompetenzen und Rahmenbedingungen ist jedoch die Voraussetzung dafür, dass Schulentwicklung stattfinden kann. Gleichzeitig ist die Bereitschaft der Organisationsmitglieder, innerhalb der Strukturen aktiv zu werden, unabdingbar. Diese Bereitschaft lässt sich kaum unmittelbar beeinflussen. Vielmehr sind im systemtheoretischen Sinne über indirekte Maßnahmen und Kontextsteuerung die Voraussetzungen für den Ausbau und die Anwendung vorhandener Kompetenzen zu schaffen. Denn Schulen können nach *Rolff* (2000) als Organisationen nur dann lernen, wenn die Mitglieder dies wollen und können. Hieran schließt sich die Frage, wie organisationale Lernprozesse im Sinne einer Top-down-Strategie von der Schulleitung durch ein entsprechendes Führungsverhalten gestaltet werden können.

In der psychologischen Literatur wird unter Führung in erster Linie die soziale Interaktion zwischen mehreren Individuen innerhalb einer Organisation verstanden, in der die Machtverhältnisse ungleich verteilt sind (*Weinert* 1998). Die Führer-Geführten-Beziehung stellt einen wirtschaftlichen Austausch dar, wobei der Kommunikation eine hohe Bedeutung zukommt. Erbrachte Gruppenleistungen, Zielerreichung, befriedigte Bedürfnisse und Erwartungen der Mitarbeiter definieren dabei die Effizienz des Führenden. Die Resultate der Führungsforschung in Organisationen zeigen nach *Weinert* (ebd.), dass es nicht einen einzelnen Faktor gibt, der erfolgreiches Führen oder eine gute Gruppenleistung bestimmt, wie etwa die Persönlichkeit des Führers, Charakteristika der Gruppe oder die Art der Aufgabe. Statt dessen hängt der Stellenwert und das zu bemessende Gewicht der verschiedenen Variablen wie Homogenität der Arbeitsgruppe, Entlohnungssystem, Größe der Arbeitsgruppe, Art der Arbeit usw. von den Bedingungen, den Umständen und der Situation ab, in denen ein Führungsprozess stattfindet. Diese Bedingungen und Umstände erfahren in verschiedenen Führungsmodellen ihre Spezifizierung. In den Eigenschaftstheorien (trait approaches) oder auch „Great-man"-Theorien ging man z. B. davon aus, dass bestimmte Qualitäten einer Person diese dazu befähigen, andere zu führen (*Kansteiner-Schänzlin* 2002). In zahlreichen Untersuchungen wurden Eigenschaften herausgefiltert, die erfolgreiche Führungskräfte kennzeichnen, wie Intelligenz, Willensstärke, Fleiß, Leistungsmotivation, Selbstsicherheit usw. (vgl. *Oechsler* 1994). Kritiker dieses Ansatzes (*Hentze & Brose* 1986) stellen heraus, dass aufgrund der Untersuchungen unklar sei, ob Führungskräfte diese Eigenschaften während ihrer Tätigkeit ausgebaut haben könnten und ob diese Eigenschaften tatsächlich relevant für Führung seien. Trotz der deutlichen Kritik zeigen neuere Veröffentlichungen (*Hauser* 2000) zur charismatischen Führung, dass das Gelingen von Führung wieder maßgeblich mit Persönlichkeitseigenschaften in Verbindung gebracht wird. Allerdings deckt sich das neue Verständnis nicht vollständig mit dem „Trait approach", da situative Prozesse und Konstellationen, innerhalb derer Führung stattfindet, mit berücksichtigt werden. Nach *Kansteiner-Schänzlin* (ebd.) ist der Eigenschaftsansatz zwar wieder virulent, den heutigen Erkenntnissen wird jedoch dadurch entsprochen, dass Persönlichkeitsmerkmale nur noch als eine von vielen Variablen im Führungsprozess beschrieben werden und die beschriebenen Eigenschaften als solche hinterfragt und neu definiert werden. Zudem werden sie nicht mehr als naturhaft sondern als entwickelbar betrachtet (*Staehle* 1999).

Weinert (1998) beschreibt die seiner Meinung nach entscheidenden Charakteristika erfolgreicher Führung im 21. Jahrhundert. Für ihn besteht die Aufgabe moderner Führungskräfte darin, Wege und Ziele zu definieren und zu beschreiben, Rollenerwartungen im Hinblick auf Leistungsziele zu definieren, Störquellen zu beseitigen, Orientierung zu geben, die Mitarbeiter zu motivieren bzw. deren Bedürfnisse nach dem Erreichen der Ziele zu wecken, wobei dem Coaching ein entscheidender Einfluss zukommt. Dabei ist das Erreichen hoher Involviertheit kein einfacher Prozess. Aus seiner Sicht ist der „Transformations-Führer" gefragt, der Inspiration und Charisma besitzt, und der eine klare Vorstellung und eine Vision darüber haben muss, wie eine Organisation verbessert werden kann. Dieses Konzept vom „transformational Führenden" als dessen bekanntester Vertreter *Bass* (1990) gilt, zeichnet sich dadurch aus, dass die Führungspersönlichkeit neue Bedürfnisse, Selbstentwicklung und Selbstbestimmung fördere, Tabus in Frage stelle und die Organisationskultur verändere. Wenn man nach *Weinert* (1998) im transformationalen Führen die Chance und Herausforderung für die anstehenden Aufgaben sieht, dann hieße das, dass der Fokus der Führung durch die Schulleitung auch beim organisationalen Lernen auf den Commitments und Fähigkeiten der Organisationsmitglieder, den Lehrkräften liegt. *Leithwood* (1994) konzeptualisiert auf Grund eigener empirischer Untersuchungen diesen Führungsstil für den Kontext Schule anhand von acht Dimensionen, die im wesentlichen *Weinerts* Beschreibung wieder geben. Danach gehört zu den Aufgaben der führenden Schulleitung:

- Schulvisionen aufzubauen,
- Schulziele zu etablieren,
- intellektuelle Stimulation zu liefern,
- individuelle Unterstützung anzubieten,
- wichtige Organisationswerte zu modellieren,
- hohe Erwartungen zu formulieren,
- eine produktive Schulkultur zu etablieren und
- Strukturen zu entwickeln, um die Partizipation in Schulentscheidungen zu fördern.

Unter Rückgriff auf die Ausführungen zum organisationalen Lernen wird deutlich, dass durch die Entwicklung von Schulvisionen, die Modellierung von Organisationswerten, eine produktive Schulkultur genau das erreicht wird: die prozessurale Reflexion, Prüfung und Modifikation der handlungsleitenden Theorie durch die Agenten einer Schule und damit die lernende Schule.

Die Bedeutung von Visionen für das Commitment und die Motivation der Schulmitglieder untersuchten *Barnett & McCormick* (2003). Eines der wesentlichen Kennzeichen der „effective schools" war, dass deren Schulleitungen eine Vision für ihre Schule entwickelten und diese anschließend kommunizierten. Diese Idee, dass visionäre Führung die Entwicklung einer Vision und deren Kommunizierung gegenüber dem schulischen Personal und Externen beinhaltet, waren der konzeptuelle Rahmen ihrer Case-Study. Sie untersuchten die zentralen Inhalte der Vision, sowie deren Entwicklung und Interpretation durch die Schulmitglieder. Im Hinblick auf die Kommunikation dieser Vision ging es um Fragen des Commitments, die Erwartungen der Schulleitungen an ihre Lehrkräfte und den Einfluss der Vision auf den Schulalltag. Mittels einer Voruntersuchung wurden Highschools in Australien ausgewählt, in denen nach Einschätzung der Lehrkräfte „transformationales Führungsverhalten" der Schulleitung praktiziert wurde. Als Ergebnisse lassen sich ableiten, dass Schulvisionen verstanden werden als die Richtung, in die sich eine Schule zukünftig entwickeln wird. Sie werden in gemeinsamer Arbeit durch die Schulmitglieder erarbeitet und als handlungsleitend definiert. Gemäß der Theorie von *Argyris & Schön* (1999) werden im Sinne des Double-Loop-Lernens die gegenwärtigen Wertvorstellungen, Einstellungen und Handlungsrahmen hinterfragt und durch einen gemeinsamen Lernprozess in eine neue handlungsleitende Theorie überführt. Zentrale Inhalte sind die Verbesserung von Lernen und Lehren und die Orientierung an den Bedürfnissen der Schüler. Um diese Ziele zu erreichen bestehen intensive Kontakte zwischen den Lehrkräften, zu den Eltern und den Schülern, um deren Commitment zur Schulvision zu festigen.

5 Schlussfolgerungen: Unter welchen Voraussetzungen es Schulleitungen gelingen kann, die Schule zu einer lernenden Organisation zu entwickeln

Unbestritten bleibt, dass sich die Aufgaben und Funktionen der Schulleitung innerhalb eines komplexen Umfeldes ausgestalten und dass Schule sich nicht mehr als Institution definieren kann, die ausschließlich tradiertes Wissen weiter gibt. Nach *Huber* (2004) ist die Schulleitung dafür verantwortlich, die Aktivitäten, die im Rahmen von Schulentwicklung stattfinden, zu koordinieren, den Überblick zu behalten und die Bedingungen dafür zu schaffen, dass sich die Lehrkräfte weiter entwickeln und noch stärker professionalisieren. Innovationen müssen in der Schulpraxis implementiert werden und somit Teil der Schulkultur, der Schulstrukturen und der täglichen Arbeitsvollzüge werden. Das Ziel ist, Schulen zu lernenden Organisationen zu entwickeln, die sich innerhalb eines definierten Rahmens ihre eigenen Prioritäten setzen. Die zur Zeit anstehenden Aufgaben und Verantwortlichkeiten von Schulleitung weisen dem transformational führenden Schulleiter eine wichtige Rolle zu. Als oberstes Primat sollte die Erfüllung des Bildungs- und Erziehungsauftrags gelten. Das hieße, Entwicklungsprozesse von Schülern, Lehrkräften und Eltern anzuregen und zu unterstützen, sich selbst und anderen zu vertrauen, sowie Autonomie und Kooperationen zu fördern. Für die Schulleitung bedeute dies nach *Rosenbusch* (1997):

- Die Berücksichtigung unterschiedlicher Handlungsebenen: Auf der Ebene der Interaktion mit den Schülern die Förderung der dort stattfindenden Lernprozesse. Auf der Ebene der Interaktion und Kooperation mit den Lehrkräften die Bereitstellung von Lerngelegenheiten für individuelles und organisationales Lernen.
- Die Orientierung an Ressourcen, Stärken und Kooperationen.
- Vertrauen in die Fähigkeiten anderer, um Delegation und eigenständiges und eigenverantwortliches Handeln zu ermöglichen.
- Als handlungsleitendes Prinzip Kollegialität statt Hierarchiedenken mit kollegialer Verpflichtung auf die Ziele der Institution.

Beim Zugrundelegen der Prinzipien von Demokratie und Kooperation als Basis von Schulführung, würde eine breitere Verteilung von Führungsverantwortung und so etwas wie „post-transformational leadership" resultieren (*West* et. al. 2000). Wenn Schulen sich zu lernenden Organisationen entwickeln sollen, müssten sich alle Beteiligten engagieren und Verantwortung übernehmen. Die Erkenntnisse der Organisationsentwicklungsforschung haben gezeigt, dass Versuche, Einstellungen und Verhaltensweisen von Organisationsmitgliedern zu verändern sowie die Effektivität einer Organisation zu erhöhen, in der Regel scheitern, wenn nicht zusätzlich strukturelle und technologische Rahmenbedingungen berücksichtigt werden (*Schubert* 1999). Die Entwicklung von Schulen kann nicht verordnet werden, sondern sie kann aus einem Begleiten der Schulleitung bei der Transformation in veränderte Systeme bestehen. Nachhaltigkeit kann nur gelingen, wenn gemeinsame mentale Modelle von zukünftigen Aufgaben entwickelt werden. Entscheidend für den Erfolg von Qualitätsentwicklungsprozessen ist dabei die Auseinandersetzung, Akzeptanz und Umsetzung der entsprechenden Maßnahmen und Interventionen durch alle Agenten einer Schule (vgl. *Hall & Hord* 2006). Daher wird bei der Evaluation der derzeit stattfindenden schulischen Initiativen wie Schulprogrammarbeit dieser Zusammenhang verstärkt empirisch zu untersuchen sein (vgl. *Köller* in Vorbereitung).

Eine wichtige Aufgabe von Schulleitung wird es zukünftig sein, die scheinbar paradoxe Aufgabe zu lösen, durch Wandel innerhalb der Organisation Schule langfristig deren Identität zu bewahren. Dabei sollten Lehrkräfte in ihrer Autonomie teilweise belassen und gleichzeitig Bedingungen geschaffen werden, die dafür sorgen, dass Initiativen und Arbeitsergebnisse in eine organisationale Lernleistung transformiert werden, und dass über gemeinsam entwickelte Visionen und deren Operationalisierung in Ziele und Handlungsschritte eine gemeinsame Arbeitsbasis entsteht. Dies würde gefördert, wenn Lehrkräfte sich nicht länger als Einzelkämpfer erleben und verstehen und Kooperation, Kommunikation sowie Weiterbildung zum Alltag einer Schule gehörten. Eine professionelle Schulentwicklung setzt jedoch voraus, dass auch die Bildungsverwaltung die entsprechenden Prinzipien anerkennt, sich selbst als Unterstützungssystem definiert und danach handelt.

Jürgen van Buer & Olga Zlatkin-Troitschanskaia

Diagnostische Lehrerexpertise und adaptive Steuerung unterrichtlicher Entwicklungsangebote

Die systematische Entwicklung der diagnostischen Kompetenz von Lehrern [1] stellt seit dem Vorliegen der Befunde der PISA-Studien einen der zentralen Forderungspunkte in der Lehreraus- und -weiterbildung dar. Vor dem Hintergrund der Alltagskonstruktion von Unterricht wird der konzeptuelle Rahmen für diesen Kompetenzbereich beleuchtet; dabei wird über die Schritte von Diagnose und Förderdiagnostik das Konzept diagnostischer Lehrerexpertise entwickelt und mit Konzepten adaptiven Lehrens verknüpft. Im Fokus steht der innere Kreislauf des Unterrichts; dieser kann als ein möglichst kontingent zu realisierender Funktionszusammenhang von diagnostischer Expertise, unterrichtlichem Lernangebot und kontinuierlicher Gewährung von individualisierenden Unterstützungsleistungen mit zeitnaher Wirkungsanalyse der unterrichtlichen Prozesssteuerung charakterisiert werden. Seine Implementierung setzt neben der Entwicklung der individuellen Lehrerkompetenz insbesondere die systematische Einbettung in die organisationalen Entwicklungsprozesse der Einzelschule voraus.

1 Diagnostische Kompetenz als Teil des Lehrerberufes – Wissenschaftliches Konstrukt oder Praxeologie?

Unbestritten ist: Die bildungspolitischen und gesellschaftlichen Ansprüche an die systematisch nachzuweisende Qualität des alltäglichen Unterrichts sind hoch (zum Begriff der Qualität vgl. *Heid* 2000). Auf der differenziert entwickelten bzw. zu entwickelnden Basis ‚alltagstauglicher' Professionalität der pädagogischen Akteure kann Schule solchen Optionen zu wesentlichen Teilen nachkommen. Dabei basiert die angesprochene Professionalität auf ganz unterschiedlichen Wissensbeständen (vgl. weiter unten; *Gage* 1979), die in großen Teilen mit Strategien und Routinen des Lehrens verknüpft sind.

Das Netzwerk von Professionswissen, -strategien und -routinen der Lehrenden ist wesentlich auf Alltagstauglichkeit im Sinne schneller situationsadäquater Problemlösung bzw. -minimierung fokussiert; dadurch gerät es schnell in Gefahr, in einer doppelten Funktion zu einem Netz von Praxeologien zu werden, die Handlungssicherung ‚versprechen' – und scheinbar auch bieten; sie tun dies mit einem allerdings hohen Preis, nämlich wissenschaftlichen Wissensbeständen nicht bzw. nur bedingt standzuhalten bzw. diese auch ganz auszublenden. Somit kommt ihnen schnell die Funktion der ‚oberflächlichen' Legitimierung von alltäglichem beruflichem Handeln sowie auch der Sicherung der individuellen beruflichen Identität mittels eines solchen stark stereotypisierenden und damit massiv komplexitätsreduzierenden schüler- und unterrichtsbezogenen Denkens und Handelns zu. Dies wird noch dadurch verstärkt, dass Einzelschulen als Institutionen mit verschieden stark ausgeprägten Loose-Coupling Elementen die Frage des Umgangs mit Professionswissen, Praxeologien etc. i. d. R. in großen Teilen in die Hand des einzelnen Lehrers zu-

---

[1] Aus rein sprachtechnischen Gründen wird im Folgenden die grammatikalische männliche Form von Personen und Positionsbezeichnungen verwendet.

rück überantworten (zum Aspekt von Schule als Institution mit Loose-Coupling Elementen vgl. die Beiträge von *Zlatkin-Troitschanskaia* in diesem Band).

In der einschlägigen Diskussion zur Qualitätsentwicklung von Schule und Unterricht ebenfalls unumstritten ist: Die diagnostische Kompetenz stellt eine unverzichtbare Dimension pädagogischer Professionalität des Lehrers dar. Bewerten bzw. Beurteilen gehört zur „Routine" der professionellen Leistungserstellung. Die Lehrkräfte „treffen ... weitreichende Entscheidungen, die diagnostisches Urteilen voraussetzen" (*von der Goeben* 2003, 6). Erst wenn Lehrkräfte in der Lage sind, den Lernstand und die Lernprozesse der Schüler hinreichend objektiv und zuverlässig einzuschätzen, können sie letzteren auch systematisch erfolgreiches Lernen in einem Lernmilieu ermöglichen, das nicht primär durch ‚Standardangebote' gekennzeichnet ist, sondern durch starke (innere) Differenzierung und individualisierende Unterstützungsleistungen (vgl. Abschnitt 4). Somit erschöpft sich Diagnostik nicht nur im Messen. In diesem Sinne konstatiert das *Deutsche PISA-Konsortium* (2001, 132):

„Eine zentrale Voraussetzung für eine optimale Förderung ist eine ausreichende diagnostische Kompetenz der Lehrkräfte, also die Fähigkeit, den Kenntnisstand, die Verarbeitungs- und Verstehensprozesse sowie die aktuellen Leseschwierigkeiten der Schüler korrekt einschätzen zu können."

Diagnostische Alltagsprozesse: In der einschlägigen Literatur wird unter diagnostischer Kompetenz ganz allgemein die Fähigkeit verstanden, Personen treffend zu beurteilen (vgl. *Schrader* 2001) bzw. über die „allgemeine Qualifikation für Leistungsbeurteilung" zu verfügen (*Arnold* 2000, 129f.). Die Frage, was unter diagnostischer Kompetenz im Sinne eines empirisch operationalisierbaren Konstrukts verstanden werden soll bzw. kann, ist jedoch nicht unumstritten: So zeigt *Spinath* (2005) in ihrer Studie, dass Lehrerurteilen *keine* generelle Fähigkeit im Sinne *diagnostischer Kompetenz* zugrunde liege. *Terhart* (2000a) beschreibt Beurteilen als „kontinuierlich und situationsspezifisch zu bewältigenden Aspekt des Berufsalltags", der stark administrativ geprägt sei (s. auch *Schlömerkemper* 2005). Seinen Untersuchungsergebnissen zufolge scheint sich der Beurteilungsprozess eher als gelebte Praxis im Kontext der Berufstradition und deren pädagogisch-kategorialem Gefüge sowie als daran anknüpfende Praxeologie zu vollziehen denn als vereinfachte Form pädagogischer Diagnostik, in der systematisch auf psychologisch gesicherte Wissensbestände zurückgegriffen wird. Insgesamt versuche der Lehrende, den Berufsalltag mit seinen darin eingelagerten diagnostischen Prozessen durchaus kontextrational zu bewältigen, allerdings häufig nur wenig geplant und schwach standardisiert, in der Regel jedoch möglichst störungsfrei (vgl. auch *Inkenkamp* 1976).

Unterrichtsbezogene Wissensbestände: Vor bereits ca. dreißig Jahren verweist *Gage* (1979) darauf, Unterrichten basiere zentral auf drei unterschiedlichen Wissensformen und auf dementsprechend gesteuertem Handeln – auf wissenschaftlich gesichertem Wissen, auf didaktischer „Meisterlehre" im Sinne „handwerklichen" Strategie- und Routinewissens und auf Wissen im Sinne von „Kunst", um den Unvorhersehbarkeiten von Unterricht flexibel und zieladäquat begegnen zu können (hierzu s. auch *Jank & Meyer* 2002; auch *Menck* 2006, 74ff.). Geprägt durch eine starke psychologische Fundierung wird die aktuelle Diskussion von einer eher summativen Kategorie der professionellen ‚Lehrerkompetenz' dominiert; diese umfasst ein ganzes Bündel der für das Berufsprofil notwendigen Fähigkeiten und Fertigkeiten (vgl. Abschnitt 3). Im Rahmen des neuen evaluationszentrierten Steuerungsmodells wird der so genannte empirische Zyklus gefordert (vgl. die Beiträge von *Zlatkin-Troitschanskaia* in diesem Band): Danach sollte die Planung und Realisierung unterrichtlicher Prozesse sowie deren Evaluierung sowie der Schülerleistungen, deren Einstellungsveränderungen etc. so weit wie möglich explizit ausgewiesenen Gütekriterien folgen; dabei orientieren sich diese an der empirisch fundierten Sicherung erwarteter Effekte unterrichtlichen Handelns (vgl. *Helmke* 2003).

‚*Innerer Kreislauf von Unterricht*': Damit ist die systematische Kopplung der *planend-konstruktiven* mit der *evaluativen* Perspektive als ein zentraler Kreislauf unterrichtlichen Denkens und Handelns angesprochen. Für den hier vorgelegten Beitrag konzentriert sie sich auf die Frage nach den diagnostischen Leistungen des Lehrenden und seiner Konstruktion von Unterricht; dieser – so die normative Zielkomponente – nimmt die teils stark variierenden Schülervoraussetzungen über ausdifferenzierte Lernangebote auf und trachtet, sie im Unterrichtsverlauf systematisch zu verringern (adaptiver Unterricht; s. Abschnitt 4). Gerade in diesen beiden Bereichen – alltägliche Diagnose von Schülerleistungen/Einstellungen/Wertehaltungen und adaptive Steuerung von Unterricht – liegen vielfältige Ergebnisse aus empirischen Studien vor; und gerade in diesem Bereich unterrichtsbezogenen Denkens und Handelns sind aufgrund des hohen Handlungsdrucks sowie jahrelanger Routinen Praxeologien tief verankert – im professionellen Selbstverständnis der Gruppe wie auch im praxeologischen Denk- und Handlungsrepertoire des Einzelnen (vgl. auch den Beitrag von *van Buer & Wagner* in diesem Band).

Im Folgenden wird versucht, diesen Funktionszusammenhang differenziert aufzuzeigen und – durchaus den Überlegungen von *Gage* folgend – Lösungsperspektiven als strategischen Denk- und routinemäßig gesicherten Handlungszusammenhang herauszuarbeiten, welcher seine kritische Sicherung bzw. Veränderung durch systematische Reflexion des Einzelnen sowie der in der Einzelschule handelnden Professionsgruppen findet.

2 Der ‚innere Kreislauf' von Diagnose, unterrichtlichen Lernangeboten und Ergebnissen – Alte Probleme und neue Qualitätsansprüche

Der Funktionszusammenhang von Diagnose, unterrichtlichem Handeln und dessen Wirkungen ist in hohem Maße multikausal bedingt; des weiteren wird er in der Regel auch multiintentional gestaltet. Beide Aspekte sind nicht zuletzt darin begründet, dass der angesprochene Funktionszusammenhang in die Mehrebigkeit des Steuerungszusammenhangs im Bildungssystem eingebettet ist (vgl. die beiden Beiträge von *Zlatkin-Troitschanskaia* in diesem Band). Zwar macht diese strukturelle Mehrebigkeit auf die vieldimensionale Bedingtheit individueller Lernleistungen im Unterricht bzw. in seinem Kontext sowie damit auch auf die Komplexität des Steuerungszusammenhangs zwischen den Inputs unterschiedlichster Art, den Gestaltungsprozessen und deren Ergebnissen aufmerksam. Trotzdem ist die zentrale Bedeutung der unterrichtlichen Handlungsebene, d. h. der zeitstabilen, über längere curriculare Sequenzen hinweg nur wenig schwankenden Qualität alltäglichen Unterrichts für das individuelle Lernen der Schüler sowohl aus theoretischen Überlegungen heraus sowie empirisch geprüft unbestritten. Diese Ebene – alltäglich vollzogener Unterricht – ist diejenige, die sowohl von dem handelnden pädagogischen Akteur wie auch von der Einzelschule am ,direktesten' beeinflussbar und auch zu gestalten ist.

Die eingeforderte und auch einforderbare Qualität alltäglichen Unterrichts wird folgerichtig zu wesentlichen Teilen durch den im Abschnitt 1 schon angedeuteten zeitengen ,inneren Kreislauf' konstituiert. Dieser bezieht sich auf die lernenden sowie lehrenden Individuen und die jeweiligen situationalen Kontexte, hier auf die Ausgestaltung der unterrichtlichen Lern- und Unterstützungsangebote sowie auf die Lernmilieus, in denen diese eingebettet sind (somit ist die Gestaltungsebene der einzelschulischen Qualität immer auch mit angesprochen): Der angesprochene Kreislauf ergibt sich aus der *Diagnose* des jeweiligen Lernzustands des einzelnen Schülers, aus dem auf die individuellen Lernvoraussetzungen angelegten *Unterricht im Klassen- bzw. im Gruppenverband* mit seinen zumindest *impliziten Individualisierungen* bzw. ggf. mit seinen verschiedenen *expliziten Differenzierungen*, dem erneuten *Beurteilen und Bewerten der individuellen Lernzustände*, ggf. den darauf abgestimmten *Feedbacks*, dem darauf folgenden *Unterricht* usw.

Folgt man den derzeitigen bildungspolitischen (vgl. z. B. *Bildungskommission der Länder Berlin und Brandenburg* 2003), aber auch den didaktisch-pädagogischen Zielsetzungen, sollte die Steuerung der Lehrprozesse so weit wie möglich den Vorstellungen von adaptivem Unterricht folgen (vgl. Abschnitt 4; auch z. B. *Helmke* 2003, 60ff.). Damit ist ein Lehr-Lern-Kontext gemeint, der trotz seiner Ausrichtung auf die Klasse bzw. zeitstabile Lerngruppe stärker als bisher individualisierende Lehrangebote an den einzelnen Lerner macht. Die Zielsetzung ist, jenseits subjektiver Lehrerüberzeugungen bzw. individuell verfügbarer Praxeologien die Unterschiede in den Lernvoraussetzungen und Lernleistungen der Individuen weitest möglich zu berücksichtigen. Dies sollte mit dem expliziten Ziel geschehen, dazu beizutragen, diese Unterschiede so auszugleichen, dass eventuelle ,Verluste' für die Leistungsstarken minimiert und ggf. durch Lernen in curricular nicht gebundenen Angeboten ,ausgeglichen' sowie die ,Gewinne' für die Leistungsschwächeren maximiert werden (vgl. Abschnitt 4).

Neben dem Wissen bzw. den Überzeugungen, die der einzelne Lehrer jederzeit über Unterricht und (seine) Schüler aktualisieren kann (vgl. z. B. *Bromme* 1981 zu Mathematiklehrern; *Hofer* 1986, 10ff. zu impliziten Lehrertheorien über Schüler; ausführlich Abschnitt 3.2), basiert die alltägliche Steuerung der Lehrprozesse auf ausgearbeiteten Stundenvorbereitungen bzw. auf der professionellen Routine sowie dem Lehrervertrauen darauf, auch weitgehend unvorbereitet den Unterricht bewältigen zu können (zu Letzterem vgl. Formulierungen wie „Ampel-" oder „Schwellendidaktik"; auch z. B. *Menck* 2006, 65ff.). Angesichts einer wöchentlichen Lehrverpflichtung von ca. 26-28 Unterrichtsstunden sowie einem breiten Spektrum weiterer Dienstverpflichtungen kann man nur bedingt davon ausgehen, dass der Lehrende jede seiner Stunden präzise vorbereitet bzw. vorbereiten kann. Vielmehr ist für den unterrichtlichen Alltag auch unter der Option systematischer einzelschulischer Qualitätsentwicklung erwartbar: Ein großer Teil der Lehrprozesse beruht auf einer individuell durchaus stärker variierenden Mischung an detaillierter Vorbereitung, allgemeinen, zeitlich weiterreichenden Lehrstrategien und vor allem an kommunikativ-interaktionell geprägten Lehrroutinen. Dies verweist auf die hohe Bedeutung der oben angesprochenen Praxeologien unterschiedlichster Qualität und Ausprägung und stützt die stark individuelle Ausprägung unterrichtlicher Interaktions- und Kommunikationsstrukturen. Letzteres zeigen für den unterrichtlichen Alltag z. B. die Beobachtungsstudien, die kategorial unterhalb der immer wieder festgestellten Dominanz didaktischer Großkategorien wie „fragend-entwickelnder Unterricht" etc. angelegt sind (vgl. z. B. *Wuttke* 2005a; auch Abschnitt 4). Neuere Untersuchungen zu Unterschieden in der Qualität von Unterricht innerhalb von (beruflichen) Einzelschulen machen sichtbar, wie stark die individuellen Lehr-Muster ausgeprägt sind – zumindest aus Sicht der befragten Schüler (dazu vgl. z. B. *Seeber & Squarra* 2003, 145; *van Buer & Zlatkin-Troitschanskaia* 2005, 93; Abbildung 1).

Gerade diese bisher evaluativ nur wenig ausdifferenzierten und für die Entwicklung der Einzelschule genutzten hohen Individualitäten in der Gestaltung des Unterrichts durch die Lehrenden führen dazu, dass – bewusst und/oder unbewusst – Qualitätsunterschiede im alltäglichen Unterrichtsangebot mit seinen z. B. sozial differenzierenden Effekten quasi zum Systemmerkmal von Schule geworden sind. Das durch PISA I und II erneute empirisch gesicherte Aufdecken solcher Prozesse und deren Wirkungen sowohl auf das lernende Individuum als auch auf den gesamten Altersjahrgang hat in den letzten Jahren zu zwei zentralen Aktivitäten geführt: *(a)* zur Definition von Bildungsstandards im Sinne von Regelstandards (vgl. den Beitrag von *O. Köller* in diesem Band), die bildungspolitisch gewollt auch stark normativ wirken sollen, und *(b)* dem Ausarbeiten von wissenschaftlichen Gütekriterien folgenden Testinstrumenten zur überregionalen Messung curricular gebundener Lernstände bzw. Lernzuwächse im Verlaufe der Unterrichtszeit (vgl. z. B. *Bos, Lankes* et al. 2003; die Beiträge im Heft 3 der Unterrichtswissenschaft; für den beruflichen Bereich die Beiträge in *Minnameier & Wuttke* 2006).

Mit der Definition von Regelstandards und deren Auswirkungen auf die Vergabe von Zertifikaten wie dem Mittleren Schulabschluss tritt neben dem Blick auf die Kompetenzverteilung in einem Altersjahrgang oder in größeren Teilgruppen zunehmend die Perspektive des lernenden *Individuums* und dessen kompetenzbezogener Platzierung in einer Subgruppe wie Einzelschule bzw. Klasse in den Blickpunkt. Platzierung und Vergabe von Zertifikaten auf der Basis solcher Tests sollen so genannte *Framing*-Effekte wenn auch nicht vollständig ausschließen, so doch entscheidend verringern.

Framing wird in der pädagogischen Diskussion auch als *Bezugsgruppeneffekt* diskutiert (vgl. z. B. *Rheinberg* 2001). Damit ist das folgende Phänomen angesprochen: Die kompetenz- oder leistungsbezogene Positionierung eines Individuums findet relativ zur jeweiligen Bezugsgruppe statt. Für den einzelnen Lehrer sind diese Bezugsgruppen i. d. R. die Klasse, in der er unterrichtet und bei Mehrzügigkeit die Klassen eines Schuljahrgangs innerhalb der Einzelschule, z. B. über klassenvergleichende Arbeiten. Daneben bezieht er sich zumeist auch auf seine durch Lehrerfahrung gewonnene Einschätzung des mittleren Leistungsvermögens und der erwartbaren Leistungsunterschiede in den Klassen seiner Schule. Dadurch entsteht bei der Leistungsbewertung i. d. R. eine Blickverengung (*Framing*), die die relative Position der jeweiligen (kleineren) Bezugsgruppe, in der der Schüler platziert wird, zur Großkohorte ausblendet. Dies wiederum kann zu erheblichen Verzerrungen der Positionierung der jeweiligen Bezugsgruppe sowie des einzelnen Schülers bezogen auf die Gesamtgruppe eines Altersjahrganges führen (vgl. bereits *Ingenkamp* 1971 zur „Fragwürdigkeit der Zensurengebung"). Insgesamt geht es für Schul- und Unterrichtsentwicklung um ein schon relativ ‚altes' Thema – um die Verknüpfung von Diagnostiken, die auf Instrumenten mit keinem bzw. nur geringem Framing-Effekt basieren, und um die für und im laufenden Unterrichtsprozess erstellten alltäglichen Diagnostiken; dies erfolgt mit der Zielstellung, die zahlreichen möglichen Framing-Effekte in ihrer Wirkung auf die Entwicklung des einzelnen Schülers zu mindern (vgl. Abschnitt 3.1).

Insgesamt markiert die Diskussion um die Bildungsstandards auch eine Veränderung in der gesamten Zielperspektive von Unterricht und Lernen – ein wenig verkürzt gesprochen: weg vom segmentierten Wissen hin zu handlungsleitenden Wissensnetzen (vgl. *Klieme, Avenarius* et al. 2003 in Anlehnung an *Weinert* 2001). Wie man auch immer die derzeitige Situation in der zuverlässigen Erfassung von curricular gebundenen Schülerkompetenzen in den allgemein bildenden Schulen im Detail einschätzt (vgl. den Beitrag von *van Buer* in diesem Band), sichtbar ist: Die Anforderungen an die Qualität der diagnostischen Kompetenz von Lehrern steigen nicht nur hinsichtlich der inhaltlichen Ausgestaltung des zu Messenden und zu Bewertenden, sondern auch hinsichtlich der methodischen Aspekte von Messen und Bewerten von Schülerleistungen.

3 Diagnose, Förderdiagnose, diagnostische Expertise – Zur Konzeptualisierung von Lehrerkompetenz für Messen, Beurteilen und Bewerten von Schülerhandeln

Eigentlich müssten die einschlägigen (Fach-)Didaktik(lehr-)bücher und vor allem auch die Überblicke über die Befunde aus der Lehr-Lern-Forschung mit Antworten auf die zentrale Frage dieses Beitrages gefüllt sein; es ist die Frage nach der diagnostischen Alltagsexpertise zur adaptiven Steuerung der Lehr-Lern-Prozesse. Zumindest für die empirische Forschung zeigt sich jedoch deutlich, dass die diagnostische Expertise des Lehr- und Ausbildungspersonals bisher nur bedingt einen wichtigen Fokus darstellt (vgl. z. B. *Blömeke, Eichler & Müller* 2003; *Clausen, Reuser & Klieme* 2003; *Diehl* 2003; *Schrader & Helmke* 2001; *Schlömerkemper* 2001). Somit wird die systematische konzeptionelle Ausdifferenzierung dieser Kategorie unabdingbar.

3.1 Diagnostische Lehrerkompetenz versus diagnostische Lehrerexpertise mit „pädagogischer Voreingenommenheit" – Zu konzeptionellen Abgrenzungen

Friede (2006, 336) skizziert die Befundlage zur Qualität diagnostischer Lehrerkompetenz zusammenfassend: Das Lehrerurteil, das sich auf das unterrichtliche Handeln des Schülers bezieht, sei i. d. R. eher wenig genau und im Sinne eines „Breitbandverfahrens" einzuschätzen; letzteres sei durch die folgenden Merkmale charakterisierbar: Es summiere Langzeitbeobachtungen auf, tue dies jedoch i. d. R. nach unausgewiesenen ‚Regeln', so dass unterschiedliche Aspekte des Schülerhandelns von Beurteiltem zu Beurteiltem durchaus verschieden stark gewichtet seien. Zudem würden situationsbedingte ‚Schwankungen' im Schülerhandeln zu Urteilen über zeitstabile, handlungsleitende Schülermerkmale im Sinne von Dispositionen verdichtet. Weiterhin verweist *Friede* darauf, das Lehrerurteil werde deutlich genauer, wenn es um curricular gebundene Schülerleistungen gehe, und deutlich ungenauer, wenn es sich auf die Einschätzung von Schülerfähigkeiten beziehe.

Die starken Wirkungen von Wahrnehmungs- und Urteilstendenzen in den Urteilen von Lehrern über ihre Schüler verweisen auf die Ergebnisse der Forschung zur Impliziten Persönlichkeitstheorie des Lehrers (IPT), die vor allem in den 1960er bis 1980er Jahren durchgeführt wurde (vgl. Abschnitt 3.2), und damit auch auf die Frage, ob man überhaupt von diagnostischer Lehrerkompetenz im Sinne eines empirisch vorfindlichen Kompetenzzustandes und stattdessen nicht besser von Lehrerurteilen sprechen sollte. Im letzten Fall wird das Konzept der diagnostischen Lehrerkompetenz zu einer normativen Größe für die Kompetenzentwicklung von Lehrern als Teil der individuellen Investition in die Pflege ihres eigenen ‚Humankapitals' auf der einen Seite und als Teil der institutionellen Investition in die Personalentwicklung der Einzelschule auf der anderen Seite.

Inzwischen liegen einige Studien zur Qualität der diagnostischen Lehrerkompetenz vor (vgl. z. B. *Schrader & Helmke* 1987; *Spinath* 2005). In seiner Zusammenfassung der einschlägigen Befunde betont *Helmke* (2003, 93ff. wie auch *Friede* 2006), die Fehleranfälligkeit der Lehrerdiagnosen sowie die teils sehr großen Unterschiede zwischen dem Lehrerurteil einerseits und dem Schüler(selbst)urteil andererseits:

- Letzteres betrifft vor allem den Aspekt der unterrichtlichen Unterforderung: Diesen schätzen die Lehrer i. d. R. wesentlich günstiger ein, d. h. als nicht oder nur wenig relevant für ihren Unterricht, als dies die betroffenen Schüler tun.

- Weiterhin sind Lehrerurteile über Schüler von generellen Urteilstendenzen betroffen, die auch bei nicht-lehrenden Personen feststellbar sind. Diese sind vor allem (*Helmke* 2003, 98f.): *Tendenz zur Mitte* bzw. *zu extremen Urteilen, Milde-Effekte, Referenzfehler* (z. B. Betonung der sozialen Bezugsnorm – Platzierung der Schülerleistung im Spektrum der einzelnen Klasse], *Halo-Effekte* (unberechtigtes Schließen von wenigen Verhaltensmerkmalen auf Persönlichkeitsstrukturen) sowie *logische Fehler* (unberechtigtes Schließen von einem Verhaltensmerkmal auf andere).

Helmke (2003, 84f.) macht auf Folgendes aufmerksam: Lehrer erbringen jeden Berufstag diagnostische Leistungen. Hier eine gleich bleibend hohe Qualität einzufordern, sei pädagogisch unerlässlich; er verweist jedoch auch auf besondere Belastungen und unterscheidet in seinen weiteren Ausführungen zwischen

- *diagnostischer Kompetenz* einerseits – diese bezieht sich im Sinne von neutraler Informiertheit vor allem auf die Urteilsgenauigkeit – und

- *diagnostischer Expertise* andererseits; als umfassenderes Konzept beinhaltet sie sowohl methodisches, prozedurales sowie konzeptuelles Wissen (85) und sei geprägt von „pädagogischer Voreingenommenheit".

Im Folgenden wird versucht, die Hintergründe für diese Unterscheidung offen zu legen und die Grundposition des hier vorgelegten Beitrags, diagnostische Expertise zu einer der zentralen Kategorien innerer Schulentwicklung zu machen, zu untermauern.

(1) Zur Diagnostik und Förderdiagnostik

Idealtypisch wird in der einschlägigen Literatur zwischen psychologisch geprägter Testdiagnostik und pädagogisch ausgerichteter Förderdiagnostik unterschieden.

- Zu „*Testdiagnostik*": Hierbei handelt es sich um eine normorientierte Diagnostik mittels testdiagnostisch abgesicherter Erhebungsinventare wie Vergleichs-, Parallelarbeiten etc. mit dem primären Ziel, erbrachte Schülerleistungen und die ihnen zugrunde liegenden Voraussetzungen „objektiv", „zuverlässig" und „gültig" zu erfassen (s. hierzu auch *Ingenkamp* 1997). Sie ist entscheidend outputorientiert und auch -gebunden und zielt darauf, individuelle oder gruppenspezifische Leistungsergebnisse hinreichend präzise in den Leistungsrahmen einer größeren Kohorte einordnen zu können. Sie entspricht damit dem oben von *Helmke* (2003, 84ff.) angesprochenen Aspekt neutraler Informiertheit mit der Dominanz von Urteilsgenauigkeit.

- Zu „*Förderdiagnostik*": Eine pädagogisch fokussierte Diagnostik umfasst Situations- und Lernprozessdiagnostik, die primär von der Entwicklung des lernenden Individuums und damit von seiner Lernfähigkeit und Lernbereitschaft ausgeht; konsequenterweise bezieht sie die zu beurteilende Person und die jeweiligen Kontexte in den förderdiagnostischen Prozess ein (vgl. *Eberwein & Knauer* 1998). Dies setzt neben dem Einschätzen der individuellen Lernsituation und des Lernverhaltens auch das Erfassen der Rahmenbedingungen der individuellen Lernsituation und der soziokulturellen Verhältnisse voraus. Förderdiagnostik basiert somit auf dem ökologischen Modell individueller Entwicklung (s. hierzu *Bronfenbrenner* 1981) und setzt an einer umfassenderen Individuums-Umfeld-Analyse an; dabei folgt sie vor allem dem Gütekriterium der „ökologischen Validität". Ein solches Vorgehen umfasst u. a. die Einbeziehung von Faktoren wie Unterrichtsgestaltung und Klassenklima, aber auch elterlichen Erziehungsstil, die Wohn- und ökonomischen Verhältnisse etc. sowie die Sicht des Betroffenen selbst (vgl. *von der Groeben* 2003).

„Pädagogische Diagnostik [im Sinne von Förderdiagnostik, eingefügt] ist Situationsdiagnostik und zugleich auch immer Lernprozessdiagnostik. Eine so verstandene Diagnostik hat nicht immer den einmaligen Charakter einer Querschnittserhebung, einer norm-orientierten Statusdiagnose, sondern beinhaltet eine historische Dimension, einen Entwicklungsaspekt und geht generell von den Fähigkeiten und dem Lernwillen bei Schülern aus" (*Eberwein & Knauer* 1998, 9).

Förderdiagnostische Lehrerkompetenz reicht somit weiter als neutrales Messen und kontextentbundenes Bewerten der Schülerleistung; sie umfasst u. a. auch die Konstruktion und Evaluation von Lehr-Lern-Prozessen und der sie konstituierenden Bedingungen. Einige Autoren subsumieren auch die Methoden der psychologisch geprägten Testdiagnostik unter eine solche Prozessdiagnostik:

„[Hierbei] wird die flexible, variable, individuums- und damit bedürfnisorientierte Anwendung diagnostischer Verfahren oder Methoden über einen längeren Zeitraum hinweg verstanden" (*Bundschuh* 1998, 102).

Förderdiagnostik gibt u. a. auch Impulse für didaktische und Feinsteuerung der Lehr-Lern-Prozessse; somit kann sie als ein Teil der methodisch-didaktischen Kompetenz verstanden werden; zumindest ist sie als eine Kompetenz zu begreifen, die systematisch mit der letzteren und deren z. B. (fach-)didaktisch geprägtem kategorialen Gefüge vernetzt sein sollte.

(2) Zum Konzept der diagnostischen Lehrerexpertise

In seiner stark übersichtartig geschriebenen Publikation zur Unterrichtsqualität weist *Helmke* (2003, 89f.) darauf hin, diagnostische Urteile von Lehrern über ihre Schüler zur Steuerung der Lernangebote müssten simultan sehr unterschiedliche Aspekte und Maßstäbe berücksichtigen. [2] In der Zusammenfassung der einschlägigen Literatur betont der Autor (ebd., 89) vor allem drei Aspekte:

- *Verlaufsdiagnostik:* Für die Steuerung der unterrichtlichen Lehr- und Lern-Prozesse kommt der Verlaufsdiagnostik eine besondere Bedeutung zu. Im deutlichen Unterschied zu summativer Evaluation, die letztlich Zeitpunkt bezogen statisch ausfällt, ergibt sich damit auch die Chance, diagnostische Fehler im Prozess möglichst zeitdichter diagnostischer Expertisen und deren Konsequenzen für das unterrichtliche Handeln auszugleichen. Dies erfordert jedoch den Willen und auch eine stark ausgebildete Kompetenz zur Selbstdiagnose. In der Folge ergeben sich nicht zu unterschätzende Zeitinvestitionen in den Prozess der Erstellung dieser Expertisen. Diese hohe Investitionsleistungen stellen sich selbst dann ein, wenn die Expertisen nicht ausführlich dokumentiert werden, um sie z. B. für den Schüler, für dessen Eltern und andere Personen zugänglich zu machen und sie als Grundlage für Feedbackgespräche bis hin zur Formulierung von „Bildungs- oder Entwicklungsverträgen" mit dem lernenden Individuum zu nutzen.

- *Favorisierung der individuellen Bezugsnorm:* Im Zentrum der diagnostischen Expertise zur Schülerleistung und anderen Merkmalen seiner zu entwickelnden Kompetenz wie Motivation, Volition, Wertemaßstäbe, Einstellungen etc. sollte das lernende und sich entwickelnde Individuum stehen. Ein solcher Blick betont den individuenzentrierten Maßstab, also die individuelle Bezugsnorm. Allerdings verstärkt eine solche Entscheidung die Gefahr des Framing (vgl. weiter unten). Zumindest für die schriftliche Leistungserfassung kann diese Gefahr im Kontext des jeweiligen Bildungsgangs bzw. der jeweiligen Jahrgangsstufe durch die Verwendung adäquater Prüfformen und durch das Einhalten der Gütekriterien wie Objektivität, Reliabilität und Validität verringert werden. Dies kann z. B. durch den klassen- und auch einzelschulübergreifenden Einsatz von Klassenarbeiten erreicht werden (vgl. *van Buer* in diesem Band).

- *„Pädagogische Voreingenommenheit":* Lehrerurteile sind zwar dem Kriterium der Objektivität verpflichtet (Objektivität an dieser Stelle nicht im testtheoretischen, sondern pädagogischen Sinn verstanden). Sie sind dies jedoch nicht – so *Helmke* (2003, 89) – im Sinne pädagogischer Neutralität, sondern im Sinne „pädagogisch günstiger Voreingenommenheit" gegenüber jedem Schüler.

Pädagogische Voreingenommenheit als bewusste, d. h. als explizit ausgewiesene Einstellung und kognitives Wissensnetz über z. B. Bezugsnormen etc., zeichnet sich neben ihrer Orientierung an der individuellen Bezugsnorm durch die folgenden Merkmale aus:

---

[2] Damit sind sie in Teilen erweiterten bzw. anderen Anforderungen als denen verpflichtet, die für die summativen Schulleistungsstudien gelten. Letztere weisen sich wesentlich über das möglichst strikte Erfüllen der allgemein als gültig angesehenen Maßstäbe von Objektivität, Reliabilität und Validität aus.

- Sie setzt auf die *Entwicklungsfähigkeit* und den *Entwicklungswillen* des lernenden Individuums und darauf, dass diese stärker seien, als sie in der ‚Oberfläche' des Alltags aufscheinen.

- Die Unterrichtsangebote werden stärker als bisher individualisierend als enge Vernetzung von *Angebot, individueller Förderung* und *Forderung* an den Lerner realisiert.

- Die obigen Aspekte werden einer engen *evaluativen Kontrolle* ausgesetzt, um die unterrichtlichen Interventionspunkte ggf. zu ändern und Entwicklungsperspektiven immer wieder neu zu optimieren.

Damit nimmt dieses Konzept bewusst zwar die Möglichkeit von *Framing*-Effekten – also der ungewollten Unter- bzw. Überschätzung von individuellen Leistungen bezüglich der Platzierung in der Großgruppe - in Kauf, um auf adaptiven Unterricht zielende Alltagsoptimierungen des unterrichtlichen Denkens und Handelns zu ermöglichen. Allerdings gilt es, systematisch den negativen Effekten dieses *Framings* entgegenzuwirken. Dies kann durch lehrerindividuelle Reflexion, durch Kompetenzerwerb in Diagnostik etc. erfolgen, sollte jedoch zusätzlich durch einzelschulische institutionelle Entwicklungsmaßnahmen wie Diskussion in den pädagogischen Konferenzen, durch explizit ausgewiesene Projekte etc. sowie durch die klassenübergreifende Zusammenarbeit zwischen den Kollegen gestützt werden.

Der Begriff der *Expertise* verweist somit auf die Notwendigkeit ausgedehnter individuell verfügbarer Wissensbestände z. B.

- über Wahrnehmungsleistungen und -fehler wie Urteilstendenzen,

- über verfügbare Methoden und Instrumente zur Beurteilung und Bewertung von Schülerleistungen sowie

- über verfügbare Methoden und Instrumente zur Selbsteinschätzung;

- und er sollte – so eine Forderung, die sich aus dem hier Ausgeführten ergibt – konzeptuell mit dem fachdidaktischen und erziehungswissenschaftlich-pädagogischen Wissen systematisch verknüpft sein.

Diagnostische Expertise dient primär der Steuerung der alltäglichen, möglichst stark individualisierenden Unterrichtsangebote an die Schüler; für die Diagnose und für das an deren Ergebnissen anknüpfende Handeln kommt ihr in pädagogischen Entwicklungssituationen, wie sie Unterricht darstellt, die Funktion eines kognitiven und auch motivationalen Bindeglieds zu.

Insgesamt geht es auch darum, an der bestehenden und durchaus nicht immer hinreichend ausgeprägten Alltagsprofessionalität (vgl. für berufliche Schulen *van Buer* 2005a; einzelschulische Evaluationsbefunde in Abschnitt 4) anzuknüpfen. Ein Ausgangspunkt für solche Überlegungen können die Analysen zu den subjektiven Theorien der unterrichtlichen Akteure sein. Überraschend ist, dass seit Beginn der 90er Jahre einschlägige Veröffentlichungen zu diesem Feld so gut wie nicht vorfindbar sind. Es scheint, als sei die Richtung, über alltägliches Lehrerhandeln nachzudenken und empirisch zu forschen, für den Bereich von Unterricht mit der Zusammenfassung der damaligen einschlägigen Forschungslandschaft durch *Hofer* (1986) quasi ‚abgebrochen'.

3.2 Unterrichts- und schülerbezogene Alltagsdiagnostik und Implizite Persönlichkeitstheorie des Lehrers

In seiner Übersicht über die einschlägigen empirischen Studien zum unterrichtlichen Lehrerdenken und -handeln spannt *Hofer* (1986) den Bogen weit – im Wesentlichen von den erziehungsleitenden Zielvorstellungen von Lehrern über deren implizite Persönlichkeitstheorie(n), die perspektivische Wahrnehmung der unterrichtlichen Interaktion, über Schülerkategorisierungen bis hin zu subjektiven Ursache-Zuschreibungen, Lehrererwartungen an Schülerhandeln, Handlungsentscheidungen und -präferenzen. Damit deutet er an, in welchem eng vernetzten komplexen Wissens- und Denkzusammenhang Urteile und Bewertungen von Lehrern über Schüler und Unterricht verstanden werden sollten. *Helmke* (2003, 52ff.) nimmt diesen Faden, der seit ca. Mitte der 80er Jahre weitgehend unterbrochen ist, wieder auf, führt ihn jedoch nicht weiter; er betont die Bedeutung dieses lehrerindividuell verarbeiteten Wissens zwischen berufsgruppentypischem Alltagswissen, eigener Erfahrung und wissenschaftlich gesicherter Theorie- und Befundlage für die Herausbildung anspruchsvoller diagnostischer Expertise und schülerbezogener unterrichtlicher Lehrformen in adaptiven Lehrstrategien.

Zur Impliziten Persönlichkeitstheorie des Lehrers

Der Begriff der Impliziten Persönlichkeitstheorie (IPT) verweist auf die Zusammenhänge von Merkmalen/Eigenschaften eines Menschen, die von einem Urteiler subjektiv vermutet bzw. erwartet werden. Für *Ulrich & Mertens* (1973, 102) sind IPT kognitive Ordnungssysteme; diese werden biographisch bereits relativ früh erworben und operieren wesentlich mittels Stereotypisierungen von Menschen (z. B. vom „schlechten Schüler") sowie mit subjektiven Annahmen über Ursache-Wirkungs-Zusammenhänge. *Jahnke* (1975, 75) betont folgende Aspekte: IPT weisen den Charakter von relativ stabilen subjektiven Überzeugungssystemen auf. Sie basieren wesentlich auf der Annahme von hoher Konstanz und Realität von Eigenschaften der zu Beuteilenden sowie auf Analogieschlüssen hinsichtlich des gemeinsamen Auftretens von Persönlichkeitsmerkmalen (auch *van Buer* 1990, 90f.). Dem Urteilenden weitgehend unbewusst, verändern sie seine Perspektive weg von der Variabilität und situativen Gebundenheit von Handeln hin zu Vermutungen über nur schwer veränderbare Dispositionen (vgl. auch Abschnitt 3.1).

Für die Diskussion im deutschsprachigen Raum wegweisend wurde die Studie zur IPT von Volksschullehrern von *Hofer* (1969), in der er mittels Faktorenanalysen die zentralen Beurteilungsdimensionen dieser Lehrergruppe ermittelte. Für *Hofer* (1974, 96) wird dieses „subjektive Ordnungsschema" durch fünf Faktoren geprägt, die er als Urteilsdimensionen interpretiert; diese sind:

(I) Arbeitsverhalten, (II) (Soziale) Schwierigkeit; (III) Begabung; (IV) Dominanz; (V) Soziale Zurückgezogenheit.

Eine zweite Studie bestätigte diese Dimensionen im Wesentlichen (*Hofer* 1975). *Bender* (1985, 31ff.) stellt 25 einschlägige Studien aus dem englisch- und deutschsprachigen Raum zusammen (vgl. auch *Hofer* 1986): Dabei zeigen sich durchaus unterschiedlich differenzierte Faktorenstrukturen, die zwischen zwei und acht Faktoren (Urteilsdimensionen) variieren. Die Studien aus dem deutschsprachigen Raum verweisen jedoch auch auf eine für das deutsche Bildungssystem hohe Übereinstimmung nicht nur hinsichtlich der Differenziertheit der IPTs, sondern auch hinsichtlich deren inhaltlicher Ausprägung.

Vieles deutet auf das Folgende: Die Institution Schule und die Art der dort vollzogenen Scholarisierung (Verschulung; zu diesem Begriff vgl. z. B. *Bruchhäuser* 2001) sind stark einheitlich prägend – bereits für die Schüler, die dann später Lehrer werden. Dies ist so stark ausgeprägt, dass man möglicherweise von einem berufsbiographisch erworbenen relativ einheitlichen subjektiven Ordnungssystem für die Beurteilung von Schülern ausgehen kann. Bei einem derzeitigen Altersmittelwert von 48-52 Jahren (je nach Teilgruppe) und von ca. 25-35 Jahren Unterrichtserfahrung, also für den älteren Teil dieser Berufsgruppe, kann man diesen Gedanken durchaus wie folgt weiterführen: Das oben angesprochene subjektive Ordnungssystem, das vor allem der schnellen und komplexitätsreduzierenden Erfassung von Menschen mit dem Blick auf unmittelbare Handlungsentscheidungen (im Unterricht) dient, ist relativ fest in der Persönlichkeit des Lehrers verankert. Durch die aus Sicht des Handelnden hohe fortlaufende (subjektive) Bestätigung wird es immer wieder neu stabilisiert und ist daher auch nur schwer veränderbar (vgl. auch *Hofer* 1986, 73ff.; aus didaktischer Perspektive vgl. *Menck* 2006, 82ff.).

Zur Schülerstereotypisierung mittels Impliziter Persönlichkeitstheorien

Gerade der Aspekt der für unterrichtliches Handeln durchaus notwendigen Komplexitätsreduktion wird dadurch gestützt, dass die IPT auch der Bildung von Personenkategorien dienen kann; hier geht es primär um die Schüler-Taxonomisierung, wie sie *Hofer* (1986, 139ff.) ausführlich beschreibt: In seiner Übersichtsgrafik (154) fügt er auf fünf unterschiedlichen Abstraktionsebenen die in der einschlägigen Literatur berichteten bei Lehrern vorfindlichen subjektiven Schülertaxonomisierungen zusammen; dabei reichen letztere von relativ handlungsnahen bis zur stark generalisierenden Ebene summativer Urteile (guter, mittelguter, schlechter Schüler): So führt *Hofer* beispielsweise auf der 3. (mittleren Abstraktions-)Ebene die folgenden Schüler"typisierungen" auf – Klassenprimus, Arbeiter (Subgruppen des guten Schülers), Extravertierter, Introvertiert-Sensibler (Subgruppen des mittelguten Schülers) und schlechter Schüler. Dabei verweist er (154) auch auf eine unveröffentlichte Studie von *Martin* (1982); in dieser scheinen die Schülerkategorien stark in Anlehnung an die Sprache gebildet zu sein, wie sie Lehrer umgangssprachlich selbst verwenden. Diese sind: Ehrgeizling, Arbeiter, Vitaler, heiße Luft, Schildkröte, Schüchterner, sorgloser Sturzflug, widerstrebender Passagier.

3.3 Konsequenzen für die Diskussion der diagnostischen Lehrerexpertise

Geht man zur Ausgangsfrage des Beitrags zurück, scheint mit diesen Studien ein wichtiger Aspekt der alltäglichen diagnostischen Leistungen von Lehrern thematisiert zu sein; dabei dürfte das Wort der Diagnostik allerdings wohl kaum im Sinne eines Konzepts von diagnostischer Expertise verstanden werden, wie es im Abschnitt 3.1 ausgeführt wird. Denn die grundlegenden Prozesse von alltäglichem Unterrichten gerade auf der *kommunikativ-interaktionellen Ebene* und die *darin eingebetteten Beurteilungs- und Bewertungsprozesse* hinsichtlich des Handelns der Schüler und deren Leistungen haben sich jenseits didaktischer „Konjunkturen" und „Moden" seit den 80er Jahren eher wenig geändert; dies legen u. a. die in diesem Beitrag mehrfach angeführten Studien nahe.

Insgesamt bleibt festzuhalten: Es ist sinnvoll, den Forschungsstrang der IPT des Lehrers wieder aufzunehmen und unter der Perspektive der systematischen schrittweisen Verbesserung der diagnostischen Expertise des Lehrers zur alltäglichen Steuerung der Lehrprozesse in die aktuelle Debatte zu integrieren. Auf der einen Seite zeigt er neben den Gefahren individueller Wahrnehmungs- und Urteilstendenzen, wie sie in der Wahrnehmungspsychologie beschrieben sind (vgl. die Ausführungen oben; *Helmke* 2003, 98f.) auch Folgendes: Die Expertise, die sich auf die (unterrichts-)prozessbegleitende formative Diagnose bezieht, erfüllt u. a. auch komplexitätsreduzierende Funktionen; diese sind darauf gerichtet, den Lehrer darin zu unterstützen, dem Entscheidungsdruck in Unterrichtsplanung, vor allem jedoch in der Realisierung der unterrichtlichen Lernangebote, gerecht zu werden. Je komplexer die Handlungsstrategien sind, die der Lehrer simultan steuern muss (z. B., wenn man den fragend-entwickelnden Unterricht z. B. mit handlungsorientiertem Unterricht oder komplexen Lehr-Lern-Arrangements vergleicht; vgl. z. B. *Nickolaus, Gschendtner & Knöll* 2006), desto mehr steigt die Gefahr unangemessener Komplexitätsreduktion in den eigenen Urteilen über die betroffenen Schüler; und es steigt auch die Gefahr z. B. zu extremen Urteilen, um die Lernangebote eindeutiger einzelnen Schülern zuzuweisen und dies subjektiv vor dem eigenen beruflichen Ethos legitimieren zu können.

Vor diesem Hintergrund werden auch die Chancen sichtbar, die in dem Ansatz von *Helmke* (2003, 84ff.) zur *diagnostischen Lehrerexpertise* liegen: Gegenüber dem Begriff der diagnostischen Kompetenz ist dieser vor allem um das *prozedurale Wissen* mit dem unerlässlichen Aspekt der *Selbstdiagnose* erweitert. Wie Messungen und Urteile generell orientiert er sich an Merkmalen wie Urteilsgenauigkeit, Zuverlässigkeit etc.; darüber hinaus ist er jedoch auch dem Merkmal der *pädagogischen Voreingenommenheit* gegenüber jedem Schüler verpflichtet und damit einem *individuenzentrierten (Entwicklungs-)Maßstab*. Den daraus entstehenden Gefahren vor allem hinsichtlich der Platzierung eines Individuums in der (Groß-)Gruppe sollte systematisch im Rahmen der inneren Evaluation der Einzelschule entgegengewirkt werden.

4 Adaptiver Unterricht und individualisierende Lehrstrategien

4.1 Steuerung unterrichtlichen Handelns durch Lehrerkognitionen und schülerdifferenzierende Lehrstrategien

Das Merkmal pädagogisch günstiger Voreingenommenheit des Lehrers gegenüber jedem einzelnen seiner Schüler trägt zumindest implizit Aspekte des Konzepts der Sich-selbst-erfüllenden-Prophezeihung in sich, wenn hier auch unter dem Gesichtspunkt des (bewussten) individuellen Förder- und nicht der (unbewussten) unterrichtlichen Vernachlässigungsperspektive.

Zur Sich-selbst-erfüllenden-Prophezeihung unterrichtlichen Lehrerhandelns

Ob und falls ja, in welchem Ausmaß für unterrichtliches Handeln Sich-selbst-erfüllende-Prophezeihungen nachgewiesen werden können, mag zunächst offen bleiben. So liegen in Reaktion auf die vor ca. vierzig Jahren Aufsehen erregende Studie von *Rosenthal &*

Jacobson (1968) eine Vielzahl von kritischen, besonders von methodenkritischen Repliken und Gegenrepliken vor (vgl. z. B. als spätere kritische Zusammenfassung *Winneburg* 1987; *Rosenthal* 1975). Die den oben genannten Studien zugrunde liegende Idee haben *Brophy & Good* (1976) aufgenommen. Sie haben sie mit Momenten von Lernzeit-Modellen gekoppelt (dazu vgl. z. B. *Bloom* 1971; *Carroll* 1973; *Treiber* 1982; auch *Helmke* 2003, 104ff.; die Ausführungen im Abschnitt 3.3); und sie haben sie unter dem Aspekt ausdifferenziert, Lehrer hinsichtlich ihrer alltäglichen unterrichtlichen Behandlung von Schülern zu „kategorisieren".

Proaktive, reaktive und überreaktive Lehrstrategien als ‚Grundmuster' adaptiver bzw. nicht-adaptiver Lehrformen

Analytisch unterscheiden *Brophy & Good* drei Arten von Lehrern, genauer drei Arten der Stereotypisierung unterrichtlichen Lehrerhandelns; dabei beziehen sie sich auf die interaktionelle Komponente von Unterricht, nicht auf didaktische bzw. fachdidaktische Modelle im Sinne von Methodengrund- oder methodischen Großformen [3] (zu diesem Begriff vgl. *Euler & Hahn* 2004, 295f.):

- Der *proaktive* Lehrer verringert die Leistungsunterschiede innerhalb der Klasse durch seine dem Schüler angemessene, ihn aber auch fordernde Zuweisung von unterrichtlichen Inhalten und durch entsprechendes Feedback, ohne dabei die leistungsstarken Schüler entscheidend zu vernachlässigen. Jenseits der üblichen didaktischen Modelle, Sozialformen von Unterricht etc. (vgl. z. B. *Meyer* 1980; *Götz* 1992) sprechen *Brophy & Good* damit unterrichtliches Handeln an, dessen Handlungsdimensionen in der neueren Diskussion, so auch bei *Helmke* (2003), im Rahmen des Konzepts des adaptiven Unterrichts weiter ausdifferenziert werden (s. weiter unten; vgl. bereits auch *Weinert, Knopf & Storch* 1981).

- Der *reaktive* Lehrer stabilisiert die vorhandenen Unterschiede zwischen den Lernern einer Klasse bzw. Lerngruppe. Er handelt stark situationsspezifisch, lässt sich vom unterrichtlichen Geschehen sozusagen ‚treiben' und handelt eher gruppenbezogen als bewusst individualisierend.

- Der *überreaktive* Lehrer vergrößert – bewusst bzw. unbewusst – die Leistungsunterschiede zwischen den Lernern seiner Klasse. Er verteilt die Lernzeit systematisch, in hohem Maße gesteuert durch seine tendenziell rigiden stark stereotypisierenden Urteile. Damit kommt es hier zu einer ‚unheilvollen Ehe' eher geringer diagnostischer Lehrerexpertise mit unterrichtlichem Handeln, das teils durchaus bewusst nicht für alle Schüler von dem Merkmal der pädagogisch günstigen Voreingenommenheit geleitet ist. Hier kommt vor allem den Lehrerurteilen über die dominante Rolle von Begabung als stabilem, kaum veränderbaren Schülermerkmal für erfolgreiches Lernen eine besondere Bedeutung zu; daneben erlangt häufig auch die subjektive Kopplung der vom Lehrer wahrgenommenen familiären Hintergrundmerkmale (z. B. über familiären Lernhabitus etc.; vgl. auch *Edelstein* 2006)

---

[3] *Helmke* (2003, 72ff.) nimmt diese Gedanken unter der Perspektive der Individualisierung von Unterricht explizit wieder auf.

mit den subjektiv erwarteten Effekten der aus Lehrersicht ‚machbaren' unterrichtlichen Unterstützungsleistungen handlungsleitende Funktion.

Trotz des steigenden Anteils handlungsorientierten Unterrichts, komplexer Lehrformen und Arrangements (wie Lernbüro etc. für den beruflichen Bereich, vgl. z. B. *Achtenhagen* 2006; für den Bereich der allgemein bildenden Schulen z. B. *Jank & Meyer* 2002, 314) sowie selbstgesteuerter Lernprozesse (vgl. z. B. *Levin & Arnold* 2006; auch *Sembill* in diesem Band) kann man für den Unterricht zumindest in der Sekundarstufe I und II von Folgendem ausgehen: *(a)* Nach wie vor nimmt der fragend-entwickelnde, zentral vom Lehrer gesteuerte Unterricht große Zeitanteile ein (vgl. die Befunde zu Berliner beruflichen Schulen in *Seeber & Squarra* 2003, 123ff.; auch die Skizze zur Unterrichtskultur in *van Buer* 2005a). Damit soll nicht geleugnet werden, dass dieser Form unterrichtlicher Steuerung im Spektrum der durch den einzelnen Lehrer *bewusst* eingesetzten unterrichtsmethodischen Vielfalt hohe Bedeutung zukommt, z. B. in Phasen der Sicherung von Lernergebnissen, der analytischen Aufbereitung von Fragestellungen etc. *(b)* Systematische und explizite innere Differenzierung und Individualisierung von Unterricht, die auf der weitgehend geplanten und vororganisierten Ausdifferenzierung von Lehr-Lern-Materialien beruhen, sind eher selten zu finden.

Auf die Überlegungen von *Brophy & Good* zurückblickend, plädiert *van Buer* (1990a, 60ff. und 125ff.) dafür, nicht von Lehrer"typen" zu sprechen, sondern von Lehrstrategien; diese werden in unterschiedlichem Ausmaß u. a. durch die IPT des Lehrers gesteuert und sind über längere Unterrichtsphasen hinweg i. d. R. nicht in ‚Reinform' vorzufinden, sondern in hoch lehrerindividuellen Kombinationen. Für die starke lehrergebundene Individualität der Unterrichtssteuerung im Sinne von Lehrstilen oder individuellem Habitus sprechen auch die Evaluationsbefunde, die die Unterschiede in den Lehrprozessen zwischen den Klassen innerhalb einer Einzelschule abbilden. Insgesamt verweisen mehrere Studien auf Folgendes: Im Gesamtspektrum der durch Schule und Unterricht erklärbaren Lernleistungen der Schüler sind die festgestellten Unterschiede nicht primär auf Unterschiede zwischen den Einzelschulen zurückführbar (obwohl auch dort signifikante Unterschiede vorliegen; vgl. z. B. *Hosenfeld, Helmke* et al. 2001), sondern auf die einzelne Klasse, d. h. auf den dort vorfindlichen Lehrstil und die vorliegenden Lehrkompetenzen (vgl. auch *Seeber & Squarra* 2003, 145f.).

Das folgende Beispiel verdeutlicht dies grafisch. Es stammt aus einer Berliner beruflichen Schule und basiert auf 740 Schülerurteilen aus 42 Klassen. Abgebildet ist der Mittelwert für die gesamte Schule aus der Evaluation von 2004 (= gestrichelte Linie). Weiterhin zu finden ist der Mittelwert der Schülerurteile für den Unterricht bzw. die Kompetenz des Lehrers, in dessen Klasse die Befragten aus ihrer Sicht ihren höchsten individuellen Lernzuwachs im letzten Halbjahr vor der Befragung anzeigen (Linie oben). Die Linie unten markiert das „Qualitätsprofil" des Lehrers, in dessen Klassen die Schüler den niedrigsten Lernzuwachs anzeigen. Die evaluierten Aspekte sind von der hier beteiligten Schule selbst bestimmt; sie sind reliabel durch Skalen abgebildet.

Analysiert man die 42 klassenindividuellen Profile so zeigt sich: Je besser die Schülerurteile über ihren eigenen Lernzuwachs ausfallen, desto einheitlicher gestalten sich ihre Urteile über die Einzelmerkmale des Unterrichts bzw. die Kompetenzaspekte des Lehrers. Je ungünstiger die Befragten ihren Lernzuwachs einschätzen, desto stärker sind relativ günstige Urteile zu einzelnen Merkmalen mit ungünstigen zu anderen verknüpft. In diesem Gefüge kommt aus Sicht der befragten Schüler der Verständlichkeit der Lernmaterialien, der aktiven Schülermitarbeit im Unterricht sowie der unterrichts-methodischen und der diagnostischen Kompetenz große Bedeutung zu (Hauptvariablen bei der Schätzung des Lernzuwachses der Befragten mittels multipler Regressionsanalysen); als ‚Schlüsselvariable' erweist sich die didaktisch-methodische Kompetenz des Lehrers.

Abbildung 1: Ergebnisse einer klassenbezogenen Lehrerevaluation durch Schüler in einem Berliner beruflichen Schulzentrum (vgl. *van Buer & Wagner* 2006)

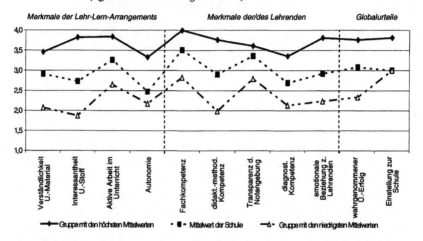

Zur handlungssteuernden Funktion schüler- und unterrichtsbezogener Kognitionen

Hofer (1986, 291ff.) gibt eine detaillierte Übersicht über das in den einschlägigen empirischen Studien herauskristallisierte Ausmaß der Verhaltenssteuerung durch die unterschiedlichen Kognitionssysteme des Lehrers: Danach lassen sich zwar signifikante Kopplungen aufzeigen, z. B. zwischen als introvertiert beurteilten Schülern und helfendem unterrichtlichen Lehrerhandeln. Doch zeigen diese Korrelationen eine nur geringe bis mittlere Effektstärke auf. Folgt man dem Fazit von *Hofer* (1986, 302f.), liegt hier noch ein erheblicher Forschungsbedarf vor. Dieser bezieht sich u. a. auch auf die notwendige Verknüpfung der psychologisch orientierten Forschungsrichtungen mit (fach-)didaktischen Konzepten und damit mit der Alltagskonstruktion von Unterricht.

Fazit zur Realisierung adaptiver Lehrstrategien

Insgesamt kann man von Folgendem ausgehen: Die bewusste unterrichtliche Handlungssteuerung von Lehrern ist durch didaktische und fachdidaktische Konzepte und damit in Teilen auch stark in Abhängigkeit vom jeweilig verwendeten Didaktikmodell geprägt; dies bezieht sich besonders auf die Favorisierung didaktischer Großformen und auf die curricularen Planungen mittlerer zeitlicher Reichweite. Auf der kommunikativ-interaktionellen Ebene und der Ebene der unterrichtlichen Feinsteuerung, also unterhalb der Ebene der didaktischen Großformen, ist eine Mischung aus bewusster und unbewusster, wesentlich in Handlungsroutinen abgelegter Steuerung zu finden. Diese markiert den Lehrhabitus, der stark individuell geprägt ist, vor allem hinsichtlich des relativen Anteils der personalen bzw. der situationalen Inputs in die Feinsteuerung. Darauf verweisen vor allem die empirischen Analysen, die unterhalb der Konzeptebene unterrichtsmethodischer Modelle auf der Mikroebene interaktioneller und kommunikativer Steuerung des Handelns angesiedelt sind (vgl. z. B. *Wuttke* 2005a; 2006).

4.2 Das unterrichtliche Angebots-Nutzungs-Modell von *Helmke* (2003) – Kategorialer Rahmen für die Verknüpfung von diagnostischer Lehrerexpertise und adaptiven Lehrstrategien

In seinem Angebots-Nutzungs-Modell verdichtet *Helmke* (2003, 40ff.) die Befunde der einschlägigen empirischen Forschung zu Merkmalen von Unterricht, die sich als wirksam für Lernzuwachs und Einstellungsänderungen bei Schülern erwiesen haben. Diese Befunde beziehen sich primär auf Lehr-Lern-Prozesse in allgemein bildenden Schulen; diejenigen in den beruflichen Schulen, vor allem neuere Entwicklungen im Bereich komplexer Arrangements sowie der Lernfeldkonstruktion bleiben (noch) weitgehend unberücksichtigt (zu Letzterem vgl. z. B. die Beiträge in *Minnameier & Wuttke* 2006). Mit dieser Begrenzung seien hier zentrale Merkmale lerneffektiven Unterrichts kurz benannt; dabei sind die Einzelaspekte zu Merkmalsblöcken zusammengefügt. Die Einzelmerkmale sind nicht strikt voneinander getrennt, sondern weisen Überschneidungsbereiche auf und sind als unterrichtsmethodisch-kommunikatives Netzwerk zu verstehen, das sich beim einzelnen Lehrer als Lehrstil oder -habitus äußert.

Abbildung 2: Das Angebots-Nutzungs-Modell von *Helmke* (2003, 40)

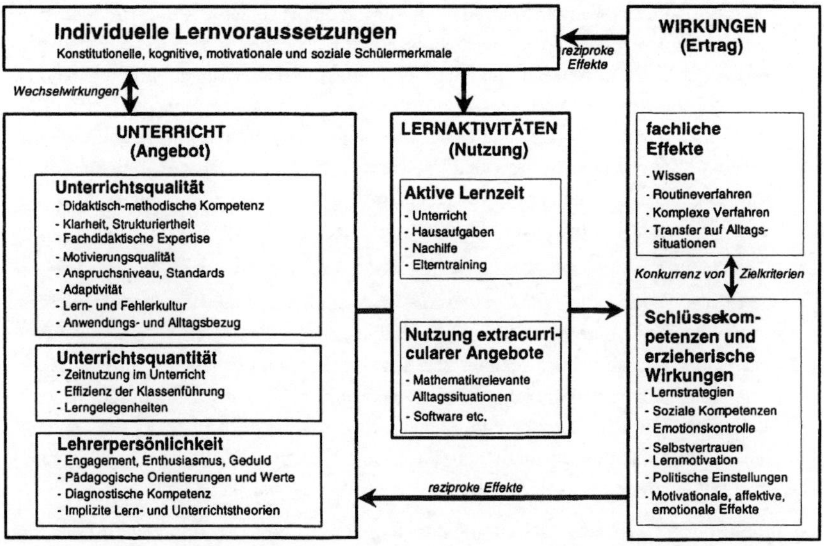

Das Modell folgt einer generellen Ursache-Wirkungs-Vorstellung, die wie folgt beschrieben werden kann: „Input → Angebot → Nutzung → Wirkung (Ertrag)", insgesamt auch über eine Reihe reziproker Effekte vernetzt. Unterricht wird als Angebot an die Lernenden verstanden, das analytisch unter qualitativer und unter quantitativer Perspektive sowie derjenigen des personalen Lehrerinputs (Lehrerpersönlichkeit) gegliedert werden kann (zur Diskussion der Wirkungen als Ertrag von Ressourcennutzung in der Einzelschule vgl. den Beitrag von *van Buer* in diesem Band):

- Im Block der „*Unterrichtsqualität*" sind die meisten Aspekte erfolgreichen Unterrichtens zu finden. Neben der fachdidaktischen Expertise geht es vor allem um die *Klarheit* der Unterrichtsführung, dort wiederum besonders der kommunikativen und interaktionellen Steuerung, um die *Methodenvielfalt*, die bewusst und gezielt, vor allem geplant eingesetzt wird, sowie um die explizite, d. h. bewusst gesteuerte proaktiv ausgerichtete *Individualisierung* der unterrichtlichen Angebote. Mit dem Begriff der „Motivierungsqualität" werden die Aspekte der Förderung *intrinsischer* und *extrinsischer Motivation* betont, z. B. durch Merkmale wie Authentizität und biographische Anknüpfung der Lehrinhalte und Lernmaterialien, Komplexität der Aufgaben- und Problemstellungen etc., durch die *Passung* im Sinne des fordernden Ausbalancierens von Anforderung und Schülervoraussetzungen sowie des inhaltlichen und kommunikativen *Tempos* im Unterricht.

- Im Block der „*Unterrichtsquantität*" geht es neben der reinen Zeitnutzung (Nutzung der nominalen Lernzeit) und der Steuerung des Unterrichts zugunsten aktiver Lerngelegenheiten für jeden Schüler nicht zuletzt um die Klassenführung; damit werden die folgenden Aspekte erfolgreichen unterrichtlichen Handelns benannt: *Relevanz* der unterrichtlichen Prozesse für *Lernen* und *Leistung*, z. B. bewusstes Verzichten auf umfangreiche Wiederholungen von Erklärungen (so genannte „Zeitdiebe"; *Helmke* 2003, 78); *effiziente Klassenführung*, die nicht mit Disziplin, sondern mit fordernder und fördernder Führung gleichzusetzen ist; *autoritativer, d. h. auf Lehrerkompetenz basierender Führungsstil* im Sinne klarer Regeln statt permissivem bzw. autoritären Handelns; explizites Vereinbaren und Implementieren von *Regeln, Routinen* und *Prozeduren;* Betonung von *Bekräftigungslernen* im Sinne primär positiver Bekräftigung, vor allem mit der Betonung konsequenter Fairness und mit Vermeiden individuell gewährter ‚Privilegien' sowie von Handlungsmustern, die die Schüler als ‚Rache' empfinden; „geschmeidige" und vorausplanende *Klassenführung* sowie effektives, unterrichtliche Zeitressourcen schonendes *Management*.

- Der dritte Block „*Lehrerpersönlichkeit*" im Modell von *Helmke* bezieht sich neben grundlegenden Lehrereinstellungen gegenüber dem eigenen Beruf, dabei wiederum besonders dem einzelnen Schüler, wie Engagement und Geduld sowie den pädagogischen Grundorientierungen, wie sie z. B. *Hofer* (1986) aus pädagogisch-psychologischer Sicht detailliert beschreibt, besonders um die auch in dem hier vorgelegten Beitrag diskutierten impliziten Theorien sowie um die diagnostische Kompetenz (zu letzterer vgl. Abschnitt 3.1).

Zusammenfassend wird festgehalten: Das Konzept *adaptiver unterrichtlicher Lehrstrategien und -routinen* bezieht sich stark auf die fordernde Balance

- zwischen den Voraussetzungen, die die Schüler in den Unterricht einbringen, vor allem ihr Vorwissen sowie ihre kognitiven und motivationalen Voraussetzungen,
- und den unterrichtlichen Lern- und Entwicklungsangeboten durch den Lehrer.

Fordern wird in diesem Kontext also verstanden als geplante und systematisch eingesetzte unterrichtsmethodische Vielfalt bei gleichzeitiger Integration von kontinuierlichen Unterstützungsleistungen, sodass die Selbstwirksamkeitsüberzeugungen der Lerner gestützt und entwickelt werden (zur Selbstwirksamkeit vgl. z. B. *Schwarzer & Jerusalem* 2002; auch *Krapp & Ryan* 2002). *Individualisierende Lehrstrategien* sind in dieses Konzept adaptiven Lehrens eingegliedert; sie haben explizit den einzelnen Schüler im Sinne proaktiven Unterrichtens im Blickfeld und zielen auf seine systematische Förderung.

5 Innere Entwicklung der Einzelschule – Ein neuer Rahmen für die Förderung diagnostischer Alltagsexpertise und adaptiver Lehrstrategien?

Als zentrales Tätigkeitsfeld im Sinne des Kerngeschäfts der Qualitätssicherung und -entwicklung jeder Bildungseinrichtung, kann das alltägliche, qualitativ hochwertige Anbieten adaptiver Lehr-Lern-Umgebungen und der darin stattfindenden Prozesse verstanden werden. Eingangs des Abschnitts 2 wurde auf den inneren Zyklus von Unterrichten als zentralem ‚Alltagsgeschäft' in der Sicherung und Entwicklung der inneren Qualität der Einzelschule aufmerksam gemacht; dieser besteht im Wesentlichen aus einer intensiven, zeitlich kontingenten Kopplung von pädagogisch positiv voreingenommener Diagnoseexpertise, individualisierendem Feedback, möglichst adaptiv gestalteten Lehr- und Entwicklungsangeboten mit systematisch integrierten Einzelschüler bezogenen Komponenten, formativem, d. h. an den unterrichtlichen Prozessen ausgerichtetem Evaluieren deren Wirkung, erneuter diagnostischer Expertise der individuellen Lernzuwächse etc.

Damit wird der hohe und komplexe Anspruch sichtbar, der an das professionelle Denken und Handeln von Lehrern in Schule und Unterricht gestellt wird – und im Sinne der in der Professionalität dieses Denkens und Handelns aufgehobenen Verpflichtung gegenüber dem einzelnen Lerner auch gestellt werden soll. Dieser ist nicht selbstverständlich realisierbar; dies macht die einschlägige Forschung zur Qualität der Einzelschule deutlich, wie auch die Beiträge in diesem Band immer wieder zeigen. Die Realisierung dieser Forderung und die Verstetigung des erreichten (hohen) Qualitätsniveaus ist im Rahmen der systematischen Qualitätsentwicklung der einzelnen Schule aus sich heraus und in Teilen auch außen induziert erreichbar.

Die diagnostische Expertisequalität der pädagogischen Akteure bildet ein unverzichtbares Zentrum, soll der Lern- und Entwicklungsprozess eines Individuums planvoll und im Sinne pädagogischer Voreingenommenheit durch Unterrichtsangebote begleitet und geführt werden; denn ohne Diagnose ist zielorientierte ‚Therapie' nur zufällig möglich. Umgekehrt ist eine Diagnose (hier im Sinne einer evaluativen Bestands- oder Lernzustandserhebung) ohne präzise definierte (einzel-)institutionell verbindliche Zielsysteme, die gewünschte bzw. beabsichtigte Verbesserungen in Schule und Unterricht erfassen, zumindest nur bedingt funktional: Auf der strategisch-operativen Ebene erfordert die Entwicklung der Einzelschule präzisierte Zielhorizonte – dokumentiert in ihrem Schulprogramm nicht zuletzt durch die Einzelschule selbst – einzufordern sind darüber hinaus die Operationalisierung dieser Ziele sowie geeignete Instrumente; mittels letzterer kann die Umsetzung der Ziele wenn schon nicht gemessen, so doch zumindest hinreichend zuverlässig erfasst und beurteilt werden (vgl. die Beiträge von *van Buer* sowie *van Buer & Hallmann* in diesem Band). In evaluationszentrierten Steuerungsmodellen der Einzelschule wie demjenigen von *Ditton* (2000; vgl. seinen Beitrag in diesem Band) erweist sich die diagnostische Expertise als ein zentraler Bereich im Zusammenspiel der unterrichtsbezogenen Kompetenzen der pädagogischen Akteure; denn ihre diagnostischen Leistungen stellen einen notwendigen, wenn auch keinen hinreichenden Teil der Implementierung von Zielsystemen der Einzelschule dar; letztere fokussieren nicht zuletzt den systematischen Einsatz von Leistungsfeststellungs- bzw. Beurteilungssystemen.

Dabei sollte nicht vergessen werden: Erfolgreicher Unterricht im Sinne der oben beschriebenen proaktiv ausgerichteten adaptiven Lehrstrategien mit starken individualisierenden Komponenten war und ist im unterrichtlichen Alltag schon immer zu finden. Nur bleibt bisher solches unterrichtliches Handeln in hohem Maße individuell personal gebunden und hat nur selten systematische Auswirkungen auf die innere Entwicklung der ganzen Einzelschule (zu organisationalem Lernen in Schule vgl. den Beitrag von *M. Köller* in diesem Band). Denn Lehrer, die solchen Unterricht realisieren und dabei ihre Urteile auf hoher diagnostischer Expertise basieren, waren bzw. sind in jeder Schule zwar ‚bestens' bekannt, werden bisher jedoch nicht systematisch auch im Sinne von „best-practices" als Coacher, als Multiplizierer etc. für die systematische Veränderung der Unterrichtsqualität herangezogen. Damit wird deutlich, dass diagnostische Expertise als *individuelle* Kompetenz für die institutionelle Qualitätsentwicklung nicht ausreicht; vielmehr ist sie als Ergebnis eines kollektiven (organisationalen) Lernprozesses unabdingbar.

Um den bildungspolitisch angeforderten empirischen Zyklus an Schulen erfolgreich implementieren zu können (vgl. *Helmke & Hosenfeld* 2003), sollten die Strategien der schulinternen Evaluation als Bestandteil der strategischen und operationalen Schulentwicklung mit alltäglicher unterrichtlicher Aktion über die Zielsysteme gekoppelt (vgl. *van Buer & Hallmann* in diesem Band) werden. Darüber hinaus sollten sie von systematischer, gezielter Förderung der lehrerdiagnostischen Expertisen in dem Sinne begleitet werden, dass die Einzelschule die Entwicklung dieser Expertisekompetenz durch explizit, d. h. institutionell und damit überindividuell gesicherte Projekte stützt und begleitet.

Detlef Sembill & Jürgen Seifried

Selbstorganisiertes Lernen und Unterrichtsqualität

Der vorliegende Beitrag gibt einen Überblick über die Befunde der von Sembill und Mitarbeitern durchgeführten Prozessanalysen selbstorganisierten Lernens in der beruflichen Bildung. Es werden zentrale Unterschiede zwischen selbstgesteuertem und selbstorganisiertem Lernen herausgestellt und diskutiert, inwiefern durch die umfassende Einbindung der Lernenden bei Planung, Durchführung und Kontrolle sowie bei der Bewertung von Lehr-Lern-Prozessen die Qualität von Unterricht nachhaltig gesteigert werden kann. Dabei steht die Frage nach der mehrkriterialen Wirksamkeit von Unterricht auf dem Prüfstand. Vor diesem Hintergrund sind Faktoren, die einer Öffnung des Unterrichts in Richtung selbstorganisiertes Lernen in der Schulpraxis entgegenstehen, einer kritischen Reflexion zu unterziehen. Dazu gehören auch Fragen des wissenschaftlichen Diskurses, des Forschungsverständnisses in einzelnen Domänen und der bildungspolitischen Professionalität.

1 Ausgangslage

Die Frage der Unterrichtsqualität wird seit Jahrzehnten intensiv diskutiert. Ein Rückblick zeigt, dass die bis in die 1960er Jahre vorherrschende eher pessimistische Einschätzung der Bedeutung der Unterrichtsqualität für die Kompetenzentwicklung der Lernenden (vgl. z. B. *Coleman, Campell* et al. 1966) mittlerweile einer optimistischeren Sichtweise gewichen ist (vgl. hierzu vor allem die Metaanalyse von *Wang, Haertel & Walberg* 1993). Durch die ernüchternden Befunde von TIMSS oder PISA wurde die Diskussion neu entfacht. Als zentrales Ergebnis der derzeitigen Debatte ist die Umorientierung von einer input-orientierten Sichtweise (Steuerung von Schule und Unterricht durch Modifikation der finanziellen, personellen und curricularen Rahmenbedingungen) zu einer output- bzw. outcome-orientierten Sichtweise (Steuerung von Schule und Unterricht auf Basis der erzielten/messbaren Wirkungen) zu nennen (vgl. hierzu die Beiträge in Abschnitt II dieses Handbuchs). Für den beruflichen Bereich lässt sich diesbezüglich ebenfalls ein Perspektivenwechsel nachzeichnen (vgl. *Achtenhagen & Lempert* 2000; *Achtenhagen & Baethge* 2005; *Seifried, Sembill* et al. 2005). (Aus-)Bildungsprozesse müssen sich also gegenüber den verschiedenen Interessengruppen durch nachweisbare (langfristige) Effekte legitimieren (siehe hierzu auch die Debatte um die Ambivalenz von Bildungsstandards bei *Klieme, Avenarius* et al. 2003, zur Übertragung von Bildungsstandards auf die berufliche Bildung siehe *Achtenhagen* 2004). Gleichwohl darf diese Umorientierung nicht dazu veranlassen, auf möglicherweise differenziertere Input-Steuerungselemente zu verzichten und qualitative wie quantitative Wechselwirkungen und Erfordernisse im Verhältnis zur output-orientierten Steuerung zu vernachlässigen (vgl. *Beck* 2005a, *Sembill* 2006).

Gleichzeitig ist eine Rückbesinnung auf die Lehr-Lern-Prozesse selbst auszumachen, wobei die von *Achtenhagen* (1978) seit Jahrzehnten kritisch angemahnte Frage des Inhaltsbezugs als besonders wichtig herausgestellt wird. Möglichkeiten der Übertragung von Erkenntnissen aus dem allgemein bildenden auf den berufsbildenden Bereich indes sind vor dem Hintergrund der jeweils domänenspezifischen Inhaltsbereiche kritisch zu reflektieren. Umgekehrt zeugt die Ignoranz allgemeinbildender Anstrengungen bezüglich der Ergebnisse berufsbildender Lehr-Lern-Forschung von einer grob fahrlässigen, bildungspolitischen Unprofessionalität (ähnlich muss auch das Verhältnis zur pädagogischen Psychologie eingeschätzt werden). Verschärfend wirkt zudem, dass aufgrund der dualen beruflichen Erstausbildung auch immer Lern-, Entwicklungs- und Sozialisationsprozesse in den beteiligten Betrieben mit ins Kalkül einzubeziehen sind.

2 Zukünftige Lebenssituationen als Bezugspunkt zu formulierender Lernziele und zu konstruierender Lehr-Lern-Arrangements

Bildungs- und Qualifikationsprozesse sollen Individuen dazu befähigen, zukünftige, im Arbeits- und Privatleben gestellte Anforderungen zu bewältigen. Dabei kommt dem Faktor „Zeit" in mehrfacher Weise Bedeutung zu. Neben der zeitlichen Erstreckung von Lernanstrengungen („lebenslang") ist von Beschleunigung des individuellen Lerntempos die Rede, um mit der zunehmenden Komplexität (zu verstehen als Produkt von Vernetzung und Dynamik) der Veränderungsprozesse Schritt halten zu können. Lernfähigkeit und -bereitschaft des Menschen bzw. des sozialen Systems werden nach Ansicht der „Beschleunigungsbefürworter" an die Veränderungsdynamik der Umwelt gekoppelt. Hier wird – unter Vernachlässigung wesentlicher Determinanten im Umgang mit Komplexität – vornehmlich unter Rückgriff auf Konzepte wie etwa Arbeitszeitverlängerung, Veränderung von Organisationsstrukturen (Wissensmanagement, Ganztagsschulen) und mittels der nach wie vor dominierenden instruktionslastigen Qualifizierung durch einseitig wissensdeterminierte und letztlich (zunehmend) zentralgeprüfte Unterrichtsprozesse ausgerechnet die sinkende Halbwertszeit von Wissensinhalten „bekämpft". Diesbezüglich ist nicht nur aus lernpsychologischer und vor allem pädagogischer Sicht Widerstand von Nöten, sondern auch aus einer sozialen, kulturellen und gesellschaftlichen Perspektive. Denn gerade mit Blick auf den Erhalt von Gestaltungsfähigkeit von zukünftigen Lebenssituationen sind „Wird-Lagen" (also das „Laufenlassen" gegenwärtiger Handlungsstrategien) mit Sinn- und Zielfragen zu konfrontieren: Welche Interessen und Ziele verfolgen Menschen – und zwar sowohl für sich alleine als auch im Sozialverband? Was ist der Mensch aufgrund seiner Eigenheiten und Dispositionen zu leisten im Stande? Was soll eigentlich mit der durch technisch-ökonomische Innovationen „gewonnenen" Zeit geschehen? Wer gewinnt an Zeit? Wo bleibt diese Zeit? Wer erzeugt eigentlich den derzeitigen enormen Zeitdruck und welche Interessen werden damit verfolgt? Allein schon aufgrund pädagogischer Notwendigkeiten ist einem „Weiter wie bisher" eine eindeutige Absage zu erteilen. Vielmehr ist zu prüfen, ob nicht eine partielle „Entschleunigung" durch eine Rücknahme von mehrstufigen Abstraktionen und „Gleichzeitigkeiten" auf eine konkrete Handlungsebene als notwendige Voraussetzung für eine später mögliche, reflektierte, ausbalancierte und umso stärkere Beschleunigung anzusehen ist (vgl. *Sembill* 2000, 2006).

Mit Blick auf zukünftig zu bewältigende Lebenssituationen forderte schon *Robinsohn* (1971, 47) für die Curriculumsrevision auch eine Orientierung an folgenden, sich überlappenden Kriterien:

- Bedeutung der Inhalte „im Gefüge der Wissenschaft" und damit auch „als Voraussetzung für weiteres Studium und weitere Ausbildung" und

- Beitrag der Inhalte zum allgemeinen Weltverstehen, d. h. „für die Orientierung innerhalb einer Kultur und für die Interpretation ihrer Phänomene".

Vor dem Hintergrund entsprechender Qualifikationsanforderungen (man könnte auch von Bildungsstandards sprechen) sind dann Lehr-Lern-Konzeptionen zu konstruieren, die eher systemisch-konstruktiv basiert sicherstellen, dass die gewünschten Lernziele erreicht werden. Wenn man sich vor Augen führt, dass lineare Fortschreibungen der Vergangenheit nahezu zwangsläufig zu Fehlsteuerungen führen, die angesichts der Irreversibilität von Zeit nicht mehr ungeschehen gemacht werden können, dann werden die vielfältigen Gefahren des „Laufenlassens" derzeitiger Entwicklungen und Strömungen evident:

(1) Neurobiologisch, psychologisch und kultursoziologisch geprägt streben Individuen auf ihrer Suche nach Gesundheit, privater, beruflicher und gesellschaftlicher Anerkennung, Sinnerfüllung und Glück immer nach Orientierungs- und Verhaltenssicherheit. Dieser implizite Mechanismus wurde in seiner generalisierenden Funktion sowohl für individuelle als auch didaktische sowie für wissenschaftliche Modellbildung kaum erkannt und dementsprechend auch wenig genutzt (vgl. *Sembill* 1999). Die Orientierungs- und Verhaltenssicherheit bezieht sich zunächst auf das Individuum selbst, ist aber auch immer im Einklang mit gesellschaftlichen Interessen und Rahmenbedingungen zu sehen. Wie die aktuelle Entwicklung eindrucksvoll vor Augen führt, gelingt die Sinnstiftung zunehmend seltener – mit negativen Folgen für Individuen (z. B. Isolation, Resignation und Aggression bei Lernenden, Burnout und „innere Kündigung" auf Seiten der Lehrenden) und für die Gesellschaft ([Jugend-]Arbeitslosigkeit, Kriminalität, politischer und religiöser Extremismus).

(2) Vor dem Hintergrund zunehmender Mechanisierung von Produktion und Gesellschaft rücken zudem Fragen nach dem Erhalt zentraler Kulturtechniken vermehrt in das Blickfeld. „Zivilisationskrankheiten" wie Haltungsschäden, Fettleibigkeit und Bewegungsunlust, Verkümmerung von Handschriften und Zeichenvermögen, Hörschäden etc. lassen in ihrer damit indizierten Dysfunktionalität bei gleichzeitiger hirnphysiologischer Bedeutung von Sinneswahrnehmungen für die menschliche Entwicklung massiv auch „kulturelle" Beeinträchtigungen befürchten (vgl. *Leroi-Gourhan* 1984; *Reheis* 1998). Die Selbsttäuschung einer „Wissensgesellschaft" mit Modekonzeptionen wie „Wissensmanagement" und „lernende Organisation" liegt in dem entscheidenden Unterschied zwischen „über Wissen verfügen" und „auf eine Datenbank zugreifen können", der die Bedingungen des Wissensgenerierens und die dazu erforderlichen Lern- und Handlungsprozesse ausblendet, begründet.

(3) Nach wie vor dominieren Effizienzüberlegungen das (bildungs-)politische Handeln. Im Bildungsbereich beispielsweise führen aktuelle Entwicklungen (Einsparung von Personal- und Sachmitteln, Ausweitung der Unterrichtsverpflichtung, Steigerung der Klassengrößen, vermehrte Zuweisung von administrativen Aufgaben etc.) dazu, dass Lehrpersonen immer weniger Zeit für den einzelnen Schüler aufbringen kön-

nen. Angesichts der Verknappung der Ressourcen ist eine individuelle Förderung (z. B. von Lernschwächeren) kaum realisierbar.

(4) Schließlich setzt man derzeit auf den Spagat einer simultanen Lockerung und Verstärkung von Kontrolle. Einerseits führt man Bildungsstandards ein, um Schülerleistungen vergleichbar zu machen und damit (vermeintlich) ein Instrument zur Messung der Qualität von Bildungseinrichtungen in der Hand zu halten, andererseits lockert man hier und da die Zügel und stärkt die Autonomie von Schulen. Hiermit fest verbunden ist der Glaube (der ja Berge versetzen soll), dass damit die Probleme der Bildungspolitik gelöst seien. Ob diese Hoffnung begründet ist, muss sich jedoch empirisch erweisen (vgl. hierzu den Beitrag von *van Buer & Wagner* in diesem Handbuch). Es ist jedoch nicht von der Hand zu weisen, dass signifikante Steigerungen der Qualität von Schule in erster Linie durch Verbesserungen im Unterricht zu Stande kommen. Aber erst wenn Rahmensetzungen nachweislich einen Beitrag dazu leisten, die oben angemahnte Sinnstiftung zu unterstützen (individuelle und gesellschaftliche Outcome-Perspektive), dann bewegt sich die Bildungspolitik in die richtige Richtung. Hinterfragt werden müssen dagegen Versuche, die lediglich darauf abzielen, die derzeit bestehenden, stellenweise defizitären und ungerechten Verhältnisse zu „optimieren". Dringlich indes sind Forschungsbemühungen, die zur Klärung der Fragen der Operationalisierung und Messung von Bildungsstandards beitragen. Ebenso ungeklärt erscheint es, wie und in welchem Zeitrahmen Bildungsstandards erreicht werden können. Wenn diese Fragen nicht zufrieden stellend beantwortet werden können, droht den Bildungsstandards eine ähnliche „Karriere" wie den Schlüsselqualifikationen.

Die angedeutete Brisanz des Faktors „Zeit" (Be- vs. Entschleunigung) verdeutlicht ein Blick hinter die (schulischen) Kulissen mit ihren scheinbar unverrückbaren Prämissen der Unterrichtsgestaltung: Als ein zentrales Hindernis für die Umsetzung problem- und schülerorientierten Unterrichts wird von Lehrpersonen „Zeitknappheit" angeführt (vgl. *Seifried* 2006). Die für die Unterrichtsgestaltung Verantwortlichen stehen diesbezüglich vor einem Dilemma: Lehrpläne sind übervoll, Unterrichts- und die Unterrichtsvorbereitungszeit dagegen ist äußerst knapp bemessen. Zudem steht die 45-Minuten-Taktung des Unterrichts der Intention entgegen, Schülerinnen und Schüler über einen längeren Zeitraum selbstständig an komplexen Problemen arbeiten zu lassen. Denkbare Auswege aus dieser Problemlage sind sowohl in der konstruktiven Modifikation der Rahmenbedingungen (Ausweitung der Unterrichtssequenzen auf längere Zeiträume und Rückgriff auf kooperative Sozialformen) als auch in der Neugestaltung von Curricula zu sehen (mit Blick auf „Entschlackung", aber auch auf „Sinn-Anreicherung").

Statt also einer Wissens- oder Informationsgesellschaft das Wort zu reden, erscheint es sinnvoller, von einer „Lerngesellschaft" zu sprechen. Fasst man Lernen als einen aktiven, konstruktiven Prozess auf, in dem Wissen konstruiert, umstrukturiert und erweitert wird (vgl. *Cobb* 1994), dann sind Lehr-Lern-Arrangements zu implementieren, in denen sich der Lerner selbst aktiv mit Sachverhalten und Objekten auseinander setzen kann (Kriterium der Eigenaktivität des Lerners unter Berücksichtigung der „Eigenzeit"). Es reicht nicht aus, dass man „aktiv" zuhörende Lerner über Sachverhalte informiert. Nach wie vor wird nicht in ausreichendem Maße in komplexen, problemorientierten oder authentischen Lernumgebungen gelernt, die offen sind für selbstbestimmte und selbstorganisierte Aneignung von Wissen, und es stehen Lernenden immer noch zu wenig Möglichkeiten offen, das erworbene Wissen in multiplen Kontexten anzuwenden. Um diese suboptimale und letztlich zeitraubende Form der Qualifizierung zu überwinden und die Unterrichtsqualität zu steigern, bedarf es des Entwurfs und der Implementierung von Unterrichtskonzepten, die Schülern erlauben, eigene Lösungswege zu entwickeln und zu testen. Damit ist auch Lernen aus Fehlern gemeint.

3 Unterrichtsqualität

Zur Bestimmung der Qualität von Unterricht kann man zum einen das Unterrichtsgeschehen analysieren (z. B. Lehrer-Schüler-Interaktion, Klassenführung, Komplexität von Aufgaben- oder Problemstellungen, Ausmaß der Beteiligungs- und Mitbestimmungsmöglichkeit der Lernenden, Unterrichtsklima etc.), zum anderen kann man sie an den erzielten Effekten messen (vgl. *Ditton* 2002b, 198ff.). Als Beurteilungskriterien sind im zweiten Fall die von den Lernenden erworbenen bzw. weiterentwickelten Kompetenzen heranzuziehen (z. B. Selbst-, Sach- und Methodenkompetenz, vgl. *Achtenhagen* 2004). Dabei kann zwischen fachlichen und überfachlichen Kompetenzen unterschieden werden, wobei sich insbesondere die Messung von komplexeren Kompetenzen als schwieriges Unterfangen darstellt. Angesichts der Nichtberücksichtigung komplexer kognitiver und überfachlicher Kompetenzen in Zwischen- und Abschlussprüfungen kann für Lehrpersonen leicht der Eindruck entstehen, dass diese nicht abgeprüften (bzw. nur schwer abprüfbaren) Kompetenzen in Schule und Unterricht keine Rolle spielen. Zur Sicherstellung eines so verstandenen Prüfungserfolgs (Prüfungsziel: Reproduktion) reicht dann das „Pauken" von Faktenwissen aus.

Nimmt man die Beziehung zwischen den beobachtbaren Lehrerverhaltensweisen (Prozessmerkmale) und dem Lernerfolg der Schüler (Produktmerkmale) in den Blick, so zeigen sich u. a. unter Rückgriff auf das Prozess-Produkt-Paradigma eine Fülle von stabilen Ergebnissen (vgl. beispielsweise *Helmke & Weinert* 1997). [1] Allerdings ist hier anzumerken, dass diese Untersuchungen weitgehend unter Akzeptanz der Kommunikations-, Zeit- und Raumdetermination seitens der Lehrpersonen erfolgen (vgl. *Wuttke* 2005a; *Sembill* 2006) und dass das Konstrukt Unterrichtsqualität vornehmlich unter der Frage analysiert wird, welchen Beitrag „direkte Instruktion" im Sinne des lehrergelenkten Unterrichtsgesprächs zur Erarbeitung von Faktenwissen und Prozeduren leistet. Diesbezüglich schneidet die direkte Instruktion gut ab. Für Lehrziele wie Problemlösefähigkeit, intrinsische Motivation, Selbstständigkeit, Kooperation oder Kreativität wird diese Form der Qualifizierung dagegen weit weniger günstig beurteilt (vgl. *Gruehn* 2000). Angesichts der sich hier andeutenden Inkompatibilität zwischen

---

[1] Für die Qualität des Unterrichts sind Klarheit und Verständlichkeit sowie Sequenzierung und Strukturierung, positive Verstärkung, Zeit- und Klassenmanagement, Motivierungsqualität und Adaptivität des Unterrichts bezüglich Schwierigkeits- und Anspruchsniveau sowie Unterrichtstempo von besonderer Bedeutung. Die genannten Kriterien werden häufig für die Lehrerbeurteilung (Prüfungslehrproben, Aufstiegsbeurteilung o. Ä.) herangezogen und spielen insbesondere in der zweiten Phase der Lehrerausbildung eine große Rolle. Demgemäß ist davon auszugehen, dass sie im Bewusstsein von Lehrpersonen fest verankert sind.

kognitiven und emotional-motivationalen Zielkriterien ist in der Lehrerschaft eine „Entweder-oder-Philosophie" (vgl. *Ofenbach* 2003) weit verbreitet.

Eine Möglichkeit zur simultanen und damit im Endeffekt zeiteinsparenden Förderung von fachlichen und überfachlichen Lehrzielen könnte in der Realisation so genannter konstruktivistischer Unterrichtsformen bestehen, die auf selbstorganisiertes Lernen setzen. Diese waren bislang weit seltener Gegenstand empirischer Untersuchungen (siehe hierzu die Ausführungen zu den von uns durchgeführten „Prozessanalysen selbstorganisierten Lernens" in Abschnitt 4). Zudem ist die Befundlage zu den Wirkungen des offenen, schülerzentrierten Unterrichts sowohl für den allgemein bildenden als auch für den berufsbildenden Bereich nach wie vor sehr uneinheitlich (vgl. die Übersichten bei *Gruehn* 2000; *Beck* 2005b; *Nickolaus, Riedl & Schelten* 2005). Die internationale Bestandsaufnahme der beruflich ausgerichteten Lehr-Lern-Forschung von *Achtenhagen & Grubb* (2001), in der objektivistische (skills approaches) und konstruktivistische Lehr-Lern-Ansätze (systems approaches) unterschieden werden, liefert zwar Hinweise darauf, dass der konstruktivistische Ansatz für das Erlernen von komplexeren Arbeitstätigkeiten der geeignetere sei. Vor dem Hintergrund der empirischen Basis sind die Befunde nach Angaben der Autoren aber mit Vorsicht zu interpretieren.

Angesichts der Notwendigkeit domänenspezifisch ausgerichteter Lehr-Lern-Forschung sind die der Konstruktion von Lehr-Lern-Arrangements zugrunde liegenden Annahmen und Operationalisierungen transparent zu machen. Wie wir im Folgenden zeigen werden, ist es durchaus ein Unterschied, ob man im Unterricht selbstgesteuertes *oder* selbstorganisiertes Lernen ermöglichen möchte. Unseres Erachtens reicht es nicht aus, den Fokus der Aufmerksamkeit auf die intrapsychische Entwicklung zu richten. Es geht darum, schon in den Lern- und Ausbildungsprozessen über die „Überlebensphase" hinaus den Prozess der „Lebensfähigkeit" und der Gestaltungsmöglichkeiten anzulegen (*Probst* 1987; *Sembill* 1992; 2006). Damit ist gemeint, der einengenden und zeitrestriktiven Steuerung von Lehr-Lern-Prozessen auf Grundlage von zweifelhaften, kaum zu rechtfertigenden Normierungsvorgaben ein Konzept entgegenzusetzen, das dem Primat von Handlungsspielräumen mit den hierfür erforderlichen Zeitressourcen Rechnung trägt. Die Optimierung (überzogener) individual-/selbstbestimmter Selbststeuerungsmechanismen bildet nicht nur – im positiven Sinne – eine förderliche Option von Selbstorganisationsprozessen, sondern ist – im negativen Sinne – auch ein Steuerungspotenzial für die schicksalhafte Isolierung von Individuen inklusive der Beeinträchtigung der Fähigkeiten zu Solidarität, Kooperation und Kollaboration. Allen Versuchungen der interessengeleiteten, sozialtechnologischen Steuerung durch Technik und Ökonomie sind die in einem entgegen gerichteten Modell, das auf dem „Willen zum Nicht-Müssen" basiert, ausgehandelten Bemühungen um soziale und kulturelle Wirksamkeit systemisch zu begegnen (vgl. *Sembill* 1995; 2003). Scheinbar paradoxer Weise wird so eine – zwar oszillierende, aber kontinuierliche – Entwicklung von Individuum und Gesellschaft ermöglicht. Auch Unterrichtsqualität braucht eine kontinuierliche Qualitätssicherung, die sich nicht nur auf das Produkt beziehen darf, sondern auch den Prozess der Produkterstellung umfassen muss. Hieran sind zwingend „Abnehmer" und „Erzeuger" zu beteiligen, will man nicht einer Nivellierung bei gleichzeitig versiegender Motivation und Kreativität Vorschub leisten. Die Interessen müssen im Sinne von Zielvereinbarungen ausgehandelt werden, eine Balancierung wird sich dann in Bezug auf Deregulierungs- und Kontrollmechanismen als notwendig erweisen.

4 Selbstorganisiertes Lernen als Ansatzpunkt zur Steigerung der Unterrichtsqualität

Das Interesse an selbstbestimmten, selbstgesteuerten oder selbstorganisierten Lehr-Lern-Prozessen ist seit Jahrzehnten sowohl im betrieblichen als auch im schulischen Kontext ungebrochen (vgl. *Achtenhagen & Lempert* 2000). Dabei ist die Diskussion um selbstgesteuertes bzw. selbstorganisiertes Lernen äußerst vielfältig (stellenweise gar nebulös). Gemein ist den verschiedenen Ansätzen zum selbstgesteuerten Lernen zum einen der Aspekt der Selbstbestimmung. Zum anderen ist hervorzuheben, dass selbstgesteuertes Lernen durch das komplexe Zusammenwirken kognitiver, motivationaler und metakognitiver Komponenten gekennzeichnet wird (vgl. *Boekaerts* 1999). Es geht also um die Fähigkeit zur Handlungsregulation: Dazu gehört die Fähigkeit, die Prozesse, die zur Bewältigung einer Aufgabe bzw. Problemstellung nötig sind, selbstständig in aufeinander aufbauende und zielführende Handlungsschritte zu unterteilen, diese umzusetzen und im weiteren Verlauf zu modifizieren. Den Ausgangspunkt von Lernaktivitäten bilden die Zielbildung sowie die Auswahl der Strategien zur Zielerreichung. Von Relevanz sind dabei „personal beliefs" wie z. B. Selbstwirksamkeitserwartungen, Interessen, Werte und Zielorientierungen (vgl. *Zimmerman* 2000). Im Rahmen der eigentlichen Durchführungsphase gewinnen dann volitionale Strategien an Bedeutung und unterstützen den Lernprozess durch das Abschirmen alternativer Handlungstendenzen (vgl. *Kuhl* 1985). Fasst man die Diskussion um die Selbststeuerung oder Selbstregulation zusammen, so wird deutlich, dass die Fähigkeit zur Selbststeuerung als zwar notwendige, aber nicht hinreichende Voraussetzung für das erfolgreiche Handeln eines Individuums zu betrachten ist:

- Angesichts der Betonung von volitionalen Prozessen und Strategien, der „self reflection" oder „personal beliefs", die auch Werte und Zielorientierung umfassen, erstaunt es, dass die Steuerungsfunktion von Emotionen nicht stärker herausgearbeitet wird, zumal auch hirnphysiologische Erkenntnisse diesbezüglich eine deutliche Sprache sprechen (vgl. *Roth* 2001). Der Bezug der emotionalen Prozesse zum selbstgesteuerten Lernen wird vornehmlich bei der Analyse des Einflusses von lernbegleitenden Emotionen wie Freude oder Langeweile auf motivationale Komponenten (intrinsische Motivation) sowie auf kognitive Parameter (Strategiewahl) des Lernens gesehen. Diese Sichtweise greift u. E. deutlich zu kurz, da hier insbesondere der Aspekt der subjektiven Handlungsrelevanz nicht ausreichend herausgestellt wird. Das Aktivieren eines Handlungsschemas ist immer auch das Ergebnis von Bewertungsprozessen und damit von Emotionen. Erst die Ausrichtung einer Aktivität auf Ziele ermöglicht die Korrektur der Handlung (Handlungsregulation) i. S. subjektiv verfolgter Motiv-Bedürfnislagen. Die eigenständige und selbstverantwortliche Handlungsregulation setzt immer Ziele voraus, die als bewertete innere Vorstellungen Handlungsabläufe steuern und regeln (vgl. *Sembill* 1992; 2003; *Schumacher* 2002; *Seifried & Sembill* 2005a).

- Neben den – angesichts der Vernachlässigung von emotionalen Aspekten nur bedingt gelösten – Problemen der Selbststeuerung ist das Verhältnis von Selbst- zu Sozialkompetenz ein weiterer blinder Fleck. Wie *Schumacher* (2002) zeigt, verfolgen Schüler beim Lernen und Arbeiten in Gruppen nicht nur Lernmotive, sondern auch Anerkennungs-, Macht-, Zuneigungs- und Zugehörigkeitsmotive. Bei Gruppenprozessen reicht es also nicht aus, wenn man lediglich auf Selbstkompetenz setzt. In diesem Sinne ist auch manch eine Definition des Begriffs Selbstkompetenz einer kritischen Prüfung zu unterziehen. Sie enthalten i. d. R. Bestimmungskomponenten einer Selbsterkenntnismöglichkeit, die die das Individuum umgebende sachliche, situationale und menschliche Welt mit einbezieht. Begriffe wie „ethisch-moralische Werthaltungen" gebrauchen genauso wie „realistisches Selbstbild" oder „sich wirksam verhalten" substanziell-kriteriale Bezugspunkte, die offensichtlich außerhalb des Individuums liegen. [2] Das ist im Sinne einer pragmatisch verstandenen Lebenstüchtigkeit durchaus akzeptabel und anzustreben, erschwert aber die wissenschaftliche Auseinandersetzung mit der Frage, ob eher das Subjekt oder der situationale Kontext für Handlungseffekte verantwortlich ist. Das wird insbesondere deutlich, wenn man die Versuche, Selbst- in Abgrenzung von Sozialkompetenz zu definieren, betrachtet. Probleme der Konfundierung werden deutlich. Derartige Versuche sind daher kaum geeignet, das Forschungsfeld nachhaltig zu erhellen.

Von einer (psychologischen) Anspruchsformulierung der Förderung des selbstgesteuerten Lernens her ergibt sich zudem noch keine Lehr-Lern-Konzeption, die in der Lage ist, das dominierende lehrerzentrierte Unterrichtsmuster mit dem bekannten negativen Wirkungsgrad zu überwinden. Angesichts der Bedeutung individueller Motive (subjektive Handlungsrelevanz und Bedürfnislagen, s. o.) muss für den Lernenden die Möglichkeit bestehen, Lern- und Unterrichtsziele in das Handlungsregulationssystem zu übernehmen und Lernhandlungen als selbstbestimmt zu erleben. Es gilt also, die klassische Rollenverteilung (Lehrende als Wissensvermittler vs. Lernende als Belehrte/Wissensempfänger) aufzubrechen: Unterricht ist weniger eine Veranstaltung, in der es darum geht, jemanden zu unterrichten, als vielmehr eine Gelegenheit, Lernprozesse unter Berücksichtigung der Ziele, Interessen und emotionalen Aspekte der Lernenden zu organisieren (*Sembill* 1992, 10). Die Mitwirkung von Lernenden indes sollte sich nicht allein auf die Durchführung von Lehr-Lern-Prozessen beschränken, sondern auch die Planung und Kontrolle sowie die Bewertung dieser Prozesse umfassen. Diesbezüglich greifen beispielsweise Ansätze wie Cognitive Apprenticeship (vgl. *Collins, Brown & Newman* 1989) oder Anchored Instruction (vgl. *Cognition and Technology Group at Vanderbilt* 1990) zu kurz, da hier insbesondere Zielreflexion und Systemkontrolle durchgängig zu schwach ausgeprägt sind, um die zielgerichtete, eigentätige Kompetenz- und Persönlichkeitsentwicklung der Lernenden optimal zu unterstützen (vgl. *Wuttke* 1999, 36 ff.; *Sembill* 2000, 70 ff.).

---

[2] Vgl. z. B. die Definition von Selbstkompetenz bei *Prandini* (2001, 186): „Selbstkompetenz ist die Fähigkeit eines Schülers, sich selbst realistisch wahrzunehmen und einzuschätzen, sich selbst gegenüber ein realistisches positives Selbstwertgefühl aufzubauen, sich in verschiedenen Situationen wirksam zu verhalten und das eigene Verhalten auf der Basis ethisch-moralischer Werthaltungen zu gestalten".

Bei der Konstruktion einer Lernumgebung steht die Frage nach der mehrkriterialen Wirksamkeit von Unterricht auf dem Prüfstand. Es ist nach komplexen Lehr-Lern-Arrangements zu suchen, mit denen es gelingen kann, gleichzeitig kognitive und emotional-motivationale Zielkriterien zu erreichen. Mit der Konzeption des selbstorganisierten Lernens steht ein entsprechender, in der Unterrichtspraxis getesteter Ansatz zur Verfügung. Kurz gefasst bezeichnen wir mit diesem Begriff ein Lehr-Lern-Arrangement, welches es dem Lernenden erlaubt, in projektorientierter Kleingruppenarbeit in eigener Verantwortung über mehrere Unterrichtsstunden hinweg komplexe, praxisnahe Problemstellungen zu bearbeiten. Es sind vier Lerndimensionen zu unterscheiden: Neben „Lernen für sich" umfasst das Lehr-Lern-Arrangement „Lernen mit anderen" (Lernen in Gruppen) sowie „Lernen für andere" (arbeitsteiliges, verantwortungsbehaftetes Lernen). Die Option „Lernen mit Risiko" verweist auf die Möglichkeit, Fehler zu machen und aus diesen zu lernen. Dies erfordert sowohl vom Lehrenden als auch vom Lernenden ein konstruktives Fehlerverständnis und -management. Im Folgenden kann nicht der gesamte Entdeckungs- und Begründungszusammenhang für die Konzeption des selbstorganisierten Lernens dargelegt werden. Diesbezüglich verweisen wir auf einschlägige Quellen (vgl. beispielsweise *Sembill* 1992; 2000; 2004; *Wuttke* 1999; *Santjer-Schnabel* 2002; *Schumacher* 2002; *Wolf* 2003; *Seifried* 2004a).

Beim selbstorganisierten Lernen geht es also um selbsttätiges und sinnverstehendes – gleichwohl aber auch teamorientiertes – Lernen in komplexen Situationszusammenhängen. Lehrende und Lernende gestalten Lehr-Lern-Prozesse gemeinsam in einer Art und Weise, die im Vergleich zum herkömmlichen fragend-entwickelnden Frontalunterricht für Lernende ein größeres Ausmaß an Selbst- und Mitbestimmung ermöglicht und zwingend auch mit einer wachsenden Selbstverantwortung und entsprechenden Beurteilungsprozessen zu koppeln ist. Um diesem Anspruch gerecht zu werden, sind in ausreichendem Maße Zeitkontingente und Handlungsfreiräume zu gewähren (s. u.).

Um die „Praxistauglichkeit" der Konzeption zu prüfen, wurden im Rahmen mehrerer aufwendiger Forschungsprojekte (Prozessanalysen selbstorganisierten Lernens) in Kooperation mit interessierten Lehrkräften so genannte selbstorganisationsoffene Lernumgebungen gestaltet. Um Unterschiede zum herkömmlichen Unterricht aufzeigen zu können, wurde den Experimentalgruppen (selbstorganisiertes Lernen=SoLe) je eine vorwiegend nach dem Muster des fragend-entwickelnden Unterrichts unterrichtete Kontrollgruppe (traditionelles Lernen=TraLe) in quasi-experimentellen Feldstudien gegenübergestellt. Es konnte festgestellt werden, dass Schüler in einer selbstorganisationsoffenen Lernumgebung bezüglich Gütekriterien wie Faktenwissen mindestens einen vergleichbaren Lernerfolg erzielen wie Lernende, die eher traditionell unterrichtet werden. Darüber hinaus zeigte sich, dass die Schüler bezüglich der von uns als zentral betrachteten Qualifikation „Problemlösekompetenz" sowie hinsichtlich der emotionalen Befindlichkeit Vorteile aufweisen. Die Darstellung der wesentlichen Ergebnisse in Abbildung 1 folgt der Unterscheidung zwischen Produkt- und Prozessmaßebene.

Mittels detaillierter Analysen von Lehr-Lern-Prozessen ließen sich eine Vielzahl von Hinweisen finden, die Erklärungsansätze für die Gründe der vielfältigen Überlegenheit der SoLe-Klassen bieten. Diesbezüglich ist insbesondere die gewinnbringende Nutzung der eingeräumten Zeit- und Handlungsfreiräume (s. o.) während des Unterrichts zu nennen. Lernende entscheiden gemäß ihrer Dispositionen und Eigenzeiten selbstständig über die Auswahl der Lerninhalte, die Intensität und die Zeitdauer der Bearbeitung von Lerninhalten sowie über die Art und Weise der Bearbeitung der Lerninhalte (z. B. Sozialform, arbeitsgleiche oder arbeitsteilige Vorgehensweise etc.). Bei aller Freiheit darf indes die Bedeutung von für alle (auch für die Lehrperson!) verbindliche Regeln und Zeitpläne nicht unterschätzt werden. Lernenden wird ein hohes Maß an Autonomie eingeräumt und die Verantwortung für Lernprozesse wird an diejenigen (zurück-)gegeben, die die Lernprozesse durchlaufen und davon profitieren sollen. Dies funktioniert jedoch nur dann, wenn klare Spielregeln und Zeitpläne dieser Selbstorganisation eine gewisse Rahmung verleihen. Offener Unterricht ohne jedwede Grenzen und verbindliche Konventionen dagegen wird nur in den seltensten Fällen zum Erfolg führen (vgl. *Gruehn* 2000). Verantwortungsübernahme bedeutet nicht nur Verantwortung für die eigene Entwicklung, sondern auch das Gerechtwerden von legitimen Ansprüchen von Mitlernenden, Lehrpersonen, Arbeitgebern sowie der Gesellschaft. Damit ist gemeint, dass Zeit- und Handlungsfreiräume verantwortungsbewusst genutzt und gewährte Freiheiten nicht zu Lasten von Anderen über Gebühr strapaziert werden. Im Prinzip spiegelt sich damit im SoLe-Arrangement die aktuelle bildungspolitische Debatte über das Spannungsfeld von Autonomie und Kontrolle wider.

Abbildung 1: Zentrale Befunde der Prozessanalysen Selbstorganisierten Lernens (vgl. *Sembill & Seifried* 2006)

Produktmaßebene:

- SoLe-Schüler/innen konnten signifikant besser als TraLe-Schüler/innen komplexe Probleme in formaler wie qualitativer Weise bearbeiten, obwohl sie teilweise signifikant schlechtere intellektuelle und psychosoziale Voraussetzungen hatten.
- Mit dieser gesteigerten Problemlösefähigkeit ging *gleichzeitig* bei SoLe-Schüler/innen eine positive Entwicklung von Interessensbildung und Emotionen einher.

Prozessmaßebene:

- In beiden Lehr-Lern-Arrangements konnte ein enger Zusammenhang von kognitiven, emotionalen und motivationalen Prozessvariablen nachgewiesen werden.
- Dieser Zusammenhang ist in den SoLe-Klassen allerdings intensiver vernetzt und rückgekoppelt und ist über längere Zeit stabil (Zeitreihenanalysedaten).
- Im vergleichsweise (mit TraLe) gleichen Zeitrahmen werden diese aktiven Lerntätigkeiten signifikant größer und das Lernpotenzial höher.
- SoLe-Schüler/innen erarbeiten sich dabei die Faktengrundlage der Problemlösefähigkeit selbstständig und auf einem höheren Vernetzungsgrad.
- Motor dieses Erarbeitungsprozesses sind Schülerfragen: Lernende im SoLe-Unterricht stellen etwa 35mal so viele Fragen pro Stunde wie Lernende im TraLe-Unterricht. Beachtlich ist auch, dass sie etwa 18mal so viele Fragen mit deep-reasoning Charakter stellen.
- In diesem Kontext ist zu beachten, dass SoLe-Schüler/innen einen besseren, nicht extra trainierten Lernstrategieeinsatz mit äquivalenten Auswirkungen auf den Lernerfolg zeigen (s. o. Prozessmaße).

Den oben genannten Ansprüchen wurden die Lernenden in den SoLe-Klassen bisher weitgehend gerecht. Es ist nahezu durchgängig ein hohes Maß an aktiver, verantwortungsbewusster Nutzung der Lernzeit (Eigenzeit) während des Unterrichts zu beobachten. Die Eigenaktivitäten der Lernenden umfassen dabei nicht ausschließlich qualitativ hochwertige Problemlöseprozesse, vielmehr kann ein nicht unwesentlicher Teil der Schüleraktivitäten der Kategorie „Reproduktion" zugerechnet werden. Aber gerade in der mehrfachen eigenständigen Auseinandersetzung mit Wissensbestandteilen wird die Basis für qualitativ anspruchsvolle Problemlöseprozesse gelegt. Hinsichtlich der Frageaktivität der Schüler, eine weitere zentrale Stellgröße der Eigenaktivitäten beim selbstorganisierten Lernen, sind ähnliche Phänomene feststellbar: SoLe-Schüler stellen im Vergleich zu TraLe-Schülern ein Vielfaches an Fragen. Dies gilt zum einen für so genannte deep-reasoning-Fragen (Fragen, deren Beantwortung eine vertiefende Elaboration bzw. schlussfolgerndes Denken erfordern). Zum anderen lassen sich vergleichbare Effekte auch für nicht-lernzielorientierte Fragen feststellen. Neben dem Inhaltsaspekt spielt auch der Beziehungsaspekt (Emotionale Befindlichkeit) beim Problemlösen in Lerngruppen eine zentrale Rolle. In diesem Zusammenhang ist eine Verengung der Schülerfrage auf ihre (unbestritten wichtige) Funktion des Ausgleichs von Wissenslücken abzulehnen (vgl. *Seifried & Sembill* 2005b). In Abbildung 2 wird zusammenfassend auf Basis der hier nicht im Einzelnen referierten empirischen Befunde eine Modellierung vorgenommen, die sowohl die Aspekte „Eigenaktivitäten und Eigenzeiten der Lernenden" sowie den Antagonismus „Handlungsfreiraum/Deregulierung" und „Verbindlichkeit/Kontrolle" umfasst.

Abbildung 2:   Förderung von Lernenden in einer selbstorganisationsoffenen Lernumgebung

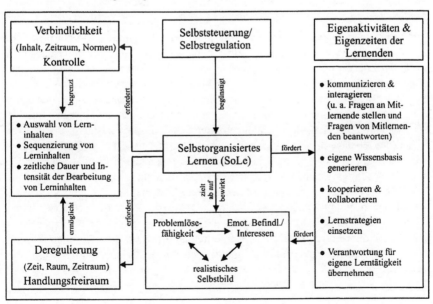

5 Diskussion

Vor dem Hintergrund der Probleme des Bildungswesens wird deutlich, dass die Diskussion möglicher Ansatzpunkte zur Steigerung der Unterrichtsqualität über Aspekte der Bestimmung, Begründung und Sequenzierung der Ziele und Inhalte des Unterrichts hinaus didaktisch konsistent Auseinandersetzungen mit äquivalenten methodisch-medialen Fragestellungen umfassen muss. Dabei sind pädagogische Bemühungen – jenseits aller Effizienzüberlegungen – zunächst dem Kriterium der Effektivität verpflichtet, denn es ist weder erstrebenswert, einen nicht befriedigenden Status quo noch einen defizitären Zielzustand zu optimieren. Vielmehr stellt sich angesichts vielfältiger gesellschaftlicher Probleme die Frage eines grundlegenden Paradigmenwechsels.

Alle an Bildungs- und Qualifizierungsbemühungen Beteiligten sind aufgefordert, Lehr-Lern-Prozesse ganzheitlich zu betrachten, das eigene Lehrverständnis und Menschenbild kritisch zu hinterfragen und den Lerner konsequent ins Zentrum pädagogischer Bemühungen zu rücken. Ziel muss es sein, Lehr-Lern-Prozesse gemeinsam so zu gestalten, dass im Vergleich zur herkömmlichen Qualifizierung ein größeres Ausmaß an Selbst- und Mitbestimmung erreicht wird. Die erfolgreiche Implementation des selbstorganisierten Lernens im Unterrichtsalltag setzt auch einen passenden organisatorischen Rahmen voraus: Hier sind insbesondere die Ausweitung der Lehr-Lern-Zeit von 45-Minuten-Einheiten zu mehrstündigen Unterrichtseinheiten zu nennen. Hilfreich ist auch die Möglichkeit (und die Bereitschaft sowie Fähigkeit von Lehrkräften), Teams zu bilden und die Unterrichtseinheiten in Kooperation mit Kollegen vorzubereiten. Im Zuge der gemeinsamen Vorbereitung der Lehr-Lern-Sequenzen wird Unterricht quasi zum kollektiven Eigentum. Hierzu muss das bei Lehrkräften verbreitete Autonomie-Paritätsmuster [3] aufgelöst werden. Überzeugung und Engagement sowie persönliche und didaktische Fähigkeiten der Lehrpersonen sind zu fördern.

Abschließend ist herauszustellen: Mit singulären Maßnahmen wie beispielsweise der Verordnung von Bildungsstandards wird man die Qualität des Schulsystems nicht wesentlich steigern können. Substanzielle Qualitätssteigerungen im Berufsbildungssystem sind vielmehr dann möglich, wenn Lern- und Arbeitserfolge simultan auf der Ebene der Leitung der Bildungsinstitution, der Lehr- bzw. Ausbildungspersonen sowie der Lernenden angestrebt werden. Hierzu ist es notwendig, die substanziellen Beschaffenheiten und Unterschiede sowie die strukturellen Wirkmechanismen zwischen verschiedenen Ebenen zu identifizieren bzw. zu überprüfen. Mit *Fend* (2000, 61) gehen wir davon aus, dass diese Fragen insbesondere „in einem mehrebenenanalytischen Design von Bildungssystemen und im Rahmen der Vorstellung [...], dass das Bildungssystem von Personen ‚gemacht' wird, die auf verschiedenen Ebenen in einem gesetzlichen Rahmen gestaltend tätig sind", sinnvoll zu bearbeiten sind. Es geht also immer darum, Qualitätsentwicklungen simultan auf der Makro-, Meso- und Mikroebene zu initiieren und ihre Wirkungen auf den angestrebten Erfolg hin zu überprüfen. Entsprechende Forschungsprojekte sind zu initiieren (vgl. *Seifried, Sembill* et al. 2005).

---

[3] Der Begriff Autonomie-Paritätsmuster bezeichnet die Ansicht, dass der Unterricht ausschließlich in der Verantwortung der einzelnen Lehrkraft liege und damit jede Lehrperson jeder anderen gegenüber gleichwertig sei (siehe z. B. *Altrichter & Eder* 2004).

Susanne Weber

Qualitätsverbesserung von Unterricht –
Vom Standardangebot zu komplexen Lehr-Lern-Arrangements

Zur Verbesserung der Unterrichtsqualität wird hier das „Design Experiment" vorgeschlagen und anhand eines Beispiels zur Förderung interkulturellen Lernens verdeutlicht. Auf der Basis der „Social Cultural Activity Theory" und des „Mindful Identity Negotiation" wird eine Lehr-Lern- und Entwicklungsumgebung gestaltet. Zur Wirksamkeitsüberprüfung werden vielfältige Erhebungsmethoden (Fragebögen, Critical Incidents, Audioaufzeichnungen etc.) eingesetzt und deren Ergebnisse mittels „Pattern Matching" cross-validiert. Im hier vorgestellten Beispiel kann gezeigt werden, dass es mit Hilfe eines Design Experiments möglich ist, auf der Grundlage neuerer empirischer Erkenntnisse alternative Lehr-Lern-Arrangements zur Verbesserung von Unterrichtsqualität zu gestalten und diese im Hinblick auf die initiierten Lernprozesse/-effekte systematisch zu beobachten und zu evaluieren.

1 Zum Standardangebot traditionellen Unterrichts

Dass eine Qualitätsverbesserung von Unterricht wünschenswert und notwendig wäre, ist eine triviale Aussage; dennoch bezeichnet sie ein weitgehend ungelöstes Problem (vgl. u. a. *Ditton* 2000b; *Fend* 2001). Umfangreiche Erhebungen zum unterrichtsmethodischen Verhalten von Lehrerinnen und Lehrern zeichnen übereinstimmend ein vergleichbares Bild (vgl. *Holzmann* 1978; *Hage* et al. 1985; *Rebmann* 2001; *Czycholl & Klusmeier* 2003; *Pätzold, Wingels & Klusmeier* 2003). Es lässt sich resümierend festhalten, dass Lehrerinnen und Lehrer durchaus ein Bewusstsein dafür haben, über den Einsatz anderer Unterrichtsmethoden – vor allem komplexer Lehr-Lern-Arrangements – mehr Erfolg für den Unterricht zu erreichen. Diese grundsätzlich gegebene Einsicht zieht aber kaum Konsequenzen für die tagtägliche Unterrichtsgestaltung nach sich. Argumente, die durchgängig vorgetragen werden, zielen darauf, dass man komplexe Lehr-Lern-Arrangements nicht hinreichend kennengelernt habe, dass man keine Erfahrung mit ihrem Einsatz habe und dass man gleichzeitig sehr wohl wisse, dass mit dem Einsatz dieser komplexen Lehr- und Lernformen zugleich auch die Komplexität des Unterrichts steige. In dem Sammelband von *Achtenhagen & John* (1992) wird durchgängig darauf hingewiesen, dass es notwendig sei, zusammen mit den komplexen Lehr-Lern-Arrangements auch den Unterricht entsprechend neu zu planen.

Als Beispiele hierfür stehen Abhandlungen zu „Fallstudien und Fallstudienunterricht" (*John* 1992) oder zur „Komplexität im Betriebswirtschaftslehre-Anfangsunterricht" (*Preiss* 1992, wo der Zusammenhang von Planspiel und Planspieleinsatz deutlich wird). *Rebmann* (2001) stellt ihre Überlegungen zu einer konstruktivistischen Planspieldidaktik unter die Überschrift „Planspiel und Planspieleinsatz". Vergleichbare Überlegungen finden sich im Rahmen der *Situated Learning*-Bewegung u. a. zum *Anchored Instruction*-Konzept (*CTGV* 1997), zur *Cognitive Apprenticeship* (*Collins, Brown & Newman* 1987), zu *Goal-Based* Szenarios (*Schunk* et al. 1993), zum *Prob-*

lem-Based Learning (Boud & Feletti 1997). Hierher gehören auch der Einsatz ‚komplexer Lehr-Lern-Arrangements' *(Achtenhagen & John* 1992), des *Instructional Design* (u. a. *Achtenhagen* 2001; *Blömeke* 2003; *van Merrienboer* 1997) und des *Community-Based Learning (Wenger* 1999). *Pellegrino* (2003) stellt für die amerikanische Unterrichtsinterventionsforschung vergleichbare Ansätze vor. Eine grundlegende didaktische Überlegung, mit deren Hilfe sich auch die Schwierigkeiten und Ängste bei einem Planspieleinsatz charakterisieren lassen, liegt darin, dass es große Schwierigkeiten zu bereiten scheint, die in den komplexen Lehr-Lern-Arrangements angelegten Fälle und die damit gegebenen Lehr- und Lernchancen in angemessener Weise zu systematisieren (vgl. hierzu *Reetz & Tramm* 2000).

Die bisherige Argumentation war primär auf die Frage des Einsatzes komplexer Lehr-Lern-Arrangements bezogen. Sie ist zu ergänzen durch die systematisierende Frage nach empirischen Belegen und Evidenzen für den Erfolg des Einsatzes komplexer Lehr-Lern-Arrangements im Vergleich zu traditionellem Frontalunterricht. Hier geht es um das Problem, wie empirische Forschung angelegt sein müsste, die zu Ergebnissen führt, die eindeutig die Überlegenheit alternativer Unterrichtskonzepte belegen. Zentral stellt sich die Frage nach der ökologischen Validität empirischer Lehr-Lern-Forschung (vgl. die Beiträge in der *Unterrichtswissenschaft* 1979; vgl. auch *Euler* 2003; *Nickolaus* 2003; *Beck* 2003). International finden wir Versuche – erklärbar auch aus den Resultaten nationaler wie internationaler Vergleichsstudien – systematisch Ergebnisse empirischer Forschung zusammenzustellen, die wichtige und entscheidende Hinweise auf erfolgreiches Lehren und Lernen geben können. Für die Vereinigten Staaten hat der *National Research Council* zwei Studien anfertigen lassen, mit deren Hilfe Ergebnisse der Lernforschung für Zwecke des Lehrens aufbereitet wurden: „How People Learn" (*Bransford, Brown & Cocking* 2000) und „Knowing What Students Know" (*Pellegrino, Chudowsky & Glaser* 2001). In einer Schweizer Studie hat *Oser* (2001) versucht, Standards als Kompetenzen für Lehrpersonen zu entwickeln. Dabei hat er in der Zwischenzeit Verfahren entworfen, solche Standards mit Hilfe entsprechender Filmaufnahmen zu visualisieren (*Oser & Renold* 2006). *Brophy* (2002) hat für das *International Bureau of Education* versucht, „Gelingensbedingungen von Lernprozessen" anhand einer Auswertung der einschlägigen empirischen Forschung zu bestimmen. Diese nach *Brophy* zentralen Ergebnisse der Lehr-Lern-Forschung hat *Hilbert Meyer* zu „10 Merkmalen guten Unterrichts" verdichtet (*Meyer* 2004, 17 ff.). Ein vergleichbarer Kriterienkatalog findet sich auch bei *Helmke* (2003).

Hinter diesen Kriterienkatalogen verbirgt sich eine zentrale Problematik: Die Kriterien basieren auf Zusammenfassungen von Ergebnissen empirischer Studien, die z. T. metaanalytisch gestützt sind (vgl. *Fraser* et al. 1987; *Walberg* 1991; *Frey & Frey-Eiling* 1992; auch *Gage* 1979). Dabei spielt die Art und Weise, in der Hypothesen getestet und empirische Befunde gewonnen werden, eine ausschlaggebende Rolle. Es geht nämlich um die Frage, welchen forschungsmethodischen Kriterien eine Lehr-Lern-Forschung gehorchen sollte, die in der Lage ist, generalisierungsfähige und auf unterrichtspraktische Probleme bezogene Forschungsergebnisse zu produzieren. Zugespitzt formuliert: Ob Laborforschung, deren Bedingungen sich weitestgehend kontrollieren lassen, hinreichend in der Lage ist, ökologisch valide Ergebnisse zu erzielen.

Demgegenüber stehen Feldstudien, die ökologische Validität durchaus für sich in Anspruch nehmen können, bei denen aber die Reliabilität der Messinstrumente und die Anlage des Forschungsdesigns Zweifel an der Generalisierungsfähigkeit der Ergebnisse aufwirft. Unter Bezugnahme auf diese Problemlage hat *Brown* (1992) den Versuch unternommen, mit Hilfe eines forschungsmethodischen Vorgehens, dem sie den Namen *Design Experiment* gegeben hat, die Gegensätze zwischen strikter Laborforschung und nicht hinreichend reliabler Feldforschung zu überbrücken. Wir sehen in diesem Vorschlag eine vielversprechende Möglichkeit, Ergebnisse zu erhalten, die sich für Interventionen im Unterricht sowie als Basis alltäglicher Unterrichtsentscheidungen besser eignen als die Hinweise und Überzeugungen, die das alltägliche Unterrichtsgeschehen prägen. Vor allem sehen wir hier eine Chance, die Lehr-Lernmöglichkeiten komplexer Lehr-Lern-Arrangements begründend und systematisierend für das Unterrichtsrepertoire von Lehrerinnen und Lehrern zur Verfügung zu stellen und damit die Qualität von Unterricht erfahrbar und kontrollierbar zu verbessern. Der Ansatz des *Design Experiments* steht daher in den folgenden Ausführungen im Zentrum.

2 Das Design Experiment

Internationale Vergleichsstudien zu Schulleistungen, aber auch zahlreiche OECD-Studien zur Entwicklung von *Human Resources* sowie ökonomische Wettbewerbsüberlegungen haben die Diskussion um effektive Lehr- und Lernleistungen von Schule und Ausbildung in Richtung eines lebenslangen Lernens erneut angeregt. In der Berufs- und Wirtschaftspädagogik brechen vor diesem Hintergrund wieder heftige Diskussionen um den erreichten Forschungsstand und die zugrundeliegende Forschungsmethodologie sowie um die aufgrund der entsprechenden Mängelanalysen zu ziehenden didaktischen Konsequenzen und auch der notwendig zu ergreifenden bildungspolitischen Maßnahmen auf. Als markante Beispiele wären die Denkschrift der *Deutschen Forschungsgemeinschaft* (1990), der Bericht von *Arnold & Tippelt* (1992) sowie vor allem die von *van Buer & Kell* (2000) vorgelegte „Berichterstattung über Berufsbildungsforschung" zu nennen. Die Beiträge in *Kaiser* (2000), aber auch von *Beck* (2003), *Nickolaus* (2003) und *Euler* (2003) zeigen die Heftigkeit der Auseinandersetzungen, bei denen es vor allem um die ‚Wissenschaftlichkeit' der gewählten Untersuchungsstrategien, aber auch um die nachhaltige ‚Anwendbarkeit' und ‚Generalisierbarkeit' der berichteten Ergebnisse geht (vgl. *Nickolaus, Riedl & Schelten* 2005; *Beck* 2005b).

In den USA wird in vergleichbarer Weise diese Kontroverse auf Gegensätze zwischen quantitativen (experimentelle Laborforschung) und qualitativen (narrative Verstehensprozesse) Forschungsmethoden übertragen. Dabei geht es zentral um Fragen einer „wissenschaftlich" pädagogischen Forschung, die die Unterrichtspraxis erreicht (vgl. *Shavelson & Towne* 2002; die Beiträge im *Educational Researcher* 2003/1).

> "Some see this gap as arising from unscientific research approaches ..., while others point to the detachment of research from practice" (*Design-Based Research Collective* 2003, 5).

Es geht somit um die ‚ökologische Validität' von Forschung (vgl. die Beiträge in der *Unterrichtswissenschaft* 1979).

Das Hauptmotiv für diese Diskussion kann in der generellen Unzufriedenheit mit den Leistungen in Schule und Ausbildung gesehen werden – wie dieses für den Schulbereich über die internationalen Vergleichsstudien von Schulleistungen, aber auch über zahlreiche OECD-Studien zur Entwicklung von *Human Resources* verdeutlicht wird. Es geht darum, innovative Lösungen zu entwickeln, die helfen, Lernprobleme zu verringern und Entwicklungsprozesse im Sinne eines lebenslangen Lernens zu initiieren, wobei die einzelnen Maßnahmen und Bedingungen als Erfolgsfaktoren zugleich in größeren Kontexten Anwendung finden und Wirksamkeit zeigen können.

Aufgrund dieser emotional aufgeladenen Diskussion, aber auch aus pädagogischen Notwendigkeiten heraus wurden in der letzten Dekade international verschiedene – vom Prinzip her vergleichbare – Vorschläge vorgelegt, mit denen versucht wird, das vorhandene theoretische Wissen zum Lehren und Lernen für Bedürfnisse der Schul- und Ausbildungspraxis nutzbar zu machen. Auf die entsprechenden Studien haben wir bereits aufmerksam gemacht.

Im Hinblick auf die Anwendung dieser Forschungsergebnisse in der Schul- und Unterrichtspraxis gibt es ebenfalls vergleichbare Vorschläge: Als didaktisches Mittel der Wahl wird international übereinstimmend der Einsatz komplexer Lehr-Lern-Arrangements angesehen. Das Neuartige ist dabei, dass sie in Analogie zu einem ingenieurtechnischen Vorgehen (*Design*) aus einer integrierenden Sicht heraus erarbeitet sind: So herrscht Übereinstimmung darüber, dass lerntheoretische Erkenntnisse zu berücksichtigen sind, dass selbstorganisierte Lernaktivitäten in starkem Maße zu ermöglichen sind, dass die Ziele und Inhalte im Sinne eines *Deep Level of Understanding*, aber auch die technologischen Mittel zur Unterstützung des Lehrens und Lernens eine zentrale Rolle zu spielen haben. Zugleich gewinnen die Probleme der praktischen Anwendbarkeit und der Durchführungsqualität der Lehr-Lern-Arrangements zentrale Bedeutung; denn hiervon hängen die Implementations-, vor allem aber auch die Disseminationschancen der geplanten Interventionen ab (vgl. hierzu auch *Brown* 1992, 142; siehe auch die Beiträge in *Vosniadou* et al. 1996, vor allem *Collins* 1996).

Der Unterschied im Vergleich zu klassischen didaktischen Modellen liegt darin, dass die Beziehungen zwischen den betrachteten Variablen bezüglich Richtung, Intensität und Wirkung spezifiziert und in Experimenten oder Feldstudien überprüft werden (der *Experiment*-Aspekt). Dieses ist der *Binnenaspekt* eines *Design Experiments*: Bestimmte Komponenten eines komplexen Lehr-Lern-Arrangements werden mit ihren Beziehungen zueinander unter theoretischer Perspektive hervorgehoben. Der *Außenaspekt* betrifft die Wirkung des eingesetzten Arrangements als Ganzes. Auch hier sind theoretische Spezifikationen erforderlich. Diese theoriegeleiteten Spezifikationen sind dabei in einer Weise zu operationalisieren, dass sie angemessenen empirischen Überprüfungen zugänglich werden (eine Facette des *Experiment*-Aspekts). An dieser Stelle ist auch auf die Bedeutung der Formulierung technologischer Theorien zu verweisen (vgl. *Achtenhagen* 1984, 242ff., im Anschluss an *Bunge* 1967). Dieses Wechselspiel von Theorie und darauf bezogenen Überprüfungsverfahren (vgl. auch *Achtenhagen* 1979) eröffnet eine begründete Chance, Generalisierungen vornehmen zu können.

In den USA hat vor allem *Ann L. Brown* (1992) die Methodologie des *Design Experiments* vorgeschlagen, die in späteren Veröffentlichungen auch als *Design Studies* oder *Design Research* bezeichnet wurde, um sich deutlicher gegenüber der Experimentalforschung abzugrenzen. Eine Forschergruppe, die sich dieser Methodologie verschrieben hat, nennt sich *Design-Based Research Collective* (2003). Erklärtes Ziel dieses Ansatzes sind „nachhaltige Innovationen" (*Bereiter* 2002, 330) zur Verbesserung der Unterrichtspraxis und deren Resultaten (*Outcome*). Dabei handelt es sich um ein Forschungsvorgehen, bei dem Lernphänomene nicht in Labors, sondern in realen Situationen untersucht werden. Ausgehend von einer gezielten Gestaltungs- und Veränderungsabsicht werden bei der Problemanalyse korrespondierende Forschungsfragen entwickelt. Dabei werden unter Rückgriff sowohl auf bestehende Theorien und Forschungsresultate als auch auf konkrete Problemstellungen sowie Lehr- und Lernerfahrungen der Praktiker (Lehrer und Trainer) Lehr-Lern- und Entwicklungsumgebungen gestaltet (als *Design* entworfen) und auf den spezifischen Bildungskontext hin abgestimmt. Die einzelnen Aspekte und Sequenzen der Lern- und Entwicklungsumgebungen werden sorgfältig dokumentiert und legitimiert sowie in die Unterrichtspraxis implementiert und evaluiert. In Zyklen von Design, formativer und summativer Evaluation als auch Re-Design wird das gesamte *Design Experiment* kritisch überwacht und im Hinblick auf mögliche Unzulänglichkeiten überprüft. Hierzu werden vielfältige Methoden (Feldbeobachtung, Interviews, Dokumentenanalysen, Fallstudien, ethnographische Studien, Prä-Posttest-Untersuchungen etc.) eingesetzt, wie sie von der Fragestellung her sinnvoll erscheinen. Als Ergebnis dieser *Blended Strategy* werden kohärente Argumentationsstränge entwickelt, die neben einem tieferen Verständnis der Lern- und Entwicklungsprozesse auch die Generierung von innovativem, nützlichem Wissen und von Lösungen als so genannte *Protothéories* ermöglichen (*Design-Based Research Collective* 2003, 5). Diese Theorien lassen sich mit kontrollierten Laborexperimenten und anderen Forschungsansätzen verbinden: z. B. um relevante Kontextfaktoren zu identifizieren, bestimmte Interaktionsmechanismen zu erhellen oder den spezifischen Einfluss einer Intervention zu erfassen (*Design-Based Research Collective* 2003, 6; *Brown* 1992; *Shavelson* et al. 2003, 25). Diese neuen Erfahrungen und Resultate (*Innovative, Expanded and Viable Solutions*) gilt es, in möglichst vielen weiteren Kontexten einzusetzen und auf ihre Praktikabilität hin zu prüfen – um auf diese Weise verallgemeinerbare Erkenntnisse zu erlangen, diese der wissenschaftlichen *Community* zu präsentieren und zugleich einer detaillierten Kritik zu unterziehen.

Damit geht es um eine ‚ökologische' Nachbildung von Lehr- und Lernprozessen (*Reinmann* 2005, 61), deren Komplexität durch systematische Gestaltung, Durchführung, Überprüfung und Re-Design unter forschungs- und unterrichtspraktischen Aspekten besser durchdrungen werden kann als bisher mit Laborexperimenten. Als Resultat erhält man damit kontextualisierte Theorien des Lernens und Lehrens einschließlich eines Wissens zum Designprozess (theoretischer Output) sowie konkrete Verbesserungen für die Praxis und die Entfaltung innovativer Potentiale im Bildungsalltag (praktischer Output) (*Reinmann* 2005, 61; in Anlehnung an *Cobb* et al. 2003; *Design-Based Research Collective* 2003). Eine explizite Ausarbeitung der Idee des *Design Experiments* findet sich in der Studie zum interkulturellen Lernen und Entwickeln in der beruflichen Erstausbildung von *Weber* (2003; 2004; 2005b).

In der Denkschrift von *Shavelson & Towne* (2002) werden in allgemeiner Form sechs miteinander zusammenhängende Prinzipien genannt, die pädagogische Interventionsprojekte erfüllen sollten, um als wissenschaftlich zu gelten:

(1) Es sollen (theorie- wie praxis-)angemessene Forschungsfragen gestellt werden, die sich empirisch beantworten lassen;

(2) die Forschung soll theorierelevant sein und

(3) einen direkten Bezug zu Untersuchungsmethoden und Forschungsfragen haben;

(4) die Begründungsmuster für die Gewinnung der Forschungsfragen und ihre Überprüfung müssen kohärent und explizit formuliert werden;

(5) Replizierbarkeit und Generalisierbarkeit der Studien sind vorzusehen;

(6) Forschungsschritte und gewonnene Ergebnisse sind nachvollziehbar darzustellen.

Damit verschiebt sich auch das Anliegen pädagogischer Forschung: So geht es nicht nur um die Beschreibung, Analyse und Erklärung von Zusammenhängen unterrichtlichen Geschehens, sondern auch um die Veränderung bzw. Verbesserung von Unterrichtspraxis und die Auseinandersetzung mit pädagogischen Normen und Standards.

Die Jasper Series der *Cognition and Technology Group at Vanderbilt* (*CTGV* 1997) kann als erste umfassende praktische Umsetzung dieser Ideen gesehen werden, indem Lernende die Möglichkeit bekommen haben, Rechenfertigkeiten beim Umgang mit authentischen realen Situationen zu erlernen (vgl. hierzu auch *Achtenhagen & Weber* 2003). Hierbei konnte die Annahme getestet werden, dass Lernen kontextgebunden ist und dass das Lernen von Mathematik mehr mit dem Erfahrungshorizont der Lernenden verknüpft werden sollte (*CTGV* 1997, 5). Es wurden zudem Annahmen über ‚Verankerungen', ‚Transfer' und ‚Metakognition' getestet. Für den Einsatz komplexer Lehr-Lern-Arrangements in der Berufs- und Wirtschaftspädagogik kommt es darauf an, die empirische Durcharbeitung besonders im Hinblick auf die simultane Betrachtung der Binnen- und Außenperspektive des Designs zu verbessern.

Auch wenn dieser Ansatz von Kritikern zu Beginn als ‚*Pseudo-experimental Research in Quasi-Naturalistic Settings*' (*Brown* 1992, 152) karikiert wurde, erfahren die Vorschläge zum *Design Experiment* international große Aufmerksamkeit. In der deutschen Pädagogischen Psychologie werden Gedanken des *Design Experimenst* ebenfalls in Bezug auf ihren Erkenntniswert und Nutzen für die Bildungspraxis geprüft (u. a. *Fischer* et al. 2003; *Reinmann* 2005). Dem *Design Experiment* bzw. einer *Design-Based Research* wird ein hohes Innovationspotenzial für die Gestaltung der Bildungspraxis zugemessen: So wird mit diesem Verfahren nicht nur eine Brücke zwischen Theorie und Praxis geschlagen (*Design-Based Research Collective* 2003, 5); vielmehr bildet die Praxis mit ihren Problemen einen Ausgangspunkt für Theoriebildung und wissenschaftlichen Fortschritt im Bereich des Lehrens und Lernens. Das *Design Experiment* folgt keinem „Entwickler-Anwender-Verhältnis", sondern ist als kollegiale Partizipation von Forschern und Praktikern im Sinne einer Co-Konstruktion zu verstehen, die spezifische Kontextfaktoren besser berücksichtigen sowie eine höhere Akzeptanz im Feld erzeugen kann und damit die Implementation im Gestaltungs- und Forschungsprozess sowie die Dissemination möglich und wahrscheinlicher macht

(u. a. *Reinmann* 2005, 66f.; *Fischer* et al. 2003; zu praktischen Anwendungen u. a. *CTGV* (1997); *Achtenhagen & John* 1992; *Weber* 2003, 2004, 2005b). Damit vermag das Konzept des *Design Experiments* die Nische zwischen Laborexperimenten, Praxisbeschreibungen, Ethnographien und Large-Scale-Studien zu füllen – und zugleich auch einen wesentlichen Beitrag zur Auflösung der Kontroversen zwischen DFG-gestützter Forschung und Modellversuchsprogrammen zu leisten.

3 Beispiel eines Design Experiments zur Verbesserung von Unterrichtsqualität

Das im Folgenden vorgestellte Praxisbeispiel bezieht sich auf die Notwendigkeiten interkulturellen Lernens und der Entwicklung interkultureller Kompetenz. Entsprechende Lehr-Lern-Arrangements sind zu entwickeln. Die internationalen Schulvergleichsstudien legen eindrücklich nahe, Fragen der Interkulturalität auf allen Ebenen des Bildungssystems verstärkt und intensiv zu behandeln. Die Frage bleibt dabei, wie für ungefähr 800.000 Schülerinnen und Schüler sowie Auszubildenden im beruflichen Ausbildungswesen Deutschlands Möglichkeiten eines effektiven interkulturellen Lernens geschaffen werden können. Diese Fragen stellen sich in verstärktem Maße, da zur Zeit konsistente Theorien, die mit ihren entsprechenden empirischen Prüfungen Interventionsprogrammen zugrunde gelegt werden könnten, kaum vorliegen. Auch wenn es eine Fülle von Trainingsverfahren gibt, so scheinen diese im Durchschnitt wenig erfolgreich zu sein, wofür vor allem die folgenden Punkte verantwortlich sind:

(1) Es fehlt eine umfassende Theorie, um interkulturelle Interaktionsprozesse angemessen beschreiben und analysieren zu können.

(2) Die Trainingsverfahren sind nur unzureichend in die curricularen Strukturen der beruflichen Aus- und Weiterbildung eingebettet.

(3) Die für gewöhnlich gewählten Lehr- und Lernmodelle zeichnen sich sehr oft durch eine traditionelle Struktur aus und ignorieren häufig neuere Forschungsergebnisse.

(4) Aus organisatorischen und Kostengründen sind interkulturelle Trainings auf einen meist zu kurzen Zeitraum eingegrenzt.

(5) Die interkulturellen Trainingsmodule sind häufig zu allgemein und damit zu wenig auf spezifische berufliche Aufgaben bezogen.

(6) Die Trainingsmodule vernachlässigen in einem hohen Maße die Entwicklungsdynamik von Kultur, Situationen, Personen und Interaktionen.

Um diese Schwierigkeiten zu überwinden, wurde ein ganzheitliches Konzept interkulturellen Lernens entwickelt, auf der Basis der Ansätze von *Ting-Toomey* (1999): „Mindful Identity Negotiation", und *Engeström* (1999a; 199b): „Social Cultural Activity Theory" (*Weber* 2003, 2004, 2005b). Mit der Verknüpfung dieser beiden Ansätze gelang es, eine Interventionsstudie in der kaufmännischen Ausbildung zur Initiierung interkulturellen Lernens und seiner Entwicklung zu konzipieren (Abbildung 1).

Mit dieser Verknüpfung von „tätigkeits- bzw. *activity*-orientierten" und „kommunikations-orientierten" Perspektiven wurde versucht, Interaktionen in interkulturellen Situationen abzubilden. Im Fokus stehen dabei insbesondere individuelle wie kollektive Aspekte des interkulturellen Lernens und Handelns vor dem Hintergrund der jeweiligen mikro-, meso-, exo- und makrostrukturellen Systemebenen. Konkret geht es darum, den Orchestrierungsprozess der Elemente des *Activity System* sensu *Engeström* – ergänzt um Operationalisierungen des *Mindful Identity Negotiation-Konzepts* von *Ting-Toomey* als *Intercultural Framework* – mit seinen jeweils spezifischen Ausprägungen zu beschreiben, zu analysieren und als Interventionen zum Erwerb interkultureller Kompetenz fruchtbar zu machen. Die Elemente des *Activity System* finden sich in der Kopfzeile in Abbildung 1.

Abbildung 1: Intercultural Framework (vgl. Weber 2005b, 116)

Intercultural framework	Engeström's *activity system*						
	Subject/Team members	Instruments	Object	Outcome	Rules	Community	Division of Labor
	Ting-Toomey's *mindful identity negotiation*						
				"Inter-culture"/ "third space" (commonly shared meaning)	Intercultural communication skills		* Motives * Cultural knowledge
Variablen	Individuen oder Teams	Vermittelnde, kulturelle Artefakte in einer spezifischen Situation	Eher kurzfristige, *situations-spezifische Lösung* Qualität der Aushandlung: - angemessen - effektiv - zufriedenstellend Die Art und Weise der Interaktion sollte es erlauben, dass sich die Beteiligten + verstanden + respektiert + unterstützt fühlen.	Eher *längerfristige*. *Lösung:* Basis, auf der die Beteiligten eine gemeinsam geteilte 'Vision' entwickeln *Qualität der Aushandlung:* - angemessen - effektiv - zufriedenstellend Die Art und Weise der Interaktion sollte es erlauben, dass sich die Beteiligten + verstanden + respektiert + unterstützt fühlen.	*Kommunikationsmuster:* - Präsentieren - Herausfordern - Facework-Management - Unterstützung der Identitätsbedürfnisse des Anderen - ,mindful' Beobachten - ,mindful' Zuhören - ,mindful' Befragen *Selbstreflexion:* - Awareness des eigenen Standpunktes; - Infragestellen / Hinterfragen des eigenen Standpunktes	Die Teilnehmer einer interkulturellen Interaktionssituation nehmen neben ihren Mitgliedern noch weitere Personen(-gruppen) wahr ("*stakeholder*"), die ein zentrales Interesse an einer "guten" Lösung i.S.e. "object" und "outcome" haben.	*Identitätsbereiche*: - primär (kulturelle Identität; personale Identität etc.) - situational (Rollenidentität; Beziehungsidentität etc.) *Identitätsbedürfnisse:* - Sicherheit vs. Verwundbarkeit - Vertrauen vs. Misstrauen - Zugehörigkeit vs. Ausgrenzung - Bindungen vs. Autonomie - Stabilität vs. Veränderung *Kulturelle Orientierung:* Individuen nehmen neben der interpersonalen Interaktion auch die übergreifende kulturelle Einbettung ihrer Handlungen wahr: z.B. bzgl. Machtdistanz, Konfliktstilen, Umgang mit Räumen, Umgang mit Eigentum und Gegenständen

Der Ansatz der *Intercultural Framework* geht in Anlehnung an *Engeström* davon aus, dass gemeinsame Praxis (*Business As Usual*) zunehmend von den betroffenen Mitgliedern als unangemessen, konflikt- und spannungsreich erfahren wird. Aufgrund dieses empfundenen *Need State* finden sich die Betroffenen aus eigenem Antrieb zusammen und konstatieren: „Es muss etwas getan werden!" und „Verpflichtung, etwas gemeinsam zu tun!". Ziel ist, dass die Beteiligten neben einer ausführlichen Analyse der Problemsituation – vor ihrem gegenwärtigen und zurückliegenden Hintergrund – nicht nur gemeinsam geteilte eher kurzfristige Problemlösungen (*Objects*), sondern vielmehr längerfristige, überdauernde Lösungen (*Outcome*) im Sinne von übergreifenden, gemeinsam geteilten *Motives* und *Visions* entwickeln. Diese dienen dazu, individuelle und kollektive Handlungen zu koordinieren, wobei die individuellen Ziele und kollektiven ‚Motive' in einem *Activity System* durchaus im Widerspruch stehen können, jedoch für eine effektive Lösung balanciert und reflektiert werden müssen. Dieses geschieht, indem individuelle Handlungen und kollektive Aktivitäten im Hinblick auf *kulturelle/vermittelnde Artefakte (Instruments:* Werkzeuge, Sprache, theoretische Konzepte etc.), *Regeln der Koordination (Rules),* Modalitäten der *Arbeitsteilung (Division of Labor:* kulturelle Orientierungen, Werthaltungen, Identitätsbedürfnisse) oder/und Erwartungen der *unmittelbar* oder eher *mittelbar Betroffenen (Subject/Team Members; Community)* generiert werden. Auf diese Weise entsteht etwas Neues, das in dieser Form vorher noch nicht da war und das einzelne Mitglieder der Gruppe allein nicht hätten erreichen können [1]. Für die Orchestrierung, d. h. die Bearbeitungs- und Lösungsprozesse solcher Probleme hat *Engeström* eine Reihe von Vorschlägen entwickelt, die im Wesentlichen dem Phasenmodell eines *Expansive Learning Cycle* folgen.

Auf dieser Grundlage wurde der folgende Vorschlag einer Intervention zur Förderung interkulturellen Lernens in der kaufmännischen Erstausbildung als Design Experiment entwickelt (vgl. Abbildung 2):

Abbildung 2: Design der Intervention (vgl. *Weber* 2003, 98; 2005b, 123)

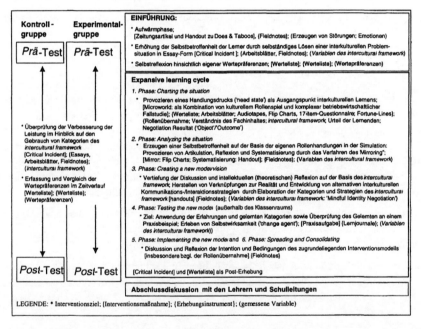

Die Intervention wurde entsprechend dem *Expansive Learning Cycle* sequenziert und mit Hilfe einer komplexen Lernumgebung *(Microworld)* implementiert, in der interkulturelle Aushandlungsprozesse simuliert und im Hinblick auf ihre Konsequenzen erfahren werden sollten.

---

[1] *Engeström* hat mit diesem Vorgehen in einer Reihe von Beispielen individuelle und kollektive Lernprozesse angeregt: z. B. Optimierung von Schiffsbauten auf einer Werft *(Engeström, Engeström & Kärkkäinen,* 1995) oder zur Neuordnung der Behandlung leukämieerkrankter Kinder in finnischen Krankenhäusern, die durch unreflektierte Abstimmung der Untersuchungen und Behandlungen unnötigen, beeinträchtigenden Belastungen ausgesetzt waren (u. a. *Engeström* 2003).

Die Studie fand in zwei kaufmännischen Schulen Südniedersachsens in jeweils zwei unterschiedlichen Klassen statt. Die Schülerinnen und Schüler besuchten das Wirtschaftsgymnasium sowie Berufsschulklassen für Industrie- bzw. Versicherungskaufleute (N=80). Sowohl die Voruntersuchungen als auch die Kontrollerhebung (N=29) wurden bei Studierenden der Wirtschaftspädagogik durchgeführt (für die ausführliche Darstellung vgl. *Weber* 2005b).

Für jede Phase des *Expansive Learning Cycle* wurden theoretisch begründbare und empirisch überprüfbare Lehr- und Lernziele definiert. Zugleich wurden – auf diese Ziele bezogen – didaktische Maßnahmen entwickelt. Die Effekte der einzelnen Maßnahmen wurden in den verschiedenen Phasen mit Hilfe unterschiedlicher Methoden und Instrumente (Fragebogen, Arbeitsblätter, Audioaufzeichnungen, Fieldnotes etc.) erhoben. Anschließend wurden die Ergebnisse dieser quantitativen und qualitativen Erhebungsverfahren wechselseitig validiert. Dieses Vorgehen diente dem Zweck, die Replizierbarkeit und Generalisierbarkeit der Intervention zu sichern.

Entsprechend der *Experiment*-Komponente des Design Experiments wurde ein Prä-Post-Design mit Experimental- und Kontrollgruppe gewählt. Die Interventionsmaßnahmen für die Experimentalgruppe folgte den Stufen des *Expansive Learning Cycle*, während die Kontrollgruppe nur den Prä- und Posttest absolvierte.

Die Intervention begann mit der Erzeugung eines *Need State*, in dem für den schulischen Kontext ein Konflikt mittels einer komplexen Lernumgebung (*Microworld*) provoziert wurde: als Kombination aus kulturellem Rollenspiel und einer betriebswirtschaftlichen Fallstudie. Damit sollte für die Lernenden eine interkulturelle *Clash*-Situation erzeugt werden, in der sie selbst interaktiv zu handeln und damit die Möglichkeit hatten, typische interkulturelle Missverständnisse – auch unbewusst – selbst zu produzieren (was aufgrund der Rollen- und Fallkonstruktion angelegt war) und damit Konsequenzen des eigenen Verhaltens sowie des Verhaltens anderer zu erleben.

Nachdem sichergestellt war, dass die Lernenden die Fallstudieninhalte verstanden, die Rollen übernommen sowie in die Interaktion eingebracht hatten, war u. a. die folgende Annahme nach Abschluss der ersten Phase zu prüfen:

> **A1:** Die komplexe Lernumgebung provoziert eine interkulturelle *Clash*-Situation, in der die Teilnehmer interkulturelle Kommunikations- und Interaktionsstrategien verwenden, die nicht als *Mindful Identity Negotiation* i. S. d. *Intercultural Framework* verstanden werden können.

Hierzu wurde u. a. ein „Fragebogen zur Beurteilung des interkulturellen Interaktionsprozesses" eingesetzt, der in Anlehnung an den *Intercultural Framework* formuliert war. Die Auswertung des Fragebogens (Cronbachs Alpha = 0.8893; N=80) mit Hilfe einer Faktorenanalyse (Hauptkomponentenanalyse mit drei extrahierten Faktoren: erklärte Gesamtvarianz: 56,33%; MSA: 0,807; Bartlett-Test: X^2=665,891, df=136, p=0,000; *Weber* 2005b, 179) zeigt das folgende Bild: Die Lernenden empfanden die „*Qualität der interkulturellen Interaktion*" [Faktor 1: „Qualität des *Mindful Identity Negotiation*-Prozesses"] überwiegend als negativ, d. h. sie fühlten sich durch die Mitglieder der fremden Kulturen eher „*nicht verstanden*", ihre Diskussionsbeiträge wurden auch „*nicht wertgeschätzt*"; zudem fühlten sie sich von den Fremden eher „*ausge-*

grenzt" und hatten das Gefühl, *"kein gemeinsames Verständnis"* erarbeitet zu haben. Die Lernenden konnten zwar eine hohe Zusammengehörigkeit mit den Mitgliedern ihrer neuen Kultur entwickeln, so dass sie sich relativ sicher fühlten; jedoch war es schwierig in der Auseinandersetzung, ihre eigenen kulturellen Überzeugungen zu bewahren [Faktor 2: „Identitätsbedürfnisse"]. Der dritte Faktor [„Kommunikationsfertigkeiten"] verweist auf ein zentrales Problem interkulturellen Handelns: Obwohl man das Verhalten der Fremden als nicht angemessen empfindet, werden *„aktiv keine Maßnahmen unternommen"*, um mehr Hintergrundwissen über die fremde(n) Person(en) zu bekommen und damit deren Verhalten einordnen und erklären zu können. Die Beteiligten verharren auf der Stufe des beobachtbaren „Was?", das vorschnell bewertet wird, anstatt sich zugleich mit dem „Warum?" und dem spezifischen „Kontext" auseinander zu setzen. Die Analysen mit Hilfe der anderen Instrumente, insbesondere die der Audioanalysen, die in Anlehnung an *Yin* (1994) als *Pattern Matching* erfolgten, weisen in dieselbe Richtung und unterstützen diese Interpretation.

Zusammengefasst: Durch die in der *Microworld* erlebten interkulturellen Missverständnisse konnten bei den Lernenden eine hohe Selbstbetroffenheit und ein Engagement für diese Thematik erzeugt werden, die eine notwendige und gute Voraussetzung für die sich anschließenden Diskussionen und interkulturellen Lernprozesse bildeten.

Diese Ergebnisse wurden in einem anschließenden differenzierten *Mirroring*-Prozess den Lernenden zurückgespiegelt, anhand der zugrundeliegenden theoretischen Konzepte mit diesen diskutiert und dabei ‚auf den Begriff gebracht' (*Intellectual Reflecting*). Neben weiteren Aufgaben schloss sich ein Praxisauftrag an, bei dem die vermittelten Kategorien von den Lernenden auf selbstgewählte außerschulische Alltagssituationen, die als interkulturell konfliktträchtig eingeschätzt wurden, anzuwenden und auf ihre Praktikabilität hin zu erörtern waren. Hieran schloss sich wiederum eine Phase des *Intellectual Reflecting* an – klassen-, gruppen- sowie individuenbezogen.

Im Hinblick auf die übergreifende Wirkung der Intervention (Prä-Post-Vergleich) wurde u. a. die folgende Annahme formuliert:

A2: Das ‚interkulturelle Verhalten' der Teilnehmer – bei der Bearbeitung einer interkulturellen Fallstudie (*Critical Incident*) – ist nach Abschluss der Intervention als kompetenter und angemessener zu beurteilen als vor der Intervention: Die Lernenden verwenden in ihren Verhaltensvorschlägen am Ende (Post-Erhebung) das *Intercultural Framework* (vgl. Abbildung 1) differenzierter und mit mehr positiv zu wertenden Kategorien als am Anfang (Prä-Erhebung).

Um das ‚interkulturelle Verhalten' im Prä-Post-Vergleich beurteilen zu können, hatten die Teilnehmenden eine interkulturelle Problemsituation (*Critical Incident*) sowohl in der Einführungsphase als auch nach Abschluss des *Expansive Learning Cycle* zu bearbeiten. Die Bearbeitung des *Critical Incident* erfolgte anhand von Kurzessays (N=61). Die hierin von den Lernenden präsentierten Handlungsvorschläge zur Lösung des interkulturellen Problems wurden anhand der Kategorien des *intercultural framework* dichotom kategorisiert und analysiert. Die Kategorisierung erfolgte unabhängig durch zwei Rater; Abweichungen wurden diskutiert und konsensual abgeglichen.

Im Folgenden wird für drei Kategorien des *Intercultural Framework*, die sich bei der Fragebogenerhebung als besonders kritisch herausgestellt hatten, gezeigt, wie sich die entsprechenden Werte von der Eingangs- zur Ausgangserhebung verändert haben: *„Herausfordern"*, *„Facework-Management"* und *„Selbstreflexion/Sich-Infragestellen"* (vgl. Abbildung 3).

Abbildung 3: Interkulturelles Verhalten von Experimental- und Kontrollgruppe im Prä-Post-Vergleich im Hinblick auf ausgewählte Kategorien des *Intercultural Framework* (vgl. Weber 2005b, 251)

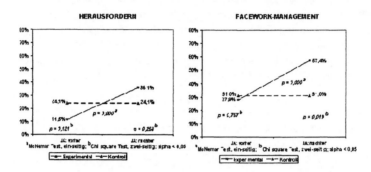

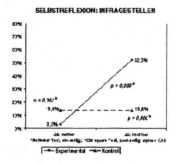

Während in allen drei Fällen sich die Werte für die Experimental- und die Kontrollgruppe bei der Eingangserhebung nicht unterscheiden – obwohl die absoluten Werte für die Experimentalgruppe unter denen für die Kontrollgruppe liegen, zeigt sich für die Ausgangserhebung ein signifikanter Anstieg. Dabei liegen alle Experimentalgruppenwerte in der Ausgangssituation absolut über denen der Kontrollgruppe; für *„Facework-Management"*, *„Selbstreflexion/Sich-Infragestellen"* sind die Differenzen für die Experimentalgruppe signifikant.

Mit der nach Kriterien für die Gestaltung komplexer Lernumgebungen konstruierten *Microworld* scheint es gelungen zu sein, die Lernenden in eine interkulturelle Interaktions- und Kommunikationssituation gebracht zu haben, in der sie ‚typische' interkulturelle Spannungen, damit verbundene Emotionen und aufkommende Missverständnisse erleben konnten. Die in dieser ‚authentischen' Episode gemachten *Erfahrungen* scheinen einen interkulturellen Lernprozess im hier definierten Sinne in Gang gesetzt zu haben. Die übergreifenden Ergebnisse der Prä-Post- und Experimental-Kontrollgruppen-Vergleichsanalysen zeigen, dass die Lernenden ihre interkulturelle Interaktion und Kommunikation über die Zeit hinweg im Hinblick auf Kategorien des *Intercultural Framework* verbessert haben: Sie haben erkannt, dass Kultur individuelle, aber auch gruppenspezifische Orientierungen und Verhalten beeinflusst, dass bestimmte Identitäten und Identitätsbedürfnisse situationsspezifisch relevant werden und dass hierauf bezogen entsprechende Aktivitäten zu entwickeln sind, wenn es zu angemessenen, effektiven und zufriedenstellenden Lösungen kommen soll. Dabei ist es nicht nur wichtig, prinzipiell gegenüber Fremden offen zu sein, sondern sich in der Interaktion und Kommunikation auch Hintergrundwissen über die Fremden zu verschaffen, um deren Verhalten entsprechend zu erklären, aber dieses auch mit eigenen Orientierungen und Identitätsbedürfnissen – im Wege der Selbstreflexion erarbeitet – zu konfrontieren.

4 Zusammenfassung, kritische Reflexion und Ausblick

Die Gestaltung der Intervention ging von der Feststellung aus, dass sowohl eine umfassende Theorie interkulturellen Lernens als auch entsprechende Trainingsmodule, die theoretisch begründet und in größere Zusammenhänge eingebettet wären, fehlten. Diese Feststellung wurde als Erklärung dafür herangezogen, dass bisher noch keine systematisch befriedigenden Vorschläge zur Förderung interkulturellen Lernens in der kaufmännischen Erstausbildung existierten. Dieser Ausgangspunkt der Überlegungen ist von der Grundidee her in *Ann Browns* Formulierung *„Design Experiments: Theoretical and Methodological Challenges in Creating Complex Interventions in Classroom Settings"* angesprochen. Da sich *Browns* Auffassung von der Notwendigkeit des Einsatzes komplexer Lehr-Lern-Arrangements in Übereinstimmung mit der neueren fachdidaktischen Diskussion befindet, bot es sich an, die Konstruktion, Implementation und Evaluation eines Vorschlags zur Förderung interkulturellen Lernens an ihren Vorstellungen zum Design Experiment auszurichten.

Es wurde gezeigt, wie es in einer kollegialen Partizipation von Forschern und Praktikern möglich ist, eine Intervention, die theoretisch angemessen begründet ist, im Unterricht umzusetzen. Diese Umsetzung erfolgte so, dass die einzelnen Interventionsschritte theoretisch begründet und zielbezogen empirisch nachprüfbar waren. Über die Gestaltung des Forschungsdesigns – durchaus im Sinne einer *Blended Strategy* als *Design Experiment* – konnten die einzelnen Interventionsschritte überprüft und als durchaus wirksam identifiziert werden. Sowohl im Hinblick auf die Gesamtkonzeption dieser Intervention – der Außenaspekt – als auch in Bezug auf die Vernetztheit der einzelnen Schritte – der Innenaspekt – ergeben sich begründete Chancen, die Intervention in vergleichbarer Weise bei anderen Adressaten durchzuführen, die Ergebnisse von der tendenziell zu replizieren und insgesamt den Erfolg dieser Intervention zu generalisieren. Es wurden damit kohärente Argumentationsstränge entwickelt, die sich im Sinne des *Design-Based Research Collective* als *Prototheory* charakterisieren lassen. In zwei Folgeuntersuchungen fanden sich diese Erwartungen bestätigt. Insgesamt deuten sowohl die erhobenen Daten als auch die kritischen-konstruktiven Rückmeldungen von Lehrern, Schulleitungen und Schülern darauf hin, dass das gewählte Lehr-Lern-Arrangement durchaus zu einer Qualitätsverbesserung von Unterricht – hier für das zentrale Gebiet des interkulturellen Lernens – einen wirkungsvollen Beitrag zu leisten vermag.

Reinhold Nickolaus

Kommunikative Strukturen und Sozialformen des Unterrichts –
Zentrale Steuerungsgrößen der inneren Schulentwicklung?

Die Ergebnisse aus verschiedenen Forschungssträngen deuten darauf hin, dass die Qualität von Lehr-Lern-Prozessen letztlich im konkreten kommunikativen Prozess bestimmt wird. Administrative Steuerungsversuche über curriculare Reformen und/oder methodische Vorgaben etc. unterliegen der Gefahr, die Mikroebene bzw. zentrale Qualitätsindikatoren des Unterrichts nicht in wünschenswerter Weise zu erreichen. Dieser Beitrag gibt einen Einblick in Forschungsergebnisse zu kommunikativen Strukturen und deren Rückbindung zu methodischen Entscheidungen und reflektiert deren Relevanz zur Sicherung von Unterrichtsqualität.

1 Einleitung

Die im Untertitel aufgeworfene Frage kann zumindest in zwei Perspektiven bearbeitet werden: a) als Frage inwieweit kommunikative Strukturen und Sozialformen des Unterrichts als (zentrale) Steuerungsgrößen des Unterrichts tatsächlich genutzt werden und mit welchem Erfolg dies gegebenenfalls geschieht und b) als Frage danach, was auf der Basis vorliegender Erkenntnisse dafür spräche kommunikative Strukturen und Sozialformen gegebenenfalls verstärkt als Steuerungsgrößen der inneren Schulentwicklung zu nutzen. Dass zwischen Sozialformen und den dort realisierten bzw. realisierbaren oder begünstigten kommunikativen Strukturen Zusammenhänge bestehen, wird in der einschlägigen Literatur vielfach beschrieben (*Beck* 1994; *Becker-Mrotzek & Vogt* 2001; *Hofer* 1997; *Sembill* et al. 1998; *Wuttke* 2005a). Zum Teil finden sich dazu auch „idealtypische" Gegenüberstellungen, die im Hinblick auf ihre Förderpotentiale spezifische Zuschreibungen erfahren (s. u.).

Unterrichtliche, primär sprachliche Kommunikation folgt implizit geltenden und z. T. explizit ausgewiesenen Regeln und ist wohl das zentrale Mittel um Lehr-Lern-Prozesse zu gestalten, gegebenenfalls Störungen in Lehr-Lern-Prozessen zu bearbeiten und hat neben ihrer Funktion im Wissenserwerb (*Wuttke* 2005a) weit reichende Implikationen für die Beziehungsqualitäten, die Motivation der Lernenden sowie die emotionale Befindlichkeit. „Kommunikationsfähigkeit" ist zugleich Voraussetzung als auch Ziel institutionalisierter Lehr-Lern-Prozesse, wobei sich in der Zielperspektive die Frage stellt, welche Ausprägung der Kommunikationsfähigkeit wünschenswert und unter bestimmten Bedingungen erreichbar ist.

Gegenstand der Forschung ist die Unterrichtskommunikation vor allem in formalen, fachübergreifenden Merkmalen (Quantität und Qualität der Beiträge), die inhaltliche Qualität des Kommunizierten im Sinne fachlicher Angemessenheit kam bisher kaum in Blick. Generell scheinen Studien zu überwiegen, in denen Kommunikationsstrukturen, nicht jedoch deren Effekte auf Lernergebnisse einer Analyse unterzogen wurden [1]. Relativ große Aufmerksamkeit erhielt dabei die „Frage" im Unterrichtsgeschehen [2]. Vorliegende Befunde, auf die noch näher eingegangen wird, sprechen dafür, dass vor allem die Qualität der kommunikativen Interakte und weniger quantitative Verteilungen auf die unterrichtlichen Akteure für den Wissensaufbau verantwortlich sind. In diese Richtung deuten auch zahlreiche Ergebnisse aus der Lehr-Lern-Forschung, in der der Qualität innerhalb der Lehrmethoden bzw. innerhalb der Methodenkonzeption deutlich höhere Anteile an Varianzaufklärung für den Lernerfolg zugeschrieben werden als der Lehrmethode und der damit mehr oder weniger fixierten Sozialform. Auch Lehrstrategien wie „Bekräftigungslernen" oder „remediales Lernen", die innerhalb verschiedener Lehr- und Sozialformen einsetzbar sind, erweisen sich nach Ergebnissen von Metaanalysen als gewichtigere Einflüsse als die Wahl der Lehrform selbst (*Helmke & Weinert* 1997, 78). Vor dem Hintergrund der hier kurz angerissenen Facetten des mit der Überschrift angedeuteten Problemraums werden im Folgenden (1) Relationen von Sozialformen und Kommunikationsstrukturen thematisiert, (2) ausgewählte Untersuchungsergebnisse zu Effekten kommunikativer Strukturen und Lehr- bzw. Sozialformen auf kognitiver, motivationaler und affektiver Ebenen in Kürze referiert, (3) die normativen Implikationen der Kommunikationsstruktur erörtert und (4) abschließend nochmals die im Titel des Beitrags aufgeworfene Frage aufgegriffen.

2 Relationen von Sozialformen und Kommunikationsstrukturen

Sozialformen regeln die primäre Kommunikationsstruktur im Unterricht, wie z. B. die primäre Richtung der Kommunikation und Steuerungsmöglichkeiten für die Interaktionspartner und begünstigen die Wahl spezifischer kommunikativer Handlungsmuster, wie Lehrervortrag, Unterrichtsgespräch, Erarbeitung von Lehrinhalten in Gruppen etc. Zahlreichen Studien zur Unterrichtskommunikation im Kontext von Unterrichtsgesprächen im Gesamtklassenverband (siehe z. B. *Peters* 1972; *Loser & Terhart* 1977; *Manstetten* 1982; *Becker-Mrotzek & Vogt* 2001; *Wuttke* 2005a) dokumentieren über die Zeit hinweg immer wieder die gleichen Grundmerkmale: (1) Lehrerdominante Kommunikationsanteile und Kommunikationskontrolle, wobei letztere auch der Kontrolle und Organisation sozialer Beziehungen dient, (2) als IRF-Sequenzen (Invitation by the Teacher, Response by the pupil, Feedback by the Teacher; *Wuttke* 2005a, 127f.; *Fürst* 1995) beschriebene Kommunikationsmuster, die dazu genutzt werden, thematische Einheiten zu zerlegen, um das Verständnis im Detail zu sichern aber mit der Gefahr einhergehen, dass Lernende den Überblick verlieren und Zusammenhänge nicht hinreichend erfassen (vgl. *Becker-Mrotzek & Vogt* 2001), (3) hohe Anteile grammatikalisch unvollständiger Sätze bei Schülerantworten auf Lehrerfragen, deren Aussagegehalt nicht problemlos erfasst werden kann und (4) geringe Anteile von Schüler-Schüler Kommunikation (*Manstetten* 1982; *Sumfleth & Pitton* 1998; *Wuttke* 2005a). Die referierten Befunde für den schulischen Kontext scheinen auch für die Situation in der betrieblichen Ausbildung mehr oder weniger zu gelten.

---

[1] Im Überblick *Wuttke* 2005, insbesondere 122ff.

[2] Im Überblick siehe *Niegemann* 2004.

So kommen *van Buer & Matthäus* nach Durchsicht relevanter Studien zum Ergebnis „Die alltägliche Kommunikation in der betrieblichen Ausbildung ist in hohem Maße durch zentral vom Ausbilder gesteuerte Funktionalisierungen geprägt; vor allem Metakommunikation, Empathie und Rollendistanz sind nur selten zu finden und stellen keine systematischen Bestandteile der Kommunikationsstruktur in den dortigen pädagogisch konstruierten Lern- und Arbeitssituationen dar" (*van Buer & Matthäus* 1994, 70f.). *Brünners* (1987) diskursanalytische Arbeit zur Instruktion in der betrieblichen Ausbildung verweist allerdings auch auf Besonderheiten pädagogischer Interaktionen im betrieblichen Kontext, die z. B. durch den realen Handlungskontext, in dem die Instruktion erfolgt, verursacht ist.

Dass Unterrichtsgespräche im Klassenverband nicht zwingend mit den oben genannten Merkmalen einhergehen müssen, zeigen beispielhaft der Ansatz des *Reciprocal Teaching* (*Palincsar & Brown* 1984) aber auch andere „innovative" Formen der Unterrichtskommunikation in der Gesamtklasse (vgl. *Wuttke* 2005a, insbes. 131ff.).

Der Ansatz des *Reciprocal Teaching* wurde zur Förderung der Lesekompetenz entwickelt und zielt vor allem auf die Verbesserung der Lesestrategien. *Reciprocal Teaching* beinhaltet eine Instruktionsphase, in der u. a. die Strategien und deren Zweck expliziert werden, woran sich eine Einübung der Strategien in multiplen Kontexten anschließt, die in einem interaktiven und kooperativen Arrangement erfolgt, wobei die Schüler sequenzweise auch die Rolle des Schülerlehrers und damit Kontrollfunktionen einnehmen (*Palincsar & Brown* 1984; *Brown & Palincsar* 1989). Die kommunikativen Handlungsmuster, die diesen Ansatz kennzeichnen, unterscheiden sich stark von der vorher beschriebenen Merkmalskonfiguration. Generell bleibt anzumerken, dass die Gestaltungsmöglichkeiten von Unterrichtsgesprächen vielfältig sind (*Bauer-Klebl* 2003; *Bauer-Klebl, Euler & Hahn* 2001; *Beck* 1994) und von erheblichen Unterschieden der Interaktionsqualität innerhalb der Lehrform auszugehen ist (*Peters* 1972; *Brophy & Good* 1976; *Hofer* 1997; *Kuntze & Reins* 2004; *Wuttke* 2005a).

Für kooperative Lehr-Lern-Umgebungen, wie Partnerarbeit, Gruppenarbeit, Rollenspiele, kooperative Projektarbeit etc. ergeben sich grundlegend anders ausgeprägte Kommunikationsstrukturen als in gängigen Formen des Unterrichtsgesprächs. Das gilt sowohl für die Kommunikationsrichtung, die Kommunikationsanteile als auch die Kommunikationskontrolle. Im Anschluss an *Vygotzkij* (2002) werden solche Lehr-Lern-Umgebungen nicht nur als vorteilhaft erachtet zur Entwicklung kommunikativer und sonstiger sozialer Kompetenzen, sondern auch zur Wissensgenerierung. Die Möglichkeit/Notwendigkeit selbst Probleme und Lösungsansätze zu artikulieren, die Diskussion verschiedener Lösungsmöglichkeiten und damit gegebenenfalls verbundenen kognitiven Konflikte und Reflexionen eigenen Denkens, die Konfrontation mit höherwertigen Argumentationen Gleichgestellter, vielfältige, gegebenenfalls widersprüchliche Perspektiven, Möglichkeiten des Lernens durch Lehren oder Erklären werden als Potentiale erachtet, die eine tiefere Verarbeitung des Wissens sichern [3]. Empirische Studien zeigen allerdings, dass die Potentiale häufig nur begrenzt genutzt werden. Asymmetrische Kommunikationsstrukturen in den Gruppen, überproportionale Beiträge leistungsstarker Schüler (*Cazden* 1988), geringe Anteile höherwertiger Kommuni-

---

[3] S. *Wuttke* 2005, 55ff., 134ff; *Renkl* (1997); zum Zusammenhang von Sprechen und Denken *Vygotzkij* (2002).

kationstypen (*Fisher* 1993; *Wuttke* 2005b), mangelnde Fähigkeiten den eigenen Lernprozess selbst zu steuern (z. B. *Hofer* et al. 1996; *Straka* et al. 1996), unzureichend entwickelte kommunikative Fähigkeiten, mangelnde Nutzung der nominellen Unterrichtszeit als Lernzeit oder auch inhaltliche Mängel der Kommunikation (vgl. z. B. *Vögele* 2003) begrenzen die Ausnutzung der Potentiale in Teilen erheblich. Von hoher Relevanz für die Arbeit in Gruppen und deren Ergebnisse erweist sich auch das Interventionsverhalten der Lehrkräfte. So ist die Wirkung von positiven und negativen Evaluationen der Lehrkraft z. B. hoch abhängig vom Situationsbezug. Sofern negative Evaluationen einen hohen Situationsbezug aufwiesen, gingen diese nach den Ergebnissen von *Fürst & Haug* (1998) in signifikanter Weise mit einer Verbesserung inhaltlicher Arbeitsfortschritte einher, gleiches gilt für positive Evaluationen mit hohem Situationsbezug. Ungünstige Effekte zeigen sich hingegen bei positiven und negativen Evaluationen ohne bzw. mit geringem Situationsbezug (*Fürst & Haug* 1998, 68f.).

Ähnlich wie oben für die inhaltsbezogenen Kommunikationsstrukturen und deren Rückbindung zu den Sozialformen lässt sich auch für kommunikative Akte, die auf die Herstellung günstiger lernförderlicher Bedingungen zielen, ein erhebliches Spektrum der kommunikativen Strukturen identifizieren. Der Zeitanteil, der für die Sicherung lernförderlicher Bedingungen aufgewendet werden muss, schwankt z. T. erheblich, im Berufsvorbereitungsjahr erreicht er unter ungünstigen Bedingungen bis zu 80 Prozent, in einem typischen Fachunterricht an der Berufschule ist das Verhältnis hingegen umgekehrt (*Nickolaus* 2006a, 106; vgl. auch *Manstetten* 1982, insbesondere 243).

Osers Typisierung [4] von Lehrerentscheidungen in unterrichtlichen Konfliktsituationen (Vermeidung des Thematisierens, Absicherung bzw. Delegation, Alleinentscheidung des Lehrers, unvollständiger/vollständiger Diskurs) korrespondiert hoch mit den oben für die inhaltsbezogene Unterrichtskommunikation genutzten Typisierungen. Die Alleinentscheidung des Lehrers entspricht strukturell der auch im Frontalunterricht üblichen Verteilung der Kommunikationsentwicklung, -anteile und -steuerung, im unvollständigen Diskurs werden die Schüler in die Analyse der Konfliktsituationen und die Erörterung von Entscheidungsalternativen einbezogen, aber die Entscheidung selbst bleibt der Lehrkraft vorbehalten, im vollständigen Diskurs wird auch die Möglichkeit zur Mitentscheidung eingeräumt. Mit den jeweiligen Varianten verbindet *Oser* spezifische Möglichkeiten der Förderung sozialer Kompetenz, wobei der Einsatz des einen oder anderen Typus letztlich situationsspezifisch zu entscheiden ist (*Oser* 1998), was auch für Sozialformen und damit verknüpfte Kommunikationsstrukturen gilt.

3 Ausgewählte Untersuchungsergebnisse zu Effekten von kommunikativen Strukturen und Lehr- bzw. Sozialformen auf kognitiver, motivationaler und affektiver Ebene

In neueren Beiträgen zur Lehr-Lern-Theorie (vgl. z. B. *Bransford, Brown & Cocking* 2000; *Pellegrino* 2003) wird besonders betont, dass verständnisorientiertes Lernen nicht nur eine tiefere Durchdringung der Sachverhalte, sondern auch die Anwendungs-

---

[4] Neben *Osers* Arbeiten sei hier beispielhaft zur Bearbeitung von Konflikten und Kommunikationssituationen auch auf die Arbeiten von *Schulz von Thun* (1995), *Cohn* (1975) und *Gordon* (1982) verwiesen.

fähigkeit des Wissens begünstigt. Die Lernenden werden (idealisiert) als zielorientierte Akteure konzeptualisiert, die aktiv Informationen zur Bewältigung anstehender Aufgaben/Probleme suchen bzw. generieren. In konstruktivistischer Perspektive wird die Relevanz des Vorwissens für Lernprozesse hervorgehoben, das die Wahrnehmung und Verarbeitung neuer Sachverhalte wesentlich bestimmt. Betont wird die Notwendigkeit metakognitiver Fähigkeiten, die es den Lernenden ermöglichen, eigene Lernprozesses zu steuern. Zum Teil wird an diesen und anderen Theoriesträngen anknüpfend eine Präferenz für Lehr-Lern-Arrangements „abgeleitet", die durch selbstgesteuertes, handlungsorientiertes Lernen gekennzeichnet sind; direktiven Lehrformen und damit verknüpften Sozialformen wird bestenfalls eine Ergänzungsfunktion zugeschrieben (im Überblick *Dörig* 2003). Im Bereich schulischer Berufsbildung werden im Kontext des Lernfeldkonzeptes von Seiten der Administration handlungsorientierte, meist in kooperativen Arrangements realisierte Methoden verordnet, in der Hoffnung, damit berufliche Handlungskompetenz, die auch soziale Kompetenzen einschließt, besser fördern zu können. Die Befundlage ist allerdings nicht geeignet, diese Vorgabe durchgängig zu stützen (*Nickolaus, Heinzmann & Knöll* 2005; *Nickolaus, Riedl & Schelten* 2005). Im allgemein bildenden Bereich wurden und werden z. B. durch Modellversuchsprogramme wie SINUS, SINUS-Transfer, SINUS-Transfer Grundschule und ChiK [5] aktivierende, problemorientierte Lehr-Lern-Arrangements initiiert, deren eingeschränkte Nutzung im Anschluss an TIMSS und PISA-Studien in Deutschland als eine Ursache für das negativ bewertete Abschneiden vermutet wurden (*Baumert, Lehmann* et al. 1997). Forschungsarbeiten zum Zusammenhang von Lehr-Lern-Methoden und schulischer Leistung zeigen trotz mancher Widersprüchlichkeiten und Inkonsistenzen, dass es den Königsweg nicht gibt, sondern methodische Entscheidungen letztlich situationsspezifisch zu treffen [6] (*Helmke & Weinert* 1997) und z. B. in Abhängigkeit verfolgter Ziele [7], Vorzügen spezifischer methodischer Ansätze und damit korrespondierender Sozialformen zu konstatieren sind. Empirisch als lernerfolgsrelevant gesichert sind u. a. Klarheit von Erläuterungen oder Aufgabenstellungen, die Strukturiertheit des Unterrichts, die effektive Nutzung der Unterrichtszeit, die Adaptivität des Unterrichts und damit zusammenhängend die Langsamkeitstoleranz der Lehrenden, die Bekräftigung durch unterstützendes Feedback, ein gutes Klassenklima und die Güte der Interaktionsprozesse (*Helmke & Weinert* 1997; *Nickolaus* 2006a). Diese Merkmale werden letztlich über kommunikative Akte mehr oder weniger günstig eingelöst. Die Notwendigkeit der Einlösung bzw. Ausbalancierung dieser Merkmale in situationsspezifischen Entscheidungen beschränkt zugleich die Möglichkeit auf administrati-

---

[5] Im Überblick *Nickolaus* et al. 2006.

[6] So fällt z. B. die Befundlage im Bereich beruflicher Bildung domänenspezifisch unterschiedlich aus (im Überblick *Nickolaus, Riedl & Schelten* 2005).

[7] Siehe dazu *Weinert* (2000), der darauf verweist, dass sich direktive Lehrformen eher zur Anbahnung von Sachwissen, kooperative, anwendungsorientierte Arbeitsformen wie Projektarbeit, Gruppenarbeit etc. zum Erwerb von Anwendungswissen, Methoden selbständigen Lernens sowie die gezielte Ermöglichung subjektiver Lernerfahrungen und der angeleitete Aufbau metakognitiver Kompetenzen für den Erwerb von Schlüsselqualifikationen und erlebnisintensive Methoden für die Förderung von kognitiv-motivationalen Handlungs- und Wertorientierungen eignen (*Weinert* 2000, 46).

ver Ebene funktionale Steuerungsmechanismen zu etablieren. Diese Ausgangssituation ist Basis für die Einforderung von Professionalität (*Oevermann* 1992; *Lempert* 1999; *Kurtz* 1997; *Nickolaus* 2001). Idealer Weise hätten Lehrende als Professionelle dem Anspruch zu genügen, am Wohl des Educanden orientiert die Rationalitätspotentiale, d. h. den wissenschaftlichen Erkenntnisstand auszunutzen und mit gegebenenfalls widersprüchlichen Erkenntnislagen, Dilemmasituationen und Interessengegensätzen reflektiert umzugehen. Dies ist ein äußerst ambitionierter Anspruch, der vermutlich schon daran scheitert, dass Lehrende in der Praxis nur bedingt in der Lage sind, den Forschungsstand zu rezipieren. Auch bei dem oben exemplarisch angeführten (innovativen) Förderansatz *Reciprocal Teaching*, für den z. T. substantielle Effekte berichtet werden (im Überblick *Rosenshine & Meister* 1994; *Demmrich* 2005; zur Übertragung in berufliche Kontexte *Gschwendtner & Ziegler* 2006) scheint der Lehrerkompetenz, d. h. auch dessen kommunikativer Kompetenz, eine zentrale Rolle zuzukommen.

Der Forschungsstand zum Einfluss kommunikativer Strukturen im Unterricht auf kognitive Entwicklungen ist noch unbefriedigend (*Wuttke* 2005a, 122ff.), bietet jedoch vielfältige Orientierungspotentiale. Gut gesichert scheint, dass vor allem die Kommunikationsqualität und weniger der Kommunikationsanteil der Akteure den Wissensaufbau stimuliert (ebd.). Zu beachten bleibt, dass Verbalisierungen der Schüler förderlich für die Strukturierung und Organisation des Wissens sein können (*Vygotzkij* 2002; *Wuttke* 2005a, 55ff.), was allerdings nicht nur im Kontext kooperativer Lehr-Lern-Arrangements oder in Form lauten Denkens als Problemlösehilfe strukturell Berücksichtigung findet bzw. finden kann, sondern auch in direktiven Lehr-Lern-Arrangements z. T. systematisch genutzt wird [8]. Nach *Wuttkes* Befunden erweisen sich höherwertige Kommunikationsanteile von Schülern [9] mit ca. 19 Prozent auch in kooperativen Lehr-Lern-Formen als relativ bescheiden. Kumulative Kommunikation, gekennzeichnet durch kritiklose Zustimmung und fehlende Auseinandersetzung sowie Streitgespräche (*Disputational Talks*) als Folge von Behauptungen und Gegenbehauptungen ohne relevante Begründungsanteile, die für die Wissensgenerierung eher nachteilig sind, erreichen hingegen ca. 60 bzw. 20 Prozent in Argumentationssequenzen (*Wuttke* 2005b, 151f.). Dass auch Begründungsfragen und elaborative Erklärungen von Schülern selbst in kooperativen Lehr-Lern-Arrangements selten eingebracht werden, bestätigt dieses Bild [10]. In lehrerzentrierten Lehr-Lern-Arrangements erweist sich dieser Qualitätsmangel als noch gravierender (vgl. z. B. *Sembill* et al. 1998; *Sumfleth & Pitton* 1998; *Manstetten* 1982). Qualitätsunterschiede zwischen lehrerzentrierten und kooperativen Lehr-Lern-Arrangements zugunsten letzterer sind auch für das emotionale Erleben des Unterrichts dokumentiert (vgl. z. B. *Sembill* et al. 1998; *Seifried & Klüber* 2006).

Zum Teil erweisen sich auch die von Lehrerseite eingebrachten Beiträge als qualitativ unbefriedigend bzw. different (vgl. z. B. *Kuntze & Reiss* 2004). Hinderlich für die

---

[8] Vgl. z. B. die Vier-Stufen-Methode und das psychoregulative Training, wie es bei der Anbahnung von motorischen Fertigkeiten zum Einsatz kommt (im Überblick *Schelten* 2005).

[9] *Exploratory Talk* mit den Merkmalen begründeten Argumentierens, Reflexionen zu alternativen Vorschlägen, gemeinsame Suche nach tragfähigen Lösungen.

[10] Die qualitativ eher unbefriedigende Kommunikationsqualität in kooperativen Lehr-Lernsituationen bestätigt sich auch in betrieblichen Ausbildungskontexten (vgl. z. B. *Ruhmke* 1998; *Schlömer-Helmerking* 1996).

geistige Elaboration der Schüler sind z. B. zu kurze Bedenkzeiten nach Lehrerfragen (*Niegemann* 2004, 350). Dies scheint insoweit problematisch, als sich enge Zusammenhänge zwischen Kommunikationsqualität und Wissensaufbau belegen lassen (*Sembill* 2004; *Wuttke* 2005a, 207ff.). Ob qualitativ hochwertig kommuniziert wird, ist u. a. abhängig von kognitiven [11], emotionalen und motivatonalen Voraussetzungen der Schüler (*Renkl* 1997; *Wuttke* 2005a), aber ebenso von didaktischen Arrangements, in welche Lehrende anregende Fragen einbringen oder Schüler vermehrt an Problemlöseregulierungen beteiligt werden. *Niegemann* macht darauf aufmerksam, dass auch verschiedene Interventions- und Trainingsstudien vorliegen, die erfolgreich darauf zielten das Frageverhalten der Schüler zu fördern (*Niegemann* 2004, insbes. 351f.). Da epistemische Fragen von Lernenden geeignet sind, den Lernerfolg der Fragenden zu verbessern, ist deren Begünstigung ein Ansatzpunkt für Qualitätsverbesserungen der Kommunikationsprozesse, wobei zu berücksichtigen bleibt, dass das Fragestellen Kenntnisse in der jeweiligen Domäne, ein Mindestmaß an spezifischer „Fragefertigkeit" und günstige wahrgenommene bzw. antizipierte Sanktionssituation voraussetzt (ebd.). Während zur Funktion von Fragen [12] und deren Wirkungen aus instruktionspsychologischer Perspektive der Forschungsstand als relativ gut bezeichnet werden kann, erweist sich die Verbindung mit fachdidaktischen Aspekten z. T. als Desiderat.

Zu beachten bleibt im obigen Kontext auch, dass sich intrinsisch motivierte Schüler vergleichsweise wenig an Argumentationssequenzen beteiligen, ihre Motivation bei Sprechzwang sinkt und sie nur begrenzt bereit sind, Erklärungen an Mitschüler weiter zu geben (*Wuttke* 2005a, 256; *Renkl* 1997).

Neben der Relevanz kommunikativer Strukturen und Qualitäten für die kognitive Entwicklung kommt diesen wie bereits erwähnt auch in emotionaler und motivatonaler Hinsicht Bedeutung zu. So konnte z. B. die Arbeitsgruppe um *Sembill* zeigen, dass sich selbstorganisationsoffene Lehr-Lern-Arrangements mit ihren speziellen Kommunikationsstrukturen in der kaufmännischen Ausbildung traditionellen Lernumgebungen sowohl auf kognitiver als auch emotional-motivationaler Ebene überlegen zeigen [13] (*Sembill* et al. 1998; *Seifried* 2004b; *Seifried & Klüber* 2006). Dass Emotionen sowohl für Wahrnehmungs- als auch Verarbeitungsprozesse wesentliche Bedeutung zukommt, ist unumstritten (*Hofer* 1997; *Krapp & Weidemann* 2001; *Jerusalem & Pekrun* 1999; *Palincsar & McPhail* 1993; *Sembill* 1992), wobei positive Emotionen in Lernprozessen in der Regel vorteilhaft sind. Ein positives Klassenklima erwies sich auch in der Scholastikstudie, die im Bereich der Hauptschule durchgeführt wurde, als ein relevantes Gütemerkmal des Unterrichts (*Helmke & Weinert* 1997). In die gleiche Richtung deuten Studien zum Interaktionsgeschehen im Unterricht (im Überblick *Hofer* 1997).

---

[11] Ein besseres Vorwissen begünstigt sowohl die Beteiligung als auch deren Qualität (*Wuttke* 2005, 257f.).

[12] Als Grundfunktionen lassen sich anführen: der Ausgleich von Wissensdefiziten, die Sicherung einer gemeinsamen Gesprächsgrundlage, soziale Handlungskoordination und die Kommunikations- und Aufmerksamkeitskontrolle (*Niegemann* 2004, 345).

[13] Dies scheint jedoch im Hinblick auf das Motivationsgeschehen nicht ohne weitere generalisierbar (*Nickolaus, Heinzmann & Knöll* 2005).

In einem eigenen Forschungsstrang wurde der Frage nachgegangen, inwieweit subjektive Theorien von Lehrenden das Interaktionsgeschehen beeinflussen. Wesentliche Bedeutung kommt in diesem Kontext den impliziten Persönlichkeitstheorien bzw. den impliziten Individualisierungsstrategien zu (*Brophy & Good* 1976; *van Buer* 1980; 1990a; *Ziegler* 2006b), die unterschiedliche, z. T. unbewusste Verhaltensmuster der Lehrenden im Hinblick auf den Umgang mit Heterogenität begünstigen. Als vorteilhaft für die Verringerung von Leistungsunterschieden erweisen sich proaktive Individualiserungsstrategien, die darauf zielen Leistungsschwächere besonders zu fördern, was nicht zu Lasten der Stärkeren geschehen muss.

4 Normative Implikationen kommunikativer Strukturen

Wie oben angedeutet, kann Kommunikationsfähigkeit und damit die Fähigkeit, Kommunikation selbst zu steuern, als Ziel pädagogischer Handlungsprogramme ausgewiesen werden. In didaktischen Ansätzen wie der kommunikativen Didaktik (*Schäfer & Schaller* 1973) wird eine (möglichst) symmetrische Kommunikation, in der alle Beteiligten gleichermaßen die Möglichkeit haben, Inhalt und Ablauf des Kommunikationsprozesses zu bestimmen, einerseits als Voraussetzung für die Entwicklung von Mündigkeit und andererseits als Ausdruck demokratischer Verhältnisse erachtet. Mündigkeit als Ziel verpflichte die Lehrenden, kommunikative Freiräume in der Unterrichtspraxis zu erweitern, an Stelle lehrerzentrierter „Scheingespräche" sollten schülerorientierte „Klärungsgespräche" treten. Rhetorische Fähigkeiten als Voraussetzung Mitbestimmung zu realisieren seien zu fördern, ebenso die Wahrnehmung und Reflexion unterschiedlicher Interessen- und Bedürfnislagen (vgl. *Beck* 1994). Die Vorstellungen von *Habermas* zur idealen Sprechsituation bzw. zum herrschaftsfreien Diskurs, in dem alle Teilnehmer gleiche Chancen haben zu kommunizieren, Diskurse zu eröffnen, Deutungen etc. zu begründen und zu kritisieren, Bedürfnisse zum Ausdruck zu bringen und den Diskurs zu regulieren (*Habermas* 1995, 177) können als elaborierte Fassung dieser Vorstellungen gelten. In Arbeiten zur Moralentwicklung sind empirisch u. a. möglichst symmetrische Kommunikationsstrukturen, Teilhabe an Entscheidungen und Verantwortungsübernahme für sich und andere als entwicklungsförderlich ausgewiesen (*Hoff, Lempert & Lappe* 1991; *Beck* et al. 1996; 1998). Dies uneingeschränkt zur Norm in schulischen und betrieblichen Kontexten zu erheben dürfte in vielfältiger Weise mit Funktionszuschreibungen, wie sie von Politik und Ökonomie an das Bildungssystem erfolgen, in Konflikt stehen. Schule und auch berufliche Ausbildung sind keinesfalls besonders konsensorientierte Ausschnitte gesellschaftlicher Praxis, aber wie in nahezu allen institutionellen Kontexten lassen sich auch in Bildungsinstitutionen unterschiedliche Grade von Handlungs- und Entscheidungsspielräumen realisieren. Sozialformen, in denen formal die Kontrolle der korrespondierenden kommunikativen Strukturen allein bei der Lehrkraft liegt, sind ohne Zweifel als „Normalform" problematisch, wenn Ziele wie Mündigkeit ernst genommen werden. Dass im beruflichen Bereich zumindest in Teilsegmenten Anforderungsstrukturen anzutreffen sind, die stärker durch Kompetenzen gekennzeichnet sind, die in direktiven Lehrformen nur begrenzt anzubahnen sind, mag zur Anreicherung des bisherigen Spektrums der Lehr-Lern-Formen beitragen, wirksam werden diese aber wohl primär dann, wenn innerhalb der Lehrformen wünschenswerte Kommunikationsqualitäten realisiert werden.

5 Kommunikative Strukturen und Sozialformen des Unterrichts als Steuerungsgrößen der inneren Schulentwicklung – Potentiale und deren Nutzung

In einer Reihe von Modellversuchen bzw. Modellversuchsprogrammen im Bildungsbereich wurde in neuerer Zeit versucht, systematisch Qualitätssicherung zu betreiben. Während ein Teil dieser Ansätze eher im Formalen stecken blieb und die Unterrichtsebene gar nicht erreichte, waren andere Programme wie QuiSS, die SINUS-Programme, CHiK und PLUS so angelegt, dass die konkrete Unterrichtsgestaltung in den Mittelpunkt rückte (im Überblick *Nickolaus* et al. 2006). Vor allem Qualitätssicherungssysteme, die aus ökonomischen Kontexten entliehen und mehr oder weniger an die Bedingungen pädagogischer Institutionen adaptiert wurden wie z. B. EFQM, unterliegen offensichtlich der Gefahr den Unterricht als Zentrum von Schule nicht zu erreichen (vgl. z. B. *Tenberg* 2003). Auch im Modellversuchsprogramm QuiSS, in dem diese Problematik antizipiert und programmatisch angegangen wurde, zeigten sich z. T. ähnliche Probleme. Als problematisch erweist sich, allerdings von Land zu Land stark variierend, auch das Transfergeschehen im Modellversuchsbereich. Weitgehend offen ist z. B., ob über die vielfältigen in Modellversuchsprogrammen und andernorts eingesetzten Qualitätsentwicklungsmaßnahmen tatsächlich ein günstigerer Output erzielt wurde (*Eccard* 2006; *Jäger* 2004). Ein besonders gelungenes Beispiel für effektive Innovationsmaßnahmen stellt wohl das Schulversuchsprogramm „Lesen und Schreiben für alle" (PLUS) dar, in dem verschiedene Fördermaßnahmen auf der Basis eines relativ guten Erkenntnisstandes integrativ zusammengeführt wurden (*May* 2001; *Ziegler* 2006a). Die Effekte wurden letztlich auf der Mikroebene erzielt, waren jedoch an die Schaffung eines günstigen Innovationsrahmens u. a. auch die Bereitstellung von Ressourcen und Unterstützungsstrukturen gebunden. Ob bzw. inwieweit solch positiven Beispiele modellhaft für die Gestaltung von Innovations- bzw. Qualitätssicherungsprozessen effektvoll genutzt werden können, ist bisher nicht befriedigend geklärt. Erhebliche Zweifel scheinen zur Wirksamkeit von administrativen Steuerungsversuchen angebracht, die in bürokratischer Manier über Vorgaben, wie beispielsweise die Verordnung von primär einzusetzenden Lehr-Lern-Arrangements die Qualitätsproblematik mildern sollen, da auf diese Weise die Qualität auf der Mikroebene nicht zu sichern ist. Zu klären bleibt auch, welche Outputeffekte unter welchen Bedingungen durch die Einräumung größerer Handlungsspielräume für die Schulen erzielt werden (vgl. dazu auch die Beiträge in diesem Handbuch). Die Befundlage spricht letztlich dafür, auf der Mikroebene, d. h. bei der Optimierung der unterrichtlichen Kommunikation anzusetzen und das sowohl inhaltlich als auch strukturell. Letztlich dürfte sich die Professionalisierung der Lehrkräfte als unumgänglich erweisen, um eine effektive Qualitätssicherung zu betreiben. Das bedeutet allerdings nicht, dass andere Faktoren wie die Leistungsebene, Ergebniskontrolle, Ressourcenverfügbarkeit etc. irrelevant wären. Vielmehr ist von systemischen Zusammenhängen auszugehen (vgl. auch *van Buer & Zlatkin-Troitschanskaia* 2006), die allerdings bisher nur unzureichend geklärt sind. Notwendig scheinen dafür auch verstärkt mehrebenenanalytische Zugänge, die die Mikroebene einschließen (*Nickolaus & Gräsel* 2006; *Seifried* et al. 2005).

Doreen Prasse, Heike Schaumburg, Christiane Müller & Sigrid Blömeke

Medienintegration in Unterricht und Schule – Bedingungen und Prozesse

Ausgehend von der Prämisse, dass die durch Einführung und Nutzung neuer Informations- und Kommunikationstechnologien (IKT) induzierten Veränderungen in Schulen das Resultat eines komplexen Zusammenspiels verschiedener, auf unterschiedlichen Ebenen von Schule (Individual-, Unterrichts- und Schulebene) angesiedelten Faktoren sind, hat der folgende Beitrag das Ziel, zentrale Gestaltungs- und Problembereiche des IKT-Einsatzes in Unterricht und Schule herauszuarbeiten und die Interaktion der verschiedenen Ebenen aufzuzeigen. Am Beispiel eigener empirischer Studien wird dabei zunächst das Zusammenwirken von Lehrervariablen, Computernutzung und Unterrichtsqualität dargestellt, um darauf aufbauend die Verschränkung dieser Prozesse mit organisationalen Bedingungen auf Schulebene zu erörtern. Abschließend werden wichtige Handlungsbereiche für die erfolgreiche schulische Arbeit mit IKT diskutiert.

Die Einführung und Nutzung neuer Informations- und Kommunikationstechnologien (IKT) in Schulen geht seit den ersten Ausstattungsinitiativen mit hohen Erwartungen hinsichtlich möglicher Veränderungen für Unterricht und Schule einher. Stand in den Anfangsjahren vor allem die Forderung nach der „Ausbildung medienkompetenter Schüler für die Informations- und Wissensgesellschaft" im Vordergrund gesellschaftlicher und wissenschaftlicher Diskurse, so hat sich die pädagogische Forschung und Praxis in den letzen Jahren verstärkt der Frage zugewandt, inwieweit IKT einen Beitrag zur Verbesserung der Unterrichtsqualität und langfristig auch der Schulqualität leisten können (*Breiter* 2000; *Kerres* 2000). Aus medienpädagogischer Sicht bedeutet dies eine Schwerpunktverlagerung von einer medienerzieherischen auf eine mediendidaktische Perspektive (*Blömeke* 2000).

In umfangreichen Fallstudien zur IKT-Nutzung an Schulen konnte anhand von „best practice" Beispielen gezeigt werden, dass Computer und Internet in der Tat auf die Qualität schulischer Prozesse und Outputs einwirken können (*Kozma* 2003; *Schaumburg* 2003; *Scholl & Prasse* 2001; *Venezky & Davis* 2002). Ergebnisse der auf diese Weise beschriebenen Medienarbeit von Schulen reichen von verbesserten fachlichen sowie fachübergreifenden (Schlüssel-)Kompetenzen auf Seiten der Schüler (*Jimoyiannis & Komis* 2001; *Rockman* et al. 1998; 1999) über Veränderungen bei der zeitlichen und räumlichen Strukturierung von Unterricht (*Schaumburg* 2003) bis zur Verbesserung der Kommunikation und Kooperation im Lehrerkollegium oder der Effizienz organisationaler Abläufe und administrativer Aufgaben (*Kozma* 2003; *OECD* 2001a; *Prasse* 2003).

Allerdings ist die Forschungslage durchaus nicht einheitlich. So berichten Studien, die die Wirkung des Umfangs an Computernutzung auf Schülerleistungen prüfen, widersprüchliche Ergebnisse (z. B. *Harrison* et al. 2002; für eine ausführliche Zusammenstellung solcher Ergebnisse s. *Kerres* 2000; *Blömeke* 2003; *Schaumburg* 2003). Auch zeigen sich die erwarteten innovativen Veränderungen des Unterrichtsprozesses nicht in jedem Fall (*Blömeke, Eichler & Müller* 2004; *Müller & Blömeke* 2005). Ebenso wenig konnten lineare Zusammenhänge zwischen der technischen Ausstattung von Schulen und innovativen Veränderungen gesamtschulischer Prozesse und Strukturen gefunden werden (s. z. B. *Becker* 2000; *Kington, Harris & Lee* 2001; *Kozma* 2003; *Scholl & Prasse* 2000, 2001). Es kann daher inzwischen als Konsens verschiedener Forschungslinien angesehen werden, dass die neuen Technologien allein aus sich heraus keine Veränderungen bewirken. Die Rolle neuer Informations- und Kommunikationstechnologien wird folglich in aktuellen Publikationen eher als Katalysator bereits vorhandener Potenziale und Entwicklungen im Unterrichts- und Schulsystem oder als geplant eingesetztes Werkzeug („Hebel") intendierter Veränderungen gesehen (*Venezky & Davis* 2002).

Damit hat sich in der Forschung zur Implementation von Informations- und Kommunikationstechnologien in der Schule wie in der Debatte zur allgemeinen Schul- und Unterrichtsqualität die Erkenntnis durchgesetzt, dass Veränderungen – oder eben auch ausbleibende Veränderungen – als Resultat eines komplexen Zusammenspiels verschiedener Faktoren anzusehen sind, die auf unterschiedlichen Ebenen von Schule sowie an verschiedenen Punkten des Integrationsprozesses angesiedelt sind. Zur Analyse des Zusammenwirkens von Medienintegration und Unterrichts- bzw. Schulqualität kann deshalb grundsätzlich das im Beitrag von *Ditton* in Teil II des vorliegenden Handbuchs dargestellte QuaSSU-Modell (vgl. auch *Ditton* 2000b) herangezogen werden. Es bildet mit seiner Verknüpfung einer Mehrebenen- mit einer Prozessstruktur auch für die Untersuchung und Bewertung von Medienintegrationsprozessen einen geeigneten Analyserahmen. Tatsächlich gibt es bereits in der Forschung zum IKT-Einsatz ähnliche Modelle, die in eine Mehrebenenstruktur eingebettete Prozesse zugrunde legen, so die wegweisenden Arbeiten von *Pelgrum & Plomp* (1988) sowie *Brummelhuis* (1995), die in ihren Untersuchungs- bzw. Vorhersagemodellen zur Computernutzung in Schulen verschiedene Ebenen (Mikro-, Meso-, Makroebene) und verschiedene Akteure (Schüler, Lehrer, Schulleiter) unterschieden und untersucht haben. Auch andere Autoren betonen bei der Beschreibung die Mehrebenenstruktur schulischer Bedingungen und Prozesse (siehe z. B. *Breiter* 2000 zur Übertragung von Modellen zur Planung und Implementation von Informationssystemen in Unternehmen auf den Schulbereich).

Vor dem Hintergrund der skizzierten Modelle werden im Folgenden zentrale Gestaltungs- und Problembereiche des IKT-Einsatzes in Unterricht und Schule genauer beleuchtet. Wir beziehen uns dabei vor allem auf die im QuaSSU-Modell als Kern von Schule akzentuierten Teilbereiche „Lehr- und Lernsituation" und „Einzelschule" und werden für diese – ausgehend von eigenen empirische Studien in diesen Bereichen – exemplarisch aufzeigen, wie im Falle der Integration neuer Informations- und Kommunikationsmedien verschiedene Ebenen (Individual-, Unterrichts- und Schulebene) interagieren. Dabei wird im ersten Teil des Beitrags der Fokus auf das Zusammenwirken von Lehrervariablen, Computernutzung und Unterrichtsqualität gerichtet. Anschließend gehen wir auf Verschränkungen mit organisationalen Bedingungen auf Schulebene ein. Im letzten Teil wird resümiert, welche Erfordernisse sich aus den dargestellten Zusammenhängen für die schulische Arbeit mit IKT ergeben.

1 Qualität der Lehr- und Lernsituation mit IKT

Wodurch zeichnet sich guter Unterricht mit neuen Medien aus? Was sind seine Qualitätsmerkmale? Seit Beginn der 1990er Jahre wird vor allem die Position vertreten, dass Computer und Internet das Potenzial innewohnt, den Schulunterricht in Richtung auf ein stärker konstruktivistisches Lernen [1] zu verändern (*Hooper & Rieber* 1995; *Kerres* 2000; *Mandl, Gruber & Renkl* 2002; *Papert* 1998; *Pelgrum* 2001). Qualitätsindikatoren, die in diesem Zusammenhang formuliert werden, sind eine Zunahme selbstständiger Arbeitsformen, bei denen die Schüler Verantwortung für den eigenen Lernprozess übernehmen (*Pelgrum* 2001; *Tulodziecki & Herzig* 2002), eine Steigerung des sozialen Lernens, z. B. durch die gemeinsame Nutzung des Computers im Projektunterricht (*Kamke-Martasek* 2001), sowie eine Erhöhung der Authentizität von Lerninhalten und Arbeitsformen, indem Schüler über das Internet mit authentischen Informationen arbeiten bzw. mit realen Partnern außerhalb des Klassenraums kommunizieren (*Kerres* 2000; *Blömeke* 2002) sowie Programme nutzen, die im Arbeitsalltag außerhalb der Schule verwendet werden und die Bearbeitung komplexer, alltagsnaher Fragestellungen erlauben (*Jonassen* 1996). Darüber hinaus können die neuen Medien mit ihren Möglichkeiten der Multimedialität, Adaptivität, Nonlinearität und Interaktivität zur Realisierung einer kognitiv aktivierenden Aufgabenkultur beitragen und dadurch den Lernprozess der Schüler aktivieren und unterstützen (*Helmke* 2003; *Helmke & Jäger* 2002; *Klieme, Schümer & Knoll* 2001). Bezüglich des Rollenverhältnisses von Lehrern und Schülern wird durch die Einführung des Computers erwartet, dass die zentrale Position des Lehrers als Wissensvermittler im Unterricht abgeschwächt wird, da der Computer die Schüler befähige, sich Lerninhalte stärker eigenständig anzueignen und er somit das „Wissensmonopol" des Lehrers untergrabe (*Pelgrum* 2001). Ein weiteres wichtiges Kriterium für eine gelungene IKT-Integration ist, dass der Computer zunehmend zu einem Werkzeug wird, das kontinuierlich und ohne Medienbruch im Unterricht eingesetzt wird (*Papert* 1998).

Wie tatsächlich die Integration neuer Medien in den Unterricht verläuft, ist seit Beginn der 1990er Jahre u. a. in qualitativen Langzeitstudien untersucht worden (*Dwyer, Ringstaff & Sandholtz* 1990, *Rockman* et al. 1998; *Sandholtz, Ringstaff & Dwyer* 1997). Diese Studien haben gezeigt, dass die Einführung von IKT auf Unterrichtsebene prozesshaft über mehrere Stufen verläuft (vgl. auch *Hooper & Rieber* 1995; für einen vergleichenden Überblick über verschiedene Modelle s. *Twining* 2002). Auch wenn die empirisch hergeleiteten Modelle sich in der Anzahl der identifizierten Stufen unterscheiden, so gliedern sie den Integrationsprozess übereinstimmend in eine Anfangsphase, in der Lehrer den Computer zunächst in bestehende (häufig lehrerzentrierte) Unterrichtsmuster integrieren, bevor sie in einer darauf folgenden Experimentierphase beginnen, unterschiedliche Einsatzformen zu erproben und ihr Methodenrepertoire zu erweitern. Die jeweils höchste – in der Regel vor dem Hintergrund einer konstruktivistischen Unterrichtsauffassung normativ bestimmte – Stufe dieser Modelle beschreibt ein Nutzungsszenario, in dem der Computer als selbstverständliches Werkzeug in den Unterricht integriert ist und von den Schülern relativ autonom dann einge-

---

[1] Vgl. *Dubs* (1995) zu den Merkmalen des konstruktivistischen Unterrichts.

setzt wird, wenn seine Nutzung gewinnbringend erscheint. Allerdings weisen sowohl *Dwyer, Ringstaff & Sandholtz* (1990) als auch *Sandholtz, Ringstaff & Dwyer* (1997) darauf hin, dass in ihren Studien keiner der Lehrer dieses Niveau erreicht hätte, sondern dieses sich eher als zukünftige, potenzielle Entwicklungsstufe abzeichnen würde.

Studien zum Computereinsatz von Lehrern im Unterricht außerhalb von solchen oftmals sehr aufwändigen und ehrgeizigen Modellprojekten (z. B. *Blömeke & Müller* 2006; *Hadley & Sheingold* 1993) zeigen allerdings auch, dass nicht davon ausgegangen werden kann, dass der von *Dwyer, Rockman* und *Sandholtz* skizzierte Integrationsprozess „naturwüchsig" von jedem Lehrer vollzogen wird. Hier deutet sich bereits an, dass Faktoren auf individueller und organisationaler Ebene moderierend auf den oben beschriebenen Integrationsprozess einwirken.

So ergibt eine Studie von *Blömeke, Eichler & Müller* (2004) bzw. *Blömeke & Müller* (2006), die die Integration von IKT in den Unterricht auf der Basis von Videoaufzeichnungen und qualitativen Interviews analysierten, dass sich im normalen Unterrichtsalltag unterschiedliche Nutzungsmuster identifizieren lassen. In der Studie dominierte eine lehrerzentrierte IKT-Nutzung, bei der der Computer vor allem vom Lehrer gesteuert wurde, z. B. zur frontalen Präsentation – also eine Nutzung, die in den o. g. Modellen der untersten Stufe zuzuordnen ist. Daneben wurde ein Handlungsmuster gefunden, welches IKT in ein problemorientiertes bzw. stärker konstruktivistisches Unterrichtskonzept integriert, also auf einer höheren Stufe zu verorten ist. Allerdings zeigte sich interindividuell kein einheitliches Bild hinsichtlich des Erreichens einzelner Stufen. Es ließ sich kein Zusammenhang zwischen der Medienintegration und der Medienexpertise der Lehrer feststellen, operationalisiert über die Dauer der Mediennutzung und der besuchten mediendidaktischen Fortbildungen. Medienexperten sowie Mediennovizen zeigten beide sowohl konstruktivistische Nutzungsmuster, die sich am Ende des Medienintegrationsprozesses ansiedeln lassen, als auch eher traditionelle lehrerzentrierte Nutzungsmuster, die stärker am Beginn des Integrationsprozesses stehen.

Dieses Ergebnis wird in einer Studie von *Schaumburg* (2003) differenziert, die auf der Grundlage von qualitativen Interviews fünf Lehrertypen unterscheidet, die sich durch unterschiedliche Muster bei der Integration des Computers auszeichnen. Die Studie zeigt, dass tatsächlich ein Teil der Lehrer durch die Implementation von Computern zu einer Veränderung ihres Unterrichts, wie in den o. g. Modellen beschrieben, angeregt wurde. Die Veränderungen waren jedoch unterschiedlich tief greifend. Bei einigen Lehrern waren sie primär auf technische Aspekte, nicht jedoch auf fachliche Inhalte, bezogen. Bei anderen betrafen sie nur einzelne, in sich geschlossene Phasen. Lediglich einer der identifizierten Typen zeigte eine umfassendere Veränderung seiner Unterrichtsmethoden und gelangte in Ansätzen auf die höchste Stufe des Modells. Etwa ein Drittel der Lehrer berichtete dagegen im untersuchten Zeitraum von drei Jahren keine nennenswerte Veränderung ihres Unterrichts. Hier konnten wiederum zwei Gruppen unterschieden werden. Zum einen kam es vor, dass Lehrer in der Anfangsphase mit sehr rudimentärer Nutzung „versteinerten". Typisch für die Lehrer dieser Gruppe war, dass sie die Computernutzung unter einen bestehenden lehrergeleiteten Stil subsumierten. Sie setzten die Geräte nur phasenweise und in identischer Form wie klassische Medien ein, z. B. als elektronisches Arbeitsheft, wobei Aufgabenstellungen,

Sozialformen und Lerninhalte kaum verändert wurden. Das Medium wurde isoliert und entfaltete keine Wirkung auf Unterrichtsinhalte und -methoden. Andererseits gab es Lehrer, die für sich keine Veränderung feststellten, weil sie von Vornherein auf einer höheren Stufe (mit häufigem und in verschiedene Teilbereichen des Unterrichts gut verankertem Computereinsatz) mit ihrer Arbeit einsetzten. Die Lehrer dieses Typs zeichneten sich dadurch aus, dass sie auch ohne Computer bereits ein breites Spektrum an stärker schülerzentrierten und konstruktivistischen Unterrichtsmethoden sicher und selbstverständlich praktiziert hatten. Die Lehrer dieser Gruppe zeigten mehr Experimentierfreude und damit verbunden einen sehr kreativen Einsatz des Computers und entwickelten häufig neue Nutzungsmöglichkeiten, die auch von anderen Lehrern übernommen wurden.

Blömeke et al. (im Druck) lenken in ihren Fallstudien zur IKT-Integration bei Lehrkräften den Fokus auf die Qualität von Aufgaben, die mit Hilfe von IKT präsentiert und bearbeitet worden sind. Es zeigt sich, dass viele Lehrpersonen das ursprüngliche Potenzial an Aufgabenqualität im Zuge der Umsetzung verringerten. Dies galt insbesondere für den Grad an kognitiver Aktivierung (Wissensformen, kognitive Prozesse), den Grad an Komplexität und Authentizität der Anwendungssituation und das Potenzial zur Förderung von Problemlösefähigkeit (Offenheit der Lösungswege etc.) von Aufgaben. Wesentlich für den Grad an Aktivierung durch den Aufgabentyp war die durch die Lehrperson realisierte konkrete Umsetzung im Unterricht.

Mit Blick auf die Unterschiedlichkeit der gefundenen Integrationsmuster und -prozesse ist die Frage interessant, von welchen Bedingungen es abhängt, ob und in welcher Art und Weise Lehrer Computer und Internet in ihren Unterricht einbinden. Neben organisatorischen Bedingungen haben Untersuchungen hierzu vor allem Lehrervariablen wie Wissen, Einstellungen und persönliche Kompetenzen in den Blick genommen (z. B. *Becker* 2000; *Fabry & Higgs* 1997; *Pelgrum* 2001; *Prasse, Dresenkamp & Scholl* 1999; *Ross, Hogaboam-Gray & Hannay* 1999; *van Braak* 2001). Dabei wurde allerdings oft nur die Häufigkeit des Computereinsatzes als abhängige Variable betrachtet, die allerdings, wenn es um die Analyse von Bedingungen für Unterrichts**qualität** geht, nur bedingt aussagekräftig ist (*van Braak, Tondeur & Valcke* 2004).

Die Studien von *Prasse* (2005, 2006) verfolgen das Ziel, diese Lücke zu schließen und gehen der Frage nach, inwieweit individuelle Bedingungen bei unterschiedlichen Integrationsstufen bzw. Nutzungsmustern variieren. Im Rahmen einer Evaluationsstudie zur IKT-Implementation in 21 Schulen wurden insgesamt 750 Lehrer/innen befragt, wobei ihnen verschiedene „IKT-Nutzungsszenarien" vorgelegt wurden, die eine Mischung aus pädagogischen Zielen, didaktischem Fokus und IKT-Nutzung darstellten. Auf Grundlage einer Faktorenanalyse ließen sich in Übereinstimmung mit den o. g. Untersuchungen zwei Dimensionen des IKT-Einsatzes unterscheiden:

(1) ein Fokus auf der (lehrerzentrierten) fachlichen Wissensvermittlung und

(2) ein Fokus auf dem IKT-Einsatz innerhalb problemorientierter bzw. konstruktivistischer Lernszenarien.

Auf der Basis von Einstellungs-Verhaltensmodellen (*Ajzen* & *Madden* 1986; *van Braak* 2001) wurde untersucht, inwieweit sich diese Nutzungsfokusse durch verschiedene klassische Einstellungsvariablen, unter anderem die Einstellung zur IKT-Nutzung oder die wahrgenommene Kompetenz zum Computereinsatz im Unterricht voraussagen lassen. Da außerdem vermutet wurde, dass insbesondere innovativere Formen des IKT-Einsatzes stark davon abhängen, inwieweit die jeweiligen Lehrerinnen und Lehrer generell Veränderungen befürworten und auch managen können, wurde in Erweiterung klassischer Einstellungs-Verhaltensmodelle zusätzlich analysiert, welche Rolle der individuellen Innovationsbereitschaft für die Vorhersage dieser Nutzungsfokusse zukommt. Im Einklang mit anderen Untersuchungen dieser Art (*Becker* 2000; *Pelgrum* 2001; *Ross, Hogaboam-Gray* & *Hannay* 1999) waren insbesondere die persönliche Einstellung der Lehrer und ihre wahrgenommene Kompetenz von sehr großer Bedeutung für einen quantitativ höheren IKT-Einsatz im Unterricht. Allerdings scheint die Gewichtung dieser Faktoren für die verschiedenen Nutzungsfokusse unterschiedlich zu sein. So zeigte sich, dass die Bedeutung von individueller Einstellung und persönlich erlebter Kompetenz zwar bei Lehrern mit einem Fokus auf der (lehrerzentrierten) fachlichen Wissensvermittlung sehr hoch ist, bei Lehrern mit Fokus auf stärker problemorientierten bzw. konstruktivistischen IKT-Einsatzformen im Vergleich dazu aber an Bedeutung verliert. Für diese spielt dagegen die persönliche Innovationsbereitschaft eine vergleichsweise bedeutsamere Rolle. Dieses Muster ließ sich auch in dem Vergleich zwischen Lehrer und Lehrerinnen mit eher geringer, unregelmäßiger versus umfangreicher, regelmäßiger IKT-Nutzung im Unterricht replizieren. Hier zeigte sich allerdings, dass innovativere bzw. fortgeschrittenere Formen der IKT-Nutzung mit diesen individuellen Bedingungen insgesamt relativ schlecht vorausgesagt werden können. D. h. es lässt sich vermuten, dass subjektive Einstellungen und Kompetenzen zum IKT-Einsatz zwar für einen Einstieg in die Nutzung von Computern und Internet im Unterricht bedeutsam sind, für eine zunehmende IKT-Integration jedoch unwichtiger werden und andere Einflussfaktoren an Bedeutung gewinnen. Hierzu gehören die generelle Bereitschaft und Fähigkeit, mit Veränderungen umzugehen sowie möglicherweise noch weitere IKT-unabhängige Faktoren, wie beispielsweise die persönliche Unterrichtsphilosophie [2] (konstruktivistisch vs. traditionell) des Lehrers (*Blömeke* & *Müller* 2006; *Ravitz, Becker* & *Wong* 2000; *Schaumburg* 2003; *Veen* 1993). Von besonderer Wichtigkeit für eine fortschreitende Medienintegration im Unterricht sind auch die Rahmenbedingungen, unter denen die Lehrer an den Schulen arbeiten, worauf im folgenden Abschnitt eingegangen wird.

2 Organisationale Unterstützungssysteme für eine nachhaltige IKT-Integration

Eine an die Bedürfnisse von Schülern und Lehrern angepasste technische und organisatorische Infrastruktur ist mit die am häufigsten genannte schulorganisatorische Bedingung für die IKT-Nutzung im Unterricht (*Pelgrum* 2001; *Becker* 2000). Allerdings

---

[2] Die Rolle genereller pädagogischer Überzeugungen und Werthaltungen auf den IKT-Einsatz wird derzeit in zwei laufenden Forschungsprojekten detailliert untersucht, auf die an dieser Stelle aus Platzgründen nur verwiesen werden soll (*Müller* in Vorb.; *Schaumburg, Prasse* & *Tschackert* in Vorb.).

belegen die Forschungsergebnisse auch, dass dieser Faktor nicht oder nur in Verbindung mit weiteren Einflussgrößen erklärt, warum in manchen Schulen bedeutend mehr Lehrer einen Entwicklungsprozess in Richtung eines in den Unterricht integrierten, „innovativen" IKT-Einsatz vollziehen als in anderen (*Becker* 2000; *Scholl & Prasse* 2001; *Venezky & Davis* 2002). Neben Problemen mit der technischen Infrastruktur verweisen zahlreiche Autoren auf weitere schulorganisatorische Barrieren, wie z. B. fehlenden technischen Support, mangelnde Zeit und Ressourcen, fehlende Fortbildung (*Becker* 2000; *Collis, Peters & Pals* 2001; *Pelgrum* 2001; *Mooij & Smeets* 2001; *Scholl & Prasse* 2001; *Schulz-Zander* 2004; *Ross, Hogaboam-Gray & Hannay* 1999). Insbesondere Fallstudien an – bezüglich der IKT-Nutzung – sehr weit fortgeschrittenen Schulen haben gezeigt, dass an solchen „best practice" Schulen ein Mix verschiedener unterstützender schulischer Bedingungen existiert, zu denen nicht nur diese organisatorischen Rahmenbedingungen, sondern auch schulkulturelle Faktoren, wie eine unterstützende Kooperationskultur im Kollegium (*Granger* et al. 2002; *Becker* 2000; *Schulz-Zander* 2005) oder eine fördernde Rolle der Schulleitung (*Anderson & Dexter* 2000; *Granger* et al. 2002; *Prasse & Breiter* 2002; *Prasse* 2003; *Scholl & Prasse* 2001) gehören. Allerdings wurde die komplexe Wirkungsweise solcher Faktoren bisher kaum expliziert.

Um die Rolle solcher Faktoren verstehen und erklären zu können, ist es wichtig, die komplexen organisationalen Prozesse in den Blick zu nehmen, die mit der Implementation von neuen Informations- und Kommunikationstechnologien (bzw. jedweder Innovation) in den Schulalltag einhergehen (*Fullan* 1991; *Venezky & Davis* 2002).

Zum einen sind Lehrer Teil der Organisation Schule und damit Teil eines sozialen Gebildes, das z. B. mit einer spezifischen Organisationskultur (*Schein* 1991) – ausgedrückt in den Werthaltungen, Zielen und Visionen einer Schule und den daraus resultierenden Kooperations- und Führungskulturen – die Basis für die Lern- und Veränderungsprozesse einzelner Lehrer und Lehrerinnen bildet. So ist es beispielsweise förderlich für den IKT-Integrationsprozess von Lehrkräften, wenn die IKT-Nutzung im Kollegium Wertschätzung erfährt (*Scholl & Prasse* 2000; 2001), man sich innerhalb der Schule dem Einsatz neuer Medien verpflichtet fühlt (*Granger* et al. 2002) und die Nutzung gesamtschulisch in den Zielen und Visionen der Schule verankert ist (z. B. *Collis* et al. 2001; *Scholl & Prasse* 2000: 2001; *Schulz-Zander* 2005). Die Innovationsbereitschaft einzelner Lehrer – die, wie oben ausgeführt wurde, eine wichtige individuelle Voraussetzung des Medieneinsatzes ist – wird durch eine Schulkultur unterstützt, die auch generell Experimentierfreude und Veränderung betont, die Lehrer und Lehrerinnen ermutigt, Routinen und pädagogische Denkmuster zu hinterfragen und neue Wege zu gehen (*Hadley & Sheingold* 1993; *Kozma* 2003; *Venezky & Davis* 2002) und die damit verbundenen Risiken (und Fehlschläge) toleriert und abfedert (*Harris* 2002; *Kozma* 2003; *Prasse* 2003).

Zum anderen betrifft die IKT-Integration nicht nur den einzelnen Lehrer. Auch die Gesamtorganisation Schule kann diesen Anpassungsprozess in verschiedenen Phasen, gekennzeichnet durch unterschiedliche Assimilations- und Akkomodationsleistungen, durchlaufen (für eine Beschreibung solcher Phasen für die IKT-Integration s. z. B. *Breiter* 2000; *Mioduser* et al. 2002; *Scholl & Prasse* 2000). So hat die Einführung von

Computern und Internet – analog zur Integration von IKT auf Unterrichtsebene – in den meisten Schulen mit einer Phase des Experimentierens und der Konzeptsuche begonnen. Erst im Verlauf der fortschreitenden IKT-Nutzung entwickelten sich konkretere Zielstellungen und Konzepte und es wurden entsprechende Steuerungsversuche von Seiten der Schule unternommen (*Breiter* 2001). Die gesamtschulische Diffusion (*Rogers* 1995) der IKT-Nutzung in der Schule ist in der Praxis das Ergebnis eines komplizierten Wechselwirkungsprozesses aus einer gesamtschulischen Auseinandersetzung mit den Zielsetzungen des IKT-Einsatzes und der Schaffung einer gemeinsamen Entwicklungsperspektive für die Schule, der Implementation von konkreten IKT-Nutzungs- bzw. Lernszenarien und der fortlaufenden Anpassung an bzw. Veränderung von bestehenden organisationalen Bedingungen, Werten und Routinen. Erst mit der Veränderung von Regelwerken und Strukturen, wie z. B. den Curricula, der Flexibilisierung der Stundenpläne oder den Bewertungsmaßstäben und -verfahren, und einer damit fortschreitenden Institutionalisierung der IKT-Nutzung gelingt die nachhaltige Integration in die tägliche „normale" Schulpraxis (*Prasse* 2003; *Scholl & Prasse* 2001; *Venezky & Davis* 2002).

Derartig weitreichende Veränderungen bringen in der Regel jedoch sehr viel Unruhe in die eingespielten Prozesse, die Mikropolitik, einer Schule (*Crozier & Friedberg* 1979; *Neuberger* 1995; für den Schulbereich s. *Altrichter & Posch* 1996), weil die notwendigen Veränderungen auf existierende Wertesysteme und Interessen- und Einflussstrukturen stoßen. D. h., es ist mit einem nicht zu unterschätzenden Konfliktpotential zu rechnen. Darüber hinaus mangelt es bei der IKT-Integration, wie bei Innovationsprozessen generell, nicht nur an Ressourcen und Arbeitsstrukturen für die Prozesssteuerung, sondern es fehlt oft auch das entsprechende (Handlungs-)Wissen der Schulakteure (*Hauschildt* 1997), insbesondere auch der Schulleitung (s. u.). Diese Unsicherheit und Neuartigkeit der Prozesse erfordert nicht nur von den Lehrern und Lehrerinnen sondern auch von der Gesamtorganisation Schule Innovationspotential und Veränderungsbereitschaft (*Fullan* 1991; 1996).

Prasse (2005; 2006) hat deshalb detailliert untersucht, wodurch sich ein (bzgl. der IKT-Integration) innovationsförderndes Klima bestimmt und wie es den IKT-Integrationsprozess der Lehrer und Lehrerinnen als auch den Diffusionsprozess der gesamten Schule unterstützt. In Anlehnung an Modelle zur Produktion und Verbreitung von Innovationen in Unternehmen (s. *Anderson & West* 1998; *Hauschildt* 1997; *Scholl* 2004) wurden wichtige Elemente eines (medienbezogenen) Innovationsklimas bestimmt und in Fallstudien nachgewiesen (*Scholl & Prasse* 2000; *Prasse* 2003; *Prasse* in Vorb.). Als zentral stellten sich die folgenden Faktoren heraus:

- Innovationsorientierung der Schule, d. h. Freiräume und Unterstützung für neue Ideen und deren Verwirklichung;

- Transparente Informationspolitik und Möglichkeiten zur Partizipation im Prozess der IKT-Integration;

- Kommunikations- und Kooperationsstrukturen im Kollegium, die den Erfahrungsaustausch und Wissensaufbau hinsichtlich der IKT-Nutzung fördern, Unterstützung bei Problemen bei der IKT-Integration geben, Konflikte reduzieren und dem Aufbau von Handlungsfähigkeit dienen (z. B. Abbau von Nutzungsbarrieren in der Schule);

- Zielbildungsprozesse an der Schule, in denen konzeptionelle Vorstellungen generiert und gemeinsame Ziele geklärt und bestimmt werden, und die in einer gemeinsamen Entwicklungsperspektive und einem „commitment" der Schule münden, die die Wichtigkeit und Priorität (z. B. bzgl. Ressourcenverteilung) der IKT-Integration für die Schule untermauert;
- Eine Schulleitung, die den Prozess sowohl konkret schulorganisatorisch als auch mit eigenem Engagement und „commitment" unterstützt.

In der Fragebogenerhebung von *Prasse* (2006) an 750 Lehrer/innen aus 21 Schulen (s. o.) zeigte sich, dass ein aus diesen Elementen gebildeter Gesamtindex – als Maß für ein (medienbezogenes) Innovationsklima – sowohl für den individuellen IKT-Integrationsprozess als auch für den gesamtschulischen Diffusionsprozess bedeutsam war. Dabei wuchs der Einfluss dieses Innovationsklimas mit zunehmender IKT-Integration, d. h. einem stärkeren Nutzungsumfang und einem Fokus auf stärker problemorientierte bzw. konstruktivistische Nutzungsszenarien. Das erscheint folgerichtig, da hier die Neuartigkeit und Veränderungserfordernisse des Integrationsprozesses besonders groß sind. In Differentialanalysen auf Individualebene wurde des Weiteren deutlich, dass Prozesse der Zielbildung und -klärung für die generelle IKT-Nutzung des einzelnen Lehrers (also unabhängig vom Nutzungsfokus) bedeutsam zu sein scheinen. Für eine fortschreitende Integration und Fokussierung auf stärker problemorientierte bzw. konstruktivistische Nutzungsszenarien waren dagegen speziell die unterstützenden Kommunikations- und Kooperationsprozesse ein entscheidender Faktor. Auf Ebene der Schule wurde festgestellt, dass auch hier unterstützende Kommunikations- und Kooperationsprozesse und zusätzlich die Innovationsorientierung der Schule sowie eine engagierte Schulleitung besonders eng mit einem Fokus der Schule auf problemorientierten bzw. konstruktivistischen Nutzungsformen zusammenhingen.

Ein positives Innovationsklima und hier insbesondere Prozesse der Zielbildung und -klärung als auch unterstützende Kommunikations- und Kooperationsprozesse sind also als besonders bedeutsam für die IKT-Integration einzuschätzen. Im Kontrast dazu sind diese jedoch in vielen Schulen, die Computer und Internet einführen und nutzen, eher defizitär (*Becker* 2000; *Scholl & Prasse* 2001). Das wirft die Frage auf, wie sich solche Prozesse im Detail gestalten und wodurch sie eigentlich beeinflusst werden. Eine Möglichkeit hier Antworten zu finden besteht darin, die im Prozess der Einführung und Verbreitung der IKT-Nutzung wichtigen Akteure mit ihren Perspektiven, Interessen und Ressourcen ins Zentrum der Betrachtung zu rücken (*Altrichter & Posch* 1996).

Das Promotorenmodell (*Witte* 1973; *Hauschildt* 1997) liefert hier einen interessanten Analyserahmen. Dieses Modell postuliert, dass einzelne Personen, so genannte Promotoren, durch ihr Engagement maßgeblich den Erfolg einer Innovation beeinflussen, indem sie helfen, die für Innovationsprozesse typischen Barrieren des "Nicht-Wollens" und des "Nicht-Könnens" zu überwinden. Promotoren liefern im Innovationsprozess spezifische Leistungsbeiträge. In der Schule beispielsweise stellen „Fachpromotoren" relevantes Fachwissen (über neue IKT-Anwendungen und didaktische Einsatzmöglichkeiten) bereit und entwickeln wegweisende Beispiellösungen. „Machtpromotoren"´führen aufgrund ihrer hierarchischen Position wichtige Entscheidungen herbei, ohne die eine Weiterführung des Prozesses nicht gewährleistet wäre (z. B. Freigabe von Ressourcen). „Prozesspromotoren" initiieren und koordinieren aufgrund ihres Wissens über organisationale Abläufe die Informations- und Wissensflüsse, vermitteln mit sozialem Geschick zwischen verschiedenen Interessen, initiieren Arbeitsstrukturen und steuern die Zielbildungsprozesse (*Hauschildt* 1997; *Scholl & Prasse* 2000). Schulleitungen [3] haben in einem solchen Promotorengefüge eine zentrale Position, da nur sie auf Grund ihrer Befugnisse und Ressourcen bestimmte Leistungsbeiträge im Sinne der Macht- und Prozesspromotion erbringen können. Sie spielen deshalb in Innovationsprozessen generell eine bedeutsame Rolle (*Fullan* 1991).

Scholl & Prasse (2000; 2001) haben auf der Grundlage des Promotorenmodells untersucht, inwieweit verschiedene Schulakteure (Schulleitung, Informatiklehrer, Fachlehrer, Schüler) im Prozess der IKT-Einführung Promotorenfunktion übernahmen und welche Konsequenzen das für die Diffusion der IKT-Nutzung in der Schule hatte. Es zeigte sich, dass insbesondere der Umfang an Prozesspromotion einen großen Einfluss auf das Fortschreiten des Implementationsprozesses hatte und es förderlich war, wenn eine möglichst große Anzahl an Promotoren existierte, die möglichst keine reinen Fachpromotoren waren, sondern auch als Prozesspromotoren aktiv wurden. Ein starkes Engagement der Schulleitung erwies sich in dieser Untersuchung nicht automatisch als positiv. Zwar übernahmen Schulleitungen an (in der Computer- und Internetnutzung) weiter fortgeschrittenen Schulen oft zahlreiche Aufgaben der Prozesspromotion. Es erwies sich jedoch als hemmend, wenn die Schulleitung durch isolierte Machtpromotion, d. h. „Druck von oben", die IKT-Nutzung anordnete, ohne Zielsetzung und Nutzungskonzept mit dem Kollegium zu diskutieren und abzustimmen. Dieses Ergebnis wird durch andere Untersuchungen erweitert, die zeigen, dass traditionell-hierarchische Führungsstrukturen, und eine daran gekoppelte Alleinverantwortung für den Diffusionsprozess bei der Schulleitung, die IKT-Integration behindern können (*Sheppard* 2002). In der Untersuchung von *Scholl & Prasse* (2000; 2001) wurde darüber hinaus deutlich, dass generell sowohl die Konzentration aller Promotionsaufgaben bei einem zentralen Promotor (z. B. dem IT-Koordinator) als auch die Isolation einzelner Promotoren (z. B. der Schulleitung) hinderlich für die Diffusion der IKT-Nutzung waren. Fehlende Promotion und/oder Kommunikationsstörungen zwischen den Promotoren führten zu Informations- und Motivationsproblemen im Kollegium und mangelnden Problemlösungen hinsichtlich bestehender schulorganisatorischer Barrieren. Als günstigste Variante erwiesen sich netzwerkartige Organisationsstrukturen, in denen größere und heterogene Gruppen aus aktiven Lehrern, Schulleitung und gegebenenfalls weiteren Schulakteuren (Eltern, Schüler) die verschiedenen Promotionsaufgaben (Fach-, Macht-, Prozesspromotion) integrierten.

An dieser Stelle wird auch die Wechselwirkung zwischen organisationalen und individuellen Prozessen sichtbar, die in diesem Zusammenspiel erst ihre Produktivität

---

[3] S. hier auch *Breiter* (2000), der die Aufgaben von Schulleitungen im Rahmen eines „IT-Managements" in Schulen detailliert beschreibt.

entfalten. Organisationale Bedingungen, wie z. B. ein IKT-bezogenes Innovationsklima, schaffen Voraussetzungen, unter denen es interessierten Lehrern und Lehrerinnen leichter fällt, die neuen Anforderungen im Zusammenhang mit dem IKT-Einsatz zu bewältigen, Expertise zu erlangen, Verantwortung für den gesamtschulischen Prozess zu übernehmen und damit wiederum ein Medien- und Innovationsklima in der Schule mitzugestalten, welches den Diffusionsprozess der gesamten Schule fördert.

3 Fazit

Die fortschreitende Nutzung von Computern im Unterricht erfordert von den Lehrern und Lehrerinnen einen komplizierten Anpassungsprozess, in dem nicht nur neues Wissen erworben and angewandt werden muss, sondern auch bisherige Handlungsroutinen und die eigenen pädagogischen Vorstellungen und Denkmuster hinterfragt und gegebenenfalls verändert werden müssen. Dieser IKT-Integrationsprozess ist eingebettet in organisationale Strukturen und Abläufe und wird letztlich durch ein komplexes Zusammenspiel verschiedener Faktoren auf unterschiedlichen Ebenen beeinflusst.

In diesem Artikel wurde der Fokus darauf gerichtet, inwieweit Faktoren auf Lehrerebene und auf Schulebene sowie deren Interaktionen diesen Integrationsprozess beeinflussen. Es wurde gezeigt, dass die IKT-Integration von Lehrern und Lehrerinnen über mehrere Stufen verläuft und je nach Stufe unterschiedliche Unterstützungsmechanismen erfordert. Anfänglich geht es um eine Sensibilisierung für die Vorteile und den Nutzen, den die IKT-Integration den einzelnen Lehrkräften bringt und in Folge dessen um die Entwicklung einer positiven Einstellung zur unterrichtlichen Nutzung von IKT. Darüber hinaus müssen IKT-bezogene Kompetenzen und die damit verbundene Selbstwirksamkeitserwartung gestärkt werden. Die Integration von IKT in problemorientierte bzw. konstruktivistische Unterrichtskonzepte bringt für viele Lehrer ohne Erfahrung und Routine mit derartigen Konzepten eine mehrfache Neuerung mit sich, da sie z. B. eine Veränderung von Aufgabenstellungen, Sozialformen und Lerninhalten bedeutet. Diese Lehrer müssen, um hier Veränderungen zu vollziehen, vor Ort dabei unterstützt werden, den Computer im Kontext entsprechender innovativer Lernszenarien einzusetzen. Diese Unterstützung sollte sich dabei nicht nur auf IKT-bezogene Besonderheiten der Unterrichtsgestaltung richten, sondern auf die Besonderheiten einer schülerzentrierten, problemorientierten Unterrichtsweise (z. B. Projektmanagement, Individualisierung des Unterrichts, Formulierung angemessen komplexer Aufgabenstellungen) fokussieren (s. auch *Blömeke & Buchholtz* 2005). Eine Basis dafür muss natürlich sinnvollerweise schon in der Lehrerausbildung geschaffen werden. Neben der theorieorientierten Thematisierung mediendidaktischer Konzepte geht es hier vor allem darum, dass die zukünftigen Lehrer und Lehrerinnen eine innovative und qualitativ hochwertige IKT-Integration in einer entsprechenden Gestaltung des universitären Lehr-Lernprozesses wieder finden und in ihrer praktischen Wirksamkeit in konkreten (in der späteren Lehrpraxis relevanten) Anwendungskontexten selbst erfahren. Diese kontextspezifischen „Sozialisationserfahrungen" bezüglich der Mediennutzung in der eigenen Schul- und Ausbildungszeit, so zeigen empirische Studien, beeinflussen entscheidend die spätere Einstellung zum Einsatz von Medien im Unterricht (*Blömeke*, eingereicht). Deshalb ist es wichtig, dass in der Lehrerausbildung das Thema neue Medien fach- und stufenspezifisch integriert wird (s. auch *Tulodziecki & Blömeke* 1997).

Schulen können den IKT-Integrationsprozess auf organisationaler Ebene unterstützen, indem sie helfen, die schulorganisatorischen Rahmenbedingungen für die Arbeit mit neuen Medien sicherzustellen (z. B. zeitliche und finanzielle Ressourcen, Infrastruktur-Planung, Fortbildungsplanung, Stundenplanung) und dem IT-Management (*Breiter* 2001) einen festen Platz in der schulischen Arbeit geben. Damit solche Maßnahmen jedoch greifen können, ist es vor allem wichtig, dass die vielschichtigen, im Rahmen der IKT-Integration notwendigen Veränderungsprozesse in der Schule auch reflektiert und organisational unterstützt werden. Dazu, so wurde gezeigt, gehört ein (medienbezogen) innovatives Klima an der Schule, dass sich durch gesamtschulische Zielbildungs- und Zielklärungsprozesse sowie intensive Kommunikations- und Kooperationsstrukturen zwischen den Akteuren auszeichnet und auf einer Schulkultur basiert, die pädagogischen Innovationen im allgemeinen und der Arbeit mit neuen Medien im speziellen eine bedeutsame Rolle für die schulische Arbeit zuweist. Vor dem Hintergrund mangelnder Ressourcen und Strukturen in den Schulen kommt dem Engagement einzelner Personen bzw. Promotoren, oder noch günstiger der Existenz von Promotoren-Netzwerken, eine besondere Bedeutung zu. Sie sorgen dafür, dass die mögliche Innovation nicht schon in der Anfangsphase an den Routinen und Regelwerken der Organisation Schule scheitert, bevor diese den Erfordernissen einer nachhaltigen IKT-Integration angepasst werden können.

IKT-Initiativen in Deutschland haben in der Vergangenheit verstärkt einen Schwerpunkt auf die technische Ausstattung der Schulen und begleitende Fortbildungsprogramme gelegt (s. *Plomp* et al. 2003 für einen Überblick zu nationalen Standards und Initiativen). Wie wir jedoch zeigen konnten, ist es insbesondere für eine auf problemzentrierten bzw. konstruktivistischen Unterrichtskonzepten aufbauende Integration neuer Medien in den Schulalltag bedeutsam, dass Qualitätsentwicklung auf einem viel grundlegenderen Level ansetzt. Ansonsten können die Schulen in ihren Entwicklungsbemühungen stagnieren und erhoffte Veränderungen in der Unterrichts- und Schulqualität ausbleiben. Für eine langfristig erfolgreiche Integration der Informations- und Kommunikationstechnologien in den Unterricht muss ihnen ein fester Platz im Rahmen der Qualitäts- und Schulentwicklung eingeräumt werden.

Steffi Badel

„Später kommen, früher gehen" – Schulabsentismus als Risikofaktor in Bildungslaufbahnen

Das Nutzen der formal zugestandenen Lernzeit stellt einen Bedingungsfaktor für Schulleistungen und damit Bildungs- und Berufskarrieren von Schülern dar. Darüber hinaus geben sowohl die quantitativen Daten zu Schulabsentismus als auch das Präventions- und Interventionsgeschehen Auskunft über die Qualität der Bildungseinrichtungen. Im folgenden Beitrag werden Aussagen zu Umfang und Bedingungsfaktoren von Schulabsentismus gegeben bei einer ausgewählten Gruppe Jugendlicher, den hochbegabten Underachievern.

1   Einführung

Als Reaktion auf die für Deutschland dramatischen Ergebnisse der letzten internationalen Leistungstests wie beispielsweise TIMSS (vgl. *Baumert, Bos & Lehmann* 2000a) oder PISA (vgl. *Deutsches PISA Konsortium* 2001; 2004) aber auch angesichts steigender Zahlen risikobeladener und durch Diskontinuität sich auszeichnender Bildungs- und damit Lebenslaufbahnen werden von Bildungspolitikern zunehmend „Qualitätsoffensiven" für Schulen gefordert. In den letzten drei Jahrzehnten wurden zahlreiche Untersuchungen durchgeführt, um zu klären, durch welche Merkmale sich „gute Schulen" und „guter Unterricht" auszeichnen (vgl. z. B. *Helmke & Weinert* 1997). Die Diskussion um die Qualität von Schulen wird entscheidend im Zusammenhang mit den schulischen Leistungen der Kinder und Jugendlichen geführt, und so stellt sich die Frage nach effektiven und vor allem effizienten Lernbedingungen in den einzelnen Schulen.

Ein zentrales Kriterium dieser effektiven Lernbedingungen stellt die Nutzung der formal zugestandenen Lernzeit durch die Schülerinnen und Schüler in Schule und Unterricht dar. *Helmke* (2000) hat ein solches Angebots-Nutzungs-Modell im Rahmen der school-effectiveness-Forschung entwickelt (vgl. *Helmke & Weinert* 1997; *Helmke* 2000). Er diskutiert „Schulqualität" und „Unterrichtsqualität" im Hinblick auf die Bedingungsgefüge der Schulleistungen, insbesondere auf die Wirkungsweise und die Randbedingungen des Unterrichts. Somit erklärt er die Abhängigkeit schulischer Erträge einerseits vom schulischen Unterrichtsangebot und den individuellen Lernvoraussetzungen der Kinder und Jugendlichen und andererseits aber auch von der Nutzung der aktiven Lernzeit [1]. Die Nutzung der formal zugestandenen Lernzeit im Unterricht beeinflusst neben anderen Bedingungsfaktoren entscheidend die Schulleistungen der Schüler und gibt darüber hinaus auch Auskunft über die Qualität der Schulen bzw. der Organisation und Struktur von Bildungsgängen.

---

[1] *Treiber* (1982, 13) unterscheidet die *nominale Unterrichtszeit* als die im Lehrplan festgelegte Unterrichtszeit, die *tatsächliche Unterrichtszeit* als die Anzahl der tatsächlich gehaltenen Unterrichtsstunden, die *nutzbare Unterrichtszeit* als den Zeitanteil, an dem tatsächlich schulisches Wissen behandelt wird, die *Anwesenheit* von Schülern als physische Präsenz und die *aktive Lernzeit* von Schülern, die durch die Dauer der Unterrichtsbeteiligung und die Aufmerksamkeit des Schülers während des Unterrichts bestimmt wird.

Zwar wurde in den letzten Jahrzehnten die Problematik Schulabsentismus und Schulverweigerung als latentes Problem in den Schulen wahrgenommen, jedoch ist erst in den letzten Jahren ein verstärktes Forschungs- und auch Medieninteresse erkennbar. Gerade durch die Medien werden einzelne, sehr bedenkliche Fälle populär gemacht und als Grundlage für Verallgemeinerungen genutzt und auch missbraucht (vgl. *Rademacker & Wissinger* 2003; *Warzecha* 2001). Diese erhöhte Medienpräsenz und mittlerweile auch verstärkte bildungspolitische Aufmerksamkeit bringt Vor- und Nachteile mit sich: So stehen gesteigertes Interesse an der Problematik, das Bewusstmachen der damit zusammenhängenden Risiken für die Schüler und die zunehmende Diskussion von Präventions- und Interventionsansätzen einerseits dem Nachteil der unwissenschaftlichen und populistischen Feststellungen bzw. Behauptungen andererseits gegenüber. Durch die unzureichende Darstellung von Einzelfällen als Aufhänger, die häufig stellvertretend für die „Null-Bock-Jugend" stehen sollen, werden weitere Verzerrungen und Risiken der Diskussion deutlich: Die Schuldzuweisungen treffen fast ausschließlich die Jugendlichen selbst, Schulabsentismus als Kriterium mangelnder Qualität der Einzelschule wird nur marginal diskutiert.

Trotz des Erwachens von Bildungspolitik und Wissenschaft gegenüber diesem Thema konnten jedoch bisher weder das komplexe Bedingungsgefüge der Problematik zufriedenstellend analysiert noch eine eindeutige Feststellung über die Dimension des Schulabsentismus einzelner Schulformen und Schülerjahrgänge getroffen werden. Dementsprechend fehlen empirisch geprüfte Präventions- und Interventionskonzepte auf der Ebene der Einzelschule und des Bildungssystems. Vor diesem Hintergrund wird im vorliegenden Beitrag das Bedingungsgefüge von Schulabsentismus diskutiert; im Besonderen wird dabei sowohl auf Ergebnisse quantitativer Analysen bei Jugendlichen in einer beruflichen Ersatzmaßnahme zurückgegriffen als auch auf qualitative Analysen, die bei einer ausgewählten Gruppe von Jugendlichen in der beruflichen Bildung durchgeführt wurden, den so genannten hochbegabten Underachievern [2].

2 Das Ausmaß von Schulversäumnissen in Berlin – Eine Datenübersicht

Die erhöhte Aufmerksamkeit bzw. Beendigung der Ignoranz gegenüber dem Thema Schulabsentismus erweckt den Eindruck, dass die Fehlzeiten an deutschen Schulen heute höher als früher seien. Dabei sind Schülerinnen und Schüler, die die Schule schwänzen oder verweigern, durchaus kein exklusives Phänomen heutiger Zeit; es existiert mehr oder weniger schon, seit es eine Schulpflicht gibt (vgl. *Schreiber-Kittl & Schröpfer* 2002, 17). Empirisch ist bisher nicht nachgewiesen, dass Schulabsentismus in der heutigen Zeit verstärkt auftritt bzw. zunimmt. Untersuchungsergebnisse verweisen auf einen Anteil derzeit von 0,5% bis 30% Schulabsentisten an der gesamten Schülerschaft (vgl. *Warzecha* 2001; *Schreiber-Kittl & Schröpfer* 2002; *Simon* 2002). Jedoch sind die Zahlen bisheriger Studien aus folgenden Gründen wenig aussagekräftig: *(1)* Die zumeist re-

---

[2] Als hochbegabte Underachiever werden solche Schülerinnen und Schüler subsummiert, die ihr hohes Begabungspotenzial nicht in entsprechende Leistung transferieren können und deren Leistungen über einen längeren Zeitraum deutlich schlechter ausfallen als die Leistungen des Klassendurchschnitts.

gionalen Untersuchungen erlauben keine Verallgemeinerung deutschlandweit. Ein Vergleich ist wegen der zugrunde liegenden Querschnittsdaten unzulässig. *(2)* Es werden in den Studien unterschiedliche Begriffe verwendet und damit vermutlich verschiedene Phänomene untersucht: Schulabsentismus, Schulverweigerung, Schulphobie, Schulmüdigkeit, Schulverdrossenheit und weitere Begriffe erlauben keinen direkten Vergleich. *(3)* Die Datenerfassung von Anwesenheitszeiten und die Beurteilung über entschuldigte oder unentschuldigte Fehlzeiten liegen in der Verantwortung der Lehrkräfte. Da jedoch empirisch valide Erhebungsinstrumente zur Erfassung von Absentismusraten fehlen, die außerhalb der gesetzlich erlaubten Fehlzeiten liegen, ist die Art der Erfassung subjektiv und die Vergleichbarkeit nicht möglich.

Berlin hat als eines der ersten Bundesländer im Jahre 2002 eine umfassende Erhebung über das Ausmaß von Schulversäumnissen an den allgemein bildenden Schulen durchgeführt und diese im ersten Schulhalbjahr 2004/05 wiederholt. In diesen Erhebungen wird deutlich, dass Schulverdrossenheit in allen Schularten bis zur achten, neunten Jahrgangsstufe teils dramatisch ansteigt. In Berlin beispielsweise fehlen insgesamt 10.751 Schülerinnen und Schüler (das sind 3,6%) eines Jahrgangs 21 bis 40 Tage und versäumen damit 20% bis 40% des Unterrichts; 1,3% der Schüler fehlen über 40 Tage (vgl. *Senatsverwaltung für Bildung, Jugend und Sport Berlin* 2002). Die häufigsten Fehlzeiten finden sich in der Hauptschule und bei Schülerinnen und Schülern mit niedriger Bildungsaspiration. Im Schuljahr 2004/05 ist eine leichte Abnahme der Fehlzeiten zu erkennen; hier fehlen 2,8% 21 bis 40 Tage und 0,7% über 40 Tage. In beiden Untersuchungen wurden die Versäumnisse in Tagen erfasst; dabei wurde auf eine Unterscheidung nach entschuldigten und unentschuldigten Fehltagen verzichtet, was den Wert der Untersuchungen für die Entwicklung von Präventions- und Interventionsprogrammen erheblich einschränkt.

3 Formen des Schulabsentismus – Eine Diskussion unterschiedlicher Begriffe

Das Phänomen *Schulabsentismus* wird in der einschlägigen Literatur durch eine Vielzahl von Bezeichnungen und Unterscheidungen beschrieben. In zahlreichen Untersuchungen werden die Begriffe *Schulschwänzen, Schulverweigerung, Schulabsentismus* oder *Unterrichtsabsentismus* synonym verwendet; damit wird eine Vergleichbarkeit des Phänomens und dessen Bedingungen und Behandlungen ad absurdum geführt. In der internationalen wissenschaftlichen Diskussion hat sich als Oberbegriff dieses Phänomens analog dem englischen *school absenteeism* der Begriff Schulabsentismus eingebürgert. Hinsichtlich der ätiologischen Kategorisierung wird zwischen *Schulschwänzen (truancy)* und *Schulverweigerung (school refusal)* unterschieden; dabei besteht Einigkeit, dass sie gegensätzliche Pole mit gewissen Überschneidungsbereichen markieren (vgl. *Ricking & Neukäter* 1997, 53). Überblickt man die aktuelle Fachliteratur im deutschsprachigen Raum, fällt der fast inflationäre Gebrauch des Begriffes *Schulverweigerung* auf. Er wird vor allem im Kontext von Schulverweigererprojekten genannt und erfährt dadurch eine Bedeutungsverengung auf pathologische Verhaltensweisen, obwohl ein Großteil der betroffenen Jugendlichen gar keine klinischen Symptome aufweist (vgl. dazu kritisch *Ehmann & Rade-*

macker 2003, 28; *Ricking* 2003; *Stamm* 2005). Dennoch wird in der einschlägigen deutschsprachigen Literatur der Oberbegriff *Schulabsentismus* benutzt.

Für den hier vorgelegten Beitrag wird von *Schulabsentismus* gesprochen, „ ... wenn eine Schülerin bzw. ein Schüler aus einem gesetzlich nicht vorgesehenen Grund der Schule fernbleibt, unabhängig davon, ob er/sie dies mit Wissen oder Einverständnis seiner/ihrer Eltern tut, und auch unabhängig davon, ob dieses Fernbleiben durch eine Entschuldigung legitimiert wird" (vgl. *Thimm & Ricking* 2004, 46).

Ricking (2003, 77ff.) beschreibt drei Formen von *Schulabsentismus*: Neben *Schulschwänzen* und *Schulverweigerung* unterscheidet er zusätzlich das *Zurückhalten*. Von *Zurückhalten* spricht *Ricking* im Falle des Entzugs des Schulbesuchs durch die Erziehungsberechtigten, die damit bewusst zur Verletzung der Schulpflicht anhalten. Es handelt sich um eine Abwesenheit von der Schule mit Einverständnis der Eltern. *Schulschwänzen* tritt auf, wenn Schüler zeitweilig oder anhaltend und ohne Wissen der Eltern auf eigene Initiative die Schule nicht besuchen. Für das Fernbleiben vom Unterricht fehlt in diesem Fall ein angemessener Entschuldigungsgrund. Der schwänzende Schüler geht während der Unterrichtszeit einer für ihn als sinnvoll und angenehmer eingeschätzten Beschäftigung nach, was oftmals in Verbindung mit schulischem Versagen steht. Die *Schulverweigerung* macht auf eine massive Ablehnung der Schule seitens der Schüler aufmerksam [3]. *Ricking* (2003, 55ff.) erklärt *Schulverweigerung* in diesem Zusammenhang als eine Absentismusform, die auf Initiative des Schülers und oft begleitet von schweren Angstsymptomen vor dem Schulbesuch auftritt. Nach *Thimm* (1998, 43f.) wird *Schulverweigerung* als Widerstand der Schüler gegen als sinnlos erlebte Anforderungen und Bedingungen von Schule bezeichnet.

Diese Begriffsdefinitionen verdeutlichen, dass aus pädagogischer Perspektive vor allem die Formen *Schulverweigerung* und *Schulschwänzen* von Bedeutung sind. Es sind beides Absentismusformen, die primär vom Schüler selbst entschieden werden und mit so genannten „Schwänzerkarrieren" einhergehen. Darunter ist das Abwenden vom schulischen Lernen als ein sich steigernder Entwicklungsprozess mit unterschiedlichen Ausprägungsformen zu verstehen. Oft ist zu beobachten, dass die Abkehr vom Lernen in der Schule und im Unterricht selbst beginnt. Anfänglich erscheinen die Schüler im Verlauf des Unterrichts zunehmend desinteressiert und passiv und versuchen Kontakte zum Lehrer möglichst zu meiden. Einige Schüler zeigen ihr verweigerndes Verhalten in der Schule durch aktives Stören des Unterrichts. Es folgt gelegentliches, unentschuldigtes Fehlen der Schüler in den Randstunden. Anschließendes häufiges Fernbleiben an ganzen Schultagen bis zu permanentem Wegbleiben von der Schule kann bis zum totalen Schulausstieg führen. In diesem Zusammenhang werden diejenigen Schüler als *aktive Schulverweigerer* bezeichnet, die über längere Zeit nicht mehr in der Schule erscheinen. *Passive Schulverweigerer* dagegen gehen weitestgehend regelmäßig zur Schule, beteiligen sich aber nicht am Unterricht (vgl. *Ehmann & Rademacker* 2003, 26ff.). Diese Schüler sind im Unterricht zwar körperlich anwesend, entziehen sich jedoch geistig den schulischen Anforderungen.

---

[3] Im Zusammenhang mit Schulverweigerung wird insbesondere im angloamerikanischen Sprachraum auch von *Schulphobie* gesprochen. Hiermit wird eine zwanghafte Unfähigkeit zum Schulbesuch beschrieben. Angst, Furcht und depressive Stimmungslagen sind dabei von zentraler Bedeutung.

Sie zeigen oft unauffälliges Verhalten während des Unterrichtsgeschehens, sind inaktiv oder träumen. Häufig ist die Konsequenz, dass der Anschluss an das jeweilige Leistungsniveau des Unterrichts verpasst wird, da die im Unterricht entgangenen Lerninhalte nicht nachgeholt werden. Diese Verweigerungsform kann und wird von den Lehrkräften wegen des unauffälligen Rückzugs des Schülers häufig nicht oder zu spät als eine solche wahrgenommen. Das Verwenden von Entschuldigungen wie ärztliche Atteste oder Entschuldigungsschreiben der Eltern, um am Unterricht nicht teilnehmen zu müssen, gilt ebenfalls als eine Form der passiven Schulverweigerung (vgl. *Schreiber-Kittl & Schröpfer* 2002, 38f.). Die passiv beginnende Verweigerung schulischen Lernens kann über ein aktives und sich verfestigendes Fehlen im Unterricht bis zu einem Abbruch der Schulkarriere des einzelnen Schülers führen. Diese Progression schulverweigernden Verhaltens verläuft nicht konstant. Vielmehr handelt es sich um einen Prozess mit vielen Zwischenetappen. Dieser kann sinnvollerweise auch seitens der Lehrkräfte unterbrochen und blockiert werden, je früher und gezielter diese intervenieren.

4 Bedingungsfaktoren für Schulabsentismus

Die Gründe für schulverweigerndes Verhalten von Kindern und Jugendlichen sind vielfältig. Nur selten gibt ein einziger Grund Anlass, Schule und Unterricht zu verweigern. Vielmehr handelt es sich um einen mehrdimensionalen Prozess über einen unterschiedlich langen Zeitraum hinweg; i. d. R. wird er durch sich gegenseitig beeinflussende Ereignisse und Entwicklungen ausgelöst, und er droht sich bei einer Nichtwahrnehmung und Ignoranz seitens der Erziehungsakteure zu verfestigen. Ablehnung oder Verweigerung von Schule ist kein plötzlich herbeigeführter und unveränderlicher Zustand, sondern ein Prozess, der angefangen mit einer inneren Emigration im Unterricht über die passive Erduldung von Unterricht bis zur Herausbildung von aktiver Schulverweigerung reichen kann und durch zahlreiche sich gegenseitig beeinträchtigende Aspekte gekennzeichnet ist.

Derzeit muss resümiert werden: Bisher liegen weder valide Untersuchungen zu Verlaufsstrukturen und Bedingungsgefügen des Schulabsentismus noch verlässliche, d. h. bundesweit repräsentative Angaben zu Schulversäumnisquoten vor. Konsens besteht jedoch in der Fachdiskussion hinsichtlich des Verständnisses von Schulabsentismus als einem Bedingungskomplex, der sich aus vielen Komponenten zusammen setzt, so aus der allgemeinen schulischen Sozialisation, speziell den Mechanismen des schulischen Alltags und der Schulqualität, aber auch aus individuellen Schüler- und Familienmerkmalen. Eine Auswahl dieser Bedingungsfaktoren wird im Folgenden dargestellt:

Individuelle Bedingungsfaktoren

Zahlreiche Untersuchungsergebnisse belegen einen Zusammenhang von Alter der Schüler und Schulabsentismus (vgl. *Eder* 1981; *Ehmann & Rademacker* 2003): So steigt das Ausmaß des unerlaubten Fernbleibens von der Schule mit dem Alter; in den Schuljahren sieben bis zehn wird die höchste Anzahl von Schulversäumnissen festgestellt. Risiken in der Schullaufbahn durch Absentismus sind also besonders präsent in der Pubertätsphase der Jugendlichen und gehen somit eng mit gravierenden körperlichen und psychischen Umbrüchen in der individuellen Entwicklung einher. Des Weiteren zeigen sich Zusammenhänge zwischen Schulabsentismus und Schulleistungen: nachweislich „verpassen" eher diejenigen Schüler mit geringeren Schulleistungen den Unterricht. Das Fehlen im Unterricht verursacht Wissensdefizite, die sich angesichts primär sequenzierter Lehrangebote, die auf progressiven Wissenserwerb ausgerichtet sind, in schlechten Ergebnissen von Leistungsüberprüfungen niederschlagen. Der entstehende Misserfolg kann weiteres Fernbleiben von der Schule nach sich ziehen. Darüber hinaus stellt Schulunzufriedenheit einen erheblichen Risikofaktor für Schulschwänzen bzw. Schulverweigerung dar, denn die Identifikation eines Schülers mit den schulischen Normen und Erwartungen steigt mit seinem Leistungsniveau.

Soziokulturelle und familiäre Bedingungsfaktoren

Nach einschlägigen Untersuchungen ist das Problem des Schulabsentismus in allen sozialen Schichten und familiären Konstellationen zu beobachten. Auffällig ist jedoch: Schüler aus benachteiligten Verhältnissen der sozialen Unterschicht und aus Familien mit instabilen strukturellen und erzieherischen Verhältnissen neigen eher zur Verweigerung des Schulbesuchs (vgl. *Ricking* 2003, 141ff.). Ursachen hierfür können u. a. Probleme in Verbindung mit Arbeitslosigkeit der Eltern, ungünstige Wohnverhältnisse, geringe Einkommen oder schwierige Geschwisterkonstellationen sein. Neben strukturellen Bedingungen wirken sich jedoch auch zwischenmenschliche Beziehungen zwischen Eltern und Kindern und Jugendlichen aus, insbesondere die elterlichen Erziehungsstile.

Schulische Bedingungsfaktoren

Zu den schulischen Bedingungsfaktoren zur Minimierung von Schulabsentismus zählt unter anderem eine Schulkultur, die bei allen Lehrkräften einen bewussten, offenen und aktiven Umgang mit diesem Phänomen voraussetzt. Prävention und Intervention von Schulverweigerung verlangen pädagogische Handlungsstrategien innerhalb der unterschiedlichen institutionellen Handlungsfelder; dies betrifft sowohl die Organisation der Schule, die Lehrer-Schüler-Interaktion, die Gestaltung des Unterrichts, aber auch die Kooperation mit den Eltern. Auf der Ebene der Organisation von Schule sind besonders die Schulatmosphäre als nicht zu unterschätzender Faktor für Prävention und Intervention von Schulabsentismus zu nennen. Schulabsentismus sollte als schulische Problemstellung verstanden werden. Dabei ist es unerlässlich, Instrumente und Routinen zur Dokumentation, Überprüfung und Auswertung der Anwesenheitszeiten des einzelnen Schülers an der Schule zu entwickeln und zu installieren und dieses Prozedere öffentlich und transparent zu machen. Das Problembewusstsein, die Handlungsbereitschaft und Handlungskompetenzen von Schulleitung und Lehrern stellen ebenfalls eine entscheidende Bedingungskonstellation zur Minimierung von Schulabsentismus dar. Zu den schulischen Bedingungsfaktoren zählen weiterhin die feincurriculare und methodische Gestaltung der Lernangebote und Lehr-Lern-Umwelten; hierbei sind besonders die Berücksichtigung des lebensweltlichen Kontextes der Jugendlichen bei der Unterrichtsplanung, das aktive und selbstbestimmte Handeln im Unterricht und die Unterrichtsqualität zu nennen.

Gesellschaftliche Bedingungsfaktoren

Die konjunkturelle Entwicklung hat auch in Deutschland zu einer dramatischen Situation auf dem Ausbildungs- und Arbeitsmarkt geführt, was besonders bei Jugendlichen, die familiär davon betroffen sind, - aber nicht nur bei diesen - ein Gefühl der Unsicherheit und Perspektivlosigkeit auslöst. Speziell leistungsschwächere Schüler mit einem relativ geringwertigen Schulabschluss sehen ihre beruflichen Aussichten stark gefährdet. Sie erkennen oftmals keine persönlichen Vorteile und aus ihrer je eigenen subjektiven Perspektive auch keinen oder nur wenig Sinn in schulischer Bildung; sie resignieren und suchen nach Alternativen zum Schulalltag außerhalb formaler Lernangebote.

5 Ergebnisse empirischer Studien zum Schulabsentismus

Im Rahmen der Wissenschaftlichen Begleitung zum Berliner Modellversuch „Modulare-Duale-Qualifizierungs-Maßnahme" (MDQM) wurde u. a. auch das Thema Schulabsentismus aufgegriffen und untersucht. Es handelt sich bei dem Modellversuch um eine zweistufige Maßnahme, in der Jugendliche in der Stufe I für eine berufliche Ausbildung vorbereitet und in der Stufe II in einem anerkannten Ausbildungsberuf ausgebildet werden. In diesem Bildungsgang befinden sich vorwiegend lernschwächere Schüler ohne bzw. mit niedrigwertigen Schulabschlüssen, die nur geringe Chancen auf dem Ausbildungsmarkt besitzen und sich aus diesem Grund für eine Alternative zur betrieblichen Ausbildung entschieden haben [4].

Um Aussagen sowohl zum Umfang der Fehlzeiten als auch zu den Ursachen, Bedingungen und Verläufen treffen zu können, wurden quantitative und qualitative Erhebungen durchgeführt, deren Ergebnisse im Folgenden diskutiert werden.

5.1 Ergebnisse der quantitativen Erhebungen zum Schulabsentismus

Für die Untersuchung zum Umfang der Fehlzeiten konzentrierten wir uns auf die Jugendlichen in der Stufe I (Berufsvorbereitung) und zogen als Vergleichsgruppe Schülerinnen und Schüler im vollzeitschulischen berufsvorbereitenden Jahr (VZ11 [5]) hinzu (vgl. *Badel* 2003). Da die Jugendlichen in der berufsvorbereitenden Stufe MDQM I an zwei Lernorten (Schule und Praxisträger) ausgebildet werden (VZ 11 nur an der Schule), wurden sowohl Fehlzeiten in der Schule als auch beim Praxisträger untersucht.

Ziel der Untersuchung ist, Aussagen über das Ausmaß der Nutzung der formal zugestandenen Lernzeit der Schüler in MDQM machen zu können. Die formal zugestandene Lernzeit bezieht sich nicht auf die Zeit, die die Schüler individuell zum Lernen benötigen, sondern ausschließlich auf die durch Schule oder Praxisträger bereitgestellten Unterrichts- bzw. Unterweisungsstunden, an denen die Schüler teilnehmen (sollten).

---

[4] MDQM zeichnet sich durch folgende Merkmale aus: (1) Berufsvorbereitung und Berufsausbildung sind eng miteinander verknüpft; d. h. die Schüler, die die Stufe I erfolgreich abschließen, erhalten die Garantie auf einen Ausbildungsplatz in der Stufe II. (2) Die Schüler werden an zwei kooperierenden Lernorten ausgebildet, der Schule und dem Praxisträger, und erhalten demzufolge schon in der Berufsvorbereitung einen erhöhten Praxisbezug. (3) Der Bildungsgang verläuft modular; die jeweiligen Module werden mit einer Zertifikatsprüfung abgeschlossen mit dem Effekt eines Leistungsnachweises aber auch mit höherer Motivation der Teilnehmer.

[5] VZ11 = berufsvorbereitender vollzeitschulischer Bildungsgang im 11. Schuljahr (entspricht in anderen Bundesländern BVJ); seit 2004 heißt dieser Bildungsgang in Berlin BQL (Berufsqualifizierender Lehrgang).

Anwesenheits- und Fehlzeiten in der Praxiseinrichtung

Zur Ermittlung der Fehlzeiten beim Praxisträger wurden die Klassenbücher der einzelnen Gruppen ausgewertet; 531 Schüler wurden in die Fehlzeitenstatistik übernommen.

Die Angaben in den Klassenbüchern machen deutlich, dass die Schülerinnen und Schüler in der Berufsvorbereitung nur zu 58% in den Unterweisungsstunden anwesend sind; d. h., es werden nur 6 von 10 angebotenen Unterweisungsstunden überhaupt wahrgenommen. Jede dritte Unterweisungsstunde wird unentschuldigt gefehlt und nur 8% der Fehlstunden können als entschuldigt bezeichnet werden.

Anwesenheits- und Fehlzeiten in der beruflichen Schule

Um Anwesenheits- und Fehlzeiten an den Schulen zu ermitteln, wurden an zwei ausgewählten Oberstufenzentren stichprobenartig acht Klassen auf die Anwesenheit der Schülerinnen und Schüler untersucht, jeweils zwei MDQM I-Klassen und zwei VZ 11-Klassen pro Schule. In den MDQM-Klassen werden weniger als zwei Drittel der formal angebotenen Unterrichtsblöcke von den Schülern wahrgenommen; jeder fünfte Unterrichtsblock wird entschuldigt gefehlt und jeder vierte Block wird unentschuldigt gefehlt.

Abbildung 1: Anwesenheits- und Fehlzeiten der Schüler in MDQM I und in VZ 11 in der beruflichen Schule

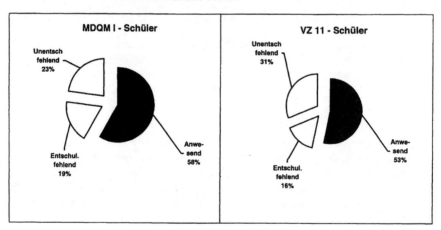

Wird die durch die MDQM I-Schüler wahrgenommene Lernzeit mit der der VZ 11-Schüler verglichen, so ergibt sich für die untersuchten Klassen ein ähnliches Bild. In den vier VZ 11-Klassen werden sogar nur 53% der angebotenen Unterrichtsblöcke von den Schülern angenommen, und jeder dritte wird unentschuldigt versäumt.

Die hohen Fehlzeiten stellen sowohl für die betroffenen Schüler als auch für die Organisation der Lehr-Lern-Prozesse in der Klasse und damit auch für die Mitschüler erhebliche Risiken dar. Zum einen führt Nichtanwesenheit früher oder später individuell variierend zu Wissenslücken und behindert das erfolgreiche Weiterlernen. Andererseits wirkt Schulabsentismus den Gruppenprozessen in der Klasse erheblich entgegen und erschwert die Arbeit der Lehrenden, aber auch der anwesenden Schüler. Die Nichtanwesenheit einer erheblichen Gruppe von Schülern und die somit ständig wechselnde Schülerklientele in den verschiedenen Unterrichtsstunden führen zwangsläufig zu Unterbrechungen, Wiederholungen, Verlangsamungen oder gar zur Blockade von Lernprozessen, die auch durch die Qualität der angebotenen Lehr- und Ausbildungsprozesse nicht mehr kompensiert werden können.

Diese quantitativen Erhebungen geben Auskunft ausschließlich über den Umfang des Schulabsentismus; über Ursachen, Bedingungen oder über individuelle Verlaufsmuster des Fernbleibens von Schule sagen diese Ergebnisse jedoch nichts aus. Aus diesem Grund wurden mit ausgewählten Jugendlichen aus MDQM qualitative Interviews durchgeführt, deren Ergebnisse im Folgenden vorgestellt werden.

5.2 Ergebnisse der qualitativen Erhebungen zum Schulabsentismus

5.2.1 Zum empirischen Vorgehen der qualitativen Erhebungen

Als Grundlage der folgenden Aussagen zu Ursachen und Bedingungen des Schulabsentismus dienen 17 Schülerinterviews hochbegabter Underachiever aus dem Modellversuch MDQM. Aus vorhergehenden Untersuchungen der Wissenschaftlichen Begleitung zum Leistungspotenzial der Jugendlichen (ermittelt über CFT 20) ist festzustellen, dass in der Berufsvorbereitung 3% und in der Berufsausbildung 12% der Jugendlichen als hochbegabt einzustufen sind (IQ≥125) (vgl. *Wudy* 2005; *Badel* 2005). Gemessen an der Eichstichprobe des CFT 20 für 19jährige, in der 5% der entsprechenden Altersgruppe einen IQ von ≥124 Punkten besitzen, kann der eruierte Anteil, besonders in der berufsausbildenden Stufe II von MDQM, als außerordentlich hoch bezeichnet werden. Berücksichtigt man zusätzlich, dass sich in dieser Ersatzmaßnahme eine selektierte Gruppe von Jugendlichen befindet, die mit Hindernissen und Brüchen in ihrer Bildungsbiografie konfrontiert ist und war, ist dies als deutlicher Hinweis darauf zu verstehen, dass sich in beruflichen Ersatzmaßnahmen keineswegs nur lernschwache Jugendliche befinden; zumindest zeigt dieses Ergebnis die große Heterogenität der Leistungspotenziale in diesen Maßnahmen.

Diese Jugendlichen wurden gebeten, an einem Interview teilzunehmen. Originäres Ziel dieser Interviews ist es, individuelle Entwicklungswege dieser Gruppe Jugendlicher nachzuzeichnen und dem Dilemma der einerseits hohen Leistungspotenziale und andererseits gescheiterten Schul- und Ausbildungskarrieren zu begegnen und dieses Problem weiter aufzuhellen. Speziell für den vorliegenden Beitrag wurde den Fragen nachgegangen, *(1)* in welchem Ausmaß Schulabsentismus bei überdurchschnittlich begabten Jugendlichen ein Thema und welches Bedingungsgefüge dabei zu erkennen ist und *(2)*, ob Schulabsentismus bei Hochbegabten mit ihren Bildungskarrieren gekoppelt ist und ob sich entsprechende Typologien schulabsenter Jugendlicher finden lassen.

Es liegen aus der beschriebenen Gruppe insgesamt 17 transkribierte Interviews vor, die im Rahmen der Wissenschaftlichen Begleitung zu MDQM zu unterschiedlichen Themen ausgewertet wurden. Für den hier vorliegenden Beitrag wurden 10 Interviews genutzt, in denen ausführlich von Schulabsentismus berichtet wurde.

Als *Untersuchungsdesign* wurde die *Einzelfallanalyse* verwendet; als *Erhebungsverfahren* wurde das *narrative Interview* ausgewählt. Nach der Transkribierung der Interviews [6] wurden diese auf der Grundlage der Qualitativen Inhaltsanalyse nach *Mayring* (2002) ausgewertet. Die Kodierung entstand mit Hilfe der MAX-QDA-Software.

5.2.2 Ergebnisse zu den Bedingungsfaktoren von Schulabsentismus

Das erarbeitete Kodiersystem wurde induktiv erstellt, lehnt sich jedoch gleichzeitig eng an die in Abschnitt 4 diskutierten Bedingungsfaktoren von Schulabsentismus an. Die Oberkategorien betreffen die Sozialisationsinstanzen Schule, Familie, Peers; darüber hinaus wurden gesellschaftliche und personale Faktoren (vgl. *Badel* 2005) differenziert.

Individuelle Bedingungsfaktoren und Schulabsentismus

Bezogen auf die erste oben gestellte Frage, in welchem Ausmaß Schulabsentismus auch bei hochbegabten Underachievern ein Thema ist, kann in den Interviews dieses Phänomen auch bei dieser Gruppe von Schülern festgestellt werden; obwohl Schulabsentismus nicht originäres Thema der Interviews war, sprachen 10 der 17 Interviewten ausführlich darüber. Eine Häufung trat in den Klassenstufen sieben bis zehn auf. Fast alle Befragten berichten über normale Schulanwesenheiten in der Grundschule und über beginnendes Fernbleiben in der Sekundarstufe I, zumeist in Form von Eckstundenschwänzen. Von den zehn Interviews, in denen von Schulabsentismus berichtet wird, lässt sich bei acht Schülern dieses Phänomen finden. In den Klassenstufen 7 und 8 verstärkt sich das Schwänzen und führt zum Schwänzen vollständiger Schultage, zum Intervallschwänzen oder zu einer dauerhaften Schulverweigerung.

„... bis zur 8. Klasse ganz normal Unterricht gemacht. Und dann ist mir irgendwie die Lust vergangen, ich war, ich hab öfter geschwänzt als ich da war ..." *(12510)*

Für valide Aussagen zu geschlechtstypischen Unterschieden ist die Stichprobe von 10 Interviews zu klein. In der vorliegenden Untersuchung berichten jedoch 60% der männlichen Schüler von Schulabsentismus und geben zumindest einen Hinweis auf die Dominanz männlicher Absentisten.

Folgt man den Ergebnissen der vorliegenden Studie, stellen *Motivation* und *Interesse* eine der wichtigsten personalen Kriterien für Schulerfolg dar. In einer Studie von *Freund-Braier* (2002) wird auf geringes Interesse hochbegabter Underachiever an schulischen Herausforderungen berichtet. *McCoach & Siegle* (2003) haben in ihrer Untersuchung hochbegabte Achiever und hochbegabte Underachiever miteinander verglichen; sie verweisen auf Unterschiede beider Gruppen hinsichtlich der Dimensionen Motivation und Zielgerichtetheit zu ungunsten der Underachiever. Dies kann auch in der vorliegenden Auswertung bestätigt werden:

„Ich hab mich eigentlich auch nich viel dafür interessiert dann so ähm ja, ich hab dann auch nich nachgefragt: und wie geht denn das?" *(20521)*

---

[6] Die Transkriptionen sind nach den Transkriptionsregeln nach *Hoffmann-Riem* (1984, 311 zitiert nach *Kukartz* 2005, 47) erstellt. Es wurde eine wörtliche Transkription in normalem Schriftdeutsch nach einer festgelegten Vorlage vorgenommen, wobei auch Dialektfärbungen im gebräuchlichen Alphabet wiedergegeben werden.

I: „Ja. Gut, eine Frage, die wir noch nicht gestellt haben, gibt es für dich 'n Anreiz zum Lernen, oder was wäre für dich 'n Anreiz zum Lernen? Also dass du dich wirklich so richtig rein hängst ... Wie müsste es sein, der Lehrer, der Unterricht, Geld, gibt's da irgendwas"? S: „Gute Frage (LACHT). Ich weiß nicht, also ** Hm. * Lehrer ** Ich hab keine Ahnung, woran es, ich glaube, ich müsste einfach n bisschen Interesse an der Sache haben und dann würde es schon von alleine werden. ** Und ja natürlich, Geld. Also ich krieg ja in der Ausbildung, die ich dann mache, krieg ich ja kein Geld. Ich mein in der Schule ... Aber ich streng mich halt trotzdem an, weil ich will ja 'n Abschluss 'n guten haben, 'n besseren." *(20521)*

Die interviewten Schüler weisen hohe *Motivationsdefizite* und Desinteresse der Schule gegenüber auf. Eine Erscheinungsform dieser Ablehnung ist sicherlich im Schulabsentismus zu sehen. Als Ursache für die Motivationslosigkeit werden *Unterforderung* und *Langeweile* angenommen.

„Na ja, also wir haben bis zur 2. Klasse nur rumge, rumgesungen. Und * dann hatten wa auch ganz oft Lehrerwechsel. Ich weiß aber nicht warum. ** Na ja, eigentlich. * Dis war nich so gut, äh, die haben uns nicht gefordert. Und da ich ja in so'ner Integrationsklassen auch noch drinne war, hat das auch länger gedauert, den ganzen Stoff da durchzunehmen." *(21772)*

„Das war dann halt schwierig. Wir hab'n das dann alles schon gewusst und mussten dann aber noch warten bis die das dann auch noch kapiert haben." *(21772)*

Ein Großteil der Jugendlichen sieht einen unmittelbaren Zusammenhang von Fehlzeiten und Schulleistung. Die geringen Leistungsstände schreiben sich die Schüler über hohe Fehlzeiten also oft selbst zu.

„... manche Fächer, die mich dann nich wirklich interessiert haben, so wie Geschichte oder so, also, wo ich denn auch irgendwie gar keine Lust hatte, zuzuhören, weil ich dis so langweilig fand und in den Arbeiten dann nicht mehr wusste, was da überhaupt war." *(16094)*

Ein weiteres zu untersuchendes Kriterium ist die Ursachenzuschreibung des eigenen Handelns. Ein Ergebnis der Untersuchung von *Schütz* (2004) zur *Kausalattribuierung* Hochbegabter ist die positive Einschätzung eigener Fähigkeiten und die Zuschreibung an Kontrolle über schulische Ziele. Hochbegabte weisen ein größeres schulleistungsbezogenes Selbstvertrauen auf als ihre durchschnittlich begabte Vergleichsgruppe. Dies bestätigt sich in der vorliegenden Untersuchung. Die Aussagen der Schüler zeigen, dass sie sich die Schuld für schlechte Leistungen vorrangig selbst zuschreiben; allerdings beziehen sie dies nicht auf mangelnde Fähigkeiten sondern auf Faulheit. Dies trägt zur Schonung ihres Selbstwerts bei.

„Ich hab halt trotzdem äh mich beworben und wurde angenommen, weil ich mir dachte, wenn ich nicht bestehe, liegts eher an mir." *(12510)*

„I: (LACHT) * Ähm, warum, warum bist du eigentlich damals nach der neunten abgegangen? S: Naja, ich wurde sozusagen gegangen, ich hatte nicht mehr die Wahl.# I: #Achso, achso.# S: Ich hab meine Leistung gar nicht erst verbessert und ... I: Und ham *die, hat die Schule gesagt dass ...* S: Ja genau. *I: Und woran lag das so, dass die Leistungen nicht so ...* S: Ich hatt einfach nicht mehr die Lust so." *(12510)*

Familiäre Bedingungsfaktoren und Schulabsentismus

Die Studie von *Schreiber-Kittl & Schröpfer* (2002) verweist auf einen hohen *Migrantenanteil* an Schulabsentisten. Dieses Ergebnis wird auch in der hier vorliegenden Untersuchung bestätigt. Vier der zehn Interviewten stammen ursprünglich nicht aus Deutschland. Sie sind allein oder mit ihren Familien im Laufe ihrer Kindheit immigriert. Die damit zusammenhängenden sprachlichen Probleme, kulturellen Unterschiede und auch die zu deutschen Curricula nicht passfähigen Wissensstrukturen haben auch das schulische Leben zum Teil gravierend beeinträchtigt.

„... also mit fünf Jahren, wo ich hergekommen bin, konnt ich nur Russisch, in der Grundschule, dritte Klasse oder so konnt ich dann schon etwas Deutsch." *(14718)*

In der Copingforschung sind *Kritische Lebensereignisse* als entscheidende Belastungserfahrungen beschrieben. Sie verlangen in besonderem Maße ein adaptives Bewältigungsverhalten, damit sie keinen schädigenden Einfluss auf die individuelle Entwicklung zur Folge haben. Solche kritischen Lebensereignisse können unter anderem Umzüge der Familie sein, durch die die Jugendlichen aus ihrem sozialen Umfeld herausgerissen werden. Schädigende Wirkung tritt dann ein, wenn die Jugendlichen keine oder geringe Unterstützung erhalten, in ihrer Umgebung nicht „aufgefangen" werden und selbst über nur unzureichende Kompensationsmechanismen verfügen, um dieses Erlebnis zu verarbeiten. Folgen können Zurückgezogenheit, Introvertiertheit oder aber auch Schulabsentismus sein.

I: *„Und dann seid ihr woanders hingezogen und da war das dann aber nicht mehr so?"* S: „Das war dann in Französisch-Buchholz. Und das war, ja. Da war halt nichts. Das war Neubausiedlung." #Ach, so# „Das einzigste, was es da gab, warn Einkaufsläden." I (2): *„Und was hast du denn da gemacht, nachmittags?"* S: „Gar nichts, zu Hause rumgesetzt rumgesessen und Langeweile geschoben." I (1): *Wer hat denn da noch gewohnt? Also, weil deine Schwestern waren ja dann weg.* S: „Die waren weg. Mein Bruder, also der Kleinere, der ist ausgezogen. Er ist, keine Ahnung wohin gezogen, in irgendeinen Stadtbezirk. Keine Ahnung. Mein anderer Bruder der war schon vor Ewigkeiten ausgezogen. ** War dann praktisch mit meiner Mutter alleine in der Wohnung." *(15309)*

Eines der entscheidendsten Kriterien familiären Einflusses auf die Entwicklung der Kinder und Jugendlichen ist das *persönliche Verhältnis der Schüler zu ihren Eltern*. Die Interviews belegen, dass besonders die Beziehung zum Vater in vielen Fällen gestört ist. Die Ursache dafür liegt häufig in der Trennung der Eltern. Es wird jedoch auch von Beziehungsproblemen zur Mutter gesprochen. Scheidungen, Streit der Eltern, finanzielle Probleme, eine problematische kinderreiche Familie; dies sind einige der in den Interviews angesprochenen Probleme in den Familien.

S: „Naja er hat mir eine geknallt, und dann kam mein anderer Bruder und hat ihm dafür eine geknallt oder mir geknallt und dann halt ..." I (2): *„Und die Mädchen haben sich immer gut rausgehalten."* S: „Ne, die waren schon weg. Die sind abgehauen. Nachdem das..." I (2): *„Wieso?"* S: „Na nachdem mein Vater abgehauen war, wollten die raus." I

(2): „*Ach so, die sind aber nicht mitgegangen dann halt?*" S: „Ne, die sind ins Heim abgehauen." I (2): „*Ach so.*" I (1): „*Also die Scheidung war schon so ein Punkt oder wo?*" S: „Die Scheidung läuft noch, also die ist noch nicht durch." I (2): „*Das zieht sich ja immer hin.*" I (1): „*Aber das war bestimmt so ein Punkt, dass da vieles so kaputt gegangen ist durch die Eltern?*" S: „Naja in der Realschule hat man dann nicht mehr soviel Lust gehabt. #Hmm# Und weiß nicht Deprimierungsphasen." *(21772)*

Dennoch berichten einige Interviewte auch von intensivem Unterstützungsverhalten, von Sorgen und Interessen der Eltern gegenüber der Schulkarriere ihrer Kinder. Teils schwänzen die Jugendlichen die Schule ohne das Wissen der Eltern; oft zeigt sich jedoch aber auch, dass Schulabsentismus kein vor den Eltern geheim gehaltener Tatbestand ist, der einen außerhäuslichen Aufenthalt bedingt. Eltern versuchen, ihre Kinder zum Schulbesuch anzuregen; gleichzeitig ist jedoch zu beobachten, dass Eltern allein oft eingeschränkte Möglichkeiten haben, gerade in der Phase der Pubertät den erforderlichen Einfluss auf ihre Kinder auszuüben.

I: „Und wie haben sie damals reagiert, als du, als du halt mehr geschwänzt hast als du zur Schule gegangen bist?" S: „Ja, ich wurd halt jeden Morgen, jeden Morgen zwanghaft geweckt so, #also war nichts mit ausschlafen.#" *I: „Also sie waren schon bemüht#, dass du zur Schule gehst? Es war nicht so, dass es ihnen egal war?"* S: „Ja. Bloß dann bin ich morgens aus dem Hause gegangen in die andere Richtung." *(12510)*

S: „Na doch, die haben sich natürlich dafür interessiert. Also, mein Familienleben is wirklich top, also besser kann man sich dit eigentlich nich wünschen. Ick weiß auch nich, warum ick dit jemacht hab, ja danach waren sie natürlich enttäuscht. Alles was ich so angestellt hab und so ..." *(20521)*

Schulische Bedingungsfaktoren und Schulabsentismus

Schule ist eine Organisationseinheit, und dazu gehört auch eine *Organisationskultur* [7]. Ist diese durch Konkurrenzverhalten, Angst und Kontrolle statt Unterstützung geprägt, so hemmt dies Motivation und Lernbereitschaft der Lernenden. Die Einzelschule sollte sich als umfassendes Organisationssystem verstehen und auch als solches arbeiten. Partizipation und Verantwortung im Schulalltag für alle Lehrenden stärkt ihre Motivation und Innovationsverhalten. Stellvertretend für das umfassende Spektrum der schulischen Bedingungsfaktoren sollen hier Aussagen zum Schul- und Klassenklima, zum Lehrerverhalten und zum Phänomen der Klassenwiederholungen getroffen werden.

S: „Ich hab jetzt jemanden ich kenn jemanden, der jetzt an der Nadel hängt dadurch. Hat ja auch dann äh hier auf der Berufsschule Friedrichshain hat dann auch hier angefangen, mm, mm, wie hieß es nochmal? Dieses Pulver, dieses Pulver zu verkaufen. (2 SEK UNV.) Wurde verkauft richtig. Und die Lehrer Lehrer habens zwar mitgekriegt, aber haben sich nicht getraut. Weil da auch Geschichten waren, wie dass Leute mit Messer bedroht werden, also Lehrer, oder aus mit n Füßen ans Fenster gehalten werden, weil er

---

[7] Organisationskultur bedeutet Muster von sozialen Normen, Regeln und Werten einer Organisation, die vielfach mit Symbolgehalten aufgeladen sind und in den kognitiven Strukturen der Beteiligten ihren Niederschlag finden (vgl. *Wiswede* 2004, 210).

jemanden durchfallen lassen hat. Ja, da war's halt bloß der Nachhilfelehrer auf dieser Schule. Wurde ich zum Nachhilfelehrer erklärt von dieser Klasse. In Mathematik halt. So Flächen- und Volumenberechnungen. * Weil dis so momentan auch noch mein Steckenpferd ist. Dis hab ich schon aus Langeweile schon im Kopf gerechnet." *(16095)*

S: „Ich war richtig froh, als das der letzte Tag war. Da gab`s bei uns so eine Abschlussfeier so, so eine Abschlussparty. Da bin ich auch nicht hingegangen. Aber ich war nicht der Einzige, der da nicht hingegangen ist. Ja, weil ich auf die ganzen Leute keinen Bock hatte und so." *(9261)*

Ein *Vertrauensverhältnis* und ein *fairer Umgang* aller Schulakteure ist für alle Jugendlichen ein entscheidendes Kriterium für das Wohlfühlen in der schulischen Umgebung. Dieses wiederum schlägt sich sowohl auf das Engagement für die Schule als auch auf die Schulanwesenheit nieder.

Neben dem *Schul- und Klassenklima* zeichnet sich in den Interviews das Merkmal *Lehrerverhalten* im Zusammenhang mit Schulabsentismus ab. Im Gegensatz zur „Normal"-Schülerpopulation zeigt sich bei den hier untersuchten hochbegabten Underachievern eine Verschiebung der positiven und negativen Beurteilungen der Lehrer zu ungunsten der positiven. Das Lehrer-Schüler-Verhältnis scheint das Absentismusverhalten der Schüler zu beeinflussen. Unter den negativ eingeschätzten Merkmalen zu den Lehrenden lassen sich folgende Aspekte nennen: Kompetenzmangel, Desinteresse seitens der Lehrenden, persönliche Differenzen und häufige Lehrerwechsel.

S: „Naja, es gibt doch halt immer Lehrer, mit denen man nicht klar kommt, die halt den Stoff auch falsch rüberbringen oder so. ... Naja, ick glaube nich, dass dit eigentlich zu schwer war, aber die hams halt falsch erklärt, bin ich der Meinung. Manche, andere sind ja auch, die dit gut erklären, wo man dit gleich versteht, aber ... Manche, die, die kümmern sich auch gar nicht einzeln um den Schüler, sondern haben halt ne große Klappe und fragen dann auch nicht wirklich nach oder so." *(20521)*

S: Wenn ich dann wieder erschienen bin, dann haben sie wieder rumgenervt: „Bist ja auch wieder da, äh!" oder „Wer bist denn du, dich kenn ich ja gar nicht so, neuer Schüler, äh?" So`ne Sprüche halt. Das hat sich dann auch so gesteigert, dass ich auch dann keinen Bock mehr hatte. Wie so ein Kreislauf, ja." *(9261)*

Als positiv wurde das Lehrer-Schüler-Verhältnis bewertet, wenn der Lehrer als unterstützend, in Schutz nehmend und didaktisch-methodisch kompetent wahrgenommen wird.

S: „Dann wurde bei den Schülern so rumgelästert: Ja. der letzte Idiot! Der hat das Meerschweinchen vergessen. Dann hat sich die Lehrerin für mich eingesetzt: „Ja, hört auf über ihn rumzulästern" und so. „Der hat sich voll engagiert" und so. „Hat den Hausmeister noch wach geklingelt" und so. Das ich mich trotzdem noch bemüht habe so, abzuholen das Schwein." *(9261)*

S: „Lieblingsfächer, da haben auch die Lehrer ihren Anteil dran." *(9261)*

Erstaunlicherweise wurde von vielen Jugendlichen angegeben, dass seitens der Lehrer gar nicht oder nur marginal auf das Schulschwänzen reagiert wurde. Diese Nachlässigkeit animiert häufig zur Wiederholung und zur Ausweitung der Absentismuszeiten.

S: „Na ja und denn * bin ich denn halt von=ner sechsten an die Gesamtschule gekommen in Wartenberg. Ja, war anfangs auch noch einjermaßen, und dann irgendwann hat´s bei mir denn gekriselt, hab denn öfter mal geschwänzt, so, nachdem ich gemerkt hab, is' ja gar nich so schlimm" (LACHT). *(16094)*

S: „Also, ich bin oft nicht gegangen, da bin ich mal später gekommen und eher gegangen, und dann immer öfter, ·s hatte ja keine Konsequenzen." *(20521)*

Über Sinn und Nachhaltigkeit von *Klassenwiederholungen* wird in der Wissenschaftslandschaft unterschiedlich diskutiert. Nach *Ricking* (2003) existiert ein enger Zusammenhang zwischen Schulversagen, Schulunzufriedenheit und Schulabsentismus. Auch *Schreiber-Kittl* & *Schröpfer* (2002) beschreiben den Teufelskreis zwischen Sitzenbleiben, Sinken von Lernmotivation und Selbstwertgefühl und Fortsetzung der Scheiternskarriere.

Diese Zusammenhänge finden sich auch in den vorliegenden Interviews abgebildet: Von den zehn befragten Schülern haben sechs eine oder mehrere Klassen wiederholt. Dabei zeigt sich die Wiederholung der neunten Klasse besonders häufig. Auffällig ist weiterhin, dass von den nicht versetzten Schülern nur einer bei der Klassenwiederholung bestanden hat. Eine Klassenwiederholung scheint die Schüler weder zu motivieren noch eine Hilfestellung zu bieten, um ihre Leistungsdefizite auszugleichen. Vielmehr behindert oder blockiert das Sitzenbleiben erfolgreiches Lernen, nicht zuletzt durch eine Beeinträchtigung des Selbstwertgefühls.

S: „Also, wo fang ick an, ick würde sagen, bei der Oberschule fang ich an. Ähm, damit, dass ick die neunte Klasse wiederholt habe. Hm. Wodurch? Ja, weil weil ich immer meist geschwänzt hab, hm, ja kam dann auch wirklich nich mit ähm mit der ganzen Sache, auch die Lehrer warn denn nich so jut und so. Ja, und denn hab ick halt die Neunte noch mal jemacht und wollte mich eigentlich anstrengen und dachte, ick schaff dit trotzdem aber hab denn auch noch immer ich mein geschwänzt, halt nur manchmal, aber, na ja, und denn war ick wirklich nich jut in der Schule. Und wo ick dit zweite mal die Neunte gemacht hab, ähm, da hab ick mich auch ein bischen abgekapselt von von manchen Schülern." *(20521)*

I (1). *„Und warum, also wieso hast du denn kein Bock dann mehr in der Realschule?"* S: „Na die neue Klasse halt, beim zweiten Mal." I (1): *„Ach so, warst du da so der Neue eben?"* S: „Ja, der Neue, ... die anderen waren alle ein bisschen kindisch halt." *(15309)*

Klassenwiederholungen sollten zusätzliche Lernzeit ermöglichen und damit einen längeren Lern- und Entwicklungsraum zulassen. Vernachlässigt wird dabei, dass die gleichen Anforderungen unter fast identischen Bedingungen noch einmal dem Schüler angeboten werden; weder die Lernziele noch das didaktisch-methodische Vorgehen der Lehrenden verändern sich. Vielmehr werden die Schüler ihren Peer-Kontakten und der gewohnten Umgebung entzogen und als Minderleistende stigmatisiert, was zu Mutlosigkeit, Frustration und Depression führen kann. Sie wiederholen schulische Realität unter ungünstigeren individuellen Bedingungen. Aktuelle Forschungsergebnisse zeigen mit einigen Ausnahmen einen negativen Trend der Akzeptanz von Klassenwiederholungen. Auch scheint es einen positiven Zusammenhang zu DropOuts als langfristige Folge zu geben (vgl. *Bless, Schüpbach & Bonvin* 2004; *Wiswede* 2004).

S: „Aber da gings dann nach dem halben Jahr och schon wieder los und da bin ick ja sowieso nach Berlin gekommen auf die Real und dann war=ick in Berlin und da gings dann die ersten beeden Jahre die ick auf Lakegrund war wars dann genauso, jenau det gleich gewesen ** (1 SEK UNV.) nach den drei Jahren in Lagegrund, dreimal die siebente gemacht und ... „(LACHT) I: *Oje.* S: „... kennt man den Stoff bald auswendig und trotzdem hat man überall sechsen drauf 'ne." I: *„Hm"* S: „Man kennt den Stoff, könnt man, aus'm, aus'm Ärmel schütteln, allet, aber wenn man nicht da ist." *(20362)*

Peers und Schulabsentismus

Im Jugendalter gewinnen Peer-Kontakte an Bedeutung. Mit ihrer Hilfe kommt es zur „Abnabelung" von Autoritäten, zur Entwicklung einer eigenständigen Persönlichkeit und zur Veränderung der Kinderrolle innerhalb der Familie. Währenddessen die Eltern bei schulischen Entscheidungen auch im Jugendalter die wichtigsten Berater sind, gewinnen vor allem im Freizeitbereich die Freundesgruppen an Einfluss. Sie prägen Einstellungen und Verhaltensweisen der Jugendlichen und können somit auch schulische Prozesse erheblich steuern.

I: *„... Also, was hast du in der Zeit gemacht? ..."* S: (LACHT) „Ja, ähm, was hab ich da gemacht, ach ganz unwichtige Dinge, ich weiß nich, irgendwo halt hingegangen, zu Kumpels und da gesessen, ja." I 1: *„Die halt auch geschwänzt haben, oder ..."* S: „Nee, die sind dann eben halt meist arbeitslos, die gehen dann nich mehr zur Schule." *(20521)*

Die Akzeptanz und die Einbindung innerhalb der Klasse sind aufgrund des hohen Stellenwerts der Schulzeit im Leben eines Kindes sehr wichtig. Wohnungswechsel mit Schulwechsel oder Klassenwiederholungen können dazu beitragen, die „Neuen" als Außenseiter im Klassenverband zu stigmatisieren. In diesem Zusammenhang wird von Mobbing gesprochen. In der Studie von *Reid* (1983) geben 19% der Schulabsentisten an, dass Mobbing der Grund für Schulschwänzen sei (vgl. *Ricking* 2003, 146).

S: „Na als er dann Schluss jemacht hat, wo=t halt dann immer schlimmer wurde, wo ick keine Lust mehr hatte zur Schule zu jehn, bin ick halt sitzenjeblieben. Und denn in der Klasse durch meinen Freund, den ich da kennen gelernt hatte, wie=jet halt is', wenn man frisch verliebt is', zusammen noch in einer Klasse ist, dann macht man halt natürlich auch mal früher Schluss als man eigentlich sollte und denn jeht man halt lieber woanders hin. Naja und denn *, so kam=et halt dazu, dass wir beede die 9. Klasse nich jeschafft haben. Er halt sitzenjeblieben is', weil er noch nich seine 10 Jahre hatte und meine Lehrerin hat denn halt mir gesagt, ich soll mich hier bewerben. Bin denn ooch hierhin gekommen, hab mich beworben und denn haben se mich ooch jenommen. Ja und denn ** hab ich det jemacht, aber warum weiß ich auch nicht, weil, irgendwie, ich bin jetzt auch das zweite Mal hier, mach des, wiederhol des auch gerade. Weil die voriges Jahr, die Klasse, ich weiß nicht, die waren alle gegen mich, keine Ahnung. Keiner konnt' mich leiden, haben mich nur fertig gemacht und ich bin deshalb auch wieder fern geblieben. Hat aber ausgereicht, damit ich das noch mal wiederholen kann. Weil ich, in dem Sinne war ich ja nich' schlecht, ich hab ja eigentlich gut mitgemacht, aber eben meine Fehlzeiten, weil ich nicht herkommen wollte, weil ich Angst hatte. Naja und denn musst ich halt des Jahr noch mal machen, aber dieses Jahr schaff ich's." I1: *„Die*

Angst? Woher kam das, wie war das?" S: „Naja, die Schülerinnen in meiner Klasse, die haben mich damals immer ziemlich oft gehänselt. Warum? KEINE Ahnung. (LACHT) Ähm, und//" I2: *„Also * beleidigt oder *? #Ja# In welche Richtung ging des?"* S: „Naja. Kiek doch mal an, wie du aussiehst. Geh mal ins Solarium. Und wenn du dich noch mal so traust herzukommen, denn flank ick dir eene" und so ick meine//" *(16094)*

Als Gründe für Mobbing wurden aus Sicht der Schüler das Aussehen, der finanzielle Status und die Außenseiterposition – teils eben auch aufgrund hoher Intelligenz – angegeben. Viele Schüler kommen aus Sonder- oder Hauptschulen; wenn sie dort zeigten, dass sie selbst den Unterrichtsstoff einfach bewältigen konnten, so waren oft Neid und Unverständnis unter Klassenkameraden die Folge. Mobbing und gestörte Sozialbeziehungen im Klassenverband können die Schulzeit zu einer sehr schweren und subjektiv „sinnlosen" Zeit werden lassen, besonders wenn keine positiven Kontakte diese Gefühle auffangen. Die Hemmschwelle zum Schulschwänzen sinkt dadurch erheblich.

5.2.3 Typen von Schulabsentismus

Aus dieser Diskussion der unterschiedlichen Bedingungsfaktoren wird deutlich: Die Genese von Schulabsentismus Jugendlicher erfordert eine recht individuelle Beschreibung und die Struktur des Absentismus erweist sich als sehr komplex. Im Folgenden wird dennoch der Versuch unternommen, die Gruppe der hier untersuchten hochbegabten Underachiever mit Blick auf die in der einschlägigen Literatur erarbeiteten Schulabsentismustypen (vgl. *Stamm* 2005; *Thimm* 1998; 2000) hin zu untersuchen.

Als theoretisches Hintergrundmodell dieser Typisierung dient das transaktionale Modell der Belastung und Bewältigung (Coping) (vgl. *Lazarus* 1966; *Lazarus & Launier* 1981; *Lazarus & Folman* 1984).

Nach *Lazarus & Folkman* (1984) wird von Belastung dann gesprochen, wenn sich ein Individuum in einer Situation der Gefährdung, Bedrohung oder der Herausforderung erlebt und wenn seine adaptiven Ressourcen stark beansprucht oder überfordert werden. Unter Coping werden alle kognitiven und verhaltensmäßigen Bemühungen der Individuen verstanden, die situationsspezifisch auf die Bewältigung bzw. Überwindung von subjektivem Stress gerichtet sind (vgl. *Lazarus & Folkman* 1984, 141).

Nehmen Jugendliche die an sie gestellten Anforderungen der beruflichen Ausbildung als konstruktiv, d. h. als *wichtig, herausfordernd, wenig belastend* und *beeinflussbar* wahr, erhöht sich die Chance einer erfolgreichen psychosozialen Anpassung; d. h. schulische und berufliche Bildungsmaßnahmen können zur Stabilisierung individueller Entwicklung beitragen bzw. Möglichkeiten zur Korrektur gefährdeter Ausbildungswege bieten. Bei gegenteiliger Wahrnehmungstendenz erhöht sich die Gefahr des Scheiterns.

Zusammenfassend lassen sich in allen empirischen Untersuchungen die Bewältigungsstrategien zwischen *problemzentrierten* oder *aktiven* und *problemmeidend-palliativen* Copingstrategien unterscheiden.

Nun könnte auf den ersten Blick Schulabsentismus generell als problemmeidende Bewältigungsstrategie auf schulische Anforderungen gekennzeichnet werden; Schüler bleiben dem Unterricht fern, um von ihnen wahrgenommenen Problemen aus dem Weg zu gehen, um Anstrengungen zu vermeiden oder negativen Sanktionen zu entgehen. Doch die Interviews unserer untersuchten Schülergruppe machen darüber hinaus auch auf eine Form von Schulabsentismus aufmerksam, die von den Schülern als eine äußerst aktive Bewältigungsstrategie beschrieben wird.

Währenddessen *Thimm* (2000) zwischen vermeidender Schulverweigerung, aktionistischer Schulverweigerung und kalkuliertem Totalausstieg unterscheidet, können in der vorliegenden Untersuchung zwei Typen des Phänomens Schulabsentismus identifiziert werden: Schulabsentismus als *problemmeidendes Verhalten* und zum anderen als *aktives Bewältigungsverhalten*.

In der Auswertung der Interviews wurde Schulabsentismus als *problemmeidendes Verhalten* bei neun der befragten Jugendlichen kategorial festgestellt und betrifft damit fast alle interviewten Schüler. Hierunter zählen beispielsweise Formen der *Schulunlust*; die Jugendlichen bleiben der Schule fern, um schulische Anstrengungen zu vermeiden, um auszuschlafen, sich mit Freunden zu treffen, „mehr Freizeit zu haben" und weil sie „Null-Bock" auf Schule haben. Teilweise kann dies auch als Ersatzbefriedigung interpretiert werden, indem sie nach Kompensation oder Anerkennung bei Freunden nachsuchen. Die Empfänglichkeit für Animation durch Andere in einer solchen Situation und fehlende frühzeitige Reaktionen befördern den Prozess des schleichenden Ausstiegs. Weiterhin können Formen der *Schulangst* als problemmeidendes Verhalten gedeutet werden; hierunter fallen z. B. Versagensängste (den Anforderungen von Prüfungen oder Klassenarbeiten nicht zu entsprechen), aber auch Angst vor Mitschülern oder der gesamten Klasse, die in zwei Fällen zu einer generalisierten Angst überging. Ebenfalls berichten Jugendliche über angespannte Beziehungen zu Lehrkräften.

Neben der Vermeidungsstrategie lassen sich aber auch Formen *aktiver Bewältigungsstrategien* erkennen. Hierunter ist eine Form des Schulabsentismus zu verstehen, die ein bewusstes, aktives Verändern schulischer Probleme bedeutet. Dies ist bei vier der untersuchten Fälle zu beobachten. Bei drei Schülern ist *Schulverdrossenheit* zu erkennen; sie wenden sich bewusst von Schule ab, da sie sich missverstanden und unterfordert fühlen. Bei zwei Schülern ist *Schulmüdigkeit* zu interpretieren; sie gehen ganz bewusst nicht zur Schule, weil sie für sich darin keinen Sinn mehr finden können. Hier spielen Schulleistungsprobleme nur eine marginale Rolle.

6 Zusammenfassung und Vorschläge für Prävention und Intervention

Die Annahme, dass Hochbegabte vergleichsweise selten zu den schulabsenten Jugendlichen gehören, weil sie in der Regel schulerfolgreicher, leistungsmotivierter und zielstrebiger sind als Normalbegabte und deshalb weniger mit Schulversagen konfrontiert werden, dem potentesten Risikofaktor für Absentismus (vgl. *Ricking* 2003, 128), bestätigt sich in der vorliegenden Untersuchung nicht. Schulabsentismus zeichnet sich als ein signifikantes Merkmal in der Schullaufbahn hochbegabter Underachiever aus.

Die vorgestellten Auszüge aus den Interviews zeigen, dass das Phänomen Schulabsentismus nicht als homogenes Verhaltensmuster beschrieben werden kann. Vielmehr konnten verschiedene Formen von Schulabsentismus gefunden werden, aber auch unterschiedliche Verhaltensmuster und Bedingungsgefüge innerhalb der einzelnen Formen. Schulabsentismus zeigt sich als ein mehrdimensionaler Prozess, der durch sich gegenseitig beeinflussende Ereignisse und Entwicklungen ausgelöst wird.

In den meisten Fällen entwickelt sich schulabsentes Verhalten im Laufe eines längeren Prozesses. Oft sind schon in den anfänglichen Phasen des Abwendens von der Schule erste Anzeichen verborgen, die weder von den Lehrern noch von den Eltern als Risiken erkennbar sind. Um jedoch frühzeitig auf das Problem der Schulverweigerung reagieren und sich verfestigende schulmeidende Verhaltensweisen verhindern zu können, sind eindeutige präventive und intervenierende Strategien erforderlich. Der Einsatz administrativer Maßnahmen ermöglicht aus pädagogischer Sicht keine vollständige Behebung der Problematik, da das komplexe Ursachengeflecht hierbei nicht berücksichtigt wird bzw. werden kann [8].

Neben gezielten Aktivitäten im Bereich der Jugendhilfe (z. B. die Schulsozialarbeit oder spezifische Schulverweigererprojekte) liegen jedoch eine Reihe von wirkungsvollen Ansätzen zur Vermeidung und Bewältigung von Schulverweigerung in der Institution der Einzelschule selbst. Die hier untersuchten Jugendlichen sprechen überzufällig häufig von schwierigen Beziehungen zu Lehrpersonen, von langweiligem Unterricht und Lustlosigkeit der Schule gegenüber. Unter Berücksichtigung der entwicklungspsychologischen Besonderheiten des Jugendalters unterstützen diese Aussagen die dringende Vermutung, dass Einflussgrößen des schulischen Feldes, insbesondere Beziehungsmuster und Unterrichtsmerkmale, am Verhalten der Schüler ursächlich mit beteiligt sein dürften. Wenn Jugendliche trotz hohen Potenzials sich von den Prozessen in Schule distanzieren, wenn sie auf langweiligen oder unterfordernden Unterricht mit Schulabsentismus reagieren oder sogar schulaversive Haltungen entwickeln, dann erfährt diese Vermutung besondere Prägnanz.

Um dem Schulabsentismus, insbesondere der Schulverweigerung, präventiv und intervenierend begegnen zu können, werden im Folgenden schulische Qualitätsstandards angesprochen, die sich auf unterschiedliche Ebenen der Einzelschulen beziehen (vgl. *Ricking, Thimm & Kastirke* 2004): *(1) Organisation von Schule:* Hierzu zählen Offenheit und mehr Öffentlichkeit im Umgang mit Schulabsentismus, eine kontinuierliche Überprüfung der Anwesenheitszeiten und eine abfragbare statistische Erfassung, aber auch die Schulatmosphäre oder auch Ethos einer Schule. Schulabsentismus sollte als gesamtschulische Problemstellung verstanden werden, d. h. alle an Schule Beteiligten, wie Erziehungsberechtigte, Lehrer, Schüler und nichtpädagogisches Personal müssen sensibilisiert für das Thema und ggf. in Handlungsstrukturen involviert werden. *(2) Schulleitung:* Die Schulleitung sollte über ein angemessenes Problembewusstsein verfügen, klare Handlungserwartungen im Falle von Schulabsentismus formulieren, eine angemessene Unterstützung beispielsweise für Fort- und Weiterbildungsangebote zur Thematik anbieten und Routine in der Konsequenz der Umsetzung dieser Strategien einfordern. *(3) Lehrer:* Lehrer nehmen zweifelsohne sowohl bei der Prävention als auch der Intervention eine Schlüsselrolle ein. Sie sollten über ein angemessenes Prob-

---

[8] Administrative Erziehungs- und Ordnungsmaßnahmen erscheinen nur dann sinnvoll, wenn Schulverweigerung beispielsweise auf die aktive Entscheidung der Eltern zurückzuführen ist und der betroffene Schüler offenbar von der Erfüllung der Schulpflicht zurückgehalten wird.

lembewusstsein verfügen, Handlungsbereitschaft zeigen, aber auch Handlungskompetenz besitzen. Dies bedeutet neben einem differenzierten Repertoire von Handlungsstrategien vor allem die Kompetenz zur angemessenen Falldiagnose. *(4) Unterricht:* Obwohl die didaktisch-methodischen Entscheidungen des Lehrers oft nur in mittelbarem Zusammenhang zu den Prozessen stehen, die zu Unterrichtsversäumnissen führen, stellen diese jedoch einen wichtigen Faktor in der Prävention und Intervention von Schulabsentismus dar. Die in den Interviews genannten Phänomene wie Lustlosigkeit, Demotivation, Frustration u. a. können Folgen von Unterrichtsprozessen sein. *(5) Soziales Lernen:* Oft verfügen Schüler mit hohen Absentismusraten nicht über entsprechende Bewältigungsstrategien, den Anforderungen der Schule oder des sozialen Umfeldes oder aber auch den Anforderungen, die mit ihrer persönlichen Situation verbunden sind, zu begegnen. Schulen sollten dabei Hilfe bieten. Aber auch Lehrer sollten Strategien für den sozialen Umgang mit Schülern entwickeln, beispielsweise Gesprächsführung bei Rückkehr der Schüler. *(6) Neben- und außerunterrichtliche Aktivitäten:* Oft können außerunterrichtliche Angebote, die einerseits auf Schülerbedürfnisse ausgerichtet sind und andererseits „Beziehungsarbeit" ermöglichen, Schüler vor Absentismus schützen. So wirkt der zweite Lernort „Betriebliche Praxis" in MDQM motivierend (vgl. *van Buer, Badel* et al. 2006). *(7) Kooperationspartner:* Nicht zuletzt soll auf die Öffnung der Schule nach außen hingewiesen werden, auf die Zusammenarbeit mit außerschulischen Partnern wie Polizei, Jugendamt, Betriebe, Organisationen, Vereine, weiterführende Schulen u. a.

Diese Beispiele schul- und unterrichtsbezogener Einflussgrößen zeigen, dass Schulabsentismus und Schulqualität in enger Verbindung stehen. Eine Schule sollte sich an den Antworten auf folgende Fragen messen lassen, die *Ricking* (2000, 307) bei der Erörterung des pädagogischen Umgangs mit Schulabsentismus formuliert hat und die hier um den Blick auf überdurchschnittlich begabte Jugendliche erweitert werden:

(a) Was unternimmt eine Schule, damit möglichst viele Schülerinnen und Schüler, auch intellektuell begabte Jugendliche und solche mit randständigen Positionen, in ihr einen herausfordernden und zugleich anregenden Lernraum vorfinden, indem sie Entwicklungschancen optimal und unterstützt von Lehrenden nutzen können?

(b) Wie gut ist der Unterricht an dieser Schule, so dass es ein Gewinn ist, teilzunehmen?

(c) Was unternimmt die Schule vor diesem Hintergrund, um die Absentismusrate zu senken?

In diesem Zusammenhang sei darauf hingewiesen, dass diese Fragen nach der Qualität der Einzelschulen nur dann erfolgreich diskutiert und im weiteren erfolgreich umgesetzt werden können, wenn das Problem Schulabsentismus als solches überhaupt (an)erkannt wird.

Susan Seeber

Differente Schülervoraussetzungen, Lernmilieu und Lernerfolg in beruflichen Bildungsgängen

Über den Einfluss schülerseitiger Lernvoraussetzungen auf den Lernerfolg und die Bedeutsamkeit dieser Informationen für die Bereitstellung adressatengerechter Lernangebote besteht in der empirischen und (fach)didaktischen Forschung keinerlei Zweifel; auch der eigenständige Erklärungsbeitrag des durchschnittlichen Lernpotenzials auf Klassenebene gilt als weitgehend gesichert. Darüber hinaus übt die „Choreographie des Unterrichts" (Oser & Patry 1990), verstanden als Interaktion des Verhaltens und der Wahrnehmungen von Schülern und Lehrern, einen bedeutsamen Einfluss auf die Wirksamkeit des Unterrichts aus; diese ist also nicht unabhängig von den Lernvoraussetzungen der Schülerinnen und Schüler und der diagnostischen und didaktischen Kompetenz der Lehrenden. Die hier skizzierten Beobachtungen berühren sich eng mit der Diskussion differenzieller Entwicklungsmilieus auf Schulformebene und legen eine solche Betrachtung auch auf Schul- und Klassenebene nahe. Im vorliegenden Beitrag wird ein kurzer Überblick über den gegenwärtigen Forschungsstand gegeben; erste Ansätze wie auch Forschungsdesiderata für den beruflichen Bereich werden aufgezeigt.

1 Zum Zusammenhang von Schülervoraussetzungen, Lernmilieu und Lernerfolg

1.1 Theoretische Ansätze und Modelle

Die Analyse der Zusammenhänge zwischen individuellen Lernvoraussetzungen und Hintergrundmerkmalen, Lernumgebung sowie Kontextfaktoren einerseits und Lernerfolg andererseits kann auf sehr unterschiedliche wissenschaftliche Ansätze und Forschungstraditionen zurückblicken (Überblicke dazu bei *Gruehn* 2000, 17ff.; *Helmke* 2003, 28ff.). Hier sind vor allem die Allgemeine Didaktik und die Fachdidaktiken, die Lehr-Lern-Forschung, die Lern- und Motivationspsychologie, die Schuleffektivitäts- und Schulklimaforschung und nicht zuletzt die Schulentwicklungsforschung zu nennen; wobei Letztere jedoch in ihrer empirischen Fundierung noch an den Anfängen steht. Daneben ist auf die im Rahmen der Schuleffektivitätsforschung durchgeführten Metaanalysen zum Einfluss von schüler- und lehrerseitigen, aber auch schul- und unterrichtsbezogenen Bedingungen auf die Ergebnisse von Lehr-Lern-Prozessen zu verweisen, die sich vornehmlich am Produktionsmodell schulischer Leistungen orientieren (*Helmke* 2003, 28ff.; *Walberg* 1984).

Obwohl der Forschungsstand über systematische Zusammenhänge von Bedingungsfaktoren der Lehr-Lern-Prozesse auf der System-, Institutions- und Unterrichtsebene und den Resultaten von Bildungsprozessen noch weit entfernt von befriedigenden, umfassenden theoretischen Modellen ist und diesbezügliche Erwartungen vorerst nicht zu hoch angesetzt werden sollten (vgl. *Ditton* in diesem Band), liegt in der Schuleffektivitätsforschung eine Reihe von Ansätzen vor, die ein analytisches Raster für die Untersuchung struktureller und prozessualer Bildungsmerkmale und deren Wechselwirkungen anbieten (ein Überblick in *Creemers, Scheerens & Reynolds* 2000, 283ff.). Gemeinsam ist diesen Ansätzen, dass sie in ihren Grundzügen auf Analogien zu ökonomischen Produktivitätszusammenhängen basieren, dass ihnen ein nichtlinearer Zusammenhang zwischen Bedingungsfaktoren und Produktivitätsentwicklung zugrunde liegt. Über das methodische Erfordernis einer simultanen Betrachtung von Struktur- und Prozessmerkmalen besteht in jüngster Zeit zunehmend Konsens. Die einzelnen Ansätze unterscheiden sich hinsichtlich der Zuordnung spezifischer Theorieansätze zu den Ebenen des Lernens, des Unterrichts und der Organisation von Schulen und Bildungssystemen und damit auch hinsichtlich der Annahmen über die differenziellen Wirkungen von Anfangsbedingungen, Kontext- und Prozessmerkmalen auf die Ergebnisse von Bildungs- und Erziehungsprozessen.

Wie *Reynolds & Teddlie* (2000, 4ff.) betonen, lassen sich die vorliegenden Modelle der Effektivitäts- und Effizienzforschung im Bildungsbereich nach ihrer je unterschiedlichen Betonung von exogenen prädiktiven Variablen einerseits (z. B. *Hanushek* 1997b) oder intervenierenden Variablen andererseits (z. B. *Stringfield & Slavin* 1992; *Scheerens* 1990; 1997) unterscheiden und so als je spezifischer analytischer Rahmen für die Erforschung der Zusammenhänge zwischen Anfangsbedingungen, Prozess- sowie Kontextmerkmalen und Effekten von Bildungsprozessen nutzen (vgl. auch die Modelle im Beitrag von *Ditton* sowie *Doll & Prenzel* 2004b, 11). Ergänzende Erkenntnisse liefern instruktionspsychologische Ansätze über die Wirkungen von multiplen und komplexen Bedingungsfaktoren auf das Zustandekommen von Leistungen und Leistungsunterschieden in Bildungs- und Qualifizierungsprozessen (ein Überblick dazu findet sich z. B. bei *Helmke* 2003, 36ff.).

Die am Produktionsmodell schulischer Leistungen orientierten und auf Überlegungen zu systemisch vernetzten Lernumwelten sich gründenden Analyseraster bestehen in der Regel aus mehreren größeren Erklärungsblöcken: Schülermerkmale, Unterrichtsmerkmale und Lernumwelt(en), die das Ergebnis schulischer Lern- und Entwicklungsprozesse determinieren und deren Zusammenwirken gleichzeitig zu berücksichtigen ist. Formal und inhaltlich bezieht sich ein solches Modell zugleich auf die hierarchische Struktur von Individual-, Unterrichts-, Schul-, Klassen- und regionaler Kontextebene; zugleich betont die Prozessdimension die Produktionsfunktion des Schulwesens (*Ditton* 2000b, 76f.). Die Ergebnisse des Unterrichts hingegen werden über Leistungskriterien wie kognitive Entwicklungsziele und metakognitive Kompetenzen erfasst (*Deutsches PISA-Konsortium* 2004; *Helmke* 2003, 20ff.; *Weinert* 1998), aber auch über nicht oder nur bedingt kognitiv bestimmte Merkmale wie Selbstvertrauen, Selbstregulation, Motivation, Kooperations- und Kommunikationsfähigkeit. Insbesondere letztere rücken in jüngster Zeit stärker in den Blick der Forschung und werden zunehmend in effektivitätsorientierte Forschungs- und Evaluationsvorhaben einbezogen (vgl. *Deutsches PISA-Konsortium* 2001; *Kunter & Stanat* 2002). Bemerkenswerter Weise verweist *Ditton* in seinem Beitrag jedoch darauf, dass nicht nur die jeweils im Durchschnitt erreichte Qualität als Kriterium herangezogen werden darf, sondern dass auch die Streuungen der Zielgrößen zwischen den Schülern, Klassen, Schulen und Schulformen zu berücksichtigen sind und unter dem Aspekt der Chancengerechtigkeit aus eigenem Recht wichtige Output-Größen darstellen.

Angesichts der Komplexität und Vielfalt der Bedingungsfaktoren und Wechselwirkungen können in den einschlägigen Studien jeweils nur Teilaspekte und Zusammenhänge betrachtet und analysiert werden [1]. Wird ein solches Modell als analytisches Raster für die Darstellung des Prozess- und Mehrebenencharakters der beruflichen Bildung genutzt, so sind beispielsweise hinsichtlich der Dualen Ausbildung für eine angemessene Berücksichtigung der betrieblichen Lernumwelt Modellerweiterungen erforderlich, die sich auf andere Mechanismen als die der schulischen Lernumwelt beziehen.

Bei unterschiedlicher Gewichtung einzelner Faktorenbündel, die in den Metaanalysen über Bedingungen schulischer Leistungen herausgearbeitet wurden, betonen die meisten Vertreter der empirischen Bildungsforschung den Vorrang proximaler Bedingungsfaktoren (z. B. *Ditton* 2000b, 75; *Helmke* 2003, 35), also jener, die die Lehr-Lern-Prozesse unmittelbar charakterisieren. So gehört es zu den robusten Befunden der Schulleistungsforschung, dass individuelle Lernvoraussetzungen wie allgemeine kognitive Fähigkeiten, fachbezogenes Vorwissen und Selbstregulation sowie motivationale und volitionale Schülermerkmale direkt den Lernerfolg im jeweiligen Fach bzw. Fachgebiet steuern (*Deutsches PISA-Konsortium* 2001; *Weinert & Helmke* 1997; für den beruflichen Bereich vgl. *Lehmann, Seeber & Hunger* 2006). Darüber hinaus stellen herkunftsbedingte Unterschiede wie ökonomisches, soziales und kulturelles Kapital wichtige Determinanten des Kompetenzerwerbs dar (vgl. *Baumert, Watermann & Schümer* 2003; *Lehmann & Peek* 1997; *Ditton* 1992). Bildungssystem-, Schul- und Unterrichtsmerkmale moderieren ebenfalls die Ergebnisse von Bildungs- und Qualifizierungsprozessen, sind jedoch nicht unabhängig von den zuvor genannten Merkmalen (zum differenziellen Entwicklungsmilieu von Schulsystemen vgl. *Baumert, Köller & Schnabel* 2000, 57ff.). Die empirische Bildungs-, Schul- und Unterrichtsforschung hat für den Bereich der Allgemeinbildung eine Vielzahl von Erkenntnissen geliefert. Damit sind zugleich Ziele vorgegeben, die sich die Berufsbildungsforschung noch nicht durchgehend zu eigen gemacht hat, von ihrer Erreichung zu schweigen.

Als stärkster Prädiktor für Fachleistungen in einer bestimmten Domäne hat sich regelmäßig das 'domänenspezifische' Vorwissen im entsprechenden Bereich erwiesen (z. B. *Weinert, Schrader & Helmke* 1989; *Lehmann, Hunger* et al. 2004; *Lehmann, Seeber & Hunger* 2006). So stellen im Zuge von Schulformübergängen kumulativ nutzbare kognitive und metakognitive Eingangsvoraussetzungen gerade für die aufnehmenden Schulen, zu denen hier auch die beruflichen Schulen zählen, die wichtigste Ressource überhaupt dar.

Die Befundlage bei den Leistungsdeterminanten auf Schul- und Unterrichtsebene hingegen ist nicht ganz so eindeutig; hier variieren die Anteile erklärter Varianz in den Testleistungen, die im allgemein bildenden Schulwesen solchen Merkmalen zugeordnet werden können, beträchtlich (einen Überblick über Befunde einschlägiger Studien

---

[1] Will man beispielsweise den Zusammenhang von sozialer Herkunft und den erfassten Kompetenzen quantifizieren, so sind theoretische Annahmen über die differenziellen Wirkungen von Merkmalen der sozialen Herkunft zu formulieren und über Indikatoren einer Messung zugänglich zu machen. Besondere methodische Anforderungen stellt das Problem, ergebnisbezogene Prädiktoren, die mit der sozialen Herkunft kovariieren, angemessen zu berücksichtigen (vgl. das Mediationsmodell von *Baumert, Watermann & Schümer* 2003, 58).

bietet *Gruehn* 2000, 79ff.). Es sind jedoch von künftigen Untersuchungen – nicht zuletzt durch die Einführung adäquaterer Analyseverfahren – differenziertere Aufschlüsse über die genannten Zusammenhänge zu erwarten. Insbesondere im Hinblick auf den Mehrebenencharakter der schulischen Lernumwelt und das damit implizierte Erfordernis einer angemessenen Berücksichtigung der Interdependenz der Merkmale und Effekte auf verschiedenen Ebenen stehen geeignete Computerprogramme für entsprechende Analysen seit geraumer Zeit zur Verfügung (z. B. HLM von *Raudenbusch, Bryk & Congdon* 2001).

1.2 Zur relativen Bedeutung von Schüler-, Klassen- und Schulmerkmalen für die Ergebnisse von Bildungs- und Erziehungsprozessen

Zwar sind, wie gezeigt, in den letzten Jahren zahlreiche Studien und Analysen zu Zusammenhängen zwischen Kontextmerkmalen auf Schul- sowie Klassenebene und Ergebnissen von Bildungs- und Erziehungsprozessen im allgemein bildenden Schulwesen durchgeführt worden, doch die damit verbundene Begriffsvielfalt wie „Lernumwelt", „Lernmilieu", „Unterrichts-„ und „Lehr-/Lernkultur" einerseits und die hohe Variabilität in der theoretischen Modellierung, Definition und Operationalisierung der entsprechenden Konstrukte andererseits zeugen davon, dass auch hier noch erhebliche Forschungsanstrengungen erforderlich sind, ehe die so gewonnenen Erkenntnisse konsensfähig sind und auf solcher Grundlage für die Unterrichtspraxis und Lehrerbildung genutzt werden können.

Eine Vielzahl von Studien zu sog. „compositional effects" (z. B. *Alkin* 1992; *Helmke & Weinert* 1997; *Gruehn* 2000; *Schnabel* 2001) hat eigenständige Beiträge aufgewiesen, die mit dem Zusammenwirken eigentlich individueller Faktoren auf Aggregatsebene (Klasse, Schule) verbunden sind und nicht auf die Addition von Individualeffekten reduziert werden können. In anderen Fällen musste die Vermutung kumulativer Effekte nach entsprechender Prüfung aufgegeben werden.

Baumert, Köller & Schnabel (2000; vgl. auch *Baumert & Köller* 1998) sind der Frage nachgegangen, inwieweit die Schulformen differenzielle Entwicklungsmilieus darstellen. Ihre diesbezüglichen Befunde sind eindeutig: Sie konnten nach Kontrolle individueller und kontextueller Anfangsbedingungen den Schulformen einen eigenständigen Beitrag zur Ausprägung der Kriteriumsvarianz zuordnen, wobei der Erklärungsbeitrag die Effektstärke der fachlichen Ausgangsleistungen erreichte.

In analoger Perspektive haben *Kunter & Stanat* (2002, 62ff.) den Einfluss des Schulklimas auf die Ausprägung aggressiver Orientierungen und auf das Unterstützungsverhalten gegenüber Mitschülern im Unterricht untersucht und sind zu dem Ergebnis gelangt, dass beide Effekte vornehmlich durch individuelle Schülermerkmale (kognitive Grundfähigkeiten, Merkmale des familiären Hintergrunds und individuelle Wahrnehmung der Lehrer-Schüler-Beziehung) bestimmt sind. Zusammenhänge mit dem Schulklima und ausgewählten Merkmalen der sozialen Zusammensetzung der Schülerschaft auf Schulebene waren in diesem Falle hingegen nicht nachweisbar.

Die herkunftsbedingten Unterschiede der Bildungsbeteiligung und deren Einfluss auf den Kompetenzerwerb sind einer der zentralen Analysegegenstände der PISA-

Studien. Auf der Grundlage der Daten der nationalen Erweiterung der PISA-2000-Studie untersuchten *Baumert, Watermann & Schümer* (2003) die disparitätserzeugenden Effekte familiärer Strukturmerkmale durch familiäre Lebensverhältnisse, schulformbedingte und psychologische Faktoren.

Tiedemann & Billmann-Mahecha (2004) haben im Rahmen der „Hannoverschen Grundschulstudie" einen für sprachsaturierte Domänen in der Mitte der Grundschulzeit beträchtlichen Einfluss der schulbezogenen Migrantenquote ermittelt, der durch eine Überrepräsentanz auf aggregierter Ebene verstärkt wurde (vgl. auch *Lehmann & Peek* 1997). Damit haben sie die bereits eingangs erwähnte doppelte Funktion kognitiver Fähigkeiten im Rahmen der Schulleistungsgenese untermauert und die Frage nach differenziellen akademischen Entwicklungsmilieus, die von *Baumert, Köller & Schnabel* (2000, 58) auf Schulformebene diskutiert wurde, auf die Ebene der Einzelschule und der einzelnen Klassen verlagert.

Anhand von Daten aus der Berliner Grundschulstudie ELEMENT ist *Lehmann* (2006) dem differenziellen Einfluss einer leistungsmäßig mehr oder minder heterogenen Klassenzusammensetzung auf die Mathematik- und die Leseleistungen nachgegangen. Kritisch weist er dabei auf diesbezügliche Forschungslücken in den bisherigen Leistungsstudien hin, für die vorzugsweise die Interpretation der Streuung als abhängiges Erfolgskriterium charakteristisch war (vgl. auch den Beitrag von *Ditton* in diesem Band), während die unabhängige Bedeutung eines heterogenen Leistungspotenzials für die Lernzielerreichung in konkreten Schulklassen bisher kaum untersucht worden ist. Auch die Ergebnisse zum Einfluss des auf Klassenebene aggregierten kognitiven Niveaus für den individuellen Lernerfolg und der Zusammenhang zu Merkmalen der Feinsteuerung des Unterrichts bedürften weiterer Klärung.

Diese Ergebnisse konnten nur über Studien mit angemessener Stichprobengröße und einer simultanen Betrachtung von Daten auf Individual- und Kontextebene erzielt werden. Auch in dieser Hinsicht ist die Berufsbildungsforschung gegenwärtig noch nicht in jeder Hinsicht anschlussfähig. Dies wiegt um so schwerer, als angesichts der hier skizzierten Befunde davon auszugehen ist, dass eine mangelnde Berücksichtigung hierarchischer Datenstrukturen auch im Bereich der beruflichen Bildung zu Fehlschlüssen und Fehlinterpretationen führen kann.

2 Zum Zusammenhang von Schülervoraussetzungen, Lernmilieu und Lernerfolg in beruflichen Bildungsgängen

2.1 Zur Datenlage in der berufliche Bildung

Bei aller Kritik an den teilweise noch unbefriedigenden Befunden zu den Zusammenhängen zwischen Schüler-, Klassen-, Schul- und Schulformmerkmalen einerseits und schulischen Leistungen andererseits zeichnet sich also im Vergleich zur diesbezüglichen Datenlage in der Berufsbildung ein deutlicher Forschungs- und Informationsvorsprung für das allgemein bildende Schulwesen ab. *Seifried, Sembill* et al. (2005, 602; auch 611f.) bemängeln für den berufsbildenden Sektor vor allem die unzureichende Verschränkung der hauptsächlich auf Institutionen bezogenen Makroforschung und der eher auf Lehr-Lern-Prozesse zielenden Mikroforschung und plädieren mit Nachdruck für eine Verzahnung beider Forschungsperspektiven, einen interdisziplinären Diskurs und eine Verknüpfung von verschiedenen Analyseebenen durch Einsatz adäquater methodischer Verfahren.

Einige Einblicke in die Zusammenhänge zwischen schüler- und unterrichtsbezogenen Merkmalen bieten die Befunde aus dem Bereich der Lehr-Lern-Forschung, insbesondere im Rahmen des DFG-Schwerpunktprogramms „Lehr-Lern-Prozesse in der kaufmännischen Ausbildung" (vgl. die Beiträge in *Beck & Dubs* 1998). Im Zentrum standen und stehen dabei motivationale, kognitive und emotionale Bedingungen, unter denen berufliche Bildung stattfindet, und deren Zusammenhang mit beruflicher Zufriedenheit und Teilaspekten beruflicher Leistung. Das Beziehungsnetz insgesamt mit seinen zahlreichen Facetten wird davon jedoch erst in Ansätzen erfasst. So beklagt *Zaib* (2001, 40) speziell für die pädagogisch-psychologisch orientierte Berufsbildungsforschung einen Mangel an Studien mit längsschnittlichem Design, an echten Experimentalstudien mit Kontrollgruppen und an Vergleichsstudien, die verschiedene Berufsgruppen umfassen. Darüber hinaus stellt er fest, dass kognitive Prozesse zwar in einer Reihe von Studien angesprochen würden, dass jedoch dieser Aspekt heterogen strukturiert und insgesamt nur unzureichend für die berufliche Ausbildung untersucht sei. Die bisher vorliegenden Studien lieferten wichtige Aufschlüsse im Rahmen der Grundlagenforschung; allerdings seien der Generalisierung der so gewonnenen Erkenntnisse angesichts eingeschränkter oder gar fehlender längsschnittlicher Verankerungen und etwaiger Stichprobeneffekte bisher enge Grenzen gesetzt.

Achtenhagen (2004, 13ff.) verweist auf die Vielzahl von nationalen wie internationalen Befunden der Berufsbildungsforschung, die sich jedoch in erster Linie auf Probleme bildungspolitischer Maßnahmen und institutioneller Lösungsansätze bezögen. Auch die Einzelstudien im Rahmen von Modellversuchen, die in durchaus stärkerem Maße Ziel- und Inhaltsfragen beruflicher Bildung aufgriffen, seien wegen der willkürlich gewählten Analyseeinheiten nur bedingt verallgemeinerbar. Skeptisch betrachtet *Achtenhagen* auch die mitunter unzureichende methodische Fundierung der Studien (vgl. auch *van Buer & Kell* 2000).

So lassen beispielsweise die vorliegenden Berichtssysteme in der beruflichen Bildung wenig Rückschlüsse auf die tatsächliche Kompetenzausstattung der Jugendlichen bei Eintritt in das Berufsbildungssystem zu (*Baethge, Buss & Lanfer* 2003, 70), obwohl die Eingangsvoraussetzungen der Jugendlichen an der sog. 'ersten Schwelle' nicht nur zentrale Output-Merkmale der abgebenden Institutionen des allgemein bildenden Sektors sind, sondern gleichzeitig die wichtigsten Input-Merkmale für das aufnehmende System darstellen. Schulabschlüsse und Schulzeugnisse sind bestenfalls Ersatzgrößen (sog. „Proxies") für das zu erwartende Lernpotenzial, hinter denen sich jedoch bekanntermaßen eine hohe Bandbreite an kognitiven und metakognitiven Kompetenzen verbirgt. *Achtenhagen* (2004, 18ff.) fordert in seinem Gutachten zu den konzeptionellen Grundlagen eines nationalen Bildungsberichts für die berufliche Bildung und Weiterbildung die systematische Erfassung von Eingangsleistungen der Jugendlichen in den Kernfächern Deutsch, Mathematik und erste Fremdsprache, um nicht nur am Ende der Ausbildung über erreichte Kompetenzstände zu berichten, sondern deren Entwicklung vor dem Hintergrund von Eingangsmerkmalen untersuchen und interpretieren zu können. Nicht zu unterschätzen ist auch die Bedeutung einer differenzierten Erfassung von Anfangsbedingungen für die Ausgestaltung der Lernumwelten und für das Arrangement der Lehr-Lern-Prozesse (vgl. *Seeber* 2005a). Nicht selten wird – in wechselnder Absicht – mit der Heterogenität der Schülerschaft in kognitiver wie auch sozial-biografischer Hinsicht innerhalb desselben Bildungsgangs und/oder derselben Klasse ins Feld argumentiert, ohne dass deren Effekte auf die Gestaltung der Lehr-Lernumgebungen und die Wechselwirkung von solchen Inputmerkmalen und dem Lehr-Lern-Prozess bisher genauer untersucht wären. Heterogenität der Schülerschaft wird eher unter der Perspektive einer alltäglichen Herausforderung für die Lehrenden diskutiert als unter der eines Anregungspotenzials hinsichtlich des Lernmilieus und der Lernleistung (vgl. dazu jedoch die Analysen zur teilqualifizierenden Ausbildung in *Lehmann, Seeber & Hunger* 2006; *Seeber* 2005b). Ein adäquates Eingehen auf individuelle Schülervoraussetzungen und damit eine individualisierende Unterrichtsführung sind jedoch nur möglich, wenn die Anfangslernstände und die verfügbaren Lernstrategien angemessen diagnostiziert und in der Unterrichtsführung berücksichtigt werden.

Im beruflichen Bereich werden neuerdings unterschiedliche Ansätze zur Erfassung von Merkmalen der anfänglichen Kompetenzausstattung und der individuellen Lernbedingungen diskutiert und evaluationstechnisch erprobt. Allerdings steht – wie immer wieder betont werden muss – die Berufsbildungsforschung in der Entwicklung aussagefähiger Leistungsindikatoren noch am Anfang (*Baethge, Buss & Lanfer* 2003, 71).

Eine der umfassendsten Studien eines Bundeslands zu den Eingangsvoraussetzungen der Jugendlichen bei Eintritt in einen beruflichen Bildungsgang ist die „Untersuchung der Leistungen, Motivation und Einstellungen zu Beginn der beruflichen Ausbildung" (ULME I) der Freien und Hansestadt Hamburg, durchgeführt im Schuljahr 2002/03. Hier wurden kognitive, metakognitive, motivationale sowie schul- und lernbezogene Merkmale von mehr als 13.000 Jugendlichen in Form einer Vollerhebung bei Eintritt in einen teilqualifizierenden, einen dualen oder in einen abschlussbezogenen vollzeitschulischen Bildungsgang untersucht (vgl. *Lehmann, Ivanov* et al. 2005). Indem hier für die 'Kernfächer' Deutsch, Mathematik und Englisch belastbare Kompetenzmaße sowie im Bereich der kognitiven, motivationalen und sozialen Kovariaten zentrale Kontrollvariablen ermittelt wurden, dürfte zumindest für das Bundesland Hamburg die von *Achtenhagen* (2004) erhobenen Forderungen als im Wesentlichen eingelöst gelten. Mit diesem Design liegt also ein Datenbestand vor, der zwar nicht alle, aber doch wesentliche Variablenblöcke der in Abschnitt 1.1 thematisierten Schüler- und Kontextmerkmale erfasst.

2.2 Differente Schülervoraussetzungen in beruflichen Bildungsgängen

Da Personen mit unterschiedlichem allgemein bildenden Abschluss in das Duale System einmünden (vgl. *Bundesministerium für Bildung und Forschung* 2005), unterscheiden sie sich hinsichtlich ihrer basalen Grundqualifikationen in der Regel beträchtlich (vgl. *Lehmann, Ivanov* et al. 2005, 59ff.; für Berlin vgl. *Seeber* 2005a; zu Leistungsdifferenzen in der mathematisch-naturwissenschaftlichen Grundbildung beim

Übergang von der Schule in den Beruf vgl. auch *Watermann & Baumert* 2000, 199ff.). Beim Dualen System handelt es sich um ein leistungsmäßig stratifiziertes System, das zwar rechtlich gesehen durch keine besonderen schulischen Vorleistungen eingeschränkt wird, jedoch angesichts arbeitsmarkt- und qualifikationsbezogener Veränderungen durch einen systeminternen Verdrängungswettbewerb gekennzeichnet ist (*Greinert & Braun* 2005, 177ff.). Jugendliche mit Abitur besetzen in der Regel qualitativ anspruchsvolle und im Hinblick auf eine spätere Beschäftigung und Bezahlung aussichtsreiche Ausbildungsberufe, während den Jugendlichen mit Hauptschulabschluss de facto ein vergleichsweise schmales und weniger attraktives Berufsspektrum zur Verfügung steht (vgl. *Bundesministerium für Bildung und Forschung* 2005).

Die mannigfachen Eingangsvoraussetzungen zeigen sich jedoch nicht nur an den verschiedenen Schulabschlüssen, die Jugendliche in ihre jeweilige Ausbildung einbringen, sondern sie manifestieren sich auch in ungleichen Kompetenzen jenseits der schulischen Abschlusszertifikate.

Im beruflichen Bereich werden dabei unterschiedliche Ansätze zur Erfassung von Merkmalen der anfänglichen Kompetenzausstattung und der individuellen Lernbedingungen diskutiert und in der Praxis erprobt, wobei die Zusammenhänge zwischen Eingangsvoraussetzungen der Teilnehmer, Lernangeboten und Effekten bislang nur partiell erforscht sind und die Berufsbildungsforschung in der Entwicklung aussagefähiger Leistungsindikatoren noch am Anfang steht (*Baethge, Buss & Lanfer* 2003, 71). So verlässt man sich im Bereich der beruflichen Erstausbildung – vor allem bei der Aufnahme der Jugendlichen in ein Ausbildungsverhältnis – immer weniger auf die in den Abschlusszertifikaten eines bestimmten Bildungsgangs unterstellten Kompetenzen, sondern versucht in Eignungstests und in breit angelegten Assessmentverfahren den erwarteten Nutzen der Aufnahme der Jugendlichen gegen die Kosten der Zurückweisung unter ökonomischen Ertragsüberlegungen gegeneinander abzuwägen. Im Gegensatz zu einer solchen *Eignungs*diagnostik als Grundlage der Bewerberauswahl dient eine systematische *Eingangs*diagnostik primär dem Ziel, adaptive und adressatengerechte Entwicklungsangebote zu konzipieren und so die Erfolgswahrscheinlichkeit der Ausbildungspraxis zu erhöhen bzw. die Gefahr von deren Scheitern deutlich zu verringern (vgl. *Seeber* 2005a).

Systematische Informationen über die faktischen Kompetenzen der Jugendlichen bei Eintritt in eine berufliche Ausbildung liegen für das Bundesgebiet nicht vor, im Unterschied zu den Absolventenstatistiken der allgemein bildenden Schulen und allenfalls den Kennziffern zu den Schulabschlüssen von Bewerbern für einzelne Ausbildungsberufe. Die Entscheidungen über die Erfassung der Eingangsvoraussetzungen bleiben weitgehend den Betrieben und Schulen überlassen. Dabei kann die Vertrauenswürdigkeit der dabei eingesetzten Testinstrumente beträchtlich variieren, die von kaum geprüften Eigenentwicklungen über institutionell verankerte Instrumente, die ohne gründliche wissenschaftliche Fundierung im Kontext eines Nachfragemarktes entstanden sind, bis hin zu qualitativ anspruchsvollen, empirisch validierten Tests reicht. Abgesehen von umfangreichen Evaluationen im Rahmen von Modellversuchen, die zumeist regional oder auf bestimmte Maßnahmen begrenzt bleiben, erfolgt in diesem unübersichtlichen Bereich die Erfassung von Eingangsbedingungen insgesamt viel zu selten über die letztgenannten wissenschaftlich wohlabgesicherten Instrumente und hochwertige Auswertungsmethoden. So bleiben in weiten Bereichen immer noch selbstkonstruierte Tests oder gar völlig subjektive Einschätzungen maßgebend wie sie etwa das *IW* (1998) und der *DIHK* (2005) in Auftrag geben. Derartige 'Untersuchungen' aber sind fast zwangsläufig von zweifelhafter Messgüte.

Um exemplarisch die Lernausgangslage für die Jugendlichen in ausgewählten Ausbildungsberufen aufzuzeigen, seien an dieser Stelle Befunde der Studie „Leistungen, Motivation und Einstellung der Schülerinnen und Schüler in den Abschlussklassen der Berufsschulen" (ULME III) angeführt. ULME III stellt den Längsschnitt einer Sub-Gruppe der oben genannten Studie ULME I dar; daher kann bei der Darstellung der Anfangsbedingungen auf diese Daten zurückgegriffen werden. Untersucht wurden die in Tabelle 1 erfassten 17 Ausbildungsgänge des Dualen Systems.

Tabelle 1: Die Ausbildungsberufe der Studie ULME III

1. Anlagenmechaniker/-in	10. Industriekaufmann/-frau
2. Bankkaufmann/-frau	11. Industriemechaniker/-in
3. Bürokaufmann/-frau	12. Medizinische/r Fachangestellte/r
4. Einzelhandelskaufmann/-frau	13. Rechtsanwalts- und
5. Elektroinstallateure/-installateurin	Notarfachangestellte/r
6. Fachinformatiker/-in	14. Speditionskaufmann/-frau
7. Fluggerätemechaniker/-in	15. Tischler/-in
8. Friseure/Friseurin	16. Werbekaufmann/-frau
9. Hotelfachangestellte/r	17. Zahnmedizinische/r Fachangestellte/r

Es war zu vermuten, dass die Eingangsleistungen der Jugendlichen in diesen 17 Ausbildungsberufen zwar durchaus Überschneidungen, aber auch beträchtliche Differenzen aufweisen würden. Schon die Unterschiede hinsichtlich des erworbenen Schulabschlusses als eines Selektionskriteriums für die Aufnahme einer Ausbildung in einem bestimmten Beruf ließ beträchtliche Leistungsunterschiede am Beginn der beruflichen Ausbildung erwarten. Diese Differenzen lassen sich zumindest teilweise als Homogenisierung in Bezug auf den allgemein bildenden Schulabschluss bei der Bewerberauswahl interpretieren. Diese betrifft beispielsweise die Berufe des Fachinformatikers, des Bank-, Werbe- und Industriekaufmanns, bei denen das Abitur oder ein sehr guter Realschulabschluss ein erstes Selektionskriterium darstellen. Hingegen ist in Berufen wie dem des Bürokaufmanns, der Hotelfachangestellten oder auch der Medizinischen Fachangestellten die gesamte Bandbreite allgemein bildender Schulabschlüsse zu finden.

Darüber hinaus unterscheiden sich die Altersspannen zwischen den einzelnen Berufen erheblich, was teilweise mit der gerade angesprochenen Bandbreite der allgemeinen Schulabschlüsse innerhalb eines Berufs zusammenhängt, aber auch mit den vor der Aufnahme der Ausbildung absolvierten berufsvorbereitenden oder anderen beruflich qualifizierenden Bildungsgänge in Zusammenhang stehen dürfte. Dementsprechend variieren auch die beruflichen und/oder betrieblichen Erfahrungen, die die Jugendlichen eines Ausbildungsberufs, einer Klasse oder einer Ausbildungsgruppe in die Ausbildung einbringen.

Auch bei Betrachtung der hinter den allgemeinen Schulabschlüssen stehenden Schülervoraussetzungen offenbart sich ein breites Leistungsspektrum. Wird beispielsweise ein allgemeiner Bildungsindex definiert, der sich aus den Leistungen in den Domänen Mathematik, der ersten Fremdsprache, Englisch, sowie Leseverständnis und Rechtschreibung zusammensetzt, und zu den hier betrachteten Ausbildungsberufen in Beziehung gesetzt, so werden nicht nur markante Leistungsdifferenzen zu Beginn der Ausbildung zwischen den einzelnen Berufen sichtbar, sondern auch innerhalb der Berufe gibt es ein erhebliches Maß an Heterogenität (vgl. Abbildung 1).

Abbildung 1: Allgemeiner Bildungsindex zu Beginn der beruflichen Ausbildung nach Berufen (*Seeber* in Vorbereitung)

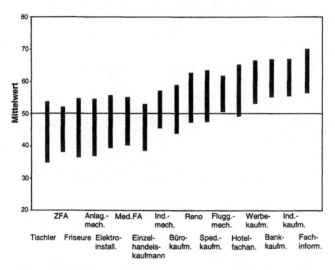

Wie aus der Grafik hervorgeht, treten die angehenden Fachinformatiker, Industrie-, Bank- und Werbekaufleute mit überdurchschnittlich günstigen Lernvoraussetzungen in die Berufsausbildung ein. Sie liegen zwischen 0,90 bis 1,27 Standardabweichungen über dem Durchschnitt der allgemeinen Fachleistungen für alle 17 Ausbildungsberufe. Dieser klare Leistungsvorteil war aufgrund der Selektionskriterien der Unternehmen bei der Auswahl der Bewerberinnen und Bewerber für diese Berufe zu erwarten. Im Übrigen ist auch aus den einschlägigen Berufsbildungsstatistiken hinlänglich bekannt, dass überwiegend Abiturientinnen und Abiturienten für die genannten Berufe ausgewählt werden (vgl. *Bundesministerium für Bildung und Forschung* 2005). Hingegen liegen die künftigen Tischler, Zahnmedizinischen Fachangestellten (ZFA), Friseure sowie Anlagenmechaniker zwischen mehr als einer halben und bis zu drei Vierteln einer Standardabweichung markant unterhalb des allgemeinen Leistungsdurchschnitts der untersuchten Berufe.

Differente Schülervoraussetzungen, Lernmilieu und Lernerfolg in beruflichen Bildungsgängen

Einen optischen Eindruck über die Bandbreite des Leistungsniveaus zwischen den Klassen und die Streuungen innerhalb der Lerngruppen desselben Ausbildungsberufs liefert Abbildung 2. Dort sind die Eingangsleistungen der Jugendlichen auf Klassenebene, gruppiert nach Berufen (Mittelwert +/- eine Standardabweichung), bei Eintritt in die berufliche Ausbildung abgebildet.

Abbildung 2: Allgemeiner Bildungsindex zu Beginn der beruflichen Ausbildung nach Berufen und Klassen (*Seeber* in Vorbereitung)

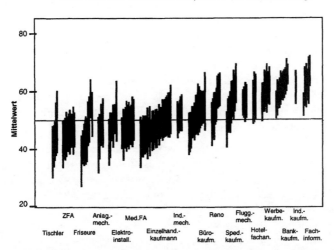

Demnach sind erhebliche Unterschiede in den allgemeinen Lernausgangslagen nicht nur zwischen den Berufen augenscheinlich, sondern auch innerhalb eines Berufs zwischen den Klassen. Es ist aus der Grafik erkennbar, dass nicht nur das durchschnittliche Leistungsniveau zwischen den Klassen eines Berufs differiert, sondern auch die Leistungsstreuungen innerhalb einer Lerngruppe unterschiedlich hoch ausfallen. Vor dem Hintergrund der Befunde zum Einfluss von Kompositionsmerkmalen der Klassen auf die Lern- und Leistungsentwicklung aus dem allgemein bildenden Bereich (vgl. *Baumert, Schnabel & Köller* 2000; *Helmke & Weinert* 1997, *Tiedemann & Billmann-Mahecha* 2004; *Lehmann* 2006) ist zu vermuten, dass mit den erheblichen Niveau- und Heterogenitätsunterschieden zwischen den Klassen desselben Berufs differenzielle Lernmilieus innerhalb der Berufe verbunden sind (zum Einfluss von Kompositionsmerkmalen der Klassen in der teilqualifizierenden Ausbildung im Rahmen von UL-MEII vgl. *Seeber* 2005b).

In jedem Fall ist anzunehmen, dass sich solche differenten Klassenzusammensetzungen auf die Lernangebote der Lehrenden und überdies auf den Lernerfolg auswirken. Die Analyse der entsprechenden Effekte steht, wie gesagt, erst am Anfang.

3   Zusammenfassung: Forschungsdesiderata zum Zusammenhang von Schülervoraussetzungen, Lernmilieu und Lernerfolg in beruflichen Bildungsgängen

Wie am Beispiel der 17 Ausbildungsberufe der Studie ULME III gezeigt wurde, können sich die Anfangsbedingungen zwischen den Berufen ebenso unterscheiden wie innerhalb der Berufe sowie zwischen den Klassen eines Berufs, auch innerhalb ein und derselben Schule. Insofern ist davon auszugehen, dass diese Unterschiede die Lehr-Lern-Prozesse in den Schulen, aber auch in den Betrieben tangieren. Vermutet wird, dass in Abhängigkeit von den jeweils wahrgenommenen Anfangsbedingungen in den Lerngruppen unterschiedliche Entwicklungsangebote den Jugendlichen unterbreitet werden, mit denen wiederum verschiedene Entwicklungschancen verbunden sind. Besonders interessante Fragen stellen sich in diesem Zusammenhang dann, wenn zugleich die Relationen zwischen den Wahrnehmungen der Lehrer und Ausbilder einerseits und den Ergebnissen einer davon unabhängigen Kompetenzdiagnostik andererseits thematisiert werden (vgl. *Jungkunz* 1995).

Betrachtet man die einschlägigen Berichtssysteme zur beruflichen Bildung, so muss festgestellt werden, dass differente Schülervoraussetzungen in beruflichen Bildungsgängen bisher zumeist nur global und über wenig aussagekräftige Ersatzgrößen erfasst wurden, wobei über tatsächlich vorliegende Kompetenzen nur bedingt Aufschluss zu gewinnen ist. Im bereits erwähnten Gutachten zur Erstellungen eines Nationalen Bildungsberichts Berufliche Bildung/Weiterbildung wurde zu Recht auf die diesbezüglich desolate Datenlage hingewiesen (vgl. *Baethge, Buss & Lanfer* 2003).

Noch gravierender sind die Forschungslücken im Bereich des Zusammenhangs von Schülervoraussetzungen, Lernmilieu und Lernerfolg. Bislang wurde der Einfluss von individuellen Anfangsbedingungen auf den beruflichen Lernerfolg kaum systematisch erforscht. Erfolgsquoten zum Bestehen der Kammerprüfungen wurden in vielen Fällen als hinreichendes Prüfkriterium für die Güte der Auswahlverfahren bei der Bewerberaufnahme und für optimale Lernprozesse in den an der Ausbildung beteiligten Institutionen angesehen.

Darüber hinaus herrschte bei nicht wenigen bildungspolitisch Verantwortlichen die Überzeugung, mit den Kammerprüfungen bereits Elemente einer outputorientierten Steuerung implementiert zu haben, ohne dass jemals die diagnostische Güte der eingesetzten Instrumente ernsthaft überprüft worden wäre (vgl. *Reisse* 1997; *Straka* 2003). Insofern markieren nicht nur die aktuellen Diskussionen über eine systematische Outputerfassung im Bereich der beruflichen Bildung ein noch breites Forschungsfeld (vgl. die Beiträge in *Brand & Tramm* 2005; zu international vergleichenden Studien in der Berufsbildung vgl. *Baethge* 2005), sondern auch die Frage des Einflusses des Lernmilieus in Form von Kompositionsmerkmalen von Klassen und Ausbildungsgruppen ein breites und vielversprechendes Feld für künftige Forschung im Bereich der beruflichen Bildung.

Frank Achtenhagen

Wirtschaftspädagogische Forschung zur beruflichen Kompetenzentwicklung

Angesichts erheblicher Anstrengungen sowohl im politischen als auch im wissenschaftlichen Bereich, das Kompetenzkonzept weiterzuentwickeln, um so u. a. die „Qualität von Schule" zu erhöhen, sind Bestandserhebungen sinnvoll. Für die wirtschaftspädagogische Forschung kann dabei vor allem auf die Ergebnisse des DFG-Schwerpunktprogramms „Lehr-Lern-Prozesse in der kaufmännischen Erstausbildung" zurückgegriffen werden. In einer Verknüpfung dieser vor allem auf der Mikroebene gewonnenen Resultate mit solchen der Berufssoziologie, die vornehmlich die Meso-, Exo- und Makroebene ansprechen, ist der Versuch unternommen worden, die Machbarkeit (und Notwendigkeit) einer internationalen Vergleichsstudie auf dem Gebiet der Berufsbildung zu untersuchen: geplant als ein Berufsbildungs-PISA. Die Durchführung einer solchen Studie stellte einen wünschenswerten und notwendigen Entwicklungsschritt wirtschaftspädagogischer Forschung dar.

1   Vorbemerkungen

Im Anschluss an die Veröffentlichung und die Diskussion der Ergebnisse der großen internationalen Vergleichsstudien im Bildungssektor erleben wir eine Verschiebung im Zielbereich pädagogischer Bemühungen, die am griffigsten in der Formulierung einer „Bewegung von der Input- zur Outputperspektive" zum Ausdruck kommt. Das Interesse gilt jetzt nicht mehr so sehr den Zielen und Prozessen, die den verschiedenen Bildungsgängen vorgegeben werden, sondern den erreichten Ergebnissen, die mit Hilfe entsprechend entwickelter Tests gewonnen werden. Ihren ersten Niederschlag haben diese Überlegungen in der Denkschrift zu „Bildungsstandards" (*Klieme* et al. 2003) gefunden. In diesem Zusammenhang hat auch die Diskussion um „Kompetenzen" in Deutschland Einzug gehalten – vor allem durch die OECD-Schrift von *Rychen & Salganik* (2001), von der auch ein Einfluss auf die PISA-Studien ausgegangen ist.

Im Folgenden soll beispielhaft in aller Kürze gezeigt werden, wie sich diese Überlegungen auf die wirtschaftspädagogische Forschung beziehen lassen. Im Mittelpunkt steht dabei die Frage der beruflichen Kompetenzentwicklung. Die weiteren Ausführungen sind wie folgt gegliedert: Zunächst umreiße ich den Bereich der wirtschaftspädagogischen Forschung (Abschnitt 2). Dann stelle ich einige zentrale Aspekte eines DFG-Schwerpunktprogramms vor, das gerade genehmigt wurde und 2007 seine Arbeit aufnehmen soll (*Klieme & Leutner* 2006) (3). Im Anschluss daran sollen anhand der internationalen wie nationalen Forschungsliteratur ausgewählte Probleme und Ergebnisse zur Behandlung der Kompetenzproblematik im Bereich der Wirtschaftspädagogik kurz angesprochen werden (4), um dann anhand einer Machbarkeitsstudie zu einem Berufsbildungs-PISA Fragen eines Large-Scale Assessment für berufliche Kompetenzen vorzustellen (5). Der Beitrag endet mit einigen Schlussfolgerungen für die weitere Forschung (6).

2 Zur Definition des Forschungsbereichs „Wirtschaftspädagogik"

Wirtschaftspädagogische Forschung ist auf das Lernen und Lehren im schulischen, betrieblichen und überbetrieblichen Bereich – vor allem im Berufsfeld Wirtschaft und Verwaltung – in der beruflichen Erstausbildung, aber auch in der Weiterbildung (das heißt als Lernen über die Lebensspanne) bezogen; dabei werden nationale wie internationale Gegebenheiten sowie deren Veränderungen berücksichtigt. Neben diesem Fokus auf die Mikroebene des Lernens und Lehrens werden auch die institutionellen, organisatorischen und politischen Rahmenbedingungen hierfür (d. h. die Meso-, Exo- und Makroebene) untersucht.

3 Zentrale Aspekte eines DFG-Schwerpunktprogramms zur Kompetenzerfassung

Aus dem Antrag für dieses Schwerpunktprogramm seien Passagen herausgegriffen, die für den Bereich der Wirtschaftspädagogik besondere Bedeutung besitzen. So definieren *Klieme & Leutner* (2006) Kompetenzen als kontextspezifische kognitive Leistungsdispositionen, die sich funktional auf Situationen und Anforderungen in bestimmten Domänen beziehen. In dem Programm geht es darum, empirisch geprüfte fachdidaktische/kognitionspsychologische Kompetenzmodelle zu entwickeln, die die

- Struktur,
- Graduierung und
- Entwicklungsverläufe

der Kompetenzen abbilden. Dabei sollen Kompetenzmodelle auf konkrete Lern- und Handlungsbereiche bezogen werden; kaufmännische Kompetenzen von Auszubildenden wären dann z. B. im Sinne der Fähigkeit gegeben, Abläufe in einem simulierten Betrieb zu verstehen. Umfassend soll das Schwerpunktprogramm Komponenten beruflicher und professioneller Expertise ansprechen, wie z. B. kaufmännisches Entscheidungshandeln.

Für die weiteren Überlegungen ist nun wichtig, wie sich vorliegende wirtschaftspädagogische Forschungsarbeiten auf das DFG-Schwerpunktprogramm – wenn man es als maßstabsetzend akzeptiert – beziehen lassen.

4 Ausgewählte nationale und internationale Forschungsergebnisse

Der wichtigste Beitrag zur Weiterentwicklung wirtschaftspädagogischer Forschung ist in dem DFG-Schwerpunktprogramm „Lehr-Lern-Prozesse in der kaufmännischen Erstausbildung" geleistet worden, das von 1994 bis 2000 durchgeführt wurde (vgl. *Beck & Heid* 1996; *Beck & Dubs* 1998; *Beck & Krumm* 2001). *Beck* (2003, 233) hat die achtzehn beteiligten Projekte mit ihren jeweiligen Akzentsetzungen wie folgt einander zugeordnet (Abbildung 1):

Abbildung 1: Überblick über die Projekte des DFG-Schwerpunktprogramms „Lehr-Lern-Prozesse in der kaufmännischen Erstausbildung"

I. Voraussetzungen	II. Treatment	III. Ziele
Motivation	*Simulation*	*Wissenserwerb*
• Motivierungspotentionale in beruflichen Lernprozessen *(Kleinbeck/Metz-Goeckel, Dortmund)* • Motivierung selbstgesteuerten beruflichen Lernens *(Nenniger/Straka, Landau/Bremen)*	• Lernen in multimedial repräsentierten Modellunternehmen *(Achtenhagen, Göttingen)* • Lernen mit Unternehmens- und Marktsimulationen *(Bloech, Göttingen)* • Entwicklung mentaler Modelle mit Simulationswerkzeugen *(Breuer, Mainz)*	Metawissen • Entwicklung von Meta-Wissen über Objektwissen *(Witt, Dresden)* Objektwissen • Lernen mit Grafiken *(Ebner/Stern, Mannheim/Berlin)* • Integrierte Wissensstrukturen *(Hofer/Niegemann, Mannheim)* • Transferierbares Wissen

━━━━━━━━━━━━━━━━━━━━━━ **Lernprozess** ━━━━━━━━━━━━━━━━━━━━━━▶

Interesse	*Selbstorganisiertes Lernen*	*Kompetenzerwerb*
• Entstehung/Förderung beruflicher Interessen *(Krapp/Wild, Neubiberg)* • Wirkung von Interesse auf Prozess und Lernergebnis *(Prenzel, Kiel)*	• Selbstorganisiertes Lernen am Arbeitsplatz *(Achtenhagen, Göttingen)* • Selbstorganisiertes Lernen in der Teilzeitberufsschule *(Sembill, Gießen/Bamberg)*	• Urteilskompetenz (Beck, Mainz) • Kommunikationskompetenz *(van Buer, Berlin)* • Sozialkompetenz (Euler, Nürnberg) • Entscheidungskompetenz *(Kaiser/Brettschneider, Paderborn)* • Handlungskompetenz *(Sloane, München)*

Im Bereich der *Voraussetzungen* erfolgreicher Lernprozesse sind vor allem motivationale Fragen und das Interessenkonzept untersucht worden. Als *Treatments* fungierten Simulationen sowie Konzepte selbstorganisierten Lernens. Die mit den Projekten angestrebten *Ziele* waren auf den Wissens- bzw. den Kompetenzerwerb bezogen. Insgesamt wurden – wie das Beck im Detail herausgestellt hat – wesentliche Grundlagen für weiterführende Forschungen erarbeitet. Allerdings ist zu bedauern, dass dieses Schwerpunktprogramm nicht weiter gefördert wurde. Die alternativ betriebenen Modellversuchsprogramme, die ein Vielfaches an Mitteln verschlungen haben, waren demgegenüber relativ erfolglos (vgl. hierzu *Nickolaus* 2003; *Beck* 2003; *Euler* 2003; *Nickolaus* 2006b). Es wäre für die Förderung der wirtschaftspädagogischen Forschung ausgesprochen wünschenswert, wenn Replikationsstudien zu den einzelnen Projekten vorgelegt und gleichzeitig die einzelnen Ansätze im Hinblick auf Probleme der Kompetenzmessung weiterentwickelt würden.

Bezogen auf die internationale Berufsbildungsforschung lässt sich festhalten, dass Berufsbildungsfragen primär auf einer institutionell-politischen Ebene und weniger auf der Ebene der Gestaltung und des Erfolgs von Lehr-Lern-Prozessen behandelt werden (vgl. *Achtenhagen & Grubb* 2001; *Achtenhagen & Thång* 2002); als eindrucksvollstes Beispiel zur Veranschaulichung dieser These können die drei Bände von *Descy & Tessaring* (2003) dienen, in denen nur anderthalb Beiträge explizit die Notwendigkeit einer adäquaten Gestaltung der Lehr-/Trainings- sowie Lern-/Arbeitsprozesse thematisieren.

In diesem Zusammenhang ist auf ein zentrales Problem der Lehr-Lern-Forschung aufmerksam zu machen, das in hohem Maße mit der Dominanz pädagogisch-psychologischer Ansätze in diesem Feld zusammenhängt: Lehr-Lern-Forschung ist vornehmlich punktuell ausgerichtet – oft auch noch in Laborsituationen durchgeführt – und vernachlässigt von daher die Langzeitperspektiven des Lernens und Lehrens und damit auch die curriculare Dimension von Unterricht. Dieses Problem wird auch international in neueren Ansätzen durchaus gesehen und systematisch aufgegriffen (vgl. *Bransford, Brown & Cocking* 2000; im Hinblick auf das Konzept des Design-Experiments: *Brown* 1992, oder auch *Weber* 2005a; 2005b; 2006; auch *Weber* in diesem Band).

In der Denkschrift zu den nationalen Bildungsstandards wird diese Frage unter dem Stichwort der Domänenspezifität behandelt: „Kompetenzen kann man nicht durch einzelne isolierte Leistungen darstellen und erfassen. Der Bereich von Anforderungssituationen, in denen eine bestimmte Kompetenz zum Tragen kommt, umfasst immer ein mehr oder weniger breites Leistungs*spektrum*. Die Entwicklung und Förderung von Kompetenzen muss daher eine ausreichende Breite von Lernkontexten, Aufgabenstellungen und Transfersituationen umschließen. Entsprechend breit muss auch die Darstellung der Kompetenzen in Bildungsstandards und ihre Umsetzung in Aufgaben und Tests gestaltet sein. Eine eng gefasste Leistungserfassung kann dem Anspruch von Kompetenzmodellen nicht gerecht werden" (*Klieme* et al. 2003, 74).

Und weiter: Von Kompetenz kann dann gesprochen werden,

- „wenn gegebene Fähigkeiten der Schülerinnen und Schüler genutzt werden,
- wenn auf vorhandenes Wissen zurückgegriffen werden kann bzw. die Fertigkeit gegeben ist, sich Wissen zu beschaffen,
- wenn zentrale Zusammenhänge der Domäne verstanden werden,
- wenn angemessene Handlungsentscheidungen getroffen werden,
- wenn bei der Durchführung der Handlungen auf verfügbare Fertigkeiten zurückgegriffen wird,
- wenn dies mit der Nutzung von Gelegenheiten zum Sammeln von Erfahrungen verbunden ist und
- wenn aufgrund entsprechender handlungsbegleitender Kognitionen genügend Motivation zu angemessenem Handeln gegeben ist" (*Klieme* et al. 2003, 74f.).

Allerdings findet sich in der Denkschrift auch ein gravierendes Missverständnis im Hinblick auf berufs- und wirtschaftspädagogische Fragestellungen:

So heißt es, „... der Erwerb von Kompetenzen muss ... beim systematischen Aufbau von ‚intelligentem Wissen' in einer Domäne beginnen". In einer Fußnote zu dieser Aussage wird der folgende Kommentar abgegeben: „Der hier verwendete Begriff von ‚Kompetenzen' ist daher ausdrücklich abzugrenzen von den aus der Berufspädagogik stammenden und in der Öffentlichkeit viel gebrauchten Konzepten der Sach-, Methoden-, Sozial- und Personalkompetenz. Kompetenzen werden hier verstanden als Leistungsdispositionen in bestimmten Fächern oder ‚Domänen'".

Diese Feststellung wird – wie im Folgenden noch gezeigt wird – dem Gebrauch des Kompetenzbegriffs in der Wirtschaftspädagogik, wie er vor allem von *Reetz* (1999) ausgearbeitet wurde, nicht gerecht (vgl. den Kommentar bei *Sloane* 2005, 491-494).

Versucht man, den Domänenbegriff im Hinblick auf die Erfassung und Entwicklung von Kompetenzen näher zu bestimmen, so sind eingrenzende Vorbemerkungen nötig. Am weitesten geht *Beck* (2005b, 551) mit dem Hinweis darauf, dass die Hypothese von der Domänenspezifität des Lehrens und Lernens dringlich überprüfungsbedürftig sei: „Über welchem bzw. welchen Kriterien konstituiert sich eine Domäne? Verlaufen ihre Grenzen dort, wo die Regelhaftigkeiten des Lehrens oder Lernens sich ändern? Wo ist das der Fall? Ändern sie sich etwa beim Übergang von der Versicherungs- zur Bankbetriebslehre? Oder beim Übergang vom Rechnungswesen zur Statik für Bauhandwerker? ... Die Domänehypothese ist in der Sache nichts anderes als eine Einschränkung von Generalisierungsbehauptungen".

Allerdings könnte man *Beck* entgegenhalten, dass es zunächst weniger um die Generalisierungen über die Domänen als vielmehr innerhalb der Domänen ginge. Von daher wird im Folgenden das Domänenkonzept so zu umschreiben versucht, dass es für weitere wirtschaftspädagogische Forschungen Anwendung finden kann.

In der Denkschrift zu den nationalen Bildungsstandards wird von Schulfächern ausgegangen. Dagegen geht es in der Wirtschaftspädagogik um Aufgaben und Probleme, die in beruflichen Situationen zu bewältigen bzw. zu lösen sind. Im Hinblick darauf soll eine Grenzziehung näherungsweise erfolgen:

- „Domäne" ist mehr als nur ein Handlungstyp oder ein Verhalten in eng begrenzten Situationen (z. B. Verbuchen von Beschaffungen).

- „Domäne" ist mehr als ein eng begrenzter Ausschnitt aus einer Rahmenrichtlinie oder einem Ausbildungsplan (z. B. Sortieren von Beschaffungsvorgängen mit Hilfe einer ABC-Analyse).

- „Domäne" ist gleich oder weniger als das Handlungs- und Wissensspektrum eines Ausbildungsberufs.

- „Domäne" ist gleich oder weniger als der Ziel- und Inhaltsbereich eines Unterrichtsfachs bzw. des berufsspezifischen Unterrichts an kaufmännischen Schulen.

- Während versucht wird, für die „allgemeine" Bildung lebens*nahe* Aufgaben zu entwickeln, stehen für die berufliche Bildung lebens*reale* Aufgaben und Anforderungen zur Verfügung (vgl. *Sloane* 2005, 491).

- Ein Bündel solcher lebensrealer Aufgaben, die sich auf die berufliche Handlungs- und Orientierungsfähigkeit in einem Berufsfeld beziehen (vgl. *Brand, Hofmeister & Tramm*: Aufgaben zu ULME: *Lehmann, Seeber & Hunger* 2006), könnte als Domäne umschrieben werden (z. B. Controlling unter einem wirtschaftsinstrumentellen Verständnis; Dienstleistungsmarketing).

- Der kognitive 'Wert' der Kompetenz ist vor dem Hintergrund konkreter Handlungen in einer spezifischen Domäne *nur* mit Hilfe relevanter Vermittlungsleistungen wirklich aufzuschlüsseln.

Diese Vermittlungsleistungen können über konkrete Aufgabenanforderungen erfasst werden, d. h. z. B. mit Hilfe von Tests, die auf eine berufliche Handlung bzw. Leistung bezogen sind, oder über die gegebene Performanz, wie sie über eine prozessorientierte Leistungsdiagnose im Rahmen eines formativen Assessments festgestellt wird. Bezogen auf die jeweilige Kompetenz kommt es auf den selbstregulativen Prozess an, in dem Kognition (Wissensarten), Motivation und Metakognition zusammenwirken. Damit ist Kompetenz ein Rekonstruktionswert aus Performanz und beobachtbaren Schwellenwerten handlungsrelevanter Vermittlungsleistungen (vgl. die Projektskizze von *Achtenhagen & Winther* 2006).

Ein weiterführender Schritt ist die Interpretation der jeweiligen selbstregulativen Prozesse unter Zuhilfenahme des so genannten SOK-Modells, das auf den flexiblen und reflexiven Umgang der Individuen mit beruflichen Situationen bezogen werden kann (vgl. *Weber* 2005a; Projektskizze *Weber & Arends* 2006).

Eine Ausweitung des vornehmlich auf der Mikroebene zu behandelnden Person-Situations-Bezugs auf die Meso- und Makroebene schlagen *Seifried* et al. (2005) vor. Dabei geht es vornehmlich um Mehrebenenanalysen bezüglich der „Passung" von Lernkultur und Lehr-Lern-Arrangements, die Identifikation subjektiver Unterrichts- bzw. Unterweisungstheorien und Menschenbilder der Lehrperson mit der Schul- und Unternehmenskultur oder aber um Bezüge zwischen Curricula und Lernorganisation.

5 Machbarkeitsstudie für ein Berufsbildungs-PISA

2004 wurde durch das Bundesministerium für Wirtschaft und Arbeit der Auftrag zu einer Machbarkeitsstudie erteilt: „Wie könnte eine internationale Vergleichsstudie zur beruflichen Bildung aussehen?" – Ein entsprechender Vorschlag wurde von einer Arbeitsgruppe aus dem Soziologischen Forschungsinstitut an der Georg-August-Universität Göttingen und dem Seminar für Wirtschaftspädagogik dieser Universität vorgelegt: *Baethge* et al. 2005 (der Text wird 2006 im Steiner-Verlag auf Deutsch und Englisch veröffentlicht).

Die Machbarkeitsstudie geht davon aus, dass für berufliche Bildung drei zentrale Ziele, die durchaus zusammenhängen, simultan zu betrachten sind – eine Setzung, die auch von internationalen Experten nachhaltig gestützt wird. Diese Festlegung ist vornehmlich gegen Vorstellungen von beruflicher Ausbildung gerichtet, nach denen es vor allem oder gar ausschließlich darauf ankäme, die Jugendlichen für die Anforderungen des Arbeitsplatzes fit zu machen. Diese drei Ziele lassen sich wie folgt fassen:

(1) die Entwicklung der individuellen beruflichen Regulationsfähigkeit – unter einer individuellen Nutzerperspektive und dem zentralen Aspekt der personalen Autonomie;

(2) die Sicherung der Humanressourcen einer Gesellschaft und

(3) die Gewährleistung gesellschaftlicher Teilhabe und Chancengleichheit.

Eine Machbarkeitsstudie für ein Berufsbildungs-PISA bedeutet die Klärung von Fragen

- der methodischen Voraussetzungen und Probleme, die bei einem international vergleichenden Large-Scale Assessment zu lösen sind;
- der Möglichkeiten und Probleme eines internationalen Vergleichs von Berufsbildungssystemen bzw. -institutionen;
- der Untersuchungsanlage (Sample-Bildung; Längsschnitts- oder Querschnittsstudie);
- der einzubeziehenden Kompetenz-Dimensionen, insbesondere des Verhältnisses von fachlichen und fachübergreifenden allgemeinen Kompetenzen;
- des Verhältnisses von Kompetenzen zu Übergängen in Arbeit und Beschäftigung sowie zum Arbeitsmarktverhalten;
- der relevanten individuellen Hintergrundsvariablen (sozio-ökonomische und lernbiografische Variablen);
- der organisatorischen und finanziellen Probleme der Durchführung.

Im Hinblick auf das Verhältnis von Kompetenzmessung und Domänen waren folgende Probleme zu bearbeiten:

(a) Diskussion des Kompetenzbegriffs und verschiedener Konzepte zur Kompetenzmessung vor dem Hintergrund ihrer kulturellen und disziplinären Einbettung: Identifikation von Kernelementen verschiedener Kompetenzbegriffe und ihrer Operationalisierung.

(b) Vorschlag für eine Arbeitsdefinition des Kompetenzbegriffs und Perspektiven seiner Operationalisierung im Rahmen eines internationalen Vergleichs von Berufsbildungssystemen und -prozessen.

(c) Erörterung relevanter Berufsfelder und Kompetenzbereiche für eine internationale Vergleichsstudie zur beruflichen Bildung.

(d) Analyse geeigneter Konzepte für die Messung innerhalb relevanter Domänen.

Dabei sind auch Beziehungen zwischen den Lehr-Lern-Prozessen sowie strukturellen und institutionellen Bedingungen der beruflichen Bildung zu klären:

(a) Vergleichbarkeit der Ausbildungsinhalte und der Niveaus der Ausbildungsziele (z. B. ISCED-Klassifikation).

(b) Erörterung der institutionellen Einflussfaktoren für die Qualität von Ausbildungsprozessen.

(c) Bestimmung sozio-ökonomischer und bildungsbiografischer Variablen zur empirischen Erfassung individueller Ausbildungsbedingungen.

(d) Einigung auf Berufsfelder für das Sample (mit der notwendigen Berücksichtigung international vergleichbarer ISCO-Berufsklassifikationen).

Im Hinblick auf das Wechselspiel zwischen den Zielen beruflicher Bildung und den verschiedenen Systemdimensionen lässt sich der in Abbildung 2 präsentierte Zusammenhang herstellen:

Abbildung 2: Matrix zur Identifizierung von Indikatorenfeldern für einen internationalen Vergleich der Berufsbildung

Systemdimension Allgemeine Zielfunktionen, Nutzenperspektiven	Input-Dimensionen	Prozess-Dimensionen	Outcome-Dimensionen	System-Interdependenzen
Regulationsfähigkeit/ Individuelle Nutzerperspektive	1) Qualität der Ausbildungsangebote, Bedingungen und Bestimmungsgründe ihrer Entwicklung	2) Ausbildungsqualität nach fachlichen, motivationalen und partizipativen Aspekten (z. B. Selbstorganisation)	3) Kompetenzerwerb in unterschiedlichen Verhaltens- und Reflexionsdimensionen von Regulationsfähigkeit	4) Systematischer Aufbau des Kompetenzerwerbs; Abstimmung zwischen den Teilsystemen
Humanressourcen/ Ökonomische Nutzerperspektive	5) Verhältnis Ausbildungsangebote zu qualitativen und quantitativen Anforderungen des Beschäftigungssystems	6) Ausbildungsprozessqualität und andere arbeitsbezogene (Verhaltens-)Dimensionen (z. B. Förderung von Teamfähigkeit)	7) Entwicklungs- und innovationsfähiges Arbeitskräftepotential	8) Abstimmung zwischen Allgemein-, Berufs- und Weiterbildung nach Maßgabe qualitativen Qualifikationsbedarfs
Soziale Teilhabe, Chancengleichheit/ Gesellschaftliche Inklusion-Exklusion	9) Offene Aus-/Bildungsangebote, zielgruppenspezifische Förderangebote	10) Ausbildungsprozessqualität nach Aspekten sozialer Inklusion oder Exklusion (z. B. Öffnung zu Lebenswelten)	11) Herkunftsunabhängigkeit von Bildungskarrieren und Kompetenzerwerb auf unterschiedlichen Ebenen	12) Durchlässigkeit zwischen Teilsystemen für alle sozialen Gruppen

Bezogen auf die internationale Vergleichbarkeit von „beruflicher Ausbildung" wurden drei Kriterien festgelegt:

- Die Ausbildung wird im Rahmen der Sekundarstufe II (ISCED 3a-c) absolviert.
- Es werden beschäftigungs- und arbeitsmarktrelevante Qualifikationen/Kompetenzen vermittelt.
- Mit dem Abschluss der Ausbildung ist in der Regel der Übergang auf den Arbeitsmarkt verbunden.

Für die Erhebung von Kompetenzen im beruflichen Bereich sind prinzipiell zwei Möglichkeiten gegeben: (a) auf der Grundlage von externen Tätigkeiten und (b) auf der Grundlage interner Bedingungen.

Der Idealfall der Erhebung von Kompetenzen ist damit gegeben, diese für Situationen, Aufgaben und Anforderungen durchzuführen, die für derzeitige und vermutlich zukünftige Berufe oder Berufsfelder national wie international charakteristisch sind. Es geht dabei um Arbeitsproben – im Idealfall „Gesellen- oder Meisterstücke" – anhand derer die zu beurteilende Person beobachtet und bewertet werden kann. Beispiele wären eine Analyse der Auftrags- und Erfüllungsbedingungen einer Arbeitstätigkeit, eine Identifikation und Beschreibung von Tätigkeitsdimensionen oder eine Analyse der Tätigkeit anhand dieser Dimensionen mit dem Ziel, leistungs- und qualifizierungsdifferenzierende Variablen zu finden. Als sehr umfassende Beispiele können die auf den so genannten Berufsolympiaden zu erbringenden Leistungen dienen.

Eine Heranziehung von konkreten Arbeitstätigkeiten ist mit drei grundsätzlichen Problemen behaftet:

- Zum einen lassen sich solche Erhebungen aus organisatorischen Gründen nur bei relativ kleinen Stichproben durchführen.

- Zum zweiten ist nicht immer geklärt, in welchem Maße die erhobenen Tätigkeiten auch typisch für den Beruf bzw. das Berufsfeld sind. In Erhebungen zur Bankausbildung konnte gezeigt werden, dass z. B. das für am wichtigsten erachtete Ausbildungsziel der „Kundenberatung" im Mittel nur in 3,7% der beobachteten Fälle im Zentrum der Ausbildung stand (*Noß* 2000; *Noß & Achtenhagen* 2001).

- Zum dritten schließlich gibt es große Schwierigkeiten zu beurteilen, ob die jeweils erhobene Tätigkeit – abgesehen einmal von ihrer Repräsentativität – tatsächlich zu ihrer Bewältigung alle Kompetenzen erfordert, die für den Beruf bzw. das Berufsfeld in diesem Zusammenhang erforderlich sind. Dieser Sachverhalt vor allem führt dazu, dass z. B. in der Berufspsychologie zunehmend auf Kompetenzmessungen anhand konkreter Tätigkeiten verzichtet wird (vgl. *Lang-von Wins* 2003).

Von daher wird überwiegend versucht, berufliche Kompetenzen anhand von internen Bedingungen zu ermitteln, die für die Expertise in einem bestimmten Beruf bzw. Berufsfeld als kennzeichnend angesehen werden. Dazu werden u. a. gezählt: deklaratives Wissen, allgemeine Prozeduren, Metakognition, strategisches Wissen, Werte, Einstellungen, Motivation, Selbstwirksamkeit, Selbstbeherrschung, Angstgefühl, die „Big Five" des Persönlichkeitsinventars.

Die für die berufliche Bildung relevanten Kompetenzkonzepte lassen sich idealtypisch gliedern nach

- *allgemeinen kognitiven Grundkompetenzen:* Lesen, Schreiben, Rechnen, Problemlösefähigkeit ...

- *berufsübergreifenden arbeitsbezogenen Kompetenzen*: Employability (Kenntnisse über die Funktionsweisen von Organisationen und Arbeitsmärkten, Fähigkeit zum Interagieren in sozial heterogenen Gruppen, Selbstorganisation, interaktive Nutzung von technischen Hilfsmitteln, ...).

- *berufsfachlichen Kompetenzen*: Alle Fähigkeiten und Qualifikationen, die für die erfolgreiche Ausfüllung spezifischer Berufsrollen und Bewältigung von Arbeitsvollzügen erforderlich sind.

Bei der Operationalisierung des Kompetenzkonzepts haben wir uns dem Vorschlag von *Roth* (1971) angeschlossen, der von *Reetz* (1999) für die wirtschaftspädagogische Forschung im Hinblick auf die Dimensionen Selbst-, Sach-, Methoden- und Sozialkompetenz weiter ausgearbeitet wurde. Neben der Tatsache, dass eine Kompatibilität mit den OECD-Überlegungen gegeben ist, sprechen für dieses Vorgehen vor allem zwei Gründe: So lässt sich zum einen die Wissensdimension in diese Modellvorstellung einbinden (vgl. *Achtenhagen* 2004), was es ermöglicht, die Dimensionen der Sach- und Methodenkompetenz integriert zu erfassen sowie zentrale Aspekte von Sozialkompetenz valide und reliabel zu erheben. Zum anderen zeigen wir, wie sich – in entsprechender Operationalisierung – Merkmale der Selbstkompetenz zusammen mit den anderen Kompetenzmerkmalen erfassen lassen (vgl. Abbildung 3). Damit ist zugleich deutlich, wie die Prozesse der kontextspezifischen Regulation im Zusammenspiel von Kognition (die verschiedenen Wissensarten), Motivation und Metakognition erfasst werden sollten (vgl. Projektskizze *Achtenhagen & Winther* 2006; Abbildung 4).

Abbildung 3: Strukturmodell zur Erfassung von Kompetenz

Individuelle Fähigkeiten	**Kompetenzbereiche** (Performanz in verschiedenen berufsspezifischen Kontexten)		
(in Anspruch genommen und interpretiert in verschiedenen Kontexten)	Selbstkompetenz		
	Sachkompetenz (theoretische, analytische Anforderungen) „Umgang mit Konzepten"	Methodenkompetenz (technische, funktionale Anforderungen) „Umgang mit technischer Ausstattung"	Sozialkompetenz (interpersonale Anforderungen) „Umgang mit anderen"
Einstellungen Werte Wahrnehmungen	Selbstwirksamkeit (Selfefficacy)		
Antriebe Motivation	Handlungskontrolle in der Leistungssituation/ Interesse und Motivation/Selbstkonzept		
Deklaratives Wissen Prozedurales Wissen	Komplexe Aufgaben zur simultanen Erfassung von Sach- und Methodenkompetenz Je nach Berufsfeld		Fragebogen zu „kritischen sozialen Situationen" (enthält Items zum deklarativen, prozeduralen und strategischen Wissen im Bereich Sozialkompetenz)
Strategisches Wissen	Komplexe Aufgabe zur Sachkompetenz	Komplexe Aufgabe zur Methodenkompetenz	

Abbildung 4: Modell der kontextspezifischen Regulation

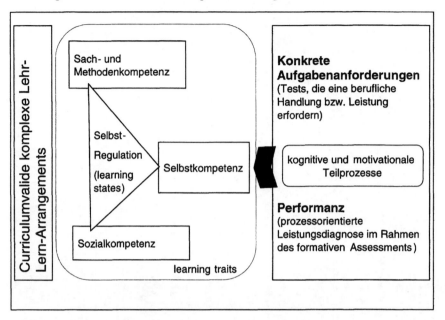

Mögliche Testitemformate im Hinblick auf die Aufgabenanforderungen sind vor allem Arbeitsproben, komplexe Aufgaben, Simulationen und Fragebogen. Dabei sind unter einer fachdidaktischen sowie lerntheoretischen Perspektive Aussagen zur Repräsentativität und zum Anforderungsgehalt der Aufgaben zu treffen. Zugleich muss das zugrunde gelegte Messmodell interpretierbare Veränderungsmessungen gestatten.

Im Hinblick auf die Domänenspezifität, wie sie bei *Klieme & Leutner* z. B. mit „Verstehen von Abläufen in einem simulierten Betrieb" umschrieben werden, lassen sich entsprechende Aufgaben konstruieren. Abbildung 5 zeigt ein betriebliches Modell, das *Preiß* (2005, 78) einem wirtschaftsinstrumentell ausgerichteten Konzept der Kosten- und Leistungsrechnung zugrunde legt. Hier können verschiedene Aufgaben angeschlossen werden, die insbesondere auf die Entwicklung einer Controllingkompetenz zielen.

Ein anderes Beispiel: Die Interpretation eines Artikels aus der Frankfurter Allgemeinen Zeitung kann genutzt werden, um die Kompetenz bezüglich des Verständnisses von Gewinnentwicklungen zu erfassen (Abbildungen 6 und 7):

Frank Achtenhagen

Abbildung 5: Modell des virtuellen Unternehmens Kettenfabrik A & S GmbH

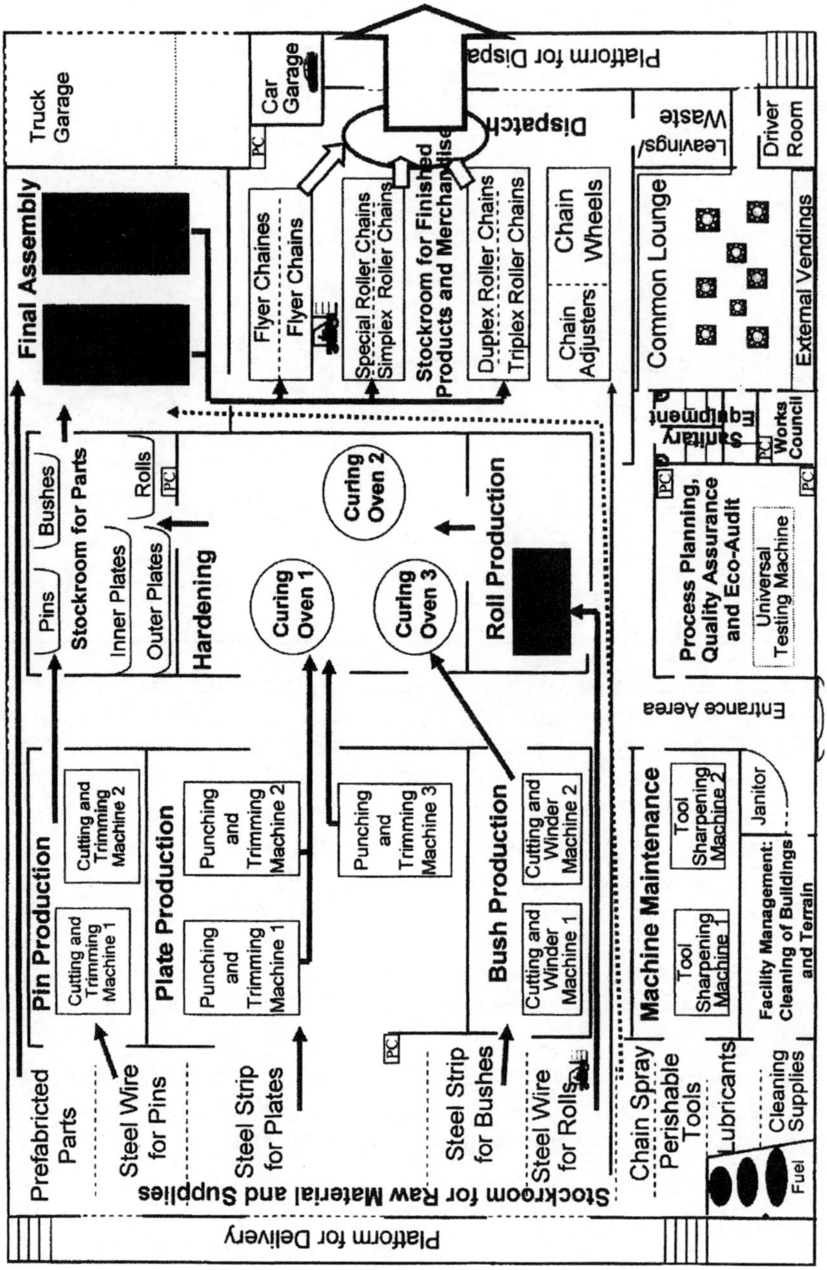

Abbildung 6:   Zeitungsartikel zur Gewinnentwicklung bei VW

VW korrigiert Gewinnziel nach unten

Mehr als 500 Millionen Euro unter Plan / Neues Oberklassemodell auf Eis gelegt

rit. HAMBURG, 20. Juli. Der Volkswagen-Konzern wird sein Ergebnisziel auch in diesem Jahr verfehlen. Nach Informationen dieser Zeitung rechnet Europas größter Automobilhersteller für 2004 nur noch mit einem operativen Ergebnis vor Sondereinflüssen von 1,5 bis 2 Milliarden Euro. Ursprünglich wollte Volkswagen das Vorjahresergebnis von 2,5 Milliarden Euro übertreffen. Die revidierte Prognose soll am Freitag im Halbjahresbericht veröffentlicht werden, heißt es. Ein VW-Sprecher wollte diese Informationen nicht kommentieren. Den Informationen zufolge ist im ersten Halbjahr – trotz der stabilen Erträge aus der Finanzdienstleistungssparte – mit einem kräftigen Gewinneinbruch zu rechnen. Als Konsequenz aus der abermals verschlechterten Ertragslage hat der Vorstand die Pläne für den Bau des „C1" vorerst auf Eis gelegt. Mit dem Modell, das 2007 in Serie gehen sollte, wollte VW die Lücke zwischen Passat und Phaeton schließen.

Trotz der Gewinnrevision wird VW am Freitag voraussichtlich keine Verschärfung des im Frühjahr eingeleiteten Restrukturierungskurses ankündigen. Damals wurde das Sparziel für 2004 und 2005 auf insgesamt 4 Milliarden Euro verdoppelt. Die jetzige Zurückhaltung hängt womöglich damit zusammen, daß man vor den im September startenden Tarifverhandlungen keine Drohkulisse errichten will. Gleichwohl steigt der Druck auf die Gewerkschaften, bei den Personalkosten kompromißbereiter zu sein. VW will die Personalkosten bis 2011 um 30 Prozent senken.

Schon in den ersten drei Monaten des Jahres war das operative Konzernergebnis um 46 Prozent auf 329 Millionen Euro eingebrochen. Seither hat sich das von Konjunktur- und Konsumschwäche geprägte Marktumfeld kaum verbessert. Der Verband der Automobilindustrie erwartet allenfalls noch einen stagnierenden Inlandsabsatz. Auf die europaweit zögerliche Nachfrage reagieren alle Hersteller mit zum Teil kräftigen Preisnachlässen; das hinterläßt deutliche Spuren in den Bilanzen von Ford und General Motors (mitsamt der Tochtergesellschaft Opel). Auch die französischen Hersteller Renault und PSA Peugeot Citroën sowie die italienische Fiat bekommen den Preisdruck zu spüren. Unter den Massenherstellern schwimmt Toyota indes gegen den Strom. Dank der hohen Produktivität eilt der größte japanische Autobauer

Volkswagen im Vergleich
Kurs 31. Dezember 2003 = Index 100

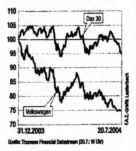

bei Absatz und Ergebnis von Rekord zu Rekord.

VW hat die Kaufanreize im Verlauf dieses Jahres stetig erhöht. Das gilt vor allem für den neuen Golf: Nach der kostenlosen Zugabe einer Klimaanlage gibt es seit Juni zusätzlich eine Händlerprämie von 928 Euro für die Inzahlungnahme eines Gebrauchtwagens. Dies stabilisiert den Absatz, verengt aber die Gewinnmargen – und zwar nicht nur beim Golf. Denn um die Differenzierung der Konzernmodelle untereinander aufrechtzuerhalten, müssen auch die Preise der übrigen Modelle wie VW Polo, Škoda Octavia oder Seat Ibiza (direkt oder indirekt) gesenkt werden.

Zudem gerät VW auf wichtigen Auslandsmärkten unter Druck. In Amerika macht den Wolfsburgern die Dollar-Schwäche zu schaffen: Bei Durchschnittskursen zwischen 1,20 und 1,25 Dollar je Euro dürfte das operative Ergebnis im Gesamtjahr um 1,2 Milliarden Euro belastet werden. Auch toben in Amerika, wo der VW-Absatz unter dem Modellwechsel bei Jetta und Passat leidet, noch härtere Rabattschlachten als in Europa. All dies bescherte allein im ersten Quartal in Nordamerika einen Verlust von 235 Millionen Euro. Der chinesische Markt, auf dem VW in der Vergangenheit blendend verdiente, hat stark an Dynamik verloren. Dort versuchen die Konkurrenten – allen voran General Motors –, VW mit Kampfpreisen die Marktführerschaft zu entreißen. Die Wolfsburger müssen wohl mit einem geringeren Ergebnisbeitrag aus China rechnen.

Toyota erhöht Absatzziel, Seite 16.
Ford profitiert von seiner Finanzsparte, Seite 16.

Abbildung 7:   Aufgaben zum Zeitungsartikel zur Gewinnentwicklung bei VW

Wie hoch ist der aktuelle Wert Ihrer Volkswagen-Aktien am 20.07.2004?

Wie hoch wäre der Wert Ihrer Aktien am 20.07.2004 gewesen, hätten Sie die 17.500 Euro nicht in Volkswagen-Aktien, sondern in den „DAX 30" investiert?

Im Folgenden berechnen Sie bitte Ihren Verlust im Vergleich zu einer Investition in den „DAX 30".

Wie hoch ist Ihr Verlust in Euro?

Wie hoch ist Ihr Verlust in Prozent?

Übergreifend lassen sich dann auch die folgenden Fragen stellen:

(1) Welche Gründe für den Gewinneinbruch bei der Volkswagen AG erkennen Sie in dem Zeitungsartikel?

(2) Nennen Sie bitte weitere Gründe, die grundsätzlich den Gewinn einer Unternehmung reduzieren können?

Über geeignete Auswertverfahren lassen sich dann für diese Aufgaben die Breite und Tiefe der Antworten sowie deren Veränderung im Zeitablauf erfassen. Ziel der entsprechenden Entwicklungsarbeiten muss es sein, Aufgaben für den Gesamtbereich einer Domäne, wie sie oben umschrieben wurde, zu formulieren, um so Kompetenz angemessen zu erfassen.

6 Einige Schlussfolgerungen für die weitere Forschung

Im Hinblick auf die Definition von Kompetenzen nach *Klieme & Leutner* sind domänenspezifisch Aufgaben zu entwickeln, die es gestatten, aus ihrer Bearbeitung Rückschlüsse auf die jeweils gegebenen Kompetenzen zu ziehen. Dabei wird eine besondere Rolle spielen, wie es gelingt, die notwendigen Selbstregulationsprozesse abzubilden. Wenn mit dieser Feststellung vor allem die Kompetenzerfassung über interne Bedingungen angesprochen ist, so bleiben doch Überlegungen, wie eine Kompetenzerhebung am Arbeitsplatz aussehen sollte. Hierzu finden sich neuere Überlegungen, so z. B. von *Euler* et al. (2006, 110): Herausstellen von achtzehn Situationstypen im Hinblick auf die Erfassung von Sozialkompetenz; *Haasler* (2006, S. 179): sechs Dimensionen des praktischen Wissens (nach *Rauner*); *Dehnbostel & Pätzold* (2004, 21): sieben Kriterien/Dimensionen als relevante Bedingungen für das Lernen in der Arbeit bzw. Typen arbeitsbezogenen Lernens (28); *Straka & Macke* (2003, 18): Rolle der „Begriffe" als Werkzeuge, die Welt zu analysieren und *handelnd* zu verändern.

Es wäre zu prüfen, inwieweit solche oder auch vergleichbare Ansätze geeignet sind, Kompetenzen valider und reliabler zu erfassen, als dieses über den Fokus auf interne Bedingungen möglich ist. Auch wenn der Einwand von *Lang-von Wins* gegen Kompetenzerhebungen am Arbeitsplatz ernst zu nehmen ist, wären Möglichkeiten zu eruieren, inwieweit Triangulationen externer und interner Datenerhebungen möglich und sinnvoll sein könnten.

Insgesamt halte ich die bisher vorliegende Forschung im wirtschaftspädagogischen Bereich – insbesondere im Rückgriff auf die Ergebnisse des DFG-Schwerpunktprogramms „Lehr-Lern-Prozesse in der kaufmännischen Erstausbildung" – für eine gute Grundlage, domänenspezifisch die berufliche Kompetenzentwicklung zu untersuchen und auf Interventionsansätze hin weiterzuentwickeln.

Jürgen van Buer

Outputsicherung von Schule zwischen Effektivität und Rechenschaftslegung

Mit der intendierten Veränderung von vorrangiger Inputsteuerung zu stärkerer Outputsteuerung im deutschen Bildungssystem gewinnen die Definition und Evaluierung des einzelschulischen Outputs deutlich an Bedeutung. Neben Rahmenbedingungen für die Sicherung von Leistungen der Schule wird aufgezeigt, wie der Output über die verschiedenen Systemebenen von Schule- und Unterrichts-Machen bestimmt wird und inwiefern Qualitätsmanagementkonzepte helfen können, diesen zu sichern.

1 Zur Einführung – Milderung der chronischen Unterfinanzierung des Bildungssystems durch Outputorientierung?

Die öffentlichen Ressourcen, die für die Finanzierung des Bildungssystems eingesetzt werden bzw. eingesetzt werden können, sind knapp; so empfinden es zumindest die Akteure vor Ort – aber nicht nur diese. Die Skizze in diesem Abschnitt spiegelt die wichtigsten Befunde und Argumente aus einer eher bildungsökonomischen Betrachtung: Das *FiBS* (2006) zeigt in seiner Studie „Bildung, externe Effekte, technologische Leistungsfähigkeit und Wirtschaftswachstum", dass Deutschland hinsichtlich der Bildungsausgaben je Schüler mit ca. 12.000 US-Dollar im Mittelfeld der OECD-Staaten liegt; in der Schweiz hingegen liegen die Investitionen bei ca. 24.000, in USA bei 19.000 und in Schweden bei ca. 16.000 US-Dollar – Angaben jeweils kaufkraftbereinigt. Bezogen auf die anderen „traditionellen" Vergleichsparameter, das Bruttoinlandsprodukt (BIP), liegt Deutschland hinsichtlich des Anteils der Bildungsinvestitionen mit 5,3% im Vergleich der OECD-Länder ebenfalls an 19. Stelle der in *FiBS* (2006, 35) betrachteten OECD-Staaten: Island (7,4%), USA (7,2%) oder Dänemark (7,1%) investieren ca. 2% mehr in ihr Bildungssystem. Das Gutachten von *Dohmen & Reschke* (2003) verweist auf die prekäre Lage der Bildungsfinanzierung in Berlin, eines Landes, das im nationalen Vergleich gerade bei den Lernleistungen der lerndistanten Jugendlichen einen der hinteren Rankingplätze belegt (vgl. *Bildungskommission der Länder Berlin und Brandenburg* 2003, 131ff.). Insgesamt fasst *FiBS* (2006, 36) die reine Ausgabenseite dahingehend zusammen, „dass die Bundesrepublik bei der Finanzierung des Bildungssystems im unteren Bereich der OECD-Staaten liegt".

In ihrem Beitrag zur Bildungsfinanzierung führen *Weiß & Bellmann* in diesem Handbuch aus, dass das deutsche Bildungssystem als chronisch unterfinanziert gelten kann. So ist nicht verwunderlich, dass z. B. *Klemm* (2005) ohne weitreichende Reformvorschläge bereits einen Mehrbedarf an Finanzmitteln im Umfang von ca. 10 Milliarden Euro ermittelt und dass die Verwirklichung umfangreicherer Reformkonzepte bis zu 35 Milliarden Euro zusätzliche Mittel erfordern. Gleichzeitig machen *Weiß & Bellmann* jedoch auch auf Folgendes aufmerksam: Bildungsinvestition und Ertrag – so legen es die großen bildungsökonomisch ausgerichteten Querschnittsstudien nahe –

korrelieren nur mäßig und sind eher indirekt über eine Reihe von vermittelnden Variablen verknüpft. Allerdings raten die beiden Autoren zu einem eher „vorsichtigen" Umgang mit diesen in der Bildungspolitik so gern herangezogenen Befunden; denn unübersehbar ist eine Reihe kritischer Argumente, die den Geltungsbereich der Aussagen, die sich auf diese Studien stützen, deutlich einschränken (vgl. auch *Bundesministerium für Bildung und Forschung* 2006a, 191ff.).

Beide Aspekte, die chronische Unterfinanzierung und auch die statistisch mäßige Korrelation von Bildungsinvestition und Ertrag, legen gerade angesichts der knappen Mittel der öffentlichen Hand nahe, verstärkt darauf zu setzen, auf die so genannten „Effizienzreserven" im Bildungssystem zu identifizieren und auszuschöpfen (vgl. Kapitel 4 in *Weiß & Bellmann*). Dabei geht es nicht zuletzt um Reserven in der einzelnen Schule und vor allem bezüglich der Effektivität des Unterrichts (vgl. z. B. *Rost, Prenzel* et al. 2004, 117ff.). Aber auch bei der gezielten Nutzung so genannter unerkannter Effizienzreserven, z. B. zur Steigerung des fachlichen Schüleroutputs, zeigen sich ungewollte bzw. anfangs nicht erkannte Nebenwirkungen wie schulindividuelle Mittelkürzungen bezüglich solcher curricularen Bereiche, die durch Tests nicht erfasst werden, um die durch (überregionale) Tests herausgehobenen besser ausfinanzieren zu können. Sichtbar wird ebenfalls: Die Finanzierungsumsteuerungen durch die Bildungsverwaltung erreichen Unterricht und damit das eigentliche Kerngeschäft eher selten; und Gratifikationen führen für gute Testleistungen, die mit landesweit eingesetzten Instrumenten erzielt wurden (als Basis für verbesserten Output von Unterricht), schnell zu curricularen Engführungen von Unterricht etc.

In seinem Beitrag zur Qualität von Schule in diesem Handbuch macht *Heid* u. a. auf Folgendes aufmerksam: Die Verengung der notwendig vielschichtigen Perspektive auf Schule und Unterricht hin auf eine ökonomisch ausgerichtete Effizienzbetrachtung verändere die Institution selbst und die in ihr ablaufenden Prozesse; es bestehe die Gefahr, den Bildungsgedanken als eine tragende Leitidee unserer Gesellschaft zu „verlieren". Dies vollziehe sich i. d. R. „unter der Hand" und werde in den Schulen aufgrund des dortigen alltäglichen Handlungsdrucks auch eher wenig diskutiert. *Van Buer & Köller* zeigen in ihrem Schulprogramm-Beitrag, dass diesen Veränderungen durch die Akteure vor Ort eher selten mit gezielten Strategien und vor allem operativ gestalteten Konzepten begegnet wird. *Weiß & Bellmann* führen Beispiele aus neueren amerikanischen Studien an: Die Gratifikation guter Testleistungen einer Schule oder von einzelnen Klassen einer Schule bedinge im unterrichtlichen Alltag häufig die Favorisierung subjektiv bewährter Handlungsroutinen, deren Effektivität genau auf die realisierten Testindikatoren ausgerichtet sei und andere, curricular definiert ähnlich bedeutsame, jedoch testmäßig nicht erfasste Aspekte von Lernen und Lernerfolgen vernachlässige. In diesem Zusammenhang sprechen *Weiß & Bellmann* unter dem Stichpunkt der Produktionseffizienz von „der Gefahr einer Korruption der Indikatoren und auch der Akteure".

Insgesamt deutet sich eine Spannung an, die nur bedingt lösbar erscheint: *Zum einen*: Die Unterfinanzierung des deutschen Bildungswesens ist chronisch und wird sich trotz derzeit erkennbarer Anstrengungen in den Bundesländern in den nächsten Jahren erwartbar nicht entscheidend „zum Guten" verändern. In der Folge erhöht sich die

Forderung nach der Identifizierung so genannter Effizienzreserven und damit letztlich die Erwartung, durch die „Entdeckung" solcher Reserven die Unterfinanzierung entscheidend zu entschärfen. Als Kriterium für die Nutzung dieser Reserven könne der Anstieg der Fachleistungen der Schüler und Schülerinnen in den regional bzw. überregional einzusetzenden Tests verwendet werden, die zumindest normativ durch die Definition der Bildungsstandards gesichert seien (zu Bildungsstandards vgl. *Klieme, Avenarius* et al. 2003; den Beitrag von *O. Köller* in diesem Handbuch; kritisch auch *Heid*).

Zum anderen: Qualität von Schule solle – so nicht nur *Steffens* in diesem Handbuch – mehrperspektivisch präzisiert werden; breit hinsichtlich der Bedingungen, die sie institutionell-organisatorisch den Kindern und Jugendlichen für ihre Lebenszeit in Schule anbietet (z. B. über Schulkultur), breit auch bezüglich der Anlage der Lernmilieus und der darin eingebetteten Lehr- und Lernprozesse und damit auch der Wirkungen auf den Erwerb ganz unterschiedlicher Kompetenzen (vgl. Kapitel 3). So ist es nur folgerichtig, dass *Heid* in seinem Handbuchbeitrag auf den häufig unausgewiesenen normativen Charakter vieler Qualitätsdefinitionen von Schule verweist und auch darauf wie diese sozialgruppenspezifisch sowie jeweils durchaus „renditeorientiert" im Sinne späterer Verwertung z. B. für die Konstruktion der Berufs- bzw. Erwerbsbiographie ausgeprägt seien. Gerade diese erkennbare deutliche Warnung vor allem vor unausgewiesenen Engführungen in der Konstruktion und Bewertung von Outputs von Schule und Unterricht, z. B. entlang der Fachleistungen in den so genannten zentralen Fächern, stärkt die Forderung nach Rechenschaftslegung durch die einzelne Schule selbst, die diese in einem bestimmten Rhythmus, z. B. jährlich oder zweijährlich, der Öffentlichkeit gegenüber vollzieht (vgl. z. B. den jährlichen Leistungsbericht; dazu den Beitrag von *van Buer & Köller* in diesem Handbuch); in einem solchen Bericht geht es vor allem darum, die in dem jeweiligen Zeitraum erbrachte Leistungserstellung und deren Wirkungen durch die Akteure vor Ort datengestützt auszuweisen. Eine solche Rechenschaftslegung ermöglicht den expliziten Nachweis, welche Regelangebote und vor allem welche differenzierten Unterstützungsangebote die Schule ihren Schülerinnen und Schülern gemacht hat. Damit hilft regelmäßige Rechenschaftslegung, die hier zunächst normativ eingeforderte Breite einzelschulischer Lern- und Entwicklungsangebote kritisch zu diskutieren und auch zu sichern.

2 Outputsicherung von Schule – Zur Notwendigkeit mehrebiger Betrachtungen

Nicht nur in der Darstellung in den öffentlichen Medien, sondern auch in der bildungspolitischen Diskussion ist unübersehbar, dass häufig von „der" Schule oder „der guten" Schule gesprochen wird. So ist es nicht überraschend, dass *Heid* in seinem Beitrag in diesem Handbuch gleich zu Anfang die Frage stellt, ob es „die" Schule gebe und was bzw. wer „die" Schule sei. Dabei zielt er direkt auf die Frage nach „der" Qualität von Schule, die er wesentlich als Definitionsergebnis eines normativen Zuschreibungsprozess versteht und auf dessen Bedingtheiten und Gefahren er kritisch aufmerksam macht.

Neben dieser grundlegenden Herangehensweise legt bereits die rein quantitative Betrachtung der Einzelschulen und der dort agierenden Personen die inzwischen durch vielfältige Untersuchungsbefunde gesicherte Hypothese von substantiellen Unterschieden zwischen Schulen desselben Typs nahe: Laut Statistischem Bundesamt gab es im Schuljahr 2005/2006 in Deutschland ca. 36.890 allgemein bildende und ca. 10.300 berufliche Schulen mit insgesamt ca. 520.000 Klassen, in denen ca. 140.000.000 Unterrichtsstunden wöchentlich erteilt wurden. So ist es nicht überraschend, dass die einschlägigen regionalen und überregionalen Untersuchungen die teils massiven Unterschiede zwischen Schulen derselben Schulform aufzeigen (auf der Basis der PISA-Daten vgl. z. B. *Baumert, Trautwein & Artelt* 2003; *Prenzel, Senkbeil & Drechsel* 2004; vgl. auch z. B. *Lehmann, Peek* et al. 2000, 42ff. für Brandenburg; auch die Verweise in dem Schulprogramm-Beitrag von *van Buer & Hallmann* in diesem Handbuch).

Zur mehrebigen Einbindung der Einzelschule

Bildlich gesprochen fast wie in einer Zwiebel können die erwartete bzw. realisierte Qualität von Schule und Unterricht sowie die Wirkungen dieser Institution und der darin statt findenden Prozesse auf das Lernen der Schülerinnen und Schüler analytisch in mehreren hierarchisch geordneten Schalen als Zusammenspiel der folgenden Ebenen analysiert werden (vgl. das Modell von *Bronfenbrenner* 1981; die Würdigung dieses Modells für die Erziehungswissenschaft durch *Ditton* 2006; für Schule vgl. auch den Beitrag von *Ditton* in diesem Band). Diese Ebenen sind

- die *Makro*systemebene der Leitideen einer Gesellschaft, z. B. zu Bildung und Bildungsverteilungen in der Gesellschaft, zu den Funktionen und Leistungen eines Bildungssystems etc. (vgl. z. B. *Bildungskommission der Länder Berlin und Brandenburg* 2003, 51ff.),

- die *Exo*systemebene des Bildungssystems mit seiner nach wie vor stark sequenziell selektierenden Struktur mit langfristigen Konsequenzen für die biographischen Verläufe der Lernerinnen und Lerner (vgl. z. B. *Edelstein* 2006),

- die *Meso*systemebene der einzelnen Institution, hier der Einzelschule (vgl. dazu die Beiträge in diesem Handbuch, z. B. von *Ditton*), und

- die *Mikro*systemebene der Entwicklung des Individuums im jeweiligen situationalen Kontext von Lehren und Lernen (vgl. dazu die didaktischen und lehr-lerntheoretischen Modelle als Hinweise zur Konstruktion der Lernmilieus und -situationen, z. B. *Kron* 1994; vgl. auch die Beiträge von z. B. *Weber*; *Sembill & Seifried*; *Prasse, Schaumburg* et al. oder von *Nickolaus* in diesem Handbuch).

Steuerungstechnisch gesehen ist vor allem die Exosystemebene im Bereich der Bildungsadministration hierarchisch nochmals stark gegliedert, so dass sich ein hoch komplexes Zusammen-, eventuell in Teilen auch ein „Gegeneinander-Spiel" ergibt.

Dieser Blick auf die Mehrebigkeit und damit auf die Verschränkung der verschiedenen Faktoren von Schule- und Unterricht-Machen und deren Wirkungen auf das Lernen und die Entwicklung der Schülerinnen und Schüler verweist darauf, pädagogisches Handeln und vor allem dessen Effekte in seiner bzw. ihrer multikausalen Bedingtheit zu verstehen und in Reform- und Veränderungskonzepte einzugliedern. Gleichzeitig zeigt *Zlatkin-Troitschanskaia* in ihren beiden Beiträgen in diesem Handbuch, dass die benannten Ebenen nur bedingt steuerbar sind, warum dies so ist und dass indirekte Steuerungseffekte erst in der systemebenenübergreifenden Betrachtung sichtbar werden. Mit Blick auf die Befunde amerikanischer Studien verweisen *Weiß & Bellmann* in ihrem Handbuchbeitrag darauf, dass die implementierten Steuerungsinstrumente den Kernbereich von Schule – Unterricht-Machen – gar nicht oder nur begrenzt erreichen. In ihrem Handbuchbeitrag zur Schulprogrammkonstruktion zeichnen *van Buer & Hallmann* nach: In diesen Entwicklungsinstrumenten liegen gerade in der Koppelung von einzelschulischen Zielhorizonten und Leitideen, strategischem Vorgehen und operativen Konzepten i. d. R. große Mängel vor, und die Projekte zur nachhaltigen Veränderung von Unterricht bleiben häufig seltsam unkonkret und unbestimmt.

Insgesamt deutet diese Skizze an: Direkte Steuerungsintentionen in Richtung auf gezielte Veränderung des schulischen und unterrichtlichen Alltags „konkurrieren" selbst auf der Mesosystemebene mit Beharrungstendenzen unterschiedlichster Art bereits innerhalb der Einzelschule; zudem werden diese Intentionen und deren operative Realisierung durch lokal, regional sowie bundeslandspezifisch sehr unterschiedliche „Mischungen" von Steuerungsmodalitäten „ergänzt", „unterlaufen", „blockiert", in Teilen aber auch dynamisiert werden (vgl. den Beitrag von *Rosenbusch* in diesem Handbuch). Bei aller Relativierung der Verursachungsstärke einzelner Faktoren für erfolgreiches Schülerlernen weisen die einschlägigen internationalen wie auch nationalen empirischen Studien unterschiedlichster Art stabil die hohe Effektstärke des Vorwissens, dort vor allem des fachspezifischen Vorwissens, für das erfolgreiche (Weiter-)Lernen in Schule und Unterricht nach (vgl. z. B. *Lehmann, Peek* et al. 2002, 124ff.; für kooperatives Lernen vgl. z. B. *Kunter, Stanat & Klieme* 2005). Und dessen Ausprägung – so *Edelstein* (2006) – ist signifikant mit der intergenerativen Weitergabe von „Kompetenzreichtum" bzw. von „Kompetenzarmut" verknüpft.

Trotz der nur bedingten Steuerbarkeit des Bildungssystems und seiner Einrichtungen zwischen (bildungs-)politischer Willensbildung und alltäglich realisiertem Unterricht auf der einen Seite und schülerindividuellem Lernen auf der anderen Seite verweisen die hier nur kurz angesprochenen Befunde auf folgende Aspekte von Unterricht und dessen Effekte: Curricular gebundenes Schülerlernen in formellen Lehrkontexten ist in hohem Maße sequenziell aufgebaut und wirkt in der Folge i. d. R. stark kumulativ. Bei unzureichenden Vorkenntnissen des Schülers/der Schülerin bzw. bei unzureichenden Unterstützungsleistungen im Unterrichtsprozess an ihn/sie durch die Lehrenden kann dies relativ schnell zu Misserfolg bis hin zu Schulversagen bzw. Schulabsentismus führen (zu Letzterem vgl. den Beitrag von *Badel*). *Rindermann* (2007) zeigt auf der Basis einer gymnasialen Längsschnittstudie für die dort zeitlich längerfristig eingerichtete Klassen: Diese können innerhalb derselben Schule zu Lernmilieus werden, die sich stark klassen- bzw. lerngruppenspezifisch entwickeln; dadurch können sie das individuelle Lernen der Kinder und Jugendlichen nachhaltig und im Vergleich der verschiedenen Züge einer Schule vor allem auch stark differenziell prägen (vgl. auch die Zusammenfassung in *Helmke* 2003, 56ff.).

*Schule und sozial bedingte Kompetenz- und Zertifikatsarmut –
Für Deutschland ein unübersehbarer Zusammenhang*

Neuere Schulleistungsstudien wie PISA (vgl. *PISA-Konsortium* 2001; 2004; die Beiträge in *Rost, Prenzel* et al. 2004 sowie in *Neubrandt* 2004) weisen besonders für das deutsche Bildungssystem auf Folgendes: Zu großen Teilen implizit fordern die unterrichtlichen Alltagskonstruktionen von Schule und Unterricht aktive und teils auch aufwändige familiäre Unterstützungsleistungen ein, wenn erfolgreiches Lernen des Kindes bzw. Jugendlichen gesichert werden soll. So ist es nicht überraschend, wenn *Heid* im Kapitel V seines Beitrages formuliert:

> „Die Schule" ist die wahrscheinlich effektivste Instanz zur (Re-)Produktion und zur Legitimation sozial ungleich bewerteter Ungleichheit (...)".

Im Unterschied z. B. zum finnischen Bildungssystem wird damit die bildungspolitisch, schultheoretisch sowie pädagogisch-didaktisch nicht legitimierbare hohe Bedeutung der familiären Bildungsinvestitionen für unterrichtliches Lernen deutlich (vgl. z. B. *Ehmke, Hohensee* et al. 2004; *Rost, Prenzel* et al. 2004, 57ff.; *Hartig & Klieme* 2005). Dabei treffen diese Unterstützungsleistungen nicht nur die ökonomische Basis der Familie, sondern z. B. auch den familiären Kommunikations- und Unterstützungshabitus etc.

Aus bildungssoziologischer Sicht verdichtet *Edelstein* (2006) die vorliegenden Ergebnisse wie folgt (für die PISA I-Befunde vgl. auch die Beiträge in *Baumert, Stanat & Watermann* 2006): In Deutschland sind „Bildung und Armut" – so der Titel seines Beitrages in der Zeitschrift für Soziologie der Erziehung und Sozialisation – stark gekoppelt, und vor allem werden sie im Sinne sozialer Differenzierung an die nächste Generation weitergegeben. Unter Armut versteht *Edelstein* nicht nur ökonomische Bedürftigkeit; er differenziert diesen Begriff auch in Richtung auf Aspekte aus, die bildungsbiographisch von zentraler Bedeutung sind: Es geht ihm um die Kompetenz- und Zertifikatsarmut des Individuums und um die Folgen für die Konstruktion der Biographien sowie um die intergenerative Weitergabe dieser Armut. Während Kompetenzarmut den sozial ausdifferenzierten Einstieg in schulische Entwicklungsangebote und das Fortschreiten im Lernprozess abbildet, führt Zertifikatsarmut und der damit verknüpfte Mangel an Berechtigungen zu starken bildungsbiographischen Kanalisierungen an den signifikanten Strukturschwellen im Bildungssystem mittels impliziter sowie explizit legitimierter Selektionsentscheidungen. Diese können bereits beim Eintritt in die Primarstufe, dann vor allem am Ende der Primarstufe und dann der Sekundarstufe I sowie beim Eintritt in das Berufsbildungssystem festgemacht werden (vgl. z. B. den Bildungsbericht der Bundesregierung, *Konsortium Bildungsberichterstattung* 2006, sowie den Berufsbildungsbericht der Bundesregierung, *Bundesministerium für Bildung und Forschung* 2006a).

Die Einzelschule als Motor für die Verbesserung von Chancengleichheit?

Die Frage, ob Strukturreformen im deutschen Bildungssystem einen starken Effekt auf die gesellschaftlich gewollte Verringerung seines sozialen Selektionsdrucks ausüben, wird je nach gesellschafts- und bildungspolitischer Grundeinstellung durchaus kontrovers beantwortet (auf der Basis der PISA I-Daten vgl. z. B. *Baumert & Artelt* 2002). Die Frage, ob die oben skizzierten (bisher) sehr stabilen Effekte auf den Output von Schule, die sich besonders in der mehrebigen Sicht herauskristallisieren, gezielt durch die Veränderung von Lehrerhandeln in Schule und Unterricht reduziert werden können, wird vor dem Hintergrund internationaler Vergleiche i. d. R. deutlich bejahend beantwortet (vgl. z. B. *Rost, Prenzel* et al. 2004, 117ff.). Dies erfolgt, selbst wenn wie oben angesprochen im deutschen Bildungssystem über die Systemebenen hinweg nur bedingte Steuerbarkeiten erwartbar sind. Dabei wird die Antwort auf die Veränderungsfrage zunehmend mit deutlichen Entwicklungsoptionen an die Alltagsqualität von Schule und Unterricht verknüpft (vgl. den Beitrag von *van Buer & Köller* in diesem Handbuch).

Durchaus kontrovers wird bisher auch diskutiert, ob wesentlich stärkere Entwicklungen durch die Umgestaltung des alltäglichen Unterrichts und weiterer einzelschulischer Unterstützungsangebote an die Lerner und Lernerinnen erreichbar sind – dies vor allem flächendeckend, um nicht die beobachtbaren lokalen und regionalen Unterschiede noch zu vergrößern, statt zu verringern. Auch ist stark umstritten, wie groß diese Effektveränderungen ausfallen und wie schnell sie eintreten können, vor allem, wenn sie im Sinne der Identifizierung und Nutzung von „Effizienzreserven" gestellt werden.

Im Folgenden mögen drei Beispiele dies verdeutlichen:

Beispiel (a) „ungewollte Nebeneffekte": In ihrem Beitrag verweisen *Weiß & Bellmann* auf die höchst ambivalenten Befunde aus der jüngeren amerikanischen Forschung hinsichtlich der primären Orientierung der Diskussion zur Schulqualität an Testleistungen. Die Ambivalenz wird vor allem dann sichtbar, wenn man die ungeplanten Nebeneffekte, z. B. curriculare Verengung von Unterrichtsangeboten, in Relation zu den Haupteffekten stellt, z. B. zur Verbesserung der einzelschulischen Leistungen in den Testbefunden. Für Deutschland liegen so gut wie keine Entwicklungsstudien zur Beantwortung dieser Frage vor (vgl. z. B. *Baumert* 2001). In der Folge sind die Antworten auf die Frage nach erwünschten Haupt- und ungewollten Nebeneffekten in hohem Maße interpretativ gebunden und basieren in Teilen auch primär auf subjektiven ‚Überzeugungen'.

Beispiel (b) „Nicht nachweisbarer Zusammenhang von Schulprogramm und Outputqualität": Hinsichtlich der Frage nach der empirisch nachweisbaren Wirksamkeit von Schulprogrammen zeigt *Mohr* (2006, 97) auf der Basis der bundesweit durchgeführten IGLU-Studie für den Grundschulbereich, dass die Qualität von Schulprogrammen keine signifikante Korrelation mit den einzelschulspezifischen Lernoutputs aufweist (genauer vgl. den Beitrag von *van Buer & Hallmann*, Abschnitt 4.1, in diesem Handbuch).

Beispiel (c) „Umgang mit Zeit": Die Ambivalenz subjektiver Überzeugungen zeigt sich nicht nur hinsichtlich der empirisch nachweisbaren Ursache-Wirkungs-Zusammenhänge, sondern auch bezüglich möglicher „Blockadefaktoren" für die Effektivierung von Unterricht: Folgt man z. B. *Helmke* (2003, 104ff.) in seiner Zusammenfassung der empirischen Befunde zur Wirksamkeit von Unterricht, spielt der Umgang mit Zeit eine wichtige notwendige, wenn auch nicht hinreichende Bedingung für wirksamen Unterricht. Auf diesen Aspekt des Time-on-Task machen bereits die Lernzeitmodelle von *Bloom* (1971) bzw. *Carroll* (1973) aufmerksam. Vieles spricht dafür, dass das Bewusstsein im Umgang mit Zeit seitens der Akteure vor Ort nicht so ausgeprägt ist, wie dies die empirischen Befunde auch für Deutschland bereits spätestens seit *Treiber* (1982) nahe legen. Stattdessen zeigt eine Studie von *Seifried* (2006): Befragt man diejenigen, die

Unterricht gestalten, ist es vor allem der Faktor „Zeit" im Sinne curricularer „Überfüllung" des Unterrichts, der die Durchbrechung dieses von der Mehrzahl der Lehrerinnen und Lehrern als unheilvoll empfundenen Zusammenhangs be- bzw. verhindere.

Hohe Outputs der Einzelschule ="gute" Schule? –
Zum diffizilen Verhältnis von Outputfeststellung und Outputerklärung

Bereits seit Mitte der 1970er Jahre wird zunehmend sichtbar, dass das alleinige Kriterium des Leistungsoutputs einer Einzelschule zur Bewertung ihrer „Qualität" deutlich zu kurz greift; bereits die amerikanischen Studien etwa aus dem *California Assessment Program* (1979) zeigen diesen Sachverhalt sehr deutlich (vgl. z. B. *Honig* 1984; zusammenfassend auch *Good & Brophy* 1986; für Deutschland vgl. den Rückblick von *Steffens* in diesem Band). Nichtsdestotrotz gerät die Diskussion um die Implementierung von Bildungsstandards durchaus in Gefahr, die damals bereits stark kritisierte Betrachtungsverengung auf nur wenige Outputvariablen auf den höheren Steuerungsebenen des Bildungssystems zumindest tendenziell zu wiederholen. Darauf machen *Heid* sowie *O. Köller* in ihren Handbuchbeiträgen aufmerksam, aber auch z. B. *Böttcher* (2006). Allerdings wird die Einführung solcher zunächst normativ gesetzter und empirisch noch nicht geprüfter Standards mehrheitlich als unerlässlich; teils wird sie auch im Sinne von „visionären" Entscheidungen bewertet (vgl. *Böttcher* 2006, 688). Neben der in dem hier vorgelegten Beitrag schon mehrfach angesprochenen Gefahr curricularer Engführungen (vgl. auch Kapitel 3) ist es letztendlich auch fraglich, ob die vorschnelle Platzierung von Einzelschulen gemäß ihres Schüleroutputs in den verschiedenen Altersjahrgängen bzw. Bildungsgängen in lokale und/oder regionale „Rankings" verhindert werden kann – z. B. durch die Bildungsadministration, wenn die Bildungsnachfrager wie Eltern, Ausbildungsinstitutionen etc dies tun. Wie stark die rein deskriptive Feststellung erzielter Leistungsoutputs ohne Berücksichtigung schulinterner sowie lokaler und regionaler Umgebungsbedingungen das Bild hinsichtlich effizienten Leistungshandelns in der Einzelschule bzw. im Unterricht verzerren kann, zeigt das folgende Beispiel: Für Hamburg hat die Gruppe um R. H. *Lehmann* eine landesweite Längsschnittstudie zu Lernausgangslagen in der Sekundarstufe I durchgeführt. Für die einzelnen Fachleistungen wie Mathematik und Englisch weist sie nach, in welch hohem Maße der Zuwachs an Lernleistungen durch das Zusammenspiel von Schulform, Kursniveau und Einzelschule geprägt ist (vgl. *Lehmann, Peek* et al. 2002; für die PISA-Befunde vgl. *Prenzel, Senkbeil & Drechsel* 2004). Für das Land Brandenburg zeigen sich in der QuaSUM-Studie ganz ähnliche Effekte (vgl. *Lehmann, Peek* et al. 2000, 42ff.). Die Autoren schreiben:

> „Insgesamt liegt nahe, dass die Unterschiede in den Testleistungen über schulische und unterrichtliche Merkmale hinaus wesentlich durch Kontextfaktoren mitbestimmt sind, die außerhalb von Schule und Unterricht liegen" (eds., 52).

Die folgenden beiden Abbildungen aus der QuaSUM-Studie verdeutlichen auch grafisch, wie weit die rein deskriptiv ermittelten Testleistungen von Einzelschulen bzw. Klassen und die theoretisch erwarteten Testleistungen unter Berücksichtigung statistisch bedeutsamer Kontextfaktoren auseinanderfallen können.

Abbildung 1: Testergebnisse im QuaSUM-Mathematiktest (Klassenstufe 5) nach *Schulen* - Vergleich der erwarteten und der tatsächlichen Schulmittelwerte (*Lehmann, Peek* et al. 2000, 53)

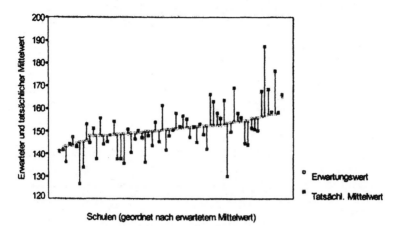

Abbildung 2: Testergebnisse im QuaSUM-Mathematiktest (Klassenstufe 5) nach *Klassen* – Vergleich der erwarteten und der tatsächlichen Schulmittelwerte (*Lehmann, Peek* et al. 2000, 53)

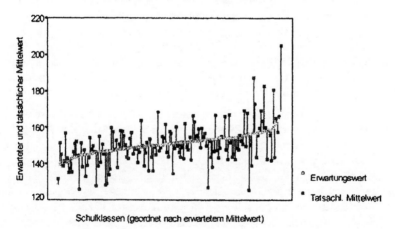

Die Debatte zur Qualitätsentwicklung der Einzelschule – dies zeigen die Beiträge in diesem Handbuch – führt zu deutlich steigender Komplexität in Schule- und Unterricht-Machen. Sichtbar wird dies nicht zuletzt in den curricular-didaktischen Konstruktionen, die den Erwerb der ausgewiesenen Kompetenzen durch intern stark vernetzte und über längere Zeiteinheiten geplante Lernangebote zu ermöglichen sollen; charakteristisch für solche Angebote ist fächerübergreifender, handlungsorientierter Unterricht, selbst organisiertes Lernen etc. (vgl. z. B. den Beitrag von *Sembill & Seifried*, aber auch von *Nickolaus* in diesem Handbuch). Damit gewinnt zum einen der Aspekt der inneren und der äußeren Evaluation stark an Bedeutung (vgl. z. B. *Böttcher* 2006a; *Altrichter & Heinrich* 2006), aber auch derjenige der *regelmäßigen Rechenschaftslegung* (Accountability) der Einzelschule gegenüber sich selbst und den eigenen Akteuren, gegenüber der zuständigen Dienstaufsicht sowie gegenüber der Öffentlichkeit.

Knauss (2003) verweist auf den Zusammenhang zwischen Rechenschaftslegung und den Entwicklungen zur „Educational Accountability" in den anglo-amerikanische Ländern. Trotz des Blicks auf den Erwerb von Bildung, Bildungsstandards etc. ist in diesem Begriff die Komponente ökonomischer Rationalität und damit die Effizienzperspektive unübersehbar. Da Effizienz immer auch die Definition von Bezugskriterien bedeutet, werden im Feld von Bildungssystem und Schule auch bezüglich der Rechenschaftslegung die schul- und bildungspolitische Dimension sichtbar. Folgt man *Knauss* (2003, 130), stellen die folgenden Aspekte zentrale Merkmale von Accountability oder Rechenschaftslegung dar, unabhängig davon, ob diese primär unter betriebswirtschaftlicher oder unter pädagogischer Perspektive erfolgt: Die Merkmale sind Berichterstattung, rechtfertigende Analyse der Verwendung der zur Verfügung gestellten Mittel und Erläuterungen zu den Motiven, Zielen etc. des Handelns der Akteure einer Institution. Der Autor verdichtet dies nochmals zu dem folgenden Wortpaar – „Verantwortlichkeit und Verpflichtung" (eds., 130).

Je nach systemischer Ebene, auf der sie erfolgt, kann Rechenschaftslegung ganz unterschiedliche Ziele verfolgen. *Leithwood* (1999) benennt vier Aspekte – den Wettbewerb zwischen Schulen oder Bildungsinstitutionen (*Market Competition Approaches*), die Dezentralisierung der Entscheidungsfindung und -umsetzung (*Decentralization of Decision-Making Aprroaches*), Verantwortungsstärkung der Akteure vor Ort (*Professional Approaches*) und die Effektivierung der Steuerung von Schule und Bildungsinstitutionen (*Management Approach*). Dabei sind diese vier Aspekte untereinander vernetzt; es geht somit vor allem darum, welcher der Ansätze jeweils betont wird.

Im Kontext des hier vorgelegten Beitrags werden vor allem die Verantwortungsstärkung der Akteure vor Ort sowie die Effektivierung der Steuerung der Einzelschule hervorgehoben. Damit verweist ein Konzept „pädagogischer Rechenschaftslegung" zum einen auf das Verhältnis von direkter Steuerung der einzelschulischen (Leistungserstellungs-)Prozesse, dort vor allem im administrativen Bereich, und von indirekter Kontextsteuerung; letztere betrifft vor allem das „Kerngeschäft" von Schule, den Unterricht. Zum anderen betont ein solches Konzept die Notwendigkeit, die einzelschulischen Entwicklungsziele, Strategien und operativen Konzepte sowie deren Verbindlichkeit für die Akteure vor Ort zu präzisieren. Weiterhin wird sichtbar: Neben einer stärker betriebswirtschaftlich an entsprechenden Kennzahlen ausgerichteten Berichterstattung ist auch eine solche zu den pädagogischen Prozessen und deren Wirksamkeit einzufordern. Folgerichtig betont *Knauss* (2003, 136ff.) die Verknüpfung von innerer Evaluation und Rechenschaftslegung. Folgt man den Überlegungen, wie sie in den beiden Schulprogramm-Beiträgen in diesem Handbuch, aber auch in den Beiträgen zur Steuerung des Bildungssystems vorgelegt werden, umgreift auf der Mesosystemebene der einzelnen Bildungsinstitution die Perspektive von Rechenschaftslegung mehr – nämlich die Verknüpfung von einzelschulischem Qualitätsmanagement, Schulprogramm, innerer Evaluation und regelmäßigem Leistungsbericht (zu diesen Steuerungsinstrumenten vgl. den Beitrag von *van Buer & Köller* in diesem Handbuch).

3 Sicherungsstrategien schulindividuellen Outputs

Betriebswirtschaftlich gesprochen bezieht sich der Output einer Einzelschule streng genommen auf den Kompetenz*zuwachs* der dieser Bildungsinstitution anvertrauten Schülerinnen und Schüler sowie auf die gewünschte *Veränderung* ausgewählter Einstellungen, Werthaltungen und Volitionen (zu dem dahinter liegenden Kompetenzbegriff vgl. *Weinert* 2001). Allerdings endet die Möglichkeit betriebswirtschaftlich orientierter Kalküle in der einzelnen öffentlichen Schule weitgehend in der kalkulatorischen Gegenüberstellung von Kosten und den oben benannten empirisch nachgewiesenen Effekten; den der auf den aufnehmenden „Märkten" erzielbare Preis für den Output ist monetär nur bedingt bestimmbar. Neben dieser Betrachtung des in Schule erwirtschafteten „Mehrwerts" ist die andere zentrale Perspektive, Platzierung der (Bildungs-)Produkte/Bildungsagenten am Markt, auf eine vielfache Weise bildungspolitisch und administrativ „gebrochen"; denn Outcome-Effekte, also längerfristige Verwertungen der erworbenen Kompetenzen etc., beziehen sich mit Ausnahme des Verbleibs innerhalb des Bildungssystems, z. B. beim Übergang von der Sekundarstufe I in die Sekundarstufe II, in den verschiedenen gesellschaftlichen Segmenten auf von Schuleweitgehend entkoppelte Phänomenbereiche (zu den betriebswirtschaftlichen Modellen für die Bestimmung des erwirtschafteten Mehrwerts vgl. z. B. *Wöhe* 1996; zur Frage des diffizilen Verhältnisses von (beruflicher) Bildung und „Markt" vgl. z. B. *Kuhlee* 2003). Deshalb werden im Folgenden die Überlegungen – um im verwendeten Bild zu bleiben – auf den Bereich innerschulischer „Mehrwert"-Produktion eingegrenzt, ohne jedoch den Blick auf den längerfristigen Outcome, wie ihn die Kompetenzdiskussion folgerichtig anmahnt (dazu s. die Ausführungen im Kapitel 2), völlig auszugrenzen.

Die Ausführungen in der Mehrheit der Beiträge in diesem Handbuch verdeutlichen, dass Lernen von Individuen personen- und situationsgebunden stattfindet und dass direkte Einwirkungen vor allem aus konstruktivistischer Sicht begrenzt sind. Gleichwohl gilt auch, dass das Anbieten lernerorientierter adaptiver Lernmilieus starke Effekte auf das individuelle Lernen zeitigt (zu Merkmalen adaptiver Lernmilieus vgl. den Beitrag von van *Buer & Zlatkin-Troitschanskaia*, Kapitel 5, in diesem Handbuch; auch *Helmke* 2003). Fast paradigmatisch sichtbar wird die Wirkung von klassenspezifischen Lernmilieus auf das individuelle Lernen über die Zeit hinweg, wenn man auf die Befunde von *Rindermann* (2007) sieht. Die Homogenität bzw. Heterogenität der klassen- und lerngruppenspezifischen Angebote ist eingebunden in die Kultur der gesamten Institution. Somit bedarf es letztendlich einer Modellierung der jeweiligen Einzelinstitution mittels eines Konzepts, das die Komponenten direkter Steuerung vor allem des administrativen Bereichs und indirekter Kontextsteuerung vor allem im Bereich unterrichtlicher Planung, Realisation und Bewertung in eine explizit ausgewiesene verbindliche Balance bringt; sowohl sollten sowohl eher formale quantifizierte Kennzahlen als auch qualitative Größen genutzt werden, die mehrperspektivisch angelegt sind. Ein Modell, das dieses zu ermöglichen verspricht, ist dasjenige der Balanced Scorecard.

3.1 Die Balanced Scorecard als Beispiel für eine einzelschulische Strategie integrativer Outputsicherung

Wie in den beiden Handbuchbeiträgen zur Steuerbarkeit von Schule (vgl. *Zlatkin-Troitschanskaia*) und auch in den beiden Schulprogramm-Beiträgen (vgl. *van Buer & Köller* bzw. *van Buer & Hallmann*) gezeigt wird, erweist sich die Qualitätsentwicklung der Einzelschule als ein Phänomen, das in der Mehrzahl der Bundesländer in einen – man könnte sagen – „engeren" Steuerungszyklus eingebunden ist. Wenn auch noch nicht in allen Bundesländern so besteht dieser i. d. R. aus

- dem *Qualitätsrahmen für Schule*: In dieser bildungspolitisch legitimierten normativen Vorgabe der Aspekte von Schule und Unterricht wird der gesetzlich zugestandenen Entwicklungsrahmen näher markiert;
- dem *Schulprogramm*: In diesem einzelschulisch ausgestalteten Instrument werden die strategisch-operativen Maßnahmen zur Erreichung der in der Schule vereinbarten Ziele inklusive der inneren Evaluation der Zielerreichung beschrieben;
- dem *einzelschulischen Leistungsbericht*: Darin wird der Dienstaufsicht, aber auch der Öffentlichkeit eine Art Rechenschaftsbericht über die Verwendung der zur Verfügung gestellten Mittel sowie über die erzielten Wirkungen vorgelegt;
- der *Schulinspektion*: Sie stellt ein Instrument der externen Evaluation dar, das in gesetzlich definierten Abständen (Regelinspektion) bzw. beim Eintreten spezifischer einzelschulischer Situationen („Kriseninspektion") auf der Basis des Qualitätsrahmens als normativem Hintergrund und des jeweiligen Schulprogramms u. a. die Validität der vorgelegten Berichte überprüft;
- den *Zielvereinbarungen*: Sie werden zwischen der jeweils zuständigen Dienstaufsicht und der Schulleiterin bzw. dem Schulleiter formuliert, u. a. als Konsequenz aus dem Besuch der Schulinspektion.

Zusammen mit dem deutlich erkennbaren Trend, das Schulprogramm als ein äußerst verbindliches Steuerungsinstrument zu verstehen (vgl. *van Buer & Köller* in diesem Handbuch), ergeben sich daraus hochkomplexe Anforderungen. Diese sind u. a., die Outputs der Einzelschule innerhalb der gesetzlich zugestandenen Freiräume (vgl. das Stichwort der „erweiterten Selbstverantwortung der Einzelschule") inhaltlich näher zu bestimmen, deren Verwirklichung mit den der jeweiligen Schule verfügbaren Mitteln über strategische und operative Konzepte anzustreben und das Ausmaß der Zielerreichung datengestützt nachzuweisen. Damit wird die Einzelschule als ein intern vernetztes Handlungsfeld verstanden; in diesem beeinflussen Entscheidungen sich gegenseitig stark, und Separierungen einzelner Tätigkeitsbereiche, etwa des Unterrichts des einzelnen – vielleicht auch des vereinzelten sowie des sich vereinzelnden – pädagogischen Akteurs, wrden zunehmend durch explizite Vernetzungen unterschiedlichster Form wie Bildungsgangsteams etc. abgelöst (zur Teamentwicklung vgl. z. B. *Philipp* 2006; zu Grundvorstellungen organisationalen Lernens vgl. den Beitrag von *M. Köller* in diesem Handbuch). Damit stellt sich folgerichtig die Frage nach Managementmodellen, die den angedeuteten Blick auf das Gesamte einer Einzelschule bereits in der Anlage ihrer konzeptuellen Ausgestaltung fokussieren.

Die Balanced Scorecard (BSC) gilt als ein solches Management- und Controlling-Konzept. Dieses gestatte es – so der eigene Anspruch – , durch die Verwendung

- sowohl numerischer Kennzahlen (zur Beschreibung sekundärer Merkmale könnten der relative Anteil ausgefallener Unterrichtsstunden, der Anteil fachfremd gegebener Unterrichtsstunden, Ausmaß der Schulabsenz etc. herangezogen werden)
- als auch qualitativer Größen (Merkmale der Schulkultur etc.)

deutlich stärker als traditionelle Managementsysteme präventiv Entwicklungsstärken und -schwächen eines Unternehmens bzw. einer Bildungsinstitution zu identifizieren. Damit sei dieses Konzept besser als andere geeignet, die auch in Unternehmen immer wieder beobachtbare Lücke zwischen der Konzeptualisierung von Entwicklungsstrategien und deren Umsetzung zu überwinden. *Seitz & Capaul* (2005, 144) verweisen auf eine der Initialstudien von *Kaplan & Norton* (1997), den Entwicklern der BSC; danach stellen in Unternehmen die folgenden vier Merkmale immer wieder zentrale Dimensionen beobachteter Entwicklungs- und Umsetzungsblockaden dar:

(a) Die definierten Strategien sind nicht oder nur begrenzt umsetzbar. *(b)* Die jeweilige Strategie weist keine oder nur geringe Verknüpfung mit dem Einzelnen bzw. mit dem Team auf. *(c)* Die Strategie nimmt keinen systematischen Bezug auf die Verfügbarkeit notwendiger Ressourcen. *(d)* Feedback erfolgt eher als taktische denn als strategische Rückmeldung, überwiegend orientiert an formalen Kennzahlen des Rechungswesens.

Der Blick auf die oben angeführten vier Punkte zeigt schnell, dass diese für Unternehmen ausgewiesenen Defizite auch in den Schulen nicht unbekannt sind. So weisen, wie *van Buer & Hallmann* im Kapitel 4 zu den Schulprogrammen darstellen, die bisherigen Schulprogrammbefunde aus: Strategie und betroffene Individuen bzw. Teams gezielt zu verknüpfen, scheint ein nahezu systematisches Defizitelement im Umgang vieler pädagogischer Akteure mit den innerschulischen Vereinbarungen zu sein.

Diese nicht hinreichende Vernetzung kann möglicherweise als bedeutsames Element gedeutet werden, die von den pädagogischen Akteuren eingeforderten Freiräume unterrichtlichen Handelns entweder nicht genauer zu bestimmen bzw. bewusst unbestimmt zu belassen; denn – so könnte man formulieren – diese scheinbar selbstverständlichen Forderungen auf umfängliche Freiräume sind zentral in der individuellen Interpretation des „viel strapazierten" Rechts des Lehrers auf seine pädagogische Freiheit und im Kern des subjektiven Rollenverständnisses abgelagert (vgl. *van Buer & Köller* in diesem Band). Die Einführung von Qualitätsmanagementkonzepten legt ein solche Vorverständnisse Vorgehen offen und führt zu Konzepten, damit konstruktiv umzugehen.

Angesichts des stark erhöhten Rechenschaftsdrucks in den Einzelschulen ist es nicht verwunderlich, dass die BSC mit ihrem Blick auf numerische sowie auf qualitative Größen vor allem über Modellprojekte vergleichsweise schnell Eingang in Schulen gefunden hat, dort besonders im Bereich der Gymnasien, wie *Dubs* (2005, 144) herausstellt. Als strategisches Steuerungsinstrument mit starker Betonung der Kompetenzprofile der Mitarbeiterinnen und Mitarbeiter für das Erreichen der Unternehmens-, hier der einzelschulischen Ziele, trifft die BSC auf den in den beiden Schulprogramm-

Beiträgen in diesem Handbuch beschriebenen Trend, mehr und mehr die Explikation und Implementation eines Qualitätsmanagementsystems für jede Schule zu verlangen.

Mit Anlehnung an das BSC-Konzept markieren *Seitz & Capaul* (2005, 145) für Schule vier *erfolgsrelevante Perspektiven* – die Potenzialentwicklung, die schulinternen Prozesse, die Anspruchsgruppen und die Finanzen (Ressourcenallokation). *Dubs* (2005, 144ff.) kommt zu einer leicht abweichenden Präzisierung, indem er die Potentialentwicklung breiter fasst. *Seitz & Capaul* (2005, 146) stellen die auf Schule angepassten zentralen Fragestellungen der BSC wie folgt dar:

Abbildung 3: Grundschema einer Balanced Scorecard für Schulen nach *Seitz & Capaul* (2005, 146)

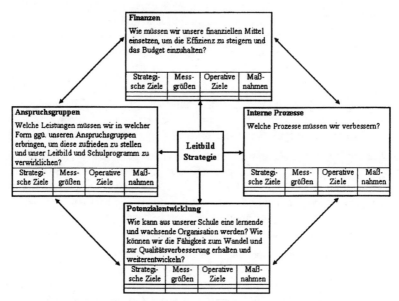

Entscheidend ist: Die Zielsetzungen in den vier großen Blöcken werden möglichst präzise gefasst, aufeinander ausgerichtet und über Messgrößen operationalisiert. Dies gilt für die primären ebenso wie für die sekundären Merkmale von Schule. *Seitz & Capaul* (2005, 146) verweisen auf Folgendes: Die BSC werde zunächst durch die Schulleitung „Top Down" konkretisiert – ausgehend vom Schulprogramm, das konsensual verabschiedet sei. Vor allem die „Aktionspläne", also die konkreten Umsetzungspläne der Strategien in operative Konzepte, sollten jedoch zwischen den Führungspersonen und den pädagogischen Akteuren „ausgehandelt" werden, z. B. über Zielvereinbarungen.

Damit erweist sich das Schulprogramm als zentraler Referenzrahmen für ein solches Managementkonzept wie die BSC. Letztere kann vor allem auch für die Führung und Entwicklung der einzelnen Mitarbeiterin bzw. des Mitarbeiters bzw. der Teams genutzt werden, ohne die Gesamtheit der Bildungsinstitution aus den Augen zu verlieren.

Seitz & Capaul (2005, 149) führen mehrere Beispiele für Zielsetzungen und Messgrößen in den vier BSC-Blöcken an. In Abbildung 3 sind diejenigen für die Potenzialanalyse aufgeführt. Sie machen deutlich, wie eng die Zielsetzungen zu systematischen Verbesserungen der primären und sekundären Merkmale von Schule vernetzt sind.

Abbildung 4:   Ausgewählte Zielsetzungen und Messgrößen im Rahmen der BSC einer Schule am Beispiel der Potenzialanalyse nach *Seitz & Capaul* (2005, 149)

Perspektive	Zielsetzungen	Messgrößen
Potenzial-entwicklung	Zufriedenheit der Lehrkräfte steigern	Zufriedenheitsindex, der aus einer jährlichen schriftlichen Befragung gebildet wird
	Didaktisch-methodische Qualifikation der Lehrkräfte verbessern	Ergebnisse aus den Unterrichtsbesuchen
	Qualitative Personalausstattung verbessern	Ergebnisse aus dem Vergleich von Stellenanforderungsprofilen und Mitarbeiterqualifikationen
	Erhöhung der Mitarbeitertreue	Fluktuationsrate
	Förderung der Weiterbildung sämtlicher Lehrkräfte mit einem Pensum von mehr als 20% und sämtlicher Vollzeitmitarbeiter	Anzahl der Weiterbildungstage pro Jahr

In ihrer abschließenden Würdigung verweisen die beiden Autoren (eds., 150f.) nochmals auf den unbestreitbaren Vorteil der BSC, jenseits von formalen Kennzahlen die gesamte Institution im Blick zu haben und zu halten. Allerdings führen sie auch eine Reihe von möglichen Problempunkten an: Zum einen liegen bisher nur wenig Erfahrungen und noch weniger empirische Studien vor, die Auskunft darüber geben, unter welchen Bedingungen welche Effekte erwartbar sind; zum anderen sprechen *Seitz & Capaul* vor allem den zunächst deutlich steigenden Mittelinput an. Darüber hinaus betonen sie auch die Notwendigkeit, dass die die BSC implementierende Schule über eine stabile interne Kommunikation und auch über eine wandlungsfähige Schulkultur verfügen müsse; denn die BSC greife tief in das bis dahin vorliegende Verstehen von Schule- und Unterricht-Machen ein. BSC – so die Autoren – sei „kein Kochrezept"; sie sei auch nicht mechanisch benutzbar, wenn sie ihren Wert nicht verlieren solle.

Als zentrales Argument für die Koppelung des Schulprogramms mit der Einführung einer BSC, dies möglicherweise als ein dort ausgewiesenes inerschulisches Entwicklungsprojekt, erweist sich die aktive Vernetzung der mit dem Schulprogramm intendierten Strategien mit der alltäglichen Leistungserstellung der Akteure und der darauf basierenden gezielten Veränderung dieses Leistungshandelns im Sinne der vereinbarten Zielsetzungen.

3.2 Sicherung einzelschulischen Outputs durch Verbesserung von Unterricht und Zusammenarbeit der pädagogischen Akteure

Die Veränderung der erwünschten Lernoutputs von Schule in Richtung handlungsregulierender Kompetenzen der Schülerinnen und Schüler, wesentlich verstanden als die Verknüpfung von Wissen, Strategien und Routinen zur effizienten und sozial verantwortlichen Lösung von Problemen in unterschiedlich komplexen Kontexten (vgl. den Kompetenzbegriff von *Weinert* 2001; *Klieme* et al. 2003), hat zum einen zu Forderungen nach Veränderungen der curricularen Konstruktionen (hin zu Lernbereichen, fächerübergreifendem Unterricht, in der beruflichen Bildung hin zu Lernfeldern) und zum anderen zu solchen nach Veränderungen der Sozialformen des Unterrichts und der unterrichtlichen Arrangements geführt (hin zur Stärkung schülerorientierten Unterrichts, der Formen selbst.organisierten Lernens, zu handlungsorientiertem Unterricht etc.). Die einschlägigen „Methodiken" geben hierzu idealtypisch ausgearbeitete Handlungsvorschläge, auch „Checklisten" etc.; diese knüpfen im wesentlichen an die Tradition didaktisch-methodischer Literatur an, wie sie für viele pädagogische Akteure in Gestalt der „UnterrichtsMethoden" von z. B. Hilbert *Meyer* (Band 1: 2002/ Band 2: 2003) bekannt sind. Ein Überblick über die derzeitige Diskussionslandschaft ist z. B. im „Handbuch für Unterricht" von *Arnold, Sandfuchs & Wiechmann* (2006) zu finden. Die Beiträge zu Unterricht in dem hier vorgelegten Handbuch, die stark empirisch orientiert sind und unter dieser Perspektive die derzeitige Befundlage kritisch analysieren, machen vor allem deutlich: Die mit der Implementierung der jeweiligen Unterrichtsform erwarteten Effekte auf die Lernergebnisse der Schülerinnen und Schüler stellen sich nur unter spezifischen Bedingungen ein; man muss also von einem Bedingungs- und Wirkungsnetz ausgegangen, in dem die Favorisierung einer Unterrichtsform nicht für alle Lernerinnen und Lerner zu den erwarteten Erfolgen führt. Nach wie vor geht es bereits in der mittelfristigen Planung von Unterricht darum, Lernangebote ganz unterschiedlicher Struktur zu realisieren, das Gelernte für alle Lerner und Lernerinnen einer Klasse bzw. Lerngruppe immer wieder quasi „zwischenzusichern" – möglicherweise über spezifische Formen stärker analytischen Unterrichts – und für die nächsten Lernangebote anschlussfähig zu machen. Zur Frage, wie die Sequenzierung und die jeweiligen Zeitzuteilungen in einem solchen unterrichtsmethodischen Angebotsnetzwerk in den verschiedenen thematisch-curricularen Feldern empirisch gesichert wirksam eingerichtet und wie diese auf der kommunikativ-interaktiven Ebene unterrichtlicher Lehr-Lern-Prozesse realisiert werden können, liegen nur wenige Studien vor (vgl. den Beitrag von *Weber* und von *Nickolaus* in diesem Handbuch).

Diese kurze Skizze verweist mindestens auf die folgenden beiden Punkte:

(a) Reflektiertes Managen der Unterschiede der Lernangebote im Vergleich der Klassen: Die Outputsicherung der Einzelschule, vor allem die *Verringerung der Outputunterschiede* zwischen den Klassen und Lerngruppen eines Altersjahrgangs bzw. eines Bildungsgangs, sollte durch institutionell-organisatorisch gesicherte Teamarbeit der pädagogischen Akteure gestützt werden (dazu vgl. z. B. *Philipp* 2006). Diese kann auf den im Schulprogramm vereinbarten Strategien und operativen Konzepten beruhen, auf mittel- und längerfristig angelegter Projektarbeit etc. Entscheidend ist, dass die Unterschiedlichkeit der Lernmilieus und Lernangebote im Vergleich der Klassen

entlang expliziter Lernoutputkriterien gemanagt wird; dies kann Reduzierung, aber auch Erhöhung der Unterschiede z. B. im Bereich zusätzlicher Angebote bedeuten, um schwächere Klassen in ihrem Lernoutput zu stärken. Somit geht es hier nicht um die von *Weiß & Bellmann* (Abschnitt 4.2, in diesem Handbuch) kritisierte Homogenisierung von Lehrformen und curricularen Angeboten, die sich, eher wenig diskutiert, als Konsequenz des Ziels einstellen kann, über curriculare Engführungen die Standards bzw. die schuleigene Position in den (über-)regionalen externen Evaluationen zu sichern bzw. zu verbessern. Stattdessen geht es darum, die von *Rindermann* (2007) empirisch aufgezeigte differentielle Bedeutung der einzelnen Klasse für das individuelle Lernen zu verringern. Wie groß innerhalb der Einzelschule die Varianzanteile von Unterrichtsmerkmalen im Vergleich der Klassen ausfallen (können), zeigen *Seeber & Squarra* (2003, 145f.) in ihrer Studie zu Berliner beruflichen Schulen: Diese Varianzanteile liegen zwischen 15% bezüglich der gewährten Schülerautonomie, 23% bezüglich kooperativen Lernens, 25% bezüglich der Straffheit des Unterrichts, 27% bezüglich der Praxisrelevanz des Unterrichts, 34% bezüglich der fachlichen, 36% bezüglich der sozialen und personalen sowie 38% bezüglich der unterrichtsmethodischen Kompetenz des bzw. der Lehrenden. Diese Befunde verweisen darauf, dass Lernende innerhalb ihrer Schule auf teils massiv unterschiedliche Strukturen von Lernangeboten stoßen, die zudem auch sehr unterschiedliche Qualitäten repräsentieren können [1]. Das Ziel, die Lernangebotsunterschiede im Vergleich der Klassen, aber auch innerhalb einer Klasse in Folge des Wechsels der Fachlehrerinnen und -lehrer, gezielt anzustreben, kann durch gemeinsame Planungen, gegenseitige Hospitation, durch die Pädagogisierung der Fach- und Fachbereichskonferenzen, aber auch durch Führungsgespräche des Leitungs- und Funktionspersonals mit einzelnen pädagogischen Akteuren gestützt werden (dazu vgl. z. B. *Horster & Rolff* 2006; *Seitz & Capaul* 2005, 411ff.).

(b) Klassenübergreifende Zwischenevaluierung der Lernoutputs: Die gezielte Reduktion der Varianz in den Lernoutputs im Vergleich der verschiedenen „Züge" eines Altersjahrgangs bzw. Bildungsgangs innerhalb der Einzelschule spricht für die zeitlich engermaschig geführte und klassenübergreifend orientierte Zwischenevaluierung der individuellen und lerngruppenspezifischen Lernfortschritte. Denn Klassen sind soziale Gebilde, in denen sich nicht nur hinsichtlich außeninduzierter Bedingungen (Schülerwechsel, längere Krankheiten von einzelnen Schülerinnen oder Schülern, Lehrerkrankheit etc.), sondern auch aufgrund des klasseninternen Zusammenwirkens schülerindividueller Faktoren schnell deutlich unterscheidbare Lernatmosphären, Unterstützungsangebote im laufenden Unterrichtsprozess durch Schüler und Schülerinnen untereinander etc. einstellen können. Neben Absprachen der Klassenteams können hier klassenübergreifende Vergleichsarbeiten helfen, den relativen Stand der Lerngruppen zu identifizieren. Vor allem bieten sie wichtige Informationen, den im Beitrag von *van Buer & Zlatkin-Troitschanskaia* (Kapitel 2) in diesem Handbuch beschriebenen „inneren" Kreislauf von Unterricht – Diagnose, unterrichtliche Lernangebote und Ergebnisbe-

---

[1] Ein Beispiel dafür, wie groß aus der Sicht der Schülerinnen und Schüler die Qualitätsunterschiede zwischen den Lehrenden ausfallen können, findet sich in dem Beitrag von *van Buer & Zlatkin-Troitschanskaia*, Abschnitt 4.1, in diesem Handbuch.

wertung – ganz systematisch mit förderdiagnostischen Maßnahmen zu verknüpfen, wie sie z. B. *Helmke* (2003, 84f.) beschreibt.

4 Einzelschulische Lernoutputsicherung – Nagelprobe für alltägliches Schule- und Unterricht-Machen

In diesem Beitrag wird der Bogen von der Finanzierung oder besser von der chronischen Unterfinanzierung des Bildungssystems und in der Folge auch der Einzelschule über die Frage nach der Identifizierung von sog. „Effizienzreserven" in der Einzelschule (Kapitel 1), über die Notwendigkeit mehrebiger und mehrspektivischer Betrachtungen einzelschulischen Lernoutputs (Kapitel 2) bis hin zu Strategien zur Sicherung dieses Outputs (Kapitel 3) geführt:

(a) Damit wird sichtbar gemacht, dass der Lernoutput von Schule die zentrale Größe zur Bestimmung des pädagogisch erwirtschafteten „Mehrwerts" darstellt und dass daher dessen kriteriale Bestimmung sowie die Definition gesellschaftlich vereinbarter Mindeststandards im Sinne der diskutierten Bildungsstandards unerlässlich sind. Allerdings birgt der inzwischen beinah schon rituell anmutende Verweis auf die Gefährdung des Wirtschaftsstandortes Deutschland sowie der sozialen Wohlfahrt dieses Landes in Reaktion auf die internationalen Leistungsstudien, hier besonders auf die beiden PISA-Studien, auch die Gefahr curricularer Engführungen, die der gesellschaftlichen Bestimmung von Schule kaum gerecht werden können.

(b) Die rein deskriptive Erfassung schulindividuell erreichter Lernoutputs ist nicht hinreichend, um die jeweilige Schule als eine wirksame oder weniger wirksame Bildungsinstitution zu identifizieren; denn die externen, aber auch die internen Bedingungen der Schulen variieren teils erheblich. Abhilfe schaffen hier Erklärungen der schulindividuellen Lernoutputs, die über überregionale externe Evaluationen gesichert auf komplexen statistischen Modellen beruhen und in denen die Differenz zwischen dem statistisch erwartbaren und dem faktisch erreichten Lernoutput dokumentiert wird. Hier zeigen die einschlägigen Studien, z. B. in Brandenburg (vgl. *Lehmann, Peek* et al. 2000) oder Hamburg (vgl. *Lehmann, Peek* et al. 2002): Auch Schulen mit hohem Lernoutput liegen teils deutlich unter den für sie erwarteten Werten und solche mit niedrigem Lernoutput teils signifikant über ihren Erwartungswerten.

(c) Die einzelschulische Lernoutputsicherung kann durch die Einführung von Qualitätsmanagement gestützt werden. Allerdings sollte das jeweilige Konzept den ganzheitlichen Blick auf die Einzelschule und die Verknüpfung quantifizierter und qualitativer Kennwerte von vornherein beinhalten, wie dies für die Balanced Scorecard von ihrem Anspruch her zutrifft. Die Implementierung eines solchen Konzeptes dient auch dazu, die Unterschiede zwischen den Lernoutputs im Vergleich der Klassen einer Schule gezielt zu minimieren, indem die Lernangebote institutionell-strategisch sowie operativ in das einzelschulische Gesamtkonzept der alltäglichen Leistungserstellung eingebunden und verbessert werden. Gestützt wird dies durch die institutionell-organisatorisch gesicherte Zusammenarbeit der pädagogischen Akteure in Klassen-, Bildungsgangsteams etc. und auf der Basis klassenübergreifender Vergleichsarbeiten etc. zurückgebunden in klassenspezifische bzw. lernerindividuelle Förderkonzepte.

V Qualitätsentwicklung der Einzelschule – Internationale Perspektiven

Rolf Dubs

Erweiterte Selbständigkeit der Einzelschule und Entwicklung von Schulqualität in der Schweiz – Eine kritische Zwischenbilanz

Vor dem Hintergrund der durchaus unterschiedlichen Entwicklung der teilautonomen Schule in den einzelnen Schweizer Kantonen werden ausgewählte einzelschulische Qualitätsmanagementmodelle sowie Ergebnisse zu deren Wirksamkeit vorgestellt. Der Beitrag betont die Notwendigkeit ganzheitlich-mehrebiger Einbettung solcher Modelle in ein Gesamtkonzept zur Qualitätsverbesserung des Bildungssystems. Dabei werden vor allem die Voraussetzungen und Gelingensbedingungen für die Nachhaltigkeit der einzelschulischen Qualitätsentwicklungsmaßnahmen kritisch beleuchtet.

1 Entwicklungslinien

Teilautonomie für die einzelnen Schulen und Qualitätsmanagement sind seit etwa 1995 wichtigste Anliegen in der schweizerischen Bildungspolitik. Es ist aber fast nicht möglich, in diesen beiden Bereichen klare Entwicklungslinien nachzuzeichnen. Dies ist nicht nur auf die stark föderalistische Struktur des schweizerischen Schulsystems zurückzuführen, welche in allen Bereichen zu sehr verschiedenartigen politischen Prozessen und Konzepten führt. Stärker geprägt werden die bildungspolitischen Entwicklungen durch von der Öffentlichkeit bewusst wahrgenommene Sachverhalte (z. B. PISA-Ergebnisse), historisch-kulturelle Gegebenheiten (z. B. traditionelle oder innovativere Vorstellungen über die Bildung bei den die Bildungspolitik prägenden Akteuren) sowie durch den Einfluss von initiativen Bildungsdirektionen (Kultusministerien) und durch bildungspolitisch und wissenschaftlich tätige Einzelpersonen, welche den Zugang und damit Einfluss auf die Bildungsdirektionen haben. Bezüglich erweiterter Selbständigkeit der Einzelschule und der Maßnahmen zur Verbesserung der Schulqualität sind deshalb für die Schweiz nicht systematische Entwicklungspfade feststellbar, sondern aufgrund vielfältigster Interessen und Absichten sind – zum Teil sogar zufällig – nach- und nebeneinander die unterschiedlichsten Konzeptionen nicht nur in den einzelnen Kantonen, sondern auch auf den einzelnen Schulstufen entstanden. Ein prägendes Wesensmerkmal der gesamten Entwicklung war ein starker Nachahmungseffekt. Insbesondere umfassende Reformmaßnahmen in den Kantonen Zürich und Luzern gaben immer wieder den Anstoß zu Aktivitäten in anderen Kantonen, die aber häufig punktuell blieben.

Die maßgeblichen Impulse zur Reform der Staatsverwaltung und damit auch der Schule mit dem Ziel, die Staatstätigkeit mittels des Ansatzes des New Public Managements (NPM) outputorientiert zu gestalten, gingen vom Zürcher Bildungsdirektor Buschor aus, der seine theoretischen Arbeiten zum NPM aus seiner Tätigkeit an der Universität St. Gallen während seiner Regierungstätigkeit umsetzen wollte. Es gelang ihm, ein Gesetz über die Rahmenbestimmungen für die Verwaltungsreform (siehe Antrag des Regierungsrates des Kantons Zürich vom 3. Januar 1996) zu entwerfen, das in einer Volksabstimmung genehmigt wurde und große Freiräume für Projekte der Verwaltungsreform und damit auch der Schulen schaffte. In der Folge leitete er dann eine

Fülle von Einzelprojekten für die Schule ein: Qualitätsmanagement (QM), Neuordnung der Schulaufsicht, Anpassung der Schulbehördenorganisation, Leistungslöhne für Lehrkräfte usw. Etwa zur gleichen Zeit verschrieb sich auch der Kanton Luzern dem NPM. Im Rahmen dieses Planungsprozesses widmete er sich der Schule mit dem Projekt „Schulen mit Profil", welches für die Schweiz zum ersten Mal in systematischer Weise die Teilautonomie in einem umfassenden Sinn einführte. Im Mittelpunkt der Reformmaßnahmen standen die in ihrer Gestaltungsfreiheit gestärkten Einzelschulen, die Professionalisierung der Schulleitung, die Neuordnung der Behörden und der Schulaufsicht sowie das QM (vergleiche dazu die Schriftenreihe Orientierungshilfen des Erziehungs- und Kulturdepartements [heute Bildungsdepartement] des Kantons Luzern).

Aufgrund dieser Inputs sind in allen Kantonen eigenständige Schulprojekte eingeleitet worden, wobei der anfängliche Zusammenhang mit dem NPM nicht zuletzt deswegen verloren gegangen ist, weil sich das NPM politisch nicht richtig durchzusetzen vermochte. In zwei Kantonen (St. Gallen und Basel Stadt) haben die Parlamente sogar beschlossen, das NPM-Projekt nicht mehr weiterzuführen. In den meisten Kantonen werden deshalb heute sehr viele schulische Einzelprojekte geplant und umgesetzt, die nicht mehr in die größeren Zusammenhänge mit der Führung der Staatsverwaltung eingebettet sind, sondern sich stärker an pädagogischen Kriterien orientieren. Diese Projekte betreffen in den meisten Kantonen die Teilautonomie der Schulen, verbunden mit der Einführung von Schulleitungen (bislang hatten vor allem Volksschulen in vielen Kantonen keine Schulleitung), die Neuordnung der Schulaufsicht sowie das QM.

Typisch schweizerisch ist der kantonale Individualismus beim Qualitätsmanagement. Als Pionier des QM an Schulen darf in der Schweiz der wissenschaftliche Berater des Dachverbandes der Schweizer Lehrerinnen und Lehrer (LCH), *Strittmatter*, gelten. Er hat schon früh ein eigenes System (FQS, siehe im Abschnitt 3.2.2) entwickelt, sich für eine formative Selbstevaluation jeder einzelnen Schule stark gemacht und immer wieder davor gewarnt, Qualitätsmodelle aus der Wirtschaft in die Schule zu übertragen (*Strittmatter* 1999, 2002). Vor allem an Berufsschulen wurden trotz dieser Forderung vielerorts die Qualitätsmodelle ISO und EFQM eingeführt. Daneben haben sich insbesondere an Volksschulen und Gymnasien viele andere Modelle zum QM herausgebildet, so dass heute in der Schweiz eine sehr vielfältige Landschaft des QM vorliegt. Deshalb wird es vordinglich, die vielen Systeme systematisch zu ordnen und fortlaufend zu evaluieren, denn die sich jetzt abzeichnende stetige formale, programmatische und punktuelle Verfeinerung von Konzepten trägt kaum mehr etwas zur Lösung der vielen offenen normativen und organisatorischen Probleme des QM und zur Verbesserung der zwingend darauf aufzubauenden Schulentwicklungsmaßnahmen bei.

2 Erweiterte Selbständigkeit (Teilautonomie) von Schulen

2.1 Die fehlende Nachhaltigkeit der Bildungspolitik

Im Rahmen dieses Aufsatzes ist es nicht möglich, die Entwicklung der teilautonomen Schulen in den schweizerischen Kantonen nachzuzeichnen. Hingegen sollen einige allgemeine Trends besprochen werden, welche die Gesamtentwicklung in generalisierender Weise aufzeigen. Eigentlich müssten die Pionierzeiten, während denen Erfahrungen gesammelt wurden und Fehler auftreten mussten, vorbei sein und nach über zehn Jahren sollte es möglich sein, Modelle der teilautonomen Schule umzusetzen, die auf politischen, rechtlichen, verwaltungstechnischen Rahmenbedingungen beruhen, welche die Steuerung des Schulsystems über die Outputorientierung mit dem Ziel der Qualitätsverbesserung garantieren. Betrachtet man die Realität, so muss leider festgestellt werden, dass es noch nicht gelungen ist, die Idee der teilautonomen Schule in den Rahmen einer nachhaltigen Bildungspolitik zu bringen. Das neue Paradigma führt zu immer mehr „Baustellen", welche Schulleitungen und Lehrerschaft zunehmend verunsichern und innovationsfeindlich zu wirken beginnen. Deshalb wäre es zwingend notwendig, die vielen Ansätze und Modelle im Hinblick auf Schwächen zu analysieren, um zu einem *ganzheitlichen Mehrebenenmodell* zu gelangen, das in vernetzter Weise nicht nur die unterste Ebene der Einzelschule, sondern ebenso sehr die Ebenen Schulverwaltung und Bildungsbehörden betrachtet. Nachhaltig und wirksam umsetzen lässt sich die teilautonome Schule erst und nur, wenn nicht nur Maßnahmen auf der Ebene Schule, sondern auf allen Ebenen erfasst und neu gestaltet werden.

Gelingen kann diese Nachhaltigkeit nur, wenn die vielen Maßnahmen zur Verwirklichung der teilautonomen Schule in ein Gesamtkonzept gefasst werden (vergleiche beispielsweise *Dubs* 2002, 2004), das ohne Überforderung aller Akteure im Bildungswesen Schritt-um-Schritt eingeführt und nicht fortwährend wieder durch inkonsistente aber kurzfristig aktuelle modische Erscheinungen verändert wird. Nachhaltigkeit setzt Konsistenz und Berechenbarkeit neuer Ideen voraus. Und damit tun sich vor allem die politischen Behörden schwer.

2.2 Schwachstellen der Entwicklung von teilautonomen Schulen in der Schweiz

Im Verlaufe der letzten Jahre entwickelte sich die teilautonome Schule insbesondere über die Einführung von Schulleitungen. Positiv zu werten ist dabei, dass die meisten Kantone eine systematische Ausbildung von Schulleiterinnen und Schulleitern eingeführt haben. Im Rahmen einer Expertise stellen *Schratz & Schwarzenauer* (2003) das Angebot der Schulleiterausbildung auf die Sekundarstufe II dar, und sie zeigen, wie zwischen den verschiedenen Programmen, die von Universitäten und anderen staatlichen Ausbildungsinstituten durchgeführt werden, eine große inhaltliche Übereinstimmung besteht. Leider fehlen aber bislang systematische Untersuchungen zur Wirksamkeit dieser Ausbildung sowie zur Bewährung der Kursteilnehmenden in ihrem Amt. Beobachten lassen sich jedoch vier Erscheinungen: Erstens berichten viele Schulleiterinnen und Schulleiter über eine hohe Berufszufriedenheit. Zweitens steigt jedoch vor allem an Volksschulen die Zahl neu ausgebildeter Leitungspersonen mit Resignationstendenzen, wofür Unverständnis der (Laien-)Schulbehörden für die geleitete Schule (unklare Zuständigkeits- und Kompetenzordnung, unklare Kompetenzen im Rahmen der Teilautonomie) sowie Widerstände in der Lehrerschaft (Unverständnis der Rolle von Schulleitungen) angeführt werden. Drittens wenden sich (Laien-)Schulbehörden häufiger gegen die geleitete, teilautonome Schule, weil sie befürchten, ihr Einfluss könnte geringer werden (die einzelnen Schulen tun und lassen, was sie wollen). Und viertens gibt es erste Fälle, in denen Konflikte zwischen Behörden, Schulleitung und Lehrerschaft entstanden sind, die als angeblicher „Beweis" für den grundsätzlichen Misserfolg angeführt werden.

Aufgrund dieser ersten Erfahrungen drängen sich folgende Maßnahmen auf: Weil das Konzept einer outputorientierten, geleiteten, teilautonomen Schule eine sehr anspruchsvolle Innovation darstellt und sie nicht nur mit der Errichtung von Schulleitungen in wirksamer Weise umgesetzt werden kann, sind zunächst im Sinne einer Mehrebenenbetrachtung maßgebliche Anpassungen im Schulrecht (*Dubs* 1998), bei der Schulbehördenorganisation und der Aufgabenverteilung bei allen Akteuren des Schulwesens notwendig. Dies kann nur gelingen, wenn – wie oben angesprochen – ein konsistentes Gesamtmodell entwickelt wird (vergleiche dazu *Dubs* 2005a, insbesondere Kapitel 12). Von besonderer Bedeutung sind dabei die genaue Definition der Teilautonomie, die Anpassung des Haushaltsrechtes für die Globalbudgetierung und des Beamtenrechtes für die Personalführung durch die Schulleitung, die Behördenorganisation mit der neuen Aufgaben- und Kompetenzverteilung sowie die Gestaltung des Qualitätsmanagements. Dann ist auch durch eine Ausbildung der Politikerinnen und Politiker, der Schulbehörden sowie des Schulverwaltungspersonals und der Lehrerschaft sicherzustellen, dass diese Innovation verstanden wird. Viele Fehlentwicklungen und Missverständnisse lassen sich auf das mangelnde Verständnis des – zugegebenermaßen anspruchsvollen – Konzeptes zurückführen. Der Glaube, die ganze Umstellung ließe sich allein über die Ausbildung der Schulleitungen bewerkstelligen, hat sich als Fehleinschätzung erwiesen.

Betrachtet man die gesetzlichen Grundlagen für die teilautonomen, geleiteten Schulen, so werden die Aufgaben und Kompetenzen der Schulleitungen zwar neu geregelt, und meistens sind auch Hinweise auf das QM zu finden. Die Aufgaben der Behörden werden aber nicht neu geregelt und die Kompetenzen der Schulleitungen sofort wieder beschnitten. Als Beispiel sei der Kanton Thurgau angeführt (Gesetz betreffend Änderung des Gesetzes über die Volksschule und den Kindergarten vom 31.08.2005). In § 19a wird festgelegt, dass die Schulleitung in ihrer Schuleinheit zuständig ist für die pädagogische Führung, die Personalführung der Lehrkräfte sowie des weiteren schulischen Personals und die administrativ-organisatorische Führung. Dann wird gesagt:

> „Die Schulgemeinden können im Rahmen des den Gemeinden zustehenden Gestaltungsspielraumes und unter Vorbehalt von abschließend vorgegebenen Kompetenzzuweisungen im kantonalen Recht weitere Kompetenzen und Aufgaben übertragen."

Anschließend folgt eine Aufzählung dessen, was nicht übertragen werden kann, wie Festlegen der Grundsätze der Personalführung, der Schulorganisation und des pädagogischen Profils usw.

Diese Ordnung, die für verschiedene Kantone typisch ist, wird die Idee der selbständigen, geleiteten Schulen nicht zum Erfolg führen, weil die Kompetenzverteilung mangels klarer Autonomiedefinition ohne klare Profilierung erfolgt, die Behördenorganisation nicht grundsätzlich überdacht wurde und die Möglichkeit einer weiteren Kompetenzdelegation der Gemeinden zu abstrakt bleibt. Es wird sich zeigen, dass sich viele (Laien-)Behörden damit nicht zurechtfinden. Dies kam bereits bei der parlamentarischen Behandlung zum Ausdruck, wo der Vorschlag eingebracht wurde, der Schulleiter oder die Schulleiterin einer Gemeinde sei in Zukunft ein Gemeindebeamter und der Gemeindeverwaltung zuzuordnen. Dadurch ginge ein wichtiger Aspekt der teilautonomen, geleiteten Schule verloren: Wesentlich ist die Schulentwicklung, und dazu gehört der Schulleiter in das Schulhaus. Wenn die Schule zudem kein eigenes Profil entwickeln darf, keine Grundsätze für die Personalführung erarbeiten kann und nichts über die Finanzautonomie ausgesagt wird, verbleibt von Selbständigkeit kaum mehr etwas übrig. Schulleitungen lassen sich weiterhin nur als verlängerter Hebelarm der Verwaltung verstehen.

Eine sehr schöne Ordnung legt hingegen die Stadt Zürich vor (Verordnung über die geleiteten Volksschulen in den Schulkreisen der Stadt Zürich [Organisationsstatut] vom 11. Januar 2006). Geordnet werden die Aufgaben der Schulbehörde, die eindeutig strategisch ausgerichtet sind (strategischer Auftrag an die Schule mit Qualitätsmanagement [Metaevaluation], Art. 9) sowie die Finanzautonomie, wobei in Art. 10 der Umgang mit einem Globalkredit in vorbildlicher Weise geregelt wird.

„Die Schuleinheiten erhalten aus dem Budget des Schul- und Sportdepartements einen Globalkredit zur selbstständigen Verwaltung, der sich insbesondere auf folgende Teilbereiche bezieht:

a) Material;

b) Veranstaltungen
(Klassenlager, Schulreisen, Exkursionen, Sporttage, Projektwochen usw.);

c) Administratives
(Entschädigung für Verwaltungstätigkeit des Schulpersonals);

d) Weiterbildung;

e) Personalveranstaltungen;

f) Lektionenpool für Stütz- und Fördermaßnahmen.

Die Schuleinheiten können innerhalb des ihnen zugewiesenen Globalkredits Übertragungen vornehmen. Ausgenommen von diesen Übertragungen sind Löhne und Verwaltungsentschädigungen.

Die Schuleinheiten können innerhalb des jährlichen Budgets des Schul- und Sportdepartementes und eines von der Präsidentinnen- und Präsidentenkonferenz festgesetzten Rahmens einzelne Kredite auf das folgende Kalenderjahr übertragen. Davon ausgenommen sind die Löhne.

Die Höhe des Globalkredits ist begrenzt durch das Budget des Schul- und Sportdepartements und richtet sich nach einheitlichen und transparenten Vorgaben, die von der Präsidentinnen- und Präsidentenkonferenz festgesetzt werden. Der Stadtrat legt die Entschädigungsansätze für die Verwaltungstätigkeiten fest.

Das Schul- und Sportdepartement weist jeweils auf Beginn des Kalenderjahres die aufgrund dieser Vorgaben berechneten Globalkredite den Schuleinheiten zu.

Für das Controlling im rechnerisch-formalen Bereich ist das Schul- und Sportdepartement zuständig. Die inhaltlich-materielle Prüfung obliegt der Kreisschulpflege, die dabei die von der Präsidentinnen- und Präsidentenkonferenz vorgegebenen Standards berücksichtigt.

Die Schulleitung informiert über die Verwendung der Mittel im jährlichen Qualitätsbericht."

2.3 Beurteilung

Diese beiden Beispiele versuchen zu belegen, wie unterschiedlich in der Schweiz der Entwicklungsstand der teilautonomen, geleiteten Schule ist. Man übertreibt kaum, wenn man behauptet, alle theoretischen Bemühungen um dieses neue Paradigma hätten zu einer Vielzahl von „Baustellen" geführt, die in vielen Kantonen die Kritik an der Neuerung verstärken. Leider liegen noch keine schweizerischen empirischen Untersuchungen vor, welche etwas über die Wirksamkeit teilautonomer, geleiteter Schulen aussagen. Aufgrund aller Erfahrungen lassen sich aber einige Hypothesen aufstellen, welche den Erfolg maßgeblich beeinflussen werden:

(1) Ohne Einführungsschulung aller Akteure wird sich die teilautonome, geleitete Schule nicht nachhaltig verwirklichen lassen.

(2) Vor Beginn der gesetzgeberischen Arbeit ist genau zu definieren, welche Autonomie den einzelnen Schulen zu gewähren ist.

(3) Das Rahmenmodell sollte die Grunderkenntnisse des NPM, in auf die Schule angepasster Form, übernehmen, wobei für die Behördenorganisation und die Aufgabenverteilung zwischen strategischer und operativer Schulführung zu unterscheiden ist.

(4) Teilautonome, geleitete Schulen lassen sich nur umsetzen, wenn alle Bereiche der Bildungspolitik, Schulverwaltung und Schulführung in konsistenter Weise auf das neue Paradigma ausgerichtet werden. Veränderungen nur in der einzelnen Schule reichen nicht aus.

Beachtenswert ist, dass *Zlatkin-Troitschanskaia* (2006) in einer systematischen Untersuchung im Land Berlin zu Erkenntnissen gelangt, welche diese Hypothesen stützen könnten.

3 Das Qualitätsmanagement an Schweizer Schulen

3.1 Entwicklungslinien

Die ersten in der Schulpraxis wirksamen Anstöße für ein Qualitätsmanagement gab Frey (Qualifizierungsverfahren 2Q), welche er aufgrund einer Kritik an den zu Beginn der neunziger Jahre aufkommenden Ideen der Übertragung der in der Wirtschaft gebräuchlichen Systeme ISO und EFQM auf die Schule aufbaute (*Frey* 1994). Seiner Meinung nach ist es für Schulen wenig sinnvoll und kaum machbar, die Schulqualität umfassend zu ermitteln, sondern es sollten einzelne Qualitäten erfasst werden. Weil zu jener Zeit zugleich verschiedene Kantone (vor allem Schwyz, Zürich, Bern, Baselland) die Einführung von Leistungslöhnen für Lehrkräfte diskutierten (*Dubs* 1990), begann er das QM mit Qualifizierungsverfahren der Lehrkräfte zu verbinden und führte an vielen Schulen wissenschaftliche Versuche mit seinem darauf ausgerichteten System 2Q durch (besonders klar dokumentiert sind die Versuchsergebnisse in *Kunz Heim* 1996 am Beispiel eines Gymnasiums). Etwa zur gleichen Zeit wurde die ISO-Organisation aktiv und versuchte Schulen für ein Qualitätsmanagement mit einer ISO-Zertifizierung zu gewinnen, was das damals für die Berufsbildung zuständige Bundesamt für Industrie, Gewerbe und Arbeit (BIGA) veranlasste, ein großes Projekt über die ISO-Zertifizierung von Berufsschulen einzuleiten (Projekt Zertifizierung von Berufsschulen vom 30. August 1996; *BIGA* 1996). Damit entwickelte sich allmählich eine Diskussion um umfassende QM-Systeme versus Beurteilung von einzelnen Schulbereichen (Schritt-um-Schritt-Verfahren) sowie Selbstbeurteilung versus Fremdbeurteilung. Mit einem grundlegenden Gutachten versuchte *Dubs* (2003) diese Diskussion systematisch zu ordnen.

Mitte der neunziger Jahre wollte der Kanton Baselland eine leistungsabhängige Lehrerbesoldung einführen, was zu heftigen Widerständen in der Lehrerschaft führte. Als Folge davon entschied sich die Regierung im Sinne eines Kompromisses auf die Einführung eines „Fördernden Qualitätsevaluationssystems (FQS), wie es *Strittmatter* (1997) entworfen hatte. Aufgrund der guten Erfahrungsberichte wurde Strittmatter zum maßgeblichen Wortführer gegen umfassende „Total-Quality-Systeme" und zugunsten einer Selbstevaluation von Teilaspekten der Schulqualität durch die Lehrerschaft selbst verbunden mit Schulentwicklungsmaßnahmen. Sein FQS haben inzwischen über 30 Schulen unter seiner Betreuung eingeführt. Gegen Ende der neunziger Jahre wurde das QM schließlich zum vorherrschenden Thema in der Schweiz: Nahezu jeder Kanton entwickelte sein eigenes Modell, wobei neben ISO, EFQM und FQS oft auch das Q2E-Modell der Nordostschweizerischen Erziehungsdirektorenkonferenz (*Steiner & Landwehr* 2003) entweder direkt übernommen oder adaptiert wurde. Zum Teil durch die gleichen Personen wurden gleichzeitig die Zürcher „Handbücher Schulqualität" entwickelt (2001, 2004). Diese wegleitenden Ansätze wiesen in Richtung Fremdevaluation und Zertifizierung von Schulen. Während sich diese Projekte vornehmlich mit Qualität und Schulaufsicht beschäftigten, versuchten andere Kantone (insbesondere Luzern: *neues Aufsichtsmodell* 1997; *Erziehungs- und Kulturdepartement des Kantons Luzern* 1997 und St. Gallen: *Projekt Schulqualität* 2001; *Erziehungsdepartement des Kantons St. Gallen* 2001) neben den Fragen des QM auch die notwendigen Veränderungen für die Aufgaben und Kompetenzen der Schulbehörden zu systematisieren.

Im Rahmen dieses Beitrages ist es nicht möglich auch nur andeutungsweise die einzelnen Entwicklungen und das Vorgehen der einzelnen Kantone nachzuzeichnen. Die Vielfalt ist sehr groß. Die generalisierenden Folgerungen lassen sich aber schon heute ziehen, auch wenn die Entwicklung bei weitem nicht abgeschlossen ist. Erstens setzen alle Kantone viel Personal und große finanzielle Mittel ein. Zweitens beschäftigen sich noch viele Kantone zu sehr mit Strukturen und Verfahren. Vielerorts fehlt die vertiefte Auseinandersetzung und Reflexion mit dem Wesen der Schulqualität (siehe dazu *Heid* 2000), so dass die Gefahr einer schematischen Routinisierung immer größer wird. Und drittens beginnen sich die Projekte des QM immer mehr zu verselbständigen, d. h. es fehlt die systematische Integration in das Gesamtkonzept der teilautonomen Schule und des NPM. In diesem Sinn sind auch die Vorschläge von *Dubs* (2002), dem neuen Paradigma ein ganzheitliches Modell zugrunde zu legen, völlig unerhört geblieben.

Eine weitere Dimension brachten die TIMSS- und PISA-Studien, welche die Frage der Schulqualität erneut in den Mittelpunkt der bildungspolitischen Diskussion führen. Einerseits wurde das HarmoS-Projekt eingeleitet, welches die Schulqualität zunächst für die Volksschule anhand von Bildungsstandards systematisch erfassen will (*EDK 2005*). Erfreulicherweise hat sich die zuständige Schweizerische Konferenz der kantonalen Erziehungsdirektoren (EDK) entschieden, die Bildungsstandards nicht überstürzt einzuführen, um die Standards auf aussagekräftigen Kompetenzmodellen aufzubauen. Andererseits hat der Kanton St. Gallen mit seinem Projekt Klassencockpit (*www.klassencockpit.ch*) einen andersartigen Ansatz entworfen, welcher den Lehrkräften in erster Linie Möglichkeiten zum Vergleich des Leistungsstandes ihrer Klassen geben will, und der von vielen anderen Kantonen übernommen wurde. Leider haben es die Bildungsbehörden versäumt, den Lehrkräften deutlich zu machen, dass sie mit diesen neuen Verfahren das QM nicht bereits wieder durch weitere „Baustellen" ersetzen wollen, sondern es sich um zusätzliche Verfahren des QM handelt. Einmal mehr wird deutlich, wie wichtig für eine glaubwürdige, nachhaltige Bildungspolitik ein bildungspolitisches Gesamtmodell wäre.

3.2   Die wichtigsten schweizerischen QM-Modelle

Das 2Q-Modell (Frey 1994)

Die Qualität einer Schule soll über die Qualifizierung der Lehrkräfte, die Verbesserung der Zusammenarbeit der Lehrkräfte sowie durch eine Optimierung des Lehr- und Lernklimas entwickelt werden. Grundlage dazu sind Qualifizierungsprofile für jede einzelne Lehrperson, indem die Schulleitung aus rund 22 Optionen wie Unterrichtsvorbereitung, Prüfungen und Lerndiagnose, Zusammenarbeit mit den Eltern usw. mit jeder Lehrperson einige Optionen auswählt, an denen die Lehrperson zur Selbstentwicklung arbeitet, und die am Ende des Jahres besprochen und qualifiziert werden. Dabei kann die Schule im Rahmen ihres eigenen Profils Optionen entwerfen, welche das Profil der gesamten Schule stärken sollen.

Das FQS-Modell (Strittmatter 1997)

Es handelt sich um ein System der Selbstevaluation, das in der Verantwortung der einzelnen Schule liegt, welche von außen vorgegebene und selbstdefinierte Qualitätsansprüche selbst überprüft, mit dem Ziel, die Qualität der Schule zu optimieren. Von außen wird nur überwacht, ob die Schule dies auch wirklich tut und dabei geeignete Verfahren und Methoden einsetzt. Analysiert werden vor allem Prozessvariablen und angestrebt wird, aufgrund der Ergebnisse Schulentwicklungsmaßnahmen einzuleiten. Dazu kommt eine Berichterstattung an Schulbehörden.

Das Q2E-Modell (Steiner & Landwehr 2003)

Dieses Modell geht von drei Voraussetzungen aus: *(1)* Qualität heißt: die durch die einzelne Schule selbst festgelegten Qualitätsansprüche (Qualitätsversprechen). *(2)* Die Qualität ist weniger auf ein fehlerfreies Produkt als vielmehr auf Prozesse gerichtet, die zu fehlerfreien Produkten führen. *(3)* Erreicht werden sollen die Erwartungen aller Akteure der Schule und eine hohe Zufriedenheit aller. Auf diesen Zielvorstellungen wird ein Modell mit folgenden Komponenten aufgebaut: Ein Qualitätsleitbild für die Schule, eine Feedbackkultur mit persönlicher Qualitätsentwicklung, eine Selbstevaluation der ganzen Schule (vornehmlich Fokusevaluation), mit der die Schulentwicklung vorangetrieben wird, ergänzend eine externe Evaluation durch Peers und eine Q2E-Zertifizierung, welche auf der externen Evaluation aufbaut.

Klassencockpit (www.klassencockpit.ch)

Das Klassencockpit ist ein Testsystem zur Qualitätssicherung in den Fächern Deutsch und Mathematik, welches Lehrkräften zur Verfügung steht, damit die einzelnen Lehrkräfte ihre Klassen dreimal im Jahr mit auf den Lehrplan abgestimmten Aufgaben testen können. Aufgrund einer repräsentativen Stichprobe von 450-600 Schülerinnen und Schülern erhalten die Lehrkräfte Vergleichswerte, um im Sinne einer Selbstevaluation eine Standortbestimmung ihrer Klasse anhand der Vergleichswerte vornehmen zu können. Das ganze Verfahren wird kantonsweise über Internet abgewickelt.

Peer Review

Die umfassendste Überwachung der Qualität von Schulen erfolgte im Rahmen des Aufbaus der schweizerischen Fachhochschulen (*EFHK* 2002, 41-59). In zwei Peer Reviews wurden beim ersten Durchgang 270 Studiengänge und in einem zweiten Durchgang 80 Studiengänge, die als kritisch beurteilt wurden, von über 300 Experten evaluiert. Nach anfänglichen Widerständen wirkte sich die Peer Review in der Meinung der Schulen und ihrer Dozierenden positiv auf die Qualitätsfortschritte aus. Allerdings hingen diese positiven Einflüsse sehr stark von der Qualität der Peer Berichte sowie dem Bemühen der Schulen, Empfehlungen und Auflagen zu verarbeiten, ab. Als ungeeignet erschien aber das System, wenn es um Anerkennung bzw. Ablehnung von Studiengängen ging. Bei vielen Peers fehlte die Bereitschaft zu konsequent strengen Anträgen, auch wenn sie hervorragende Peer Berichte verfassen.

3.3 Empirische Erkenntnisse zur Wirksamkeit des Qualitätsmanagements

Der wissenschaftliche Beweis, ob der große Einsatz von Arbeitszeit der Lehrkräfte und finanziellen Mitteln zu Qualitätsverbesserungen in den Schulen geführt hat, steht (noch) aus. Verantwortlich dafür ist der in der Schweiz immer noch bestehende Mangel an verlässlichen Daten über die Lernleistungen der Schülerinnen und Schüler. Solange dieses Defizit besteht, wird es nicht gelingen, den Nutzen des QM verlässlich nachzuweisen. Deshalb wird häufig auf systematische Befragungen zurückgegriffen, deren Erkenntnisse jedoch mit Vorsicht aufzunehmen sind. Wenn Schulleitungen und Lehrkräfte für eine Innovation viel Zeit aufwenden, werden sie im Interesse der Anerkennung ihrer Arbeit bei Befragungen kaum kritische und negative Aussagen machen. Deshalb dürfen die zwei angeführten Untersuchungen im Hinblick auf die Frage der Wirksamkeit des QM nicht überinterpretiert werden.

Ein grundlegendes Dokument stellt der Nationale Rapport des *BBT* (2004) dar, in welchem alle zertifizierten Berufsschulen vorgestellt und die erreichten Ergebnisse des QM für jede Schule qualitativ beschrieben werden. Zusätzlich behaupten *Spichiger-Carlsson & Martinovits-Wiesendanger* (2001) in einer Studie, dass die Berufsschulen mit ISO-Zertifizierung bei einigen Indikatoren (Glaube an den Nutzen von ISO, mehr Transparenz bei den Zielsetzungen der eigenen Schule, Verbesserung der außerunterrichtlichen Maßnahmen usw.) besser abschneiden als nicht zertifizierte Schulen. Umgekehrt ergaben sich keine Unterschiede in den Auswirkungen des QM in den Bereichen Schulklima und Unterrichtsqualität. Hingegen werden als Folge des QM positive Auswirkungen auf die Organisation und die Arbeitsabläufe in der Schule vermeldet. Obschon die Verfassenden ihre Daten auch auf ausdrückliches Verlangen nicht offen legen, ziehen sie folgenden Schluss: „Per Saldo kann jedenfalls davon ausgegangen werden, dass aufgrund des hohen Glaubens an die Zukunft des ISO-QMS (v. a. unter den Entscheidungsträgern) auch im Sinne einer ‚Self fullfilling prophecy' ein langes Weiterbestehen des ISO-QMS sehr wahrscheinlich ist. Bei Non-ISO-QMS sinkt der Glaube an die Zukunft der gewählten Systeme hingegen; er ist im Jahre 2000 schon deutlich kleiner gewesen als noch 1999."

Eine weitere wissenschaftliche Untersuchung wurde an den 40 öffentlichen Mittelschulen (Gymnasien und verwandte Schulen) und Berufsschulen im Kanton Zürich durchgeführt (*Bildungsdirektion Zürich/econcept* 2005). Grundlage dazu sind die folgenden Erhebungen: Analyse der Zwischenberichte der Schulkommissionen, der Rektorinnen und Rektoren sowie der Q-Verantwortlichen sowie von Lehrpersonen und Schüler(innen) der Schulen, zum Teil ergänzt durch vertiefende Gespräche. Es ergaben sich folgende Erkenntnisse:

- Grundsätzlich tun sich Gymnasien mit der Einführung des QM schwerer als Berufsschulen.

- Obschon die Schulen bei der Wahl des QM frei waren, folgten die meisten Schulen dem vorgegebenen Modell des zuständigen Amtes (Handbücher 1 und 2). Sieben Berufsschulen verwendeten ISO. Eigene Modelle wurden selten gewählt.

- Es ist noch nicht gelungen, ein einheitliches Verständnis der Selbstevaluation auf der Grundlage der Handbücher aufzubauen. Selbstevaluation wird zum Teil unverbindlicher verstanden als „die systematische Sammlung und Analyse von nicht routinemäßig verfügbaren Informationen über verschiedene Aspekte eines gegebenen Studienobjektes, um seine kritische Beurteilung zu ermöglichen. Insbesondere bei Berufsschulen scheint ein eingeschränktes Verständnis vorhanden zu sein, oft im Sinne einer laufenden Prozessoptimierung oder der Lösung eines aktuellen Problems."

- Aufgrund der Befragungsergebnisse wird der Schluss gezogen, dass die QM-Arbeiten und insbesondere der Individualfeedback einen deutlichen und positiven Einfluss auf das Qualitätsbewusstsein der Lehrkräfte hat. Auch ergab sich die Meinung, die Qualität der ganzen Schule sei in Richtung „guter Schule" beeinflusst worden.

- Gefordert wurde jedoch, dass im Hinblick auf eine zielgerichtete und wirksame Steuerung des schulinternen QM die Leistungsziele und die erwünschten Wirkungen als Prüfkriterien reduziert sowie klar und messbar definiert werden sollten.

Neben diesen beiden großen Untersuchungen liegen viele kleinere Befragungen vor. Sie alle lauten aber positiv. Einen wirklichen Beweis über die Verbesserung der pädagogischen Wirksamkeit mittels des QM liefern aber alle Arbeiten nicht. In dieser Hinsicht sollten die Arbeiten von *Fend* (1998) in der Schweiz viel intensiver fortgeführt werden.

3.4 Beurteilung

Leider lässt sich bei der Lehrerschaft vielerorts ein nachlassendes Interesse am QM feststellen. Verantwortlich dafür sind eine ungenügende Ausbildung der Lehrkräfte (man kann die Aufgabe des QM nicht nur anordnen), Misserfolge infolge von Fehlern bei der Einführung, keine spürbaren Qualitätsverbesserungen, ungenügende Organisation des QM in den einzelnen Schulen sowie schlechte staatliche Rahmenbedingungen. Diese Entwicklung müsste durchbrochen werden, indem in erster Linie die staatlichen Rahmenbedingungen in den einzelnen Kantonen klar festgelegt werden, und es müsste einsichtig werden, dass auch das QM nicht nur staatlich angeordnet werden kann, sondern die Aus- und Weiterbildung der Behörden und Lehrkräfte eine Grundvoraussetzung für den Erfolg neuer Paradigmen ist.

4 Nachwort

Das schweizerische Bildungswesen ist im Umbruch. Es fehlen aber die Voraussetzungen für die Nachhaltigkeit von Neuerungen. Dazu genügt es nicht, vom Lehrpersonal immer mehr zu fordern: Auch Bildungspolitikerinnen und Bildungspolitiker sowie die Schulverwaltungen müssen sich viel intensiver mit konzeptionellen Fragen einer nachhaltigen Bildungspolitik beschäftigen.

György Venter

Erweiterte Autonomie der Einzelschule in Ungarn –
Von der Euphorie zur kritischen Alltagsbewältigung

Die Autonomiebestrebungen in Ungarn reichen noch vor den politischen und gesellschaftlichen Wandel 1989/90 zurück. Mit der Öffnung wurde im ungarischen Bildungswesen in rascher Folge eine weitgehende Dezentralisierung implementiert. Diese Phase kann man als diejenige der „Autonomieeuphorie" charakterisieren. Seit der zweiten Hälfte der 1990er Jahre verschiebt sich der Steuerungsschwerpunkt zurück in Richtung der Zentralisierung von Entscheidungsbefugnissen. Vor diesem Hintergrund werden Chancen und Risiken der erweiterten Selbstständigkeit der Einzelinstitution und der Akteure diskutiert.

0 Vorbemerkungen

Seit spätestens Mitte der 1980er Jahre durchläuft Ungarn hinsichtlich der Frage, auf welche Weise sein Bildungssystem im komplexen Gefüge zwischen Zentralregierung, Komität und Kommunen gesteuert werden soll, einen – fast könnte man sagen – „Schlingerkurs", und letztendlich scheint er immer noch nicht beendet zu sein. Zentrale Themen dabei sind zum einen das Ausmaß der Dezentralisierung oder besser die Balance der Verantwortlichkeiten über die verschiedenen Ebenen des Bildungssystems hinweg (zu den Ebenen vgl. z. B. *Bronfenbrenner* 1981) und zum anderen die Gestaltung der relativen Autonomie oder erweiterten Selbstständigkeit der Einzelschule, dies wiederum in der Verknüpfung mit der Erweiterung der Freiräume für das unterrichtliche Handeln der Akteure vor Ort. Wenn auch in den spezifischen Strukturen, so stellen sich damit auch in Ungarn ganz ähnliche Probleme, wie sie in den Bildungssystemen der Mehrzahl der europäischen Länder erkennbar sind; denn diese mussten ebenfalls in den letzten ca. zwei Dekaden auf die massive Veränderung der Umgebungsbedingungen wie den Transformationen auf dem Arbeitsmarkt und im Beschäftigungswesen, in der Familie, in der demographischen Entwicklung etc. reagieren (zur deutschen Debatte in der Folge der PISA-Studien vgl. z. B. *Bundesministerium für Bildung und Forschung* 2006b). Solche Probleme sind vor allem die strukturelle, institutionell-organisatorische Gestaltung des Bildungssystems, die Steuerung der verschiedenen Ebenen und deren Verknüpfung zwischen bildungspolitischer Verantwortung der Zentralregierung und der Qualitätssicherung in den Unterrichtssituationen in der einzelnen Schule. Allerdings stellen sich die historischen Wurzeln, die gesellschaftlichen Kontexte und die Bedingungen im ungarischen Bildungswesen auf eine sehr spezifische Weise dar.

1 Zum Ausgangspunkt der Reformprozesse seit den 1970er Jahren – Zentrale Steuerung und Widerstände

Bevor die allgemein-gesellschaftlichen, hier vor allem die politischen und wirtschaftlichen Transformationsprozesse der Jahre 1988/89 begannen, zeichnete sich das ungarische Bildungssystem durch eine stark zentralisierte, staatliche Steuerung aus – ein

Steuerungskonzept, das in dieser bzw. ähnlicher Form in fast allen osteuropäischen Staaten zu finden war (*Balázs & Halász* 2000; auch *Venter* 1997; zu anderen osteuropäischen Ländern vgl. die Beiträge in z. B. *Venter, van Buer & Lehmann* 1997). Charakteristisch für diese Form der Steuerung sind zum einen das Einheitsschulsystem, in dem weder regionale Sonderformen der Einzelschule noch erkennbare institutionelle Teilautonomie zugelassen waren und zum anderen ein detailliert ausgearbeiteter, zentral verordneter Lehrplan (vgl. z. B. *Halász* 1994).

Im Vergleich zu den anderen ehemals sozialistischen Staaten wurden in Ungarn jedoch bereits seit Ende der 1970er Jahre verstärkte Autonomiebestrebungen der Einzelschule sichtbar; diese zielten vor allem auf schulische Teilautonomie im Rahmen von veränderten Trägerschaften und nicht zuletzt auch auf verstärkte selbstständige Mittelbewirtschaftung ab (vgl. z. B. *Venter* 1997, 88). Gleichzeitig formierten sich bereits zu dieser Zeit Initiativen, die eine radikale Neugestaltung der sozialistisch geprägten gesellschaftlichen Schulstrukturen in Ungarn im Sinne strikter Dezentralisierung anstrebten und dies auch im schulischen Bereich über die Ebene der lokalen Schulpolitik durchzusetzen suchten. Dabei wurden neben der Veränderung der Finanzierung auch die curricularen Gestaltungsräume der Einzelschule sowie die pädagogische Selbstständigkeit der Lehrenden in den Vordergrund gestellt (vgl. z. B. *Nagy* 1996). Allerdings war diesen Bemühungen nur wenig Wirkung beschieden, nicht zuletzt auch aufgrund der mangelnden Vorbereitung der Akteure selbst (vgl. z. B. *Petrikás* 1996).

Neben den schon angedeuteten Veränderungen der finanziellen Steuerung der Einzelschule bezogen sich die ersten Reformversuche der 1970er Jahre auch auf die inhaltliche sowie didaktisch-methodische Modernisierung des Lehrplans (vgl. z. B. *Halász* 1994). Zentrale Themen wie die Neuausrichtung von Bildungs- und Erziehungswerten auf die veränderten gesellschaftlichen Leitideen sowie Fragen der strukturellen Umgestaltung des Schulsystems blieben zu diesem Zeitpunkt jedoch von der einschlägigen Diskussion weitgehend unberührt. Ebenfalls schon in den 1970er Jahren wurde mit der Modernisierung der Lehrmittel sowie mit der Erprobung und Implementation neuer, schülerorientierter Lehrmethoden begonnen. Dies erfolgte insbesondere auf Initiative von Einzelschulen, die trotz zentraler Kontrolle und auch Sanktionen ihre eigenen Ziele durchzusetzen suchten. Stützend wirkten ebenfalls die wenigen staatlich genehmigten Schulversuche. Insgesamt ist für diese Zeit zweierlei feststellbar – das Fehlen eines ganzheitlichen Reformkonzepts und in der Folge die Zersplitterung der Autonomiebestrebungen. Betrachtet man aus der heutigen Sicht die Reformbemühungen dieser Periode, so spielen strukturelle Veränderungen kaum eine Rolle (z. B. Veränderungen in Richtung struktureller Differenzierungen des Einheitsschulsystems). Viele der Forderungen und Bemühungen blieben eher strukturneutral; sie zielten sehr direkt auf die Ebene des Unterrichts, d. h. auf die Veränderung des Curriculums und auf die Modernisierung der Lehr-Lern-Prozesse (vgl. auch *Báthory* 2000).

Unter dem verstärkten Druck der gesellschaftlichen Veränderungen, die im Kontext des Zerfalls der großen politischen Blöcke in Europa stattfanden und eine weit reichende Demokratisierung der ungarischen Gesellschaft auslösten (*Báthory* 2001), konzentrierten sich die Reformbemühungen in den späten 1980er und frühen 1990er Jahren auf die Dezentralisierung der Steuerungsverantwortlichkeiten im Bildungswesen.

Diese zielte primär auf die Erweiterung der einzelschulischen Selbstverantwortung sowie auf die Öffnung schulpolitischer Gestaltungs- und Entscheidungsräume für die Mitwirkung der verschiedenen gesellschaftlichen Interessengruppen in der einzelnen Schule selbst (vgl. z. B. *Petrikás* 1994; *Venter* 1997, 88ff.). Dabei prägten die radikalen gesellschaftlichen Umbrüche nach 1988/89 in besonderer Weise auch die Veränderungen im Bildungssystem und führten zur Beschleunigung dieser Prozesse selbst.

Gerade für Ungarn kann festgestellt werden: Die Bestrebungen zur Dezentralisierung der Steuerungsverantwortung und zur Erweiterung der (Teil-)Autonomie der Einzelschule hatten ihren Ursprung nicht in den angesprochenen gesellschaftlichen Veränderungen, sondern waren schon deutlich früher angelegt. Einen ersten Kristallisationspunkt dafür stellen bereits die Bestimmungen des Bildungsgesetzes Nr. I aus dem Jahr 1985 dar. Letzteres kann als eine Art „Zwischenergebnis" der oben angedeuteten Reformbestrebungen verstanden werden sowie als ein weiterführendes Element in einer neuen, insgesamt reformorientierten Politik; diese umfasste das gesamte Bildungssystem vom Kindergarten über die Grund- und die weiterführenden Schulen, über die Berufsbildung bis hin zur Hochschulbildung. Im Bildungsgesetz wurden die erweiterte Autonomie der Bildungseinrichtungen sowie die pädagogische Selbstständigkeit der Lehrpersonen zu expliziten Zielen der Schulpolitik definiert und zugleich formalrechtlich garantiert (vgl. z. B. *Venter* 1997, 86). Weiter reichende Prinzipien von Dezentralisierung sowie der Innovationsorientierung im Bildungsbereich finden dort implizit ebenfalls Berücksichtigung.

Die Wiederaufnahme bzw. Intensivierung internationaler Beziehungen mit der westlichen Staatengemeinschaft nach dem Systemwechsel der späten 1980er Jahre und die verstärkt auftretenden europäischen Einflüsse, die durch die Beitrittsverhandlungen zur Europäischen Union Mitte der 1990er Jahre erkennbar wurden, forcierten die Reformbestrebungen im Bildungswesen und wirkten im Folgenden stark prägend. Dies betraf im Besonderen den Bereich der Lehrplangestaltung: Nach angelsächsischem Vorbild wurden die zentralen Lehrplanvorgaben durch ein zweistufiges Verfahren ersetzt, welches die Erstellung nationaler Grundlehrpläne und die Ausdifferenzierung dieser auf regionaler bzw. lokaler Ebene vorsieht (ausführlicher vgl. *Venter* 1997). Weitere Veränderungen sind durch die Implementierung des Europäischen Qualifikationsrahmens (*Kommission der Europäischen Gemeinschaft* 2005; 2006; *Kloas* 2006) mittels des noch zu konstruierenden Nationalen Qualifikationsrahmens zu erwarten.

2 Zur Veränderung der rechtlichen Rahmenbedingungen nach 1985

Die wohl am weitesten reichende Neuerung des Bildungsgesetzes Nr. I von 1985 bezog sich auf die Festlegung in § 10 Abs. 1. Dort heißt es:

„Die Erziehungs- und Bildungsinstitutionen sind gemäß den Bestimmungen des Gesetzes fachlich selbstständig".

In Verbindung mit der Möglichkeit, Schulen nach alternativen pädagogischen Prinzipien zu organisieren (gemäß § 21 Abs. 2 und § 24 z. B. im Rahmen von Waldorf- und

Montessori-Schulen), kann die Gewährung curricularer Freiräume als Kernelement der Entwicklung hin zur erweiterten Autonomie der Einzelschule gesehen werden. Quasi nachträglich erfuhren damit auch solche Innovationen ihre Legitimation, die bereits vor dem Erlass dieses Gesetzes neue Verfahren erprobt hatten und dadurch die weiteren Entwicklungen stark prägten (vgl. Abschnitt 1).

Weitere, die einzelschulische Selbstverantwortung stärkende Regelungen bezogen sich *(a)* auf die *Auswahl der Schuldirektoren und -direktorinnen* über öffentliche Ausschreibungen und im Einvernehmen mit den Lehrkräften der Schule (§ 64 Abs. 2, 3), *(b)* auf die *Ergänzung des Lehrplans* durch regionale und/oder schulspezifische Lehrstoffauswahl (§ 14 Abs. 3, 4) sowie *(c)* auf zusätzliche *inhaltliche Gestaltungsfreiräume* bei der Umsetzung curricularer Vorgaben durch die Lehrenden (§ 41 Abs. 1).

Die demokratisch-gesellschaftliche Kontrolle dieser der Einzelschule neu gewährten Entscheidungsräume sollte durch neu eingerichtete so genannte „Schulräte" gewährleistet werden; in diesen sind Eltern, Lehrende, Vertreter der Schulträgerschaft und nicht zuletzt auch die Schülerinnen und Schüler selbst organisiert (§ 68 Abs. 1 und 2; vgl. *Venter* 1997). Elemente der Demokratisierung und Liberalisierung des Schulrechts finden sich darüber hinaus in der Erweiterung der Rechte der Schüler und Schülerinnen, z. B. durch die Organisation von Interessenvertretungen (§ 33 Abs. 1 Punkte h und i; § 90 Abs. 1) sowie durch die Flexibilisierung der Schulpflicht (§ 50 Abs. 1).

Die nach 1985 folgenden Novellierungen des Bildungsgesetzes von 1990 und 1993 brachten vor allem in zwei Punkten Veränderungen: *(a)* Das staatliche Schulmonopol wurde aufgehoben und damit auch das Einheitsschulsystem in Ungarn. *(b)* Die Ausarbeitung lokal-regional bzw. schulspezifischer pädagogischer Programme wurde ermöglicht (vgl. z. B. *Petrikás* 1994).

Damit wurden die notwendigen formal-rechtlichen Voraussetzungen geschaffen, der Einzelschule weit reichende pädagogische Gestaltungsfreiräume nicht nur formal zu gewähren, sondern diese auch ihrer Implementierung zuzuführen. Somit konnten sich die ungarischen Schulen auf zwei zentrale Instrumente institutioneller Autonomie berufen – auf die *Organisations*autonomie sowie auf die *Lehrplan*autonomie. Allerdings wurden sie gleichzeitig verpflichtet, die damit verbundenen Konstruktions- und Gestaltungsaufgaben ebenfalls selbst zu implementieren. Damit entstand neben erhöhten Kosten auch eine Vielzahl neuer Anforderungen an das professionelle Profil sowohl der Lehrpersonen als auch der Schulleitungen (vgl. *Venter* 1997, 91ff.).

Zusammenfassend kann herausgestellt werden: Als Voraussetzungen der erweiterten institutionellen Selbstverantwortung der Einzelschule wurden durch die einschlägigen Gesetzesänderungen zwischen 1985 bis 1993 den schulischen Akteuren umfängliche Entscheidungs- und Mitwirkungsbefugnisse an institutionellen Gestaltungs- und Entwicklungsprozessen gewährt, die sowohl die institutionell-organisatorische als auch die pädagogische Ebene umfassen. Sie bilden eine rechtlich gesicherte Grundlage, die berufliche Identität der Akteure „vor Ort" in Richtung auf die verstärkte Übernahme ganzheitlicher Verantwortung zu verändern. Der vorliegende gesellschaftliche Gestaltungs- und Kontrollanspruch an die schulische Arbeit sollte durch die neu eingerichteten Schulräte im Sinne eines Organs der an Schule direkt und indirekt beteiligten Interessengruppen wahrgenommen werden.

3 Zu den Folgen der veränderten Steuerung des Bildungswesens für die Akteure

Die Festlegungen des Bildungsgesetzes von 1985 stellten erste Schritte in Richtung auf die Gestaltung eines Bildungssystems dar, das nicht länger zentral direkt durch die politische Führung gesteuert wird, sondern in dem die Bildungseinrichtungen in relativer Autonomie handeln. Durchaus im Unterschied zu anderen nationalen Sprachregelungen wird in Ungarn der Begriff der Autonomie primär als das Gewähren tatsächlicher Handlungs(frei-)räume durch Wahl- und Gestaltungsfreiheiten in zentralen Entscheidungsfragen verstanden; von relativer Autonomie indes wird gesprochen, wenn die Schulen als Teile eines gesamten Schulsystems dem lokal- und regionalübergreifenden national gültigen Bildungsprogramm verpflichtet sind (vgl. *Loránd* 1994).

Die Erweiterung der einzelschulischen Autonomie bedurfte neben der Neuregelung der finanziellen und pädagogisch-planerischen Zuständigkeiten auch der Umstrukturierung der schulischen Verwaltung. Dazu gehörte es, insbesondere die Gefahr möglichst gering zu halten, dass bei der Umsetzung der gesetzlich gewährten Freiräume den Einzelschulen die in ihren Verantwortungsbereich fallenden Befugnisse durch die Schulpolitik bzw. durch die regionalen bzw. lokalen Verwaltungen entzogen wurden, wie dies immer wieder beobachtbar war (*Palotás* 2000).

Insgesamt manifestierte das Bildungsgesetz von 1985 jedoch das Umdenken in der staatlichen Steuerungspolitik. Die Erweiterung der einzelschulischen Autonomie sowie der Selbstständigkeit der Lehrenden wurde mit der Hoffnung verbunden,

- die Qualität und Leistungsfähigkeit der Schulen durch individuelles eigenverantwortliches Handeln der pädagogischen Akteure zu steigern,
- darüber hinaus die Entwicklung einer ganzheitlich ausgerichteten Qualitätskultur einzuleiten,
- die Schulen aus ihrer „anonymen Verantwortungslosigkeit" (*Gazsó* 1988) zu führen und
- ihre Innovations- und Entwicklungsorientierung zu fördern.

Nachdem den Schulen durch den formal-rechtlichen Rahmen die notwendigen Handlungs- und Gestaltungsräume für eine eigenverantwortliche Schulentwicklung zuerkannt wurden, stellte sich relativ schnell die Frage nach der Art und Weise der Umsetzung dieser Maßnahmen in den Einzelinstitutionen sowie nach den damit erzielten gewollten bzw. auch ungewollten Wirkungen (vgl. z. B. die Betrachtungen in *Báthory* 1985; *Loránd* 1986; *Kozma* 1987; *Ballér* 1988).

Die Gewährung erweiterter einzelschulischer Autonomie erfolgte zunächst weitgehend ohne den Aufbau eines entsprechenden Unterstützungs- und Fortbildungssystems für die Lehrkräfte sowie für das schulische Leitungspersonal; auch die erforderlichen Anpassungen in der beruflichen Ausbildung der Lehrkräfte wurden nur zögerlich eingeleitet. Weiterhin wurde das System zentraler Lehrplanvorgaben mit dem Schuljahr 1997/98 erst wesentlich später durch die Einführung eines Nationalen Grundlehrplans abgelöst (vgl. *Venter* 1997, 90f.). Ebenfalls entwickelte sich die Dezentralisierung der Handlungs- und Entscheidungsverantwortung zunächst ohne die Veränderung der zu diesem Zeitpunkt bestehenden Leitungsstrukturen in den übergeordneten Ebenen sowie ohne den gezielten Aufbau eines leistungsfähigen Schulmanagementsystems.

Vor diesem Hintergrund ist es nicht verwunderlich: Die durch das neue Bildungsgesetz von 1985 eingeleiteten Veränderungen stießen bei den Akteuren „vor Ort" nicht nur auf Akzeptanz, sondern riefen vielfach einen nachhaltig ambivalenten Eindruck hervor. Vor allem mangelnde Vorbereitungen durch einschlägige Fortbildungen etc., aber auch die unzureichende finanzielle und sachliche Ausstattung der Schulen wurden als hervorstechende Gründe für dieses zurückhaltende bzw. sogar ablehnende Verhalten gegenüber den neuen Aufgaben von und Anforderungen an Schulleitungen und Lehrkräfte benannt (zusammenfassend vgl. *Venter* 1997, 92ff.).

> Dies waren Reaktionen, wie sie im Zuge der schnellen und verdichteten Implementierung von Veränderungen und neuen Steuerungsinstrumenten als Folge der beiden PISA-Studien (vgl. z. B. *Baumert, Trautwein & Artelt* 2003; *Prenzel, Senkbeil & Drechsel* 2004) ebenfalls z. B. in Deutschland sichtbar werden: So zeigen die einschlägigen Studien zur Schulprogrammarbeit von *Holtappels & Müller* (2004) oder von *Mohr* (2006) durchaus vergleichbare Befunde zu den Reaktionen der deutschen Lehrkräfte auf die überwiegend schlecht vorbereitete Implementierung neuer Steuerungs- und Controllinginstrumente, vor allem derjenigen auf der Mesosystemebene der einzelnen Schule.

Weitere Befürchtungen waren: Nach Jahrzehnte langer zentraler Steuerung können die aus der einzelschulischen Entwicklungsverantwortung entstehenden Erfordernisse, z. B. im Bereich der Unterrichtsentwicklung, durch die Schulleitungen und Lehrkräfte nicht in allen Schulen auf vergleichbar hohem Niveau bewältigt werden. In der Folge könnte es im Vergleich der Einzelschulen zu ungewollten lokalen und regionalen Differenzierungsprozessen kommen (*Halász* 2000). Diese – so die Vermutung – könnten noch weiter „dynamisiert" werden, dies nicht zuletzt durch die Vergleiche der „Nachfrager", d. h. der Eltern, der Schüler und Schülerinnen selbst etc., die auf impliziten, weitgehend subjektiv basierten Rankings beruhen.

In der Rückschau verweisen die Entwicklungen in den Jahren seit 1989 auf das Folgende: Vor allem die Schulen, die sich schon unter dem zentralen Steuerungssystem als besonders innovationsfreudig hervorhoben, wussten die neuen gesetzlichen Handlungsfreiräume aktiv zu nutzen; und in ihrer Qualitätsentwicklung profitierten sie auch stark davon. In diesen Schulen führte das neue Bildungsgesetz zu einer Bestätigung der bisher geleisteten Arbeit und in der Folge auch zu hoher Zufriedenheit der Akteure vor Ort. Allerdings wurde damit auch die Gefahr der ungewollten Qualitätsspreizung im Vergleich der Schulen deutlicher als bis dahin sichtbar.

> Über ähnliche Entwicklungen berichtet z. B. *Halász & Altrichter* (2000). In Deutschland belegen empirisch gesichert für den vergleichbaren Zeitraum die einschlägigen Studien ebenfalls die starke Qualitätsvarianz zwischen Einzelschulen innerhalb derselben Schulform (für Hamburg vgl. z. B. *Lehmann, Hunger* et al. 2004; für Brandenburg

vgl. *Lehmann, Peek* et al. 2000). Pädagogisch bedeutsame regionale Unterschiede zeigen die Spezialanalysen der PISA-Daten auf (vgl. *Baumert & Artelt* 2003).

Im dem beschriebenen Entwicklungszeitraum Mitte der 1990er Jahre befragte *Kotschy* (1994) an 9 Schulen in Ostungarn insgesamt 98 Lehrerinnen und Lehrer zu ihren subjektiven Wahrnehmungen hinsichtlich der erweiterten Autonomie in Schule und Beruf nach 1989. Für diese erste Phase der Implementierung der erweiterten Selbstständigkeit der Einzelschulen zeichnen sich die folgenden zentralen Befunde ab:

- Die erweiterten pädagogischen Freiräume wurden von den Lehrenden vor allem in der inhaltlich-didaktischen Gestaltung des Unterrichts wahrgenommen.

- Ein großer Teil der Lehrenden nahm an Entscheidungen teil, die auf die Unterrichts- und Erziehungstätigkeit ihrer Schule zielten. Deutlich seltener jedoch engagierten sie sich in der Schulorganisation.

- Ca. ein Viertel der Lehrkräfte fühlte sich in seiner pädagogischen Arbeit praktisch uneingeschränkt autonom.

- Gleichzeitig gab jedoch ein Drittel der Befragten an, auf die neuen Anforderungen der verstärkt selbstständigen Arbeit nur unzureichend vorbereitet zu sein, und forderte regelmäßige Fort- und Weiterbildungsangebote.

- Als die Faktoren, die die neuen Freiräume signifikant beschränken, benannten die Lehrkräfte vor allem Zeitmangel und berufliche Überlastungen. Dies betonten vor allem diejenigen Lehrkräfte, die sich als eher innovationsfreudig und engagiert einschätzten.

In der Folge stellte sich für die Bildungspolitik bezüglich der großen Mehrheit der Schulen eine nur schwer auszubalancierende Aufgabe: Sie bestand darin,

- die schulindividuellen Entwicklungsprozesse aktiv zu unterstützen,

- die nationale Vergleichbarkeit der schulischen Leistungserbringung über alle Schulen hinweg zu sichern, weiteren Leistungsspreizungen im Vergleich der Einzelschulen vorzubeugen bzw. diese zu mildern und damit lokale und regionale Leistungsunterschiede in der Schulqualität zu senken sowie

- Gewähr dafür zu tragen, dass die neu gewährten einzelschulischen Autonomiebereiche nicht wieder implizit und/oder explizit eingeschränkt wurden.

Die historisch gewachsenen, in der ungarischen Gesellschaft verhafteten Leitideen zur Autonomie im Sozial- und Politikwesen spielen nach wie vor auch in der Bildungspolitik eine wichtige, oftmals „verdeckte" Rolle: Im Bereich von Unterrichten in der öffentlichen Schule sind derzeit drei Arten von Autonomie feststellbar, die letztendlich auch als Spiegelbild der für ungarischen charakteristischen, hier nur angedeuteten gesellschaftlichen Entwicklung interpretiert werden können (*Vágó* 2000): *(a)* Die Schulen werden von den gewählten und mit politischer Autonomie ausgestatteten kommunalen Institutionen gesteuert. *(b)* Schulen werden durch religiöse Gemeinschaften oder durch andere vom Staat unabhängige Gruppen oder Institutionen geführt und sind zumindest in erkennbaren Teilen auch curricular unabhängig. *(c)* Die Einzelschule verfügt über einen eigenen, mit Entscheidungskompetenzen ausgestatteten Rat, so dass die Steuerungsmacht des Staates signifikant eingeschränkt ist; in diesem arbeiten Eltern, lokale Gruppierungen und Vertreter von Wirtschaftsverbänden etc. zusammen.

Neben der historisch-gesellschaftlichen Grundlegung dieser Autonomieformen ist das „Austesten" unterschiedlicher Autonmiemodalitäten und damit letztendlich auch unterschiedlicher Steuerungskonzepte zwischen strikter zentraler Steuerung einerseits und hoher indirekter Kontextsteuerung andererseits europaweit an Fragen geknüpft, die skizzenhaft wie folgt benannt werden können – Dezentralisierung der Entscheidungsprozesse und Verantwortlichkeiten, damit verknüpfte gesellschaftliche Erwartungen steigender Qualität, Effektivität und Effizienz, Umstellen der Strategien im öffentlich finanzierten Bildungssystem von primärer Inputsteuerung auf verstärkte Outputsteuerung, Erweiterung der Selbstständigkeit der Einzelschule mit gleichzeitiger Erhöhung der Rechenschaftslegung und Verstärkung zentraler Evaluation (dazu vgl. den Beitrag von *van Buer & Köller* in diesem Handbuch; zu den unterschiedlichen Steuerungskonzepten vgl. die beiden Beiträge von *Zlatkin-Troitschanskaia*).

Im Gefüge dieser Steuerungsinstrumente und deren Implementierung auf den verschiedenen Ebenen des Bildungssystems zwischen Exo- und Mikrosystemebene (zu diesen Ebenen vgl. *Bronfenbrenner* 1981) ergibt sich für Ungarn ein „Autonomiedreieck" – Autonomieansprüche der Zentral- bzw. der jeweiligen Komitátregierung, Autonomieansprüche der Einzelschule sowie Autonomieansprüche der einzelnen Lehrperson (für die Einzelschule vgl. z. B. *Loránd* 1994). In diesem stehen die einzelnen Spitzen in Spannung zueinander und können bei defizitärer Gestaltung und Umsetzung des gesamten Steuerungskonzeptes einander sogar blockieren.

4 Steuerung des Bildungssystems und einzelschulische Autonomie – Vorschläge zur Problemlösung

In den letzten ca. zwei Dekaden folgte Ungarn einer stark dezentralen Steuerung seines Bildungssystems. Die Verantwortlichkeiten waren bzw. sind in Teilen stark regionalisiert und teils auch an die einzelnen Kommunen gebunden: *(a)* Die Verantwortlichkeiten auf der die Einzelschule übergreifenden *Exosystemebene* sind komplex gestaltet; so sind zum einen die zentrale Landesregierung, die regionalen Regierungen sowie die Kommunen an der Gestaltung des Schulwesens beteiligt. Gleichzeitig liegt die Verantwortung zwar primär beim Bildungsministerium; jedoch wirken auch andere Ministerien mit. Auf der regionalen (Komitáts-)Ebene sowie auf der lokal-kommunalen Ebene ist die Bildungsverwaltung in das allgemeine System der Kommunalverwaltung integriert; d. h. dort arbeitet keine organisatorisch getrennte Bildungsverwaltung. Auf dieser Ebene wird die Kommunalverwaltung (und innerhalb dieser die Bildungsverwaltung) wesentlich durch die frei gewählten Körperschaften gesteuert, die über hohe Selbstständigkeit verfügen (vgl. z. B. *Balázs* et al. 2000).

Gerade wenn eine so komplexe Steuerungslandschaft vorliegt, spielen die Verortung der Entscheidungsverantwortlichkeiten sowie die Ressourcenallokation, nicht zuletzt diejenige hinsichtlich der monetären Sicherung der Einzelschule, eine entscheidende Rolle für die Qualitätssicherung ihres alltäglichen Leistungsvollzugs, auch wenn die Rolle der professionellen Motivation der Akteure nicht unterschätzt werden darf (vgl. z. B. *Buhren & Rolff* 2006).

Die folgenden Überlegungen darüber, wie die anstehenden Probleme vor allem der der Einzelschule übergeordneten Steuerungsebenen systematisiert und einer Lösung zugeführt werden können, sollten vor dem oben nur grob skizzierten Hintergrund gelesen werden:

Mit Blick auf die vier Steuerungsebenen (zentrale Regierungsebene, regionale und lokale/kommunale Ebene sowie Ebene der Einzelschule) vollzogen sich in der Steuerung des ungarischen Bildungssystems zwischen 1999 und 2003 signifikante Veränderungen. In einer ersten Kategorisierung können drei Typen von Grundfunktionen zur Steuerung des ungarischen Bildungssystems unterschieden werden: *(a)* die politische Steuerungsfunktion, *(b)* die Administrationsfunktion, *(c)* die Fachaufsichtsfunktion.

In der Tabelle 1 auf der nächsten Seite bilden diese drei Funktionen zusammen mit den professionellen Akteuren in der Schule sowie den auf das alltägliche Schule- und Unterricht-Machen bezogenen schulexternen Gruppierungen die Spaltenordnung. Die Zeilenordnung wird durch Aspekte bestimmt, wie sie in den einschlägigen Schulqualitätsmodellen verankert sind (für Ungarn vgl. *Halász & Palotás* 2003; für Deutschland vgl. z. B. *Ditton* 2000b; *Helmke* 2003). In den Zellen sind die Steuerungsaspekte ausgewiesen, die dort primär erwartbar sind.

Die politische Steuerungsfunktion zielt vor allem auf das Erarbeiten (bildungs-)politischer Ziele und darauf bezogener Entscheidungen; dort besonders auf die Ressourcenallokation, während die Administrationsfunktion vor allem der Interpretation der Entscheidungen und deren Implementierung dient. Die Fachaufsichtsfunktion stellt vor allem auf die Kontrolle der inhaltlichen Aufgaben des Unterrichtswesens ab sowie auf die Sicherung der Qualität der einzelnen Schule und der dort zu leistenden Aufgaben.

In der *ersten Hälfte der 1990er Jahre* wurde besonders die regionale Ebene, d. h. die Ebene zwischen der Landes- und der Komitátsebene gestärkt. In der Folge wurden hier neue Institutionen wie Schulbünde, Schulverbände etc. geschaffen, die auf das Geschehen in der Einzelschule steuernd einwirken. Man kann diese Phase auch diejenige der „*Autonomieeuphorie*" nennen: In dieser Zeit wurden die Eigenständigkeit der Handelnden sowie die dafür notwendigen Denk- und Handlungsräume betont; vor dem Hintergrund der Erfahrungen mit der Zeit vor 1989/90 wurden die zentralen Steuerungselemente nur äußerst zurückhaltend und defensiv berücksichtigt. Zu diesem Zeitpunkt ist in der Verknüpfung dieser komplex gestalteten Ebenendifferenzierung die direkte Abhängigkeit einzelner Akteure, im Sinne hierarchisch-bürokratischer Strukturen, eher selten anzutreffen; typisch für das ungarische Steuerungssystem in diesem Zeitraum ist die Gewährung von unterschiedlich ausgestalteten Handlungsfreiräumen, die sich z. T. gegenseitig verstärken, sich jedoch auch durch mangelnde Abstimmung zwischen den Ebenen gegenseitig blockieren.

Nach der *Änderung des Bildungsgesetzes im Jahre 1999* – man könnte sagen in der Phase des „Autonomierealismus" – wurde die Autonomie der Mesosystemebene, d. h. der einzelnen Institutionen und der sie betreibenden Gruppen, vor allem hinsichtlich der curricularen Gestaltung der Lernangebote an die Schüler und Schülerinnen eingeschränkt. Gleichzeitig wurde Schritt für Schritt die Steuerungsfunktion der zentralen Ebene betont: In curricularen Fragen und in solchen der generellen Regelung formaler Merkmale des Unterrichtes (Fächer, Stundentafeln etc.) verfügt jetzt nur noch die administrative Zentralebene über Entscheidungsrechte; die Entscheidungsbefugnisse der regionalen und der lokalen örtlichen Ebenen gingen in hohem Ausmaß zurück. Erkennbar ist dies z. B. daran, dass die örtliche Behörde den fachlichen Inhalt der Schulprogramme nicht mehr direkt prüfen kann.

Tabelle 1: Entscheidungskompetenzen zur Steuerung des Bildungssystems

Ebenen/ Teilnehmer // Tätigkeitsbereiche	Regierungsorgane: Funktion *(a)*	Regionale Politik und Verwaltung: Funktion *(b)*	Kommunale Behörden: Funktion *(c)*	Einzelschule	*Lehrer, schulische Fachgruppen*	*Eltern, Interessengruppen*
Ziele, Profilbestimmung	Sz +	Sz +	D ++, Ko	D ++	D ++	Ko +
Finanzierung und Quellen	Sz ++, D +, D ++*	D +	D ++, Ko	D ++, Ko		Ko +
Personal	Sz ++	-	D ++, Ko +	D ++		
Inhalt	Sz ++, Ko +, D ++**	-	D ++, Ko +	D ++, Ko +	D ++	Ko +
Gebäude und Einrichtung	Sz +	Sz +, D +	D ++	D +		
Interne Organisation	Sz +	-	D ++, Ko +	D ++	D ++	Ko +
Qualitätssicherung und Entwicklung	Sz ++ D ++***	Sz +	D +, Ko +	D ++	D ++	
Schülerverwaltung	Sz +	Sz +, D +	Sz, D ++	D ++	D ++	
Bewertung und Zeugnisse	Sz ++	-	-	D ++	D ++	

Erklärungen:
Sz = Regelung, D = Entscheidung, Ko = Konsultation,
* = Subvention, ** = Lehrbuchliste, *** = Gutachterliste, größere Untersuchungen,
+ spielt eine Rolle, ++ spielt eine große Rolle

Hatte in der Zeit zwischen 1993 und 1999 die Mesosystemebene der einzelnen Schule deutliche Gestaltungsräume, z. B. hinsichtlich der Definition der Stundenzahl in den der obligatorisch zu lehrenden Fächern, schränkte der in Folge der Änderung des Bildungsgesetzes einzuführende Rahmenlehrplan diese Freiräume wieder wesentlich ein. Die obligatorisch zu unterrichtenden Fächer und deren Inhalte werden nunmehr zentral festgelegt; allerdings können die Schulen diese innerhalb vergleichsweise eng gesetzter Korridore mit Fächern und Inhalten ergänzen, die dem lokalen Bedarf entsprechen. Ähnliches gilt für Prüfungen und die darauf beruhende Vergabe von Zertifikaten und Berechtigungen; sie sind zentral gesteuert, die Anforderungen können auf Antrag jedoch mit regional bzw. lokal relevanten Inhalten ergänzt werden, wenn ein neues zentrales Verwaltungsorgan, das *Landesbildungs-Bewertungs-Prüfungszentrum* (OKÉV), zustimmt; dieses verfügt auch über verwaltungs- und administrative Kompetenzen.

Nach der Änderung des Bildungsgesetzes im Jahre 1999 schuf das Bildungsministerium angepasst an die Regionen sieben regionale Standorte (Budapest, Győr, Veszprém, Kaposvár, Miskolc, Debrecen, Szeged). Diese können im Wesentlichen als „Filialen" des Ministeriums betrachtet werden, die weitestgehend unabhängig von den Komitatsverwaltungen agieren. Diese Filialen sind vor allem für die Implementierung der schulischen Grundbildung und der Reifeprüfungen zuständig, die zuvor in der Hand der regionalen Selbstverwaltungen lagen. Ähnliche Zentralisierungen sind hinsichtlich der Ausarbeitung von Modellen der Qualitätssicherung festzustellen.

Die Rekrutierung und Entwicklung des Lehrpersonals verbleibt eine wesentliche Aufgabe der örtlichen Behörden sowie der Einzelschule selbst; auf Landesebene sind nur allgemeine Regularien festgelegt: So entscheidet über die Anstellung von Lehrkräften die Einzelschule, über die des Schuldirektors oder der Schuldirektorin die örtliche Behörde, über Beförderungen und über die Gehälter wird lokal entschieden, wenn auch innerhalb des Landesrahmens.

Insgesamt wurde nach 1999 eine gegenüber den frühen 1990er Jahren veränderte Balance in den Entscheidungsbefugnissen geschaffen: Somit wurden die Gestaltung der Lehrpläne und deren Umsetzung in Fächern, Stundentafeln etc. nach 1999 wieder stark zentralisiert, die Gestaltung der institutionell-organisatorischen und personalen Bedingungen jedoch primär auf der Ebene der Einzelschule belassen. Damit spielt die kommunale Ebene nach wie vor eine entscheidende Rolle bei der Ressourcenallokation; dies drückt sich nicht zuletzt darin aus, dass die meisten Schulen über eine hohe Selbstständigkeit in der Verwendung und Akquisition von Mitteln verfügen.

5 Zur Dezentralisierung als Mittel zur Qualitätsentwicklung

Die den Autonomieentwicklungen zugrunde liegenden Änderungen der Beziehungen zwischen Staat und Bildungssystem führt *Laderriere* (1996) wesentlich auf die Veränderungen zwischen Bildungssystem auf der einen und Wirtschaftssystem auf der anderen Seite zurück; dabei misst er der Perspektive des lebenslangen Lernens eine grundlegende Umstrukturierungsfunktion bei (vgl. auch die Beiträge in *Arbeitsstab Forum Bildung* 2001; *Bundesministerium für Bildung und Forschung* 2006b). Die Diskussion, die in der OECD über die Schule der Zukunft geführt wird und in deren Mittelpunkt das Konzept des lebenslangen bzw. lebensbegleitenden Lernens steht, verweist auf die tief greifende Umstrukturierung der Beziehungen zwischen Bildungssystem und Staat.

Die nicht nur in Ungarn festzustellende Dezentralisierung im Bildungswesen und die Implementierung stärker kontextsensitiver Steuerungssysteme sind untrennbar mit Veränderungen in den Verwaltungssystemen und in der öffentlichen Finanzierung und mit der Erwartung steigender Effizienz verknüpft (für die Ebene der Einzelschule vgl. z. B. *Horváth & Környei* 2003); diese drückt sich nicht zuletzt in der zunehmenden Stärkung von Konzepten aus, die auf dem Modell des New Public Managements beruhen (vgl. den Beitrag von *Wittmann* in diesem Handbuch).

Bei aller einzelstaatlichen Differenzierung können die in den entwickelten Ländern ausgearbeiteten Dezentralisierungsstrategien vor allem auf die Wirkung der in der Mitte der 1970er Jahre aufscheinenden Krisen zurückgeführt werden, die sich in Ungarn allerdings erst ca. zwei Jahrzehnte manifestierten; diese sind: *(1)* Etatprobleme der öffentlichen Hand und des Finanzierungssystems insgesamt; *(2)* deutliche Verschlechterung der internationalen Wettbewerbsfähigkeit, seit Jahren zwar existent, nach 1990 durch die Öffnung der Märkte in den ehemals sozialistischen Ländern jedoch nicht mehr verdeckbar; *(3)* Krise des Arbeitsmarktes und des Beschäftigungssystems; *(4)* Integrationsprobleme unterschiedlicher gesellschaftlicher Gruppen; *(5)* Krise der früheren Bildungsreformstrategien; *(6)* Steigerung der individuellen Bildungsnachfrage; *(7)* Internationalisierung. Man kann davon ausgehen, dass unter den ungarischen Verhältnissen vier weitere Faktoren eine nicht unwesentliche Rolle spielten – *(8)* politische Betonung neoliberaler Modelle und Konzepte, die tendenziell in Gefahr sind, die Rolle des Marktes überzubewerten; *(9)* steigende Komplexität des Bildungssystems; *(10)* steigende Schwierigkeiten hinsichtlich der Verknüpfung des Bildungssystems mit anderen gesellschaftlichen Systemen wie Familie, Peer Group und Beschäftigungssystem, *(11)* nur langsame Verbreitung von nicht traditionellen Bildungsformen, besonders von modernen Kommunikations- und Informationsformen und IT-gestütztem Lernen (*Fábián* 2002).

Diese Problemlagen manifestieren sich u. a. in den folgenden eher formalen Kennziffern:

(a) Finanzierung: 1995 wurden in Ungarn noch 3,6% des BIP für die Finanzierung der Grund- und Mittel(schul-)bildung aufgewendet; 1999 waren es nur noch 3,1%. 1995 deckten die zentralstaatlichen Zuwendungen kaum 40% der gesamten Bildungsausgaben; im Jahr 2000 erreichte dieser Anteil 60%. 1999 gab Ungarn für die Grund- und Mittelstufenbildung 73% des europäischen Durchschnitts aus, obwohl das Einkommen der auf diesen Ebenen arbeitenden Pädagogen nur 57% des durchschnittlichen Einkommens in den OECD Ländern ausmachte (*Balogh & Halász* 2003).

(b) Bildungsnachfrage: Während im OECD-Vergleich in Ungarn der Anteil der im Bildungssystem lernenden 15-19jährigen über dem Mittelwert liegt, liegt bei den Älteren die Bildungsnachfrage im internationalen Vergleich signifikant niedriger (vgl. z. B. *Lannert & Mártonfi* 2003).

(c) Jugendarbeitslosigkeit: Bei den Jugendlichen und jungen Erwachsenen ist die Arbeitslosigkeit dramatisch hoch; so ist ca. ein Fünftel der 20-24jährigen arbeitslos bzw. beteiligt sich nicht an Weiterbildung oder Qualifizierungsmaßnahmen (vgl. z. B. *Lannert & Mártonfi* 2003).

(d) Individuelle Förderstrategien in der öffentlichen Schule als zentrales Qualitätsmerkmal von Unterricht: Einschlägige Befunde empirischer Studien zeigen, dass die pädagogischen Akteure in eher geringem Maße auf die individuellen Profile ihrer Schülerinnen und Schüler eingehen. Folgt man z. B. der Untersuchung von *Falus* (2001) aus dem Jahr 1998/99, wenden die Lehrkräfte in ihren Unterrichtsstunden in der großen Mehrheit traditionelle lehrerzentrierte, für adaptiven Unterricht nur wenig geeignete Lehrformen an. *Varga* (2002) festigt dieses Bild in seiner Studie, wonach auch in den oberen Klassen der Grundschule die Lehrerinnen und Lehrer frontale Arbeitsorganisation bzw. Lehrererklärungen vor der gesamten Klassen eindeutig favorisieren, während adaptive Lehrformen wie Binnendifferenzierung oder selbst organisiertes Lernen eher selten anzutreffen sind. Dies geht einher mit Mängeln in der Förderung metakognitiver Strategien und kooperativer Formen des Lernens.

(e) Ausstattung der Schulen mit Informations- und Kommunikationstechniken: Zu Beginn 2000 konnte die IT-Ausstattung der ungarischen Schulen als dramatisch schlecht bezeichnet werden. Der seit Sommer 2002 im Amt befindliche Bildungsminister hat deshalb unter dem Namen *Sulinet Expressz* die IKT-Strategie der Regierung verkündet; Hauptziele sind die Sicherung der Internet-Verbindung für alle Schulen bis 2005, weiterhin die Steigerung der Computerarbeitsplätze bis 2006, das Vorziehen der Informatikausbildung in die 5. Klasse und die kostenlose ECDL-Prüfung für alle Schulabgänger bzw. Pädagogen (ECDL = European Computer Driving Licence).

Die hier nur angedeuteten Problempunkte verweisen auf höchst instabile Bedingungen für die Qualitätssicherung und vor allem für die systematische Qualitätssteigerung im ungarischen Bildungssystem, vor allem auf der Mesosystemebene der einzelnen Schule sowie auf der Mikrosystemebene der Lehr-Lernsituationen.

Für Ungarn ist festzustellen: Die in dem hier vorgelegten Beitrag angesprochene Dezentralisierung der Entwicklungs-, Entscheidungs- und Implementierungsbefugnisse vor dem Horizont der Umwandlung des gesamten politischen Systems zielte insgesamt auf die schnelle Übernahme westeuropäischer Modelle, ohne dies jedoch mit einer ausgearbeiteten, auf die ungarischen Bedingungen adaptierten Gesamtstrategie zu unterlegen. Aus heutiger Sicht erscheint die Dezentralisierung im Bildungssystem bzw. die Stärkung der Selbstständigkeit der Einzelschule nicht primär als direktes Ziel, das strategisch und operativ über die verschiedenen Ebenen des Bildungssystems hinweg unterlegt ist; statt dessen wurden Steuerungselemente implementiert (z. B. Konzepte der Qualitätsentwicklung, Lehrplanentwicklung), die ein dezentralisiertes Umfeld, selbstständig agierende Institutionen etc. bereits voraussetzen. Als Beispiele für die daraus entstehende mangelnde Abstimmung der Problemlösungen seien an dieser Stelle die folgenden nur kurz angeführt (vgl. *Varga* 2002): *(a)* Strukturierung der fachlichen und unterrichtsmethodischen Weiterbildung der Lehrer und Lehrerinnen; *(b)* Strategien zur Reduzierung von nicht-erfolgreichem Lernen in der Schule (Dropout, Abgang ohne Schulabschluss etc.); *(c)* Förderung der Umwelterziehung mit der Gründung so genannter Ökoschulen.

Mit Bezug auf z. B. *Green* (1999) können derzeit für Ungarn in der Dezentralisierung des Bildungssystems analytisch vier Grundtypen unterschieden werden:

(1) *Dekonzentration*: Die Regierung legt die Entscheidungsmacht zu eigenen regionalen Organen (Schaffung regionaler Bildungszentren, z. B. OKÉV).

(2) *Delegation*: Die Entscheidungsbefugnisse werden unter mehreren weitgehend autonom agierenden Organisationen (z. B. Kirchen, Fortbildungsagenturen etc.) aufgeteilt, die von der Regierung in hohem Maße unabhängig sind; diese sind ihr gegenüber jedoch rechenschaftspflichtig. Quantitativ ergibt sich das folgende Bild: Die Zahl der Schüler in Institutionen, die von Stiftungen betrieben werden, sank zwischen 1998 und 2002, während sie in den Kindergärten und den Grundschulen sowie in den Fachschulen und Mittelschulen um das Eineinhalbfache anstieg. In den von den Kirchen unterhaltenen Bildungsinstitutionen zeigt sich Folgendes: Der jahrgangsmäßige Anteil der Kinder in kirchlichen Kindergärten wuchs leicht an, während der Anteil der Schülerinnen und Schüler in den Grundschulen leicht zurückging; in der Mittelstufenbildung hingegen stieg die Zahl der Schülerinnen und Schüler auf mehr als das Eineinhalbfache an. Diese Steigerung ist in erster Linie auf die Nachfrage in den kirchlichen Gymnasien zurückzuführen, aber auch in der Fachschulbildung (*Lannert & Mártonfi* 2003).

(3) *Dezentralisierung*: Die Entscheidungsbefugnisse werden den örtlichen bzw. regionalen Selbstverwaltungen übergeben; letztere verfügen über weitgehendes Steuererhebungsrecht und politische Selbstständigkeit (der Anteil der von Selbstverwaltungen betriebenen Institutionen liegt in Ungarn bei ca. 90%).

(4) *Privatisierung*: Die Verfügungsrechte im Bildungssystem werden in hohem Maße in die Hand von nicht-staatlichen Organisationen gelegt. Diese Form nicht-staatlicher Bildungsangebote ist in Ungarn mehrheitlich im Bereich der Grundschulen, der künstlerischen Bildung sowie der Mittel- und Oberstufenbildung zu finden: So sind nur 2% der Kindergartenkinder in Kindergärten zu finden, die nicht von Selbstverwaltungen betrieben werden. Allerdings gehen nur 4% der Grundschülerinnen und -schüler in kirchliche Schulen sowie 1% in Stiftungsschulen. In der Mittelstufe jedoch nimmt die Nachfrage nach nicht-staatlichen Angeboten stark zu: Die von Kirchen unterhaltenen Institutionen sind größtenteils Gymnasien, während die Stiftungsschulen in erster Linie Fachbildungsstätten sind: 7-9% der Fachschülerinnen und -schüler gehen in Stiftungsschulen, 13% der Gymnasiasten in eine kirchliche Schule. 40% der Oberschulen werden von Kirchen unterhalten (mehrheitlich nur jeweils geringe Schülerzahlen), so dass insgesamt 5% der Schülerinnen und Schüler in kirchlichen und 9% in Stiftungs- bzw. Privatschulen lernen.

Seit den 1990er Jahren gehört das Unterrichtswesen in Ungarn zum öffentlichen Dienst; in der Folge verfügen viele Selbstverwaltungen auf Gemeindeebene über breite Befugnisse: So gab es 2001 3.177 Selbstverwaltungen, von denen 2.349 Bildungsstätten unterhielten. Einen wesentlichen Teil der Schulen betreiben die Selbstverwaltungen in Gemeinden mit nur geringer Einwohnerzahl: Im Schuljahr 2001/2002 wurden 53% der Grundschulen mit mindestens 8 Klassen von Gemeinden mit weniger als 2.000 Einwohnern unterhalten. Die Zahl der Selbstverwaltungen hingegen, die eine Mittelschule betreiben, sank im selben Zeitraum um ca. 14%; denn viele Städte waren nicht in der Lage, die Finanzierung dieser Schulen zu sichern und übergaben sie den Komitätsverwaltungen (vgl. *Halász & Palotás* 2003).

Die in dem hier vorgelegten Beitrag skizzierte Dezentralisierung des ungarischen Bildungswesens erzeugte nicht nur die angedeuteten Folgen hinsichtlich eher formaler und quantitativer Parameter; sie wirkte auch stark in die Pädagogik selbst als dem Gebiet der Verknüpfung von Theorie und Praxis des (schulischen) Lehrens und Lernens (vgl. *Báthory* 1992). So macht schon *Sáska* (1988) darauf aufmerksam, dass die Lehrplan- und Prüfungslogik in zentralisierten Systemen wesentlich auf einer starken Inputregulierung und auch -finanzierung beruht, während die dezentralisierenden Systeme stärker die Outputregelung favorisieren.

In Ungarn ist die Dezentralisierung des Unterrichtswesens nicht unabhängig von der Schulstruktur zu sehen: In der Grundschulbildung z. B. verfügen die örtlichen Gemeinschaften über ein deutlich größeres Mitspracherecht als in der Mittelstufe. Ebenfalls unterschiedlich ausgeprägt sind die Mitsprachemöglichkeiten der externen gesellschaftlichen Partner im Vergleich der allgemeinen und der (beruflichen) Fachbildung. Bei der Letzteren ist eher der Einbezug von externen Partnern, z. B. Wirtschaftsorganisationen, typisch.

6 Zu den Wirkungen der Dezentralisierung – Perspektiven

Folgt man z. B. *Glenn* (2000), ist die Verstärkung der Autonomie der einzelnen Institutionen gleichzeitig mit Vorteilen und Risiken verbunden. Als Vorteile benennt er die erwartbare Effizienzsteigerung; diese sei vor allem auf die eigenständige Zieldefinition der über Autonomie verfügenden Institution und auf die Zielerreichungsstrategien zurückzuführen, die sehr direkt den spezifischen Bedingungen angepasst werden können. Zwar sind die empirischen Befunde für Schule diesbezüglich durchaus widersprüchlich: So zeigt *Mohr* (2006) für deutsche Grundschulen, dass die Qualität der Schulprogramme und die einzelschulische Outputqualität hinsichtlich der Lernergebnisse ihrer Schülerinnen und Schüler nicht korrelieren. Generell verweist die einschlägige Literatur jedoch auf steigende Möglichkeiten, über den schulindividuell angepassten Weg zur Lernergebnissteigerung die Effizienz des innerschulischen Ressourceneinsatzes zu erhöhen (für Deutschland vgl. z. B. *Rolff* 2006).

Als Risiko benennt *Glenn* (2000) die mögliche Steigerung der regionalen und lokalen Qualitätsspreizung in den Unterrichtsangeboten sowie die zunehmende Differenzierung im individuellen Zugang zu den schulischen Bildungsangeboten. Dies kann zum einen zu mittel- und längerfristigen Problemen hinsichtlich der kulturellen Kohäsion der Gesellschaft führen (vgl. z. B. *Czachesz* & *Radó* 2003), aber auch zu Problemen in der Reduzierung der intergenerativen Weitergabe von ökonomischer und Bildungsarmut (für Deutschland vgl. z. B. *Edelstein* 2006). Dabei betont z. B. *Riddell* (1997), die Gefahr der Steigerung der benannten Ungleichheiten sei nicht primär als Folge der Dezentralisierung des Bildungssystems zu verstehen, sondern als solche veränderter Balancen in der politischen Willensbildung und deren Umsetzung in den politischen und administrativen Entscheidungssystemen; letztlich beruhe sie auch auf der Veränderung gesellschaftlicher Leitvorstellungen über die Verteilung von Bildung.

Eine solche einzelschulische Qualitätsspreizung lässt sich für Ungarn durch die Befunde der PISA II-Studie nachweisen, die eine im internationalen Vergleich besonders hohe Leistungsvarianz zwischen den Schulen ausweisen (vgl. *OECD* 2004b). Es kann vermutet werden, dass dies zumindest in Teilen auch auf die wenig planmäßig erfolgten Dezentralisierungsbestrebungen in den 1990er Jahren zurückzuführen ist. Ebenfalls sei in diesem Zusammenhang angemerkt, dass die Leistungen der ungarischen Schüler und Schülerinnen in Mathematik- und Lesekompetenz in der zweiten PISA-Runde unterhalb des OECD-Mittels liegen, lediglich in den Naturwissenschaften wird dieses erreicht (ebd.).

In fünf osteuropäischen Ländern prüfen *Altrichter & Halász* (2000) die Gewichtung von sieben grundsätzlichen Zielstellungen in Bildungssystemen – Qualität und Effektivität (quality, effectiveness), Effizienz (efficiency), Gleichheit und Äquität (equality, equity), freie Wahl und Variabilität (free choice, variability), Transparenz (transparancy), Anpassungsfähigkeit (adaptability) sowie Stabilität und die Berechenbarkeit (stability, predictability). Die Ergebnisse dieser Untersuchung verweisen auf Folgendes: Die Dezentralisierung des Unterrichtswesens begünstigt vor allem die Variabilität und die Anpassungsfähigkeit; Gleichheit und Äquität jedoch und damit die Sicherung von Bildung auf hohem Niveau für alle geraten in Gefahr. Inwiefern diese Befunde über längere Zeiträume Geltung beanspruchen und als Grundlage für strategische Entwicklungen z. B. des ungarischen Schulwesens dienen können, wird kontrovers diskutiert.

Für Ungarn stellt sich im Kontext der Dezentralisierung des Bildungswesens eine Reihe von Entwicklungsnotwendigkeiten: Zunehmend in den Vordergrund rückt die Frage des lebenslangen Lernens und dessen Verknüpfung mit dem schulischen Regelangebot (vgl. *Harangi* 2006); diskutiert werden zunehmend auch die Forderungen, die sich aus der Adaption des Europäischen Qualifkationsrahmen (vgl. z. B. *Kloas* 2006) durch den Nationalen Qualifikationsrahmen und der dort implementierten Intention ergeben, stärker als bisher die im informellen Lernen erworbenen Kompetenzen auch formal und berechtigungswirksam anzuerkennen. Inwiefern dies die Tendenzen zur Dezentralisierung und damit auch zur Stärkung der Autonomie der regionalen und lokalen sowie der einzelinstitutionellen Ebene fördern wird, bleibt abzuwarten; erwartbar sind jedoch Wirkungen in diese Richtung. Damit rücken gleichzeitig aber auch Fragen wieder stärker in den Fokus der Aufmerksamkeit, die sich auf die individuelle Bildungsnachfrage und deren Verwirklichung richten sowie auf die Benachteiligung spezifischer gesellschaftlicher Gruppen und damit letztendlich auf die Sicherung gesellschaftlicher Kohärenz.

Für Ungarn zeigt sich trotz einer Reihe durchaus ambivalenter Befunde: Nicht zuletzt als Ergebnis der Autonomiebestrebungen der vergangenen eineinhalb Jahrzehnte konnte die Qualitätssicherung in der Einzelschule verbessert werden (vgl. *Horváth & Környei* 2003). Allerdings wurde aus Sicht der Lehrkräfte eine wichtige Bedingung für qualitätsvolles professionelles Handeln in Schule und Unterricht nicht gesichert – Konzentration auf die pädagogische Arbeit im Rahmen zuverlässiger institutioneller Bedingungsstrukturen.

Für die nächsten Jahre sind in Ungarn hinsichtlich des Ausbaus institutioneller Autonomie im Bildungswesen nur vorsichtige Schritte erwartbar; denn die Euphorie der 1990er Jahre ist verflogen; angesichts deutlicher Ressourcenverknappung gerät Autonomie als treibende Kraft für stetige Qualitätsentwicklung zunehmend unter die kritische Frage nach der lehrerindividuellen Belastung und dem pädagogischen Erfolg.

Thomas L. Alsbury

Quality National School Administration –
An Empirically-Grounded Undertaking from the United States

The author outlines empirical findings in terms of the functions and effects of school administrators on the quality development of single schools in the United States. The paper begins with an overview of research findings for leading sustained school reform and finishes with a single case study analysis of leadership in two schools within a single district experiencing effective reform. Conclusions indicate that the debate between teacher-directed versus principal-directed leadership are both mis-guided and that the what of leadership is the cogent factor in successful school reform effort as opposed to who leads or from where leadership emanates.

Interest in the sustainability of school reform is not new and has been studied by a number of researchers. *Fullan* (2001) suggested that leaders within a district will increase long-term effectiveness if they focus upon moral purpose, understand the change process, develop relationships, foster knowledge building, and strive for coherence. *Deal & Peterson* (1999) speak to the need for transforming school cultures and *Sergiovanni* (1992) focused on moral or servant leadership to realize sustained reform. Recently, researchers have begun to debate whether teacher leaders rather than principals are most effective in leading school reform raising the question, "Does it matter where leadership comes from" (*Harris* 2004)?

Adding to the debate about who should lead is the notion that a systems orientation, focused on critical processes and conditions within a school district, is key to successful reform (*Leithwood, Aitken & Jantzi* 2001). This may suggest that the "who" of school reform is not as important as "what" system changes are initiated within the school. Finally, a third issue has been raised concerning the frequent absence of sustainable change (*Coburn* 2003). In this paper, all three issues of who leads reform, what system attributes need to be in place, and how can initially successful reform be sustained, are addressed.

Who Can or Should Lead Reform?

The recent drive for school reform and accountability has renewed the focus on the importance of effective school leadership. The centrality of school leadership, and the principal in particular, is well established in research literature (*Blase & Blase* 1998; *Gil* 2001; *Leithwood & Duke* 1999). *Leithwood & Riehl* (2003) indicate that although reform efforts are most successful when principals work with teacher leaders, the principal needs to remain in the formal leadership position. However, recent school improvement research seems to consistently point toward the long-term benefits of teacher collaboration and the promotion of cultural rather than structural change as well as the increase in teacher ingenuity and innovation (*Harris* 2002). Additionally, while research evidence shows that effective leaders powerfully influence school effectiveness and even student achievement (*Wallace* 2002), there are relatively few studies that have established any direct causal links between leadership and improved student performance (*Hallinger &*

Heck 1996) and recent research on teacher leadership reinforces the shift from a focus on principal, or central office leadership to that of the teacher (*Muijs & Harris* 2003). *Harris* (2004, 4) stated

> "Even though the conventional wisdom of leadership as role or position tends to persist, there is a groundswell toward alternative interpretations of leadership."

However, researchers have also suggested that distributed or teacher leadership models are mostly theoretical, lack empirical data in terms of student achievement (*Bennett, Harvey* et al. 2003), and describe a purely analytical tool that simply relays effective principal leadership activities (*Spillane, Halverson & Diamond* 2001; *Gronn* 2000). Thus, they contend, leadership behaviors are still key, since effective leaders are necessary to initiate, implement, and maintain systems that utilize distributive leadership approaches.

Additionally, *Harris* (2004) noted a variety of leadership approaches including "top-down" forms that he and other researchers found effective in the early stages of school reform, particularly in schools experiencing difficulty (*Gray* 2001). These findings mirror the claims of contingency theorists who suggested that when school personnel are unwilling and unable to reform then directive leadership may be the most effective (*Blake & Mouton* 1985; *Hersey & Blanchard* 1977). An overview of current research may point toward a focus on leadership action and activities that lead to the development of leadership capacity within a school district, and less on the individual skills of particular leaders, or on who initiates shared contexts for collaborative leadership (*Harris & Lambert* 2003). Thus, it may be argued that leadership may be appropriate and effective from various single individuals, or groups of administrators, teachers, staff, and even school board members depending on a unique mix of contextual organizational circumstances within each school system. This might lead to the suggestion that the importance of focused leadership from the principal of the school and the necessity of "bottom-up" versus "top-down" initiation of reform a "bit of a red herring" (*Fullan* 2004). In other words, the *who* of leadership may be less important than the *what*.

System Attributes

While the question of *who* leads school reform efforts may be important, research suggests that even more critical are the processes and conditions of the organizational system (*Leithwood, Aitken & Jantzi* 2001). *Leithwood, Aitken & Jantzi* (2001) suggest that "first-order" changes like student goals, curriculum and instruction development, and services directed toward the teacher to accomplish those goals have not produced sustainable improvements in schools. *Leithwood, Aitken & Jantzi* (2001, 19) said:

> "First-order changes are almost never successfully institutionalized in the absence of complimentary second-order changes."

Second-order changes include changes in the organization of the district, in policy, in resource allocation, and in structure or culture.

Leithwood, Aitken & Jantzi (2001) developed a school organizational monitoring system that focused on measuring critical aspects of "second-order" change within a district. In his monitoring model, he incorporated seven categories derived from organizational design theory (*Banner & Gagne* 1995) and from research on effective schools and districts. These critical aspects of school organizations included mission and goals, school and district culture, management and leadership, structure and organization, decision-making, policies and procedures, and community relations. These categories were incorporated into the interview questions and data coding themes used in this study.

While *Fiske* (1992) suggested that schools put too much faith in process over results, even researchers who focus on clear measurable goals and the analysis of performance data confirm the importance of meaningful, informed teamwork and suggest that data results and process measures are interdependent, citing that sustainable change needs to remain focused on both process and product (*Schmoker* 1999).

Scaling Reform

Another critical issue is the lack of sustainable change observed in school reform efforts in the United States. *Coburn* (2003) noted that reform efforts will likely fail when exported to outside schools and districts, from school-to-school within a district, and even between teachers within a school, unless implementers of school improvement programs consider a principle she characterized as reform *scale*. *Scale* speaks not so much to *who* is leading but *what* aspects of reform culture exist in a system and the ability to sustain the change once it has begun. *Coburn* (2003) points to the fact that most successful reform efforts tend to result in significant student achievement gains over a short time frame, and often these results diminish or disappear after a few years even though the reform program appears to still be in place.

The Crockett School District

The study was conducted at the Crockett School District, a mid-western community with a population of 14,500 and a school enrollment of 2,300. This rural community relies on agriculture and light industry and is mostly comprised of middle class, blue-collar workers. The school district includes a middle school (7-8), a high school (9-12) and five elementary schools. This paper reports on the implementation of the Science Writing Heuristic (SWH) program in the middle and high schools introduced in 2001, and involving all eight middle and high school science teachers.

Staff Stability Within Crockett

During the introduction and implementation of the SWH program, building and central office leadership remained unchanged. The current assistant superintendent for curriculum and instruction introduced the program and has continued coordinating its implementation. Likewise, the teachers at the middle and high schools remained the same from 2001 to 2004, the time the initial decision was made to begin the program, and staff development was provided. Similarly, the project designer, professional development trainer and observational coach; a university researcher, was with the SWH project for those initial three years. Overall, there had been relative stability among the key stakeholders district during the inception and implementation phases of the project, but this did not continue.

During 2004-05, the fourth project year, the program designer/trainer left the area and assigned a replacement, the middle school principal became the district superintendent, several science teachers transferred to new buildings, and new science teachers joined the high school.

Science Writing Heuristic Project

The Science Writing Heuristic program introduces the use of writing-to-learn strategies as a critical part of science writing. All middle and high school teachers received training in the SWH program and were observed and coached periodically throughout both pilot years by the SWH designer/trainer and two graduate research assistants.

Table 1 shows significant gains on the science portion of the ITBS occurred after the SWH program was implemented with little change in the same student cohort scores in math and language arts, and no similar large fluctuation in test score data in previous years. More dramatic were the improvements in ITBS science scores for special education students and students of low socioeconomic status (SES) as defined by free-and reduced lunch qualifications from 2002 to 2004. While similar improved overall science scores continued in 2004-05, scores dropped (but were still significantly above normal averages) for low SES and special education students in the 11th grade. It is notable that the test results for low SES and special education students partially fit the profile *Coburn* (2003) outlined; that reform efforts enjoy student achievement gains in the first year or two of program implementation, but often wane in later years.

Table 1: ITBS Science proficiency from 2001-2005 for grade 8 and 11 compared before and after SWH program implementation, including 11th grade disaggregated comparisons for special education and low socioeconomic students.

Year/Grade	Proficient or Above (All Students)	Proficient or Above Low SES Students	Proficient of Above Special Education Students
01-02/8th**	67.9%		
02-03/8th	**80.4%**		
03-04/8th	**77.5%**		
04-05/8th	**81.4%**		
01-02/ 11th**	73.1%	48.4%	33.3%
02-03/ 11th	70.2%	47.1%	23.8%
03-04/ 11th	**83.3%**	**85%**	**87.4%**
04-05/ 11th	**82%**	**60%**	18.8%

*Bold scores reflect significant ITBS gains; ** SWH program introduced

In addition to monitoring student test results, qualitative research methods were used in this study including interviews, observations, and document collection measuring the leadership and system traits predicted by *Leithwood* (2001) and *Coburn* (2003) as applied to the SWH project implementation. Data were analyzed and coded using a checklist of Coburn's principles of sustainability and *Leithwood's* critical systems processes and conditions. An emergent thematic analysis was also used allowing for any additional themes to surface.

Results and Discussion

Data from the study, provided a response frequency rate for each of the 91 leadership descriptors disaggregated by respondent role and data type. Data was tallied based on a respondent's mere mention of the leadership descriptor term or the use of common language that could be characterized as such. Although this procedure is not quantitatively significance, it provides a numerical measure confirming the presence of the leadership conditions and principles amongst the Crockett school staff. As shown in Table 2, only about 28% of the sustainable reform conditions and principles were mentioned by respondents, observed, or found in documentation.

Table 2: The frequency and percent of responses of Crockett teachers, administrators, researchers, and documents as related to *Leithwood* and *Coburn's* reform conditions and principles of sustainability in regard to the Science Writing Heuristic program from 2003-05.

Respondents	*Leithwood* Reform Conditions	*Coburn* Sustainability Principles	Total
Teachers (24)	13%	28%	15%
Administrators (12)	75%	42%	69%
Researchers (12)	32%	35%	33%
Documents (21)	19%	15%	18%
All participants (48)	33%	33%	33%
All data points (69)	29%	27.5%	28%

High school ITBS scores dropping in 2004-05 would be predicted because of the low levels of leadership conditions and sustainability principles present in Crockett High School as evidenced by the turnover in the project leader/trainer, and key teachers. Accompanying turnover in district superintendent and middle school principal did not seem to have an impact on middle school scores, although this is not surprising since neither the superintendent nor the principals seemed to play a key leadership role in the reform efforts at Crockett. The leadership at Crockett came from the university project director/trainer and curriculum director who engaged key teacher leaders. In fact, a possible explanation of the score decline is that as key teacher leaders left the Crockett High

School in 2004-05, new staff were not re-trained adequately because of the loss of the university trainer. Thus the loss of performance followed the loss of the source of key leadership processes. It would follow that if leadership had emanated from the middle school principal and/or if Coburn's recommended sustainability factors (in-district training to mimic the original training in content and delivery) were present, score declines may not have occurred in the same way. This is additional evidence of the importance of the *presence* of leadership rather than the *source* or *directionality* of leadership.

Personnel Disconnects

Table 2 indicates that science teachers reported the presence of only 15% of the necessary reform conditions and principles while administrators identified the presence of 69% of these within the system. This data suggests that a collaborative approach to goal setting and decision-making leading to teacher "buy-in" and knowledge of vision and mission is note frequently practiced in Crockett. Low evidence of *Coburn* and *Leithwood's* conditions and principles for effective and sustainable reform and the ensuing change in the middle school principal and superintendent may potentially exasperate the already apparent lack of coherence in teacher's internal beliefs and pedagogy or *depth*, and the lack of staff internalizing the program or *shift* as it applies to the SWH program.

System Disconnects

Documentation from the Crockett district and interview data revealed a lack of collaborative planning, coordination, and communication regarding the SWH program between the building level principal and the science teachers. For example, no leadership or curricular teams exists at the building level that introduces, implements, or assesses reform efforts like SWH. The SWH program was introduced to science teachers by the curriculum director. Teachers indicted general support from, but a lack of knowledge and involvement of principals in the SWH program; and principal interviews supported that contention. Mechanisms that might institutionalize reform program like incorporation of the reform conditions and principles into teacher evaluation documents, line items in the permanent budget for SWH, permanent/yearly staff development programs for SWH, or written hiring policies seeking teachers' skills and predispositions congruent to SWH were not present in Crockett.

Organizational systems of several kinds were present in the Crockett school district, including committees of grade level teachers within buildings called horizontal teams, as well as subject specific curriculum committees composed of teacher representatives across grade levels called vertical committees. However, despite the presence of several science curriculum committees, interview responses indicated that teachers overwhelmingly viewed the SWH program as coming from the central office and reported the curriculum director as their contact for everything from resources to training to support. The "top-down" system was recognized by Crockett science teachers who said:

"They bought us new toys and inquiry materials...but in the end I don't have time...So the support I think is there in theory, but with the commitments dumped on us right now, we can't get to it."

"I don't have a very good taste in my mouth about it. I think it's good, but I don't think I was ready."

"They (the district) almost do too much. I mean it's kind of overwhelming to us as teachers. There's always something coming down the pike, and we're getting bombarded."

Other teaches seemed to welcome more directive leadership:

"I think it would take some encouragement from the supervision above to say hey, this [the SWH program] is something we need to continue. You know just as well as I do, that I'll just go back to my old way because change is tough, and not everybody wants change."

Even among teachers who supported and found classroom successes through frequent use of the SWH program, quotes like these evidence a lack of systemic buy-in, and the presence of a shared, positive mission and culture, and a sense of teacher empowerment, seems to be absent among the majority of SWH participants in Crockett. This is clearly a result of an organizational structure that directs reform efforts from the central office directly to teachers.

Respondents in the study also spoke frequently of top-down directives from without Crockett school district as well; namely No Child Left Behind. While the presence of accountability measures like No Child Left Behind (NCLB) need not have the ultimate influence on the mission or motivation behind reform efforts like SWH, this appears to be the case. Crockett science staff seemed to indicate that they had a reform effort for the sake of raising ITBS scores to satisfy NCLB, but neither connected to, nor emanating from a shared mission based upon educational values or moral purpose. This is evidence by interview data that tallied, from 100% of the respondents, confirmation of the presence of a long-range goal at Crockett, but specifically defined that goal as raising student test scores. One teacher said:

"That's what NCLB has done, we have to improve scores in order to be a successful school. That's what we're being graded on, so that's where the push is. I don't know if that's right."

Another reform principle noted by *Coburn* (2003) is the institutionalization of reform through program processes such as teacher evaluation and supervision criteria and practices that systematically reinforce shared curricula or instructional methods like the SWH processes. No such systematic assessment of the SWH program existing within the supervision or evaluation forms or processes of the Crockett school district. One teacher commented:

"He's [the principal] just trying to encourage us...this is something we're trying, let's just give it a whirl to see what's happening. Never anything like, you're going to have to do this."

Although this teacher's comments were meant as a compliment to the administrator in appreciation for allowing total academic freedom and an unobtrusive leadership approach, it speaks to the lack of program goals embedded into a supervision or evaluation system; one of the conditions for school with effective and sustainable reform efforts.

Overall, the findings seem to indicate that people within the Crockett system follows fairly traditional roles; central office focuses on policy, principals focus on management, teachers focus on raising test scores, researchers talk about leadership and few talk about mission, systems, collaboration, or community. However, this leadership system has produced dramatic improvement in the standardized test scores of most students at Crockett.

Coburn's Scaling

The initial success at Crockett may be explained by *Coburn's* (2003) principles of *depth* and *shift*. Specifically, although not emanating from the principal or from a grass-roots direction, many of the teachers noted that the designer/trainer had initially helped them internalize the SWH program and change their internal beliefs and pedagogy. Teachers said:

> "It's changed the way I teach to a large degree. I no longer engage in days of lecturing and note-taking by 33 students. I have a lot more student engagement and student involvement."

> "The biggest change for me is having the students be responsible for their own learning. Before, I just told the kids we're going to get on the bus, and you're going to follow along, and if you start to struggle, just hang on...I'll back it up, and we'll hop back on and away we go. With the inquiry approach, I'm no longer the bus driver. They are now driving their own bus, and I'm in the back facilitating and trying to keep things moving along."

These findings indicate that the ability for the designer/trainer to motivate and provide training that shifted the staffs thinking about teaching pedagogy and motivated them may have significantly contributed to the immediate success of the SWH program. Additionally, the emotional drive, resources and priority status sustaining the SWH project seemed to be embodied in the assistant superintendent/curriculum director. So in the Crockett school leadership for the SWH reform effort appear to be embodied within the designer/trainer, the assistant superintendent, and a few teachers. *Coburn* (2003) contends that without multiple and varied institutionalizing principles in place, the district may be hard-pressed to successfully *shift* and *spread* the responsibility for training, creation of buy-in, or motivation for the SWH program in the future. Starting in 2004, the changes in leadership may be critical because when asked to identify how the program would be sustained, administrators pointed to informal, teacher-to-teacher reinforcement and training, and offered little assurance of continued, systematic district support of the program.

Conclusions

Leithwood, Aitken & Jantzi (2001) describe organizational learning as critical to sustained school improvement. Organizational learning promotes a collaborative culture, shared decision-making, goal consensus, and time for professional collaboration. Within this and other leadership theory, the principal is assumed to be irreplaceable in providing direction, facilitation, and leadership in successful reform efforts. Conversely, other researchers consider the use of teacher leaders as a more critical factor in sustainable school improvement (*Lambert* 2003) than district administrators. In fact, *Peterson* (2000) contended that increased school board and central office involvement, in some cases, has led to a decline in student achievement. We're left with the idea that while all staff and leaders must be involved in successful school reform, there is little agreement or indication of who plays the most important or critical role.

The initial findings of this study seem to indicate that at Crockett a traditional, hierarchical and even top-down leadership approach with an unlikely team (a university researcher, an assistant superintendent, and a few of the science teachers) resulted in a dramatic overall improvement in student achievement. While special education student scores have dropped, overall elevated scores have continued and may suggest that successful reform may not require post-modern approaches to leadership, like decentralized leadership teams, but varies in success due to the unique context of every school system. This analysis of quality leadership in one school setting provides a challenge to current beliefs about the necessity of decentralized or principal leadership and points to the legitimacy of centralized, traditional leadership approaches given certain organizational contexts.

Fenwick W. English

At Great Peril – Children as Profit Centers in the Coming Corporatization of Public School Leadership

It is argued that the national advancement of standards in the U.S. for educational leadership is part of the continuing movement towards standardization begun by Frederick Taylor in the last century as a drive to enhance profits in industry. The acceleration of the corporatization of public education pushed aggressively by the private sector in concert with right wing think tanks and foundations, is premised on the idea that the standardization of leadership preparation requires standardization of schools and of the larger society in which they are located. Thus, privatization amounts to an antidemocratic and anti-change agenda being advanced for the public schools.

I would like to position this paper as a place where the skepticism regarding what we have done is placed within the intellectual geography of our field. But, unlike the already named places in that geography, it can bear no name. But we must reserve space for it or we shall be like the California superintendents defending racism in 1945 (*Wollenberg* 1974) for we shall pass off prejudice as truth. *Georges Canguilhem* (1988) observed, "But what is now obsolete was once considered objectively true. Truth must submit itself to criticism and possible refutation or there is no science" (39). I would argue that what we have constructed today in the way of the standards for the preparation of educational leaders is an example of an *ideology* parading as a science.

> "Ideology is an epistemological concept with a polemical function, applied to systems of representation that express themselves in the language of politics, ethics, religion, and metaphysics. These languages claim to express things as they are, whereas in reality they are means of protecting and defending a situation, that is, a particular structure of the relations between men and things" (*Canguilhem* 1988, 29).

One of the hallmarks of an ideology is not what it reveals, but it conceals. One should be supremely skeptical of an ideology, especially when it is proffered as the basis for preparing a profession's future leaders.

Perspectives About the Status Quo

One of the lessons about the past is that we haven't learned much from it. We also mischaracterize it (*English* 2001). How we look at the present is mostly determined by what we seek. If we are in search of respectability, stability, and power, we are quite likely to characterize our current position in terms which are largely linear with a penchant towards advancing agendas which continue to privilege the status quo and enhance the position of those already enjoying hegemony. If, however, we see the current position as simultaneity which includes multiple perspectives and possibilities, and that scenario as not only realistic but desirable, then we are quite likely to see the current position and current intellectual geography in very different terms.

As a field of study, educational administration has consistently sought intellectual refuge in the respected terrain of academia, first on the coattails of scientific management and later in social science theory (*Culbertson* 1988). It also nearly has always been seduced by the latest business fads (*Callahan* 1962), from management by objectives to TQM, and now is firmly in the thralldom of the ideology of the market place. Marketing metaphors are liberally larded throughout our discourse without very much thought about the hidden agenda which those metaphors embrace (see *Saltman* 2000). And some of the criticism of our field comes from those who want to completely privatize public education and see us as impediments to that agenda (*English* 2004a).

The ISLLC Standards: The Question Which Won't Go Away

Let us track back through the creation of the standards which have come to be incorporated into many state licensure requirements and accreditation strictures. The history of this movement has been recounted many times (*Murphy* 1990; 1999a; 2005; *Murphy & Shipman* 2002; *Murphy, Yff & Shipman* 2000). Suffice it to say that the methodology involved with these standards (Interstate School Leaders Licensure Consortium-ISLLC) is the culling of selected extant research, some of which is empirical and some not, and much craft knowledge (*Murphy* 2000a, 412; *Murphy* 2005, 169-170), "validated" by various forms of consensus, from "representative" individuals and agencies, to samples of "expert" audiences selected from time to time (*Murphy* 2005, 166, 179).

For example, ETS (Educational Testing Service) recounts that they engaged in a "job analysis" involving fourteen "subject-matter experts" who defined the domains of responsibilities and knowledge areas for all beginning school administrators. The result was then "mailed to a national sample of more than 10,000 school principals" (6). The "result" was that 97% judged the responsibility statements to be important and 95% judged the knowledge areas to be important (6). It is instructive to know what we have and have not done here. The exercise is a validation exercise. It is not a measure of the truthfulness of the responsibilities or knowledge areas per se. *Murphy* (2000a) himself conceded the point when he said, " No one associated with the ISLLC has ever claimed that the Standards are 'actually true'" (412).

The pursuit of the standards resulting in ISLLC was never a pursuit of truth, it was a pursuit of power, privilege and position within a community of practice. It has been and continues to be an exercise in normative political policing. It is an example of an ideology posing as science and as such, it ought to be viewed with the greatest of skepticism. Furthermore, the application of the ISLLC standards in the accreditation process is anti-change and has incorporated no mechanism for altering the standards with evidence. The only evidence that is "acceptable" is that which can be folded into the standards. There is no mechanism for systematic self-correction, a telling earmark of an ideology or pseudo-science (see *English* 2004b). The absence of a strategy of correction based on evidence is revealing. The ISLLC standards are not part of an experiment to determine their efficacy. Nothing has been done to compare exam scores to curricula or preparation or to be used to alter the standards themselves. The standards are true by definition so no empirical verification is necessary.

The Epistemological Problems of Basing Preparation Objectives on Existing Practice

The methodology of the construction of the standards and its translation into courses and curricula in educational administration has historical precedent conveniently forgotten by those involved in its creation and construction. At the turn of the last century, *Franklin Bobbitt* (1918/1971) penned his famous work on curriculum. Infatuated with scientific management, he set forth a position which divided those working in the field into two camps. There were those who saw education as a process which was good by itself, and there were those who saw education as a practical means to improve work and enhance productivity. Calling this latter camp, "the utilitarians", *Bobbitt* (1918/1971) specified how such work should be defined:

> "They would have an accurate survey made of the science-needs of each social class; and to each they would teach only the facts needed; only those that are to be put to work. In an age of efficiency and economy they would seek definitely to eliminate the useless and the wasteful" (4).

We see the same rationale in the ISLLC standards, i. e., the conjecture of a "core technology" (*Murphy* 1999a; *Murphy, Yff & Shipman* 2000) which subordinates all other concerns as either secondary or trivial. The erasure of context as unimportant and the creation of a set of rubrics good for all times, places and leaders, is the essence of standardization, i. e., one size "fits all". In looking closely at ISLLC methodology, that is the strategy of moving from practice to standards, we see *Franklin Bobbitt's* signature everywhere. *Bobbitt* spoke of the work of the "curriculum discoverer", as someone who wanted to discern the objectives of work. While *Bobbitt's* work was more encompassing than *Murphy's* work, the strategy was the same.

> "His [the curriculum-discoverer] first task rather, in ascertaining the education appropriate for any special class, is to discover the total range of habits, skills, abilities, forms of thought, valuations, ambitions, etc. that is members need for the effective performance of their vocational labors" (43).

The process involves a method to discern what kinds of (in our modern parlance knowledge, skills and dispositions) are necessary to do a certain form of work, and then to set up education to prepare someone for that work.

The so-called "effective school research" which is the empirical centerpiece of the ISLLC standards (*Murphy* 2005, 169), are the epitome of *Bobbitt's* methodology. These are schools *as they exist* and the idea of practice is to replicate them "intact". The entire approach rests on assumptions that are concealed in the standards. The most trenchant criticism of the standards viz. *Bobbitt* comes from *Boyd Bode* (1930) at Ohio State. *Bode* took *Bobbitt's* "job analysis" strategy to deriving training objectives from job analysis (*Murphy* 2005, 159 describes this as "backward mapping from administrative action to student outcomes"), and which are specified by ETS as their validation strategy for test development of the standards (*ETS* 1997, 6) and commented, "It would not be far wrong to say that job analysis ... aims at the mechanization of conduct, at providing a substitute for intelligence" (100). He then observes:

555

"But if by specific activity ... is meant an activity that can be laid out in advance, at least in its main operations, like baking a pie from a recipe, then life clearly does not consist of specific activities" (Bode 1930, 111).

And concludes, "The notion that life consists of specific activities may have some sort of validity in a society that is stratified in fixed classes. It has no place in a democracy" (*Bode* 1930, 111).

Murphy's (2005) argument that the ISLLC standards are sufficiently broad to "allow concepts to evolve" (173) is deceptive. A perusal of the proposed scoring rubrics developed by *Hessel & Holloway* (2002) leave little ambiguity for "concepts to evolve." For example, this publication states:

> "The school leader systematically collects and analyzes data on the school progress towards realizing the vision. This monitoring and evaluation must be tied directly to objectives and strategies. Demonstrating a clear understanding of the link between effective teaching and student learning. The school leader also regularly collects data on both student achievement and teacher performance" (42).

I suppose there could be some "evolution" in the types of monitoring and the content and range of data examined, but that is pretty small indeed in this type of training objective. What seems to have escaped *Murphy* and the others who created the ISLLC edifice is the contradiction raised by *Boyd Bode* of *Bobbitt's* "job analysis" as the method to derive educational objectives. To specify in advance the range of objectives that are required to perform a job requires one to freeze it. When the duties are fixed to a role that is fixed, the school and the society in which it functions *must also be fixed*. This is a socially static view of these relationships. And in this mixture the social order is also fixed, *as it is*. We have validated the status quo (once again). Despite *Murphy's* (2005) claim "social justice" is part of the ISLLC standards (169, 172), all of the devolutions of the idea he explains are contained within the schools as they exist. In fact, in 1999a, *Murphy* subordinated "democratic community" and "social justice" to the concept of "school improvement" (54). In this deft maneuver, he avoided having to deal with larger social inequities which the schools may reinforce. By focusing solely on the interiorities of schooling for the centering of the standards, any concept of social justice dealing with the school's exteriorities is vitiated, or in *Murphy's* (2005) words, "... to set up community independent of measures of student learning --- and the metrics that assess such learning --- seemed to the Consortium not to be an especially good idea" (172). Here the standards fail to differentiate between what *Shields* (2004) has called "transformative" as opposed to "transformational" leadership. "Transformative" leadership signifies that needed changes "go beyond institutional and organizational arrangements" (113). This is a significant line of demarcation. It separates schooling interiorities from schooling exteriorities. Without such a shift from schooling interiorities to school exteriorities, the ISLLC standards could have been used to support the segregation of Mexican students in 1945. The ISLLC standards would be the major defense against admitting "inferior" Mexican-Americans into Anglo schools. All of the arguments used by the school superintendents in 1945 were about the "harmful" effects of school de-segregation on student's learning, both for the Anglos and the "inferior" Mexicans. Anglos would be held back, and Mexicans would be pushed further behind and suffer even more devastating injuries to their learning because of their inherent genetic and cultural "deficits". Successful learning was best accomplished through segregation of both races (*Wollenberg* 1974).

So here is a brief exposition of the ISLLC principles and standards (*Murphy* 2005):

(1) Standards should reflect the centrality of student learning.
(2) Standards should acknowledge the changing role of the school leader.
(3) Standards should recognize the collaborative nature of school leadership.
(4) Standards should be high, upgrading the quality of the profession.
(5) Standards should inform performance-based systems of assessment and evaluation of school leaders.
(6) Standards should be integrated and coherent.
(7) Standards should be predicated on the concepts of access, opportunity, and empowerment for all members of the school community.

The "principles" of the ISLLC standards speak to schooling interiorities, that is, practices and suppositions of work in the school itself. The standards are about the basis for the professionalization and attributes of leadership. Only principle seven comes even close to the 1945 case of Mendez v. Westminster. If one reviews the arguments of the school superintendents at the time, the superintendents were not denying schooling for Mexican-Americans. Rather, they were using the concepts of access, opportunity and empowerment as the basis to support segregated schooling. Mexicans learned best when they were kept apart from Anglos. Segregation provided the best opportunity. It was segregation which was "empowering", i. e., not going to school which would clearly indicate how inferior Mexican-Americans were compared to Anglo students. So the ISLLC principles would not provide the basis to alter the segregation practices in schools and which were everywhere else in society at the time. It was common fifty years ago to see signs in business establishments which read "No dogs or Mexicans allowed".

Now for the ISLLC standards themselves. Read them over. Ask whether or not an administrator adhering to the standards would be propelled by them to end the socially accepted practice of segregation based on racial prejudice in 1945.

(1) A school administrator is an educational leader who promotes the success of all students by facilitating the development, articulation, implementation, and stewardship of a vision of learning that is shared and supported by the school community.

(2) A school administrator is an educational leader who promotes the success of all students by advocating, nurturing, and sustaining a school culture and instructional program conducive to student learning and staff professional growth.

(3) A school administrator is an educational leader who promotes the success of all students by ensuring management of the organization, operations, and resources for a safe, efficient, and effective learning environment.

(4) A school administrator is an educational leader who promotes the success of all students by collaborating with families and community members, responding to diverse community interests and needs, and mobilizing community resources.

(5) A school administrator is an educational leader who promotes the success of all students by acting with integrity, fairness, and in an ethical manner.

(6) A school administrator is an educational leader who promotes the success of all students by understanding, responding to, and influencing the larger political, social, economic, legal, and cultural context.

It is clear from the historical record of the Mexican families who pursued an alternative to their children being segregated in the four school districts in Santa Ana, California in 1945 that the school administrators with whom they interacted would have conformed to all of the ISLLC standards. First, the school superintendent met with the Mendez family. As a result of that meeting and later interactions with the Board, a bond issue was proposed which would have built an integrated school. When that failed in a community referendum, no further actions were taken by the board or the superintendent. Here is *Shields'* (2004) line of demarcation between "transformational" versus "transformative". The failure to cross the line led to the lawsuit by the Mexcian-American families.

The only question which might be raised in this historical case study would be with the last ISLLC standard. But even here, that superintendent would not have been propelled by the language to end school segregation. An examination of the "level of performance" stipulated in *Hessel & Holloway* (2002) is instructive. *Hessel & Holloway* (2002) show four themes and indicate what would be the highest level of meeting the standard. These are shown in Exhibit 1 below:

Exhibit 1:   Level of Performance According to *Hessel & Holloway*

ISLLC STANDARD SIX The Political, Social, Economic, Legal and Cultural Context of Learning Judging the Level of Performance (from Hessel & Holloway 2002, 111)	
Central Theme	The "Accomplished" Level of Performance According to *Hessel & Holloway*
A Vision of Success	There is clear, convincing, and consistent evidence that the school leader maintains an ongoing dialogue with members of the school and community about external forces that impact work toward the school's vision.
A Focus on Teaching & Learning	There is clear, convincing and consistent evidence that the school leader identifies external forces that might challenge or support instructional programs and student achievement. Communicates this information to the community, and collaborates to assess the impact of these forces and plans accordingly.
An Involvement of all Stakeholders	There is clear, convincing, and consistent evidence that the school leader continuously involves appropriate stakeholders in communicating any changes in the environment that might impact the operation of the school. In addition, the leader provides opportunities for members of the community to engage in a dialogue about these changes and adjust plans in light of them.
A Demonstration of Ethical Behavior	There is clear, convincing, and consistent evidence that the school leader communicates changes in the environment on an on-going basis that is readily accessible to all diverse community groups in a manner that is honest, ethical, and unbiased.

The language of this last ISLLC standard does not posit an "activist" orientation to social justice. It says that a school administrator is an educational leader who *understands, responds to*, and *influences* the larger socio-political-economic-cultural context. The highest level of performance as indicated by *Hessel & Holloway* (2002) shows that the school leader dialogues with, identifies external forces that "might" challenge or support instructional programs, involves stakeholders, and communicates changes in the environment on an on-going basis.

It is this sense of fixity, stability, and immobility that pepper *Murphy's* explanation of the decisions which lie behind the creation of the ISLLC standards and the work of the Interstate School Leaders Licensure Consortium. His choice of metaphors is revealing. He writes (with *Yff & Shipman* 2000) of revealing the "pillars" that support the Standards (18). Earlier, *Murphy* (1999a) spoke of "pillars" as "foundational". In a variety of explanations the metaphor "foundational pillars" (*Murphy* 2005) are used interchangeably with "core", such as the "core of productive leadership" (2000, 23) "core technology", (1999a; 2005) "central tenets", (2000) "ISLLC architecture", (2005) "rebuilding foundations", (2005) changing the "taproot" (1999a); and "knowledge base" (1999a) resulting in "a new center of gravity" (1999a). These metaphors strongly suggest a view of the ISLLC standards as something quite enduring, stable and fixed. None would indicate that change would occur easily, if at all. Altering "pillars", "cores", "central tenets", "foundations", and "taproots" would amount to a revolution, none of which is suggested as possible or desirable in the creation of the standards themselves. In fact, there is no strategy included in the standards for systematically changing them (*English* 2004a). As *Bode's* (1930) criticism of *Bobbitt's* (1918/1971) activity analysis indicates, objectives derived from job analysis within the existing social order are anchored to a changeless notion of society, the antithesis to social change and to democracy. This subordination effectively eliminates any challenge to the status quo in the larger social order. School improvement models that subordinate social justice and democratic community leave intact larger social inequities in social power. It is profoundly anti-change and fundamentally socially and politically conservative.

The Selling Out of Democratic Leadership for Profit

The current situation is connected to another change taking place which impacts educational leadership, that is, the abandonment of democracy and the service ethic for public education in favor of the market theory of leadership. The market theory of educational leadership may be defined as a mindset that looks at all situations, interactions and potentialities as an economic exchange resulting in the maximization of profit. In this view schools are simply one kind of organization to be positioned in a market. In the pursuit of profit one examines any means to reduce variance. Differences are "smoothed out". The cost of labor is reduced by lowering wages and fringe benefits accompanied with the standardization of roles and the erasure of specialization by breaking jobs into smaller ones. Training costs are then reduced because the jobs are simpler and standardized. The ISLLC standards represent the epitome of this approach. In this equation children become products, teachers become workers and principals become factory foreman. The bottom line is always efficiency, that is, the reduction of costs to maximize profits.

That this is the prime and only motivator for business has been advanced by writers in *The Economist* (2005) who flatly declare that efforts by companies to engage in corporate social responsibility (CSR) is a scam and unnecessary because " the selfish pursuit of profit serves a social purpose" (11). This selfish pursuit, however, must be balanced by government intervention because "businesses cannot be trusted to get it right, partly because they lack the wherewithal to frame intelligent policy in these areas" (19). The recent spate of government interventions required to deal with the disasters of Enron (*Fox* 2003) and WorldCom (*Jeter* 2003) and dozens of other businesses in which legions of corporate officers are being indicted for fraud, forgery, and greed, provide examples of profit making run amuck. And corporate work in education has likewise seen its share of profiteering come under scrutiny. The Apollo Group, which runs the University of Phoenix, was recently fined $ 9.8 million dollars by the U. S. Department of Education because it used pressure to recruit students who were not academically qualified to apply for federal funds to enhance enrollment and profits (*Blumenstyk* 2004b). This was the second fine on the Apollo Group. Earlier, Apollo had been fined $ 4.4 million based on an audit of their Institute for Professional Development.

The Apollo Group was not the only education related for profit enterprise in trouble. The ITT Educational Services Group was recently raided by federal agents armed with subpoenas looking for records which related to student recruitment, attendance records, placement of graduates and admissions materials (*Blumenstyk* 2004a, A29). The Edison Schools were investigated by the Securities Exchange Commission for failing to disclose "that as much as 41 percent of its revenue consisted of money it never saw" (*Saltman* 2005, 55). The eight largest education industry companies now have a combined market value of more than $ 36 billion, based on shareholder payments (*Blumenstyk* 2004a, 1).

Saltman (2000) avers that "democracy is under siege" (ix). He indicates that we are witnessing the "transfer of public institutions into private hands" which is "fundamentally at odds with democracy" (ix). *Saltman* (2000) avers that the appearance of superintendents who were former corporate CEOs, ex-generals, or politicians is indicative of a rapid privatization of public education in which according to one critic the compassionate functions of the state are being gutted (*Saltman* 2000, xvii).

Behind this collection of activities being advanced to privatize public education is the agenda of the National Alliance for Business and the Business Roundtable (BRT). The Business Roundtable developed a plan for transforming public education involving nine essential components which involved the promulgation of standards, state wide testing, and accountability for results among others (*Emery & Ohanian* 2004, 35). A close examination of corporate goals for education reveals a tight linkage to the provisions of NCLB (see *Emery & Ohanian* 2004, 36-37) and the ISLLC standards for educational leaders and the programs which prepare them.

Furthermore, the ISLLC standards and the work of the ELCC have been heavily infused with the market theory of leadership and the new corporate consumerism model for public education. *Murphy* (2005) explained that the ELCC was influenced "by significant shifts in the economic, political, and social environments in which education is nested" (161). Among these historic shifts were "a decline in the prominence of the democratic welfare state" and "an increase in the use of markets to achieve public objectives and a crumbling of the firewall that stood between the government and market spheres of activity" (161). *Murphy* (2000b) has admitted that, "…we are already in a state of professional meltdown, brought on largely because of the control exercised by the educational cartel (university plus state government). My conclusion is that, given our history, states and universities alone cannot be relied on to successfully overhaul the profession. The monopoly power enjoyed by the cartel needs to be reined in …"(467). These are precisely the sentiments and vocabulary expressed in the Broad Foundation's and Thomas B. Fordham Institute's *Manifesto for Better Leaders for America's Schools* (2003).

Murphy's (1999a) call for a new center of gravity for educational administration included being responsive to these forces and he cast them as "a demand for reform is heard on all sides" (15). The equation of the market theory of leadership and the need for reform, which translated means reshaping educational leadership to the market theory of leadership of the corporate world, were made synonymous here and elsewhere. In his chapter in the *Second Handbook of Educational Administration* (1999b), Mur-

phy spoke of the "new consumerism" and free market ideology in the larger socioeconomic sphere. While conceding that "many scholars, for example, see consumer-grounded institutional dynamics as antithetical to public meaning and, therefore, as the death knell for public education," (405), *Murphy* is not so sanguine about these developments. *Murphy* (1999b) highlights the "emerging sociopolitical infrastructure" with "the one piece of the foundation that shines most brightly" which is quoted from *Tomlinson* (1986) as the "ascendancy of the theory of the social market" (*Murphy* 1999b, 414). *Murphy* (1999b) sees these not as trends, but as a kind of foundational shift in "the altered habitat of educational control" (414). Once again, *Murphy's* (1999b) use of "pillars" as a metaphor to describe "the economic explanation for the emergence of market-oriented operating principals and models in the public sector" (411) is instructive.

Kenneth Saltman (2000) indicates that "extreme privatizers" proffer claims that market forces can provide better-quality education, more universal education, and that these efforts will produce improved educational equity than the current form of public education. No where does Murphy contradict such assertions. His exploration and explanation of the market theory of leadership and the new consumerism is a backdrop to the work of crafting a set of national standards resting on these very same principles. Or as *Murphy* (2005) explains that the crafting of ISLLC standards "is an analysis of a concerted effort to rebuild the foundations of school administration, both within the practice and academic domains of the profession" (154). In short the "pillars" of the market theory of leadership centered on market driven operating principles have become the "pillars" of the ISLLC standards. The "new" foundation of educational leadership has been grounded in the principles of educational consumerism.

What is profound about this approach that it dovetails so nicely with the National Alliance for Business' agenda that the relationship of the school to the corporate economic agenda becomes isomorphic. The possibility of the school being the grounds for contestation of corporate control is removed. The role of the school is to become the grounds for producing corporate workers who will "fit in" to the existing economic hegemonic order. Kenneth *Saltman* (2000) notes, the seven watchwords of the corporate agenda for education are *efficiency, competition, the failure of public education, equity, accountability, democracy, and individual freedom of choice* (3-4). We see all of these themes displayed prominently in the rationale for the ISLLC standards. When market language and logic come to define the terms, the possiblities, and the problems, it also privileges the chosen solutions because they are the only ones that "fit" the definitions of the problems.

So the ISLLC standards reposition an educational leader working in a competitive market place. Much of the rationale for the standards is non-empirical. Thus, we have an ideology, a platform of values and beliefs, not the stuff of empirical science, but a values based linch pin which focuses on the interiorities of schooling, leaving the exteriorities to the control of the forces of privatization and corporate control. What was embraced was just as important as what it did not. It did not call into question the huge wealth disparities in U. S. society where "1.6% of the population own 80% of all stock, 100% of all state and municipal bonds, and 88.5% of corporate bonds"

(*Lundberg* 1968, 144). Thus, educational leadership is not expected to do anything about such disparities and their impact on a society increasingly split between the haves and have nots. The irony of the current thrust to raise educational standards in the preparation of educational leaders is that they have been lowered in the following ways:

(1) Standardizing Administrative Roles

The ISLLC standards are premised on a reduced role of the school administrator, called by its backers as "the technological core" (*Murphy* 2005, 159). This core not only reduced the complexity of the entire range of responsibilities of school leaders, it created a "one size fits all" mold for them (*Murphy* 2000, 23) and erased context as important in determining administrative actions (*English* 2003b; 2004b). The first goal of standardization is to reduce job complexity and lower the requirements for training. The reduction of the costs of preparation, remuneration and replacement are the goals of standardization in practice. A key position in the ISLLC standards, especially when taken by NCATE to evaluate preparation programs, is the jettisoning of the independent knowledge production function of university faculty (*English* 2003a; 2003b; 2004b). When this function is removed, the costs of supporting a research focused faculty are effectively eliminated. Preparation is immensely cheaper when faculty possess no research skills and do not have tenure.

(2) Making Administrative Practice Transferable: The Digital Doctorate

By reducing the complexity of leadership responsibilities and downgrading and/or removing the independent knowledge production function, the hallmark of university preparation, lots of agencies in the private sector can go into the leadership preparation "business." We now enter the age of the "digital doctorate" (*Fusarelli* 2004), including the national administrative associations like AASA, the Apollo Group, Sylvan and Wal Mart. Few of these sites would have been considered as professional places of preparation in the past. All that is required in preparing leaders to the ISLLC standards are adjuncts who do no research and who are hired out without any of the labor fringe benefits that drive up costs for universities. The ISLLC standards are the bridge to completely privatize leadership preparation as a for profit enterprise. They put the "profit" in "for profit" business. The ISLLC standards are the foundation to the globalization/privatization of educational leadership preparation.

What is concealed in the ISLLC ideology is that the standards themselves are set on privatization pillars, they kowtow to corporate interests, fail to deal with the larger exteriorities of social justice, and, ironically, fail to assist the prospective school leader to be effective in a competitive market place. Not one of the standards or indicators requires any special expertise in marketing, merchandising, advertising, cost-cutting, or union busting, tactics which Wal Mart employs (*Head* 2004). Founded on the tenets of globalization and competition, the ISLLC standards do nothing to prepare school leaders to be effective as corporate leaders (see *Crow, Hausman & Scribner* 2002, 204ff.). By solely focusing on schooling interiorities, future educational leaders are "babes in the woods" in the kind of cutthroat, do anything to make a buck including cooking the books environment of big business (see *Henry, France & Lavelle* 2005), a charge which has been leveled at more than one for profit ventures in education (*Anderson & Pini* 2005, 229; *Saltman* 2005). And if M*urphy* (2005) is correct that all major forces that have shaped education occurred outside the profession, then school leaders will continue to be disadvantaged as external changes proliferate, unless one sees the privatization of the public education as capitalism's final moment of triumph. As *Saltman* (2000) indicates, "when this happens, there is nothing left to discuss" (ix). So the contradiction is this: The ISLLC standards which prepare future educational leaders are truncated to allow educational leaders to only deal with schooling interiorities, while systematically underpreparing them to deal with schooling exteriorities of the very market in which they must survive and prosper. Dropping the Ed.D. in favor of an MBA as *Arthur Levine* proposes (2005) might better prepare future education leaders for this kind of environment. But it would do nothing to retain the democratic public service aspects of public education. What the ISLLC standards do is to legitimate the privatization of public education, enshrining the profit motive as the calculus for educational change.

We must see concurrent movements as pieces of a puzzle which include job standardization and de-skilling, and the removal of the requirement for research as a faculty imperative as moving towards a vocational approach to leadership preparation in which social mobility is effectively erased because the freezing of jobs also fixes social inequities currently in place.

We must ask the tough questions which remain silently embedded in privatization schemes. Do we really want educational leaders to think about children as profit centers? What happens to the service/stewardship leadership ethic when public education is corporatized? The new consumerism being pushed by the privatizers is inherently opposed to democracy. We embrace such an agenda at great peril.

VI Literaturverzeichnis

Gesamtliteraturverzeichnis

Aaken, A. van (2003). „Rational Choice" in der Rechtswissenschaft: Zum Stellenwert der ökonomischen Theorie im Recht. Baden-Baden: Nomos.

Achs, O., Gruber, K. H., Kral, P. & Tesar, E. (Hrsg.) (1995). Schulqualität – Facetten und Felder einer Entwicklung. Vorträge und Diskussionen anläßlilch des 1. europäischen Bildungsgespräches, 94. Wien: ÖBV Pädagogischer Verlag.

Achtenhagen, F. (1978). Einige Überlegungen zur Entwicklung einer praxisorientierten Fachdidaktik des Wirtschaftslehreunterrichts. In Die Deutsche Berufs- und Fachschule, 74, 563-587.

Achtenhagen, F. (1979). Einige Überlegungen zum gegenwärtigen Stand der Unterrichtswissenschaft. In Unterrichtswissenschaft, 7, 269-282.

Achtenhagen, F. (1984). Didaktik des Wirtschaftslehreunterrichts. Opladen: Leske + Budrich.

Achtenhagen, F. (2001). Criteria for the development of complex teaching-learning environments. In Instructional Science, 29, 361-380.

Achtenhagen, F. (2004). Prüfung von Leistungsindikatoren für die Berufsbildung sowie zur Ausdifferenzierung beruflicher Kompetenzprofile nach Wissensarten. In Baethge, M., Buss, K.-P. & Lanfer, C. (Hrsg.), Konzeptionellen Grundlagen für einen Nationalen Bildungsbericht – Berufliche Bildung und Weiterbildung/Lebenslanges Lernen. Band 7. Berlin: Bundesministerium für Bildung und Forschung, 11-32.

Achtenhagen, F. (2006). Lehr-Lern-Arrangements. In Kaiser, F.-J. & Pätzold, G. (Hrsg.), Wörterbuch Berufs- und Wirtschaftspädagogik. 2. Auflage. Bad Heilbrunn: Klinkhardt, 322-327.

Achtenhagen, F. & Baethge, M. (2005). Kompetenzentwicklung unter einer internationalen Perspektive – Makro- und mikrostrukturelle Aspekte. In Gonon, P. et al. (Hrsg.), Kompetenz, Kognition und neue Konzepte der beruflichen Bildung. Wiesbaden: VS, 25-54.

Achtenhagen, F. & Grubb, W. N. (2001). Vocational and occupational education: Pedagogical complexity, institutional diversity. In Richardson, V. (Ed.), Handbook of Research on Teaching. 4th Edition. Washington, D.C.: American Educational Research Association, 604-639.

Achtenhagen, F. & John, E. G. (Hrsg.) (1992). Mehrdimensionale Lehr-Lern-Arrangements – Innovationen in der kaufmännischen Aus- und Weiterbildung. Wiesbaden: Gabler.

Achtenhagen, F. & Lempert, W. (2000). Lebenslanges Lernen im Beruf – Seine Grundlegung im Kindes- und Jugendalter. In Das Forschungs- und Reformprogramm. Band 1. Opladen: Leske + Budrich.

Achtenhagen, F. & Thång, P.-O. (Eds.) (2002). Transferability, flexibility and mobility as targets of vocational education and training. Göteborg & Göttingen: Göteborg University, Faculty of Education & Georg-August-University Göttingen: Institute of Economic and Business Education and Management Training.

Achtenhagen, F. & Weber, S. (2003). "Authentizität" in der Gestaltung beruflicher Lernumgebungen. In Bredow, A., Dobischat, R. & Rottmann, J. (Hrsg.), Berufs- und Wirtschaftspädagogik von A-Z. Baltmannsweiler: Schneider, 185-199.

Achtenhagen, F. & Winther, E. (2006). Antragsskizze für eine Teilnahme am DFG-Schwerpunktprogramm "Kompetenzdiagnostik". Bremen, 11./12. Juli 2006.

Ackeren, I. van (2003). Evaluation, Rückmeldung und Schulentwicklung. Erfahrungen mit zentralen Tests, Prüfungen und Inspektionen in England, Frankreich und den Niederlanden. Münster et al.: Waxmann.

Ackeren, I. van & Hovestadt, G. (2003). Indikatorisierung der Empfehlungen des Forum Bildung. Bildungsreform. Band 4. Berlin: Bundesministerium für Bildung und Forschung.

Literaturverzeichnis

Ackermann, H. & Wissinger, J. (Hrsg.) (1998). Schulqualität managen. Von der Verwaltung der Schule zur Entwicklung von Schulqualität. Neuwied: Luchterhand.

Ajzen, I. & Madden, T. J. (1986). Prediction of Goal-Directed Behavior: Attitudes, Intentions, and Perceived Behavioral Control. In Journal of Experimental Social Psychology, 22, 453-474.

Alkin, M. C. (Ed.) (1992). Encyclopedia of educational research. Volume 4. 6$^{th.}$ Edition. New York: MacMillan.

Allmann, V. (1994). Die Rolle der Schulaufsicht im Entwicklungsprozeß von Schule und bei der Umsetzung von Bildungsplänen. Ein neues Leitbild von Schulaufsicht durch Dialog mit den Schulen. In *Buchen, H., Horster, L. & Rolff, H.-G.* (Hrsg.), Schulleitung und Schulentwicklung. Erfahrungen, Konzepte, Strategien. Berlin et al.: Raabe, H. 2.1.

Altrichter, H. (1998). What makes a good school tick? Einige Überlegungen und Diskussionsanregungen aus dem OECD/CERI-Projekt „Teacher Quality". In *Steffens, U. & Bargel, T.* (Hrsg.), Schule zwischen Autonomie und Aufsicht. Beiträge aus dem Arbeitskreis Qualität von Schule. Heft 8. Wiesbaden: Hessisches Landesinstitut für Pädagogik (HeLP), 123-135.

Altrichter, H. (2000a). Konfliktzonen beim Aufbau schulischer Qualitätssicherung und Qualitätsentwicklung. In Zeitschrift für Pädagogik, 41, 93-110.

Altrichter, H. (2000b). Qualitätsforderungen, Schulevaluation und die Rolle der Schulleitung. In *Scheunpflug, A.* et al. (Hrsg.), Schulleitung im gesellschaftlichen Umbruch. Schulleiter-Handbuch 93. München: Oldenbourg, 85-97.

Altrichter, H. & Eder, F. (2004). Das „Autonomie-Paritäts-Muster" als Innovationsbarriere? In *Holtappels, H. G.* (Hrsg.), Schulprogramme – Instrumente der Schulentwicklung. Konzeptionen, Forschungsergebnisse, Praxisempfehlungen. Weinheim & München: Juventa, 195-221.

Altrichter, H. & Heinrich, M. (2006). Evaluation als Steuerungsinstrument im Rahmen eines „neuen Steuerungsmodells" im Schulwesen. In *Böttcher, W., Holtappels, H. G. & Brohm, M.* (Hrsg.), Evaluation im Bildungswesen. Eine Einführung in Grundlagen und Praxisbeispiele. Weinheim & München: Juventa, 51-64.

Altrichter, H. & Posch, P. (1996). Mikropolitik der Schulentwicklung. Innsbruck: Studien-Verlag.

Altrichter, H. & Posch, P. (Hrsg.) (1997), Möglichkeiten und Grenzen der Qualitätsevaluation und Qualitätsentwicklung im Schulwesen. Innsbruck & Wien: Studien-Verlag.

Altrichter, H., Messner, E. & Posch, P. (2004). Schulen evaluieren sich selbst. Ein Leitfaden. Seelze: Kallmeyersche Verlagsbuchhandlung.

Altrichter, H., Schley, W. & Schratz, M. (1998). Handbuch zur Schulentwicklung. Innsbruck: Studien-Verlag.

American Association for the Advancement of Science (AAAS) (Ed.) (1993). Benchmarks for science literacy. Project 2061. New York: Oxford University Press.

Anderson, G. & Pini, M. (2005). Educational leadership and the new economy: Keeping the 'public' in public schools. In *English, F.* (Ed.), The SAGE handbook of educational leadership. Thousand Oaks, CA: Sage, 216-236.

Anderson, N. R. & West, M. A. (1998). Measuring climate for work group innovation: Development and validation of the team climate inventory. In Journal of Organizational Behavior, 19, 235-258.

Anderson, R. E. & Dexter, S. L. (2000). School technology leadership: incidence and impact. Teaching, learning, and computing 1998. National survey. Report 4. Irvine: University of California, Center for Research on Information Technology and Organizations.

Arbeitsgruppe Schulinspektionssystem Niedersachsen (2005). Abschlussbericht vom 21.02.2005. http://cdl.niedersachsen.de/blob/images/C8892332_L20.pdf.

Arbeitsstab Forum Bildung (2001). Lernen – ein Leben lang. Vorläufige Empfehlungen und Expertenbericht. Köln: Geschäftsstelle der Bund-Länder-Kommission für Bildungsplanung und Forschungsförderung.

Arbeitsstelle Bildungskonzeptionen, Qualitätssicherung und Qualitätsentwicklung (1998). Konzeptionelle Überlegungen zum „Regionalen Aktionsprogramm Schulentwicklung (RASCH)". Wiesbaden: Hessisches Landesinstitut für Pädagogik (HeLP).

Argyris, C. & Schön, D. A. (1999). Die Lernende Organisation. Grundlage, Methoden und Praxis. Stuttgart: Klett-Cotta.

Arnold, E., Bastian, J. & Reh, S. (2004). Spannungsfelder der Schulprogrammarbeit – Akzeptanzprobleme eines neuen Entwicklungsinstruments. In *Holtappels, H. G.* (Hrsg.), Schulprogramme – Instrumente der Schulentwicklung. Weinheim: Juventa, 44-60.

Arnold, K.-H. (2000). Diagnostische Kompetenz erwerben. Wie das Beurteilen zu lernen und zu lehren ist. In *Beutel, S.-I. & Vollstädt, W.* (Hrsg.), Leistung ermitteln und bewerten. Hamburg, 129-139.

Arnold, K.-H., Sandfuchs, U. & Wiechmann, J. (Hrsg.) (2006). Handbuch Unterricht. Bad Heilbrunn: Klinkhardt.

Arnold, R. & Tippelt, R. (1992). Forschungen in berufsbildenden Institutionen – Trendbericht über den Zeitraum 1970-1990. In *Ingenkamp, K.* et al. (Hrsg.), Empirische Pädagogik 1970-1990. Band I. Weinheim: Beltz, 369-405.

Artelt, C. & Riecke-Baulecke, T. (2004). Bildungsstandards: Fakten, Hintergründe, Praxistipps. München: Oldenbourg.

Auernig, R. (1986). Die Funktion des Schulleiters bei der Durchsetzung schulischer Innovationen. Frankfurt a. M. et al.: Lang.

Aurin, K. (Hrsg.) (1990). Gute Schulen – Worauf beruht ihre Wirksamkeit? Bad Heilbrunn: Klinkhardt.

Aurin, K. (1992). Was ist eine gute Schule? Forderungen an jede Schule als Forderungen an die katholische Schule. Köln: Bachem.

Aurin, K., Stark, G. & Stobberg, E. (1977). Beratung im Schulbereich. Aufgabenfelder, Strukturprobleme, Entwicklungstendenzen und Empfehlungen. Weinheim & Basel: Beltz.

Avenarius, H. (1994). Schulische Selbstverwaltung – Grenzen und Möglichkeiten. In Recht der Jugend und des Bildungswesens, 2, 256-269.

Avenarius, H. (1997a). Schulautonomie und Grundgesetz. In *Müller, A., Gampe, H., Rieger, G. & Risse, E.* (Hrsg.), Leitung und Verwaltung einer Schule. 8. Auflage. Neuwied & Kriftel: Luchterhand, 176-180.

Avenarius, H. (1997b). Schulische Selbstverantwortung und Demokratieprinzip. In *Eichel, H. & Möller, K. P.* (Hrsg.), 50 Jahre Verfassung des Landes Hessen. Festschrift. Wiesbaden: Westdeutscher Verlag, 178-190.

Avenarius, H. (2001). Einführung in das Schulrecht. Darmstadt: Wissenschaftliche Buchgesellschaft.

Avenarius, H. & Heckel, H. (2000). Schulrechtskunde. 7. Auflage. Neuwied & Kriftel: Luchterhand.

Avenarius, H., Baumert, J., Döbert, H. & Füssel, H.-P. (Hrsg.) (1998). Schule in erweiterter Verantwortung. Positionsbestimmungen aus erziehungswissenschaftlicher, bildungspolitischer und verfassungsrechtlicher Sicht. Neuwied & Kriftel: Luchterhand.

Avenarius, H., Ditton, H., Döbert, H., Klemm, K., Klieme, E., Rürup, M., Tenorth, H.-E., Weißhaupt, H. & Weiß, M. (2003). Bildungsbericht für Deutschland. Opladen: Leske + Budrich.

Avenarius, H., Kimming, T. & Rürup, M. (2003). Die rechtlichen Regelungen der Länder in der Bundesrepublik Deutschland zur erweiterten Selbstständigkeit der Schule. Eine Bestandaufnahme. Berlin: Berliner Wissenschafts-Verlag.

Averch, H. A. et al. (1974). How effective is schooling? A critical review of research. Englewood Cliffs, N. J.: Rand Corporation.

Literaturverzeichnis

Badel, S. (2003). Zur Nutzung von Lernzeitangeboten Jugendlicher in berufsvorbereitenden Maßnahmen. In Buer, J. van & Zlatkin-Troitschanskaia, O. (Hrsg.), Berufliche Bildung auf dem Prüfstand. Entwicklung zwischen systemischer Steuerung, Transformation durch Modellversuche und unterrichtlicher Innovation. Frankfurt a. M. et al.: Lang.

Badel, S. (2005). Zum Zusammenhang von Basiskompetenzen und Intelligenz der Jugendlichen in MDQM – Das Problem der „Underachiever". In Buer, J. van et al. (Hrsg.), Endbericht zum Modellversuch „Modulare-Duale-QualifizierungsMaßnahme". Berlin: Humboldt-Universität zu Berlin.

Bader, R. & Müller, M. (2004). Unterrichtsgestaltung nach dem Lernfeldkonzept. Bielefeld: Bertelsmann.

Baethge, M. (2005). Der europäische Bildungsraum – Herausforderungen für die Berufsbildungsforschung. In SOFI-Mitteilungen, Nr. 33. Überarbeitete Fassung des Vortrags zur Eröffnung des 6. Forums der Arbeitsgemeinschaft Berufsforschungsnetz am 19.09.2005 in Erfurt. http://www.sofi-göttingen.de/frames/publik/mitt33/Baethge-neu.pdf. Stand: Januar 2006.

Baethge, M. & Baethge-Kinsky, V. (2004). Der ungleiche Kampf um das lebenslange Lernen. Münster et al.: Waxmann.

Baethge, M., Buss, K.-P. & Lanfer, C. (2003). Konzeptionelle Grundlagen für einen Nationalen Berufsbildungsbericht: Berufliche Bildung und Weiterbildung/Lebenslanges Lernen. Bildungsreform. Band 7. Bonn: Bundesministerium für Bildung und Forschung.

Baethge, M., Achtenhagen, F., Arends, L., Babic, E., Baethge-Kinsky, V. & Weber, S. (2005). Wie könnte eine internationale Vergleichsstudie zur beruflichen Bildung aussehen? – Machbarkeitsstudie für das Bundesministerium für Wirtschaft und Arbeit. Göttingen: Soziologisches Forschungsinstitut an der Georg-August-Universität, Seminar für Wirtschaftspädagogik der Georg-August-Universität.

Baitsch, C., Knoepfel, P. & Eberle, A. (1996). Prinzipien und Instrumente organisationalen Lernens. In Organisationsentwicklung, 15(3), 4-21.

Balázs, É. et al. (2000). A kormányzati szintek közötti felelősségmegosztás és a közoktatás öt Kelet-Közép-Európai országban. In Balász É. & Halász G. (Hrsg.), Oktatás és decentralizáció Közép-Európában. Budapest: Okker Kiadó, 17-127.

Balázs, É. & Halász, G. (Hrsg.) (2000.). Oktatás és decentralizáció Közép-Európában. Budapest: Okker Kiadó.

Ballauf, T. (1982). Funktionen von Schule. München: Beltz.

Ballér E. (1988). A pedagógusok tantervi önállósága. In Pedagógiai Szemle, 1, 3-10.

Balogh M. & Halász G. (2003). A közoktatás finanszírozása. In Halász G. & Lannert J. (Hrsg.), Jelentés a magyar közoktatásról 2003. Budapest: Országos Közoktatási Intézet, 87-106.

Bank, V. (2005 a). Systemisches Change Management für Schulen – Oder: Können Schulen wie Unternehmen geführt werden? In Gonon, P. et al. (Hrsg.), Kompetenz, Kognition und neue Konzepte der beruflichen Bildung. Wiesbaden: VS, 123-133.

Bank, V. (2005 b). „Ihr aber habt daraus eine Räuberhöhle gemacht." Ökonomität und Ökonomismus in der Bildung. In Bank, V. (Hrsg.), Vom Wert der Bildung. Bildungsökonomie in wirtschaftspädagogischer Perspektive neu gedacht. Bern et al.: Haupt, 19-37.

Bank, V., Jongebloed, H.-C. & Scholz, G. (1997). ISO 9000 in der Weiterbildung – Chancen und Risiken. In Bank, V. et al. (Hrsg.), Komplementäre Bildung – In der Schule, nach der Schule. IFKA Schriftenreihe. Band 16. Bielefeld: IFKA, 339-367.

Bank, V., Jongebloed, H.-C. & Schreiber, D. (2003). Ökonomische und pädagogische Implikationen der Einrichtung Regionaler Berufsbildungszentren am Beispiel des Landes Schleswig-Holstein. In bwp@, 5. http://www.ibw.uni-hamburg.de/bwpat.de/ausgabe5/bank_bwpat5.html. Stand: Januar 2006.

Banner, D. K. & Gagne, T. E. (1995). Designing effective organizations: Traditional and transformational views. Thousand Oaks, CA: Sage.

Barnett, K. & McCormick, J. (2003). Vision, relationship and teacher motivation: A case study. In Journal of Educational Administration, 41(1), 55-73.

Barr, R. & Dreeben, R. (1983). How Schools Work. Chlicago, Il.: University of Chicago Press.

Bartels, R. (1990). Möglichkeiten und Grenzen der Organisationsstrukturen alternativer ökonomischer Projekte. Eine Transaktionskostenanalyse. Pfaffenweiler: Centaurus.

Bartz, A. (2005). Evaluation: Vergewissern Sie sich der Wirkungen Ihrer Arbeit. In *Bartz, A.* (Hrsg.), PraxisWissen SchulLeitung. Basiswissen und Arbeitshilfen zu den zentralen Handlungsfeldern von Schulleitung. München: Link & Luchterhand, Abschnitt 22.11.

Bartz, A. (2006a). Controlling. In *Buchen, H. & Rolff, H.-G.* (Hrsg.) Professionswissen Schulleitung. Weinheim & Basel: Beltz, 1271-1291.

Bartz, A. (2006b). Grundlagen organisatorischer Gestaltung. In *Buchen, H. & Rolff, H.-G.* (2006). Professionswissen Schulleitung. Weinheim: Beltz, 365-417.

Bartz, A. & Müller, S. (2005). Schulinspektion – Ziele, Funktionen und Qualitätsbereiche. In *Bartz, A.* et al. (Hrsg.), PraxisWissen SchulLeitung. Basiswissen und Arbeitshilfen zu den zentralen Handlungsfeldern von Schulleitung. München: LinkLuchterhand, Abschnitt 24.21.

Bartz, A., Fabian, J., Huber, S. G., Kloft, C., Rosenbusch, H. S. & Sassenscheidt, H. (2006). Praxis-Wissen SchulLeitung. Letzte Ergänzungslieferung August 2006. München: LinkLuchterhand.

Bass, B. M. (1990). Bass & Stogdills handbook of leadership. New York: The Free Press.

Bass, B. M. (1997). The ethics of transformational leadership. Working papers. College Park, MD: Academy of leadership press.

Bateson, G. (1988). Ökologie des Geistes. Frankfurt a. M.: Suhrkamp.

Báthory, Z. (1985). A központi tanterv és a pedagógus tanterve. In Tanítás és tanulás, VII, fejezet. Budapest: Tankönyvkiadó, 217-231.

Báthory, Z. (1992). Tanulók, iskolák - különbségek. Egy differenciális tanításelmélet vázlata. Budapest: Tankönyvkiadó.

Báthory, Z. (2000). Tanulók, iskolák, különbségek. Budapest: Okker Oktatási Kiadó.

Báthory, Z. (2001). Maratoni reform. Budapest: Önkonet.

Bauer, K.-O. (2002). Dialoggespräche zwischen Schulaufsicht und Schulen – Ein neues Instrument schulaufsichtlicher Arbeit – Ergebnisse einer qualitativen Studie. In Landesinstitut für Schule und Weiterbildung (Hrsg.), Schulprogrammarbeit in Nordrhein-Westfalen. Bönen: Kettler, 199-265.

Bauer, K.-O. (2004). Lehrinteraktion- und -kooperation. In *Helsper, W. & Böhme, J.* (Hrsg.), Handbuch der Schulforschung. Wiesbaden: VS, 813-831.

Bauer-Klebl, A. (2003). Sozialkompetenzen zur Moderation des Lehrgesprächs und ihre Förderung in der Lehrerbildung. Eine wirtschaftspädagogische Studie unter besonderer Berücksichtigung des Lerntransfers. In Wirtschaftspädagogisches Forum, Band 25. Paderborn: Eusl.

Bauer-Klebl, A., Euler, D. & Hahn, A. (2001). Das Lehrgespräch – (Auch) eine Methode zur Entwicklung von Sozialkompetenzen? In Wirtschaftspädagogisches Forum, Band 13. Paderborn: Eusl.

Baumert, J. (1980). Aspekte der Schulorganisation und Schulverwaltung. In Max-Planck-Institut für Bildungsforschung – Projektgruppe Bildungsbericht (Hrsg.), Bildung in der Bundesrepublik Deutschland. Daten und Analysen. Band 1. Entwicklungen seit 1950. Reinbek: Rowohlt, 589-748.

Baumert, J. (1998). Fachbezogenes – fachübergreifendes Lernen. Erweiterte Lern- und Denkstrategien. Einführung in die Thematik. In Bayerisches Staatsministerium für Unterricht, Kultus, Wissenschaft und Kunst (Hrsg.), Wissen und Werte für die Welt von morgen. München und Donauwörth: Auer, 213-225.

Literaturverzeichnis

Baumert, J. (2001). Vergleichende Leistungsmessung im Bildungsbereich. In Zeitschrift für Pädagogik, 43, 13-36.

Baumert, J. & Artelt, C. (2003). Bildungsgang und Schulstruktur – Einheitlichkeit und Individualisierung. In Pädagogische Führung, 4, 188-192.

Baumert, J. & Köller, O. (1998). Nationale und Internationale Schulleistungsstudien. Was können sie leisten, wo sind ihre Grenzen? In Pädagogik, 50, 12-18.

Baumert, J. & Leschinsky, A. (1986). Berufliches Selbstverständnis und Einflussmöglichkeiten von Schulleitern. In Beiträge aus dem Forschungsbereich Schule und Unterricht, Berlin: Max-Planck-Institut für Bildungsforschung.

Baumert, J. & Schümer, G. (2001). Familiäre Lebensverhältnisse, Bildungsbeteiligung und Kompetenzerwerb. In *Deutsches PISA-Konsortium* (Hrsg.), PISA 2000. Basiskompetenzen von Schülerinnen und Schülern im internationalen Vergleich. Opladen: Leske + Budrich, 323-407.

Baumert, J., Blum, W. & Neubrand, M. (2002). Drawing the lessons from PISA 2000 – Long-term research implications: Gaining a better understanding of the relationship between system inputs and learning outcomes by assessing instructional and learning processes as mediating factors. Berlin: Max-Planck-Institut für Bildungsforschung.

Baumert, J., Bos, W. & Lehmann, R. (Hrsg.) (2000a). TIMSS/III. Dritte Internationale Mathematik- und Naturwissenschaftsstudie – Mathematische und naturwissenschaftliche Bildung am Ende der Schullaufbahn. Band I: Mathematische und naturwissenschaftliche Grundbildung am Ende der Pflichtschulzeit. Opladen: Leske + Budrich.

Baumert, J., Bos, W. & Lehmann, R. (Hrsg.) (2000b). TIMSS/III. Dritte Internationale Mathematik- und Naturwissenschaftsstudie – Mathematische und naturwissenschaftliche Bildung am Ende der Schullaufbahn. Band II: Mathematische und physikalische Kompetenzen am Ende der gymnasialen Oberstufe. Opladen: Leske + Budrich.

Baumert, J., Bos, W. & Watermann, R. (1998). TIMSS/III. Schülerleistungen in Mathematik und den Naturwissenschaften am Ende der Sekundarstufe II im internationalen Vergleich. Zusammenfassung deskriptiver Ergebnisse. Berlin: Max-Planck-Institut für Bildungsforschung.

Baumert, J., Cortina, K. S. & Leschinsky, A. (2003). Grundlegende Entwicklungen und Strukturprobleme im allgemein bildenden Schulwesen. In Cortina, K. S. et al. (Hrsg.), Das Bildungswesen in der Bundesrepublik Deutschland. Strukturen und Entwicklungen im Überblick. Reinbek: Rowohlt, 52-147.

Baumert, J., Köller, O. & Schnabel, K. (2000). Schulformen als differentielle Entwicklungsmilieus – Eine ungehörige Fragestellung? In Gewerkschaft Erziehung und Wissenschaft GEW (Hrsg.), Messung sozialer Motivation. Eine Kontroverse. Heft 14. Frankfurt a. M.: Schriftenreihe des Bildungs- und Förderungswerks der GEW, 28-68.

Baumert, J., Stanat, P. & Watermann, R. (Hrsg.) (2006). Herkunftsbedingte Disparitäten im Bildungswesen. Vertiefende Analysen im Rahmen von PISA 2000. Wiesbaden: VS.

Baumert, J., Trautwein, U. & Artelt, C. (2003). Schulumwelten – Institutionelle Bedingungen des Lehrens und Lernens. In Deutsches PISA-Konsortium (Hrsg.), PISA 2000 – Ein differenzierter Blick auf die Länder der Bundesrepublik Deutschland. Opladen: Leske + Budrich, 259-330.

Baumert, J., Watermann, R. & Schümer, G. (2003). Disparitäten der Bildungsbeteiligung und des Kompetenzerwerbs. Ein institutionelles und individuelles Mediationsmodell. In Zeitschrift für Erziehungswissenschaft, 6(1), 46-72.

Baumert, J., Lehmann, R., Lehrke, M., Schmitz, B., Clausen, M., Hosenfeld, I. & Köller, O. (1997). TIMSS: Mathematisch-naturwissenschaftlicher Unterricht im internationalen Vergleich. Deskriptive Befunde. Opladen: Leske + Budrich.

Baumgart, F. & Lange, U. (Hrsg.) (2006). Theorien der Schule. Erläuterungen, Texte, Arbeitsaufgaben. 2. Auflage. Bad Heilbrunn: Klinkhardt.

Baurmann, M. (1990). Bürokratie im Rechtsstaat. In VOP, 84-94.

Bauß, J., Modi, A., Perillieux, R. & Steuck, J. W. (1999). Systeme beruflicher Bildung im internationalen Vergleich. In Bertelsmann Stiftung (Hrsg.), a. a. O., 17-37.

Beck, K. (2003). Erkenntnis und Erfahrung im Verhältnis zu Steuerung und Gestaltung – Berufsbildungsforschung im Rahmen der DFG-Forschungsförderung und der BLK-Modellversuchsprogramme. In Zeitschrift für Berufs- und Wirtschaftspädagogik, 99, 232-250.

Beck, K. (2005a). Standards für die Ausbildung von Berufsschullehrern in Europa. Professionalisierung im Kompetenzkorsett? Arbeitspapier Nr. 52. Mainz: Universität Mainz.

Beck, K. (2005b). Ergebnisse und Desiderate zur Lehr-Lern-Forschung in der kaufmännischen Berufsausbildung. In Zeitschrift für Berufs- und Wirtschaftspädagogik, 101(4), 533-556.

Beck, K. & Dubs, R. (Hrsg.) (1998). Kompetenzentwicklung in der Berufserziehung: Kognitive, motivationale und moralische Dimensionen kaufmännischer Qualifizierungsprozesse. In Zeitschrift für Berufs- und Wirtschaftspädagogik, 14. Beiheft.

Beck, K. & Heid, H. (Hrsg.) (1996). Lehr-Lernprozesse in der kaufmännischen Erstausbildung. In Zeitschrift für Berufs- und Wirtschaftspädagogik, 13. Beiheft.

Beck, K. & Krumm, V. (Hrsg.) (2001). Lehren und Lernen in der beruflichen Erstausbildung. Grundlagen einer modernen kaufmännischen Berufsqualifizierung. Opladen: Leske + Budrich.

Beck, K., Brütting, B., Lüdecke-Plümer, S., Minnameier, G., Schirmer, U. & Schmid, S.-N. (1996). Zur Entwicklung moralischer Urteilskompetenz in der kaufmännischen Erstausbildung – Empirische Befunde und praktische Probleme. In Zeitschrift für Beruf- und Wirtschaftspädagogik, 13. Beiheft, 188-207.

Beck, K., Bienengräber, T., Heinrichs, K., Lang, B., Lüdecke-Plümer, S., Minnameier, G., Parche-Kawik, K. & Zirkel, A. (1998). Die moralische Urteils- und Handlungskompetenz von kaufmännischen Lehrlingen – Entwicklungsbedingungen und ihre pädagogische Gestaltung. In Zeitschrift für Berufs- und Wirtschaftspädagogik, 14. Beiheft, 188-210.

Beck, M. (1994). Unterrichtsgespräche. Zwischen Lehrerdominanz und Schülerbeteiligung: Eine sprechwissenschaftliche Untersuchung didaktischer Ansätze zur Unterrichtskommunikation. St. Ingbert: Röhrig.

Becker, H. (1956). Kulturpolitik und Schule. Probleme der verwalteten Schule. Stuttgart.

Becker, H. (Hrsg.) (1962). Quantität und Qualität. Freiburg i. Br.: Rombach.

Becker, H. J. (2000). Findings from the teaching, learning and computing survey: Is Larry Cuban right? Revision of a paper presented at the School Technology Leadership Conference of the Council of Chief State School Officers. January 2000. Washington, D.C. Retrieved: Oktober 2002. http://www.crito.uci.edu/tlc/findings/ccsso.pdf.

Becker, H. & Hager, F. (1992). Aufklärung als Beruf. Gespräche über Bildung und Politik. München: Piper.

Becker, M., Spöttl, G., Dreher, R. & Doose, C.-H. (2006). Berufsbildende Schulen als eigenständig agierende lernende Organisationen. Stand der Weiterentwicklung berufsbildender Schulen zu eigenständig agierenden lernenden Organisationen als Partner der regionalen Berufsbildung (BEAGLE). Materialien zur Bildungsplanung und zur Forschungsförderung. Heft 135. Bund-Länder-Kommission. Bonn: Bundesministerium für Bildung und Forschung.

Becker-Mrozek, M. & Vogt, R. (2001). Unterrichtskommunikation. Linguistische Analysemethoden und Forschungsergebnisse. Tübingen: Niemeyer.

Behörde für Bildung und Sport Hamburg (2005). Aufbau der Schulinspektion in Hamburg beginnt. In Hamburg macht Schule, 4, 32-33.

Behrens, P. (1986). Die ökonomischen Grundlagen des Rechts: Politische Ökonomie als rationale Jurisprudenz. Tübingen: Mohr.

Belfield, C. R. (2001). International experience with demand-led financing: Education vouchers in the USA, Great Britain and Chile. New York: National Center for the Study of Privatization in Education.

Belfield, C. R. (2005). The promise of early childhood education. New York: National Center for the Study of Privatization in Education.

Bellenberg, G., Böttcher, W. & Klemm, K. (2001). Stärkung der Einzelschule. Ansätze zum Management der Ressourcen Geld, Zeit und Personal. Neuwied: Luchterhand.

Bellmann, J. &. Waldow, F. (2006). Bildungsgutscheine als Steuerungsinstrument. Egalitäre Erwartungen, segregative Effekte und das Beispiel Schweden. In *Ecarius, J. & Wigger, J.* (Hrsg.), Elitebildung – Bildungselite. Erziehungswissenschaftliche Diskussionen und Befunde über Bildung und soziale Ungleichheit. Opladen: Leske + Budrich, 188-205.

Bender, H. (1985). Persönlichkeitstheorien von Grundschullehrern: Untersuchungen zu den impliziten Persönlichkeitstheorien von Lehrern in vierten Grundschulklassen. Weinheim & Basel: Beltz.

Benner, D. (2004). Erziehung und Tradierung. Grundprobleme einer innovatorischen Theorie und Praxis der Überlieferung. In Vierteljahrsschrift für wissenschaftliche Pädagogik, 80, 2-3.

Benner, D. (2005). Schulische Allgemeinbildung versus allgemeine Menschenbildung? In Zeitschrift für Erziehungswissenschaft, 8(4), 563-575.

Benner, D & Oelkers, J. (2004). Historisches Wörterbuch der Pädagogik: Weinheim: Beltz.

Bennett, N., Harvey, J. A., Wise, C. & Woods, P. A. (2003). Distributed leadership: A desk study. Retrieved: October 2004. http://www.ncls.org.uk/literature.

Bennhold, M. (2002). Die Bertelsmann Stiftung, das CHE und die Hochschulreform: Politik der ‚Reformen' als Politik der Unterwerfung. In *Lohmann, I. & Rilling, R.* (Hrsg.), Die verkaufte Bildung. Kritik und Kontroversen zur Kommerzialisierung von Schule, Weiterbildung, Erziehung und Wissenschaft. Opladen: Leske + Budrich, 279-299.

Bennis, W. & Nanus, B. (1985). Leaders. New York: Harper & Row.

Bereiter, C. (2002). Design research for sustained innovation. In Cognitive Studies, bulletin of the Japanese Cognitive Science Society, 9(3), 321-327.

Berg, H. C. & Steffens, U. (Hrsg.) (1991). Schulgüte und Schulvielfalt. Das Saarbrücker Schulgütesymposion '88. Beiträge aus dem Arbeitskreis Qualität von Schule. Heft 5. Wiesbaden. Hessisches Institut für Bildungsplanung und Schulentwicklung (HIBS).

Bergold, H., Debler, W. & Klauth, H. (1992). Zur Zusammenarbeit zwischen den Schulen und den Staatlichen Schulämtern. In SchulVerwaltung, 2, 27-31.

Bernfeld, S. (1967). Sisyphos oder die Grenzen der Erziehung. Erstauflage 1925. Frankfurt a. M.: Suhrkamp.

Bertelsmann Stiftung (1977). Satzung der Bertelsmann Stiftung. Stand: Dezember 2005. http://www.bertelsmann-stiftung.de/bst/media/xcms_bst_dms_12101__2.pdf.

Bertelsmann Stiftung (Hrsg.) (1999). Berufliche Bildung der Zukunft. Carl-Bertelsmann-Preis 1999. Ergebnisse der Recherche. Band 1. Gütersloh: Bertelsmann.

Bertelsmann Stiftung (Hrsg.) (2000). Berufliche Bildung der Zukunft. Carl-Bertelsmann-Preis 1999. Dokumentation zu Symposium und Festakt. Band 2. Gütersloh: Bertelsmann.

Bertelsmann Stiftung (2005). Bertelsmann Stiftung. SEIS macht Schule. Stand: Dezember 2005. http://www.das-macht-schule.de.

Bertelsmann Stiftung (o. J.). Bertelsmann Stiftung. Für eine zukunftsfähige Gesellschaft. http://www.bertelsmann-stiftung.de/cps/rde/xchg/SID-0A000F0A-B7840ECA/bst/hs.xsl/336.htm. Stand: Dezember 2005.

Bessoth, R. (1974). Schulverwaltungsreform. Entwürfe zur Neugliederung der Schulaufsicht in einzelnen Bundesländern und ihre Kritik. Weinheim & Basel: Beltz.

Bessoth, R. (1977). Managementdefizite der Schulverwaltung. In *Bessoth, R. & Braune, G.* (Hrsg.), Schule und Management. Braunschweig: Westermann, 92-130.

Bessoth, R. (1978). Positive Schulverwaltungsreform. Leistungsfähige Alternativen zur fragmentierten Schulverwaltung in der Bundesrepublik. Frankfurt a. M.: Max-Traeger-Stiftung.

Bessoth, R. (1995). Zehn Thesen zur Bildungsverwaltung. In Deutsche Gesellschaft für Bildungsverwaltung (DGBV), Lernen in einer offenen Gesellschaft. Dokumentation der 15. DGBV-Jahrestagung vom 15.-17.09.1994 in Bayreuth. Band 15. Frankfurt a. M.: DGBV, 143-165.

Biewer, W. (1993). Steuerung und Kontrolle öffentlicher Schulen. Neuwied: Luchterhand.

Bildungsdirektion des Kantons Zürich (2001). Handbuch 1 – Schulqualität. Zürich: Bildungsdirektion.

Bildungsdirektion des Kantons Zürich (2004). Handbuch 2 – Schulqualität. Zürich: Bildungsdirektion.

Bildungsdirektion des Kantons Zürich/econcept (2005). Wissenschaftliche Evaluation des schulinternen Qualitätsmanagements an Mittel- und Berufsschulen. Zürich: Bildungsdirektion.

Bildungskommission der Länder Berlin und Brandenburg (2003). Bildung und Schule in Berlin und Brandenburg. Herausforderungen und gemeinsame Entwicklungsperspektiven. Berlin: W & T.

Bildungskommission NRW (1995). Zukunft der Bildung – Schule der Zukunft. Denkschrift der Kommission „Zukunft der Bildung – Schule der Zukunft" beim Ministerium des Landes Nordrhein-Westfalen. Neuwied & Kriftel: Luchterhand.

Bishop, J. H. (2002). A prospective policy evaluation of the Michigan Merit Award Program. Paper presented at the conference "Taking Account of Accountability". Boston: Harvard University.

Black, P. & Atkin, J. M. (Hrsg.) (1996). Changing the Subject. Innovaions in Science, Mathematics and Technology Education. London, New York: Routledge.

Blake, R. R. & Mouton, J. S. (1985). The managerial grid. Houston, TX: Gulf.

Blankertz, H. (1969). Bildung im Zeitalter der großen Industrie. Hannover: Schroedel.

Blase, J. & Blase, J. (1998). Handbook of instructional leadership: How really good principals promote teaching and learning. Thousand Oaks, CA: Corwin.

Bless, G., Schüpbach, M. & Bonvin, P. (2004). Klassenwiederholung. Determinanten, Wirkungen und Konsequenzen. Bern: Haupt.

Block, R. & Klemm, K. (1997). Lohnt sich Schule? Reinbek: Rowohlt.

Block, R. & Klemm, K. (2005). Gleichwertige Lebensverhältnisse im Bundesgebiet? Demografische, ökonomische, institutionelle und familiale Bedingungen des Lernens im Bundesländervergleich. http://www.uni-essen.de/bfp/forschung/pdf/Gleichwertige%20Lebensverhaeltnisse.pdf. Stand: März 2006.

Blömeke, S. (2000). Medienpädagogische Kompetenz. Theoretische und empirische Fundierung eines zentralen Elements der Lehrerausbildung. München: KoPäd.

Blömeke, S. (2002). Was ist ein gutes Medienprojekt? Annäherungen aus lehr-lerntheoretischer und empirischer Sicht. In *Vorndran, O.* (Hrsg.), Tipps und Tricks für Medienprojekte im Unterricht. Erfahrungen aus dem Netzwerk Medienschulen. Gütersloh: Bertelsmann, 9-21.

Blömeke, S. (2003). Lehren und Lernen mit neuen Medien. Forschungsstand und Forschungsperspektiven. In Unterrichtswissenschaft, 31(1), 57-82.

Blömeke, S. (eingereicht, 2006). Effects of school experience on media-related beliefs of future teachers.

Blömeke, S. & Buchholtz, C. (2005). Veränderung von Lehrerhandeln beim Einsatz neuer Medien. Design für die theoriegeleitete Entwicklung, Durchführung und Evaluation einer Intervention. In *Bachmair, B., Diepold, P. & Witt, C. de* (Hrsg.), Jahrbuch Medienpädagogik 5. Evaluation und Analyse. Wiesbaden: VS, 91-106.

Blömeke, S. & Müller, C. (2006). With ICT Towards a Constructivist Student-Focused Instruction? Paper presented at the AERA Conference in San Francisco. April, 10, 2006.

Literaturverzeichnis

Blömecke, S., Eichler, D. & Müller, C. (2003). Rekonstruktion kognitiver Strukturen von Lehrpersonen als Herausforderung für die empirische Unterrichtsforschung. In Unterrichtswissenschaft, 31(2), 103-121.

Blömeke, S., Eichler, D. & Müller, C. (2004). Videoanalysen zum Einsatz von Informations- und Kommunikationstechnologien im Unterricht. Indikatoren und erste Ergebnisse für das Fach Mathematik. In Doll, J. & Prenzel, M. (Hrsg.), BIQUA – Bildungsqualität von Schule: Lehrerprofessionalisierung, Unterrichtsentwicklung und Schülerförderung als Strategien der Qualitätsverbesserung. Münster: Waxmann, 212-233.

Blömeke, S., Risse, J., Müller, C., Eichler, D. & Schulz, W. (im Druck, 2006). Aufgabenqualität im Unterrichtsfach Mathematik. Analyse von Aufgaben aus didaktischer und fachlicher Sicht. In Unterrichtswissenschaft.

Bloom, B. S. (1971). Mastery Learning. In Block, J. H. (Ed.), Mastery Learning: Theory and Practice. New York et al.: Holt, Rinehart & Winston.

Blum, W., Drüke-Noe, K., Hartung, R. & Köller, O. (Hrsg.). (im Druck, 2006). Bildungsstandards Mathematik konkret. Sekundarstufe I: Aufgabenbeispiele, Unterrichtsideen und Fortbildungsmöglichkeiten. Berlin: Cornelsen/Scriptor.

Blumenstyk, G. (2004a). For-profit colleges face new scrutiny. In The Chronicle of Higher Education, 50(36), A1, 29.

Blumenstyk, G. (2004b). U. of Phoenix uses pressure in recruiting, report says. In The Chronicle of Higher Education, 51(7) A1, A27.

Blutner, D. (2004). Führungskompetenz im Mitgliedschaftsdilemma. In Böttchher, W. & Terhart, E. (Hrsg.), Organisationstheorie in pädagogischen Feldern. Analyse und Gestaltung. Wiesbaden: VS, 142-158.

Bobbitt, F. (1918/1971). The curriculum. New York: Arno Press & The New York Times.

Bode, B. (1930). Modern educational theories. New York: Macmillan.

Boekaerts, M. (1999). Self-regulated learning: Where we are today. In International Journal of Educational Research, 31, 445-457.

Boenicke, R. & Steffens, U. (1999). Qualitätskriterien und die Arbeit am Schulprogramm. In SchulVerwaltung spezial, Sonderausgabe Nr. 1/99, 18-22.

Böger, K. (2004) Vorwort. In Senatsverwaltung für Bildung, Jugend und Sport (Hrsg.). Schulgesetz für Berlin. Qualität sichern, Eigenverantwortung stärken, Bildungschancen verbessern. Berlin: Senatsverwaltung für Bildung, Jugend und Sport, 3.

Böhm, T. (1995). Grundriß des Schulrechts in Deutschland. Neuwied & Kriftel: Luchterhand.

Bohnet, I. (1997). Kooperation und Kommunikation. Eine ökonomische Analyse individueller Entscheidungen. Tübingen: Mohr.

Bohnsack, F. (1987). Pädagogische Strukturen einer „guten" Schule heute. In Steffens, U. & Bargel, T (Hrsg.), Erkundungen zur Wirksamkeit und Qualität von Schule. Beiträge aus dem Arbeitskreis Qualität von Schule. Heft 1. Wiesbaden: Hessisches Institut für Bildungsplanung und Schulentwicklung, 1-20, 105-118.

Bohnsack, F. (1991). Strukturen einer guten Schule heute – Versuch einer normativen Begründung. In Berg, H. C. & Steffens, U. (Hrsg.), Schulgüte und Schulvielfalt. Das Saarbrücker Schulgütesymposion '88. Beiträge aus dem Arbeitskreis Qualität von Schule. Heft 5. Wiesbaden. Hessisches Institut für Bildungsplanung und Schulentwicklung (HIBS), 23-30.

Bohnsack, F. (1997). Die veränderte Lehrerrolle. In Müller, A., Gampe, H., Rieger, G. & Risse, E. (Hrsg.), Leitung und Verwaltung einer Schule. 8. Auflage. Neuwied & Kriftel: Luchterhand 154-163.

Böhrs, G., Daschner, P., Meyer-Dohm, P., Rosenbusch, H. & Strittmatter, A. (1998). Externe Abschlußevaluation der Fortbildungsmaßnahme QUESS. In Ministerium für Schule und Weiterbildung & Landesinstitut für Schule und Weiterbildung: Schulentwicklung und Schulaufsicht – Qualitätsentwicklung und Qualitätssicherung von Schule. Ergebnisse und Materialien aus der Fortbildungsmaßnahme. Soest: Verlag für Schule und Weiterbildung, 49-94.

Bolman, L. G. & Deal, T. E. (1984). Modern approaches to understanding and managing organizations. San Francisco, CA: Jossey-Bass.

Bonsen, M. (2003). Schule, Führung, Organisation. Eine empirische Studie zum Organisations- und Führungsverständnis von Schulleiterinnen und Schulleitern. Münster et al.: Waxmann.

Bonsen, M. (2006). Wirksame Schulleitung. In Buchen, H. & Rolff, H.-G. (Hrsg.), Professionswissen Schulleitung. Weinheim: Beltz, 193-228.

Bonsen, M. & Büchter, A. (2005). Sozialwissenschaftliche Forschungsmethoden für Schulevaluation. Studienbrief für den postgradualen Fernstudiengang „Schulmanagement" an der Technischen Universität Kaiserslautern. Kaiserslautern: Zentrum für Fernstudien und universitäre Weiterbildung.

Bonsen, M., Gathen, J. von der, Iglhaut, C. & Pfeiffer, H. (2002). Die Wirksamkeit von Schulleitung – Empirische Annäherungen an ein Gesamtmodell schulischen Leitungshandelns. Weinheim & München: Juventa.

Bormann, I. (2002). Organisationsentwicklung und organisationales Lernen in Schulen – Eine empirische Untersuchung am Beispiel des Umweltmanagements. Opladen: Leske + Budrich.

Bortz, J. (1984). Lehrbuch der empirischen Forschung für Sozialwissenschaftler. Berlin et al.: Springer.

Bos, W., Lankes, E.-M., Prenzel, M., Schwippert, K., Walther, G. & Valtin, R. (Hrsg.) (2003). Erste Ergebnisse aus IGLU. Schülerleistungen am Ende der vierten Jahrgangsstufe im internationalen Vergleich. Münster: Waxmann.

Bos, W., Lankes, E.-M., Prenzel, M., Schwippert, K., Valtin, R. & Walther, G. (Hrsg.) (2004). IGLU. Einige Länder der Bundesrepublik Deutschland im nationalen und internationalen Vergleich. Münster: Waxmann.

Böttcher, W. (1990). Zur Planbarkeit des Bildungswesens. In Klemm, K. et al. (Hrsg.), Bildungsgesamtplan '90. Weinheim & München: Juventa, 21-35.

Böttcher, W. (1995). Autonomie aus Lehrersicht. In Daschner, P., Rolff, H.-G. & Stryck, T. (Hrsg.), Schulautonomie – Chancen und Grenzen. Impulse für die Schulentwicklung. Weinheim: Juventa, 55-82.

Böttcher, W. (2002). Kann eine ökonomische Schule auch eine pädagogische sein? Schulentwicklung zwischen Neuer Steuerung, Organisation, Leistungsevaluation und Bildung. Weinheim & München: Juventa.

Böttcher, W. (2006a). Bildungsstandards und Evaluation im Paradigma der Outputsteuerung. In Böttcher, W., Holtappels, H. G. & Brohm, M. (Hrsg.), Evaluation im Bildungswesen. Eine Einführung in Grundlagen und Praxisbeispiele. Weinheim & München: Juventa, 39-50.

Böttcher, W. (2006b). Outputsteuerung durch Bildungsstandards. In Buchen, H. & Rolff, H.-G. (Hrsg.), Professionswissen Schulleitung. Weinheim & Basel: Beltz, 673-710.

Böttcher, W., Budde, H. & Klemm, K. (1988). Schulentwicklung im Ländervergleich: Föderalismus, Nord-Süd-Gefälle und Schulentwicklung. In Rolff, H.- G. et al. (Hrsg.), Jahrbuch der Schulentwicklung. Band 5. Weinheim & München: Juventa, 49-74.

Böttcher, W., Klemm, K. & Rauschenbach, T. (Hrsg.) (2001). Bildung und Soziales in Zahlen. Statistisches Handbuch zu Daten und Zahlen im Bildungsbereich. München & Weinheim: Beltz.

Boud, D. & Feletti, G. I. (Eds.) (1997). The Challange of Problem Based Learning. 2nd Edition. London: Kogan Page.

Braak, J. van (2001). Individual characteristics influencing teachers' class use of computers. In Journal of Educational Computing Research, 25(2), 141-157.

Braak, J. van, Tondeur, J. & Valcke, M. (2004). Explaining different types of computer use among primary school teachers. In European Journal of Psychology of Education, 19(4), 407-422.

Brand, D. (1990). Der Transaktionskostenansatz in der betriebswirtschaftlichen Organisationstheorie. Stand und Weiterentwicklung der theoretischen Diskussion sowie Ansätze zur Messung des Einflusses kognitiver und motivationaler Persönlichkeitsmerkmale auf das transaktionskostenrelevante Informationsverhalten. Frankfurt a. M. et al.: Lang.

Brand, W. & Tramm, T. (Hrsg.) (2005), Prüfungen und Standards in der beruflichen Bildung. In bwp@ – Berufs- und Wirtschaftspädagogik online, 8.

Bransford, J. D., Brown A. L. & Cocking, R. R. (2000). How people learn. Brain, Mind, Experience, and School. Washington, D.C.: National Academy Press.

Bransford, J. D., Brown, A. L. & Cocking, R. R. (Eds.) (2000). How People Learn. Washington, D.C.: National Academy Press.

Braukmann, U. (1993). Makrodidaktisches Weiterbildungsmanagement. In Wirtschafts-, Berufs- und Sozialpädagogische Texte. Band 19. Köln: Botermann.

Braun, D. (1993). Zur Steuerbarkeit funktionaler Teilsysteme. Akteurstheoretische Sichtweisen funktionaler Differenzierung moderner Gesellschaften. In Politische Vierteljahresschrift, Sonderheft 24. Opladen: Westdeutscher Verlag.

Braun, D. (1999). Theorien rationalen Handelns in der Politikwissenschaft. Eine kritische Einführung. Opladen: Leske + Budrich.

Braun, J. (2001). Rechtsphilosophie im 20. Jahrhundert: Die Rückkehr der Gerechtigkeit. München: Beck.

Breiter, A. (2000). Informationstechnikmanagement in Schulen: Gestaltung eines integrierten Technikeinsatzes in Schulen. Dissertation. Bremen: Universität Bremen.

Breiter, A. (2001). IT-Management in Schulen – Pädagogische Hintergründe, Planung, Finanzierung und Betreuung des Informationstechnikeinsatzes. Neuwied: Luchterhand.

Brewer, D., Krop, C., Gill, B. P. & Reichardt, R. (1999). Estimating the cost of national class size reductions under different policy alternatives. In Educational Evaluation and Policy Analysis, 21(2), 179-192.

Brockmeyer, R. (1997). Schule, Schulsystem und Schulentwicklung. In *Müller, A., Gampe, H., Rieger, G. & Risse, E.* (Hrsg.), Leitung und Verwaltung einer Schule. 8. Auflage. Neuwied & Kriftel: Luchterhand, 1-21.

Brockmeyer, R. (1998). Länderbericht Deutschland. In *Dobart, A.* (Hrsg.), Arbeits- und Forschungsberichte aus dem Bereich der Schulentwicklung: Schulleitung und Schulaufsicht. Neue Rollen und Aufgaben im Schulwesen einer dynamischen und offenen Gesellschaft. Band 28. Innsbruck & Wien: StudienVerlag, 17-48.

Bromme, R. (1981). Das Denken von Lehrern bei der Unterrichtsvorbereitung. Eine empirische Untersuchung zu kognitiven Prozessen von Mathematiklehrern. Weinheim & Basel: Beltz.

Bromme, R. & Haag, L. (2004). Forschung zur Lehrerpersönlichkeit. In *Helsper, W. & Böhme, J.* (Hrsg.), Handbuch der Schulforschung. Wiesbaden: VS, 777-794.

Bronfenbrenner, U. (1981). Die Ökologie der menschlichen Entwicklung. Stuttgart: Klett.

Brookover, W. B. & Lezotte, L. W. (1977). Changes in School Characteristics Coincident with Changes in Student Achievement. East Lansing Michigan State University, College of Urban Development.

Brookover, W. B. et al. (1976). Elementary School Climate and School Achievement. Michigan State University, College of Urban Development.

Brookover, W. B., Beady, C., Flood, P.; Schweitzer, J. & Wisenbaker, J. (1977). Schools can make a difference. East Lansing: Michigan State University, College of Urban Development.

Brophy, J. E. (2002). Gelingensbedingungen von Lernprozessen. Genf: International Bureau of Education.

Brophy, J. E. & Good, T. L. (1976). Die Lehrer-Schüler-Interaktion. München et al.: Urban & Schwarzenberg.

Brown, A. (2005). Principalship in America. In *English, F. W.* (Ed.).The sage handbook of educational leadership. Thousand Oaks et al.: Sage Publications, 111-131.

Brown, A. L. (1992). Design Experiments: Theoretical and methodological challenges in creating complex interventions in classroom settings. In The Journal of the Learning Sciences, 2(2), 141-178.

Brown, A. L. & Palincsar, A. S. (1989). Guided, kooperative learning and individual knowledge acquisition. In *Resnick, L. B.* (Ed.), Knowing, learning, and instruction. Hillsdale, NJ: Erlbaum, 393-451.

Bruchhäuser, H.-P. (2001). Wissenschaftsprinzip versus Situationsprinzip? Anmerkungen zum didaktischen „Paradigmenwechsel" in der Berufs- und Wirtschaftspädagogik. In Zeitschrift für Berufs- und Wirtschaftspädagogik, 3, 321-345.

Bruckmann, W. (1986). Beratung als zentrale Aufgabe. Neue Strukuren und Inhalte der unteren Schulaufsicht in Hessen. In Zeitschrift für Pädagogik 32 (2), 267-283.

Brückner, J. A. (1982). Schulrecht und Schulpolitik. Berlin: Wissenschaftlicher Autoren-Verlag.

Bruder, S., Perels, F., Schmitz, B. & Bruder, R. (2004). Die Förderung selbstregulierten Lernens bei der Hausaufgabenbearbeitung – Evaluation eines Schüler- und Elterntrainings auf der Basis von Prozessdaten. In *Doll, J. & Prenzel, M.* (Hrsg.), BIQUA – Bildungsqualität von Schule: Lehrerprofessionalisierung, Unterrichtsentwicklung und Schülerförderung als Strategien der Qualitätsverbesserung. Münster: Waxmann, 377-397.

Bruggen, J. C. van (2000). Inspections of schools as an engine for sustainable change. SICI Report http://www.sici.org.uk/reports/InspectionsEngineChange.pdf.

Bruggen, J. C. van (2005). Evaluating and Reporting Educational Performance and Achievement – International trends, main themes and approaches. SICI Report. http://www.sici.org.uk/reports/Educational%20Performance%20and%20Achievement.pdf.

Bruggen, J. C. van (2006). Schulinspektion in den Niederlanden. Metaevaluation und punktuelle Tiefe auf Wunsch der Schule. In *Buchen, H., Horster, L. & Rolff, H.-G.* (Hrsg.), Schulinspektion und Schulleitung. Stuttgart: Raabe, 107-124.

Bruggen, J. C. van, Scheele, J. P. & Westerheijden, D. F. (1998). To be continue. Syntheses and trends in follow-up of quality assurance in West European higher education. In European Journal for Education Law and Policy, 2 (2), 155-163.

Brummelhuis, A. C. A., ten (1995). Models of Educational Change: The introduction of computers in Dutch secondary education. Enschede: Universiteit Twente.

Brünner, G. (1987). Kommunikation in institutionellen Lehr-Lernprozessen. Diskursanalytische Untersuchung zu Instruktionen in der betrieblichen Ausbildung. Tübingen: Narr.

Buchen, H. (2006). Schule managen – statt nur verwalten. In *Buchen, H. & Rolff, H.-G.* (Hrsg.), Professionswissen Schulleitung. Weinheim: Beltz, 12-101.

Buchen, H., Burkard, C. & Eikenbusch, G. (1995). Fortbildung und Unterstützung für eine erweiterte Selbständigkeit von Schule. Beispiele aus der nordrhein-westfälischen Lehrerfortbildung. Soest: Landesinstitut für Schule und Weiterbildung.

Buchen, H. & Rolff, H.-G. (2006). Professionswissen Schulleitung. Weinheim: Beltz.

Budäus, D. (1988). Theorie der Verfügungsrechte als Grundlage der Effizienzanalyse öffentlicher Regulierung und öffentlicher Unternehmen? In *Budäus, D.* et al. (Hrsg.), Betriebswirtschaftslehre und Theorie der Verfügungsrechte. Wiesbaden: Gabler, 45-64.

Literaturverzeichnis

Buer, J. van (1980). Implizite Individualisierungsstrategien in der unterrichtlichen Lehrer-Schüler-Interaktion am Beispiel des Englischanfangsunterrichts. Dissertation. Göttingen: Georg-August-Universität zu Göttingen.

Buer, J. van (1990a). Bevorzugung und Benachteiligung von Schülern. In Zeitschrift für Berufs- und Wirtschaftspädagogik, 86(1), 52-70.

Buer, J. van (1990b). Pädagogische Freiheit des Lehrers im unterrichtlichen Alltag. Frankfurt a. M. et al.: Lang.

Buer, J. van (1995). Zur Rolle des Lehrers – Subjektive Anpassungen von Beruf, Berufsbiographie und Unterricht. In Studien zur Wirtschafts- und Erwachsenenpädagogik aus der Humboldt-Universität zu Berlin, Band 5. Berlin: Humboldt-Universität zu Berlin, 3-18.

Buer, J. van (2003). Akzeptanz von Modellversuchen in beruflichen Schulen – Argumentationen schulischen Lehrpersonals. In Buer, J. van & Zlatkin-Troitschanskaia, O. (Hrsg.), Berufliche Bildung auf dem Prüfstand – Entwicklung zwischen systemischer Steuerung, Transformation durch Modellversuche und unterrichtlicher Innovation. Frankfurt a. M. et al.: Lang.

Buer, J. van (2005a). Berufliche Bildung in Berlin – Eine Landschaftsskizze. In Buer, J. van & Zlatkin-Troitschanskaia, O. (Hrsg.), Adaptivität und Stabilität der Berufsausbildung – Theoretische und empirische Untersuchungen zur Berliner Berufsbildungslandschaft. Frankfurt a. M. et al.: Lang, 83-120.

Buer, J. van (2005b). Bildungscontrolling und Schulentwicklung. Widersprüche zwischen Steuerung einzelschulischen Humankapitals und pädagogischer Entwicklung von Schule und Unterricht? In Unterrichtswissenschaft, 33(4), 290-313.

Buer, J. van & Kell, A. (2000). Wesentliche Ergebnisse des Projektes "Berichterstattung über Berufsbildungsforschung" – Thematische, institutionelle und methodologische Analysen und Kritik. In Kaiser, F.-J. (Hrsg.), Berufliche Bildung in Deutschland für das 21. Jahrhundert. Nürnberg: Bundesanstalt für Arbeit, 47-73.

Buer, J. van & Matthäus, S. (1994). Kommunikative Alltagskultur in der beruflichen Erstausbildung – Ansprüche und Befunde. In Studie zur Wirtschafts- und Erwachsenenpädagogik aus der Humboldt-Universität zu Berlin, Band 1.5. Berlin: Humboldt-Universität zu Berlin, 36-120.

Buer, J. van & Wagner, C. (2006). Interne Evaluation Lette-Verein zu Merkmalen des Unterrichtsangebotes. Evaluationsbericht der Jahre 2004 und 2005. Berlin: Humboldt-Universität zu Berlin.

Buer, J. van & Zlatkin-Troitschanskaia, O. (2005). Vollschulische Berufsausbildung – Neuer bildungspolitischer Konsens oder sozialpolitische Kaschierungsmaßnahme? In Buer, J. van & Zlatkin-Troitschanskaia, O. (Hrsg.), Adaptivität und Stabilität der Berufsausbildung – Theoretische und empirische Untersuchungen zur Berliner Berufsbildungslandschaft. Frankfurt a. M. et al.: Lang, 187-207.

Buer, J. van & Zlatkin-Troitschanskaia, O. (2006). Systematische schulindividuelle Qualitätsentwicklung durch Innovationsverbund. In Studien zur Wirtschaftspädagogik und Berufsbildungsforschung aus der Humboldt-Universität zu Berlin, Band 9. Berlin: Humboldt-Universität zu Berlin.

Buer, J. van, Lehmann, R. H. & Venter, G. (1997). Erweiterte Autonomie für die Schule – Einführung in das Thema, die Ziele und die Struktur der internationalen Sommerakademie. In Studien zur Wirtschafts- und Erwachsenenpädagogik aus der Humboldt-Universität zu Berlin, Band 13.1. Berlin: Humboldt-Universität zu Berlin, 17-26.

Buer, J. van, Squarra, D. & Badel, S. (1995). Rolle des Lehrers – Biographie, Belastung und Bewältigung. In Studien zur Wirtschafts- und Erwachsenenpädagogik aus der Humboldt-Universität zu Berlin, Band 5. Berlin: Humboldt-Universität zu Berlin.

Buer, J. van, Zlatkin-Troitschanskaia, O. & Buske, R. (Hrsg.) (voraussichtlich 2007). Qualitätsentwicklung beruflicher Schulen – empirische Befunde aus dem Berliner Schulentwicklungsprojekt QEBS. In Studien zur Wirtschafts- und Erwachsenenpädagogik aus der Humboldt-Universität zu Berlin, Band 11. Berlin: Humboldt-Universität zu Berlin.

Buer, J. van, Wahse, J., Neben, A., Schiemann, F., Dahms, V. & Jordan, S. (1999). Berufsbildungsbericht Berlin 1999. Berlin: Senatsverwaltung für Arbeit, Berufliche Bildung und Frauen.

Buer, J. van, Badel, S., Squarra, D., Höppner, Y., Schumann, S., Uhlig, G., Wagner, C. & Wudy, D. (2006). Endbericht zum Modellversuch „Modulare-Duale-QualifizierungsMaßnahme. Berlin: Humboldt-Universität zu Berlin.

Büeler, X. (1995). Die Verwirklichung guter Schulen: Trendbericht zur Schulqualitäts- und Schulentwicklungsforschung im deutschsprachigem Raum. Zürich: Universität Zürich, Pädagogisches Institut.

Büeler, X. (1996). Prozeß oder Produkt? Grundprobleme bei der Erfassung und Beschreibung von Schulqualität. In Bildung und Erziehung, 49(2), 135-154.

Buhren, C. G. & Rolff, H.-G. (2006). Personalmanagement. In *Buchen, H. & Rolff, H.-G.* (Hrsg.), Professionswissen Schulleitung. Weinheim: Beltz, 450-544.

Buhren, C. G., Killus, D. & Müller, S. (1998a). Selbstevaluation von Schule – und wie Lehrerinnen und Lehrer sie sehen. In Rolff, H.-G., et al. (Hrsg.), Jahrbuch der Schulentwicklung. Band 10. Weinheim & München: Juventa, 235–270.

Buhren, C. G., Killus, D. & Müller, S. (1998b). Wege und Methoden der Selbstevaluation. In Beiträge zur Bildungsforschung und Schulentwicklung. Band 6. Dortmund: IFS.

„BULL-Kommission" (Regierungskommission der Landesregierung NRW) (2003). Zukunft des öffentlichen Dienstes – Öffentlicher Dienst der Zukunft. Düsseldorf.

Bundesamt für Berufsbildung und Technologie (BBT) (2004). Nationaler Rapport. Zertifizierung von beruflichen Schulen.

Bundesamt für Industrie, Gewerbe und Arbeit (BIGA) (1996). Projekt Zertifizierung von Berufsschulen vom 30. August 1996.

Bundesjugendkuratorium (BJK) (Hrsg.) (2002). Zukunftsfähigkeit sichern! Für ein neues Verhältnis von Bildung und Jugendhilfe, Berlin.

Bundesministerium für Bildung und Wissenschaft (BMBW) (Hrsg.) (1976). Bildungspolitische Zwischenbilanz. Bonn: Universitätsdruckerei.

Bundesminister für Bildung und Wissenschaft (Hrsg.) (1980). Zum Thema: Bildungsföderalismus. In Schriftenreihe Bildung und Wissenschaft, Bonn: BMBF.

Bundesministerium des Inneren (2005). Dritter Versorgungsbericht der Bundesregierung. Berlin.

Bundesministerium für Bildung und Forschung (Hrsg.) (2005). Berufsbildungsbericht 2005. Bonn: Bundesministerium für Bildung und Forschung.

Bundesministerium für Bildung und Forschung (Hrsg.) (2006a). Berufsbildungsbericht 2006. Bonn: Bundesministerium für Bildung und Forschung.

Bundesministerium für Bildung und Forschung (Hrsg.) (2006b). Finanzierung Lebenslangen Lernens – Der Weg in die Zukunft. Schlussbericht der Expertenkommission. Bielefeld: Bertelsmann.

Bundesministerium für Unterricht und kulturelle Angelegenheiten Österreich (1999). Aufgabenprofil der Schulaufsicht – Rundschreiben 64/1999 vom 17.12.1999.
http://www.schulaufsicht.at/aps/Texte/schulaufsicht_aufgaben.pdf

Bund-Länder-Kommission für Bildungsplanung und Forschungsförderung – BLK (Hrsg.) (1982). Modellversuche mit Gesamtschulen. Auswertungsbericht der Projektgruppe Gesamtschule. Bühl/Baden: Konkordia.

Bund-Länder-Kommission für Bildungsplanung und Forschungsförderung – BLK (Hrsg.) (1997). Gutachten zur Vorbereitung des Programms „Steigerung der Effizienz des mathematisch-naturwissenschaftlichen Unterrichts". BLK-Materialien zur Bildungsplanung und Forschungsförderung. Heft 60. Berlin: BLK.

Bund-Länder-Kommission für Bildungsplanung und Forschungsförderung (BLK) (Hrsg.) (2002). Vergleichende internationale Bildungsstatistik. Sachstand und Vorschläge zur Verbesserung. In Materialien zur Bildungsplanung und Forschungsförderung. Heft 103.

Bundschuh, K. (1998). Zum Begriff und Problem der Lernprozessanalyse. In *Eberwein, H. & Knauer, S.* (Hrsg.), Handbuch Lernprozesse verstehen. Wege einer neuen (sonder-)pädagogischen Diagnostik. Weinheim & Basel: Beltz.

Bunge, M. (1967). Scientific Research II. The Search for Truth. Berlin et al.: Springer.

Burger, L. (2002). Das Aufgaben- und Rollenbild der Schulaufsicht im Wandel. Frankfurt a. M. et al.: Lang.

Burkard, C. (2002). Inhalte – Schwerpunkte und Funktionen der Schulprogramme. Landesweite Auswertung der Erhebungsbögen der Schulaufsicht zum Schulprogramm. In *Burkard, C., Haenisch, H. & Orth, G.* (Hrsg.), Schulprogrammarbeit in Nordrhein-Westfalen Landesinstitut für Schule und Weiterbildung. Bönen: Kettler, 25-54.

Burkard, C. & Eikenbusch, G. (2000). Praxishandbuch Evaluation in der Schule. Berlin: Cornelsen.

Burkard, C. & Eikenbusch, G. (2006). Evaluation. In *Buchen, H. & Rolff, H.-G.* (Hrsg.), Professionswissen Schulleitung. Weinheim: Beltz, 1307-1342.

Burkard, C. & Kohlhoff, W. (1998). Schulentwicklung durch Schulaufsicht? Qualitätsentwicklung und -sicherung im Rahmen der Maßnahme „Schulentwicklung und Schulaufsicht" des Landesinstituts für Schule und Weiterbildung. In *Steffens, U. & Bargel, T* (Hrsg.), Schule zwischen Autonomie und Aufsicht. Beiträge aus dem Arbeitskreis Qualität von Schule. Heft 8. Wiesbaden: Hessisches Landesinstitut für Pädagogik (HeLP), 93-105.

Burkard, C. & Rolff, H.-G. (1994). Steuerleute auf neuem Kurs? Funktionen und Perspektiven der Schulaufsicht für die Schulentwicklung. In *Rolff, H.-G., et al.* (Hrsg.), Jahrbuch der Schulentwicklung. Band. 8. Weinheim & München: Juventa.

Burkard, C., Haenisch, H. & Orth, G. (Hrsg.) (2002). Schulprogrammarbeit in Nordrhein-Westfalen Landesinstitut für Schule und Weiterbildung. Bönen: Kettler.

Burns, T. & Stalker, G. M. (1961). The management of innovation. London: Tavistock.

Burth, H.-P. (1999). Steuerung unter der Bedingung struktureller Kopplung. Ein Theoriemodell soziopolitischer Steuerung. Opladen: Leske + Budrich.

Burth, H.-P. & Görlitz, A. (Hrsg.) (2001). Politische Steuerung in Theorie und Praxis. Baden-Baden: Nomos.

Bush, T. (2003). Educational leadership and management. 3rd edition. London: Sage.

California Asessment Program (1979). Student achievement in California schools 1978-79. Annual Report. Sacramente: California State Department of Education.

Callahan, R. (1962). Education and the cult of efficiency. Chicago: University of Chicago Press.

Campbell, D. T. (1975). Assessing the impact of planned social change. In *Lyons, G. M.* (Hrsg.), Social research and public policies. The Dartmouth OECD Conference. Hanover & New Hampshire: The Public Affairs Center, 3-45.

Canguilhem, G. (1988). Ideology and rationality in the history of the life sciences. Cambridge, MA: MIT Press.

Capaul, R. (2002). Über die Bedeutung der Schulleitung bei der Gestaltung von Schulinnovationsprozessen. In Zeitschrift für Berufs- und Wirtschaftspädagogik, 98(1), 56-70.

Carnap, R. v. & Edding, F. (1962). Der relative Schulbesuch in den Ländern der Bundesrepublik 1952-1960. Frankfurt a. M.: Hochschule für Internationale Pädagogische Forschung.

Carroll, J. B. (1973). Ein Modell schulischen Lernens. In *Edelstein, W. & Hopf, D.* (Hrsg.), Bedingungen des Bildungsprozesses. Stuttgart: Klett, 234-250.

Cazden, C. B. (1988). Classroom discourse. The language of teaching and learning. Portsmouth, NH: Heinemann.

Class Size (1999). Issues and new findings. In Educational Evaluation and Policy Analysis, 21(2).

Clausen von, M., Reuser, K. & Klieme, E. (2003). Unterrichtsqualität auf der Basis hoch-inferenter Unterrichtsbeurteilungen. In Unterrichtswissenschaft, 31(2), 122-141.

Coase, R. H. (1960). The problem of social cost. In Journal of Law and Economics, 3, 31-44.

Cobb, P. (1994). Where is the mind? Constructivist and sociocultural perspectives on mathematical development. In Educational Researcher, 23(7), 13-20.

Cobb, P., Confrey, J., Sessa, A. di, Lehrer, R., & Schauble, L. (2003). Design experiments in educational research. In Educational Researcher, 32(1), 9-13.

Coburn, C. E. (2003). Rethinking scale: Moving beyond numbers to deep and lasting change. In Educational Researcher, 32(6), 3-12.

Cognition and Technology Group at Vanderbilt (1990). Anchored instruction and its relationship to situated cognition. In Educational Researcher, 9(6), 2-10.

Cognition and Technology Group at Vanderbilt (1997). The Jasper project: Lessons in curriculum, instruction, assessment, and professionnal development. Mahwah, NJ: Erlbaum.

Cohn, R. C. (1975). Von der Psychoanalyse zur themenzentrierten Interaktion. Stuttgart: Klett-Cotta.

Coleman, J. S., Campell, E. Q., Hobson, C. J., McPartland, J., Mood, A. M., Weinfeld, F. D. & York, R. L. (Hrsg.) (1966). Equality of educational opportunity. Washington, D.C.: National Center for Educational Statistics.

Collins, A. (1996). Design Issues for Learning Environments. In Vosniadou, S., Corte, E. de, Glaser, R. & Mandl, H. (Eds.), International perspectives on the design of technology-supported learning environments. Mahwah, NJ: Erlbaum, 347-361.

Collins, A., Brown, J. S., & Newman, S. E. (1989). Cognitive apprenticeship. Teaching the crafts of reading, writing and mathematics. In Resnick, L. B. (Ed.), Knowing, learning, and instruction. Hillsdale et al.: Erlbaum, 453-494.

Collinson, V. & Cook, T. F. (2004). Learning to share, sharing to learn. In Journal of Educational Administration, 42(3), 312-332.

Collis, B., Peters, O. & Pals, N. (2001). A model for predicting the educational use of information and communication technologies. In Instructional Science, 29, 95-125.

Combe, A. & Helsper, W. (1996). Einleitung. Pädagogische Professionalität. Historische Hypothesen und aktuelle Entwicklungstendenzen. In Combe, A. & Helsper, W. (Hrsg.), Pädagogische Professionalität, Untersuchungen zum Typus pädagogischen Handelns. Frankfurt a. M.: Suhrkamp, 9-48.

Combe, A. & Kolbe A. (2004). Lehrerbildung. In Helsper, W. & Böhme, J. (Hrsg.), Handbuch der Schulforschung. Wiesbaden: VS, 853-877.

Cortina, K. S., Baumert, J., Leschinsky, A. & Mayer, K. U. (Hrsg.) (2003). Das Bildungswesen in der Bundesrepublik Deutschland. Strukturen und Entwicklungen im Überblick. Reinbek: Rowohlth.

Cortina, K. S., Baumert, J., Leschinsky, A., Mayer, K. U. & Trommer, L. (Hrsg.) (2003). Das Bildungswesen in der Bundesrepublik Deutschland. Strukturen und Entwicklungen im Überblick. Reinbek: Rowohlt.

Creemers, B. (1994). The Effective Classroom. London: Cassell.

Creemers, B., Peters, T. & Reynolds, D. (Hrsg.) (1989). School Effectiveness and School Improvement. Proceedings of the Second International Congress Rotterdam 1989. Amsterdam et al.: Swets & Zeitlinger.

Creemers, B., Scheerens, J., & Reynolds, D. (2000). Theory Development in School Effectiveness Research. In Reynolds, D., et al. (Hrsg.), The International Handbook of School Effectiveness Research. New York: Falmers, 283-298.

Literaturverzeichnis

Crow, G., Hausman, C. & Scribner, J. (2002). Reshaping the role of the school principal. In Murphy, J. (Ed.), The educational leadership challenge: Redefining leadership for the 21st century. Chicago: University of Chicago Press, 189-210.

Crozier, M. & Friedberg, E. (1979). Macht und Organisation. Die Zwänge kollektiven Handelns. Königstein: Athenäum.

Culbertson, J. (1988). A century's quest for a knowledge base. In Boyan, N. (Ed.), Handbook of research on educational administration. New York: Longman, 3-26.

Czachesz, E. & Radó, P. (2003). Oktatási egyenlőtlenségek és speciális igények. In Halász G. & Lannert J. (Hrsg.), Jelentés a magyar közoktatásról 2003. Budapest: Országos Közoktatási Intézet, 349-376.

Czycholl, R., & Klusmeyer, J. (2003). Lehr-Lern-Methoden in der kaufmännischen Berufsschule. Zwischen Frontalunterricht und handlungsorientiereten Lehr-Lern-Arrangements. In Bredow, A., Dobischat, R. & Rottmann, J. (Hrsg.), Berufs- und Wirtschaftspädagogik von A-Z. Baltmannsweiler: Hohengehren, 201-212.

Dahrendorf, R. (1965). Bildung ist Bürgerrecht. Plädoyer für eine aktive Bildungspolitik. Hamburg: Nannen.

Dalin, P. (1986). Organisationsentwicklung als Beitrag zur Schulentwicklung. Innovationsstrategien für die Schule. Paderborn: Schöningh.

Dalin, P., Rolff, H.-G. & Buchen, H. (1990). Institutionelles Schulentwicklungsprogramm. Eine neue Perspektive für Schulleiter, Kollegium und Schulaufsicht. Soest: Soester Verlagskontor.

Daschner, P., Rolff, H.-G. & Stryck, T. (Hrsg.) (1995). Schulautonomie – Chancen und Grenzen. Impulse für die Schulentwicklung. Weinheim & München: Juventa.

Davis, M. D. (1993). Spieltheorie für Nichtmathematiker. 2. Auflage. München: Oldenbourg.

Day, C., Harris, A. & Hadfield, M. (2001). Challenging the orthodoxy of effective school leadership. In International Journal of Leadership in Education, 4(1), 39-56.

Deal, T. E. & Peterson, K. D. (1999). Shaping school culture: The heart of leadership. San Francisco: Jossey-Bass.

Degele, N. (1997). Zur Steuerung komplexer Systeme – Eine soziokybernetische Reflexion. In Soziale Systeme, 3, 81-99.

Dehnbostel, P. & Pätzold, G. (2004). Lernförderliche Arbeitsgestaltung und die Neuorientierung betrieblicher Bildungsarbeit. In Zeitschrift für Berufs- und Wirtschaftspädagogik, 18. Beiheft, 19-30.

Demmrich, A. (2005). Improving reading comprehension by enhancing metacognitive competences: An evaluation of the reciprocal teaching method. Dissertation. Potsdam: Universität Potsdam. http://opus.kobv.de/ubp/volltexte/2005/524/pdf/demmrich_neu.pdf.

Deputation für Bildung Bremen (2005). Vorlage L106 für die Sitzung der Deputation für Bildung vom 28.4.2005. Anlage 1: Gesetz zur Änderung des Bremischen Schulgesetzes und des Bremischen Schulverwaltungsgesetzes. Stand: April 2005.
http://www.bildung.bremen.de/sfb/behoerde/deputation/depu/106_16_a1.pdf.

Descy, P. & Tessaring, M. (Eds.) (2001). Training in Europe. Luxembourg: Office for Official Publications of the European Communities.

Design-Based Research Collective (2003). Design-based research: An emerging paradigm for educational inquiry. In Educational Researcher, 32(1) , 5-8.

Deutsche Forschungsgemeinschaft (1990). Berufsbildungsforschung an den Hochschulen der Bundesrepublik Deutschland. Denkschrift. Weinheim: VCH.

Deutsche Gesellschaft für Evaluation (2002). Standards für Evaluation. Köln: DeGEval.

Deutsche Industrie- und Handelskammer (DIHK) (Hrsg.) (2005). Ausbildung 2005. Ergebnisse einer Online-Unternehmensbefragung im Mai 2005. Stand: Juli 2006. http://www.dihk.de/index.html?/inhalt/themen/ausundweiterbildung/bildungspolitik/index.html.

Deutscher Bildungsrat (1973). Zur Reform von Organisation und Verwaltung im Bildungswesen. Teil I: Verstärkte Selbständigkeit der Schule und Partizipation der Lehrer, Schüler und Eltern. Stuttgart: Klett.

Deutscher Bildungsrat (Hrsg.) (1975). Bericht '75. Entwicklungen im Bildungswesen. Stuttgart: Klett.

Deutscher Bundestag (Hrsg.) (1978). Bericht der Bundesregierung über die strukturellen Probleme des föderativen Bildungssystems. Bundestagsdrucksache 8/1551. Bonn.

Deutscher Juristentag (1981). Schule im Rechtsstaat. Band I. Entwurf für ein Landesschulgesetz. Bericht der Kommission Schulrecht des Deutschen Juristentages. München.

Deutsches Jugendinstitut (Hrsg.) (2003). Zahlenspiegel. Daten zu Tageseinrichtungen für Kinder. München: DJI.

Deutsches PISA Konsortium (Hrsg.) (2001). PISA 2000: Basiskompetenzen von Schülerinnen und Schülern im internationalen Vergleich. Opladen: Leske + Budrich.

Deutsches PISA-Konsortium (Hrsg.) (2002). PISA 2000. Die Länder der Bundesrepublik Deutschland im Vergleich. Opladen: Leske + Budrich.

Deutsches PISA-Konsortium (Hrsg.) (2004). PISA 2003. Ergebnisse des zweiten internationalen Vergleichs. Zusammenfassung. Münster: Waxmann.

Deutsches PISA-Konsortium (Hrsg.). (2005). PISA 2004. Die Länder der Bundesrepublik Deutschland im Vergleich. Münster: Waxmann.

DGBV (Deutsche Gesellschaft für Bildungsverwaltung (Hrsg.) (1998). Qualität im Bildungssystem. Dokumentation der 18. DGBV-Jahrestagung vom 06. bis 08. November 1997 in Weinheim. Wetzlar: DGBV.

Diehl, T. (2003). Überlegungen zur empirischen Erfassung pädagogischer Professionalität. In Empirische Pädagogik, 17, 236-255.

Diederich, J. & Tenorth, H.-E. (1997). Theorie der Schule. Berlin: Cornelsen Scriptor.

DiMaggio, P. J. & Powell, W. W. (1983/2000). Das 'stahlharte Gehäuse' neu betrachtet: Institutioneller Isomorphismus und kollektive Rationalität in organisationalen Feldern. In *Müller, H.-P & Sigmund, S.* (Hrsg.), Zeitgenössische amerikanische Soziologie. Opladen: Leske + Budrich, 147-174.

Ditton, H. (1992). Ungleichheit und Mobilität durch Bildung: Theorie und empirische Untersuchung über sozialräumliche Aspekte von Bildungsentscheidungen. Weinheim: Beltz.

Ditton, H. (1997). Wirkung und Wirksamkeit der Einzelschule. Analysen zur Bedeutsamkeit der verschiedenen Ebenen des Schulsystems. In *Buer, van. J., Lehmann, R. H. & Venter, G.* (Hrsg.), Erweiterte Autonomie für die Schule – Einführung in das Thema, die Ziele und die Struktur der internationalen Sommerakademie. Berlin: Humboldt-Universität zu Berlin, 17-26.

Ditton, H. (2000a). Elemente eines Systems der Qualitätssicherung im schulischen Bereich. In *Weishaupt, H.* (Hrsg.), Qualitätssicherung im Bildungswesen. Erfurt: Erfurter Studien zur Entwicklung des Bildungswesens, 13-35.

Ditton, H. (2000b). Qualitätskontrolle und Qualitätssicherung in Schule und Unterricht – Ein Überblick über den Stand der empirischen Forschung. In *Helmke, A., Hornstein W. & Terhart, E.* (Hrsg.), Qualität und Qualitätssicherung im Bildungsbereich. Weinheim: Beltz, 73-92.

Ditton, H. (2001). Der Leistungsbegriff in empirischen Schulqualitätsstudien. In *Solzbacher, C. & Freitag, C.* (Hrsg.), Anpassen, verändern, abschaffen? Schulische Leistungsbewertung in der Diskussion. Bad Heilbrunn: Klinkhardt, 39-58.

Ditton, H. (2002a). Evaluation und Qualitätssicherung. In *Tippelt, R.* (Hrsg.), Handbuch Bildungsforschung. Opladen: Leske + Budrich, 775-790.

Ditton, H. (2002b). Unterrichtsqualität – Konzeptionen, methodische Überlegungen und Perspektiven. In Unterrichtswissenschaft, 30(3), 197-212.

Ditton, H. (2006). Urie Bronfenbrenners Beitrag für die Erziehungswissenschaft. In Zeitschrift für Soziologie der Erziehung und Sozialisation, 26(3).

Ditton, H. & Arnoldt, B. (2004a). Schülerbefragungen zum Fachunterricht – Feedback an Lehrkräfte. In Empirische Pädagogik, 18(1), 115-139.

Ditton, H. & Arnoldt, B. (2004b). Wirksamkeit von Schülerfeedback zum Fachunterricht. In Prenzel, M. & Doll, J. (Hrsg.), Bildungsqualität von Schule: Lehrerprofessionalisierung, Unterrichtsentwicklung und Schülerförderung als Strategien der Qualitätsverbesserung. Münster: Waxmann, 152-173.

Ditton, H. & Krecker, L. (1995). Qualität von Schule und Unterricht. In Zeitschrift für Pädagogik, 507-529.

Döbert, H., Kopp, B. von & Mitter, W. (Hrsg.) (2002). Die Schulsysteme Europas. Baltmannsweiler: Schneider.

Döbert, H., Hörner, W., Kopp, B. von & Mitter, W. (Hrsg.) (2004). Die Schulsysteme Europas. 2. Auflage. Hohengehren: Schneider.

Döbert, H., Klieme, E. et al. (2003). Vertiefender Vergleich der Schulsysteme ausgewählter PISA-Teilnehmerstaaten. Berlin: Deutsches Institut für Internationale Pädagogische Forschung (DIPF).

Dohmen, D. (2005). Theorie und Empirie von Bildungsgutscheinen: Was können wir für die deutsche Diskussion lernen? Köln: FIBS.

Dohmen, D. & Reschke, C. H. (2003). Bildungsfinanzierung in Berlin – Analyse und Auswertung von Kernindikatoren. Gutachten im Auftrag der Gewerkschaft und Wissenschaft, Landesverband Berlin. Köln: FiBS.

Doll, J. & Prenzel, M. (Hrsg.) (2004a). Bildungsqualität von Schule: Lehrerprofessionalisierung, Unterrichtsentwicklung und Schülerförderung als Strategien der Qualitätsverbesserung. Münster: Waxmann.

Doll, J. & Prenzel, M. (2004b). Das DFG-Schwerpunktprogramm „Bildungsqualität von Schule (BIQUA): Schulische und außerschulische Bedingungen mathematischer, naturwissenschaftlicher und überfachlicher Kompetenzen". In Doll, J. & Prenzel, M. (Hrsg.), Bildungsqualität von Schule: Lehrerprofessionalisierung, Unterrichtsentwicklung und Schülerförderung als Strategien der Qualitätsverbesserung. Münster: Waxmann, 9-23.

Doppke, M. & Richter, T. (2002). Grundlagen der Personalentwicklung I. Schulmanagement Handbuch 101. Oldenbourg: Schulbuchverlag.

Doppler, K. & Lauterburg, C. (2002). Change Management. Den Unternehmenswandel gestalten. 10. Auflage. Frankfurt & New York: Campus.

Dörger, U. (1992). Projekt Lehrerkooperation. Eine pädagogische Konzeption zur Weiterentwicklung von Gesamtschulen. Weinheim & München: Juventa.

Dörger, U. & Steffens, U. (1986). Die eigene Gesamtschule pädagogisch weiterentwickeln. In Westermanns Pädagogische Beiträge, 38 (7-8), 24-29.

Dörig, R. (2003). Handlungsorientierter Unterricht – Ansätze, Kritik und Neuorientierung aus bildungstheoretischer, curricularer und instruktionspsychologischer Perspektive. Stuttgart & Berlin: Stein & Brokamp.

Döring, P. A. (1981). Der Schulleiter zwischen Kultusadministration und Schulpädagogik. In Twellmann, W. (Hrsg.), Handbuch Schule und Unterricht. Band 2. Düsseldorf: Schwann, 195-214.

Drucker, P. F. (1994). The age of social transformation. In The Atlantic Online, 1-28.

Drucker, P. F. (2005a). Management im 21. Jahrhundert. 4. Auflage. Berlin: Econ.

Drucker, P. F. (2005b). Was ist Management? Das Beste aus 50 Jahren. 3. Auflage. Berlin: Econ.

Dubs, R. (1990). Qualifikationen für Lehrkräfte. In Schweizerische Zeitschrift für Kaufmännisches Bildungswesen, 84(4), 115-140.

Dubs, R. (1994a). Marktwirtschaft im Bildungswesen – Eine Alternative? In Schweizer Schule, 6, 11-17.

Dubs, R. (1994b). Die Führung einer Schule. Leadership und Management. Stuttgart: Steiner.

Dubs, R. (1995). Konstruktivismus: Einige Überlegungen aus der Sicht der Unterrichtsgestaltung. In Zeitschrift für Pädagogik, 41(6), 889-903.

Dubs, R. (1996). Schule, Schulentwicklung und New Public Management. St. Gallen: Universität St. Gallen, Institut für Wirtschaftspädagogik.

Dubs, R. (1997). Schulindikatoren und Benchmarking. Wie können Leistungen und Zielerreichung gemessen werden? In Buchen, H., Horster, L. & Rolff, H.-G. (Hrsg.), Schulleitung und Schulentwicklung. Berlin: Raabe.

Dubs, R. (1998). Recht und New Public Management im Schulwesen. In Ehrenzeller, B. et al. (Hrsg.), Der Verfassungsstaat vor neuen Herausforderungen. St. Gallen: Dike, 389-413.

Dubs, R. (2001). New Public Management im Schulwesen. In Thom, N. & Zaugg, R. J. (Hrsg.), Excellence durch Personal- und Organisationskompetenz. Bern: Haupt, 419-440.

Dubs, R. (2002a). Der Rückzug der Schule und der Lehrkräfte auf ihre Kernkompetenzen – Eine berechtigte Forderung, ein neues Schlagwort oder ein korrigierender Pendelschlag? In Zeitschrift für Berufs- und Wirtschaftspädagogik, 98, 1-7.

Dubs, R. (2002b). Staatliche Rahmenbedingungen für die Schulentwicklung an teilautonomen Schulen. In Fortmüller, R. (Hrsg.), Komplexe Methoden. Wien: Manz, 133-148.

Dubs, R. (2003a). Ermüdung und Gleichgültigkeit im schulischen Alltag: Die Verantwortung der Politik und der Wissenschaft. In Zeitschrift für Berufs- und Wirtschaftspädagogik, 99, 3-9.

Dubs, R. (2003b). Qualitätsmanagement für Schulen. St. Gallen: Institut für Wirtschaftspädagogik.

Dubs, R. (2004). Umsetzungsprobleme mit teilautonomen Schulen. In Busian, A. et al. (Hrsg.), Mensch, Bildung, Beruf. Herausforderungen an die Berufspädagogik. Bochum: Projekt Verlag, 109-120.

Dubs, R. (2005a). Die Führung einer Schule. Leadership und Management. 2. Auflage. Stuttgart: Steiner.

Dubs, R. (2005b). Innovationen, Schulentwicklung und Qualitätsmanagement – Eine ganzheitliche Sicht. In Senatsverwaltung für Bildung, Jugend und Sport, Berlin – Referat ID in Zusammenarbeit mit der Friedrich-Ebert Stiftung (Hrsg.), Innovationen lohnen sich. Fachtagung in der Friedrich-Ebert-Stiftung Berlin, 19. August 2004. Berlin: Senatsverwaltung für Bildung, Jugend und Sport, 9-20.

Dubs, R. (2006a). Bildungsstandards und kompetenzorientiertes Lernen. Typoskript (beim Verfasser).

Dubs, R. (2006b). Führung. In Buchen, H. & Rolff, H.-G. (Hrsg.), Professionswissen Schulleitung. Weinheim: Beltz, 102-176.

Dubs, R. (2006c). Qualitätsmanagement. In Buchen, H. & Rolff, H.-G. (Hrsg.), Professionswissen Schulleitung. Weinheim & Basel: Beltz, 1206-1270.

Dubs, R., Euler, D., Rüegg-Stürm, J. & Wyss, C. (2004). Einführung in die Managementlehre. Band 1. Bern et al.: Haupt.

Dwyer, D., Ringstaff, C. & Sandholtz, J. H. (1990). Teacher beliefs and practices: Patterns of change, Apple Classrooms of Tomorrow. Report Nr. 8. Apple Computers, Inc. Retrieved: October 2002. http://a1472.g.akamai.net/7/1472/51/9a965ab9e83ffb/www.apple.com/education/k12/leadership/acot/pdf/rpt08.pdf.

Eccard, C. (2006). Transferstrategien und Transfermaßnahmen im Modellversuchsprogramm, Qualitätsverbesserung in Schulen und Schulsystemen. In Nickolaus, R. et al. (Hrsg.), Innovation und Transfer – Expertisen zur Transferforschung. Baltmannsweiler: Schneider, 284-322.

Economist, the (2005). The good company: A skeptical look at corporate social responsibility. Special insert, 3-22.

Edelhoff, C. (1988). Lehrerfortbildung im Schnittfeld der Interessen und Bedürfnisse. Instrumente zur Veränderung der Schule oder Serviceeinrichtung für Lehrer? In Pädagogik 40(6), 8-12.

Edelstein, W. (2006). Bildung und Armut. Der Beitrag des Bildungssystems zur Vererbung und Bekämpfung von Armut. In Zeitschrift für Soziologie der Erziehung und Sozialisation, 2, 120-134.

Eder, F. (1981). Schulschwänzen an weiterführenden Schulen. In Erziehung und Unterricht, 131, 381-394.

Edmonds, R. R. (1979). Effective schools for the urban poor. In Educational Leadership, 37, 15-27.

Edmonds, R. R. (1981). Making Public Schools Effective. In Social Policy, 12, 56-60.

Educational Testing Service (ETS) (1997). Candidate Information Bulletin for the school leaders licensure assessment. Princeton, NJ: ETS.

European Foundation for Quality Management (EFQM) (1995). The European Quality Award. Brüssel: EFQM.

Ehmann, C. & Rademacker, H. (2003). Schulversäumnisse und sozialer Ausschluss: Vom leichtfertigen Umgang mit der Schulpflicht in Deutschland. Bielefeld: Bertelsmann.

Ehmke, T. (2003). Mathematical Literacy bei Erwachsenen: Eine Studie an Eltern von PISA-Schülerinnen und Schülern. DFG-Antrag auf Sachbeihilfe. Kiel: Leibniz-Institut für die Pädagogik der Naturwissenschaften.

Ehmke, T., Hohensee, F., Heidemeier, H. & Prenzel, M. (2004). Familiäre Lebensverhältnisse, Bildungsbeteiligung und Kompetenzerwerb. In Deutsches PISA-Konsortium (Hrsg.), PISA 2003. Der Bildungsstand in Deutschland – Ergebnisse des zweiten internationalen Vergleichs. Münster et al.: Waxmann, 225-254.

Eidenmüller, H. (2005). Effizienz als Rechtsprinzip: Möglichkeiten und Grenzen der ökonomischen Analyse des Rechts. Tübingen: Mohr.

Eidgenössische Fachhochschulkommission (EFHK) (2000). Fachhochschulen 2002. Bericht über die Schaffung der Schweizer Fachhochschulen.

Eikenbusch, G. & Leuders, T. (Hrsg.) (2004). Lehrer-Kursbuch Statistik. Alles über Daten und Zahlen im Schulalltag. Berlin: Cornelsen Scriptor.

Einsiedler, W. (1997). Unterrichtsqualität und Leistungsentwicklung. Ein Literaturüberblick. In *Weinert, F. E. & Helmke, A* (Hrsg.), Entwicklung im Grundschulalter. Weinheim: Psychologie Verlags Union, 225-240.

Ellwein, T. (1964). Die verwaltete Schule. In Das Argument, 6(31).

Emery, K. & Ohanian, S. (2004). Why is corporate America bashing our public schools? Portsmouth, NH: New Hampshire.

Engel, C. (2000). Die Grammatik des Rechts. Funktionen der rechtlichen Instrumente des Umweltschutzes im Verbund mit ökonomischen und politischen Instrumenten. Preprints aus der Max-Planck-Projektgruppe Recht der Gemeinschaftsgüter. Bonn.

Engeström, Y. (1999a). Activity theory and individual and social transformation. In *Engeström, Y., Miettinen, R. & Punamäki, R.-L.* (Eds.), Perspectives on Activity Theory. Cambridge: Cambridge University Press, 19-38.

Engeström, Y. (1999b). Innovative learning in work teams: analyzing cycles of knowledge creation in practice. In *Engeström, Y., Miettinen, R. & Punamäki, R.-L.* (Eds.), Perspectives on Activity Theory. Cambridge: Cambridge University Press, 377-404.

Engeström, Y. (2003). The horizontal dimension of expansive learning: weaving a texture of cognitive trails in the terrain of health care in Helsinki. In *Achtenhagen, F. & John, E. G.* (Eds.), Milestones of Vocational and Occupational Education and Training. Volume 1: The Teaching-Learning Perspective. Bielefeld: Bertelsmann, 153-180.

Engeström, Y., Engeström, R. & Kärkkäinen, M. (1995). Polycontextuality and boundary crossing in expert cognition: Learning and problem solving in complex work activities. In Learning and Instruction, 5, 319-336.

English, F. (2001). What paradigm shift? An interrogation of Kuhn's idea of normalcy in the research practice of educational administration. In International Journal of Leadership in Education: Theory and Practice, 4(7), 29-38.

English, F. (2003a). About the policing functions of ELCC/NCATE and the standardization of university preparation programs in educational administration. In School Leadership News: AERA Division A Newsletter, 5-8.

English, F. (2003b). Cookie-cutter leaders for cookie-cutter schools: The teleology of standardization and the de-legitimization of the university in educational leadership preparation. In Leadership and Policy in Schools, 2(1), 27-46.

English, F. (2004a). Learning 'manifestospeak': A metadiscursive analysis of the Fordham Institute's and Broad Foundation's manifesto for better leaders for America's schools. In *Lasley, T.* (Ed.), Better leader's for America's schools: Perspectives on the manifesto. Columbia, MO: UCEA, 52-91.

English, F. (2004b). Undoing the 'done deal': Reductionism, ahistoricity, and pseudo-science in the knowledge base and standards for educational administration. In UCEA Review, 46(2), 5-7.

English, F. (2005). The sage handbook of educational leadership. Thousand Oaks: Sage.

Erk, J. (2003). Federal Germany and Its Non-Federal Society: Emergence of an All-German Educational Policy in a System of Exclusive Provincial Jurisdiction. In Canadian Journal of Political Science, 2, 295-317.

Ermert, K. (Hrsg.) (1986). „Gute Schule" – Was ist das? Aufgaben und Möglichkeiten der Lehrerfortbildung. 6. überregionale Fachtagung der Lehrerfortbildner. Rehburg-Loccum: Evangelische Akademie Loccum.

Ertl, H. & Kremer, H.-H. (Hrsg.) (2005). Innovationen in schulischen Kontexten. Ansatzpunkte für berufsbegleitende Lernprozesse bei Lehrkräften. Paderborn: Eusl.

Erziehungsdepartement des Kantons St. Gallen (2000). Projekt Schulqualität. Grundlagen zur Qualitätsentwicklung und -sicherung auf der Volksschulstufe. Strukturen, Verfahren, Modelle.

Erziehungs- und Kulturdepartement des Kantons Luzern (1997). Sicherung und Weiterentwicklung der Schulqualität. Ein neues Aufsichts-Modell. Orientierungshilfen. Heft 3.

Etzioni, A. (1975). Die aktive Gesellschaft. Eine Theorie gesellschaftlicher und politischer Prozesse. Opladen: Westdeutscher Verlag.

Euler, D. (2003). Potentiale von Modellversuchsprogrammen für die Berufsbildungsforschung. In Zeitschrift für Berufs- und Wirtschaftspädagogik, 99, 201-212.

Euler, D. & Hahn, A. (2004). Wirtschaftsdidaktik. Bern et al.: Haupt.

Euler, D., Gomez, J., Keller, M. & Walzik, S. (2006). Sozialkompetenzen in Curricula der Berufsausbildung. In Zeitschrift für Berufs- und Wirtschaftspädagogik, 19. Beiheft, 95-115.

Europäische Kommission (Hrsg.) (2000). Memorandum über lebenslanges Lernen. Luxemburg: Office for Official Publications of the European Communities.

European Foundation of Quality Management (1999-2003). Das EFQM-Modell für Excellence, Version für Unternehmen. Frankfurt a. M.: Deutsches EFQM Center (DEC) der Deutschen Gesellschaft für Qualität e. V.

Fábián, Z. (2002). Digitális írástudás: a számítógép és az Internet-használat elterjedtségének társadalmi jellemzői Magyarországon. In *Kolosi T.* et al. (Hrsg.), Társadalmi riport 2002. Budapest: TÁRKI Társadalomkutatási Intézet.

Fabry, D. L. & Higgs, J. R. (1997). Barriers to the effective use of technology in education: Current status. In Journal of Educational Computing Research, 17, 385-395.

Falus, I. (2001). Az oktatási módszerek kiválasztására és alkalmazására vonatkozó módszerek. In Golnhofer E. & Nahalka I. (Hrsg.), A pedagógusok pedagógiája., Budapest: Nemzeti Tankönyvkiadó.

Fauser, P. (1986). Pädagogische Freiheit in Schule und Recht. Weinheim & Basel: Beltz.

Fauske, J. R. & Raybold, R. (2005). Organizational learning theory in schools. In Journal of Educational Administration, 43(1), 5-8.

Fend, H. (1977). Schulklima. Soziale Einflußprozesse in der Schule. Weinheim, Basel: Beltz.

Fend, H. (1980). Theorie der Schule. München: Urban & Schwarzenberg.

Fend, H. (1981). Theorie der Schule. 2. Auflage. München et al.: Urban & Schwarzenberg.

Fend, H. (1982). Gesamtschule im Vergleich. Bilanz der Ergebnisse des Gesamtschulversuchs. Weinheim & Basel: Beltz.

Fend, H. (1986). „Gute Schulen – Schlechte Schulen". Die einzelne Schule als pädagogische Handlungseinheit. In Deutsche Schule, 78(3), 275-293.

Fend, H. (1987). „Gute Schulen – schlechte Schulen" – Die einzelne Schule als pädagogische Handlungseinheit. In Steffens, U. & Bargels, T. (Hrsg.), Erkungungen zur Wirksamkeit und Qualität von Schule. Beiträge aus dem Arbeitskreis „Qualität von Schule", Heft 1. Hessisches Institut für Bildungsplanung und Schulentwicklung (HIBS). Wiesbaden & Konstanz: HIBS, 55-79.

Fend, H. (1990). Bilanz der empirischen Bildungsforschung. In Zeitschrift für Pädagogik, 36, 687-709.

Fend, H. (1998). Qualität im Bildungswesen. Schulforschung zu Systembedingungen, Schulprofilen und Lehrerleistung. Weinheim: Juventa.

Fend, H. (1999). Thesen zum Workshop. In Grogger, G. & Specht, W. (Hrsg.), Evaluation und Qualität im Bildungswesen. Problemanalyse und Lösungsansätze am Schnittpunkt von Wissenschaft und Bildungspolitik. Dokumentation eines internationalen Workshops, in Blumau, Steiermark vom 18.-21. Februar 1999. Graz: Zentrum für Schulentwicklung, 136-138.

Fend, H. (2000). Qualität und Qualitätssicherung im Bildungswesen: Wohlfahrtsstaatliche Modelle und Marktmodelle. In Zeitschrift für Pädagogik, 41. Beiheft, 55-72.

Fend, H. (2001). Qualität im Bildungswesen. 2. Auflage. Weinheim & München: Juventa.

Fend, H. (2004). Was stimmt im deutschen Bildungssystem nicht? Wege zur Erklärung von Leistungsunterschieden zwischen Bildungssystemen. In Schümer, G., Tillmann, K.-J. & Weiß, M. (Hrsg.), Die Institution Schule und die Lebenswelt der Schüler. Vertiefende Analysen der PISA-2000-Daten zum Kontext von Schülerleistungen. Wiesbaden: VS, 15-38.

Fend, H. (2006). Neue Theorien der Schule. Einführung in das Verstehen von Bildungssystemen. Wiesbaden: VS.

Fend, H., Dreher, E. & Haenisch, H. (1980). Auswirkungen des Schulsystems auf Schulleistungen und soziales Lernen – Ein Vergleich zwischen Gesamtschule und dreigliedrigem Schulsystem. In Zeitschrift für Pädagogik, 26, 673-698.

Forschungsinstitut für Bildungs- und Sozialökonomie (FiBS) (2006). Bildung, externe Effekte, technologische Leistungsfähigkeit und Wirtschaftswachstum. Studien zum deutschen Innovationssystem. Nummer 13. Köln: Bundesministerium für Bildung und Forschung.

Finn, J. & Voelk, K. (1992). Class size. In Husen, T. & Postlethwaite, T. N. (Hrsg.), International Encyclopedia of Education. 2. Auflage. Oxford, 770-775.

Finn, J. D., Gerber, S. B. & Boyd-Zaharias, J. (2005). Small classes in early grades, academic achievement, and graduating from high school. In Journal of Educational Psychology, 97(2), 214-223.

Fischer, W. (1975). Bildung trotz Schule? In Vierteljahrsschrift für wissenschaftliche Pädagogik, 4, 327-343.

Fischer, F., Boullion, L., Mandl, H. & Gomez, L. (2003). Bridging theory and practice in learning environment research − Scientific principles in pasteur's quadrant. In International Journal of Educational Policy, Research & Practice, 4(1), 147-170.

Fisher, E. (1993). Distinctive Features of Pupil-Pupil Classroom Talk and their Relationship to Learning: How Discursive Exploration Might be Encouraged. In Language and Education, 7(4), 239-257.

Fiske, E. B. (1992). Smart schools, smart kids: Why do some schools work? New York: Touchstone.

Fitz-Gibbon, C. T. (1996). Monitoring Education. Indicators, Quality and Effectiveness. London: Cassell.

Fleischer-Bickmann, W. (1998). Glanz der Profile − Elend der Programme? Kontexte der Theorie und Praxis von Schulprogrammen. In *Steffens, U. & Bargel, T* (Hrsg.), Schule zwischen Autonomie und Aufsicht. Beiträge aus dem Arbeitskreis Qualität von Schule. Heft 8. Wiesbaden: Hessisches Landesinstitut für Pädagogik (HeLP), 83-92.

Foerster, H. von (1988). Abbau und Aufbau. In *Simon, F.* (Hrsg.), Lebende Systeme. Wirklichkeitskonstruktionen in der systemischen Therapie. Berlin et al.: Springer.

Fölling-Albers, M. (2000). Entscholarisierung von Schule und Scholarisierung von Freizeit? Überlegungen zu Formen der Entgrenzung von Schule und Freizeit. In Zeitschrift für Soziologie der Erziehung und Sozialisation, 20, 118-131.

Fox, L. (2003). Enron, the rise and fall. Hoboken, NJ: John Wiley & Sons.

Fränz, P. & Schulz-Hardt, J. (1998). Zur Geschichte der Kultusministerkonferenz 1948-1998. In KMK (Hrsg.), Einheit in der Vielfalt: 50 Jahre Kultusministerkonferenz 1948-1998. Neuwied & Kriftel: Luchterhand, 177-228.

Fraser, B. J., Walberg, H., Welch, W. W. & Hattie, J. A. (1987). Syntheses of Educational Productivity Research. In International Journal of Educational Research, 11, 145-152.

Freudenberg-Stiftung (2006). Publikationen der Freudenberg-Stiftung und der von ihr geförderten Projekte. http://www.feudenbergstiftung.de. Stand: Januar 2006.

Freund-Braier, I. (2002). Hochbegabung, Hochleistung, Persönlichkeit. Münster et al.: Waxmann.

Frey, D. & Gaska, A. (1994). Die Theorie der kognitiven Dissonanz. In *Frey, D. & Irle, M.* (Hrsg.), Theorien der Sozialpsychologie I: Kognitive Theorien. Bern: Huber, 275-325.

Frey, K. (1994). Konzept zur Qualitätssicherung und Qualitätssteigerung. Bern: Realgymnasium Kirchenfeld.

Frey, K. & Frey-Eiling, A. (1992). Allgemeine Didaktik. 5. Auflage. Zürich: Verlag der Fachvereine.

Friede, C. (2006). Leistungsbeurteilung. In *Kaiser, F.-J. & Pätzold, G.* (Hrsg.), Wörterbuch Berufs- und Wirtschaftspädagogik. 2. Auflage. Bad Heilbrunn: Klinkhardt, 333-338.

Friedeburg, L. von (1989). Bildungsreform in Deutschland. Geschichte und gesellschaftlicher Widerspruch. Frankfurt a. M.: Suhrkamp.

Friedrich-Ebert-Stiftung (Hrsg.) (2000). Schule ist Zukunft! Fünf Jahre Denkschrift "Zukunft der Bildung − Schule der Zukunft". Bonn: Friedrich-Ebert-Stiftung. Stand: Januar 2006. http://library.fes.de/pdf-files/gpi/00946.pdf.

Friedrich-Ebert-Stiftung (Hrsg.) (2002). Schulentwicklung und Qualitätssicherung im europäischen Vergleich. Erfurt: Friedrich-Ebert-Stiftung, Landesbüro Thüringen. Stand: Januar 2006. http://library.fes.de/pdf-files/bueros/erfurt/01920.pdf.

Frommelt, B. & Holzapfel, H. (2000). Schule in öffentlicher Verantwortung. In *Frommelt, B.* et al. (Hrsg.), Schule am Ausgang des 20. Jahrhunderts. Gesellschaftliche Ungleichheit, Modernisierung und Steuerungsprobleme im Prozess der Schulentwicklung. Weinheim, München: Juventa, 163-176.

Frommelt, B. & Steffens, U. (1998). Schulautonomie – Auf dem Weg zu einem neuen Verständnis von Schulgestaltung. In *Steffens, U. & Bargel, T* (Hrsg.), Schule zwischen Autonomie und Aufsicht. Beiträge aus dem Arbeitskreis Qualität von Schule. Heft 8. Wiesbaden: Hessisches Landesinstitut für Pädagogik (HeLP), 25.

Fuchs, H.-W. (2004). Schulentwicklung und Organisationstheorie. In *Böttcher, W. & Terhart, E.* (Hrsg.), Organisationstheorie in pädagogischen Feldern. Analyse und Gestaltung. Wiesbaden: VS, 206-220.

Führ, C. (1996). Deutsches Bildungswesen seit 1945. Neuwied & Kriftel: Luchterhand.

Führ, C. & Furck, C.-L. (1998). Handbuch der deutschen Bildungsgeschichte. Band VI/1 und VI/2. München: Beck.

Fullan, M. G. (1982). The Meaning of Educational Change. New York & London: Teachers College, Columbia University.

Fullan, M. G. (1991). The new meaning of educational change. London: Cassell.

Fullan, M. G. (1996). Implementation of Innovations. In *Plomp, T. & Ely, D.* (Eds.), International Encyclopedia of Educational Technology. Cambridge, 273-281.

Fullan, M. G. (2001). Leading in a culture of change. San Francisco, CA: Jossey-Bass.

Funk, B.-C. (2005). Rechtsökonomik und Gesetzesfolgenabschätzung. Vortrag Sonnenfels-Center Wien. www.univie.ac.at/sonnenfels/html-sonnenfels/contributions/vtr-2005-04-gesetzesfolgen.doc.

Fürst, C. (1995). Arbeitsaufträge und Lehrerinterventionen im Gruppenunterricht. Erprobung eines prozessorientierten und sprechhandlungstheoretischen empirischen Ansatzes. Dissertation. Nürnberg: Friedrich-Alexander-Universität.

Fürst, C. & Haag, L. (1998). Lehrer-Schüler-Interaktion im Gruppenunterricht. Ergebnisse der Außensicht. Arbeitsbericht 4 des Projekts „Unterrichtskommunikation". Nürnberg: Sozialwissenschaftliches Forschungszentrum.

Fürstenau, P. (1969). Zur Psychoanalyse der Schule als Institution. In *Fürstenau, P.* et al. (Hrsg.), Zur Theorie der Schule. Weinheim/Basel: Beltz, 9-25.

Fusarelli, L. (2004). The new consumerism in educational leadership. In Education Week, 23(18), 29.

Füssel, H. P. (1988). Kooperativer Föderalismus im Bildungswesen. In Recht der Jugend und des Bildungswesens, 6, 430-442.

Gäfgen, G. (1983). Entwicklung und Stand der Theorie der Property Rights: Eine kritische Bestandsaufnahme. In Volkswirtschaftliche Beiträge, 80. Konstanz: Universität Konstanz.

Gage, N. L. (1979). Unterrichten – Kunst oder Wissenschaft. München et al.: Urban & Schwarzenberg.

Galiläer, L. (2005). Pädagogische Qualität. Perspektiven der Qualitätsdiskurse über Schule, Soziale Arbeit und Erwachsenenbildung. Weinheim & München: Juventa.

Gampe, H. (1994). Kooperation zwischen Schulaufsicht und Schule – Untersuchungen zur pädagogischen und rechtlichen Schulratsfunktion. Neuwied & Kriftel: Luchterhand.

Gampe, H. & Margies, D. (1997). Staatliche Schulaufsicht. In *Müller, A., Gampe, H., Rieger, G. & Risse, E.* (Hrsg.), Leitung und Verwaltung einer Schule. 8. Auflage. Neuwied & Kriftel: Luchterhand, 437-472.

Gazsó F. (1998). Az iskolák önállóságának értelmezéséről. In Pedagógiai Szemle, 6, 483-493.

Geary, D. C. (1995). Reflections of evolution and culture in children's cognition. In American Psychologist, 50, 24-36.

Gebert, D. (2002). Führung und Innovation. Stuttgart: Kohlhammer.

Gehrmann, A. (2003). Der professionelle Lehrer. Muster der Begründung – Empirische Rekonstruktion. Opladen: Leske + Budrich.

Geiger, T. (1962). Erziehung als Gegenstand der Soziologie (1930). In ebd., Arbeiten zur Soziologie. Neuwied & Berlin: Luchterhand.

Geue, H. (1998). Sind ordnungspolitische Reformanstrengungen mit Hayeks Evolutionismus vereinbar? In Ordo – Jahrbuch für die Ordnung von Wirtschaft und Gesellschaft, 49, 141-163.

GEW, BER, VBE (2006). „Bildung bei Föderalismusreform vorerst ausklammern!". Pressemeldung vom 16.02.2006. Stand: März 2006.
http://www.gew.de/Bildung_bei_Foederalismusreform_vorerst_ausklammern.html.

Gigerenzer, G. (1981). Messung und Modellbildung in der Psychologie. München & Basel: Francke.

Gil, L. S. (2001). Principal peer evaluation: Promoting success from within. Thousand Oaks, CA: Corwin.

Glenn, C. (2000). The concept of Educational Autonomy. In *Berka, De Groof & Penneman* (Eds.), Autonomy in Education. Yearbook of the European Assotiation for Education Law and Policy. The Hague, London & Boston: Kluwer Law International, 11-20.

Goeben, A., von der (2003). Verstehen lernen. Diagnostik als didaktische Herausforderung. In Pädagogik, 55(4), 6-9.

Goldring, E. B. & Pasternack R. (1994). Principals` coordinating strategies and school effectiveness. In School Effectiveness and School Improvement, 5(3).

Gordon, T. (1982/2002). Lehrer-Schüler-Konferenz. Wie man Konflikte in der Schule löst. Neuauflage. Reinbek: Rowohlt.

Görlitz, A. (1995). Politische Steuerung. Ein Studienbuch. Opladen: Leske + Budrich.

Götz, K. (1992). Didaktische Organisation von Lehr- und Lernprozessen. Weinheim: Deutscher Studien-Verlag.

Granger, C., Morbey, M. L., Lotherington, H., Owston, R. & Wideman, H. (2002). Factors contributing to teachers' successful implementation of IT. In Journal of Computer Assisted Learning, 18(4), 480-488.

Gräsel, C., Parchmann, I., Puhl, T., Baer, A., Fey, A. & Demuth, R. (2004). Lehrerfortbildungen und ihre Wirkungen auf die Zusammenarbeit von Lehrkräften und die Unterrichtsqualität. In *Doll, J. & Prenzel, M.* (Hrsg.), BIQUA – Bildungsqualität von Schule: Lehrerprofessionalisierung, Unterrichtsentwicklung und Schülerförderung als Strategien der Qualitätsverbesserung. Münster: Waxmann, 133-151.

Gray, J. (2001). Using the past to plan the future: Making sense of almost four decades of research. In School Effectiveness and School Improvement, 12(2), 259-263.

Greber, U., Maybaum, J., Priebe, B. & Wenzel, H. (Hrsg.) (1991). Auf dem Weg zur „Guten Schule". Schulilnterne Lehrerfortbildung. Bestandsaufnahme, Konzepte, Perspektiven. Weinheim & Basel: Beltz.

Green, A. et al. (1999). Convergence and divergence in European Education and Training Systems. London: University of London, Institute of Education, 53-113.

Greinert, W.-D. & Braun, P. (2005). Das Duale System der Berufsausbildung – Hochselektives Restprogramm? In *Buer, J. van & Zlatkin-Troitschanskaia, O.* (Hrsg.), Adaptivität und Stabilität der Berufsausbildung – Theoretische und empirische Untersuchungen zur Berliner Berufsbildungslandschaft. Frankfurt a. M. et al.: Lang, 177-186.

Gril, P. (1998). Die Möglichkeit praktischer Erkenntnis aus Sicht der Diskurstheorie: Eine Untersuchung zu Jürgen Habermas und Robert Alexy. Berlin: Duncker & Humblot.

Grimm, D. (Hrsg.) (1990). Wachsende Staatsaufgaben – Sinkende Steuerungsfähigkeit des Rechts. Baden-Baden: Nomos.

Literaturverzeichnis

Grogger, G. & Specht, W. (Hrsg.) (1999). Evaluation und Qualität im Bildungswesen. Problemanalyse und Lösungsansätze am Schnittpunkt von Wissenschaft und Bildungspolitik. Dokumentation eines internationalen Workshops, in Blumau, Steiermark vom 18.-21. Februar 1999. Graz: Zentrum für Schulentwicklung.

Gronn, P. (2000). Distributed properties: A new architecture for leadership. In Educational Management and Administration, 28(3), 371-338.

Grube, N. (2001). Föderalismus in der öffentlichen Meinung in der Bundesrepublik Deutschland. In Europäisches Zentrum für Föderalismusforschung Tübingen (Hrsg.), Jahrbuch des Föderalismus 2001. Baden-Baden: Nomos, 101-114.

Gruber, H. & Leutner, D. (2003). Die kompetente Lehrperson als Multiplikator von Innovation. In Gogolin, I. & Tippelt, R. (Hrsg.), Innovation durch Bildung. Beiträge zum 18. Kongress der Deutschen Gesellschaft für Erziehungswissenschaft. Opladen: Leske + Budrich, 263-274.

Gruehn, S. (2000). Unterricht und schulisches Lernen. Schüler als Quellen der Unterrichtsbeschreibung. Münster et al.: Waxmann.

Gruschka, A. (1994). Bürgerliche Kälte und Pädagogik. Wetzlar: Büchse der Pandora.

Gschwendtner, T. & Ziegler, B. (2006). Kompetenzförderung durch Reciprocal Teaching? In Gonon, P., Klauser, F. & Nickolaus, R. (Hrsg.), Bedingungen beruflicher Moralentwicklung und beruflichen Wissens. Wiesbaden: VS, 101-111.

Gudjons, H. (1997). Handlungsorientiert lehren und lernen. Schüleraktivierung, Selbsttätigkeit, Projektarbeit. 5. Auflage. Bad Heilbrunn: Klinkhardt.

Gundlach, E., Wößmann, L. & Gmelin, J. (2000). The decline of schooling productivity in OECD countries. In Economic Journal, 11, 135-147.

Günther, J., Grygier, P., Kircher, E., Sodian, B. & Thoermer, C. (2004). Studien zum Wissenschaftsverständnis von Grundschullehrkräften. In Doll, J. & Prenzel, M. (Hrsg.), BIQUA – Bildungsqualität von Schule: Lehrerprofessionalisierung, Unterrichtsentwicklung und Schülerförderung als Strategien der Qualitätsverbesserung. Münster: Waxmann, 93-113.

Haasler, B. (2006). Das praktische Wissen als Gegenstand der Qualifikationsforschung – Ergebnisse einer Untersuchung fertigungstechnischer Facharbeit. In Zeitschrift für Berufs- und Wirtschaftspädagogik, 19. Beiheft, 167-181.

Habermas, J. (1995). Vorstudien und Ergänzungen zur Theorie des kommunikativen Handelns. Frankfurt a. M.: Suhrkamp.

Hadley, M. & Sheingold, K. (1993). Commonalities and distinctive patterns in teachers' integration of computers. In American Journal of Education, 101, 281-315.

Haenisch, H. (1996a). Qualitätssichernde Maßnahmen in der Schule. Ein Trendbericht auf der Grundlage der Ergebnisse einer internationalen Tagung zur Schulqualität. In Bildung und Erziehung, 49(2), 183-196.

Haenisch, H. (1996b). Bausteine für die Entwicklung und die Profilbildung von Schulen. In Landesinstitut für Schule und Weiterbildung (Hrsg.), Jahrbuch des Landesinstituts für Schule und Weiterbildung: Schule auf neuen Wegen. Anstöße, Konzepte, Beispiele. Bönen: Verlag für Schule und Weiterbildung, 21-52.

Haenisch, H. & Burkard, C. (2002). Schulprogrammarbeit erfolgreich gestalten. Ergebnisse einer qualitativen Studie zu den Gelingensbedingungen der Entwicklung und Umsetzung des Schulprogramm. In Landesinstitut für Schule und Weiterbildung (Hrsg.), Schulprogrammarbeit in Nordrhein-Westfalen. Bönen: Kettler, 123-197.

Hage, K., Bischoff, H., Dichanz, H., Eubel, K.-D., Oehlschläger H.-J. & Schrittmann, D. (1985). Das Methodenrepertoire von Lehrern. Opladen: Leske + Budrich.

Halász, G. (1994). Az iskolai autonómia lehetőségei. In Magyar Pedagógia, 3-4, 307-312.

Halás,z G. (2000). Az oktatás minősége és eredményessége. In *Halász G. & Lannert J.* (Hrsg.), Jelentés a magyar közoktatásról 2000. Budapest: Országos Közoktatási Intézet, 303-326.

Halász, G. & Altrichter, H. (2000). A közép-európai országok decentralizációs politikái és azok eredményei – összehasonlító elemzés. In *Balász É. & Halász G.* (Hrsg.), Oktatás és decentralizáció Közép-Európában. Budapest: Okker Kiadó, 243-292.

Halás,z G. & Palotás, Z. (2003). A közoktatás irányítása. In *Halász G. & Lannert J.* (Hrsg.), Jelentés a magyar közoktatásról 2003. Budapest: Országos Közoktatási Intézet, 51-86.

Hall, G. E. & Hord, S. M. (2006). Implementing change. Patterns, principles, and postholes. Boston et al.: Perarson.

Haller, I. & Wolf, H. (1973). Neuorganisation der Lehrerfortbildung als Teilstück schulnaher Curriculumentwicklung. In curriculum konkret, 1(1).

Hallinger, P. & Heck, R. (1996). Reassessing the principal's role in school effectiveness: A critical review of empirical research 1980-1995. In Educational Administration Quarterly, 32(1), 5-44.

Hambleton, R. K., Jaeger, R. M., Plake, B. S. & Mills, C. (2000). Setting performance standards on complex educational assessments. In Applied Psychological Measurement, 24, 355-366.

Hamburgische Bürgerschaft (2006). Schulreform in Hamburg. Drucksache 18/3780 vom 21.02.2006. Anlage 1 zur Drucksache: Gesetz zur Änderung des Hamburgischen Schulgesetzes und des Hamburgischen Personalvertretungsgesetzes.

Hamm-Brücher, H. (1972). Unfähig zur Reform? Kritik und Initiativen zur Bildungspolitik. München: Pieper.

Hammer, W. (1988). Schulverwaltung im Spannungsfeld von Pädagogik und Gesellschaft. Frankfurt a. M. et al.: Lang.

Haney, W. (2000). The Texas miracle in education. In Education Policy Analysis Archives, 41(8). http://epaa.asu.edu/epaa/v8n41/. Stand: Juni 2006.

Hansch, H.-A. (1988). Der Lehrer und das Schulrecht. Schul- und Lehrerberufsrecht in der Lehreraus-, -fort- und -weiterbildung. Hamburg: Dr. Kovač.

Hanushek, E. A. (1997a). Assessing the effects of school resources on student performance: An update. In Educational Evaluation and Policy Analysis, 19(2), 141-164.

Hanushek, E. A. (1997b). Education Production Function. In *Saha, L. J.* (Ed.), International encyclopadia of the sociology of education. Oxford: Pergamon/Elsevier Science, 297-303.

Hanushek, E. A. (2004). Distributional outcomes of the organization of U.S. schools: Peers, school quality, and achievement. München: CES ifo.

Hanushek, E. A. & Luque, J. A. (2003). Efficiency and equity in schools around the world. In Economics of Education Review, 22, 481-502.

Hanushek, E. A. & Wößmann, L. (2005). Does educational tracking affect performance and inequality? Differences-in-differences evidence across countries. CESifo Working Paper 1415. München: CESifo, 1-15.

Harangi, L. (2006). Az élethosszig tartó tanulás minőségi követelményei az európai oktatásban. In Új Pedagógiai Szemle, 2, 3-17.

Harney, K. (1999). Beruf. In *Kaiser, F.-J. & Pätzold, G.* (Hrsg.), Wörterbuch der Berufs- und Wirtschaftspädagogik. Bad Heilbrunn: Klinkhardt, 51-52.

Harris, A. (2002). School improvement: What's in it for schools? London: Falmer Press.

Harris, A. (2004). Distributed leadership and school improvement: Leading or misleading? Paper presented at the Annual Meeting of the American Educational Research Association, San Diego, CA.

Harris, A. & Lambert, L. (2003). Building leadership capacity for school improvement. Buckingham: Open University Press.

Harris, S. (2002). Innovative pedagogical practices using ICT in schools in England. In Journal of Computer Assisted Learning, 18(4), 449-458.

Harrison, C., Comber, C., Fisher, T., Haw, K., Lewin, C., Lunzer, E., McFarlane. A., Mavers, D., Scrimshaw, P., Somekh B. & Watling, R. (2002). ImpaCT: The impact of information and communication technologies on pupil learning and attainment. London: DfES/BECTA.
http://www.becta.org.uk/research/reports/docs/ImpaCT2_strand1_report.pdf.
Retrieved: November 2002.

Harrold, R. (1982). Economic thinking in education. Armidale: University of New-England.

Hartig, J. & Klieme, E. (2005). Die Bedeutung schulischer Bildung und soziobiografischer Merkmale für die Problemlösekompetenz. In *Klieme, E., Leutner, D. & Wirth, J.* (Hrsg.), Problemlösekompetenz von Schülerinnen und Schülern. Diagnostische Ansätze, theoretische Grundlagen und empirische Befunde der deutschen PISA-2000-Studie. Wiesbaden: VS, 83-98.

Harvey, L. & Green, D. (2000). Qualität defilnieren. Fünf verschiedene Ansätze. In Zeitschrift für Pädagogik, 41. Beiheft. Weinheim & Basel: Beltz, 17-39.

Hartz, S. Meisel, K. (2004). Qualitätsmanagement. Studientexte für Erwachsenenbildung. Bielefeld: Bertelsmann.

Hauptmeier, S. (2005). Schuldenmonitor: Tragfähigkeit der öffentlichen Haushalte in Deutschland. In Wachstums- und Konjunkturanalysen, 8(4), 6-7.

Hauschildt, J. (1997). Innovationsmanagement. 2. Auflage. München: Vahlen.

Hauschildt, J. (2002). Zwischenbilanz: Prozesse, Strukturen und Schlüsselpersonen des Innovationsmanagements. In *Schreyögg, G. & Conrad, P.* (Hrsg.), Theorien des Managements. Managementforschung. Band 12. Wiesbaden: Gabler, 1-33.

Hauser, M. (2000). Charismatische Führung. Wiesbaden: Gabler.

Hayek, F. A. von (1983). Evolution und spontane Ordnung. Zürich: Bank Hofmann.

Head, S. (2004). Inside the leviathan. In New York Review of Books, 49(20), 80-89.

Heckel, H. (1977). Einführung in das Erziehungs- und Schulrecht. Darmstadt: Wissenschaftliche Buchgesellschaft.

Heckel, H. & Avenarius, H. (1986). Schulrechtskunde: Ein Handbuch für Praxis, Rechtsprechung und Wissenschaft. 6. Auflage. Neuwied & Darmstadt: Luchterhand.

Heid, H. (1990). Über einige theoretische und empirische Voraussetzungen der Werterziehung. In *Zenner, M.* (Hrsg.), Fachdidaktik zwischen Fachdisziplin und Erziehungswissenschaft. Bochum: Brockmeyer, 215-228.

Heid, H. (1999). Über die Vereinbarkeit individueller Bildungsbedürfnisse und betrieblicher Qualifikationsanforderungen. In Zeitschrift für Pädagogik, 45(2), 231-244.

Heid, H. (2000). Qualität. Überlegungen zur Begründung einer pädagogischen Beurteilungskategorie. In Zeitschrift für Pädagogik, 41. Beiheft, 41-51.

Heid, H. (2003). Bildung im Spannungsfeld zwischen gesellschaftlichen Qualifikationsanforderungen und individuellen Entwicklungsbedürfnissen. In Zeitschrift für Berufs- und Wirtschaftspädagogik, 1, 10-25.

Heid, H. (2005). Ist die Verwendbarkeit des Gelernten ein Qualitätskriterium der Bildung? In *Heid, H. & Harteis, C.* (Hrsg.), Verwertbarkeit: Ein Qualitätskriterium (erziehungs-)wissenschaftlichen Wissens? Wiesbaden: VS, 95-116.

Heinrich, M. (1998). Vom Überlebenskampf des Homo Faber. Zum technokratischen Mythos der „zukunftssichernden Bildung" in de öffentlichen Diskussion um TIMSS. In Pädagogische Korrespondenz, Heft 23, 37-52.

Heinz, W. R., Krüger, H., Rettke, U., Wachtveitl, E. & Witzel, A. (1985). „Hauptsache eine Lehrstelle". Jugendliche vor den Hürden des Arbeitsmarkts. Weinheim & Basel: Beltz.

Heinze, A. & Reiss, K. (2004). Mathematikleistung und Mathematikinteresse in differenzieller Perspektive. In *Doll, J. & Prenzel, M.* (Hrsg.), BIQUA – Bildungsqualität von Schule: Lehrerprofessionalisierung, Unterrichtsentwicklung und Schülerförderung als Strategien der Qualitätsverbesserung. Münster: Waxmann, 234-249.

Heipcke, K. (1977). Kommunikation über Unterricht – Gefährdungen pädagogischen Alltagshandelns. Frankfurt a. M.: Regionale Lehrerfortbildung.

Helbig, P. (1988). Begabung im pädagogischen Denken. Weinheim & München: Juventa.

Helmke, A. (2000). TIMSS und die Folgen: Der weite Weg von der externen Evaluation schulischer Leistungen zur Verbesserung des Lehrens und Lernens. In *Trier, U.-P.* (Hrsg.), Erziehung und Bildung für das XXI. Jahrhundert. Bern: Rüegger.

Helmke, A. (2003). Unterrichtsqualität erfassen – bewerten – verbessern. Seelze: Kallmeyersche Verlagsbuchhandlung.

Helmke, A. & Hosenfeld, I. (2003). Vergleichsarbeiten (VERA): Eine Standortbestimmung zur Sicherung schulischer Kompetenzen. In SchulVerwaltung Hessen, Rheinland-Pfalz, Saarland, 1/03.

Helmke, A. & Jäger, R. S. (Hrsg.) (2002). Die Studie MARKUS – Mathematik-Gesamterhebung Rheinland-Pfalz: Kompetenzen, Unterrichtsmerkmale, Schulkontext. Grundlagen und Perspektiven. Landau: Verlag Empirische Pädagogik.

Helmke, A. & Weinert, F. E. (1997). Bedingungsfaktoren schulischer Leistungen. In *Weinert, F. E.* (Hrsg.), Enzyklopädie der Psychologie. Psychologie des Unterrichts und der Schule. Göttingen et al.: Hogrefe, 71-176.

Helmke, A., Hornstein, W. & Terhart, E. (2000). Qualität und Qualitätssicherung im Bildungsbereich. Zur Einleitung in das Beiheft. Zeitschrift für Pädagogik, 41. Beiheft. Weinheim & Basel: Beltz.

Henchey, N. (2001). Schools that make a difference: Final report. Twelve Canadian secondary schools in low-income settings. Kelowna, BC: Society for the Advancement of Excellence in Education.

Hennecke, F. (1986). Versuche einer juristischen Begründung von pädagogischer Freiheit. In Recht der Jugend und des Bildungswesen, 3, 233-247.

Henry, D., France, M. & Lavelle, L. (2005). The boss on the sidelines. In Business Week, 86-96.

Hensel, H. (1995). Die autonome öffentliche Schule. Das Modell des neuen Schulsystems. München: Lexika.

Hentig, H. von (1987). „Humanisierung" – Eine verschämte Rückkehr zur Pädagogik? Andere Wege zur Veränderung der Schule. Stuttgart: Klett-Cotta.

Hentig, H. von (1990). Bilanz der Bildungsreform in der Bundesrepublik Deutschland. In Neue Sammlung, 30(3), 366-384.

Hentze, J. & Brose, P. (1986). Personalführungslehre. Bern: Haupt.

Herrlitz, H.-G., Hopf, W., Titze, H. & Cloer, E. (2005). Deutsche Schulgeschichte von 1800 bis zur Gegenwart. Weinheim & München: Juventa.

Hersey, P. & Blanchard, K. (1977). Management of organizational behavior: Utilizing human resources. Englewood Cliffs, NJ: Prentice-Hall.

Herwartz-Emden, L., Schurt, V. & Waburg, W. (2004). Schulkultur an Mädchenschulen. In *Doll, J. & Prenzel, M.* (Hrsg.), BIQUA – Bildungsqualität von Schule: Lehrerprofessionalisierung, Unterrichtsentwicklung und Schülerförderung als Strategien der Qualitätsverbesserung. Münster: Waxmann, 413-429.

Hesse, G. (1983). Zur Erklärung von Handlungsrechten mit Hilfe ökonomischer Theorie. In *Schüller, A.* (Hrsg.), Property Rights und ökonomische Theorie. München: Vahlen, 79-111.

Hessel, K. & Holloway, J. (2002). A framework for school leaders: Linking the ISLLC standards to practice. Princeton, NJ: ETS.

Literaturverzeichnis

Hessisches Kultusministerium/Institut für Qualitätsentwicklung (2006). Qualitätsentwicklung durch externe Evaluation. Konzepte – Strategien – Erfahrungen. Dokumentation der Fachtagung vom 30. Juni – 1. Juli 2005 in Wiesbaden. Wiesbaden: Hessisches Kultusministerium.

Heyse, H. (2005). Lehrergesundheit – Eine gemeinsame Aufgabe von Lehrkraft, Kollegium und Schulleitungen. In Lernen und Lehren, 8(9), 39-52.

Hofer, M. (1969). Die Schülerpersönlichkeit im Urteil des Lehrers. Weinheim & Basel: Beltz.

Hofer, M. (1975). Die Validität der Impliziten Persönlichkeitstheorie von Lehrern. In Unterrichtswissenschaften, 1, 5-18.

Hofer, M. (1986). Sozialpsychologie erzieherischen Handelns. Göttingen: Hogrefe.

Hofer, M. (1997). Lehrer-Schüler-Interaktionen. In Weinert F. E. (Hrsg.), Psychologie des Unterrichts und der Schule. Enzyklopädie der Psychologie. Band 3. Göttingen et al.: Hogrefe, 215-252.

Hofer, M., Niegemann, H. M., Eckert, A. & Rinn, U. (1996). Pädagogische Hilfen für interaktive selbstgesteuerte Lernprozesse und Konstruktion eines neuen Verfahrens zur Wissensdiagnose. In Zeitschrift für Beruf- und Wirtschaftspädagogik, 13. Beiheft, 53-76.

Hofer, M., Fries, S., Reinders, H., Clausen, M., Dietz, F. & Schmid, S. (2004). Individuelle Werte, Handlungskonflikte und schulische Lernmotivation. In Doll, J. & Prenzel, M. (Hrsg.), BIQUA – Bildungsqualität von Schule: Lehrerprofessionalisierung, Unterrichtsentwicklung und Schülerförderung als Strategien der Qualitätsverbesserung. Münster: Waxmann, 329-344.

Hoff, E.-H., Lempert, W. & Lappe, L. (1991). Persönlichkeitsentwicklung in Facharbeiterbiographien. Bern et al.: Huber.

Hoffmann, E. (1988). „Die Zusammenarbeit müsste besser werden, aber ..." Veränderungen von Schulen durch Kollegiumsberatung? In Neue Sammlung, 28(3), 387-403.

Hoffmann, J. (1997). Dienst- und Arbeitsrecht. In Müller, A., et al. (Hrsg.), Leitung und Verwaltung einer Schule. 8. Auflage. Neuwied & Kriftel: Luchterhand, 473-508.

Hoffmann, R. & Lückert, G. (1994). Die Diskussion über Schulautonomie in Bremen. In Recht der Jugend und des Bildungswesens, 42, 269-280.

Höher, H. P. & Rolff, H.-G. (1996). Neue Herausforderungen an Schulleitungsrollen: Management – Führung – Moderation. In Rolff, H.-G., & Schmidt, H.-J. (Hrsg.), Brennpunkt Schulleitung und Schulaufsicht. Konzepte und Anregungen für die Praxis. Neuwied & Kriftel: Luchterhand, 251-269.

Holtappels, H. G. (Hrsg.) (1995a). Entwicklung von Schulkultur. Ansätze und Wege schulischer Erneuerung. Neuwied & Kriftel: Luchterhand.

Holtappels, H. G. (1995b). Innere Schulentwicklung: Innovationsprozesse und Organisationsentwicklung. In Rolff, H.-G. (Hrsg.), Zukunftsfelder von Schulforschung. Weinheim: Deutscher Studien Verlag, 327-354.

Holtappels, H. G. (1999). Schulentwicklungsforschung auf neuen Wegen. In Rösner, E. (Hrsg.), Schulentwicklung und Schulqualität. Dortmund: IfS, 175-218.

Holtappels, H. G. (2002). Schulprogramm als Schulentwicklungsinstrument? Einführung in die Beitragsgruppe Schulprogramme. In Rolff, H.-G., Holtappels, et al. (Hrsg.), Jahrbuch der Schulentwicklung. Band 12. Daten, Beispiele und Perspektiven. Weinheim & München: Juventa, 199-208.

Holtappels, H. G. (2003). Schulqualität durch Schulentwicklung und Evaluation. München: Wolters Kluwer & Luchterhand.

Holtappels, H. G. (2004a). Schulprogramm – Ein Instrument zur systematischen Entwicklung der Schule. In Holtappels, H. G. (Hrsg.), Schulprogramme – Instrumente der Schulentwicklung. Weinheim & München: Juventa, 11-28.

Holtappels, H. G. (Hrsg.) (2004b). Schulprogramme – Instrumente der Schulentwicklung. Weinheim & München: Juventa.

Holtappels, H. G. (2005). Bildungsqualität und Schulentwicklung. In *Holtappels, H. G. & Höhmann, K.* (Hrsg.), Schulentwicklung und Schulwirksamkeit. Systemsteuerung, Bildungschancen und Entwicklung der Schule. Weinheim & München: Juventa, 27-47.

Holtappels, H. G. & Müller, S. (2002). Inhalte und Struktur von Schulprogrammen. Inhaltsanalyse der Schulprogrammtexte Hamburger Schulen. In *Rolff, H.-G.,* et al. (Hrsg.), Jahrbuch der Schulentwicklung. Band 12. Daten, Beispiele und Perspektiven. Weinheim & München: Juventa.

Holtappels, H. G. & Müller, S. (2004). Inhalte von Schulprogrammen – Ergebnisse einer Inhaltsanalyse Hamburger Schulprogrammtexte. In *Holtappels, H. G.* (Hrsg.), Schulprogramme – Instrumente der Schulentwicklung. Weinheim: Juventa, 79-102.

Holzmann, K.-D. (1978). Strukturanalyse methodischer Entscheidungen wirtschaftsberuflicher Fächer. Nürnberg: Korn & Berg.

Homburg, S. (2005). Nachhaltige Finanzpolitik für Niedersachsen. Hannover: ARL.

Honig, B. (1984). Performance Report for California Schools. Indicators of Quality. Sacramanto: California State Department of Education.

Hooper, S. & Rieber, L. P. (1995). Teaching with technology. In *Ornstein A. C.* (Ed.), Teaching: Theory into practice. Needham Heights, MA: Allyn & Bacon, 154-170.

Hopes, C. (1998). Transnationale Kooperation auf dem Gebiet der Beurteilung, Evaluation und Sicherung der Qualität von Schulen. In *Steffens, U. & Bargel, T* (Hrsg.), Schule zwischen Autonomie und Aufsicht. Beiträge aus dem Arbeitskreis Qualität von Schule. Heft 8. Wiesbaden: Hessisches Landesinstitut für Pädagogik (HeLP), 107-121.

Hopf, C., Nevermann, K. & Richter, I. (1980). Schulaufsicht und Schule – Eine empirische Analyse der administrativen Bedingungen schulischer Erziehung, Stuttgart: Klett-Cotta.

Hopkins, D. (2001). Meeting the challenge. An improvement guide for schools facing challenging circumstances. London: Department for Education and Skills.

Horster, L. (2006). Changemanagement und Organisationsentwicklung. In *Buchen, H. & Rolff, H.-G.* (Hrsg.), Professionswissen Schulleitung. Weinheim: Beltz, 229-293.

Horster, L. & Rolff, H.-G. (2006). Reflektorische Unterrichtsentwicklung. In *Buchen, H. & Rolff, H.-G.* (Hrsg.), Professionswissen Schulleitung. Weinheim: Beltz, 789-809.

Horváth, Z. & Környei, L. (2003). A közoktatás minősége és eredményessége. In *Halász G. & Lannert J.* (Hrsg.), Jelentés a magyar közoktatásról 2003. Budapest: Országos Közoktatási Intézet, 309-348.

Hosenfeld, I., Helmke, A., Ridder, A. & Schrader, F.-W. (2001). Eine mehrebenenanalytische Betrachtung von Schul- und Klasseneffekten. In Empirische Pädagogik, 15(4), 513-534.

Hoxby, C. M. (1994). How teachers' unions affect education production. In Quarterly Journal of Economics, 111, 671-718.

Huber, G. P. (1991). Organizational learning: The contributing processes and literatures. In Organization Science, (2)1, 88-115.

Huber, S. G. (1999). School Effectiveness: Was macht Schule wirksam? Internationale Schulentwicklungsforschung. In schul-management, 7-18.

Huber, S. G. (2002). Machbarkeits- und Konzeptionsstudie zur Gründung einer Länderakademie für pädagogische Führungskräfte: Bericht für die Cornelsen Stiftung Lehren und Lernen. Bamberg: Länderakademie für pädagogische Führungskräfte.

Huber, S. G. (2003). Qualifizierung von Schulleiterinnen und Schulleitern im internationalen Vergleich. Eine Untersuchung in 15 Ländern zur Professionalisierung von pädagogischen Führungskräften für Schulen. Kronach: Wolters Kluwer.

Huber, S. G. (2004). School leadership and leadership development. In Journal of Educational Administration, 42(6), 669-684.

Hufen, F. (2005). Die Einflussnahme des Bundes auf die Schul- und Hochschulpolitik durch direkte und indirekte Finanzzuweisungen. In Recht der Jugend und des Bildungswesens, 3, 323-334.

Hüfner, K. & Naumann, J. (1986). Hochkonjunktur und Flaute: Bildungspolitik in der Bundesrepublik Deutschland 1967-1980. Stuttgart: Klett-Cotta.

Hughes, R. L., Ginnett, R. C. & Curphy, G. J. (1999). Leadership. Enhancing the Lessons of Experience. Boston et al.: McGraw-Hill.

Humboldt, W. von (1809/1964). Der Königsberger und der Litauische Schulplan. In *ebd.*, Schriften zur Politik und zum Bildungswesen, Darmstadt: Wissenschaftliche Buchgesellschaft, 168-195.

Ingenkamp, K. H. (1971). Die Fragwürdigkeit der Zensurengebung. Weinheim & Basel: Beltz.

Ingenkamp, K. H. (1997). Lehrbuch der Pädagogischen Diagnostik. Studienausgabe. 4. Auflage. Weinheim & Basel: Beltz.

Institut der deutschen Wirtschaft (IW) (1998). Anforderungen von Betrieben – Leistungsprofile von Schulabgängern. Ergebnisse einer Betriebsbefragung 1997. Kurzfassung. Empfehlungen. Köln: Institut der deutschen Wirtschaft.

Isaac, K., Halt, A. C., Hosenfeld, I., Helmke, A. & Groß Ophoff, J. (2006). VERA: Qualitätsentwicklung und Lehrerprofessionalisierung durch Vergleichsarbeiten. In Deutsche Schule, 98, 107-110.

Jackson, P. W. (1968). Life in classrooms. New York: Holt, Rinehart & Winston.

Jäger, M. (2004). Transfer in Schulentwicklungsprojekten. Wiesbaden: VS.

Jahnke, J. (1975). Interpersonelle Wahrnehmung. Stuttgart: Kohlhammer.

Jank, W. & Meyer, H. (2002). Didaktische Modelle. 5. Auflage. Berlin: Cornelsen Scriptor.

Janson, G. (2004). Ökonomische Theorie im Recht: Anwendbarkeit und Erkenntniswert im allgemeinen und am Beispiel des Arbeitsrechts. Berlin: Duncker & Humblot.

Jencks, C. (1973). Chancengleichheit. Reinbek: Rowolth.

Jensen, M. C. (2000). A Theory of the Firm. Cambridge, MA: Harvard University Press.

Jerusalem, M. & Pekrun, R. (Hrsg.) (1999). Emotion, Motivation und Leistung. Göttingen: Hogrefe.

Jeter, L. (2003). Disconnected: Deceit and betrayal at worldcom. Hoboken, NJ: John Wiley & Sons.

Jimoyiannis, A. & Komis, V. (2001). Computer simulations in physics teaching and learning: A case study on students' understanding of trajectory motion. In Computers & Education, 36, 183-204.

John, E. G. (1992). Fallstudien und Fallstudienunterricht. In *Achtenhagen, F. & John, E. G.* (Hrsg.), Mehrdimensionale Lehr-Lern-Arrangements. Wiesbaden: Gabler, 79-91.

Jonassen, D. H. (1996). Computers in the classroom. Mindtools for critical thinking. Englewood Cliffs, NJ: Prentice Hall.

Joyce, B., Calhoun, E. & Hopkins, D. (1999). The new structure of school improvement. Buckingham, UK: Open University Press.

Jung, H. (2005). Personalmanagement. 6. Auflage. München: Oldenbourg.

Jungkunz, D. (1995). Berufsausbildungserfolg in ausgewählten Ausbildungsberufen des Handwerks. Theoretische Klärung und empirische Analyse. Weinheim: Deutscher Studienverlag.

Jürgens, E. (2004). Schulprogrammarbeit auf dem Prüfstand – Befunde einer empirischen Studie. In Holtappels, H. G. (Hrsg.), Schulprogramme – Instrumente der Schulentwicklung. Weinheim & München: Juventa, 103-115.

Kaiser, F.-J. (Hrsg.) (2000). Berufliche Bildung in Deutschland für das 21. Jahrhundert. Nürnberg: Bundesanstalt für Arbeit.

Kamke-Martasek, I. (2001). Allgemeine Didaktik des Computer integrierenden Unterrichts. Frankfurt a. M. et al.: Lang.

Kanders, M. (2002). Was nützt Schulprogrammarbeit den Schulen? Ergebnisse einer qualitativen Studie zu den Gelingensbedingungen der Entwicklung und Umsetzung des Schulprogramms. In *Burkard, C., Haenisch, H. & Orth, G.* (Hrsg.), Schulprogrammarbeit in Nordrhein-Westfalen Landesinstitut für Schule und Weiterbildung. Bönen: Kettler, 117-135.

Kanders, M. (2004). Schulprogrammarbeit in NRW. In *Holtappels, H. G.* (Hrsg.), Schulprogramme – Instrumente der Schulentwicklung. Weinheim: Juventa, 117-135.

Kansteiner-Schänzlin, K. (2002). Personalführung in der Schule. Bad Heilbrunn: Klinkhardt.

Kaplan, R. S. & Norton, D. R. (1997). Balanced Scorecard. Strategien erfolgreich umsetzen. Stuttgart: Schäffer-Poeschel.

Kaschner, U. (1995). Die überkommene Begriffsbildung im Schulrecht. In Recht der Jugend und des Bildungswesens, 43, 321-330.

Kaufmann, F.-X. (1994). Staat und Wohlfahrtsproduktion. In *Derlien, H.-U., Gerhardt, U. & Scharpf, F. W.* (Hrsg.), Systemrationalität und Partialinteresse. Baden-Baden: Nomos, 357-380.

Kell, A. (2005). Erziehungswissenschaften – Wirtschaftswissenschaften – Politikwissenschaften: Interdependenzen im Dreieck. In *Heid, H. & Harteis, C.* (Hrsg.), Verwertbarkeit: Ein Qualitätskriterium (erziehungs-)wissenschaftlichen Wissens? Wiesbaden: VS, 261-280.

Kelsen, H. (1928). Die Idee des Naturrechts. In ebd. (1964), Aufsätze zur Ideologiekritik. Neuwied & Berlin: Luchterhand, 73-113.

Kempfert, G. (2006). Personalentwicklung in selbstständigen Schulen. In *Buchen, H. & Rolff, H.-G.* (Hrsg.), Professionswissen Schulleitung. Weinheim: Beltz, 12-101.

Kempfert, G. & Rolff, H.-G. (2000). Pädagogische Qualitätsentwicklung. Weinheim & Basel: Beltz.

Keraudren, P. & Mierlo, H. van (1998). Theories of public management reform and their practical implications. In *Verheijen, T. & Coombes, D.* (Eds.), Innovations in public management. Perspectives from east and west. Cheltenham & Northampton, MA: Elgar, 39-56.

Kern, H. (2000). Rückgekoppelte Autonomie – Steuerungselemente in lose gekoppelten Systemen. In *Hanft, A.* (Hrsg.), Hochschulen managen? Zur Reformierbarkeit der Hochschulen nach Managementprinzipien. Neuwied & Kriftel: Luchterhand, 25-38.

Kerres, M. (2000a). Information und Kommunikation bei mediengestütztem Lernen. Entwicklungslinien und Perspektiven mediendidaktischer Forschung. In Zeitschrift für Erziehungswissenschaft, 3(1), 111-130.

Kerres, M. (2000b). Internet und Schule. Eine Übersicht zu Theorie und Praxis des Internets in der Schule. In Zeitschrift für Pädagogik, 46(1), 113-130.

Kessels, U. & Hannover B. (2004). Entwicklung schulischer Interessen als Identitätsregulation. In *Doll, J. & Prenzel, M.* (Hrsg.), BIQUA – Bildungsqualität von Schule: Lehrerprofessionalisierung, Unterrichtsentwicklung und Schülerförderung als Strategien der Qualitätsverbesserung. Münster: Waxmann, 398-412.

Keuffer, J., Krüger, H.-H., Reinhardt, S., Weise, E. & Wenzel, H. (Hrsg.) (1999). Schulkultur als Gestaltungsaufgabe. Partizipation – Management – Lebensweltgestaltung. Weinheim & Beltz: Deutscher Studienverlag.

Kienbaum-Unternehmensberatung GmbH (1994). Kienbaum-Gutachten zur Reorganisation der staatlichen Schulaufsicht des Landes Nordrhein-Westfalen. Teil 1. Hauptband mit Zusammenfassung. Düsseldorf: Kienbaum.

Kieser, A. & Kubicek, H. (1992). Organisation. Berlin: de Gruyter.

Kington, A., Harris, S. & Lee, B. (2001). Information and communications technology and whole school improvement: case studies of organisational change. In Education-Line. http://www.leeds.ac.uk/educol/documents/00001905.htm. Retrieved: February 2006.

Klafki, W. (1982). Zur Pädagogischen Bilanz der Bildungsreform. In Die Deutsche Schule, 74(5), 339-352.

Klafki, W. (1990). Allgemeinbildung für eine humane, fundamental-demokratisch gestaltete Gesellschaft. In Bundeszentrale für politische Bildung (Hrsg.), Umbrüche in der Industriegesellschaft. Bonn: Bundeszentrale für politische Bildung, 297-310.

Klafki, W. (1991). Perspektiven einer humanen und demokratischen Schule. In *Berg, H. C. & Steffens, U.* (Hrsg.), Schulgüte und Schulvielfalt. Das Saarbrücker Schulgütesymposion '88. Beiträge aus dem Arbeitskreis Qualität von Schule, Heft 5. Wiesbaden: Hessisches Institut für Bildungsplanung und Schulentwicklung (HIBS), 31-41.

Klafki, W. (2002). Schultheorie, Schulforschung und Schulentwicklung im politisch-gesellschaftlichen Kontext. Weinheim & Basel: Beltz.

Kleinschmidt, G. (1999). Bericht aus dem Diskussionsforum „Ringelgrün" des internationalen Workshops „Evaluation und Qualität im Bildungswesen". In *Grogger, G. & Specht, W.* (Hrsg.), Evaluation und Qualität im Bildungswesen. Problemanalyse und Lösungsansätze am Schnittpunkt von Wissenschaft und Bildungspolitik. Dokumentation eines internationalen Workshops, in Blumau, Steiermark vom 18.-21. Februar 1999. Graz: Zentrum für Schulentwicklung, 97-102.

Klemm, K. (1998). Steuerung der Schulentwicklung durch zentrale Leistungskontrollen? In *Rolff, H-G., et al.* (Hrsg.), Jahrbuch der Schulentwicklung. Daten, Beispiele und Perspektiven. Band 10. Weinheim & München: Juventa, 271-294.

Klemm, K. (2005). Bildungsausgaben in Deutschland: Status quo und Perspektiven. Bonn: Friedrich-Ebert-Stiftung.

Klemm, K., Rolff, H.-G. & Tillmann, K.-J. (1986). Bildung für das Jahr 2000. Bilanz der Reform, Zukunft der Schule. Reinbek: Rowohlt.

Klimecki, R. & Lassleben, H. (1998). Modes of organizational learning. Indications from an empirical study. In Management Learning, 29(4), 405-430.

Klieme, E. (2002). Was ist guter Unterricht? In *Bergsdorf, W. et al.* (Hrsg.), Herausforderungen der Bildungsgesellschaft. 15 Vorlesungen. Weimar: Rhino, 89-113.

Klieme, E. (2003). Unterrichtsqualität und mathematisches Verständnis in verschiedenen Unter-richtskulturen. Frankfurt a. M.: Deutsches Institut für Internationale Pädagogische Forschung (DIPF).

Klieme, E. & Leutner, D. (2006). Kompetenzdiagnostik. Antrag auf Einrichtung eines DFG-Schwerpunktprogramms. Unveröffentlichtes Manuskript.

Klieme, E. & Rakoczy, K. (2003). Unterrichtsqualität aus Schülerperspektive: Kulturspezifische Profile, regionale Unterschiede und Zusammenhänge mit Effekten von Unterricht. In Deutsches PISA-Konsortium (Hrsg.), PISA 2000. Ein differenzierter Blick auf die Länder der Bundesrepublik Deutschland. Opladen: Leske + Budrich, 333-359.

Klieme, E. & Reusser, K. (2003). Unterrichtsqualität und mathematisches Verständnis im internationalen Vergleich. Ein Forschungsprojekt und erste Schritte zur Realisierung. In Unterrichtswissenschaft, 31(3), 194-205.

Klieme, E., Baumert, J. & Schwippert, K. (2000). Schulbezogene Evaluation und Schulleistungsvergleiche. Eine Studie im Anschluss an TIMSS. In *Rolff, H.-G., et al.* (Hrsg.), Jahrbuch der Schulentwicklung. Daten, Beispiele und Perspektiven. Band 11, 387-419.

Klieme, E., Schümer, G. & Knoll, S. (2001). Mathematikunterricht in der Sekundarstufe I. „Aufgabenkultur" und Unterrichtsgestaltung. In Bundesministerium für Bildung und Forschung (Hrsg.), TIMSS – Impulse für Schule und Unterricht. Bonn: Bundesministerium für Bildung und Forschung, 43-57.

Klieme, E., Avenarius, H., Blum, W., Döbrich, P., Gruber, H., Prenzel, M., Reiss, K., Riquarts, K., Rost, J., Tenorth, H.-E. & Vollmer, H. J. (2003). Zur Entwicklung nationaler Bildungsstandards: Eine Expertise. Berlin: Bundesministerium für Bildung und Forschung.

Klitgaard, R. E. & Hall, G. R. (1973). A statistical search for unusually effective schools. Santa Monica, CA.

Klix, F. (1996). Lernen und Denken. In *Hoffmann J. & Kintsch W.* (Hrsg.), Lernen. Enzyklopädie der Psychologie. Göttingen: Hogrefe, 529-583.

Kloas, P.-W. (2006). Der europäische Qualifikationsrahmen: Eine erste Einschätzung aus nationaler Perspektive. In *Eckert, M. & Zöller, A.* (Hrsg.), Der europäische Berufsbildungsraum – Beiträge der Berfusbildungsforschung. 6. Forum der AGBFN. Bertelsmann: Bielefeld, 45-59.

Klös, H.-P. & Weiß, R. (Hrsg.) (2003). Bildungs-Benchmarking Deutschland. Köln: Deutscher Instituts-Verlag.

KMK (2004). Föderalismus braucht Wettbewerb und Kooperation. Reform der Kultusministerkonferenz – Effizientere Entscheidungsstrukturen und Konzentration auf Kernaufgaben. Pressemeldung vom 02.12.2004. http://www.kmk.org/aktuell/pm041202a.htm. Stand: März 2006.

KMK (2006a). Ergebnisse der 313. Plenarsitzung der Kultusministerkonferenz. Pressemeldung vom 03.03.2006. http://www.kmk.org/aktuell/pm060303.htm. Stand: März 2006.

KMK (2006b). Gesamtstrategie der Kultusministerkonferenz zum Bildungsmonitoring. Beschluss der Kultusministerkonferenz vom 02.06.2006. http://www.kmk.org/aktuell/Gesamtstrategie%20Dokumentation.pdf. Stand: Juni 2006.

Knauss, G. (2003). Chance und Impuls für Schulentwicklung. In *Döbert, H.*, et al. (Hrsg.), Bildung vor neuen Herausforderungen. Historische Bezüge – rechtliche Aspekte – Steuerungsfragen – Internationale Perspektiven. Neuwied & Kriftel: Luchterhand, 129-138.

Koch, S. & Gräsel, C. (2004). Schulreform und Neue Steuerung – Erziehungs- und verwaltungswissenschaftliche Perspektiven. In *Koch, S. & Fisch, R.* (Hrsg.), Grundlagen der Schulpädagogik. Schulen für die Zukunft. Neue Steuerung im Bildungswesen. Band 51. Hohengehren: Schneider, 3-24.

Koetz, A. G. et al. (1994). Reorganisation der Staatlichen Schulaufsicht des Landes Nordrhein-Westfalen (Schlußgutachten). Düsseldorf: Kienbaum Unternehmensberatung.

Kohlhoff, W. (1995). Qualitätssicherung von Schule. Möglichkeiten einer externen Evaluation durch die Schulaufsicht. In *Buchen, H., Horster, H. & Rolff, H.-G.* (Hrsg.), Schulleitung und Schulentwicklung. Erfahrungen – Konzepte – Strategien. E 5.1. Stuttgart.

Köller, F. (1991). Gute Schulen in der Sicht hessischer Schulverwaltung. Welchen Gestaltungs-spielraum brauchen gute Schulen? In *Berg, H. C. & Steffens, U.* (Hrsg.), Schulgüte und Schulvielfalt. Das Saarbrücker Schulgüte-symposion '88. Beiträge aus dem Arbeitskreis Qualität von Schule. Heft 5. Wiesbaden: Hessisches Institut für Bildungsplanung und Schulentwicklung (HIBS), 81-84.

Köller, F. (1992). Pädagogische und politische Überlegungen zu einem Hessischen Schulgesetz. Grundlegende Ansätze und wichtigste Akzente. In *Schindehütte, M.* (Hrsg.), Schule in Hessen. Eigenverantwortung und Selbstverwaltung. Gestaltungsperspektiven für die kommenden Jahre. Hofgeismarer Protokolle. Heft 295. Hofgeismar: Evangelische Akademie, 6-19.

Köller, M. (in Vorbereitung, 2007). Das Schulprogramm als Instrument für Schulentwicklung. Überprüfung seiner Wirksamkeit aus einer Qualitäts- und individuumszentrierten Perspektive. Dissertation. Berlin: Humboldt-Universität zu Berlin.

Kommission der Europäischen Gemeinschaft (2005). Arbeitsunterlage der Kommissionsdienststellen: Auf dem Weg zu einem europäischen Qualifikationsrahmen für lebenslanges Lernen. SEK, 957. http://ec.europa.eu/education/policies/2010/doc/consultation_eqf_de.pdf. Stand: Februar 2007.

Kommission der Europäischen Gemeinschaft (2006). Vorschlag für eine Empfehlung des Europäischen Parlaments und des Rates zur Errichtung eines Europäischen Qualifikationsrahmens für lebenslanges Lernen. Stand: Februar.2007.
http://ec.europa.eu/education/policies/educ/eqf/com_2006_0479_de.pdf

Literaturverzeichnis

Kommission Schulrecht des Deutschen Juristentages (Hrsg.) (1981). Schule im Rechtsstaat. Band I. Entwurf für ein Landesschulgesetz. Bericht der Kommission Schulrecht des Deutschen Juristentages. München: Beck.

Komorek, E., Bruder, S. & Schmitz, B. (2004). Integration evaluierter Trainingskonzepte für Problemlösen und Selbstregulation in den Mathematikunterricht. In *Doll, J. & Prenzel, M.* (Hrsg.), BIQUA – Bildungsqualität von Schule: Lehrerprofessionalisierung, Unterrichtsentwicklung und Schülerförderung als Strategien der Qualitätsverbesserung. Münster: Waxmann, 54-76.

König, K. (1983). Evaluation als Kontrolle der Gesetzgebung. Speyerer Forschungsberichte 34. Speyer: Forschungsinstitut für Öffentliche Verwaltung.

König, K. (1996). Entrepreneurial or executive management – The perspective of classical public administration. In *König, K.* (Ed.) On the critique of new public management. Speyer: Forschungsinstitut für Öffentliche Verwaltung bei der Hochschule für Verwaltungswissenschaften, 47-73.

König, K. & Dose, N. (1989). Klassifizierungsansätze staatlicher Handlungsformen: Eine steuerungstheoretische Abhandlung. Speyer: Forschungsinstitut für Öffentliche Verwaltung.

Konsortium Bildungsberichterstattung (2006). Bildung in Deutschland. Ein indikatorengestützter Bericht mit einer Analyse zu Bildung und Migration. Bielefeld: Bertelsmann und www.bildungsbericht.de.

Koretz, D. M. (2002). Limitations in the use of achievement tests as measures of educators' productivity. In The Journal of Human Resources, 37(4), 752-777.

Koretz, D. M. (2005). Alignment, high stakes, and the inflation of test scores. CSE Report 655. Center for the Study of Evaluation (CSE), UCLA. http://www.cse.ucla.edu. Retrieved June 2006.

Kotschy, B. (1994). A pedagógusok autonómiája napjaink iskolai gyakorlatában. In Magyar Pedagógia, 3-4, 327-336.

Kotthoff, H.-G. (2003). Bessere Schulen durch Evaluation? Internationale Erfahrungen. Studien zur International und Interkulturell Vergleichenden Erziehungswissenschaft. Band 1. Münster et al.: Waxmann.

Kozma, R. B. (Ed.) (2003). Technology, innovation, and educational change: A global perspective. Oregon: International Society for Technology in Education.

Kozma, T. (1987). Miért (ne) legyenek önállóak az iskolák? In Valóság, 1, 3-10.

Krapp, A. & Ryan, R. M. (2002). Selbstwirksamkeit und Selbstmotivation. In Zeitschrift für Pädagogik, 44. Beiheft, 54-82.

Krapp, A. & Weidemann, B. (Hrsg.) (2001). Pädagogische Psychologie. Weinheim: Beltz.

Krauss, S., Kunter, M., Brunner, M., Baumert, J., Blum, W., Neubrand, M., Jordan, A. & Löwen, K. (2004). COACTIV: Professionswissen von Lehrkräften, kognitiv aktivierender Mathematikunterricht und die Entwicklung von mathematischer Kompetenz. In *Doll, J. & Prenzel, M.* (Hrsg.), BIQUA – Bildungsqualität von Schule: Lehrerprofessionalisierung, Unterrichtsentwicklung und Schülerförderung als Strategien der Qualitätsverbesserung. Münster: Waxmann, 31-53.

Krumm, V. & Weiß, S. (2000). Ungerechte Lehrer. Zu einem Defizit in der Forschung über Gewalt an Schulen. In Psychosozial 23, 79(1), 57-73.

Kuhl, J. (1985). Volitional mediators of cognition-behavior consistency: Self-regulatory processes and action versus state orientation. In *Kuhl, J. & Beckmann J.* (Eds.), Action control. From cognition to behavior. Berlin: Springer, 101-128.

Kuhlee, D. (2003). Berufliche bildungssysteme zwischen Staat und Markt. In *Buer, J. van & Zlatkin-Troitschanskaia, O.* (Hrsg.), Berufliche Bildung auf dem Prüfstand. Entwicklung zwischen systemischer Steuerung, Transformation durch Modellversuche und unterrichtlicher Innovation. Frankfurt a. M. et al.: Lang, 327-342.

Kuhlmann, C. (1972). Lernen und Verwalten. Zusammenhänge von Bildungsreform und Bildungsverwaltung dargestellt am Strukturplan des Deutschen Bildungsrates. Gutachten und Studien der Bildungskommission. Band 23. Stuttgart: Klett.

Kukartz, U. (2005). Einführung in die computergestützte Analyse qualitativer Daten. Wiesbaden: VS.

Kultusministerium des Landes Nordrhein-Westfalen (Hrsg.) (1991). Effektivere Gestaltung der Schulorganisation und bedarfsgerechte Zuweisung von Lehrerstellen. Bericht der Interministeriellen Projektgruppe (IPG). Frechen: Ritterbach.

Kunter, M. & Stanat, P. (2002). Soziale Kompetenz von Schülerinnen und Schülern. Die Rolle von Schulmerkmalen für die Vorhersage ausgewählter Aspekte. In Zeitschrift für Erziehungswissenschaft, 1. Wiesbaden: VS, 49-71.

Kunter, M., Stanat, P. & Klieme, E. (2005). Die Rolle von individuellen Eingangsvoraussetzungen und Gruppenmerkmalen beim kooperativen Lösen eines Problems. In *Klieme, E., Leutner, D. & Wirth, J.* (Hrsg.), Problemlösekompetenz von Schülerinnen und Schülern. Diagnostische Ansätze, theoretische Grundlagen und empirische Befunde der deutschen PISA-2000-Studie. Wiesbaden: VS, 99-116.

Kuntze, S. & Reiss, K. (2004). Unterschiede zwischen Klassen hinsichtlich inhaltlicher Elemente und Anforderungen im Unterrichtsgespräch beim Erarbeiten von Beweisen – Ergebnisse einer Videoanalyse. In Unterrichtswissenschaft, 32(4), 357-379.

Kunz Heim, D. (1996). Bericht über die Evaluation aus der Sicht der Lehrpersonen. Bern: Realgymnasium Kirchenfeld.

Kurtz, T. (1997). Professionalisierung in Kontext sozialer Systeme. Der Beruf des deutschen Gewerbelehrers. Opladen: Leske + Budrich.

Kurtz, T. (2004). Organisation und Profession im Erziehungssystem. In *Böttcher, W. & Terhart, E.* (Hrsg.), Organisationstheorie in pädagogischen Feldern. Analyse und Gestaltung. Wiesbaden: VS, 43-53.

Lambert, L. (2003). Leadership capacity for lasting school improvement. Alexandria, VA: ASCD.

Laderriere, P. (1996). Conséquence des politiques „d'apprentissage à vie" sur le fonctionnement du système éducatif. In *Paul, J. J. & Tomamichel, S.* (Ed.), Le role des pouvoirs publics dans l'éducation. Actes du colloque international de l"association international de l'ésucation comparée organisé à l'Université de Lumière-Lyon 2, du mai au 1 juin 1996, 41-52.

Lane, J.-E. (2000). New Public Management. London & New York: Routledge.

Lang-von Wins, T. (2003). Die Kompetenzhaltigkeit von Methoden moderner psychologischer Diagnostik-, Personalauswahl- und Arbeitsanalyseverfahren sowie aktueller Management-Diagnostik-Ansätze. In *Erpenbeck, J. & Rosenstiel, L. von* (Hrsg.), Handbuch Kompetenzmessung. Stuttgart: Schäffer-Poeschel, 585-618.

Lange, H. (1996). Entscheidungsprobleme aus politisch-administrativer Sicht. In Zeitschrift für Pädagogik, 41, 21-28.

Lange, H. (1999). Schulautonomie und Neues Steuerungsmodell. In Recht der Jugend und des Bildungswesens, 4, 423-438.

Lange, H. (1999). Qualitätssicherung in Schulen. In Die Deutsche Schule, 91(2), 144-159.

Lannert J. & Mártonfi György (2003). Az oktatási rendszer és a tanulói továbbhaladás. In *Halász G. & Lannert J.* (Hrsg.), Jelentés a magyar közoktatásról 2003. Budapest: Országos Közoktatási Intézet, 107-174.

Larenz, K. (1991). Methodenlehre der Rechtswissenschaft. Enzyklopädie der Rechts- und Staatswissenschaft. Berlin et al.: Springer.

Lazarus, R. S. & Folkman, S. (1984). Stress, appraisal and coping. New York: Springer.

Literaturverzeichnis

Lazarus, R. S. & Launier, R. (1981). Stressbezogene Transaktionen zwischen Person und Umwelt. In Nitsch, J. R. (Hrsg.), Stress. Theorien, Untersuchungen, Maßnahmen. Bern: Huber, 213-259.

Lazarus, R. S. (1966). Psychological Stress and the Coping Process. New York: McGraw Hill Book Company.

Lehmann, R. H. (1997). Überregionale Leistungsmessung und der individuelle Anspruch auf optimale Lenförderung. In Empirische Pädagogik, 11, S. 85-94.

Lehmann, R. H. (2006). Zur Bedeutung der kognitiven Heterogenität von Schulklassen für die Lernstände an Berliner Grundschulen am Ende der Klassenstufe 4. In *Schründer-Lenzen, A.* (Hrsg.), Risikofaktoren kindlicher Entwicklung. Migration, Leistungsangst und Schulübergang. Wiesbaden: VS.

Lehmann, R. H. & Peek, R. (1997). Aspekte der Lernausgangslage und Lernentwicklung von Schülerinnen und Schülern der fünften Klassen an Hamburger Schulen. Bericht über die Untersuchung im September 1996. Hamburg: Behörde für Schule, Jugend und Berufsbildung, Amt für Schule.

Lehmann, R. H., Peek, R. & Gänsfuß, R. (1996). Aspekte der Lernausgangslage von Schülerinnen und Schülern der fünften klassen an Hamburger Schulen. Hamburg: Behörde für Schule, Jugend und Berufsbildung, Amt für Schule.

Lehmann, R. H., Seeber, S. & Hunger, S. (2006). Untersuchung der Leistungen, Motivation und Einstellungen von Schülerinnen und Schülern in den Abschlussklassen der teilqualifizierenden Berufsfachschulen (ULME II). Hamburg: Behörde für Bildung und Sport der Freien Hansestadt Hamburg.

Lehmann, R. H., Hunger, S., Ivanov, S. & Gänsfuß, R. (2004). LAU 11. Aspekte der Lernausgangslage und Lernentwicklung, Klassenstufe 11. Ergebnisse einer Längsschnittstudie. www.spd-bildungsserver.de/forschung/lau11-gesamt.pdf. Stand: Januar 2005.

Lehmann, R. H., Ivanov, S., Hunger, S. & Gänsfuß, R. (2005). ULME I. Untersuchung der Leistungen, Motivationen und Einstellungen zu Beginn der beruflichen Ausbildung. Hamburg: Behörde für Bildung und Sport, Amt für Berufliche Bildung und Weiterbildung.

Lehmann, R., Peek, R., Gänsfuß, R. & Husfeldt, V. (2002). Aspekte der Lernausgangslage und der Lernentwicklung – Klassenstufe 9 (LAU 9). Ergebnisse einer Längsschnittuntersuchung in Hamburg. Hamburg: Behörde für Bildung und Sport der freien Hansestadt Hamburg.

Lehmann R. H., Vieluf, U., Nikolova, R. & Ivanov, S. (2006). Aspekte der Lernausgangslage und der Lernentwicklung – Klassenstufe 13 (LAU 13). Erster Bericht. Hamburg: Behörde für Bildung und Sport der Freien Hansestadt Hamburg.

Lehmann, R. H., Peek, R., Gänsfuß, R. Lutkat, S., Mücke, S. & Barth, I. (1999). Qualitätsuntersuchung an Schulen zum Unterricht in Mathematik – QuaSUM. Zwischenbericht über die Untersuchung an Brandenburger Schulen im Juni 1999. Potsdam: Ministerium für Bildung, Jugend und Sport des Landes Brandenburg.

Lehmann, R. H., Peek, R., Gänsfuß, R., Lutkat, S., Mücke, S. & Barth, I. (2000). QuaSUM – Qualitätsuntersuchung an Schulen zum Unterricht in Mathematik. Ergebnisse einer repräsentativen Untersuchung im Land Brandenburg. Potsdam: Ministerium für Bildung, Jugend und Sport des Landes Brandenburg.

Leithwood, K. A. (1994). Leadership for successful school restructuring. An invited address to the International Congress for School Effectiveness and Improvement. Melbourne.

Leithwood, K. (1999). Educational Accountability: The State of the Art. Gütersloh: Bertelsmann.

Leithwood, K. A. & Duke, D. L. (1999). A century's quest to understand school leadership. In *Murphy, J. & Louis. K. S.* (Eds.), Handbook of research on educational administration. 2nd edition. San Francisco, CA: Jossey-Bass, 45-72.

Leithwood, K. & Riehl, C. (2003). What we need to know about successful school leadership. Philadelphia, PA: Laboratory for Student Success, Temple University.

Leithwood, K., Aitken, R., & Jantzi, D. (2001). Making schools smarter: A system for monitoring school and district progress. 2nd edition. Thousand Oaks, CA: Corwin Press.

Leithwood, K., Jantzi, D. & Steinbach, R. (1999). Changing Leadership for Changing Times. Buckingham, PA: Open University Press. Lenzen 1991

Lempert, W. (1999). Der Gewerbelehrerberuf – Eine Profession? In Zeitschrift für Berufs- und Wirtschaftspädagogik, 95, 403-423.

Leopold, C. & Leutner, D. (2004). Selbstreguliertes Lernen und seine Förderung durch prozessorientiertes Training. In *Doll, J. & Prenzel, M.* (Hrsg.), BIQUA – Bildungsqualität von Schule: Lehrerprofessionalisierung, Unterrichtsentwicklung und Schülerförderung als Strategien der Qualitätsverbesserung. Münster: Waxmann, 364-376.

Lengen, M. (1989). Schulrat und Innovation. Handlungsspielräume der unteren Schulaufsicht. Aurich: Gesellschaft zur Förderung und Erforschung modellhafter Unterrichtsrealisation.

Lenhardt, G. (1984). Schule und bürokratische Rationalität. Frankfurt a. M.: Suhrkamp.

Leroi-Gourhan, A. (1984). Hand und Wort. Die Evolution von Technik, Sprache und Kunst. Frankfurt a. M.: Suhrkamp.

Lersch, R. (2004). Schule als Sozialsystem. In *Böttcher, W. & Terhart, E.* (Hrsg.), Organisationstheorie in pädagogischen Feldern. Analyse und Gestaltung. Wiesbaden: VS, 71-84.

Leschinsky, A. (1992). Dezentralisierung im Schulsystem der Bundesrepublik Deutschland. In Arbeitsgruppe Entwicklung des Bildungswesens der Deutschen Gesellschaft für Erziehungswissenschaft (Hrsg.), Strukturprobleme, Disparitaeten, Grundbildung in der Sekundarstufe I. Weinheim: Deutscher Studienverlag, 21-40.

Leschinsky, A. (Hrsg.) (1996). Die Institutionalisierung von Lehren und Lernen. Beiträge zu einer Theorie der Schule. In Zeitschrift für Pädagogik, 34. Beiheft.

Leschinsky, A. (2004). Die Ausdifferenzierung und Weiterentwicklung der Schulforschung seit den 1970er Jahren. In *Helsper, W. & Böhme, J.* (Hrsg.), Handbuch der Schulforschung. Wiesbaden: VS, 86-90.

Leschinsky, A. & Cortina K. S. (2003). Zur sozialen Einbettung bildungspolitischer Trends in der Bundesrepublik. In *Cortina, K. S.; et al.* (Hrsg.), Das Bildungswesen in der Bundesrepublik Deutschland. Strukturen und Entwicklungen im Überblick. Reinbek: Rowohlth, 20-51.

Leschinsky, A. & Roeder, P. M. (1981). Gesellschaftliche Funktionen der Schule. In *Twellmann, W.* (Hrsg.), Handbuch Schule und Unterricht. Band 3. Düsseldorf: Schwann: 107-154.

LeTendre, G. K., Baker, D. P., Akiba, M., Goesling, B. & Wiseman, A. (2001). Teachers' work: Institutional isomorphism and cultural variation in the U.S., Germany, and Japan. In Educational Researcher, 30(6), 3-15.

Leutner, D. (1999). Standards empirischer Forschung für Evaluation im Bildungsbereich. In *Thonhauser, J. & Patry, J. L.* (Hrsg.), Evaluation im Bildungsbereich. Innsbruck: Studienverlag, 121-132.

Levacic, R., Jenkins, A., Vignoles, A., Steele, F. & Allen, R. (2005). Estimating the relationship between school resources and pupil attainment at key stage 3. London: Institute of Education.

Levin A. & Arnold, K.-H. (2006). Selbstgesteuertes und selbstreguliertes Lernen. In *Arnold, K.-H., Sandfuchs, U. & Wiechmann, J.* (Hrsg.), Handbuch Unterricht. Bad Heilbrunn: Klinkhardt, 206-214.

Lewin, H. M. (1976). Concepts of Economic Efficiency and Educational Production. In *Froomkin, J. T. et al.* (Eds.), Education as an Industry. Cambridge, MA: Ballinger, 149-191.

Levin, H. M. (1998). Educational vouchers: Effectiveness, choice, and costs. In Journal of Policy Analysis and Management, 17(3), 373-392.

Levin, H. M. (2000). Recent developments in the economics of education: Educational vouchers. In *Weiß, M. & Weishaupt, H.* (Hrsg.), Bildungsökonomie und Neue Steuerung. Frankfurt a. M. et al.: Lang, 97-114.

Levine, A. (2005). Change in the principal's office: The role of universities. In The Chronicle Review, B16.

Lightfoot, S. (1983). The Good High School – Portraits of Character and Culture. New York: Basic Books.

Liket, T. M. (1993). Freiheit und Verantwortung. Das niederländische Modell des Bildungswesens. Gütersloh: Bertelsmann.

Liket, T. M. (1998). Qualitätssicherung, Evaluation, Vergleich. In Bertelsmann Stiftung (Hrsg.), Innovative Schulsysteme im internationalen Vergleich. Band 2: Dokumentation zu Symposium und Festakt. Gütersloh: Bertelsmann, 113-116.

Lind, G. (1993). Die "Gerechte Gemeinschaft-Schule" – Erziehung in Demokratie. In *Steffens, U. & Bargel, T.* (Hrsg.), Erkundungen zur Qualität von Schule. Neuwied & Kriftl: Luchterhand, 73-95.

Litt, T. M. (1958). Berufsbildung, Fachbildung, Menschenbildung. Bonn: Bundeszentrale für Heimatdienst.

Löchel, H. (1995). Institutionen, Transaktionskosten und wirtschaftliche Entwicklung. Ein Beitrag zur Neuen Institutionenökonomik und zur Theorie von Douglass C. North. Berlin: Duncker & Humblot.

Loeser, R. (1994). System des Verwaltungsrechts. Band 2. Baden-Baden: Nomos.

Lohmann, A. & Schilling, S. (2002). Über Schulentwicklung und die zukünftige Rolle staatlicher Schulaufsicht. In *Rolff, H.-G. & Schmidt, H.-J.* (Hrsg.), Brennpunkt Schulleitung und Schulaufsicht. Konzepte und Anregungen für die Praxis. Neuwied & Kriftel: Luchterhand, 336-350.

Lohmann, I. (2005). Der totale Bildungsökonomismus. Schulische und gesellschaftliche Folgen. In *Bank, V.* (Hrsg.), Vom Wert der Bildung. Bildungsökonomie in wirtschaftspädagogischer Perspektive neu gedacht. Bern et al.: Haupt, 251-271.

Loránd, F. (1986). Az intézményi önállóság és a munkahelyi demokratizmus fejlesztése. In Pedagógiai Szemle, 3, 241-253.

Loránd, F. (1994). Az iskolai autonómia értelmezése. In Autonómia és önkormányzat az iskolában. Debrecen, 17-33.

Lortie, D. C. (1972). Teamteaching – Versuch der Beschreibung einer zukünftigen Schule. In *Dechert, H.-W.* (Hrsg.), Teamteaching in der Schule. München: Piper, 37-76.

Lortie, D. C. (1975). Schoolteacher. A sociological study. Chicago/London.

Loser, F. & Terhart, E. (Hrsg.) (1977). Theorien des Lehrens. Stuttgart: Klett.

Lubienski, C. (2003). Innovation in education markets: Theory and evidence on the impact of competition and choice in charter schools. In American Educational Research Journal, 40(2), 395-443.

Lubienski, C. (2006). School diversification in second-best education markets. International evidence and conflicting theories of change. In Educational Policy, 20(2), 323-344.

Luhmann, N. (1970). Institutionalisierung. Funktion und Mechanismus in sozialen Systemen der Gesellschaft. In *Schelsky, H.* (Hrsg.), Zur Theorie der Institution. Düsseldorf: Schwann.

Luhmann, N. (1975). Politische Planung. Aufsätze zur Soziologie von Politik und Verwaltung. 2. Auflage. Opladen: Westdeutscher Verlag.

Luhmann, N. (1984). Soziale Systeme. Grundriss einer allgemeinen Theorie. Frankfurt a. M.: Suhrkamp.

Luhmann, N. (1987). Soziologische Aufklärung. 4. Beiträge zur funktionalen Differenzierung der Gesellschaft. Opladen: Westdeutscher Verlag.

Luhmann, N. (1989). Die Wirtschaft der Gesellschaft. Frankfurt a. M.: Suhrkamp.

Luhmann, N. (1991). Soziale Systeme: Grundriß einer allgemeinen Theorie. Frankfurt a. M.: Suhrkamp.

Luhmann, N. (1992). Beobachtung der Moderne. Opladen: Westdeutscher Verlag.

Luhmann, N. (1999a). Ausdifferenzierung des Rechts: Beiträge zur Rechtssoziologie und Rechtstheorie. Frankfurt a. M.: Suhrkamp.

Luhmann, N. (1999b). Soziale Systeme. Grundriß einer allgemeinen Theorie. 7. Auflage. Frankfurt a. M.: Suhrkamp.

Luhmann, N. (2002). Das Erziehungssystem der Gesellschaft. Frankfurt a. M.: Suhrkamp.

Lundberg, F. (1968). The rich and the super rich. New York: Lyle Stuart.

Lütkens, C. (1959). Die Schule als Mittelklassen-Institution. In *Heinz, P.* (Hrsg.), Soziologie der Schule. Sonderheft 4. Köln & Opladen: Westdeutscher Verlag, 22-39.

Lutz, B. (1983). Die gesellschaftliche Funktion des Gymnasiums. In Gymnasiale Bildung und Industriegesellschaft, Dokumentation einer Tagung. Essen: Stifterverband für die Deutsche Wissenschaft, 25-36.

Madden, J. V.; Lawson, D. R. & Sweet, D. (1976). School Effectiveness Study. State of California.

Mager, U. (2005). Die Neuordnung der Kompetenzen im Bereich von Bildung und Forschung – Eine kritische Analyse der Debatte in der Föderalismuskommission. In Recht der Jugend und des Bildungswesens, 3, 312-322.

Maier, H. (1998). Die Kultusministerkonferenz im föderalen System. In KMK (Hrsg.), Einheit in der Vielfalt: 50 Jahre Kultusministerkonferenz 1948-1998. Neuwied & Kriftel: Luchterhand, 21-33.

Mandl, H., Gruber, H. & Renkl, A. (2002). Situiertes Lernen in multimedialen Lernumgebungen. In *Issing, L. J. & Klimsa, P.* (Hrsg.), Information und Lernen mit Multimedia und Internet. Weinheim: Beltz, 138-148.

Mannheim, K. (1958). Mensch und Gesellschaft im Zeitalter des Umbaus. Darmstadt: Wissenschaftliche Buchgesellschaft.

Manstetten, R. (1987). Kommunikation und Interaktion im Unterricht. Wirtschafts-, Berufs- und Sozialpädagogische Texte. Band 4. Düsseldorf: VH.

Markstahler, J. (1999). Neue Konzepte der Qualitätssorge als Antwort auf die Krise des öffentlichen Schulwesens. In *Steffens, U. & Bargel, T* (Hrsg.), Qualitätsentwicklung und Qualitätssicherung von Schulen. Strategien, Instrumente und Erfahrungen (Beiträge aus dem Arbeitskreis Qualität von Schule, Heft 10). Wiesbaden: Hessisches Landesinstitut für Pädagogik (HeLP), 21-33.

Markstahler, J. (2003). Vergleichsuntersuchungen und Schulqualität. In *Steffens, U. & Messner, R.* (Hrsg.), Macht PISA Schule? Perspektiven der Schulentwicklung. Folgerung aus PISA für Schule und Unterricht. Heft 1. Wiesbaden: Hessisches Landesinstitut, 17-31.

Maritzen, N. (1998). Schulprogramm und Rechenschaft – Eine schwierige Beziehung. In *Ackermann, H. & Wissinger, J.* (Hrsg.), Schulqualität managen. Von der Verwaltung der Schule zur Entwicklung von Schulqualität. Neuwied: Luchterhand, 135-145.

Maritzen, N. (1998). Schulinspektion: Qualitätssicherung im Regelkreis von Schulprogramm, interner und externer Evaluation. Das Bremer Modell. In *Steffens, U. & Bargel, T.* (Hrsg.), Schule zwischen Autonomie und Aufsicht. Beiträge aus dem Arbeitskreis Qualität von Schule. Heft 8. Wiesbaden: Hessisches Landesinstitut für Pädagogik (HeLP), 65-81.

Maritzen, N. (2006). Schulinspektion in Deutschland. In *Buchen, H., Horster, L. & Rolff, H.-G.* (Hrsg.), Schulinspektion und Schulleitung. Stuttgart: Raabe, 7-26.

Martini, R. (1997). „Schulautonomie". Auswahlbibliographie 1989-1996. Materialien zur Bildungsforschung. Band 1. Frankfurt a. M.: Gesellschaft zur Förderung Pädagogischer Forschung & Deutsches Institut für Internationale Pädagogische Forschung.

Mattern, C. & Weißhuhn, G. (1980). Einführung in die ökonomische Theorie von Bildung, Arbeit und Produktion. Frankfurt & Aarau: Diesterweg & Sauerländer.

Literaturverzeichnis

May, P. (2001). Lernförderlichkeit im schriftsprachlichen Unterricht. Effekte des Klassen- und Förderunterrichts in der Grundschule auf den Lernerfolg. Ergebnisse der Evaluation des Projekts „Lesen und Schreiben für alle" (PLUS). Hamburg: Amt für Schule.

Mayntz, R. (1983). The conditions of effective public policy – A new challenge for policy analysis. In Policy and Politics, 11(2), 123-143.

Mayntz, R. (1987). Politische Steuerung und gesellschaftliche Steuerungsprobleme – Anmerkungen zu einem theoretischen Paradigma. In *Ellwein, T.* et al. (Hrsg.), Jahrbuch zur Staats- und Verwaltungswissenschaft. Baden-Baden: Nomos, 89-111.

Mayntz, R. (1997). Politische Steuerung und gesellschaftliche Steuerungsprobleme – Anmerkungen zu einem theoretischen Paradigma. In *Mayntz, R.* (Hrsg.), Soziale Dynamik und politische Steuerung. Theoretische und methodologische Überlegungen. Frankfurt a. M.: Campus, 186-208.

Mayntz, R. (2001). Zur Selektivität der steuerungstheoretischen Perspektive. In MPIfG Working Paper, 2.

Mayntz, R. (2004). Governance im modernen Staat. In *Benz, A.* (Hrsg.), Governance – Regieren in komplexen Regelsystemen. Eine Einführung. Wiesbaden: VS, 65-76.

Mayntz, R. & Scharf, F. W. (Hrsg.) (1995a). Gesellschaftliche Selbstregulierung und politische Steuerung. Frankfurt a. M. et al.: Campus.

Mayntz, R. & Scharf, F. W. (1995b). Steuerung und Selbstorganisation in staatsnahen Sektoren. In *Mayntz, R. & Scharf, F. W.* (Hrsg.), Gesellschaftliche Selbstregulierung und politische Steuerung. Frankfurt a. M. & New York: Campus, 9-38.

Mayring, P. (2002). Einführung in die Qualitative Sozialforschung. 5. Auflage. Weinheim & Basel: Beltz.

McCoach, D. B. & Siegle, D. (2003). Factors that differentiate underachieving gifted students from high-achieving gifted students. In Gifted Child Quaterly, 47(2).

Melzer, W. (1997). Der Beitrag der Schulforschung zur Qualitätssicherung und Entwicklung von Schule. In Erziehungswissenschaft, 8(16), 16-23.

Melzer, W. & Sandfuchs, U. (Hrsg.) (2001). Was Schule leistet. Funktionen und Aufgaben von Schule. Weinheim & München: Juventa.

Menck, P. (1998). Was ist Erziehung? Eine Einführung in die Erziehungswissenschaft. Donauwörth: Auer.

Menck, P. (2006). Unterricht – Was ist das? Eine Einführung in die Didaktik. Norderstedt: Books on Demand.

Menze, C. (1966). Überlegungen zur Kritik am humanistischen Bildungsverständnis in unserer Zeit. In Pädagogische Rundschau, 20, 417ff.

Merkens, H. (2006). Pädagogische Institutionen. Pädagogisches Handeln im Spannungsfeld von Individualisierung und Organisation. Wiesbaden: VS.

Merrienboer, J. J. G. van (1997). Training Complex Cognitive Skills. Englewood Cliffs, NJ.: Educational Technology Publications.

Merton, R. K. (1968a). Bürokratische Struktur und Persönlichkeit. In *Mayntz, R.* (Hrsg.), Bürokratische Organisation. Köln & Berlin: Kiepenheuer & Witsch.

Merton, R. K. (1968b). Social theory and social structure. New York & London: Free Press.

Messner, R. (1998). Pädagogische Schulentwicklung zwischen neuer Lernkultur und wachsenden Modernisierungsdruck. In Beiträge zur Lehrerbildung, 16(1), 86-110.

Messner, R. (2003). Konsequenzen der PISA-Ergebnisse für die Qualitätsentwicklung an Schulen – Überlegungen aus der Perspektive der Schulentwicklung. In *Steffens, U. & Messner, R.* (Hrsg.), Macht PISA Schule? Perspektiven der Schulentwicklung. Folgerungen aus PISA für Schule und Unterricht. Heft 1. Wiesbaden: Hessisches Landesinstitut für Pädagogik (HeLP), 45-57.

Messner, R. (2004). Was Bildung von Produktion unterscheidet – oder: Die Spannung von Freiheit und Objektivierung und das Projekt der Bildungsstandards. In Erziehung und Unterricht, 154(7-8), 693-716.

Meyer, H. L. (1980). Leitfaden zur Unterrichtsvorbereitung. Frankfurt a. M.: Scriptor.

Meyer, H. L. (2004). Was ist guter Unterricht? Berlin: Cornelsen/Scriptor.

Meyer, H.-D. (2002). From "loose coupling" to "tight management"? Making sense of the changing landscape in management and organization theory. In Journal of Educational Administration, 40(6), 515-520.

Meyer, J. W. & Rowan, B. (1977/1991). Institutionalized organizations: Formal structure as myth and ceremony. In *Powell, W. W. & DiMaggio, P. J.* (Hrsg.), The New Institutionalism in Organizational Analysis. Chicago & London: University of Chicago Press, 41-62.

Meyer, J. W., Scott, R. W., Cole, S. & Intili, J. K. (1978). Instructional Dissensus and Institutional Consensus in Schools. In *Meyer, M. W.* (Ed.), Environments and Organizations. San Francisco et al.: Jossey-Bass, 233-263.

Ministerium für Bildung, Jugend und Sport (2004). Schulvisitation (externe Schulevaluation). Konzeption des Ministeriums für Bildung, Jugend und Sport im Land Brandenburg. Brandenburg: Ministerium für Bildung, Jugend und Sport.

Ministerium für Schule und Weiterbildung, Wissenschaft und Forschung des Landes Nordrhein-Westfalen (MSWWF) (1998). Evaluation. Eine Handreichung. Frechen: Ritterbach.

Ministerium für Schule, Jugend und Kinder des Landes Nordrhein-Westfalen (MSJK) (2003). Schulprogrammarbeit und interne Evaluation – Vorgaben für die Jahre 2003 und 2004. RdErl. vom 29.04.2003 – 521.1.07.03.06 – 3156, Amtsblatt, 55(5).

Ministeriums für Schule und Weiterbildung Nordrhein-Westfalen (2006). Chancengerechtigkeit in der Schule – Neue Bildungschancen für Kinder und Jugendliche in Nordrhein-Westfalen. http://www.bildungsportal.nrw.de/BP/Schule/Politik/PositionspapierChancenge-rechtigkeit.pdf. Stand: Februar 2006.

Minnameier, G. & Wuttke, E. (Hrsg.) (2006). Berufs- und wirtschaftspädagogische Grundlagenforschung. Frankfurt a. M. et al.: Lang.

Mioduser, D., Nachmias, R., Tubin, D. & Forkosh-Baruch, A. (2002). Models of pedagogical implementation of ICT in Israeli schools. In Journal of Computer Assisted Learning, 18(4), 405-415.

Mohr, I. (2006). Analyse von Schulprogrammen. Eine Arbeit im Rahmen der Internationalen Grundschul-Lese-Untersuchung (IGLU). Münster: Waxmann.

Möller, K., Kleickmann, T. & Jonen, A. (2004). Zur Veränderung des naturwissenschaftsbezogenen fachspezifisch-pädagogischen Wissens von Grundschullehrerkräften durch Lehrerfortbildungen. In *Hartinger, A. & Fölling-Albers, M.* (Hrsg.), Lehrerkompetenzen für den Sachunterricht. Bad Heilbrunn: Klinkhardt, 231-241.

Mooij, T. & Smeets, E. (2001). Modelling and supporting ICT implementation in secondary schools. In Computers & Education, 36, 265-281.

Mortimore, P. (1997). Auf der Suche nach neuen Ressourcen. Die Forschung zur Wirksamkeit von Schule. In *Böttcher, W., Weishaupt, H. & Weiß, M.* (Hrsg.), Wege zu einer neuen Bildungsökonomie. Weinheim & München: Beltz.

Muijs, D., & Harris, A. (2003). Teacher leadership: A review of research. Retrieved: October 2004. http://www.ncls.org.uk/literature.

Müller, C. (in Vorbereitung, 2006). Denken und Handeln von Lehrerinnen und Lehrern bei Einsatz neuer Medien im Unterricht. Dissertation. Berlin: Humboldt-Universität Berlin.

Müller, C. & Blömeke, S. (2005). Teacher's scripts while teaching with information- and communication technology (ICT) in the subjects German, Mathematics and Computer Science. In *Urov, A. K.* (Ed.), Modernization of russian pedagogical education: Problems, approaches, decisions: Technological base of the education process in the modern university. Taganrog: Taganrog State Pedagogical Institute, 73-80.

Müller, G. (2006). Mitarbeiterführung durch Kompetente Selbstführung. In Zeitschrift für Management, 1(1), 8-22.

Münch, E. (1999). Neue Führungsperspektiven in der Schulleitung. Kooperation zwischen Schulleiter und Stellvertreter. Neuwied & Kriftel: Luchterhand.

Münch, U. (2005). Bildungspolitik als föderativer Streitpunkt: Die Auseinandersetzung um die Verteilung bildungspolitischer Zuständigkeiten in der Bundesstaatskommission. In Europäisches Zentrum für Föderalismusforschung Tübingen (Hrsg.), Jahrbuch des Föderalismus 2005. Baden-Baden: Nomos, 150-162.

Münkler, H. & Fischer, K. (1999). Gemeinwohl und Gemeinsinn. Thematisierung und Verbrauch soziomoralischer Ressourcen in der modernen Gesellschaft. In Berlin-Brandenburgische Akademie der Wissenschaften (Hrsg.), Berichte und Abhandlungen. Band 7. Berlin: Akademie, 237-265.

Murnane, R. J. & Nelson, R. R. (1984). Production and innovation when techniques are tacit. In Journal of Economic Behavior and Organization, 5, 353-373.

Murphy, J. (1990). Improving the preparation of school administrators: The national policy board's story. In The Journal of Educational Policy, 5(2), 181-186.

Murphy, J. (1999a). The quest for a center: Notes on the state of the profession of educational leadership. Columbia, MO: UCEA.

Murphy, J. (1999b). New consumerism: Evolving market dynamics in the institutional dimension of schooling. In *Murphy, J. & Louis, K.* (Eds.), Handbook of research on educational administration. 2nd edition. San Francisco, CA: Jossey-Bass, 421-442

Murphy, J. (2000a). A response to English. In International Journal of Leadership in Education: Theory and Practice, 3(4), 411-414.

Murphy, J. (2000b). Notes from the Cell: A response to English's 'interrogation'. In Journal of School Leadership, 10(5), 464-469.

Murphy, J. (2005). Unpacking the foundations of ISLLC standards and addressing concerns in the academic community. In Educational Administration Quarterly, 41(1), 154-191.

Murphy, J. & Shipman, N. (2002). The interstate school leaders licensure consortium: A standards based approach to strengthening educational leadership. In *Hessel, K. & Holloway, J.* (Eds.), A framework for school leaders: Linking the ISLLC 'standards for school leaders' to practice. Princeton, NJ: ETS, 4-9.

Murphy, J., Yff, J. & Shipman, N. (2000). Implementation of the interstate school leaders licensure consortium standards. In The International Journal of Leadership in Education, 3(1), 17-39.

Nagy, M. (1996). Önkormányzatok és a közoktatás. (Tanulmánykötet). Szabolcs-Szatmár-Bereg Megyei Pedagógiai Intézet Nyíregyháza.

National Council of Teachers of Mathematics (NCTM) (Eds.) (1989). Curriculum and evaluation standards for school mathematics. Reston, VA: NCTM.

National Council of Teachers of Mathematics (NCTM) (Eds.) (1991). Professional standards for teaching mathematics. Reston, VA: NCTM.

National Council of Teachers of Mathematics (NCTM) (Eds.) (2000). Principles and standards for school mathematics. Reston, VA: NCTM.

National Research Council (NRC) (Eds.) (1995). National science education standards. Washington, D.C.: National Academy Press.

Naucke, W. (1996). Rechtsphilosophische Grundbegriffe. Neuwied & Kriftel: Luchterhand.

Neben, A. & Seeber, S. (2002). Mitarbeiterbefragung zu den wahrgenommenen Arbeitsbedingungen an Berliner berufsbildenden Schulen – Endbericht. In Studien zur Wirtschaftspädagogik und Berufsbildungsforschung aus der Humboldt-Universität zu Berlin. Band 4. Berlin: Humboldt-Universität zu Berlin.

Neuberger, O. (1995). Mikropolitik. Der alltägliche Aufbau und Einsatz von Macht in Organisationen. Stuttgart: Enke.

Neuberger, O. (2002). Führen und Führen lassen. Stuttgart: Lucius & Lucius.

Neubrand, M. (Hrsg.) (2004). Mathematische Kompetenzen von Schülerinnen und Schülern in Deutschland. Vertiefende Analysen im Rahmen von PISA 2000. Wiesbaden: VS.

Neulinger, K. (1991). Schulleiter in Baden-Württemberg. Erstellung und Vergleich von Herkunfts-, Motivations- und Einstellungsprofilen bei Schulleitern an allgemeinbildenden Schulen mit einer Studie über emotionale und affektive Beteiligungsmomente beim Schulleiterberuf. Dissertation Ludwigsburg: Pädagogische Hochschule Ludwigsburg.

Nevermann, K. (1982). Der Schulleiter. Juristische und historische Aspekte zum Verhältnis von Bürokratie und Pädagogik. Stuttgart: Klett-Cotta.

Nevo, D. (2001). School evaluation: Internal or external? In Studies in Educational Evaluation, 27(2), 95-106.

New York State Department of Education (1974). Performance Review. School Factors Influencing Reading Achievement. A Case Study of Two Inner City Schools. New York: Office of Education.

Nichols, S. L. & Berliner, D. C. (2005). The inevitable corruption of indicators and educators through high-stakes testing. East Lansing, MI: The Great Lakes Center for Education Research & Practice. http://greatlakescenter.org/g_l_new_doc/EPSL-0503-101-EPRU.pdf. Stand: Juni 2006.

Nichols, S. L., Glass, G. V. & Berliner, D. C. (2006). High-stakes testing and student achievement: Does accountability pressure increase student learning? In Education Policy Analysis Archives, 14(1), 1-172. http://epaa.asu.edu/epaa/v14n1. Stand: 19. Juni 2006.

Nickolaus, R. (2001). Professionalisierung – Ein tragfähiges Konstrukt für die Optimierung beruflicher Bildungsprozesse? Baltmannsweiler: Schneider.

Nickolaus, R. (2003). Berufsbildungsforschung in Modellversuchen – Befunde des Projektes "Innovations- und Transfereffekte von Modellversuchen in der beruflichen Bildung". In Zeitschrift für Berufs- und Wirtschaftspädagogik, 99, 222-231.

Nickolaus, R. (2006a). Didaktik – Modelle und Konzepte beruflicher Bildung. Orientierungsleistungen für die Praxis. Baltmannsweiler: Schneider.

Nickolaus, R. (2006b). Offene Fragen zum Transfergeschehen im Modellversuchsbereich als Spiegel des Zustands unserer Disziplin? In Zeitschrift für Berufs- und Wirtschaftspädagogik, 102, 161-166.

Nickolaus, R. & Gräsel, C. (Hrsg.) (2006). Innovationen und Transfer. Band 2. Baltmannsweiler: Schneider.

Nickolaus, R., Gschwendtner, T. & Knöll, B. (2006). Handlungsorientierte Unterrichtskonzepte als Schlüssel zur Bewältigung problemhaltiger Aufgaben? In Minnameier, G. & Wuttke, E. (Hrsg.), Berufs- und wirtschaftspädagogische Grundlagenforschung. Frankfurt a. M. et al.: Lang, 209-224.

Nickolaus, R., Heinzmann, H. & Knöll, B. (2005). Ergebnisse empirischer Untersuchungen zu Effekten methodischer Grundentscheidungen auf die Kompetenz- und Motivationsentwicklung in gewerblich-technischen Berufsschulen. In Zeitschrift für Berufs- und Wirtschaftspädagogik, 101(1), 58-78.

Nickolaus, R., Riedl, A. & Schelten, A. (2005). Ergebnisse und Desiderata zur Lehr-Lernforschung in der gewerblich-technischen Berufsausbildung. In Zeitschrift für Berufs- und Wirtschaftspädagogik, 101(4), 507-532.

Nickolaus, R., Ziegler, B., Abel, M., Eccard, C. & Aheimer, R. (2006). Transferkonzepte, Transferprozesse und Transfereffekte ausgewählter Modell- und Schulversuchsprogramme. Expertise I zum Transferforschungsprogramm. In *Nickolaus, R. & Gräsel, C.* (Hrsg.), Innovationen und Transfer. Band 2. Baltmannsweiler: Schneider, 5-444.

Niederberger, J. M. (1984). Organisationssoziologie der Schule. Motivation, Verwaltung, Differenzierung. Stuttgart: Enke.

Niedersächsisches Kultusministerium (2003). Orientierungsrahmen Schulqualität in Niedersachsen. Qualitätsbereiche und Qualitätsmerkmale guter Schule. In Zusammenarbeit mit dem Niedersächsischen Landesinstitut für Schulentwicklung und Bildung (NLI). Dezember 2003.

Niedersächsisches Kultusministerium (2005). Entwurf eines Runderlasses „Schulinspektion in Niedersachsen". http://cdl.niedersachsen.de/blob/images/C15160972_L20.pdf.

Niegemann, H. M. (2004). Lernen und Fragen: Bilanz und Perspektiven der Forschung. In Unterrichtswissenschaft, 32(4), 345-356.

Niehues, N. (2000). Schul- und Prüfungsrecht. Band 1: Schulrecht. München: Beck.

Niskanen, W. A. (1971). Bureaucracy and representative government. Chicago: Aldin-Atherton.

Noll, J. (2005). Rechtsökonomie: Eine anwendungsorientierte Einführung. Wien: Verlag Österreich.

North, D. C. (1992). Institutionen, institutioneller Wandel und Wirtschaftsleistung. Tübingen: Mohr.

Noß, M. (2000). Selbstgesteuertes Lernen am Arbeitsplatz. Wiesbaden: Deutscher Universitäts-Verlag.

Noß, M. & Achtenhagen, F. (2001) Förderungsmöglichkeiten zum selbstgesteuerten Lernen am Arbeitsplatz – Eine empirische Untersuchung zur Ausbildung von Bank- bzw. Sparkassenkaufleuten In *Beck, K. & Krumm, V.* (Hrsg.), Lehren und Lernen in der beruflichen Erstausbildung. Opladen: Leske + Budrich, 233-256.

Oakes, J. (1986). Educational Indicators: A Guide for Policymakers. Santa Monica, CA: RAND.

OECD (1973). Bildungswesen mangelhaft. BRD-Bildungspolitik im OECD-Länderexamen. Frankfurt a. M. et al.: Diesterweg.

OECD (1991). Schulen und Qualität. Ein internationaler OECD-Bericht. Frankfurt a. M. et al.: Lang.

OECD (1997). Prepared for life? How to measure Cross-Curricular Competencies. Paris.

OECD (2001a). Learning to Change: ICT in Schools. Paris: OECD.

OECD (2001b). Reading for Change. Performance and Engagement across Countries. Paris: OECD.

OECD (2004a). Bildung auf einen Blick. OECD – Indikatoren 2004. Bonn: Bundesministerium für Bildung und Forschung.

OECD (2004b). Learning for tomorrows's world. First results from PISA 2003. Paris: OECD.

Oechsler, W. A. (1988). Personal und Arbeit. Einführung in die Personalwirtschaft unter Einbeziehung des Arbeitsrechts. 3. Auflage. München & Wien: Oldenbourg.

Oechsler, W. A. (1994). Personal und Arbeit. München: Oldenbourg.

Ogawa, R. & Collom, E. (1998). Educational Indicators: What are they? Riverside, CA: ERIC.

Oelkers, J. (2002). Über die Steuerung von Bildungssystemen. Vortrag auf der Tagung ‚Bildungsindikatoren – Nutzung und Nutzen'. Wildhaus. http://www.paed.unizh.ch/ap/mitarbeiter.

Oelkers, J. (2005). Bildungsstandards, Tests und Schulentwicklung: Eine bildungspolitische Option. Vortrag im IQB der Humboldt Universität Berlin am 11. Oktober 2005. http://www.paed.unizh.ch/ap/home/vortraege.html.

Oeter, S. & Boysen, S. (2005). Wissenschafts- und Bildungspolitik im föderalen Staat – Ein strukturelles Problem? In Recht der Jugend und des Bildungswesens, 3, 296-311.

Oevermann, U. (1992). Theoretische Skizze einer revidierten Theorie professionalisierten Handelns. In *Combe, A. & Helsper, W.* (Hrsg.), Pädagogische Professionalität. Untersuchungen zum Typus pädagogischen Handelns. Frankfurt a. M.: Suhrkamp, 70-182.

Ofenbach, B. (2003). Vom Methodenmonismus zum Reichtum der Vielfalt. In Pädagogische Rundschau, 57(3), 307-316.

Office for Standards in Education (Eds.) (2005). Every child matters. Framework for the inspection of schools in England from September 2005. London: Ofsted. http://www.ofsted.gov.uk/publications/index.cfm?fuseaction=pubs.displayfile&id=3861&type=pdf.

Oser, F. (1993). Lernen durch die Gestaltung des Schullebens – Der Ansatz der „Gerechten Gemeinschaft". In *Steffens, U. & Bargel, T.* (Hrsg.), Erkundungen zur Qualität von Schule. Neuwied & Kriftl: Luchterhand, 27-37.

Oser, F. (1998). Ethos – Die Vermenschlichung des Erfolgs. Zur Psychologie der Berufsmoral von Lehrpersonen. Opladen: Leske + Budrich.

Oser, F. (2001). Standards: Kompetenzen von Lehrpersonen. In *Oser, F. & Oelkers, J.* (Hrsg.), Die Wirksamkeit der Lehrerbildungssysteme – Von der Allrounder-Bildung zur Ausbildung professioneller Standards. Kur & Zürich: Rüegger, 215-342.

Oser, F. & Patry, J. L. (1990). Choreographien unterrichtlichen Lernens. Basismodell des Unterrichts. Freiburg: Pädagogisches Institut der Universität Freiburg.

Oser, F. & Spychinger, M. (2005). Lernen ist schmerzhaft. Zur Theorie der Fehlerkultur und zur Praxis des negativen Wissens. Weinheim: Beltz.

Oser, F. & Renold, U. (2006). Teacher competencies: Identifying and measuring standards. In *Oser, F., Achtenhagen, F. & Renold, U.* (Hrsg.), Competence-oriented teacher training. Old research demands and new pathways. Rotterdam: Sense, 27-50.

Osterloh, M. (1985). Handlungsspielräume und Organisationsspielräume als Voraussetzungen einer persönlichkeitsförderlichen Arbeitsgestaltung. In *Hoff, E.-H.* et al. (Hrsg.), Arbeitsbiographien und Persönlichkeitsentwicklung. Bern et al.: Huber, 243-259.

Owens, R. G. (1970). Organizational Behavior in Schools. Engelwood, NY: Prentice & Hall.

Palincsar, A. S. & Brown, A. L. (1984). Reciprocal Teaching of Comprehension-Fostering and Comprehension-Monitoring Activities. In Cognition and Instruction, 2(1), 117-175.

Palincsar, A. S. & McPhail, J. C. (1993). A critique of the metapher of destillation – In "toward a knowledge base for school learning". In Review of Educational Research, C3(3), 327-334.

Palotás, Z. (2000). A közoktatás irányítása. In *Halász, G. & Lannert, J.* (Hrsg.), Jelentés a magyar közoktatásról 2000. Budapest: Országos Közoktatási Intézet, 53-81.

Papert, S. (1998). Agents of change. In *Moura, C. de* (Ed.), Education in the information age. New York: Inter-American Development Bank, 93-97.

Parsons, T. (1972). Das System moderner Gesellschaften. München: Juventa.

Pätzold, G., Wingels, J. & Klusmeyer, J. (2003). Methoden im berufsbezogenen Unterricht – Einsatzhäufigkeit, Bedingungen und Perspektiven. In Zeitschrift für Berufs- und Wirtschaftspädagogik, 17. Beiheft, 117-131.

Pätzold, G., Klusmeyer, J., Wingels, J. & Lang, M. (2003). Lehr-Lern-Methoden in der beruflichen Bildung. In Beiträge zur Berufs- und Wirtschaftspädagogik. Band 18. Oldenburg: Bibliotheks- und Informationssystem der Universität Oldenburg.

Pautzke, G. (1989). Die Evolution der organisatorischen Wissensbasis: Bausteine zu einer Theorie des organisationalen Lernens. München: Kirsch.

Peek, R. (2001). Die Bedeutung vergleichender Schulleistungsmessungen für die Qualitätskontrolle und Qualitätsentwicklung von Schulen und Schulsystemen. In *Weinert, F. E.* (Hrsg.), Leistungsmessungen in Schulen. Weinheim & Basel: Beltz, 323-335.

Peek, R. (2004). Qualitätsuntersuchung an Schulen zum Unterricht in Mathematik (QuaSUM) – Klassenbezogene Ergebnisrückmeldungen und ihre Rezeption in Brandenburger Schulen. In Empirische Pädagogik, 18(1), 82-114.

Literaturverzeichnis

Peek, R. (2005). Bildungsstandards und zentrale Lernstandserhebungen sorgen für eine ergebnisorientierte Schul- und Unterrichtsentwicklung. In *Bartz, A.*, et al. (Hrsg.), PraxisWissen SchulLeitung. Basiswissen und Arbeitshilfen zu den zentralen Handlungsfeldern von Schulleitung. München: Link & Luchterhand, Abschnitt 24.21.

Peek, R. (2006). Dateninduzierte Schulentwicklung. In *Buchen, H. & Rolff, H.-G.* (Hrsg.), Professionswissen Schulleitung. Weinheim: Beltz, 1343-1366.

Peek, R. & Neumann, A. (2003). Schulische und unterrichtliche Prozessvariablen in internationalen Schulleistungsstudien. In *Auernheimer, G.* (Hrsg.), PISA-Schieflage im Bildungssystem. Die Benachteiligung der Migrantenkinder. Opladen: Leske + Budrich.

Peek, R., Steffens, U. & Köller, O. (2006). Positionspapier des Netzwerkes Empiriegestützte Schulentwicklung (EMSE) zu: Zentrale standardisierte Lernstandserhebungen. 5. EMSE-Tagung, Berlin, 8. Dezember 2006.

Pekrun, H. & Fend, H. (Hrsg.) (1991). Schule und Persönlichkeitsentwicklung. Ein Resümee der Längsschnittforschung. Stuttgart: Enke.

Pekrun, R. (2002). Vergleichende Evaluationsstudien zu Schülerleistungen: Konsequenzen für zukünftige Bildungsforschung. In Zeitschrift für Pädagogik, 48, 111-128.

Pekrun, R., Götz, T., v. Hofe, R., Blum, W., Jullien, S., Zirngibl, A., Kleine, M., Wartha, S. & Jordan, A. (2004). Emotion und Leistung im Fach Mathematik: Ziele und erste Befunde aus dem „Projekt zur Analyse der Leistungsentwicklung in Mathematik" (PALMA). In *Doll, J. & Prenzel, M.* (Hrsg.), BIQUA – Bildungsqualität von Schule: Lehrerprofessionalisierung, Unterrichtsentwicklung und Schülerförderung als Strategien der Qualitätsverbesserung. Münster: Waxmann, 345-363.

Pelgrum, W. J. (2001). Obstacles to the integration of ICT in education: Results from a worldwide educational assessment. In Computers & Education, 37, 163-178.

Pelgrum, W. J. & Plomp, T. (1988). The IEA study 'Computers in Education': A multinational longitudinal assessment. In *Lovis F. & Tagg, E. D.* (Eds.), Computers in education. Amsterdam: North-Holland.

Pellegrino, J. W. (2003). Connecting learning theory and instruction: Principles, practices, and possibilities. In *Achtenhagen, F. & John, E. G.* (Hrsg.), Die Lern-Lehr-Perspektive. Band 1. Bielefeld: Bertelsmann, 17-42.

Pellegrino, J. W., Chudowsky, N., & Glaser, R. (Eds.) (2001). Knowing What Students Know. Washington, D.C.: National Academic Press.

Peters, O. (1972). Soziale Interaktion. Deutsche Bearbeitung des Kapitels 13: „Social Interaction in the Classroom" von John Withall und W.W. Lewis. In Handbuch der Unterrichtsforschung, Teil II. Zentrale Faktoren in der Unterrichtsforschung. Weinheim, Basel & Wien: Beltz.

Peterson, S. A. (2000). Board of education involvement in school decisions and student achievement. In Public Administration Quarterly, 24(1), 46-68.

Petrikás Á. (1994). Iskolai autonómia és önkormányzás a helyi nevelés rendszerében. In Magyar Pedagógia, 3-4, 342-344.

Petrikás, Á. (1996). A „nevesincs" sulitól az önálló arculatú iskoláig. Az embernevelés kiskönyvtára. 4. Kemény Gábor Iskolaszövetség.

Philipp, E. (1992). Gute Schule verwirklichen. Ein Arbeitsbuch mit Methoden, Übungen und Beispielen der Organisationsentwicklung. Weinheim & Basel: Beltz.

Philipp, E. (2006). Teamentwicklung. In *Buchen, H. & Rolff, H.-G.* (Hrsg.), Professionswissen Schulleitung. Weinheim & Basel: Beltz, 728-750.

Picht, G. (1965). Die deutsche Bildungskatastrophe. München.

Pieper, A. (1986). Verbesserung der Zusammenarbeit im Lehrerkollegium als Aufgabe einer systembezogenen schulpsychologischen Beratung. Frankfurt a. M. et al.: Lang.

Plomp, T., Anderson, R., Law, N. & Quale, A. (Eds.) (2003). Cross national information and communication technology policies and practices in education. Greenwich, CT: Information Age Publishing.

Popham, J. W. (2006). Educator cheating on No Child Left Behind Tests. In Education Week, April 19, 32-33.

Pöppelt, K. S. (1978). Zum Bildungsgesamtplan der Bund-Länder-Kommission. Weinheim & Basel: Beltz.

Posch, P. (1999a). Erfahrungen mit dem Inspektionssystem in England und Schottland. In Steffens, U. & Bargel, T (Hrsg.), Qualitätsentwicklung und Qualitätssicherung von Schulen. Strategien, Instrumente und Erfahrungen. Beiträge aus dem Arbeitskreis Qualität von Schule. Heft 10. Wiesbaden: Hessisches Landesinstitut für Pädagogik (HeLP), 108-121.

Posch, P. (1999b). Qualitätsevaluation und Qualitätsentwicklung im Schulwesen. In Grogger, G. & Specht, W. (Hrsg.), Evaluation und Qualität im Bildungswesen. Problemanalyse und Lösungsansätze am Schnittpunkt von Wissenschaft und Bildungspolitik. Dokumentation eines internationalen Workshops, in Blumau, Steiermark vom 18.-21. Februar 1999. Graz: Zentrum für Schulentwicklung, 197-210.

Posch, P. & Altrichter, H. (1997). Möglichkeiten und Grenzen der Qualitätsevaluation und Qualitätsentwicklung im Schulwesen, Bildungsforschung des Bundesministeriums für Unterricht und kulturelle Angelegenheiten. Band 12. Innsbruck & Wien: StudienVerlag.

Posner, R. A. (1992). Economic analysis of law. Boston et al.: Little & Brown.

Posth, M. (1989). Qualifizierung als Wettbewerbsfaktor. In Meyer-Dohm, P., Lacher, M. & Rubelt, J. (Hrsg.), Produktionsarbeiter in angelernten Tätigkeiten. Eine Herausforderung für die Bildungsarbeit. Frankfurt & New York: Campus, 19-29.

Prandini, M. (2001). Persönlichkeitserziehung und Persönlichkeitsbildung von Jugendlichen. Ein Rahmenmodell zur Förderung von Selbst-, Sozial- und Fachkompetenz. Paderborn: Eusl.

Prange, K. (2004). Bildung: A paradigm regained? In European Educational Research Journal, 3(2), 501-509.

Prasse, D. (2003). Entwicklungsberichte zu den Schulen des Netzwerks Medienschulen. In Vorndran, O. & Schnoor, D. (Hrsg.), Schulen für die Wissensgesellschaft. Gütersloh: Bertelsmann, 39-191.

Prasse, D. (2005). Technologieplanung und Medienentwicklung in Schulen. Unveröffentlichter Ergebnisbericht zur wissenschaftlichen Untersuchung der IT-Integration und Technologieplanung/ Medienentwicklung an 21 Gymnasien. Berlin.

Prasse, D. (2006). Organizational Factors Promoting Change in Schools. Paper presented at the AERA Conference in San Francisco, CA. April, 10, 2006. Stand: April 2006. http://www2.hu-berlin.de/didaktik/de/personal/prasse/pdfprasse/prasse_aera2006.pdf.

Prasse, D. (in Vorbereitung, 2006). Innovation (in) der Schule? Organisationale Bedingungen für Veränderungsprozesse an Schulen am Beispiel der Implementation neuer Informations- und Kommunikations-Technologien. Dissertation. Berlin: Humboldt-Universität Berlin.

Prasse, D. & Breiter, A. (2002). Organizational Integration of Information and Communication Technologies in Schools and the Role of the Principal. Paper presented at the AECT Conference on Technology and Education in Dallas, TX. 11.-15.11.2002.

Prasse, D. & Scholl, W. (2001). Wie funktioniert die Interneteinführung an Schulen? In Groner R. & Dubi, M. (Hrsg.), Das Internet und die Schule. Bisherige Erfahrungen und Perspektiven für die Zukunft. Bern: Huber, 63-83.

Prasse, D., Dresenkamp, A. & Scholl, W. (1999). Die Internetnutzung an Schulen – Alltag und Visionen: Einstellungen, Ziele und Nutzung von Internetanwendungen durch GymnasiallehrerInnen. Vortrag auf dem 5. Kongress des BDP. Berlin.

Preiß, P. (1992). Komplexität im Betriebswirtschaftslehre-Anfangsunterricht. In *Achtenhagen, F. & John, E. G.* (Hrsg.), Mehrdimensionale Lehr-Lern-Arrangements. Wiesbaden: Gabler, 58-78.

Preiß, P. (2005). Entwurf eines Kompetenzkonzepts für den Inhaltsbereich Rechnungswesen/Controlling. In *Gonon, P., Klauser, F., Nickolaus, R. & Huisinga, R.* (Hrsg.), Kompetenz, Kognition und neue Konzepte der beruflichen Bildung. Wiesbaden: VS, 67-85.

Prenzel, M. (2000). Steigerung der Effizienz des mathematisch naturwissenschaftlichen Unterrichts: Ein Modellversuchsprogramm von Bund und Ländern. In Unterrichtswissenschaft, 28, 103-126.

Prenzel, M. (2005). PISA und das DFG-Schwerpunktprogramm „Bildungsqualität von Schule". Vortrag anlässlich des achten BiQua-Rundgespräches in Mannheim/Ludwigshafen vom 10.-12. März 2005.

Prenzel, M. & Doll, J. (Hrsg.) (2002). Bildungsqualität von Schule: Schulische und außerschulische Bedingungen, mathematischer, naturwissenschaftlicher und überfachlicher Kompetenzen. In Zeitschrift für Pädagogik, 45. Beiheft. Weinheim & Basel: Beltz.

Prenzel, M., Merkens, H. & Noack, P. (1999). Antrag an den Senat der DFG auf Einrichtung eines Schwerpunktprogramms zum Thema: Die Bildungsqualität von Schule: Fachliches und fächerübergreifendes Lernen im mathematisch-naturwissenschaftlichen Unterricht in Abhängigkeit von schulischen und außerschulischen Kontexten.

Prenzel, M., Senkbeil, M. & Drechsel, B. (2004). Kompetenzunterschiede zwischen Schulen. In *Deutsches PISA-Konsortium* (Hrsg.), PISA 2003. Der Bildungsstand der Jugendlichen in Deutschland – Ergebnisse des zweiten internationalen Vergleichs. Münster et al.: Waxmann, 292-295.

Pritchett, L. & Filmer, D. (1999). What education production functions really show: A positive theory of education expenditures. In Economics of Education Review, 18, 223-239.

Probst, G. (1987). Selbstorganisation. Ordnungsprozesse von sozialen Systemen aus ganzheitlicher Sicht. Berlin & Hamburg: Parey.

Probst, G., Raub, S. & Romhardt, K. (1999). Wissen managen: Wie Unternehmen ihre wertvollste Ressource optimal nutzen. Frankfurt: Gabler.

Przyblinski, H. (1989). Positivismus. In *Ritter, J. & Gründer K.* (Hrsg.), Historisches Wörterbuch der Philosophie. Band 7. Basel: Schwabe & Co., 1118-1122.

Purkey, S. C. & Smith, M. S. (1983). Effective Schools: A Review. In The Elementary School Journal, 4, 427-452.

Purkey, S. C. & Smith, M. S. (1990). Wirksame Schulen – Ein Überblick über die Ergebnisse der Schulwirkungsforschung in den Vereinigten Staaten. In *Aurin, K.* (Hrsg.), Gute Schulen – Worauf beruht ihre Wirksamkeit? Bad Heilbrunn: Klinkhardt, 13-45.

Rademacker, H. & Wissinger, J. (2003). Schulabsentismus in der Hauptschule – Zum Verhältnis von Jugendhilfe und Schule. In *Duncker, L.* (Hrsg.), Konzepte für die Hauptschule. www.kompetenzagenturen.de/download/2520_ma_fp_rademackwissinger.pdf. Stand: März 2006.

Radtke, F.-O. (2005). Die Schwungkraft internationaler Vergleiche. In *Bank, V.* (Hrsg.), Vom Wert der Bildung. Bildungsökonomie in wirtschaftspädagogischer Perspektive neu gedacht. Bern et al.: Haupt, 355-385.

Radtke, F.-O. & Weiß, M. (2000). Schulautonomie, Wohlfahrtsstaat und Chancengleichheit. Ein Studienbuch. Opladen: Leske + Budrich.

Raschert, J. (1980). Bildungspolitik im Föderalismus. In Projektgruppe Bildungsbericht (Hrsg.), Bildung in der Bundesrepublik Deutschland. Band 1. Reinbek: Rowohlt, 104-215.

Ratzki, A. (2002). Schulleitung und Schulaufsicht – Ein mehrdeutiges Verhältnis. In *Rolff, H.-G. & Schmidt, H.-J.* (Hrsg.), Brennpunkt Schulleitung und Schulaufsicht. Konzepte und Anregungen für die Praxis. Neuwied & Kriftel: Luchterhand, 60-72.

Raudenbusch, S. W., Bryk, A. S., Cheong, Y. F. & Congdon, C. (2001). HLM 5. Hierarchical Linear and Nonlinear Modeling. Lincolnwood, IL: Scientific Software International Inc.

Rauschenbach, T., Leu, H.-R., Lengenauber, S., Mack, W., Schilling, M., Schneider, K. & Züchner, I. (2004). Konzeptionelle Grundlagen für einen Nationalen Bildungsbericht – Non-formale und informelle Bildung im Kindes- und Jugendalter. Reihe Bildungsreform. Band 6. Bonn: Bundesministerium für Bildung und Forschung.

Ravitz, J. L., Becker, H. J. & Wong, Y. T. (2000). Constructivist-compatible beliefs and practices among U.S. teachers. Teaching, Learning, and Computing 1998. National Survey. Report 4. Irvine: Center for Research on Information Technology and Organizations, University of California.

Rea-Frauchiger, M. A. (2005). Der amerikanische Rechtsrealismus: Karl N. Llewellyn, Jerome Frank, Underhill Moore. Berlin: Duncker & Humblot.

Rebmann, K. (2001). Planspiel und Planspieleinsatz. Hamburg: Dr. Kovač.

Recum, H. von (1997). Überlegungen zur Rekonstruktion bildungspolitischer Steuerung. In *Böttcher, W., Weishaupt, H. & Weiß, M.* (Hrsg.), Wege zu einer neuen Bildungsökonomie. Pädagogik und Ökonomie auf der Suche nach Ressourcen und Finanzierungskonzepten. Weinheim & München: Juventa, 72-83.

Recum, H. von (2003). Aspekte bildungspolitischer Steuerung. In *Döbert, H.* et al. (Hrsg.), Bildung von neuen Herausforderungen. Neuwied: Luchterhand, 102-110.

Reetz, L. (1999). Zum Zusammenhang von Schlüsselqualifikationen – Kompetenzen – Bildung. In *Tramm, T., Sembill, D., Klauser, F. & John, E. G.* (Hrsg.), Professionalisierung kaufmännischer Berufsbildung. Beiträge zur Öffnung der Wirtschaftspädagogik für die Anforderungen des 21. Jahrhunderts. Festschrift zum 60. Geburtstag von Frank Achtenhagen. Frankfurt a. M. et al.: Lang, 32-51.

Reetz, L. & Tramm, T. (2000). Lebenslanges Lernen aus der Sicht einer berufspädagogisch und wirtschaftspädagogisch akzentuierten Curriculumforschung. In *Achtenhagen, F. & Lempert, W.* (Hrsg.), Lebenslanges Lernen im Beruf – Seine Grundlegung im Kindes- und Jugendalter. Band 5. Opladen: Leske & Budrich, 69-120.

Reheis, F. (1998). Die Kreativität der Langsamkeit. 2. Auflage. Darmstadt: Wissenschaftliche Buchgesellschaft.

Reichard, C. (1987). Betriebswirtschaftslehre der öffentlichen Verwaltung. 2. Auflage. Berlin & New York: de Gruyter.

Reid, K. (1983). Institutional factors and persistent school absenteeism. In Educational Management and Administration, 11(183), 17-27.

Reinhardt, R. & Pawlowsky, P. (1997). Wissensmanagement: Ein integrativer Ansatz zur Gestaltung organisationaler Lernprozesse. In Wieselhuber & Partner (Hrsg.), Handbuch lernende Organisation. Wiesbaden: Gabler.

Reinmann, G. (2005). Innovation ohne Forschung? Ein Pädoyer für den Design-Based Research-Ansatz in der Lehr-Lern-Forschung. In Unterrichtswissenschaft, 33, 52-69.

Reisse, W. (1995). Pädagogische Diagnostik in der deutschen Berufsbildung. In *Jäger, R. S., Lehmann, R. H. & Trost, G.* (Hrsg.), Tests und Trends 11. Jahrbuch der Pädagogischen Diagnostik. Weinheim & Basel: Beltz, 99-165.

Reiter-Mayer, P. (2005). Die Ständige Konferenz der Kultusminister im föderalen System: Zur Rollenfindung und Reformfähigkeit. In Europäisches Zentrum für Föderalismusforschung Tübingen (Hrsg.), Jahrbuch des Föderalismus 2005. Baden-Baden: Nomos, 163-173.

Renkl, A. (1997). Lernen durch Lehren. Zentrale Wirkmechanismen beim kooperativen Lernen. Wiesbaden: DUV.

Renkl, A., Schworm, S. & Hilbert, T. (2004). Lernen aus Lösungsbeispielen: Eine effektive, aber kaum genutzte Möglichkeit, Unterricht zu gestalten. In *Doll, J. & Prenzel, M.* (Hrsg.), BIQUA – Bildungsqualität von Schule: Lehrerprofessionalisierung, Unterrichtsentwicklung und Schülerförderung als Strategien der Qualitätsverbesserung. Münster: Waxmann, 77-92.

Literaturverzeichnis

Reusser, K., Pauli, C. & Waldis, M. (2006). Mathematikunterricht und Mathematiklernen in Schweizer Schulen. Ergebnisse einer nationalen und internationalen Video-Studie. Zürich: Universität Zürich.

Reuter, L.-R. (1981). Autonomie und Kontrolle von Bildungseinrichtungen – Entwicklungstendenzen und Probleme im staatlichen Bereich. In Vorstand der Deutschen Gesellschaft für Bildungsverwaltung (Hrsg.), Gestaltungsfreiheit im Bildungswesen: Können staatliche Institutionen von freien Einrichtungen lernen? Frankfurt a. M., 3-19.

Reyer, T., Trendel, G. & Fischer, H. (2004). Was kommt beim Schüler an? – Lehrerintentionen und Schülerlernen im Physikunterricht. In *Doll, J. & Prenzel, M.* (Hrsg.), BIQUA – Bildungsqualität von Schule: Lehrerprofessionalisierung, Unterrichtsentwicklung und Schülerförderung als Strategien der Qualitätsverbesserung. Münster: Waxmann, 195-211.

Reynolds, D. (1998). The study and remediaton of ineffective schools: Some further reflections. In *Stoll, L. & Myers, K.* (Eds.), No quick fixes: Perspectives on schools in difficulties. London: Falmer Press, 163-174.

Reynolds, D. & Teddlie, C. (2000). An Introduction to School Effectiveness Research. In *Teddlie, C. & Reynolds, D.* (Eds.), The International Handbook of School Effectiveness Research. London & New York: Falmer Press, 3-25.

Richert, P. (2005). Typische Sprachmuster der Lehrer-Schüler-Interaktion. Empirische Untersuchung zur Feedbackkomponente in der unterrichtlichen Interaktion. Bad Heilbrunn: Klinkhardt.

Richter, I. (1975). Bildungsverwaltungsforschung. In Deutscher Bildungsrat (Hrsg.), Bildungsforschung. Probleme - Perspektiven - Prioritäten. Teil 1. Gutachten und Studien der Bildungskommission. Band 50. Stuttgart: Klett, 341-402.

Richter, I. (2001). Die sieben Todsünden der Bildungspolitik. Weinheim & Basel: Beltz.

Richter, R. (1998). Neue Institutionenökonomik. Ideen und Möglichkeiten. In *Krause-Junk, G.* (Hrsg.), Steuersysteme der Zukunft. Berlin: Duncker & Humboldt, 323-355.

Richter, R. & Furubotn, E. G. (1999). Neue Institutionenökonomik – Eine Einführung und kritische Würdigung. 2. Auflage. Tübingen: Mohr.

Ricking, H. (2003). Schulabsentismus als Forschungsgegenstand. Oldenburg: BIS.

Ricking, H. & Neukäter, H. (1997). Schulabsentismus als Forschungsgegentand. In Heilpädagogische Forschung, 23, 50-70.

Ricking, H., Thimm, K. & Kastirke, N. (2004). Schulische Qualitätsstandards bei Schulabsentismus. In Herz, B., Puhr, K. & Ricking, H. (Hrsg.), Problem Schulabsentismus. Wege zurück in die Schule. Bad Heilbrunn: Klinkhardt.

Riddel, A. R. (1997). Reforms of Governance of Education: Centralisation and Decantrilisation. In Cummings, W. & McGinn, N. (eds.), International Handbook of Education and Development: Preparing schools, Students, and Nations for the Twenty-First Century. London: Pergamon, 185-196.

Riedel, K. (1998). Schulleiter urteilen über Schule in erweiterter Verantwortung. Ergebnisse einer empirischen Untersuchung. Neuwied: Luchterhand.

Rieke-Baulecke, T. (Hrsg.) (2005). Externe Evaluation. Oldenbourg: Schulbuchverlag.

Rindermann, H. (2007). Die Bedeutung der mittleren Klassenfähigkeit für das Unterrichtsgeschehen und die Entwicklung individueller Fähigkeiten. In Unterrichtswissenschaft, 1, 48-66.

Risse, E. (1997). Schulphilosophie, Schulprofil und Schulprogramm. In *Müller, A.*, et al. (Hrsg.), Leitung und Verwaltung einer Schule. 8. Auflage. Neuwied & Kriftel: Luchterhand, 89-103.

Robinsohn, S. B. (1971). Bildungsreform als Revision des Curriculum. 3. Auflage. Neuwied: Luchterhand.

Rockman et al. (1998). Powerful tools for schooling: Second year study of the laptop program. A project for Anytime Anywhere Learning by Microsoft Corporation & Notebooks for Schools by Toshiba American Information Systems. San Francisco, CA: Rockman et al.

Rockman et al. (1999). A more complex picture: Laptop use and impact in the context of changing home and school access. The third in a series of research studies on Microsoft's Anytime Anywhere Learning Program. San Francisco, CA: Rockman et al.

Roeder, P. M. (1987). Qualitative Schulentwicklung am Beispiel einer Berliner Gesamtschule: Zielkonflikte und unbeabsichtigte Nebenfolgen. In *Steffens, U. & Bargel, T.* (Hrsg.), Fallstudien zur Qualität von Schule. Beiträge aus dem Arbeitskreis Qualität von Schule. Heft 2. Wiesbaden: Hessisches Institut für Bildungsplanung und Schulentwicklung, 87-120.

Roeder, P. M. (1992). Innere und äußere Schulreform. In *Steffens, U. & Bargel, T.* (Hrsg.), Fallstudien zur Qualität von Schule. Beiträge aus dem Arbeitskreis Qualität von Schule. Heft 2. Wiesbaden: Hessisches Institut für Bildungsplanung und Schulentwicklung, 95-104.

Rogers, E. M. (1995). Diffusion of Innovations. New York: Free Press.

Rolff, H.-G. (1991). Schulentwicklung als Entwicklung von Einzelschulen? Theorien und Indikatoren von Entwicklungsprozessen. In Zeitschrift für Pädagogik, 37(6), 865-886.

Rolff, H.-G. (1993). Wandel durch Selbstorganisation. Theoretische Grundlagen und praktische Hinweise für eine bessere Schule. Weinheim & München: Juventa.

Rolff, H.-G. (1994). Gestaltungs-Autonomie verwirklichen – Lehrerinnen und Lehrer als Träger der Entwicklung. In Pädagogik, 4, 40-44.

Rolff, H.-G. (Hrsg.) (1995). Zukunftsfelder von Schulforschung. Weinheim: Deutscher Studien Verlag.

Rolff, H.-G. (1995). Wandel durch Selbstorganisation. Theoretische Grundlagen und praktische Hinweise für eine bessere Schule. 2. Auflage. Weinheim und München: Juventa.

Rolff, H.-G. (1998). Schulprogramm und externe Evaluation. In *Risse, E.* (Hrsg.), Schulprogramm – Entwicklung und Evaluation. Neuwied & Kriftel: Luchterhand, 254-266.

Rolff, H.-G. (1999a). Selbstorganisation, Gesamtsteuerung und Koppelungsprobleme. In *Risse, E. & Schmidt, H.-J.* (Hrsg.), Von der Bildungsplanung zur Schulentwicklung. Rainer Brockmeyer zu ehren. Neuwied & Kriftel: Luchterhand, 63-72.

Rolff, H.-G. (1999b). Pädagogisches Qualitätsmanagement: Schulentwicklung und Schulentwicklungsforschung vor neuen Herausforderungen. In *Rösner, E.* (Hrsg.), Schulentwicklung und Schulqualität. Dortmund: IfS, 15-34.

Rolff, H.-G. (2000). Ungelöste Probleme, die wir mitnehmen. In Pädagogische Führung, 1, 21-22.

Rolff, H.-G. (2006). Schulentwicklung, Schulprogramm und Steuergruppe. In *Buchen, H. & Rolff, H.-G.* (Hrsg.), Professionswissen Schulleitung. Weinheim & Basel: Beltz, 296-364.

Rolff, H.-G., Buhren, C. G., Lindau-Bank, D. & Müller, S. (2000). Manual Schulentwicklung. 3. Auflage. Weinheim & Basel: Beltz.

Rosenbusch, H. S. (1990). Die kommunikative Alltagspraxis als das Proprium erziehenden Unterrichts. In *Hacker, H. & Rosenbusch, H. S.* (Hrsg.), Erzieht Unterricht? Aktuelle Beiträge zu einem klassischen pädagogischen Thema. Baltmannsweiler: Schneider, 71-88.

Rosenbusch, H. S. (1992). Lehrer und Schulräte – Ein strukturell gestörtes Verhältnis. Bericht über eine empirische Untersuchung zur Einschätzung der Schulaufsicht durch Lehrer. Erziehungs-wissenschaftliche Forschungsbeiträge der Otto-Friedrich-Universität Bamberg. Bamberg: Otto-Friedrich-Universität Bamberg.

Rosenbusch, H. S. (1994). Lehrer und Schulräte. Ein strukturell gestörtes Verhältnis. Berichte und organisationspädagogische Alternativen zur traditionellen Schulaufsicht. Bad Heilbrunn: Klinkhardt.

Rosenbusch, H. S. (1997). Organisationspädagogische Perspektiven einer Reform der Schulorganisation. In SchulVerwaltung, 10, 329-334.

Rosenbusch, H. S. (2000). Schulleitung – Reformgröße im gesellschaftlichen Umbruch. In Schulleiter-Handbuch, 93. Band. München: Oldenbourg.

Rosenbusch, H. S. (2002). Vom „private cold war" zum „Freund in der Not"? In *Rolff, H.-G. & Schmidt, H.-J.* (Hrsg.), Brennpunkt Schulleitung und Schulaufsicht. Konzepte und Anregungen für die Praxis. Neuwied & Kriftel: Luchterhand, 13-26.

Rosenbusch, H. S. (2005). Organisationspädagogik der Schule. Grundlagen pädagogischen Führungshandelns. München & Neuwied: Wolters Kluwer.

Rosenbusch, H. S. & Schlemmer, E. (1997). Die Rolle der Schulaufsicht bei der pädagogischen Entwicklung von Einzelschulen. In schul-management, 6, 9-17.

Rosenbusch, H. S.. & Schlemmer, E. (1999). Die Rolle der Schulaufsicht bei der pädagogischen Entwicklung von Einzelschulen. In *Steffens, U. & Bargel, T.* (Hrsg.), Fallstudien zur Qualität von Schule. Beiträge aus dem Arbeitskreis Qualität von Schule. Heft 2. Wiesbaden: Hessisches Institut für Bildungsplanung und Schulentwicklung, 52-62.

Rosenshine, B. & Meister, C. (1994). Reciprocal teaching. In Review of Educational Research, 64(4), 479-530.

Rosenstiehl, L. von (1995). Grundlagen der Führung: Handbuch für erfolgreiches Personalmanagement. 3. Auflage. Stuttgart: Schäffer-Poeschel.

Rosenthal, R. (1975). Der Pygmalion-Effekt lebt. In Psychologie Heute, 6, 18-21 und 76-79.

Rosenthal, R. & Jacobson, L. (1968). Pygmalion im Unterricht. Lehrererwartung und Intelligenzentwicklung der Schüler. Weinheim et al.: Beltz.

Rosewitz, B. & Schimank, U. (1988). Verselbstständigung und politische Steuerbarkeit gesellschaftlicher Teilsysteme. In *Mayntz, R., Rosewitz, B., Schimank, U. & Stichweh, R.* (Hrsg.), Differenzierung und Verselbständigung. Frankfurt a. M. et al.: Campus, 295-329.

Rösner, E. (Hrsg.) (1999). Schulentwicklung und Schulqualität. Dortmund: IfS.

Ross, J. A., Hogaboam-Gray, A. & Hannay, L. (1999). Predictors of teachers' confidence in their ability to implement computer-based instruction. In Journal of Educational Computing Research, 21(1), 75-97.

Ross, K. N. & Levacic, R. (Hrsg.) (1999). Needs-based resource allocation in education via formula funding of schools. Paris: UNESCO/IIEP.

Rost, D. H. (2005). Interpretation und Bewertung pädagogisch-psychologischer Studien. Weinheim & Basel: Beltz.

Rost, J., Prenzel, M., Carstensen, C. H., Senkbeil, M. & Groß, K. (2004). Naturwissenschaftliche Bildung in Deutschland. Methoden und Ergebnisse von PISA 2000. Wiesbaden: VS.

Roth, G. (2001). Fühlen, Denken, Handeln. Die neurobiologischen Grundlagen des menschlichen Verhaltens. Frankfurt a. M.: Suhrkamp.

Roth, H. (1966). Pädagogische Anthropologie. Band I: Bildsamkeit und Bestimmung. Hannover: Schroedel.

Roth, H. (1971). Pädagogische Anthropologie. Band 2: Entwicklung und Erziehung. Hannover: Schroedel.

Rudloff, W. (2003). Bildungsplanung in den Jahren des Bildungsbooms. In *Frese, M., Paulus, J. & Teppe, K.* (Hrsg.), Die 1960er Jahre als Wendezeit der Bundesrepublik. Demokratisierung und Gesellschaftlicher Aufbruch. Paderborn: Schöning, 259-282.

Rüegg-Stürm, J. (2004). Das neue St.-Galler Management-Modell. In *Dubs, R., et al.* (Hrsg.), Einführung in die Managementlehre. Band 1. Bern et al.: Haupt, 65-73.

Ruhmke, B. (1998). Der Einsatz handlungsorientierter Lernarrangements zur Förderung von Sozialkompetenz in der kaufmännischen Berufsausbildung. Dissertation. Hamburg: Universität Hamburg.

Rumpf, H. (1966). Die administrative Verstörung der Schule. Essen: Neue Deutsche Schule.

Rumpf, H. (1966). Die Misere der höheren Schule. Neuwied: Luchterhand.

Rumpf, H. (1968). Die administrative Verstörung der Schule. In Neue Pädagogische Bemühungen, Band 30.

Rumpf, H. (1969). Der Unterrichtsbeamte. Die aktuelle Diskrepanz zwischen Lehrerrolle und Lehreraufgabe. In Frankfurter Hefte, 6.

Runder Tisch Bildung (2002). Empfehlungen an den Senat der Freien Hansestadt Bremen 15.10.2002. http://www.bildung.bremen.de/rundertischbildung/PDF/Empfehlungen.pdf.

Rürup, M. (2005). Der Föderalismus als institutionelle Rahmenbedingung im deutschen Bildungswesen – Perspektiven der Bildungspolitikforschung. In Trends in Bildung international (TiBi), 8. http://www.dipf.de/publikationen/tibi/tibi9_foederalismus_ruerup.pdf. Stand: März 2006.

Rutter, M. (1983). School effects on pupil progress. Research findings and policy implications. In Child Development, 54, 1-29.

Rutter, M., Maughan, B., Mortimore, P., Ouston, J. & Smith, A. (1979). Fifteen Thousand Hours. Secondary schools and their effects on children. Somerset: Open Books.

Rutter, M., Maughan, B., Mortimore, P., Ouston, J. & Smith, A. (1980). Fünfzehntausend Stunden - Schule und ihre Wirkung auf die Kinder. Weinheim & Basel: Beltz.

Rychen, D. S. & Salganik, L. H. (Eds.) (2003). Key Competencies for a Successful Life and a Well-Functioning Society. Cambridge, Göttingen: Hogrefe & Huber.

Sabatier, P. A. & Mazmanian, D. A. (1981). The Implementation of Public Policy: A Framework of Analysis. In Mazmanian, D. A. & Sabatier, P. A. (Eds.), Effective Policy Implementation. Lexington, Massachusetts & Toronto: Health, 3-35.

Sachverständigenrat (2004). Jahresgutachten 2004/05. Erfolge im Ausland – Herausforderungen im Inland. Wiesbaden.

Sachverständigenrat bei der Hans-Böckler-Stiftung (1998). Für ein verändertes System der Bildungsfinanzierung. Düsseldorf: Hans-Böckler-Stiftung.

Sachverständigenrat bei der Hans-Böckler-Stiftung (2002). Reformempfehlungen für das Bildungswesen. Weinheim & München: Juventa.

Sachverständigenrat Bildung (Hrsg.) (1998). Für ein verändertes System der Bildungsfinanzierung. Düsseldorf: Hans-Böckler-Stiftung.

Sadowski, D. (1988). Währt ehrlich am längsten? Personalpolitik zwischen Arbeitsrecht und Unternehmenskultur. In Budäus, D. et al. (Hrsg.), Betriebswirtschaftslehre und Theorie der Verfügungsrechte. Wiesbaden: Gabler, 219-238.

Saltman, K. (2000). Collateral damage: Corporatizing public schools; a threat to democracy. Lanham, MD: Rowman & Littlefield.

Saltman, K. (2005).The Edison schools: Corporate schooling and the assault on public education. New York: Routledge.

Sandholtz, J., Ringstaff, C. & Dwyer, D. (1997). Teaching with technology: Creating student centred classrooms. New York: Teachers College Press.

Santjer-Schnabel, I. (2002). Emotionale Befindlichkeit in einer selbstorganisationsoffenen Lernumgebung. Überlegungen für die ergänzende Berücksichtigung physiologischer Aspekte. Hamburg: Dr. Kovač.

Sáska, G. (1988). A tananyag-szabályozás kétféle logikája és eszköze – Tanterv versus vizsga. In Pedagógiai Szemle, 5, 399-412.

Sauer, K. (1980). Einführung in die Theorie der Schule. Darmstadt: Wissenschaftliche Buchgesellschaft.

Schaarschmidt, U. (Hrsg.) (2005). Halbtagsjobber? Psychische Gesundheit im Lehrerberuf – Analyse eines veränderungsbedürftigen Zustandes. Weinheim & Basel: Beltz.

Schaefers, C. (2002). Der soziologische Neo-Institutionalismus. Eine organisationstheoretische Analyse- und Forschungsperspektive auf schulische Organisationen. In Zeitschrift für Pädagogik, 48(6), 835-855.

Schäfer, K.-H. & Schaller, K. (1973). Kritische Erziehungswissenschaften und kommunikative Didaktik. 2. Auflage. Heidelberg: Quelle & Meyer.

Schaub, H. & Zenke, K.-G. (2004). Wörterbuch der Pädagogik. 6. Auflage. München: Deutscher Taschenbuch Verlag.

Schaumburg, H. (2003). Konstruktivistischer Unterricht mit Laptops? Eine Fallstudie zum Einfluss mobiler Computer auf die Methodik des Unterrichts. Dissertation. Berlin: Freien Universität Berlin. http://www.diss.fu-berlin.de/2003/63. Stand: Januar 2006.

Schaumburg, H, Prasse, D. & Tschackert, K. (2006). Unveröffentlichter Zwischenbericht zur Evaluation des Projekts „1000mal1000: Notebooks im Schulranzen" für die Initiative SaN/BMBF. Berlin: Humboldt-Universität zu Berlin.

Scheerens, J. (1990). School effectiveness and the development of process indicators of school functioning. In School effectiveness and school improvement, 1, 61-80.

Scheerens, J. (1992). Effective Schooling. London: Cassell.

Scheerens, J. (1997). Conceptual models in theory embedded principles on effective schooling. In School Effectiveness and School Improvement, 8(3), 269-310.

Scheerens, J. (2004). The Conceptual Basis of Indicator Systems. Frankfurt a. M. et al.: Lang.

Scheerens, J. & Bosker, R. (1997). The foundations of educational effectiveness. Oxford: Pergamon.

Scheerens, J. & Bosker, R. (2005). The Foundations of Educational Effectiveness. Oxford: Pergamon.

Scheerens, J., Glas, C. & Thomas, S. M. (2003). Educational evaluation, assessment, and monitoring. A systemic approach. Lisse et al.: Swetzs & Zeitlinger.

Scheffer, W. (1977). Kooperation von Lehrern und Unterrichtspraxis. Frankfurt a. M.: Regionale Lehrerfortbildung.

Schein, E. H. (1991). What is culture? In Frost, P. J. & Moore, L. F. (Eds.), Reframing organizational culture. Newbury Park, 243-253.

Schein, E. H. (1995). Unternehmenskultur – Ein Handbuch für Führungskräfte. Frankfurt: Campus.

Schelsky, H. (1959). Schule und Erziehung in der industriellen Gesellschaft. Würzburg: Werkbund.

Schelten, A. (2005). Grundlagen der Arbeitspädagogik. Stuttgart: Steiner.

Schimank, U. (1996). Theorien gesellschaftlicher Differenzierung. Opladen: Leske +Budrich.

Schimank, U. (2000). Handeln und Strukturen. Weinheim & München: Juventa.

Schlömer-Helmerking, R. (1996). Lernziel Sozialkompetenz: Ein Bildungskonzept für die Erstausbildung in den industriellen Metallberufen. Frankfurt a. M. et al.: Lang.

Schlömerkemper, J. (2001). Leistungsmessung und die Professionalität des Lehrerberufs. In Weinert, F. E. (Hrsg.), Leistungsmessungen in Schulen. Weinheim: Beltz, 311-321.

Schlömerkemper, J. (2004). Bildung und soziale Zukunft. In Die Deutsche Schule, 96(3), 262–267.

Schlömerkemper, J. (2005). Was bedeutet „diagnostizieren", um wirksam fördern und fordern zu können? Vortrag zur Eröffnung der Jahrestagung der GFPF. Kassel/Fuldatal.

Schlömerkemper, J. & Winkel, K. (1987). Lernen im Team-Kleingruppen-Modell. Biographische und empirische Untersuchungen zum Sozialen Lernen in der Integrierten Gesamtschule Göttingen-Geismar. Studien zur Bildungsreform. Band 14. Frankfurt a. M. & Bern: Lang.

Schmidhauser, M. (2004). Evaluationsansatz von England. Inspecting schools. http://www.fse.lu.ch.

Schmidt, C., Weishaupt, H. & Weiß, M. (2003). Einzelschulische Bedingungen dezentraler Ressourcenverantwortung. In Recht der Jugend und des Bildungswesens, 51(1), 105-120.

Schmidt-Aßmann, E. (1993). Zur Reform des Allgemeinen Verwaltungsrecht. Reformbedarf und Reformansätze. In *Hoffmann-Riem, W., Schmidt-Aßmann, E. & Schuppert, G. F.* (Hrsg.), Reform des Allgemeinen Verwaltungsrechts. Grundfragen. Baden-Baden: Nomos.

Schmoker, M. (1999). Results: the key to continuous school improvement. 2nd edition. Alexandria, VA: Association for Supervision and Curriculum Development.

Schnabel, K. (2001). Psychologie der Lernumwelt. In *Krapp, A. & Weidenmann, B.* (Hrsg.), Pädagogische Psychologie. Weinheim: Beltz, 467-511.

Schneider, H.- P. (2005). Struktur und Organisation des Bildungswesens in Bundesstaaten – Ein internationaler Vergleich. Stand: März 2006.
http://www.bertelsmannstiftung.de/bst/de/media/xcms_bst_dms_14840__2.pdf.

Scholl, W. (2004). Innovation und Information. Wie in Unternehmen neues Wissen produziert wird. Göttingen: Hogrefe.

Scholl, W. & Prasse, D. (2000). Internetnutzung an Schulen – Organisationsbezogene Evaluation der Initiative „Schulen ans Netz". Abschlussbericht für die Initiative „SaN"/BMBF: Humboldt-Universität Berlin. Stand: April 2006.
http://www2.hu-berlin.de/didaktik/de/personal/prasse/pdfprasse/hu_abschlubericht2000_san_d.pdf.

Scholl, W. & Prasse, D. (2001). Was hemmt und was fördert die schulische Internet-Nutzung? Ergebnisse einer Evaluation der Initiative „Schulen ans Netz". In Computer und Unterricht, 41, 22-32.

Schöning, W. (1988). Schritte zu einer Beratungskultur der Schule durch schulinterne Lehrerfortbildung. In Die Deutsche Schule, 81(1), 26-37.

Schönknecht, G. (1997). Innovative Lehrerinnen und Lehrer. Berufliche Entwicklung und Berufsalltag. Weinheim & Basel: Beltz: Deutscher Studienverlag.

Schönwälder, H.-G. & Plum, W. (1998). Pädagogische Arbeit der Lehrer und Lehrerinnen – Terra incognita der Bildungspolitik! Bericht über eine Expert(innen)-befragung in Nordrhein-Westfalen. Münster: Gewerkschaft Erziehung und Wissenschaften, NRW.

Schrader, F.-W. (2001). Diagnostische Kompetenz von Eltern und Lehrern. In *Rost, D. H.* (Hrsg.), Handwörterbuch Pädagogische Psychologie. Weinheim & Basel: Beltz, 68-71.

Schrader, F.-W. & Helmke, A. (1987). Diagnostische Kompetenz von Lehrern: Komponenten und Wirkungen. In Empirische Pädagogik, 1, 27-52.

Schrader, F.-W. & Helmke, A. (2002). Unterrichtsqualität und Lehrerexpertise. Manuskript zum Vortrag während des Symposiums „Der kompetente Lehrer als Multiplikator von Innovation". 18. Kongress der Deutschen Gesellschaft für Erziehungswissenschaft im März 2002 in München.

Schrader, F.-W. & Helmke, A. (2003). Evaluation – Und was danach? Ergebnisse der Schulleiterbefragung im Rahmen der Rezeptionsstudie WALZER. In Schweizerische Zeitschrift für Bildungswissenschaften, 25(1), 79-110.

Schratz, M. (1996). Die Rolle der Schulaufsicht in der autonomen Schulentwicklung. Innsbruck: Studienverlag.

Schratz, M. (1998). Ist ein neues Aufsichtsverständnis auch ein anderes Aufsichtsverhältnis? In *Ackermann, H. & Wissinger, J.* (Hrsg.), Schulqualität managen. Von der Verwaltung der Schule zur Entwicklung von Schulqualität. Neuwied: Luchterhand, 47-60.

Schratz, M. (2002). Die Schulaufsicht und die teilautonome Schule. In *Rolff, H.-G. & Schmidt, H.-J.* (Hrsg.), Brennpunkt Schulleitung und Schulaufsicht. Konzepte und Anregungen für die Praxis. Neuwied & Kriftel: Luchterhand, 27-42.

Schratz, M. & Schwarzenauer, M. (2003). Baukasten Schulmanagement Sekundarstufe II. Expertise. Innsbruck: Institut für Lehrerinnenbildung und Schulforschung.

Schratz, M. & Steiner-Löffler, M. (1999). Die Lernende Schule. 2. Auflage. Weinheim & Basel: Beltz.

Schreiber-Kittl, M. & Schröpfer, H. (2002). Übergänge in Arbeit. Band 2. Abgeschrieben? Ergebnisse einer empirischen Untersuchung über Schulverweigerer. München: Verlag Deutsches Jugendinstitut.

Schreyögg, G. (2003). Organisation – Grundlagen moderner Organisationsgestaltung. Wiesbaden: Gabler.

Schröter, E & Wollmann, H. (2005). New Public Management. In *Blanke, B.*, et al. (Hrsg.), Handbuch zur Verwaltungsreform. 3. Auflage. Wiesbaden: VS, 63-74.

Schubert, H.-J. (1999). Organisationsentwicklung – Ansätze und Geschichte. In *Knauth, P. & Wollert, A.* (Hrsg.), Human Ressource Management. Köln: Wolters & Kluwer.

Schulleitungsvereinigung Nordrhein-Westfalen e.V. (o. J.). Schulen ohne Leitung. http://www.slv-nrw.de/Archiv/Schulen_ohne_Schulleitung/index.html.

Schulz von Thun, F. (1992). Miteinander reden 1. Störungen und Klärungen. Allgemeine Psychologie der Kommunikation. Reinbek: Rowohlt.

Schulz von Thun, F. (1995). Miteinander reden 2. Stile, Werte und Persönlichkeitsentwicklungen. Differentielle Psychologie der Kommunikation. Reinbek: Rowohlt.

Schulz-Zander, R. (2004). The school online initiative in German schools: Empirical results and recommendations to improve school development. In *Chapman, D. W. & Mählck, L. O.* (Eds.), Adapting technology for school improvement: A global perspective. Paris: International Institute for Educational Planning, 269-295.

Schulz-Zander, R. (2005). Innovativer Unterricht mit Informationstechnologien – Ergebnisse der SITES M2. In *Holtappels, H. G. & Höhmann, K.* (Hrsg.), Schulentwicklung und Schulwirksamkeit. Weinheim & München: Juventa, 264-276.

Schumacher, L. (2002). Emotionale Befindlichkeit und Motive in Lerngruppen. Hamburg: Dr. Kovač.

Schümer, G. (2004). Zur doppelten Benachteiligung von Schülern aus unterprivilegierten Gesellschaftsschichten im deutschen Schulwesen. In *Schümer, G., Tillmann, K.-J. & Weiß, M.* (Hrsg.), Die Institution Schule und die Lebenswelt der Schüler. Vertiefende Analyse der PISA-2000. Daten zum Kontext von Schülerleistungen. Wiesbaden: VS, 73-114.

Schunk, R. C., Bell, B., Fano, A., & Jona, M. (1993). The design of Goal-Based-Szenarios. Evanston: Northwestern University.

Schuppert, G. F. (2000). Verwaltungswissenschaft. Verwaltung, Verwaltungsrecht, Verwaltungslehre. Baden-Baden: Nomos.

Schuppert, G.-F. (2001). Das Konzept der regulierten Selbst-Regulierung als Bestandteil einer als Regelungswissenschaft verstandenen Rechtswissenschaft. In Die Verwaltung, Sonderheft 4.

Schütz, C. (2004). Leistungsbezogenes Denken hochbegabter Jugendlicher. Die Schule mach' ich doch mit links! Münster et al.: Waxmann.

Schütz, G. & Wößmann, L. (2005). Wie lässt sich die Ungleichheit der Bildungschancen verringern? Ifo Schnelldienst, 58(21). München: CESifo, 15-25.

Schwager, R. (2005). PISA-Schock und Hochschulmisere – Hat der deutsche Bildungsföderalismus versagt? In Perspektiven der Wirtschaftsforschung, 2, 189-206.

Schwaninger, M. (2004). Was ist ein Modell? In *Dubs, R.*, et al. (Hrsg.), Einführung in die Managementlehre. Band 1. Bern et al.: Haupt, 53-63.

Schwarz, P. (1990). Organisationsentwicklung als Strategie der Verwaltungsreform. Zürich.

Schwarzer, R. & Jerusalem, M. (2002). Das Konzept der Selbstwirksamkeit. In Zeitschrift für Pädagogik, 44. Beiheft, 28-53.

Schweizerische Konferenz der kantonalen Erziehungsdirektoren (EDK) (2005). HarmoS. Kurzfassung des Projektes HarmoS.

Schwippert, K. & Bos W. (2005). Die Daten der Vergleichsuntersuchungen und ihre Nutzungsmöglichkeiten für erziehungswissenschaftliche Forschung. In Tertium Comparationis – Journal für International und Interkulturell Vergleichende Erziehungswissenschaft, 11(2), 121-133.

Scott, R. (1971). Konflikte zwischen Spezialisten und bürokratischen Organisationen. In Mayntz, R. (Hrsg.), Bürokratische Organisation. 2. Auflage. Köln & Berlin: Kiepenheuer & Witsch.

Seeber, S. (2005a). Input-Controlling in der beruflichen Bildung. Aspekte der Bestimmung von Lernausgangslagen. In Unterrichtswissenschaft, 33(4), 314-333.

Seeber, S. (2005b). Zur Erfassung und Vermittlung berufsbezogener Kompetenzen im teilqualifizierenden Bildungsgang „Wirtschaft und Verwaltung" an Hamburger Berufsfachschulen. In bwp@, 8. http://www.bwpat.de/ausgabe8/seeber_bwpat8.shtml.

Seeber, S. (in Vorbereitung, 2006). Kognitive, metakognitive, sozio-kulturelle und motivationale Merkmale der Schülerinnen und Schüler zu Beginn der beruflichen Ausbildung. In Lehmann, R. H. & Seeber, S. (Hrsg.), ULME III. Untersuchung der Leistungen, Motivationen und Einstellungen am Ende der beruflichen Ausbildung. Hamburg: Behörde für Bildung und Sport, Amt für Berufliche Bildung und Weiterbildung.

Seeber, S. & Squarra, D. (2003). Lehren und lernen in beruflichen Schulen. Schülerurteile zur Unterrichtsqualität. Frankfurt a. M. et al.: Lang.

Seidel, T. & Prenzel, M. (2004). Muster unterrichtlicher Aktivitäten im Physikunterricht. In Doll, J. & Prenzel, M. (Hrsg.), BIQUA – Bildungsqualität von Schule: Lehrerprofessionalisierung, Unterrichtsentwicklung und Schülerförderung als Strategien der Qualitätsverbesserung. Münster: Waxmann, 177-194.

Seidel, T., Prenzel, M., Duit, R., Euler, M., Geiser, H., Hoffmann, L., Lehrke, M., Müller, C. & Rimmele, R. (2002). „Jetzt bitte alle nach vorne schauen!" – Lehr-Lernskripts im Physikunterricht und damit verbundene Bedingungen für individuelle Lernprozesse. In Unterrichtswissenschaft, 30(1), 52-77.

Seifried, J. (2004a). Fachdidaktische Variationen in einer selbstorganisationsoffenen Lernumgebung – Eine empirische Untersuchung im Rechnungswesenunterricht. Wiesbaden: Deutscher Universitätsverlag.

Seifried, J. (2004b). Schüleraktivitäten beim selbstorganisierten Lernen. In Zeitschrift für Erziehungswissenschaften, 7(4), 569-584.

Seifried, J. (2006). Lehren und Lernen aus Sicht von Handelslehrern. In Minnameier, G. & Wuttke, E. (Hrsg.), Berufs- und wirtschaftspädagogische Grundlagenforschung – Lehr-Lern-Prozesse und Kompetenzdiagnostik. Festschrift für Klaus Beck. Frankfurt a. M. et al.: Lang, 77-91.

Seifried, J. & Klüber C. (2006). Unterrichtserleben in schüler- und lehrerzentrierten Unterrichtsphasen. In Unterrichtswissenschaft, 34(14), 2-21.

Seifried, J. & Sembill, D. (2005a). Emotionale Befindlichkeit in Lehr-Lern-Prozessen in der beruflichen Bildung. In Zeitschrift für Pädagogik, 51(5), 656-672.

Seifried, J. & Sembill, D. (2005b). Schülerfragen – Ein brach liegendes didaktisches Feld. In Zeitschrift für Berufs- und Wirtschaftspädagogik, 101(2), 229-245.

Seifried, J., Sembill, D., Nickolaus, R. & Schelten, A. (2005). Analysen systemischer Wechselwirkungen beruflicher Bildungsprozesse – Forschungsstand und Forschungsperspektiven beruflicher Bildung. In Zeitschrift für Berufs- und Wirtschaftspädagogik, 101(4), 229-245.

Seitz, H. & Capaul, R. (2005). Schulführung und Schulentwicklung. Theoretische Grundlagen und Empfehlungen für die Praxis. Zürich: Haupt.

Sembill, D. (1992). Problemlösefähigkeit, Handlungskompetenz und Emotionale Befindlichkeit. Zielgrößen forschenden Lernens. Göttingen et al.: Hogrefe.

Sembill, D. (1995). Der Wille zum Nicht-Müssen – Gestaltungskraft im Spannungsverhältnis von Innovation und Organisation. In *Bunk, G. P. & Lassahn, R.* (Hrsg.), Festschrift für Artur Fischer zum 75. Geburtstag, Steinbach bei Gießen: Ehgart & Albohm, 125-146.

Sembill, D. (1999). Selbstorganisation als Modellierungs-, Gestaltungs- und Erforschungsidee beruflichen Lernens. In *Tramm, T., Sembill, D., Klauser, F. & John, E. G.* (Hrsg.), Professionalisierung kaufmännischer Berufsbildung: Beiträge zur Öffnung der Wirtschaftspädagogik für die Anforderungen des 21. Jahrhunderts. Festschrift zum 60. Geburtstag von Frank Achtenhagen. Frankfurt a. M. et al.: Lang, 146-174.

Sembill, D. (2000). Selbstorganisiertes und Lebenslanges Lernen. In *Achtenhagen, F. & Lempert, W.* (Hrsg.), Lebenslanges Lernen (IV): Formen und Inhalte von Lernprozessen. Opladen: Leske + Budrich, 60-90.

Sembill, D. (2003). Emotionale Befindlichkeit als bestimmende und sinngebende Voraussetzung von Lern- und Lebenswirklichkeit. In *Buer, J. van & Zlatkin-Troitschanskaia, O.* (Hrsg.), Berufliche Bildung auf dem Prüfstand – Entwicklung zwischen systemischer Steuerung, Transformation durch Modellversuche und unterrichtlicher Innovation, Frankfurt a. M. et al.: Lang, 181-205.

Sembill, D. (2004). Abschlussbericht zu „Prozessanalysen Selbstorganisierten Lernens" im Rahmen des DFG-Schwerpunktprogramms „Lehr-Lern-Prozesse in der kaufmännischen Erstausbildung". Bamberg: Otto-Friedrich-Universität.

Sembill, D. (2006). Zeitlebens Lebenszeit. In *Minnameier, G. & Wuttke, E.* (Hrsg.), Berufs- und wirtschaftspädagogische Grundlagenforschung – Lehr-Lern-Prozesse und Kompetenzdiagnostik. Festschrift für Klaus Beck. Frankfurt a. M. et al.: Lang, 177-194.

Sembill, D., Wolf, K. D., Wuttke, E., Santjer, I. & Schumacher, L. (1998). Prozessanalysen Selbstorganisierten Lernens. In Zeitschrift für Berufs- und Wirtschaftspädagogik, 14. Beiheft, 75-79.

Senatsverwaltung für Bildung, Jugend und Sport (Hrsg.) (2002). Aktuelle Zahlen zum Schulabsentismus. Berlin: Senatsverwaltung für Bildung, Jugend und Sport.

Senatsverwaltung für Bildung, Jugend und Sport (Hrsg.) (2003). Neues Schulgesetz für das Land Berlin. Referentenentwurf. Anlage 2 zur Vorlage zum Abgeordnetenhaus. Begründung. Juni 2003. Berlin: Senatsverwaltung für Bildung, Jugend und Sport.

Senatsverwaltung für Bildung, Jugend und Sport (2004a). Ausführungsvorschriften zur Erstellung der Schulprogramme und zur internen Evaluation – AV Schulprogramm. 21. September 2004.

Senatsverwaltung für Bildung, Jugend und Sport (Hrsg.) (2004b). Schulgesetz für Berlin. Qualität sichern, Eigenverantwortung stärken, Bildungschancen verbessern. Berlin: Senatsverwaltung für Bildung, Jugend und Sport.

Senatsverwaltung für Bildung, Jugend und Sport (2005a). Externe Evaluation. Konzept zur Inspektion der Berliner Schulen. Mai 2005. Berlin: Senatsverwaltung für Bildung, Jugend und Sport.

Senatsverwaltung für Bildung, Jugend und Sport (2005b). Handlungsrahmen Schulqualität in Berlin. Qualitätsbereiche und Qualitätsmerkmale guter Schulen. Vorabdruck. Mai 2005. Berlin: Senatsverwaltung für Bildung, Jugend und Sport.

Senatsverwaltung für Bildung, Jugend und Sport (2005c). Stärken sichern, Entwicklung fördern. Qualitätssicherung und Qualitätsentwicklung in der Berliner Schule – Rahmenkonzeption. Mai 2005. Berlin: Senatsverwaltung für Bildung, Jugend und Sport.

Senatsverwaltung für Bildung, Jugend und Sport (2006a). AV Zielvereinbarung. Berlin.

Senatsverwaltung für Bildung, Jugend und Sport (2006b). Schulentwicklungsplan für die Jahre 2006 bis 2011. Berlin.

Senge, P. (1990). The fifth discipline: The art and practice of the learning organization. New York: Doubleday & Currency.

Sergiovanni, T. (1992). Moral leadership. San Francisco: Jossey-Bass.

Shavelson, R. J., & Towne, L. (Eds.) (2002). Scientific research in education. Washington, D.C.: National Academy Press.

Shavelson, R. J., Phillips, D. C., Towne, L. & Feuer, M. J. (2003). On the Science of education design studies. In Educational Researcher, 32(1), 25-28.

Sheppard, B. (2002). Leadership, Organizational Learning, and the Successful Integration of Information and Communication Technology in Teaching and Learning. International Electronic Journal for Leadership in Learning.
http://www.ucalgary.ca/~iejll/volume7/sheppard.htm. Stand: März 2006.

Shields, C. (2004). Dialogic leadership for social justice: Overcoming pathologies of silence. In Educational Administration Quarterly, 40(1), 109-132.

Shrivastava, P. A. (1983). A typology of organizational learning systems. In Journal of Management Studies, 20(1), 7-28.

Simon, H. A. (1993). Homo Rationalis. Frankfurt a. M.: Campus.

Simon, T. (2002). Zu Fragen der Schulverweigerung – Eine Einführung. In *Simon, T. & Uhlig, S.* (Hrsg.), Schulverweigerung – Muster – Hypothesen – Handlungsfelder. Opladen: Leske + Budrich.

Skibba, I. & Steffens, U. (1995). Schule im Spannungsfeld von schulaufsichtlicher Vorstrukturierung und autonomer Weiterentwicklung. Untersuchung im Rahmen des OECD-Projektverbunds „The Effectiveness of Schooling and Educational Resource Management". Wiesbaden: Hessisches Institut für Bildungsplanung und Schulentwicklung (HIBS).

Slater, J. & Stewart, W. (2006). Standards drive falters, say studies. In TES vom 31.03.2006, 2.

Sloane, P. F. E. (2005). Standards von Bildung – Bildung von Standards. In Zeitschrift für Berufs- und Wirtschaftspädagogik, 101, 484-496.

Söll, F. (2002). Was denken Lehrer/innen über Schulentwicklung? Eine qualitative Studie zu subjektiven Theorien. Weinheim: Beltz.

Specht, W. & Thonhauser, J. (Hrsg.) (1996). Schulqualität. Entwicklungen, Befunde, Perspektiven. Innsbruck & Wien: Studien Verlag.

Spichiger Carlsson, P. & Martinovits-Wiesendanger, E. (2001). Positive Auswirkungen von QMS. Bern: Bundesamt für Berufsbildung und Technologie.

Spiewak, M. (2006). Fehlende Chancengleichheit, verschenktes Bildungspotenzial und die Verlagerung von Kompetenzen auf Länderebene: UN-Sonderberichterstatter Muñoz hat die wunden Punkte unseres Schulsystems benannt. In ZEIT online, 21.02.2006.

Spillane, J., Halverson, R. & Diamond, J. (2001). Toward a theory of leadership practice: A distributed perspective. Chicago, IL: Northwestern University, Institute for Policy Research.

Spinath, B. (2005). Akkuratheit der Einschätzung von Schülermerkmalen durch Lehrer und das Konstrukt der diagnostischen Kompetenz. In Zeitschrift für Pädagogische Psychologie, 19(1/2), 85-95.

Spranger, E. (1922). Berufsbildung und Allgemeinbildung. In *Kühne, A.* (Hrsg.), Handbuch für das Berufs- und Fachschulwesen. Leipzig: Quelle & Meyer, 24-45.

Spranger, E. (1950). Lebensformen. 8. Auflage. Tübingen: Neomarius.

Staehle, W. H. (1999). Management. 8. Auflage. München: Vahlen.

Stamm, M. (2005). Hochbegabung und Schulabsentismus. Theoretische Überlegungen und empirische Befunde zu einer ungewohnten Liaison. In Psychologie in Erziehung und Unterricht, 52(1), 20-32.

Stanat, P., Baumert, J. & Müller, A. G. (2005). Förderung von deutschen Sprachkompetenzen bei Kindern aus zugewanderten und sozial benachteiligten Familien: Das Jacobs-Sommer Projekt. In Zeitschrift für Pädagogik.

Stark Reutner, D. et al. (2006). From the capital to the classroom: Year 4 of the No Child Left Behind Act. Washington, D.C.: Center on Education Policy.

Literaturverzeichnis

Staupe, J. (1982). Die „Verrechtlichung" der Schule – Erscheinungsformen, Ursachen und Folgen. In Leviathan, 10(1), 273-305.

Steffens, U. (1979). Zur Problematik von Schulreformverläufen (Arbeitsmaterialien und Berichte zur Sekundarstufe I, Band 6). Paderborn et al.: Schöningh.

Steffens, U. & Bargel, T. (1987a). „Qualität von Schule" – Ein neuer Ansatz der Schulentwicklung. In Steffens, U. & Bargel, T (Hrsg.), Erkundungen zur Wirksamkeit und Qualität von Schule. Beiträge aus dem Arbeitskreis Qualität von Schule. Heft 1. Wiesbaden: Hessisches Institut für Bildungsplanung und Schulentwicklung, 1-20.

Steffens, U. & Bargel, T. (Hrsg.) (1987b). Erkundungen zur Wirksamkeit und Qualität von Schule. Beiträge aus dem Arbeitskreis Qualität von Schule. Heft 1. Wiesbaden: Hessisches Institut für Bildungsplanung und Schulentwicklung.

Steffens, U. & Bargel, T. (Hrsg.) (1987c). Fallstudien zur Qualität von Schule. Beiträge aus dem Arbeitskreis Qualität von Schule. Heft 2. Wiesbaden: Hessisches Institut für Bildungsplanung und Schulentwicklung.

Steffens, U. & Bargel, T. (Hrsg.) (1987d). Untersuchungen zur Qualität des Unterrichts. Beiträge aus dem Arbeitskreis Qualität von Schule. Heft 3. Wiesbaden: Hessisches Institut für Bildungsplanung und Schulentwicklung.

Steffens, U. & Bargel, T. (Hrsg.) (1988). Schulleben und Schulorganisation. Beiträge aus dem Arbeitskreis Qualität von Schule. Heft 4. Wiesbaden: Hessisches Institut für Bildungsplanung und Schulentwicklung.

Steffens, U. & Bargel, T. (Hrsg.) (1992). Schulentwicklung im Umbruch. Analysen und Perspektiven für die zukünftige inhaltliche Gestaltung von Schule. Beiträge aus dem Arbeitskreis Qualität von Schule. Heft 6. Wiesbaden: Hessisches Institut für Bildungsplanung und Schulentwicklung (HIBS).

Steffens, U. & Bargel, T. (1993). Erkundungen zur Qualität von Schule. Neuwied & Kriftl: Luchterhand.

Steffens, U. & Bargel, T. (Hrsg.) (1998). Schule zwischen Autonomie und Aufsicht. Beiträge aus dem Arbeitskreis Qualität von Schule. Heft 8. Wiesbaden: Hessisches Landesinstitut für Pädagogik (HeLP).

Steffens, U. & Bargel, T. (Hrsg.) (1999). Qualitätsentwicklung und Qualitätssicherung von Schulen. Strategien, Instrumente und Erfahrungen. Beiträge aus dem Arbeitskreis Qualität von Schule. Heft 10. Wiesbaden: Hessisches Landesinstitut für Pädagogik (HeLP).

Steffens, U. & Boenicke, R. (2000). Koordinatensysteme der Schulqualität. In *Haan, G., Hamm-Brücher, H. & Reiche, N.* (Hrsg.), Bildung ohne Systemzwänge. Innovationen und Reformen. Neuwied: Luchterhand, 269-289.

Stegmüller, W. (1960). Hauptströmungen der Gegenwartsphilosophie. Stuttgart: Kröner.

Steiner, P. & Landwehr, N. (2003). Das Q2E-Modell Schritte zur Schulqualität. Aspekte eines ganzheitlichen Qualitätsmanagements an Schulen. Bern: h.e.p.

Steinmann, H. & Schreyögg, G. (2005). Management. 6. Auflage. Wiesbaden: Gabler.

Steuer, E. (1983). Organisationsentwicklung für die Schule. Leitbild, Strategie und Verwirklichung schulinterner Organisationsentwicklung. Frankfurt a. M. et al.: Lang.

Stevenson, H. W., Parker, T., Wilkinson, A., Bonneveux, B. & Gonzales, M. (1978). Schooling, environment, and cognitive development. A cross-cultural Study. In Monographs of the Society for Research in Child Development, 43.

Stober, D. (1985). Die Quellen des Verwaltungsrechts. In *Schweickhardt, R.* (Hrsg.), Allgemeines Verwaltungsrecht. Stuttgart et al.: Kohlhammer, 63-96.

Storath, R. (1995). „Praxisschock" bei Schulleitern? Eine Untersuchung zur Rollenfindung neu ernannter Schulleiter. Neuwied & Kriftel: Luchterhand.

Straka, G. A. (2003). Verfahren und Instrumente der Kompetenzdiagnostik – der Engpass für ein Berufsbildungs-PISA? Überarbeiteter Beitrag zum Workshop „Berufsbildungs-PISA" des Bundesinstituts für Berufsbildung vom 30. Juni 2003 in Bonn.

Straka, G. & Macke, G. (2003). Lern-lehr-theoretische Analyse des Bildungsauftrags der Berufsschule. In Zeitschrift für Berufs- und Wirtschaftspädagogik, 17. Beiheft, 105-116.

Straka, G., Nenniger, P., Spevacek, G. & Wosnitza, M. (1996). Motiviertes selbstgesteuertes Lernen in der kaufmännischen Erstausbildung – Entwicklung und Validierung eines Zwei-Schalen-Modells. In Zeitschrift für Berufs- und Wirtschaftspädagogik, 13. Beiheft, 150-162.

Stringfield, S. & Slavin, R. E. (1992). A hierachical longitudinal model for elementary School effects. In *Creemers, B. P. M. & Reezigt, G. H.* (Eds.), Evaluation of Educational Effectiveness. Groningen: IOC, 35-69.

Strittmatter, A. (1997). Qualitätsentwicklung durch Selbstevaluation. Erkenntnisse aus dem Pilotprojekt Baselland 1995-1997. Binningen: Lehrerinnen- und Lehrerverein Baselland.

Strittmatter, A. (1999). Qualitätsevaluation in der „Schulszene Schweiz". In *Bencke-Galm, M.* et al. (Hrsg.), Schulentwicklung als Organisationsentwicklung. Köln: Edition Humanistische Psychologie, 329-342.

Strittmatter, A. (2002). Qualitätsmanagement und Evaluation an Schulen. In *Thom, N., Ritz, A. & Steiner, R.* (Hrsg.), Effektive Schulführung. Chancen und Risiken des Public Managements im Bildungswesen. Bern: Haupt, 89-112.

Strutz, S. & Nevermann, K. (1985). Schulleitung historisch gesehen. In *Recum, H. & Döring, P. A.* (Hrsg.), Schulleiter-Handbuch. Band 34. Braunschweig: Westermann.

Stufflebeam, D. L. (1972). Evaluation als Entscheidungshilfe. In *Wulf, C.* (Hrsg.), Evaluation. Beschreibung und Bewertung von Unterricht, Curricula und Schulversuchen. München: Piper, 113-145.

Suckow, H. (1990). Allgemeines Verwaltungsrecht und Verwaltungsrechtsschutz. Grundriss für die Ausbildung und Fortbildung. Köln et al.: Kohlhammer.

Sumfleth, E. & Pitton, A. (1998). Sprachliche Kommunikation im Chemieunterricht – Schülervorstellung und ihre Bedeutung im Unterrichtsalltag. In Zeitschrift für Didaktik der Naturwissenschaften, 4, 4-20.

Sumfleth, E., Rumann, S. & Nicolai, N. (2004). Schulische und häusliche Kooperation im Chemieanfangsunterricht. In *Doll, J. & Prenzel, M.* (Hrsg.), BIQUA – Bildungsqualität von Schule: Lehrerprofessionalisierung, Unterrichtsentwicklung und Schülerförderung als Strategien der Qualitätsverbesserung. Münster: Waxmann, 284-304.

Szaday, C. (1995). Creating effective schools for all: Trends in school effectiveness and school improvement research. Ebikon: Zentralschweizer Beratungsdienst für Schulfragen.

Szaday, C. (1999). Fallbeispiel Schulhaus Schachen. In *Grogger, G. & Specht, W.* (Hrsg.), Evaluation und Qualität im Bildungswesen. Problemanalyse und Lösungsansätze am Schnittpunkt von Wissenschaft und Bildungspolitik. Dokumentation eines internationalen Workshops, in Blumau, Steiermark vom 18.-21. Februar 1999. Graz: Zentrum für Schulentwicklung, 231.

Szaday, C., Büeler, X. & Favre, B. (1996). Trendbericht zur internationalen Schulqualitäts- und Schulentwicklungsforschung. Aarau: SKBF.

Szewczyk, M. (2005). Management in berufsbildenden Schulen – Zur Funktion des Schulleiters. Frankfurt a. M. et al.: Lang.

Teddlie, C. & Reynolds, D. (2000). The international handbook of school effectiveness research. New York: Falmer Press.

Teichmann, K. (2005). Evaluation und Qualitätsentwicklung in Baden-Württemberg. In Lehren und Lernen – Zeitschrift für Schule und Innovation in Baden-Württemberg, 31(12), 11-17.

Literaturverzeichnis

Tenberg, R. (2003). „Dienstleistung" Unterricht? Unstimmigkeiten bei der Adaption betrieblicher Instrumente von Qualitätsmanagement an Schüler. In *Zöller, A. & Gerls, P.* (Hrsg.), Qualität sichern und steigern – Personal- und Organisationsentwicklung als Herausforderung für berufliche Schulen. Bielefeld: Bertelsmann, 121-146.

Terhart, E. (1986). Organisation und Erziehung. Neue Zugangsweisen zu einem alten Dilemma. In Zeitschrift für Pädagogik 32(2), 205-223.

Terhart, E. (1997). Schulleitungshandeln zwischen Organisation und Erziehung. In *Wissinger, J. & Rosenbusch, H. G.* (Hrsg.), Schulleitung als pädagogisches Handeln. Schulleiter-Handbuch 83. München: Oldenbourg, 7-20.

Terhart, E. (2000a). Schüler beurteilen – Zensuren gegen. In *Beutel, S.-I. & Vollstädt, W.* (Hrsg.), Leistung ermitteln und bewerten. Hamburg, 39-50.

Terhart, E. (2000b). Qualität und Qualitätssicherung im Schulsystem. Hintergründe – Konzepte – Probleme. In Zeitschrift für Pädagogik, 46(6), 809-829.

Terhart, E. (2002). Wie können Ergebnisse von vergleichenden Leistungsstudien systematisch zur Qualitätsverbesserung in Schulen genutzt werden? In Zeitschrift für Pädagogik, 48, 91-110.

Terhechte, J. P. (2006). Zu den rechtsphilosophischen Grundlagen der ökonomischen Analyse des Rechts und den Critical Legal Studies.
http://www.jura.uni-bielefeld.de/Lehrstuehle/Hatje/Lehrstuhl/Terhechte/Terhechte.pdf.

Thieme, W. (1984). Verwaltungslehre. Köln et al.: Heymanns.

Thimm, K. (1998). Schulverdrossenheit und Schulverweigerung. Phänomene – Hintergründe und Ursachen – Alternativen in der Kooperation von Schule und Jugendhilfe. Ministerium für Bildung, Jugend und Sport des Landes Brandenburg. Berlin: Wissenschaft und Technik.

Thimm, K. (2000). Schulverweigerung: Zur Begründung eines neuen Verhältnisses von Sozialpädagogik und Schule. Münster: Votum.

Thimm, K. & Ricking, H. (2004). Begriffe und Wirkungsräume. In *Herz, B.* et al. (Hrsg.), Problem Schulabsentismus. Wege zurück in die Schule. Bad Heilbrunn: Klinkhardt.

Thom, N., Ritz, A. & Steiner, R. (2002). Effektive Schulführung. Chancen und Gefahren des Public Management im Bildungswesen. Bern et al.: Haupt.

Tiedemann, J. & Billmann-Mahecha, E. (2004). Kontextfaktoren der Schulleistung im Grundschulalter. Ergebnisse aus der Hannoverschen Grundschulstudie. In Zeitschrift für pädagogische Psychologie, 18(2), 113-124.

Tillmann, K.-J. (1976). Unterricht als soziales Erfahrungsfeld. Soziales Lernen in der Institution Schule. Frankfurt a. M.: Fischer.

Tillmann, K.-J. (Hrsg.) (1987a). Schultheorien. Hamburg: Bergmann + Helbig.

Tillmann, K.-J. (1987b). Theorie der Schule – Eine Einführung. In *Tillmann, K.-J.* (Hrsg.), Schultheorien. Hamburg: Bergmann + Helbig, 7-18.

Tillmann, K.-J. (1987c). Zwischen Euphorie und Stagnation. Erfahrungen mit der Bildungsreform. Hamburg: Bergmann & Helbig.

Tillmann, K.-J. (Hrsg.) (1989). Was ist eine gute Schule? Hamburg: Bergmann+Helbig.

Tillmann, K.-J. (1995). Autonomie der Schule – Illusion oder realistische Perspektive? In *Tillmann, K.-J.* (Hrsg.), Schulentwicklung und Lehrerarbeit – Nicht auf bessere Zeiten warten. Hamburg: Bergmann + Helbig, 31-45.

Tillmann, K.-J. (1997). Schulautonomie: Eine pädagogische Utopie in der bildungspolitischen Debatte. In *Braun, K. H. & Krüger, H.-H.* (Hrsg.), Pädagogische Zukunftsentwürfe. Festschrift zum siebzigsten Geburtstag von Wolfgang Klafki. Opladen: Leske + Budrich, 195-210.

Tillmann, K.-J. (2001). Leistungsvergleichsstudien und Qualitätsentwicklung oder: Auf dem Weg zu holländischen Verhältnissen? In Journal für Schulentwicklung, 5(2), 9-17.

Tillmann, K.-J. (2006). Ist die Schule ewig?. Ein schultheoretisches Essay. In *Baumgart, F. & Lange, U.* (Hrsg.), Theorien der Schule. Erläuterungen, Texte, Arbeitsaufgaben. 2. Auflage. Bad Heilbrunn: Klinkhardt.

Ting-Toomey, S. (1999), Communicating across cultures. New York: Guilford Press, 57-83.

Tietze, W. (1998). Wie gut sind unsere Kindergärten? Eine Untersuchung zur pädagogischen Qualität in deutschen Kindergärten. Neuwied & Kriftel: Luchterhand.

Topitsch, E. (1958). Restauration des Naturrechts? In ebd. (1961), Sozialphilosophie zischen Ideologie und Wissenschaft. Neuwied: Luchterhand, 53-70.

Treiber, B. (1982). Lehr- und Lern-Zeiten im Unterricht. In *Treiber, B. & Weinert, F. E.* (Hrsg.), Lehr-Lern-Forschung. Ein Überblick in Einzeldarstellungen. München et al.: Urban & Schwarzenberg, 12-36.

Trier, U. P. (Hrsg.) (2000). Bildungswirksamkeit zwischen Forschung und Politik. Zürich: Rüegger.

Tulodziecki, G. & Blömeke, S. (Hrsg.) (1997). Neue Medien – Neue Aufgaben für die Lehrerausbildung. Gütersloh: Bertelsmann.

Tulodziecki, G. & Herzig, B. (2002). Computer & Internet im Unterricht. Medienpädagogische Grundlagen und Beispiele. Berlin: Cornelsen/Scriptor.

Türk, K. (1976). Grundlagen einer Pathologie der Organisation. Stuttgart: Enke.

Türk, K. (1989). Neuere Entwicklungen in der Organisationsforschung. Stuttgart: Enke.

Twining, P. (2002). Enhancing the impacts of investments in educational ICT. Milton Keynes: The Open University.

Ulrich, D. & Mertens, W. (1973). Urteile über Schüler. Weinheim & Basel: Beltz.

U. S. Department of Education (1998). Turning around Low-performing Schools. Washington, D.C.: Department of Education.

Vágó, I. (2000). Az oktatás tartalma. In *Halász G. & Lannert J.* (Hrsg.), Jelentés a magyar közoktatásról 2000. Budapest: Országos Közoktatási Intézet, 169-238.

Varga, A. (2002). A magyarországi öko-iskola hálózat. In *Mihály I.* (Hrsg.), Környezeti nevelés együttműködés. Budapest: Országos Közoktatási Intézet

Veen, W. (1993). How teachers use computers in instructional practice – Four case studies in a Dutch secondary school. In Computers & Education, 21(1/2), 1-8.

Venezky, R. L. & Davis, C. (2002). Quo vademus? The transformation of schooling in a networked world. http://www.oecd.org/dataoecd/48/20/2073054.pdf. Stand: Oktober 2005.

Venter, G. (1997). Autonomie von Schule in Ungarn – Entwicklungen, Situation, Perspektiven. In Studien zur Wirtschafts- und Erwachsenenpädagogik aus der Humboldt-Universität zu Berlin, Band 13.1. Berlin: Humboldt-Universität zu Berlin, 83-96.

Venter, G., Buer, J. van & Lehmann, R. H. (Hrsg.) (1997). Erweiterte Autonomie für Schulen – Grundlagen und nationale Sichtweisen. In Studien zur Wirtschafts- und Erwachsenenpädagogik aus der Humboldt-Universität zu Berlin, Band 13.1. Berlin: Humboldt-Universität zu Berlin.

Vereinigung der Bayerischen Wirtschaft (Hrsg.) (2003). Bildung neu denken! Das Zukunftsprojekt. Wiesbaden: VS.

Vereinigung der Bayerischen Wirtschaft (Hrsg.) (2004). Bildung neu denken! Das Finanzkonzept. Wiesbaden: VS.

Vereinigung der Bayerischen Wirtschaft (Hrsg.) (2005). Bildung neu denken! Das juristische Konzept. Wiesbaden: VS.

Vierlinger, R. (Hrsg.) (1989). Eine gute Schule – was ist das? 10. Europäisches Symposion an der Universität Passau vom 27. Juli bis 4. August 1989. Passau: Universität Passau.

Vögele, M. (2003). Computerunterstütztes Lernen in der Beruflichen Bildung. Beiträge zur Arbeits-, Berufs- und Wirtschaftspädagogik. Band 22. Frankfurt a. M. et al.: Lang.

Vosniadou, S., Corte, E. de, Glaser, R. & Mandl, H. (Eds.) (1996). International Perspectives on the design of technology-supported learning environments. Mahwah, NJ: Erlbaum.

Vygotzkij, L. S. (2002). Denken und Sprechen. Weinheim & Basel: Beltz.

Walberg, H. J. (1984). Improving the productivity of America's schools. In Educational Leadership, 41, 19-30.

Walberg, H. J. (1991). Improving science in advanced and developing countries. In Review of Educational Research, 61, 25-69.

Wallace, M. (2002). Modeling distributed leadership and management effectiveness: Primary school senior management teams in England and Wales. In School Effectiveness and School Improvement, 13(2), 163-186.

Wang, M. C., Haertel, G. D. & Walberg, H. J. (1993). Toward a knowledge base for school learning. In Review of Eduactional Research, 63(3), 249-294.

Warzecha, B. (2001). Schulschwänzen und Schulverweigerung – Eine Herausforderung an das Bildungssystem. Hamburg: Lit.

Watermann, R. & Baumert, J. (2000). Mathematische und naturwissenschaftliche Grundbildung beim Übergang von der Schule in den Beruf. In *Baumert, J., Bos, W. & Lehmann, R. H.* (Hrsg.), Dritte Internationale Mathematik- und Naturwissenschaftsstudie. Mathematische und naturwissenschaftliche Grundbildung am Ende der Schullaufbahn. Band 1. Opladen: Leske + Budrich, 199-259.

Weber, E. (1988). Kritische Auseinandersetzung mit der These, dass es für Lehrer unmöglich sei zu erziehen, und konstruktive Überlegungen zur Möglichkeit schulischer Erziehung. In *Röbe, E.* (Hrsg.), Schule in der Verantwortung der Kinder. Langenau-Ulm: Haas, 15-96.

Weber, G. (1971). Inner-City Children Can Be Taught To Read. Four Successful Schools. Washington, D. C.: Council for Basic Education.

Weber, M. (1964). Wirtschaft und Gesellschaft. Studienausgabe. 2. Halbband. Köln & Berlin: Kiepenheuer & Witsch.

Weber, M. (1972). Wirtschaft und Gesellschaft. Tübingen: Mohr.

Weber, M. (1976). Wirtschaft und Gesellschaft. Grundriss der verstehenden Soziologie. 1. Halbband. 5. Auflage. Tübingen: Mohr.

Weber, M. (1980). Wirtschaft und Gesellschaft. Studienausgabe. 5. Auflage. Tübingen: Mohr.

Weber, S. (2003). Initiating intercultural learning and development in the field of economic and business education. Habilitationsschrift. Berlin: Humboldt-Universität zu Berlin.

Weber, S. (2004). Interkulturelles Lernen – Versuch einer Rekonzeptualisierung. In Unterrichtswissenschaft, 32, 43-168.

Weber, S. (2005a). Kompetenz und Identität als Konzepte beruflichen Lernens über die Lebensspanne. In *Gonon, P., et al.* (Hrsg.), Kompetenz, Kognition und neue Konzepte der beruflichen Bildung. Wiesbaden: VS, 9-23.

Weber, S. (2005b). Intercultural learning as identity negotiation. Frankfurt a. M. et al.: Lang.

Weber, S. (2006). Design Experiment. In *Kaiser, F.-J. & Pätzold, G.* (Hrsg.), Wörterbuch Berufs- und Wirtschaftspädagogik. 2. Auflage. Bad Heilbrunn: Klinkhardt, 211-213.

Weber, S., & Arends, L. (2006). Antragsskizze für eine Teilnahme am DFG-Schwerpunktprogramm "Kompetenzdiagnostik". Bremen, 11./12. Juli 2006.

Weerts, F. (2006). Gelingensbedingungen für externe Evaluationen – Reflexionen eines Schulinspektors a. D. aus den Niederlanden. In schul-management, 37, 22-25.

Weick, K. E. (1976). Educational organizations as loosely coupled systems. In Administrative Science Quarterly, 21, 1-19.

Weick, K. E. (1985). Der Prozess des Organisierens. Frankfurt a. M.: Suhrkamp.

Weick, K. E. (1995). Sensemaking in Organizations. Thousand Oaks: Sage.

Weigel, W. (2003). Rechtsökonomik: Eine methodologische Einführung für Einsteiger und Neugierige. München: Vahlen.

Weinert, A. B. (1998). Organisationspsychologie. Ein Lehrbuch. Weinheim: PVU.

Weinert, F. E. (1996). Psychologie des Lernens und der Instruktion. Göttingen: Hogrefe.

Weinert, F. E. (1998). Guter Unterricht ist ein guter Unterricht, in dem mehr gelernt wird als gelehrt wird. In *Freund, J., Gruber, H. & Weidinger, W.* (Hrsg.), Guter Unterricht – Was ist das? Aspekte von Unterrichtsqualität. Wien: ÖBV, 7-18.

Weinert, F. E. (1998). Neue Unterrichtskonzepte zwischen gesellschaftlichen Notwendigkeiten, pädagogischen Visionen und psychologischen Möglichkeiten. In Bayerisches Staatsministerium für Unterricht, Kultus, Wissenschaft und Kunst (Hrsg.), Wissen und Werte für die Welt von morgen. München und Donauwörth: Auer, 101-125.

Weinert, F. E. (2000). Lehr-Lernforschung an einer kalendarischen Zeitwende. Im alten Trott weiter oder Aufbruch zu neuen wissenschaftlichen Horizonten? In Unterrichtswissenschaft, 28(1), 44-48.

Weinert, F. E. (2001). Vergleichende Leistungsmessung in Schulen – Eine umstrittene Selbstverständlichkeit. In *Weinert, F. E.* (Hrsg.), Leistungsmessungen in Schulen. Weinheim: Beltz, 17-31.

Weinert, F. E. (2001). Perspektiven der Schulleistungsmessung – Mehrperspektivisch betrachtet. In *Wienert, F. E* (Hrsg.), Leistungsmessungen in Schulen. Weinheim & Basel: Beltz, 353-365.

Weinert, F. E (Hrsg.) (2001). Leistungsmessungen in Schulen. Weinheim und Basel: Beltz.

Weinert, F. E. & Helmke, A. (1987). Schulleistungen – Leistungen der Schule oder der Kinder? In *Steffens, U. & Bargel, T.* (Hrsg.), Untersuchungen zur Qualität des Unterrichts. Beiträge aus dem Arbeitskreis Qualität von Schule. Heft 3. Wiesbaden: Hessisches Institut für Bildungsplanung und Schulentwicklung, 17-31.

Weinert, F. E. & Helmke, A. (Hrsg.) (1997), Psychologie des Unterrichts und der Schule. Band 3. Göttingen: Hogrefe, 71-176.

Weinert, F. E. & Helmke, A (Hrsg.) (1997). Entwicklung im Grundschulalter. Weinheim: Psychologie Verlags Union.

Weinert, F. E., Knopf, M. & Storch, C. (1981). Erwartungsbildungen bei Lehrern. In *Hofer, M.* (Hrsg.), Informationsverarbeitung und Entscheidungsverhalten von Lehrern. München et al.: Urban & Schwarzenberg, 159-191.

Weinert, F. E. , Schrader, F. W. & Helmke, A. (1989). Quality of instruction and achievement outcomes. In International Journal of Educational Research, 13, 895-914.

Weishaupt, H. (Hrsg.) (2000). Qualitätssicherung im Bildungswesen. Problemlage und aktuelle Forschungsbefunde. Dokumentation einer Tagung der Kommission Bildungsorganisation, Bildungsplanung, Bildungsrecht der Deutschen Gesellschaft für Erziehungswissenschaft am 10.-11. März 1999 in Erfurt. Erfurt: Pädagogische Hochschule.

Weishaupt, H. &. Weiß, M. (1988). Bildungsbudget und interne Mittelallokation. In Zeitschrift für Pädagogik, 34(4), 535-553.

Weishaupt, H., Weiss, M., Recum, H. von & Haug, R. (1988). Perspektiven des Bildungswesens der Bundesrepublik Deutschland. Rahmenbedingungen, Problemlagen, Lösungsstrategien. Baden-Baden: Nomos.

Weiß, M. (1985). Schuleffekt-Forschung: Ergebnisse und Kritik empirischer Input-Output-Untersuchungen. In *Twellmann, W.* (Hrsg.), Handbuch Schule und Unterricht. Band 7.1. Düsseldorf: Schwann, 1060-1094.

Weiß, M. (2002). „Schools are special places" – Grenzen der Neuen Steuerung im Schulbereich. In Schule und Wirtschaft, Auf der Suche nach einem neuen Verhältnis. Münster: Aschendorff, 70-81.

Weiß, M. (2003). Kann das Schulwesen durch Wettbewerb genesen? In *Döbert, H.* et al. (Hrsg.), Bildung vor neuen Herausforderungen. Neuwied: Luchterhand, 111-119.

Weiß, M. & Preuschoff, C. (2003). Bildung in der Finanzierungsklemme. In Bildung und Erziehung, 56(4), 381-407.

Weiß, M. & Timmermann, D. (2004). Bildungsökonomie und Schulstatistik. In *Helsper, W. & Böhme, J.* (Hrsg.), Handbuch der Schulforschung. Opladen: Leske + Budrich, 241-287.

Weißhuhn, G. (2001). Gutachten zur Bildung in Deutschland. Bonn: Bundesministerium für Bildung und Forschung.

Weißhuhn, G. & Große Rövekamp, J. (2004). Bildung und Lebenslagen – Auswertungen und Analysen für den zweiten Armuts- und Reichtumsbericht der Bundesregierung. Berlin: Bundesministerium für Bildung und Forschung.

Wellendorf, F. (1969). Formen der Kooperation von Lehrern in der Schule. In *Fürstenau, P.* et al. (Hrsg.), Zur Theorie der Schule. Weinheim & Basel: Beltz, 47-66.

Wellendorf, F. (1973). Schulische Sozialisation und Identität. Weinheim & Basel: Beltz.

Welzel, H. (1951). Naturrecht und materiale Gerechtigkeit. Göttingen: Vandenhoeck & Ruprecht.

Wendland, M. & Rheinberg, F. (2004). Welche Motivationsfaktoren beeinflussen die Mathematikleistung? – Eine Längsschnittanalyse. In *Doll, J. & Prenzel, M.* (Hrsg.), BIQUA – Bildungsqualität von Schule: Lehrerprofessionalisierung, Unterrichtsentwicklung und Schülerförderung als Strategien der Qualitätsverbesserung. Münster: Waxmann, 309-328.

Wenger, E. (1999). Communities of Practice: Learning, meaning, and identity. New York et al.: Cambridge University Press.

Wensierski, P. (2006). Schläge im Namen des Herrn. München: DVA.

Wenzel, H., Wesemann, M. & Bohnsack, F. (Hrsg.) (1990). Schulinterne Lehrerfortbildung. Ihr Beitrag zu schulischer Selbstentwicklung. Studien zur Schulpädagogik und Didaktik. Band 4. Weinheim & Basel: Beltz.

Wesemann, M. (1990). Die institutionellen Strukturen der Schule und der Lehrkräftefortbildung. In *Enzel, H.* et al. (Hrsg.), Schulinterne Lehrkräftefortbildung. Ihr Beitrag zur schulischen Selbstentwicklung. Weinheim: Basel.

West, M., Jackson, D., Harris, A. & Hopkins, D. (2000). Learning through leadership, leadership through learning. In *Riley, K. A. & Seashore-Louis, D.* (Hrsg.), Leadership for Change and School Reform. London: Routledge Falmer.

Whitty, G. (1997). Creating quasi-markets in education. In *Apple, M. W.* (Hrsg.), Review of Research in Education, 3-47.

Wiater, W. (2002). Theorie der Schule. Donauwörth: Auer.

Wild, E. (2004). Häusliches Lernen. Forschungsdesiderate und Forschungsperspektiven. In Zeitschrift für Erziehungswissenschaft, 3. Beiheft, 37-64.

Wilhelmi, H. -H. (2000). Innovationspolitik auf gesamtstaatlicher Ebene. Ein Lernprozess. In *Haan, G. de, Hamm-Brücher, H. & Reichel, N.* (Hrsg.), Bildung ohne Systemzwänge. Innovationen und Reformen. Neuwied & Berlin: Luchterhand, 9-22.

Williamson, O. E. (1990). Die ökonomischen Institutionen des Kapitalismus. Unternehmen, Märkte, Kooperationen. Tübingen: Mohr.

Williamson, O. E. (1996). Transaktionskostenökonomik. 2. Auflage. Hamburg: Lit.

Willke, H. (1983). Entzauberung des Staates. Frankfurt a. M.: Athenäum.

Willke, H. (1989). Systemtheorie entwickelter Gesellschaften. Weinheim & München: Juventa.

Willke, H. (1992). Steuerungs- und Regierungsfähigkeit der Politik. Wien: Passage.

Willke, H. (1993). Systemtheorie. Frankfurt am Main: Suhrkamp.

Willke, H. (1995). Systemtheorie III: Steuerungstheorie. Grundzüge einer Theorie der Steuerung komplexer Sozialsysteme. Stuttgart & Jena: Fischer.

Willke, H. (1996). Die Steuerungsfunktion des Staates aus systemtheoretischer Sicht. In *Grimm, D. & Hagenah, E.* (Hrsg.), Staatsaufgaben. Baden-Baden: Nomos, 685-711.

Willke, H. (1997). Supervision des Staates, Frankfurt a. M.: Suhrkamp.

Willke, H. (1999). Systemtheorie II. Interventionstheorie. Stuttgart: Fischer.

Willke, H. (2005). Symbolische Systeme. Grundriss einer soziologischen Theorie. Weilerwist: Velbrück.

Winch, C. (1996). Quality and education. Second Special Issue of the Journal of Philosophy of Education. Oxford: Blackwell.

Winneburg, S. S. (1987). The Self-Fulfillment of the Self-Fulfilling Prophecy. In Educational Researcher, 16(9), 42-44.

Wissinger, J. (1996). Perspektiven schulischen Führungshandelns. Eine Untersuchung über das Selbstverständnis von SchulleiterInnen. Weinheim & München: Juventa.

Wissinger, J. (2002). Ergebnisse der TIMSS-Schulleiterbefragung. In *Wissinger, J. & Huber, S. G.* (Hrsg.), Schulleitung – Forschung und Qualifizierung. Leske + Budrich: Opladen.

Wissinger, J. & Huber, S. G. (Hrsg.) (2002). Schulleitung – Forschung und Qualifizierung. Leske + Budrich: Opladen.

Wiswede, G. (2004). Sozialpsychologie-Lexikon. München: Oldenbourg.

Witte, E. (1973). Organisation für Innovationsentscheidungen. Göttingen: Schwartz.

Wittmann, E. (2003). Leiten von Schule als Balanceakt zwischen alternativen Administrativen Philosophien? Zur Bedeutung des „New Public Managements" für die Implementation von Kompetenzzentren und Regionalen Berufsbildungszentren. In *Buer, J. van & Zlatkin-Troitschanskaia, O.* (Hrsg.), Berufliche Bildung auf dem Prüfstand: Entwicklung zwischen systemischer Steuerung, Transformation durch Modellversuche und unterrichtliche Innovation. Frankfurt a. M. et al.: Lang, 343-373.

Wittmann, E. (2006). Reducing school administration to a technicality? Philosophical reflections of senior German school administrators in the context of New Public Management based vocational school reform. In International Journal for Leadership in Education, 9, 111-128.

Wöhe, G. (1996). Einführung in die allgemeine Betriebswirtschaftslehre. 19. Auflage. München: Vahlen.

Wolf, H. & Klüsche, N. (1977). Abschlußbericht der Projektleitung für den Auftraggeber. Beiheft 9 zu curriculum konkret. Frankfurt a. M..: Regionale Lehrerfortbildung.

Wolf, K. D. (2003). Gestaltung und Einsatz einer internetbasierten Lernumgebung zur Unterstützung selbstorganisierten Lernens. Hamburg: Dr. Kovač.

Wolfe, B. (1997). A cost-effectiveness analysis of reductions in school expenditures: an application of an educational production function. In Journal of Educational Finance, 407-418.

Wollenberg, C. (1974). Mendez vs. Westminster, race, nationality and segregation in California schools. In California Historical Quarterly, 53(4), 324f.

Woods, P. A., Bagley, C. & Glatter, R. (1998). School choice and competition: Markets in the public interest? London: Routledge.

Wosnitza, M. & Jäger, R. S. (Hrsg.) (2000). Daten erfassen, auswerten und präsentieren – Aber wie? Landau: Empirische Pädagogik.

Wudy, D. (2005). Zu den kognitiven Ressourcen der Schülerinnen und Schüler – Hauptuntersuchung. In *Buer, J. van* et al. (Hrsg.), Endbericht zum Modellversuch „Modulare-Duale-Qualifizierungs-Maßnahme". Berlin: Humboldt-Universität zu Berlin.

Wulf, C. (1972). Evaluation. München: Pieper.

Wunderer, R. (2001). Führung und Zusammenarbeit. Eine unternehmerische Führungslehre. 4. Auflage. Neuwied & Kriftel: Luchterhand.

Wuttke, E. (1999). Motivation und Lernstrategien in einer selbstorganisationsoffenen Lernumgebung. Eine empirische Untersuchung bei Industriekaufleuten. Frankfurt a. M. et al.: Lang.

Wuttke, E. (2005a). Unterrichtskommunikation und Wissenserwerb. Konzepte und Lehrens und Lernens. Frankfurt a. M. et al.: Lang.

Wuttke, E. (2005b). Schweigen ist Silber, Reden ist Gold? – Analyse der Qualität und Wirkungen von Unterrichtskommunikation. In *Gonon, P.*, et al. (Hrsg.), Kompetenz, Kognition und neue Konzepte der beruflichen Bildung, Wiesbaden: VS, 142-160.

Wuttke, E. (2006). Modellierung von Unterrichtskommunikation als Grundlage für die Diagnose (unterrichts-)kommunikativer Kompetenz. In *Minnameier, G. & Wuttke, E.* (Hrsg.), Berufs- und wirtschaftspädagogische Grundlagenforschung. Frankfurt a. M. et al.: Lang, 421-436.

Yin, R. K. (1994). Case study research. Design and methods. 2nd edition. Thousand Oaks et al.: Sage.

Yukl, G. (2005). Leadership in organizations. Upper Saddle River, NJ: Pearson/Prentice Hall.

Zaib, V. (2001). Berufsbildungsforschung in der Psychologie. In *Buer, J. van, Kell, A. & Wittmann, E.* (Hrsg.), Berufsbildungsforschung in ausgewählten Wissenschaften und multidisziplinären Forschungsbereichen. Frankfurt a. M. et al.: Lang, 21-51.

Zedler, P. (1990). Bilanz der Bildungsplanung. Veranlassungen, Problemtypen und Überforderungen staatlicher Reformplanung seit 1945. Hagen: Fernuniversität.

Zedler, P., Fischer, H., Kirchner, S. & Schröder, H.-J. (2004). Fachdidaktisches Coaching – Veränderungen von Lehrerkognitionen und unterrichtlicher Handlungsmuster. In *Doll, J. & Prenzel, M.* (Hrsg.), BIQUA – Bildungsqualität von Schule: Lehrerprofessionalisierung, Unterrichtsentwicklung und Schülerförderung als Strategien der Qualitätsverbesserung. Münster: Waxmann, 114-132.

Zehetmaier, H. (1998). 50 Jahre Kultusministerkonferenz – Neue Entwicklungen im Kulturföderalismus. In Recht der Jugend und des Bildungswesens, 2, 133-144.

Ziegler, B. (2006a). Transferstrategien und Transfermaßnahmen im Schulprogramm „Projekte, Lesen und Schreiben für alle" (PLUS). In *Nickolaus, R. & Gräsel, C.* (Hrsg.), Innovationen und Transfer. Band 2. Baltmannsweiler: Schneider, 389-420.

Ziegler, B. (in Vorbereitung, voraussichtlich 2006b). ‚Subjektive Theorien' von Lehrenden in der beruflichen Bildung – Gegenstandsfeld und Forschungsstand. In Zeitschrift für Berufs- und Wirtschaftspädagogik.

Zimmerman, B. J. (2000). Developing self-fullfilling cycles of academic regulation: An analysis of exemplary instructional models. In *Schunk, D. H. & Zimmerman, B. J.* (Eds.), Self-regulated learning. From teaching to self-reflective practice. New York: Guilford, 1-20.

Zinnecker, J. (Hrsg.) (1975). Der heimliche Lehrplan. Untersuchungen zum Schulunterricht. Weinheim & Basel: Beltz.

Zlatkin-Troitschanskaia, O. (2005). Dynamik und Stabilität in Berufsbildungssystemen – Eine theoretische und empirische Untersuchung von Transformationsprozessen am Beispiel Bulgariens und Litauens. Frankfurt a. M. et al.: Lang.

Zlatkin-Troitschanskaia, O. (2006). Steuerbarkeit von Bildungssystemen mittels politischer Reformstrategien – Interdisziplinäre theoretische Analyse und empirische Studie zur Erweiterung der Autonomie im öffentlichen Schulwesen. Habilitationsschrift. Berlin: Humboldt-Universität zu Berlin.

Zymek, B. (2004). Geschichte des Schulwesens und des Lehrerberufs. In *Helsper, W. & Böhme, J.* (Hrsg.), Handbuch der Schulforschung. Wiesbaden: VS, 205-240.

VII Sachwortverzeichnis

Sachwortverzeichnis

A

Akkreditierung 339, 554
Allgemeinbildung 97
Anreizsysteme 196, 199, 210
Angebots-Nutzungs-Modell 397f, 449
Arbeitskreis „Qualität von Schule" **29ff**, 49
Assessment 84, 86, 89, 329, 557
Aufgabenentwicklung 101
Ausbildung 367, **419ff**
Ausstattung 88, 171, 437, 448
Autonomie-Paritäts-Muster 221, 412

B

Balanced Score Card 126, 336, 341, 364, **505ff**
Beamtentum 76, 196, 208, 212f, 225
BEAGLE 104, 113
Begleitforschung 248
Benchmarking 16, 137, 173, 299, 311f, 337f
Beratung (External Experts) 34f, 86, 134, 232, 236f, 240, 248, 261, 547ff
Berechtigungssystem 160
Berufliche Bildung 302f, 401, 473ff, 488ff
Berufsbildungs-PISA 481, **486ff**
Berufsbildungssystem 279, 412
Beschäftigungssystem 61
Bezugsnorm 385f, 389
Bildung 58, 63f, 89, 175, 184, 198
Bildungsbeteiligung 163
Bildungsberichterstattung 44f, 156, **297ff**, 415
Bildungsfinanzierung 19, 163, **167ff**, 495f, 512, 538
Bildungskarrieren 87, 307, 449, **457ff**, 466
Bildungskatastrophe 21
Bildungskooperation 268
Bildungsföderalismus 101, **153ff**, 241, 515
Bildungsnachfrage 538
Bildungsökonomie 50, 172, 182, 495
Bildungsplanung 36, 41, 43, 261
Bildungspolitik 5f, 11f, 109ff, 126, **158ff**, 269, 309, 322, 515ff
Bildungsproduktionsfunktion 85, 171f, 303, 307, 310, 469f
Bildungsprozesse 99, 286, 288, 303, 469ff
Bildungsqualität **285f**, 296

Bildungsstandards 11, 16, 18, 41, 45, 65, 67, 79, 85, 88f, **93ff**, 111, 119, 129, 131, 156, 164, 263f, 266, 299, 319, 385f, 401, 403f, 412, 481, 484, 496, 502, 504, 512
Bildungstheorie 62
BiQua **285ff**, 296
Blended Strategy 417, 425
BLK (Bund-Länder Kommission) 154f, 159, 162
Bottom Up 544
Burn Out 30
Bürokratie 22, 68, 71f, 186, 188, 195f, 201, 203, **206ff**, 215, 224f, 282, 346, 365, 369

C

Chancengleichheit 26, 64f, 75, 88, 171, 298, 322, 486, 500
Chancengerechtigkeit 75, 163, 556f
Change 111, 362, 544f, 554
Computernutzung 308, 437, **439ff**
Committment 128, 364, 378f
Controlling 106, 177, 237, 321, 341, 506
Coping 460, 465f
Corporate Identity 110
Critical Incident 413, 423
Curriculare Leitmodelle 112, 126f, 129

D

Delegation 346, 364f, 540
Design Experiment **415ff**, 484
Dezentralisierung 43, 156, 174, 204, 219f, 227, 276, 352, **527ff**
DFG-Schwerpunktprogramm 474, 481ff, **285ff**
Diagnostik 127, 132, **383ff**
Didaktik 112
Dienstliche Beurteilungen 19, 214
Direkte Instruktion 405f
Domänenspezifität 406, 471, 482, 484f, 491, 494
Drittmittel 171

E

Effektivität (Effectiveness) 13, 17, 26f, 65, 115, **183ff**, 256, 470, 495f, 543
Effizienz 13, 17, 23ff, 64, 115, 168, 171, 174f, **180ff**, 273, 282, 402f, 470, 496, 501, 504, 538
EFQM 106, 112, 126, 435, 516, 520
Eigenverantwortung 95, 266
Einheitsschule 528, 530
Einstellungs-Verhaltensmodelle 441f

Sachwortverzeichnis

Einzelschulentwicklung **11ff, 103ff, 131ff,** 141, 317ff, 345, 364ff, 399f, 450

Emotionen 293, 407

Empirische Bildungsforschung 11f, 41ff, 182, 261, 287, 314, 326, 471

Entscheidungsstrukturen 536

Entwicklungsinstrumente 110, 119, 124

Erweiterte Autonomie 12, 67, 79, 116, 131, **201ff, 229ff,** 404, **527ff**

Erweiterte Selbstständigkeit 11ff, 18, 22f, 34, 109, 141, 201, 318, 323, 340, 343, 346f, **515ff**

Erweiterte Schulleitung 213, 345

Europäischer Qualifikationsrahmen 529, 542

Evaluation
- Begriff der **142f**
- externe 18, 41, 79, 89f, 108, 112, **135ff,** 143, 210f, 227, **229ff,** 246, 252, 261, 266f, 320, 330, 504, 512f
- interne 16, 18, 40, 108, 112, 131, 133f, 136ff, **141ff,** 210, 229, 232, 252, 320, 324ff, 341f, 497, 504f
- Fremd- 143, 521
- Selbst- 100, 134, 137f, 141, 143, 149, 516
- System- 164
- Lehrer- (Teacher Evaluation) 549

Evaluationskriterien **135f,** 210

Evaluationsverfahren 145, 283

Expansive Learning Cycle 421ff

Experimentelle Laborforschung 414ff

F

Fachaufsicht 235, 332

Fachleistungen 174, 496f

Fallstudie 413, 417, 422f

Feedback 384

Feldstudien 415f

Finanzierungsmodelle 181f

Förderdiagnostik 387

Fragen 428, 433

Framing 385f, 390

Frontalunterricht 420

Führung 347f, **349ff,** 376, 508

Führungsverhalten 363, **376ff**

G

Geschlechteridentität 295

Gesamtschulforschung 25ff

Gesellschaftliche Teilhabe 298, 486

Globalbudget 518

Globalisierung 269

Gratifikationssysteme 257

Grundbildung 96, 476

H

Handlungskompetenz 431

Hierarchie 68, 71, 203, 214f, **220f,** 346

High Stakes Testing 175f, 179

Hochbegabte 450, **457ff**

Human Resources 298, 415f, 486

I

IKT-Integration **437ff,** 539

Implementation 15f, 80f, 89f, 106, **317ff,** 416, 438, 545ff

Implizite Persönlichkeitstheorie 287, 384f, **391ff,** 434

Informationsgesellschaft 404

Informelle Bildung 303, 307f

Innovation 435, 518

Innovationsbereitschaft 442f, 444

Innovationsklima 445f, 448

Inspektorate **138f**

Inspektoren 238, 254f

Interaktionsformen 291

Interaktionsprozesse 385, 419, 422, 425

Interaktionsqualität 429

Interdisziplinarität 262, 287

Intercultural Framework 420, 422ff

Interinstitutionelle Varianz 13f, 17, 511, 532f

Interkulturelles Lernen 417, **419ff**

Internationale Berufsbildungsforschung 483f

Internationale Bildungsberichterstattung **304ff**

Internationale Schulleistungsstudien 40, 45, 86f, 197, 269, 297, 299, 415f, 419

Intervention 121, 324, 421ff

Intrainstitutionelle Varianzen 13f, 17, 103ff, 108f, 111

Investitionen 60, 160f, 169

IQB (Institut zur Qualitätsentwicklung in Berlin) 41, 93, 268

ISB (Bayrisches Staatsinstitut für Schulqualität und Bildungsforschung) **259ff**

ISLLC Standards 554ff, **558ff**

ISO 9000ff 277, 516, 520, 524

Isomorphismus 177, 182

J

Jugendarbeitslosigkeit 538
Jugendhilfe 467

K

Kammerprüfungen 480
Kerngeschäft 64, 73, 117, 319, 321, 324, 341, 496, 504
Kernqualifikation 96
Klassengröße 88
Klassenklima 434
Klassenwiederholungen 463f
KMK (Kultusminister Konferenz) 94, 98, 155, 158, 162, 299, 307
Kommunikation
- im Unterricht 384, **427ff**
- in der betrieblichen Ausbildung 429

Kommunikationsfähigkeit 428, 430, 434
Kommunikative Didaktik 434
Kompetenz
- Begriff der 484, 487ff, 494
- berufliche 481, 489
- fachliche 102, 405
- Grund- 489
- kommunikative 429
- Medien- 437
- Problemlöse- 87, 409ff
- Schlüssel- 437
- soziale 408, 429f
- Lehrer- 288f, 382, 395, 432, 441f
- Schüler- 288, 291ff

Kompetenzarmut 500
Kompetenzentwicklung 63, 122, 286, 401, 471, **481ff**
Kompetenzmodell 97f, 482
Kompetenzmessung 487, 490, 494
Kompetenzzentren 279
Konstruktivistischer Unterricht 439f, 442
Kontext 137, 287, 295f, 417, 469f, 472, 502f, 559
Kooperation
- Prinzip der 364
- Lehrer- 290, 412
- externe 468

Kosten-Nutzen-Erwägung 60, 169, 165f
Kulturhoheit 154, 157

L

Landesinstitut **259ff, 269ff**
Ländervergleiche 13, 268
Leadership
- Begriff des 350, **543ff**, 560
- collaborative 557
- effective 543f
- instructional 352, 355
- post-transformational 363, 365, 379
- transaktional 352, 362f
- transformational 352, 361ff, 378, 556, 558
- transformative 378, 556, 558

Lebenslanges Lernen 300f, 308, 367, 402, 481
Lehrerbelastung 105, 128, 331, 343
Lehrerbildung 88, 134, 147, 242, 447
Lehrerfortbildung 32, 42, 129, 265, 289f, 327, 531ff
Lehrerrolle 22, 13f, 76
Lehrerverhalten 462f, 467
Lehr-Lern-Formen
- adaptive 381, 393ff, 505, 539
- handlungsorientierte 113, 126, 320, 393, 395, 503, 510
- komplexe 121, 393, 395, 404f, **413ff**
- kooperativ 404, 409, 432
- lehrerzentrierte 291, 433, 440f, 539
- schülerzentrierte 291f, 441

Lehr-Lern-Theorie 416f, 431
Lehrplanentwicklung 100, 264, 529f, 539
Lehrstrategien 393ff, 396, 398, 429
Lehrverpflichtung 384
Leistungsbericht 18, 112, 320, 338, 497, 505f
Leistungsentwicklung 286, 292
Leistungslöhne 516, 520
Leitbild 144, 321, 323, 326
Lernausgangslage 99, 477ff
Lernen aus Fehlern 101
Lernende Organisation 134, 368, **371f**, 403
Lernerfolg 15, 28, 308, 395ff, 405, 409ff, 428, 432f, 469ff, 480, 496
Lernfeld 17, 19, 112, 129, 320, 510
Lernmilieu 127, 469, **472ff**, 499, 505, 511
Lernmittelfreiheit 170
Lernmotivation 293f, 407f, 433, 458f
Lernort 308, 468
Lernprozesse 308

Lernstandserhebungen 38, 43, 45, 99, 147, 164, 242, 248
Lernstrategien 295
Lerntempo 402f
Lernumgebung 405
Lernzeit **449ff**, 463, 501f
Lizensierung 554, 559
Loose Coupling 51, 68, 71ff, 177, 204, 221, 369

M

Management
- Begriff des 348ff
- by Expecations 364
- by Objectives 364, 564f

Managementlehre 347ff
MDQM 455ff
Medienintegration 87, 291, **438ff**
Medienpädagogik 265, 437
Mehrebenenmodell 286, 288, 471f, 498, 517
Mehrebenenstruktur 68, 84, 412, 436, 438, 498, 534
Mikropolitik 444
Mindful Identity Negotiation 417f
Mittelallokation 169ff, 182, 528
Mitwirkung (Collaboration) 548, 551
Modellprojekte 33, 90, 340, 440
Modellversuche 29, 37, 126ff, 155, 340, 419, 431, 435, 474, 476, 483, 455ff
Moderation 332
Modularisierung 17, 19

N

Nachhaltigkeit (Sustainability) 417f, 525, **543ff**
Narrative Forschungsmethoden 415
Nationaler Qualifikationsrahmen 529, 542
Neue Institutionenökonomik 282
New Public Management 33, 108f, 201ff, 206, **208ff**, 339, 365f, 515f, 538
No Child Left Behind (NCLB) 549, 561
Non-formale Bildung 302f, 307f

O

Ökologische Validität 415
Ökonomische Rationalität 62, 184, 281, 345, 354, 356, 504
Ökonomisierung (Corporatization) 60, 91, 273, **560ff**
Offener Unterricht 410

Ordnungsrecht 190f, 197f
Organisationales Lernen (Organizational Learning) 17, **367ff**, 551
Organisationspädagogik 217, 354
Outcome 86, 95, 417, 504
Outputkontrolle 11ff, 81, 109
Output 14, 367, **495ff**
Outputqualität 169, 317f, 332, 338, 501, 541

P

Pädagogische Freiheit 14, 74, **116ff**, 120f, 196, 222, 353, 366, 507, 528, 530
Pädagogische Führung **351ff**
Partizipativ-situativer Führungsstil 363
Pattern Matching 413, 423
Peer-Kontakte 308, 464f
Personalentwicklung 508f
PISA 44, 51, 65, **93f**, 98, 109, 156, 167, 232, 242, 266, 274, 285, 297, 319, 385, 401, 449, 498, 515, 527, 541
Potentialanalyse 507f
Praxeologien 383f
Private Finanzierung **170f**
Privatschulen 159
Privatisierung (Privatization) 540, 561f, 564
Problemorientierung 405, 431
Produktivität **172f**, 297, 470
Professionalität 75f, 125f, 381f, 432, 436
Promotorenmodell 445
Prozess-Produkt-Paradigma 405
Prozessstruktur 84, 438, 470f
Public Choice Theorie 209

Q

QEBS 105, 126ff, 331ff, **335ff**
Qualifikation 57, 163
Qualifikationsanforderungen 403
Qualität
- Begriff der 46f, 66, 497
- von Aufgaben 441
- von Bildungsprozessen 367
- von Bildungssystemen 157, 168
- von Schule 11, **21ff**, **55ff**, **83ff**, 131, 174, 180ff, 201ff, 249f, 437, 449, 468, 496, 521f
- von Unterricht 30, 293, 383, 398f, 401, **405ff**, 413f, 425, 438ff, 441f, 449, 454, 468,

Qualitätsagenturen 89, 265ff
Qualitätsanalyse 251

Sachwortverzeichnis

Qualitätsentwicklung **11ff**, 33, 83, 86, **89f**, **103ff**, 134, 142, 153, 180ff, 261, 266f, 297f, 303, 317ff, 345, 365f, 368f, 375, 399, 503ff, 537ff

Qualitätsindikatoren 180ff, 244f, 299f, 304, **309ff**, 438

Qualitätskriterien 58, 132, 244f, 249, 310

Qualitätsmanagement 106, 112, 318, 324, **339ff**, 504, 506f, 512, 515ff, **520ff**

Qualitätsmodelle **83ff**, 131, 249f, 360, 438, 516, **522ff**

Qualitätsmonitoring 367

Qualitätsrahmen 12, 16, 111, 212, 216, 249f, 506

Qualitätssicherung 33, 93, 125, 135, 137f, 142, 246, 277, 297f, 339, 406, 435, 505, 539, 542

Qualitätsstandards 136, 140

R

Rankings 91, 232, 256, 502

Rechenschaftslegung (Accountability) 81, 84, 108, 121, 131f, 141f, 149, 204, 210ff, 323, 328, 338, **495ff**, 543

Rechtsaufsicht 235

Rechtsökonomie **183ff**

Regulationsfähigkeit 298, 486

Ressourcenausstattung 26, 167f

Rollenspiel 422

Rückmeldestrategien 91, 100, 146, 254

S

Sanktionierung 210, 256f

Schlüsselprobleme 31

Scholarisierung 392

Schülerleistungen (Student Achievement) 87, 169f, 173f, 292, 366, 437f, 453f, 459, 496, 544f, 546, 551

Schulabsentismus 449f, **451ff**, 497

Schuladministration (School Administration) 14, 16f, 111, 219, 222, **226f**, 273, 276, 279, 322f, **543ff**, 562

Schulaufsicht 18, 24f, 33, 86, 91, 136f, 204f, 212f, 216, **221ff**, **238f**, 276

Schule
- als gesellschaftliches Teilsystem 68, 72, 183
- als Handlungseinheit **27ff**, 107f, 325
- als soziales System 177, 273
- gute 15, 55f, 203, 281, 283, 346, 500f
- schlechte (failing) 90
- Verständnis von 75, 114,119f

Schuleffektivitätsforschung (Effective School Research) 50, 83, 346, 364, 469, 555

Schulentwicklung (School Improvement) **27ff**, **83ff**, 103ff, 141f, 149, 153, 162f, 261ff, **266ff**, 376, 380, 427, 519, 543f, 551

Schülervoraussetzungen 74, 88, 384, 433f, 449, 453f, 457, 469, **475ff**,

Schulinspektion 16, 18, 33f, 43, 89, 111, 127, 164, 211, 227, **229ff**, **243ff**, 320, 506

Schulkultur (School Culture) 87, 454, 461f, 467, 543ff

Schulleiter (Principal) 212ff, 219ff, 227, 276, 345, 351, 530f, 543, 554, 561f,

Schulleiterausbildung (Preparation of Educational Leaders) 227, 348, 366, 517, **553ff**, 563f

Schulleitung 17f, 148, 204f, **345ff**, 376ff, 467, 508, 518

Schulmanagement (Educational Administration) 204, 348, 355, 376, 532, 553, 555, 561

Schulorganisation (School Organization) 72ff, 77, 80f, 177f, 197, 216, 220f, 276f, 354, 366f, 442f, 448, 545, 530

Schulpolitik 59, 69ff, **153ff**, 183, 219, 279, 528ff

Schulportfolio 247f, 251

Schulprofil 87, 201, 277, 516

Schulprogramm 13, 16, 33f, 37, 40, 43, 87, **103ff**, 132ff, 141, 144, 201, 203f, 210ff, 252, 277, **317ff**, 375f, 380, 497, 501, 505ff, 541

Schulrecht **183ff**, 196, 203, 210ff

Schulreform (School Reform) 25, 167, 201f, 215, **543ff**

Schulstruktur (School Structure) 32, 45, 154, 161, 163, 443, 500f, 543f

Schulsystem (School System) 163f, 222, 544f

Schultheorie 18, 46, 114ff

Schulvergleiche 132, 171, 201, 257

Schulversäumnisse 450f, 455ff

Schulverwaltung 22ff, 32, 68, 71ff, **201ff**, **217ff**, 274, 346, 365, 531

Selbstorganisiertes Lernen 401ff, **409ff**, 416, 503, 510

Selbstregulation 294, 309, 486, 495

Selektion 58, 65, 477, 500f

Sich-selbst-erfüllende Prophezeiungen 393f

SMART-Projekte 324, 386

Social Cultural Activity Theory 413, 419

Soziale Herkunft 87, 101, 181, 454, 460

Sozialformen des Unterrichts 410, **427ff**

Sponsoring 171

Staatliche Aufsichtsfunktion 75, 160, 162, 164, 186, 219, 234ff, 240
Standards 35, 84, 86, 229, 329, 554ff
Steuerung
- des Bildungssystems **67ff, 103ff**, 131, 183, 239, 529
- Kontext- 71, **78ff**, 318, 339, 504f
- inputorientierte 67, 86, 93, 131, 177, 187, 241ff, 266, 298, 318f, 339, 401
- outcomeorientierte 95, 298, 401
- outputorientierte 38, 43, 67, 81, 86, **93ff**, 131, 175, 178, 180, 199, 201, 242f, 266, 298, 318, 338, 401, 480, 515, 517
- prozessorientierte 71, 242f
- Selbst- 70, 79
- zentrale 23f, 70, 527f

Steuerungsinstrumente 11, 18, 32, 42, 104, 109f, 124, 319, 324, 330, 338ff, 534
Steuerungsmodell 67f, 70, **77ff**, 187
St. Galler Management Modell 358ff
Stiftungen 16, 267, 273, **277ff**
Struktur des Bildungswesens 25, 27ff, 84, 220f
Systemmonitoring 42, 44, 50, 98, **297ff**
Systemtheorie 69, 75, 282, 370

T

Tätigkeitsprofile 24
Teaching to the test 179
Technologiedefizit 177, 282f, 353
Teilautonomie 515ff, 528
Testdiagnostik 388
TIMSS 35ff, 51, **93ff**, 156, 167, 172, 242, 266, 285, 297, 401, 449,
Tight Coupling 221, 369
Top Down 318f, 508, 544, 548f, 551
Total Quality Management (TQM) 340, 554
Transaktionskosten 180, 194f, 197f
Transformation 527

U

Underachiever 450, **457ff**
Unternehmensberatung 16, **273ff**
Unterrichtseffekte 405
Unterrichtsentwicklung 37, 101, 141, 149, 532
Unterrichtserfolg 56, 413
Unterrichtsführung (Teacher Leadership) 468, 544
Unterrichtsgespräch 4405f, **428f, 434f**
Unterrichtsmaterialien 269

Unterrichtsmethoden 17, 291, 413, 428, 440ff, 510
Unterrichtsverhalten 290f
Unterrichtszeit 395, 398, 404f, 410
Unterstützungssysteme 89f, 134f, 241, **261ff, 273ff**, 380, 531

V

Veränderungsprozesse 371ff
Verfassungsrecht 234f, 238ff
Verfügungsrecht 194, 197f
Vergleichbarkeit von Abschlüssen 159
Vergleichsarbeiten 16f, 41, 45, 99f, 126, 132, 149, 162, 267, 299, 512
Verstetigung 107, 110, 128
Verwaltung 22ff, 187, 197f, 201ff, **206ff**, 220, 224, 227
Verwaltungsreform 515
Verwertbarkeit von Abschlüssen 61f, 199, 454f
Vision 321, 323, 355, 362, 364, 378f
Vorwissen 499

W

Wettbewerb zwischen Schulen 85, 157, 163f, 174, **176f**, 476
Weiterbildung 301f, 481
Weisungsgebundenheit 239f
Wirksamkeit 15, **25ff**, 323, 338, 501, 512
Wirtschaftlichkeit 192, 198, 323
Wissenserwerb 427, 483
Wissensgesellschaft 367, 404
Wissensmanagement 373, 402f

Z

Zentrale Prüfung 227, 264
Zentralisierung 276
Zertifikatsarmut 500
Zertifizierung 339
Ziele
- der Einzelschule 13, 112, 122, 132f, 399
- des Bildungssystems 86, 542
- von Bildung 298f
- von Schule 217f, 324, 353, 541
- von Unterricht 406

Zielvereinbarungen 90, 108f, 112, 134f, 267, 320, 364, 407, 506, 508
Zielvorgaben 95
Zweck von Schule **55ff**, 60, 65f

VIII Autorenverzeichnis

Autorenverzeichnis

Prof. Dr. Dr. h.c. mult. Frank Achtenhagen, Direktor des Seminars für Wirtschaftspädagogik der Georg-August-Universität, Göttingen.
Arbeitsschwerpunkte: Lehr-Lern-Forschung, Curriculumforschung, Lernen über die Lebensspanne, Institutionelle und politische Bedingungen beruflichen Lernens und Lehrens (sowohl national als auch international), Internationale Vergleichsforschung.

Dr. Lars Allolio-Näcke, wissenschaftlicher Angestellter, Leibniz-Institut für die Pädagogik der Naturwissenschaften (IPN), Universität Kiel, Koordinator des DFG-Schwerpunktprogramms „Bildungsqualität von Schule".
Arbeitsschwerpunkte: Identität, Entwicklungsprozesse des Kindes- und Adoleszenzalters, (handlungstheoretische) Kulturpsychologie.

Prof. Tom Alsbury, Ph.D., Assistant Professor, Department of Educational Leadership & Policy Studies, North Carolina State University.
Research focus: Organizational theory, superintendency, school boards, and consolidation.

Prof. Dr. Cordula Artelt, Lehrstuhl für Bildung und Erziehung im Vor- und Grundschulbereich, Otto-Friedrich-Universität Bamberg.
Arbeitsschwerpunkte: Textverstehen, selbstreguliertes Lernen, Large-Scale Assessment.

Prof. Dr. Hermann Avenarius, Professor em., Deutsches Institut für Internationale Pädagogische Forschung (DIPF), vormals Leiter der Arbeitseinheit Steuerung und Finanzierung.
Arbeitsschwerpunkt: Schulrecht.

Dr. Steffi Badel, wissenschaftliche Rätin, Humboldt-Universität zu Berlin, Abteilung Wirtschaftspädagogik.
Arbeitsschwerpunkte: Benachteiligte Jugendliche, Schulabsentismus, hochbegabte Underachiever, Sprachförderung benachteiligter Jugendlicher, Migranten.

Prof. Dr. Volker Bank, Professor für Berufs- und Wirtschaftspädagogik, Technische Universität Chemnitz.
Arbeitsschwerpunkte: ökonomische Aspekte beruflicher Bildung (Bildungsökonomie, Bildungscontrolling, Bildungsmanagement, systemisches Change Management), Bildungstheorie (berufliche und ökonomische Bildung).

Prof. Dr. Johannes Bellmann, Professor für Allgemeine Pädagogik, Pädagogische Hochschule Freiburg/Breisgau.
Arbeitsschwerpunkte: Systematische und historische Fragestellungen Allgemeiner Pädagogik, Bildungsökonomie, Bildungspolitik.

Prof. Dr. Sigrid Blömeke, Lehrstuhl für Systematische Didaktik und Unterrichtsforschung, Humboldt-Universität zu Berlin.
Arbeitsschwerpunkte: Empirische Lehr-Lernforschung, Internationale Vergleichsstudien, Neue Medien.

Prof. Dr. Wilfried Bos, Institut für Schulentwicklungsforschung (IFS), Geschäftsführender Leiter, Universität Dortmund.
Arbeitsschwerpunkte: Nationale und internationale Leistungsvergleichsstudien, Qualitätssicherung im Bildungswesen.

Prof. Dr. Wolfgang Böttcher, Professor für Erziehungswissenschaft mit den Schwerpunkten Qualitätsentwicklung und Evaluation, Westfälische Wilhelms-Universität Münster.
Arbeitsschwerpunkte: Bildungsmarketing und -management, Bildungssoziologie, Mikroökonomie des Bildungswesens, empirische Wirkungsforschung.

Prof. Dr. Dr. h.c. Jürgen van Buer, Lehrstuhl für Wirtschaftspädagogik, Humboldt-Universität zu Berlin.
Arbeitsschwerpunkte: Empirische Berufsbildungsforschung, Qualitätsentwicklung beruflicher Schulen, lernschwache Jugendliche in der beruflichen Bildung, Qualitätsmanagement in der akademischen und nicht-akademischen Berufsausbildung.

Dipl.-Päd. Kathrin Dedering, wissenschaftliche Mitarbeiterin, Institut für Schulentwicklungsforschung (IFS), Universität Dortmund.
Arbeitsschwerpunkte: Qualitätsentwicklung von Schulen, Steuerung des Schulsystems.

Prof. Dr. Hartmut Ditton, Institut für Pädagogik, Bildungs- und Sozialisationsforschung, Universität München.
Arbeitsschwerpunkte: Schulische und familiale Sozialisation, Bildung, Ungleichheit und gesellschaftlicher Wandel, Evaluation und Qualitätssicherung im Bildungswesen, Methoden empirisch-pädagogischer Forschung, multivariate statistische Analyseverfahren.

Prof. Dr. Hans Döbert, Honorarprofessor für Erziehungswissenschaften an der Universität Erfurt, wissenschaftlicher Mitarbeiter am Deutschen Institut für Internationale Pädagogische Forschung (DIPF), Arbeitseinheit Steuerung und Finanzierung des Bildungswesens.
Arbeitsschwerpunkte: Bildungsmanagement und Bildungsmonitoring (auch im internationalen Vergleich), Fragen der empirisch-statistischen Schulforschung.

Prof. Dr. Dr. h.c. mult. Rolf Dubs, ehemaliger Rektor der Hochschule St. Gallen/Schweiz und Professor em. für Wirtschaftspädagogik, verschiedene Beratungsmandate in Politik, Schulwesen und Wirtschaft, verschiedene Verwaltungsratsmandate.
Arbeitsschwerpunkte: Curriculum, Lehr-Lern-Verhalten, Schulmanagement, Didaktik der Wirtschaftsfächer.

Prof. Fenwick W. English, Ph.D., R. Wendell Eaves Senior Distinguished Professor of Educational Leadership at the University of North Carolina at Chapel Hill, formerly program coordinator, department chair, dean, and vice-chancellor of academic affairs, editor of the SAGE Handbook of Educational Leadership (2005) and Editor of the SAGE Encyclopedia of Educational Leadership and School Administration (2006).

Prof. Dr. Hans-Peter Füssel, Deutsches Institut für Pädagogische Forschung (DIPF), Arbeitseinheit Steuerung und Finanzierung des Bildungswesens, und Humboldt-Universität zu Berlin, Institut für Erziehungswissenschaften
Arbeitsschwerpunkte: Bildungsrecht, Fragen der Steuerung im Bildungswesen.

Dipl.-Hdl. Peter J. Hallmann (OStD i. R.), ehemaliger Schulleiter des Berliner OSZ Wirtschaft und Sozialversicherungen.
Arbeitsschwerpunkte: Qualitätsentwicklung beruflicher Schulen.

Prof. em. Dr. Helmut Heid, Institut für Pädagogik der Universität Regensburg, zwei Amtszeiten als Vorsitzender der DGfE und ebenfalls zwei Amtszeiten als Vorsitzender des Fachausschusses Pädagogik der DFG.
Arbeitsschwerpunkte: Wissenschaftstheorie der Erziehungswissenschaft, Ideologiekritik, pädagogischen Denken und Handeln, Wechselbeziehung zwischen Bildungs- und Beschäftigungssystem.

Dipl.-Psych. Silke Hertel, Mitarbeiterin in der Arbeitsgruppe Pädagogische Psychologie (Stipendiatin der TU Darmstadt), Institut für Psychologie, Technische Universität Darmstadt.
Arbeitsschwerpunkte: Lehreraus- und -weiterbildung, Forschung und Lehre zu den Themen „Lehrer als Lernberater" und „Selbstreguliertes Lernen",

Prof. Dr. Heinz-Günter Holtappels, Institut für Schulentwicklungsforschung (IFS), Universität Dortmund.
Arbeitsschwerpunkte: Bildungsmanagement, Schulentwicklung.

Dipl.-Psych. Michaela Köller, wissenschaftliche Mitarbeiterin, Max-Planck-Institut für Bildungsforschung Berlin.
Arbeitsschwerpunkte: Schulentwicklung und Organisationales Lernen.

Prof. Dr. Olaf Köller, Dipl.-Psych., Direktor des Instituts zur Qualitätsentwicklung im Bildungswesen (IQB), Professor für empirische Bildungsforschung, Humboldt-Universität zu Berlin.
Arbeitsschwerpunkte: Kompetenzdiagnostik, Lehr-/Lernforschung.

Autorenverzeichnis

Dr. Peter Meinel, Direktor, Leiter des Staatsinstituts für Schulqualität und Bildungsforschung.
Arbeitsschwerpunkte: Bildungswesen in Bayern und Deutschland.

Dr. Christiane Müller, Dipl.-Psych., wissenschaftliche Mitarbeiterin, Humboldt-Universität zu Berlin.
Arbeitsschwerpunkte: Lernen mit neuen Medien, Kompetenzmessung.

Dr. Sabine Müller, Dipl.-Päd., wissenschaftliche Mitarbeiterin, Institut für Schulentwicklungsforschung (IFS), Universität Dortmund.
Arbeitsschwerpunkte: Schulinspektion, Schulentwicklung, interne und externe Evaluation.

Prof. Dr. Reinhold Nickolaus, Leiter der Abteilung Berufs-, Wirtschafts- und Technikpädagogik, Universität Stuttgart.
Arbeitsschwerpunkte: Lehr-Lernforschung in der gewerblich-technischen Berufsbildung, Nachhaltigkeit von Modellversuchen, berufliche Umweltbildung, Lehrerbildung für berufliche Schulen.

PD Dr. Rainer Peek, wissenschaftlicher Referent am Landesinstitut für Schule/Qualitätsagentur des Landes Nordrhein-Westfalen.
Arbeitsschwerpunkte: Lernstandserhebungen, Vergleichsarbeiten, standardorientierte Unterrichtsentwicklung, Schulleistungsstudien.

Dipl.-Psych. Doreen Prasse, wissenschaftliche Mitarbeiterin, Humboldt-Universität zu Berlin.
Arbeitsschwerpunkte: Neue Medien, organisationale Bedingungen für Veränderungsprozesse in Schulen, empirische Implementationsforschung, Schulleitungshandeln.

Prof. Dr. Manfred Prenzel, M.A., Geschäftsführender Direktor des Leibniz-Instituts für die Pädagogik der Naturwissenschaften (IPN) an der Universität Kiel, zugleich Direktor der Abteilung Erziehungswissenschaft.
Arbeitsschwerpunkte: Bildungsmonitoring, internationale Leistungsvergleiche, Unterrichtsmuster, Kompetenz- und Interessenentwicklung, Qualitätssicherung und Qualitätsentwicklung im Bildungswesen.

Prof. Dr. Heinz S. Rosenbusch, Leiter der Forschungsstelle für Schulentwicklung und Schulmanagement der Universität Bamberg, Begründer der Organisationspädagogik, Initiator und Leiter der bisher sieben Bamberger Schulleitersymposien.
Arbeitsschwerpunkte: Schulverwaltung, Schulaufsicht, Schulleitung, Gruppenprozesse im Unterricht, nonverbale Kommunikation in schulischen Zusammenhängen.

Dr. Ernst Rösner, Dipl.-Päd., wissenschaftlicher Mitarbeiter, Institut für Schulentwicklungsforschung (IFS), Universität Dortmund.
Arbeitsschwerpunkte: Analyse struktureller Entwicklungen des allgemein bildenden Schulwesens, Qualitätsentwicklung von Schulen.

Dipl.-Päd. Matthias Rürup, wissenschaftlicher Mitarbeiter, Deutsches Institut für Internationale Pädagogische Forschung (DIPF), Arbeitseinheit Steuerung und Finanzierung des Bildungswesens.
Arbeitsschwerpunkte: Bildungspolitikforschung, Bildungsmanagement, Schulautonomie, Schule als Organisation, Innovationsdiffusion im Bildungssystem.

OstR Martin Sachse, Mitarbeiter des Direktors, Staatsinstitut für Schulqualität und Bildungsforschung, Beobachtung nationaler und internationaler Entwicklungen im bildungspolitischen Bereich.

Dr. Heike Schaumburg, wissenschaftliche Assistentin, Humboldt-Universität zu Berlin.
Arbeitsschwerpunkte: Neue Medien im Unterricht, E-Learning an der Hochschule, Evaluation von Schulqualität auf der Basis von Mehrebenenanalysen.

Prof. Dr. Bernhard Schmitz, Professor für Pädagogische Psychologie, Institut für Psychologie, Technische Universität Darmstadt.
Arbeitsschwerpunkte: Selbstreguliertes Lernen, Selbstmanagement, Hausaufgaben, Selbstmotivierung, Zeitreihenanalyse.

Dr. Jürgen Seifried, wissenschaftlicher Assistent, Lehrstuhl für Wirtschaftspädagogik, Otto-Friedrich-Universität Bamberg.
Arbeitsschwerpunkte: Selbstorganisiertes Lernen, Subjektive Lehr-Lern-Theorien von Lehrpersonen, Motivation, Unterrichtsqualität, komplexe Lehr-Lern-Arrangements, Fachdidaktik Rechnungswesen, Evaluation von (Aus-)Bildungsmaßnahmen.

Dr. Susan Seeber, wissenschaftliche Mitarbeiterin, Deutsches Institut für Internationale Pädagogische Forschung (DIPF), Arbeitseinheit Steuerung und Finanzierung des Bildungswesens.
Arbeitsschwerpunkte: Bildungsberichterstattung, Schulentwicklung, Kompetenzmessung in der beruflichen Bildung.

Prof. Dr. Detlef Sembill, Lehrstuhl für Wirtschaftspädagogik, Otto-Friedrich-Universität Bamberg.
Arbeitsschwerpunkte: Selbstorganisiertes Lernen, komplexe Problemlösefähigkeit, emotionale Befindlichkeit und Motivation, Implementationsforschung, (Re-)Konstruktion von komplexen Lehr-Lern-Arrangements, Schülerfragen, Zeitressourcen und Handlungsspielräume, Evaluation von Ausbildungsmaßnahmen.

Ulrich Steffens, M.A., Institut für Qualitätsentwicklung, Institutsleitung Bereich L 2 Schulqualität – Konzeptionen, Analysen, Berichte.
Arbeitsschwerpunkte: Schulqualität und Schulentwicklung.

Prof. György Venter, Ph.D., Hochschullehrer, Lehrstuhl Erziehungswissenschaften, Nyíregyházi Főiskola, Ungarn.
Arbeitsschwerpunkte: Lehrerausbildung, Qualität der Einzelschule, Schulkultur.

Dipl.-Hdl. Cornelia Wagner, wissenschaftliche Mitarbeiterin, Humboldt-Universität zu Berlin, Abteilung Wirtschaftspädagogik.
Arbeitsschwerpunkte: Führung und Management von Schulen, Qualitätsentwicklung und Evaluation im Schul- und Hochschulbereich.

Prof. Dr. Susanne Weber, Lehrstuhl für Wirtschaftspädagogik, Institut für Wirtschaft- und Sozialpädagogik, Ludwig-Maximilians-Universität München.
Arbeitsschwerpunkte: Interkulturelles Lernen, berufliche Kompetenzentwicklung über die Lebensspanne, Workplace Learning.

Prof. Dr. Manfred Weiß, Honorarprofessor für Bildungsökonomie und Bildungsforschung an der Universität Erfurt, wissenschaftlicher Mitarbeiter am Deutschen Institut für Internationale Pädagogische Forschung (DIPF), Arbeitseinheit Steuerung und Finanzierung des Bildungswesens.
Arbeitsschwerpunkte: Bildungsökonomie und internationale Schulentwicklung.

Dr. Eveline Wittmann, wissenschaftliche Assistentin, Humboldt-Universität zu Berlin, Abteilung Wirtschaftspädagogik.
Arbeitsschwerpunkte: Verwaltung beruflicher Schulen, Theorie der beruflichen Schulen, Kompetenzentwicklung in der beruflichen Bildung.

Prof. Dr. Olga Zlatkin-Troitschanskaia, Lehrstuhl für Wirtschaftspädagogik, Johannes Gutenberg-Universität Mainz.
Arbeitsschwerpunkte: Steuerung im Bildungswesen, Wirksamkeitsanalysen bildungspolitischer Reformstrategien, Effektivitätsanalysen von alternativen Berufsvorbereitungs- und Ausbildungsmodellen, Kombination qualitativer und quantitativer multivariater Methoden der empirischen (Berufs)Bildungsforschung.